STRONG

고졸 검정고시
한 권 합격

시대에듀

인생의 새로운 갈림길에서 열심히 노력하며
성공을 꿈꾸는 진취적인 여러분께 악수를 청합니다.

1 검정고시는 제2의 배움을 다시 시작할 수 있도록 정부가 보장하는 제도입니다.

배움에는 흔히 끝이 없다고들 합니다. 검정고시는 부득이한 이유로 정규 학교 교육을 받지 못하거나 중도에 포기한 사람, 자신만의 꿈을 위해 새로운 길을 선택하는 사람들에게 또 다른 교육의 기회를 주어 제2의 인생을 다시 시작할 수 있도록 정부가 보장하는 제도입니다. 이를 통해 사회 진출의 기초를 마련할 수 있게 해 줍니다.

2 검정고시는 자신과의 싸움이며, 미래에 대한 도전입니다.

검정고시는 어려운 환경을 극복하고 미래를 개척하는 굳은 신념의 상징이라고 할 수 있습니다. 그래서 사회에서도 자신과의 싸움에서 이겨낸 사람의 인내심과 성실함을 높이 평가하고 있습니다.

3 시험공부에는 왕도가 없습니다.

매일 꾸준히 공부하는 것만이 합격의 지름길이며, 출제 문제의 의도를 파악하고 실력을 늘려간다면 반드시 원하는 목표에 도달할 것으로 확신합니다. 다만, 어떤 수험서를 선택하는가에 따라 수험 기간이 길어질 수도, 짧아질 수도 있습니다. 그래서 검정고시에 가장 효과적으로 대비할 수 있도록 본서를 출간하게 되었습니다.

4 검정고시는 밝은 앞날을 약속하는 시험입니다.

검정고시는 배움의 시기를 놓치거나 새로운 배움의 길을 선택한 사람들에게 더 많은 기회를 제공하는 시험이며, 이를 통해 얻게 되는 자신감과 실력은 사회의 어떤 분야에서든지 자신의 꿈을 이루는 데에 도움이 될 것입니다.

5 수험생 모두에게 행운이 함께하기를 기원합니다.

검정고시를 준비하는 모든 수험생이 희망과 용기를 가지고 학업에 전념할 수 있도록 도움이 되고자 하는 마음에서 본서를 출간한 만큼 수험생 모두에게 좋은 결과가 있기를 기원합니다.

고졸 검정고시 시험 안내 INFORMATION

◆ 시험 일정

구분	공고일	접수일	시험일	합격자 발표
제1회	2월 초순	2월 중순	4월 초·중순	5월 초·중순
제2회	6월 초순	6월 중순	8월 초·중순	8월 중·하순

◆ 시험 과목

구분	시험 과목	비고
고졸	필수: 국어, 수학, 영어, 사회, 과학, 한국사(6과목) 선택: 도덕, 기술·가정, 체육, 음악, 미술 중 1과목	7과목

◆ 시험 시간표

구분	과목	시간
1교시	국어	09:00~09:40(40분)
2교시	수학	10:00~10:40(40분)
3교시	영어	11:00~11:40(40분)
4교시	사회	12:00~12:30(30분)
중식(12:30~13:30)		
5교시	과학	13:40~14:10(30분)
6교시	한국사	14:30~15:00(30분)
7교시	선택 과목	15:20~15:50(30분)

※ 1교시 응시자는 시험 당일 08:40까지 지정 시험실에 입실해야 하며, 2~7교시 응시자는 해당 과목 시험 시간 10분 전까지 시험실에 입실해야 함.
※ 매 교시 시험 시작 시간(입실 시간)은 동일함.
※ 장애인 응시자의 경우, 원서 접수 시 신청자에 한하여 시험 시간을 과목당 10분 연장함. 단, 매 교시 시험 시작 시간은 동일함.

◆ 출제 기준 및 문항 형식

출제 기준	• 2015 개정 교육과정에서 출제 • 검정(또는 인정)교과서를 활용하는 교과의 출제 범위 ➜ 가급적 최소 3종 이상의 교과서에서 공통으로 다루고 있는 내용으로 출제(단, 국어와 영어의 경우 교과서 외의 지문 활용 가능) • 고졸 검정고시 '교과별' 출제 대상 과목 ➜ 2015 개정 교육과정에 따른 고등학교 과목에서 고졸 검정고시 교과별 출제 범위가 되는 대상 과목에서 출제 • 고등학교 졸업 정도의 지식과 그 응용 능력을 측정할 수 있는 수준으로 출제
문항 형식	• 과목별 문항 수: 25문항(단, 수학 20문항) • 문항당 배점: 4점(단, 수학 5점) • 과목별 배점: 100점 • 문제 형식: 4지 택 1형 필기시험

★ 상기 내용은 2024년도 제2회 검정고시 공고문을 참고하였습니다. 응시하고자 하는 시·도 교육청의 공고문을 반드시 확인하시기 바랍니다.

최신 기출 문항 핵심 키워드 KEYWORD

◆ 국어 ▶ 2024년도 제2회 기출문제

번호	출제 문제 핵심 키워드	번호	출제 문제 핵심 키워드
1번	화법) 공손성의 원리 파악하기	14번	문학) 고전 소설 – 서술상의 특징 파악하기
2번	화법) 말하기 방식 분석하기	15번	문학) 고전 시가 – 갈래의 특징 파악하기
3번	문법) 한글 맞춤법	16번	문학) 고전 시가 – 표현상의 특징 파악하기
4번	문법) 피동 표현 파악하기	17번	문학) 시나리오 – 갈래의 특징 파악하기
5번	문법) 중세 국어의 특징 파악하기	18번	문학) 시나리오 – 소재의 기능 파악하기
6번	작문) 글쓰기 개요 빈칸 채우기	19번	문학) 시나리오 – 세부 내용 파악하기
7번	작문) 고쳐쓰기의 적절성 파악하기	20번	독서) 서술상의 특징 파악하기
8번	문법) 음운 변동	21번	독서) 서술상의 의미 파악하기
9번	문학) 현대 시 – 표현상의 특징 파악하기	22번	독서) 단어의 사전적 의미
10번	문학) 현대 시 – 각 연의 내용 파악하기	23번	독서) 세부 내용 파악하기
11번	문학) 현대 시 – 화자의 태도 파악하기	24번	독서) 문맥에 맞는 접속어 고르기
12번	문학) 고전 소설 – 서술상의 특징 파악하기	25번	독서) 내용 전개 방식 파악하기
13번	문학) 고전 소설 – 지칭하는 대상 파악하기		

◆ 수학 ▶ 2024년도 제2회 기출문제

번호	출제 문제 핵심 키워드	번호	출제 문제 핵심 키워드
1번	다항식의 덧셈과 뺄셈	11번	원과 직선의 위치 관계
2번	인수정리	12번	좌표평면 위의 점의 대칭이동
3번	인수분해 공식	13번	집합의 뜻
4번	켤레복소수	14번	차집합
5번	이차방정식의 근의 판별	15번	충분조건, 필요조건
6번	이차방정식의 근과 계수의 관계	16번	합성함수의 함숫값
7번	이차함수의 최댓값	17번	역함수의 함숫값
8번	절댓값 기호를 포함한 일차부등식	18번	무리함수의 그래프의 평행이동
9번	좌표평면 위의 내분점	19번	순열
10번	점과 직선 사이의 거리	20번	조합

◆ 영어 ▶ **2024년도 제2회 기출문제**

번호	출제 문제 핵심 키워드	번호	출제 문제 핵심 키워드
1번	'opportunity'의 의미	14번	빈칸에 들어갈 내용 유추하기
2번	'be aware of'의 의미	15번	대화의 주제 파악하기
3번	'due to'의 의미	16번	글의 목적 파악하기
4번	단어의 의미 관계	17번	안내문과 일치하지 않는 내용 파악하기
5번	안내문에서 언급되지 않은 내용 찾기	18번	글과 일치하지 않는 내용 파악하기
6번	'order'의 활용	19번	글의 주제 파악하기
7번	'that'의 활용	20번	빈칸에 들어갈 내용 유추하기
8번	'for'의 활용	21번	빈칸에 들어갈 내용 유추하기
9번	밑줄 친 표현의 의미 파악하기	22번	글의 문맥을 이해하고 적절한 곳에 문장 넣기
10번	대화 속 화자의 심정 파악하기	23번	글의 문맥을 이해하고 이어질 내용 찾기
11번	대화가 이루어지는 장소 파악하기	24번	빈칸에 들어갈 내용 유추하기
12번	대명사 'It(it)'이 가리키는 대상 찾기	25번	글의 주제 파악하기
13번	빈칸에 들어갈 내용 유추하기		

◆ 사회 ▶ **2024년도 제2회 기출문제**

번호	출제 문제 핵심 키워드	번호	출제 문제 핵심 키워드
1번	시민 참여의 필요성과 사례	14번	한대 기후 지역의 전통 생활 모습
2번	인권	15번	자연재해
3번	입법권, 행정권	16번	사막화 방지 협약
4번	준법 의식	17번	도시화가 가져온 변화
5번	정부	18번	합계 출산율
6번	자유 무역 협정(FTA)	19번	동아시아 문화권
7번	수정 자본주의	20번	이슬람교
8번	포트폴리오	21번	인간과 자연의 공존을 위한 노력
9번	공동선	22번	세계화의 문제점
10번	사회 보험	23번	국경 없는 의사회(MSF)
11번	문화 병존	24번	정보화에 따른 문제점
12번	문화 사대주의, 문화 상대주의	25번	석유, 천연가스
13번	용광로 이론		

최신 기출 문항 핵심 키워드 KEYWORD

◈ 과학 ▶ 2024년도 제2회 기출문제

번호	출제 문제 핵심 키워드	번호	출제 문제 핵심 키워드
1번	태양광 발전	14번	뉴클레오타이드
2번	운동량	15번	세포 내 유전 정보의 흐름
3번	전자기 유도	16번	세포막을 통한 물질의 확산
4번	수평 방향으로 던진 물체의 운동	17번	자연 선택
5번	열효율	18번	생태계 구성 요소
6번	그래핀	19번	생태 피라미드
7번	원자의 전자 배치	20번	산소
8번	주기율표	21번	태양 에너지의 생성
9번	이온 결합 물질	22번	수권
10번	염기	23번	판의 경계
11번	중화 반응	24번	표준화석
12번	산화 환원 반응	25번	지구 내부 에너지
13번	유전적 다양성		

◈ 한국사 ▶ 2024년도 제2회 기출문제

번호	출제 문제 핵심 키워드	번호	출제 문제 핵심 키워드
1번	신석기 시대	14번	조선 총독부
2번	신라 진흥왕	15번	신채호
3번	선종	16번	3·1 운동
4번	묘청의 서경 천도 운동	17번	브나로드 운동
5번	『삼국유사』	18번	의열단
6번	조선 정조의 개혁 정치	19번	좌우 합작 운동
7번	대동법	20번	조소앙의 삼균주의
8번	미국과 조선의 관계	21번	6·25 전쟁
9번	14개조 개혁 정강	22번	경제 개발 5개년 계획
10번	일제의 국권 침탈 과정	23번	1980년대 대한민국의 민주주의 발전
11번	신민회	24번	금융 실명제
12번	전봉준	25번	남북 기본 합의서
13번	교육 입국 조서		

◆ 도덕 ▶ 2024년도 제2회 기출문제

번호	출제 문제 핵심 키워드	번호	출제 문제 핵심 키워드
1번	실천 윤리학	14번	식량 불평등 문제
2번	환경 윤리	15번	예술에 대한 도덕주의 입장
3번	맹자	16번	갈퉁의 평화론
4번	공리주의	17번	롤스의 정의관
5번	죽음에 대한 다양한 관점	18번	교정적 정의
6번	제물(齊物)	19번	정보 기술 발달에 따른 윤리적 문제
7번	요나스의 책임 윤리	20번	통일 비용
8번	시민 불복종의 정당화 조건	21번	니부어의 사회 윤리
9번	프롬이 제시한 사랑의 구성 요소	22번	소수자 우대 정책
10번	인간 중심주의, 동물 중심주의	23번	하버마스의 담론 윤리
11번	직업 윤리 의식	24번	종교 갈등
12번	과학 기술자의 윤리적 책임	25번	공직자 윤리
13번	사회 계약설		

◆ 2024년도 고졸 검정고시 출제 교육과정 개편 사항

출제 교육과정 변경	2020년도 고졸 검정고시	2024년도 고졸 검정고시
	2009 개정 교육과정	2015 개정 교육과정

※ 2021년도부터 2015 개정 교육과정을 바탕으로 문제 출제

출제 과목 변경	구분		2020년도 고졸 검정고시	2024년도 고졸 검정고시
	필수	국어	국어Ⅰ, 국어Ⅱ	국어
		수학	수학Ⅰ, 수학Ⅱ	수학
		영어	실용영어Ⅰ	영어
		사회	사회	통합사회
		과학	과학	통합과학
		한국사	한국사	한국사
	선택	도덕	생활과 윤리	생활과 윤리
		기술 · 가정	기술 · 가정	기술 · 가정
		체육	운동과 건강생활	체육
		음악	음악과 생활	음악
		미술	미술 문화	미술

이 책의 구성과 특징 STRUCTURES

이론 및 문제편

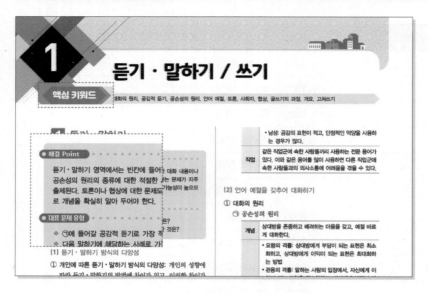

핵심 이론

2021년 시험부터 반영된 2015 개정 교육과정 이론을 고득점 합격에 부족하지 않도록 요약 정리하였습니다. 소영역별로 반복 출제되는 "핵심 키워드"와 학습 방향을 알려 주는 "해결 Point", "대표 문제 유형"을 제시하여 시험의 출제 경향을 이해하고 학습할 수 있도록 하였습니다.

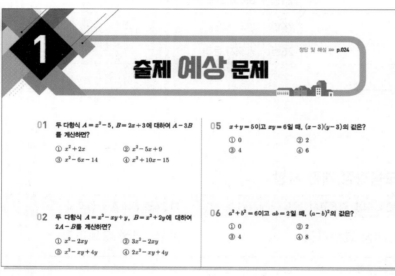

출제 예상 문제

반복해서 출제되는 형태의 기출문제와 개정 교육과정에서 학습이 꼭 필요한 내용을 문제를 통해 충분히 연습해 볼 수 있도록 하였습니다.

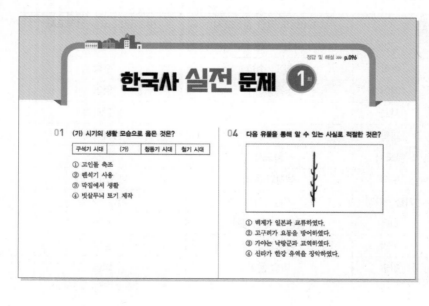

실전 문제

실전 모의고사 2회분을 수록하여 실제 시험처럼 풀어 보고, 학습 단계에서 부족한 부분을 직접 확인할 수 있도록 하였습니다.

정답 및 해설편

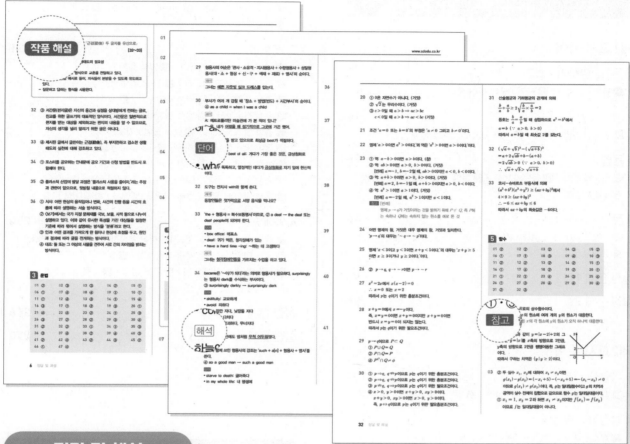

정답 및 해설

문제와 해설을 함께 점검하며 학습할 수 있도록 분권으로 구성하였고, 자세한 해설과 "작품 해설", "단어", "해석", "참고" 등의 다양한 요소를 추가하여 보충 학습까지 가능하도록 하였습니다.

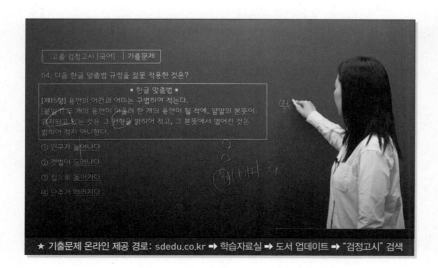

★ 기출문제 온라인 제공 경로: sdedu.co.kr ➡ 학습자료실 ➡ 도서 업데이트 ➡ "검정고시" 검색

특별제공 무료 해설 강의

2024년도 최신 기출문제까지 전 문항 해설 강의를 무료로 제공하고 있습니다. 혼자서도 쉽게 학습해 보세요.

무료 해설 강의 QR 링크 ▶

이 책의 차례 CONTENTS

고졸 검정고시 합격후기 REVIEW

더 많은 생생 후기는 시대에듀 ▶ 검정고시 ▶ 합격후기 게시판을 통해 확인하실 수 있습니다. 시대에듀 독자님께서도 합격의 주인공이 되어 노하우를 공유하고, 선물도 받아 가세요!

김*선

설명 맛집! 귀에 쏙쏙 박히는 설명 덕분에 100점 받았어요!

솔직히 붙으리라는 기대는 안 했습니다. 그런데 한국사 선생님이 귀에 쏙쏙 박히게 설명을 잘해 주더라고요. 그리고 문제를 풀어보니 한국사 100점으로 합격했습니다! 다른 과목도 모두 합격했습니다. 저는 아이 둘이 있는 아이 엄마입니다. 아이들한테 창피하지 않기 위해 공부를 시작했지만 일에 치여 정작 검정고시는 미루고 미루다 보니 32살이 되어버렸더라고요. 등록은 31살 때 해 두었지만 공부는 4개월밖에 안 했는데, 합격은 물론 100점이 나오다니! 공부에 의욕이 막 생기네요! "내가 할 수 있을까?"에 대한 물음에 "할 수 있다!"라는 대답을 해 주는 시대에듀! 지금은 믿고 다른 과목 결제 후 또 공부 중입니다. 설명 맛집! 귀에 쏙쏙 들어옵니다!

민*영

외국에서 살아 기초 지식이 없던 저도 한 번에 합격했어요!

저는 초등학교 4학년까지 한국에서 학교를 다니다가 아버지께서 직장을 말레이시아로 옮기게 되어 말레이시아의 국제 학교를 초5~고2까지 다녔습니다. 한국의 교육과정에 대해 아는 바가 없었고, 한국어도 익숙하지 않아서 처음에는 국어, 사회, 한국사 공부에 적응하는 것이 무척 힘들었습니다. 수학도 문제는 풀 수 있었지만, 문제를 내는 방식 때문에 고생을 많이 했습니다. 하지만 시대에듀의 온라인 수업을 들으면서, 이해가 안 되는 단어는 부모님의 도움을 받아 조금씩 한국의 교육과정에 적응할 수가 있었고, 시대에듀의 기출문제를 여러 번 반복해 풀면서 공부한 결과, 처음 도전에서 합격하게 되었습니다. 고졸 검정고시 합격에 도움을 주신 시대에듀의 강사님들과 시대에듀에 감사합니다.

김*유

4개월 공부하고 한 번에 합격했어요!

안녕하세요. 저는 26살에 고졸 검정고시에 합격한 시대에듀 회원입니다. 정말 공부에 담을 쌓고 살았기에 검정고시를 볼까 말까 많이 고민했어요. 검정고시 공부를 시작하기로 마음을 먹고 이곳 저곳 알아보다가 '시대에듀'라는 곳을 알게 되었습니다. 두근거리는 마음으로 강의를 들었는데 단번에 이해가 가기 시작하면서 할 수 있을 것 같다는 생각이 들었어요. 준비 기간이 짧다 보니 하루에 거의 9시간 정도를 공부했고 퀘스트 완료하듯이 순차적으로 진행했어요. 강의는 눈높이에 맞게 잘 설명해 주셨고, 교재는 알아보기 쉽게 핵심이 콕콕 들어있는 내용들만 있어서 공부하기 정말 편했어요. 그 결과, 4개월간의 공부 끝에 평균 70점 이상으로 합격했네요. 저의 합격에 도움을 주신 시대에듀 선생님들과 교재를 만들어 주신 편집자님께 정말 감사드린다는 말씀 전하고 싶습니다. 덕분에 좋은 성적 거뒀습니다!

국어

합격의 공식 시대에듀 www.sdedu.co.kr

1 듣기 · 말하기 / 쓰기

1 듣기 · 말하기

● 해결 Point

듣기 · 말하기 영역에서는 빈칸에 들어갈 적절한 대화 내용이나 공손성의 원리의 종류에 대한 적절한 사례를 묻는 문제가 자주 출제된다. 토론이나 협상에 대한 문제도 출제될 가능성이 높으므로 개념을 확실히 알아 두어야 한다.

● 대표 문제 유형

❖ ㉠에 들어갈 공감적 듣기로 가장 적절한 것은?
❖ 다음 말하기에 해당하는 사례로 가장 적절한 것은?

(1) 듣기 · 말하기 방식의 다양성

① 개인에 따른 듣기 · 말하기 방식의 다양성: 개인의 성향에 따라 듣기 · 말하기의 방법에 차이가 있고, 이러한 차이가 의사소통에 영향을 준다.

② 집단에 따른 듣기 · 말하기 방식의 다양성
　㉠ 지역 방언: 지역적으로 분화되어 지역에 따라 다르게 사용하는 말
　　• 장점: 같은 언어를 사용하는 사람들끼리는 친밀감과 동질감을 느낄 수 있다.
　　• 단점: 다른 언어를 사용하는 사람들과는 언어 소통에 문제가 생기고 오해가 쌓일 수 있다.
　㉡ 사회 방언: 계층적으로 분화되어 직업, 연령, 성별 따위에 따라 특징적으로 사용하는 말

세대	세대별로 사용하는 어휘와 말하기 방식에 차이가 있다. • 노년 세대: 주로 격식체를 사용하고, 고유어와 한자어의 쓰임이 많은 편이다. • 청소년 세대: 주로 비격식체를 사용하고, 외래어와 신조어의 쓰임이 많은 편이다.
성별	성별에 따라 주로 사용하는 어휘와 말하기의 방식에 차이가 있지만, 성별에 따른 차이라고 단정 짓기는 어려우며, 개인의 성향이나 말하기 상황에 따라 다르게 나타나는 경우가 더 많다. • 여성: 공감의 표현이 많고, 부드러운 억양을 사용하는 경우가 많다. • 남성: 공감의 표현이 적고, 단정적인 억양을 사용하는 경우가 많다.
직업	같은 직업군에 속한 사람들끼리 사용하는 전문 용어가 있다. 이와 같은 용어를 많이 사용하면 다른 직업군에 속한 사람들과의 의사소통에 어려움을 겪을 수 있다.

(2) 언어 예절을 갖추어 대화하기

① 대화의 원리
　㉠ 공손성의 원리

개념	상대방을 존중하고 배려하는 마음을 갖고, 예절 바르게 대화한다.
종류	• 요령의 격률: 상대방에게 부담이 되는 표현은 최소화하고, 상대방에게 이익이 되는 표현은 최대화하는 방법 • 관용의 격률: 말하는 사람의 입장에서, 자신에게 이익이 되는 표현은 최소화하고, 자신에게 부담이 되는 표현은 최대화하는 방법(자신의 탓으로 돌리기) • 찬동의 격률: 상대방을 비난하는 표현은 최소화하고, 상대방을 칭찬하는 표현은 최대화하는 방법 • 겸양의 격률: 말하는 사람의 입장에서, 자신을 칭찬하는 표현은 최소화하고, 자신을 낮추는 표현은 최대화하는 방법 • 동의의 격률: 상대방의 의견과 불일치하는 표현은 최소화하고, 상대방의 의견과 일치하는 표현은 최대화하는 방법

　㉡ 순서 교대의 원리

개념	대화 참여자가 적절하게 역할을 교대해 가면서 말을 주고받아, 원활하게 정보가 순환되도록 한다.
주의 사항	• 말을 너무 길게 하지 않도록 한다. • 혼자서 대화를 독점하지 않도록 한다. • 상황을 살피며 대화에 참여한다.

　㉢ 협력의 원리

개념	대화의 목적을 달성할 수 있도록 대화 참여자가 서로 협력하는 원리이다.
종류	• 양의 격률: 필요한 만큼의 정보 제공 • 질의 격률: 진실이라 생각할 만한 정보 제공 • 태도의 격률: 모호한 표현이 아니라 명료한 표현 사용 • 관련성의 격률: 맥락에 맞는 표현 사용

② 상황에 따른 언어 예절

사과	• 자기의 잘못을 인정하고 용서를 비는 말하기이다. • 자신의 잘못을 구체적으로 밝히고, 상대방의 입장을 살피면서 말해야 한다.
부탁	• 어떤 일을 해 달라고 청하는 말하기이다. • 상대방의 입장을 배려하고, 정중하고 공손하게 말해야 한다.
건의	• 상대방에게 의견이나 희망을 내놓는 말하기이다. • 상대방을 존중하는 태도로, 차분하면서도 공손하게 말한다.
거절	• 상대편의 요구, 제안, 선물, 부탁 따위를 받아들이지 않고 물리치는 말하기이다. • 상대방이 부담스럽지 않도록, 구체적인 이유를 제시하며, 완곡하고 정중하게 말해야 한다.
위로	• 따뜻한 말이나 행동으로 괴로움을 덜어 주거나 슬픔을 달래 주는 말하기이다. • 신중한 태도로, 희망적인 내용이 들어가도록 말하는 것이 좋다.

(3) 토론하기

① 토론의 의미: 어떤 문제에 대하여 여러 사람이 각각 의견을 말하며 논의하는 것으로, 찬성하는 입장과 반대하는 입장의 사람들이 논증을 구성하여 자신의 주장이 옳음을 입증하는 말하기이다.

② 토론 참여자의 역할

사회자	• 토론을 하게 된 배경과 토론의 논제를 소개한다. • 토론자에게 토론 규칙을 알려 주어, 규칙을 지키면서 토론을 할 수 있도록 유도한다. • 토론자의 발언이 모호할 경우에는 질문을 하여 그 의미를 명확히 해야 한다. • 논제의 초점이 흐려지면 논점을 다시 정리해서 토론자들에게 알려 준다.
토론자	• 자신의 주장을 조리 있고 분명하게 말한다. • 상대방의 주장을 논리적으로 반박해야 한다. • 토론 규칙을 지키며 공동의 문제를 바람직한 방향으로 해결하기 위하여 힘쓴다. • 논리적 오류나 윤리에 어긋나는 언동을 하지 않는다.

③ 토론의 구성 요소

논제	토론의 주제를 말한다. • 사실 논제: 사실의 진위 여부를 가리기 위한 논제 • 가치 논제: 무엇이 옳고 그른지, 무엇이 좋고 나쁜지 등의 가치 판단이 필요한 논제 • 정책 논제: 어떤 정책을 시행할 것인지에 대한 논제
쟁점	서로 다투는 중심이 되는 점으로, 토론에서 찬반 양측이 나뉘는 지점이자 치열하게 맞대결하는 세부 주장이다.

논증	옳고 그름의 이유를 들어 밝히는 것으로, 자신의 주장을 논리적인 근거를 들어 증명하는 것이다. • 주장: 토론자가 내세우는 의견 • 근거: 주장을 뒷받침하는 객관적인 자료 • 이유: 주장하게 된 원인이나 조건

(4) 협상하기

① 협상의 의미: 어떤 목적에 부합되는 결정을 하기 위하여 여럿이 서로 의논하는 것이다. 각자의 이익과 주장이 달라 갈등이 생길 때 그 갈등을 해결하기 위해 서로 타협하고 의견을 조정하는 의사소통의 방법이다.

② 협상의 절차

시작 단계	• 갈등의 원인을 분석한다. • 문제 해결의 가능성을 확인한다.
조정 단계	• 문제를 확인하고, 상대방의 처지와 관점을 이해한다. • 구체적인 대안이나 제안을 상호 검토하며 입장의 차이를 좁힌다.
해결 단계	• 최선의 해결책을 제시한다. • 타협과 조정을 통해 문제를 해결하고 합의한다.

③ 협상의 전략

㉠ 협상을 통해 얻고자 하는 바를 구체적으로 정한다.
㉡ 각자의 처지를 고려하여, 양보할 것과 얻을 것을 살펴본다.
㉢ 상대의 반박을 예상하고 적절한 대응 방안을 마련한다.
㉣ 상대에게 일정 부분 양보하면서 합의를 유도한다.
㉤ 준언어적 표현과 비언어적 표현을 적절하게 사용한다.

준언어적 표현	억양, 어조, 말의 속도, 말의 높낮이, 목소리의 크기 등
비언어적 표현	표정, 몸짓, 손짓, 시선 등

(5) 바람직한 의사소통 문화

① 우리말의 담화 관습

겸양 어법	• 상대방을 높이고 자신을 낮추는 말하기 방식이다. • 예의를 중시하는 전통문화의 영향을 받았다.
완곡 어법	• 상대의 감정을 상하게 할 수 있는 말을 돌려 말한다. • 직접적인 표현이 어려운 경우 부드러운 말로 완곡하게 표현한다.
관용 표현	• 두 개 이상의 낱말이 합쳐져 새로운 말로 굳어져 사용되는 표현이다. • 관용어, 속담 등이 여기에 속한다.

② 바람직한 의사소통을 위한 태도

　㉠ 언어 공동체의 담화 관습은 고정불변한 것이 아니라, 상황과 사회의 변화에 따라 달라질 수 있다.

　㉡ 담화 관습을 잘 이해하고 언어 예절을 지킬 때 바람직한 의사소통이 이루어질 수 있다.

2 쓰기

● 해결 Point ·········

쓰기 영역에서는 하나의 지문에 대해 개요의 빈칸에 들어갈 적절한 내용, 바르게 고쳐 쓴 것, 〈조건〉에 맞는 적절한 문구를 찾는 문제가 함께 제시되는 경우가 많다. 고쳐쓰기 문제는 문법 지식, 문구 생성 문제는 비유법, 대구법 등에 대한 지식을 어느 정도 갖추고 있으면 쉽게 해결할 수 있다.

● 대표 문제 유형 ·········

❖ ㉠에 들어갈 내용으로 적절하지 <u>않은</u> 것은?
❖ 위 주제로 캠페인 문구를 만들 때, 〈조건〉을 만족하는 것은?

(1) 쓰기의 본질

① 쓰기의 개념: 필자가 독자와 소통하기 위해 의미를 구성하는 과정을 말한다.

　㉠ 의미 구성 과정으로서의 쓰기: 자신의 경험과 배경지식을 통해 알고 있는 내용이나 다양한 매체(인터넷, 신문, 책 등)에서 얻은 내용 중에서 글로 쓸 내용을 선정하고 조직한 뒤 글로 표현하여 새로운 의미를 구성하는 과정이다.

　㉡ 사회적 상호 작용으로서의 쓰기: 필자는 예상 독자의 수준이나 관심을 고려하여 그들의 요구나 반응을 예상하면서 글을 쓰고, 독자는 자신의 처지나 상황에 따라 글의 내용을 다양하게 수용한다. 이와 같이 필자와 독자는 글을 통해 생각을 주고받는 사회적 상호 작용을 한다.

② 쓰기의 성격

　㉠ 의사소통의 행위: 필자는 글쓰기를 통해 자신의 생각이나 느낌을 표현하고, 독자는 글 읽기를 통해 필자의 생각을 받아들인다.

　㉡ 창조적인 사고 과정: 글을 쓰기 전 막연했던 생각이 글을 쓰는 과정을 통해 구체화되고, 새로운 의미를 형성해 간다는 점에서 글쓰기는 창조적 사고 과정이다.

　㉢ 문제 해결의 과정: 쓰기는 사회관계 속에서 발생하는 여러 문제들을 해결해 나가는 활동이다. 이러한 내용이 들어 있는 글의 경우 '문제 발견 → 문제 분석 → 해결 방법 탐색 → 문제 해결'의 과정을 거친다.

　㉣ 자기 성찰의 과정: 필자는 글쓰기를 통해 자기 자신을 돌아보게 된다.

③ 책임감 있는 글쓰기

　㉠ 글이 개인과 사회에 미치는 영향을 고려하여 책임감 있게 글을 써야 한다.

　㉡ 책임감 있게 글을 쓰는 방법

　• 사실을 있는 그대로 오류 없이 담아야 한다.
　• 사실을 축소·과장·왜곡하지 않도록 한다.
　• 내용이 어느 한쪽으로 치우치지 않도록 한다.
　• 글을 읽는 사람을 존중하고, 언어 예절에 맞게 글을 쓴다.
　• 자료의 출처를 정확하게 밝히고 사용한다.

④ 좋은 글의 요건

　㉠ 내용이 충실해야 한다.
　㉡ 독창적이어야 한다.
　㉢ 글쓴이의 정성과 진실이 담겨 있어야 한다.
　㉣ 쉽고 간결해야 한다.
　㉤ 정확하고 적절한 어휘를 구사해야 한다.
　㉥ 표현이 간결하여 경제적이어야 한다.

(2) 쓰기의 과정

① 계획하기

　㉠ 목적 정하기: 쓰기의 목적은 정보 전달, 설득, 사회적 상호 작용, 정서 표현 등으로 나눌 수 있다. 글을 쓰기 전 글의 목적을 고려하면 효과적으로 글을 쓸 수 있다.

　㉡ 예상 독자 고려하기: 독자가 누구냐에 따라 글의 표현 방식이나 글의 수준, 글쓰기 방법 등이 달라진다. 따라서 독자의 나이, 성별, 흥미 등을 고려해야 한다.

　㉢ 주제 정하기: 주제란 글쓴이가 말하고자 하는 중심 내용이다. 좋은 글을 쓰기 위해서는 주제를 구체적이고 정확하게 표현해야 한다.

■ 주제문을 작성할 때 주의할 점
　• 하나의 완전한 문장으로 쓴다.
　• 평서문이나 직설법으로 써야 한다.
　• 의문문의 형태나 비유적 표현을 사용하지 않는다.
　• 모호한 표현이나 추측의 표현은 피하는 것이 좋다.
　• 일관성이 없거나 모순되는 표현을 피해야 한다.

ⓔ 맥락 파악하기: 글쓰기는 상황 맥락과 사회·문화적 맥락 안에서 이루어지는 의미 구성이므로 주제와 관련된 맥락을 파악하는 것이 중요하다.

ⓜ 전달 매체 정하기: 글이 실리는 매체와 그 매체의 특성을 고려해야 한다.

② 내용 생성하기

　ⓐ 내용 생성 방법
　　• 자신의 경험이나 배경지식 활용
　　• 인터넷, 책, 신문 등의 매체 자료 활용
　　• 창의적 사고 활동

브레인스토밍	여러 사람들이 생각나는 대로 가능한 한 많은 아이디어를 떠올리는 방법
자유 연상	꼬리를 물고 떠오르는 생각의 흐름을 따라가며 내용을 떠올리는 방법
자유롭게 쓰기	떠오르는 내용을 빠르게 종이에 옮기는 방법

　ⓑ 내용 선정 기준
　　• 주제를 뒷받침할 수 있어야 한다.
　　• 글의 목적에 맞아야 한다.
　　• 근거가 확실하고 의문점이 없어야 한다.
　　• 독자의 관심을 끌 수 있는 독창적이고 새로운 것이어야 한다.
　　• 전달 매체의 특성에 맞아야 한다.

③ 내용 조직하기(구상 및 개요 작성)

　ⓐ 내용의 조직 방법

3단 구성	• 서론, 본론, 결론 • 머리말, 본문, 맺음말
4단 구성	• 발단, 전개, 절정, 결말 • 기, 승, 전, 결
5단 구성	• 발단, 전개, 위기, 절정, 결말 • 발단, 전개, 절정, 하강, 대단원

　ⓑ 내용 전개의 일반 원리

시간적 순서	일기, 기행문 등
공간적 순서	대상이나 풍경을 묘사하는 글
논리적 순서	설명하거나 논증하는 글

　ⓒ 내용의 전개 방법

| 동태적 방법 | 서사, 과정, 인과 |
| 정태적 방법 | 정의, 비교, 대조, 분류, 분석, 예시 등 |

　ⓓ 개요 작성하기: 글에 포함되는 주요 내용을 위계와 구조를 고려하여 표현한다.

④ 표현하기

　ⓐ 예상 독자, 글의 목적 등 작문 상황과 내용을 고려한다.

　ⓑ 어법에 맞는 문장을 쓴다. 맞춤법, 문장 성분 간 호응, 중의적이거나 모호한 표현 등에 유의하며 쓴다.

　ⓒ 적절한 수사적 표현 방법을 사용한다. 내용을 잘 드러내기 위해 비유법, 변화법, 강조법 등을 적절히 사용한다.

　ⓓ 효과적이고 개성적인 문체로 쓴다. 글쓰기 상황과 내용에 어울리며 개성을 드러낼 수 있도록 쓴다.

　ⓔ 시각 자료 그림이나 도표 등의 자료를 적절히 활용한다.

⑤ 고쳐쓰기

　ⓐ 고쳐쓰기의 원칙

첨가의 원칙	부족한 내용은 보충할 것
삭제의 원칙	필요 없는 내용은 삭제할 것
대치의 원칙	기존의 내용을 더 나은 내용으로 바꿀 것
상세화의 원칙	더 자세하게 설명할 것
통합의 원칙	유사한 내용은 묶을 것
순서 조정의 원칙	내용의 흐름을 더 좋은 순서로 배열할 것

　ⓑ 고쳐 쓸 때 살펴볼 내용

글 수준	• 제목이 적절한가? • 주제가 적절한가? • 소제목이 적절한가? • 불필요한 부분은 없는가? • 전체적인 구성에 통일성이 있는가?
문단 수준	• 문단의 중심 내용이 확실하게 드러나는가? • 중심 문장과 뒷받침 문장의 관계가 바른가? • 문단의 배열 순서가 적절한가? • 문단의 길이가 적절한가?
문장 수준	• 문장 성분의 호응 관계가 적절한가? • 접속어와 지시어가 올바르게 사용되었는가? • 모호한 문장이 있는가? • 중의적인 문장이 있는가?
단어 수준	• 띄어쓰기가 올바른가? • 맞춤법이 올바른가? • 문맥에 맞는 어휘를 사용하였는가? • 한자어나 외국어를 무분별하게 사용하지는 않았는가?

(3) 정보 전달을 위한 글쓰기

① 글의 종류

설명문	어떤 사실이나 사물, 현상, 개념 등을 알기 쉽게 풀어 쓴 글
기사문	실제로 일어난 사건에 대해, 보고 들은 내용을 기록하여 독자에게 전달하는 글
안내문	공공 기관, 단체 등에서 행사, 모임, 사실 등의 정보를 독자에게 알리는 글

② 글을 쓰는 방법

㉠ 자료를 수집하여 가치 있고 신뢰할 만한 정보를 선별한다.

㉡ 글의 종류에 맞는 내용 조직 및 전개 방법을 선정한다.

㉢ 정보를 효과적으로 전달하기 위한 표현법을 활용한다.

㉣ 주관적인 판단과 감정은 가급적 배제하고, 사실 그대로의 정보를 객관적으로 전달한다.

(4) 설득을 위한 글쓰기

① 글의 종류

논설문	독자를 설득하여 자신의 주장을 받아들이고 따르게 할 목적으로 쓴 글
건의문	문제 상황에 처한 사람이 개인 또는 단체 등에 해결 방안을 제안하거나 요구하는 글
광고문	기업이나 단체, 개인이 상품이나 정보, 사업 내용 등을 매체를 통해 알리는 글

② 글을 쓰는 방법

㉠ 주장하고자 하는 의견이나 관점을 명료하게 세운다.

㉡ 주장을 뒷받침할 논거를 제시한다.

㉢ 단계적이고 짜임새 있게 글의 내용을 구성한다.

㉣ 설득력 있는 표현 전략을 활용하여 글을 쓴다.

㉤ 글의 목적, 예상 독자, 주제 등 쓰기 맥락을 분석한다.

㉥ 독자의 배경지식과 수준을 고려하여 표현 전략을 세운다.

㉦ 다양한 매체를 활용하여 타당한 근거를 가능한 한 풍부하게 수집한다.

㉧ 수집한 자료의 타당성을 판단하여 논리적으로 선별한다.

(5) 사회적 상호 작용을 위한 글쓰기

① 글의 종류

식사문	환영사, 주례사, 기념사, 추도사 등 어떤 의식이나 행사의 취지를 되새길 수 있게 쓰는 글
서간문	상대방의 안부를 묻고, 자신의 근황이나 용건을 전달하는 글
자기소개서	진학이나 취업 등을 목적으로 상대방에게 자신의 능력, 인성, 장래성 등을 알리는 글

② 글을 쓰는 방법

㉠ 글의 목적에 알맞은 내용과 형식을 선정한다.

㉡ 예상 독자를 고려하여 격식을 갖추어 글을 쓴다.

㉢ 필자의 진솔한 마음이 잘 드러나도록 글을 쓴다.

(6) 자기 성찰을 위한 글쓰기

① 글의 종류

수필	형식에 얽매이지 않고 자신의 정서를 자유롭게 표현한 글
감상문	감상 대상에 대한 느낌이나 생각을 정리하여 쓴 글
회고문	자신이 살아온 과거의 경험이나 삶을 되돌아보며 쓰는 글

② 글을 쓰는 방법

㉠ 일상을 섬세하게 관찰하며 의미를 발견한다.

㉡ 생활 경험 속에서 얻은 깨달음을 구체화하면서 글을 쓴다.

출제 예상 문제

※ 다음 글을 읽고 물음에 답하시오(01~03).

> ㉠대화할 때에는 서로 적절하게 순서를 지키며 말을 주고받아야 합니다. 혼자 계속해서 말하거나 상대방의 말을 가로채면 대화가 원활하게 이루어지지 않습니다. 또 ㉡상대방을 존중하면서 공손하게 말해야 합니다. 이러한 것들이 대화의 원리이죠. 그리고 대화할 때에는 무엇보다 상황과 대상에 맞게 언어 예절을 갖추어 말하는 것이 중요합니다.
>
> 그렇다면 '언어 예절'이란 무엇일까요? 이는 상대방을 존중하고 배려하는 마음을 언어로 표현하는 방식이 사회적으로 관습화된 것을 가리킵니다. 언어 예절을 갖추어 대화하려면 말하는 이와 듣는 이 사이의 관계, 대화 상황 등을 고려해야 합니다. 서로의 관계와 대화 상황 등을 고려하지 않으면, 말하는 내용이 올바르더라도 오해가 생기거나 감정이 상하는 등 이런저런 문제가 일어날 수 있기 때문입니다.

01 윗글의 내용으로 적절하지 않은 것은?

① 대화의 원리를 지키며 대화하는 것이 중요하다.
② 상대를 존중하고 배려하는 것이 '언어 예절'이다.
③ 대화를 할 때 대화의 대상을 고려하는 것이 바람직하다.
④ 말하는 내용이 올바르면 상대방과 오해가 생기는 일이 없다.

02 ㉠과 관련 있는 대화의 원리는?

① 협력의 원리
② 겸양의 원리
③ 공손성의 원리
④ 순서 교대의 원리

03 ㉡에 해당하는 내용을 설명한 것으로 적절한 것은?

① 동의의 격률: 상대방을 비난하는 표현은 최소화하고, 상대방을 칭찬하는 표현은 최대화하는 방법
② 요령의 격률: 상대방에게 부담이 되는 표현은 최소화하고, 상대방에게 이익이 되는 표현은 최대화하는 방법
③ 겸양의 격률: 상대방의 의견과 불일치하는 표현은 최소화하고, 상대방의 의견과 일치하는 표현은 최대화하는 방법
④ 찬동의 격률: 말하는 사람의 입장에서, 자신에게 이익이 되는 표현은 최소화하고, 자신에게 부담이 되는 표현은 최대화하는 방법

※ 다음 글을 읽고 물음에 답하시오(04~05).

> 듣기・말하기 방법은 세대나 지역 등의 사회・문화적 특성에 따라 다를 수 있으므로, 그 차이를 이해하고 존중해야 합니다.
>
> 우선 청소년 세대는 (㉠)을/를 자주 쓰고, 노년 세대는 (㉡)을/를 많이 씁니다. 이러한 말들은 그 세대의 문화가 반영된 것이므로 서로의 표현을 이해하고 존중하는 태도가 필요합니다. 그리고 다른 세대에 속한 사람과 대화할 때에는 상대방이 이해할 수 있도록 배려하여 말해야 합니다.
>
> 지역에 따른 말하기 방법의 차이는 지역 방언을 보면 알 수 있습니다. 지역 방언에는 그 지역 사람들의 삶의 방식과 정서가 녹아 있습니다. 그래서 지역 방언은 그 자체로 가치가 있으므로, 지역 방언의 특성을 인정하고 존중하는 태도를 지녀야 합니다. 다만 공적인 대화를 할 때에는 의사소통을 원활하게 하기 위해 표준어를 쓰는 것이 좋습니다.

04 ㉠과 ㉡에 들어갈 말로 적절한 것은?

	㉠	㉡		㉠	㉡
①	고유어	한자어	②	줄임말	고유어
③	신조어	줄임말	④	한자어	신조어

05 윗글을 참고할 때 〈보기〉의 ⓐ에 대한 설명으로 옳은 것은?

• 보기 •

A: ⓐ단디 해라.
B: …….

---

① 지역에 따라 달리 쓰는 말이다.
② 성별에 따라 달리 쓰는 말이다.
③ 통속적으로 쓰는 저속한 말이다.
④ 학술 분야에서 전문적으로 쓰는 말이다.

06 다음 대화에서 ㉠에 들어갈 말로 가장 적절한 것은?

〈병문안을 가서 친구를 위로하는 상황〉

환자: 어서 와. 바쁠 텐데 병원까지 찾아와 줘서 고마워.
친구: (㉠   )

---

① 넌 너무 덤벙거려서 문제야.
② 힘들지? 빨리 나았으면 좋겠다.
③ 응. 요즘 너무 바빠서 운동할 시간도 없어.
④ 그러니까 앞으로 여기 오라고 하지 않았으면 좋겠어.

※ 다음 글을 읽고 물음에 답하시오(07~09).

㉠사과 표현은 이렇게 하세요.

첫째, 잘못을 구체적으로 밝히고 미안하다는 표현을 분명하게 해야 해요. 사과할 때에는 자신이 무엇을 잘못했는지 구체적으로 말하는 것이 좋습니다. 그래야 자신이 잘못을 명확하게 알고 있다는 것을 나타낼 수 있지요. 그리고 상대방에게 미안하다는 표현을 분명히 해야 합니다. 앞으로 같은 잘못을 반복하지 않겠다는 말까지 한다면 사과의 마음을 더욱 잘 전달할 수 있습니다.

둘째, 변명을 늘어놓거나 상대방을 탓하지 말아야 해요. "미안해. 그런데 그때 나는…….." 하는 식으로 변명을 늘어놓거나 잘못의 원인이 상대방에게도 있다고 탓하는 말을 하면, 자신의 잘못을 회피하려 한다는 인상을 줄 수 있습니다. 또한 상대방의 기분을 상하게 할 수 있으므로 이와 같은 말은 하지 말아야 합니다.

셋째, ㉡준언어적 표현과 비언어적 표현에 유의해야 해요. 딱딱한 목소리로 말하거나 언짢은 표정을 지으며 말한다면 상대방이 진정한 사과로 받아들이기 어렵습니다.

---

07 윗글을 이해한 내용으로 적절하지 <u>않은</u> 것은?

① 사과할 때 미안하다는 표현을 분명히 한다.
② 사과할 때 잘못한 내용을 구체적으로 밝혀야 한다.
③ 사과할 때 상대방에게 변명을 늘어놓는 것이 좋다.
④ 사과할 때 상대방의 기분을 상하게 하는 표현을 하지 않는다.

08 ㉠의 예로 가장 적절한 것은?

① 많이 아프시죠? 쾌차하시길 기원합니다.
② 제가 늦어서 회의에 참석하지 못해 죄송합니다.
③ 얼마나 상심이 크십니까. 삼가 조의를 표합니다.
④ 도와주셔서 고마워요. 저 혼자였다면 힘들었을 겁니다.

09 ㉡에 해당하는 것은?

① 몸짓   ② 표정
③ 시선   ④ 어조

※ 다음 글을 읽고 물음에 답하시오(10~13).

> ㉠사회자: 여러분은 식품을 살 때 유전자 변형 작물로 만든 것인지 확인해 본 경험이 있나요? 현재 우리나라에서는 유전자 변형 작물의 수입은 허용하고 있지만, 재배는 금지하고 있습니다. 따라서 이에 대한 찬성과 반대 의견이 팽배한 상황인데요. 지금부터 "(㉡)"라는 논제로 (㉢)을/를 시작하겠습니다. 먼저 찬성 측의 입론을 들어 보겠습니다.
>
> 찬성: 현재 우리 농촌의 큰 문제 중 하나는 노동 가능 인구가 줄고 고령화되고 있다는 점입니다. 일손 부족으로 생산성이 떨어지고 소득도 줄면서, 남은 사람들마저 도시로 떠나고 있습니다. 이를 해결할 방법이 바로 유전자 변형 작물을 재배하는 것입니다. 유전자 변형 작물이란 유전자 변형 기술을 통해 자연에 없는 새로운 성질을 부여한 작물로, 비바람이나 병해충에 강하고 제초제에 잘 견디기 때문에 재배가 쉽고 경제성이 높아 농가 소득을 높이는 데 도움을 줄 수 있습니다.

10 윗글의 찬성 측 의견을 정리한 것으로 적절하지 <u>않은</u> 것은?

① 유전자 변형 작물은 병해충과 비바람에 강하다.
② 농촌의 노동 가능 인구가 줄어 일손이 부족하다.
③ 유전자 변형 작물 재배를 통해 농가의 소득을 높일 수 있다.
④ 유전자 변형 작물의 안정성 문제가 과학적으로 입증되었다.

11 ㉠의 역할로 적절하지 <u>않은</u> 것은?

① 논제를 소개한다.
② 상대방의 주장을 논리적으로 반박한다.
③ 규칙을 알려 주어 규칙을 지키도록 유도한다.
④ 논제의 초점이 흐려지면 논점을 다시 정리해서 알려 준다.

12 ㉡에 들어갈 논제로 가장 적절한 것은?

① 유전자 변형 작물의 재배를 허용해야 한다.
② 유전자 변형 작물의 수입을 허용해야 한다.
③ 농가 소득을 높이기 위한 정책을 실시해야 한다.
④ 농촌의 고령화 문제를 해결하기 위한 정책을 실시해야 한다.

13 ㉢에 들어갈 말로 알맞은 것은?

① 토론　　　　　② 협상
③ 설명　　　　　④ 정서 표현

14 다음 논제의 종류로 알맞은 것은?

> 투표 연령을 하향 조정해야 한다.

① 사실 논제　　　② 정책 논제
③ 가치 논제　　　④ 진실 논제

15 다음은 '인터넷 실명제 도입'을 주제로 한 토론의 일부이다. ㉠에 들어갈 말로 가장 적절한 것은?

> 학생 1: 저는 인터넷 실명제 도입에 반대합니다. 인터넷에서 글쓴이의 익명성이 보장되어야 자유로운 표현이 가능하기 때문입니다.
>
> 학생 2: (㉠   )
>
> 그러나 저는 인신공격 등의 악성 댓글을 막기 위해서는 인터넷 실명제가 필요하다고 생각합니다.

① 토론 주제와 상관이 없는 주장입니다.

② 그런 점만 생각하면 반대할 수도 있습니다.

③ 우리 생활과 현실적으로 무관한 주장입니다.

④ 반대 측은 주장에 대한 근거를 제시하지 않고 있습니다.

16 ㉠에 들어갈 내용으로 가장 적절한 것은?

> ■ 논제: 동네 골목길에 CCTV를 설치해야 한다.
>
> 〈찬성 측 논거〉
> • (㉠   )
> • CCTV는 안전한 생활에 필요한 정보를 제공한다.
>
> 〈반대 측 논거〉
> • CCTV는 개인의 자유 및 사생활을 침해한다.
> • CCTV가 지역에서 발생하는 모든 문제를 해결할 수 있는 것은 아니다.

① CCTV를 설치하는 기술이 발전했다.

② CCTV 설치가 지역의 미관을 해친다.

③ CCTV 설치를 반대하는 주민들이 많다.

④ CCTV는 각종 범죄 예방에 효과가 있다.

※ 다음 글을 읽고 물음에 답하시오(17~18).

> 체육 시설의 개방을 요구하는 주민 측이 학교 체육 시설의 개방에 부정적인 학교 측과 협상하기 위해 찾아갔다.
>
> 주민 대표: 우리 지역에는 스포츠 공공시설이 부족하여 주민들이 생활 체육 활동을 하는 데 큰 어려움을 겪고 있습니다. ○○ 고등학교는 다양한 체육 시설을 갖추고 있는 만큼 주민들을 위해 이들 시설을 전면 개방해 주시면 좋겠습니다.
>
> 학교 대표: 학교는 학생들이 안전한 환경에서 교육 활동에 전념할 수 있도록 최선을 다할 의무가 있습니다. (㉠   ) 따라서 학생들의 안전을 위해서라도 학교 시설을 개방하기가 어렵습니다.
>
> 주민 대표: 학교는 세금으로 운영되는 공공물(公共物)이므로, 학생들뿐만 아니라 지역 사회를 위한 역할에도 충실해야 합니다. 지역 사회도 학교와 학생들을 위해 다양한 인적, 물적 자원을 제공하고 있지 않습니까? 학교와 지역 사회가 협력적 관계라는 점을 고려하여 이 문제를 함께 해결해 나가면 좋겠습니다.
>
> 학교 대표: (고개를 끄덕이며) 그 말에 동의합니다. 그렇다면 학생들의 안전을 보장할 수 있는 방안부터 논의하면 좋겠습니다.

17 윗글과 같은 '협상하기'의 전략으로 적절하지 <u>않은</u> 것은?

① 협상을 통해 얻고자 하는 바를 구체적으로 정한다.

② 상대의 반박을 예상하고 적절한 대응 방안을 마련한다.

③ 비언어적 표현은 사용하지 않고, 언어적 표현만 사용한다.

④ 각자의 처지를 고려하여, 양보할 것과 얻을 것을 살펴본다.

18 ㉠에 들어갈 내용으로 가장 적절한 것은?

① 학교는 세금으로 운영되는 공공물(公共物)입니다.

② 학교는 지역 사회를 위한 역할에 충실해야 합니다.

③ 외부인의 침입으로 인한 학교 범죄가 증가하고 있습니다.

④ 주민들을 위한 체육 시설을 만드는 데 비용이 많이 듭니다.

19 다음에서 설명하는 우리말의 담화 관습은?

> • 상대의 감정을 상하게 할 수 있는 말을 돌려 말한다.
> • 직접적인 표현이 어려운 경우 부드러운 말로 표현한다.

① 완곡 어법 ② 겸양 어법
③ 관용 표현 ④ 시제 표현

※ 다음 글을 읽고 물음에 답하시오(20~21).

> ㉠쓰기는 독자를 향해 대화를 시도하는 사회적 행위라고 할 수 있다. 필자는 글을 대화의 공간으로 만들기 위해 글에 여러 가지 장치를 마련한다. 필자는 대화하는 자로서 자신이 글에 존재함을 알리고, 독자로 하여금 대화에 참여하도록 초대한다. 그리고 자신과 독자가 일정한 관계를 맺어 대화를 나눌 만한 사이임을 말한다. 필자가 독자와 관계를 형성하는 방식 중의 하나는 자신이 독자와 공동의 관심사를 갖고 있는 동일 공동체의 구성원임을 말하는 것이다. 이렇게 함으로써 필자는 독자로 하여금 자신의 글에 귀를 기울이고 적극적으로 참여하도록 유도할 수 있다.
>
> – 정혜승, 「독자와 대화하는 글쓰기」

20 윗글의 내용으로 적절하지 않은 것은?

① 쓰기는 독자와 대화를 나누는 사회적 행위이다.
② 글은 필자와 독자가 대화를 나눌 수 있는 공간이다.
③ 필자는 글에 여러 장치를 마련하여 글을 대화의 공간으로 만든다.
④ 필자는 독자보다 우월한 존재임을 알려 독자를 대화에 참여하도록 유도한다.

21 ㉠의 일반적인 성격으로 적절하지 않은 것은?

① 자기 자신을 돌아보게 되는 자기 성찰의 과정이다.
② 새로운 의미를 형성해 가는 창조적 사고 과정이다.
③ 필자의 생각이나 느낌을 독자에게 전달하는 일방적인 과정이다.
④ 사회관계 속에서 발생하는 여러 문제들을 해결해 나가는 활동이다.

22 책임감 있는 글쓰기에 대한 설명으로 적절하지 않은 것은?

① 사실을 축소하고, 오류 없이 담아야 한다.
② 자료의 출처를 정확하게 밝히고 사용해야 한다.
③ 내용이 어느 한쪽으로 치우치지 않도록 해야 한다.
④ 읽는 사람을 존중하고 언어 예절에 맞게 써야 한다.

23 다음에서 설명하는 내용 생성 방법으로 가장 적절한 것은?

> 어떤 문제의 해결책을 찾기 위해 여러 사람이 생각나는 대로 아이디어를 떠올리는 방법이다. 아이디어의 질보다는 양을 우선시하며, 생성된 아이디어를 조합하고 확대함으로써 다양하고 창의적인 아이디어를 찾는 것을 목적으로 한다.

① 자유 연상
② 브레인스토밍
③ 자유롭게 쓰기
④ 배경지식 활용

24 다음 (가)~(라)를 논리적 순서에 맞게 배열한 것은?

> (가) 김정호가 대동여지도를 제작하자 흥선 대원군은 김정호를 감옥에 가두고 지도의 판목은 압수해 불태웠다고 한다.
> (나) 그러나 연구 결과 김정호를 감옥에 가두고, 지도의 판목을 불태웠다는 것은 사실이 아닌 것으로 확인되었으며, 흥선 대원군에 의해 불타 사라졌다던 대동여지도의 원판이 11장이나 발견되었다.
> (다) 식민 지배를 공고히 하기 위해 일제는 "조선인들은 김정호와 대동여지도의 위대함을 알아보지 못하고 목판마저 불태워 버린 미개한 민족"이라고 비난하며 진품의 존재를 숨겨 왔던 것이다.
> (라) 이는 일제 강점기 때 조선 총독부가 발행한 『조선어독본』에 나와 있는 내용으로, 최근까지도 이것은 사실로 받아들여지고 있었다.

① (가) – (나) – (다) – (라)
② (가) – (다) – (라) – (나)
③ (가) – (다) – (나) – (라)
④ (가) – (라) – (나) – (다)

25 '저출산 문제 해결 방안'에 대한 글의 개요에서 ⊙에 들어갈 내용으로 가장 적절한 것은?

> I. 서론: 저출산 문제의 심각성
> II. 본론
>   1. 저출산 문제의 원인
>   가. 출산과 양육에 대한 부담 증가
>   나. (⊙   )
>   2. 저출산 문제의 해결 방안
>   가. 출산과 양육에 대한 사회적 책임 강화
>   나. 가정을 배려하는 직장 문화 조성
> III. 결론: 해결 방안의 적극적 실천 당부

① 저출산 문제의 결과
② 우리나라 출산율 감소 실태
③ 직장 일과 육아 병행의 어려움
④ 출산율을 늘리기 위한 정책의 필요성

26 '우리나라의 수출 경쟁력 향상을 위한 방안'에 대한 글의 개요에서 ⊙에 들어갈 가장 적절한 내용은?

> I. 서론: 우리나라의 최근 수출 현황
> II. 본론
>   1. (⊙   )
>   가. 가격 경쟁력 요인 분석: 금리, 환율 등
>   나. 비가격 경쟁력 요인 분석: 특허, 디자인 등
>   2. 우리나라 수출 부진에 대한 해결책
>   가. 가격 경쟁력을 활용한 해결책
>   나. 비가격 경쟁력을 활용한 해결책
> III. 결론: 우리나라의 수출 경쟁력 향상 방안

① 우리나라의 수출 부진 원인
② 우리나라의 행정 구역 체제
③ 우리나라의 특허 출원 현황
④ 우리나라의 환경 오염 실태

27 고쳐쓰기의 원칙에 대한 내용으로 적절하지 <u>않은</u> 것은?

① 첨가의 원칙: 부족한 내용은 보충할 것
② 상세화의 원칙: 더 자세하게 설명할 것
③ 삭제의 원칙: 기존의 내용을 더 나은 내용으로 바꿀 것
④ 순서 조정의 원칙: 내용의 흐름을 더 좋은 순서로 배열할 것

28 다음에 해당하는 고쳐쓰기의 수준은?

> • 제목이 적절한가?
> • 주제가 적절한가?
> • 전체적인 구성에 통일성이 있는가?

① 글 수준에서 고쳐쓰기
② 문단 수준에서 고쳐쓰기
③ 문장 수준에서 고쳐쓰기
④ 단어 수준에서 고쳐쓰기

29 글을 고쳐 쓸 때 단어 수준에서 점검할 내용으로 적절하지 <u>않은</u> 것은?

① 맞춤법이 올바른가?
② 띄어쓰기가 올바른가?
③ 불필요한 부분은 없는가?
④ 문맥에 맞는 어휘를 사용하였는가?

30 정보 전달을 목적으로 하는 글을 쓸 때 유의할 사항으로 적절하지 <u>않은</u> 것은?

① 주장을 뒷받침할 타당한 논거를 제시한다.
② 가치 있고 신뢰할 만한 정보인지 선별한다.
③ 사실 그대로의 정보를 객관적으로 전달한다.
④ 효과적으로 전달하기 위한 표현 방법을 활용한다.

※ 다음 글을 읽고 물음에 답하시오(31~32).

> 여러분은 화장품의 다양한 향과 색을 만들어 내기 위해 과일이나 꽃을 넣었다고 생각하신 적이 있나요? ⓒ비록 화장품에 과일이나 꽃을 넣는다면 제조, 유통, 보관 과정이 그리 쉽진 않겠죠? 여러 가지 이유로 화장품에는 각종 성분이 첨가되는데요. 그중 화학 성분이 인체에 미치는 영향에 대해 살펴보겠습니다.
>
> 화장품에 사용되는 화학 성분은 자외선을 차단하고 변색을 방지하며 부패를 막거나 절대 섞일 수 없는 물과 기름을 하나로 모아 주는 역할을 합니다. 또한 향기를 오래 지속시켜 주기도 하고 화장품이 부드럽게 발리게 하며 피부를 윤기 있고 촉촉하게 보이게 해 줍니다. ⓒ그래서 저는 화장을 하지 않으면 외출을 하지 않습니다.
>
> 하지만 화장품의 화학 성분 중에는 유해 물질이 포함된 것도 있습니다. 이것이 몸속으로 스며들어 여러 가지 질병을 일으키기도 합니다. 또한 피부에 맞지 않는 화장품을 사용하게 될 경우 피부 트러블 등의 부작용이 발생할 수도 있습니다. 화장품의 부패를 막기 위해 사용하는 파라벤은 피부의 알레르기 반응을 유발하는 것으로 알려져 있고, 그 외에도 일부 화학 물질은 내분비계 장애를 일으키는 것으로 의심되어 사용이 ⓒ허용되기도 하였습니다.
>
> 화장품은 피부를 보호해 주고 아름답게 가꾸어 줍니다. 이런 화장품에 어떤 화학 성분이 ⓔ첨가하고 있는지를 잘 파악하고 올바르게 사용함으로써 피부의 아름다움뿐만 아니라 건강도 지키시길 바랍니다.

31 다음은 윗글의 개요이다. ⓐ에 들어갈 내용으로 적절한 것은?

> 제목: 화장품을 제대로 알고 사용하자.
> 주제: 화장품의 화학 성분을 잘 파악하고 사용하자.
> • 처음: 화장품의 화학 성분에 대한 호기심 유발
> • 중간
> – (ⓐ   )
> – 화장품에 사용되는 화학 성분의 유해성
> • 끝: 화장품에 대한 바른 이해와 올바른 사용 당부

① 화장품의 역사적 발달 과정
② 화장품에 사용되는 화학 성분의 역할
③ 화장품 사용으로 얻게 되는 심리적 효과
④ 화장품의 다양한 향과 색을 만들어 내는 과정

32 ㉠~㉣의 고쳐쓰기가 바르지 **않은** 것은?

① ㉠: 문맥을 고려하여 '설마'로 고쳐 쓴다.
② ㉡: 내용상 불필요한 문장이므로 삭제한다.
③ ㉢: 문맥을 고려하여 '금지'로 고쳐 쓴다.
④ ㉣: '첨가되어 있는지를'로 고쳐 쓴다.

※ 다음 글을 읽고 물음에 답하시오(33~34).

> 가짜 명품을 지칭하는 '짝퉁'이라는 말은 일부 사전에도 ㉠등재되어 있다. ㉡그리고 분명한 사실은 표준어가 아니라는 점이다. 최근에는 뉴스 진행자가 '짝퉁'이라는 단어를 버젓이 사용하고 있는 것을 보고 깜짝 놀랐다. ㉢굳이 뉴스에서까지 연예인 소식을 다룰 필요가 있을까? 물론 뉴스 진행자는 뉴스 ㉣대본 대로 읽겠지만, 아쉬운 마음이 드는 것은 어쩔 수 없다. 우리 한국어의 어휘에는 '짝퉁'이라는 속어를 굳이 쓰지 않아도 모조품, 유사품, 복제품 등 '짝퉁'이라는 속어를 대신할 표준어가 많다.

33 윗글을 고쳐 쓰기 위한 방안으로 적절하지 **않은** 것은?

① ㉠은 부적절한 어휘이므로 '등기'로 고친다.
② ㉡은 앞뒤 문장을 고려하여 '그런데'로 고친다.
③ ㉢은 글의 통일성을 떨어뜨리는 문장이므로 삭제한다.
④ ㉣의 '대로'는 보조사로 앞에 오는 체언에 붙여 써야 하므로 '대본대로'로 고친다.

34 윗글의 내용을 바탕으로 하여 캠페인 문구를 만들 때 〈조건〉을 만족하는 것은?

> ── 조건 ──
> • 글의 주제를 드러낼 것
> • 대구법을 활용할 것

① 바른 언어생활은 표준어 사용에서 시작됩니다.
② 속어 사용을 지양하고 표준어 사용을 지향해요.
③ 무심코 내뱉은 속어, 우리말을 더 풍부하게 합니다.
④ 무분별한 속어 사용, 이제는 멈추어야 하지 않을까요?

읽기

1 읽기의 방법과 태도

● 해결 Point

읽기 방법이나 읽기 태도 등 이론을 묻는 문제는 출제되지 않지만, 제시된 글의 내용이나 읽기 전략, 글의 구조 및 전개 방식을 묻는 문제와 같이 읽기 능력을 적용하는 문제가 자주 출제되고 있다. 반복 학습을 통해 글의 내용과 구조를 빨리 파악하는 능력을 기르는 것이 중요하다.

● 대표 문제 유형

❖ 윗글의 내용으로 적절하지 <u>않은</u> 것은?
❖ 윗글의 내용 전개 방법으로 적절하지 <u>않은</u> 것은?

(1) 읽기의 특징

① 의미 구성 과정으로서의 읽기: 독자는 글을 읽는 과정에서 자신의 경험과 배경지식을 활용하여 글의 의미를 구성하게 된다.

② 문제 해결 과정으로서의 읽기: 글에는 삶의 문제에 대한 다양한 생각과 주장이 담겨 있다. 글을 읽는 과정에서 독자는 개인이나 사회가 안고 있는 문제들에 대한 해결의 실마리를 얻게 되고, 글쓴이의 생각이나 주장을 비판하면서 내용을 보완하거나 새로운 대안을 만드는 등 창의적인 방안을 마련하기도 한다.

③ 사회적 상호 작용으로서의 읽기: 자신만의 독창적인 의미를 구성하는 것이 아니라, 독자가 속한 구체적인 상황과 사회·문화적 상황 속에서 다른 구성원과 상호 작용하며 의미를 만들어 간다. 자신의 생각을 다른 사람과 공유하고 서로 영향을 주고받으면서 자연스럽게 여론이 형성되기도 한다.

④ 진로 탐색 과정으로서의 읽기: 읽기는 직접 경험하지 못한 것을 다양하게 간접 경험할 수 있도록 한다. 진로나 관심사에 관련된 읽기를 통해 자신의 진로를 구체화하고, 미래를 준비하는 데 도움을 준다.

(2) 읽기의 과정

읽기 전 활동	• 읽는 목적을 확인하고, 글의 종류를 고려하여 읽기 방법을 정한다. • 제목, 차례, 그림 등을 통해 글의 내용을 예측한다. • 예측한 내용과 관련된 경험과 배경지식을 활성화한다.
읽는 중 활동	• 글의 구조와 중심 내용을 파악하며 읽는다. • 글쓴이의 의도를 추측하고, 생략된 내용을 상상하며 읽는다. • 궁금해했던 내용에 대한 답을 찾으며 읽는다. • 내용을 이해하는 데 도움이 되는 자료를 찾아본다.
읽기 후 활동	• 글의 주제와 의도를 파악하고, 글의 내용을 요약한다. • 얻은 정보와 교훈을 실생활과 연결하고, 실천 방안을 생각해 본다. • 다른 글과 비교해 보고, 새로운 독서 계획을 세운다.

(3) 읽기의 태도

① 독서 목적에 따른 읽기 방법

설명문	글의 중심 내용을 파악하고, 정보와 자료의 출처가 믿을 만한지 파악하며 읽는다.
논설문	사실과 의견을 구분하고, 주장이 타당하고 뒷받침하는 근거가 적절한지 평가하며 읽는다.

② 다양한 읽기 방법

소리	음독	소리를 내어 읽는 방법
	묵독	소리를 내지 않고 읽는 방법
읽는 속도	속독	빠르게 읽는 방법
	지독	천천히 읽는 방법
꼼꼼함	통독	전체를 훑어 읽는 방법
	정독	자세히 파악하며 읽는 방법
읽는 범위	발췌독	필요한 부분만 골라서 읽는 방법
	완독	전체를 모두 읽는 방법

③ 글의 전개 방식 이해

서사	어떤 현상의 움직임이나 변화, 사건의 진행 등을 시간의 흐름에 따라 설명하는 서술 방식
과정	일이 되어 가는 경로에 따라 결과를 가져오게 한 단계, 절차, 순서 등을 나타내는 서술 방식

인과	어떤 결과를 가져오게 한 힘이나 현상에 초점을 두고, 원인과 결과에 따라 글을 전개하는 방식
비교	둘 또는 그 이상의 사물을 견주어 서로 간의 공통점을 밝히는 방식
대조	둘 또는 그 이상의 사물을 견주어 서로 간의 차이점을 밝히는 방식
분류	유사한 특성을 지닌 대상들을 일정한 기준에 따라 묶어서 설명하는 서술 방식
분석	대상을 구성 요소나 부분별로 나누어 설명하는 서술 방식
정의	어떤 대상이나 사물의 범위를 규정하거나 뜻을 서술하는 방식
예시	어떤 사실이나 현상에 대해 구체적인 예를 들어 설명하는 서술 방식

(4) 읽기의 원리

① 사실적 독해
  ㉠ 글에 드러난 내용을 그대로 이해하며 읽는 방법이다.
  ㉡ 단어, 문장, 문단 등의 의미를 파악하고, 글의 세부 정보를 확인한다.
  ㉢ 글에 제시된 정보 사이의 의미 관계를 확인한다.
  ㉣ 글의 중심 내용을 파악한다.
  ㉤ 글의 구조와 내용 전개 방식을 파악한다.

② 추론적 독해
  ㉠ 글에 드러나는 내용 이외의 내용을 추측하며 읽는 방법이다.
  ㉡ 경험이나 배경지식을 활용하여 생략하거나 함축한 내용을 유추하며 읽는다.
  ㉢ 사실적 독해를 바탕으로 글의 의미를 깊이 있게 이해하는 과정이다.
  ㉣ 숨겨져 있는 글쓴이의 의도, 가치관, 관점 등을 파악한다.

③ 비판적 독해
  ㉠ 글의 내용과 표현, 글쓴이의 생각이나 가치관 등을 평가하고 판단하며 읽는 방법이다.
  ㉡ 내용의 타당성, 내용의 공정성, 자료의 적절성을 기준으로 글을 평가한다.

내용의 타당성	글쓴이의 주장과 의견의 근거가 합리적인지 평가하고, 글에 제시된 정보와 사실들이 정확한 내용인지 평가한다.
내용의 공정성	주장이나 의견, 주제 등이 어느 한쪽으로 지나치게 치우치지 않고 균형을 이루는지를 평가한다.
자료의 적절성	사용된 자료가 주장과 근거를 뒷받침하는 데 적절한지, 자료가 객관적이고 출처가 명확한 것인지를 평가한다.

④ 창의적 독해
  ㉠ 이해한 정보를 토대로 새로운 의미를 만들어 내는 과정으로, 의미를 확장하며 읽는 방법이다.
  ㉡ 개인이나 사회가 안고 있는 문제를 해결할 수 있는 실마리를 얻는다.
  ㉢ 글쓴이의 생각과 자신의 생각을 종합하여 새로운 대안을 마련한다.

2 여러 가지 글 읽기

● 해결 Point ●

설명문·논설문의 내용과 형식을 파악하는 문제는 꾸준히 출제되고 있으므로, 글의 종류에 따른 읽기 방법을 반드시 알아 두어야 한다. 밑줄 친 부분의 문맥적·사전적 의미를 묻는 문제나 지시 대상을 찾는 문제는 해당 부분의 앞뒤 내용을 자세히 읽어 보면서 답을 찾을 수 있다.

● 대표 문제 유형 ●

❖ 윗글의 읽기 전략으로 적절하지 <u>않은</u> 것은?
❖ 글의 흐름으로 보아, ㉠~㉣을 바꿔 쓸 수 있는 말로 적절하지 <u>않은</u> 것은?

(1) 설명문

① 설명문의 개념: 특정 대상에 대한 정보, 지식, 관념, 이치 등을 체계적으로 풀이한 글이다. 설명문은 주로 지시적 언어를 사용하며, 개인적인 의견이나 주장은 담지 않는다.

② 설명문의 특징

객관성	개인적인 생각이나 느낌, 즉 주관을 배제한다.
평이성	독자의 이해를 돕기 위해 쉽게 설명한다.
명료성	뜻이 분명하게 전달되도록 간결하고 명료한 언어를 사용해야 한다.
정확성	설명하려는 대상에 대해 정확한 정보를 전달한다.
체계성	짜임새 있게 글을 써야 한다.

③ 설명문의 구성

머리말 (처음)	설명할 대상이나 방법, 글을 쓰는 이유와 목적 등을 밝힌다. 머리말을 읽을 때는 글쓴이가 말하려는 내용, 즉 중심 화제가 무엇인지를 파악하며 읽는다.

본문 (중간)	머리말에서 제시한 대상을 구체적으로 설명한다. 본문을 읽을 때는 설명하는 대상의 구체적인 내용은 무엇인지, 어떤 서술 방식으로 전개하는지 등을 살피면서 읽어야 한다.
맺음말 (끝)	본문에서 설명한 내용을 요약·마무리한다. 독자는 맺음말에서 중심 대상이 어떻게 정리됐는지를 파악해야 한다.

(2) 논설문

① 논설문의 개념: 어떤 문제에 대해 자기의 생각이나 주장을 논리적으로 증명하여 독자를 설득하는 글이다.

② 논설문의 특징

명료성	주장하는 내용이 확실하고 뚜렷해야 한다.
공정성	주장하는 명제가 공정해야 한다.
타당성	뒷받침하는 논거가 구체적이고 타당해야 한다.
논리성	어떤 명제의 정당성을 입증하는 추론은 오류나 비약 없이 논리적이어야 한다.
정확성	논설문은 정확한 용어를 사용해야 하므로, 문학에서 사용하는 함축적 용어보다는 지시적 용어를 주로 사용한다.

③ 논설문의 구성

서론	논설문을 쓰게 된 동기나 목적, 문제 현황, 과제 제시 등이 나타나는 단계이다.
본론	문제에 대한 필자의 주장이나 견해가 나타나는 단계이다.
결론	내용의 요약·정리, 문제에 대한 해결 방안, 새로운 과제 제시 등이 나타나는 단계이다.

(3) 기사문

① 기사문의 개념: 어떤 사건이나 상황에 관하여 보고 들은 내용을 육하원칙에 따라 적은 글이다.

② 기사문의 특징

객관성	사건이나 상황을 있는 그대로 전달한다.
간결성	독자가 빠르게 이해할 수 있도록 간결하고 쉽게 표현한다.
신속성	가능한 한 새로운 사건이나 상황을 최대한 빠르게 전달해야 한다.
정확성	기사를 작성할 때 정확하고 분명하게 표현해야 한다.
보도성	대중의 관심거리가 될 수 있는 사건, 즉 보도할 만한 내용이어야 한다.

③ 기사문의 구성

표제	신문이나 잡지 기사의 제목으로 독자의 관심을 집중시키는 기능을 한다.
부제	표제와 마찬가지로 본문의 내용을 포괄하는 기능을 하며, 간결한 문구로 작성한다.
전문	육하원칙에 따라 본문의 내용을 요약한 글이다. 일명 요약문 또는 리드문이라고도 한다.
본문	전문에서 요약한 기사 내용을 구체적으로 서술하는 부분이다. 본문을 작성할 때는 중요한 내용을 먼저 쓰고 덜 중요한 내용은 나중에 쓰는 것이 좋다.
해설	독자의 이해를 돕기 위해 덧붙인 참고 사항이나 설명이다.

(4) 광고문

① 광고문의 개념: 상품이나 서비스에 대한 정보를 여러 가지 매체를 통하여 소비자에게 널리 알리는 것으로, 궁극적으로는 광고를 접한 사람들의 행동을 변화시켜 자신들의 목적을 이룰 수 있도록 하는 글이다.

② 광고문의 작성 요령

주의	관심을 끌 수 있도록 참신하고 독창적인 문안을 작성해야 한다.
흥미	참신하고 기발한 형식과 내용으로 흥미로워야 한다.
욕망	대중의 욕구에 부응하여 구매 행위를 유발해야 한다.
실행	판매의 방법과 조건을 제시해야 한다.

③ 광고문을 읽는 방법

㉠ 표제를 보고 자신에게 필요한 정보인지 아닌지 판단한다.

㉡ 본문의 내용은 사실과 의견으로 이루어져 있으므로 이를 구분하며 읽는다.

㉢ 주관이 담긴 견해나 주장일 경우 그 근거를 따져 견해나 주장의 타당성을 살핀다.

㉣ 허위나 과장된 내용 또는 분명하지 않은 내용은 없는지 꼼꼼하게 판단하며 읽는다.

(5) 전기문

① 전기문의 개념: 교훈을 목적으로 어떤 인물의 생애, 업적, 언행, 성품 등을 사실적으로 기록한 글이다.

② 전기문의 특징

교훈성	주인공의 훌륭한 점을 본받게 하려고 쓴 글이다.
사실성	조사나 연구를 통해 인물, 사건, 배경 등 실제 있었던 사실을 기록해야 한다.
서사성	소설과 마찬가지로 시간의 흐름에 따라 사건이 전개된다.

③ 전기문의 요소

인물	주인공과 관련된 모든 것으로 가정 환경, 출생, 성격, 재능, 성장 과정 등이 있다.
사건	인물의 말이나 행동, 업적 그리고 그것들을 보여 주는 일화가 제시되어 있다.
배경	인물이 살았던 때의 사회적·역사적·문화적 상황이 드러난다.
비평	인물에 대한 글쓴이의 생각이나 느낌, 평가 등이 기록된다.

④ 전기문의 구성 방법

일대기적 구성	인물의 출생부터 사망까지 전 생애를 다루는 구성 방법이다.
집중적 구성	인물의 생애 중에서 특정한 시기나 중요한 사건만 다루는 구성 방법이다.

(6) 서간문

① 서간문의 개념: 자신의 용건과 심정을 상대방에게 전하는 글로, 친교를 위한 글쓰기의 대표적인 양식이며 '편지글'이라고도 한다.

② 서간문의 특징

상대성	편지는 개인적인 내용을 담아 특정한 대상에게 보내는 글이다.
비공개성	편지를 받는 대상을 제외하고는 편지의 내용을 알 수 없다.
실용성	실용적이며 사교성이 강한 글이다.
형식성	격식이 중요하며 일정한 형식에 맞추어 쓴다.
일방성	한쪽의 의견만 일방적으로 전달된다.

③ 서간문의 구성

서두	호칭, 문안 인사, 자기 안부
본문	사연(하고 싶은 말)
결말	끝인사, 쓴 날짜, 서명
추신	뒤에 덧붙이는 말

출제 예상 문제

※ 다음 글을 읽고 물음에 답하시오(01~04).

슈퍼마켓은 물건을 하나라도 더 팔려는 온갖 수법의 전시장과도 같다. 슈퍼마켓의 주인은 상품을 진열하는 방법과 가격을 매기는 방법까지 세심하게 신경을 써 소비자들이 지갑을 열게 한다. 그들에게 가장 반가운 것은 ㉠소비자의 충동구매다. 그래서 그들은 소비자가 어떤 물건을 보는 순간 갑자기 "이걸 꼭 사야 돼!"라고 외치도록 만들고 싶어 한다.

이런 목적에서 슈퍼마켓이 쓰는 고전적 수법 중 하나가 ㉡"특가 세일! 하야니 치약 5통 2만 원"과 같은 광고 문구다. 치약 한 통에 4천 원으로 가격을 낮췄다고 선전해도 되는데, 왜 5통을 묶어서 파는 방식을 선택했을까? 그 이유는 이런 광고 방식이 치약 한 통을 사러 갔던 사람에게 4통을 충동구매하게 만드는 효과를 내기 때문이다. 5통이나 사야 하므로 망설이다가 "에라, 모르겠다."를 외치며 장바구니에 담아 버린다. 바로 이 효과를 노린 것이다.

마케팅 전문가가 분석한 결과에 따르면, 이러한 판매 방식을 쓰면 하나씩 따로 팔 때보다 판매량이 32%나 증가한다고 한다. 이 방식이 분명히 충동구매를 부추기는 효과를 내고 있다는 뜻이다. 흥미로운 점은 특히 참치 통조림과 냉동식품의 판매량 증가 폭이 컸다는 것이다. ㉢이는 그러한 판매 방식이 특별히 잘 먹히는 상품이 있음을 보여 준다.

– 이준구, 「슈퍼마켓 백 배 즐기기」

01 위와 같은 글의 읽기 전략으로 가장 적절한 것은?

① 여정과 견문을 이해하고 감상에 공감하며 읽는다.
② 새로운 정보를 파악하고 사실인지 확인하며 읽는다.
③ 인물의 대화와 행동을 통해 글의 갈등 구조를 파악한다.
④ 주장을 파악하고 주장에 대한 근거의 타당성을 따지며 읽는다.

02 ㉠을 위해 슈퍼마켓 주인들이 사용하는 방법으로 적절하지 않은 것은?

① 상품을 진열하는 방법에 세심하게 신경을 쓴다.
② 어떻게 가격을 매기면 소비자의 지갑이 열릴지 고민한다.
③ 참치 통조림과 냉동식품의 경우 묶어 팔기 방식을 사용한다.
④ 묶어 파는 방식을 사용하여 물건을 비싸게 사도록 유도한다.

03 ㉡과 같은 광고로 얻을 수 있는 효과를 바르게 설명한 것은?

① 다른 슈퍼마켓도 묶어 팔기를 하게 한다.
② 소비자들이 지갑을 신중하게 열도록 한다.
③ 치약 4통을 더 사도록 충동구매를 부추긴다.
④ 하나씩 따로 팔 때보다 판매량이 32% 감소한다.

04 ㉢에 해당하는 상품이 아닌 것은?

① 샴푸   ② 채소
③ 휴지   ④ 냉동만두

※ 다음 글을 읽고 물음에 답하시오(05~08).

르네 마그리트의 주된 창작 기법인 데페이즈망은 우리말로 흔히 ⓐ'전치(轉置)'로 번역된다. 특정한 대상을 ㉠상식의 맥락에서 떼어 내 이질적인 상황에 배치함으로써 기이하고 낯선 장면을 연출하는 것을 말한다. 초현실주의 문학의 선구자 로트레아몽의 시에 "재봉틀과 양산이 해부대에서 만나듯이 아름다운"이라는 표현이 있는데, 바로 이것이 전형적인 데페이즈망의 표현법이다. 해부대 위에 재봉틀과 양산이 놓여 있다는 게 ㉡통념에 맞지 않지만, 바로 그 기이함이 시적·예술적 상상을 낳아 논리와 ㉢합리 너머의 세계에 대한 감각을 일깨운다.

르네 마그리트의 「골콘다」는 푸른 하늘과 집들을 배경으로 검은 옷과 모자를 쓴 남자들이 ⓑ부유(浮遊)하는 모습을 그린 것이다. 보기에 따라서는 남자들이 비처럼 하늘에서 쏟아진다는 느낌을 주기도 한다. 어느 쪽이든 간에 이는 현실에서는 불가능한 상황이다.

일단 화가는 이 그림에서 중력을 제거해 버렸다. 거리를 걷고 있어야 할 사람들이 공중에 떠 있다. 그리고 그들은 자로 잰 듯 일정한 간격으로 ⓒ포진(布陳)해 있다. 기계적인 배치다. 빗방울이 떨어져도 이렇듯 기하학적으로 떨어질 수는 없다. 이처럼 현실의 법칙을 벗어나 있지만, 그 비상식적 조합이 볼수록 매력적이다. 기이하고 낯설다는 느낌이 보는 이에게 숨겨진 미스터리와 신비에 대한 환상을 불러일으킨다. 이는 우리의 마음이 동했다는 뜻이고, 우리의 마음을 움직인 이상 이 허구의 이미지는 세상을 움직이는 하나의 힘이 되어 버린다.

데페이즈망은 이처럼 우리로 하여금 현실로부터 쉽게 일탈해 무한한 자유와 상상의 공간으로 넘어가게 한다. 그런 점에서 데페이즈망은 현실에 대한 일종의 파괴라고 할 수 있다. ㉣현실의 법칙과 논리를 간단히 ⓓ무장해제(武裝解除)해 버리는 파괴의 형식이다. 이와 관련해 우리가 주목해 볼 필요가 있는 부분이 이 형식의 다양성이다.

— 이주헌, 「지식의 미술관」

05 위와 같은 글을 읽는 방법으로 적절하지 않은 것은?

① 견문과 감상을 구분하며 읽는다.
② 글과 관련된 배경지식을 활용하며 읽는다.
③ 글의 중심 내용이 무엇인지 파악하며 읽는다.
④ 자료의 출처가 믿을 만한 것인지 파악하며 읽는다.

06 윗글을 통해 알 수 있는 내용으로 적절하지 않은 것은?

① 데페이즈망은 르네 마그리트가 주로 사용하는 창작 기법이다.
② '전치(轉置)'는 대상을 이질적인 상황에 배치하여 낯선 장면을 연출하는 것이다.
③ 해부대 위에 놓인 재봉틀과 양산을 그린 그림인 「골콘다」는 데페이즈망 기법을 사용했다.
④ 현실의 법칙에서 벗어나는 표현은 숨겨진 미스터리와 신비에 대한 환상을 불러일으키기도 한다.

07 ㉠~㉣ 중 문맥적 의미가 다른 것은?

① ㉠   ② ㉡
③ ㉢   ④ ㉣

08 ⓐ~ⓓ의 사전적 의미로 적절하지 않은 것은?

① ⓐ: 물건을 앞쪽에 놓음
② ⓑ: 물 위나 물속, 또는 공기 중에 떠다님
③ ⓒ: 물건 따위를 펴서 늘어놓음
④ ⓓ: 항복한 군인이나 포로의 무기를 빼앗는 일

※ 다음 글을 읽고 물음에 답하시오(09~13).

(가) **총독부 새 청사, 광화문을 밀어내다**
　제국주의 일본이 조선을 병탄한 지 6년째 되는 해, 조선 총독부는 새 청사를 짓겠다고 나섰습니다. 조선을 영원히 식민 통치하겠다는 그들의 야욕은 날이 갈수록 더해 갔습니다. 일제가 새 청사의 터로 선택한 곳은 오백 년 조선 왕조를 호령했던 경복궁 앞뜰이었습니다.

(나) **사라지려는 한 조선 건축물을 위하여**
　1921년 5월, 『동아일보』는 광화문 사진을 커다랗게 싣고 일제의 광화문 철거 계획을 처음으로 폭로하였습니다. 총독부 새 청사가 완공될 무렵에 조선 총독부가 광화문을 헐어 버릴 계획이라는 내용이었습니다. 『대한매일신보』도 1922년 10월 5일 광화문 보존 문제에 관한 기사를 실어 이 문제를 다루었습니다. 이렇게 광화문이 철거된다는 소식이 돌자 몇몇 일본인 학자들도 조선 총독부의 처사가 부당하다고 지적하였으며, 광화문 철거를 반대하는 국내 여론은 더욱 거세졌습니다.

(다) **광화문, 그 자리에 바로 서서 역사를 이어 가리**
　1945년 8월, 우리나라는 일본 제국주의의 압제라는 긴 암흑기를 지나 광복을 맞이합니다. 하지만 조선 총독부 건물은 중앙청으로 이름만 바뀌어 정부 청사로 사용되다가 1986년에 보수 작업을 거쳐 국립 중앙 박물관으로 개관됩니다. '역사 바로 세우기' 차원에서 철거해야 한다는 주장과 그 자체가 역사이니 그대로 두어야 한다는 주장이 ㉠오랜 논란을 빚은 끝에 1995년에 조선 총독부 건물이 철거되었고, 경복궁은 일부나마 다시 세워지기 시작하였습니다. 그리고 2006년에는 광화문을 제자리에 제대로 복원하는 작업이 시작되어 2010년에 비로소 복원된 광화문이 그 모습을 드러냈습니다.

(라) 비록 격랑의 근현대사 속에서 많은 수난을 당하며 원래의 목조 건축물이 지녔던 품격은 잃어버렸지만, 여전히 광화문은 경복궁의 얼굴이자 대한민국의 대표입니다. 그 자체가 우리의 역사이자 숨결이지요. 그렇기에 일제 강점기에 설의식을 비롯한 많은 사람들이 입을 모았듯이, 광화문이 헐린다는 것은 우리의 역사와 혼이 헐린다는 의미입니다. 반대로 광화문을 새로이, 바로 세운다는 것은 21세기에도 여전히 민족의 정기를 바로 세우는 역사적인 사업임이 틀림없습니다. 광화문, 어떤 파고와 격랑 속에서도 그 숨결은 이어져야 합니다.
　　　　　　　　　　　　　　　　　　　　　- 문화재청 엮음, 「조선의 얼, 광화문」

09 위와 같은 글의 특징으로 적절하지 <u>않은</u> 것은?

① 객관성　　　　　② 평이성
③ 난해성　　　　　④ 체계성

10 윗글의 표현 방법으로 적절하지 <u>않은</u> 것은?

① 높임 표현을 사용하고 있다.
② 구체적인 자료를 제시하여 내용의 신뢰성을 확보하고 있다.
③ 소제목을 제시하여 내용을 쉽게 파악할 수 있도록 하고 있다.
④ 설명의 효과를 높이기 위하여 역설적인 표현을 사용하고 있다.

11 윗글을 통해 알 수 있는 내용으로 적절하지 <u>않은</u> 것은?

① 일제는 조선 총독부 새 청사의 터로 경복궁 앞뜰을 선택하였다.
② 광화문 철거 소식에 몇몇 일본 학자들도 부당하다고 지적하였다.
③ 광복 후 조선 총독부 건물은 바로 철거되고 광화문도 복원되었다.
④ 일제의 광화문 철거 계획을 처음으로 폭로한 것은 『동아일보』이다.

12 (라)에 대한 이해로 적절하지 <u>않은</u> 것은?

① 광화문의 훼손 과정을 설명하고 있다.
② '파고와 격랑'은 고통과 시련을 비유하는 말이다.
③ 광화문 자체를 우리 역사이자 숨결로 표현하고 있다.
④ 광화문이 헐리는 것은 우리의 혼이 헐리는 것을 의미한다.

13 ㉠에 대한 설명으로 적절하지 <u>않은</u> 것은?

① 조선 총독부 건물의 철거에 대한 찬반 논란이다.
② 철거를 찬성하는 측은 '역사 바로 세우기' 차원에서 철거해야 한다고 주장하고 있다.
③ 철거를 반대하는 측은 어두운 과거도 역사이니 반성의 계기로 삼아야 한다고 주장하고 있다.
④ 결과적으로 조선 총독부 건물이 철거되고, 4년의 복원 과정을 거쳐 2010년 덕수궁이 복원되었다.

※ 다음 글을 읽고 물음에 답하시오(14~16).

과정에 따른 독서는 '훑어보기, 질문하기, 읽기, 확인하기, 재검토하기' 등과 같은 순서로 읽는 방법을 말한다. 훑어보기 단계에서는 제목이나 목차, 서론, 결론, 삽화 등을 보고 내용을 예측하면서 대략적으로 훑어본다. 질문하기 단계에서는 훑어보기를 바탕으로 궁금하거나 알고 싶은 내용들을 스스로 질문한다. 질문은 육하원칙(누가, 무엇을, 언제, 어디서, 왜, 어떻게)을 활용하고, 메모해 두는 것이 좋다. 읽기 단계에서는 훑어보기와 질문하기 내용을 염두에 두고 실제로 글을 읽어 나간다. 확인하기 단계에서는 앞의 질문하기 단계에서 제기한 질문들에 대한 내용을 확인하거나 메모한다. 재검토하기 단계에서는 지금까지 진행한 모든 단계들을 종합하여 주요 내용들을 재검토하여 정리하고 확인한다.

14 위와 같은 글을 읽을 때 고려할 점으로 적절하지 <u>않은</u> 것은?

① 글의 중심 내용을 파악한다.
② 자료의 출처가 믿을 만한지 파악한다.
③ 새로 알게 된 내용이 무엇인지 파악한다.
④ 주장을 뒷받침하는 근거가 적절한지 평가한다.

15 윗글의 중심 화제로 가장 적절한 것은?

① 독서의 개념과 원리
② 과정에 따른 독서 방법
③ 읽기의 계획과 검토 방법
④ 육하원칙의 활용과 메모하기

16 윗글을 읽고 정리한 내용으로 적절하지 <u>않은</u> 것은?

① 훑어보기: 제목이나 목차 등을 보고 내용을 예측하면서 대략적으로 살펴보는 단계이다.
② 질문하기: 육하원칙을 활용하여 궁금하거나 알고 싶은 내용들을 스스로 질문한다.
③ 읽기: 훑어보고 질문한 내용을 바탕으로 글을 읽어 나간다.
④ 확인하기: 지금까지 진행한 모든 단계들을 종합하여 주요 내용들을 재검토하여 정리하고 확인한다.

※ 다음 글을 읽고 물음에 답하시오(17~21).

먼저, 스마트폰에 중독되면 공부나 일에 집중할 수 없어 일상생활에 어려움을 겪는다. 내가 보낸 문자 메시지를 친구가 읽었는지, 무엇이라고 답했는지가 궁금해서 공부나 일에 집중하지 못했던 경험이 있을 것이다. 우리가 어떤 일에 몰두하면 두뇌의 '작업 기억'은 가득 차 버린다. (㉠) 여러 가지 일을 동시에 하면 기억 공간이 부족해져서 공부나 일에 대한 주의가 분산되고 능률도 떨어진다. 스마트폰에 중독된 학생들의 학업 성적이 떨어지는 이유도 이 때문이다.

둘째, 스마트폰 중독은 금단 현상이나 강박 증세, 충동 조절 능력 저하, 우울 등과 같은 신경 정신과적 증상을 동반할 수 있다. 일반적으로 중독 물질에 반복적으로 노출되면, 두뇌에서 쾌락을 느끼게 하는 신경 전달 물질인 도파민이 과도하게 분비되어 이후에 같은 자극을 받더라도 처음과 같은 쾌락을 느끼지 못하는 내성이 생긴다. (㉡) 자극이 없을 때에는 극도의 불안감이나 초조함을 느끼는 금단 현상이 나타난다. 마찬가지로 스마트폰에 중독되면 스마트폰을 이전보다 더 많이 사용하지 않는 이상 만족감이나 즐거움을 느낄 수 없게 되며, 스마트폰을 가지고 있지 않을 때에는 극도의 불안감이나 초조감을 느끼게 된다. (㉢) 스마트폰에 중독되면 기분과 사고 기능 등을 조절하게 하는 신경 전달 물질인 세로토닌의 분비가 줄어드는데, 이것이 줄어들면 감정 조절이 어려워 충동적으로 변하거나 우울증이 생기기도 한다.

셋째, 스마트폰 중독은 신체 건강에 악영향을 끼친다. 작은 화면을 오래 보면 눈이 피로해지고 목이나 손목, 척추 등에 이상이 온다는 것은 너무나 많이 알려진 상식이라 더 설명할 필요도 없다. 이 외에도 스마트폰 중독은 두통, 두뇌 기능 저하, 수면 장애 및 만성 피로 등의 원인이 될 수 있다. 또한 세계 보건 기구에서는 2011년부터 스마트폰에서 나오는 전자파를 '발암 가능 물질'로 분류하였다. 전자파가 열작용을 일으켜 체온이 상승해 세포나 조직 기능에 영향을 줄 수 있기 때문이다. (㉣) 스마트폰 중독이 신체 건강에 끼치는 피해는 심각하다고 할 수 있다.

– 고영삼, 「스마트폰 중독, 어떻게 해결할까?」

17 위와 같은 글을 읽을 때 유의할 점으로 적절하지 <u>않은</u> 것은?

① 주장의 타당성을 따져야 한다.
② 사실과 의견을 구분해서 읽어야 한다.
③ 전제나 가정이 올바른지 파악해야 한다.
④ 등장인물의 심리 변화 흐름을 고려해야 한다.

18 윗글을 통해 알 수 있는 내용으로 적절하지 <u>않은</u> 것은?

① 도파민은 두뇌에서 쾌락을 느끼게 하는 신경 전달 물질이다.

② 세로토닌의 분비가 늘어나면 감정을 조절하는 것이 어려워진다.

③ 스마트폰에서 나오는 전자파는 세포나 조직 기능에 영향을 줄 수 있다.

④ 내성이 생기면 같은 자극을 받더라도 처음과 같은 쾌락을 느끼지 못한다.

19 윗글의 중심 내용으로 가장 적절한 것은?

① 스마트폰 사용의 일상화

② 스마트폰 사용의 양면성

③ 스마트폰 중독이 위험한 이유

④ 스마트폰 중독에서 벗어나는 방법

20 중심 내용의 위치에 따른 윗글의 구성 방식으로 적절한 것은?

① 두괄식 구성　　② 미괄식 구성

③ 양괄식 구성　　④ 병렬식 구성

21 ㉠~㉣에 들어갈 접속어로 적절하지 <u>않은</u> 것은?

① ㉠: 그래서　　② ㉡: 또한

③ ㉢: 그러나　　④ ㉣: 따라서

※ 다음 글을 읽고 물음에 답하시오(22~25).

서구에서는 오랜 기간 동안 동물을 이성적 영혼이 없는 존재로 여기는 철학적 관념이 우세했다. 근세에 이르기까지도 동물 복지와 같은 것은 사실상 없었다고도 할 수 있다. 17세기 철학자인 르네 데카르트는 동물을 마치 시계와 같이 어떤 것도 전혀 느끼지 못하는 기계처럼 여겼다. 그래서 그 시대에는 완전히 ㉠<u>의식</u>이 있는 상태의 동물들을 마취나 진통제 처치도 하지 않고 생체 해부를 하는 일도 있었다. 그러한 경향이 오늘날까지 영향을 미쳐 동물을 마치 기계인 양 취급하는 ㉡<u>공장식 농장</u>의 출현을 가져왔다고 할 수 있다.

사실 우리는 동물이 쾌락이나 고통을 느낀다는 것을 명백하게 입증하지 못한다. 그러나 따지고 보면 우리는 이웃이 어떤 느낌을 느끼며 사는지 역시 정확히 알지 못한다. 설령 그들이 어떤 상황에서 기쁨이나 고통을 나타내는 소리나 언어를 사용하는 등의 행동을 하더라도 그것이 우리가 느끼는 종류의 기쁨과 고통과 동일한 것인지, 혹은 꾸며서 그러는 것인지 어떻게 확신할 수 있는가?

그럼에도 불구하고 우리는 서로에게 최소한 어떤 일을 해서는 안 된다는 것을 사회적 약속으로 삼고 살아간다. 동물에게도 마찬가지이다. 우리는 동물의 쾌락과 고통을 명백히 입증하지는 못하지만, 인간뿐 아니라 동물에 대해서도 어떤 일은 해도 되지만, 어떤 일은 해서는 안 된다는 사회적 합의가 존재한다. 이 합의는 바로 동물에게도 '복지'가 있다는 생각에 근거하는 것이다. 이것은 현대 사회에서 동물의 권리에 대해 어떤 생각을 가지고 있든 최소한 공유되고 있는 생각이다.

－ 김진석, 「동물의 복지를 생각한다」

22 위와 같은 글에 대한 설명으로 적절한 것은?

① 정보 전달을 목적으로 하는 글

② 다른 사람을 설득하기 위한 글

③ 새로운 사건을 사실적으로 전달하는 글

④ 인물의 말과 행동으로 이야기를 전개하는 글

23 〈보기〉의 내용을 참고하여 윗글을 읽을 때, ⓐ를 기준으로 평가하기 위한 질문은?

┌─────── 보 기 ───────┐

비판적 독해는 글의 내용과 표현, 글쓴이의 생각이나 가치관 등을 평가하고 판단하며 읽는 방법이다. 비판적 독해에서는 내용의 타당성, ⓐ<u>내용의 공정성</u>, 자료의 적절성을 기준으로 글을 평가한다.

└──────────────────┘

① 주제가 균형을 이루는가?

② 자료의 출처가 명확한가?

③ 글에 제시된 정보가 정확한가?

④ 글쓴이의 의견에 대한 근거가 합리적인가?

24 ㉠과 문맥적 의미가 가장 가까운 것은?

① 수진이는 엘리트 의식이 있다.

② 그는 마취가 덜 깼는지 의식이 흐릿했다.

③ 올바른 의식을 갖춘 사람의 행동으로 볼 수 없다.

④ 최근 자연 환경을 보호하려는 의식이 높아지고 있다.

25 ㉡의 출현을 가져온 생각으로 가장 적절한 것은?

① 동물은 이성적 영혼을 지니고 있다.

② 동물은 쾌락이나 고통을 느끼지 못한다.

③ 동물은 인간과 동일한 감각을 가지고 있다.

④ 동물은 인간과 동반자적 관계를 맺고 있다.

※ 다음 글을 읽고 물음에 답하시오(26~29).

거대한 영향력을 지닌 신기술의 도입으로 예상치 못한 심각한 부작용이 생기면, 기술과 인간의 관계는 밑바닥에서부터 재검토되어야 한다. 인공 지능 발달이 우리에게 던지는 새로운 과제는 두 갈래다. 로봇을 향한 길과 인간을 향한 길이다.

첫째는, ㉠인류를 위협할지도 모를 강력한 인공 지능을 우리가 어떻게 통제할 것인가의 문제이다. 로봇에 대응하는 차원에서 로봇이 지켜야 할 도덕적 기준을 만들어 준수하게 하는 방법이나, 살인 로봇을 막는 국제 규약을 제정하는 것이 접근 방법이 될 수 있다. 또한 다양한 상황에 관한 사회적 합의를 담은 알고리즘을 만들어 사회적 규약을 벗어나지 않는 범위에서 로봇이 작동하게 하는 방법도 모색할 수 있다. 설계자의 의도를 배반하지 못하도록 로봇이 스스로 무력화할 수 없는 원격 자폭 스위치를 넣는 것도 가능하다. 인공 지능 로봇이 인간의 통제를 벗어나지 못하게 과학자들은 다양한 기술적 방법을 만들어 내고, 입법자들은 강력한 법률과 사회적 합의를 적용할 것이다.

둘째는, 생각하는 기계가 모방할 수 없는 인간의 특징을 찾아 인간의 가치를 높이는 것이다. (㉡), 로봇이 아니라 인간을 깊이 생각하고 인간 고유의 특징을 활용하는 것이다. 인공 지능이 마침내 인간의 의식 현상을 구현해 낸다고 하더라도 인간과 인공 지능은 여전히 구분될 것이다. 인간에게는 감정과 의지가 있기 때문이다. 감정은 비이성적이고 비효율적이지만 인간됨을 규정하는 본능으로, 감정에 따라 판단하고 의지적으로 행동하는 인간에게 감정은 강점이면서 동시에 결함이 된다. 논리적으로 설명할 수 없는 인간의 행동은 대부분 감정과 의지에서 비롯된 것이다. 인류는 진화의 세월을 거쳐 공감과 두려움, 만족 등 다양한 감정을 발달시켜 왔다. 인간의 감정과 의지는 수백 년의 진화 과정에서 인류가 살아남으려고 선택한 전략의 결과이다.

인공 지능을 통제하는 것이 과학자들과 입법자들의 과제라면,

'인간이란 무엇인가?', '인공 지능이 대체할 수 없는 나만의 특징과 존재 이유는 무엇일까?'라는 철학적인 질문은 각 개인에게 던져진 과제이다.

– 구본권, 「로봇 시대, 인간의 일」

26 위와 같은 글의 특징과 가장 거리가 먼 것은?

① 사건이나 정보를 빠르게 전달한다.

② 뜻이 분명하고 간결한 문장을 주로 사용한다.

③ 객관적인 근거로써 글쓴이의 주장이나 의견을 뒷받침한다.

④ 읽는 이를 설득해 행동의 변화를 이끌어 내는 것을 목적으로 한다.

27 윗글의 내용으로 적절하지 <u>않은</u> 것은?

① 인공 지능이 발달함에 따라 해결해야 할 새로운 과제가 발생했다.

② 인간이 인공 지능과 다른 점은 인간에게는 감정과 의지가 있다는 것이다.

③ 감정은 인간됨을 규정하는 본능으로, 이성적이고 효율적인 성격을 지닌다.

④ 인공 지능을 통제하는 방법에 대해 고민하는 것은 과학자들과 입법자들의 역할이다.

28 ㉠을 해결하는 방법으로 적절하지 <u>않은</u> 것은?

① 살인 로봇을 막는 국제 규약을 제정하는 방법

② 인간의 감정과 의지 등 인간 고유의 특징을 활용하는 방법

③ 로봇이 지켜야 할 도덕적 기준을 만들어 준수하게 하는 방법

④ 설계자의 의도를 배반하지 못하도록 원격 자폭 스위치를 넣는 방법

29 ㉡에 들어갈 접속어로 가장 적절한 것은?

① 즉

② 따라서

③ 그러나

④ 왜냐하면

※ 다음 글을 읽고 물음에 답하시오(30~31).

> 손수건을 사용하면 자원을 절약할 수 있을 뿐만 아니라 우리의 건강에도 도움이 된다. 물론 휴지나 손 건조기를 사용하던 지금까지의 습관을 당장 바꾸기는 쉽지 않을 것이다. 그러나 (㉠)라는 우리 속담이 있지 않은가? 손수건 가지고 다니기, 친구에게 손수건 선물하기 등이 실천의 첫걸음이 될 수 있을 것이다. 그리고 우리의 이러한 작은 실천은 갈수록 나빠지는 지구 환경을 되살리는 데에도 이바지할 것이다.

30 윗글에 대한 설명으로 적절하지 <u>않은</u> 것은?

① 주제는 '손수건 사용을 생활화하자.'이다.
② 손수건 사용의 장점으로 자원 절약을 언급하였다.
③ 손수건 사용이 지구 환경에 미치는 영향에 대해 설명하였다.
④ 독자의 입장에서 실천할 수 있는 방법까지는 제시하지 못했다.

31 ㉠에 들어갈 속담으로 가장 적절한 것은?

① 우물 안 개구리
② 계란으로 바위 치기
③ 천 리 길도 한 걸음부터
④ 닭 쫓던 개 지붕 쳐다보기

※ 다음 글을 읽고 물음에 답하시오(32~33).

> 금년 여름에 내가 다산(茶山)에서 지내며 상추로 밥을 싸서 덩이를 삼키고 있을 때 구경하던 옆 사람이 "상추로 싸 먹는 것과 김치 담가 먹는 것은 차이가 있는 겁니까?"라고 물었다. 그래서 나는 거기에 답해 "그건 사람이 자기 입을 속여 먹는 법입니다."라고 말하여, 적은 음식을 배부르게 먹는 방법에 대하여 이야기해 준 적이 있다. 어떤 음식을 먹을 때마다 이러한 생각을 지니고 있어야 하며, 맛있고 기름진 음식만을 먹으려고 애써서는 결국 변소에 가서 대변보는 일에 정력을 소비할 뿐이다. 그러한 생각은 당장의 어려운 생활 처지를 극복하는 방편만이 아니라 귀하고 부유하고 복이 많은 사람이나 선비들이 집안을 다스리고 몸을 유지해 가는 방법도 된다. 근과 검, 이 두 글자 아니고는 손을 댈 곳 없는 것이니 너희들은 반드시 명심하도록 하라.
> – 정약용, 「근검(勤儉) 두 글자를 유산으로」

32 윗글은 아버지가 자식들에게 쓴 편지글이다. 이와 같은 글의 특징으로 적절하지 <u>않은</u> 것은?

① 특정한 대상에게 보내는 글이다
② 실용적이며 사교성이 강한 글이다.
③ 자신의 생각을 널리 알리기 위한 글이다.
④ 한쪽의 의견이 일방적으로 전달되는 글이다.

33 윗글에서 나타내고자 하는 글쓴이의 의도를 가장 바르게 이해한 것은?

① 사람은 자기 분수에 맞게 살아야 해.
② 지하철에 나이 드신 분이 타시면 자리를 양보해 드려야겠어.
③ 앞으로는 채식 위주로 식단을 짜고 손수 옷을 만들어 입어야겠어.
④ 이제부터 부지런하고 소박하게 사는 것을 나의 생활신조로 삼아야겠어.

34 재해 예방 포스터를 공모하는 안내문을 다음과 같이 작성하였다. 반드시 추가해야 할 내용으로 가장 적절한 것은?

> 자연재해 예방을 위한 범국민적 홍보와 자율 방재 의식을 고취하기 위하여 전 국민을 대상으로 재해 예방 포스터를 공모하고자 합니다.
>
> • 공모 부문: 초등부, 중·고등부, 대학 일반부
> • 문의처: 소방방재청 방재관리본부 방재대책팀

① 공모 기간과 신청 방법
② 공모 기관과 공모 대상
③ 포스터의 크기와 공모 취지
④ 수상 내역과 공모 작품의 주제

35 다음은 '플라스틱 사용을 줄이자.'라는 주장을 펼치는 논설문이다. 주장을 뒷받침하는 내용으로 적절하지 않은 것은?

> 태평양에는 지도에 없는 섬인 플라스틱 아일랜드가 있다. 쓰레기들로 이루어진 이 섬의 면적은 한반도의 여섯 배에 달하며, 약 1억 톤의 쓰레기 중 90% 이상이 플라스틱으로 이루어져 있다. 그뿐만 아니라 세계 자연 보전 연맹의 연구에 따르면 매년 바다로 버려지는 950만 톤의 플라스틱 쓰레기 중 약 15~30%가 미세 플라스틱이라고 한다. 미세 플라스틱이란 지름이 5mm 이하인 플라스틱 조각으로, 정수 처리 과정에서 걸러지지 않고 하수구를 통해 바다로 흘러 들어간다. 최근 신문을 통해 보도되었듯이, 수많은 해양 동물이 뱃속에 가득 플라스틱 쓰레기를 안고 죽어 간다고 하니, 실로 큰 문제가 아닐 수 없다.

① 플라스틱 사용의 문제점
② 플라스틱 산업의 발달 과정
③ 무분별한 플라스틱 사용의 실태
④ 플라스틱 사용으로 인한 환경 오염의 심각성

36 〈보기〉에 사용된 내용 전개 방식은?

> ● 보기 ●
>
> 국가 지정 문화재는 국보, 보물, 사적 등으로 나눌 수 있다. 국보는 보물에 해당하는 문화재 중 그 가치가 크고 유례가 드문 것이고, 보물은 건조물, 서적, 회화, 공예품 등의 유형 문화재 중 중요한 것이다. 사적은 기념물 중 유적, 신앙, 정치, 국방, 산업 등으로 중요한 것이다.

① 서사
② 분류
③ 인과
④ 대조

문법

중세 국어의 표기상 특징, 중세 국어 어휘, 어법에 맞는 문장, 한글 맞춤법, 표준 발음법, 음운 변동, 훈민정음 제자 원리, 관용 표현, 다의어, 합성어

1 국어의 변화

● 해결 Point

중세 국어에 대한 문제가 자주 출제되므로 표기상의 특징과 자주 나오는 어휘의 의미를 반드시 알아 두어야 한다. 언어의 특성과 기능에 대한 문제도 출제될 가능성이 높으므로 예문을 통해 확실히 익히는 것이 좋다.

● 대표 문제 유형

❖ ㉠～㉣에 나타난 중세 국어의 특징으로 적절하지 않은 것은?
❖ ㉠, ㉡에 해당하는 표기 방법으로 알맞은 것은?

(1) 언어의 이해

① 음성 언어와 문자 언어
  ㉠ 공통점
   • 다른 사람과 의미를 주고받으며 의사소통의 기능을 수행한다.
   • 의사소통의 기능을 수행하기 위하여 그 사회에서 약속된 부호를 사용한다.
   • 사용하는 사람들의 인격이나 지식 등을 나타낸다.
  ㉡ 차이점

구분	음성 언어	문자 언어
제약	시간과 공간의 제약을 받음	시간과 공간의 제약을 받지 않음
보존	정보의 기록, 보존, 전달이 어려움	정보의 기록, 보존, 전달이 용이함
보조 수단	손짓, 몸짓, 표정, 억양, 어조 등	문체, 표현 기법 등
전달 내용	비교적 쉬운 내용 전달	비교적 복잡한 내용 전달
전달 방법	대면한 상태에서 사용하기 때문에 생각이나 감정을 직접적으로 전달	직접 대면하지 않기 때문에 생각이나 감정을 간접적으로 전달

② 언어의 특성
  ㉠ 기호성(임의성): 언어는 일정한 내용을 일정한 형식(기호)에 의해 전달한다.
  ㉡ 사회성(불역성): 언어는 언중의 사회적 약속이므로 개인이 마음대로 바꿀 수 없다.
  ㉢ 역사성(가역성): 언어는 시대에 따라 생성, 변화, 소멸한다.
   • 생성: 새로운 말이 생기는 것
   • 변화: 의미 축소, 의미 확대, 의미 이동 등
   • 소멸: 사용하던 말이 사라지는 것
  ㉣ 자의성: 언어 기호의 내용과 형식 사이에는 필연적인 관계가 없다.
  ㉤ 분절성(불연속성): 언어는 연속적으로 이루어져 있는 외부 세계를 불연속적인 것으로 끊어서 표현한다.
  ㉥ 창조성(개방성): 언어는 무한한 개방적 체계로 새로운 문장을 계속 만들어 낼 수 있고, 어떠한 개념이든 무한하게 표현할 수 있다.

③ 언어의 기능
  ㉠ 표현적 기능: 화자가 어떤 문제에 대해 자신의 판단이나 감정을 언어로 표현하는 기능을 말한다.
   예 • 그녀는 몸무게가 45kg입니다. – 화자의 사실적 판단
     • 여기는 금연 장소입니다. – 청자에 대한 화자의 태도
  ㉡ 표출적 기능: 화자가 의사소통을 전제로 하지 않고 거의 본능적으로 사용하는 기능을 말한다.
   예 으액! / 에구머니나! / 어이쿠!
  ㉢ 지령적 기능: 지령이란 윗사람이 아랫사람에게 무엇을 하게 하는 것이다. 감화적 기능, 명령적 기능이라고도 한다.
  ㉣ 친교적 기능: 화자가 청자와의 유대 관계를 확인하거나 친교를 돈독하게 하기 위한 목적으로 사용되는 언어 기능이다.
   예 • (화창한 날씨를 보며) "오늘은 날씨가 참 화창하군요."
     • (인사치레로) "식사하셨어요?"
  ㉤ 지식과 정보의 보존 기능: 언어를 통해서 지식을 보존하고 축적해 가는 기능을 말한다.

(2) 국어의 이해

① 국어의 개념

㉠ 국어란 국가를 배경으로 그 나라의 국민이 사용하는 개별적, 구체적 언어이다.

㉡ 보통 한 나라 안에서는 하나의 국어가 사용되지만 경우에 따라 둘 이상의 국어를 사용하는 나라도 있다.

② 국어의 분류

㉠ 어원에 따른 분류

고유어	우리말에 본디부터 있던 말이나 그것에 기초하여 새로 만들어진 말
한자어	한자에 기초하여 만들어진 말
외래어	• 귀화어(歸化語): 근원은 외국에서 들어온 말이지만, 현재는 거의 우리말처럼 사용되고 있는 단어 • 차용어(借用語): 완전하게 우리말이 되지 않고, 사용할 때 외국어라는 의식이 조금 남아 있는 외래어

㉡ 사회성에 따른 분류

표준어	교양 있는 사람들(계층적 조건)이 두루 쓰는 현대(시대적 조건)의 서울말(지리적 조건)로 정함
방언	지역 또는 사회 계층에 따라 분화된 말 • 지역 방언: 지리적 요인에 따라 분화된 방언 • 사회 방언: 나이, 성별, 직업, 계층 등에 따라 분화된 방언
은어	어떤 특정 집단에서 다른 사람들이 알아듣지 못하도록 자기네 구성원끼리만 특별하게 사용하는 말로, 집단에 대한 소속감이나 구성원간의 친밀감을 형성할 수 있지만 다른 구성원들에게는 소외감을 주고 의사소통에 장애를 초래할 수 있음
속어	통속적으로 쓰는 저속한 말로, 은어와는 달리 비밀유지의 기능은 없음
전문어	어떤 전문적인 작업을 효과적으로 수행하기 위하여 그 직업에 종사하는 사람들 사이에서 특수하게 발달된 말
금기어	일반적으로 사람들이 '똥'이나 '죽음'과 같이 더럽거나 두려워 말하기를 꺼려하는 말
완곡어	사람들이 금기어를 말하기 꺼리기 때문에 불쾌함이나 두려움이 덜한 말을 사용하는데 이처럼 금기어의 의미를 부드럽게 표현하는 말
관용어	둘 이상의 단어가 결합하여 특별한 의미로 사용되는 말로, 여기에 사용되는 단어들은 지시적인 의미로 쓰이지 않기 때문에 단어의 의미만으로 전체의 의미를 알 수 없어서 해당 표현의 의미를 정확하게 알고 있어야 상황에 맞게 표현할 수 있음
속담	예로부터 민간에 전하여 오는 말로, 선조들의 삶의 지혜와 교훈적인 내용이 담겨 있으며, 보통 문장의 형태를 지니고 있음

(3) 중세 국어의 특징

① 음운

자음	• 음절의 첫머리에 서로 다른 둘 이상의 자음이 올 수 있는 어두 자음군이 사용되었다. • 'ㅸ(순경음 ㅂ), ㅿ(반치음), ㆁ(옛이응), ㆆ(여린히읗)' 등 현대 국어에서 사용하지 않는 글자가 사용되었다.
모음	• 양성 모음은 양성 모음끼리, 음성 모음은 음성 모음끼리 어울리는 모음 조화가 잘 지켜졌다. • 'ㆍ(아래 아)'가 사용되었다.

② 문법

조사	• 주격 조사 '이'와 'ㅣ'가 사용되었다.
	  – 이: 자음으로 끝난 체언 뒤
	    예 시미[심+이] 기픈 믈은
	  – ㅣ: 'ㅣ' 모음 이외의 모음으로 끝난 체언 뒤
	    예 孔공子ᄌᆡ[공ᄌᆞ+ㅣ] 曾증子ᄌᆞᄃ려 닐러 ᄀᆞᄅᆞ샤ᄃᆡ
	  – ∅: 'ㅣ' 모음으로 끝난 체언 뒤
	    예 불휘[불휘+∅] 기픈 남ᄀᆞᆫ
	• 목적격 조사 '올/룰, 을/를'이 사용되었다.
	  – 올/룰: 양성 모음 뒤
	  – 을/를: 음성 모음 뒤

어미	• 명사형 어미에는 '-옴/-움'이 사용되었다.
	• 높임 선어말 어미가 발달하였다.
	  – 주체 높임 선어말 어미: -시-, -샤-
	  – 객체 높임 선어말 어미: -ᄉᆞᆸ-, -ᄌᆞᆸ-, -ᅀᆞᆸ-

③ 어휘

㉠ 현대 국어에는 사용되지 않는 단어들이 사용되었다.

㉡ 현대 국어와 다른 의미로 사용되는 단어들이 있었다.

㉢ 한자어의 유입이 증가되면서 한자어의 쓰임이 증가하였고, 한자어와 고유어의 경쟁 속에서 고유어가 사라지기도 했다.

㉣ 이웃 나라와 교류하는 과정에서 몽골어, 여진어, 중국어 등 외래어가 들어왔다.

④ 표기

㉠ 훈민정음 창제 이후 우리말을 그대로 적을 수 있게 되었다.

㉡ 훈민정음 창제 당시 받침으로 'ㄱ, ㄴ, ㄷ, ㄹ, ㅁ, ㅂ, ㅅ, ㅇ'의 여덟 자만 사용했다. – 8종성법

㉢ 앞말의 받침을 다음 글자의 첫소리에 옮겨 적는 이어 적기(연철)를 일반적으로 사용했다.

> ■ 표기법
> • 이어 적기: 연철(連綴)식 표기
>   – 앞 음절의 끝소리를 뒤 음절의 첫소리로 옮겨 적는다.

– 표음주의 표기법이라고도 한다.
- 끊어 적기: 분철(分綴)식 표기
  – 체언과 조사, 어간과 어미를 구별하여 적는 방법이다.
  – 표의주의 표기법이라고도 한다.
- 거듭 적기: 중철(重綴)식 표기
  – 이어 적기에서 끊어 적기로 넘어가는 과도기에 나타난 표기법이다.
  – 이어 적기와 끊어 적기를 함께 적는 방법으로 일명 혼철(混綴)식 표기라고도 한다.

ⓔ 성조(소리의 높낮이)를 표시하기 위해 글자 왼쪽에 방점을 찍었고, 성조로 단어의 뜻을 구분하였다.

ⓜ 한자음을 중국 발음에 가깝게 적는 동국정운(東國正韻)식 표기를 사용하였다.

ⓗ 세로쓰기를 하였다.

ⓢ 띄어쓰기를 하지 않았다.

2 음운의 변동

● 해결 Point

단어의 표준 발음과 연계하여 음운의 교체, 탈락, 첨가, 축약 등 음운 변동에 대한 문제가 자주 출제되므로 대표적인 예를 통해 음운 변동의 개념과 종류를 확실히 알아 두는 것이 좋다. 음운의 개념과 종류, 자음과 모음의 구분과 특징에 대해서도 기본적인 지식을 익혀 두어야 한다.

● 대표 문제 유형

❖ 다음에서 설명하는 음운 변동이 일어나지 <u>않는</u> 것은?
❖ 다음 규정에 따른 발음으로 옳은 것은?

(1) 음운과 음절

① 음운
  ㄱ 음운의 개념: 말의 뜻을 구별해 주는 소리의 가장 작은 단위를 말한다.
  ㄴ 음운의 종류
    • 분절 음운: 마디를 뚜렷하게 나눌 수 있는 음운으로 국어에는 '자음'과 '모음'이 있다.
    • 비분절 음운: 마디를 뚜렷하게 나눌 수 없는 음운으로 '소리의 길이(장단)', '높낮이(억양)', '세기' 등이 있다.

② 음절
  ㄱ 음절의 개념: 발음을 할 때 한 번에 소리 낼 수 있는 발음의 최소 단위이다.
  ㄴ 음절의 구조: 음절의 기본 구조는 '(자음) + 모음 + (자음)'이며, 다음과 같이 나눌 수 있다.
    • 모음 하나로 된 음절
    • '모음 + 자음'으로 된 음절
    • '자음 + 모음'으로 된 음절
    • '자음 + 모음 + 자음'으로 된 음절

③ 국어의 음운 체계
  ㄱ 자음
    • 자음의 개념: 발음할 때 허파에서 나온 공기의 흐름이 목, 입, 혀 따위의 발음 기관에 의해 장애를 받아 나는 소리이며, '닿소리'라고도 한다.
    • 자음의 분류
      – 소리의 세기에 따른 구분(3중 체계)

평음	예사소리
경음	된소리
격음	거센소리

      – 목청의 떨림 여부에 따른 구분

울림소리	발음할 때 목청이 떨려 울리는 소리
안울림소리	성대를 진동시키지 않고 내는 소리

      – 발음 방법에 따른 구분

파열음	폐에서 나오는 공기를 일단 막았다가 그 막은 자리를 터뜨리면서 내는 소리
파찰음	파열음과 마찰음의 두 가지 성질을 다 가지는 소리
마찰음	입 안이나 목청 따위의 조음 기관이 좁혀진 사이로 공기가 비집고 나오면서 마찰하여 나는 소리
비음	입 안의 통로를 막고 코로 공기를 내보내면서 내는 소리
유음	혀끝을 잇몸에 가볍게 대었다가 떼거나, 잇몸에 댄 채 공기를 그 양옆으로 흘려보내면서 내는 소리

      – 발음 위치에 따른 구분

양순음 (입술소리)	두 입술 사이에서 나는 소리
치조음 (잇몸소리)	혀끝과 윗잇몸 사이에서 나는 소리
경구개음 (센입천장소리)	혓바닥과 센입천장(경구개) 사이에서 나는 소리

연구개음 (여린입천장소리)	혀의 뒷부분과 여린입천장(연구개) 사이에서 나는 소리
후음 (목청소리)	목청에서 나는 소리

• 자음 체계도(19개)

<table>
<tr><td colspan="2" rowspan="2"></td><td rowspan="2">양순음</td><td rowspan="2">치조음</td><td rowspan="2">경구개음</td><td rowspan="2">연구개음</td><td rowspan="2">후음</td></tr>
<tr></tr>
<tr><td rowspan="6">안울림소리</td><td>예사소리</td><td>ㅂ</td><td>ㄷ</td><td></td><td>ㄱ</td><td></td></tr>
<tr><td>된소리</td><td>ㅃ</td><td>ㄸ</td><td></td><td>ㄲ</td><td></td></tr>
<tr><td>거센소리</td><td>ㅍ</td><td>ㅌ</td><td></td><td>ㅋ</td><td></td></tr>
<tr><td>예사소리</td><td></td><td></td><td>ㅈ</td><td></td><td></td></tr>
<tr><td>된소리</td><td></td><td></td><td>ㅉ</td><td></td><td></td></tr>
<tr><td>거센소리</td><td></td><td></td><td>ㅊ</td><td></td><td></td></tr>
<tr><td rowspan="2">마찰음</td><td>예사소리</td><td></td><td>ㅅ</td><td></td><td></td><td rowspan="2">ㅎ</td></tr>
<tr><td>된소리</td><td></td><td>ㅆ</td><td></td><td></td></tr>
<tr><td rowspan="2">울림소리</td><td>비음</td><td>ㅁ</td><td>ㄴ</td><td></td><td>ㅇ</td><td></td></tr>
<tr><td>유음</td><td></td><td>ㄹ</td><td></td><td></td><td></td></tr>
</table>

발음 위치(열), *발음 방법*(행), 파열음 분류는 좌측 셀.

ⓒ 모음

• 모음의 개념: 성대의 진동을 받은 소리가 목, 입, 코를 거쳐 나오면서 그 통로가 좁아지거나 완전히 막히거나 하는 따위의 장애를 받지 않고 나는 소리이며, '홀소리'라고도 한다.

• 단모음(10개): 발음할 때 입술이나 혀가 고정되어 움직이지 않는 모음
  – 혀의 위치에 따른 구분

전설 모음	혀의 최고점이 입 안의 앞쪽에 위치하여 발음하는 모음
후설 모음	혀의 최고점이 입 안의 뒤쪽에 위치하여 발음하는 모음

  – 혀의 높이에 따른 구분

고모음	입을 조금 열고, 혀의 위치를 높여서 발음하는 모음
중모음	입을 보통으로 열고 혀의 높이를 중간으로 하여 발음하는 모음
저모음	입을 크게 벌리고 혀의 위치를 가장 낮추어서 발음하는 모음

  – 입술 모양에 따른 구분

평순 모음	입술을 둥글게 오므리지 않고 발음하는 모음
원순 모음	입술을 둥글게 오므려 발음하는 모음

– 단모음 체계도

<table>
<tr><td colspan="2" rowspan="2">혀의 위치

혀의 높이　입술
모양</td><td colspan="2">전설모음</td><td colspan="2">후설모음</td></tr>
<tr><td>평순
모음</td><td>원순
모음</td><td>평순
모음</td><td>원순
모음</td></tr>
<tr><td colspan="2">고모음</td><td>ㅣ</td><td>ㅟ</td><td>ㅡ</td><td>ㅜ</td></tr>
<tr><td colspan="2">중모음</td><td>ㅔ</td><td>ㅚ</td><td>ㅓ</td><td>ㅗ</td></tr>
<tr><td colspan="2">저모음</td><td>ㅐ</td><td></td><td>ㅏ</td><td></td></tr>
</table>

• 이중 모음(11개): 발음할 때 입술이나 혀가 움직이는 모음
  – 반모음 'ㅣ'로 시작하는 것: ㅑ, ㅒ, ㅕ, ㅖ, ㅛ, ㅠ
  – 반모음 'ㅗ/ㅜ'로 시작하는 것: ㅘ, ㅙ, ㅝ, ㅞ
  – 반모음 'ㅣ'로 끝나는 것: ㅢ

(2) 음운 변동 현상

① 음운 변동 현상의 이해
  ㉠ 개념: 음운의 변동이란 한 음운이 일정한 환경에서 변하는 현상으로, 발음을 좀 더 쉽고 간편하게 하거나 표현의 강화 효과를 위해 일어난다.
  ㉡ 종류

교체	하나의 음운이 다른 음운으로 바뀌는 현상 예 비음화, 유음화, 구개음화, 음절 끝소리 규칙, 된소리되기
탈락	원래 있던 음운이 없어지는 현상 예 자음 탈락, 모음 탈락, 두음 법칙
첨가	없던 음운이 새로 생기는 현상 예 'ㄴ' 첨가, 반모음 첨가
축약	두 음운이 하나의 음운으로 합쳐지는 현상 예 자음 축약, 모음 축약

② 음운의 교체
  ㉠ 비음화
    • 받침 'ㄱ(ㄲ, ㅋ, ㄳ, ㄺ), ㄷ(ㅅ, ㅆ, ㅈ, ㅊ, ㅌ, ㅎ), ㅂ(ㅍ, ㄼ, ㄿ, ㅄ)'은 비음 'ㄴ, ㅁ' 앞에서 비음 [ㅇ, ㄴ, ㅁ]으로 발음한다.
      예 국물[궁물], 쫓는[쫀는], 앞마당[암마당]
    • 받침 'ㅁ, ㅇ' 뒤에 연결되는 유음 'ㄹ'은 비음 [ㄴ]으로 발음한다.
      예 담력[담녁], 침략[침냑], 강릉[강능]
  ㉡ 유음화
    • 'ㄴ'은 'ㄹ' 앞에서 [ㄹ]로 발음한다.
      예 난로[날로], 천리[철리], 대관령[대괄령]

- '∟'은 'ㄹ' 뒤에서 [ㄹ]로 발음한다.
  예 칼날[칼랄], 물난리[물랄리], 줄넘기[줄럼끼]

ⓒ 구개음화: 끝소리 'ㄷ, ㅌ'이 모음 'ㅣ'와 만나 구개음인 [ㅈ, ㅊ]으로 바뀌는 현상이다.
  - 받침 'ㄷ, ㅌ(ㄾ)'이 조사나 접미사의 모음 'ㅣ'와 결합되는 경우에는, [ㅈ, ㅊ]으로 바꾸어서 뒤 음절 첫소리로 옮겨 발음한다.
    예 굳이[구지], 밭이[바치], 벼훑이[벼훌치]
  - 'ㄷ' 뒤에 접미사 '히'가 결합되어 '티'를 이루는 것은 [치]로 발음한다.
    예 굳히다[구치다], 묻히다[무치다]

ⓔ 음절의 끝소리 규칙
  - 받침소리로는 'ㄱ, ㄴ, ㄷ, ㄹ, ㅁ, ㅂ, ㅇ'의 7개 자음만 발음한다.
  - 받침 'ㄲ, ㅋ', 'ㅅ, ㅆ, ㅈ, ㅊ, ㅌ', 'ㅍ'은 어말 또는 자음 앞에서 각각 대표음 [ㄱ, ㄷ, ㅂ]으로 발음한다.
    예 닦다[닥따], 키읔[키윽], 옷[옫], 빚다[빋따], 꽃[꼳], 솥[솓]
  - 겹받침 'ㄳ', 'ㄵ', 'ㄼ, ㄽ, ㄾ', 'ㅄ'은 어말 또는 자음 앞에서 각각 [ㄱ, ㄴ, ㄹ, ㅂ]으로 발음한다.
    예 넋[넉], 앉다[안따], 여덟[여덜], 외곬[외골], 핥다[할따]

  > 다만, '밟-'은 자음 앞에서 [밥]으로 발음하고, '넓-'은 다음과 같은 경우에 [넙]으로 발음한다.
  > - 밟다[밥따], 밟소[밥쏘], 밟는[밥는→밤는], 밟고[밥꼬]
  > - 넓죽하다[넙쭈카다], 넓둥글다[넙뚱글다]

  - 겹받침 'ㄺ, ㄻ, ㄿ'은 어말 또는 자음 앞에서 각각 [ㄱ, ㅁ, ㅂ]으로 발음한다.
    예 흙과[흑꽈], 늙지[늑찌], 젊다[점따], 읊다[읍따]

ⓜ 된소리되기
  - 받침 'ㄱ(ㄲ, ㅋ, ㄳ, ㄺ), ㄷ(ㅅ, ㅆ, ㅈ, ㅊ, ㅌ), ㅂ(ㅍ, ㄼ, ㄿ, ㅄ)' 뒤에 연결되는 'ㄱ, ㄷ, ㅂ, ㅅ, ㅈ'은 된소리로 발음한다.
    예 국밥[국빱], 삯돈[삭똔], 덮개[덥깨], 넓죽하다[넙쭈카다]
  - 어간 받침 'ㄴ(ㄵ), ㅁ(ㄻ)' 뒤에 결합되는 어미의 첫소리 'ㄱ, ㄷ, ㅅ, ㅈ'은 된소리로 발음한다.
    예 신고[신꼬], 앉고[안꼬], 얹다[언따], 삼고[삼꼬], 닮고[담꼬]

  > 다만, 피동, 사동의 접미사 '-기-'는 된소리로 발음하지 않는다.
  > - 안기다[안기다], 감기다[감기다], 옮기다[옴기다]

- 어간 받침 'ㄼ, ㄾ' 뒤에 결합되는 어미의 첫소리 'ㄱ, ㄷ, ㅅ, ㅈ'은 된소리로 발음한다.
  예 넓게[널께], 핥다[할따], 훑소[훌쏘], 떫지[떨찌]
- 한자어에서, 'ㄹ' 받침 뒤에 연결되는 'ㄷ, ㅅ, ㅈ'은 된소리로 발음한다.
  예 갈등[갈뜽], 절도[절또], 말살[말쌀], 갈증[갈쯩], 물질[물찔]

  > 다만, 같은 한자가 겹쳐진 단어의 경우에는 된소리로 발음하지 않는다.
  > - 허허실실(虛虛實實)[허허실실], 절절(切切)하다[절절하다]

③ 음운의 탈락
  ⓐ 자음 탈락
    - 'ㄹ' 탈락: 끝소리가 'ㄹ'인 말과 다른 말이 어울릴 적에 'ㄹ' 소리가 나지 않는 것은 아니 나는 대로 적는다.
      예 다달이(달-달-이), 우짖다(울-짖다), 화살(활-살)
    - 'ㅎ' 탈락: 'ㅎ(ㄶ, ㅀ)' 뒤에 모음으로 시작된 어미나 접미사가 결합되는 경우에는 'ㅎ'을 발음하지 않는다.
      예 낳은[나은], 놓아[노아], 쌓이다[싸이다], 싫어도[시러도]
    - 그 밖의 자음 탈락
      – 모음 앞에서 'ㅅ' 탈락: 이어(잇+어), 그어(긋+어)
      – 붙어 있는 동음 중 앞 자음 탈락: 간난(艱難) → 가난
  ⓑ 모음 탈락
    - 'ㅡ' 탈락: 어간이 모음 'ㅡ'로 끝나는 일부 용언은 뒤에 어미 '-아/-어'가 결합하면 'ㅡ'가 나타나지 않는다.
      예 아파도(아프+아도), 잠가(잠그+아), 떠(뜨+어), 꺼(끄+어)
    - 'ㅜ' 탈락: 어간이 모음 'ㅜ'로 끝나는 동사 '푸다'는 뒤에 어미 '-아/-어'가 결합하면 'ㅜ'가 나타나지 않는다.
      예 푸다: 퍼(푸+어), 퍼서(푸+어서), 펐다(푸+었다)
    - 동음 탈락: 똑같은 모음이 반복될 때 하나가 탈락하는 현상이다.
      예 가서(가+아서), 건너도(건너+어도), 타라(타+아라)
    - 그 밖의 모음 탈락
      – 어간 'ㅐ' 뒤에서 'ㅓ' 탈락: 깨(깨+어)
      – '하다'의 어간 '하'에서 'ㅏ' 탈락: 흔치(흔하+지)
  ⓒ 두음 법칙
    - 한자음 '녀, 뇨, 뉴, 니'가 단어 첫머리에 올 적에는, 두음 법칙에 따라 '여, 요, 유, 이'로 적는다.
      예 여자(女子), 유대(紐帶), 연세(年歲), 익명(匿名)

- 한자음 '랴, 려, 례, 료, 류, 리'가 단어의 첫머리에 올 적에는, 두음 법칙에 따라 '야, 여, 예, 요, 유, 이'로 적는다.
  예 양심(良心), 역사(歷史), 유행(流行), 예의(禮儀)

- 한자음 '라, 래, 로, 뢰, 루, 르'가 단어의 첫머리에 올 적에는 두음 법칙에 따라 '나, 내, 노, 뇌, 누, 느'로 적는다.
  예 낙원(樂園), 내일(來日), 누각(樓閣), 노인(老人)

④ 음운의 첨가

  ㉠ 'ㄴ' 첨가

  - 합성어 및 파생어에서, 앞 단어나 접두사의 끝이 자음이고 뒤 단어나 접미사의 첫음절이 '이, 야, 여, 요, 유'인 경우에는 'ㄴ' 음을 첨가하여 [니, 냐, 녀, 뇨, 뉴]로 발음한다.
    예 삯일[상닐], 색연필[생년필], 솜이불[솜니불], 막일[망닐]

  - 'ㄹ' 받침 뒤에 첨가되는 'ㄴ' 음은 [ㄹ]로 발음한다.
    예 솔잎[솔립], 설익다[설릭따], 물약[물략], 서울역[서울력]

  - 두 단어를 이어서 한 마디로 발음하는 경우에도 해당한다.
    예 옷 입다[온닙따], 한 일[한닐]

  ㉡ 반모음 'ㅣ[j]' 첨가: 다음과 같은 용언의 어미는 [어]로 발음함을 원칙으로 하되, [여]로 발음함도 허용한다.
    예 피어[피어/피여], 되어[되어/되여]

⑤ 음운의 축약

  ㉠ 자음 축약: 자음 'ㄱ, ㄷ, ㅂ, ㅈ'이 자음 'ㅎ'과 만나 거센소리인 'ㅋ, ㅌ, ㅍ, ㅊ'이 되는 현상이다.

  - 'ㅎ' + 'ㄱ, ㄷ, ㅂ, ㅈ' → [ㅋ, ㅌ, ㅍ, ㅊ]
    예 좋다[조타], 좋지[조치], 낳지[나치], 않던[안턴], 낳고[나코]

  - 'ㄱ, ㄷ, ㅂ, ㅈ' + 'ㅎ' → [ㅋ, ㅌ, ㅍ, ㅊ]
    예 낙하[나카], 잡히다[자피다], 축하[추카], 좁히다[조피다]

  ㉡ 모음 축약: 모음 'ㅣ'나 'ㅗ/ㅜ'가 다른 모음과 결합하여 이중 모음을 이루는 것이다.
    예 그리+어 → 그려, 오+아서 → 와서, 맞추+어 → 맞춰

3 문법 요소

● 해결 Point
형태소와 단어의 종류, 피동 표현·사동 표현, 높임 표현, 문장 성분의 호응 관계에 대한 문제가 출제될 가능성이 높다. 또 어법에 맞는 문장을 찾는 문제가 자주 출제된다. 난이도가 매우 높지는 않으므로 기본적인 문법 지식을 바탕으로 자주 나오는 단어와 문장의 예를 익혀 두어야 한다.

● 대표 문제 유형
❖ 다음 문장과 동일한 오류가 드러난 것은?
❖ 밑줄 친 낱말을 바르게 사용한 것은?

(1) 형태소와 단어

① 형태소

  ㉠ 형태소의 개념: 일정한 의미를 가진 가장 작은 말의 단위(의미의 최소 단위)이다.

  ㉡ 형태소의 종류

  - 자립성 유무에 따라

자립 형태소	혼자 자립해서 쓰일 수 있는 형태소 예 명사, 대명사, 수사, 관형사, 부사, 감탄사
의존 형태소	혼자 쓰일 수 없고 다른 말에 기대어 쓰이는 형태소 예 조사, 접사, 용언의 어간·어미

  - 실질적인 의미의 유무에 따라

실질 형태소	실질적 의미를 갖고 구체적인 대상이나 상태·동작 등을 표시하는 형태소 예 자립 형태소, 용언의 어간
형식 형태소	실질 형태소에 붙어 문법적 관계나 형식적 의미를 더해 주는 형태소 예 조사, 접사, 선어말 어미, 어말 어미

② 단어(낱말)

  ㉠ 단어의 개념: 분리하여 자립적으로 쓸 수 있는 말이나 이에 준하는 말이다.

  ㉡ 단어의 종류

  - 단일어: 하나의 어근(실질 형태소)만으로 이루어진 단어

  - 복합어
    - 파생어: 어근(실질 형태소)과 접사(형식 형태소)로 이루어진 단어
      예 햇밤, 맨발, 나무꾼, 고집쟁이

– 합성어: 둘 또는 그 이상의 어근(실질 형태소)이 결합되어 이루어진 단어

예 밤낮, 길바닥, 뛰놀다, 검붉다

③ 단어의 갈래 – 품사

㉠ 품사의 개념: 단어들을 성질이 공통된 것끼리 모아 갈래를 지어 놓은 것을 품사라고 한다.

㉡ 품사의 분류

• 체언

명사	사물이나 사람의 이름을 나타내는 단어 예 사과, 바다, 고양이, 을지문덕
대명사	사람, 사물, 장소의 이름을 대신하여 가리키는 단어로, 사람을 대신하는 인칭 대명사와 사물이나 장소를 대신하는 지시 대명사가 있음 예 나, 그녀, 이것, 저기
수사	사물의 수량이나 순서를 가리키는 단어 예 하나, 둘, 첫째, 둘째

• 수식언

관형사	체언 앞에 놓여서 그 말을 꾸미는 단어 예 새, 헌, 모든
부사	주로 용언을 꾸밈으로써 그 용언의 의미를 더욱 분명하게 해 주는 단어 예 매우, 가장, 과연, 그리고

• 관계언

조사	다른 단어 뒤에 붙어 문법적 관계를 나타내거나, 특별한 뜻을 더해 주는 구실을 하는 단어 예 은, 는, 이, 가, 도, 조차

• 독립언

감탄사	말하는 사람의 놀람이나 느낌, 부름이나 대답 등을 나타내는 단어 예 우아, 저런, 아이고, 아뿔싸

• 용언

동사	사람이나 사물의 움직임이나 작용을 나타내는 단어로, '무엇이 어찌하다'에서 '어찌하다'에 해당함 예 먹다, 자다, 달리다, 일어나다
형용사	사람이나 사물의 성질이나 상태를 나타내는 단어로, '무엇이 어떠하다'에서 '어떠하다'에 해당함 예 크다, 넓다, 노랗다, 예쁘다

④ 형태소와 단어의 관계

㉠ 자립 형태소는 홀로 설 수 있으므로 단어가 된다.

㉡ 의존 형태소 중 자신은 홀로 설 수 없지만, 홀로 설 수 있는 말에 쉽게 붙어 쓰이는 조사는 단어이다.

㉢ 조사를 제외한 의존 형태소는 결합해야만 단어가 된다.

예 먹+었+다(형태소 3개) → 먹었다(단어 1개)

(2) 문장에 대한 이해

① 문장의 개념

㉠ 우리의 생각이나 감정을 완결된 내용으로 표현하는 언어의 최소 형식이다.

㉡ 최소한 하나의 주어와 하나의 서술어를 갖추고 있어야 한다.

㉢ 내용상으로는 의미가 완결되어야 하고, 형식상으로는 문장이 끝났음을 알리는 표지가 있어야 한다.

② 문장의 하위 문법 단위

절	• 두 개 이상의 어절이 모여 하나의 의미 단위를 이룸 • 주어와 서술어를 가진다는 점에서 구(句)와 구별됨
구	• 둘 이상의 어절이 어울려서 하나의 단어와 동등한 기능을 함 • 주어와 서술어 관계를 가지지 못함
어절	• 문법적 기능(조사나 어미)을 하는 요소들이 앞의 말에 붙어 한 어절을 이룸 • 띄어쓰기 단위와 일치함

③ 문장의 구성

무엇이 어찌하다(동사)	예 나는 먹는다.
무엇이 어떠하다(형용사)	예 나는 착하다.
무엇이 무엇이다(체언+서술격 조사 '이다')	예 나는 학생이다.

④ 문장의 종류

㉠ 홑문장: 한 문장 안에서 주어와 서술어의 관계가 한 번씩만 이루어진 문장

㉡ 겹문장: 한 문장에서 서술어가 둘 이상 나타나서 주어와 서술어의 관계가 두 번 이상 맺어지는 문장

• 안은문장(안긴문장): 문장이 다른 문장 속에 들어가 하나의 문장 성분처럼 쓰이는 문장

명사절	문장 내에서 주어나 목적어, 부사어의 역할
관형절	문장 내에서 체언을 꾸며 주는 역할
부사절	문장 내에서 서술어를 꾸며 주는 역할
서술절	문장 내에서 서술어의 역할
인용절	직접·간접적으로 인용하는 문장

• 이어진문장: 둘 이상의 문장들이 나란히 이어져서 더 큰 문장을 이루는 문장

대등적	나열, 대조 등
종속적	이유나 원인, 조건과 가정, 의도, 목적 등

⑤ 문장의 종결

평서문	정보 또는 자신의 생각을 단순하게 전달하는 문장
의문문	질문하여 그에 대한 대답을 요구하는 문장
명령문	무엇을 시키거나 행동을 요구하는 문장
청유문	함께 행동할 것을 요청하거나 제안하는 문장
감탄문	자신의 느낌을 표현하는 문장

⑥ 문장 성분

ⓐ 주성분

주어	동작이나 작용, 상태나 성질 등의 주체
서술어	동작이나 작용, 상태, 성질 등을 풀이하는 기능
목적어	행위나 동작의 대상을 나타내는 문장 성분
보어	서술어 '되다, 아니다'와 사용되는 '무엇이', '누가'에 해당하는 부분으로, 서술어를 보충하는 문장 성분

ⓑ 부속 성분

관형어	주로 체언을 꾸며 주는 문장 성분
부사어	주로 서술어(동사, 형용사)를 꾸며 주는 역할을 하며, 다른 부사어, 관형어, 문장 전체 등을 꾸며 주기도 하는 문장 성분

ⓒ 독립 성분

독립어	다른 성분과 아무 관계없이 독립적으로 쓰이는 문장 성분(감탄, 부름, 응답 등)

(3) 높임 표현과 시간 표현

① 높임 표현: 화자가 청자나 어떤 대상에 대하여 그의 높고 낮은 정도에 따라 언어적으로 구별하여 표현하는 방식을 말한다.

ⓐ 주체 높임법
  • 개념: 서술상의 주체(주어)가 화자보다 나이가 많거나 사회적 지위가 높을 때 서술어의 주체를 높이는 표현
  • 실현 방법
    – 선어말 어미 '-(으)시-'를 사용하여 높이는 경우
      예 충무공은 훌륭한 장군이셨다.
    – '계시다, 잡수시다' 등 특수 어휘를 사용하는 경우
      예 아버지께서는 진지를 잡수시고 계신다.
    – 주격 조사 '께서' 등을 사용하여 높이는 경우
      예 선생님께서 숙제를 내 주셨다.
    – 접미사 '님'을 사용하여 높이는 경우
      예 이제 곧 사장님께서 식장 안으로 들어오십니다.

• 종류
  – 직접 높임법: 서술어의 주어를 직접 높이는 방법
    예 교장 선생님께서는 댁에 계십니다.
  – 간접 높임법: 높여야 할 대상의 신체 일부, 소유물, 말씀 등에 '-(으)시-'를 사용하여 대상을 간접적으로 높이는 방법
    예 선생님께서는 사무실에 책이 많으십니다.

ⓑ 객체 높임법
  • 개념: 문장의 목적어나 부사어가 지시하는 대상, 즉 객체를 높이는 표현
  • 실현 방법
    – '뵈다/뵙다, 드리다, 모시다, 여쭈다/여쭙다 등' 특수한 어휘를 사용하는 경우
      예 누나는 할머니를 모시고 병원에 갔다.
    – 조사 '에게' 대신 '께'를 사용하는 경우
      예 철수는 선생님께 책을 드렸다.

ⓒ 상대 높임법
  • 개념: 말하는 이가 듣는 이를 높이거나 낮추는 태도를 나타내는 표현으로, 주로 종결 어미를 사용하여 실현
  • 종류
    – 격식체

	평서형	의문형	명령형	청유형	감탄형
하십시오체 (아주 높임)	합니다	합니까?	하십시오	–	–
하오체 (예사 높임)	하오	하오?	하오, 하구려	합시다	하는구려
하게체 (예사 낮춤)	하네, 함세	하는가?, 하나?	하게	하세	하는구먼
해라체 (아주 낮춤)	한다	하냐?, 하니?	해라	하자	하는구나

    – 비격식체

	평서형	의문형	명령형	청유형	감탄형
해요체 (두루 높임)	해요	해요?	해요	해요	해요
해체 (두루 낮춤)	해	해?	해	해	해

② 시간 표현
  ⓐ 시제: 발화시를 기준으로 삼아 앞뒤의 시간을 구분하는 것이다.

• 과거 시제(발화시 < 사건시)

개념	사건이 말하는 시점 이전에 일어나는 시간 표현
실현 방법	• 선어말 어미 '-았-/-었(였)-' 例 영철이는 학교에 갔다(가+았+다). • 관형사형 어미로는 동사의 경우 '-(으)ㄴ', 형용사와 서술격 조사의 경우 '-던' 사용 例 어제 먹은 사과, 어디서 샀어? – 동사 　　아름답던 태희가 저렇게 변하다니. – 형용사 　　학생이던 시절이 생각난다. – 서술격 조사 • 시간 부사 '어제' 등에 의해 실현 例 나는 어제 학교에 갔다.

• 현재 시제(발화시 = 사건시)

개념	사건이 말하는 시점에 일어나는 시간 표현
실현 방법	• 선어말 어미는 동사의 경우 '-는-/-ㄴ-'을 사용하고, 형용사나 서술격 조사 '이다'의 경우에는 선어말 어미를 사용하지 않음 例 아기가 잠을 잔다(자+ㄴ+다). – 동사 　　그녀는 (아름답다○ / 아름답는다×). – 형용사 • 관형사형 어미로는 동사는 '-는', 형용사는 '-(으)ㄴ', 서술격 조사 '이다'는 '-ㄴ' 사용 例 그와 말하는 사람은 누구시죠? – 동사 　　그는 좋은 사람입니다. – 형용사 　　나는 가수인(가수이+ㄴ) 그녀를 사랑한다. – 서술격 조사 • 시간 부사 '지금, 오늘' 등에 의해 실현 例 학생들이 지금 축구를 한다.

• 미래 시제(발화시 > 사건시)

개념	사건이 말하는 시점 이후에 일어나는 시간 표현
실현 방법	• 선어말 어미 '-겠-'에 의해 실현 例 내일 제가 떠나겠습니다. • 관형사형 어미인 '-(으)ㄹ'에 의해 실현 例 올 겨울에 입을 옷을 사야지. • 시간 부사 '내일' 등에 의해 실현 例 학생들이 내일 도착할 것이다.

ⓒ 동작상: 시제는 시간의 흐름 속에서 어떤 사건이나 사실을 한 개의 점으로 표시한다면, 동작상은 시간의 흐름 속에서 동작이 일어나는 모습을 나타낸다. 동작상은 주로 보조 용언이나 연결 어미를 통해 실현된다.

• 완료상

개념	발화시를 기준으로 그 동작이 이미 완료되었음을 표현
실현 방법	• 보조 용언 '-아/-어 버리다' 例 나는 밥을 다 먹어 버렸다. • 보조 용언 '-아/-어 있다' 例 나는 지금 방에 앉아 있다.

• 연결 어미 '-고서'
例 나는 공부를 마치고서 집을 나왔다.

• 진행상

개념	발화시를 기준으로 그 동작이 진행되고 있음을 표현
실현 방법	• 보조 용언 '-고 있다' 例 나는 수박을 먹고 있다. 　'-고 있다'의 중의성 　진행상과 완료상으로 모두 해석이 가능하다. 　例 자동차를 타고 있다. – 자동차를 타는 　　동작의 진행을 의미하기도 하고, 자동차를 탄 상태를 의미하기도 한다. • 보조 용언 '-아/-어가다' 例 옷이 거의 말라간다. • 연결 어미 '-(으)면서' 例 그녀는 밥을 먹으면서 대답하였다.

(4) 사동 표현과 피동 표현

① 사동 표현

ⓐ 주동과 사동

주동	주어가 동작이나 행위를 자기 스스로 하는 것
사동	주어가 남에게 어떤 동작을 하도록 시키는 것

ⓑ 사동의 종류

단형 사동	• 사동 접미사 '-이-, -히-, -리-, -기-, -우-, -구-, -추-' 例 얼음이 녹았다. – 주동 　　→ 아이들이 얼음을 녹였다. – 사동 • 접미사 '시키다' 例 철수와 영희가 화해하였다. – 주동 　　→ 철수와 영희를 화해시켰다. – 사동
장형 사동	보조 용언 '-게 하다' 例 철수가 옷을 입었다. – 주동 　　→ 엄마가 철수에게 옷을 입게 했다. – 사동

ⓒ 직접 사동과 간접 사동

직접 사동	사동의 주체가 행위에 참여하는 것 例 인형에게 옷을 입힌다.
간접 사동	사동의 주체가 행위에 참여하지 않는 것 例 아이에게 옷을 입힌다. 　　(아이 스스로 옷을 입도록 시킴)

② 피동 표현

ⓐ 능동과 피동

능동	주어가 동작을 제 힘으로 하는 것
피동	주어가 다른 주체에 의해서 동작을 당하는 것

ⓒ 피동의 종류

단형 피동	• 피동 접미사 '-이-, -히-, -리-, -기-' 예 고양이가 쥐를 물었다. – 능동 → 쥐가 고양이에게 물렸다. – 피동 • 접미사 '되다, 받다, 당하다' 예 국회가 법안을 가결하였다. – 능동 → 법안이 국회에서 가결되었다. – 피동
장형 피동	보조 용언 '-어지다' 예 경찰이 사건의 전모를 밝혔다. – 능동 → 사건 전모가 경찰에 의해 밝혀졌다. – 피동

(5) 인용 표현과 부정 표현

① 인용 표현

ⓒ 개념: 다른 사람의 말이나 글을 직접 또는 간접적으로 자신의 말이나 글 속에 끌어 쓰는 표현을 말한다.

ⓒ 종류

• 직접 인용

개념	다른 사람의 말이나 글을 원래의 형식과 내용을 그대로 유지한 채 인용
실현 방법	큰 따옴표가 있으면서, 인용격 조사 '라고' 사용 예 아내가 남편에게 "사랑해."라고 말했다.
효과	직접 말을 전하는 듯한 생생한 느낌을 전달

• 간접 인용

개념	다른 사람의 말이나 글을 원래의 형식과 내용을 유지하지 않고 내용만 끌어다 쓰는 인용
실현 방법	큰 따옴표가 없으면서, 인용격 조사 '고' 사용 예 아내가 남편에게 사랑한다고 말했다.
효과	직접 인용을 사용할 때보다 매끄럽고 간결한 느낌을 전달

② 부정 표현

ⓒ 개념: 부정을 나타내는 말을 사용하여 문장의 내용을 의미적으로 부정하는 문법의 기능을 말한다.

ⓒ 종류

'안' 부정문	• 단순 부정 또는 주체의 의지에 의한 부정 – 단순 부정 예 오늘은 비가 안 내린다. – 의지 부정 예 숙제를 안 했다. • 긴 부정문과 짧은 부정문 – 긴 부정문 '-지 아니하다(않다)' 예 숙제를 하지 않았다. – 짧은 부정문 '아니(안)' 예 숙제를 안 했다.
'못' 부정문	• 능력 부족 또는 외부적 요인에 의한 부정 – 능력 부족 예 아무리 노력해도 저 팀은 못 이긴다. – 외부적 요인 예 바람이 많이 불어서 배드민턴을 못 쳤다.

	• 긴 부정문과 짧은 부정문 – 긴 부정문 '-지 못하다' 예 철수는 학교에 가지 못했다. – 짧은 부정문 '못' 예 철수는 학교에 못 갔다.
'말다' 부정문	명령문이나 청유문의 경우 '못 부정문'이나 '안 부정문'을 쓰지 않고, '-지 말다'와 같이 '말다' 부정문을 사용 예 밥을 남기지 마라. – 명령문 밥을 남기지 말자. – 청유문

ⓒ 부정문의 중의성: 부정문은 그 의미가 중의적으로 해석될 수 있다.

예 철수가 나를 때리지 않았다.
– 나를 때린 사람은 철수가 아니다. → 다른 사람이 때렸다.
– 철수가 때린 사람은 내가 아니다. → 다른 사람을 때렸다.
– 철수는 나를 때린 것은 아니다. → 나를 밀었다.

4 한글 맞춤법

● 해결 Point

한글 맞춤법 규정과 관련해 단어의 바른 표기를 묻는 문제가 자주 출제되고 있다. 사이시옷, 구개음화, 두음 법칙, 받침의 표기 등 시험에 자주 나오는 항목을 중심으로 빈출 단어를 확실하게 익혀 두어야 한다.

● 대표 문제 유형

❖ 밑줄 친 단어 중, 한글 맞춤법 규정을 <u>잘못</u> 적용한 것은?
❖ 다음 규정의 ㉠에 해당하는 예로 알맞은 것은?

(1) 총칙

① **제1항** 한글 맞춤법은 표준어를 소리대로 적되, 어법에 맞도록 함을 원칙으로 한다.

② **제2항** 문장의 각 단어는 띄어 씀을 원칙으로 한다.

③ **제3항** 외래어는 '외래어 표기법'에 따라 적는다.

> ■ **외래어 표기법 제1장 표기의 기본 원칙**
> **제1항** 외래어는 국어의 현용 24 자모만으로 적는다.
> **제2항** 외래어의 1 음운은 원칙적으로 1 기호로 적는다.
> **제3항** 받침에는 'ㄱ, ㄴ, ㄹ, ㅁ, ㅂ, ㅅ, ㅇ'만을 쓴다.
> **제4항** 파열음 표기에는 된소리를 쓰지 않는 것을 원칙으로 한다.
> **제5항** 이미 굳어진 외래어는 관용을 존중하되, 그 범위와 용례는 따로 정한다.

(2) 소리에 관한 것

① 된소리

제5항 한 단어 안에서 뚜렷한 까닭 없이 나는 된소리는 다음 음절의 첫소리를 된소리로 적는다.

> ㉠ 두 모음 사이에서 나는 된소리
>
> > **예** 소쩍새, 어깨, 오빠, 새끼, 토끼, 으뜸, 깨끗하다, 어떠하다
>
> ㉡ 'ㄴ, ㄹ, ㅁ, ㅇ' 받침 뒤에서 나는 된소리
>
> > **예** 산뜻하다, 잔뜩, 살짝, 훨씬, 움찔, 몽땅, 엉뚱하다, 담뿍
>
> ㉢ 다만, 'ㄱ, ㅂ' 받침 뒤에서 나는 된소리는, 같은 음절이나 비슷한 음절이 겹쳐 나는 경우가 아니면 된소리로 적지 아니한다.
>
> > **예** 국수, 깍두기, 딱지, 색시, 싹둑, 법석, 갑자기, 몹시

② 구개음화

제6항 'ㄷ, ㅌ' 받침 뒤에 종속적 관계를 가진 '-이(-)'나 '-히-'가 올 적에는 그 'ㄷ, ㅌ'이 'ㅈ, ㅊ'으로 소리 나더라도 'ㄷ, ㅌ'으로 적는다.

> **예** 맏이, 해돋이, 굳이, 닫히다, 같이, 묻히다, 끝이
>
> ㉠ 종속적 관계: 실질 형태소인 체언, 어근, 용언 어간 등에 형식 형태소인 조사, 접미사, 어미 등이 결합하는 관계를 말한다.
>
> > **예** 솥이[소치]: 솥(실질 형태소) + 이(형식 형태소)
>
> ㉡ 형식 형태소가 결합하지 않은 경우에는 구개음화가 실현되지 않는다.
>
> > **예** 곧이[고지]: 곧-(어근) + -이(부사 파생 접미사)
> > 곧이어[고디어]: 곧(부사) + 이어(부사)

③ 'ㄷ' 소리 받침

제7항 'ㄷ' 소리로 나는 받침 중에서 'ㄷ'으로 적을 근거가 없는 것은 'ㅅ'으로 적는다.

> ㉠ 'ㄷ' 소리로 나는 받침: 음절 종성에서 [ㄷ]으로 소리 나는 'ㄷ, ㅅ, ㅆ, ㅈ, ㅊ, ㅌ, ㅎ' 등
>
> > **예** 덧저고리, 돗자리, 웃어른, 무릇, 사뭇, 얼핏, 옛, 첫
>
> ㉡ 'ㄷ'으로 적을 뚜렷한 근거가 있는 경우에는 'ㄷ'으로 적는다.
>
> > • 원래부터 'ㄷ' 받침을 가지고 있는 경우
> >
> > > **예** '맏이[마지], 맏아들[마다들]'의 '맏-'
> > > '낟[낟], 낟알[나달], 낟가리[낟까리]'의 '낟'
> >
> > • 본말에서 준말이 만들어지면서 'ㄷ' 받침을 갖게 된 경우
> >
> > > **예** 돋보다(← 도두보다), 딛다(← 디디다), 얻다가(← 어디에다가)
> >
> > • 'ㄹ' 소리와 연관되어 'ㄷ'으로 소리 나는 경우
> >
> > > **예** 반짇고리, 사흗날, 숟가락, 이튿날

④ 모음

제8항 '계, 례, 몌, 폐, 혜'의 'ㅖ'는 'ㅔ'로 소리 나는 경우가 있더라도 'ㅖ'로 적는다.

> ㉠ 표기는 여전히 'ㅖ'로 굳어져 있으므로 'ㅖ'로 적는다.
>
> > **예** 혜택(惠澤), 사례(謝禮), 계집, 핑계, 폐품(廢品), 계시다
>
> ㉡ 한자 '偈, 揭, 憩'는 본음이 [게]이므로 'ㅔ'로 적는다.
>
> > **예** 게송(偈頌), 게시판(揭示板), 휴게실(休憩室)

제9항 '의'나, 자음을 첫소리로 가지고 있는 음절의 'ㅢ'는 'ㅣ'로 소리 나는 경우가 있더라도 'ㅢ'로 적는다.

> **예** 의의(意義), 띄어쓰기, 무늬[紋], 희망(希望), 하늬바람

⑤ 겹쳐 나는 소리

제13항 한 단어 안에서 같은 음절이나 비슷한 음절이 겹쳐 나는 부분은 같은 글자로 적는다.

> **예** 딱딱, 꼿꼿하다, 눅눅하다, 밋밋하다, 쓱싹쓱싹, 누누이(屢屢-)

(3) 형태에 관한 것

① 체언과 조사

제14항 체언은 조사와 구별하여 적는다.

> **예** 집이, 집을, 집에, 집도, 집만

② 어간과 어미

제15항 용언의 어간과 어미는 구별하여 적는다.

> **예** 찾다, 찾고, 찾아, 찾으니 / 늙다, 늙고, 늙어, 늙으니

제16항 어간의 끝음절 모음이 'ㅏ, ㅗ'일 때에는 어미를 '-아'로 적고, 그 밖의 모음일 때에는 '-어'로 적는다.

> ㉠ '-아'로 적는 경우
>
> > **예** 나아, 나아도, 나아서 / 얇아, 얇아도, 얇아서
>
> ㉡ '-어'로 적는 경우
>
> > **예** 개어, 개어도, 개어서 / 겪어, 겪어도, 겪어서

제18항 다음과 같은 용언들은 어미가 바뀔 경우, 그 어간이나 어미가 원칙에 벗어나면 벗어나는 대로 적는다.

> ㉠ 어간의 끝 'ㅎ'이 줄어질 적
>
> > **예** 그렇다: 그러니, 그럴, 그러면, 그러오
>
> ㉡ 어간의 끝 'ㅜ, ㅡ'가 줄어질 적
>
> > **예** 푸다(퍼, 펐다), 뜨다(떠, 떴다), 담그다(담가, 담갔다)
>
> ㉢ 어간의 끝 'ㄷ'이 'ㄹ'로 바뀔 적
>
> > **예** 걷다[步]: 걸어, 걸으니, 걸었다
>
> ㉣ 어간의 끝 'ㅂ'이 'ㅜ'로 바뀔 적
>
> > **예** 맵다: 매워, 매우니, 매웠다
>
> ㉤ '하다'의 활용에서 어미 '-아'가 '-여'로 바뀔 적
>
> > **예** 하다: 하여, 하여서, 하여도, 하여라, 하였다

ⓑ 어간의 끝음절 '르' 뒤에 오는 어미 '-어'가 '-러'로 바뀔 적

예 이르다[至]: 이르러, 이르렀다

ⓢ 어간의 끝음절 '르'의 'ㅡ'가 줄고, 그 뒤에 오는 어미 '-아/-어'가 '-라/-러'로 바뀔 적

예 가르다: 갈라, 갈랐다 / 부르다: 불러, 불렀다

③ 접미사가 붙어서 된 말

제19항 어간에 '-이'나 '-음/-ㅁ'이 붙어 명사로 된 것과 '-이'나 '-히'가 붙어 부사로 된 것은 그 어간의 원형을 밝히어 적는다.

ㄱ '-이'가 붙어서 명사로 된 것

예 길이, 다듬이, 달맞이, 미닫이, 벼훑이, 살림살이, 쇠붙이

ㄴ '-음/-ㅁ'이 붙어서 명사로 된 것

예 걸음, 묶음, 믿음, 얼음, 엮음, 졸음, 죽음, 앎

ㄷ '-이'가 붙어서 부사로 된 것

예 같이, 굳이, 길이, 높이, 많이, 실없이

ㄹ '-히'가 붙어서 부사로 된 것

예 밝히, 익히, 작히

제20항 명사 뒤에 '-이'가 붙어서 된 말은 그 명사의 원형을 밝히어 적는다.

예 곳곳이, 낱낱이, 삼발이, 애꾸눈이, 절뚝발이/절름발이

제21항 명사나 혹은 용언의 어간 뒤에 자음으로 시작된 접미사가 붙어서 된 말은 그 명사나 어간의 원형을 밝히어 적는다.

ㄱ 명사 뒤에 자음으로 시작된 접미사가 붙어서 된 것

예 값지다, 넋두리, 빛깔, 잎사귀

ㄴ 어간 뒤에 자음으로 시작된 접미사가 붙어서 된 것

예 낚시, 덮개, 갉작거리다, 굵다랗다, 넓적하다, 높다랗다

④ 합성어 및 접두사가 붙은 말

제27항 둘 이상의 단어가 어울리거나 접두사가 붙어서 이루어진 말은 각각 그 원형을 밝히어 적는다.

예 꺾꽂이, 부엌일, 첫아들, 빛나가다, 새파랗다, 엿듣다, 헛되다

제28항 끝소리가 'ㄹ'인 말과 딴 말이 어울릴 적에 'ㄹ' 소리가 나지 아니하는 것은 아니 나는 대로 적는다.

예 다달이(달-달-이), 따님(딸-님), 마소(말-소), 바느질(바늘-질)

제29항 끝소리가 'ㄹ'인 말과 딴 말이 어울릴 적에 'ㄹ' 소리가 'ㄷ' 소리로 나는 것은 'ㄷ'으로 적는다.

예 반짇고리(바느질~), 사흗날(사흘~), 섣달(설~), 숟가락(술~)

제30항 사이시옷은 다음과 같은 경우에 받치어 적는다.

ㄱ 순우리말로 된 합성어로서 앞말이 모음으로 끝난 경우

• 뒷말의 첫소리가 된소리로 나는 것

예 나룻배, 나뭇가지, 맷돌, 모깃불, 아랫집, 핏대, 햇볕

• 뒷말의 첫소리 'ㄴ, ㅁ' 앞에서 'ㄴ' 소리가 덧나는 것

예 아랫니, 텃마당, 아랫마을, 뒷머리, 잇몸, 깻묵, 냇물, 빗물

• 뒷말의 첫소리 모음 앞에서 'ㄴㄴ' 소리가 덧나는 것

예 도리깻열, 두렛일, 뒷일, 베갯잇, 깻잎, 나뭇잎, 댓잎

ㄴ 순우리말과 한자어로 된 합성어로 앞말이 모음으로 끝난 경우

• 뒷말의 첫소리가 된소리로 나는 것

예 귓병, 머릿방, 사잣밥, 샛강, 자릿세, 전셋집, 콧병, 탯줄

• 뒷말의 첫소리 'ㄴ, ㅁ' 앞에서 'ㄴ' 소리가 덧나는 것

예 곗날, 제삿날, 훗날, 툇마루, 양칫물

• 뒷말의 첫소리 모음 앞에서 'ㄴㄴ' 소리가 덧나는 것

예 가욋일, 사삿일, 예삿일, 훗일

ㄷ 두 음절로 된 다음 한자어

예 곳간(庫間), 셋방(貰房), 숫자(數字), 찻간(車間), 툇간(退間), 횟수(回數)

(4) 띄어쓰기

① 조사

제41항 조사는 그 앞말에 붙여 쓴다.

예 꽃이, 꽃마저, 꽃밖에, 꽃에서부터, 꽃이다, 꽃입니다, 꽃처럼

② 의존 명사, 단위를 나타내는 명사 및 열거하는 말 등

제42항 의존 명사는 띄어 쓴다.

예 아는 것이 힘이다. / 나도 할 수 있다. / 먹을 만큼 먹어라.

제43항 단위를 나타내는 명사는 띄어 쓴다.

예 한 개, 금 서 돈, 소 한 마리, 신 두 켤레, 북어 한 쾌

다만, 순서를 나타내는 경우나 숫자와 어울리어 쓰이는 경우에는 붙여 쓸 수 있다.

예 두시 삼십분 오초, 육층, 1446년 10월 9일, 16동 502호

제45항 두 말을 이어 주거나 열거할 적에 쓰이는 다음의 말들은 띄어 쓴다.

예 국장 겸 과장 / 열 내지 스물 / 이사장 및 이사들

③ 보조 용언

제47항 보조 용언은 띄어 씀을 원칙으로 하되, 경우에 따라 붙여 씀도 허용한다. (ㄱ을 원칙으로 하고, ㄴ을 허용한다.)

ㄱ	ㄴ
그릇을 깨뜨려 버렸다.	그릇을 깨뜨려버렸다.
비가 올 듯하다.	비가 올듯하다.

다만, 앞말에 조사가 붙거나 앞말이 합성 용언인 경우, 그리고 중간에 조사가 들어갈 적에는 뒤에 오는 보조 용언은 띄어 쓴다.

예 잘도 놀아만 <u>나는구나!</u> / 책을 읽어도 <u>보고</u>…….

(5) 그 밖의 것

제51항 부사의 끝음절이 분명히 '이'로만 나는 것은 '-이'로 적고, '히'로만 나거나 '이'나 '히'로 나는 것은 '-히'로 적는다.

　㉠ '이'로 적는 것

　　• 겹쳐 쓰인 명사 뒤

　　　예 겹겹이, 나날이, 다달이, 번번이, 줄줄이

　　• 'ㅅ' 받침 뒤

　　　예 기웃이, 버젓이, 번듯이, 빠듯이, 지긋이

　　• 'ㅂ' 불규칙 용언의 어간 뒤

　　　예 가벼이, 기꺼이, 새로이, 쉬이

　　• '-하다'가 붙지 않는 용언 어간 뒤

　　　예 같이, 굳이, 실없이

　　• 부사 뒤

　　　예 곰곰이, 더욱이, 생긋이, 오뚝이, 일찍이, 히죽이

　㉡ '히'로 적는 것

　　• '-하다'가 붙는 어근 뒤(단, 'ㅅ' 받침 제외)

　　　예 간편히, 고요히, 공평히, 과감히, 극히, 딱히, 속히, 엄격히

　　• '-하다'가 붙는 어근에 '-히'가 결합하여 된 부사에서 온 말

　　　예 익히(← 익숙히), 특히(← 특별히)

제56항 '-더라, -던'과 '-든지'는 다음과 같이 적는다.

　㉠ 지난 일을 나타내는 어미는 '-더라, -던'으로 적는다.

　　예 지난겨울은 몹시 춥더라.

　㉡ 물건이나 일의 내용을 가리지 아니하는 뜻을 나타내는 조사와 어미는 '(-)든지'로 적는다.

　　예 배든지 사과든지 마음대로 먹어라.

3 출제 예상 문제

01 음성 언어와 문자 언어의 특징으로 적절하지 <u>않은</u> 것은?

	음성 언어	문자 언어
①	시간적·공간적 제약을 받음	시간적·공간적 제약을 받지 않음
②	비교적 복잡한 내용 전달	비교적 쉬운 내용 전달
③	정보의 보존이 어려움	정보의 보존이 용이함
④	생각을 직접적으로 전달	생각을 간접적으로 전달

02 다음 내용과 관련 있는 언어의 특성은?

> • 언어는 시대에 따라 생성·변화·소멸한다.
> • 의미 축소, 의미 확대, 의미 이동 등
> • 온(백), 즈믄(천), 인터넷, 스마트폰 등

① 언어의 창조성   ② 언어의 자의성
③ 언어의 역사성   ④ 언어의 사회성

03 다음 문장에서 사용된 언어의 기능은?

> (인사치레로) "식사하셨어요?"

① 표현적 기능   ② 표출적 기능
③ 친교적 기능   ④ 지령적 기능

04 국어의 분류상 다음에서 설명하는 것은?

> 특정 집단에서 다른 사람들이 알아듣지 못하도록 자기네 구성원들끼리만 특별하게 사용하는 말이다. 사용할 경우 집단에 대한 소속감이나 구성원 간의 친밀감을 형성할 수 있으나 다른 구성원들에게는 소외감을 주고 그들과의 의사소통에 장애를 초래할 수 있다.

① 방언   ② 은어
③ 속어   ④ 표준어

※ 다음 글을 읽고 물음에 답하시오(05~06).

> 훈민정음 스물여덟 자는 각각 그 모양을 본떠서 만들었다. 초성은 모두 열일곱 자이다. 아음(牙音, 어금닛소리) ㄱ은 혀뿌리가 목구멍을 닫는 모양을 본뜨고, 설음(舌音, 혓소리) ㄴ은 혀가 윗잇몸에 붙는 모양을 본뜨고, 순음(脣音, 입술소리) ㅁ은 입의 모양을 본뜨고, 치음(齒音, 잇소리) ㅅ은 이의 모양을 본뜨고, 후음(喉音, 목구멍소리) ㅇ은 목구멍의 모양을 본뜬 것이다.
> (㉠)은 ㄱ에 비하여 소리가 세게 나는 까닭으로 획을 더하였다. ㄴ에서 ㄷ, ㄷ에서 ㅌ으로, ㅁ에서 ㅂ, ㅂ에서 ㅍ으로, ㅅ에서 ㅈ, ㅈ에서 ㅊ으로, ㅇ에서 ㆆ, ㆆ에서 ㅎ으로 소리(의 세기)를 바탕으로 획을 더한 뜻이 모두 같다.

05 윗글의 내용과 일치하지 <u>않는</u> 것은?

① ㄴ은 획을 더한 글자이다.
② ㅂ은 획을 더한 글자이다.
③ ㅁ은 입 모양을 본뜬 글자이다.
④ ㅇ은 목구멍의 모양을 본뜬 글자이다.

06 ㉠에 들어갈 초성으로 가장 적절한 것은?

① ㅋ   ② ㄲ
③ ㅉ   ④ ㅊ

※ 다음 글을 읽고 물음에 답하시오(07~09).

> 나·랏:말ᄊᆞ·미中듕國·귁·에ⓐ달·아文문字·ᄍᆞ·와·로서르
> ⓒᄉᆞᄆᆞᆺ·디아·니ᄒᆞᆯ·씨·이런젼·ᄎᆞ·로어·린百·ᄇᆡᆨ姓·셩·이니르
> 고·져·홇·배이·셔·도ᄆᆞ·ᄎᆞᆷ:내제·ᄠᅳ·들시·러펴·디:몯ᄒᆞᇙ·노·미
> 하·니·라내·이·ᄅᆞᆯ爲·윙·ᄒᆞ·야:어엿·비너·겨·새·로·스·믈여듧
> 字·ᄍᆞ·ᄅᆞᆯⓒ밍·ᄀᆞ노·니:사ᄅᆞᆷ:마·다:ᄒᆡ·ᅇᅧ:수·ᄫᅵⓓ니·겨·날·로
> ·ᄡᅮ·메便뼌安ᅙᅡᆫ·킈ᄒᆞ·고·져ᇙᄉᆞᄅᆞᆯ·미니·라.
>
> — 「훈민정음 언해」

07 윗글에 나타난 표기의 특징으로 적절하지 않은 것은?

① 이어 적기를 하였다.
② 성조 표시를 하였다.
③ 어두 자음군이 사용되었다.
④ 주격 조사 '가'가 사용되었다.

08 윗글의 내용으로 미루어 확인할 수 없는 것은?

① 창제한 문자의 수
② 문자 생활에서 실용화 추구
③ 당시 의사소통 과정의 어려움
④ 한자 배우기의 어려움과 중국어 비판

09 ㉠~㉣의 문맥상 의미를 현대 국어로 바르게 활용한 것은?

① ㉠: 기후가 우리 고향과 달라 비가 많이 온다.
② ㉡: 진정한 충신은 두 임금을 섬기지 않아.
③ ㉢: 산속 공기가 맑으니 아침에 일어날 때 개운하다.
④ ㉣: 축구 한일전에서 우리나라가 일본을 이겨 기분이 좋다.

※ 다음 글을 읽고 물음에 답하시오(10~12).

> ㉠불휘 기픈 ㉡남ᄀᆞᆫ ᄇᆞᄅᆞ매 아니 뮐씨 곶 됴코 여름 ㉢하ᄂᆞ니
> 시미 기픈 므른 ㉣ᄀᆞᄆᆞ래 아니 그츨씨 내히 이러 바ᄅᆞ래 가ᄂᆞ니
>
> — 「용비어천가」 2장

10 윗글에 대한 설명으로 적절하지 않은 것은?

① 글의 갈래는 시조이다.
② 대구적인 표현이 사용되었다.
③ 조선 왕조의 번성을 기원하는 내용이다.
④ 중세 국어의 모습을 알 수 있는 자료이다.

11 윗글에서 '종성부용초성'에 의한 표기가 사용된 것은?

① 곶   ② 시미
③ 므른   ④ 바ᄅᆞ래

12 ㉠~㉣에 대한 설명으로 바르지 않은 것은?

① ㉠: 뿌리가   ② ㉡: 나무는
③ ㉢: 많이 열리니   ④ ㉣: 강 아래쪽에

※ 다음 글을 읽고 물음에 답하시오(13~14).

> ㉠孔·공子·진 ㉡曾증子·ᄌᆞ두·려 닐·러 ᄀᆞᆯᄋᆞ·샤·ᄃᆡ 몸·이
> ·며 얼굴·이며 머·리털·이·며 ·술·흔 父·부母:모·ᄭᅴ 받ᄌᆞ·온
> ㉢거·시·라 敢:감·히헐·워 샹히·오·디 ㉣아·니 :홈·이 효·
> 도·익비·르·소미·오 ㉤·몸·을 셰·워 道:도·를 行ᄒᆡᆼᄒᆞ·야 일:
> 홈·을 後:후世:셰·예 :베퍼 ·뻐 父·부母:모를 :현·뎌케 :홈·이
> :효·도·의 ᄆᆞ·ᄎᆞᆷ·이니·라
> — 『소학언해』

13 ㉠~㉣에 대한 설명으로 적절하지 않은 것은?

① ㉠: 주격 조사 'ㅣ'가 사용되었다.
② ㉡: 부사격 조사 'ᄃᆞ려'가 사용되었다.
③ ㉢: 끊어 적기 표기법이 사용되었다.
④ ㉣: 명사형 어미 '-옴'이 사용되었다.

14 ㉤과 가장 관계 깊은 한자성어는?

① 입신양명(立身揚名)
② 죽마고우(竹馬故友)
③ 설상가상(雪上加霜)
④ 이심전심(以心傳心)

※ 다음 글을 읽고 물음에 답하시오(15~16).

> :유·익ᄒᆞᆫ ·이 :세 가·짓 :번·이오 ·해·로온 ·이 :세 가·짓 :번·이니
> 直·딕ᄒᆞᆫ ·이·를 :번ᄒᆞ·며 ·신·실ᄒᆞᆫ ·이·를 :번ᄒᆞ·며 들·온 ·것 한
> ·이·를 :번ᄒᆞ·면 :유·익ᄒᆞ·고 ·거·동·만 ㉠니·근 ·이·를 :번ᄒᆞ·며
> 아:당ᄒᆞ·기 잘·ᄒᆞ·ᄂᆞᆫ ·이·를 :번ᄒᆞ·며 :말슴·만 니·근 ·이·를 :번
> ᄒᆞ·면 해·로·온이·라.
> — 『소학언해』

15 윗글에 나타난 중세 국어의 특징으로 가장 적절한 것은?

① 된소리를 표기하였다.
② 주격 조사 '가'가 쓰였다.
③ 'ㆍ'가 소멸하여 쓰이지 않는다.
④ 방점을 사용하여 성조를 표시하였다.

16 윗글에서 밑줄 친 ㉠의 현대어 풀이로 가장 적절한 것은?

① 이른   ② 엉뚱한
③ 익숙한   ④ 해로운

17 다음에서 설명하는 음운 현상은?

> • 'ㄱ, ㄷ, ㅂ'은 'ㄴ, ㅁ' 앞에서 [ㅇ, ㄴ, ㅁ]으로 발음한다.
> • 국물[궁물], 앞마당[암마당]

① 비음화
② 유음화
③ 구개음화
④ 된소리되기

18 다음 단어에 나타나는 음운 현상을 잘못 연결한 것은?

① 광한루 – 유음화
② 나날이 – 자음 첨가
③ 굳이듣다 – 구개음화
④ 몰상식 – 된소리되기

19 다음 단어들에 공통으로 나타나는 음운 현상은?

> 솜이불, 막일, 맨입, 한여름, 늑막염

① 음운 탈락 　　　② 음운 교체
③ 음운 첨가 　　　④ 음운 축약

20 다음 단어들에 공통으로 나타나는 음운 현상은?

> 잠가(잠그- + -아), 써라(쓰- + -어라), 가서(가- + -아서)

① 음운 탈락 　　　② 음운 교체
③ 음운 첨가 　　　④ 음운 축약

21 밑줄 친 단어 중 다음에서 설명하는 음운 현상이 일어나지 <u>않는</u> 것은?

> 두 음운이 합쳐져서 하나의 음운으로 소리 나는 현상

① 영희가 준비물을 책상 위에 <u>놓고</u> 갔다.
② 영수는 미술 시간에 <u>국화</u>를 멋있게 그렸다.
③ <u>맏형</u>인 그는 집안의 모든 일을 책임지고 있다.
④ 화가 난 지수가 <u>미닫이</u> 문을 세게 닫으며 들어왔다.

22 다음 중 두음 법칙이 나타나는 단어가 <u>아닌</u> 것은?

① 연세 　　　② 내년
③ 노년 　　　④ 남녀

23 다음 표준 발음법 규정을 적용한 예로 옳은 것은?

> 제18항 받침 'ㄱ(ㄲ, ㅋ, ㄳ, ㄺ), ㄷ(ㅅ, ㅆ, ㅈ, ㅊ, ㅌ, ㅎ), ㅂ(ㅍ, ㄼ, ㄿ, ㅄ)'은 'ㄴ, ㅁ' 앞에서 [ㅇ, ㄴ, ㅁ]으로 발음한다.

① 칼날[칼랄] 　　　② 국물[궁물]
③ 굳이[구지] 　　　④ 덮개[덥께]

24 다음에서 설명하는 높임 표현으로 옳은 것은?

> 화자보다 나이가 많거나 사회적 지위가 높을 때 서술어의 주체(주어)를 높이는 표현으로, 선어말 어미 '-(으)시-', 주격 조사 '께서' 등을 사용한다.

① 주체 높임법 　　　② 객체 높임법
③ 상대 높임법 　　　④ 간접 높임법

25 다음 중 객체 높임법이 사용된 문장은?

① 충무공은 훌륭한 장군이<u>셨</u>다.
② 선생님<u>께서</u> 숙제를 내 주셨다.
③ 철수는 선생님<u>께</u> 책을 드렸다.
④ 아버지께서는 진지를 <u>잡수시고</u> 계신다.

26 다음 밑줄 친 부분이 나타내는 시간 표현은?

> 잠시 후면 대통령 내외분이 식장으로 입장하<u>시겠</u>습니다.

① 과거 시제 　　　② 현재 시제
③ 미래 시제 　　　④ 과거 완료 시제

27 발화시를 기준으로 그 동작이 이미 완료되었음을 표현하는 시간 표현은?

① 진행상   ② 완료상
③ 미래 시제   ④ 과거 시제

28 다음 중 주어가 남에게 어떤 동작을 하도록 시키는 문장은?

① 철수가 옷을 입었다.
② 아이들이 얼음을 녹였다.
③ 쥐가 고양이한테 물렸다.
④ 법안이 국회에서 가결되었다.

29 사동 표현을 실현하는 방법으로 적절하지 않은 것은?

① 접미사 '시키다'를 사용한다.
② 보조 용언 '-게 하다'를 사용한다.
③ 보조 용언 '-어지다, -게 되다'를 사용한다.
④ 사동 접미사 '-이-, -히-, -리-, -기-, -우-, -구-, -추-'를 사용한다.

30 피동 표현에 대한 설명으로 적절하지 않은 것은?

① 주어가 동작을 당하는 표현이다.
② 접미사 '되다, 받다, 당하다'를 사용한다.
③ 보조 용언 '-어지다, -게 되다'를 사용한다.
④ 접미사 '-이-, -히-, -리-, -기-, -우-, -구-, -추-'를 사용한다.

31 다음 문장에 대한 설명으로 적절하지 않은 것은?

> ㉠ 경찰이 도둑을 잡았다.
> → ㉡ 도둑이 경찰에게 잡혔다.

① ㉠과 ㉡은 주어가 다르다.
② ㉡은 ㉠을 능동문으로 바꾼 것이다.
③ ㉡에는 ㉠에 없는 문장 성분이 있다.
④ ㉡은 ㉠과 달리 접미사 '-히-'가 쓰였다.

32 ㉠과 ㉡에 들어갈 말을 순서대로 나열한 것은?

> (㉠)은 다른 사람의 말을 원래의 형식과 내용을 유지하지 않고 내용만 끌어다 쓰는 인용이고, (㉡)은 다른 사람의 말을 원래의 형식과 내용을 그대로 유지한 채 인용하는 것이다.

	㉠	㉡
①	직접 인용	간접 인용
②	간접 인용	직접 인용
③	긍정 인용	부정 인용
④	부정 인용	긍정 인용

33 '안' 부정문을 사용할 수 없는 문장 유형은?

① 명령문   ② 평서문
③ 의문문   ④ 감탄문

34 '못' 부정문에 대한 설명으로 적절하지 <u>않은</u> 것은?

① 긴 부정문으로만 사용된다.
② 능력 부족에 의한 부정 표현이다.
③ 외부적 요인에 의한 부정 표현이다.
④ 평서문, 의문문, 감탄문 등으로 사용된다.

35 다음 문장의 뜻으로 볼 수 <u>없는</u> 것은?

> 나는 사과를 먹지 않았다.

① 나는 사과를 샀으나 먹지는 않았다.
② 나는 참외를 먹었지 사과를 먹지 않았다.
③ 나는 사과를 먹고 싶었으나 먹을 수 없었다.
④ 다른 사람은 사과를 먹었지만 나는 먹지 않았다.

36 다음 한글 맞춤법 규정을 잘못 적용한 것은?

> 〈한글 맞춤법〉
> 제7항 'ㄷ' 소리로 나는 받침 중에서 'ㄷ'으로 적을 근거가
> 없는 것은 'ㅅ'으로 적는다.

① 무릇   ② 얼핏
③ 낫가리   ④ 웃어른

37 다음 한글 맞춤법 규정을 잘못 적용한 것은?

> 〈한글 맞춤법〉
> 제8항 '계, 례, 몌, 폐, 혜'의 'ㅖ'는 'ㅔ'로 소리 나는 경우가
> 있더라도 'ㅖ'로 적는다.

① 사례(謝禮)   ② 혜택(惠澤)
③ 폐품(廢品)   ④ 게시판(揭示板)

38 다음 한글 맞춤법 규정을 잘못 적용한 것은?

> 〈한글 맞춤법〉
> 제12항 한자음 '라, 래, 로, 뢰, 루, 르'가 단어의 첫머리에
> 올 적에는, 두음 법칙에 따라 '나, 내, 노, 뇌, 누, 느'로
> 적는다.
> [붙임 1] 단어의 첫머리 이외의 경우에는 본음대로 적는다.

① 공란(空欄)   ② 어린이란(-欄)
③ 가정란(家庭欄)   ④ 소식란(消息欄)

39 다음 한글 맞춤법 규정을 바르게 적용한 것은?

> 〈한글 맞춤법〉
> 제18항 다음과 같은 용언들은 어미가 바뀔 경우, 그 어간
> 이나 어미가 원칙에 벗어나면 벗어나는 대로 적는다.
> 8. 어간의 끝음절 '르' 뒤에 오는 어미 '-어'가 '-러'로 바
> 뀔 적

① 가르다   ② 구르다
③ 부르다   ④ 이르다[至]

40 다음 한글 맞춤법 규정을 잘못 적용한 것은?

> 〈한글 맞춤법〉
> 제19항 어간에 '-이'나 '-음/-ㅁ'이 붙어서 명사로 된 것
> 과 '-이'나 '-히'가 붙어서 부사로 된 것은 그 어간의
> 원형을 밝히어 적는다.

① 졸음   ② 벼훑이
③ 골음[膿]   ④ 살림살이

41 다음 규정의 ㉠에 해당하는 예로 적절한 것은?

> 〈한글 맞춤법〉
> 제30항 사이시옷은 다음과 같은 경우에 받치어 적는다.
> 1. 순우리말로 된 합성어로서 앞말이 모음으로 끝난 경우
> (1) 뒷말의 첫소리가 된소리로 나는 것 … ㉠
> (2) 뒷말의 첫소리 'ㄴ, ㅁ' 앞에서 'ㄴ' 소리가 덧나는 것
> (3) 뒷말의 첫소리 모음 앞에서 'ㄴㄴ' 소리가 덧나는 것

① 댓잎　　② 냇가
③ 잇몸　　④ 빗물

42 다음 규정에 맞지 않는 것은?

> 〈한글 맞춤법〉
> 제32항 단어의 끝모음이 줄어지고 자음만 남은 것은 그 앞의 음절에 받침으로 적는다.

① 딛고　　② 엊저녁
③ 기럭아　　④ 억그저께

43 다음 규정에 맞지 않는 것은?

> 〈한글 맞춤법〉
> 제39항 어미 '-지' 뒤에 '않-'이 어울려 '-잖-'이 될 적과 '-하지' 뒤에 '않-'이 어울려 '-찮-'이 될 적에는 준 대로 적는다.

① 적잖은　　② 그렇잖은
③ 만만찮다　　④ 변변찮다

44 다음 규정에 맞지 않는 것은?

> 〈한글 맞춤법〉
> 제40항 어간의 끝음절 '하'의 'ㅏ'가 줄고 'ㅎ'이 다음 음절의 첫소리와 어울려 거센소리로 될 적에는 거센소리로 적는다.

① 흔타　　② 간편케
③ 생각컨대　　④ 연구토록

45 다음 규정에 따르지 않은 표기는?

> 〈외래어 표기법 제1장〉
> 제3항 받침에는 'ㄱ, ㄴ, ㄹ, ㅁ, ㅂ, ㅅ, ㅇ'만을 쓴다.

① 잼　　② 케잌
③ 커피숍　　④ 초콜릿

46 밑줄 친 낱말을 바르게 사용한 것은?

① 재산을 늘리다.
② 바지를 달이다.
③ 규모를 주리다.
④ 흥정을 부치다.

47 한글 맞춤법에 맞지 않는 문장은?

① 그렇게 좋던가?
② 얼마나 놀랐던지 몰라.
③ 지난겨울은 몹시 춥더라.
④ 가던지 오던지 마음대로 해라.

4 문학

1 서정

● **해결 Point**

작품의 내용과 표현상의 특징을 종합적으로 묻는 문제가 반드시 출제되며, 시어의 함축적 의미와 시적 화자의 태도를 묻는 문제도 자주 출제된다. 최근에는 현대 시 한 지문과 고전 시가(시조, 가사, 고려 가요 등) 한 지문이 출제되고 있으므로, 고전 갈래의 특징도 잘 알아 두어야 한다.

● **대표 문제 유형**

❖ 윗글의 표현상 특징으로 적절하지 <u>않은</u> 것은?
❖ ㉠~㉢ 중, 다음에 해당하는 시어로 가장 적절한 것은?

[1] 시(詩)의 이해

① 시의 정의: 인간의 경험, 느낌, 정서 등을 유기적 구조를 지닌 운율적 언어로 형상화한 운문 문학이다.

② 시의 요소

㉠ 내용적 요소

주제	시에 담긴 중심 생각
소재	주제를 나타내기 위하여 사용한 글감
심상	시어의 작용에 의해 독자의 마음속에 떠오르는 영상

㉡ 형식적 요소

시어	시에 쓰인 말
행	시의 한 줄 한 줄
연	시에서 한 줄씩 띄어 쓴 한 덩어리
운율	시어들의 소리가 만들어 내는 가락

③ 시의 분류

㉠ 형식상 분류

정형시	일정한 운율에 맞추어 쓰는 시
자유시	형식에 구애받지 않고 자유롭게 쓴 시
산문시	형태는 산문이지만, 시적인 함축성과 내면적 운율이 있는 시

㉡ 내용상 분류

서정시	개인의 주관적 감정이나 정서를 다룬 시
서사시	역사적 사실이나 위대한 인물의 이야기를 다룬 시
극시	희곡 형식으로 된 시

④ 시적 화자의 정서와 태도

㉠ 시적 화자: 주제를 효과적으로 형상화하기 위해 의도적으로 설정한 작중 화자로서, 시 속에서 말하는 사람을 가리킨다. 작가와 시적 화자가 항상 일치하지는 않는다.

㉡ 시적 화자의 정서: 사랑, 미움, 분노, 희망 등과 같이 시적 화자가 느끼는 여러 가지 감정이나 기분을 말한다.

㉢ 시적 화자의 태도: 시적 대상이나 상황에 대한 시적 화자의 정서가 겉으로 보이는 모습을 말한다. 시적 화자의 태도는 어조를 통해 확인할 수 있다.

㉣ 어조: 시적 화자의 목소리를 말하는 것으로 직설적 어조, 예찬적 어조, 명령적 어조, 독백적 어조, 격정적 어조 등이 있다.

⑤ 시의 운율

㉠ 내재율: 외형상의 규칙성은 띠지 않지만 작품의 내면에 흐르는 개성적 운율로, 자유시에서 흔히 볼 수 있다.

㉡ 외형률: 시의 외형상 분명히 드러나 있는 운율로, 정형시에서 흔히 볼 수 있다.

음위율	일정한 음이 일정한 위치에 반복되는 운율
음수율	일정한 수의 음절이 규칙적으로 반복되는 운율
음보율	일정한 음보가 규칙적으로 반복되는 운율로, 우리 시에서 가장 두드러진 운율

⑥ 시의 언어(시어)

㉠ 언어의 두 가지 측면

지시적 의미	• 사회적으로 공인된 비개인적 의미 • 모든 사람에게 같은 뜻으로 전달되는 언어 • 객관적 논술이나 설명에 사용
함축적 의미	• 다의적·암시적·상징적 의미 • 독자의 감각적·정서적 반응을 불러일으키는 글에 사용

ㄴ 시어의 특징
- 함축성: 내포적 의미
- 음악성: 반복되는 율동감
- 다의성: 중의성, 애매성, 모호성

⑦ 시의 심상(Image)

ㄱ 심상의 제시 방법
- 묘사적 심상: 직접적인 묘사나 서술에 의해 시에 나타난 언어 그 자체만으로 표현한다.
- 비유적 심상: 나타내고자 하는 내용의 특징을 살릴 수 있는 사물이나 언어를 끌어다 표현한다.
- 상징적 심상: 시 가운데 원관념은 없고 보조 관념만이 나타난다는 점에서 비유와 다르다.

ㄴ 심상의 종류

시각적	색채, 명암 등 시각을 통해 떠올리는 심상 예 알락달락 알록진 산새알
청각적	소리를 통해 떠올리는 심상 예 개울물 돌돌돌 길섶으로 흘러가고
후각적	냄새를 통해 떠올리는 심상 예 매화 향기 홀로 아득하니
미각적	맛을 통해 떠올리는 심상 예 메밀묵이 먹고 싶다. 그 싱겁고도 구수하고
촉각적	피부의 감각을 통해 떠올리는 심상 예 내 볼에 와 닿던 네 입술의 뜨거움
공감각적	하나의 감각이 다른 감각으로 전이되어 일어나는 심상 예 분수처럼 흩어지는 푸른 종소리 – 청각의 시각화

⑧ 시의 비유와 상징

비유	표현하고자 하는 대상이나 관념(원관념)을 그것과 유사하거나 관련성이 있는 다른 사물(보조 관념)에 빗대어서 표현하는 방법
상징	어떤 사물이 그 자체의 의미를 유지하면서 보다 포괄적으로 다른 뜻까지 암시하여 표현하는 방법

⑨ 시의 표현 방법

ㄱ 비유하기

직유법	원관념과 보조 관념을 '–같이, –처럼, –양, –듯이' 등의 연결어를 사용하여 연결하는 수사법 예 내 누님같이 생긴 꽃이여
은유법	원관념과 보조 관념을 'A는 B이다'의 형식으로 연결하는 수사법 예 내 마음은 호수요 / 그대 노 저어 오오
의인법	사람이 아닌 것에 인격적 요소를 부여하여 마치 사람인 것처럼 표현하는 수사법 예 배추에게도 마음이 있나 보다

활유법	무생물을 생물인 것처럼, 감정이 없는 것을 감정이 있는 것처럼 표현하는 수사법 예 훨훨훨 깃을 치는 청산이 좋아라
의성법	사람이나 사물의 소리를 그대로 묘사하여 그 소리나 상태를 실제와 같이 표현하는 수사법 예 아기가 쌔쌕 잠을 잔다
의태법	사물의 모양이나 태도를 그대로 모방하여 표현하는 수사법 예 두둥실 두리둥실 배 떠나간다
대유법	하나의 사물이나 관념을 나타내는 말이 경험적으로 그것과 밀접하게 연관된 다른 사물이나 관념을 나타내도록 표현하는 수사법 예 요람에서 무덤까지: 태어나서 죽을 때까지
중의법	하나의 단어에 두 가지 이상의 의미를 나타내고자 하는 수사법 예 청산리 벽계수야: '벽계수'는 자연과 인물을 지칭

ㄴ 강조하기

과장법	표현하려는 대상을 실제보다 더 확대하거나 축소하여 의미를 강조하는 수사법 예 눈이 빠지도록 기다렸다.
반복법	같거나 비슷한 단어, 어절, 문장 등을 되풀이하여 뜻을 강조하는 수사법 예 살어리 살어리랏다 청산에 살어리랏다
열거법	내용적으로 연결되거나 비슷한 단어나 어구를 나열하여 내용을 강조하는 수사법 예 별 하나에 추억과 / 별 하나에 사랑과 / 별 하나에 동경과 / 별 하나에 시와 / 별 하나의 어머니
대조법	반대되는 대상이나 내용을 내세워 주제를 강조하거나 인상을 선명하게 표현하는 수사법 예 꽃이 / 피는 건 힘들어도 / 지는 건 잠깐이더군
점층법	문장의 뜻을 점점 강하게 하거나, 크게 하여 독자의 감정을 자연스럽게 절정으로 끌어 올리는 수사법 예 신록은 먼저 나의 눈을 씻고, 나의 머리를 씻고, 나의 가슴을 씻고, 다음에 나의 마음의 모든 구석구석을 하나하나 씻어낸다.
점강법	크고 높고 강한 것에서부터 점차 낮고 약한 것으로 끌어내려 표현하는 수사법 예 천하를 태평히 하려거든 먼저 그 나라를 다스리고, 나라를 다스리려면 그 집의 질서를 잡으며, 그 집의 질서를 잡으려면 그 몸을 닦을지니라.
연쇄법	앞 구절의 끝 어구를 다음 구절의 앞 어구에 이어받아 이미지나 심상을 강조하는 수사법 예 사랑에서 치욕으로 / 다시 치욕에서 사랑으로
영탄법	감탄사나 감탄형 어미 등을 써서 기쁨, 슬픔, 놀라움 등과 같은 감정을 강하게 나타내는 수사법 예 아아, 늬는 산새처럼 날아갔구나!

ⓒ 변화주기

대구법	문장의 구조를 같거나 비슷하게 짝을 지어 나란하게 배열하는 수사법 예 돌담에 속삭이는 햇발같이 / 풀 아래 웃음 짓는 샘물같이
설의법	쉽게 판단할 수 있는 사실을 의문의 형식을 사용하여 표현하는 수사법 예 가난하다고 해서 사랑을 모르겠는가
도치법	정상적인 문장 성분의 순서나 문단에서의 문장 순서를 의도적으로 바꾸어 변화를 주는 수사법 예 나는 아직 기다리고 있을 테요 / 찬란한 슬픔의 봄을
반어법	겉으로 드러난 표현과 속에 숨겨져 있는 내용이 서로 반대가 되게 하는 수사법 예 나 보기가 역겨워 / 가실 때에는 / 죽어도 아니 눈물 흘리우리다
역설법	겉으로 보기엔 서로 이치에 어긋나거나 모순되는 것 같지만 속에는 어떤 진실을 담고 있는 수사법 예 아아, 님은 갔지마는 나는 님을 보내지 아니하였습니다
생략법	문장의 구절을 간결하게 줄이거나 생략하는 수사법 예 왔노라, 보았노라, 싸웠노라, 이겼노라
문답법	이미 알고 있는 사실이라도 질문과 답변의 형식을 사용하여 변화를 주는 수사법 예 아희야 무릉이 어디뇨 나는 옌가 하노라

⑩ 객관적 상관물과 감정 이입

ⓖ 객관적 상관물
 • 시에서 화자의 정서나 사상을 표현하기 위하여 찾아낸 사물, 정황, 사건 등을 이르는 말
 • 시인이 자신의 감정을 간접적으로 제시하기 위해 사용하는 구체적인 사물이나 상황

ⓛ 감정 이입
 • 타인이나 자연물 또는 예술 작품 등에 자신의 감정을 이입시키는 방법
 • 서정적 자아의 정서를 효과적으로 표현하는 방법

(2) 서정 갈래의 종류

① 고대 가요

ⓖ 형성: 집단적이고 서사적인 원시 종합 예술에서 개인적이고 서정적인 내용을 노래하는 시가가 분리·발전되면서 고대 가요가 형성되었다.

ⓛ 특징
 • 집단의식을 담은 노래(의식요, 노동요)에서 점차 개인적 서정을 담은 노래로 발전하였다.
 • 초기에는 서사 문학 속의 서정적 부분으로 독립적인 성격이 적었으나, 점차 하나의 서정 문학으로 자리 잡았다.
 • 기록 수단이 없어 구전되다가 후에 한역(漢譯)되었으므로 정확한 본래의 모습을 알 수 없다.

ⓒ 주요 작품

작품	작가	작품	작가
「공무도하가」	백수광부의 처	「구지가」	구간 등
「황조가」	고구려 유리왕	「정읍사」	행상의 처

② 향가

ⓖ 개념: 향찰로 표기한 신라 시대의 노래이다.

ⓛ 특징
 • 한자의 음과 훈을 이용한 향찰로 표기했다.
 • 형식

4구체	향가의 초기 형태로 민요나 동요가 정착된 것으로 보임.
8구체	4구체에서 발전된 형태로, 4구체와 10구체의 과도기적 형식임.
10구체	향가의 형식 중 가장 정제되고 세련된 형태로 3장으로 되어 있고, 마지막 2구인 낙구는 후대 시조 형식에 영향을 줌.

 • 수록: 『삼국유사』(14수), 『균여전』(11수)
 • 작가: 주로 귀족(화랑, 승려)

ⓒ 주요 작품

작품	작가	형식
「서동요」	무왕	4구체
「제망매가」	월명사	10구체
「찬기파랑가」	충담사	10구체
「안민가」	충담사	10구체
「모죽지랑가」	득오	8구체

③ 고려 가요

ⓖ 개념: 고려 시대의 평민층에서 불렸던 시가이다.

ⓛ 특징
 • 구전되다가 훈민정음이 창제된 후 기록·정착되었다.
 • 내용: 주로 남녀 간의 사랑을 노래했고, 자연에 대한 예찬, 이별의 아쉬움 등을 주제로 했다.
 • 형식: 3음보 형식으로, 분연체(연장체)가 많고, 후렴구가 발달했다.

ⓒ 주요 작품

작품	형식	작품	형식
「청산별곡」	8연, 분연체	「사모곡」	단연체
「가시리」	4연, 분연체	「정석가」	6연, 분연체
「동동」	13연, 월령체	「서경별곡」	3연, 분연체

- 분연체: 몇 개의 연이 중첩되어 한 작품을 이루는 형식
- 단연체: 하나의 연으로 이루어진 형식
- 월령체: 한 해 열두 달의 순서에 따라 노래하는 형식

④ 시조
  ㄱ 개념: 고려 중엽에 발생하여 고려 말에 완성된 3장 4음보의 정형시를 말한다.
  ㄴ 특징
  - 길이가 긴 가사를 장가(長歌)라고 하는데, 이에 비해 시조는 길이가 짧다고 하여 단가(短歌)라고 불렀다.
  - 형식
    - 3장(초장, 중장, 종장) 6구 45자 내외
    - 음수율은 3·4조 또는 4·4조, 4음보의 율격
    - 종장의 첫 음보는 3음절로 고정
  ㄷ 시조의 종류

평시조	• 시조의 기본 형식(3장 6구 45자 내외) • 주요 작가층: 사대부 • 자연 친화, 유교 사상
엇시조	어느 한 장이 평시조보다 길어진 것
사설시조	• 종장의 첫 구를 제외하고 두 장 이상이 평시조보다 길어진 형태 • 주요 작가층: 평민과 부녀자(애정, 해학) • 산문 정신, 서민 의식
연시조	초장, 중장, 종장을 한 연으로 하여, 2연 이상 중첩되는 시조

  ㄹ 시조집: 김천택의 『청구영언』, 김수장의 『해동가요』, 박효관·안민영의 『가곡원류』

⑤ 개화기 시가
  ㄱ 창가: 찬송가나 서양식 노래에 영향을 받아 출현했으며 개화 가사와 신체시를 연결하는 교량 역할을 했다.
  - 특징
    - 내용: 계몽주의적 사상(애국, 평등, 개화, 독립 등)
    - 형식: 전통적인 율격인 3·4조, 4·4조에서 벗어나 6·5조, 7·5조, 8·5조 등 다양
  - 주요 작품: 최남선의 「경부철도가」
  ㄴ 신체시: 창가 가사와 자유시 사이의 징검다리 역할을 한 과도기적 시가 형태이다.

- 특징
  - 계몽사상, 신문명에 대한 동경, 자주독립, 남녀평등 등의 내용을 주로 다루고 있다.
  - 시대적·사회적 요청에 부응하는 계몽적 성격에서 완전히 벗어나지는 못했다.
- 최초의 작품: 최남선의 「해에게서 소년에게」

⑥ 1910년대
  ㄱ 서구 상징시 도입
  - 『태서문예신보』: 프랑스 상징주의 시 소개
  - 김억, 주요한, 황석우
  ㄴ 자유시
  - 정형성과 교훈성을 탈피한 현대적인 자유시 등장
  - 전통적인 형식에서 벗어나 자유로운 표현으로 시인의 감정을 표현
  - 최초의 자유시: 주요한의 「불놀이」

⑦ 1920년대
  ㄱ 문학 동인지 창간: 『폐허』, 『개벽』, 『백조』 등
  ㄴ 퇴폐적 낭만주의
  - 우울한 시대 의식과 개인적 절망 노래
  - 원인: 3·1 운동의 좌절, 세기말적 퇴폐풍조 유입
  - 오상순, 박종화, 홍사용, 이상화 등
  ㄷ 신경향파, 카프(조선 프롤레타리아 예술가 동맹)
  - 계급주의 문학 표방, 투쟁적 사회의식 노래
  - 노동자나 농민들의 고통스러운 삶을 소재로 현실에 대한 저항과 탄식을 드러냄
  - 임화, 김기진 등
  ㄹ 민족주의적 경향
  - 민족의 주체성을 확립하려는 국민 문학 운동 대두
  - 내용: 향토적 정서와 민족주의 이념
  - 형식: 시조와 민요의 전통적 율격을 재창조
  - 주요 작품

작가	작품
김소월	「진달래꽃」, 「산유화」
한용운	「님의 침묵」, 「알 수 없어요」
이상화	「빼앗긴 들에도 봄은 오는가」

⑧ 1930년대
  ㄱ 순수 서정시
  - 이전 시대의 민족주의 문학과 계급주의 문학의 갈등에 대한 반발로, 문학 자체의 예술성과 순수성을 강조
  - 언어의 조탁, 시어의 음악성 등 중시

• 주요 작품

작가	작품
김영랑	「모란이 피기까지는」
박용철	「떠나가는 배」

ⓛ 모더니즘 시
- 초현실주의, 이미지즘 등 서구의 문예 사조가 유입
  되면서 순수 서정시가 갖고 있는 낭만성을 극복하고
  현대적인 시의 면모를 확립하려는 경향이 나타남.
- 이미지, 지성과 논리, 시의 회화성 등을 중시
- 현대 도시 문명에 대한 인식과 비판적 감수성 표출
- 주요 작품

작가	작품
김기림	「바다와 나비」
이상	「오감도」, 「거울」
김광균	「와사등」
정지용	「유리창」, 「향수」

ⓒ 생명 추구의 시
- 시의 본질적 목적은 인간과 생명의 탐구
- 토속적인 소재나 원시적 가치를 강조
- 서정주, 유치환 등

⑨ 1940년대
ⓐ 청록파
- 일제 말기 극심한 탄압으로 인해 더 이상 현실적인
  문제를 다룰 수 없게 되자 전통적 율격과 한국적 정
  서를 바탕으로 한 작품 등장
- 향토적 소재를 사용하여 자연 친화적인 태도, 이상
  적인 자연의 모습을 노래
- 『문장』을 통해 등단한 박목월, 박두진, 조지훈이 공
  동으로 『청록집』 간행
ⓑ 저항시
- 일제의 억압에 굴하지 않고 저항 의식을 담은 시 창작
- 부정적인 현실에 대한 비판과 미래에 대한 긍정적인
  전망을 표현
- 조국 광복에 대한 확신을 의지적 태도로 그려냄.
- 주요 작품

작가	작품
윤동주	「서시」, 「참회록」, 「자화상」
이육사	「광야」, 「절정」, 「청포도」

⑩ 1950년대 이후 현대 시
ⓐ 전쟁 체험의 형상화: 유치환의 「보병과 더불어」, 구상
  의 「초토의 시」
ⓑ 사회 비판과 현실 참여 의식: 김수영의 「풀」, 신동엽
  의 「껍데기는 가라」
ⓒ 소외된 계층에 대한 애정: 신경림의 「가난한 사랑 노래」
ⓓ 전통적 감수성: 정호승의 「슬픔이 기쁨에게」

출제 예상 문제

※ 다음 글을 읽고 물음에 답하시오(01~02).

> 생사(生死) 길은
> 예 있으매 머뭇거리고,
> 나는 간다는 말도
> 못다 이르고 어찌 갑니까.
> 어느 가을 이른 바람에
> 이에 저에 떨어질 잎처럼,
> 한 가지에 나고
> 가는 곳 모르온저.
> ㉠아아, 미타찰(彌陀刹)에서 만날 나
> 도(道) 닦아 기다리겠노라.
>
> — 월명사, 「제망매가(祭亡妹歌)」

01 윗글에 대한 설명으로 적절하지 <u>않은</u> 것은?

① 8구체 향가이다.
② 영탄적 표현이 나타난다.
③ 비유적 표현이 사용되었다.
④ 추모적, 종교적인 성격이 짙다.

02 ㉠에 나타난 화자의 태도로 가장 적절한 것은?

① 죽은 누이의 업적을 예찬하고 있다.
② 누이와 같은 병으로 죽을까 두려워하고 있다.
③ 이별한 누이를 잊고 즐거운 생활을 하고자 한다.
④ 누이와 이별한 슬픔을 종교적으로 극복하고자 한다.

※ 다음 글을 읽고 물음에 답하시오(03~05).

> 가시리 가시리잇고 나는
> ㉠ ᄇᆞ리고 가시리잇고 나는
> 위 증즐가 대평셩디(大平盛代)
>
> ㉡날러는 엇디 살라 ᄒᆞ고

> ᄇᆞ리고 가시리잇고 나는
> 위 증즐가 대평셩디(大平盛代)
>
> 잡ᄉᆞ와 두어리마ᄂᆞᆫ
> ㉢선ᄒᆞ면 아니 올셰라
> 위 증즐가 대평셩디(大平盛代)
>
> ㉣셜온 님 보내옵노니 나는
> 가시ᄂᆞᆫ 듯 도셔 오쇼셔 나는
> 위 증즐가 대평셩디(大平盛代)
>
> — 작자 미상, 「가시리」

03 윗글에 대한 설명으로 가장 적절한 것은?

① 후렴구를 사용하지 않고 있다.
② 화자는 임과의 재회를 바라고 있다.
③ 4음보의 규칙적인 율격이 드러난다.
④ 의인화를 통해 시상을 전개하고 있다.

04 윗글과 가장 유사한 정서를 지닌 작품은?

① 정지용, 「향수」
② 김소월, 「진달래꽃」
③ 서정주, 「국화 옆에서」
④ 김상용, 「남으로 창을 내겠소」

05 화자가 임을 보내 주려는 이유가 드러난 부분은?

① ㉠   ② ㉡
③ ㉢   ④ ㉣

※ 다음 글을 읽고 물음에 답하시오(06~08).

살어리 살어리랏다 청산(靑山)애 살어리랏다
㉠멀위랑 ᄃ래랑 먹고 청산(靑山)애 살어리랏다
얄리얄리 얄라셩 얄라리 얄라

우러라 우러라 새여 자고 니러 우러라 새여
ⓐ널라와 시름 ⓑ한 나도 자고 니러 우니노라
얄리얄리 얄라셩 얄라리 얄라

가던 새 가던 새 본다 믈 아래 가던 새 본다
잉무든 ⓒ장글란 가지고 믈 아래 가던 새 본다
얄리얄리 얄라셩 얄라리 얄라.

이링공 뎌링공 ᄒ야 ⓓ나즈란 디내와숀뎌
오리도 가리도 업슨 바므란 또 엇디 호리라
얄리얄리 얄라셩 얄라리 얄라.

— 작자 미상, 「청산별곡」

06 윗글에 대한 설명으로 적절하지 <u>않은</u> 것은?

① 후렴구를 통해 연을 나누고 있다.
② 시상은 계절의 순서에 따라 전개된다.
③ 시구의 반복을 통해 의미를 강조하고 있다.
④ 'ㄹ, ㅇ' 음을 사용하여 리듬감을 형성하고 있다.

07 ㉠에 드러난 화자의 삶의 태도로 가장 적절한 것은?

① 소박한 삶에 대한 동경
② 외로움을 극복하는 자세
③ 배부르게 먹고 싶은 소망
④ 힘겨운 삶에서 벗어나고 싶은 마음

08 ⓐ~ⓓ의 뜻풀이로 적절하지 <u>않은</u> 것은?

① ⓐ: 너보다
② ⓑ: 많은
③ ⓒ: 쟁기(농기구)
④ ⓓ: 나와 함께

※ 다음 글을 읽고 물음에 답하시오(09~10).

이 몸이 주거 가셔 무어시 될꼬 하니
㉠봉래산(蓬萊山) 제일봉(第一峯)에 ㉡낙락장송(落落長松)
되야 이셔
㉢백설(白雪)이 만건곤(滿乾坤) 홀 제 ㉣독야청청(獨也靑靑)
ᄒ리라.

— 성삼문

09 윗글에 대한 설명으로 적절하지 <u>않은</u> 것은?

① 색채 대비가 나타나 있다.
② 4음보의 율격을 지니고 있다.
③ 지조와 절개를 지키겠다는 다짐이 나타나 있다.
④ 조선 후기 평민들의 현실 극복 의지가 드러나 있다.

10 윗글에 사용된 시어의 의미를 <u>잘못</u> 설명한 것은?

① ㉠: 수양 대군의 세력
② ㉡: 지조와 절개
③ ㉢: 시련과 고난
④ ㉣: 절개를 지키겠다는 다짐

※ 다음 글을 읽고 물음에 답하시오(11~13).

십 년(十年)을 ㉠경영하여 ㉡초려삼간(草廬三間) 지어 내니
나 한 간 달 ㉢한 간에 청풍(淸風) 한 간 맡겨 두고
강산(江山)은 ㉣들일 데 없으니 둘러 두고 보리라.

— 송순

11 위와 같은 글에 대한 설명으로 적절하지 <u>않은</u> 것은?

① 초장, 중장, 종장으로 구성된다.
② 4음보의 규칙적인 율격을 지닌다.
③ 4구체, 8구체, 10구체로 분류할 수 있다.
④ 가사에 비해 길이가 짧다고 하여 단가(短歌)라고
불렀다.

12 윗글을 읽고 이해한 것으로 가장 적절한 것은?

① 성공하여 부귀영화를 누리겠다.
② 부모님께 효도하며 살아야겠다.
③ 자연과 더불어 소박하게 살아야겠다.
④ 사람을 멀리하고 혼자 산속에서 살아야겠다.

13 ㉠~㉣의 뜻풀이로 적절하지 않은 것은?

① ㉠: 계획하여
② ㉡: 화려한 집
③ ㉢: 한 칸
④ ㉣: 들여놓을 데

※ 다음 글을 읽고 물음에 답하시오(14~15).

> (가) 동지(冬至)ㅅ둘 ㉠기나긴 밤을 한 허리를 버혀 내어,
> 춘풍(春風) 니불 아릐 서리서리 너헛다가,
> ㉡어론 님 오신 날 밤이여든 구뷔구뷔 펴리라.
>   – 황진이
>
> (나) 님이 오마 ㅎ거늘 져녁밥을 일 지어 먹고 중문(中門) 나서
> 대문(大門) 나가 지방(地方) 우희 치드라 안자 이수(以手)로 가
> 액(加額)ㅎ고 오는가 가는가 건넌 산(山) 브라보니 거머흿들 셔
> 잇거늘 져야 님이로다.
>   보션 버서 품에 품고 신 버서 손에 쥐고 곰븨님븨 님븨곰븨 쳔
> 방지방 지방쳔방 즌 듸 모른 듸 굴희지 말고 워렁충창 건너가셔
> 정(情)엣말 ㅎ려 ㅎ고 겻눈을 흘긧 보니 상년(上年) 칠월(七月)
> 사흘날 골가 벅긴 ㉢주추리 삼대 술드리도 날 소겨라.
>   모쳐라 ㉣밤일싀만졍 힝혀 낫이런들 놈 우일 번 ㅎ괘라.
>   – 작자 미상

14 윗글의 공통된 정서를 가장 바르게 나타낸 것은?

① 그리움   ② 즐거움
③ 두려움   ④ 기대감

15 ㉠~㉣에 대한 설명으로 적절하지 않은 것은?

① ㉠: 추상적인 개념을 구체적인 사물로 형상화하고
있다.
② ㉡: 사랑하는 임, 정든 임을 의미한다.

③ ㉢: 화자가 기다리고 있는 임을 의미한다.
④ ㉣: '밤이었기에 망정이지'라는 의미이다.

※ 다음 글을 읽고 물음에 답하시오(16~18).

> (가) 창(窓) 내고쟈 창(窓)을 내고쟈 이내 가슴에 창(窓) 내고쟈
> 고모장지 세살장지 들장지 열장지 암돌져귀 수돌져귀 빈 목걸
> 새 크나큰 쟝도리로 쭝닥 바가 이내 가슴에 창(窓) 내고쟈
> 잇다감 하 답답홀 제면 여다져 볼가 ㅎ노라
>   – 작자 미상
>
> (나) 두터비 푸리를 물고 두험 우희 치드라 안자
> 건넛산 브라보니 백송골이 써 잇거늘 가슴이 금즉ㅎ여 풀덕 쒸
> 여 내듯다가 두험 아래 쟛바지거고.
> 모쳐라 늘낸 낼싀만졍 에헐질 번ㅎ괘라.
>   – 작자 미상

16 위와 같은 글의 갈래에 대한 설명으로 적절하지 않은
것은?

① 평시조보다 길이가 길어진 형태이다.
② 양반과 사대부들의 작품이 대부분이다.
③ 기존의 율격을 무시한 파격적인 형태를 보인다.
④ 웃음을 통해 비애와 고통을 극복하려는 모습을 보
인다.

17 글 (가)에 대한 설명으로 적절하지 않은 것은?

① 대상을 열거하는 표현이 사용되었다.
② 삶의 답답함에서 벗어나고자 하는 마음이 나타난다.
③ 화자가 처한 현실을 극복하고자 하는 의지가 드러
난다.
④ 임과 이별한 여인의 외로움을 자연물에 기대어 표
현하고 있다.

18 글 (나)의 성격으로 가장 적절한 것은?

① 풍자적
② 반어적
③ 유교적
④ 교훈적

※ 다음 글을 읽고 물음에 답하시오(19~21).

> 나 보기가 역겨워
> 가실 때에는
> 말없이 고이 보내 드리오리다.
>
> 영변(寧邊)에 약산(藥山)
> 진달래꽃
> 아름 따다 가실 길에 뿌리오리다.
>
> 가시는 걸음걸음
> 놓인 그 꽃을
> 사뿐히 즈려밟고 가시옵소서
>
> 나 보기가 역겨워
> 가실 때에는
> ㉠죽어도 아니 눈물 흘리오리다.
>
> — 김소월, 「진달래꽃」

19 윗글에 대한 설명으로 적절하지 <u>않은</u> 것은?

① 3음보의 율격을 지니고 있다.
② 이별의 정한을 노래하고 있다.
③ 수미 상관의 표현을 사용하고 있다.
④ 임과 다시 만나려는 의지가 드러나 있다.

20 윗글에서 '진달래꽃'의 상징적 의미로 볼 수 <u>없는</u> 것은?

① 시적 화자의 분신
② 임에 대한 순종적 사랑
③ 냉정하고 과감한 이별 선언
④ 떠나는 임을 축복하는 헌신적 사랑

21 ㉠과 같은 표현 기법이 사용된 것은?

① 아아 사랑하는 나의 님은 갔습니다.
② 가난하다고 해서 사랑을 모르겠는가
③ 먼 훗날 당신이 찾으시면 / 그때에 내 말이 "잊었노라"
④ 우리들의 사랑을 위하여서는 / 이별이, 이별이 있어야 하네

※ 다음 글을 읽고 물음에 답하시오(22~24).

> 까마득한 날에
> ㉠하늘이 처음 열리고
> 어데 닭 우는 소리 들렸으랴
>
> 모든 산맥들이
> 바다를 연모해 휘달릴 때도
> 차마 이곳을 범하던 못하였으리라
>
> 끊임없는 광음을
> 부지런한 계절이 피어선 지고
> 큰 ㉡강물이 비로소 길을 열었다
>
> 지금 ㉢눈 나리고
> 매화 향기 홀로 아득하니
> 내 여기 가난한 노래의 씨를 뿌려라.
>
> 다시 천고의 뒤에
> ㉣백마 타고 오는 초인이 있어
> 이 광야에서 목놓아 부르게 하리라.
>
> — 이육사, 「광야」

22 윗글에 대한 설명으로 적절하지 <u>않은</u> 것은?

① 상징적 시어를 사용하고 있다.
② 시간의 순서에 따라 시상이 전개된다.
③ 청유형 어미를 반복적으로 사용하고 있다.
④ 의인법을 사용하여 역동적 심상을 만들어 낸다.

23 윗글의 내용에 대한 이해로 적절하지 <u>않은</u> 것은?

① 2연에서 '이곳'은 침범할 수 없는 '광야'를 뜻한다.
② 3연은 역사와 문명의 태동을 의미한다.
③ 4연에서 화자는 암담한 현실을 극복하려는 의지를 보인다.
④ 5연에서 화자는 초자연적인 존재를 두려워한다.

24 ㉠~㉣ 중 '부정적 현실, 극복해야 할 시련'을 뜻하는 시어는?

① ㉠　　　　　② ㉡
③ ㉢　　　　　④ ㉣

※ 다음 글을 읽고 물음에 답하시오(25~27).

> ⓐ매운 계절의 채찍에 갈겨
> 마침내 북방으로 휩쓸려 오다.
>
> 하늘도 그만 지쳐 끝난 고원
> ⓑ서릿발 칼날진 그 위에 서다.
>
> ⓒ어데다 무릎을 꿇어야 하나
> 한 발 재겨 디딜 곳조차 없다.
>
> ⓓ이러매 눈 감아 생각해 볼밖에
> ㉠겨울은 강철로 된 무지갠가 보다.
>
> – 이육사, 「절정」

25 윗글에 대한 이해로 적절하지 <u>않은</u> 것은?

① 강렬한 상징어를 사용하였다.
② 단정적인 어조를 사용하고 있다.
③ 지사적 의지와 신념이 강하게 드러난다.
④ 미래형 시제를 사용하여 긴박한 분위기를 조성한다.

26 ㉠에 사용된 표현 방법은?

① 반어적 표현   ② 역설적 표현
③ 대구적 표현   ④ 반복적 표현

27 ⓐ~ⓓ에 대한 설명으로 적절하지 <u>않은</u> 것은?

① ⓐ: 가혹한 현실을 의미한다.
② ⓑ: 위태롭고 힘겨운 현실을 나타낸다.
③ ⓒ: 패배를 인정하는 모습이 드러난다.
④ ⓓ: 시상의 전환이 나타난다.

※ 다음 글을 읽고 물음에 답하시오(28~30).

> 죽는 날까지 하늘을 우러러
> 한 점 부끄럼이 없기를,
> 잎새에 이는 바람에도
> 나는 괴로워했다.
> 별을 노래하는 마음으로
> 모든 죽어 가는 것을 사랑해야지.
> 그리고 나한테 주어진 길을
> 걸어가야겠다.
>
> 오늘 ㉠밤에도 별이 바람에 스치운다.
>
> – 윤동주, 「서시」

28 윗글에 대한 설명으로 적절하지 <u>않은</u> 것은?

① 의지를 표현하는 어미를 사용하고 있다.
② '바람'은 화자의 심리적 갈등을 의미한다.
③ 후렴구를 삽입하여 운율을 형성하고 있다.
④ 부끄러움 없는 삶에 대한 소망이 나타난다.

29 윗글의 화자와 〈보기〉의 화자가 지닌 공통점은?

> ● 보기 ●
>
> 내일이나 모레나 그 어느 즐거운 날에
> 나는 또 한 줄의 참회록을 써야 한다.
> – 그때 그 젊은 나이에
> 왜 그런 부끄런 고백을 했던가.
>
> 밤이면 밤마다 나의 거울을
> 손바닥으로 발바닥으로 닦아 보자.
>
> – 윤동주, 「참회록」

① 생명에 대한 소중함
② 임무 완수의 즐거움
③ 자기반성과 자아 성찰
④ 즐거운 과거에 대한 회상

30 〈보기〉를 참고할 때 밑줄 친 시구 중 ㉠과 의미가 가장 유사한 것은?

─────── • 보기 •───────
「서시」는 광복 후 간행된 윤동주의 유고 시집 『하늘과 바람과 별과 시』에 수록된 작품으로 일제 강점기의 억압적 상황 속에서 겪어야 했던 지식인의 고뇌를 노래하고 있다.
────────────────────

① 풀이 눕는다. / 바람보다도 더 빨리 눕는다. – 김수영, 「풀」

② 매운 계절의 채찍에 갈겨 / 마침내 북방으로 휩쓸려 오다. – 이육사, 「절정」

③ 넓은 벌 동쪽 끝으로 / 옛 이야기 지줄대는 실개천이 휘돌아 나가고 – 정지용, 「향수」

④ 나는 아직 나의 봄을 기다리고 있을 테요 – 김영랑, 「모란이 피기까지는」

※ 다음 글을 읽고 물음에 답하시오(31~34).

─────────────────────────────
넓은 벌 동쪽 끝으로
옛이야기 지줄대는 실개천이 휘돌아 나가고,
얼룩백이 황소가
해설피 ㉠금빛 게으른 울음을 우는 곳,
— 그곳이 차마 꿈엔들 잊힐 리야.

질화로에 재가 식어지면
비인 밭에 밤바람 소리 말을 달리고
엷은 졸음에 겨운 늙으신 아버지가
짚벼개를 돋아 고이시는 곳,
— 그곳이 차마 꿈엔들 잊힐 리야.

흙에서 자란 내 마음
파아란 하늘빛이 그리워
함부로 쏜 화살을 찾으려
풀섶 이슬에 함추름 휘적시던 곳,
— 그곳이 차마 꿈엔들 잊힐 리야.

전설 바다에 춤추는 밤물결 같은
검은 귀밑머리 날리는 어린 누이와
아무렇지도 않고 예쁠 것도 없는
사철 발 벗은 안해가
따가운 햇살을 등에 지고 이삭 줍던 곳,
— 그곳이 차마 꿈엔들 잊힐 리야.

하늘에는 성근 별
알 수도 없는 모래성으로 발을 옮기고,
서리 까마귀 우지짖고 지나가는 초라한 지붕,
흐릿한 불빛에 돌아앉아 도란도란거리는 곳,
— 그곳이 차마 꿈엔들 잊힐 리야.

            – 정지용, 「향수」
─────────────────────────────

31 윗글의 특징에 대한 설명으로 적절하지 않은 것은?

① 선명한 감각적 이미지를 사용하였다.

② 향토적인 소재와 시어를 사용하였다.

③ 후렴구의 반복으로 리듬감을 형상화한다.

④ 반어적 표현으로 현실의 모순을 드러낸다.

32 윗글에 드러난 '고향'의 모습으로 가장 적절한 것은?

① 고단하고 삭막했던 공간

② 한가롭고 평화롭던 공간

③ 어린 시절 부유했던 공간

④ 도시적이고 개성 있는 공간

33 윗글과 〈보기〉의 공통된 정서로 가장 적절한 것은?

─────── • 보기 •───────
동지(冬至)ㅅ달 기나긴 밤을 한 허리를 버혀 내여
춘풍(春風) 니불 아래 서리서리 너헛다가
어론 님 오신 날 밤이여든 구뷔구뷔 펴리라.
────────────────────

① 만족감   ② 서러움

③ 그리움   ④ 기대감

34 ㉠에 사용된 심상과 같은 것은?

① 매화 향기 홀로 아득하니

② 분수처럼 흩어지는 푸른 종소리

③ 젊은 아버지의 서느런 옷자락에

④ 붉은 파밭의 푸른 새싹을 보아라

※ 다음 글을 읽고 물음에 답하시오(35~37).

네가 오기로 한 그 자리에
내가 미리 가 너를 기다리는 동안
㉠ 다가오는 모든 발자국은
내 가슴에 쿵쿵거린다
바스락거리는 나뭇잎 하나도 다 내게 온다
기다려본 적이 있는 사람은 안다
세상에서 기다리는 일처럼 가슴 애리는 일 있을까
네가 오기로 한 그 자리, 내가 미리 와 있는 이곳에서
문을 열고 들어오는 모든 사람이
㉡ 너였다가
너였다가, 너일 것이었다가
㉢ 다시 문이 닫힌다
사랑하는 이여
오지 않는 너를 기다리며
마침내 나는 너에게 간다
아주 먼데서 나는 너에게 가고
아주 오랜 세월을 다하여 너는 지금 오고 있다
아주 먼데서 지금도 천천히 오고 있는 너를
㉣ 너를 기다리는 동안 나도 가고 있다
남들이 열고 들어오는 문을 통해
내 가슴에 쿵쿵거리는 모든 발자국 따라
ⓐ 너를 기다리는 동안 나는 너에게 가고 있다.
　　　　　　　　　－ 황지우, 「너를 기다리는 동안」

35 윗글의 표현상 특징으로 적절하지 <u>않은</u> 것은?

① 현재 시제를 사용하고 있다.
② 청각적 심상을 사용하고 있다.
③ 의문형 어미를 사용한 표현이 있다.
④ 계절감의 변화를 통해 시상을 전개한다.

36 ㉠~㉣에 나타난 화자의 정서로 적절하지 <u>않은</u> 것은?

① ㉠: 만남에 대한 설렘
② ㉡: 만남에 대한 기대감
③ ㉢: 만나지 못한 것에 대한 실망
④ ㉣: 만남에 대한 소극적 의지

37 ⓐ에 사용된 표현 방법과 같은 것은?

① 인생은 짧고 예술은 길다.
② 이 마을 전설이 주저리주저리 열리고
③ 먼 훗날 당신이 찾으시면 / 그때에 내 말이 "잊었 노라"
④ 우리들의 사랑을 위하여서는 / 이별이, 이별이 있 어야 하네.

※ 다음 글을 읽고 물음에 답하시오(38~40).

나는 이제 너에게도 슬픔을 주겠다.
사랑보다 소중한 슬픔을 주겠다.
겨울밤 거리에서 귤 몇 개 놓고
살아온 추위와 떨고 있는 할머니에게
귤값을 깎으면서 기뻐하던 너를 위하여
나는 슬픔의 평등한 얼굴을 보여 주겠다.
내가 ㉠ 어둠 속에서 너를 부를 때
단 한 번도 평등하게 웃어 주질 않은
가마니에 덮인 동사자가 다시 얼어죽을 때
㉡ 가마니 한 장조차 덮어 주지 않은
무관심한 너의 사랑을 위해
흘릴 줄 모르는 너의 눈물을 위해
나는 이제 너에게도 ㉢ 기다림을 주겠다.
이 세상에 내리던 ㉣ 함박눈을 멈추겠다.
보리밭에 내리던 봄눈들을 데리고
추워 떠는 사람들의 슬픔에게 다녀와서
눈 그친 눈길을 너와 함께 걷겠다.
슬픔의 힘에 대한 이야기를 하며
기다림의 슬픔까지 걸어가겠다.
　　　　　　　　　－ 정호승, 「슬픔이 기쁨에게」

38 윗글을 통해 얻을 수 있는 교훈으로 적절하지 <u>않은</u> 것은?

① 이기적으로 살아온 삶을 반성해야겠다.
② 소외된 이웃에게 관심을 갖고 살아야겠다.
③ 나와 다른 생각을 가진 사람을 존중해야겠다.
④ 이웃을 배려하고 더불어 사는 삶을 살아야겠다.

39 윗글의 표현상 특징으로 적절하지 <u>않은</u> 것은?

① 역설적인 표현을 사용하고 있다.
② 공간의 이동에 따라 시상을 전개하고 있다.
③ 동일한 어구를 반복하여 운율을 형성하고 있다.
④ 어미의 반복으로 화자의 의지를 드러내고 있다.

40 ㉠~㉣의 함축적 의미로 적절하지 <u>않은</u> 것은?

① ㉠: 힘겹고 고통스러운 삶
② ㉡: 이웃에 대한 최소한의 관심
③ ㉢: 소외된 이웃에게 사랑으로 다가서기 위한 시간
④ ㉣: 소외된 자들이 누리던 기쁨과 행복

※ 다음 글을 읽고 물음에 답하시오(41~43).

> 흔들리는 나뭇가지에 꽃 한 번 피우려고
> <u>㉠눈은 얼마나 많은 도전을 멈추지 않았으랴</u>
>
> ┌ 싸그락 싸그락 두드려 보았겠지
> [A] 난분분 난분분 춤추었겠지
> └ 미끄러지고 미끄러지길 수백 번,
>
> 바람 한 자락 불면 휙 날아갈 사랑을 위하여
> 햇솜 같은 마음을 다 퍼부어 준 다음에야
> 마침내 피워 낸 저 황홀 보아라
>
> 봄이면 가지는 그 한 번 덴 자리에
> 세상에서 가장 아름다운 상처를 터뜨린다
>
> — 고재종, 「첫사랑」

41 윗글의 표현 방식에 대한 설명으로 적절하지 <u>않은</u> 것은?

① 공감각적 심상이 사용되었다.
② 역설적 표현 방법이 사용되었다.
③ 소리를 흉내 내는 표현 방법이 사용되었다.
④ 시간의 흐름에 따라 시상이 전개되고 있다.

42 ㉠에 사용된 표현 방법을 바르게 묶은 것은?

① 설의법, 반어법
② 은유법, 의인법
③ 설의법, 의인법
④ 반어법, 은유법

43 [A]에서 운율을 형성하는 요소와 가장 거리가 <u>먼</u> 것은?

① 대구적 표현
② 4음보의 반복
③ 종결 어미의 반복
④ 동일한 시어 반복

2 서사

서사 갈래에서는 인물의 행동이나 심리를 묻는 문제가 자주 출제
되며, 소재나 배경의 역할, 서술상의 특징을 묻는 문제도 자주 출
제된다. 서사 갈래 역시 현대 작품과 고전 작품이 하나씩 제시되는
경우가 많으므로, 고전 작품의 일반적인 특징과 교과서 수록 작품
들의 특징을 미리 파악해 두어야 한다.

❖ 윗글에 대한 설명으로 가장 적절한 것은?
❖ 윗글의 인물에 대한 설명으로 적절하지 않은 것은?

(1) 소설의 이해

① 소설의 특징

허구성	작가의 상상에 의해 꾸며진 이야기이다.
진실성	이야기의 전개나 인물의 설정 등에 있어서 진실성을 찾아내어 표현한 문학이다.
모방성	현실을 소재로 한 것으로 현실이 반영된다.
서사성	인물·사건·배경 등을 갖춘 이야기의 형식을 지닌다.
서술성	소설은 서술을 본질로 하며, 여기에 묘사와 대화가 더해진다.
예술성	단순한 흥미 위주보다 예술로서의 형식미와 기교를 갖추어야 한다.

② 소설의 3요소

주제	작가가 나타내려는 중심 사상
구성	이야기의 전개나 사건의 필연성 등을 유기적으로 결합하여 주제를 표현
문체	작가의 개성을 드러내는 독특한 문장의 체제

③ 소설 구성의 3요소

인물	작가의 상상력에 의해 창조된 사건의 행위자이며, 이야기의 주체
사건	인물의 성격 사이에서 빚어지는 갈등에 의해 구체화되는 이야기의 줄거리
배경	작중 인물이 처해 있는 시대적·사회적·공간적 환경이나 분위기

④ 소설의 인물

ㄱ. 개념: 작가에 의해 창작되어 소설 속에 등장하는 사람
으로 사건과 행동의 주체자이다.

ㄴ. 분류

• 역할에 따른 분류

주동	소설의 주인공으로 사건과 행동의 주체적 인물
반동	주인공의 의지와 행동에 맞서 갈등하는 인물

• 특성에 따른 분류

전형적	계층, 직업, 세대 등을 대표하는 성격의 인물
개성적	뚜렷한 개성을 지닌 인물

• 성격 변화에 따른 분류

평면적	처음부터 끝까지 성격의 변화가 없는 인물
입체적	상황의 변화에 따라 성격이 변하는 인물

ㄷ. 인물의 성격 제시 방법

• 직접적 제시
  - 분석적·해설적·설명적 제시 → 말하기(telling)
  - 서술자가 인물의 특성이나 성격을 직접 설명하는
    방법이다.
  - 독자가 이해하기 쉽고 시간이 절약되는 효과가
    있다.

• 간접적 제시
  - 극적·장면적 제시 → 보여 주기(Showing)
  - 서술자가 인물의 성격을 행동이나 대화, 즉 간접
    적으로 보여 주는 방식이다.
  - 인물을 생생하게 묘사하므로 독자의 상상적 참여
    가 가능하다.

⑤ 소설의 시점

ㄱ. 개념: 서술자가 서술 대상을 바라보는 각도나 위치를
말한다.

ㄴ. 종류

• 1인칭 주인공 시점
  - 주인공인 '나'가 자기 자신의 이야기를 하는 방식
    이다.
  - 주인공의 내면세계를 그리는 데 효과적이며 독자
    에게 친근감·신뢰감을 준다.
  - 객관성을 유지하기가 어려우며 주인공 이외의 인
    물을 서술할 때 제약이 따른다.

• 1인칭 관찰자 시점
  - 작품 속에 등장하는 '나'가 주인공에 대해 이야기
    하는 서술 방식이다.
  - 주인공의 내면을 숨김으로써 긴장과 경이로움을
    자아낸다.

– '나'의 눈에 비친 외부 세계만을 서술하므로 주인 공과 세계를 깊이 있게 이해하기 어렵다.

• 전지적 작가 시점
– 서술자가 전지전능한 위치에서 인물이나 사건을 서술하는 방식이다.
– 서술자가 작품 속에 직접 개입하여 사건을 진행시키고 인물을 논평한다.
– 작가의 사상과 인생관이 직접 드러난다.
– 독자의 상상적 참여가 제한될 우려가 있다.

• 작가 관찰자 시점
– 서술자가 외부 관찰자의 위치에서 이야기를 서술하는 방식이다.
– 서술자는 주관을 배제한 채 객관적인 태도로 대상을 관찰하고 묘사한다.
– 서술자가 해설이나 평가를 내리지 않기 때문에 독자의 상상력이 개입되는 경우가 많다.

⑥ 소설의 구성

㉠ 개념: 작품의 바탕이 되는 재료를 독자적인 수법으로 배열하거나 서술하는 일을 말한다. 이러한 구성은 소설 속에서 인과 관계에 의해 사건을 전개시키거나 여러 가지 사건을 나열함으로써 주제를 드러내는 역할을 담당한다.

㉡ 분류
• 중심 사건의 가짓수에 따른 구성

단순 구성	하나의 사건에 대한 이야기로만 전개되는 구성
복합 구성	두 개 이상의 사건이 복잡하게 얽혀 전개되는 구성
피카레스크식 구성	서로 다른 각각의 이야기가 동일한 주제로 묶여 전개되는 구성

• 사건의 진행에 따른 구성

평면적 구성 (순행식 구성)	사건이 시간의 흐름에 따라 배열되는 구성
입체적 구성 (역행적 구성)	역순행적으로 시간의 흐름을 바꾸어 사건을 구성하는 방법
액자식 구성	외부의 이야기 속에 내부의 이야기가 담겨 있는 구성

㉢ 소설 구성의 단계
• 발단: 등장인물이 소개되고 배경이 제시되며 사건의 실마리가 나타난다.

• 전개: 사건이 복잡하게 얽히고 갈등이 겉으로 드러난다.
• 위기: 갈등이 고조되는 부분으로 사건의 극적 반전이 나타나며 새로운 사건이 발생한다.
• 절정: 갈등이 최고조에 이르는 부분으로 사건 해결의 분기점이 되는 단계이다.
• 결말: 사건이 마무리되고 갈등이 해소되며 인물의 운명이 분명해지는 단계이다.

⑦ 소설의 갈등
㉠ 내적 갈등: 인물 내면에서 일어나는 갈등
㉡ 외적 갈등
• 인물 ↔ 인물: 인물과 인물 사이의 갈등
• 인물 ↔ 사회: 개인과 개인이 속한 사회와의 갈등
• 인물 ↔ 운명: 인물의 숙명적 운명으로 인한 대립과 갈등
• 계층 ↔ 계층: 착취하는 계층과 착취를 당하는 계층 사이의 갈등

⑧ 소설의 배경
㉠ 개념: 작품 속에서 인물들이 활동하고 사건이 벌어지는 구체적인 시간과 공간을 말한다. 시대적·사회적·자연적 환경이나 분위기를 뜻하며, 이런 배경은 작가의 의도적인 선택에 의하여 나타나게 된다.
㉡ 배경의 기능
• 작품의 전반적인 분위기를 만들어 낸다.
• 인물의 심리나 사건의 전개를 암시한다.
• 사건에 사실성을 부여하고 현장감을 준다.

⑨ 소설의 소재
㉠ 개념: 작품에서 작가가 말하고자 하는 바를 나타내기 위해 선택하는 재료이다.
㉡ 소재의 기능
• 소재는 대개 상징적 의미를 지니고 있으며, 앞으로 전개될 사건을 암시하는 복선 기능을 한다.
• 소재의 기능, 역할, 의미를 바르게 이해하려면 소재 자체에 얽매이기보다 소설 전체의 흐름과 주제와의 연관 속에서 파악해야 한다.

■ **복선**: 소설이나 희곡 등에서 앞으로 일어날 사건이나 상황을 미리 암시하는 서사적 장치를 말한다. 일반적으로 복선은 주변 사건이나 상황을 활용하여 서사의 윤곽과 방향을 제시하며, 독자들은 복선을 통해 다가올 사건이 우연적이거나 우발적인 것이 아니라고 생각하게 된다.

⑩ 사투리와 비속어의 효과

　㉠ 작가는 소설을 서술할 때 사실성을 얻기 위해 사투리와 비속어를 많이 사용한다.

　㉡ 사투리를 사용했을 경우 토속적 정감, 현장감, 사실감 등을 얻을 수 있다.

(2) 서사 갈래의 종류

① 설화

　㉠ 개념

　　• 예로부터 전해 내려오는 이야기로, 일정한 구조를 지니고 있으며 꾸며 낸 이야기라는 점에서 후대 소설 문학의 근원이라 할 수 있다.

　　• 우리 조상들의 사고방식이나 생활 모습 등이 나타나 있어 우리 민족의 뿌리라고도 할 수 있다.

　㉡ 종류

　　• 신화

　　　－ 고대인의 원초적 세계관이 반영된 신성한 이야기로 우주의 기원, 신이나 영웅의 사적, 민족의 태고 때의 역사 등이 주된 내용이다.

　　　－ 인간 세상을 주관하는 초월적인 존재가 등장한다.

　　• 전설

　　　－ 어떤 공동체의 내력이나 자연물의 유래, 이상한 체험 따위를 소재로 한다.

　　　－ 구체적인 시간과 장소, 증거물 등이 존재한다.

　　　－ 비범한 인물이 등장하지만 결말이 비극적으로 끝나는 경우가 많다.

　　• 민담

　　　－ 평범한 인물을 내세워 교훈이나 흥미를 주는 허구적 이야기이다.

　　　－ 뚜렷한 시간이나 장소가 존재하지 않는다.

　　　－ 주로 평범한 인물이 등장하여 인간적으로 행동한다.

　　　－ 지역성이나 역사성에서 벗어나 있기 때문에 유사한 이야기가 세계적으로 널리 분포되어 있다.

　㉢ 주요 작품

단군 신화	고조선의 성립과 단군의 신이한 출생
동명왕 신화	동명왕의 신이한 탄생과 고구려의 건국 과정
연오랑 세오녀	해와 달이 된 연오랑과 세오녀의 이야기

② 가전체 문학

　㉠ 개념: 계세징인(戒世懲人)을 목적으로 사물을 의인화하여 전기(傳記) 형식으로 구성한 산문 문학의 한 갈래이다.

> ■ 계세징인: 세상 사람들을 경계하고 징계한다는 뜻으로 그릇된 행위를 지적하고 앞날의 경계로 삼도록 일깨워 주는 것을 의미한다.

　㉡ 특징

　　• 가전체 문학은 순수 개인 창작물이다.

　　• 창의성이 가미된 허구적인 작품이라는 점에서 설화와 소설을 잇는 교량적인 역할을 한다고 평가할 수 있다.

　　• 고려 중기 이후 크게 유행하였으며, 조선 시대에도 꾸준히 창작되었다.

　㉢ 주요 작품

작품	작가	특징
「국순전」	임춘	술을 의인화
「공방전」	임춘	돈을 의인화
「국선생전」	이규보	술을 의인화
「죽부인전」	이곡	대나무를 의인화

③ 판소리

　㉠ 개념: 전문 예술가인 광대가 고수의 북장단에 맞추어 서사적인 이야기를 소리와 몸짓을 곁들여 구연하는 우리 고유의 예술 형태이다.

　㉡ 특징

　　• 서민들의 현실적인 생활을 주로 그리고 있다.

　　• 대체로 4음보의 운문체이다.

　　• 표현이 약간 조잡하지만 풍자와 해학 등을 풍부하게 구사하고 있다.

　　• 언어의 층위가 다양해 양반들이 사용하는 한문 어투와 평민들이 사용하는 일상 언어가 모두 담겨 있다.

　　• 표면적인 주제는 양반들의 의식을 반영하고 있지만 그 이면을 살펴보면 양반에 대한 민중의 저항 의식이 바탕에 깔려 있다.

　㉢ 구성

　　• 창(소리): 광대가 가락에 맞추어 부르는 노래

　　• 아니리(사설): 판소리에서 창을 하는 중간에 가락을 붙이지 않고 이야기하듯 엮어 나가는 사설

　　• 추임새: 장단을 짚는 고수가 창의 사이사이에 흥을 돋우기 위하여 삽입하는 소리

• 발림(너름새): 광대가 소리의 극적인 전개를 돕기 위하여 몸짓이나 손짓으로 하는 동작

④ 고전 소설

　㉠ 개념: 19세기 이전에 나온 서사 문학으로 설화, 가전체 문학 등의 영향을 받아 형성되었다.

　㉡ 특징

　　• 인물: 전형적·평면적 인물, 재자가인(才子佳人)의 성격

　　• 사건: 우연적·전기적(傳奇的) 성격, 기이하고 황당한 내용

　　• 주제: 권선징악과 인과응보, 교훈적·도덕적 내용

　　• 구성: 시간의 흐름에 따른 구성, 일대기적 형식, 행복한 결말

　　• 문체: 운문체·낭송체·문어체적 특징, 운문과 산문의 혼용

　㉢ 조선 전기의 고전 소설

　　• 고려 시대의 패관 문학이나 가전체 문학 등을 바탕으로 중국의 전기(傳奇) 소설 등의 영향을 받아 만들어진 한문 소설이다.

　　• 이 시기의 소설은 전기적(傳奇的) 요소가 많다.

　　• 김시습의 『금오신화』

　　　– 최초의 소설 작품

　　　– 「용궁부연록」, 「남염부주지」, 「이생규장전」, 「만복사저포기」, 「취유부벽정기」 등 5편이 실린 소설집

　㉣ 조선 후기의 고전 소설

　　• 임진왜란과 병자호란으로 인해 신분 질서가 동요되고 평민들의 각성이 두드러지게 나타나면서 소설이 문학의 중심으로 자리 잡게 되었다.

　　• 광해군 때 허균이 『홍길동전』을 창작하면서 본격적인 소설의 시대가 전개되었다.

　　• 조선 전기에는 한문 소설이 창작되었지만 조선 후기에는 한문 소설뿐만 아니라 한글 소설도 많이 창작되었다.

　　• 주요 작품

작가	작품
허균	『홍길동전』
김만중	『사씨남정기』, 『구운몽』
작자 미상	『유충렬전』
박지원	『허생전』, 『양반전』

⑤ 신소설

　㉠ 개념: 고전 소설에 비해 새로운 내용, 형식, 문체로 이루어진 소설이라 하여 붙여진 명칭이다.

　㉡ 특징

　　• 내용: 자주독립, 신교육, 남녀평등, 자유 결혼, 미신 타파 등 개화사상을 소재로 하는 내용을 주로 다루고 있다.

　　• 형식: 주인공의 탄생부터 시작하는 종래의 틀에서 벗어나 자유로운 장면 묘사로 시작되고, 문체는 언문일치체, 구성은 역순행적 구성 등이 보인다.

　　• 한계: 평면적인 성격의 등장인물, 우연적인 사건 전개, 권선징악적 요소 등이 나타나며 상투적 종결 어미가 여전히 사용되었다.

⑥ 1910년대 소설

　㉠ 특징

　　• 한일 합병 이후, 외세의 침략에 대한 비판, 자주독립 의식 고취 등의 사회적인 내용을 직접 다룰 수는 없었다.

　　• 표면상으로는 근대적인 자아의 각성과 개성을 다루고 있지만 이면적으로는 고대 소설의 특징을 벗어나지 못하고 있었다.

　㉡ 이광수 『무정』: 최초의 근대 장편 소설

⑦ 1920년대 소설

　㉠ 낭만주의, 자연주의, 사실주의

　　• 계몽주의적 성격에 반발하여 순수 문학 운동이 전개되었다.

　　• 감상적이고 퇴폐적인 낭만주의, 인간의 모습을 자연 현상으로 파악하는 자연주의, 사회를 비판적으로 묘사하는 사실주의 경향의 소설 등이 많이 창작되었다.

　　• 단편 소설의 형태가 발달하였다.

　　• 주요 작품: 김동인의 「감자」, 현진건의 「운수 좋은 날」, 염상섭의 「만세전」

　㉡ 계급주의 소설

　　• 사회주의 사상의 기초 아래, 계급 혁명의 이념을 바탕으로 한 작품이 다수 창작되었다.

　　• 피폐해진 농촌과 토지를 잃고 간도나 만주로 떠도는 유랑민, 그리고 또 다른 소외 계층인 도시 노동자의 삶을 다루었다.

　　• 폭력, 방화, 살인 등을 주요 소재로 삼았다.

　　• 주요 작품: 최서해의 「홍염」, 박영희의 「사냥개」

⑧ 1930년대 소설

㉠ 농촌 소설
- 브나로드 운동(농촌 계몽 운동)의 영향으로 농촌 현실에 대한 관심이 고조되었다.
- 농촌 계몽을 목적으로 하는 소설이 등장하였다.
- 계몽성이나 사회주의의 목적과는 상관없이 궁핍한 농촌 사회와 고통스런 농민의 생활 실태를 사실적으로 다룬 농민 소설이 창작되었다.
- 주요 작품: 심훈의 「상록수」, 박영준의 「모범 경작생」, 김유정의 「동백꽃」과 「봄·봄」, 이효석의 「메밀꽃 필 무렵」

㉡ 역사 소설
- 일제 강점기 일제의 검열이 극심해지면서 역사를 제재로 한 소설이 등장하게 되었다.
- 역사에서 얻은 소재를 사용하여 일제의 검열을 피하면서도 민족의식을 고취하기 위한 목적으로 창작되었다.
- 주요 작품: 김동인의 「운현궁의 봄」, 현진건의 「무영탑」

㉢ 세태 소설, 풍속 소설
- 도시적 삶과 현대 문명에 대한 소설적 접근이 이루어졌다.
- 도시적 삶의 병리를 섬세하게 묘사한 세태·풍속 소설이 창작되었다.
- 주요 작품: 채만식의 「레디메이드 인생」, 이상의 「날개」

㉣ 장편 소설
- 장편 소설의 창작으로 내용이 길어지면서 깊이 있는 현실 탐구가 이루어졌다.
- 가족의 계보나 세대 간의 갈등, 가족의 변동과 붕괴 등을 다루는 작품이 창작되었다.
- 주요 작품: 염상섭의 「삼대」, 채만식의 「태평천하」

⑨ 광복 이후의 현대 소설

㉠ 과거 식민지적 삶의 청산: 채만식의 「민족의 죄인」

㉡ 현실적 문제가 아닌 순수 문학을 지향: 염상섭의 「두 파산」, 황순원의 「목넘이 마을의 개」

㉢ 전쟁의 상처와 분단의 아픔: 윤흥길의 「장마」, 하근찬의 「수난이대」, 최인훈의 「광장」

㉣ 산업화, 도시화에서 드러나는 인간 소외 문제: 이청준의 「병신과 머저리」

㉤ 산업화와 노동자의 삶: 황석영의 「삼포 가는 길」, 윤흥길의 「아홉 켤레의 구두로 남은 사내」, 조세희의 「난쟁이가 쏘아 올린 작은 공」

㉥ 역사 소설을 통해서 본 민족사의 재인식: 박경리의 『토지』, 조정래의 『태백산맥』

출제 예상 문제

※ 다음 글을 읽고 물음에 답하시오(01~03).

> [앞부분 줄거리] 새로운 남원 부사로 부임한 변학도가 춘향을 불러내어 수청을 강요하지만, 춘향은 이를 거부하고 옥에 갇혀 고초를 겪는다. 한편 한양으로 올라갔던 이몽룡은 전라도 어사가 되어 남원에 내려오는 길에 변 사또가 학정(虐政)을 일삼고 있다는 사실과 춘향이 옥에 갇혔다는 소식을 듣는다.

(가) "암행어사 출두야!"

　외치는 소리 강산이 무너지고 천지가 뒤눕는 듯, 초목금수(草木禽獸)인들 아니 떨랴. 남문에서,

　"출두야!" / 북문에서 / "출두야!"

　동서문 출두 소리 맑은 하늘에 진동하고,

　"모든 아전들 들라." / 외치는 소리에 육방(六房)이 넋을 잃어,

　"공형이오." / 등채로 휘닥딱. / "애고, 죽는다!"

　"공방(工房), 공방!" / 공방이 포진(鋪陳) 들고 들어오며,

　"안 하려는 공방을 하라더니 저 불 속에 어찌 들랴!"

　등채로 휘닥딱. / "애고, 박 터졌네!"

　좌수 별감 넋을 잃고, 이방 호장 실혼(失魂)하고, 삼색나졸(三色羅卒) 분주하네.

　모든 수령 도망할 제 거동 보소. ㉠인궤(印櫃) 잃고 과줄 들고, 병부(兵符) 잃고 송편 들고, 탕건 잃고 용수 쓰고, 갓 잃고 소반 쓰고, 칼집 쥐고 오줌 누기, 부서지니 거문고요 깨지나니 북장고라. 본관이 똥을 싸고 멍석 구멍 새앙쥐 눈 뜨듯 하고, 내아(內衙)로 들어가서,

　ⓐ"어 추워라! 문 들어온다. 바람 닫아라! 물 마르다. 목 들여라!"

　관청색은 상(床)을 잃고 문짝 이고 내달으니, 서리 역졸 달려들어 휘닥딱. / "애고, 나 죽네!"

(나) "저 계집은 무엇이냐?"

　형리 여짜오되,

　"기생 월매 딸이온데 관정(官庭)에 포악(暴惡)한 죄로 옥중에 있습네."

　"무슨 죄냐?"

　형리 아뢰되,

　"본관 사또 수청(守廳)으로 불렀더니, 수절(守節)이 정절(貞節)이라 ㉡수청 아니 들려 하고, 관전(官前)에 포악한 춘향이로소이다."

　어사또 분부하되,

　"너만한 년이 수절한다고 관정 포악(官庭暴惡)하였으니 살기를 바랄소냐? 죽어 마땅하되 내 수청도 거역할까?"

　춘향이 기가 막혀,

> ㉢"내려오는 관장(官長)마다 하나하나 명관이로구나. 수의사또 들으시오! ㉣층암절벽(層巖絕壁) 높은 바위 바람 분들 무너지며, 청송녹죽(靑松綠竹) 푸른 나무 눈이 온들 변하리까? 그런 분부 마옵시고 어서 바삐 죽여 주오!"
>
> 　– 작자 미상, 「춘향전」

01　윗글의 특징으로 적절하지 <u>않은</u> 것은?

① 풍자와 해학이 드러난다.

② 양반에 대한 민중의 저항 의식이 깔려 있다.

③ 배경 묘사를 통해 주제를 간접적으로 드러낸다.

④ 서민층의 언어와 양반층의 언어가 혼재되어 나타난다.

02　㉠~㉣에 대한 설명으로 적절하지 <u>않은</u> 것은?

① ㉠: 수령들의 행동을 해학적으로 보여 준다.

② ㉡: 춘향이 하옥된 이유를 제시하는 부분이다.

③ ㉢: 춘향이 어사또의 공명정대함을 칭송하고 있다.

④ ㉣: 자연물에 빗대어 춘향의 의지를 강조하고 있다.

03　ⓐ와 같은 방식의 언어유희에 해당하는 것은?

① 말이 빠져서 이가 헛나가 버렸네.

② 고향이 제주라서 재주가 많은 거구나.

③ 서방인지 남방인지 걸인 하나 내려왔다.

④ 이에 이에 그 말마라, 시집살이 개집살이

※ 다음 글을 읽고 물음에 답하시오(04~07).

"아름답고 아름답도다. 계집이로다. 네가 진정 열녀로다. 네 정절 굳은 마음이 어찌 그리 고우냐. 당연한 말이로다. 그러나 이몽룡은 서울 양반의 아들로 이미 명문 귀족의 사위가 되었으니, 일시 사랑으로 잠깐 데리고 논 너 같은 계집을 잠시라도 생각하겠느냐? 네 어여쁜 정절이 너를 백발 할미로 혼자 늙게 하면 어찌 불쌍하지 않으랴. 네가 아무리 수절을 한들 누가 열녀 포상이라도 할 줄 아느냐? 그것은 버려 두고라도 네가 고을 관장에게 매이는 것이 옳으냐, 그 어린아이에게 매이는 것이 옳으냐? 네가 말을 좀 해 보거라."

춘향이 여쭈되,

"충신은 두 임금을 섬기지 않고, 열녀는 두 남편을 모시지 않는다고 했는데, 여러 차례의 분부가 이와 같으니 사는 것이 죽은 것만 못합니다. 뜻대로 하십시오."

옆에서 듣고 있던 회계 생원이 사또를 거든다.

"여봐라. 어, 그년 참 요망한 년이로구나. ㉠하루살이 같은 인생, 좁은 세상에 한 번 왔다 가는 미모인데 네가 여러 번이나 사양할 게 뭐 있느냐? 사또께서 너를 추앙하여 하시는 말씀인데 너같은 창기가 수절이 무엇이며 정절이 무엇이냐? 구관을 보내고 신관 사또를 맞이하면서 기생이 모시는 것은 법전에도 나와 있으니 쓸데없는 소리 마라. 너희같이 천한 기생들에게 '충렬(忠烈)' 두 글자가 왜 있겠느냐?"

이때 춘향이 기가 막혀 천연스레 앉아 따지고 든다.

[A]
┌ "충효열에 위아래가 어디 있소? 자세히 들어 보시오. 기생
│ 말 나왔으니 기생으로 말합시다. 충효열녀 없다고 하니 낱
│ 낱이 아뢰리다. 황해도 기생 농선이는 임을 기다리다 동선
│ 령에서 얼어 죽었고, 선천 기생은 아이였지만 갈 곳 몰라
│ 헤매던 어린 도령 돌보느라 칠거지악에 들어 있고, 진주 기
│ 생 논개는 우리나라의 충렬이라 충렬문에 모셔 놓고 봄가을
│ 로 제사를 올리고 있고, 청주 기생 화월이는 삼층 누각에
│ 올라 있고, 평양 기생 월선이도 충렬문에 들어 있고, 안동
│ 기생 일지홍은 살아서 열녀문을 받은 후에 정경부인에 올랐
└ 으니 기생을 해치지 마옵소서."

– 작자 미상, 「춘향전」

04 윗글에 대한 설명으로 적절하지 <u>않은</u> 것은?

① 열녀 설화를 바탕으로 한 작품이다.
② 반복법과 대구법 등 다양한 수사법이 사용되었다.
③ 등장인물의 내면 심리를 섬세하게 묘사하고 있다.
④ 오랜 세월 여러 사람에 의해 만들어진 적층 문학이다.

05 윗글에 대한 이해로 적절하지 <u>않은</u> 것은?

① 사또는 춘향에게 열녀 포상을 하려고 한다.
② 회계 생원은 사또의 입장을 지지하고 있다.
③ 춘향은 자신의 의견을 당당하게 말하고 있다.
④ 춘향은 죽는 한이 있어도 정절을 지키려고 한다.

06 ㉠에 사용된 표현 방법과 같은 것은?

① 찬란한 슬픔의 봄을
② 그는 여우처럼 교활하다.
③ 인생은 짧고 예술은 길다.
④ 이 마을 전설이 주저리주저리 열리고

07 [A]와 〈보기〉에 대한 설명으로 적절하지 <u>않은</u> 것은?

─────── 보 기 ───────

[중모리]
"기생에게 충절이 없다 하니 낱낱이 아뢰리다. 청주 기생 매월이는 삼충사에 올라 있고, 안동 기생 일지홍이는 살아 열녀문 세워 있고, 선천 기생은 아이로되 사서삼경 알았으니, 기생에게 충이 없소 열녀가 없소? 대부인 수절이나 소녀 춘향 수절이나 수절은 일반인데, 수절에도 위아래가 있소?"

– 작자 미상, 「춘향가」

① 춘향이의 속마음을 표현하는 부분이다.
② 예를 들어 표현하는 방법을 사용하고 있다.
③ 기생들에게도 '충효열녀'가 있음을 설명하고 있다.
④ [A]와 달리 〈보기〉는 장단에 맞추어 노래로 부른다.

※ 다음 글을 읽고 물음에 답하시오(08~10).

(가) 변씨는 대경해서 일어나 절하여 ㉠사양(辭讓)하고, 십분의 일로 이자를 쳐서 받겠노라 했다. 허생이 잔뜩 ㉡역정(逆情)을 내어,

"당신은 나를 장사치로 보는가?"

하고는 소매를 뿌리치고 가 버렸다. 변씨는 가만히 그의 뒤를 따라갔다. 허생이 남산 밑으로 가서 조그만 초가로 들어가는 것이 멀리서 보였다. 한 늙은 할미가 우물 터에서 빨래하는 것을 보고 변씨가 말을 걸었다.

"저 조그만 초가가 누구의 집이오?"

"허 생원 댁이지요. 가난한 형편에 글공부만 좋아하더니, 하루아침에 집을 나가서 5년이 지나도록 돌아오지 않으시고, ㉢시방(時方) 부인이 혼자 사는데, 집을 나간 날로 제사를 지냅지요."

변씨는 비로소 그의 성이 허씨라는 것을 알고, 탄식하며 돌아갔다. 이튿날, 변씨는 받은 돈을 모두 가지고 그 집을 찾아가서 돌려주려 했으나, 허생은 받지 않고 거절하였다.

"내가 부자가 되고 싶었다면 백만 냥을 버리고 십만 냥을 받겠소? 이제부터는 당신의 도움으로 살아가겠소. 당신은 가끔 나를 와서 보고 양식이나 떨어지지 않고 옷이나 입도록 하여 주오. 일생을 그러면 족하지요. 왜 재물 때문에 정신을 괴롭힐 것이오?"

변씨가 허생을 여러 가지로 권유하였으나, 끝끝내 어찌할 도리가 없었다. 변씨는 그때부터 허생의 집에 양식이나 옷이 떨어질 때쯤 되면 몸소 찾아와 도와주었다. 허생은 그것을 흔연히 받아들였으나, 혹 많이 가지고 가면 좋지 않은 ㉣기색(氣色)으로,

"나에게 재앙을 갖다 맡기면 어찌하오?"

하였고, 혹 술병을 들고 찾아가면 아주 반가워하며 서로 술잔을 기울여 취하도록 마셨다.

(나) 어느 날, 변씨가 5년 동안에 어떻게 백만 냥이나 되는 돈을 벌었던가를 조용히 물어보았다. 허생이 대답하기를,

[A]
"그야 가장 알기 쉬운 일이지요. 조선이란 나라는 배가 외국에 통하질 않고, 수레가 나라 안에 다니질 못해서, 온갖 물화가 제자리에 나서 제자리에서 사라지지요. 무릇, 천 냥은 적은 돈이라 한 가지 물종을 독점할 수 없지만, 그것을 열로 쪼개면 백 냥이 열이라, 또한 열 가지 물건을 살 수 있겠지요. 단위가 작으면 굴리기가 쉬운 까닭에, 한 물건에서 실패를 보더라도 다른 아홉 가지의 물건에서 재미를 볼 수 있으니, 이것은 보통 이(利)를 취하는 방법으로 조그만 장사치들이 하는 짓 아니오? 대개 만 냥을 가지면 족히 한 가지 물종을 독점할 수 있기 때문에, 수레면 수레 전부, 배면 배를 전부, 한 고을이면 한 고을을 전부, 마치 총총한 그물로 훑어 내듯 할 수 있지요. 뭍에서 나는 만 가지 중에 한 가지를 슬그머니 독점하고, 물에서 나는 만 가지 중에 슬그머니 하나를 독점하고, 의원의 만 가지 약재 중에 슬그머니 하나를 독점하면, 한 가지 물종이 한곳에 묶여 있는 동안 모든 장사치들이 고갈될 것이매, 이는 백성을 해치는 길이 될 것입니다. 후세에 당국자들이 만약 나의 이 방법을 쓴다면 반드시 나라를 병들게 만들 것이오."

– 박지원, 「허생전」

08 윗글을 통해 알 수 있는 내용으로 적절하지 않은 것은?

① 허생은 '재물'을 부정적인 것으로 인식하고 있다.
② 변씨는 허생에게 받은 돈을 모두 돌려주려고 했다.
③ 허생은 변씨의 도움을 모두 거부하고 글공부를 하며 살았다.
④ 변씨는 허생에게 어떻게 큰돈을 벌 수 있었는지 물어보았다.

09 [A]에 나타난 '허생'의 생각으로 적절하지 않은 것은?

① 조선은 교통이 열악하고 경제 구조가 취약하다.
② 독점은 백성을 해치고 나라를 병들게 만드는 일이다.
③ 조선에서는 한 가지 물종을 독점하는 일이 가능하다.
④ 독점은 보통의 이(利)를 취하는 조그만 장사치들이 하는 짓이다.

10 ㉠~㉣의 사전적 의미로 옳지 않은 것은?

① ㉠: 겸손하여 받지 아니하거나 응하지 아니함. 또는 남에게 양보함
② ㉡: 몹시 언짢거나 못마땅하여서 내는 성
③ ㉢: 오랜 시간이 흐르는 동안
④ ㉣: 마음의 작용으로 얼굴에 드러나는 빛

※ 다음 글을 읽고 물음에 답하시오(11~14).

척은 다시 낙심하여 금교 옆에 주저앉았다. 며칠 동안 아무것도 먹지도 못한 채 미친 사람처럼 사방을 헤매고 다녔기에 그는 금방이라도 기절할 것만 같았다. 이때 명나라 장수 한 명이 10여 명의 기병을 이끌고 성에서 나와 금교 밑에서 말을 씻기고 있었다. 척은 의병으로 출전했을 때 명나라 장수를 대접하느라 중국어를 조금 익혔던 터라 명나라 장수와 중국어로 이야기를 나누다가 자신의 사정을 말하게 되었다. ㉠왜적들에게 온 가족이 변을 당했으며, 자신은 이제 어디 의탁할 곳도 없음을 호소하던 척은 허락만 해준다면 장수를 따라 중국에 들어가 은둔하고 싶다고 말하였다. 명나라 장수는 이야기를 다 듣고는 슬퍼하였고, 또 척의 뜻을 불쌍히 여겨 말했다.

"나는 오 총병 밑에 있는 천총 여유문이라는 사람이오. 우리 집은 절강성 소흥부에 있소. 집안 살림이 그렇게 넉넉하지는 않지만 먹고살 만은 하오. 사람이 살면서 서로 마음 맞는 사람 만나는 것만큼 귀한 일이 어디에 있겠소. 그 사람과 함께 멀든 가깝든 마음 가는 대로 어디든 다닐 수 있다면 그 즐거움은 이루 말할 수 없을 것이오. 더구나 당신은 이미 집안일에 매여 있지 않으니 어찌 한곳에 매여 답답하게 살 필요가 있겠소?"

말을 마친 여유문은 척에게 말 한 필을 주더니 자기 부대로 함께 가자고 하였다. ㉡척은 잘생기고 생각이 깊은 데다가 활쏘기와 말타기에 능하며 한문도 잘하였다. 이를 안 여유문은 척을 매우 아껴 한 막사에서 식사와 잠을 같이 하였다.

– 조위한, 「최척전」

11 위와 같은 글의 일반적인 특징으로 적절하지 않은 것은?

① 대체로 행복한 결말 구조를 보인다.
② 시간의 흐름에 따라 사건을 전개한다.
③ 비현실적이고 우연적인 사건이 발생한다.
④ 사건이 진행됨에 따라 인물의 성격이 변한다.

12 윗글에 대한 설명으로 적절하지 않은 것은?

① 주인공은 전쟁 때문에 가족과 헤어지게 된다.
② 꿈과 현실의 세계가 교차하는 구성을 취하고 있다.
③ 역사적 사실을 바탕으로 작가가 창작한 이야기이다.
④ 당시 백성들의 고통스러운 삶을 사실적으로 표현하고 있다.

13 ㉠을 통해 알 수 있는 내용과 가장 거리가 먼 것은?

① 조선은 일본의 침략을 받았다.
② 명나라와 조선의 관계는 좋은 편이다.
③ 왜적의 침략으로 많은 백성들이 변을 당했다.
④ 최척은 가족을 만나기 위해 중국에 가고자 한다.

14 ㉡에 대한 설명으로 적절하지 않은 것은?

① 최척의 뛰어난 능력을 드러낸다.
② 최척의 외모가 뛰어남을 알 수 있다.
③ 인물을 객관적으로 묘사한 부분이다.
④ 여유문이 최척을 더욱 아끼게 되는 이유가 된다.

※ 다음 글을 읽고 물음에 답하시오(15~18).

> ㉠"장인님! 인젠 저 ……."
>
> 내가 이렇게 뒤통수를 긁고, 나이가 찼으니 성례를 시켜줘야 하지 않겠느냐고 하면, 그 대답이 늘
>
> ㉡"이 자식아! 성례구 뭐구 미처 자라야지!"
>
> 하고 만다.
>
> 이 자라야 한다는 것은 내가 아니라 장차 내 아내가 될 점순이의 키 말이다. 내가 여기에 와서 돈 한 푼 안 받고 일하기를 삼 년 하고 꼬박이 일곱 달 동안을 했다. 그런데도 미처 못 자랐다니까 이 키는 언제야 자라는 겐지 짜증 영문 모른다. 일을 좀 더 잘해야 한다든지, 혹은 밥을(많이 먹는다고 노상 걱정이니까) 좀 덜 먹어야 한다든지 하면 나도 얼마든지 할 말이 많다. 허지만 점순이가 안죽 어리니까 더 자라야 한다는 여기에는 어째 볼 수 없이 고만 벙벙하고 만다.
>
> 이래서 나는 애초에 계약이 잘못된 걸 알았다. 이태면 이태, 삼 년이면 삼 년, 기한을 딱 작정하고 일을 해야 원 할 것이다. 덮어놓고 딸이 자라는 대로 성례를 시켜 주마 했으니, 누가 늘 지키고 섰는 것도 아니고 그 키가 언제 자라는지 알 수 있는가. 그리고 난 사람의 키가 무럭무럭 자라는 줄만 알았지 붙배기 키에 모로만 벌어지는 몸도 있는 것을 누가 알았으랴.
>
> 때가 되면 장인님이 어련하랴 싶어서 군소리 없이 꾸벅꾸벅 일만 해 왔다. 그럼 말이다, 장인님이 제가 다 알아채려서, ㉢"어참, 너 일 많이 했다. 고만 장가들어라." 하고 살림도 내주고 해야 나도 좋을 것이 아니냐. 시치미를 딱 떼고 도리어 그런 소리가 나올까 봐서 지레 펄펄 뛰고 이 야단이다. 명색이 좋아 데릴사위지 일하기에 싱겁기도 할 뿐더러 이건 참 아무것도 아니다. 숙맥이 그걸 모르고 점순이의 키 자라기만 까맣게 기다리지 않았나.
>
> (중략)
>
> 아무리 잘 봐야 내 겨드랑(다른 사람보다 좀 크긴 하지만) 밑에서 넘을락 말락 밤낮 요 모양이다. 개, 돼지는 푹푹 크는데 왜 이리도 사람은 안 크는지, 한동안 머리가 아프도록 궁리도 해 보았다. 아하 물동이를 자꾸 이니까 뼈다귀가 옴츠라드나 보다, 하고 내가 넌짓넌짓이 그 물을 대신 길어도 주었다. 뿐만 아니라 나무를 하러 가면 서낭당에 돌을 올려 놓고
>
> ㉣"점순이의 키 좀 크게 해 줍소사. 그러면 담엔 떡 갖다 놓고 고사 드립죠니까."
>
> 하고 치성도 한두 번 드린 것이 아니다. 어떻게 돼먹은 킨지 이래도 막무가내니……
>
> – 김유정, 「봄·봄」

15 윗글에 대한 설명으로 적절하지 <u>않은</u> 것은?

① 중심 소재는 혼인 문제이다.

② 농촌 사회의 현실을 풍자하고 있다.

③ 인물 간의 갈등을 해학적으로 풀어내고 있다.

④ 계급 투쟁 의식 고취를 목적으로 하는 카프 문학에 속한다.

16 윗글의 서술 방식에 대한 설명으로 가장 적절한 것은?

① 주인공인 '나'가 자신의 이야기를 전달한다.

② 전지전능한 작품 밖 서술자가 이야기를 전달한다.

③ 서술자가 관찰한 이야기를 객관적으로 전달하고 있다.

④ '나'는 관찰자의 입장으로, 주인공들의 이야기를 전달한다.

17 윗글에 대한 이해로 적절하지 <u>않은</u> 것은?

① '나'는 '점순이'의 키가 크기를 바라고 있군.

② '나'는 '장인'과의 계약이 잘못된 것을 깨달았군.

③ '나'는 '점순이'와 결혼하기를 간절히 바라고 있군.

④ '장인'은 '나'와 '점순이'를 결혼시키고 싶어 하는군.

18 ㉠~㉣ 중 '장인'이 실제로 한 말은?

① ㉠   ② ㉡

③ ㉢   ④ ㉣

※ 다음 글을 읽고 물음에 답하시오(19~21).

이와 같이 조선의 관민이 일치되어 민중의 지식 정도를 높이는 데 진력을 하였다. 즉 그들 관민이 일치되어 계획한 조선의 문화 정도는 급속도로 높아 갔다.

그리하여 민중의 지식 보급에 애쓴 보람은 나타났다.

면서기를 공급하고 순사를 공급하고 군청 고원을 공급하고 간이 농업학교 출신의 농사 개량 기수를 공급하였다.

은행원이 생기고 회사 사원이 생겼다. 학교 교원이 생기고 교회의 목사가 생겼다.

신문 기자가 생기고 잡지 기자가 생겼다. 민중의 지식 정도가 높았으니 신문 잡지 독자가 부쩍 늘고 의사와 변호사의 벌이가 윤택하여졌다.

소설가가 원고료를 얻어먹고 미술가가 그림을 팔아먹고 음악가가 광대의 천호(賤號)에서 벗어났다.

인쇄소와 책장사가 세월을 만나고 양복점 구둣방이 늘비하여졌다.

연애결혼에 목사님의 부수입이 생기고 문화주택을 짓느라고 청부업자가 부자가 되었다. 그리하여 부르주아지는 '가보'를 잡고, 공부한 일부의 지식꾼은 진주(다섯 끗)를 잡았다.

그러나 노동자와 농민은 무대를 잡았다. 그들에게는 조선의 문화의 향상이나 민족적 발전이나가 도리어 무거운 짐을 지워 주었을지언정 덜어 주지는 아니하였다. 그들은 배[梨] 주고 속 얻어먹은 셈이다.

인텔리……. 인텔리 중에도 아무런 손끝의 기술이 없이 대학이나 전문학교의 졸업증서 한 장을 또는 그 조그마한 보통 상식을 가진 직업 없는 인텔리……. 해마다 천여 명씩 늘어 가는 인텔리……. 뱀을 본 것은 이들 인텔리다.

부르주아지의 모든 기관이 포화 상태가 되어 더 수요가 아니 되니 그들은 결국 꼬임을 받아 나무에 올라갔다가 흔들리는 셈이다. (㉠)다.

인텔리가 아니 되었으면 차라리……. 노동자가 되었을 것인데 인텔리인지라 그 속에는 들어갔다가도 도로 달아나오는 것이 99퍼센트다. 그 나머지는 모두 어깨가 축 처진 무직 인텔리요, 무기력한 문화 예비군 속에서 푸른 한숨만 쉬는 초상집의 주인 없는 개들이다. ㉡레디메이드 인생이다.

– 채만식, 「레디메이드 인생」

19 윗글에 대한 설명으로 적절하지 <u>않은</u> 것은?

① 현실을 비판하고 풍자하고 있다.
② 속담과 관용적인 표현을 활용하고 있다.
③ 냉소적이고 비꼬는 듯한 어조를 사용한다.
④ 일제 강점기 농민의 삶을 사실적으로 그렸다.

20 ㉠에 들어갈 말로 가장 적절한 것은?

① 개밥에 도토리
② 길 아래 돌부처
③ 달걀로 바위 치기
④ 소 뒷걸음질 치다 쥐 잡기

21 ㉡에 대한 설명으로 적절하지 <u>않은</u> 것은?

① 대량 생산된 제품이다.
② 맞춤 제작된 상품을 의미한다.
③ 인간에 대한 좌절과 모멸감이 드러나는 표현이다.
④ 인간은 사회의 요구에 따라 소모되는 하나의 부속품이다.

※ 다음 글을 읽고 물음에 답하시오(22~24).

물이 깊어 허리까지 채였다. 속 물살도 어지간히 센데다가 발에 채이는 돌멩이도 미끄러워 금시에 홀칠 듯하였다. 나귀와 조 선달은 재빨리 건넜으나 동이는 허 생원을 붙드느라고 두 사람은 훨씬 떨어졌다.

"모친의 친정은 원래부터 제천이었든가?"

"웬걸요, 시원스리 말은 안 해 주나, 봉평이라는 것만은 들었죠."

"봉평? 그래 그 아비 성은 무엇이구?"

"알 수 있나요? 도무지 듣지를 못했으니까."

"그, 그렇겠지."

하고 중얼거리며 흐려지는 눈을 까물까물하다가 허 생원은 경망하게도 발을 헛디디었다. 앞으로 고꾸라지기가 바쁘게 몸째 풍덩 빠져 버렸다. 허비적거릴수록 몸을 걷잡을 수 없어, 동이가 소리를 치며 가까이 왔을 때에는 벌써 퍽이나 흘렀었다. 옷째 쫄짝 젖으니 물에 젖은 개보다도 참혹한 꼴이었다. 동이는 물속에서 어른을 해깝게 업을 수 있었다. 젖었다고는 하여도 여윈 몸이라 장정 등에는 오히려 가벼웠다.

"이렇게까지 해서 안됐네. 내 오늘은 정신이 빠진 모양이야."

"염려하실 것 없어요."

"그래, 모친은 아비를 찾지는 않는 눈치지?"

"늘 한번 만나고 싶다고는 하는데요."

"지금 어디 계신가?"

[A] ┌ "의부와도 갈라져 제천에 있죠. 가을에는 봉평에 모셔 오려고
    │ 생각 중인데요. 이를 물고 벌면 이럭저럭 살아갈 수 있겠죠."
    │ "아무렴, 기특한 생각이야. 가을이랬다?"
    │ 동이의 탐탁한 등허리가 뼈에 사무쳐 따뜻하다. 물을 다 건넜
    └ 을 때에는 도리어 서글픈 생각에 좀 더 업혔으면도 하였다.

"진종일 실수만 하니 웬일이오, 생원?"

조 선달은 바라보며 기어코 웃음이 터졌다.

"나귀야. 나귀 생각하다 실족을 했어. 말 안 했던가? 저 꼴에 제법 새끼를 얻었단 말이지. 읍내 강릉집 피마에게 말일세. 귀를 쫑긋 세우고 달랑달랑 뛰는 것이 나귀 새끼 같이 귀여운 것이 있을까? 그것 보러 나는 일부러 읍내를 도는 때가 있다네."

"사람을 물에 빠치울 젠 딴은 대단한 나귀 새끼군."

허 생원은 젖은 옷을 웬만큼 짜서 입었다. 이가 덜덜 갈리고 가슴이 떨리며 몹시도 추웠으나, 마음은 알 수 없이 둥실둥실 가벼웠다.

― 이효석, 「메밀꽃 필 무렵」

22 윗글에 대한 설명으로 가장 적절한 것은?

① 실제 역사적 사실을 소재로 한다.

② 배경의 전환이 빠르게 이루어진다.

③ 풍자적이고 해학적인 표현이 두드러진다.

④ 서술자가 주인공의 심리를 말해 주고 있다.

23 윗글에 대한 감상으로 적절하지 <u>않은</u> 것은?

① 동이는 아버지의 성을 알고 있군.

② 동이가 물에 빠진 허 생원을 구했군.

③ 동이의 어머니는 지금 제천에 살고 있군.

④ 허 생원은 나귀 생각에 실족했다고 말했군.

24 [A]를 〈보기〉처럼 시나리오로 옮길 때, ㉠에 들어갈 지문으로 가장 적절한 것은?

┌─────────── 보 기 ───────────┐

동이: (어머니를 생각하며, 웃으며) 의부와도 갈라져 제천에 있죠. 가을에는 봉평에 모셔 오려고 생각 중인데요. 이를 물고 벌면 이럭저럭 살아갈 수 있겠죠.

허 생원: (자신을 업은 동이를 물끄러미 바라보며) 아무렴, 기특한 생각이야. 가을이랬다? (따뜻한 체온을 느끼며 동이의 어깨에 얼굴을 기댄다.)

물을 다 건넌 허 생원과 동이. 허 생원은 동이의 등에서 내려온다.

허 생원: (㉠) 고맙네. 자네 등이 참 따뜻했네.

└────────────────────────────┘

① 유쾌한 듯 밝은 표정으로

② 화가 나서 동이를 노려보며

③ 동이를 향해 돌멩이를 던지며

④ 좀 더 업히고 싶은 표정을 지으며

※ 다음 글을 읽고 물음에 답하시오(25~29).

[앞부분 줄거리] 의사가 된 아들은 병원을 확장하기 위해 시골에 있는 농토를 팔려는 생각으로 고향에 내려온다. 아버지는 나무다리가 새로 놓인 뒤 동네 사람들에게 잊혀가던 돌다리를 고치기 위해 애를 쓰고 있다.

아들은, 의사인 아들은, 마치 환자에게 치료 방법을 이르듯이, 냉정히 차근차근히 이야기를 시작하였다. 외아들인 자기가 부모님을 진작 모시지 못한 것이 잘못인 것, 한집에 모이려면 자기가 병원을 버리기보다는 부모님이 농토를 버리고 서울로 오시는 것이 순리인 것, 병원은 나날이 환자가 늘어 가나 입원실이 부족되어 오는 환자의 삼분지 일밖에 수용 못 하는 것, 지금 시국에 큰 건물을 새로 짓기란 거의 불가능의 일인 것, 마침 교통 편한 자리에 삼층 양옥이 하나 난 것, 인쇄소였던 집인데 전체가 콘크리트여서 방화 방공으로 가치가 충분한 것, 삼층은 살림집과 직공들의 합숙실로 꾸미었던 것이라 입원실로 변장하기에 용이한 것, 각층에 수도·가스가 다 들어온 것, 그러면서도 가격은 염한 것, 염하기는 하나 삼만 이천 원이라, 지금의 병원을 팔면 일만 오천 원쯤은 받겠지만 그것은 새집을 고치는 데와, 수술실의 기계를 완비하는 데 다 들어갈 것이니 집값 삼만 이천 원은 따로 있어야 할 것, 시골에 땅을 둔대야 일 년에 고작 삼천 원의 실리가 떨어질지 말지 하지만 땅을 팔아다 병원만 확장해 놓으면, 적어도 일 년에 만 원 하나씩은 이익을 뽑을 자신이 있는 것, 돈만 있으면 땅은 이담에라도, 서울 가까이라도 얼마든지 좋은 것으로 살 수 있는 것……

아버지는 아들의 의견을 끝까지 잠잠히 들었다. 그리고,
"점심이나 먹어라. 나두 좀 생각해 봐야 대답허겠다."
하고는 다시 개울로 나갔고, 떨어졌던 다릿돌을 올려놓고야 들어와 그도 점심상을 받았다.
점심을 자시면서였다.
"원, 요즘 사람들은 힘두 줄었나 봐! ㉠그 다리 첨 놀 제 내가 어려서 봤는데 불과 여남은이서 거들던 돌인데 장정 수십 명이 한나잘을 씨름을 허다니!"
"㉡나무다리가 있는데 건 왜 고치시나요?"
"너두 그런 소릴 허는구나. 나무가 돌만 허다든? 넌 그 다리서 고기 잡던 생각두 안 나니? 서울루 공부 갈 때 그 다리 건너서 떠나던 생각 안 나니? 시쳇 사람들은 모두 인정이란 게 사람헌테만 쓰는 건 줄 알드라! 내 할아버지 산소에 상돌을 그 다리로 건네다 모셨구, 내가 천잘 끼구 그 다리루 글 읽으러 댕겼다. 네 어미두 그 다리루 가말 타구 내 집에 왔어. 나 죽건 그 다리루 건네다 묻어라……. 난 서울 갈 생각 없다."

[A]

– 이태준, 「돌다리」

---

25 윗글에 대한 설명으로 적절하지 <u>않은</u> 것은?

① 인물과 인물 사이의 갈등이 있다.
② 대화를 통해 인물의 가치관이 드러난다.
③ 작가가 관찰자적 시점에서 사건을 서술한다.
④ 물질 만능주의에 대한 비판적 시각이 나타난다.

26 윗글에서 아들이 아버지를 설득하기 위해 제시한 근거가 <u>아닌</u> 것은?

① 병원에 오는 환자가 줄고 있다.
② 나중에라도 좋은 땅을 다시 살 수 있다.
③ 마침 병원으로 쓰기에 적당한 건물이 나왔다.
④ 땅보다 병원에서 더 큰 이익을 얻을 자신이 있다.

27 〈보기〉를 참조하여 윗글을 감상한 내용으로 가장 적절한 것은?

┌──── 보기 ────┐

이 작품은 서구 자본주의 문화의 영향으로 근대적 가치관이 확산된 시기를 배경으로 한다. 당시 근대적 가치관을 받아들인 젊은 세대와 기존의 전통적 가치관을 지닌 기성세대 간의 갈등을 다루고 있다.

└─────────────┘

① 장정 수십 명이 다리를 고침으로써 서구 자본주의 문화를 확산시켰다.
② 의사가 된 아들이 아버지를 만나게 되면서 전통적 가치관을 옹호하게 되었다.
③ 아버지가 돌다리를 고치는 이유는 근대적 가치관을 받아들이기 위해서이다.
④ 땅을 팔기 원하는 아들과 서울로 갈 생각이 없는 아버지의 모습에서 세대 간 갈등이 드러난다.

28 ㉠과 ㉡에 대한 설명으로 가장 적절한 것은?

① ㉠은 아버지가 어릴 적부터 봐 왔다.
② ㉠을 고치는 것에 대해 아들과 아버지의 생각이 같다.
③ ㉡에는 아버지의 애정이 깃들어 있다.
④ ㉡으로 인해 마을 장정들과 아들이 갈등하고 있다.

29 [A]의 내용과 어울리는 속담으로 가장 적절한 것은?

① 가는 날이 장날이다.
② 발 없는 말이 천 리 간다.
③ 낮말은 새가 듣고 밤말은 쥐가 듣는다.
④ 새 도랑 내지 말고 옛 도랑 메우지 말라.

※ 다음 글을 읽고 물음에 답하시오(30~32).

정 씨 옆에 앉았던 노인이 두 사람의 행색과 무릎 위의 배낭을 눈여겨 살피더니 말을 걸어왔다.

"어디 일들 가슈?"

"아뇨, 고향에 갑니다."

"고향이 어딘데……."

"삼포라구 아십니까?"

"어 알지, 우리 아들놈이 거기서 ㉠도자를 끄는데……."

"삼포에서요? 거 어디 공사 벌일 데나 됩니까? 고작해야 고기 잡이나 하구 감자나 매는데요."

"어허! 몇 년 만에 가는 거요?"

"십 년."

노인은 그렇겠다며 고개를 끄덕였다.

"말두 말우. 거긴 지금 육지야. 바다에 ㉡방둑을 쌓아 놓구, ㉢트럭이 수십 대씩 돌을 실어 나른다구."

"뭣 땜에요?"

"낸들 아나. 뭐 관광호텔을 여러 채 짓는담서, 복잡하기가 말할 수 없네."

"동네는 그대루 있을까요?"

"그대루가 뭐요. 맨 천지에 공사판 사람들에다 장까지 들어섰는걸."

"그럼 ⓐ나룻배두 없어졌겠네요."

"바다 위로 ⓑ신작로가 났는데, 나룻배는 뭐에 쓰오. 허허, 사람이 많아지니 변고지. 사람이 많아지면 ㉣하늘을 잊는 법이거든."

작정하고 벼르다가 찾아가는 고향이었으나, 정 씨에게는 풍문마저 낯설었다. 옆에서 잠자코 듣던 영달이가 말했다.

"잘됐군. 우리 거기서 공사판 일이나 잡읍시다."

그때에 기차가 도착했다. 정 씨는 발걸음이 내키질 않았다. 그는 마음의 정처를 방금 잃어버렸던 때문이다. 어느 결에 정 씨는 영달이와 똑같은 입장이 되어 버렸다.

기차가 눈발이 날리는 어두운 들판을 향해서 달려갔다.

— 황석영, 「삼포 가는 길」

30 윗글에 대한 설명으로 적절하지 않은 것은?

① 전지적 작가 시점으로 서술된 소설이다.

② '삼포'의 변화에 대해 상반된 반응이 보인다.

③ 결말 구조가 암시적으로 마무리되어 여운을 남긴다.

④ 산업화 과정에서 소외된 인물 간의 갈등이 고조되고 있다.

31 ㉠~㉣ 중 의미가 다른 하나는?

① ㉠   ② ㉡

③ ㉢   ④ ㉣

32 윗글에서 의미하는 ⓐ와 ⓑ의 의미를 가장 바르게 설명한 것은?

① ⓐ는 봉건적인 삶을, ⓑ는 근대화된 삶을 의미한다.

② ⓐ는 가난하고 힘들었던 과거를, ⓑ는 부유하고 편안한 현재를 의미한다.

③ ⓐ는 마음의 안식처인 고향을, ⓑ는 산업화로 인해 변해 버린 고향을 의미한다.

④ ⓐ는 급속도로 진행된 산업화로 황폐화된 모습을, ⓑ는 산업화의 진행으로 발전된 모습을 의미한다.

※ 다음 글을 읽고 물음에 답하시오(33~35).

먼저 이장이 입을 열었다.

"만그인지 반그인지 그 바보 자석 하나 때문에 소 여물도 못 하러 가고 이기 뭐라. 스무 바리나 되는 소가 한꺼분에 밥 굶는 기 중요한가, 바보 자석 하나가 어데 가서 술 처먹고 집에 안 오는 기 중요한가, 써그랄."

마을에서 연장자 축에 들고 가장 학식이 높아 해마다 한 번씩 지내는 용왕제에 축을 초하는 황재석 씨가 받았다.

"그래도 질래 있던 사람이 없어지마 필시 연유가 있는 기라. 사람이 바늘이라, 모래라. 기양 없어지는 기 어디 있어. 암만 그래도 우리 동네 사람 아이라. 반그이, 아이다. 만그이가 여게 서 나서 사는 동안 한 분도 밖에서 안 들어온 적이 없는데 말이 라."

"아이지요, 어르신. 가가 군대 간다 캤을 때 여운지 토깨인지 하고 밤새도록 싸우니라고 하루는 안 들어왔심다."

용왕제에서 집사 역을 하는 황동수가 우스개처럼 말을 이었다. 아침밥을 먹기도 전 황만근의 아들이 찾아와 황만근이 집에 돌아 오지 않았다고 하길래 얼결에 동네 사람들을 불러 모으는 역할을 하게 된 민 씨는 분위기가 이상하게 돌아간다 생각하고 참견을 했다.

"어제 궐기 대회 한다 하고 간 사람이 누구누구십니까. 황만근 씨하고 같이 간 사람은요? 궐기 대회 하는 동안 본 사람은 없나 요?"

자리에 모인 대여섯 명의 황씨들은 서로의 얼굴을 마주 보더니 모두 고개를 흔들었다.

"사람이라고 및 밍이나 되나. 군 전체 사람이 모도 모있다는기 백 밍이 될라나 말라나 한데 반그이는 돼지고기 반 근만 해서 그런지 안 보이더라칸께."

이장은 계속 빈정거리듯 말을 이었다. 민 씨는 이장이 궐기 대 회 전날 황만근을 따로 불러 무슨 말을 건네던 것을 기억해 냈다.

"그제 밤에 내일 궐기 대회 한다고 사람들 모였을 때 이장님이 황만근 씨에게 뭐라고 하셨죠. 모임 끝난 뒤에."

이장은 민 씨를 흘기듯 노려보았다.

"왜, 농민보고 농민 궐기 대회 꼭 나오라 캤는데, 뭐가 잘못됐나."

민 씨는 자신도 모르게 따지는 어조가 되었다.

"군 전체가 모두 모여도 몇 명 안 되었다면서요. 그런 자리에 황만근 씨가 꼭 가야 합니까. 아니, 황만근 씨만 가야 할 이유 라도 있습니까. 따로 황만근 씨한테 부탁을 할 정도로."

"이 사람이 뭐라 카는 기라. 이장이 동민한테 농가 부채 탕감 촉구 전국 농민 총궐기 대회가 있다. 꼭 참석해서 우리의 입장 을 밝히자 카는데 뭐가 잘못됐다 말이라."

"잘못이라는 게 아니고요. 다른 사람들은 다 돌아왔는데 왜 황 만근 씨만 못 오고 있나 하는 겁니다."

— 성석제, 「황만근은 이렇게 말했다」

---

33 위와 같은 글을 읽기 위한 방법으로 가장 적절한 것은?

① 주장과 근거를 구분하며 읽는다.
② 인물 간 갈등 관계를 확인하며 읽는다.
③ 사실과 의견을 구분하여 내용을 파악한다.
④ 글쓴이의 경험이 사실인지 확인하며 읽는다.

34 윗글의 서술상 특징으로 적절하지 <u>않은</u> 것은?

① 방언을 사용하고 있다.
② 전지적 작가 시점이 나타난다.
③ 인물 묘사와 배경 묘사가 두드러진다.
④ 인물 간의 대화를 중심으로 사건이 전개된다.

35 윗글을 읽고 이해한 내용으로 가장 적절한 것은?

① 이장은 황만근의 실종을 매우 안타까워하고 있다.
② 황재석은 황만근이 자주 집을 나갔다고 주장하고 있다.
③ 황동수는 궐기 대회에서 황만근을 본 적이 있었다 고 고백했다.
④ 민 씨는 황만근의 행방이 이장이 황만근에게 한 말 과 관련이 있다고 생각한다.

※ 다음 글을 읽고 물음에 답하시오(36~39).

"영감님, 유 사장이 저 심곡동 쪽으로 땅을 보러 다니나 봅디다. 영감님은 물론이고 우리 동네의 발전을 위해서 그렇게 애를 썼는데……."

박 씨가 짐짓 허탈한 표정을 지으며 말하고 있는데 뒤따라 나온 동업자 고흥댁이 뒷말을 거든다.

"참말로 이 양반이 지난겨울부터 무진 애를 썼구만요. 우리사 셋방이나 얻어 주고 소개료 받는 것으로도 얼마든지 살 수 있지라우. 그람시도 그리 애를 쓴 것이야 다 한동네 사는 정리로다가 그런 것이지요."

강 노인은 가타부타 말이 없고 이번엔 박 씨가 나섰다.

"아직도 늦은 것은 아니고, 한 번 더 생각해 보세요. 여름마다 똥 냄새 풍겨 주는 밭으로 두고 있으니 평당 백만 원 이상으로 팔아넘기기가 그리 쉬운 일입니까. 이제는 참말이지 더 이상 땅값이 오를 수가 없게 돼 있다 이 말씀입니다. 아, 모르십니까. 팔팔 올림픽 전에 북에서 쳐들어올 확률이 높다고 신문 방송에서 떠들어 쌓으니 이삼천짜리 집들도 매기가 뚝 끊겼다 이 말입니다."

"영감님도 욕심 그만 부리고 이만한 가격으로 임자 나섰을 때 후딱 팔아 치우시오. 영감님이 아무리 기다리셔도 인자 더 이상 오르기는 어렵다는디 왜 못 알아들으실까잉. 경국이 할머니도 팔아 치우자고 저 야단인디……."

고흥댁은 이제 강 노인 마누라까지 쳐들고 나선다. 강 노인은 아무런 대꾸도 없이 일하던 자리로 돌아가 버린다. 그 등에 대고 박 씨가 마지막으로 또 한마디 던졌다.

"아직도 유 사장 마음은 이 땅에 있는 모양이니께 금액이야 영감님 마음에 맞게 잘 조정해 보기로 하고, 일단 결정해 뿌리시요!"

땅값 따위에는 관계없이 땅을 팔지 않겠다는 의사 표현을 누차 했건만 박 씨의 말본새는 언제나 저 모양이다. ㉠서울 것들이란. 박 씨 내외가 복덕방 안으로 들어가 버린 뒤에야 그는 한마디 내뱉는다. 저들 내외가 원래 전라도 사람이라는 것을 모르지는 않으나 강 노인에게 있어 원미동 사람들은 어쨌거나 모두 서울 끄나풀들이었다.

도대체가 서울 것들은 밭에서 풍겨 나오는 두엄 냄새라면 질색 자망을 하고 손을 내젓는, 천하에 본데없는 막된 것들이라니까. 강 노인은 팽개쳐 두었던 괭이자루에 묻은 흙을 대충대충 털어 내고는 다시 밭을 일구기 시작했다. 겨울 동안 좀 쉬고 있는 밭에다가 망할 놈의 연탄재나 산같이 내다버리는 못된 습성까지 떠올리면 더욱 괘씸하기 짝이 없는데, 그가 아는 서울 것들의 내력은 모조리 그런 것투성이였다.

– 양귀자, 「마지막 땅」

36 윗글에 대한 설명으로 적절하지 <u>않은</u> 것은?

① 전지적 작가 시점으로 서술되었다.
② 방언을 사용하여 사실적으로 표현하고 있다.
③ 구체적인 배경을 바탕으로 비범한 인물들이 등장한다.
④ '연탄재', '팔팔 올림픽' 등을 통해 시대적 상황을 짐작할 수 있다.

37 윗글에 드러나는 주된 갈등의 양상은?

① 인물의 내면적 갈등
② 인물과 인물 사이의 갈등
③ 인물과 운명 사이의 갈등
④ 계층과 계층 사이의 갈등

38 '박 씨 부부'가 '강 노인'을 회유하기 위해 내세운 내용이 <u>아닌</u> 것은?

① 더 이상 땅값이 오르기는 힘들다.
② 땅값은 강 노인 마음에 맞게 유 사장과 조정해 볼 수 있다.
③ 강 노인이 우리 동네의 발전을 위해 그동안 애를 많이 썼다.
④ 강 노인의 부인인 경국이 할머니도 땅을 파는 데 찬성하고 있다.

39 ㉠에 대한 설명으로 적절하지 <u>않은</u> 것은?

① 땅의 소중함을 모르는 사람들을 의미한다.
② 강 노인에게 땅을 팔라고 권유하는 사람들을 의미한다.
③ 동네 사람들에 대한 강 노인의 비판적인 태도가 드러난다.
④ 땅의 물질적 가치보다 전통적 가치를 중시하는 사람들을 가리킨다.

3 극·수필

(1) 희곡의 이해

① 희곡의 개념: 공연을 목적으로 하는 연극의 대본으로, 소설과 달리 서술자가 없으므로 등장인물들의 대화나 행동을 기본 수단으로 하여 표현하는 예술 작품이다.

② 희곡의 특성
  ㉠ 무대 상연을 전제로 한 문학: 희곡은 무대 위에서 상연되는 것을 전제로 하므로 시간적·공간적 제약이 따른다.
  ㉡ 행동의 문학: 희곡은 무대 위에 있는 인물의 행동을 통해 삶을 형상화한다.
  ㉢ 대사의 문학: 희곡은 대사를 통해 인물의 성격이 드러나고 사건이 진행되며 주제가 형상화된다. 따라서 소설처럼 서술자의 묘사나 해설이 개입될 수 없다.
  ㉣ 갈등의 문학: 희곡은 대립과 갈등을 주된 내용으로 한다.
  ㉤ 현재 진행형의 문학: 희곡은 관객의 눈앞에서 사건을 현재화하여 표현한다.

■ 희곡의 제약
• 시간과 공간의 제약을 받는다.
• 작가의 직접적인 묘사나 해설이 불가능하다.
• 인물의 내면적 심리 상태나 정신세계를 표현하기는 어렵다.

③ 희곡의 구성 요소
  ㉠ 내용 요소

인물	작품 안에서 어떤 행위나 사건을 수행하는 주체
사건	작품 속에서 발생하고 벌어지는 일
배경	사건이 일어나는 구체적인 시간과 장소

  ㉡ 형식 요소

대사	등장인물이 하는 말 • 대화: 등장인물들이 주고받는 말 • 독백: 등장인물이 혼자 하는 말 • 방백: 관객에게는 들리지만 다른 배우에게는 들리지 않는 것으로 약속하고 하는 말
지시문	등장인물의 동작·표정·심리 등을 설명하고, 배경·분위기·효과 등을 지시하는 글
해설	무대, 등장인물, 시간, 장소 등을 설명하는 글

  ㉢ 희곡의 구성단위

| 막 | 무대의 막이 올랐다가 다시 내릴 때까지의 단위 |
| 장 | 막의 하위 단위로, 배경의 변화나 인물의 등퇴장 등으로 구분됨 |

④ 희곡의 종류
  ㉠ 내용에 따른 분류

희극	행복하게 끝을 맺음으로써 웃음을 자아내는 극
비극	실패와 좌절을 겪고 불행한 상태로 전락하는 극
희비극	불행한 사건이 전개되다가 상황이 전환되어 행복한 결말을 얻게 되는 극(희극과 비극의 혼합)

  ㉡ 길이에 따른 분류

| 단막극 | 하나의 작품이 하나의 막으로 구성된 희곡 |
| 장막극 | 두 개 이상의 막으로 이루어진 희곡 |

  ㉢ 창작 의도에 따른 분류

창작 희곡	처음부터 무대 상연을 목적으로 창작한 희곡
각색 희곡	소설, 시나리오 등을 희곡으로 바꿔 쓴 것
레제 드라마	무대 상연을 목적으로 하지 않고 읽히기 위한 목적으로 쓴 희곡

⑤ 희곡의 구성 단계
  ㉠ 발단: 시간적·공간적 배경과 인물이 나타나고 이야기의 실마리가 드러난다.
  ㉡ 전개: 주동 인물과 반동 인물 사이의 갈등과 대결이 점차 노골화되고 격렬해지는 단계이다.
  ㉢ 절정: 갈등이 최고조에 이르러 극적 장면이 나타나는 부분으로 주제가 드러난다.
  ㉣ 하강: 서로 대결하던 두 세력 중 뜻하지 않은 쪽으로 대세가 기울어지는 단계로 결말을 향하여 급속히 치닫는 부분이다.
  ㉤ 대단원: 갈등이 해소되고 모든 사건이 종결에 이르는 부분으로 긴장과 흥분이 해결된다.

(2) 시나리오의 이해

① 시나리오의 개념: 영화를 만들기 위하여 쓴 각본이다. 촬영을 전제로 쓴 작품이기 때문에 장면이나 그 순서, 배우의 행동이나 대사 따위를 상세하게 표현한다.

② 시나리오의 특성

  ㉠ 화면에 의하여 표현되므로 촬영을 고려해야 하고, 특수한 시나리오 용어가 사용된다.

  ㉡ 주로 대사와 행동으로 표현된다.

  ㉢ 시간과 공간의 이동이 자유롭다.

  ㉣ 등장인물의 수에 제한을 받지 않으며 인물 없이 배경만 보여 주는 것도 가능하다.

  ㉤ 직접적인 심리 묘사가 불가능하고, 장면과 대상에 의하여 간접적으로 묘사된다.

  ㉥ 영화 촬영을 전제로 하기 때문에 예정된 시간에 상영될 수 있도록 내용이 구성된다.

③ 장면: 사건의 배경이 되는 장면들을 찍은 단위로, 장면 번호(Scene Number)로 나타낸다.

(3) 극 갈래의 종류

① 민속극

  ㉠ 특징

- 민간에 전해 내려오는 연극으로, 일정한 역할을 맡은 배우가 관객들에게 어떠한 내용을 대화나 행동으로 전달하는 전통극이다.
- 서민 문학이기 때문에 서민들의 언어나 삶의 모습이 생생하게 드러난다.
- 넉살과 신명으로 관객들에게 즐거움을 주고, 지배층에 대한 비판 등을 내용으로 한다.
- 판소리와 마찬가지로 특별한 무대 장치가 없고 관객들의 적극적인 참여가 가능하다.
- 조선 후기에 성장한 예술로, 평민 의식이 가장 잘 반영되었다.

  ㉡ 종류

가면극	• 가면(탈)을 쓰고 하는 민속극 • 봉산탈춤, 오광대놀이, 하회별신굿놀이 등
인형극	• 배우 대신 인형을 등장시켜 전개하는 민속극 • 꼭두각시놀음, 박첨지놀음, 홍동지놀음 등
무극	• 무가(巫歌) 중에서 연극적 성격을 띠는 것 • 두 명 이상의 대화로 구성되고 인물의 행동까지 수반함

② 개화기 극문학

  ㉠ 민속극의 쇠퇴와 창극의 발생

- 봉건 제도의 몰락과 일제에 의한 국권 피탈로 인해 개화·계몽의 욕구가 표출되었다.
- 민속극은 개화기에 이르러 급격히 쇠퇴하였으며, 판소리가 발전한 창극이 인기를 끌었다.

  ㉡ 신파극의 도입

- 신파극이란 창극과 신극의 과도기적 형태로 일본에서 들어온 새로운 연극의 형태이다.
- 주로 세상 풍속이나 인정 비화(人情悲話) 등을 중심 소재로 한다.

  ㉢ 신극의 등장

- 신극이란 전통적인 구극이나 신파극 등의 기성 연극과는 달리 서양의 연극이나 근대극의 영향을 받아 일어난 새로운 연극이다.
- 1908년 이인직의 『은세계』가 '원각사'에서 처음 공연된 이래, 다양한 극단이 창립되면서 신극 운동을 주도하였다.

③ 1910년대 극문학

  ㉠ 신파극의 확대

- 개화기에는 전통 판소리나 무용, 음악, 창극 등이 공연 예술의 주류를 이루었으나 이 시기부터 일본에서 신파극이 유입되었다.
- 1910년대 중반부터 극문학에서는 신파극이 공연물의 주류를 이루었다.

  ㉡ 창작 희곡의 등장

- 근대적 색채가 짙은 조중환의 「병자 삼인」이라는 첫 창작 희곡이 만들어졌다.
- 이후 다양한 작품이 창작되면서 현대적 희곡의 면모를 보여 주기 시작하였다.

④ 1920년대 극문학

  ㉠ 특징: 김우진을 중심으로 한 '극예술협회'(1920)와 박승희를 중심으로 한 '토월회'(1923) 등에 의해 현대극을 정립하려는 노력이 전개되었다. 대사가 일상 회화에 가까워졌고, 무대나 분장 등에서 사실성이 강조되었다.

  ㉡ 주요 작품: 김우진의 「산돼지」, 나운규의 「아리랑」

⑤ 1930년대 극문학

┌ ㉠ 특징: 해외 문학파가 중심이 되어 '극예술연구회(1931)'가 결성되자 이때부터 본격적인 현대극이 공연되기 시작하였다. 일제 강점기 농촌의 비참한 현실을 사실적으로 표현하여 일본에 대한 저항 의지를 고취시키기도 하였다.
└ ㉡ 주요 작품: 유치진의 「토막(土幕)」, 「소」

⑥ 1940년대 극문학

┌ ㉠ 특징: 광복 직후의 극문학은 대체로 침체기였으며, 일제 강점기의 비참한 삶, 항일 독립 투쟁, 일본에 기생하여 부귀영화를 누리는 친일파에 대한 비판 등의 내용을 담고 있다.
└ ㉡ 주요 작품: 오영진의 「살아 있는 이중생 각하」, 유치진의 「조국」

⑦ 1950년대 극문학

┌ ㉠ 특징: 전후의 부조리한 현실에 대한 비판과 극복 의지, 공산주의 이념의 허구성 등 주로 현실 참여 의식을 띠는 작품이 중심을 이루었다.
└ ㉡ 주요 작품: 오상원의 「녹스는 파편」, 차범석의 「불모지」와 「성난 기계」

⑧ 1960년대 극문학

┌ ㉠ 특징: 서사극, 부조리극 등의 도입으로 형식 면에서 많은 변화가 일어났다. 그리고 내용 면에서는 정치 현실의 모순, 분단 문제 등 사실주의 관점에서 당대 현실을 비판하거나 재조명하는 작품이 등장했다.
└ ㉡ 주요 작품: 이근삼의 「국물 있사옵니다」, 천승세의 「만선」

(4) 수필의 이해

① 수필의 개념: 수필이란 일정한 형식을 따르지 않고 인생이나 자연 또는 일상생활에서의 느낌이나 체험을 생각나는 대로 쓴 산문 형식의 글이다.

② 수필의 특징

┌ ㉠ 1인칭의 문학: 수필은 작가의 경험이나 생각을 쓴 글이다.
├ ㉡ 개성의 문학: 수필은 작가의 체험과 사상을 표현하는 주관적 문학이다. 따라서 수필에는 작가의 개성이 강하게 드러난다.
└ ㉢ 무형식의 문학: 수필은 정해진 틀 없이 자유로운 형식으로 쓴 글이다.

┌ ㉣ 제재의 다양성: 생활 속의 모든 것이 수필의 소재가 될 수 있다.
└ ㉤ 비전문적인 문학: 수필을 쓸 때에는 특별한 재능이나 조건이 요구되지 않아 누구나 수필을 쓸 수 있다는 면에서 대중성을 갖는다.

③ 수필의 요소

┌ ㉠ 주제: 작가가 작품을 통해서 나타내려는 핵심적인 사상이나 중심적 의미이다.
├ ㉡ 제재: 주제를 나타내기 위해 선택한 소재이다. 수필의 제재는 신변잡기에서 사회적·역사적 사실 및 자연 현상에 이르기까지, 작가가 체험하고 사고할 수 있는 모든 것이 대상이 될 수 있다.
├ ㉢ 구성: 주제를 나타내기에 알맞게 제재를 배열하는 기법이다. 수필은 정해진 형식은 없지만, 주제를 구현하기 위해 작품 내에서는 각 요소들이 긴밀하게 구성되어야 한다.
└ ㉣ 문체: 글에 나타나는 작가의 개성적인 문장의 체제이다. 작가마다 표현하는 방식이 다르기 때문에 같은 대상을 묘사·서술하더라도 작가에 따라 그 느낌이 달라진다.

④ 중수필과 경수필

중수필	• 무거운 내용을 담고 있는 수필로, 사회적·학문적·철학적 문제 등을 논리적으로 접근한다. • 보편적인 논리와 이성에 바탕을 두어서, 객관적·비평적인 성격을 지닌다.
경수필	• 일정한 격식 없이 개인의 취향, 체험, 느낌 등을 자유롭게 표현한 수필을 말한다. • 개인의 감정이나 태도를 자유롭게 표현하기 때문에 대체로 자기 고백적, 신변잡기적 성격을 지닌다.

(5) 교술 갈래의 종류

① 경기체가

┌ ㉠ 특징
│ • 고려 중기에 발생하여 조선 초기까지 유행하였고, 무신의 난 이후 새롭게 정계에 등장한 신흥 사대부들이 부른 노래이다.
│ • 노래의 끝부분에 '경(景) 긔 엇더ᄒ니잇고' 또는 '경기하여(景幾何如)'라는 구절을 붙이기 때문에 '경기체가' 또는 '경기하여가'라고 한다.
│ • 향락적이고 퇴폐적인 풍류 생활과 현실 도피적인 내용이 주를 이룬다.

- 주로 한문구를 나열하여 표현하였고, 부분적으로 이두를 사용하였다.
  - © 주요 작품: 한림 제유의 「한림별곡」, 안축의 「관동별곡」과 「죽계별곡」
② 악장
  - ㉠ 특징
    - 나라의 제전이나 연례와 같은 국가의 공식적인 행사에서 사용되던 노래 가사이다.
    - 조선 건국의 정당성을 밝히고, 국가의 영원한 발전을 기원하는 등의 목적으로 사용되었다.
    - 향유 계층이 귀족이나 집권층으로 극히 제한적이었고 백성들과 동떨어져 있었기 때문에 왕권과 체제의 확립이 이루어지면서 소멸되었다.
  - © 주요 작품: 정도전의 「문덕곡」, 「정동방곡」, 「신도가」, 정인지 등의 「용비어천가」, 세종의 「월인천강지곡」
③ 가사
  - ㉠ 조선 전기의 가사

특징	• 작가의 계층은 주로 양반이다. • 임금의 은혜를 잊지 못하는 충신연주지사, 벼슬에서 물러나 안빈낙도하는 생활 등의 내용이 많다. • 가사의 마지막 구절이 시조의 종장과 유사한 정격 가사가 주로 창작되었다.
주요 작품	정극인의 「상춘곡」, 송순의 「면앙정가」, 정철의 「사미인곡」, 「속미인곡」, 「관동별곡」

  - © 조선 후기의 가사

특징	• 임진왜란과 병자호란의 양난 이후 서민 의식과 산문 정신의 영향으로 변하게 되었다. • 작가의 계층이 평민, 부녀자 등으로 확대되었다. • 내용은 널리 인간 생활을 그리거나 위국충절의 기상을 읊는 등 매우 다양해졌다. • 조선 전기의 정격 가사에 비해 형식이 자유로운 변격 가사가 나타났다.
주요 작품	박인로의 「선상탄」, 「누항사」, 「노계가」, 정학유의 「농가월령가」, 김인겸의 「일동장유가」

④ 고전 수필
  - ㉠ 특징
    - 19세기 이전까지 창작된 수필을 말한다.
    - 임진왜란이나 병자호란 등과 같은 역사적 사건에서 겪은 개인의 경험이나 사실 등을 기록하기 위해서 많은 수필들이 창작되었다.
    - 처음에는 한문 수필이 많았으나 후기에는 작자층이 여성으로 확대되면서 한글 수필이 많이 창작되었다.

© 주요 작품

구분	작품
궁중 수필	『계축일기』, 『한중록』, 『인현왕후전』
일기	『산성일기』, 『의유당일기』, 『화성일기』
기행	『무오연행록』, 『열하일기』

⑤ 개화기 수필
  - ㉠ 근대 수필의 출발
    - 개화, 계몽 등을 목적으로 하는 교술적 성격이 강하다.
    - 유길준의 『서유견문(西遊見聞)』은 최초로 국한문 혼용체를 사용하였다.
  - © 신문에 실린 사설이나 논설
    - 많은 지식인들이 『독립신문』이나 『대한매일신보』에 사설이나 논설을 발표하여 민중을 계몽하였다.
    - 이러한 사설이나 논설 등이 한국 수필의 원형이라고 할 수 있다.
⑥ 1920년대 수필

특징	수필의 초창기로 아직 형태가 정립되지는 못했지만, 차차 수필 문학으로서의 독자성을 확보하며 성장하였다. 우리 국토에 대한 애정을 담은 기행 수필이 주류를 이루었다.
주요 작품	최남선의 『심춘순례』, 『백두산근참기』, 이병기의 「낙화암을 찾는 길에」

⑦ 1930년대 수필

특징	외국 문학을 연구하는 학자들에 의해 외국의 수필 작품과 이론이 도입되었다. 전문적인 수필가의 등장으로 수필 문학이 독자적 장르로 정립되었다.
주요 작품	김진섭의 『백설부』, 이효석의 「낙엽을 태우며」

⑧ 1940년대 수필

특징	광복 직후 수필은 특별한 활동 없이, 이미 발표된 수필을 다시 정리하여 수필집의 형태로 간행하였다.
주요 작품	김진섭의 『생활인의 철학』, 이양하의 「신록 예찬」

⑨ 1950년대 이후 수필

특징	• 6·25 전쟁이라는 극한의 상황에서도 문학적 향기가 높은 수필, 사회적 불안이나 가치관의 혼란을 다룬 수필, 예술적인 기교를 중시하는 수필 등 다양한 형태의 작품들이 발표되었다. • 산업화의 과정을 거치면서 다채로운 제재의 수용, 수필인의 확대 등으로 다양한 삶을 주제로 한 수필이 많이 창작되었다.
주요 작품	피천득의 『은전 한 닢』, 조지훈의 『지조론』, 윤오영의 「마고자」, 『방망이 깎던 노인』, 이어령의 『흙 속에 저 바람 속에』

출제 예상 문제

정답 및 해설 >>> p.016

※ 다음 글을 읽고 물음에 답하시오(01~05).

제6 ㉠과장 양반춤
말뚝이: (벙거지를 쓰고 채찍을 들었다. 굿거리장단에 맞추어 양
　　반 삼 형제를 인도하여 등장)
양반 삼 형제: (말뚝이 뒤를 따라 굿거리장단에 맞추어 점잔을
　　피우나, ㉡어색하게 춤을 추며 등장. 양반 삼 형제 맏이는
　　샌님[生員], 둘째는 서방님[書房], 끝은 도령님[道슈]이
　　다. 샌님과 서방님은 흰 창옷에 관을 썼다. 도령님은 남색
　　쾌자에 복건을 썼다. 샌님과 서방님은 언청이이며(샌님
　　은 언청이 두 줄, 서방님은 한 줄이다.) 부채와 장죽을
　　가지고 있고, 도령님은 입이 삐뚤어졌고, 부채만 가졌다.
　　도령님은 일절 대사는 없으며, 형들과 동작을 같이 하면
　　서 형들의 면상을 부채로 때리며 방정맞게 군다.)
말뚝이: (가운데쯤에 나와서) 쉬이. (음악과 춤 멈춘다.) 양반 나
　　오신다. 아! 양반이라고 하니까 노론(老論), 소론(少
　　論), 호조(戸曹), 병조(兵曹), 옥당(玉堂)을 다 지내고
　　삼정승(三政丞), 육판서(六判書)를 다 지낸 퇴로 재상
　　(退老宰相)으로 계신 양반인 줄 아지 마시오. ㉢개잘량
　　이라는 ‘양’ 자에 개다리소반이라는 ‘반’ 자 쓰는 양반이
　　나오신단 말이오.
양반들: 야아, 이놈, 뭐야아!
말뚝이: 아, 이 양반들, 어찌 듣는지 모르갔소. 노론, 소론, 호
　　조, 병조, 옥당을 다 지내고 삼정승, 육판서 다 지내고
　　퇴로 재상으로 계신 이 생원네 삼 형제분이 나오신다고
　　그리 하였소.
양반들: (합창) 이 생원이라네. (굿거리장단으로 ㉣모두 춤을 춘
　　다. 도령은 때때로 형들의 면상을 치며 논다. 끝까지 그
　　런 행동을 한다.)
　　　　　　　　　　　　　　　　　　　　- 작자 미상, 「봉산 탈춤」

01 위와 같은 글의 특징으로 가장 적절한 것은?

① 무대와 객석이 엄격하게 구분되어 있다.
② 열거, 대구, 과장 등을 통해 무기력한 서민들을 풍
　　자한다.
③ 등장인물은 공연 중에는 어떠한 상황에도 대사를
　　바꾸어 표현하지 못한다.
④ ‘양반의 위엄 → 말뚝이의 조롱 → 양반의 호통 →
　　말뚝이의 변명 → 양반의 안심’의 재담 구조를 보인다.

02 윗글에 대한 설명으로 적절하지 않은 것은?

① 비슷한 재담 구조가 반복되고 있다.
② 음악과 춤으로 분위기를 조성하고 있다.
③ 서술자의 설명을 통해 사건이 묘사되고 있다.
④ 언어의 유희 등을 사용하여 인물을 풍자하고 있다.

03 인물에 대한 이해로 가장 적절한 것은?

① 말뚝이는 양반을 조롱하고 있다.
② 양반들은 서민을 비판의 대상으로 삼고 있다.
③ 서방님은 삼 형제의 막내답게 방정맞게 행동하고
　　있다.
④ 도령님은 부채와 짤따란 곰방대로 양반의 권위를
　　높이고 있다.

04 ‘말뚝이’의 말하기 방식에 대한 설명으로 가장 적절한
것은?

① 상대의 호통에도 자신의 뜻을 굽히지 않는다.
② 상대의 반응에 따라 내용을 바꿔 말하고 있다.
③ 상대 행위의 부당함을 직접적으로 지적하고 있다.
④ 자신의 처지를 강조하며 상대의 감정에 호소하고
　　있다.

05 ㉠~㉣에 대한 설명으로 적절하지 않은 것은?

① ㉠: 현대 연극의 ‘막’과 유사하다.
② ㉡: 양반의 행동을 희화화하는 모습이다.
③ ㉢: 언어유희를 통해 양반을 조롱하고 있다.
④ ㉣: 말뚝이를 통해 유발된 갈등이 완전히 해소되
　　었다.

※ 다음 글을 읽고 물음에 답하시오(06~09).

남자: 잠깐만요, 덤…….
여자: (멈칫 선다. 그러나 얼굴은 남자를 외면한다.)
남자: 가시는 겁니까, 나를 두고서?
여자: (침묵)
남자: 덤으로 내 말을 조금 더 들어 봐요.
여자: 당신은…… 사기꾼이에요.
남자: 그래요, 난 사기꾼입니다. 이 세상 것을 잠시 빌렸었죠. 그리고 시간이 되니까 하나 둘씩 되돌려 줘야 했습니다. 이제 난 본색이 드러나 이렇게 빈털터리입니다. 그러나 덤, 여기 있는 사람들에게 물어봐요. 누구 하나 자신 있게 이건 내 것이다, 말할 수 있는가를. 아무도 없을 겁니다. 없다니까요. 모두들 덤으로 빌렸지요. (관객석으로 가서 관객들이 갖고 있는 물건을 가리키며) 이게 당신 겁니까? 정해진 시간이 얼마요? 잘 아꼈다가 그 시간이 되면 꼭 돌려주십시오. 덤, 이젠 알겠어요?

여자, 얼굴을 외면한 채 걸어 나간다.
하인, 서서히 그 무서운 구둣발을 이끌고 남자에게 다가온다. 남자는 뒷걸음질을 친다. 그는 마지막으로 절규하듯이 여자에게 말한다.

남자: 덤, 난 가진 것 하나 없습니다. 모두 빌렸던 겁니다. 그런데 덤, 당신은 어떻습니까? 당신이 가진 건 뭡니까? 무엇이 정말 당신 것입니까? (㉠넥타이를 빌렸었던 남성 관객에게) 내 말을 들어 보시오. 그럼 당신은 나를 이해할 겁니다. 내가 당신에게서 넥타이를 빌렸을 때, 내가 당신 물건을 어떻게 다루던가요? 마구 험하게 했습니까? 어딜 망가뜨렸습니까? 아닙니다. 오히려 빌렸던 것이니까 소중하게 아꼈다가 되돌려 드렸지요. 덤, 당신은 내 말을 듣고 있어요? 여기, 증인이 있습니다. 이 증인 앞에서 약속하지만, 내가 이 세상에서 덤 당신을 빌리는 동안에, 아끼고, 사랑하고, 그랬다가 언젠가 끝나는 그 시간이 되면 공손하게 되돌려 줄 테요. 덤! 내 인생에서 당신은 나의 소중한 ㉡덤입니다. 덤! 덤! 덤!

남자, 하인의 구둣발에 걷어차인다.
여자, 더 이상 참을 수 없다는 듯 다급하게 되돌아와서 남자를 부축해 일으키고 포옹한다.

여자: 그만해요!
남자: 이제야 날 사랑합니까?
여자: 그래요! 당신 아니고 또 누굴 사랑하겠어요!
남자: 어서 결혼하러 갑시다. 구둣발에 차이기 전에!
여자: 이래서요. 어머니도 말짱한 사기꾼과 결혼했었다던데…….
남자: 자아, 빨리 갑시다!
여자: 네, 어서 가요!

　　　　　　　　　　　　　　　　　　 - 이강백, 「결혼」

06 위와 같은 글의 특징으로 적절하지 <u>않은</u> 것은?

① 무대 상연을 전제로 하는 글이다.
② 현재 시제를 사용하여 사건을 표현한다.
③ 대화, 독백, 방백 등의 대사가 사용된다.
④ 서술자의 해설에 의해 심리나 성격이 제시된다.

07 윗글을 연극으로 공연할 때, 연출자가 지시할 수 있는 사항으로 가장 적절한 것은?

① 분장 담당은 여자의 1인 2역 역할에 대비해 주세요.
② 하인 역을 맡은 배우는 대사가 없으니 유의해 주세요.
③ 무대 담당은 배경이 자주 바뀌니 철저히 준비해 주세요.
④ 여자 역을 맡은 배우는 방백 위주로 대사를 처리해 주세요.

08 ㉠에 대한 설명으로 가장 적절한 것은?

① 여자가 사기꾼임을 나타낸다.
② 남자와 하인 간의 화해 수단이다.
③ 하인의 순종적인 성격을 드러낸다.
④ 관객의 참여를 유도하는 매개체이다.

09 ㉡의 함축적 의미로 가장 적절한 것은?

① 가치가 없는 것
② 영원히 소유할 수 있는 것
③ 내 것이기에 함부로 할 수 있는 것
④ 자신이 지닌 동안 아끼고 소중히 다루어야 하는 것

※ 다음 글을 읽고 물음에 답하시오(10~12).

> 촌장: 이것, 네가 보낸 거니?
> 다: 네, 촌장님.
> 촌장: 나를 이곳에 오도록 해서 고맙다. 한 가지 유감스러운 건, 이 편지를 가져온 운반인이 도중에서 읽어 본 모양이더라. '이리 떼는 없고, ㉠흰 구름뿐.' 그 수다쟁이가 사람들에게 떠벌리고 있단다. 조금 후엔 모두들 이곳으로 몰려올 거야. 물론 네 탓은 아니다. 몰려오는 사람들은 말하자면 불청객이지. 더구나 그들은 화가 나서 도끼라든가 망치를 들고 올 거다.
> 다: 도끼와 망치는 왜 들고 와요?
> 촌장: 망루를 부순다고 그런단다. 그 성난 사람들만 오지 않는다면 난 너하고 딸기라도 따러 가고 싶다. 난 어디에 ㉡딸기가 많은지 알고 있거든. ㉢이리 떼를 주의하라는 팻말 밑엔 으레히 잘 익은 딸기가 가득하단다.
> 다: 촌장님은 이리가 무섭지 않으세요?
> 촌장: 없는 걸 왜 무서워하겠니?
> 다: 촌장님도 아시는군요?
> 촌장: 난 알고 있지.
> 다: 아셨으면서 왜 숨기셨죠? 모든 사람들에게, 저 덫을 보러 간 파수꾼에게, 왜 말하지 않는 거예요?
> 촌장: 말해 주지 않는 것이 더 좋기 때문이다.
> 다: 거짓말 마세요, 촌장님! 일생을 이 쓸쓸한 곳에서 보내는 것이 더 좋아요? 사람들도 그렇죠! '이리 떼가 몰려온다.' 이 헛된 두려움에 시달리는데 그게 더 좋아요?
> 촌장: 애야, 이리 떼는 처음부터 없었다. 없는 걸 좀 두려워한다는 것이 뭐가 그렇게 나쁘다는 거냐? 지금까지 단 한 사람도 이리에게 물리지 않았단다. 마을은 늘 안전했어. 그리고 사람들은 이리 떼에 대항하기 위해서 단결했다. 그들은 질서를 만든 거야. 질서, 그게 뭔지 넌 알기나 하니? 모를 거야, 너는. 그건 마을을 지켜 주는 거란다. 물론 저 충직한 파수꾼에겐 미안해. 수천 개의 쓸모없는 덫들을 보살피고 ㉣양철북을 요란하게 두들겼다. 허나 말이다. 그의 일생이 그저 헛되다고만 할 순 없어. 그는 모든 사람들을 위해 고귀하게 희생한 거야. 난 네가 이러한 것들을 이해해 주기 바란다. 만약 네가 새벽에 보았다는 구름만을 고집한다면, 이런 것들은 모두 허사가 된다. 저 파수꾼은 늙도록 헛북이나 친 것이 되구, 마을의 질서는 무너져 버린다. 애야, 넌 이렇게 모든 걸 헛되게 하고 싶진 않겠지?
>
> – 이강백, 「파수꾼」

10 위와 같은 글에 대한 설명으로 적절하지 <u>않은</u> 것은?

① 시간적 배경과 공간적 배경의 제약을 받는다.
② 등장인물의 대사와 행동으로 사건이 전개된다.
③ 영화를 만들기 위한 각본으로 장면 번호가 있다.
④ 작가의 직접적인 묘사나 직접적인 해설이 불가능하다.

11 윗글을 통해 알 수 있는 내용으로 적절하지 <u>않은</u> 것은?

① 촌장은 이리 떼가 없다는 사실을 알고 있다.
② 촌장에게 편지를 보낸 사람은 파수꾼 '다'이다.
③ 운반인이 편지의 내용을 마을 사람들에게 알렸다.
④ 마을에는 이리 떼에 물려 피해를 입은 사람들이 많다.

12 ㉠~㉣의 상징적 의미로 적절하지 <u>않은</u> 것은?

① ㉠: 현실에 순응하는 나약한 존재
② ㉡: 진실 왜곡을 통해 홀로 얻는 이득
③ ㉢: 체제 유지를 위해 만든 가상의 적
④ ㉣: 불안감을 키우는 요소

※ 다음 글을 읽고 물음에 답하시오(13~16).

> S# 73. 침실
> 정철: (멍뚱하게 앞만 보며) 텔레비전이라도 하나 갖다 놓을걸. 심심하네.
> 인희: 여보, 나 소원 있어.
> 정철: 뭐?
> 인희: 나 무덤 만들어 줘.
> 정철: 언제는 답답해서 싫다고 화장해 달라며?
> 인희: (담담하고 차분한 어조로) 우리 엄마 화장하니까 별로더라. 강에 뿌렸는데 하도 오래되니까 여기다 뿌렸는지, 저기다 뿌렸는지 도통 기억에 없고, 여기 가서 울다 저기 가서 울다, 꼭 미친 사람처럼. 당신하고 애들은 그러지 말라고.

정철: …….

인희: 당신은…… 나 없이도 괜찮지?

정철: (인희를 본다.)

인희: 잔소리도 안 하고 좋지, 뭐.

정철: (고개 돌리며) 싫어.

인희: 나…… 보고 싶을 거는 같애?

정철: (고개를 끄덕인다.)

인희: 언제? 어느 때?

정철: …… 다.

인희: 다 언제?

정철: 아침에 출근하려고 넥타이 맬 때.

인희: (안타까운 마음으로 본다.) …… 또?

정철: (고개를 돌려, 눈물을 참으며) 맛없는 된장국 먹을 때.

인희: 또?

정철: 맛있는 된장국 먹을 때.

인희: 또?

정철: 술 먹을 때, 술 깰 때, 잠자리 볼 때, 잘 때, 잠 깰 때, 잔소리 듣고 싶을 때, 어머니 망령 부릴 때, 연수 시집갈 때, 정수 대학 갈 때, 그놈 졸업할 때, 설날 지짐이 할 때, 추석날 송편 빚을 때, 아플 때, 외로울 때.

인희: (눈물이 그렁해, 괜한 옷섶만 만지고 두리번거리며) 당신 빨리 와. 나 심심하지 않게. (눈물이 주룩 흐른다.)

정철: (인희를 안고, 눈물 흘린다.)

인희: (울며 웃으며) 여보, 나 이쁘면 뽀뽀나 한번 해 줘라.

정철: (인희 얼굴을 손으로 안고, 입을 맞춰 준다.)
　　두 사람, 다시 안고 운다.

정철: 고마웠다.

S# 74. (　　㉠　　)

1. 정원에서 돌을 고르며 행복한 얼굴을 한 인희와 정철.
2. 화장실에서 정철에게 등목을 해 주는 인희.
3. 서로 밥을 먹여 주는 인희와 정철.
4. 거실 소파에서 인희, 정철 무릎에 누워 있다. 정철, 재미난 책을 읽어 주고, 인희는 재미있는지 환하게 웃는다.

S# 75. 전원주택 전경
　　새벽에서 아침이 된다.

S# 76. 침실
　　침실 가득 밝은 햇살이 들어온다.
　　인희, 정철의 팔에 안겨 깊은 잠이 들어 있다.
　　정철, 물기 가득한 눈으로 인희를 안고 있다.

정철: (인희의 죽음을 느낀다. 인희를 보지 않고) 여보.

인희: …….

정철: 여보…….

인희: …….

정철: (　　㉡　　) 인희야.

　　　　　　　　　　　　　　－ 노희경, 「세상에서 가장 아름다운 이별」

---

13 위와 같은 글과 희곡의 차이점에 대한 설명으로 적절하지 <u>않은</u> 것은?

① 위와 같은 글은 공간의 제한을 많이 받지만, 희곡은 공간의 제한을 덜 받는다.

② 위와 같은 글은 시간의 전환에 제한이 적지만, 희곡은 시간의 전환에 제한이 많다.

③ 위와 같은 글은 등장인물의 수에 제한이 없지만, 희곡은 등장인물의 수에 제한이 있다.

④ 위와 같은 글은 필름으로 보존되는 영구 예술이지만, 희곡은 상연으로 소멸되는 순간 예술이다.

14 윗글에 대한 감상으로 적절하지 <u>않은</u> 것은?

① 정철은 인희의 죽음이 다가오고 있음을 예감하고 있구나.

② 정철은 인희 앞에서 자신의 감정을 절제하기 위해 많은 노력하고 있어.

③ 인희는 가족들이 자신을 잊는 것이 두려워 자신의 무덤을 만들어 달라고 하는구나.

④ 인희는 정철과의 평범한 일상을 함께하고 소소한 기쁨을 즐기며 죽음을 준비하고 있어.

15 ㉠에 들어갈 시나리오 용어로 적절한 것은?

① O.L.　　　　　　② C.U.

③ F.O.　　　　　　④ 몽타주

16 ㉡에 들어갈 지시문으로 가장 적절한 것은?

① 환하게 웃으며

② 눈물을 흘리며

③ 화가 나서 따지듯이

④ 장난스러운 표정을 지으며

※ 다음 글을 읽고 물음에 답하시오(17~20).

S# 16. 병원 앞 거리 / 오후

　모자와 커다란 선글라스로 가렸어도 드러나는 아름이의 병색. 사람들, 미라와 아름이를 호기심 어린 눈빛 혹은 동정 어린 눈길로 힐끗댄다. 미라의 눈치를 보며 손을 잡아끄는 아름이. 하지만 생각이 잠긴 미라는 빨리 걸을 생각이 전혀 없어 보인다.

아름: 빨리 좀 가. 사람들이 쳐다보잖아.
미라: (대수롭지 않은 듯이) 내가 너무 예쁜가 보지, 뭐!
아름: (미라의 손을 잡아끄는데 따라오지 않자 짜증을 내며) 엄마 안 창피해?

　태연한 미라의 태도에 짜증이 나서 손을 놔 버리는 아름이. 미라, 앞장서 가는 아름이의 배낭을 잡아챈다.

미라: 뭐가 창피한데, 뭐가?
아름: (주위를 의식하며) 왜 그래, 진짜.
미라: 너 아픈 애야. 아픈 애가 왜 자꾸 딴 데 신경 써? 사람들이 보건 말건, 병원비가 있건 없건, 애처럼 굴어. 아프면 울고 떼를 쓰란 말이야. 그냥 애처럼!
아름: ……. 애처럼 안 보이니까 그렇지.
미라: (선글라스를 벗기면서) 연예인도 아니면서 이런 걸 쓰고 다니니까 사람들이 쳐다보지!

　가슴이 답답한 미라, 고개를 돌려 한숨만 내쉰다. 괜한 말 꺼내서 오도 가도 못하는 아름이는 땅만 발로 찬다.

미라: 한아름! 엄마 봐. 내가 누구야. 나 …….
미라/아름: (아름이가 미라를 따라하며) ㉠나, 열일곱 살에 애 낳은 여자야.

　두 사람, 마주 보고 피식 웃는다.

미라: 아름아, 우리 이 길 몇 년 다녔어?
아름: (잠시 셈을 해 본 후) 13년.
미라: 그래. 막내 외삼촌은 네 나이에 포경 수술 하나 하면서도 죽네 사네 울고불고 난리를 떨었어. 근데 넌 그것보다 더한 검사도 받고, 위기도 수없이 넘겼잖아.
아름: 응…….
미라: 그건 아무나 할 수 없는 거다? 넌 정말 대단한 일을 해내고 있는 거야. 그러니까 당당하게 보란 듯이 걸어도 돼, 알았지?
아름: 응!
미라: 가자!
　　　　　　　（　　㉡　　）
　　　　　　　　　　　　　－ 김애란 원작, 최민석 외 각본, 「두근두근 내 인생」

17 위와 같은 글에 대한 설명으로 적절하지 않은 것은?

① 영화나 드라마의 촬영을 목적으로 쓴 글이다.
② 서술자의 해설에 의해 인물의 심리 묘사가 이루어진다.
③ 촬영과 편집을 위한 특수한 시나리오 용어가 사용된다.
④ 시간과 공간의 이동에 제약이 적어 장면 전환이 자유롭다.

18 윗글의 등장인물에 대한 설명으로 적절하지 않은 것은?

① 미라는 아름이를 자신만의 방식으로 위로하고 격려한다.
② 아름이는 사람들의 시선을 많이 의식하고 위축되어 있다.
③ 미라는 아름이가 애처럼 굴고, 아프면 아프다고 울고 떼를 쓰기를 원한다.
④ 아름이는 사람들의 시선을 대수롭지 않게 여기는 엄마를 항상 자랑스러워한다.

19 ㉠에 담긴 의미를 가장 바르게 설명한 것은?

① 다른 사람의 시선과 상관없이 당당하다.
② 사람들이 무조건 비난하는 것에 화가 난다.
③ 부모의 역할을 제대로 하지 못해 속상하다.
④ 과거 저지른 실수가 부끄러워 반성하고 있다.

20 ㉡에 들어갈 내용으로 가장 적절한 것은?

① 미라, 서럽게 울면서 아름이에게 소리친다.
② 미라, 아름이의 손을 잡고 당당하게 걷는다.
③ 미라, 답답하다는 듯이 아름이를 세차게 밀친다.
④ 쫓기듯 두려운 표정으로 달려가는 미라와 아름이.

※ 다음 글을 읽고 물음에 답하시오(21~23).

강호(江湖)애 병(病)이 깁퍼 듁님(竹林)의 누엇더니,
관동(關東) 팔빅(八百) 니(里)에 방면(方面)을 맛디시니,
어와 셩은(聖恩)이야 가디록 망극(罔極)ᄒ다.
연츄문(延秋門) 드리ᄃ라 경회(慶會) 남문(南門) ᄇ라보며,
하직(下直)고 믈너나니 옥졀(玉節)이 알ᄑ 셧다.
평구역(平丘驛) 물을 ᄀ라 흑슈(黑水)로 도라드니,
셤강(蟾江)은 어듸메오 티악(雉岳)이 여긔로다.
쇼양강(昭陽江) 누린 믈이 어드러로 든단 말고.
고신거국(孤臣去國)에 빅발(白髮)도 하도 할샤.
동쥬(東洲)ㅣ 밤 계오 새와 븍관뎡(北寬亭)의 올나ᄒ니,
삼각산(三角山) 뎨일봉(第一峰)이 ᄒ마면 뵈리로다.
궁왕(弓王) 대궐(大闕) 터희 오쟉(烏鵲)이 지지괴니,
쳔고(千古) 흥망(興亡)을 아ᄂ다 몰ᄋᄂ다.
회양(淮陽) 녜 일홈이 마초아 ᄀ틀시고.
급댱유(汲長孺) 풍치(風彩)를 고텨 아니 볼 게이고.
            – 정철, 「관동별곡(關東別曲)」

21 윗글의 성격으로 적절하지 않은 것은?

① 기행 가사   ② 서정 가사
③ 평민 가사   ④ 정격 가사

22 윗글에 대한 설명으로 가장 적절한 것은?

① 3음보의 반복으로 운율을 형성한다.
② 전절과 후절의 대립 구조가 나타나 있다.
③ 공간의 이동에 따라 시상을 전개하고 있다.
④ 주된 내용은 조선 건국의 정당성을 밝히는 것이다.

23 윗글의 화자에 대한 설명으로 적절하지 않은 것은?

① 선정에 대한 포부를 다짐하고 있다.
② 옛 왕조의 성터에서 무상함을 느끼고 있다.
③ 임금님의 은혜에 감사하는 마음을 가지고 있다.
④ 성현의 말을 인용하여 자신의 과거를 반성하고
  있다.

※ 다음 글을 읽고 물음에 답하시오(24~27).

출하리 믈ᄀ의 가 ᄇᆡ 길히나 보쟈 ᄒ니
㉠ᄇ람이야 믈결이야 어둥졍 된뎌이고.
샤공은 어듸 가고 ㉡븬 ᄇ만 걸렷ᄂ고.
江강川텬의 혼자 셔셔 디ᄂ 히를 구버보니
님 다히 消쇼息식이 더옥 아득ᄒ뎌이고.
茅모簷쳠 츤 자리의 밤듕만 도라오니
半반壁벽靑쳥燈등은 눌 위ᄒ야 불갓ᄂ고.
오ᄅ며 ᄂ리며 헤쓰며 ㉢바자니니
져근덧 力녁盡진ᄒ야 픗ᄌᆷ을 잠간 드니
精졍誠셩이 지극ᄒ야 ᄭᆷ의 님을 보니
玉옥 ᄀᄐᆫ 얼구리 半반이 나마 늘거셰라.
ᄆᆞ음의 머근 말ᄉᆞᆷ 슬ᄏᆞ장 ᄉᆞᆲ쟈 ᄒ니
눈믈이 바라 나니 말ᄉᆞᆷ인들 어이 ᄒ며
情졍을 못다ᄒ야 목이조차 몌여ᄒ니
오뎐된 鷄계聲셩의 ᄌᆷ은 엇디 ᄭᆡ돗던고.
어와, 虛허事ᄉ로다. 이 님이 어듸 간고.
결의 니러 안자 窓창을 열고 ᄇ라보니
어엿븐 그림재 날 조촐 ᄲᆞᆫ이로다.
출하리 싀여디여 落낙月월이나 되야이셔
님 겨신 窓창 안히 번드시 비최리라.
각시님 ㉣ᄃᆞᆯ이야ᄏᆞ니와 구즌 비나 되쇼셔.
            – 정철, 「속미인곡」

24 윗글에 대해 바르게 설명한 것은?

① 임에 대한 그리움과 슬픔을 노래하고 있다.
② 부조리한 현실에 대한 비판과 풍자가 드러난다.
③ 가난하고 궁핍한 현실에 대한 좌절감이 나타난다.
④ 사랑하는 임과 함께 지내는 기쁨을 노래하고 있다.

25 윗글의 표현상 특징으로 적절하지 <u>않은</u> 것은?

① 4음보의 율격으로 운율을 형성한다.

② 자문자답의 방식으로 시상이 전개된다.

③ 순우리말의 묘미를 잘 살렸다는 평가를 받는다.

④ 의문형 문장을 사용하여 화자의 생각을 강조한다.

26 윗글의 화자에 대한 설명으로 적절하지 <u>않은</u> 것은?

① '꿈' 속에서 임을 보았다.

② '믈ᄀ'에서 사공을 만났다.

③ '江강天텬'에서 지는 해를 바라보았다.

④ '落낙月월'이라도 되어 임 계신 곳을 비추고 싶어 한다.

27 ㉠~㉣에 대한 설명으로 적절하지 <u>않은</u> 것은?

① ㉠: 'ᄇᆞ람'과 '믈결'은 장애물을 의미한다.

② ㉡: 화자의 외로움을 강조하는 소재로 볼 수 있다.

③ ㉢: 부질없이 왔다 갔다 방황하는 것을 의미한다.

④ ㉣: '구즌 비'가 아니라 'ᄃᆞᆯ'이 되어 임을 축복하라는 의미이다.

※ 다음 글을 읽고 물음에 답하시오(28~30).

나는 '나'를 허투루 간수했다가 '나'를 잃은 사람이다. 어렸을 때는 과거 시험을 좋게 여겨 그 공부에 빠져 있었던 것이 10년이다. 마침내 조정의 벼슬아치가 되어 ㉠사모관대에 비단 도포를 입고 백주 도로를 미친 듯 바쁘게 돌아다니며 12년을 보냈다. 그러다 갑자기 상황이 바뀌어 친척을 버리고 고향을 떠나 한강을 건너고 문경 새재를 넘어 ㉡아득한 바닷가 대나무 숲이 있는 곳에 이르러서야 멈추게 되었다. 이때 '나'도 땀을 흘리고 숨을 몰아쉬며 허둥지둥 내 발뒤꿈치를 쫓아 함께 이곳에 오게 되었다. 나는 '나'에게 말했다.

"너는 무엇 때문에 여기에 왔는가? 여우나 도깨비에게 홀려서 왔는가? 바다의 신이 불러서 왔는가? 너의 가족과 이웃이 소내에 있는데, 어째서 그 본고장으로 돌아가지 않는가?"

그러나 '나'는 멍하니 꼼짝도 않고 돌아갈 줄을 몰랐다. 그 안색을 보니 마치 얽매인 게 있어 돌아가려 해도 돌아갈 수 없는 듯했다. 그래서 '나'를 붙잡아 함께 머무르게 되었다.

이 무렵, 내 둘째 형님 또한 그 '나'를 잃고 남해의 섬으로 가셨는데, 역시 '나'를 붙잡아 함께 그곳에 머무르게 되었다.

유독 내 큰형님만이 '나'를 잃지 않고 편안하게 수오재에 단정히 앉아 계신다. 본디부터 지키는 바가 있어 '나'를 잃지 않으신 때문이 아니겠는가? 이것이야말로 큰형님이 자신의 서재 이름을 '수오'라고 붙이신 까닭일 것이다. 일찍이 큰형님이 말씀하셨다.

"아버지께서 나의 자(字)를 태현이라고 하셨다. 나는 홀로 ㉢나의 태현을 지키려고 서재 이름을 '수오'라고 하였다."

이는 그 이름 지은 뜻을 말씀하신 것이다.

맹자께서 말씀하시기를, "무엇을 지키는 것이 큰일인가? 자신을 지키는 것이 큰일이다."라고 하셨는데, 참되도다, 그 말씀이여!

㉣드디어 내 생각을 써서 큰형님께 보여 드리고 수오재의 기문으로 삼는다.

— 정약용, 「수오재기」

28 윗글에 대한 설명으로 적절하지 <u>않은</u> 것은?

① 직접 체험한 일을 통해 삶의 의미를 깨닫고 있다.

② 옛 성현의 말을 인용하여 자신의 의견을 강조하고 있다.

③ 자기 성찰을 통해 깨달음을 얻어 가는 과정이 드러나 있다.

④ 예상되는 상대의 의견을 미리 반박하는 방법으로 글을 전개하고 있다.

29 윗글의 글쓴이가 이야기하고자 하는 중심 내용으로 가장 적절한 것은?

① '나'를 지키는 일의 중요성

② 상대를 배려하는 자세의 필요성

③ 끊임없이 자신을 단련하는 일의 중요성

④ 어려운 사람을 도와주려는 자세의 필요성

30 ㉠~㉣에 대한 설명으로 적절하지 <u>않은</u> 것은?

① ㉠: '벼슬'을 의미한다.

② ㉡: 그리운 고향을 의미한다.

③ ㉢: 본질적인 자아를 의미한다.

④ ㉣: 글을 쓰게 된 동기가 드러난다.

※ 다음 글을 읽고 물음에 답하시오(31~34).

빅뱅 이론을 세운 조지 가모프 교수는 뜨거운 초기 우주에서 작은 ㉠입자(粒子)들이 고속으로 만나 어떻게 수소와 헬륨 원자핵을 최초로 만들었는지 알아냈다. 우리 몸의 핵심 요소이자 기구를 띄우기 위해 종종 집어넣는 기체이고, 미래 자동차 원료로 주목을 받으며, 우주 전체 물질 질량의 70%를 차지하는 수소는 우주 초기 처음 3분간 만들어지고, 온 우주에 고루 뿌려진 뒤 오늘날 우리 몸속에 자리 잡았다는 것이 현대 우주론적 이해다.

그러면 수소와 헬륨보다 무거운 원소들은 어디에서 만들어졌을까? 탄소, 질소, 산소는 태양과 같은 작은 별 안에서 만들어졌다. 우리 은하 내에는 태양과 같은 작은 별이 약 1,000억 개 존재하고, 보이는 우주 내에는 우리 은하와 같은 은하가 또 1,000억 개 이상 존재한다. 작은 별들은 뜨거운 중심부에서 수소를 연료로 핵융합 발전을 해 빛을 만들고 그 과정에서 헬륨을 생산한다. 수소가 ㉡고갈(枯渴)되면 헬륨을 핵융합하여 탄소를, 다시 탄소를 이용하여 산소 등을 만든다. 이렇게 만들어진 원소들의 일부는 우주 공간에 퍼져 나가고, 일부는 수명을 다하는 별의 핵을 이루며 최후를 장식한다. 작은 별의 최후는 주로 단단한 탄소 덩어리일 것이라고 생각된다.

산소보다 더 무거운 황, 인, 마그네슘, 철 등은 태양보다 대략 10배 이상 무거운 별에서 만들어졌다. 무거운 별은 작은 별보다 짧고 굵은 삶을 산다. 작은 별들이 약 100억 년 안팎으로 살 수 있는 것에 비해 큰 별들은 1,000만 년 정도로 짧게 산다. 하지만 내부가 워낙 고온으로 올라가기 때문에, 산소보다 무거운 원소들을 만든다. 철까지 만든 후 무거운 별들은 초신성 폭발을 한다. 철보다 무거운 원소는 초신성 폭발에서 만들어진다. 큰 별이 초신성 폭발과 함께 일생을 마감할 때, 일부 물질은 그 폭발의 ㉢잔해(殘骸)인 블랙홀이나 중성자별 안에 갇히지만, 대부분은 우주 공간으로 ㉣환원(還元)된다. 만일 초신성이 자기가 만든 귀한 원소들을 우주에 나누어 주지 않는다면 어떤 일이 일어날까? 그 후에 태어난 젊은 별은 초기 우주가 만든 수소와 헬륨 등 극히 단순한 원소 외에는 갖지 못한 채 태어날 것이다.

– 이석영, 「초신성의 후예」

31 윗글의 표현 방법에 대한 설명으로 적절하지 <u>않은</u> 것은?

① 전문가의 이론을 인용하고 있다.

② 두 대상의 차이점을 설명하고 있다.

③ 작가 자신의 일화를 제시하고 있다.

④ 질문하고 답하는 형식을 취하고 있다.

32 윗글을 통해 알 수 있는 내용으로 적절하지 <u>않은</u> 것은?

① 큰 별은 초신성 폭발을 통해 대부분의 물질이 우주로 환원된다.

② 마그네슘은 태양보다 대략 10배 이상 무거운 별에서 만들어진다.

③ 큰 별들은 약 100억 년 안팎으로 살 수 있는 작은 별보다 길게 산다.

④ 초신성 폭발이 없다면 젊은 별들이 극히 단순한 원소만 갖고 태어날 것이다.

33 윗글에서 설명한 '수소'에 대한 내용으로 적절하지 <u>않</u>은 것은?

① 수소가 고갈되면 헬륨을 핵융합하여 탄소를 만든다.

② 우리 몸의 핵심 요소인 수소는 우주 전체 물질 질량의 70%를 차지한다.

③ 미래 자동차 원료로 주목받고 있는 수소는 기구를 띄우기 위해 집어넣기도 한다.

④ 작은 별들은 뜨거운 중심부에서 헬륨을 연료로 핵융합 발전을 해 수소를 생산한다.

34 ㉠~㉣의 사전적 의미로 적절하지 <u>않은</u> 것은?

① ㉠: 물질을 구성하는 미세한 크기의 물체

② ㉡: 몹시 목이 말라 고생함

③ ㉢: 부서지거나 못 쓰게 되어 남아 있는 물체

④ ㉣: 본디의 상태로 다시 돌아감

※ 다음 글을 읽고 물음에 답하시오(35~38).

(가) 정작 내 관심을 끈 것은 소설보다 책 뒷부분에 실린 ㉠「모닥불과 개미」라는 수필이었다. 반 쪽짜리 그 짧은 수필이 내 머릿속에 이토록 강렬한 인상을 남길 줄은 미처 몰랐다.

> 활활 타오르는 모닥불 속에 썩은 통나무 한 개비를 집어던졌다. 그러나 미처 그 통나무 속에 개미집이 있다는 것을 나는 몰랐다. 통나무가 우지직, 소리를 내며 타오르자 별안간 개미들이 떼를 지어 쏟아져 나오며 안간힘을 다해 도망치기 시작한다. 그들은 통나무 뒤로 달리더니 넘실거리는 통나무를 낚아채서 모닥불 밖으로 내던졌다. 다행히 많은 개미들이 생명을 건질 수 있었다. 어떤 놈은 모래 위로 달려가기도 하고 어떤 놈은 솔가지 위로 기어오르기도 했다. 그러나 이상한 일이다. 개미들은 좀처럼 불길을 피해 달아나려고 하지 않는다. 가까스로 공포를 이겨 낸 개미들은 다시 방향을 바꾸어 통나무 둘레를 빙글빙글 돌기 시작했다. 그 어떤 힘이 그들을 내버린 고향으로 다시 돌아오게 한 것일까?
>
> ㉡개미들은 통나무 주위에 모여들기 시작했다. 그리곤 그 많은 개미들이 통나무를 붙잡고 바둥거리며 그대로 죽어가는 것이었다.

(나) 동물학자가 된 이후에야 비로소 이해하게 되었지만, 당시에는 나도 솔제니친과 마찬가지로 개미들이 왜 그렇게 행동하는지 정말 궁금했다. 생물학자가 아니라 문학가인 솔제니친은 그 상황을 과학적으로 설명하지 못하고 철학적으로 받아들인 듯하다. 당시의 나 역시 개미의 행동을 설명할 길 없었으나 그 작품은 묘하게도 머릿속에 깊이 박혔다. 그러다가 훗날 미국 유학을 가서 꽂혀 버린 학문, 사회생물학을 접했을 때 순간적으로 솔제니친의 그 수필이 생각났다. 그간 수많은 문학 작품을 읽고 고독을 즐기는 속에서 점점 더 많은 삶의 수수께끼들을 껴안고 살았는데, 사회생물학이라는 학문이 그것들을 가지런히 정리해서 대답해 주었다. 「모닥불과 개미」 속의 개미도 내가 안고 있던 수수께끼 중 하나였다. 그 개미들을 이해하게 된 순간, 나는 이 학문을 평생 공부하겠다고 결정했다.

— 최재천, 「과학자의 서재」

35 위와 같은 글에 대한 설명으로 가장 적절한 것은?

① 전문적인 작가가 쓰는 글이다.

② 음악성과 함축성을 중요시한다.

③ 형식과 내용의 제한이 없는 글이다.

④ 인물, 사건, 배경을 구성 요소로 한다.

36 윗글에 대한 설명으로 적절하지 <u>않은</u> 것은?

① 인상 깊었던 글을 인용하고 있다.
② 통계 자료를 근거로 활용하고 있다.
③ 글쓴이가 실제 겪은 일이 드러나 있다.
④ 독서가 삶에 미친 영향에 대해 언급하고 있다.

37 ㉠에 대한 설명으로 적절하지 <u>않은</u> 것은?

① 솔제니친이 쓴 반 쪽짜리 짧은 수필이다.
② 모닥불에 던져진 통나무 속 개미에 대한 이야기이다.
③ 솔제니친이 개미의 행동을 과학적으로 설명한 글이다.
④ 글쓴이는 글에 나타난 개미의 행동을 나중에 이해할 수 있었다.

38 <보기>에서 설명하는 사회생물학의 관점에서 ㉡을 이해한 내용으로 가장 적절한 것은?

> ● 보 기 ●
>
> 사회생물학은 인간을 포함한 모든 동물들의 사회적 행동의 진화를 연구하는 학문이다. 그리고 사회생물학 연구의 가장 중심에 놓인 질문은 바로 이타성에 관한 것이다. 생물이란 모름지기 누구나 자기를 위해 사는 이기적 존재인 것 같은데 솔제니친이 관찰한 개미들은 왜 스스로 목숨까지 버리며 희생을 마다하지 않는 것일까? 영국 옥스퍼드 대학의 생물학자 리처드 도킨스가 「이기적 유전자」에서 명쾌하게 설명한 사회생물학 이론에 따르면, 겉으로는 이타적으로 보이는 개미의 행동도 유전자의 수준에서 보면 보다 많은 복사체를 후세에 남기려는 이기적 행동의 산물이다.

① 힘들게 모아 놓은 식량을 구하기 위한 행동이다.
② 희망이 없는 상황에서 모든 것을 포기한 행동이다.
③ 공포에 눌려 달아난다는 비난을 피하기 위한 행동이다.
④ 여왕개미를 구하여 종족의 번식을 유지하기 위한 행동이다.

※ 다음 글을 읽고 물음에 답하시오(39~42).

> 모더니즘 건축에서 우리가 놓쳤다고 하는 자연은 과연 무엇을 뜻하는가? 그 시작에서부터 건축은 자연과 ⓐ<u>필연적</u> 관계를 맺고 있음에도, 현대 건축은 자연을 본격적으로 대접하지 않고 '조경'이라고 하는 부수적인 측면에서 인공적으로 다루려고 했다. 즉, ㉠<u>모더니즘 건축</u>에서는 건축이 마치 자연 위에 ⓑ<u>군림</u>하는 듯했다. 우리가 건축에서 자연에 관해 다시 생각해야 하는 것은 모든 건축이 — 설사 도심에 건설된다고 하더라도 — '자연'이라는 큰 환경에서 벗어날 수 없다는 점이다. 그리고 자연은 시시각각 변화하는 시간을 온전히 표현하는 여러 가지 능력을 지니고 있다. 자연은 그 자체가 변화이자 축적이며 지속이고 자라나는 것이다.
>
> 이렇게 다소 ㉡<u>추상적인 이야기</u>를 섬세하게 이해하려면 무주의 등나무 운동장에 가 보면 된다. 거기에서는 자연과 식물만이 할 수 있는 놀라운 일을 볼 수 있다. 그것은 바로 운동장을 감싸는 등나무들이고 그들이 만들어 내는 그림자 그늘이다. 공설 운동장 관중석을 뒤덮은 등나무 그늘은 그 자리에 앉은 많은 이에게 따가운 볕을 가려 주는 것은 물론 봄에는 보라색 등꽃을 피워 이 세상 어느 곳에서도 체험할 수 없는 빛과 향기를 ⓒ<u>선사</u>한다. 등나무 그림자와 그늘, 파란 하늘과 초록빛 잔디가 어우러진 풍경은 우리에게 자연의 위대함을 차분히 알려 준다.
>
> 여기에서 건축은 등나무의 푸른 풍경이 펼쳐지도록 돕는 역할을 한다. 반복되는 단순한 ⓓ<u>경량</u> 철골로 구축된 체가 거창한 일을 하는 것이 아니라 등나무가 자라려는 의지를 최대한 실현할 수 있게 지지하고 돕는다.
>
> – 정기용, 「등나무 운동장 이야기」

39 위와 같은 수필에 대한 설명으로 적절하지 <u>않은</u> 것은?

① 의식적 동기를 가지고 쓰는 글이다.
② 글자 그대로 붓 가는 대로 쓰는 글이다.
③ 진실한 태도에서 인생을 관조하는 글이다.
④ 전문성을 필요로 하지 않는 대중적인 글이다.

40 ㉠이 추구하는 '건축'의 의미를 가장 바르게 설명한 것은?

① 건축은 자연이라는 큰 환경에서 벗어날 수 없다.
② 건축이 자연 위에 군림하지 않고 조화를 이룬다.
③ 식물이 초대되는 집이 아니라 식물이 주인이 되는 집을 건축한다.
④ 자연을 본격적으로 대접하지 않고 부수적인 측면에서 인공적으로 다룬다.

41 ㉡의 의미로 가장 적절한 것은?

① 자연은 변화의 축적이며 지속적으로 자라난다는 이야기

② 건축은 시시각각 변화하는 시간을 온전히 표현한다는 이야기

③ 도심에 건설된 건축은 자연이라는 환경에서 벗어날 수 있다는 이야기

④ 무주의 등나무 운동장에서 건축과 자연이 어우러지는 것을 볼 수 있다는 이야기

42 ⓐ~ⓓ의 뜻으로 적절하지 않은 것은?

① ⓐ: 아무런 인과 관계가 없이 뜻하지 아니하게 일어난 일

② ⓑ: 어떤 분야에서 절대적인 세력을 가지고 남을 압도함을 비유적으로 이르는 말

③ ⓒ: 존경, 친근, 애정의 뜻을 나타내기 위하여 남에게 선물을 줌

④ ⓓ: 가벼운 철재로 만든 건축물의 뼈대

※ 다음 글을 읽고 물음에 답하시오(43~44).

나는 그믐달을 몹시 사랑한다. 그믐달은 요염하여 감히 손을 댈 수도 없고, 말을 붙일 수도 없이 깜찍하게 예쁜 계집 같은 달인 동시에 가슴이 저리고 쓰리도록 가련한 달이다. 서산 위에 잠깐 나타났다 숨어버리는 초생달은 세상을 후려 삼키려는 독부가 아니면 철모르는 처녀 같은 달이지마는, 그믐달은 세상의 갖은 풍상을 다 겪고 나중에는 그 무슨 원한을 품고서 애처롭게 쓰러지는 원부와 같이 애절하고 애절한 맛이 있다. 보름에 둥근달은 모든 영화와 끝없는 숭배를 받는 여왕과 같은 달이지마는, 그믐달은 애인을 잃고 쫓겨남을 당한 공주와 같은 달이다. 초생달이나 보름달은 보는 이가 많지마는 그믐달은 보는 이가 적어 그만큼 외로운 달이다. 객창한등에 ㉠정든 님 그리워 잠 못 들어 하는 분이나, 못 견디게 쓰린 가슴을 움켜잡은 무슨 한 있는 사람이 아니면 그 달을 보아 주는 이가 별로 없을 것이다.

– 나도향, 「그믐달」

43 윗글의 중심 소재인 '그믐달'에 대한 설명으로 가장 적절한 것은?

① 애절하고 외로운 존재이다.

② 찬양과 숭배의 종교적 대상물이다.

③ 인간의 고통과 슬픔을 외면하는 존재이다.

④ 많은 사람들이 즐겨 찾는 존재로, 민중을 대변한다.

44 ㉠과 가장 잘 어울리는 한자성어는?

① 동병상련(同病相憐)

② 불립문자(不立文字)

③ 각골난망(刻骨難忘)

④ 오매불망(寤寐不忘)

국어 실전 문제 1회

01 ㉠에 들어갈 공감하며 말하기로 가장 적절한 것은?

> 가: 중요한 면접이었는데 긴장해서 실수하고 말았어.
> 나: (㉠   )

① 실수도 실력인 거야.
② 넌 정말 제대로 하는 게 하나도 없구나.
③ 그건 변명에 불과해. 그런 변명하지 마.
④ 중요한 면접인데 실수해서 속상하겠구나.

02 '지역민을 위한 휴식 공간 조성'에 대한 글쓰기 개요에서 ㉠에 들어갈 내용으로 가장 적절한 것은?

> 주제문: 지역민을 위한 휴식 공간을 조성하자.
> Ⅰ. 서론: 지역의 휴식 공간 실태
> Ⅱ. 본론
>   1. 휴식 공간 조성의 필요성
>   가. 휴식 공간의 부족에 대한 지역민의 불만 증대
>   나. 여가를 즐길 수 있는 공간에 대한 지역민의 요구 증가
>   2. (㉠   )
>   가. 휴식 공간을 조성할 지역 내 장소 부족
>   나. 비용 마련의 어려움
>   3. 해결 방안
>   가. 휴식 공간을 조성할 지역 내 장소 확보
>   나. 지역 공동체와의 협력을 통한 비용 마련
> Ⅲ. 결론: 지역민을 위한 휴식 공간 조성 촉구

① 휴식 공간 조성의 장애 요인
② 시설 증대를 위한 비용 마련 방법
③ 직업 체험 프로그램 마련의 필요성
④ 여가 시간 증대에 따른 사회적 인식 변화

※ 다음 글을 읽고 물음에 답하시오(03~04).

> 안녕! 나는 연극 ㉠동아리에게 무대 장치를 담당하고 있어. 내 꿈은 ㉡배우로서 성공하는 것이었지만 무대 공포증 때문에 배우가 되기를 포기했지. 그래도 연극에 동참할 방법을 찾다가 무대 장치를 ㉢맞게 되었어. 내 손으로 만든 무대 위에서 부원들이 ㉣공연을 연기하는 모습에 보람을 느껴.
>   친구들아! 이번에 우리 동아리 정기 공연이 있을 거야.
> (ⓐ   )

03 ㉠~㉣을 문맥에 맞게 고쳐 쓴 것으로 적절하지 않은 것은?

① ㉠: 동아리에서   ② ㉡: 배우로써
③ ㉢: 맡게   ④ ㉣: 공연하는

04 ⓐ에 들어갈 내용으로 〈조건〉을 모두 만족하는 것은?

> ──── 조 건 ────
> • 관객을 초대하는 의도를 드러낼 것
> • 의문형 어미를 활용할 것

① 내가 배우로 성공하는 방법이 과연 있을까?
② 너희들의 도움이 절실해. 친구들과 같이 와.
③ 멋진 무대 장치를 만들 재료를 찾을 수 있을까?
④ 너희들의 많은 관람을 기대할게. 많이 와 줄 거지?

05 다음 규정에 따른 발음으로 옳은 것은?

> **[표준 발음법]**
> **제13항** 홑받침이나 쌍받침이 모음으로 시작된 조사나 어미, 접미사와 결합되는 경우에는, 제 음가대로 뒤 음절 첫소리로 옮겨 발음한다.

① 잘 있어[이써].
② 꽃을[꼬슬] 판다.
③ 밭에[바테] 간다.
④ 뒤를 쫓아[쪼타] 온다.

06 다음 밑줄 친 부분의 시간 표현이 현재 시제가 <u>아닌</u> 것은?

① 고양이가 잠을 <u>잔다</u>.
② 나는 과학자가 <u>될 것이다</u>.
③ 그녀는 눈부시게 <u>아름답다</u>.
④ 학생들이 <u>지금</u> 달리기를 한다.

07 ㉠, ㉡에 대한 설명으로 옳은 것은?

> ㉠ 어제 왜 안 왔어?
> ㉡ 너무 바빠서 못 갔어.

① ㉠은 주체의 능력 부족에 의한 부정 표현이다.
② ㉡에는 시간을 표현하는 부사어가 사용되었다.
③ ㉡은 주체의 의지로 부정하는 의미를 담고 있다.
④ ㉠에는 시제를 표현하는 선어말 어미가 사용되었다.

08 어법에 맞고 자연스러운 문장은?

① 만약에 내가 선생님이 될 것이다.
② 나는 어려운 이웃을 도와주고 싶다.
③ 우리 팀이 경기에 이기려면 열심히 했다.
④ 미령이는 쉬는 시간에 빵과 우유를 마셨다.

09 다음 중 띄어쓰기가 옳지 <u>않은</u> 문장은?

① 나도 할 수 있다.
② 먹을 만큼 먹어라.
③ 그가 떠난지가 오래다.
④ 네가 뜻한 바를 이제야 알겠다.

※ 다음 글을 읽고 물음에 답하시오(10~13).

> ㉠<u>촉각 상</u>이란 촉각적 경험이 가져다주는 이미지이다. 이를테면 같은 사물이 앞뒤로 떨어져 있어서 한 지점에서 볼 때 크기가 달라 보여도 만져보면 같듯, 사물의 객관적 형태나 모양에 대한 인식을 상으로 나타낸 것이다. 시각 상이란 시각적 경험이 가져다주는 이미지이다. 같은 사물도 보는 위치에 따라 더 크거나 작아 보이듯, 주체가 본 그대로 상을 나타낸 것이다. 그런 까닭에 시각적으로 어떻게 보이느냐보다 실제 그 형태나 모양이 어떤가에 더 관심을 둔 이집트 벽화는 시각 상보다 촉각 상을 더 중시한 그림이라고 할 수 있다.
>
> 원근법적 표현에 익숙한 오늘의 시각에서 보자면 이처럼 시각 상보다 촉각 상에 더 치중하여 그린 이집트인들의 표현이 어색하게 느껴질 수 있다. 하지만 일반적으로 사람들은 이미지를 표현할 때 촉각 상에 기초한 형태 이해를 강하게 드러낸다. 원근법적으로 표현하는 훈련을 따로 받지 않았다면 말이다.
>
> 일례로 우리나라 민화의 책거리 그림을 보면 책장이나 탁자의 앞부분과 뒷부분의 길이가 같은 경우가 많다. 건물을 그린 그림도 마찬가지다. 보이는 대로 그린다면 뒷부분의 길이가 짧게 그려져야 한다. 하지만 그렇게 그리지 않은 경우가 더 많았다.
>
> 이로부터 우리는 보이는 것을 재현하는 것 이전에 아는 것을 전달하는 데에 미술의 일차적인 기능이 있음을 알 수 있다. 말이나 글처럼 말이다. 이는 왜 완벽한 시각적 사실성을 표현하는 것이 오직 유럽에서, 그것도 특정한 시기에만 발달했으며, 나아가 현대에 들어서는 추상화 등이 나타나 그 전통마저 무너져 내렸는가에 대한 답이 된다.
>
> 미술의 보다 보편적인 기능은 시각적 사실의 재현이 아니라 세계에 대한 앎과 이해, 느낌을 전달하는 데 있다. 이를 시각적 사실성에 의지해 표현하는 것은 그 전달을 위한 수많은 방법 중 하나에 불과한 것이다.
>
> – 이주헌, 「시각 상과 촉각 상」

10 위와 같은 글을 쓰는 목적으로 바른 것은?

① 있음 직한 일을 꾸며 쓴 글
② 다른 사람을 설득하기 위한 글
③ 새로운 사실을 알려 주기 위한 글
④ 운율이 있는 언어로 감정을 표현한 글

11 윗글을 통해 알 수 있는 내용이 <u>아닌</u> 것은?

① 우리나라 민화의 종류
② 시각 상과 촉각 상의 의미
③ 미술의 일차적 기능과 보편적 기능
④ 이집트 벽화의 표현이 어색하게 느껴지는 이유

12 윗글의 내용 전개 방법으로 적절하지 <u>않은</u> 것은?

① 대상의 뜻을 설명하고 있다.
② 구체적인 예를 들어 설명하고 있다.
③ 두 대상의 차이점을 설명하고 있다.
④ 공간의 이동에 따라 설명하고 있다.

13 ㉠에 대한 설명으로 적절하지 <u>않은</u> 것은?

① 이집트 벽화의 그림에서 시각 상보다 더 중시한 것이다.
② 일례로 우리나라 민화의 책거리 그림에서 찾아볼 수 있다.
③ 원근법적 표현 방식에 따라 주체가 본 그대로 상을 나타낸다.
④ 같은 사물이 앞뒤로 떨어져 있어서 크기가 달라 보여도 만져 보면 같다.

※ 다음 글을 읽고 물음에 답하시오(14~15).

생사(生死) 길은
예 있으매 머뭇거리고,
나는 간다는 말도
못다 이르고 어찌 갑니까.
어느 가을 이른 바람에
㉠<u>이에 저에 떨어질 잎처럼,</u>
한 가지에 나고
가는 곳 모르온저.
아아, 미타찰(彌陀刹)에서 만날 나
도(道) 닦아 기다리겠노라.

　　　　　　　　- 월명사, 「제망매가(祭亡妹歌)」

14 윗글에서 남매 관계를 비유적으로 나타낸 구절은?

① 한 가지에 나고
② 어느 가을 이른 바람에
③ 이에 저에 떨어질 잎처럼
④ 아아, 미타찰(彌陀刹)에서 만날 나

15 ㉠에 쓰인 표현 방법을 사용하지 <u>않은</u> 것은?

① 돌담에 속삭이는 햇발같이
② 나는 나룻배 / 당신은 행인
③ 아아, 늬는 산(山)ㅅ새처럼 날아갔구나!
④ 꽃가루와 같이 부드러운 고양이의 털에

※ 다음 글을 읽고 물음에 답하시오(16~18).

동남아인 두 여인이 소곤거렸다
고향 가는 열차에서
나는 말소리에 귀 기울였다
각각 무릎에 앉아 잠든 아기 둘은
두 여인 닮았다
맞은편에 앉은 나는
짐짓 차창 밖 보는 척하며
한마디쯤 알아들어 보려고 했다
휙 지나가는 먼 산굽이
나무 우거진 비탈에
산그늘 깊었다
두 여인이 잠잠하기에
내가 슬쩍 곁눈질하니
머리 기대고 졸다가 언뜻 잠꼬대하는데
여전히 알아들을 수 없는 외국 말이었다
두 여인이 동남아 어느 나라 시골에서
우리나라 시골로 시집왔든 간에
내가 왜 공연히 호기심 가지는가
한잠 자고 난 아기 둘이 칭얼거리자
두 여인이 깨어나 등 토닥거리며 달래었다
㉠<u>한국말로,</u>
<u>울지 말거레이</u>
<u>집에 다 와 간데이</u>

　　　　　　　　- 하종오, 「원어(原語)」

16 윗글에 대한 설명으로 적절하지 <u>않은</u> 것은?

① 일상의 경험을 소재로 하고 있다.
② 현실 극복의 의지가 강하게 드러난다.
③ 다른 사람의 말을 직접 인용하고 있다.
④ 평이한 시어와 간결한 문장을 사용하고 있다.

17 윗글을 읽고 난 후 독자의 반응으로 가장 적절한 것은?

① 일상생활에서 외국어를 사용하지 말자.

② 이주민들을 차별적인 시선으로 보지 말자.

③ 농촌 지역의 저출산 문제를 해결하기 위해 노력하자.

④ 젊은이들이 결혼을 기피하는 원인이 무엇인지 알아보자.

18 ㉠에 대한 설명으로 적절하지 <u>않은</u> 것은?

① 잠에서 깨서 우는 아이를 달래는 말이다.

② 두 여인과 아이들에게는 한국어가 원어(原語)이다.

③ 방언을 사용하는 두 여인에게 친근감을 느끼게 한다.

④ 두 여인이 한국 구성원으로 살아가려는 모습을 보여 준다.

※ 다음 글을 읽고 물음에 답하시오(19~20).

허생은 묵적골에 살았다. 곧장 남산 밑에 닿으면, 우물 위에 오래 된 은행나무가 서 있고, 은행나무를 향하여 사립문이 열렸는데, 두어 칸 초가는 비바람을 막지 못할 정도였다. 그러나 허생은 글 읽기만 좋아하고, 그의 처가 남의 바느질품을 팔아서 입에 풀칠을 했다.

하루는 그 처가 몹시 배가 고파서 울음 섞인 소리로 말했다.

"당신은 평생 과거를 보지 않으니, 글을 읽어 무엇 합니까?"

허생은 웃으며 대답했다.

"나는 아직 독서를 익숙히 하지 못하였소."

"그럼 장인바치 일이라도 못 하시나요?"

"장인바치 일은 본래 배우지 않았는 걸 어떻게 하겠소?"

"그럼 장사는 못 하시나요?"

"장사는 밑천이 없는 걸 어떻게 하겠소?"

처는 왈칵 성을 내며 소리쳤다.

"밤낮으로 글을 읽더니 기껏 '어떻게 하겠소?' 소리만 배웠단 말씀이오? 장인바치 일도 못 한다, 장사도 못 한다면, 도둑질이라도 못 하시나요?"

허생은 읽던 책을 덮어 놓고 일어나면서,

"아깝다. 내가 당초 글 읽기로 십 년을 기약했는데, 인제 칠 년인걸……."

하고 휙 문 밖으로 나가 버렸다.

– 박지원, 「허생전」

19 윗글에 대한 설명으로 가장 적절한 것은?

① 실제 인물의 삶을 다루고 있다.

② 당시의 사회 모습이 반영되어 있다.

③ 비현실적 사건을 통해 내용이 전개되고 있다.

④ 탐관오리의 횡포에 대한 비판 의식이 담겨 있다.

20 윗글에서 '허생의 아내'에 대한 설명으로 적절하지 <u>않</u>은 것은?

① 양반의 무능력을 비판한다.

② 생계를 위해 경제활동을 전담한다.

③ 명분을 중시하고 비실용적인 사고를 한다.

④ 허생을 세상에 나가도록 하는 계기를 만든다.

※ 다음 글을 읽고 물음에 답하시오(21~22).

나흘 전 감자 쪼간만 하더라도, 나는 저에게 조금도 잘못한 것은 없다.

계집애가 나물을 캐러 가면 갔지 남 울타리 엮는 데 쌩이질을 하는 것은 다 뭐냐. 그것도 발소리를 죽여 가지고 등 뒤로 살며시 와서

"얘! 너 혼자만 일하니?"

하고 긴치 않은 수작을 하는 것이었다.

어제까지도 저와 나는 이야기도 잘 않고 서로 만나도 본척만척하고 이렇게 점잖게 지내던 터이련만, 오늘로 갑작스레 대견해졌음은 웬일인가. 항차 망아지만한 계집애가 남 일하는 놈 보구……

"그럼 혼자 하지 떼루 하디?"

내가 이렇게 내뱉는 소리를 하니까

"너, 일하기 좋니?"

또는

"한여름이나 되거든 하지 벌써 울타리를 하니?"

잔소리를 두루 늘어놓다가 남이 들을까 봐 손으로 입을 틀어막고는 그 속에서 깔깔댄다. 별로 우스울 것도 없는데, 날씨가 풀리더니 이놈의 계집애가 미쳤나 하고 의심하였다. 게다가 조금 뒤에는 제 집게를 할끔할끔 돌아보더니 행주치마의 속으로 꼈던 바른손을 뽑아서 나의 턱밑으로 불쑥 내미는 것이다. 언제 구웠는지 아직도 더운 김이 홱 끼치는 굵은 ㉠감자 세 개가 손에 뿌듯이 쥐였다.

"느 집엔 이거 없지?"

하고 생색 있는 큰소리를 하고는, 제가 준 것을 남이 알면 큰일 날 테니 여기서 얼른 먹어 버리란다. 그리고 또 하는 소리가

"너, 봄 감자가 맛있단다."

"난 감자 안 먹는다, 니나 먹어라."

나는 고개도 돌리려지 않고 일하던 손으로 그 감자를 도로 어깨너머로 쑥 밀어 버렸다.

그랬더니 그래도 가는 기색이 없고, 뿐만 아니라 쌔근쌔근하고 심상치 않게 숨소리가 점점 거칠어진다. 이건 또 뭐야 싶어서 그때에야 비로소 돌아다보니 나는 참으로 놀랐다. 우리가 이 동리에 들어온 것은 근 삼 년째 되어 오지만, 여지껏 가무잡잡한 점순이의 얼굴이 이렇게까지 홍당무처럼 새빨개진 법이 없었다. 게다 눈에 독을 올리고 한참 나를 요렇게 쏘아보더니 나중에는 눈물까지 어리는 것이 아니냐. 그리고 바구니를 다시 집어 들더니 이를 꼭 악물고는 엎어질 듯 자빠질 듯 논둑으로 횡하게 달아나는 것이다.

— 김유정, 「동백꽃」

21 윗글에 대한 설명으로 적절하지 않은 것은?

① 시골 마을을 배경으로 한다.

② 토속적인 언어를 사용하여 표현한다.

③ 순박한 시골 남녀의 사랑을 주제로 한다.

④ 하층민의 삶을 사실적·비판적으로 표현한다.

22 ㉠에 대한 설명으로 적절하지 않은 것은?

① 향토적이고 토속적인 소재이다.

② '나'의 열등감을 자극하는 소재이다.

③ 1930년대 시대적 배경을 드러내는 소재이다.

④ '나'에 대한 점순이의 사랑이 드러나는 소재이다.

※ 다음 글을 읽고 물음에 답하시오(23~25).

S# 8. 대수의 택시 안-밖 / 오후

밝은 음악과 함께 시작되는 택시 안 풍경.

손님을 발견한 대수, 그쪽으로 차를 세운다.

선한 인상의 평범한 30대 부부, 임신을 한 여자는 배가 많이 불러 있다. 차를 세운 대수가 보조석 창문을 내린다.

남편: 병원 사거리요.

대수: 예. 근데 죄송한데, 사정상 저희 아들하고 오늘 같이 좀 다녀야 해서 그러는데…….

남편: 어? 저 혹시, 지난주에 방송 나왔던?

부인: 어! (반가워하며) 어어…….

남편: 맞죠?

Cut to. 길가. 한 젊은 여자가 손을 흔들자, 여자 앞으로 다가와 서는 대수의 택시.

휴대 전화로 통화를 하며 택시 뒷좌석에 타는 여자. '가로수길이요.' 하고는 다시 통화를 계속한다.

'저, 손님 양해 좀 드려야 할…….'이라고 말하며 대수가 아름이에 대해 설명하려 하지만 쉼 없이 통화하는 여자는 눈길도 안준다. 잠시 후 통화가 끝난 여자, 앞좌석의 아름이를 발견하고는 '꺅!' 하며 비명을 지른다.

대수: (돌아보며) 아, 손님이 통화 중이셔서 먼저 말씀을 못 드렸습니다. 사정상 저희 아들이랑 같이 좀 다녀야 하는데, 애가 몸이 좀 불편……

여자: (못 볼 걸 본 듯 얼굴이 일그러지며) 아저씨, 뭐예요, 진짜! 택시 하면서 진짜! 아, 뭐하는 거야? 진짜, 짜증 나 죽겠어!

여자, 차에서 내려 바로 다른 택시를 잡아탄다.

Cut to. 교복을 입은 아름이 또래의 아이들 셋이 택시 뒷좌석에 타고 있다.

여학생 1이 아름이를 알아본 표정. 여학생 2의 귀에 대고 속닥속닥. '그래?' 하며 반응하는 여학생 2. 여학생 3은 아름이를 힐끔거리며 그새 스마트폰으로 아름이의 정보를 검색한다.

여학생 2: (거침없이) 저기, 인증 사진 좀 찍을 수 있을까요?

아름이 앞에 스마트폰을 들이밀고 뒤에서 자세를 취하는 학생들. 밝은 분위기, 구김살 없는 아이들의 모습에 왠지 주눅이 드는 아름이.

Cut to. 학원가 앞에서 내리는 아이들.

여학생 3: 고맙습니다.
여학생 1: (내리며 아름이에게) 안녕. 빨리 건강해져.
아름: (목례하며) 아, 네…….
대수: 고마워요. 공부들 열심히 하고.

(㉠) 아름이는 삼삼오오 모여 학원으로 들어가는, 자신과 비슷한 또래의 아이들을 바라본다. 대수, 그런 아름이를 본다.
  – 김애란 원작, 최민석 외 각본, 「두근두근 내 인생」

23 위와 같은 글에 대한 설명으로 가장 적절한 것은?

① 영화 상영을 목적으로 한다.
② 공간적 배경의 전환이 어렵다.
③ 구성단위에는 장과 막이 있다.
④ 모든 사건은 무대 위에서 진행된다.

24 윗글의 등장인물에 대한 설명으로 적절하지 않은 것은?

① 대수와 아름이는 방송에 출연한 적이 있다.
② '여학생 2'는 아름이의 빠른 쾌유를 빌어 주고 있다.
③ '여자'는 아름이에 대한 혐오감을 노골적으로 드러낸다.
④ 30대 부부는 아름이를 알아보고 호의적인 태도를 보인다.

25 '아름'의 심리를 고려할 때, ㉠에 들어갈 말로 가장 적절한 것은?

① 화가 나서
② 부러워하며
③ 두려워하며
④ 불만스러워하며

국어 실전 문제

01 다음 상황에서 B의 말하기에 가장 필요한 대화의 원리는?

> A: 이 사과 어디에서 샀니?
> B: 윤기가 흐르고, 색깔이 붉은 사과가 좋은 사과야. 나는 아침에 꼭 사과를 먹어. 새콤달콤한 사과를 먹으면 상쾌하게 하루를 시작할 수 있거든. 건너편 마트에 가면 질 좋고 싼 사과를 살 수 있을 거야.

① 양의 격률
② 겸양의 격률
③ 동의의 격률
④ 요령의 격률

02 다음은 '청소년 아르바이트'에 대한 토론의 일부분이다. ㉠에 들어갈 내용으로 적절한 것은?

> 학생 1: 아르바이트는 학교 밖에서 다양한 경험을 하고 인생의 미래를 미리 체험하는 공부입니다. 따라서 청소년 아르바이트를 허용해야 합니다.
> 학생 2: (㉠   )
>   따라서 청소년 아르바이트에 반대합니다.

① 청소년 시기에는 다양한 사회 경험이 필요합니다.
② 아르바이트를 통해 일하는 즐거움을 깨달을 수 있습니다.
③ 아르바이트를 통해 사람들과 소통하는 방법을 배울 수 있습니다.
④ 청소년들이 아르바이트로 인하여 건강상의 문제를 겪을 수 있습니다.

03 다음 글에서 글쓴이가 생각하는 '좋은 글쓰기'로 가장 적절한 것은?

> 요새 유행하는 대중적인 글쓰기는 '누구나, 글을 쓴다면 제대로 써야 한다.'라는 책임감의 문제를 제기한다. 누구나 책을 낼 수 있고, 누구나 주목받을 수 있다는 것이 중요한 게 아니다. 누구나 글을 쓴다면 그 글의 무게만큼 엄연히 세상살이의 짐을 짊어져야 한다는 것을, 글의 무게만큼 삶의 무게도 등에 져야 함을 깨달을 때, 그저 '직업이나 이벤트로서의 글쓰기'가 아닌 '삶으로서의 글쓰기'가 시작된다.

① 삶으로서의 글쓰기
② 직업이나 이벤트로서의 글쓰기
③ 누구나 책을 낼 수 있는 글쓰기
④ 다른 사람에게 주목받을 수 있는 글쓰기

04 다음 글을 뒷받침하는 예로 적절하지 <u>않은</u> 것은?

> "요즘 젊은 것들은……." 하는 나무람을 들어 보지 않은 젊은이는 그리 많지 않을 것이다. 그 나무람에서 어르신 세대의 불편한 심기를 읽는 것은 어려운 일이 아니다. 말이란 시대에 따라 변하기 마련인데, 그 변화에 대한 감각이 세대에 따라 크게 다르다. 어르신 세대가 민감하게 반응하는 것 중의 하나가 젊은 세대의 존대법이다. 어르신 세대가 보기에, 젊은 세대의 존대법은 혼란스럽기 짝이 없어 불쾌하기까지 한 것이다.

① "어떻게 어른한테 '수고하세요.'란 말을 할 수 있는지 도대체 알 수가 없어."
② "선생님께 질문을 하면서 '내가 할 질문은요.'라고 하는데 아주 깜짝 놀랐어."
③ "요즘 애들은 어른을 만나서 말을 할 때도 '저'라고 하지 않고 '나'라고 하더군."
④ "친구한테 선생님 말씀을 전하면서 '선생님께서 너 오라고 하셨어.'라고 말하더군."

05 다음 규정의 ㉠에 해당하는 예로 알맞은 것은?

> **[한글 맞춤법]**
> **제30항** 사이시옷은 다음과 같은 경우에 받치어 적는다.
> 1. 순우리말로 된 합성어로서 앞말이 모음으로 끝난 경우
> 2. 순우리말과 한자어로 된 합성어로서 앞말이 모음으로 끝난 경우
>   (1) 뒷말의 첫소리가 된소리로 나는 것
>   (2) 뒷말의 첫소리 'ㄴ, ㅁ' 앞에서 'ㄴ' 소리가 덧나는 것 … ㉠
>   (3) 뒷말의 첫소리 모음 앞에서 'ㄴㄴ' 소리가 덧나는 것

① 냇물   ② 빗물
③ 뒷머리   ④ 양칫물

06 다음 밑줄 친 부분 중 사동 표현이 바르게 사용된 것은?

① 철수와 영희를 <u>화해시켰다</u>.
② 내가 친구 한 명 <u>소개시켜</u> 줄게.
③ 우리 차 앞으로 버스가 <u>끼어들었다</u>.
④ 시험에 합격한 후에 <u>목메여</u> 울었다.

07 다음 중 주체 높임법이 사용된 문장은?

① 나는 선생님께 꽃을 드렸다.
② 지금 사장님께서 들어오십니다.
③ 영희는 할아버지를 모시고 왔다.
④ 그 문제를 할머니께 여쭈어 보았다.

※ 다음 글을 읽고 물음에 답하시오(08~09).

> (가) 중세 국어의 특징 중 하나는 소리 나는 대로 표기하는 ㉠<u>이어 적기</u>가 일반적으로 쓰이다가 후기에는 끊어 적기와 이어 적기가 혼용되는 양상이 나타나기도 하였다는 점이다.
>
> (나) 불·휘기·픈남·ᄀᆞᆫ부·ᄅᆞ·매아·니:뮐·ᄊᆡ곶:됴·코여·름·하ᄂᆞ·니
>   :ᄉᆡ·미기·픈·므·른·ᄀᆞᄆᆞ·래아·니그·츨·ᄊᆡ:내·히이·러바·ᄅᆞ·래·가ᄂᆞ·니
>
> — 「용비어천가」 제2장
>
> (다) 뿌리가 깊은 나무는 바람에 흔들리지 아니하므로 꽃이 좋고 열매가 많이 열리니.
>   샘이 깊은 물은 가뭄에 그치지 아니하므로 내[川]가 이루어져 바다에 가나니.
>
> — 「용비어천가」 제2장 현대어 풀이

08 (나)와 (다)를 비교하여 알 수 있는 국어의 변화 양상으로 적절하지 <u>않은</u> 것은?

① 남·ᄀᆞᆫ → 나무는: 'ㆍ'의 소멸
② ·ᄀᆞᄆᆞ·래 → 가뭄에: 방점의 소멸
③ :됴·코 → 좋고: 어두 자음군의 소멸
④ :내·히 → 내가: 주격 조사 '가'의 등장

09 ㉠이 사용된 예로 적절한 것은?

① 곶   ② 불휘
③ 기픈   ④ 남ᄀᆞᆫ

※ 다음 글을 읽고 물음에 답하시오(10~13).

(가) 신상품을 최대한 빨리 만들어서 싼 가격으로 파는 것은 이제 하나의 사업 전략으로 자리 잡았고, 이 전략을 선택한 많은 의류 업체가 ㉠ 승승장구하고 있다. 이런 놀랄 말한 성장의 원동력은 무엇보다도 소비자의 열렬한 호응이다. 최신 유행을 반영한 옷을 싼 가격에 살 수 있게 된 소비자는 이러한 옷을 마다할 이유가 없고, 더 많은 제품을 판매하여 이익을 얻게 된 의류 업체도 ㉡ 함박웃음을 짓는다. 그런데 좀 더 깊이 살펴보면 이러한 변화가 과연 반가워만 할 일인가라는 의문이 든다.

(나) 우선 디자인이 도용되는 사례가 발생하고 있다. 일부 의류업체는 옷을 빠르게 생산하는 것에만 초점을 맞추고, 옷을 디자인하는 데에는 충분한 시간을 투자하지 않는다. 하지만 새로운 옷은 계속 제작해야 하니 결국 이러한 업체는 남의 디자인을 도용하여 불법 복제품을 만든다.

(다) 다음으로 환경이 오염되고 있다. 그린피스의 2016년도 보도 자료에 따르면 한 해에 생산되는 의류의 양은 약 800억 점이다. 전 세계 인구가 75억 명 남짓이니 한 사람당 10점 이상 가질 수 있는 엄청난 양이다. 그러나 그중 4분의 3, 즉 600억 점의 의류는 결국 ㉢ 소각되거나 매립된다.

(라) 자연 못지않게 사람도 고통받고 있다. 많은 의류 업체가 제품 제작에 드는 비용을 줄이려 시간당 임금이 낮은 ㉣ 개발 도상국의 공장에서 제품을 만든다. 현재 세계에서 두 번째로 많은 옷을 만들고 수출하는 나라는 방글라데시로, 약 400만 명의 노동자가 의류 공장에서 일하고 있다. 일부 의류 업체는 옷을 더 빨리, 더 많이 판매하기 위해 이들 공장에 납품 기한을 최소한으로 준다. 납품 기한을 지키기 위해 노동자는 늦은 시간까지 노동을 강요당하고 쉬는 시간도 빼앗기는 등 부당한 대우를 받고 있다.

– 이민정, 「옷 한 벌로 세상 보기」

10 위와 같은 글에 대한 설명으로 적절하지 **않은** 것은?

① 독자를 설득하는 글이다.
② 뒷받침하는 논거가 구체적이고 타당해야 한다.
③ 지시적 용어보다는 함축적 용어를 주로 사용한다.
④ 자기의 생각이나 주장을 논리적으로 증명하는 글이다.

11 윗글에서 제시한 빠른 옷 소비 현상 때문에 나타나는 문제점으로 적절하지 **않은** 것은?

① 생산된 옷의 4분의 3이 소각되거나 매립된다.
② 남의 디자인을 도용한 불법 복제품이 만들어진다.
③ 빠른 유행을 따라가지 못해 소외감을 느끼게 된다.
④ 개발 도상국의 노동자들이 부당한 대우를 받게 된다.

12 〈보기〉의 내용이 뒷받침 내용으로 들어가기에 적절한 곳은?

보기

원작 디자이너는 지적 재산권 소송을 하기도 한다. 하지만 지적 재산권 소송의 경우 창조와 모방의 경계가 모호한 경우가 많아서 소송 과정이 길고 복잡하다. 게다가 소송에 드는 비용 또한 만만치가 않아서 어쩔 수 없이 소송 자체를 포기하는 디자이너도 많다.

① 글 (가)의 뒤   ② 글 (나)의 뒤
③ 글 (다)의 뒤   ④ 글 (라)의 뒤

13 ㉠~㉣의 사전적 의미로 적절하지 **않은** 것은?

① ㉠: 싸움에 이긴 형세를 타고 계속 몰아치고
② ㉡: 크고 환하게 웃는 웃음
③ ㉢: 우묵한 땅이나 하천, 바다 등을 돌이나 흙 따위로 채우거나
④ ㉣: 산업의 근대화와 경제 개발이 선진국에 비하여 뒤떨어진 나라

※ 다음 글을 읽고 물음에 답하시오(14~15).

(가) 십 년(十年)을 경영하여 ㉠초려 삼간(草廬三間) 지어 내니
나 한 간 달 한 간에 청풍(淸風) 한 간 맡겨 두고
강산(江山)은 들일 데 없으니 둘러 두고 보리라.
　　　　　　　　　　　　　　　　　　　　 – 송순

(나) 님이 오마 ᄒ거늘 저녁밥을 일 지어 먹고 중문(中門) 나서
대문(大門) 나가 지방(地方) 우희 치ᄃ라 안자 ㉡이수(以手)로
가액(加額)ᄒ고 오는가 가는가 건넌 산(山) ᄇ라보니 거머횟들
셔 잇거늘 져야 님이로다.
보션 버서 품에 품고 신 버서 손에 쥐고 ㉢곰븨님븨 님븨곰븨
천방지방 지방천방 즌 듸 ᄆ른 듸 굴희지 말고 워렁충창 건너가
셔 정(情)엣말 ᄒ려 ᄒ고 겻눈을 흘긧 보니 ㉣상년(上年) 칠월(七
月) 사흘날 ᄀ라벅긴 주추리 삼대 슐드리도 날 소겨다.
모쳐라 밤일싀 만졍 ᄒᆡᆼ혀 낫이런들 ᄂᆞᆷ 우일 번 ᄒ괘라.
　　　　　　　　　　　　　　　　　　　　 – 작자 미상

14 (가)와 (나)의 갈래상 차이점에 대한 설명으로 적절하지 않은 것은?

① (가)와 같은 글의 성격은 풍자적이고, (나)와 같은 글의 성격은 관념적이다.
② (가)와 같은 글은 양반, (나)와 같은 글은 평민이나 여성이 주된 작가층이다.
③ (가)와 같은 글은 조선 전기에, (나)와 같은 글은 조선 후기에 많이 창작되었다.
④ (가)와 같은 글은 유교적 충효를, (나)와 같은 글은 삶의 애환을 주로 다루었다.

15 ㉠~㉣의 의미로 적절하지 않은 것은?

① ㉠: 아주 소박한 집
② ㉡: 손으로 이마를 가리고
③ ㉢: 엎치락뒤치락 급히 굴고 허둥지둥하는 모양
④ ㉣: 내년 7월 3일

※ 다음 글을 읽고 물음에 답하시오(16~18).

ⓐ유리에 차고 슬픈 것이 어른거린다.
열없이 붙어 서서 ⓑ입김을 흐리우니
길들은 양 언 날개를 파다거린다.
지우고 보고 지우고 보아도
새까만 ㉢밤이 밀려나가고 밀려와 부딪히고,
물 먹은 별이, 반짝, 보석처럼 박힌다.
밤에 홀로 유리를 닦는 것은
㉠외로운 황홀한 심사이어니,
고운 폐혈관이 찢어진 채로
아아, 너는 ⓓ산새처럼 날라갔구나!
　　　　　　　　　　　　　　 – 정지용, 「유리창」

16 윗글에 대한 설명으로 적절하지 않은 것은?

① 기승전결의 4단 구성으로 이루어져 있다.
② 선명하고 감각적인 이미지 사용을 보여 준다.
③ 죽은 자식에 대한 그리움과 슬픔을 노래하고 있다.
④ 이 시를 낭송할 경우에는 절규하는 듯한 어조가 적절하다.

17 ㉠에 쓰인 표현 방법과 같은 것은?

① 쥐꼬리만 한 월급봉투
② 이것은 소리 없는 아우성
③ 빼앗긴 들에도 봄은 오는가
④ 사람이 빵만으로는 살 수 없다.

18 ⓐ~ⓓ 중 〈보기〉의 밑줄 친 시어와 비유적 의미가 유사한 것은?

　　　　　　　● 보기 ●
어느 가을 이른 바람에
이에 저에 떨어질 잎처럼
한 가지에 나고
가는 곳 모르온저.
아아, 미타찰(彌陀刹)에서 만날 나
도(道) 닦아 기다리겠노라.
　　　　　　　 – 월명사, 「제망매가(祭亡妹歌)」

① ⓐ　　　　　② ⓑ
③ ⓒ　　　　　④ ⓓ

※ 다음 글을 읽고 물음에 답하시오(19~20).

> 여공이 원수 손을 붙들고 울며 말했다.
> "뜻밖에도 도적이 들어와 대궐에 불을 지르고 노략하더구나. 그래서 장안 백성들이 도망하여 갔는데 나는 갈 길을 몰라 이 구멍에 들어와 피난하였으니 사돈 두 분과 네 시모가 간 곳은 알지 못하겠구나."
> 이렇게 말하고 통곡하니, 원수가 위로했다.
> "설마 만나 뵈올 날이 없겠나이까."
> 또 물었다.
> "황상은 어디에 가 계시나이까?"
> 여공이 대답했다.
> "내 여기 숨어 보니 ㉠한 신하가 천자를 업고 북문으로 도망하여 천태령을 넘어갔는데 그 뒤에 도적이 따라 갔으니 천자께서 반드시 위급하실 것이다."
> 원수가 크게 놀라 말했다.
> "천자를 구하러 가오니 아버님은 제가 돌아오기를 기다리소서."
> 그러고서 말에 올라 천태령을 넘어갔다. 순식간에 한수 북편에 다다라서 보니 십 리 모래사장에 적병이 가득하고 항복하라고 하는 소리가 산천에 진동하고 있었다. 원수가 이 소리를 듣자 투구를 고쳐 쓰고 ㉡우레같이 소리치며 말을 ㉢채쳐 달려들어 크게 호령했다.
> "적장은 나의 황상을 해치지 말라, 평국이 여기 왔노라."
> 이에 맹길이 두려워해 말을 돌려 도망하니 원수가 크게 호령하며 말했다.
> "네가 가면 어디로 가겠느냐? 도망가지 말고 내 칼을 받으라."
> 이와 같이 말하며 철통같이 달려가니 ㉣원수의 준총마가 주홍 같은 입을 벌리고 순식간에 맹길의 말꼬리를 물고 늘어졌다. 맹길이 매우 놀라 몸을 돌려 긴 창을 높이 들고 원수를 찌르려고 하자 원수가 크게 성을 내 칼을 들어 맹길을 치니 맹길의 두 팔이 땅에 떨어졌다. 원수가 또 좌충우돌해 적졸을 모조리 죽이니 피가 흘러 내를 이루고 적졸의 주검이 산처럼 쌓였다.
> 이때 천자와 신하들이 넋을 잃고 어찌할 줄을 모르고 천자께서는 손가락을 깨물려 하고 있었다. 원수가 급히 말에서 내려 엎드려 통곡하며 여쭈었다.
> "폐하께서는 옥체를 보중하옵소서. 평국이 왔나이다."
>
> – 작자 미상, 「홍계월전」

19 윗글에 대한 설명으로 적절하지 않은 것은?

① 우월한 여성이 영웅으로 등장한다.
② 시간의 흐름에 따라 사건이 진행되고 있다.
③ 인물의 영웅적 행동을 중심으로 서술하고 있다.
④ 실존 인물의 이야기를 사실적으로 표현하고 있다.

20 ㉠~㉣에 대한 이해로 적절하지 않은 것은?

① ㉠: '천자'의 목숨이 매우 위급한 상황임을 알 수 있다.
② ㉡: 천둥소리와 같이 매우 큰 소리를 의미한다.
③ ㉢: 채찍 등을 휘둘러 세게 치는 것을 의미한다.
④ ㉣: 맹길이 걷잡을 수 없는 기세로 원수를 제압하는 장면이다.

※ 다음 글을 읽고 물음에 답하시오(21~22).

> 원 산부인과에서는 만반의 수술 준비를 갖추고 보증금이 도착되기만을 기다리고 있었다. 학교에서 우격다짐으로 후려낸 가불에다 가까운 동료들 주머니를 닥치는 대로 털어 간신히 마련한 일금 10만 원을 건네자 금테의 마비츠 안경을 쓴 원장이 바로 마취사를 부르도록 간호원에게 지시했다. 원장은 내가 권 씨하고 아무 척분도 없으며 다만 그의 셋방 주인일 따름인 걸 알고는 혀를 찼다.
> "아버지가 되는 방법도 정말 여러 질이군요. 보증금을 마련해 오랬더니 오전 중에 나가서는 여태껏 얼굴 한번 안 비치지 뭡니까."
> "맞습니다. ㉠의사가 애를 꺼내는 방법도 여러 질이듯이 아버지 노릇 하는 것도 아마 여러 질일 겁니다."
> 나는 내 말이 제발 의사의 귀에 농담으로 들리지 않기를 바랐으나 유감스럽게도 금테 안경의 상대방은 한 차례의 너털웃음으로 그걸 간단히 눙쳐 버렸다. 나는 이미 죽은 게 아닌가 싶게 사색이 완연한 권 씨 부인이 들것에 실려 수술실로 들어가는 걸 거들었다.
>
> – 윤흥길, 「아홉 켤레의 구두로 남은 사내」

21 윗글에 대한 설명으로 적절하지 않은 것은?

① '나'는 '권 씨'와 친분이 두터운 사이이다.
② 원 산부인과 원장은 '나'를 한심하게 생각한다.
③ 작품 속에 등장하는 서술자가 이야기를 서술한다.
④ 산업 사회에서 소외된 사람들의 삶을 표현하고 있다.

22 ㉠에 숨겨진 화자의 의도로 가장 적절한 것은?

① 최소한의 인간적인 삶도 허락하지 않는 정부의 정책을 비난하고 있다.
② 목숨이 위태로운 자기 아내를 내팽개친 권 씨에 대한 비난을 담고 있다.
③ 사람의 목숨보다 돈을 더 중시하는 원장 의사에 대한 비난을 담고 있다.
④ 다양한 인간들의 삶이 얽혀 있는 현실에 대한 무기력증을 표현하고 있다.

※ 다음 글을 읽고 물음에 답하시오(23~25).

> 문학 작품은 언어로 이루어진 ㉠상상의 집입니다. 이곳은 우리가 경험하지 못했거나 앞으로도 경험하지 못할 이야기로 가득 차 있습니다. 이 간접 경험의 세계를 통해 우리는 자신과 다른 사람을 더욱 깊이 이해하게 됩니다. 그리고 이러한 이해는 고통받는 이들의 아픔을 헤아릴 줄 아는 마음을 갖게 합니다. 문학 작품을 읽는 이유는 결국 다른 이들의 고통을 어루만질 줄 아는 성숙한 시민으로 성장하기 위함이지요. 수없이 많은 문학 작품이 담긴 ㉡그릇, 그것이 곧 책입니다.
>
> 하지만 책 읽기의 가치에는 동의하더라도 책을 많이 읽지 못하는 것이 현실입니다. 물론 할 말은 있을 것입니다. 공부하기도 바쁜데 책 읽을 시간이 어디 있는가? 텔레비전, 게임, 영화 등 볼 것 천지인 시대에 살면서 굳이 책을 읽을 필요가 있는가? 책이라는 게 재미라도 있어야지 재미없고 따분한 내용투성이인데 꼭 읽어야 하는가? 다 일리 있는 말입니다.
>
> 그렇지만 이렇게 한번 바꾸어 생각해 봅시다. 우리는 게임하는 방법을 학교나 학원에서 따로 배우지 않아도 스스로 알아내고 즐깁니다. 그런데 세상은 책 읽기를 비롯해 따분하고 하기 싫은 것을 억지로 하라고 강요합니다. 왜 그럴까요? 그것이 그만큼 중요하기 때문입니다. 대체로 하기 쉬운 일은 즐겁기는 하지만, 우리의 정신적 능력을 키워 주지는 못합니다. 반면 어렵고 부담스럽더라도 가치 있는 일을 해내면 우리 정신의 키는 훌쩍 자라납니다. 하기 쉽고 즐겁기만 한 일은 시간을 흘려보내게 하지만, 어렵고 부담스럽지만 가치 있는 일은 생산적으로 보내게 해 줍니다.
>
> – 이권우, 「책 속에 길이 있다」

23 위와 같은 글의 특징으로 적절하지 않은 것은?

① 유머와 위트　　② 무형식의 산문
③ 전문적인 문학　　④ 개성적인 문학

24 윗글에서 글쓴이가 생각하는 '책 읽기의 가치'로 볼 수 없는 것은?

① 책 읽기를 통해 우리가 경험하지 못한 세계를 경험할 수 있다.
② 타인에 대한 이해를 통해 고통받는 이들의 아픔을 헤아릴 줄 안다.
③ 다른 이의 고통을 어루만질 줄 아는 성숙한 시민으로 성장하게 된다.
④ 책 읽기라는 직접 경험을 통해 자신과 다른 사람을 깊게 이해하게 된다.

25 ㉠과 ㉡이 비유하는 대상을 바르게 연결한 것은?

	㉠	㉡
①	문학 작품	책
②	언어	고통
③	간접 경험	문학 작품
④	다른 사람	성숙한 시민

아이들이 답이 있는 질문을 하기 시작하면 그들이 성장하고 있음을 알 수 있다.

- 존 J. 플롬프 -

제 · 2 · 교 · 시

수학

합격의 공식 시대에듀 www.sdedu.co.kr

1 다항식

핵심 키워드 ▶ 다항식의 사칙연산, 지수법칙, 곱셈 공식, 항등식, 나머지정리, 인수정리, 조립제법, 인수분해 공식

1 다항식의 연산

● **해결 Point** ● ● ● ● ● ● ● ● ● ● ● ●

다항식의 연산 영역에서는 매회 1문제 정도가 출제되며, 다항식의 사칙연산을 활용한 연산 문제가 주로 출제된다. 곱셈 공식 등의 기본 연산 법칙은 반드시 기억하고 있어야 하며, 괄호를 포함한 연산 순서의 오류 없이 풀이할 수 있도록 주의해야 한다.

● **대표 문제 유형** ● ● ● ● ● ● ● ● ● ● ●

❖ 다음을 문자를 사용한 식으로 바르게 나타낸 것은?
❖ 주어진 두 다항식 A, B에 대하여 $2A-B$는?

(1) 다항식의 차수

① **단항식**: 문자나 수 또는 이들의 곱으로 이루어진 식
   ㉠ 차수: 단항식에서 곱해진 문자의 개수(변수를 지정해야 하며, 전체의 차수는 변수 중 가장 높은 차수를 의미함)
   ㉡ 계수: 변수 이외의 부분
   예 $-2xy^3$에서 변수 y에 대하여 차수는 3이고, 계수는 $-2x$이다.

② **다항식**: 단항식이나 단항식의 합으로 나타내는 식, 다항식을 이루고 있는 각 단항식을 '항'이라 한다.
   ㉠ 차수: 다항식에서 문자에 대한 각 항의 차수 중 가장 큰 것
   ㉡ 상수항: 문자를 포함하지 않은 항
   ㉢ 동류항: 특정한 문자에 대하여 차수가 같은 항
   예 • $2x^2-4x+2$에서 이 다항식의 차수는 2이고 상수항은 2이다
   • $ax^2-bx^2-cx+2dx$에서 ax^2과 $-bx^2$, $-cx$와 $2dx$는 각각 동류항이다(단, a, b, c, d는 실수이다).

③ **다항식의 정리 방법**: 동류항끼리 모아 간단히 정리하여 나타낸다.
   ㉠ 내림차순 정리: 한 문자에 대하여 차수가 높은 항부터 낮아지는 순서로 정리
   ㉡ 오름차순 정리: 한 문자에 대하여 차수가 낮은 항부터 높아지는 순서로 정리

(2) 다항식의 사칙연산

① **다항식의 덧셈과 뺄셈**
   ㉠ 한 문자에 대하여 정리하여 계산한다.
   ㉡ 괄호 안을 먼저 계산하거나 괄호를 풀어 계산하고, 동류항을 간단히 한다.
   ㉢ 내림차순으로 다항식을 정리한다.

> ■ **다항식의 덧셈과 뺄셈**
> 다항식의 덧셈과 뺄셈은 괄호가 있으면 괄호를 먼저 푼 후 동류항끼리 모아서 계산한다. 이때 다항식의 뺄셈은 빼는 식의 각 항의 부호를 바꾸어 더한다.
> • $5x^3-3x^2+2x-1+(x^3-3x+2)$
> $=5x^3-3x^2+2x-1+x^3-3x+2$
> $=(5x^3+x^3)-3x^2+(2x-3x)+(-1+2)$
> $=6x^3-3x^2-x+1$
> • $6x^3+4x^2-3x+2-(2x^3-3x^2+1)$
> $=6x^3+4x^2-3x+2-2x^3+3x^2-1$
> $=(6x^3-2x^3)+(4x^2+3x^2)-3x+(2-1)$
> $=4x^3+7x^2-3x+1$

> ■ **다항식의 연산 법칙**
> • 교환법칙
> $A+B=B+A$
> $A \times B=B \times A$
> • 결합법칙
> $A+(B+C)=(A+B)+C$
> $A(BC)=(AB)C$
> • 분배법칙
> $A(B+C)=AB+AC$
> $(A+B)C=AC+BC$

② **다항식의 곱셈**: 지수법칙과 곱셈 공식을 이용한다.
   ㉠ 지수법칙: m, n이 자연수일 때
   • $a^m \times a^n = a^{m+n}$
   • $(a^m)^n = a^{mn}$
   • $(ab)^n = a^n b^n$

ⓒ 곱셈 공식

- $(a+b)^2 = a^2 + 2ab + b^2$, $(a-b)^2 = a^2 - 2ab + b^2$
- $(a+b)(a-b) = a^2 - b^2$
- $(x+a)(x+b) = x^2 + (a+b)x + ab$
- $(ax+b)(cx+d) = acx^2 + (ad+bc)x + bd$
- $(a+b)^3 = a^3 + 3a^2b + 3ab^2 + b^3$
  $(a-b)^3 = a^3 - 3a^2b + 3ab^2 - b^3$
- $(a+b)(a^2-ab+b^2) = a^3 + b^3$
  $(a-b)(a^2+ab+b^2) = a^3 - b^3$
- $(a+b+c)^2 = a^2 + b^2 + c^2 + 2ab + 2bc + 2ca$
- $(a^2-ab+b^2)(a^2+ab+b^2) = a^4 + a^2b^2 + b^4$
- $(a+b+c)(a^2+b^2+c^2-ab-bc-ca)$
  $= a^3 + b^3 + c^3 - 3abc$
- $(x+a)(x+b)(x+c)$
  $= x^3 + (a+b+c)x^2 + (ab+bc+ca)x + abc$

예 $(2x-5)^3$

$= (2x)^3 - 3 \times (2x)^2 \times 5 + 3 \times (2x) \times 5^2 - 5^3$
$= 8x^3 - 60x^2 + 150x - 125$
$(x^2-2x+4)(x^2+2x+4)$
$= x^4 + x^2 \times 2^2 + 2^4 = x^4 + 4x^2 + 16$
$(x+1)(x+2)(x+3)$
$= x^3 + (1+2+3)x^2 + (1\times2+2\times3+3\times1)x$
$\quad + 1\times2\times3$
$= x^3 + 6x^2 + 11x + 6$

ⓒ 곱셈 공식의 변형

- $a^2 + b^2 = (a+b)^2 - 2ab$
- $a^2 + b^2 = (a-b)^2 + 2ab$
- $(a+b)^2 = (a-b)^2 + 4ab$
- $(a-b)^2 = (a+b)^2 - 4ab$
- $a^3 + b^3 = (a+b)^3 - 3ab(a+b)$
- $a^3 - b^3 = (a-b)^3 + 3ab(a-b)$
- $a^2 + b^2 + c^2 = (a+b+c)^2 - 2(ab+bc+ca)$

예
- $x^2 + \dfrac{1}{x^2} = \left(x + \dfrac{1}{x}\right)^2 - 2$
  $\qquad\qquad = \left(x - \dfrac{1}{x}\right)^2 + 2$
- $\left(x + \dfrac{1}{x}\right)^2 = \left(x - \dfrac{1}{x}\right)^2 + 4$
- $\left(x - \dfrac{1}{x}\right)^2 = \left(x + \dfrac{1}{x}\right)^2 - 4$

③ 다항식의 나눗셈

㉠ 다항식의 나눗셈은 각 다항식을 내림차순으로 정리한 후 자연수의 나눗셈과 같은 방법으로 계산한다.

㉡ 몫과 나머지
다항식 A를 다항식 $B(B \neq 0)$로 나누었을 때 몫을 Q, 나머지를 R라 하면

$$A = BQ + R \text{ (단, } R\text{의 차수} < B\text{의 차수)}$$

> $R = 0$일 때를 "A는 B로 나누어떨어진다"고 한다.
> $R \neq 0$이면 A는 B로 나누어떨어지지 않으므로 다항식 전체의 집합은 나눗셈에 대하여 닫혀 있지 않다.

예 $(6x^2 + 5x + 8) \div (2x+1)$의 몫과 나머지를 구하면

$$\begin{array}{r} 3x+1 \quad \leftarrow \text{몫} \\ 2x+1 \overline{\smash{)}\, 6x^2 + 5x + 8} \\ \underline{6x^2 + 3x} \\ 2x + 8 \\ \underline{2x + 1} \\ 7 \quad \leftarrow \text{나머지} \end{array}$$

∴ 몫: $3x+1$, 나머지: 7

㉢ 지수법칙: m, n이 자연수이고 $a \neq 0$일 때

- $a^m \div a^n = \dfrac{a^m}{a^n} = \begin{cases} a^{m-n} & (m > n) \\ 1 & (m = n) \\ \dfrac{1}{a^{n-m}} & (m < n) \end{cases}$

예
- $2^5 \div 2^3 = \dfrac{2^5}{2^3} = 2^{5-3} = 2^2$
- $2^3 \div 2^3 = \dfrac{2^3}{2^3} = 1$
- $2^3 \div 2^5 = \dfrac{2^3}{2^5} = \dfrac{1}{2^{5-3}} = \dfrac{1}{2^2}$
- $\left(\dfrac{b}{a}\right)^m = \dfrac{b^m}{a^m}$

2 나머지정리

● 해결 Point ● •

항등식의 성질 1문제, 나머지정리 1문제 정도가 매회 출제되며, 다항식의 연산을 통한 항등식의 계수나 상수를 구하는 문제와 다항식의 나눗셈 과정에서 나머지정리를 이용해 몫이나 나머지를 구하는 문제 등이 주로 출제된다. 기본 성질을 이해하고 이를 활용해 문제를 해결할 수 있도록 연습해야 한다.

● 대표 문제 유형 ● • • • • • • • • • • • • • • • •

❖ 등식 $A = B$가 x에 대한 항등식일 때, 상수 a의 값은?
❖ 다음은 다항식 A를 일차식 B로 나누어 몫과 나머지를 구하는 과정이다. 나머지 R의 값은?

(1) 항등식의 성질

① 항등식

㉠ 주어진 식의 문자에 어떤 값을 대입하여도 항상 성립하는 등식

㉡ 항등식의 예

• $x^2 + 3x + 2 = (x+1)(x+2)$ → x에 어떤 값을 대입하여도 항상 참이 되므로 x에 대한 항등식이다.

• $3x - 1 = 5$ → $x = 2$일 때만 성립하므로 항등식이 아니다.

② 항등식의 성질

a, b, c, a', b', c'이 상수일 때, 임의의 실수 x에 대하여

㉠ $ax + b = 0$이 x에 대한 항등식이면
$a = 0$, $b = 0$이다.

㉡ $ax + b = a'x + b'$이 x에 대한 항등식이면
$a = a'$, $b = b'$이다.

㉢ $ax^2 + bx + c = 0$이 x에 대한 항등식이면
$a = 0$, $b = 0$, $c = 0$이다.

㉣ $ax^2 + bx + c = a'x^2 + b'x + c'$이 x에 대한 항등식이면
$a = a'$, $b = b'$, $c = c'$이다.

(2) 미정계수법: 정해지지 않은 계수의 값을 항등식의 성질을 이용하여 결정하는 방법

① 계수비교법: 양변을 전개하여 동류항의 계수를 비교한다.

② 수치대입법: 미지수에 적당한 수를 대입해서 정한다.

예 $3x + 1 = ax - b(x-1)$이 x에 대한 항등식일 때 a, b의 값을 구하면

• 계수비교법: $3x + 1 = (a-b)x + b$에서
동류항의 계수를 비교하면 $a - b = 3$, $b = 1$
∴ $a = 4$, $b = 1$

• 수치대입법: 원래의 식에 $x = 0$을 대입하면 $b = 1$
$b - x = 1$을 대입하면 $a = 4$

(3) 나머지정리

① 다항식 $f(x)$를 일차식 $x - a$로 나누었을 때의 나머지는 $f(a)$와 같다.

② 다항식 $f(x)$를 일차식 $ax - b$ (단, $a \neq 0$)로 나누었을 때의 나머지는 $f\left(\dfrac{b}{a}\right)$와 같다.

> 다항식 $f(x)$를 이차식으로 나누었을 때의 나머지는 일차식 또는 상수이므로 나머지를 $ax + b$ (a, b는 상수)로 놓는다.

(4) 인수정리

다항식 $f(x)$와 일차식 $x - \alpha$에 대하여

① $f(\alpha) = 0$이면 $f(x)$가 $x - \alpha$로 나누어떨어진다.

② $f(x)$가 $x - \alpha$로 나누어떨어지면 $f(\alpha) = 0$이다.
이때 $x - \alpha$를 $f(x)$의 인수라 한다.

> '다항식 $f(x)$가 $x - \alpha$로 나누어떨어진다.'와 같은 표현
> ① $x - \alpha$가 다항식 $f(x)$의 인수이다.
> ② 다항식 $f(x)$를 $x - \alpha$로 나누었을 때의 나머지가 0이다.
> ③ $f(\alpha) = 0$이다.

(5) 조립제법

몫과 나머지를 모두 구하는 방법이다.

$x^3 - 3x^2 + 5x + 2$를 $x - 1$로 나누면

$$
\begin{array}{r}
x^2 - 2x + 3 \quad \leftarrow \text{몫} \\
x-1{\overline{\smash{\big)}\,x^3 - 3x^2 + 5x + 2}} \\
\underline{x^3 - x^2} \\
-2x^2 + 5x \\
\underline{-2x^2 + 2x} \\
3x + 2 \\
\underline{3x - 3} \\
5 \leftarrow \text{나머지}
\end{array}
$$

이것을 조립제법으로 나타내면

$$
\begin{array}{r|rrrr}
 & 1 & -3 & 5 & 2 \\
1 & & 1 & -2 & 3 \\
\hline
 & 1 & -2 & 3 & \boxed{5}
\end{array}
$$

따라서 몫은 x^2-2x+3, 나머지는 5이다.

> 조립제법을 이용할 때에는 차수가 높은 항의 계수부터 차례대로 적고, 계수가 0인 것도 반드시 표시해야 한다.

3 인수분해

● **해결 Point**

직접적으로 인수분해의 계산만을 요구하는 문제가 출제되진 않았지만 인수분해 공식과 조립제법을 이용한 인수분해의 경우 나머지정리부터 방정식, 부등식에 이르기까지 모든 영역에서 활용되는 개념인 만큼 확실하게 이해하고 학습해야 한다.

● **대표 문제 유형**

❖ 다항식 A를 인수분해한 것은?
❖ 두 다항식 A, B를 각각 인수분해하였을 때, 공통인수는?

(1) 인수분해

① 하나의 다항식을 두 개 또는 그 이상의 다항식의 곱으로 나타내는 것
② 인수: 그 곱을 이루는 각 다항식

$$
x^2-x-2 \xrightleftharpoons[\text{전개한다}]{\text{인수분해한다}} (x-2)(x+1)
$$

(2) 인수분해 공식

① $ma+mb-mc = m(a+b-c)$

② $a^2+2ab+b^2 = (a+b)^2$
  $a^2-2ab+b^2 = (a-b)^2$

③ $a^2-b^2 = (a+b)(a-b)$

④ $x^2+(a+b)x+ab = (x+a)(x+b)$

⑤ $acx^2+(ad+bc)x+bd = (ax+b)(cx+d)$

⑥ $a^2+b^2+c^2+2ab+2bc+2ca = (a+b+c)^2$

⑦ $a^3+b^3 = (a+b)(a^2-ab+b^2)$
  $a^3-b^3 = (a-b)(a^2+ab+b^2)$

⑧ $a^3+3a^2b+3ab^2+b^3 = (a+b)^3$
  $a^3-3a^2b+3ab^2-b^3 = (a-b)^3$

⑨ $a^4+a^2b^2+b^4 = (a^2+ab+b^2)(a^2-ab+b^2)$

⑩ $a^3+b^3+c^3-3abc$
    $= (a+b+c)(a^2+b^2+c^2-ab-bc-ca)$

예 $25x^2+20xy+4y^2$
  $= (5x)^2+2\times5x\times2y+(2y)^2$
  $= (5x+2y)^2$

(3) 치환을 이용한 인수분해

공통부분이 있는 다항식은 공통부분을 치환한 후 인수분해한다. 이때 ax^4+bx^2+c $(a \neq 0)$의 인수분해는 $x^2=X$로 치환하여 인수분해 공식을 이용하거나 공식을 이용할 수 없으면 x^2항을 더하고 빼거나 쪼개서 A^2-B^2의 꼴로 변형하여 계산한다.

예 $(x+2)^2+2(x+2)-3$에서 $x+2=X$로 치환하면
  $(x+2)^2+2(x+2)-3 = X^2+2X-3$
  $\qquad\qquad\qquad\qquad = (X+3)(X-1)$
  $\qquad\qquad\qquad\qquad = (x+2+3)(x+2-1)$
  $\qquad\qquad\qquad\qquad = (x+5)(x+1)$

(4) 인수정리와 조립제법을 이용한 인수분해

$f(x)$가 삼차 이상의 다항식이면

❶ $f(\alpha)=0$을 만족시키는 상수 α의 값을 찾는다.

$f(\alpha)=0$인 상수 α는 $\alpha = \pm\dfrac{(\text{상수항의 약수})}{(\text{최고차항의 계수의 약수})}$

중에서 찾을 수 있다.

❷ 조립제법을 이용하여 $f(x)$를 $x-\alpha$로 나누었을 때의 몫 $Q(x)$를 구한다.

❸ $f(x)=(x-\alpha)Q(x)$의 꼴로 인수분해한다.

예 $x^3 - 3x + 2$에서 $f(x) = x^3 - 3x + 2$로 놓으면

$f(1) = 0$이므로 조립제법을 이용하여 인수분해한다.

$$
\begin{array}{c|cccc}
 & 1 & 0 & -3 & 2 \\
1 & & 1 & 1 & -2 \\
\hline
 & 1 & 1 & -2 & 0
\end{array}
$$

$$
\begin{aligned}
\Rightarrow x^3 - 3x + 2 &= (x-1)(x^2 + x - 2) \\
&= (x-1)(x+2)(x-1) \\
&= (x-1)^2(x+2)
\end{aligned}
$$

(5) 인수분해 방법

① 기본 공식을 이용할 수 있는지를 파악한다.

② 공통인수로 묶어 낸다.

③ 가장 차수가 낮은 문자에 대하여 내림차순으로 정리한 후 인수분해한다.

④ 복이차식은 치환하여 $A^2 - B^2$의 꼴로 고쳐서 인수분해 한다.

> 참고 복이차식
>
> 상수항, 2차항, 4차항으로만 이루어진 다항식

⑤ 삼차 이상의 식은 인수정리나 조립제법을 이용하여 인수 분해한다.

출제 예상 문제

01 두 다항식 $A = x^2 - 5$, $B = 2x + 3$에 대하여 $A - 3B$를 계산하면?

① $x^2 + 2x$

② $x^2 - 5x + 9$

③ $x^2 - 6x - 14$

④ $x^2 + 10x - 15$

02 두 다항식 $A = x^2 - xy + y$, $B = x^2 + 2y$에 대하여 $2A - B$를 계산하면?

① $x^2 - 2xy$

② $3x^2 - 2xy$

③ $x^2 - xy + 4y$

④ $2x^2 - xy + 4y$

03 $(x^2 + x + 1)(x^2 - x + 1)$을 전개하면?

① $x^4 + x^2 + 1$

② $x^4 + 2x^2 + 1$

③ $x^4 - x^2 + 1$

④ $x^2 - 2x + 1$

04 $(x + 1)(x - 1)(x^2 + 1)$을 전개하면?

① $x^4 + 1$

② $x^4 - 1$

③ $x^4 + x^2 + 1$

④ $x^4 - x^2 + 1$

05 $x + y = 5$이고 $xy = 6$일 때, $(x - 3)(y - 3)$의 값은?

① 0

② 2

③ 4

④ 6

06 $a^2 + b^2 = 6$이고 $ab = 2$일 때, $(a - b)^2$의 값은?

① 0

② 2

③ 4

④ 8

07 $(x^2 + 3x - 2)(2x + 3)$을 전개하였을 때, 모든 계수들의 합은?

① 6

② 8

③ 10

④ 12

08 $(x^2 + 3x - 4)(x - 2)$를 전개하였을 때, x^2의 계수는?

① 0

② 1

③ 2

④ 3

09 $(x^3 - x^2 + 2x - 1) \div (x^2 - 3x + 2)$의 몫은?

① $x + 2$　　　　② $x - 2$

③ $x + 1$　　　　④ $x - 1$

10 $4a - 2 - [3a + 4 - \{a + 2 - (2a - 4)\}]$를 간단히 하면?

① 0　　　　② 1

③ $2a - 1$　　　　④ $3a + 2$

11 $x \neq 0$인 실수일 때, $x + \dfrac{1}{x} = 5$에서 $x^3 + \dfrac{1}{x^3}$의 값은?

① 95　　　　② 100

③ 110　　　　④ 125

12 $a(x - 2) + b(x - 3) = x$가 x에 대한 항등식일 때, 상수 a, b의 값은?

① $a = 3$, $b = -2$　　② $a = -3$, $b = 2$

③ $a = 2$, $b = 3$　　　④ $a = -2$, $b = -3$

13 등식 $a(x + 3) + b(x - 1) = 2(x + 1)$이 x에 대한 항등식일 때, $a + b$의 값은?(단, a, b는 상수이다)

① 1　　　　② 2

③ 3　　　　④ 4

14 $x^2 = a(x - 1)(x - 2) + b(x + 1) + c$가 x에 대한 항등식이 되도록 하는 상수 a, b, c를 정할 때, abc의 값은?

① -15　　　　② -10

③ 10　　　　④ 15

15 등식 $(a - 1)x^2 + (b + 2)x + c - 3 = 4x^2 - 5x + 3$이 x에 대한 항등식일 때, $a + b + c$의 값은?(단, a, b, c는 상수이다)

① 1　　　　② 2

③ 3　　　　④ 4

16 다항식 $x^3 + 2x + m$이 $x + 1$로 나누어떨어질 때, 상수 m의 값은?

① -3　　　　② -1

③ 1　　　　④ 3

17 x에 대한 다항식 $x^2 + x + a$가 $x - 1$로 나누어떨어질 때, 상수 a의 값은?

① 4   ② 2

③ 0   ④ -2

18 다항식 A를 $x^2 - 2$로 나누면 몫이 x이고 나머지가 $-3x + 2$이다. A의 일차항의 계수는?

① -2 ② -3

③ -4 ④ -5

19 다항식 $x^2 - ax + 1$이 $x - 1$로 나누어떨어질 때, $x + 1$로 나눈 나머지를 구하면?(단, a는 상수이다)

① 2   ② 4

③ 6   ④ 8

20 x에 대한 다항식 $g(x) = x^2 + kx + 1$을 $x + 2$로 나눈 나머지와 $x - 1$로 나눈 나머지가 같을 때, 상수 k의 값은?

① -1 ② 0

③ 1   ④ 2

21 등식 $x^4 + ax^3 - x - b = (x - 1)(x + 2)f(x)$가 x에 대한 항등식일 때, $f(-1)$의 값은?(단, a, b는 상수이다)

① 0   ② 1

③ 2   ④ 3

22 다항식 $f(x) = x^3 + ax^2 + bx - 4$를 $x - 2$로 나누면 나누어떨어지고, $x + 1$로 나누면 나머지가 6이다. 이때 $a + b$의 값은?(단, a, b는 실수이다)

① -5 ② -4

③ 4   ④ 5

23 다음은 조립제법을 이용하여 다항식 $x^3 - 2x^2 - 5x + 2$를 일차식 $x - 3$으로 나누었을 때, 몫과 나머지를 구하는 과정이다. 나머지 R의 값은?

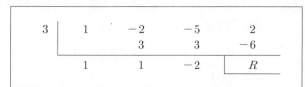

3	1	-2	-5	2
		3	3	-6
	1	1	-2	R

① -5 ② -4

③ -3 ④ -2

24 $x^2 - 4x - 5$를 인수분해한 것은?

① $(x-1)(x+5)$ ② $(x+1)(x-5)$

③ $(x+2)(x+3)$ ④ $(x-4)(x-5)$

25 $x^3 - 3x - 2$를 인수분해할 때, 모든 인수의 합은?

① $3x$ ② $3x+1$

③ $3x+2$ ④ $3x+4$

26 두 다항식 $x^2 - 1$, $x^2 + x - 2$를 각각 인수분해할 때, 공통인수는?

① $x+1$ ② $x-1$

③ $(x+1)(x+2)$ ④ $(x-1)(x+2)$

27 다항식 $x^4 - 8x^2 + 16$이 $(x+a)^2(x+b)^2$으로 인수분해될 때, 상수 a, b $(a > b)$에 대하여 $a - b$의 값은?

① 3   ② 4

③ 5   ④ 6

28 다항식 $f(x) = x^3 - 2x^2 - ax + 6$이 $x - 1$로 나누어 떨어질 때, 다항식 $f(x)$를 인수분해한 것은?(단, a는 상수이다)

① $(x-1)(x-2)(x+3)$

② $(x-1)(x+2)(x+3)$

③ $(x-1)(x-2)(x-3)$

④ $(x-1)(x+2)(x-3)$

2 방정식과 부등식

핵심 키워드
복소수, 허수, 켤레복소수, 이차방정식, 근의 공식, 판별식, 이차함수, 그래프, 최댓값, 최솟값, 삼·사차방정식, 연립방정식, 일차·이차부등식, 연립부등식

1 복소수와 이차방정식

● 해결 Point

복소수 1문제와 이차방정식 1문제 정도가 매회 출제되며, 복소수의 사칙연산을 이용한 항등식 계산, 이차방정식의 근과 계수와의 관계를 이용한 문제가 주로 출제된다. 허수 i의 정확한 개념과 복소수 연산의 성질, 이차방정식의 판별식과 근과 계수와의 관계에 대해 정확하게 이해해야 한다.

● 대표 문제 유형

❖ 복소수 A와 B가 $A=B$일 때, 실수 a의 값은?
  (단 $i=\sqrt{-1}$)
❖ 주어진 이차방정식의 두 근을 α, β라고 할 때, $\alpha+\beta$의 값은?

(1) 복소수와 그 연산

① 복소수
  ㉠ 허수단위(i)
  • $x^2=-1$은 실수 범위에서는 근을 갖지 않는다.
  • 제곱하여 -1이 되는 수를 i로 나타낸다.
  • $i^2=-1$에서 i를 허수단위라 한다. 즉, $i=\sqrt{-1}$이다.
  • $x^2=-1$의 근은 $x=\sqrt{-1}=i$
    또는 $x=-\sqrt{-1}=-i$임을 알 수 있다.
  【예】 • $\sqrt{-a}=\sqrt{a}\,i\ (a>0)$
      • $\sqrt{-5}=\sqrt{5}\,i$
      • $-\sqrt{-3}=-\sqrt{3}\,i$

> ■ i의 거듭제곱
> n이 음이 아닌 정수일 때
> • $i^{4n+1}=i=\sqrt{-1}$
> • $i^{4n+2}=i^2=-1$
> • $i^{4n+3}=i^3=-i$
> • $i^{4n}=i^4=1$

  ㉡ 복소수
  • 임의의 실수 a, b에 대하여 $a+bi$의 꼴로 나타내어지는 수
    ※ a: 복소수의 실수 부분, b: 허수 부분
  • 임의의 실수 a는 $a+0i\ (b=0)$ 꼴로 나타낼 수 있으므로 복소수이다.
  • 실수가 아닌 복소수 $a+bi\ (b\neq0)$를 허수라고 한다.
  • 특히, $0+bi=bi\ (a=0,\ b\neq0)$ 꼴의 복소수를 순허수라고 한다.

> ■ 복소수 $a+bi$ (단, a, b는 실수)
> • 실수: $a\ (b=0)$
> • 허수: $a+bi\ (b\neq0)$
>   – 순허수: $bi\ (a=0,\ b\neq0)$
>   – 순허수가 아닌 허수: $a+bi\ (a\neq0,\ b\neq0)$

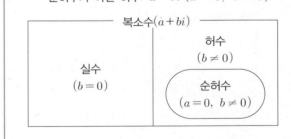

  ㉢ 켤레복소수
  • 복소수 $a+bi$에 대하여 $a-bi$를 그 복소수의 켤레복소수라 한다.
  • 표현: $\overline{a+bi}=a-bi$
    【예】 $z=2+3i$일 때, $\overline{z}=\overline{2+3i}=2-3i$
  • 성질: 두 복소수 z_1, z_2에 대하여
    $\overline{z_1+z_2}=\overline{z_1}+\overline{z_2}$, $\overline{z_1z_2}=\overline{z_1}\times\overline{z_2}$,
    $\overline{z_1-z_2}=\overline{z_1}-\overline{z_2}$, $\overline{\left(\dfrac{z_1}{z_2}\right)}=\dfrac{\overline{z_1}}{\overline{z_2}}\ (\overline{z_2}\neq0)$

복소수 $z = a + bi$ (단, a, b는 실수)에 대하여 $\overline{z}$ 는 z의 켤레복소수일 때

- $z + \overline{z} = (a+bi) + (a-bi) = 2a \rightarrow$ 실수
- $z\overline{z} = (a+bi)(a-bi) = a^2 + b^2 \rightarrow$ 실수

ㄹ 복소수가 서로 같을 조건

두 복소수 $a+bi$, $c+di$에 대해서(단, a, b, c, d는 실수)

- $a + bi = 0$이면 $a = 0$, $b = 0$이다.
- $a + bi = c + di$이면 $a = c$, $b = d$이다.

  예 $(a+2b) + (2a-3b)i = 3 + 5i$ (a, b는 실수)에서

  $a + 2b = 3$, $2a - 3b = 5$이다.

② 복소수의 연산

ㄱ 복소수의 연산 방법

- 복소수의 사칙연산은 i를 문자로 취급하여 실수의 연산과 같이 계산한다.
- $i^2 = -1$을 대입한다.
- 나눗셈에서 (분모) = (허수)일 때 그 켤레복소수를 분모와 분자에 곱하여 분모를 실수화한다.

■ 분모의 실수화

$$\frac{1}{i} = -i, \quad \frac{1}{1+i} = \frac{1-i}{2}, \quad \frac{1+i}{1-i} = i, \quad \frac{1-i}{1+i} = -i$$

ㄴ 복소수의 사칙연산

임의의 실수 a, b, c, d에 대하여

- 덧셈: $(a+bi) + (c+di) = (a+c) + (b+d)i$
- 뺄셈: $(a+bi) - (c+di) = (a-c) + (b-d)i$
- 곱셈: $(a+bi) \times (c+di) = (ac - bd) + (ad + bc)i$
- 나눗셈: $\dfrac{a+bi}{c+di} = \dfrac{ac+bd}{c^2+d^2} + \dfrac{bc-ad}{c^2+d^2} i$

  (단, $c + di \neq 0$)

ㄷ 복소수의 연산에 관한 성질

- 임의의 두 복소수의 덧셈, 뺄셈, 곱셈, 나눗셈의 결과는 모두 복소수이다. 즉, 복소수 전체의 집합은 0으로 나누는 것을 제외하고는 사칙연산에 대하여 닫혀 있다.
- 복소수에서는 덧셈과 곱셈에 대하여 교환법칙·결합법칙·분배법칙이 성립하는데, 복소수에서도 실수에서와 같이 이러한 성질들이 모두 성립한다.

복소수 α, β, γ에 대하여

- 교환법칙

  $\alpha + \beta = \beta + \alpha$, $\alpha\beta = \beta\alpha$
- 결합법칙

  $(\alpha + \beta) + \gamma = \alpha + (\beta + \gamma)$

  $(\alpha\beta)\gamma = \alpha(\beta\gamma)$
- 분배법칙

  $\alpha(\beta + \gamma) = \alpha\beta + \alpha\gamma$

  $(\alpha + \beta)\gamma = \alpha\gamma + \beta\gamma$

ㄹ 음수의 제곱근

- $a > 0$일 때 $\sqrt{-a} = \sqrt{a}\,i$, $-a$의 제곱근: $\pm \sqrt{a}\,i$
- $a < 0$, $b < 0$일 때 $\sqrt{a}\,\sqrt{b} = -\sqrt{ab}$

  $a > 0$, $b < 0$일 때 $\dfrac{\sqrt{a}}{\sqrt{b}} = -\sqrt{\dfrac{a}{b}}$

(2) 이차방정식의 근과 판별식

① 이차방정식의 풀이

ㄱ 인수분해에 의한 방법

x에 대한 이차방정식 $ax^2 + bx + c = 0$이 $(px+q)(rx+s) = 0$의 꼴로 인수분해될 때 근은

$$x = -\frac{q}{p} \quad \text{또는} \quad x = -\frac{s}{r} \quad (p \neq 0, \ r \neq 0)\text{이다.}$$

ㄴ 완전제곱식에 의한 방법

x에 대한 이차방정식 $ax^2 + bx + c = 0$의 좌변이 인수분해되지 않는 경우에는 $a(x+p)^2 = q$의 꼴로 변형하여 푼다.

이때의 근은 $x = -p \pm \sqrt{\dfrac{q}{a}}$ 이다.

ㄷ 근의 공식에 의한 방법

a, b, b', c가 실수일 때

- $ax^2 + bx + c = 0$ ($a \neq 0$)의 해는

  $$x = \frac{-b \pm \sqrt{b^2 - 4ac}}{2a}$$
- $ax^2 + 2b'x + c = 0$ ($a \neq 0$)의 해는

  $$x = \frac{-b' \pm \sqrt{b'^2 - ac}}{a}$$

② 이차방정식의 판별식

ㄱ 판별식

계수가 실수인 x에 대한 이차방정식 $ax^2 + bx + c = 0$ ($a \neq 0$)의 근 $x = \dfrac{-b \pm \sqrt{b^2 - 4ac}}{2a}$ 에서 $b^2 - 4ac$를 이차방정식의 판별식이라 하고, 기호 D로 나타낸다.

○ 이차방정식의 근의 판별

계수가 실수인 이차방정식 $ax^2 + bx + c = 0 \ (a \neq 0)$
에서 $D = b^2 - 4ac$라고 하면

• $D > 0 \Rightarrow$ 서로 다른 두 실근
• $D = 0 \Rightarrow$ 중근
• $D < 0 \Rightarrow$ 서로 다른 두 허근

참고 일차항의 계수가 짝수인 이차방정식의 근의 판별은

$\dfrac{D}{4} = b'^2 - ac$를 사용한다(단, $b = 2b'$).

© 판별식의 응용

x에 대한 이차식 $ax^2 + bx + c$가 완전제곱식이 되려
면 판별식 $D = b^2 - 4ac = 0$이어야 한다.

(3) 이차방정식의 근과 계수의 관계

① 이차방정식의 근과 계수의 관계식

이차방정식 $ax^2 + bx + c = 0 \ (a \neq 0)$의 두 근을 α, β라
할 때

㉠ 두 근의 합: $\alpha + \beta = -\dfrac{b}{a}$

㉡ 두 근의 곱: $\alpha\beta = \dfrac{c}{a}$

예 이차방정식 $2x^2 + 6x + 1 = 0$의 두 근을 α, β라 하면

$\alpha + \beta = -\dfrac{6}{2} = -3$, $\alpha\beta = \dfrac{1}{2}$이다.

참고 두 근의 차: $|\alpha - \beta| = \dfrac{\sqrt{b^2 - 4ac}}{|a|}$

② 두 수를 근으로 갖는 이차방정식

두 수 α, β를 근으로 하고, x^2의 계수가 1인 이차방정식
은 $(x - \alpha)(x - \beta) = 0$이므로 이것을 전개하여 정리하면
$x^2 - (\alpha + \beta)x + \alpha\beta = 0$이다.

③ 이차식의 인수분해

계수가 실수인 이차방정식 $ax^2 + bx + c = 0 \ (a \neq 0)$의
두 근을 α, β라고 하면 $ax^2 + bx + c = a(x - \alpha)(x - \beta)$
이다.

예 이차방정식 $3x^2 - 2x + 1 = 0$의 근을 구하면

$x = \dfrac{1 \pm \sqrt{2}\,i}{3}$이다.

따라서 이차식 $3x^2 - 2x + 1$을 복소수 범위에서 인수분해하면

$3x^2 - 2x + 1 = 3\left(x - \dfrac{1 + \sqrt{2}\,i}{3}\right)\left(x - \dfrac{1 - \sqrt{2}\,i}{3}\right)$이다.

④ 계수가 유리수 또는 실수인 이차방정식의 켤레근

㉠ 계수가 유리수인 이차방정식에서 한 근이 $a + b\sqrt{m}$
이면 다른 한 근은 $a - b\sqrt{m}$이다(단, a, b는 유리수,
$\sqrt{m}$은 무리수, $b \neq 0$).

예 유리수 a, b에 대하여

이차방정식 $x^2 + ax + b = 0$의 한 근이 $1 + \sqrt{5}$이면, 다른
한 근은 $1 - \sqrt{5}$이다.

㉡ 계수가 실수인 이차방정식에서 한 근이 $a + bi$이면 다
른 한 근은 $a - bi$이다(단, a, b는 실수, $b \neq 0$).

2 이차방정식과 이차함수

● 해결 Point

이차방정식과 이차함수 영역에서는 1문제 정도가 매회 출제되며,
이차함수와 이차방정식의 관계에 따른 그래프나 계수의 변화와 최
댓값, 최솟값을 찾는 문제가 주로 출제된다. 주어진 식을 그래프로
나타낼 수 있고 각각의 계수의 부호와 값을 찾아내는 연습을 해야
한다.

● 대표 문제 유형

❖ 이차함수 $y = ax^2 + bx + c$의 그래프가 그림과 같을 때, 옳지
않은 것은?

❖ $1 \leq x \leq 4$일 때, 이차함수 $y = x^2 - 4x + 3$의 최솟값은?

(1) 이차함수

① $y = ax^2$ (단, $a \neq 0$)의 그래프

㉠ 꼭짓점은 $(0, 0)$이다.

㉡ 대칭축의 식은 $x = 0$ (y축)이다.

© $a > 0$이면 아래로 볼록하다.

② $|a|$가 크면 클수록 그래프의 폭이 좁아진다.

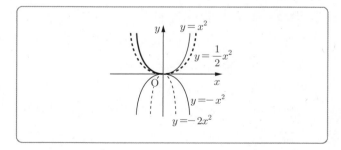

② $y = ax^2 + q$, $y = a(x-p)^2$, $y = a(x-p)^2 + q$의 그래프

   ㉠ $y = ax^2 + q$의 그래프는 $y = ax^2$의 그래프를 y축의 방향으로 q만큼 평행이동한 것이다.

   ㉡ $y = a(x-p)^2$의 그래프는 $y = ax^2$의 그래프를 x축의 방향으로 p만큼 평행이동한 것이다.

   ㉢ $y = a(x-p)^2 + q$의 그래프는 $y = ax^2$의 그래프를 x축의 방향으로 p만큼, y축의 방향으로 q만큼 평행이동한 것이다.

     꼭짓점의 좌표는 $(p,\ q)$, 축의 방정식은 $x = p$이다.

③ $y = ax^2 + bx + c$ (단, $a \neq 0$)의 그래프

$$y = ax^2 + bx + c = a\left(x + \frac{b}{2a}\right)^2 - \frac{b^2 - 4ac}{4a}$$ 이므로

$y = ax^2$의 그래프를 x축의 방향으로 $-\dfrac{b}{2a}$만큼, y축의

방향으로 $-\dfrac{b^2 - 4ac}{4a}$만큼 평행이동한 것이다.

   ㉠ 꼭짓점의 좌표는 $\left(-\dfrac{b}{2a},\ -\dfrac{b^2 - 4ac}{4a}\right)$이다.

   ㉡ 축의 방정식은 $x = -\dfrac{b}{2a}$이다.

④ 이차함수의 식 구하기

   ㉠ 꼭짓점 $(m,\ n)$이 주어질 경우 $\Rightarrow y = a(x-m)^2 + n$

   ㉡ x축과의 두 교점$(\alpha,\ 0)$, $(\beta,\ 0)$이 주어질 경우
     $\Rightarrow y = a(x-\alpha)(x-\beta)$

   ㉢ x축 위의 점$(\alpha,\ 0)$에서 접할 경우 $\Rightarrow y = a(x-\alpha)^2$

   ㉣ 세 점이 주어질 경우 $\Rightarrow y = ax^2 + bx + c$로 놓고 세 점의 좌표 대입

   예 꼭짓점이 $(1,\ 6)$이고 점 $(2,\ 5)$를 지나는 이차함수의 식은 $y = a(x-1)^2 + 6$이므로 $x = 2$, $y = 5$를 대입하여 풀면 $5 = a(2-1)^2 + 6$에서 $a = -1$
     따라서 구하는 이차함수의 식은 $y = -(x-1)^2 + 6$이다.

[2] 이차함수와 이차방정식의 관계

① 이차함수와 이차방정식의 관계

   이차함수 $y = ax^2 + bx + c$ $(a \neq 0)$의 그래프와 x축의 교점의 개수는 이차방정식 $ax^2 + bx + c = 0$의 실근의 개수와 같다. 따라서 이차방정식 $ax^2 + bx + c = 0$의 판별식 D의 값의 부호에 따라 다음과 같이 나타낼 수 있다.

판별식 $f(x)$	$D > 0$	$D = 0$	$D < 0$
$a > 0$일 때	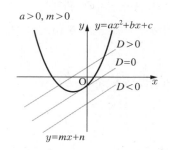		
교점의 개수	2	1	0

② 이차함수의 그래프와 직선의 위치 관계

   이차함수 $y = ax^2 + bx + c$ $(a \neq 0)$의 그래프와 직선 $y = mx + n$의 위치 관계는 두 식을 연립한 이차방정식 $ax^2 + (b-m)x + (c-n) = 0$의 판별식 D의 값의 부호에 따라 다음과 같다.

   ㉠ $D > 0$이면 서로 다른 두 점에서 만난다.

   ㉡ $D = 0$이면 한 점에서 만난다(접한다).

   ㉢ $D < 0$이면 만나지 않는다.

참고 적어도 한 점에서 만나려면 한 점 또는 서로 다른 두 점에서 만나야 하므로 $D \geq 0$이어야 한다.

③ 이차함수의 그래프와 계수의 부호 결정

   이차함수 $y = ax^2 + bx + c$의 그래프에서

   ㉠ 그래프의 모양이 아래로 볼록하면 $a > 0$, 위로 볼록하면 $a < 0$이다.

   ㉡ 대칭축이 축의 왼쪽에 있으면 a, b는 같은 부호이다 (즉, $ab > 0$).

   ㉢ 대칭축이 축의 오른쪽에 있으면 a, b는 서로 다른 부호이다(즉, $ab < 0$).

   ㉣ 축과 만나는 점의 위치가 x축의 위쪽이면 $c > 0$, x축의 아래쪽이면 $c < 0$이다.

[3] 이차함수의 최대·최소

① 이차함수의 최대·최소

   이차함수 $y = a(x-m)^2 + n$ (단, $a \neq 0$)에서

   ㉠ $a > 0$일 때 $x = m$에서 최솟값 $y = n$, 최댓값은 없다.

   ㉡ $a < 0$일 때 $x = m$에서 최댓값 $y = n$, 최솟값은 없다.

■ 이차함수의 최대 · 최소 그래프

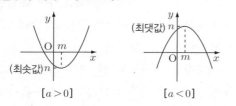

[$a > 0$]

(최댓값) n

[$a < 0$]

② 제한된 범위에서의 이차함수의 최대 · 최소

범위 $\alpha \le x \le \beta$에서 이차함수

$y = a(x - m)^2 + n \ (a \ne 0)$의 최대 · 최소는

㉠ $\alpha \le m \le \beta$일 때

• $a > 0$이면

최댓값: $f(\alpha)$, $f(\beta)$의 값 중 큰 값

최솟값: $n(x = m$일 때)

• $a < 0$이면

최댓값: $n(x = m$일 때)

최솟값: $f(\alpha)$, $f(\beta)$의 값 중 작은 값

㉡ $m < \alpha$ 또는 $m > \beta$일 때

$f(\alpha)$, $f(\beta)$의 값 중 큰 값이 최댓값이고 작은 값이

최솟값이 된다.

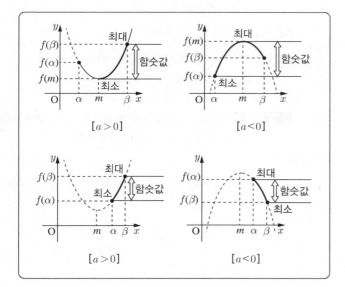

[$a > 0$]

[$a < 0$]

[$a > 0$]

[$a < 0$]

3 여러 가지 방정식

● 해결 Point

삼차 이상의 방정식과 다양한 문제 형태에서 다뤄지는 연립방정식을 학습하는 단원이다. 특히 일차방정식과 이차방정식의 연립방정식은 자주 출제되는 유형이므로 충분히 연습해 두어야 한다.

● 대표 문제 유형

❖ 삼차방정식 $x^3 - x^2 - 4x + 4 = 0$의 근이 <u>아닌</u> 것은?

❖ 연립방정식 $2x + 3y = 4$, $4x + ky = 0$의 해가 없을 때, 상수 k의 값은?

(1) 삼차방정식과 사차방정식

① $f(x)$가 x에 대한 삼차다항식, 사차다항식일 때, 방정식 $f(x) = 0$을 각각 x에 대한 삼차방정식, 사차방정식이라고 한다.

② 삼차방정식과 사차방정식의 풀이

㉠ 인수분해에 의한 방법

인수분해 공식 또는 인수정리, 조립제법을 써서 인수분해하여 푼 다음,

$AB = 0 \implies A = 0$ 또는 $B = 0$,

$ABC = 0 \implies A = 0$ 또는 $B = 0$ 또는 $C = 0$

의 식을 풀어서 해를 구한다.

예 삼차방정식 $(x + 3)(x - 1)(x - 2) = 0$의 근은

$x = -3$ 또는 $x = 1$ 또는 $x = 2$

㉡ 치환에 의한 방법

$ax^4 + bx^2 + c = 0 \ (a \ne 0)$의 사차방정식은

• $x^2 = X$로 치환하여 인수분해나 근의 공식을 이용한다.

• $x^2 = X$로 치환하였을 때 인수분해되지 않으면 주어진 방정식을 $A^2 - B^2 = 0$의 꼴로 변형한 다음, 인수분해하여 해를 구한다.

예 $x^4 - 16 = 0$에서 $x^2 = X$로 놓고 좌변을 인수분해하면

$X^2 - 16 = 0$, $(X - 4)(X + 4) = 0$

$X = 4$ 또는 $X = -4$

$x^2 = 4$ 또는 $x^2 = -4$

$\therefore x = \pm 2$ 또는 $x = \pm 2i$

③ 삼차방정식의 근과 계수의 관계

　㉠ 삼차방정식 $ax^3 + bx^2 + cx + d = 0$의 세 근을 α, β, γ라고 할 때

$$\alpha + \beta + \gamma = -\frac{b}{a}, \ \alpha\beta + \beta\gamma + \gamma\alpha = \frac{c}{a}, \ \alpha\beta\gamma = -\frac{d}{a}$$

　㉡ 세 수 α, β, γ를 근으로 하고, x^3의 계수가 1인 삼차방정식은

$$(x-\alpha)(x-\beta)(x-\gamma) = 0 \text{이므로}$$
$$x^3 - (\alpha+\beta+\gamma)x^2 + (\alpha\beta+\beta\gamma+\gamma\alpha)x - \alpha\beta\gamma = 0$$

④ 삼차방정식 $x^3 = 1$, $x^3 = -1$의 허근의 성질

　㉠ $x^3 = 1$의 한 허근을 ω라고 하면

　　• $\omega^3 = 1, \ \omega^2 + \omega + 1 = 0$

　　• $\omega + \overline{\omega} = -1, \ \omega\overline{\omega} = 1, \ \omega^2 = \overline{\omega} = \frac{1}{\omega}$

　　（단, $\overline{\omega}$는 ω의 켤레복소수）

　㉡ $x^3 = -1$의 한 허근을 ω라고 하면

　　• $\omega^3 = -1, \ \omega^2 - \omega + 1 = 0$

　　• $\omega + \overline{\omega} = 1, \ \omega\overline{\omega} = 1, \ \omega^2 = -\overline{\omega} = -\frac{1}{\omega}$

　　（단, $\overline{\omega}$는 ω의 켤레복소수）

⑤ 삼차방정식의 켤레근

　삼차방정식 $ax^3 + bx^2 + cx + d = 0$에서

　㉠ a, b, c, d가 유리수일 때, $p + q\sqrt{m}$이 근이면 $p - q\sqrt{m}$도 근이다(단, p, q는 유리수, $q \neq 0$, $\sqrt{m}$은 무리수).

　㉡ a, b, c, d가 실수일 때, $p + qi$가 근이면 $p - qi$도 근이다(단, p, q는 실수, $q \neq 0$, $i = \sqrt{-1}$).

(2) 연립방정식

① 미지수가 2개인 연립이차방정식

　미지수가 2개인 연립방정식에서 차수가 가장 높은 방정식이 이차방정식인 경우

　㉠ 일차방정식과 이차방정식의 꼴

　　일차방정식을 한 문자에 대하여 푼 다음, 이것을 이차방정식에 대입하여 미지수가 1개인 이차방정식으로 만들어 푼다.

　　예 연립방정식 $\begin{cases} x-y=1 & \cdots\cdots ㉠ \\ x^2+y^2=25 & \cdots\cdots ㉡ \end{cases}$을 풀면

　　㉠에서 $y = x - 1$이므로 ㉡에 대입하여 풀면

　　$x^2 - x - 12 = 0$ ∴ $x = -3$ 또는 $x = 4$

　　∴ $x = -3, \ y = -4$ 또는 $x = 4, \ y = 3$

　㉡ 이차방정식과 이차방정식의 꼴

　　두 개의 식에서 일차식을 유도하여 대입법으로 푼다.

　　• 인수분해되는 방정식을 찾아 두 개의 일차식으로 유도한다.

　　• 이차항을 소거하여 한 개의 일차식으로 유도한다.

　　• 상수항을 소거하여 이차의 동차식을 유도하면 인수분해된다.

　　예 연립방정식 $\begin{cases} x^2 - xy - 2y^2 = 0 & \cdots\cdots ㉠ \\ 2x^2 + y^2 = 36 & \cdots\cdots ㉡ \end{cases}$에서

　　㉠을 인수분해하면 $(x - 2y)(x + y) = 0$에서

　　$x = 2y$ 또는 $y = -x$

　　（ⅰ) $x = 2y$를 ㉡에 대입하여 풀면

　　　$8y^2 + y^2 = 36$ ∴ $x = \pm 4, \ y = \pm 2$

　　（ⅱ) $y = -x$를 ㉡에 대입하여 풀면

　　　$2x^2 + x^2 = 36$ ∴ $x = \pm 2\sqrt{3}, \ y = \mp 2\sqrt{3}$

　　（ⅰ), (ⅱ)에 의해 $x = 4, \ y = 2$ 또는 $x = -4, \ y = -2$ 또는 $x = 2\sqrt{3}, \ y = -2\sqrt{3}$ 또는 $x = -2\sqrt{3}, \ y = 2\sqrt{3}$

　㉢ x, y에 대하여 대칭꼴인 연립방정식

　　• $x + y = u$, $xy = v$일 때, 이차방정식의 근과 계수의 관계를 이용한다.

　　• x, y는 이차방정식 $t^2 - ut + v = 0$의 두 근임을 이용하여 해를 구한다.

　　예 연립방정식 $\begin{cases} x+y=3 \\ xy=-4 \end{cases}$에서

　　구하는 x, y의 값을 근으로 하는 이차방정식은

　　$t^2 - 3t - 4 = 0$이므로 $t = -1$ 또는 $t = 4$이다.

　　∴ $x = -1, \ y = 4$ 또는 $x = 4, \ y = -1$

　　참고 위 예와 같이 x, y를 서로 바꾸어 대입해도 변하지 않는 식을 x, y에 대한 대칭식이라 한다.

② 공통근

　$f(x) = 0$과 $g(x) = 0$을 동시에 만족하는 근을 공통근이라 한다.

　$f(x) = (x - \alpha)(x - \beta) = 0 \Rightarrow x = \alpha$ 또는 $x = \beta$

　$g(x) = (x - \alpha)(x - \gamma) = 0 \Rightarrow x = \alpha$ 또는 $x = \gamma$

　즉, $x = \alpha$가 공통근이다.

③ 연립이차방정식의 활용

　연립이차방정식의 활용문제는 다음과 같은 순서로 푼다.

　❶ 문제의 의미를 파악하여 구하는 것을 미지수로 놓는다.

　❷ 주어진 조건을 이용하여 연립방정식을 푼다.

　❸ 연립방정식을 풀어서 문제의 뜻에 맞게 답을 구한다.

4 여러 가지 부등식

여러 가지 부등식 영역에서는 일차부등식 또는 이차부등식 1문제 정도가 매회 출제되며, 절댓값의 범위, 이차함수 그래프의 위치관계 등을 통해 알맞은 범위를 찾아내야 한다. 주어진 부등식을 그래프로 나타내어 문제를 해결하는 연습이 중요하다.

❖ 부등식 $|x-3| \leq 1$을 만족하는 정수 x의 개수는?
❖ 이차부등식 $(x-1)(x-2) \leq 0$의 해는?

(1) 일차부등식

① 부등식의 성질

㉠ 부등식: 부등호 $>$, $<$, $\geq$, $\leq$ 를 사용하여 수나 식의 값의 대소 관계를 나타낸 식, 부등식에 포함된 모든 문자는 실수를 나타낸다.

  참고 허수에 대해서는 대소 관계를 생각할 수 없다.

  • 조건부등식: 어떤 특정한 범위의 x의 값에 대해서만 성립하는 부등식

    예 $3x-4>0$, $x^2-4x+1 \leq 0$

  • 절대부등식: 모든 x의 값에 대하여 항상 성립하는 부등식

    예 $2x^2 \geq 0$, $x+2>x$

㉡ 부등식의 기본 성질

  임의의 실수 a, b, c에 대하여

  • $a>b$, $b>c$이면 $a>c$

  • $a>b$이면 $a+c>b+c$, $a-c>b-c$

  • $a>b$, $c>0$이면 $ac>bc$, $\dfrac{a}{c}>\dfrac{b}{c}$

  • $a>b$, $c<0$이면 $ac<bc$, $\dfrac{a}{c}<\dfrac{b}{c}$

② 일차부등식의 풀이

㉠ $ax>b$의 풀이

  • $a>0$일 때 $x>\dfrac{b}{a}$, $a<0$일 때 $x<\dfrac{b}{a}$

  • $a=0$, $b \geq 0$일 때 해는 없다.

  • $a=0$, $b<0$일 때 해는 모든 실수이다.

  예 $2x>5$이면 $x>\dfrac{5}{2}$, $-2x>5$이면 $x<-\dfrac{5}{2}$

    $0 \times x>3$이면 해는 없다.

    $0 \times x>-2$이면 해는 모든 실수이다.

㉡ $px+q>mx+n$의 풀이

  $ax>b$의 꼴로 변형하여 푼다.

  예 $4x+1>2x-3$을 풀면

    $4x+1-1>2x-3-1$, $4x>2x-4$

    $4x-2x>2x-4-2x$, $2x>-4$,

    $\dfrac{2x}{2}>\dfrac{-4}{2}$ $\therefore$ $x>-2$

③ 절댓값 기호를 포함한 일차부등식

  $0<a<b$일 때

  ㉠ $|x|<a$의 해는 $-a<x<a$

  ㉡ $|x|>a$의 해는 $x<-a$ 또는 $x>a$

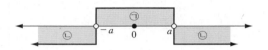

  ㉢ $a<|x|<b$의 해는

    $a<x<b$ 또는 $-b<x<-a$

  참고 $|x-a|=\begin{cases} x-a & (x \geq a) \\ -(x-a) & (x<a) \end{cases}$ 임을 이용한다.

  절댓값 기호가 여러 개 포함된 부등식을 풀 때는 절댓값 기호 안을 0이 되게 하는 x의 값을 기준으로 범위를 나누어 푼다.

(2) 이차부등식

① 이차부등식

㉠ 이차부등식: 부등식에서 모든 항을 좌변으로 이항하여 정리하였을 때 좌변이 변수 x에 관한 이차식이 되는 부등식

㉡ 이차부등식의 풀이

  • 좌변을 인수분해한다.

  • 각 인수의 부호를 조사한다.

  이차부등식의 좌변이 AB로 인수분해되었을 때

  • $AB>0 \Rightarrow A>0$이고 $B>0$, 또는 $A<0$이고 $B<0$

  • $AB<0 \Rightarrow A>0$이고 $B<0$, 또는 $A<0$이고 $B>0$

② 이차부등식의 해

  이차방정식 $ax^2+bx+c=0 \ (a>0)$의 두 근을 α, β $(\alpha<\beta)$, 판별식을 D라고 할 때

  ㉠ 서로 다른 두 실근을 가질 때($D>0$일 때)

    • $ax^2+bx+c>0$의 해는

      $x<\alpha$ 또는 $x>\beta$

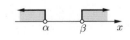

- $ax^2 + bx + c < 0$의 해는
  $\alpha < x < \beta$

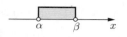

- $ax^2 + bx + c \geq 0$의 해는
  $x \leq \alpha$ 또는 $x \geq \beta$

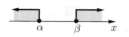

- $ax^2 + bx + c \leq 0$의 해는
  $\alpha \leq x \leq \beta$

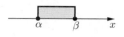

참고 $a > 0$이면 $ax^2 + bx + c$의 부호는
$(x-\alpha)(x-\beta)$의 부호와 같아진다.
따라서 x의 값의 변화에 따른 $(x-\alpha)(x-\beta)$의 부호는
다음과 같다.

x	$x < \alpha$	$x = \alpha$	$\alpha < x < \beta$	$x = \beta$	$\beta < x$
$x - \alpha$	$-$	0	$+$	$+$	$+$
$x - \beta$	$-$	$-$	$-$	0	$+$
$(x-\alpha) \times (x-\beta)$	$+$	0	$-$	0	$+$

예 이차부등식 $2x^2 - 5x - 3 > 0$을 풀면
이차방정식 $2x^2 - 5x - 3 = 0$의 두 근은
$x = -\dfrac{1}{2}$ 또는 $x = 3$
$\therefore x < -\dfrac{1}{2}$ 또는 $x > 3$

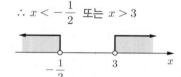

ⓛ 중근 $x = \alpha$를 가질 때($D = 0$일 때)
- $ax^2 + bx + c > 0$의 해는 $x \neq \alpha$인 모든 실수
- $ax^2 + bx + c < 0$의 해는 없다.
- $ax^2 + bx + c \geq 0$의 해는 모든 실수
- $ax^2 + bx + c \leq 0$의 해는 $x = \alpha$

예 이차부등식 $x^2 - 6x + 9 > 0$을 풀면
$x^2 - 6x + 9 = (x-3)^2 > 0$
$\therefore x \neq 3$인 모든 실수

ⓒ 허근을 가질 때($D < 0$일 때)
- $ax^2 + bx + c > 0$의 해는 모든 실수
- $ax^2 + bx + c < 0$의 해는 없다.
- $ax^2 + bx + c \geq 0$의 해는 모든 실수
- $ax^2 + bx + c \leq 0$의 해는 없다.

예 이차부등식 $x^2 - 2x + 7 > 0$을 풀면
$x^2 - 2x + 7 = 0$의 판별식을 D라 하면
$D = (-2)^2 - 4 \times 1 \times 7 = -24$
(x^2의 계수)> 0이고 $D < 0$이므로 해는 모든 실수이다.

③ 이차부등식이 항상 성립할 조건
이차방정식 $ax^2 + bx + c = 0$에서 $D = b^2 - 4ac$라 할 때
ⓛ $ax^2 + bx + c > 0$이 성립하려면 $a > 0$, $D < 0$
$ax^2 + bx + c \geq 0$이 성립하려면 $a > 0$, $D \leq 0$
ⓒ $ax^2 + bx + c < 0$이 성립하려면 $a < 0$, $D < 0$
$ax^2 + bx + c \leq 0$이 성립하려면 $a < 0$, $D \leq 0$

④ 이차부등식의 작성
ⓛ 해가 $\alpha < x < \beta$이고 x^2의 계수가 1인 이차부등식은
$(x-\alpha)(x-\beta) < 0$, 즉 $x^2 - (\alpha+\beta)x + \alpha\beta < 0$
ⓒ 해가 $x < \alpha$ 또는 $x > \beta$이고 x^2의 계수가 1인 이차부등식은
$(x-\alpha)(x-\beta) > 0$, 즉 $x^2 - (\alpha+\beta)x + \alpha\beta > 0$

(3) 연립이차부등식

① 연립이차부등식
ⓛ 연립부등식: 두 개 이상의 부등식을 하나로 묶는 것
ⓒ 연립이차부등식: 연립부등식에서 차수가 가장 높은 부등식이 이차부등식인 경우

② 연립이차부등식의 풀이
❶ 주어진 각 부등식의 해를 구한다.
❷ ❶에서 구한 각 부등식의 해를 수직선 위에 나타내어 공통 범위를 구한다.

예 연립이차부등식 $\begin{cases} x - 2 \geq 0 & \cdots\cdots ① \\ x^2 - 3x - 4 < 0 & \cdots\cdots ② \end{cases}$ 를 풀면

①에서 $x \geq 2$ $\cdots\cdots$ ③
②에서 $(x+1)(x-4) < 0$
$-1 < x < 4$ $\cdots\cdots$ ④
③, ④를 동시에 만족하는 범위는 $2 \leq x < 4$

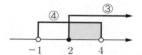

(4) 이차방정식의 실근의 부호

계수가 실수인 이차방정식 $ax^2 + bx + c = 0$ ($a \neq 0$)의 두 실근을 α, β라고 할 때

① 두 근이 모두 양수 $\Rightarrow D \geq 0$, $\alpha + \beta > 0$, $\alpha\beta > 0$
② 두 근이 모두 음수 $\Rightarrow D \geq 0$, $\alpha + \beta < 0$, $\alpha\beta > 0$
③ 두 근이 서로 다른 부호 $\Rightarrow \alpha\beta < 0$

출제 예상 문제

01 $(2+3i)+(3-2i)$를 $a+bi$의 꼴로 나타낼 때, $a+b$의 값은?(단, a, b는 실수, $i=\sqrt{-1}$ 이다)

① 2   ② 4

③ 6   ④ 8

02 $(2+i)(2-i)$를 계산하면?(단, $i=\sqrt{-1}$)

① 3   ② 4

③ 5   ④ $4i$

03 $x=1-2i$일 때, x^2-2x+5의 값은?
(단, $i=\sqrt{-1}$)

① 0   ② 1

③ 2   ④ 3

04 $i+\dfrac{1}{i}$을 간단히 하면?(단, $i=\sqrt{-1}$)

① 0   ② 1

③ i ④ $2i$

05 복소수 $a=1+i$, $b=1-i$에 대하여, $a+ab-b$의 값은?(단, $i=\sqrt{-1}$)

① $2+2i$ ② $2-2i$

③ $2i$ ④ 2

06 등식 $2x-y+(y-x)i=1-2i$를 만족하는 $x+y$의 값은?(단, x, y는 실수, $i=\sqrt{-1}$ 이다)

① -4 ② -2

③ 0   ④ 2

07 복소수 $\dfrac{1+i}{3-2i}=a+bi$일 때, $a+b$의 값은?(단, a, b는 실수이다)

① $\dfrac{5}{13}$ ② $\dfrac{6}{13}$

③ $\dfrac{5}{6}$ ④ $\dfrac{7}{6}$

08 복소수 $\dfrac{1}{1-i}$ 의 켤레복소수는?

① $\dfrac{1-i}{2}$ ② $\dfrac{1+i}{2}$

③ $1-i$ ④ $1+i$

09 $\alpha = 1+2i$, $\beta = 2+i$일 때, $(\alpha+\beta)(\overline{\alpha}+\overline{\beta})$의 값은?(단, $i = \sqrt{-1}$)

① -6 ② 2

③ 10 ④ 18

10 이차방정식 $(x+2)^2 - 3(x+2) - 4 = 0$의 근은?

① $x=2$ 또는 $x=3$

② $x=-2$ 또는 $x=3$

③ $x=2$ 또는 $x=-3$

④ $x=-2$ 또는 $x=-3$

11 이차방정식 $x^2 + 3x + a = 0$의 한 근이 -1일 때, 상수 a의 값은?

① 1 ② 2

③ 3 ④ 4

12 이차방정식 $x^2 + 4x + 5 = 0$의 근을 구하기 위하여 $(x+2)^2 = k$의 꼴로 변형하였을 때, 상수 k의 값은?

① -2 ② -1

③ 1 ④ 2

13 이차방정식 $x^2 - 2x + a = 0$이 서로 다른 두 실근을 가질 때, 실수 a의 값의 범위는?

① $a < 1$ ② $a > 1$

③ $a < 2$ ④ $a > -1$

14 이차방정식 $x^2 - 2x + k = 0$이 중근을 가질 때, 상수 k의 값은?

① -2 ② -1

③ 1 ④ 2

15 이차방정식 $x^2 + 4x + a = 0$이 서로 다른 두 허근을 가질 때, 실수 a의 값의 범위는?

① $a < 2$ ② $a > 2$

③ $a < 4$ ④ $a > 4$

16 두 수 -1, 2를 근으로 하는 이차방정식은?

① $x^2 + x - 2 = 0$

② $x^2 - x - 2 = 0$

③ $x^2 + 3x + 2 = 0$

④ $x^2 - 3x + 2 = 0$

17 x에 관한 이차방정식 $x^2 - 4x - 3 = 0$의 두 근을 α, β라 할 때, $\alpha^2 + \beta^2$의 값은?

① 18 ② 20

③ 22 ④ 24

18 이차방정식 $x^2 + x + 2k - 1 = 0$의 한 근은 양수, 다른 한 근은 음수일 때, 실수 k의 값의 범위는?

① $k < 1$ ② $k > 1$

③ $k < \dfrac{1}{2}$ ④ $k > \dfrac{1}{2}$

19 이차방정식 $x^2 + mx + n = 0$의 한 근이 $1 + i$일 때 $m + n$의 값은?(단, m, n은 실수이고 $i = \sqrt{-1}$ 이다)

① -2 ② 0

③ 2 ④ 4

20 꼭짓점의 좌표가 $(3, 2)$이고 점 $(4, 3)$을 지나는 이차함수의 식은?

① $y = -x^2 - 6x + 11$

② $y = x^2 - 6x + 11$

③ $y = -x^2 + 6x + 11$

④ $y = x^2 + 6x + 11$

21 이차함수 $y = -x^2 + 4x + 4$의 그래프의 꼭짓점이 존재하는 사분면은?

① 제1사분면   ② 제2사분면

③ 제3사분면   ④ 제4사분면

22 이차함수 $y = ax^2 + bx + c$의 그래프가 그림과 같을 때, 옳지 <u>않은</u> 것은?(단, a, b, c는 실수이다)

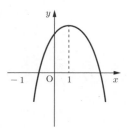

① $a < 0$
② $b > 0$
③ $c > 0$
④ $a + b + c < 0$

23 그림은 이차함수 $y = x^2 + bx + c$의 그래프이다. 이때 $b + c$의 값은?(단, b, c는 실수이다)

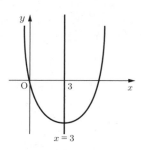

① -3
② 3
③ -6
④ 6

24 이차함수 $y = x^2 + 2kx + k$의 그래프가 x축과 접할 때, 상수 k의 값은?

① $k = 1$ 또는 $k = 2$
② $k = 0$ 또는 $k = 3$
③ $k = 0$ 또는 $k = 1$
④ $k = 1$ 또는 $k = 3$

25 이차함수 $y = x^2 - px + 1$의 그래프가 x축과 만나지 않도록 하는 상수 p의 값의 범위는?

① $-1 < p < 1$
② $-\dfrac{1}{2} < p < \dfrac{1}{2}$
③ $-2 < p < 2$
④ $-\dfrac{1}{3} < p < \dfrac{1}{3}$

26 이차함수 $y = x^2 + kx + 1$의 그래프가 x축과 서로 다른 두 점에서 만나도록 하는 상수 k의 값의 범위는?

① $k < 1$
② $-2 < k < 2$
③ $k > 1$
④ $k < -2$ 또는 $k > 2$

27 $0 \le x \le 3$인 범위에서 이차함수 $y = x^2 - 2x - 1$의 최댓값과 최솟값의 합은?

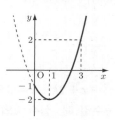

① 3
② 2
③ 1
④ 0

28 이차함수 $y = x^2 - 4x + 1$ (단, $-1 \leq x \leq 3$)일 때, 최댓값과 최솟값의 합은?

① 1   ② 2

③ 3   ④ 4

29 모든 실수 x에 대하여 $x^2 - 2x + k \geq 0$이 성립할 때, 상수 k의 값의 범위는?

① $k \leq 1$ ② $k \geq 1$

③ $k \leq -2$ ④ $k \geq -2$

30 이차함수 $y = x^2$의 그래프가 직선 $y = -x + k$보다 항상 위쪽에 존재할 때, 상수 k의 값의 범위는?

① $k < -\dfrac{1}{4}$ ② $k < \dfrac{1}{4}$

③ $k > -\dfrac{1}{4}$ ④ $k > \dfrac{1}{4}$

31 담장에 길이가 16 m인 철망을 그림과 같이 'ㄷ'자 모양으로 둘러쳐서 직사각형 모양의 화단을 만들려고 한다. 화단의 넓이를 $y\ \text{m}^2$라고 할 때, y의 최댓값은?

① 16   ② 24

③ 32   ④ 48

32 삼차방정식 $x^3 - x^2 - 4x + 4 = 0$의 근이 <u>아닌</u> 것은?

① -2 ② -1

③ 1   ④ 2

33 방정식 $(x^2 + x)^2 - 2(x^2 + x) = 0$의 근을 구할 때 가장 큰 근을 α, 가장 작은 근을 β라 한다. 이때 $\alpha + \beta$의 값은?

① -1 ② 0

③ 1   ④ 2

34 삼차방정식 $x^3 = 1$의 한 허근을 w라고 할 때, $1 + w + w^2 + \cdots + w^8$의 값은?

① -1 ② 0

③ 1   ④ 2

35 삼차방정식 $x^3 - 7x + 6 = 0$의 세 근을 α, β, γ라 할 때, $\alpha + \beta + \gamma$의 값은?

① -3 ② 0

③ 1   ④ 2

36 a, b가 유리수이고 x에 관한 삼차방정식 $x^3 + ax - b = 0$의 한 근이 $1 + \sqrt{2}$일 때, $a+b$의 값은?

① -1 ② -2

③ -3 ④ -4

37 연립방정식 $\begin{cases} x+y=1 \\ y+z=2 \\ z+x=3 \end{cases}$ 을 풀었을 때, xyz의 값은?

① 0 ② 1

③ 2 ④ 3

38 연립방정식 $\begin{cases} 2x+3y=4 \\ 4x+ky=7 \end{cases}$ 의 해가 없을 때, 상수 k의 값은?

① 4 ② 5

③ 6 ④ 7

39 연립방정식 $kx+y=1$, $x+ky=1$의 해가 무수히 많거나 해가 없도록 하는 실수 k의 값을 차례로 구하면?

① -1, 1 ② 2, -2

③ -2, 2 ④ 1, -1

40 이차부등식 $x^2 - 3x + 2 \leq 0$의 해는?

① $-3 \leq x \leq -2$ ② $-2 \leq x \leq 1$

③ $1 \leq x \leq 2$ ④ $2 \leq x \leq 3$

41 일차부등식 $|2x-3| > 1$을 풀면?

① $x < 1$ ② $1 < x < 2$

③ $x > 2$ ④ $x < 1$ 또는 $x > 2$

42 이차부등식 $(x+6)(x-2) \leq 0$의 해를 수직선 위에 바르게 나타낸 것은?

①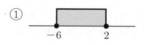

②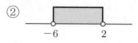

③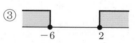

④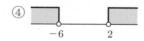

43 이차부등식 $-x^2 + 2x + 3 > 0$의 해를 수직선 위에 바르게 나타낸 것은?

①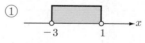

②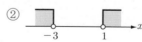

③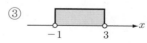

④

44 부등식 $1-x < x+3 \leq -3x+11$의 해는?

① $1 \leq x \leq 2$ ② $-1 \leq x \leq 2$

③ $1 \leq x < 2$ ④ $-1 < x \leq 2$

45 두 부등식 $x^2 + 2x - 35 > 0$, $|x-2| < 10$ 의 공통인 해는?

① $-8 < x < -7$ 또는 $5 < x < 12$

② $-8 < x < -5$ 또는 $7 < x < 12$

③ $-12 < x < -5$ 또는 $5 < x < 7$

④ x는 모든 실수

46 x에 관한 이차부등식 $2x^2 + ax + b < 0$의 해가 $\dfrac{1}{2} < x < 3$이 될 때, 상수 a, b의 값은?

① $a=9$, $b=-4$ ② $a=-7$, $b=3$

③ $a=5$, $b=-6$ ④ $a=-5$, $b=6$

47 연립부등식 $\begin{cases} 3x+3 \geq 2x-1 \\ 2x < 1-x \end{cases}$ 의 해는?

① $-1 \leq x < 1$

② $-2 \leq x < \dfrac{1}{2}$

③ $-2 \leq x < \dfrac{1}{3}$

④ $-4 \leq x < \dfrac{1}{3}$

48 다음 연립부등식을 풀면?

$$\begin{cases} x^2 - 6x - 7 \leq 0 \\ x^2 - 8x + 15 > 0 \end{cases}$$

① $-1 \leq x < 3$ 또는 $5 < x \leq 7$

② $3 < x < 5$

③ $x \leq -1$ 또는 $x \geq 7$

④ $x < 3$ 또는 $x > 5$

49 이차부등식 $x^2 + 6x + 1 > 3k$가 항상 성립할 때, 실수 k의 값의 범위는?

① $k < -\dfrac{8}{3}$ ② $k < \dfrac{3}{8}$

③ $k > -\dfrac{8}{3}$ ④ $k > \dfrac{3}{8}$

3 도형의 방정식

핵심 키워드 두 점 사이의 거리, 내분점, 외분점, 무게중심, 직선의 방정식, 원의 방정식, 원의 접선의 방정식, 평행이동, 대칭이동

1 평면좌표

● **해결 Point**

평면좌표 영역에서는 두 점 사이의 거리 또는 두 점의 중점의 좌표 1문제 정도가 매회 출제되므로, 두 점 사이의 거리와 내분점 · 외분점의 좌표와 삼각형의 무게중심을 구하는 연습이 필요하다.

● **대표 문제 유형**

❖ 좌표평면 위의 두 점 A, B 사이의 거리는?

❖ 좌표평면 위의 두 점 A, B에 대하여 선분 AB의 중점의 좌표는?

(1) 두 점 사이의 거리

① 수직선 위의 두 점 사이의 거리

두 점 $A(x_1)$, $B(x_2)$ 사이의 거리는

$$\overline{AB} = |x_2 - x_1| = |x_1 - x_2| = \overline{BA}$$

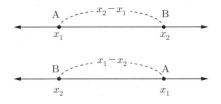

② 좌표평면 위의 두 점 사이의 거리

두 점 $A(x_1,\ y_1)$, $B(x_2,\ y_2)$ 사이의 거리는

$$\overline{AB} = \sqrt{(x_2 - x_1)^2 + (y_2 - y_1)^2}$$

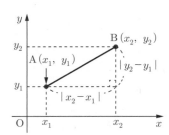

예 좌표평면 위의 두 점 $A(1,\ 3)$, $B(4,\ 6)$ 사이의 거리는

$$\overline{AB} = \sqrt{(4-1)^2 + (6-3)^2}$$ 이다.

■ **원점과의 거리**
- 수직선 위의 원점 $O(0)$와 점 $A(x_1)$ 사이의 거리는
  $$\overline{OA} = |x_1|$$
- 좌표평면 위의 원점 $O(0,\ 0)$와 점 $A(x_1,\ y_1)$ 사이의 거리는 $\overline{OA} = \sqrt{x_1^2 + y_1^2}$

③ 같은 거리에 있는 점의 좌표

두 점 A, B로부터 같은 거리에 있는 점을 P라고 하면

$$\overline{AP} = \overline{BP}, \ \ \text{즉} \ \ \overline{AP}^2 = \overline{BP}^2$$

④ 두 점 사이의 거리를 이용한 삼각형의 모양

△ABC에서 $\overline{AB}^2$, $\overline{BC}^2$, $\overline{CA}^2$의 값을 구하면 △ABC가 어떤 삼각형인지 알 수 있다.

㉠ $\overline{AB}^2 = \overline{BC}^2$이면 $\overline{AB} = \overline{BC}$인 이등변삼각형

㉡ $\overline{AB}^2 = \overline{BC}^2 = \overline{CA}^2$이면 정삼각형

㉢ $\overline{AB}^2 = \overline{BC}^2 + \overline{CA}^2$이면 $\angle C = 90°$인 직각삼각형

⑤ 중선 정리(파푸스의 정리)

△ABC의 변 BC의 중점을 M이라고 할 때

$$\overline{AB}^2 + \overline{AC}^2 = 2(\overline{AM}^2 + \overline{BM}^2)$$

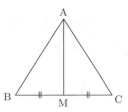

증명

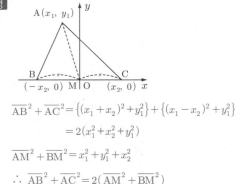

$$\overline{AB}^2 + \overline{AC}^2 = \{(x_1 + x_2)^2 + y_1^2\} + \{(x_1 - x_2)^2 + y_1^2\}$$
$$= 2(x_1^2 + x_2^2 + y_1^2)$$

$$\overline{AM}^2 + \overline{BM}^2 = x_1^2 + y_1^2 + x_2^2$$

$$\therefore \ \overline{AB}^2 + \overline{AC}^2 = 2(\overline{AM}^2 + \overline{BM}^2)$$

(2) 선분의 내분점과 외분점

① 수직선 위의 선분의 내분점과 외분점

수직선 위의 두 점 $A(x_1)$, $B(x_2)$에 대하여

㉠ 선분 AB를 $m : n \ (m > 0, \ n > 0)$으로 내분하는

점 P의 좌표는 $P\left(\dfrac{mx_2 + nx_1}{m + n}\right)$

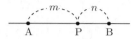

※ 특히, $m = n$일 때 점 P는 $\overline{AB}$의 중점이 된다.

$\Rightarrow P\left(\dfrac{x_1 + x_2}{2}\right)$

㉡ 선분 AB를 $m : n \ (m > 0, \ n > 0, \ m \neq n)$으로 외

분하는 점 Q의 좌표는 $Q\left(\dfrac{mx_2 - nx_1}{m - n}\right)$

($m > n$인 경우)

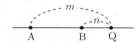

($m < n$인 경우)

※ $\overline{AB}$를 $m : n = 1 : 1$로 외분하는 점은 없다.

② 좌표평면 위의 내분점과 외분점

좌표평면 위의 두 점 $A(x_1, \ y_1)$, $B(x_2, \ y_2)$에 대하여

㉠ 선분 AB를 $m : n \ (m > 0, \ n > 0)$으로 내분하는 점

P의 좌표는

$P\left(\dfrac{mx_2 + nx_1}{m + n}, \ \dfrac{my_2 + ny_1}{m + n}\right)$

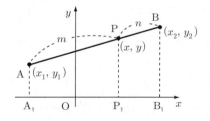

㉡ 선분 AB를 $m : n \ (m > 0, \ n > 0, \ m \neq n)$으로 외

분하는 점 Q의 좌표는

$Q\left(\dfrac{mx_2 - nx_1}{m - n}, \ \dfrac{my_2 - ny_1}{m - n}\right)$

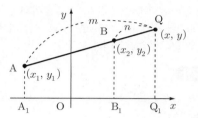

㉢ 점 P가 선분 AB의 중점이면 점 P의 좌표는

$P\left(\dfrac{x_1 + x_2}{2}, \ \dfrac{y_1 + y_2}{2}\right)$

③ 삼각형의 무게중심

세 점 $A(x_1, \ y_1)$, $B(x_2, \ y_2)$, $C(x_3, \ y_3)$을 꼭짓점으로

하는 $\triangle ABC$의 무게중심 G의 좌표는

$G\left(\dfrac{x_1 + x_2 + x_3}{3}, \ \dfrac{y_1 + y_2 + y_3}{3}\right)$

> 삼각형의 무게중심은 세 중선을 각 꼭짓점으로부터 $2 : 1$로 내
> 분한다.

2 직선의 방정식

● 해결 Point ●

직선의 방정식 영역에서는 1문제가 매회 출제되어, 두 직선의 평행과 수직 조건을 이해해야 하며 점과 직선 사이의 거리를 반드시 구할 수 있도록 연습해 두어야 한다.

● 대표 문제 유형 ●

❖ 직선 $y = ax + b$에 평행하고, 점 (c, d)를 지나는 직선의 방정식은?

❖ 직선 $y = ax + b$에 수직이고, 점 (c, d)를 지나는 직선의 방정식은?

(1) 직선의 방정식

① x, y에 대한 일차방정식 $ax + by + c = 0$의 그래프는 직선이다.

 예 일차방정식 $x + 2y - 4 = 0$을 변형하면

 $y = -\dfrac{1}{2}x + 2$이므로 이것은 기울기가 $-\dfrac{1}{2}$, y절편이 2인 직선을 나타낸다.

② 여러 가지 직선의 방정식

 ㉠ 점 (x_1, y_1)을 지나고 기울기가 m인 직선의 방정식

 $y - y_1 = m(x - x_1)$

  예 기울기가 2이고 점 $(3, -2)$를 지나는 직선의 방정식은 $y + 2 = 2(x - 3)$이다.

 ㉡ 기울기가 m, y절편이 b인 직선의 방정식

 $y = mx + b$

 ㉢ x절편이 a, y절편이 b인 직선의 방정식

 $\dfrac{x}{a} + \dfrac{y}{b} = 1$ $(a \neq 0, \ b \neq 0)$

 ㉣ 두 점 (x_1, y_1), (x_2, y_2)를 지나는 직선의 방정식

 $\begin{cases} x_1 \neq x_2 일 때, \ y - y_1 = \dfrac{y_2 - y_1}{x_2 - x_1}(x - x_1) \\ x_1 = x_2 일 때, \ x = x_1 \end{cases}$

  예 두 점 $(1, 1)$, $(3, 5)$를 지나는 직선의 방정식은 $y - 1 = \dfrac{5 - 1}{3 - 1}(x - 1)$이므로 $y = 2x - 1$이다.

 ㉤ 점 (x_1, y_1)을 지나고

 x축에 평행한 직선의 방정식 ⇨ $y = y_1$

 y축에 평행한 직선의 방정식 ⇨ $x = x_1$

 • x축에 평행한 직선은 y축에 수직이고 기울기는 0이다.

 • 직선이 x축의 양의 방향과 이루는 각의 크기가 θ일 때 기울기 $m = \tan\theta$가 된다.

③ 세 점이 한 직선 위에 있을 조건

세 점 $A(x_1, y_1)$, $B(x_2, y_2)$, $C(x_3, y_3)$가 한 직선 위에 있다.

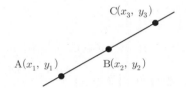

⇨ (직선 AB의 기울기) = (직선 BC의 기울기)
 = (직선 CA의 기울기)

⇨ $\dfrac{y_2 - y_1}{x_2 - x_1} = \dfrac{y_3 - y_2}{x_3 - x_2} = \dfrac{y_1 - y_3}{x_1 - x_3}$

④ 도형의 넓이를 이등분하는 직선의 방정식

 ㉠ 직사각형의 넓이를 이등분하는 직선은 두 대각선의 교점을 지난다.

 ㉡ 두 직사각형의 넓이를 동시에 이등분하는 직선은 각 직사각형의 두 대각선의 교점을 동시에 지난다.

 ㉢ △ABC에서 꼭짓점 A를 지나고 그 넓이를 이등분하는 직선은 대변인 $\overline{BC}$의 중점을 지난다.

(2) 두 직선의 위치 관계

① 두 직선 $\begin{cases} y = mx + n \ 또는 \ ax + by + c = 0 \\ y = m'x + n' \ 또는 \ a'x + b'y + c' = 0 \end{cases}$ 에 대하여

 ㉠ 한 점에서 만날 때: $m \neq m'$, $\dfrac{a}{a'} \neq \dfrac{b}{b'}$

 ㉡ 일치할 때: $m = m'$, $n = n'$, $\dfrac{a}{a'} = \dfrac{b}{b'} = \dfrac{c}{c'}$

 ㉢ 평행할 때(즉, 만나지 않을 때):

 $m = m'$, $n \neq n'$, $\dfrac{a}{a'} = \dfrac{b}{b'} \neq \dfrac{c}{c'}$

 ㉣ 수직일 때: $mm' = -1$, $aa' + bb' = 0$

  예 • 두 직선 $y = 2x + 1$과 $y = 2x - 3$은 서로 평행하다.

 • 두 직선 $x - 3y + 4 = 0$, $3x + y - 5 = 0$에서

 $1 \times 3 + (-3) \times 1 = 0$이므로 두 직선은 서로 수직이다.

• 한 점에서 만날 때　　• 일치할 때

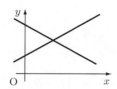

• 평행할 때　　• 수직일 때

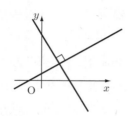

[두 직선의 위치 관계 그래프]

② 점 $(x_1,\ y_1)$을 지나고 직선 $y=mx+n$에 평행한 직선의 방정식은 $y-y_1=m(x-x_1)$이다.

③ 점 $(x_1,\ y_1)$을 지나고 직선 $y=mx+n$에 수직인 직선의 방정식은 $y-y_1=-\dfrac{1}{m}(x-x_1)$ (단, $m\neq 0$)이다.

> • 두 직선이 서로 평행하면 기울기가 같고 y절편은 다르다.
> • 두 직선이 서로 수직이면 두 직선의 기울기의 곱이 -1이다.

(3) 두 직선의 교점을 지나는 직선의 방정식

한 점에서 만나는 두 직선 $ax+by+c=0$, $a'x+b'y+c'=0$의 교점을 지나는 직선의 방정식은
$ax+by+c+k(a'x+b'y+c')=0$ (단, k는 실수)

(4) 점과 직선 사이의 거리

① 점 $(x_1,\ y_1)$에서 직선 $ax+by+c=0$까지의 거리 d는
$$d=\frac{|ax_1+by_1+c|}{\sqrt{a^2+b^2}}$$

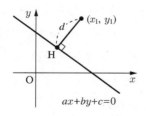

② 원점 $O(0,\ 0)$에서 직선 $ax+by+c=0$까지의 거리 d는
$$d=\frac{|c|}{\sqrt{a^2+b^2}}$$

예 원점 O에서 직선 $2x+y+5=0$까지의 거리는
$$\frac{|5|}{\sqrt{2^2+1^2}}=\sqrt{5}\ \text{이다.}$$

③ 삼각형의 넓이

세 점 $O(0,\ 0)$
$P(x_1,\ y_1)$, $Q(x_2,\ y_2)$
를 꼭짓점으로 하는
$\triangle OPQ$의 넓이 S는
$$S=\frac{1}{2}\overline{OQ}\times\overline{PH}$$

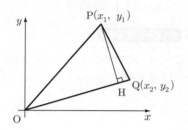

> 선분 OQ의 길이와 직선 OQ의 방정식을 각각 구한 후, 점 P와 직선 OQ 사이의 거리 $\overline{PH}$를 구한다.

(5) 평행한 두 직선 사이의 거리

평행한 두 직선 l, m 사이의 거리는 한 직선 l 위의 임의의 한 점 P와 직선 m 사이의 거리와 같다.

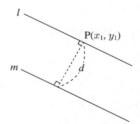

평행한 두 직선 $ax+by+c=0$, $a'x+b'y+c'=0$ 사이의 거리 d는
$$d=\frac{|c-c'|}{a^2+b^2}$$

3 원의 방정식

● **해결 Point** ● • • • • • • • •

원의 방정식 영역에서는 1문제가 매회 출제되며, 원의 정의, 원의 중심, 반지름의 길이, 현, 접선 등 원의 성질에 대하여 정확하게 이해하여 원의 방정식을 나타낼 수 있어야 한다. 원과 직선의 위치 관계에 따라 원의 방정식을 구하는 연습해 두어야 한다.

● **대표 문제 유형** ● • • • • • • • •

❖ 두 점 $(a,\ b)$, $(c,\ d)$를 지름의 양 끝으로 하는 원의 방정식은?
❖ 중심의 좌표가 $(a,\ b)$이고, 반지름의 길이가 1인 원의 방정식은?

(1) 원의 방정식

① 원의 정의: 한 평면 위에서 한 정점 C에서의 거리가 일정한 점들의 집합(C: 중심, 일정한 거리 r: 반지름)

> 원의 중심의 좌표와 반지름의 길이가 주어지면 원의 방정식을 구할 수 있고 원의 방정식이 주어지면 원의 중심의 좌표와 반지름의 길이를 구할 수 있다.

② 표준형

중심이 $(a,\ b)$이고 반지름의 길이가 r인 원의 방정식

$(x-a)^2 + (y-b)^2 = r^2$

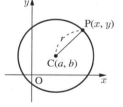

※ 중심이 O$(0,\ 0)$이면 $x^2 + y^2 = r^2$

예 원점을 지나고 반지름의 길이가 5인 원의 방정식은 $x^2 + y^2 = 25$이다.

③ 일반형

$x^2 + y^2 + Ax + By + C = 0$ (단, $A^2 + B^2 - 4C > 0$)

참고 원의 방정식의 일반형을 표준형으로 변형하여 원의 중심의 좌표와 반지름의 길이를 구하면

$$\left(x + \frac{A}{2}\right)^2 + \left(y + \frac{B}{2}\right)^2 = \frac{A^2 + B^2 - 4C}{4}$$

중심의 좌표: $\left(-\dfrac{A}{2},\ -\dfrac{B}{2}\right)$

반지름의 길이: $\dfrac{\sqrt{A^2 + B^2 - 4C}}{2}$

> 방정식 $x^2 + y^2 - 2x - 4y = 0$을 풀 때
> $(x-1)^2 + (y-2)^2 = 5$와 같이 나타낼 수 있다. 즉, 중심이 $(1,\ 2)$이고 반지름의 길이가 $\sqrt{5}$인 원 위의 점 $(x,\ y)$가 된다.

④ 두 점 $(a,\ b)$, $(c,\ d)$를 지름의 양 끝점으로 하는 원의 방정식

$(x-a)(x-c) + (y-b)(y-d) = 0$

⑤ 세 점을 지나는 원의 방정식

❶ 원의 방정식의 일반형 $x^2 + y^2 + Ax + By + C = 0$에 세 점의 좌표를 대입하여 세 개의 방정식을 세운다.

❷ 세 개의 방정식을 연립하여 상수 A, B, C의 값을 구한다.

⑥ 축에 접하는 원의 방정식

중심의 좌표가 $(a,\ b)$이고 반지름의 길이가 r일 때,

㉠ x축에 접하는 원의 방정식
$(x-a)^2 + (y-b)^2 = b^2$

㉡ y축에 접하는 원의 방정식
$(x-a)^2 + (y-b)^2 = a^2$

㉢ x축과 y축에 동시에 접하는 원의 방정식

• 중심의 좌표가 제1사분면에 있을 때
$(x-r)^2 + (y-r)^2 = r^2$

• 중심의 좌표가 제2사분면에 있을 때
$(x+r)^2 + (y-r)^2 = r^2$

• 중심의 좌표가 제3사분면에 있을 때
$(x+r)^2 + (y+r)^2 = r^2$

• 중심의 좌표가 제4사분면에 있을 때
$(x-r)^2 + (y+r)^2 = r^2$

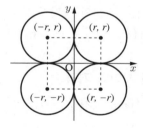

⑦ 두 원의 교점을 지나는 원의 방정식

두 원 $x^2 + y^2 + Ax + By + C = 0$,
$x^2 + y^2 + A'x + B'y + C' = 0$이 서로 다른 두 점에서 만날 때, 두 원의 교점을 지나는 원의 방정식은
$x^2 + y^2 + Ax + By + C + k(x^2 + y^2 + A'x + B'y + C') = 0$
(단, $k \neq -1$인 실수)
이때, $k = -1$이면 두 원의 교점을 지나는 직선의 방정식이다.

(2) 원과 직선의 위치 관계

① 원의 중심에서 직선까지의 거리가 d, 원의 반지름의 길이가 r일 때, 원과 직선의 위치 관계는 다음과 같다.

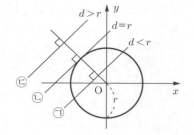

  ㉠ $d < r$이면 서로 다른 두 점에서 만난다.

  ㉡ $d = r$이면 한 점에서 만난다(접한다).

  ㉢ $d > r$이면 만나지 않는다.

② 원 $x^2 + y^2 = r^2$과 직선 $y = mx + n$에 대하여 이차방정식 $x^2 + (mx + n)^2 = r^2$의 판별식을 D라고 하면 원과 직선의 관계는 다음과 같다.

  ㉠ $D > 0$이면 서로 다른 두 점에서 만난다.

  ㉡ $D = 0$이면 한 점에서 만난다(접한다).

  ㉢ $D < 0$이면 만나지 않는다.

(3) 원의 접선의 방정식

① 원 $x^2 + y^2 = r^2$ 위의 점 $(x_1,\ y_1)$에서의 접선의 방정식

$x_1 x + y_1 y = r^2$

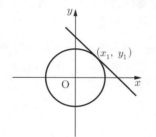

  예 원 $x^2 + y^2 = 13$ 위의 점 $(2, 3)$에서의 접선의 방정식은 $2x + 3y = 13$이다.

② 원 $x^2 + y^2 = r^2$에 접하고 기울기가 m인 접선의 방정식

$y = mx \pm r\sqrt{m^2 + 1}$

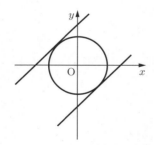

  예 원 $x^2 + y^2 = 4$에 접하고 기울기가 $\sqrt{5}$인 접선의 방정식은 $y = \sqrt{5}\,x \pm 2\sqrt{6}$ 이다.

③ 원 $(x - a)^2 + (y - b)^2 = r^2$ 위의 점 $(x_1,\ y_1)$에서의 접선의 방정식

$(x_1 - a)(x - a) + (y_1 - b)(y - b) = r^2$

④ 원 $(x - a)^2 + (y - b)^2 = r^2$에 접하고 기울기가 m인 접선의 방정식

$y - b = m(x - a) \pm r\sqrt{m^2 + 1}$

■ 원의 접선의 방정식
  • 원의 접선의 방정식은 원의 방정식과 직선의 방정식을 연립한 이차방정식의 판별식 $D = 0$임을 이용한다.
  • 원 밖의 한 점에서 원에 그은 접선은 항상 2개이다.
  • 원의 접선은 원의 중심과 접점을 지나는 직선과 서로 수직이다.
  • 원의 중심에서 접선까지의 거리는 원의 반지름의 길이와 같다.

4 도형의 이동

● 해결 Point

도형의 이동 영역에서는 대칭이동에 대한 문제가 자주 출제된다. 점과 도형의 평행이동과 원점, x축, y축, 직선 $y = x$에 대한 대칭이동을 통해 옮겨진 점과 도형의 특징을 찾는 연습이 필요하다.

● 대표 문제 유형

  ❖ 좌표평면 위의 점 $(a,\ b)$를 x축에 대하여 대칭이동한 점의 좌표는?

  ❖ 좌표평면 위의 점 $(a,\ b)$를 직선 $y = x$에 대하여 대칭이동한 점의 좌표는?

(1) 평행이동

① 점의 평행이동

  $P(x,\ y)$를 x축의 방향으로 a만큼, y축의 방향으로 b만큼 평행이동한 점 P'의 좌표는

  $P'(x + a,\ y + b)$

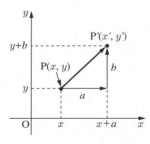

  예 점 $(4,\ -1)$을 x축의 방향으로 3만큼, y축의 방향으로 2만큼 평행이동하면 점 $(4 + 3,\ -1 + 2)$, 즉 점 $(7,\ 1)$로 옮겨진다.

② 도형의 평행이동

방정식 $f(x, y) = 0$이 나타내는 도형을 x축의 방향으로 a만큼, y축의 방향으로 b만큼 평행이동한 도형의 방정식은 $f(x-a, y-b) = 0$

예 원 $x^2 + y^2 + 6x + 2y + 8 = 0$을 x축의 방향으로 2만큼, y축의 방향으로 1만큼 평행이동한 도형의 방정식을 구하면

$x^2 + y^2 + 6x + 2y + 8 = 0$, 즉 $(x+3)^2 + (y+1)^2 = 2$에

x 대신 $x-2$, y 대신 $y-1$을 대입하면

$(x-2+3)^2 + (y-1+1)^2 = 2$

$(x+1)^2 + y^2 = 2$

$\therefore x^2 + y^2 + 2x - 1 = 0$

> 도형을 평행이동하여도 모양이나 성질은 변하지 않는다.
> 즉, 두 도형은 합동이다.

(2) 대칭이동

어떤 도형을 한 점 또는 한 직선에 대하여 대칭인 도형으로 이동하는 것을 그 점이나 직선에 대한 대칭이동이라고 한다.

대칭이동	점 (x, y)의 이동	도형 $f(x, y) = 0$의 이동
x축	점 $(x, -y)$	도형 $f(x, -y) = 0$
y축	점 $(-x, y)$	도형 $f(-x, y) = 0$
원점 $(0, 0)$	점 $(-x, -y)$	도형 $f(-x, -y) = 0$
직선 $y = x$	점 (y, x)	도형 $f(y, x) = 0$
직선 $y = -x$	점 $(-y, -x)$	도형 $f(-y, -x) = 0$
$x = a$	점 $(2a-x, y)$	도형 $f(2a-x, y) = 0$
$y = b$	점 $(x, 2b-y)$	도형 $f(x, 2b-y) = 0$
점 (a, b)	점 $(2a-x, 2b-y)$	도형 $f(2a-x, 2b-y) = 0$

> 방정식 $f(x, y) = 0$이 나타내는 도형을
> ① x축에 대하여 대칭이동: y에 $-y$를 대입한다.
> ② y축에 대하여 대칭이동: x에 $-x$를 대입한다.
> ③ 원점에 대하여 대칭이동: x에 $-x$를, y에 $-y$를 대입한다.

예 • 점 $(1, 2)$가 직선 $y = 3$에 대하여 대칭이동한 점의 좌표는 $(1, 4)$이다.

• 직선 $3x - y + 1 = 0$을 원점에 대하여 대칭이동한 도형의 방정식은 $3x - y - 1 = 0$이다.

출제 예상 문제

01 좌표평면 위의 두 점 A$(0,\ 3)$, B$(4,\ 0)$을 잇는 선분 AB의 길이는?

① $\sqrt{3}$　　　　　　② 3

③ 5　　　　　　　④ $5\sqrt{3}$

02 좌표평면 위의 두 점 A$(-1,\ 1)$, B$(3,\ 1)$에 대하여 선분 AB의 중점 M의 좌표는?

① M$(1,\ 0)$　　　　② M$(1,\ 1)$

③ M$(2,\ 0)$　　　　④ M$(2,\ 2)$

03 두 점 A$(4,\ 3)$, B$(7,\ -3)$에 대하여 선분 AB를 $1:2$로 내분하는 점 P의 좌표는?

① P$(-1,\ -9)$　　② P$(-9,\ -1)$

③ P$(1,\ 5)$　　　　④ P$(5,\ 1)$

04 세 점 A$(6,\ 1)$, B$(-1,\ 2)$, C$(2,\ 3)$에서 같은 거리에 있는 점 P의 좌표는?

① P$(2,\ -2)$　　　② P$(-2,\ 2)$

③ P$(3,\ -3)$　　　④ P$(-3,\ 3)$

05 좌표평면 위의 세 점 A$(2,\ 6)$, B$(-3,\ 2)$, C$(7,\ 1)$을 꼭짓점으로 하는 △ABC의 무게중심 G의 좌표는?

① G$(2,\ 1)$　　　　② G$(2,\ 2)$

③ G$(2,\ 3)$　　　　④ G$(3,\ 2)$

06 좌표평면 위의 두 점 A$(a,\ 0)$, B$(1,\ 2a)$ 사이의 거리가 5일 때, 정수 a의 값은?

① -4　　　　　　② -2

③ 2　　　　　　　④ 4

07 두 점 A$(3,\ 5)$, B$(6,\ -1)$을 잇는 선분 AB를 $1:2$로 내분하는 점 P와 외분하는 점 Q 사이의 거리는?

① $2\sqrt{5}$　　　　　② $3\sqrt{5}$

③ $4\sqrt{5}$　　　　　④ $5\sqrt{5}$

08 기울기가 -3이고 y절편이 2인 직선이 점 $(k,\ -2)$를 지난다. 이때 상수 k의 값은?

① $-\dfrac{4}{3}$　　　　　② $-\dfrac{2}{3}$

③ $\dfrac{2}{3}$　　　　　　④ $\dfrac{4}{3}$

09 x절편이 -2, y절편이 4인 직선의 방정식은?

① $2x + y = 4$
② $2x - y = 4$
③ $2x + y = -4$
④ $2x - y = -4$

10 다음 중 두 점 $(0, 1)$, $(1, 1+\sqrt{3})$을 지나는 직선 위에 있는 점은?

① $(2, 2+\sqrt{3})$
② $(3, 1+3\sqrt{3})$
③ $(3, \sqrt{3})$
④ $(2, 3-\sqrt{3})$

11 그림과 같이 두 점 $A(3, 2)$, $B(-1, -2)$를 지나는 직선의 방정식은?

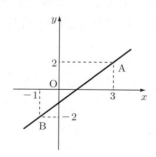

① $x + y + 1 = 0$
② $x + y - 1 = 0$
③ $x - y + 1 = 0$
④ $x - y - 1 = 0$

12 두 직선 $2x + 3y - 1 = 0$, $kx + 4y + 1 = 0$이 한 점에서 만날 때, 상수 k의 조건은?

① $k \neq \dfrac{4}{3}$
② $k \neq \dfrac{8}{3}$
③ $k \neq 3$
④ $k \neq 4$

13 점 $(1, -2)$를 지나고 직선 $y = -x$에 평행한 직선의 방정식은?

① $y = -x - 1$
② $y = x - 1$
③ $y = -x + 1$
④ $y = x - 3$

14 점 $(1, 1)$을 지나고 직선 $x - 2y - 1 = 0$에 수직인 직선의 방정식은?

① $x + 2y - 3 = 0$
② $x - 2y + 1 = 0$
③ $2x + y - 3 = 0$
④ $2x - y - 1 = 0$

15 두 직선 $y = 4x - 1$과 $y = mx + 3$이 서로 수직일 때, 상수 m의 값은?

① $-\dfrac{1}{2}$
② $-\dfrac{1}{4}$
③ $\dfrac{1}{2}$
④ $\dfrac{1}{4}$

16 두 직선 $x+y-5=0$, $2x-y-1=0$의 교점과 점 $(1, 2)$를 지나는 직선의 방정식은?

① $y=x+1$

② $y=2x$

③ $y=3x-1$

④ $y=4x-2$

17 점 $(2, 1)$에서 직선 $3x+4y-5=0$까지의 거리는?

① 1   ② 2

③ 3   ④ 4

18 그림과 같이 나타낼 수 있는 원의 방정식은?

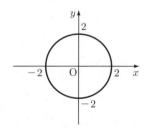

① $x^2+y^2=2$

② $x^2+y^2=4$

③ $x^2+y^2+2=0$

④ $x^2+y^2+4=0$

19 중심이 $(1, 3)$이고 반지름의 길이가 2인 원의 방정식은?

① $x^2+y^2=2$

② $x^2+y^2=4$

③ $(x+1)^2+(y+3)^2=2$

④ $(x-1)^2+(y-3)^2=4$

20 원의 방정식 $x^2+y^2+2x-6y+1=0$의 반지름의 길이는?

① 2   ② 3

③ 4   ④ 5

21 그림과 같이 두 점 $(-3, 0)$, $(3, 0)$을 지름의 양 끝으로 하는 원의 방정식은?

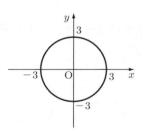

① $x^2+y^2=3$

② $x^2+y^2=9$

③ $(x-3)^2+(y+3)^2=3$

④ $(x+3)^2+(y-3)^2=9$

22 방정식 $x^2 + y^2 + 2x - 4y + 1 = 0$은 중심이 (a, b)이고 반지름의 길이가 r인 원이다. 이때 $a + b + r$의 값은?

① 1   ② 2

③ 3   ④ 4

23 그림과 같이 중심이 $(1, 0)$이고 y축에 접하는 원의 방정식은?

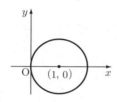

① $(x-1)^2 + y^2 = 1$

② $(x+1)^2 + y^2 = 1$

③ $x^2 + y^2 = 1$

④ $x^2 + (y-1)^2 = 1$

24 그림과 같이 중심이 $(1, 2)$이고 x축에 접하는 원의 방정식은?

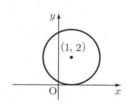

① $x^2 + y^2 - 2x - 4y + 1 = 0$

② $x^2 + y^2 + 2x + 4y - 1 = 0$

③ $x^2 + y^2 - 4x - 2y + 1 = 0$

④ $x^2 + y^2 + 4x + 2y - 1 = 0$

25 그림과 같이 원 $x^2 + y^2 = 4$ 위의 점 $P(1, \sqrt{3})$에서 그은 접선의 방정식은?

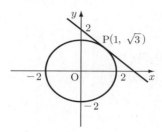

① $x - y = 4$

② $x - \sqrt{3}\, y = 4$

③ $\sqrt{3}\, x - y = 4$

④ $x + \sqrt{3}\, y = 4$

26 원 $x^2 + y^2 = 9$에 접하고 기울기가 $\sqrt{3}$인 접선의 방정식은?

① $y = \sqrt{3}\, x \pm 6$

② $y = \sqrt{3}\, x \pm 4$

③ $y = \sqrt{3}\, x \pm 2$

④ $y = \sqrt{3}\, x \pm 1$

27 점 $(1, 3)$을 중심으로 하고 직선 $3x + 4y = 0$에 접하는 원의 방정식은?

① $(x-1)^2 + (y-3)^2 = 4$

② $(x+1)^2 + (y+3)^2 = 4$

③ $(x-1)^2 + (y-3)^2 = 9$

④ $(x+1)^2 + (y+3)^2 = 9$

28 점 $(3, 4)$를 중심으로 하고 원점을 지나는 원의 방정식은?

① $(x+3)^2 + (y+4)^2 = 25$

② $(x-3)^2 + (y-4)^2 = 25$

③ $(x-3)^2 + (y-4)^2 = 5$

④ $(x+3)^2 + (y+4)^2 = 5$

29 방정식 $x^2 + y^2 + 2x - 4y + k = 0$이 원이 되도록 하는 실수 k의 값의 범위는?

① $k > 6$

② $k < 6$

③ $k > 5$

④ $k < 5$

30 점 $(-4, 0)$에서 원 $x^2 + y^2 = 8$에 그은 접선의 방정식은?

① $x - y = -4$ 또는 $x + y = -4$

② $x - y = -4$ 또는 $x + y = 4$

③ $x + y = 2$ 또는 $x - y = 2$

④ $x + y = -2$ 또는 $x - y = -2$

31 원 $x^2 + y^2 = 1$과 직선 $y = mx + 1$이 한 점에서 만날 때, 상수 m의 값은?

① -2 ② -1

③ 0 ④ 1

32 점 $(-2, 5)$를 직선 $y = x$에 대하여 대칭이동한 점의 좌표는?

① $(2, -5)$ ② $(-2, -5)$

③ $(-5, 2)$ ④ $(5, -2)$

33 점 (x, y)를 점 $(x+3, y-2)$로 옮기는 평행이동에 의하여 점 $(-4, 3)$을 평행이동한 점의 좌표는?

① $(-7, 1)$ ② $(1, -1)$

③ $(2, -1)$ ④ $(-1, 1)$

34 점 (x, y)를 점 $(x+a, y+b)$로 옮기는 평행이동에 의하여 점 $A(3, -4)$가 점 $A'(-1, 1)$로 이동할 때, 상수 a, b에 대하여 $a + b$의 값은?

① 1 ② 2

③ 3 ④ 4

35 직선 $y = 2x + 3$을 직선 $y = x$에 대하여 대칭이동한 도형의 방정식은?

① $y = -2x - 3$ ② $y = -2x + 3$

③ $y = \dfrac{1}{2}x - \dfrac{3}{2}$ ④ $y = \dfrac{1}{2}x + \dfrac{3}{2}$

36 포물선 $y = x^2 - 2x + 5$를 x축에 대하여 대칭이동한 도형의 방정식은?

① $y = -x^2 + 2x - 5$

② $y = -x^2 - 2x + 5$

③ $y = x^2 + 2x + 5$

④ $y = x^2 - 2x - 5$

37 두 원 $(x-1)^2 + (y+2)^2 = 4$, $(x+3)^2 + (y-2)^2 = 4$ 는 점 $P(\alpha, \beta)$에 대하여 대칭이다. 점 P의 좌표를 구하면?

① $P(2, 0)$

② $P(1, 0)$

③ $P(-1, 0)$

④ $P(-2, 0)$

38 직선 $2x - y + 3 = 0$을 원점에 대하여 대칭이동한 다음, x축의 방향으로 2만큼 평행이동한 도형의 방정식은?

① $y = -2x - 3$

② $y = -2x - 4$

③ $y = 2x - 7$

④ $y = 2x + 7$

집합과 명제

1 집합

● 해결 Point ●

집합 영역에서는 집합의 연산에 따른 원소의 개수 또는 부분집합의 개수 중 1문제 정도가 매회 출제되며, 새로 정의되는 용어와 기호를 잘 정리하고 포함 관계를 정확히 이해하여야 한다. 이후 집합의 연산을 통한 원소의 개수와 부분집합의 개수를 구하는 연습해 두어야 한다.

● 대표 문제 유형 ●

❖ 두 집합 A, B에 대하여 $n(A \cup B)$의 값은?
❖ 전체집합 U의 두 부분집합 A, B에 대하여 $A \cap B^C$은?

(1) 집합의 개념과 포함 관계

① 집합과 원소

　㉠ 집합: 어떤 조건에 의하여 그 대상을 분명히 구별할 수 있는 것들의 모임 → 기호: { }

　㉡ 원소: 집합을 이루는 대상 하나하나 – 기호: ∈

$$A$$

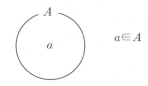

$$a \in A$$

　　• a는 집합 A에 속한다(a는 집합 A의 원소이다).
　　　→ $a \in A$

　　• a는 집합 A에 속하지 않는다(a는 집합 A의 원소가 아니다). → $a \notin A$

예 집합의 예

　• 정수의 집합 ⇒ 집합이다
　• P 고등학교 1학년 1반 학생들의 모임 ⇒ 집합이다
　• 우리 반에서 예쁜 여학생들의 모임 ⇒ 집합이 아니다

② 집합을 나타내는 방법

　㉠ 원소나열법: 집합에 속하는 모든 원소를 하나하나 나열하여 나타내는 방법

　㉡ 조건제시법: 집합의 원소들이 갖는 공통된 조건을 제시하여 나타내는 방법

　㉢ 원소나열법과 조건제시법의 예

　　• 원소나열법: $A = \{2, \ 3, \ 5, \ 7\}$
　　• 조건제시법: $B = \{x \mid x$는 10보다 작은 소수$\}$

■ 벤 다이어그램
　• 집합을 나타낸 그림으로, 내부에 원소를 하나하나 써넣거나 원소가 있는 부분을 빗금으로 나타낸다.
　• 벤 다이어그램의 예
　$A = \{a, \ b, \ c, \ d\}$, $B = \{c, \ d, \ e, \ f\}$

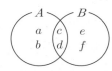

---

③ 집합의 종류

　㉠ 유한집합: 원소의 개수가 유한개인 집합
　　예 $A = \{1, \ 2, \ 3, \ 4\}$

■ 유한집한의 원소의 개수
　집합 A가 유한집합일 때, 집합 A의 원소의 개수를 기호로 $n(A)$와 같이 나타낸다.
　예 $A = \{1, \ 2, \ 3, \ 4\}$에서 $n(A) = 4$이다.

　㉡ 무한집합: 원소가 무한히 많은 집합
　　예 $B = \{n \mid n$은 자연수$\}$

　㉢ 공집합: 원소가 하나도 없는 집합 → 기호: ϕ
　　예 $C = \{n \mid n$은 1보다 작은 자연수$\} = \phi$

※ 집합 $\{\phi\}$은 공집합이 아니라 ϕ를 원소로 하는 유한집합이다.

ⓒ 부분집합: 두 집합 A, B에 대하여 집합 A의 모든 원소가 집합 B에 속할 때 A를 B의 부분집합이라 한다.

→ 기호: $A \subset B$

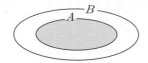

■ 집합의 포함 관계
- $\phi \subset A$: 공집합은 모든 집합의 부분집합이다($\phi \subset \phi$도 옳다).
- $A \subset A$: 모든 집합은 자기 자신의 부분집합이다.
- $A \subset B$이고 $B \subset C$이면 $A \subset C$이다.

ⓓ 진부분집합: 두 집합 A, B에 대하여 $A \subset B$이고 $A \neq B$일 때 A를 B의 진부분집합이라 한다(자기 자신을 제외한 부분집합).

ⓔ 서로 같은 집합: 두 집합 A, B에 대하여 $A \subset B$이고 $B \subset A$일 때 'A와 B는 서로 같다.'고 한다. → 기호: $A = B$

④ 부분집합의 개수

유한집합 A가 n개의 원소를 가질 때

ⓐ A의 부분집합의 개수: 2^n

예 $A = \{1, 2, 3\}$의 부분집합의 개수 $\therefore 2^3 = 8$

ⓑ A의 진부분집합의 개수: $2^n - 1$

ⓒ 특정한 m개의 원소를 반드시 포함하는 A의 부분집합의 개수: 2^{n-m}

예 $B = \{a, b, c, d, e\}$에서 a, b를 반드시 원소로 가지는 부분집합의 개수

$\therefore 2^{5-2} = 2^3 = 8$

ⓓ 특정한 l개의 원소를 포함하지 않는 A의 부분집합의 개수: 2^{n-l}

예 $C = \{a, b, c, d\}$에서 a, b를 원소로 가지지 않는 부분집합의 개수

$\therefore 2^{4-2} = 2^2 = 4$

(2) 집합의 연산법칙

① 집합의 연산

ⓐ 합집합: $A \cup B = \{x \mid x \in A \text{ 또는 } x \in B\}$

ⓑ 교집합: $A \cap B = \{x \mid x \in A \text{ 그리고 } x \in B\}$

ⓒ 차집합: $A - B = \{x \mid x \in A \text{ 그리고 } x \notin B\}$
$$= A \cap B^C$$

ⓓ 여집합: $A^C = \{x \mid x \in U \text{ 그리고 } x \notin A\}$
$$= U - A \text{ (단, } U\text{는 전체집합)}$$

ⓔ 서로소: $A \cap B = \phi$일 때, 두 집합 A와 B는 서로소라고 한다.

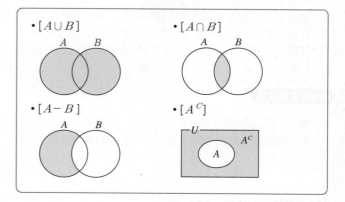

② 집합의 연산에 대한 성질

전체집합 U의 두 부분집합 A, B에 대하여

ⓐ $A \cup A = A$, $A \cap A = A$

ⓑ $A \cap (A \cup B) = A$, $A \cup (A \cap B) = A$

ⓒ $A \cup \phi = A$, $A \cap \phi = \phi$

ⓓ $A \cup U = U$, $A \cap U = A$

ⓔ $A \cup A^C = U$, $A \cap A^C = \phi$,

ⓕ $(A^C)^C = A$, $U^C = \phi$, $\phi^C = U$

ⓖ $A - B = A \cap B^C$, $B - A = B \cap A^C$

두 집합 A, B에 대하여 $A \subset B$일 때 다음이 성립한다.
$A \subset B$이면
$A \cup B = B$, $A \cap B = A$, $A - B = \phi$,
$A \cap B^C = \phi$, $A^C \cup B = U$, $B^C \subset A^C$
---

③ 집합의 연산 법칙

　㉠ 교환법칙

　　$A \cup B = B \cup A$, $A \cap B = B \cap A$

　㉡ 결합법칙

　　$(A \cup B) \cup C = A \cup (B \cup C)$

　　$(A \cap B) \cap C = A \cap (B \cap C)$

　㉢ 분배법칙

　　$A \cup (B \cap C) = (A \cup B) \cap (A \cup C)$

　　$A \cap (B \cup C) = (A \cap B) \cup (A \cap C)$

　㉣ 드모르간의 법칙

　　전체집합 U의 두 부분집합 A, B에 대하여

　　$(A \cup B)^C = A^C \cap B^C$

　　$(A \cap B)^C = A^C \cup B^C$

④ 유한집합의 원소의 개수

　전체집합 U가 유한집합일 때, 부분집합 A, B, C에 대
　하여 다음이 성립한다.

　㉠ $n(A \cup B) = n(A) + n(B) - n(A \cap B)$

　㉡ $n(A \cap B) = n(A) + n(B) - n(A \cup B)$

　㉢ $n(A \cup B \cup C)$

　　$= n(A) + n(B) + n(C) - n(A \cap B) - n(B \cap C)$

　　$- n(C \cap A) + n(A \cap B \cap C)$

　㉣ $n(A - B) = n(A) - n(A \cap B) = n(A \cup B) - n(B)$

　㉤ $n(A^C) = n(U) - n(A)$

예 유한집합의 원소의 개수

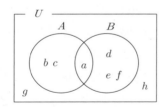

$n(U) = 8$, $n(A) = 3$, $n(B) = 4$

$n(A \cup B) = 6$, $n(A \cap B) = 1$,

$n(A - B) = 2$, $n(B - A) = 3$,

$n(A^C) = 5$

2 명제

(1) 명제와 진리집합

① 명제와 조건

　㉠ 명제: 참, 거짓을 분명하게 구별할 수 있는 문장이나 식

　㉡ 조건: 변수의 값에 따라 참, 거짓이 결정되는 문장이
　　나 식

　㉢ 조건으로 이루어진 명제

　　• 두 조건 p, q에 대하여 'p이면 q이다.' 꼴의 명제를
　　　$p \to q$로 나타내고 이 명제가 항상 참이면 $p \Rightarrow q$로
　　　나타낸다.

　　• 명제 $p \to q$에서 p를 이 명제의 가정, q를 결론이라
　　　고 한다.

■ 정의, 증명, 정리

• 정의: 용어의 뜻을 명확하게 정한 문장

• 증명: 명제의 가정과 이미 알려진 성질로 그 명제가 참
　임을 설명하는 것

• 정리: 참임이 증명된 명제 중에서 기본이 되는 것이나
　다른 명제를 증명할 때 이용할 수 있는 명제

예 평행사변형에 대하여

　• 정의: 마주 보는 두 쌍의 변이 서로 평행인 사각형

　• 정리: 평행사변형의 두 대각선은 서로 다른 것을 이
　　등분한다.

　• 증명

　　평행사변형 ABCD의 두 대각선의 교점을 O라
　　하면 △OAD와 △OCB에서

　　$\overline{AD} = \overline{BC}$

　　$\overline{AD} /\!/ \overline{BC}$ 이므로

　　$\angle OAD = \angle OCB$,

　　$\angle ODA = \angle OBC$

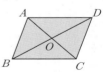

　　따라서 △OAD ≡ △OCB (ASA 합동)이므로

　　$\overline{OA} = \overline{OC}$, $\overline{OB} = \overline{OD}$

② 부정

㉠ 어떤 명제 p에 대하여 'p가 아니다.'를 명제 p의 부정이라 하고, 기호로 $\sim p$와 같이 나타낸다.

• p가 참일 때 $\sim p$는 거짓

• p가 거짓일 때 $\sim p$는 참

㉡ 조건 'p 또는 q', 'p 그리고 q'의 부정

• $\sim (p$ 또는 $q) \Rightarrow \sim p$ 그리고 $\sim q$

• $\sim (p$ 그리고 $q) \Rightarrow \sim p$ 또는 $\sim q$

조건이나 명제의 부정에서 다음 관계를 주의하도록 한다.

• '또는' $\xleftrightarrow{\text{부정}}$ '이고'

• '모든' $\xleftrightarrow{\text{부정}}$ '어떤'

• '$>$' $\xleftrightarrow{\text{부정}}$ '$\leq$'

• '$<$' $\xleftrightarrow{\text{부정}}$ '$\geq$'

• '$=$' $\xleftrightarrow{\text{부정}}$ '$\neq$'

---

③ 조건과 진리집합

㉠ 진리집합: 전체집합 U의 원소 중에서 조건 p가 참이 되게 하는 모든 원소의 집합을 조건 p의 진리집합이라고 한다.

예 자연수 전체의 집합 N에서 조건 'p: x는 12의 약수이다.'의 진리집합을 P라고 하면

$P = \{x \mid x$는 12의 약수$\} = \{1, 2, 3, 4, 6, 12\}$

㉡ 전체집합 U에 대하여 두 조건 p, q의 진리집합을 각각 P, Q라고 하면

• 조건 '$\sim p$'의 진리집합은 P^C이다.

• 조건 'p 그리고 q'의 진리집합은 $P \cap Q$이다.

• 조건 'p 또는 q'의 진리집합은 $P \cup Q$이다.

• 조건 'p 그리고 q'의 부정의 진리집합은 $(P \cap Q)^C = P^C \cup Q^C$이다.

• 조건 'p 또는 q'의 부정의 진리집합은 $(P \cup Q)^C = P^C \cap Q^C$이다.

---

④ 명제 $p \rightarrow q$의 참, 거짓

두 조건 p, q의 진리집합을 각각 P, Q라고 할 때

㉠ 명제 $p \rightarrow q$가 참이면 $P \subset Q$이고, $P \subset Q$이면 명제 $p \rightarrow q$는 참이다.

㉡ 명제 $p \rightarrow q$가 거짓이면 $P \not\subset Q$이고, $P \not\subset Q$이면 명제 $p \rightarrow q$는 거짓이다.

⑤ '모든'과 '어떤'이 들어 있는 명제

전체집합 U에 대하여 조건 p의 진리집합을 P라 할 때

㉠ '모든 x에 대하여 p이다.'가 참이면 $P = U$이다.

즉, 전체집합의 모든 원소가 조건 p를 만족시킨다.

㉡ '어떤 x에 대하여 p이다.'가 참이면 $P \neq \varnothing$이다.

즉, 전체집합의 원소 중 하나 이상의 원소가 집합 P에 속한다.

참고 • '모든'을 포함한 명제는 성립하지 않는 예(반례)가 하나만 있어도 거짓이다.

• '어떤'을 포함한 명제는 성립하는 예가 하나만 있어도 참이다.

• '모든 x에 대하여 p이다.'의 부정은 '어떤 x에 대하여 $\sim p$이다.'이다.

• '어떤 x에 대하여 p이다.'의 부정은 '모든 x에 대하여 $\sim p$이다.'이다.

---

(2) 명제 사이의 관계

① 명제의 역과 대우

㉠ 명제의 역: 명제 $p \rightarrow q$에서 가정과 결론을 바꾼 명제 ('$p \rightarrow q$'의 역 '$q \rightarrow p$')

㉡ 명제의 대우: 가정과 결론을 각각 부정하고 서로 바꾼 명제('$p \rightarrow q$'의 대우 '$\sim q \rightarrow \sim p$')

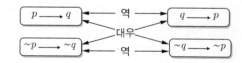

예 명제 '$a = 2$, $b = 3$이면 $a + b = 5$이다.(참)'에 대하여

• 역: $a + b = 5$이면 $a = 2$, $b = 3$이다.(거짓)

• 대우: $a + b \neq 5$이면 $a \neq 2$이거나 $b \neq 3$이다.(참)

명제 $p \rightarrow q$에 대하여

• 주어진 명제가 참이라 해도 역이 반드시 참인 것은 아니다.

• 주어진 명제가 참(거짓)이면 대우는 반드시 참(거짓)이다.

---

② 대우를 이용한 증명법: 어떤 명제가 참임을 직접 증명하기 어려울 때에는 그 대우를 이용하여 참임을 보이는 방법

예 명제 '$ab \neq 0$이면 $a \neq 0$이고 $b \neq 0$이다.'를 대우를 이용하여 증명하여라.

주어진 명제의 대우는 '$a = 0$ 또는 $b = 0$이면 $ab = 0$이다.'
여기서 $a = 0$이면 $ab = 0$이다. 또는 $b = 0$이면 $ab = 0$이다.
따라서 주어진 명제의 대우가 참이므로 주어진 명제도 참이다.

③ 귀류법: 명제 또는 명제의 결론을 부정하여 모순을 이끌어냄으로써 원래 명제가 참임을 보이는 방법

예 명제 '실수 a, b에 대하여 $a^2 + b^2 = 0$이면 $a = b = 0$이다.'를 귀류법을 이용하여 증명하여라.

$a \neq 0$ 또는 $b \neq 0$이라고 가정하면 $a^2 > 0$ 또는 $b^2 > 0$
$\therefore a^2 + b^2 > 0$
이것은 $a^2 + b^2 = 0$이라는 가정에 모순이다.
따라서 주어진 명제는 참이다.

(3) 충분조건과 필요조건

① 충분조건과 필요조건

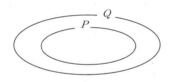

명제 $p \to q$가 참일 때, 즉 $p \Rightarrow q$일 때

㉠ p는 q이기 위한 충분조건
㉡ q는 p이기 위한 필요조건

예 사과는 과일이기 위한 충분조건, 과일은 사과이기 위한 필요조건

> 세 조건 p, q, r에 대하여 '$p \Rightarrow q$이고 $q \Rightarrow r$이면 $p \Rightarrow r$이다.'를 삼단논법이라고 한다.

② 필요충분조건

명제 $p \to q$가 참이고 그 역 $q \to p$도 참일 때, p는 q이기 위한 필요충분조건이라 하고 기호도 $p \Leftrightarrow q$와 같이 나타낸다.

예 $x = 2$는 $x + 3 = 5$가 되기 위한 필요충분조건

> ■ **집합의 충분조건, 필요조건, 필요충분조건**
> 조건 p, q의 진리집합을 각각 P, Q라 할 때
> • $P \subset Q \Leftrightarrow p$는 q이기 위한 충분조건
> • $P \supset Q \Leftrightarrow p$는 q이기 위한 필요조건
> • $P = Q \Leftrightarrow p$는 q이기 위한 필요충분조건

(4) 절대부등식

① 절대부등식: 주어진 집합의 모든 원소에 대하여 항상 성립하는 부등식

예 $2x^2 \geq 0$, $x + 2 > x$

② 여러 가지 절대부등식

a, b, c가 실수일 때

㉠ $a^2 \pm ab + b^2 \geq 0$ (등호는 $a = b = 0$일 때 성립)

㉡ $a^2 + b^2 + c^2 - ab - bc - ca \geq 0$
(등호는 $a = b = c$일 때 성립)
$a^2 + b^2 + c^2 + ab + bc + ca \geq 0$
(등호는 $a = b = c = 0$일 때 성립)

㉢ $|a| + |b| \geq |a + b|$ (등호는 $ab \geq 0$일 때 성립)

㉣ 산술평균과 기하평균의 대소 관계
a, b, c가 양수일 때
$\dfrac{a + b}{2} \geq \sqrt{ab}$ (등호는 $a = b$일 때 성립)

$\dfrac{a + b + c}{3} \geq \sqrt[3]{abc}$ (등호는 $a = b = c$일 때 성립)

> ■ **산술평균과 기하평균**
> $a > 0$, $b > 0$일 때
> • $\dfrac{a + b}{2}$는 a와 b의 산술평균
> • $\sqrt{ab}$는 a와 b의 기하평균

㉤ 코시─슈바르츠의 부등식: a, b, c, x, y, z가 실수일 때
$(a^2 + b^2)(x^2 + y^2) \geq (ax + by)^2$
(등호는 $\dfrac{a}{x} = \dfrac{b}{y}$일 때 성립)
$(a^2 + b^2 + c^2)(x^2 + y^2 + z^2) \geq (ax + by + cz)^2$
(등호는 $\dfrac{a}{x} = \dfrac{b}{y} = \dfrac{c}{z}$일 때 성립)

참고 절대부등식의 증명에 이용되는 실수의 성질
임의의 실수 a, b에 대하여
• $a^2 \geq 0$, $a^2 + b^2 \geq 0$
• $|a|^2 = a^2$, $|a||b| = |ab|$
• $a^2 + b^2 = 0 \Leftrightarrow a = b = 0$
• $a > b \Leftrightarrow a - b > 0$
• $a > 0$, $b > 0$일 때 $a \geq b \Leftrightarrow a^2 \geq b^2$

4

출제 예상 문제

정답 및 해설 >>> p.031

01 다음 중에서 집합인 것은?

① $\sqrt{2}$ 에 가까운 수의 모임
② 아름다운 꽃들의 모임
③ 문화인의 모임
④ 0보다 큰 수들의 모임

02 집합 $A = \{0, 1, \{1, 2\}, 3, \{3\}\}$에 대하여 다음 중 옳은 것은?

① $0 \notin A$
② $\{3\} \not\subset A$
③ $\{1, 2\} \in A$
④ $\{0, 1, 2\} \in A$

03 다음 집합 중 무한집합인 것은?

① $A = \{0, 1, 2, \cdots, 100\}$
② $B = \{x \mid 1 < x < 2, x$는 자연수$\}$
③ $C = \{x \mid x$는 짝수인 소수$\}$
④ $D = \{x \mid 0 < x < 1, x$는 유리수$\}$

04 다음 집합 중 공집합인 것은?

① $A = \{x \mid x + 1 = 0, x$는 양의 정수$\}$
② $B = \{x \mid 1 < x < 2, x$는 실수$\}$
③ $C = \{x \mid x$는 가장 작은 자연수$\}$
④ $\{\phi\}$

05 다음의 집합을 조건제시법으로 나타낸 것 중 옳은 것은?

① $A \cup B = \{x \mid x \in A$ 그리고 $x \in B\}$
② $A \cap B = \{x \mid x \in A$ 또는 $x \in B\}$
③ $A - B = \{x \mid x \in A$ 그리고 $x \notin B\}$
④ $A^C = \{x \mid x \in U$ 또는 $x \notin A\}$

06 집합 $A = \{a, b, \{a, b\}\}$에 대하여 다음 중 옳은 것은?

① $\phi \not\subset A$
② $\{a, \{a, b\}\} \subset A$
③ $n(A) = 4$
④ $\{\{a, b\}\} \in A$

07 집합 $A = \{0, 1, 2, 3, 4\}$일 때, A의 부분집합의 개수는?

① 16
② 24
③ 30
④ 32

08 집합 $A = \{x \mid 1 \leq x \leq 4, x$는 정수$\}$일 때, A의 진부분집합의 개수는?

① 8개
② 15개
③ 16개
④ 31개

09 전체집합 U의 두 부분집합 A, B에 대하여 $A - B^C$
과 항상 같은 집합은?

① $A \cup B$　　　　　② $A \cap B$

③ $A^C \cup B$　　　　④ $A \cap B^C$

10 전체집합 U의 두 부분집합 A, B에 대하여 다음 중
옳지 <u>않은</u> 것은?(단, $U \neq \phi$)

① $A \cup A^C = U$

② $A \cap A^C = \phi$

③ $(A \cup B)^C = A^C \cup B^C$

④ $A - B = A \cap B^C$

11 다음 중 벤다이어그램의 색칠된 부분이 나타내는 집
합과 항상 같은 집합은?

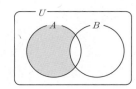

① $A \cup B^C$　　　　② $A \cap B^C$

③ $A^C \cup B$　　　　④ $A^C \cap B$

12 전체집합 U의 두 부분집합 A, B에 대하여 $(A \cap B)^C$
과 항상 같은 집합은?(단, $U \neq \phi$)

① $A \cup B^C$　　　　② $A^C \cup B^C$

③ $A \cap B^C$　　　　④ $A^C \cap B^C$

13 두 집합 A, B에 대하여 $A \cup B = A$일 때, 다음 중
집합 A, B의 관계를 벤다이어그램으로 바르게 나타
낸 것은?

① 　　　②

③ 　　　④

14 전체집합 $U = \{\, x \mid 1 \leq x \leq 10,\ x$는 자연수$\,\}$의 부
분집합 $A = \{\, x \mid x$는 6의 약수$\,\}$,
$B = \{\, x \mid x$는 홀수$\,\}$에 대하여 $A \cap B$는?

① ϕ　　　　　　② $\{2\}$

③ $\{3\}$　　　　　④ $\{1,\ 3\}$

15 전체집합 $U = \{\, x \mid x$는 8 이하의 자연수$\,\}$의 두 부분
집합 $A = \{2,\ 3,\ 4\}$, $B = \{3,\ 4,\ 6,\ 7\}$에 대하여
$(A \cup B)^C$은?

① $\{3,\ 4\}$

② $\{1,\ 5,\ 8\}$

③ $\{2,\ 6,\ 7\}$

④ $\{2,\ 3,\ 4,\ 6,\ 7\}$

16 $n(A \cup B) = 12$, $n(A \cap B) = 4$일 때, $n(A) + n(B)$은?

① 8   ② 12
③ 14   ④ 16

17 $\{4, 5\} \subset X \subset \{1, 2, 3, 4, 5, 6\}$의 조건을 만족하는 집합 X의 개수는?

① 6   ② 8
③ 12   ④ 16

18 두 집합 $A = \{1, 2, a^2 + 2a\}$, $B = \{2, a+1, a^2 - 4\}$에 대하여 $A \cap B = \{0, 2\}$를 만족하는 정수 a의 값은?

① -2 ② -1
③ 0   ④ 2

19 다음 중 명제인 것은?

① 창문을 열어라.
② $x + 3 = 4$
③ n은 3의 배수이다.
④ $x = 1$이면 $2x + 3 = 4$이다.

20 다음 명제 중 참인 것은?

① 0은 자연수이다.
② $\sqrt{2}$는 유리수이다.
③ $a > b$이면 $ac > bc$이다.
④ n이 홀수이면 n^2도 홀수이다.

21 조건 '$a = 0$ 또는 $b = 0$'의 부정은?

① $a \neq 0$ 또는 $b \neq 0$
② $a \neq 0$ 그리고 $b = 0$
③ $a \neq 0$ 그리고 $b \neq 0$
④ $a = 0$ 그리고 $b \neq 0$

22 명제 '$a > 0$이면 $a^2 > 0$이다.'의 역은?

① $a < 0$이면 $a^2 < 0$이다.
② $a^2 \leq 0$이면 $a \leq 0$이다.
③ $a^2 > 0$이면 $a > 0$이다.
④ $a^2 \geq 0$이면 $a \geq 0$이다.

23 다음 중 역이 참인 명제는?(단, a, b는 실수이다)

① $a > b$이면 $a - b > 0$이다.

② $a > 0$, $b > 0$이면 $ab > 0$이다.

③ $a > 0$, $b > 0$이면 $a + b > 0$이다.

④ $a > 1$이면 $a^2 > 1$이다.

24 명제 $p \rightarrow q$가 참일 때 반드시 참인 명제는?

① $\sim p \rightarrow q$

② $\sim q \rightarrow p$

③ $\sim p \rightarrow \sim q$

④ $\sim q \rightarrow \sim p$

25 명제 '$x < 3$이고 $y < 2$이면 $x + y < 5$이다.'의 대우는?

① $x > 3$이고 $y > 2$이면 $x + y > 5$이다.

② $x \geq 3$이고 $y \geq 2$이면 $x + y \geq 5$이다.

③ $x + y > 5$이면 $x > 3$이거나 $y > 2$이다.

④ $x + y \geq 5$이면 $x \geq 3$이거나 $y \geq 2$이다.

26 세 조건 p, q, r에 대하여 $p \rightarrow q$, $q \rightarrow \sim r$가 모두 참일 때, 다음 명제 중 참인 것은?

① $\sim q \rightarrow p$

② $p \rightarrow \sim r$

③ $r \rightarrow q$

④ $\sim p \rightarrow r$

27 두 조건 p, q에 대하여 $p : x = 2$, $q : x^2 = 2x$일 때, p는 q이기 위한 무슨 조건인가?

① 충분조건

② 필요조건

③ 필요충분조건

④ 아무 조건도 아니다.

28 두 조건 p, q에 대하여 p는 q이기 위한 무슨 조건인가?

$$p : x + y = 0, \quad q : x = y = 0$$

① 충분조건

② 필요조건

③ 필요충분조건

④ 아무 조건도 아니다.

29 전체집합 U에서 정의된 두 조건 p, q의 진리집합을 각각 P, Q라고 하자. p는 q이기 위한 충분조건일 때, 다음 중 옳은 것은?

① $P \cup Q = P$ ② $P \cap Q = Q$

③ $P - Q = \phi$ ④ $P^C \cap Q = \phi$

30 다음 중 조건 p가 조건 q이기 위한 필요충분조건인 것은?

① p: $0 < x < 1$
   q: $x < 2$
② p: $x = y$
   q: $x^2 = y^2$
③ p: $xy = 2$
   q: $x = 1$, $y = 2$
④ p: $x > 0$, $y > 0$
   q: $x + y > 0$, $xy > 0$

31 $a > 0$, $b > 0$일 때, $\dfrac{b}{a} + \dfrac{a}{b}$의 최솟값 또는 최댓값을 바르게 나타낸 것은?

① 최댓값 2   ② 최솟값 2
③ 최댓값 4   ④ 최솟값 4

32 $a > 0$, $b > 0$일 때, $\sqrt{a} + \sqrt{b}$와 $\sqrt{a+b}$의 대소 관계를 바르게 나타낸 것은?

① $\sqrt{a} + \sqrt{b} > \sqrt{a+b}$
② $\sqrt{a} + \sqrt{b} < \sqrt{a+b}$
③ $\sqrt{a} + \sqrt{b} \geq \sqrt{a+b}$
④ $\sqrt{a} + \sqrt{b} \leq \sqrt{a+b}$

33 a, b, x, y가 실수이고 $a^2 + b^2 = 4$, $x^2 + y^2 = 9$일 때, $ax + by$의 최솟값은?

① -6 ② -4
③ -2 ④ 0

5 함수

핵심 키워드   일대일함수, 일대일대응, 합성함수, 역함수, 유리함수, 점근선의 방정식, 제곱근, 무리함수

1 함수

● 해결 Point ● ....

함수 영역에서는 함수의 대응 관계 또는 여러 가지 함수 중 1문제 정도가 매회 출제되며, 다양한 문제 형태로 출제되기 때문에 함수의 성립 조건부터 일대일함수, 일대일대응, 항등함수, 상수함수, 합성함수, 역함수 등의 개념을 정확하게 이해해 두어야 한다.

● 대표 문제 유형 ●

❖ 그림과 같은 함수 $f : X \rightarrow Y$에 대한 설명으로 옳지 않은 것은?
❖ 함수 $f : X \rightarrow Y$와 함수 $g : Y \rightarrow Z$가 그림과 같을 때 $(g \circ f)(5)$의 값은?

(1) 함수

① 함수

  ㉠ 대응: 공집합이 아닌 두 집합 X, Y에 대하여 집합 X의 원소에 집합 Y의 원소를 짝 지어 주는 것을 집합 X에서 집합 Y로의 대응이라고 한다.

  ㉡ 함수: 공집합이 아닌 두 집합 X, Y에서 X의 각 원소에 Y의 원소가 오직 하나씩 대응할 때, 이 대응을 'X에서 Y로의 함수'라 하고 기호로 다음과 같이 나타낸다.

$$f : X \rightarrow Y \text{ 또는 } X \xrightarrow{f} Y$$

  ㉢ 함숫값

    함수 $f : X \rightarrow Y$에서 X의 원소 a에 대응되는 Y의 원소를 $f(a)$로 나타내고 $f(a)$를 함수 f의 a에서의 함숫값이라 한다.

  ㉣ 정의역, 공역, 치역

    함수 $f : X \rightarrow Y$에서

    • 정의역: 집합 X를 함수 f의 정의역이라 한다.

    • 공역: 집합 Y를 함수 f의 공역이라 한다.

    • 치역: 함수 f의 함숫값 전체의 집합 $\{f(x) \mid x \in X\}$를 함수 f의 치역이라 한다.

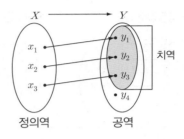

  참고   함수 $y = f(x)$의 정의역과 공역이 주어지지 않은 경우에는 $f(x)$가 정의되는 실수 x의 값 전체의 집합을 정의역으로, 실수 전체의 집합을 공역으로 생각한다.

  ㉤ 함수의 그래프

    함수 $f : X \rightarrow Y$에서 정의역 X의 원소 x와 이에 대응하는 Y의 원소 $f(x)$의 순서쌍 $(x, f(x))$ 전체의 집합 $\{(x, f(x)) \mid x \in X\}$를 함수의 그래프라 한다.

② 여러 가지 함수

  ㉠ 일대일함수: 함수 $f : X \rightarrow Y$에서 정의역 X의 임의의 두 원소 x_1, x_2에 대하여 $x_1 \neq x_2$이면 $f(x_1) \neq f(x_2)$가 성립할 때 함수 f를 일대일함수라고 한다.

  ㉡ 일대일대응: 함수 $f : X \rightarrow Y$가 일대일함수이고 치역과 공역이 같을 때 일대일대응이라 한다.

함수 f에 대하여
• x_1, $x_2 \in X$일 때 $x_1 \neq x_2 \Rightarrow f(x_1) \neq f(x_2)$
• $\{f(x) \mid x \in X\} = Y$
이면 f를 일대일대응이라고 한다.

  ㉢ 항등함수: 함수 $f : X \rightarrow Y$에서 정의역 X의 임의의 원소 x에 대하여 $f(x) = x$일 때, 즉, 정의역 X의 각 원소 x가 그 자신 x에 대응되는 함수 f를 항등함수라 한다.

  ㉣ 상수함수: 함수 $f : X \rightarrow Y$에서 정의역 X의 모든 원소 x에 대하여 공역 Y의 단 하나의 원소가 대응되는 함수, 즉 $f(x) = c$ (단, c는 상수)일 때 f를 상수함수라 한다. 즉, 상수함수는 치역이 오직 한 개의 상수인 함수이다.

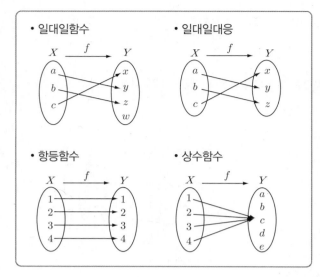

③ 서로 같은 함수

두 함수 f, g에 대하여 정의역과 공역이 각각 서로 같고 정의역의 모든 원소 x에 대하여 $f(x) = g(x)$일 때 두 함수는 같다고 하고 기호로 '$f = g$'와 같이 나타낸다.

[2] 합성함수

① 합성함수

세 집합 X, Y, Z에 대하여 두 함수
$f : X \to Y$, $g : Y \to Z$일 때, X에서 Z로의 함수, 즉 $g(f(x))$를 f와 g의 합성함수라 한다.
$g \circ f : X \to Z$, $(g \circ f)(x) = g(f(x))$

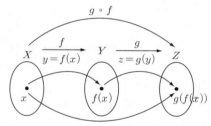

예 $f(x) = 2x - 1$, $g(x) = 3x + 5$일 때
$(g \circ f)(x) = 3(2x - 1) + 5 = 6x + 2$
$\therefore g(f(x)) = 6x + 2$

② 합성함수의 성질

함수 f, g, h에 대하여
㉠ $f \circ g \neq g \circ f$
㉡ $(h \circ g) \circ f = h \circ (g \circ f)$

참고 함수의 합성에서 일반적으로 교환법칙은 성립하지 않지만, 결합법칙은 성립한다.

[3] 역함수

① 역함수

두 집합 X, Y에 대하여 함수 $f : X \to Y$가 X에서 Y로의 일대일대응일 때, Y의 각 원소 y에 대하여 $f(x) = y$인 X의 원소 x를 대응시키면 Y를 정의역, X를 공역으로 하는 새로운 함수를 얻는다. 이 함수를 f의 역함수라 한다.
$f^{-1} : Y \to X$, $x = f^{-1}(y)$

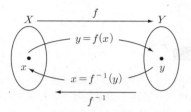

② 역함수의 성질

$f : X \to Y$, $g : Y \to Z$가 일대일대응일 때
㉠ f의 역함수 $f^{-1} : Y \to X$,
  g의 역함수 $g^{-1} : Z \to Y$가 존재한다.
㉡ $(f^{-1})^{-1}(x) = x \, (x \in X)$
㉢ $(f^{-1} \circ f)(x) = x \, (x \in X)$
  $(f \circ f^{-1})(y) = y \, (y \in Y)$
㉣ $(g \circ f)^{-1} = f^{-1} \circ g^{-1}$

③ 역함수를 구하는 방법

❶ 주어진 함수 $y = f(x)$가 일대일대응인지 확인한다.
❷ $y = f(x)$의 x를 y의 식으로 정리, 즉 $x = g(y)$의 꼴로 변형한다.
❸ x, y를 바꾼 $y = g(x)$가 역함수 $y = f^{-1}(x)$이다.
❹ 함수 $y = f^{-1}(x)$의 정의역이 필요할 때는 $y = f(x)$의 치역을 구하여 정의역으로 정한다.

예 $f(x) = 2x + 3$일 때 $y = 2x + 3$에서 x를 y의 식으로 정리하면
$2x = y - 3$, $x = \dfrac{1}{2}y - \dfrac{3}{2}$

x와 y를 서로 바꾸어 대입하면 $y = \dfrac{1}{2}x - \dfrac{3}{2}$

$\therefore f^{-1}(x) = \dfrac{1}{2}x - \dfrac{3}{2}$

④ 함수와 그 역함수의 그래프

함수 $y = f(x)$의 그래프와 그 역함수 $y = f^{-1}(x)$의 그래프는 직선 $y = x$에 대하여 대칭이다.

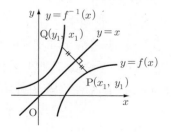

2 유리함수와 무리함수

(1) 유리함수

① 유리함수

　㉠ 유리식: 두 다항식 A, B $(B \neq 0)$에 대하여 $\dfrac{A}{B}$ 꼴로 나타나는 식

　㉡ 유리함수: 함수 $y = f(x)$에서 $f(x)$가 x에 대한 유리식인 함수

　㉢ 다항함수: 유리함수 $y = f(x)$에서 $f(x)$가 x에 대한 다항식인 함수

　㉣ 분수함수: 유리함수 중에서 다항함수가 아닌 유리함수

　참고 일반적으로 다항함수가 아닌 유리함수에서 정의역이 주어져 있지 않은 경우에는 분모를 0으로 하지 않는 실수 전체의 집합을 정의역으로 한다.

② 유리함수 $y = \dfrac{k}{x}$ $(k \neq 0)$의 그래프

　㉠ 정의역과 치역은 0을 제외한 실수 전체의 집합이다.

　㉡ $k > 0$이면 그래프는 제1, 3사분면에, $k < 0$이면 제2, 4사분면에 존재한다.

　㉢ 원점 및 직선 $y = x$, $y = -x$에 대하여 대칭인 곡선이다.

　㉣ $|k|$의 값이 커질수록 그래프가 원점에서 멀어진다.

　㉤ 점근선은 x축$(y = 0)$, y축$(x = 0)$이다.

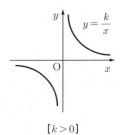 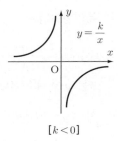

[$k > 0$]　　　　[$k < 0$]

■ 점근선
곡선이 어떤 직선에 한없이 가까워질 때 이 직선을 그 곡선의 점근선이라 한다.

③ 유리함수 $y = \dfrac{k}{x-p} + q$ $(k \neq 0)$의 그래프

　㉠ 유리함수 $y = \dfrac{y}{x}$의 그래프를 x축의 방향으로 p만큼, y축의 방향으로 q만큼 평행이동한 그래프이다.

　㉡ 정의역은 $\{x \mid x \neq p$인 실수$\}$이고, 치역은 $\{y \mid y \neq q$인 실수$\}$이다.

　㉢ 점근선은 $x = p$, $y = q$이다.

　㉣ 점 (p, q)에 대하여 대칭인 곡선이다.

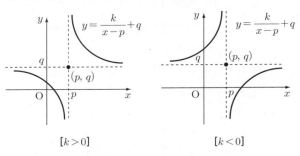

[$k > 0$]　　　　[$k < 0$]

④ 유리함수 $y = \dfrac{ax + b}{cx + d}$ $(c \neq 0,\ ad - bc \neq 0)$의 그래프

　㉠ $y = \dfrac{k}{x-p} + q$ $(k \neq 0)$의 꼴로 바꾸어 그래프를 그린다.

　㉡ 점근선은 $x = -\dfrac{d}{c}$, $y = \dfrac{a}{c}$이다.

　예 $y = \dfrac{5x + 3}{x - 1} = \dfrac{5(x-1) + 8}{x - 1} = \dfrac{8}{x - 1} + 5$이므로

함수 $y = \dfrac{5x + 3}{x - 1}$의 그래프는 함수 $y = \dfrac{8}{x}$의 그래프를 x축의 방향으로 1만큼, y축의 방향으로 5만큼 평행이동한 것이다. 이때 점근선은 $x = 1$, $y = 5$이다.

ⓒ 유리함수 $y = \dfrac{ax+b}{cx+d}$ $(c \neq 0, \ ad-bc \neq 0)$의 역함

수는 $y = \dfrac{-dx+b}{cx-a}$ 이다.

x를 y에 대한 식으로 나타내면 $y(cx+d) = ax+b$에

서 $(cy-a)x = -dy+b$ $\therefore x = \dfrac{-dy+b}{cy-a}$

x와 y를 서로 바꾸어 역함수를 구하면 $y = \dfrac{-dx+b}{cx-a}$

(2) 무리함수

① 무리함수

ⓐ 무리식: 근호 안에 문자가 포함되어 있는 식 중에서 유
리식으로 나타낼 수 없는 식

ⓑ 무리함수: 함수 $y = f(x)$에서 $f(x)$가 x에 대한 무리
식인 함수

참고 무리함수에서 정의역이 특별히 주어지지 않은 경우에는 근호
안의 식의 값이 0 이상이 되도록 하는 실수 전체의 집합을 정
의역으로 한다.

② 무리함수 $y = \sqrt{ax}$ $(a \neq 0)$의 그래프

ⓐ $a > 0$이면 정의역은 $\{x \mid x \geq 0\}$, 치역은 $\{y \mid y \geq 0\}$
이고, $a < 0$이면 정의역은 $\{x \mid x \leq 0\}$, 치역은
$\{y \mid y \geq 0\}$이다.

ⓑ $a > 0$이면 제1사분면, $a < 0$이면 제2사분면에 그래
프가 존재한다.

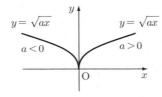

③ 무리함수 $y = -\sqrt{ax}$ $(a \neq 0)$의 그래프

ⓐ $a > 0$이면 정의역은 $\{x \mid x \geq 0\}$, 치역은 $\{y \mid y \leq 0\}$
이고, $a < 0$이면 정의역은 $\{x \mid x \leq 0\}$, 치역은
$\{y \mid y \leq 0\}$이다.

ⓑ $a > 0$이면 제4사분면, $a < 0$이면 제3사분면에 그래
프가 존재한다.

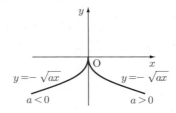

- 무리함수 $y = -\sqrt{x}$, $y = \sqrt{-x}$, $y = -\sqrt{-x}$의 그래프
는 함수 $y = \sqrt{x}$의 그래프와 각각 x축, y축, 원점에 대하여
대칭인 곡선이다.
- 무리함수 $y = \sqrt{ax}$ $(a \neq 0)$의 그래프는
함수 $y = \dfrac{x^2}{a}$ $(x \geq 0)$의 그래프와 직선 $y = x$에 대하여 대
칭이다.

④ 무리함수 $y = \sqrt{a(x-p)} + q$ $(a \neq 0)$의 그래프

ⓐ 무리함수 $y = \sqrt{a(x-p)} + q$ $(a \neq 0)$의 그래프는
$y = \sqrt{ax}$의 그래프를 x축의 방향으로 p만큼, y축의
방향으로 q만큼 평행이동한 것이다.

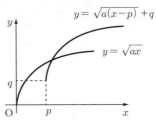

ⓑ $a > 0$일 때, 정의역: $\{x \mid x \geq p\}$, 치역: $\{y \mid y \geq q\}$
$a < 0$일 때, 정의역: $\{x \mid x \leq p\}$, 치역: $\{y \mid y \geq q\}$

⑤ 무리함수 $y = \sqrt{ax+b} + c$ $(a \neq 0)$의 그래프

ⓐ $y = \sqrt{a(x-p)} + q$의 꼴로 바꾸어 그래프를 그린다.

ⓑ 무리함수 $y = \sqrt{ax+b} + c$ $(a \neq 0)$는
$y = \sqrt{a\left(x + \dfrac{b}{a}\right)} + c$로 변형되므로 $y = \sqrt{ax}$의 그래

프를 x축의 방향으로 $-\dfrac{b}{a}$만큼, y축의 방향으로 c만

큼 평행이동한 것이다.

ⓒ $a > 0$일 때,
정의역: $\left\{x \mid x \geq -\dfrac{b}{a}\right\}$, 치역: $\{y \mid y \geq c\}$

$a < 0$일 때,
정의역: $\left\{x \mid x \leq -\dfrac{b}{a}\right\}$, 치역: $\{y \mid y \geq c\}$

> ■ **무리함수와 직선의 위치 관계**
> ① 그래프를 그려서 파악한다.
> ② 무리함수의 그래프와 직선이 접하는 경우에는 무리함수
> 의 식과 직선의 방정식을 연립한 이차방정식의 판별식 D
> 가 $D = 0$임을 이용한다.

출제 예상 문제

01 다음 중 R에서 R로의 함수의 그래프로 알맞은 것은?

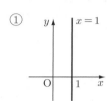

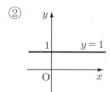

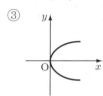

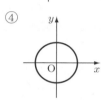

02 함수 $y = |x-2| + 2$의 치역은?

① $\{y \mid y \leq 2\}$ ② $\{y \mid y \geq 2\}$

③ $\{y \mid y \leq 1\}$ ④ $\{y \mid y \geq 1\}$

03 다음 함수 중에서 일대일대응인 것은?(단, 정의역과 공역은 실수의 집합이다)

① $f(x) = 1$ ② $g(x) = -x+5$

③ $h(x) = x^2$ ④ $l(x) = |x-1|$

04 $A = \{-1, 0, 1\}$에서 $B = \{y \mid y \in R\}$로의 함수를 다음과 같이 나타낼 때, 다음 중 옳지 <u>않은</u> 것은? (단, R은 실수 전체의 집합이다)

> ㉠ $f(x) = 2x - 1$ ㉡ $g(x) = x$
> ㉢ $h(x) = x^3$ ㉣ $k(x) = |x|$
> ㉤ $l(x) = 3$

① 일대일함수는 ㉠, ㉡, ㉢이다.

② 상수함수는 ㉤뿐이다.

③ 항등함수는 ㉡뿐이다.

④ 치역이 $\{0, 1\}$인 함수는 ㉣이다.

05 함수 $f(x) = \dfrac{1}{1-x}$일 때, $(f \circ f)(2)$의 값은?

① $\dfrac{1}{4}$ ② $\dfrac{1}{2}$

③ 1 ④ 2

06 세 함수 $f(x) = x-1$, $g(x) = 3x+1$, $h(x) = x^2 - 5$에 대하여 $(h \circ g \circ f)(2)$의 값은?

① 11 ② 12

③ 13 ④ 14

07 두 함수 $f(x) = -5x$, $g(x) = 2x-4$에 대하여 $(f \circ g)(3)$의 값은?

① -10　　　　② -5
③ 5　　　　④ 10

08 두 함수가 $f(x) = 2x-3$, $g(x) = \dfrac{2}{x}$에 대하여 $(f \circ g)(4)$의 값은?

① 4　　　　② 2
③ -2　　　　④ -4

09 두 함수 $f(x) = 2x-3$, $g(x) = 3x-5$에 대하여 f와 g의 합성함수 $(g \circ f)(x)$의 식은?

① $6x+14$　　　　② $6x+13$
③ $6x-13$　　　　④ $6x-14$

10 두 함수 $f(x) = 3x+1$, $g(x) = x-1$에서 $(g \circ f)(2) + (f \circ g)(2)$의 값은?

① 6　　　　② 8
③ 10　　　　④ 12

11 두 함수 $f(x) = 2x+k$, $g(x) = -3x+5$에 대하여 $f \circ g = g \circ f$를 만족하는 상수 k의 값은?

① $-\dfrac{7}{4}$　　　　② $-\dfrac{5}{4}$
③ $\dfrac{1}{2}$　　　　④ $\dfrac{3}{2}$

12 일차함수 $f(x) = x+a$에 대하여 $f^{-1}(4) = 2$일 때, 상수 a의 값은?

① 1　　　　② 2
③ 3　　　　④ 4

13 함수 $y = 3x+1$의 역함수를 구하면?

① $y = \dfrac{x}{3} + \dfrac{1}{3}$　　　　② $y = \dfrac{x}{3} - \dfrac{1}{3}$
③ $y = \dfrac{1}{3}x + 1$　　　　④ $y = \dfrac{1}{3}x - 1$

14 함수 $y = \dfrac{1}{3}x - \dfrac{2}{3}$의 역함수가 $y = 3x+k$일 때, 상수 k의 값은?

① 3　　　　② 2
③ -2　　　　④ -3

15 일차함수 $y = \dfrac{1}{2}x - 1$의 역함수를 $y = ax + b$라 할 때, ab의 값은?(단, a, b는 상수이다)

① 4 ② 2
③ −2 ④ −4

16 함수 $f(x) = -2x + 1$에 대하여 $(f^{-1} \circ f)(2)$의 값은?

① 2 ② 4
③ 6 ④ 8

17 다음 그림은 집합 A에서 집합 B로의 함수 f를 나타낸 것이다. 이때 $f(2) \times f^{-1}(a)$의 값은?

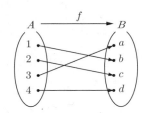

① $2a$ ② $2d$
③ $3b$ ④ $3c$

18 함수 $f(x) = 2x + 1$에 대하여 $(f \circ f^{-1})(1)$의 값은?

① 0 ② 1
③ 2 ④ 3

19 유리함수 $y = \dfrac{x}{x - 1}$의 그래프의 점근선의 방정식은?

① $x = 1$, $y = 0$
② $x = 1$, $y = 1$
③ $x = -1$, $y = 1$
④ $x = -1$, $y = -1$

20 유리함수 $y = \dfrac{ax + b}{x + c}$의 그래프의 점근선의 방정식이 $x = 2$, $y = 3$이고 점 $(0, 2)$를 지날 때, $a + b + c$의 값은?(단, a, b, c는 상수이다)

① −3 ② −5
③ −7 ④ −9

21 다음 그림은 유리함수 $y = \dfrac{1}{x}$ 의 그래프를 좌표축에 따라 평행이동한 것이다. 이 그래프가 나타내는 유리함수의 식은?

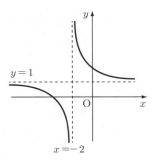

① $y = \dfrac{1}{x+2} + 1$ 　② $y = \dfrac{1}{x-2} + 1$

③ $y = \dfrac{1}{x+2} - 1$ 　④ $y = \dfrac{1}{x-2} - 1$

22 유리함수 $y = \dfrac{2x}{2x+1}$ 의 그래프를 x축의 방향으로 3만큼, y축의 방향으로 2만큼 평행이동하면?

① $y = -\dfrac{1}{2x-5} + 3$ 　② $y = \dfrac{1}{2x+5} + 2$

③ $y = \dfrac{2x}{2x-5} + 2$ 　④ $y = \dfrac{2x}{2x-5} + 3$

23 함수 $y = \dfrac{2x-5}{x-3}$ 의 그래프는 함수 $y = \dfrac{1}{x}$ 의 그래프를 x축의 방향으로 a만큼, y축의 방향으로 b만큼 평행이동한 것이다. 상수 a, b에 대하여 $a+b$의 값은?

① -1 　　　② 1

③ 3 　　　④ 5

24 두 직선 $x = 1$, $y = -2$를 점근선으로 하고 점 $(3, -1)$을 지나는 유리함수의 식은?

① $y = \dfrac{2}{x+1} - 2$

② $y = \dfrac{2}{x+1} + 2$

③ $y = \dfrac{2}{x-1} - 2$

④ $y = \dfrac{2}{x-1} + 2$

25 무리함수 $y = \sqrt{3-x} - 2$의 정의역과 치역을 차례로 구하면?

① $\{x \mid x \geq 3\}$, $\{y \mid y \geq -2\}$

② $\{x \mid x \geq 3\}$, $\{y \mid y \leq -2\}$

③ $\{x \mid x \leq 3\}$, $\{y \mid y \leq -2\}$

④ $\{x \mid x \leq 3\}$, $\{y \mid y \geq -2\}$

26 다음 중 무리함수 $y = \sqrt{x}$ 의 그래프는?

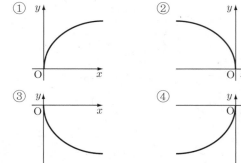

27 다음 그림과 같은 그래프가 나타내는 무리함수의 식은?

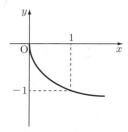

① $y = \sqrt{x}$ ② $y = \sqrt{-x}$

③ $y = -\sqrt{x}$ ④ $y = -\sqrt{-x}$

28 무리함수 $y = 2\sqrt{x-1}$ 의 정의역이 $\{x \mid 2 \leq x \leq 5\}$일 때, 이 함수의 치역은?

① $\{y \mid -2 \leq y \leq 2\}$
② $\{y \mid 0 \leq y \leq 2\}$
③ $\{y \mid 1 \leq y \leq 3\}$
④ $\{y \mid 2 \leq y \leq 4\}$

29 그림과 같은 그래프를 나타내는 함수의 식은?

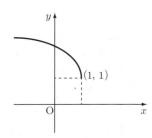

① $y = \sqrt{x+1} + 1$
② $y = \sqrt{x-1} + 1$
③ $y = \sqrt{-x-1} + 1$
④ $y = \sqrt{-x+1} + 1$

30 $x > 0$일 때, 유리함수 $y = x + \dfrac{4}{x}$ 의 최솟값은?

① 1   ② 2

③ 3   ④ 4

31 무리함수 $y = \sqrt{ax}$ 의 그래프가 점 $(1, 3)$, $(b, 9)$를 지날 때, 상수 a, b에 대하여 $a + b$의 값은?

① 9   ② 18

③ 20   ④ 25

32 함수 $f(x) = \sqrt{ax+b}$ 의 역함수 $f^{-1}(x)$에 대하여 $f^{-1}(1) = 0$, $f^{-1}(3) = 4$가 성립한다고 할 때, $a+b$ 의 값은?(단, a, b는 실수이다)

① 1   ② 2

③ 3   ④ 4

6 확률과 통계

핵심 키워드 경우의 수, 합의 법칙, 곱의 법칙, 약수의 개수, 순열, 순열의 수, 조합, 조합의 수

1 경우의 수

● 해결 Point ●

2015 개정 교육과정에서 신규로 추가된 영역으로 매회 1문제 정도가 출제될 것으로 예상된다. 어떤 사건이 일어날 수 있는 경우의 수를 빠짐없이 중복되지 않게 합의 법칙과 곱의 법칙, 수형도와 표 등을 이용하여 구하는 연습해 두어야 한다. 주사위, 숫자 카드, 길 찾기, 주어진 수의 약수의 개수 등의 다양한 형태로 출제된다.

● 대표 문제 유형 ●

❖ 서로 다른 주사위 2개를 동시에 던질 때, 눈의 수의 합이 2 또는 7인 경우의 수는?
❖ 36의 약수의 개수는?

(1) 합의 법칙

① 경우의 수
어떤 시행에서 사건이 일어날 수 있는 가짓수

② 합의 법칙
두 사건 A, B가 일어나는 경우의 수가 각각 m, n이고 두 사건 A, B가 동시에 일어나지 않을 때, 사건 A 또는 사건 B가 일어나는 경우의 수는 $m+n$

예 서로 다른 볼펜 3개와 서로 다른 샤프 2개 중에서 1개를 고르는 경우의 수는 $3+2=5$이다.

■ 수형도
어떤 사건이 일어나는 모든 경우를 나뭇가지 모양의 그림으로 나타낸 것이다. 수형도를 이용하면 모든 경우의 수를 빠짐없이 중복되지 않게 구할 수 있다.

예 문자 x, y, z를 한 번씩 써서 나열하는 경우는 다음과 같다.

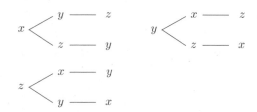

따라서 구하는 경우의 수는 6이다.

---

③ 방정식의 해의 개수
$ax+by+cz=d$ (a, b, c, d는 상수)와 같은 방정식을 만족하는 음이 아닌 정수의 순서쌍 (x, y, x)의 개수는 계수가 가장 큰 문자부터 대입하여 각각의 경우로 나누어 구한다.

(2) 곱의 법칙

① 곱의 법칙
사건 A가 일어나는 경우의 수가 m이고, 그 각각의 경우에 대하여 사건 B가 일어나는 경우의 수가 n일 때, 두 사건 A, B가 동시에 일어나는 경우의 수는 $m \times n$

예 주사위 2개와 동전 2개를 동시를 던질 때, 나올 수 있는 모든 경우의 수는 $6 \times 6 \times 2 \times 2 = 144$이다.

② 약수의 개수와 총합
자연수 N이 $N = p^a q^b r^c$ (p, q, r는 서로 다른 소수, a, b, c는 자연수)의 꼴로 소인수분해될 때,
㉠ N의 약수의 개수는 $(a+1)(b+1)(c+1)$
㉡ N의 약수의 총합은
$(1+p+p^2+\cdots+p^a) \times (1+q+q^2+\cdots+q^b)$
$\times (1+r+r^2+\cdots+r^c)$

③ 도로망에서 경우의 수
A에서 B로 가는 경우의 수가 m, B에서 C로 가는 경우의 수가 n이면 A에서 B를 거쳐 C로 가는 경우의 수는 $m \times n$

④ 색칠하는 방법의 수
㉠ 도형에 영역을 구분하여 색칠하는 경우의 수를 구할 때는 색칠하는 순서를 정하고 각 경우의 수를 차례로 곱한다.
㉡ 인접한 영역이 가장 많은 영역에 색칠하는 방법의 수를 먼저 구하고, 그 영역과 인접한 영역 순으로 방법의 수를 각각 구한다.
㉢ 같은 색을 칠할 수 있는 영역이 있을 때는 이 영역들이 같은 색인 경우와 다른 색인 경우로 나누어 생각한다.

2 순열과 조합

2015 개정 교육과정에서 신규로 추가된 영역으로 매회 1문제 정도가 출제될 것으로 예상된다. 순열과 조합의 정확한 개념을 이해하여야 어떤 것을 이용하여 문제를 해결할지 선택할 수 있다. 순열의 수 $_n\mathrm{P}_r$와 조합의 수 $_n\mathrm{C}_r$의 공식과 성질을 정확하게 학습해 두어야 한다.

● 대표 문제 유형 ●

❖ 4명 중에서 3명을 뽑아 일렬로 나열하는 경우의 수는?
❖ 서로 다른 6개의 과목 중에서 서로 다른 3개를 선택하는 경우의 수는?

(1) 순열

① 순열

서로 다른 n개에서 r개를 택하여 일렬로 나열하는 것을 n개에서 r개를 택하는 순열이라 하고, 이 순열의 수를 기호로 $_n\mathrm{P}_r$와 같이 나타낸다.

다음과 같은 조건을 모두 포함하고 있으면 순열의 수 $_n\mathrm{P}_r$를 이용한다.
• 서로 다른 대상에서 뽑는다.
• 중복을 허락하지 않고 뽑는다.
• 뽑은 것을 일렬로 나열한다.

② 순열의 수

㉠ $_n\mathrm{P}_r = n(n-1)(n-2)\cdots(n-r+1) = \dfrac{n!}{(n-r)!}$
　(단, $0 \le r \le n$)

㉡ $_n\mathrm{P}_n = n(n-1)(n-2)\cdots 3\cdot 2\cdot 1 = n!$

참고 1부터 n까지의 자연수를 모두 곱한 것을 n의 계승이라 하며, 기호로 $n!$과 같이 나타내고 n팩토리얼이라고 읽는다.

㉢ $_n\mathrm{P}_0 = 1$, $0! = 1$

예 $_5\mathrm{P}_3 = 5\times 4\times 3 = 60$

③ 순열의 활용

㉠ 이웃하는 순열의 수

❶ 이웃하는 r개를 한 묶음으로 생각하여 일렬로 나열하는 순열의 수를 구한다.

❷ 한 묶음 안에서 r개를 일렬로 나열하는 순열의 수를 구한다.

❸ ❶과 ❷를 곱한다.

㉡ 이웃하지 않는 순열의 수

서로 다른 n개 중 특정한 r개를 이웃하지 않도록 나열하는 경우의 수는

❶ 이웃해도 되는 $(n-r)$개를 일렬로 나열하는 순열의 수를 구한다.

❷ 위에서 나열한 것들 사이사이 및 양 끝 중 r개를 택하여 r개를 일렬로 나열하는 순열의 수를 구한다.

❸ ❶과 ❷를 곱한다.

㉢ 사전식 배열

이미 순서가 정해진 알파벳이나 숫자를 나열할 때, 특정한 문자나 수가 몇 번째 오는지 순열을 이용한다.

참고 영문자는 알파벳 순서로, 한글은 자음 순서로, 숫자는 작은 수 또는 큰 수부터 배열한다.

예 1, 2, 3을 한 번씩만 사용하여 123부터 321까지 나열할 때, 231은 몇 번째에 오는 수인지 구할 수 있다.

④ 함수의 개수

집합 X의 원소의 개수가 m, 집합 Y의 원소의 개수가 n일 때,

㉠ X에서 Y로의 함수의 개수: n^m

㉡ X에서 Y로의 일대일함수의 개수:
　$n(n-1)(n-2)\cdots(n-m+1)$ (단, $n \ge m$)

㉢ X에서 Y로의 일대일대응의 개수:
　$n(n-1)(n-2)\cdots 2\times 1$ (단, $m=n$)

㉣ X에서 Y로의 상수함수의 개수: n

(2) 조합

① 조합

서로 다른 n개에서 순서를 생각하지 않고 r개를 택하는 것을 n개에서 r개를 택하는 조합이라 하고, 이 조합의 수를 기호로 $_n\mathrm{C}_r$와 같이 나타낸다(단, $0 < r \le n$).

다음과 같은 조건을 모두 포함하고 있으면 조합의 수 $_n\mathrm{C}_r$를 이용한다.
• 서로 다른 대상에서 뽑는다.
• 중복을 허락하지 않고 뽑는다.
• 뽑는 것의 순서는 고려하지 않는다.

② 조합의 수

㉠ $_n\mathrm{C}_r = \dfrac{_n\mathrm{P}_r}{r!} = \dfrac{n!}{r!(n-r)!}$ (단, $0 \le r \le n$)

㉡ $_n\mathrm{C}_0 = 1$, $_n\mathrm{C}_n = 1$

ⓒ $_n\mathrm{C}_r = {}_n\mathrm{C}_{n-r}$ (단, $0 \leq r \leq n$)

ⓓ $_n\mathrm{C}_r = {}_{n-1}\mathrm{C}_r + {}_{n-1}\mathrm{C}_{r-1}$ (단, $1 \leq r \leq n-1$)

예 $_5\mathrm{C}_3 = {}_5\mathrm{C}_2 = \dfrac{_5\mathrm{P}_2}{2} = \dfrac{5 \times 4}{2 \times 1} = 10$

③ 조합의 활용

ⓐ 특정한 것을 포함하거나 포함하지 않는 조합의 수

- 서로 다른 n개에서 특정한 k개를 포함하여 r개를 뽑는 경우의 수는 $(n-k)$개에서 $(r-k)$개를 뽑는 경우의 수와 같으므로 $_{n-k}\mathrm{C}_{r-k}$ (단, $k \leq r \leq n$)

- 서로 다른 n개에서 특정한 k개를 제외하고 r개를 뽑는 경우의 수는 $(n-k)$개에서 r개를 뽑는 경우의 수와 같으므로 $_{n-k}\mathrm{C}_r$ (단, $k+r \leq n$)

ⓑ 직선, 삼각형, 사각형의 개수

- 어느 세 점도 한 직선 위에 있지 않은 n개의 점을 이어서 만들 수 있는 서로 다른 직선의 개수는 $_n\mathrm{C}_2$

- 어느 세 점도 한 직선 위에 있지 않은 n개의 점을 이어서 만들 수 있는 삼각형의 개수는 $_n\mathrm{C}_3$

- m개의 평행선과 n개의 평행선이 서로 만날 때 만들어지는 평행사변형의 개수는 $_m\mathrm{C}_2 \times _n\mathrm{C}_2$

④ 분할과 분배

ⓐ 분할과 분배

- 분할: 여러 개의 물건을 몇 개의 묶음으로 나누는 것
- 분배: 분할된 묶음을 일렬로 배열하는 것

ⓑ 분할의 수

서로 다른 n개의 물건을 p개, q개, r개 $(p+q+r=n)$의 세 묶음으로 나누는 방법의 수는

- p, q, r가 모두 다를 때: $_n\mathrm{C}_p \times _{n-p}\mathrm{C}_q \times _r\mathrm{C}_r$

- p, q, r 중 어느 두 수가 같을 때:

$$_n\mathrm{C}_p \times _{n-p}\mathrm{C}_q \times _r\mathrm{C}_r \times \frac{1}{2!}$$

- p, q, r가 모두 같을 때: $_n\mathrm{C}_p \times _{n-p}\mathrm{C}_q \times _r\mathrm{C}_r \times \dfrac{1}{3!}$

ⓒ 분배의 수

n묶음으로 분할하여 n명에게 분배하는 방법의 수는 (n묶음으로 분할하는 방법의 수)$\times n!$

- '적어도~'의 조건이 있는 경우의 수
  '적어도~'의 조건이 있는 경우에는 여사건을 생각한다.
  (사건 A의 경우의 수)=(전체 경우의 수)
  $\qquad\qquad\qquad\quad -(A$의 여사건의 경우의 수)

- 뽑아서 나열하는 경우의 수
  뽑는 것은 조합이고, 나열하는 것은 순열임을 이용하여 경우의 수를 구한다.
  (뽑아서 나열하는 경우의 수)
  =(뽑는 방법의 수)$\times$(나열하는 방법의 수)
  =(조합의 수)$\times$(순열의 수)

출제 예상 문제

01 블라우스 2벌, 티셔츠 3벌, 스웨터 3벌 중에서 하나를 골라 입는 방법의 수는?

① 6
② 7
③ 8
④ 9

02 1부터 20까지의 자연수에 대하여 3 또는 5의 배수의 개수는?

① 8
② 9
③ 10
④ 11

03 서로 다른 두 개의 주사위를 동시에 던질 때, 눈의 수의 합이 2 또는 7이 되는 경우의 수는?

① 4
② 5
③ 6
④ 7

04 방정식 $3x + 2y + z = 12$를 만족하는 자연수 x, y, z의 순서쌍 (x, y, z)의 개수는?

① 4
② 7
③ 10
④ 13

05 5종류의 신문과 6종류의 잡지에서 각각 1종류씩 택하여 구독하는 방법의 수는?

① 5
② 6
③ 11
④ 30

06 주사위 2개와 동전 1개를 동시에 던질 때, 일어날 수 있는 모든 경우의 수는?

① 14
② 36
③ 72
④ 100

07 집과 학교 사이에는 3개의 버스 노선과 2개의 마을버스 노선이 있다. 집에서 학교로 갈 때는 버스를 이용하고, 학교에서 집으로 돌아올 때는 마을버스를 이용하는 방법의 수는?

① 3
② 4
③ 5
④ 6

08 48의 약수의 개수를 구하면?

① 10   ② 12

③ 14   ④ 16

09 다음 그림과 같은 A, B, C, D 4개의 영역을 흰색, 검정, 빨강, 파랑의 4가지 색으로 칠하는 방법의 수는?(단, 같은 색을 중복하여 사용할 수 있으나 인접한 영역은 서로 다른 색으로 칠한다)

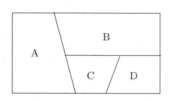

① 36   ② 48

③ 60   ④ 72

10 a, b, c, d 중에서 3개를 뽑아 일렬로 나열하는 경우의 수를 기호로 옳게 나타낸 것은?

① $_3\mathrm{P}_4$ ② $_4\mathrm{P}_3$

③ $_3\mathrm{C}_4$ ④ $_4\mathrm{C}_3$

11 $_8\mathrm{P}_3$의 값은?

① 24   ② 168

③ 245   ④ 336

12 학생 수가 25명인 학급에서 반장, 부반장을 각각 1명씩 선출하는 경우의 수는?

① 300   ② 400

③ 500   ④ 600

13 다음 등식을 만족하는 자연수 n의 값을 구하면?

$$_n\mathrm{P}_2 = 210$$

① 13   ② 14

③ 15   ④ 16

14 0, 1, 2, 3이 각각 하나씩 적혀 있는 4장의 숫자 카드가 있다. 이 중에서 세 장의 카드를 택하여 만들 수 있는 세 자리의 자연수의 개수는?

① 18   ② 21

③ 24   ④ 27

15 은영이와 수지를 포함한 5명을 일렬로 세울 때, 은영이와 수지가 이웃하는 경우의 수는?

① 45 ② 48
③ 51 ④ 54

16 남학생 2명과 여학생 3명을 일렬로 세울 때, 남학생끼리 이웃하지 않는 경우의 수는?

① 16 ② 48
③ 72 ④ 96

17 1, 2, 3, 4, 5의 5개의 숫자를 한 번씩 사용하여 만든 다섯 자리의 정수 중에서 34000보다 작은 5의 배수의 개수는?

① 16 ② 20
③ 24 ④ 28

18 a, b, c, d, e의 5개의 문자를 일렬로 나열할 때, 적어도 한 쪽 끝에 자음이 오는 경우의 수는?

① 84 ② 92
③ 100 ④ 108

19 $_7C_2$의 값은?

① 7 ② 14
③ 21 ④ 28

20 다음 등식을 만족하는 자연수 n의 값을 구하면?

$$_nC_2 = 55$$

① 10 ② 11
③ 12 ④ 13

21 서로 다른 연필 3개와 서로 다른 지우개 4개가 들어있는 필통이 있다. 이 필통에서 연필 2개와 지우개 2개를 고르는 방법의 수는?

① 12 ② 14
③ 16 ④ 18

22 남학생 5명과 여학생 3명으로 구성된 어느 동아리에서 달리기 시합에 나갈 선수 3명을 뽑을 때, 적어도 한 명은 여학생을 뽑을 경우의 수는?

① 36

② 46

③ 56

④ 66

23 A, B를 포함한 10명의 학생 중 5명의 학생을 뽑을 때, A는 반드시 포함하고, B는 포함하지 않는 방법의 수는?

① 40

② 50

③ 60

④ 70

24 다음 그림과 같이 한 원 위에 있는 5개의 점으로 만들 수 있는 삼각형의 개수는?

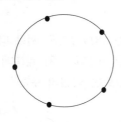

① 6

② 8

③ 10

④ 12

25 다음 그림과 같이 가로 방향의 평행선 4개, 세로 방향의 평행선 5개가 있을 때, 만들 수 있는 평행사변형의 개수는?

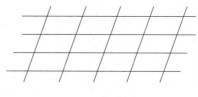

① 15

② 30

③ 45

④ 60

26 서로 다른 6권의 책을 2권씩 세 묶음으로 나누는 방법의 수는?

① 9

② 12

③ 15

④ 18

수학 실전 문제 1회

01 두 다항식 $A = x^2 - 3x$, $B = x + 5$에 대하여 $A + 3B$는?

① $x^2 - 3x + 5$ ② $x^2 + 3x$

③ $x^2 + 15$ ④ $3x^2 - 10x + 5$

02 등식 $a(x-1)^2 + b(x-1) = x^2 + 3x - 4$가 x에 대한 항등식일 때, 상수 a, b에 대하여 $a + b$의 값은?

① 3 ② 4

③ 5 ④ 6

03 다항식 $x^2 - 8x + a$가 $x - 2$로 나누어떨어질 때, 상수 a의 값은?

① 10 ② 12

③ 14 ④ 16

04 다음은 조립제법을 이용하여 다항식 $4x^3 - 6x^2 + 5x + 3$을 일차식 $x - 1$로 나누었을 때, 몫과 나머지를 구하는 과정이다. 나머지 R의 값은?

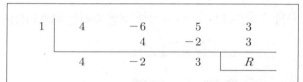

① 3 ② 4

③ 5 ④ 6

05 $(3 + 2i) - (1 + 4i) = a - 2i$일 때, 실수 a의 값은? (단, $i = \sqrt{-1}$)

① 1 ② 2

③ 3 ④ 4

06 $-5 \leq x \leq 0$일 때, 이차함수 $y = -(x+2)^2 + 9$의 최댓값은?

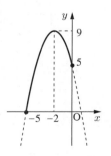

① -5 ② -2

③ 5 ④ 9

07 연립방정식 $\begin{cases} x+y=-4 \\ xy=a \end{cases}$ 의 해가 $x=-5$, $y=b$ 일 때, 상수 a, b에 대하여 $a+b$의 값은?

① -5　　　　　② -4

③ -3　　　　　④ -2

08 부등식 $|x+3| \leq 2$의 해를 수직선 위에 나타낸 것은?

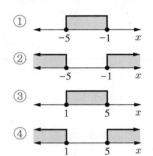

09 좌표평면 위의 두 점 $A(-4, 6)$, $B(2, 2)$ 사이의 거리는?

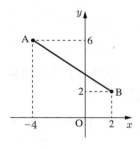

① $\sqrt{3}$

② $2\sqrt{3}$

③ $\sqrt{13}$

④ $2\sqrt{13}$

10 직선 $y=-x$에 수직이고, 점 $(2, 3)$을 지나는 직선의 방정식은?

① $y=-x+3$

② $y=-x+1$

③ $y=x+1$

④ $y=x+3$

11 중심의 좌표가 $(-4, 2)$이고, y축에 접하는 원의 방정식은?

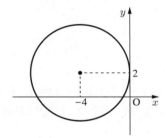

① $(x+2)^2+(y-4)^2=4$

② $(x+4)^2+(y-2)^2=4$

③ $(x-2)^2+(y+4)^2=16$

④ $(x+4)^2+(y-2)^2=16$

12 좌표평면 위의 점 $(7, 5)$를 x축에 대하여 대칭이동한 점의 좌표는?

① $(-7, -5)$　　　② $(-7, 5)$

③ $(5, 7)$　　　　　④ $(7, -5)$

13 두 집합 $A = \{1, 2, 3\}$, $B = \{3, 4, 5\}$에 대하여 $n(A \cup B)$의 값은?

① 5   ② 6

③ 7   ④ 8

14 명제 '$a^2 + b^2 = 0$이면 $a = 0$이고 $b = 0$이다.'의 역은?

① $a^2 + b^2 = 0$이면 $a = 0$이고 $b = 0$이다.

② $a^2 + b^2 \neq 0$이면 $a = 0$이고 $b = 0$이다.

③ $a = 0$이고 $b = 0$이면 $a^2 + b^2 = 0$이다.

④ $a \neq 0$이고 $b \neq 0$이면 $a^2 + b^2 \neq 0$이다.

15 다음 중 참인 명제는?

① $\sqrt{3}$은 유리수이다.

② 4는 10의 약수이다.

③ 직사각형의 두 대각선의 길이는 같다.

④ 삼각형의 세 내각의 크기의 합은 $360°$이다.

16 함수 $f : X \rightarrow Y$가 그림과 같을 때, $f(1) + f^{-1}(5)$의 값은?

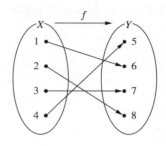

① 10   ② 12

③ 14   ④ 16

17 함수 $y = f(x)$와 그 역함수 $y = f^{-1}(x)$의 그래프가 그림과 같을 때, $(f^{-1} \circ f)(2)$의 값은?

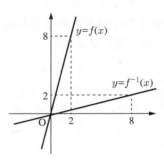

① 1   ② 2

③ 4   ④ 8

18 그림은 함수 $y = \sqrt{x}$ 의 그래프와 함수 $y = \sqrt{x}$ 의 그래프를 x축의 방향으로 a만큼 평행이동한 $y = \sqrt{x-a}$ 의 그래프이다. 상수 a의 값은?

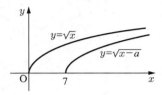

① 1   ② 3

③ 5   ④ 7

19 주사위 1개와 동전 3개를 동시에 던질 때, 일어날 수 있는 모든 경우의 수는?

① 24   ② 36

③ 48   ④ 60

20 가로 방향의 평행선 3개, 세로 방향의 평행선 4개가 다음 그림과 같이 있을 때, 이들 평행선으로 만들어지는 평행사변형의 개수는?

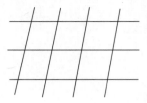

① 9   ② 18

③ 27   ④ 36

수학 실전 문제 ②회

01 두 다항식 $A = 3x^2 + x + 2$, $B = x^2 - x - 3$에 대하여 $A - B$는?

① $x^2 - 2x - 1$ ② $2x^2 + 2x + 5$

③ $2x^2 - 2x + 5$ ④ $4x^2 - 1$

02 등식 $(x-1)^2 = (x-2)^2 + 2(x-5) + a$가 x에 대한 항등식일 때, 상수 a의 값은?

① 5   ② 6

③ 7   ④ 8

03 다항식 $x^3 - 5x + ax + 4$가 $x + 1$로 나누어떨어질 때, 상수 a의 값은?

① 8   ② 10

③ 12   ④ 14

04 $i(5 + 3i) = a + 5i$일 때, 실수 a의 값은? (단, $i = \sqrt{-1}$)

① -4 ② -3

③ -2 ④ -1

05 $-4 \leq x \leq 2$일 때, 이차함수 $y = -(x+2)^2 + 10$의 최댓값과 최솟값의 합은?

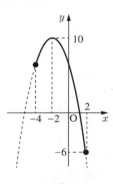

① -4 ② -2

③ 4   ④ 10

06 삼차방정식 $x^3 + ax^2 + x + 4 = 0$의 한 근이 -1일 때, 상수 a의 값은?

① -2 ② 0

③ 2   ④ 4

07 이차부등식 $x^2 + x - 12 \leq 0$의 해는?

① $-3 \leq x \leq 4$

② $x \leq -3$ 또는 $x \geq 4$

③ $-4 \leq x \leq 3$

④ $x \leq -4$ 또는 $x \geq 3$

08 그림은 이차부등식 $(x+a)(x+b) \geq 0$의 해를 수직선 위에 나타낸 것이다. 상수 a, b에 대하여 $a+b$의 값은?

① 1   ② 2

③ 3   ④ 4

09 좌표평면 위의 두 점 $A(-2, 2)$, $B(4, 8)$에 대하여 선분 AB의 중점의 좌표는?

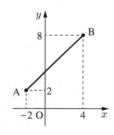

① $(0, 4)$ ② $(1, 5)$

③ $(2, 6)$ ④ $(3, 8)$

10 좌표평면 위의 두 점 $A(4, 2)$, $B(0, -4)$를 지나는 직선의 방정식은?

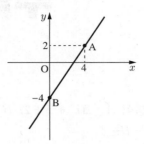

① $y = -\dfrac{3}{2}x + 3$ ② $y = -x + 1$

③ $y = x + 2$ ④ $y = \dfrac{3}{2}x - 4$

11 중심의 좌표가 $(6, 3)$이고, 반지름의 길이가 2인 원의 방정식은?

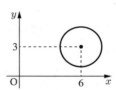

① $(x+3)^2 + (y+6)^2 = 2$

② $(x+3)^2 + (y+6)^2 = 4$

③ $(x-6)^2 + (y-3)^2 = 2$

④ $(x-6)^2 + (y-3)^2 = 4$

12 좌표평면 위의 점 $(5,\ 8)$을 직선 $y=x$에 대하여 대칭
이동한 점의 좌표는?

① $(-8,\ -5)$　　　　② $(-5,\ -8)$
③ $(-5,\ 8)$　　　　④ $(8,\ 5)$

13 그림과 같이 좌표평면 위의 한 점 $\mathrm{A}(3,\ -4)$를 x축에
대하여 대칭이동한 점을 B라 할 때, 원점 O와 점 B
사이의 거리는?

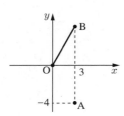

① $2\sqrt{5}$　　　　② $2\sqrt{6}$
③ 5　　　　④ 6

14 전체집합 $U=\{1,\ 2,\ 3,\ 4,\ 5,\ 6,\ 7,\ 8\}$의 두 부분
집합 $A=\{1,\ 3,\ 4,\ 5\}$, $B=\{1,\ 2,\ 5,\ 7,\ 8\}$에
대하여 $n(A \cap B^{\mathrm{C}})$의 값은?

① 2　　　　② 3
③ 4　　　　④ 5

15 명제 '$x=1$이면 $x^2=1$이다.'의 대우는?

① $x=1$이면 $x^2 \neq 1$이다.
② $x \neq 1$이면 $x^2 \neq 1$이다.
③ $x^2=1$이면 $x=1$이다.
④ $x^2 \neq 1$이면 $x \neq 1$이다.

16 함수 $f:X \longrightarrow Y$와 함수 $g:Y \longrightarrow Z$가 그림과 같을
때, $(g \circ f)(2)$의 값은?

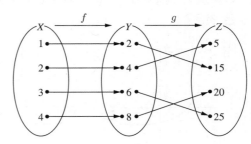

① 2　　　　② 4
③ 5　　　　④ 15

17 유리함수 $y = \dfrac{2}{x}$ 의 그래프를 x축의 방향으로 a만큼, y축의 방향으로 b만큼 평행이동하면 $y = \dfrac{2}{x-3} + 2$ 의 그래프가 된다. 상수 a, b에 대하여 $a+b$의 값은?

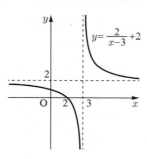

① 4　　　　　　② 5
③ 6　　　　　　④ 7

18 다음 중 무리함수 $y = -\sqrt{x+2} + 1$의 그래프로 알맞은 것은?

① 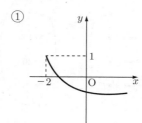　②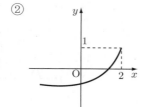

③ 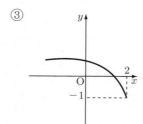　④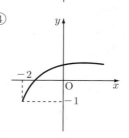

19 서로 다른 주사위 2개를 동시에 던질 때, 눈의 수의 합이 3 또는 8인 경우의 수는?

① 4　　　　　　② 5
③ 6　　　　　　④ 7

20 남학생 4명과 여학생 3명을 일렬로 세울 때, 여학생끼리 이웃하지 않는 경우의 수는?

① 120　　　　　② 480
③ 960　　　　　④ 1440

1 문법

1 문장의 형식

(1) 8품사

영어 단어는 크게 명사, 대명사, 동사, 형용사, 부사, 접속사, 전치사, 감탄사의 8품사로 나눌 수 있다.

명사	사람, 사물, 동물 등의 이름이나 지명 등을 나타냄 예 Amy, bird, computer, Korea
대명사	명사를 대신해서 씀 예 I, this, they
동사	사람이나 사물의 동작이나 상태를 나타냄 예 am, can, have, run
형용사	사람이나 사물의 성질·수량을 나타내며, 명사·대명사를 수식하거나 보어 자리에 쓰임 예 cool, interesting, worried
부사	동사, 형용사, 다른 부사 또는 문장 전체를 수식함 예 really, very, entirely
전치사	명사나 대명사 앞에 놓여 다른 명사나 대명사와의 관계를 나타냄 예 on, in, from
접속사	단어와 단어, 구와 구, 문장과 문장을 연결하는 역할을 함 예 although, because, so
감탄사	기쁨, 슬픔, 놀람 등의 여러 가지 감정을 나타냄 예 Oh, Wow, Oops

(2) 문장의 요소와 형식

① 문장의 4요소: 문장 성분은 문장을 이루는 구성 요소로, 주어·술어·목적어·보어가 있다. 영어에서는 같은 단어라도 문장에서의 위치에 따라 문장 성분이 달라진다. 영어 문장은 보통 주어와 동사로 시작되며, 목적어나 보어는 동사 뒤에 온다.

> ■ 문장 성분의 해석
> • S(주어): 은, 는, 이, 가
> • V(동사): ~하다, ~이다
> • C(보어): (주어 또는 목적어를 보충해 주는 말로) ~인 (상태/채), ~한
> • O(목적어): (직접목적어) ~을/를, (간접목적어) ~에게

주어	문장의 주체를 말하며, 명사, 대명사, 명사 상당어구가 위치한다. 예 Love does not appear with any warning signs. (사랑은 경고 표시를 하고 나타나지 않는다.)
술어	주어의 행위나 상태를 나타내며, 동사 또는 동사구 예 Absolute power corrupts absolutely. (절대 권력은 절대적으로 부패한다.)
목적어	동사의 동작을 받는 대상으로, 명사, 대명사, 명사 상당어구이다. 직접목적어(주로 사물)와 간접목적어(주로 사람)가 있다. 예 People do not lack strength; they lack will. (사람들은 힘이 부족한 게 아니라, 그들은 의지가 부족하다.) 예 All the money in the world can't buy you good health. (세상의 모든 돈으로도 여러분에게 좋은 건강을 사 줄 수는 없다.) → 'you'는 간접목적어, 'good health'은 직접목적어
보어	주어와 서술어만으로 불완전한 뜻을 보충하는 수식어이며, 명사, 대명사, 명사 상당어구, 형용사 상당어구 등이다. 주격보어와 목적격보어가 있다. 예 The opposite of love is not hate, but indifference. (사랑의 반대는 증오가 아니라 무관심이다.) → 주격보어 I awoke one morning, and found myself famous. (나는 어느 날 아침 깨어나 보니, 유명해져 있었다.) →목적격보어

② 문장의 5형식
  ㉠ 1형식: 주어(S) + 동사(V)

  주어의 작용이나 영향을 받은 대상(목적어 또는 보어) 없이 독자적으로 동사(완전자동사)만으로 주어의 상태나 동작을 설명 가능한 문장 형태이다. 1형식 문장에서 완전자동사는 보어가 필요 없다.

  예 Birds fly in the sky. (새들이 하늘에서 난다.)
  There is a bench under the tree.
  (나무 아래에는 의자가 있다.)
  My uncle in Busan works at the bank.
  (부산에 있는 나의 삼촌은 은행에서 일한다.)
  Many years ago a large fox lived in the woods.
  (수년 전에 커다란 여우 한 마리가 숲속에 살았다.)

■ **동사에 따른 문장의 형식**

자동사 (목적어 無)	완전자동사(1형식)
	불완전자동사(2형식)
타동사 (목적어 有)	완전타동사(3형식)
	수여동사(4형식)
	불완전타동사(5형식)

ⓛ **2형식: 주어(S) + 동사(V) + 보어(C)**

무엇인가를 보충해 주어야 의미가 완결되는 자동사(불완전자동사)가 이루는 문형이다. 대표적인 동사는 be와 become이고 보어가 되는 것은 주로 명사 상당어구와 형용사 상당어구이며 부사도 있다.

• 상태를 나타낼 때: be동사, keep
  예 It's cold today. (오늘은 추워요.)
     I wish you'd keep quiet. (조용히 해 주세요.)

• 상태의 변화를 나타낼 때: become, get, go 등
  예 It was becoming cold, so we lit the fire.
     (날씨가 추워지고 있어서 우리는 불을 붙였다.)

• 감각을 나타낼 때: look, smell, feel 등
  예 She looks happy. (그녀는 행복해 보인다.)
     This rose smells sweet. (이 장미는 달콤한 향기가 난다.)

■ **완전자동사의 도치 구문**

There + 완전자동사(be, live, come, stand 등) + 주어
(there는 유도 부사로 특별한 뜻 없음.)
예 There came in *a young man* with an enormous nose.
   (거대한 코를 가진 젊은 남자가 왔다.)

■ **타동사로 착각하기 쉬운 자동사**

• account for: 설명하다, 처리하다
• agree to: ~에 대해 합의하다
• arrive at: ~에 도착하다
• complain about: ~에 대해 불평하다
• graduate from: ~을/를 졸업하다
• go into: ~에 들어가다(= enter)
• listen to: 귀를 기울이다
• look for: 찾다, 구하다, 기대하다
• object to: ~에 반대하다
• reply to: ~에 답하다
• start from: ~에서 출발하다
• wait for: ~을/를 기다리다

ⓒ **3형식: 주어(S) + 동사(V) + 목적어(O)**

동사와 목적어만으로 의미가 완결되는 완전타동사 문형이다.

예 He made a box. (그는 상자를 만들었다.)
   They helped the old man. (그들은 그 노인을 도왔다.)
   I like to swim in the pool.
   (나는 수영장에서 수영하기를 좋아한다.)
   I have finished writing a letter. (나는 편지 쓰기를 마쳤다.)
   I don't know what to say.
   (나는 무슨 말을 해야 할지 모르겠다.)

■ **자동사와 타동사의 의미가 다른 경우**

become	㉠ 되다 He became a teacher.
	㉣ 어울리다 The new dress becomes her well.(= match, go well with)
grow	㉠ 되다 He grew old.
	㉣ 기르다 He is growing a beard.
run	㉠ 달리다 He ran in the rain.
	㉠ 되다 The well ran dry.
	㉣ 경영하다 He runs a small shop.
turn	㉠ 되다 He turned pale.
	㉣ 돌리다 He turned his back.
stand	㉠ (서) 있다 There stands a tall tree.
	㉠ 일어서다 Stand up, please.
	㉣ 참다 He couldn't stand such manners.

ⓔ **4형식: 주어(S) + 동사(V) + 간접목적어(I・O) + 직접목적어(D・O)**

4형식 동사는 목적어를 두 개 취하는 수여동사이다. 이 경우 '~을/를'의 의미를 가진 목적어를 직접목적어라고 하고, '~에게'의 의미를 가진 목적어를 간접목적어라고 한다.

• 수여동사의 사용
  예 I made him a box. (나는 그에게 상자를 만들어 주었다.)
     She gave the boy the book.
     (그녀는 그 소년에게 그 책을 주었다.)

• 4형식 → 3형식
  예 Mother told *her daughter* a fairy tale.
     (어머니는 딸에게 동화를 들려주었다.)
     → Mother told a fairy tale *to her daughter*.
     Will you lend *me* your pen, please?
     (너의 펜 좀 빌려주겠니?)
     → Will you lend your pen *to me*, please?
     Father bought *me* a camera.
     (아버지께서 나에게 카메라를 사 주셨다.)
     → Father bought a camera *for me*.

■ **수여동사로 착각하기 쉬운 완전타동사**
announce, explain, suggest, endow, supply, provide, furnish, fill, present, deprive, rob, release, cure, clear(치우다, 내보내다), strip(벗기다)

■ **수여동사의 전치사**
• to: give, send, show, teach 등
• for: buy, cook, find, get, make 등
• of: ask, inquire 등

ⓒ 5형식: 주어(S) + 동사(V) + 목적어(O) + 목적격보어 (O·C)

목적어와 목적격보어를 동시에 요구하는 불완전타동사가 이루는 문형이다. 2형식의 보어는 주어를 설명하는 주격보어이며, 5형식의 보어는 목적어를 설명하는 목적격보어이다.

예 Amy's grandmother <u>call</u> her a little angel.
(에이미의 할머니는 그녀를 작은 천사라고 부른다.)
They <u>named</u> their group "True Justice".
(그들은 그들의 그룹 이름을 '진정한 정의'라고 이름 지었다.)
<u>Keep</u> your head up in failure, and your head down in success.
(실패했을 때 네 고개를 들고, 성공했을 때 네 고개를 숙여라.)

• 사역동사
– make, let, have+ O(목적어)+ 원형부정사: 목적어가 ~하게 하다
예 The teacher <u>made</u> me explain how to play the game.
(선생님은 내게 게임하는 법을 설명하게 했다.)

• 지각동사
– 완결된 동작: 원형부정사
– 진행 중인 동작: 현재분사
예 I <u>saw</u> the man cross[crossing] the road.
(나는 그 남자가 도로를 가로질러 갠[가로질러 가고 있는] 것을 보았다.)

■ **목적격보어**: 형용사나 명사, 현재분사, 과거분사, 부정사, 명사절 등
• 현재분사가 목적격보어인 경우
예 He kept me <u>waiting</u> for three hours.
(그는 나를 세 시간 동안 기다리게 했다.)
• 과거분사가 목적격보어인 경우
예 I could not make my voice <u>heard</u>.
(나는 내 목소리가 들리게 할 수 없었다.)

• 부정사가 목적격보어인 경우
예 We expect him <u>to be</u> diligent.
(우리는 그가 근면하기를 기대한다.)
• 명사절이 목적격보어인 경우
예 Diligence has made him <u>what he is</u>.
(근면이 오늘날의 그를 만들었다.)

2 시제·조동사

(1) 시제

① 기본 시제
㉠ 현재 시제
• 현재의 사실, 동작, 상태
예 She <u>looks</u> very happy.
(그녀는 매우 행복해 보인다.)
• 현재의 습관, 반복적 동작
예 Ms. Kim <u>goes</u> to work and <u>leaves</u> at a regular time every day.
(Ms. Kim은 매일 일정한 시간에 출근하고 퇴근한다.)
• 객관적인 진리, 사실, 격언, 사회적인 통념
예 Water <u>freezes</u> at 0℃ and <u>boils</u> at 100℃.
(물은 0℃에서 얼고 100℃에서 끓는다.)
• 왕래발착(go, come, arrive, leave, begin, start 등) 동사는 미래 부사구와 함께 쓰여 미래를 나타냄
예 I <u>am</u> at home all day next Sunday.
(다음 일요일에 나는 종일 집에 있겠다.)
• 시간 조건 부사절에서 현재형이 미래를 대신함
예 <u>If it rains tomorrow</u>, I shall stay at home.
(만약 내일 비가 온다면 나는 집에 있겠다.)
㉡ 과거 시제
• 과거의 동작·상태
예 Walking along the street, I <u>met</u> a friend.
(길거리를 걸어 다니다가 친구 한 명을 만났다.)
• 과거의 습관적 동작·반복
예 He regularly <u>attended</u> the class meeting.
(그는 학급 회의에 빠짐없이 참석하곤 했다.)
• 과거의 경험
예 Jane <u>went</u> to the library after school in her school days.
(제인은 학창 시절에 방과 후에 도서관에 갔다.)

ⓒ 미래 시제
- 미래에 예상되는 일
  예 We <u>shall have</u> an examination in world history the day after tomorrow. (우리는 모레 세계사 시험을 칠 것이다.)
- 순간적인 결정 사항이나 약속
  예 I'<u>ll give</u> it to you tomorrow.
  (내일 당신에게 그것을 드리겠습니다.)
- 'shall I[we] ~?'로 의사를 물을 때
  예 Shall I make coffee for you? (커피를 드릴까요?)
- be going to: 현재 진행되고 있는 일의 결과나, 이미 계획된 일의 결과로 나타날 미래의 일을 이야기할 때
  예 Susan <u>is going to</u> buy a new car next week.
  (수잔은 다음 주에 새 차를 구입할 예정이다.)

② 완료 시제
ⓐ 현재완료(have[has] + 과거분사): 과거로부터 현재의 어느 시점까지 동작의 완료・경험・결과・계속 등을 나타낸다.
  예 The train <u>has</u> already <u>arrived</u> at the platform. – 완료
  (기차는 이미 플랫폼에 도착했다.)
  예 <u>Have</u> you <u>visited</u> the nursing home to help the sick before? – 경험
  (전에 아픈 사람들을 돕기 위해 요양원을 방문한 적이 있나요?)
  예 Timothy <u>has gone</u> to New York, so I miss him a lot now. – 결과
  (Timothy가 뉴욕에 가버렸기 때문에 나는 지금 그가 매우 그립다.)
  예 Mr. Hand <u>has taught</u> us English Writing for 3 years. – 계속
  (Mr. Hand는 우리들에게 3년 동안 쭉 영작문을 가르쳐 왔다.)
ⓑ 과거완료(had + 과거분사): 과거완료는 과거의 어느 때를 기준하여, 더 앞선 과거로부터 그때까지의 행위, 동작, 상태 등의 완료, 경험, 결과, 계속을 나타낸다.
  예 The thief <u>had</u> already <u>run</u> away when the police came.
  (경찰이 왔을 때는 이미 도둑이 도망쳐 버렸다.) – 완료
  I <u>had visited</u> London before then.
  (나는 그 이전에 런던을 방문한 적이 있었다.) – 경험
  Spring <u>had come</u> by the time she was well again.
  (그녀가 완쾌되었을 때쯤 봄이 왔었다.) – 결과
  They <u>had been married</u> for twenty years before they moved here.
  (이곳으로 이사 오기 전 그들은 결혼한 지 20년이 되어 있었다.) – 계속
ⓒ 미래완료
- will[shall] have + 과거분사: 미래의 어느 시점을 기준으로 하여 그때까지의 동작이나 상태의 완료・경험・결과・계속을 나타낸다.
  예 By the time she comes back, he <u>will have finished</u> all the homework.
  (그녀가 돌아올 때까지 그는 숙제를 전부 끝내게 될 것이다.) – 완료
  My brother caught a cold last Friday. He <u>will have been</u> in bed for a whole week tomorrow.
  (나의 남동생은 지난주 금요일 감기에 걸렸다. 내일이면 그는 1주일 내내 병상에 있게 된다.) – 계속
- when, while, until, if, unless 등으로 시작되는 시간 또는 조건의 부사절에서는 미래(완료) 시제 대신 현재(완료) 시제가 사용된다.
  예 How <u>will</u> you <u>pass</u> your time <u>until he arrives</u>?
  (그가 도착할 때까지 어떻게 시간을 보낼 거니?)
  Cathy <u>will</u> not go <u>unless you go with her</u>.
  (네가 함께 가지 않는다면, Cathy는 가지 않을 것이다.)

■ 현재완료 시제에 자주 쓰이는 표현들

경험	once, twice, three times, ~ times, before, ever, never, have been
계속	for + 기간, since + 시점, how long
완료	already, just, yet
결과	have gone, have broken, have left

③ 진행 시제
ⓐ 현재진행
- am[are/is] + 현재분사: 현재를 기준으로 진행되는 일을 이야기할 때 사용된다.
  예 They <u>are repairing</u> the bridge.
  (그들은 다리를 수리하고 있다.)
- 근래에 계속되는 일이나, 습관 등을 이야기할 때 현재진행형을 쓰며, 종종 always, constantly, continually 등의 부사와 함께 쓰인다.
  예 He <u>is</u> *always* <u>grumbling</u>. (그는 항상 투덜거린다.)
- 미래 표시 부사구와 함께 쓰이면 현재진행형이 가까운 미래를 나타낸다.
  예 The client <u>is arriving</u> at the airport at ten tonight.
  (고객이 오늘 밤 10시에 공항에 도착한다.) – 가까운 미래
ⓑ 현재완료진행(have[has] been + 현재분사): 어떤 동작이 과거에서 현재까지 계속될 때
  예 He <u>has been hiking</u> for two hours.
  (그는 두 시간 째 하이킹을 하고 있다.)

ⓒ 과거진행
- was[were]+ 현재분사: 과거 일정 시점을 기준으로 진행되는 일들을 이야기할 때 사용된다.
  - 예 He was reading a novel when I entered the room.
    (내가 그 방에 들어갔을 때 그는 소설을 읽고 있었다.)
- 과거에 있었던 어떤 일로 중단되었거나 그 일의 배경이 된 일을 이야기할 때 사용된다.
  - 예 We were going to the airport when the car broke down.
    (차가 고장 났을 때 우리는 공항으로 가는 중이었다.)

ⓓ 과거완료진행(had been + 현재분사): 과거 어떤 시기 전에 시작된 동작이나 상태가 그 과거 때까지 계속되거나 진행 중임을 나타낸다.
- 예 I had been waiting about an hour when he came.
  (그가 왔을 때 나는 1시간쯤 기다리고 있었다.)

ⓔ 미래진행(will[shall] be + 현재분사): 미래의 일정 시점을 기준으로 진행되고 있을 일들을 이야기할 때 사용된다.
- 예 We'll be thinking of you when we get to Paris.
  (우리가 파리에 도착하면 우리는 너를 생각하고 있을 것이다.)

ⓕ 미래완료진행(will[shall] have been + 현재분사): 미래의 어느 때까지 동작이나 상태가 계속되거나 그때까지도 계속 중임을 나타낸다.
- 예 Next year I will have been working here for four years.
  (내년이면 나는 여기서 4년 동안 일하게 된 셈이다.)

■ **진행형을 쓰지 않는 동사**
- 지속적인 상황·상태를 나타내는 동사: be(~이다), equal (같다), exist(존재하다), seem(보이다), look(~해 보이다), appear(나타나다), resemble(닮다), weigh(무게가 나가다), contain(들어 있다)
- 의식적이지 않은 지각을 나타내는 동사: feel(느끼다), see (보다), smell(냄새를 맡다), hear(듣다), taste(맛보다)
- 의식적이지 않은 감정·인지를 나타내는 동사: prefer(선호하다), love(사랑하다), hate(미워하다), want(원하다), believe(믿다), doubt(의심하다), forget(잊어버리다), know(알다), remember(믿다)
- 소유를 나타내는 동사: have(가지다), belong(소유하다), possess(소유하다), own(가지다), owe(빚지다)

---

④ **시제의 일치**: 복문인 경우, 종속절의 시제가 주절 시제의 제한을 받게 되는 것을 시제의 일치라고 한다.
  ⓐ 원칙
  - 주절이 현재, 현재완료, 미래인 경우: 종속절의 시제는 12가지 시제 모두 가능
    - 예 He thinks that he is bright.

(그는 자신이 영리하다고 생각한다.)
She has thought she is beautiful.
(그녀는 자신이 아름답다고 생각하고 있다.)
He will believe that he will succeed.
(그는 성공할 거라고 믿을 것이다.)
- 주절이 과거, 과거진행, 과거진행완료인 경우: 종속절의 시제는 과거와 과거완료 시제만 가능
  - 예 I thought that he had been rich.
    (나는 그가 부자였다고 생각했다.)
- 조동사(would, should, might, could, must)가 현재형으로 쓰이는 경우나 ought to, used to, had better 등은 과거형이 없으므로 주절이 과거형으로 바뀌어도 모양이 변하지 않는다.
  - 예 He told me that I should go to bed.
    (그는 내게 자야 한다고 말했다.)
    She thought that it might rain.
    (그녀는 비가 올지도 모른다고 생각했다.)

ⓑ 시제 일치의 예외
- 자연적 현상이나 불변의 진리인 경우 항상 현재 시제를 사용한다.
  - 예 We learned that light travels faster than sound.
    (우리는 빛이 소리보다 더 빨리 이동한다는 것을 배웠다.)
- 사회적 통념이나 관습, 지속적인 사실인 경우 현재 시제를 사용한다.
  - 예 It was reported that acid rain hurts wild animals and plants.
    (산성비는 야생 동물과 식물을 해친다고 보도되었다.)
- 역사적 사실은 과거 시제만 쓴다.
  - 예 Our teacher says that Shakespeare was born in 1564.
    → Our teacher said that Shakespeare was born in 1564.
    (우리 선생님은 셰익스피어가 1564년에 태어났다고 말했다.)
- 종속절이 가정법인 경우에는 시제의 변화가 없다.
  - 예 Tom says that he would buy the car if he had enough money. → Tom said that he would buy the car if he had enough money.
    (톰은 돈이 충분히 있었다면 그 차를 샀을 것이라고 말했다.)
- 시간·조건 부사절에서는 미래 시제 대신 현재 시제를 쓴다.
  - 예 He will marry her after he graduates from the university. (O)
    (그는 대학을 졸업한 후에 그녀와 결혼할 것이다.)
    He will marry her after he will graduate from the university. (×)

(2) 조동사

조동사는 크게 화자의 심적 태도(mood)를 나타내는 법조동사(Modal Verbs)와 문장의 형태를 전환하는 데 쓰는 일반조동사(Auxiliary Verbs)로 나눌 수 있다.

① 일반조동사

ㄱ do

• 의문문을 만들 때

예 Do you hear me? (내 말이 들립니까?)

• 부정문을 만들 때

예 He doesn't like apples. (그는 사과를 좋아하지 않는다.)

• 부가의문문을 만들 때

예 She talks too much, doesn't she?

(그녀는 말을 너무 많이 해요, 안 그래요?)

• 도치 구문

예 Never did I see him again. (나는 다시는 그를 보지 못했다.)

• 강조의 do

예 I do hope you can come to the party.

(나는 당신이 파티에 올 수 있기를 정말로 바란다.)

• 대동사 do

예 If you want to go out, do it now.

(나가고 싶으면 지금 나가시오.)

ㄴ be

• 진행형을 만들 때(be + -ing)

예 He is working in the garden.

(그는 정원에서 작업하고 있다.) - 현재진행

I was sleeping at midnight. (난 밤 12시에 자고 있었어.)

- 과거진행

• 수동태를 만들 때(be + 과거분사)

예 This story is written in the English language.

(이 이야기는 영어로 쓰여졌다.)

ㄷ have: 완료형을 만들 때(have + 과거분사)

예 My sister has just come home from shopping.

(나의 누이가 방금 장을 봐 가지고 돌아왔다.) - 현재완료

예 When he arrived, the meeting had already finished.

(그가 도착했을 때, 회의는 이미 끝나 버렸다.) - 과거완료

② 법조동사

ㄱ will[shall]

• 단순 미래: 단순한 미래의 동작이나 상태 및 예정

예 He will be free this evening.

(오늘 저녁에는 그가 한가할 것이다.) - 예상

• 의지 미래: 화자의 결심과 의지를 표현하거나 상대방의 의지를 물을 때

예 I won't tell anybody.

(나는 아무에게도 이야기하지 않겠다.) - 의지

When shall we meet again? (우리 언제 다시 만날까요?)

You shall have this watch. = I will give you this watch.

ㄴ would

• 과거의 불규칙적인 습관: ~하곤 했다

예 She would often take a walk.

(그녀는 종종 산책을 하곤 했다.) - 과거의 습관

• 정중한 부탁: ~해 주시겠습니까?

예 Would you tell me the time?

(몇 시인지 말해 주시겠습니까?) - 정중한 부탁

• 간절한 희망

예 I would like to go to Busan. = I want to go to Busan.

• 강한 거절: ~하려고 하지 않았다

예 He wouldn't go there instead of her.

(그는 그녀 대신 그곳에 가려고 하지 않았다.) - 강한 거절

ㄷ should

• 당연·의무: ~해야 한다

예 You should obey the school rules. (교칙을 지켜야 한다.)

• 간절한 희망(겸손한 표현)

예 I should like to see the movie. = I would like to see the movie. (나는 그 영화를 보고 싶다.)

■ 조동사의 특징

• 술어의 가장 앞에 위치

• 조동사 다음에 오는 보조 동사나 일반동사는 원형을 취한다(be, have는 예외).

• 인칭과 수에 관계없이 언제나 같은 형태이다(be, have, do는 예외).

• 부정은 '조동사 + not'

• 두 개 이상의 조동사가 나란히 쓰이지 않는다.

• 의문문: '조동사 + 주어 ~?'

■ 조동사의 종류

• 일반조동사: be, have, do

• 법조동사: can, may, must, will, shall 등

■ 습관을 나타내는 용법

과거의 불규칙적인 습관은 would로, 과거의 규칙적인 습관이나 지속적인 상태는 'used to + 동사원형'으로 나타낸다.

예 He used to take a walk every morning.

(그는 매일 아침 산책을 하곤 했다.)

예 He used to live in Seoul. = Once he lived in Seoul, but he doesn't live in Seoul now.

(그는 서울에 살았지만, 지금은 서울에 살지 않는다.)

- that절에 쓰인 should + 동사원형

  필요, 당연, 명령, 주장, 권고, 요구, 유감 등을 나타내는 주절에 이어지는 that절에는 'should + 동사원형'이 쓰이게 된다. 이때 미국식 영어에서는 should 없이 동사원형만이 쓰이는 경우가 많다.

  예 I *suggested* that a doctor (should) be sent for.
  (나는 의사를 보내야 한다고 제안했다.)

ㄹ can[could]

- 능력 가능: ~할 수 있다

  예 A man can make mistakes. (누구나 실수를 할 수 있다.)
  − 능력, 가능성

- 강한 의심: 과연 ~할 수 있을까?

  예 Can I be back in time for the meeting?
  (회의 시간에 맞춰 돌아올 수 있을까?)

- 부정적 추측: ~일 리 없다

  예 It cannot be true. (그것은 사실일 리가 없다.) − 추측

  - be able to

    조동사 can이 '~할 수 있다'의 뜻으로 능력·가능성을 나타낼 때는 'be able to + 동사원형'으로 대신할 수 있다.

    예 I *will* be able to answer the question.
    (나는 그 문제에 대답할 수 있을 것이다.)

ㅁ may[might]

- 허가: ~해도 좋다

  예 You may use my computer.
  (내 컴퓨터를 사용해도 좋다.) − 허가

- 추측·불확실: ~일지도 모른다

  예 The news may not be true.
  (그 소식은 사실이 아닐지도 모른다.) − 추측

- 기원문: ~하소서!

  예 May you succeed! (당신이 성공하기를!) − 기원

- 목적: so that … may ~(~하기 위하여)

  예 He studied hard so that he might pass the exam.
  = He studied hard in order to pass the exam.

ㅂ must[have to/had to]

- 필요·의무: ~해야 한다(= have to[has to/had to])

  예 I must be going now. (나는 이제 가야 한다.)

- must not: ~해서는 안 된다

  예 You must not tell a lie. (거짓말을 해서는 안 된다.)

- 강한 추측: ~임에 틀림없다(부정: cannot ~일 리가 없다)

  예 What he said must be true.
  (그가 말한 것은 사실임에 틀림없다.)

ㅅ ought to[need/dare]

- ought to(= should): 당연히 ~해야 한다(부정: ought not to)

  예 You ought not to say such a thing.
  (그런 말을 해서는 안 된다.) − 의무

- need/dare: 의문문과 부정문에서는 조동사로 쓰이고, 긍정문에서는 본동사로 쓰인다.

  예 Tom needs to come here. (본동사)
  Tom need not come here. (조동사)
  Need Tom come here? (조동사)

  예 Dare he say such a thing? (그가 감히 그런 말을 하는가?)

ㅇ 조동사 + have + 과거분사

- cannot have + 과거분사: 강한 부정 추측의 과거 시제

  예 He cannot have been a thief.
  (그는 도둑이었을 리가 없다.)

- could have + 과거분사: 실현되지 않은 과거의 사실에 대한 가능성이나 비난

  예 You could have helped me.
  (너는 나를 도와줄 수도 있었다.)

- may have + 과거분사: 과거에 관한 추측

  예 Their house may have been sold.
  (그들의 집은 팔렸을지도 모른다.)

- might have + 과거분사: 실현되지 않은 과거의 사실에 대한 가능성이나 비난

  예 If it had not been for your help, we might have failed.
  (만약 너의 도움이 아니었다면, 우리는 실패했을지 모른다.)

- should[ought to] have + 과거분사

  − 실현되지 않은 과거 사실에 대한 유감이나 비난

    예 I ought to have written that letter yesterday.
    (나는 어제 그 편지를 썼어야 했는데 쓰지 않았다.)

– 과거에 관한 추측

> 예 It <u>should have been</u> a great surprise to him.
> (그것은 그에게는 뜻밖이었을 것이다.)

• must have + 과거분사: 강한 추측의 과거 시제(의무나 필요의 경우는 had to로 표현)

> 예 I think they <u>must have left</u> early.
> (나는 그들이 일찍 떠났음에 틀림없다고 생각한다.)

• need not have + 과거분사: 과거에 불필요한 행동을 하였음을 나타낸다.

> 예 I <u>needn't have written</u> to him.
> (나는 그에게 편지를 쓸 필요가 없었는데.)

> ※ didn't need to: 과거에 어떤 행동이 불필요해서 하지 않았다는 의미를 포함한다.

> 예 She <u>didn't need to</u> walk to the house.
> (그녀는 집까지 걸어갈 필요가 없었다.)

■ **조동사 + have + 과거분사**

일반적으로 특별한 의미의 과거시제를 표현하거나, 조동사가 과거형일 때 가정의 개념을 표현하는 경우가 많다.

• would have p.p: ～했을 것이다
• may[might] have p.p: ～했는지도 모른다
• should have p.p: ～했어야만 했는데 (안 했다)
• could have p.p: ～했을 수도 있다
• must have p.p: ～했었음이 틀림없다
• can't have p.p: ～했을 리가 없다
• must not have p.p: ～하지 않았던 게 틀림없다
• may[might] not have p.p: ～하지 않았는지도 모른다

---

3 명사 · 대명사

(1) 명사

명사는 사물의 이름을 일컫는 말인데, 문장에서 주어, 목적어, 보어로 쓰인다.

① 명사의 종류

㉠ 보통명사: boy, pencil, table, flower 등

> 예 I have an <u>egg</u>. (나는 달걀 하나를 갖고 있다.) – 단수
> He has two <u>eggs</u>. (그는 달걀 두 개를 갖고 있다.) – 복수

㉡ 고유명사

> 예 <u>Mt. Everest</u> is the highest mountain in the world.
> (에베레스트는 세계에서 가장 높은 산이다.)

㉢ 물질명사: sugar, gold, paper, gas, snow 등

> 예 I like <u>silver</u> better than <u>gold</u>. (나는 금보다 은을 좋아한다.)

㉣ 집합명사: class, family, people 등

> 예 Our <u>class</u> is very large. (우리 학급은 매우 크다.) – 집합명사(단수 취급)

> 예 Our <u>class</u> are all diligent.
> (우리 반 학생들은 모두 부지런하다.) – 군집 명사(복수 취급)

㉤ 추상명사: hope, life, kindness, beauty 등

> 예 He came to see me in the <u>hope</u> that I would help him.
> (그는 내가 도와 줄 거라는 희망을 갖고 나를 찾아 왔다.)

■ **물질명사의 수량 표현**: 단위를 표시하는 명사를 쓴다.

• <u>a cup of</u> tea – <u>two cups of</u> tea
• <u>a glass of</u> water – <u>two glasses of</u> water
• <u>a piece of</u> chalk – <u>four pieces of</u> chalk
• <u>a pound of</u> sugar – <u>five pounds of</u> sugar

■ **가산명사와 불가산명사**

• 가산명사: 셀 수 있는 명사(보통명사, 집합명사)
• 불가산명사: 셀 수 없는 명사(물질명사, 추상명사, 고유명사)
• 가산명사는 두 개 이상부터 복수로 취급하며, 불가산명사는 단수 취급한다.

---

② 명사의 수 표시

㉠ 셀 수 있는 명사: many(많은), a few(조금), few(거의 없는), several(몇몇의), a number of(많은)

예 How many customers does an average Starbucks serve per day?

(스타벅스는 하루에 평균 얼마나 많은 고객을 서비스하는가?)

㉡ 셀 수 있는[없는] 명사: no(어떤 ~도 아닌), all(모든), lots of[a lot of/ plenty of](많은), some(몇몇의), any(몇몇의)

㉢ 셀 수 없는 명사: much(많은), a little(조금), little (거의 없는), a great deal of(많은), a large amount of(많은)

예 In the Digital Age, you can get a large amount of online data.

(디지털 시대에는 많은 양의 온라인 데이터를 얻을 수 있다.)

■ hundred, thousand, million
• 숫자와 함께 쓰이면 단수형으로 쓴다.
• 숫자 없이 쓰이면 '복수형 + of + 명사'로 쓰며, '수백, 수천, 수백만' 등으로 해석한다.

예 Five thousand kilometers separates the two cities.
(오천 킬로미터가 그 두 도시를 가르고[그 두 도시는 오천 킬로미터를 사이에 두고] 있다.)
There were thousands of people there.
(거기에는 수많은 사람들이 있었다.)

■ 복수형 명사의 유의할 용법
• 항상 복수형으로 쓰이는 명사: glasses(안경), shoes(신발), boots(부츠), socks(양말), stockings(스타킹), trousers (바지), pants(바지), gloves(장갑), scissors(가위) 등
• 복수형이 되면 의미가 달라지는 명사
  – air(공기, 대기) → airs(분위기, 건방진 태도)
  – arm(팔) → arms(무기, 팔의 복수)
  – manner(방법, 방식) → manners(예절, 풍습)
  – pain(고통, 아픔) → pains(수고, 노력)
  – color(색, 빛깔) → colors(군기, 국기)
  – force(힘, 작용) → forces(군대)
  – custom(습관) → customs(관세, 세관)

---

③ 명사의 격

㉠ 주격

예 The man believed the farmer's words.
(그 남자는 농부의 말을 믿었다.) – 주어
She is a good lawyer.
(그녀는 훌륭한 변호사이다.) – 주격보어
Boys, be ambitious. (소년들이여, 야망을 가져라.) – 호격

㉡ 목적격

예 He loves my sister.
(그는 내 여동생을 사랑한다.) – 타동사의 목적어
A dog barked at the man.
(개가 그 남자에게 짖었다.) – 전치사의 목적어
I think him a scholar.
(나는 그를 학자라고 생각한다.) – 목적격보어

㉢ 소유격

• 생물(사람, 동물)의 소유격
예 Tom's desk (Tom의 책상)

• 무생물의 소유격
예 the legs of the table (탁자의 다리들)

• 무생물이라도 –'s를 붙이는 경우: 시간, 거리, 가격, 중량, 사물을 의인화
예 today's newspaper (오늘의 신문)
the earth's surface (지구의 표면)
two miles' distance (2마일의 거리)
a dollar's worth (1달러어치)
nature's law (자연의 법칙)

• 복합 명사의 소유격
예 my father-in-law's room (나의 장인의 방)

• 독립 소유격: 소유격 다음의 명사를 생략하는 경우
예 This car is my mother's (car). (이 차는 내 어머니의 차다.)

• 이중 소유격: a(an), this, that, some, any 등을 소유격과 같이 쓸 때는 of를 사용하여 이중 소유격을 만든다.
예 a friend of mine (나의 친구)

• 복수 명사의 소유격: 복수형 어미에 –s를 붙인다.
예 farmers' market, girls' school

④ 명사의 주의할 용법

㉠ 보통명사의 추상명사화: The + 단수보통명사 = 추상명사
예 The pen is mightier than the sword.
(펜[글]은 칼[무력]보다 강하다.)

㉡ 종족 대표: 어떤 종족의 전체
예 A dog[The dog] is a useful animal. (개는 유용한 동물이다.)
– 대표 단수

Dogs are useful animal. (개는 유용한 동물이다.) – 대표 복수

ⓒ 고유명사의 보통명사화

예 The Bakers loved to entertain others. (베이커 씨 부부는 다른 사람들을 즐겁게 하는 것을 좋아했다.)
A Newton cannot become a Shakespeare. (뉴턴 같은 과학자가 셰익스피어 같은 문학가가 될 수는 없다.)

ⓔ 추상명사의 보통명사화

예 He is an ambitious youth. (그는 야심 있는 젊은이이다.) – 보통명사
Youth should respect age. (젊은이들은 노인들을 존경해야 한다.) – 집합명사

ⓜ 추상명사의 형용사적·부사적 용법

• of + 추상명사 = 형용사

예 a man of ability = an able man

• with[without, by, to, in] + 추상명사 = 부사

예 with kindness = kindly

• all + 추상명사[추상명사 + itself] = very + 형용사

예 He is all kindness[kindness itself] = He is very kind.

(2) 대명사

① 대명사의 종류

ⓐ 인칭대명사: 말하는 자신이나 상대방, 그리고 제3자를 구별하여 나타내는 대명사(I, you, she, we, they 등)

예 I believe in this method. (나는 이 방법이 좋다고 생각한다.)

ⓑ 지시대명사: 사람이나 사물을 가리키는 대명사(this, that, it 등)

예 A true friend would not do a thing like that.
(진정한 친구라면 그와 같은 일은 하지 않을 것이다.)

ⓒ 의문대명사: 의문을 나타내는 대명사(who, what, which, where, why, how 등)

예 I was at a loss what to do.
(나는 무엇을 해야 할지 몰라 당황했다.)

ⓓ 부정대명사: 사람이나 사물을 막연히 가리키는 대명사(one, none, any, some, each, every, other, others, another 등)

예 None of my friends are here yet.
(나의 친구들은 아직 아무도 여기 오지 않았다.)

ⓔ 관계대명사: 대명사와 접속사의 역할을 동시에 하는 대명사(who, which, that, what 등)

예 I know a boy who can speak French.
(나는 프랑스어를 할 줄 아는 소년을 안다.)

■ 인칭 대명사의 격변화

인칭	수		주격	소유격	목적격	소유대명사	재귀대명사
1인칭	단수		I	my	me	mine	myself
	복수		we	our	us	ours	our-selves
2인칭	단수		you	your	you	yours	yourself
	복수		you	your	you	your	your-selves
3인칭	단수	남성	he	his	him	his	himself
		여성	she	her	her	hers	herself
		중성	it	its	it	its	itself
	복수		they	their	them	theirs	them-selves

② it의 용법

ⓐ 비인칭 it: 시간, 거리, 가격, 중량, 날짜, 요일, 연도, 계절, 날씨 등을 나타내며 해석하지 않는다.

예 It rains today. (오늘은 비가 온다.)
How far is it from here to the station?
(여기에서 역까지 거리가 얼마나 되나요?)

ⓑ 가주어/가목적어 it: 명사구나 명사절을 대신하여 형식상의 주어나 형식상의 목적어로 쓰인다.

예 It is true that he is diligent. (그가 부지런한 것은 사실이다.)
I make it a rule to go fishing every Sunday.
(나는 매주 일요일마다 낚시하러 가는 걸 습관으로 한다.)

ⓒ It is ~ that 강조 구문: 강조하는 부분이 사람인 경우에는 that 대신 who나 whom을 쓸 수 있다. 장소인 경우에는 where, 시간인 경우에는 when을 쓸 수 있다.

예 He saw a tiger at the zoo yesterday.
(그는 어제 동물원에서 호랑이를 보았다.)

→ It was he that saw a tiger at the zoo yesterday.
(어제 동물원에서 호랑이를 본 것은 바로 그였다.)

→ It was a tiger that he saw at the zoo yesterday.
(어제 동물원에서 그가 본 것은 바로 호랑이였다.)

→ It was at the zoo that he saw a tiger yesterday.
(그가 어제 호랑이를 본 것은 바로 동물원에서였다.)

→ It was yesterday that he saw a tiger at the zoo.
(그가 동물원에서 호랑이를 본 것은 바로 어제였다.)

③ 지시대명사

㉠ this[these]는 가까운 것, that[those]은 멀리 있는 것을 가리킬 때 쓰인다.

  예 <u>This</u> gives us rest, and <u>that</u> gives us energy.

    (이것은 우리에게 휴식을 주고, 저것은 우리에게 힘을 준다.)

㉡ 명사의 반복을 피하기 위하여 that[those]이 쓰인다.

  예 The ears of a rabbit are larger than <u>those</u> of a cat.

    (토끼의 귀는 고양이의 귀보다 더 크다.)

㉢ 소개하려는 사람을 가리킬 때 또는 전화로 누구인지를 묻고 답할 때에도 지시대명사를 사용한다.

  예 Mr. Smith, <u>this</u> is Mr. Johnson.

    (스미스 씨, 이분이 존슨 씨입니다.)

㉣ 앞서 언급된 사항이나 앞으로 언급하려는 사항을 가리킬 때 사용한다.

  예 <u>This</u> is why he went to Washington.

    (이것이 그가 워싱턴에 간 이유이다.)

㉤ those who = ~하는 사람들(those = people)

  예 The god appears only to <u>those who</u> believe.

    (신은 믿는 사람들에게만 나타난다.)

④ 부정대명사

㉠ one

- 일반 사람을 나타내는 경우

  예 To do <u>one</u>'s duty gives <u>one</u> an honor.

    (자기의 의무를 다하는 것은 명예로운 일이다.)

    → one = 일반 사람

- 종류는 같으나 다른 물건일 때 one이, 같은 물건일 때는 it이 사용된다.

  예 I have lost a pen. I must buy <u>one</u>.

    (나는 펜을 잃어버렸다. 나는 펜을 하나 사야 한다.)

    → one = 같은 종류의 다른 물건

    I bought the pen, and have lost <u>it</u>.

    (나는 펜을 샀는데 그것을 잃어버렸다.)

- no one은 단수로, none은 단수 또는 복수로 취급한다.

  예 <u>No one</u> is more beautiful than she.

    (그녀만한 미인은 없다.) → no one = 단수

㉡ some과 any

- some은 '좀, 얼마, 몇 개'의 뜻으로 긍정문에 쓰인다. 셀 수 있는 명사(수)와 셀 수 없는 명사(양) 둘 다 사용되며, 수에 쓰이면 다음에 복수 명사가 온다.

  예 I have <u>some</u> books. (나는 책이 몇 권 있다.)

    I have <u>some</u> money with me. (나는 돈이 어느 정도 있다.)

- some 다음에 단수명사가 오면 '어떤'의 뜻이 된다.

  예 <u>Some</u> girl came to see you.

    (어떤 소녀가 너를 만나러 왔어.)

- 권유하거나 긍정의 대답을 예상할 때에는 의문문에 some을 쓸 수 있다.

  예 Won't you have <u>some</u> tea? (차 좀 드시겠습니까?) - 권유

    Will you lend me <u>some</u> money? (돈 좀 빌려주시겠습니까?)

    - 부탁

- any는 '좀, 얼마, 몇 개'의 뜻으로 셀 수 있는 명사(수)와 셀 수 없는 명사(양) 둘 다 사용되며, 의문문, 부정문, 조건절에 쓰인다.

  예 Do you have <u>any</u> money with you? (돈 좀 있니?)

    I don't have <u>any</u> money with me. (나는 돈이 한푼도 없다.)

    If you have <u>any</u> money, lend me some money.

    (돈 좀 있다면, 내게 빌려줘.)

- any는 긍정문에 사용되면 '무엇이든지, 누구든지, 어떤 ~라도'의 뜻으로 쓰인다.

  예 <u>Any</u> help is better than no help.

    (어떤 도움이라도 없는 것보다 낫다.)

- any는 부정문에서 주어로 쓸 수 없다. any가 not과 함께 쓰일 경우, any는 반드시 not 다음에 와야 한다.

  예 <u>Any</u> of them can not do it. (×)

    <u>None</u> of them can do it. (○) (아무도 그것을 할 수 없다.)

㉢ other, others, another

- 둘 중의 하나는 one이고, 나머지 하나는 the other이다.

  예 I have two cats; <u>one</u> is black and <u>the other</u> is white.

    (나는 고양이가 두 마리 있는데, 하나는 검은색이고 다른 하나는 흰색이다.)

- 막연한 나머지는 others로, 지정된 나머지는 the others로 나타낸다.

  예 Some boys like baseball, and <u>others</u> do not like it.

    (어떤 소년들은 야구를 좋아하고, 나머지는 그렇지 않다.)

    Four of them liked the idea; <u>the others</u> did not.

    (그들 중 넷은 그 아이디어를 좋아하지만, 나머지는 싫어한다.)

- 단독으로 쓰인 others는 other people(타인, 남)의 뜻이다.

  예 He likes to work for <u>others</u>.

    (그는 남들을 위해 일하는 것을 좋아한다.)

- another는 'an + other'의 형태로 단수의 뜻이며, 여러 개(3개 이상)에서 몇 개를 빼고 남은 것 중의 하나를 가리킨다.

예 I have six dogs; two of them are white, <u>another</u> is black, and the others are brown.

(나는 개가 여섯 마리 있다. 그 중 두 마리는 흰 개, 다른 한 마리는 검은 개, 나머지는 갈색 개다.)

- another가 단독으로 쓰이는 경우

예 Will you have <u>another</u> cup of coffee?

(커피 한 잔 더 드시겠습니까?)

→ 하나 더(one more)

I don't like this one. Show me <u>another</u>.

(이것은 마음에 안 드니, 다른 것을 보여 주세요.)

→ 다른, 별개의(a different)

ⓔ all과 both: all은 셋 이상인 경우, both는 둘인 경우에 쓰며 복수 취급한다. all이 단수가 될 때도 있다.

예 <u>All</u> of them are middle school students.

(그들은 모두 중학생이다.)

<u>All</u> is silent. (만물이 고요하다.)

<u>Both</u> (of) the sisters are very pretty.

(그 자매는 둘 다 예쁘다.)

■ other, others, another

- other = 다른 것, 다른 사람, 별개의 것, 이 이외의 것, 복수형은 'others'이다. others는 단독으로 쓰이나, 'other, the other, the others' 등은 다른 말과 함께 쓰인다.
- another = 또 하나, 다른 하나
- one = 둘 중의 하나, the other = 나머지 하나
- others = 막연한 나머지, the others = 지정된 나머지
- each other는 둘 사이에, one another는 셋 이상 사이에 쓰인다.

---

⑤ 부분부정과 전체부정

㉠ every[all, both, always, completely] + not = 부분부정

예 They <u>don't</u> know <u>everything</u>.

(그들이 전부를 아는 것은 아니다.) - 부분부정

They don't know anything.

(그들은 아무것도 모른다.) - 전체부정

I <u>did not</u> meet <u>all</u> of them.

(나는 그들 모두와 만난 것은 아니다.) - 부분부정

I did not meet any of them.

(나는 그들 중 누구와도 만나지 않았다.) - 전체부정

㉡ both, either, neither의 용법: both = 둘 다 긍정, either = 양자택일, neither = 둘 다 부정

예 I like <u>both</u> of the books. (나는 그 책들을 둘 다 좋아한다.)

Do you know <u>either</u> of them? (너는 그들 중 한 명을 아니?)

I have read <u>neither</u> book. (나는 어느 책도 읽지 않았다.)

⑥ 의문대명사

㉠ who의 용법: 사람의 이름이나 가족 관계를 물어볼 때 사용된다.

예 <u>Who</u> is the gentleman? / He is my uncle.

㉡ which의 용법: 동물이나 사물에 쓰인다.

예 <u>Which</u> is faster, a bus or a train?

(버스와 기차 중 어느 쪽이 빠른가?)

㉢ what의 용법: 사람에게 쓰일 경우 직업이나 신분을 물을 때 쓰인다.

예 <u>What</u> is she? = What does she do?

(그녀의 직업은 무엇인가?)

㉣ 의문대명사와 조동사: 의문대명사가 주어이면 그 앞에 조동사를 쓰지 않는다.

예 <u>Who</u> can solve this problem? (○)

(누가 이 문제를 풀 수 있는가?)

Can who solve this problem? (×)

■ 의문대명사 who, which, what

용도	주격	소유격	목적격
사람	who	whose	whom
사물·동물	which	×	which
사람·사물·동물	what	×	what

■ 재귀대명사의 용법

- 재귀적 용법: 주어의 동작이 자기 자신에게 돌아가는 경우 동사[전치사]의 목적어로 쓰인다.

예 He killed <u>himself</u>.

- 강조적 용법: 주어, 목적어, 보어의 뜻을 강조하기 위해 쓰이며 생략 가능하다.

예 I want to see your father <u>himself</u>. - 목적어 강조

- 전치사 + 재귀대명사의 관용 표현

예 She sent there <u>by herself</u>. (혼자서 = alone)

You can't live <u>for yourself</u>. (혼자 힘으로)

The door opened <u>of itself</u>. (저절로)

4 형용사 · 부사 · 전치사

(1) 형용사

① 형용사의 용법

㉠ 한정적 용법

• 형용사가 명사[대명사]의 앞 또는 뒤에서 그 명사를
수식하는 경우

예 Did you hear the shocking news?

(그 충격적인 소식을 들었나요?)

There is nothing new under the sun.

(이 세상에 새로운 것은 아무 것도 없다.)

• 한정적 용법에만 쓰이는 형용사: drunken, elder, former, latter, only, inner, outer, mere, sheer, utmost, very, wooden, sole, this, that 등

㉡ 서술적 용법

• 형용사가 주격보어나 목적격보어로 쓰여 주어나 목적어를 보충 설명하는 경우

예 He looked tired this morning. – 주격보어

(그는 오늘 아침 피곤해 보였다.)

I found the room empty. – 목적격보어

(나는 그 방이 비었다는 것을 알았다.)

• 서술적 용법에만 쓰이는 형용사: a로 시작하는 형용사(afraid, awake, alone, asleep, ashamed, aware 등)와 glad, content, unable, worth 등

■ 한정적 용법과 서술적 용법에 따라 의미가 다른 형용사

• certain

예 A certain man came to see you.

(어떤 남자가 너를 보러 왔어.) – 한정적 용법

It is certain that he will come to see you.

(그가 너를 보러 올 것이 확실해.) – 서술적 용법

• late

예 The late Mr. Brown was a famous scholar.

(돌아가신 Mr. Brown은 유명한 학자였다.) – 한정적 용법

Mr. Brown was late yesterday.

(Mr. Brown은 어제 늦었다.) – 서술적 용법

• present

예 He is the present king. (그는 현재의 왕이다.) – 한정적 용법

Everybody was present. (모두 출석했다.) – 서술적 용법

---

② 형용사의 어순

㉠ 문장에서 형용사는 어순이 보통 '관사 + 부사 + 형용사 + 명사'이지만, 두 개 이상의 형용사가 올 경우에는 그 순서가 '관사(또는 지시형용사) + 수량형용사 + 성상형용사 + 명사'가 된다.

예 This is an interesting book. (이것은 재미있는 책이다.)

This is a very interesting book.

(이것은 대단히 재미있는 책이다.)

Those two tall boys are her sons.

(저 키 큰 두 소년들은 그녀의 아들들이다.)

㉡ 성상 형용사가 중복되는 경우 일반적으로 '관사 → 서수 → 기수 → 성질 → 크기 → 형태 → 색상 → 신·구 → 재료 → 출신'과 같은 어순을 취한다.

예 I saw her in an old French film.

(나는 그녀를 한 오래된 프랑스 영화에서 보았다.)

㉢ 일반적으로 -thing, -body, -one으로 끝나는 복합부정대명사를 수식할 때 형용사는 대명사 뒤에 위치한다.

예 I want to drink something hot.

(나는 뜨거운 것을 마시고 싶다.)

Do you have anything cold to drink?

(시원한 마실 것이 있나요?)

③ 형용사의 종류

㉠ 대명형용사: 대명사가 명사를 수식하는 형용사의 역할을 한다.

• 지시형용사: this book, that boy, these desks

• 소유형용사: my book, his car, her house

• 의문형용사: what book, which pencil

• 부정형용사: some water, any books

㉡ 성상형용사: 사람이나 사물의 성질, 상태를 나타낸다.

• 본래형용사: a pretty girl, a good book

• 고유명사에서 온 형용사: an English boy, a French girl

• 물질명사에서 온 형용사: a silver spoon, a gold watch

• 분사에서 온 형용사: a sleeping baby, a used car

㉢ 수량형용사: 수, 양, 정도를 나타낸다.

• 기수: one, two, three, four 등

• 서수: first, second, third, fourth 등

• 배수: once, twice, three times, half, double

㉣ 부정수량형용사: 일정하지 않은 수량을 나타낸다.

• 수: few, a few, many 등

- 양: little, a little, much 등
- 수·양: a lot of, lots of, some, any 등

④ 형용사의 비교급·최상급 변화: 형용사와 부사는 '비교 변화'를 하는데, 비교 변화에는 '원급, 비교급, 최상급'의 3가지가 있다. 비교급은 '더 ~한', 최상급은 '가장 ~한'의 의미이다. 원급은 형용사나 부사 다음에 아무것도 붙이지 않은 형태이다. 비교급과 최상급을 만드는 방법에는 규칙 변화와 불규칙 변화가 있다.

㉠ 규칙 변화
- 원급에 -(e)r, -(e)st를 붙인다.
  예 old – older – oldest
- [단모음 + 단자음]으로 끝나는 말은 그 어미의 자음을 겹치고 -er, -est를 붙인다.
  예 hot – hotter – hottest
- 자음 + y: y를 i로 고쳐 -er, -est를 붙인다. 어미가 '모음 + y'인 경우는 -er, -est를 그대로 붙인다.
  예 pretty – prettier – prettiest
     gay – gayer – gayest
- 대다수의 2음절어와 3음절어 이상의 긴 형용사는 more, most를 붙인다.
  예 useful – more useful – most useful

㉡ 불규칙 변화
  예 good[well] – better – best
     bad[ill] – worse – worst
     many[much] – more – most
     little – less – least
     old – older – oldest (나이 먹은, 늙은)
     old – elder – eldest (연상의)
     late – later – latest (늦은, 나중의) – 시간 개념
     late – latter – last (마지막의) – 순서 개념
     far – farther – farthest (먼) – 거리 개념
     far – further – furthest (먼) – 거리 개념

⑤ 형용사의 비교
㉠ 원급 용법
- as 원급 as ~: ~만큼 ~하다
  예 Sports are as important as studies.
     (스포츠는 공부와 마찬가지로 중요하다.)
- the same ~ as[or that] ~: ~와 같은 ~
  예 This is the same camera as I have.
     (이것은 내가 가지고 있는 것과 똑같은 카메라이다.)
- not so[as] ~ as: ~만큼 (그렇게) ~하지 않다
  예 He is not so young as he looks.
     (그는 보이는 것처럼 그렇게 어리지는 않다.)

- times as ~ as ~: ~배만큼 ~하다
  예 The country is two times[twice] as large as England.
     (그 나라는 영국의 2배만큼 크다.)

㉡ 비교급 용법
- 비교급 다음에는 접속사 than을 쓰며, than 뒤에는 문맥상 알 수 있는 중복 요소를 생략할 수 있다.
  예 He is stronger than I. – 우등비교
     (그는 나보다 힘이 세다.)
     = I am less strong than he. – 열등비교
     = I am not as strong as he.
- the + 비교급 ~, the + 비교급 ~: ~하면 할수록, 더욱 더 ~하는
  예 The more you learn, the wiser you become.
     (많이 배우면 배울수록 더 현명해진다.)
- no more than ~: 겨우 ~뿐(= only)
  예 He has no more than 200 dollars. = He has only 200 dollars. (그는 가진 돈이 200달러뿐이다.)
- no longer: 더 이상 ~ 아니다(= not ~ any longer, no more, not ~ any more)
  예 The weather is no longer cold. = The weather is not cold any longer. (날씨가 더 이상 춥지 않다.)
- 라틴어 계통의 비교를 나타내는 단어인 superior, inferior, senior, junior 등은 다음에 than을 쓰지 않고 to를 쓴다.
  예 He is superior to me in physics.
     (그는 나보다 물리를 잘한다.)

㉢ 최상급 용법
- 최상급은 그 성질, 정도 등이 '가장 ~한'의 뜻으로 쓰이며, 최상급 형용사 앞에는 정관사 the를 반드시 써야 하며, 최상급 부사 앞에는 정관사 the를 쓰기도 하고 생략하기도 한다.
  예 She is the most beautiful girl in the class.
     (그녀는 반에서 가장 아름답다.)
     He ran fastest. (그가 가장 빨리 달렸다.)
     He works the hardest of all in the company.
     (그는 그 회사에서 가장 열심히 일한다.)
- one of the + 최상급 + 복수명사: 가장 ~한 것 중의 하나
  예 He is one of the best pianists in Europe.
     (그는 유럽에서 가장 훌륭한 피아니스트 중 한 사람이다.)
- the + 최상급 + 명사 + (that) + 현재완료: 지금까지 ~했던 것 중 가장 ~하다
  예 Mr. Kang is the wisest man that I've ever met.
     (강 씨는 내가 만난 사람 중에서 가장 현명한 사람이다.)

• most의 여러 가지 용법

예 It is the most beautiful flower.
(그것은 가장 아름다운 꽃이다.) – 최상급
This is a most beautiful flower.
(이것은 매우 아름다운 꽃이다.) (= very)
Most flowers are beautiful.
(대부분의 꽃은 아름답다.) – '대부분'의 의미

■ **최상급 의미를 나타내는 여러 가지 표현**

예 Seoul is the largest city in Korea.
(서울은 한국에서 가장 큰 도시이다.) – 최상급
= Seoul is larger than any other city in Korea. – 비교급
= No city in Korea is larger than Seoul. – 비교급
= No city in Korea is so large as Seoul. – 원급
= Seoul is as large as any other city in Korea. – 원급

---

(2) 부사

① 부사의 용법

㉠ 동사 수식

예 He reads books rapidly. (그는 책을 빨리 읽는다.)

㉡ 형용사 수식

예 He has a very expensive hair band.
(그는 매우 비싼 헤어밴드를 가지고 있다.)

㉢ 또 다른 부사 수식

예 She swims very well. (그녀는 수영을 매우 잘한다.)

㉣ 명사 또는 대명사 수식

예 Even a child can do it. (어린아이라 해도 그것을 할 수 있다.)
Do you want anything else?
(그 외에 달리 원하시는 것이 있습니까?)

㉤ 문장 전체 수식

예 Surprisingly she was calm. (놀랍게도 그녀는 침착했다.)

② 부사의 위치

㉠ 부사는 형용사와 부사를 수식하며, 수식하는 말 바로 앞에 위치한다.

예 The lady is very beautiful. (이 숙녀는 정말 아름답다.)
– 형용사 수식
He can swim very fast. (그는 매우 빨리 수영할 수 있다.)
– 부사 수식

㉡ 빈도부사는 be동사[조동사]의 뒤에, 일반동사의 앞에 위치한다. 빈도부사에는 usually, sometimes, always, often, hardly, never, almost, nearly 등이 있다.

예 He always comes in time. (그는 항상 제 시간에 온다.)
She is often late for the meeting.
(그녀는 종종 모임에 늦는다.)

■ **빈도의 정도**

always(항상) > almost always(거의 언제나) > usually(보통) > normally, generally(일반적으로) > frequently(빈번하게) > often (자주) → quite often(꽤 자주) > sometimes(때때로) > occasionally(때에 따라) > seldom(좀처럼 ~하지 않다), rarely (드물게) > hardly(거의 ~ 아니다) > never(결코 ~ 않다)

㉢ not과 뜻이 거의 비슷한 준 부정어로 hardly, scarcely, rarely, seldom, little 등과 같은 부사들은 be동사나 조동사 다음에 쓰고, 일반동사 앞에 쓴다.

• hardly와 scarcely는 '거의 ~ 않다'의 뜻으로 hardly는 주로 can, any, ever, at all 등과 잘 쓰인다.

예 My mother can hardly drive a car.
(어머니는 자동차를 거의 운전하지 못한다.)

• seldom과 rarely는 '좀처럼 ~ 않다, 드물게 ~하다'의 뜻으로 쓰인다.

예 They seldom go to the movies.
(그들은 영화를 보러 가는 경우가 극히 드물다.)
He rarely watches TV.
(그는 좀처럼 텔레비전을 보지 않는다.)

• little은 '거의 ~ 않는'의 뜻이지만, imagine, think, guess, know, expect, dream 등과 같은 동사 앞에 쓰여서 강한 부정의 뜻을 가지기도 한다.

예 I little slept last night. (나는 간밤에 잠을 거의 못 잤다.)
He little expected to fall in love with her.
(그는 그녀를 사랑하게 되리라고는 결코 생각하지 못했다.)
– 강한 부정

㉣ 일정한 시간을 나타내는 부사: 맨 앞이나 맨 뒤에 위치

예 Yesterday he came to help me.
= He came to help me yesterday.

㉤ 부사가 두 개 이상 겹칠 때는 '장소 + 방법 + 시간'의 어순으로 하고, 시간을 나타내는 부사가 여러 개 올 때는 '시간(작은 단위) + 시간(큰 단위)'의 어순으로 한다.

예 They arrived here safely last night.
(그들은 어젯밤에 안전하게 이곳에 도착했다.)
We will leave Seoul at twelve this Sunday.
(우리는 이번 일요일 12시에 서울을 떠날 것이다.)

㉥ 문장 전체를 수식하는 부사는 문장의 맨 앞이나, 동사 앞에 위치한다.

예 Fortunately he did not die, I really must go now.
(다행히도 그는 죽지 않았고, 나는 정말로 지금 가야 한다.)

㉦ 부사어구의 배열 순서: 장소 부사어구 + 방법[목적] 부사어구 + 시간 부사어구

- 시간 부사어구: 작은 단위 + 큰 단위
- 장소 부사어구: 좁은 장소 + 넓은 장소

■ 혼동하기 쉬운 형용사와 부사

형용사	부사
hard(어려운, 부지런한)	hardly(거의 ~ 않는)
high(높은)	highly(높이, 대단히)
late(늦은)	lately(최근에)
most(가장 ~한, 대부분의)	mostly(대개, 대부분)
free(자유로운, 공짜의)	freely(제한 없이)
great(훌륭한, 위대한)	greatly(매우, 대단히)

③ 주의할 부사의 용법

㉠ very와 much: very(형용사·부사의 원급, 현재분사형, 형용사 수식), much(비교급, 과거분사 수식)

예 That book is <u>very</u> *interesting*. (저 책은 매우 흥미롭다.)
He is <u>much</u> *interested* in music. (그는 음악에 관심이 많다.)

㉡ too와 either: too(긍정문), either(부정문)에 쓰인다.

예 He is an engineer, <u>too</u>. (그는 기술자이기도 하다.)
He is not an engineer, <u>either</u>. (그는 기술자도 아니다.)

㉢ enough: 수식하는 말의 뒤에 온다.

예 He is rich <u>enough</u> to buy a car.
(그는 차를 살 만큼 부자이다.)

㉣ already와 yet: already는 긍정문에, yet은 부정문이나 의문문에 쓰인다. already를 의문문에 쓰면 놀람의 뜻이 된다.

예 He has finished his homework <u>already</u>.
(그는 벌써 숙제를 끝냈다.)
→ Have you finished the homework <u>already</u>?
(벌써 숙제 다 했니?)
I have not read this book <u>yet</u>.
(나는 아직 이 책을 읽지 않았다.)
→ Have you read this book <u>yet</u>? (너는 이 책을 벌써 읽었니?)

㉤ ago, before, since

- ago: '지금부터 ~ 전'의 뜻이며, 과거 시제로 명사(숫자)와 함께 쓴다.

예 He died five years <u>ago</u>. (그는 5년 전에 죽었다.)

- before: 과거의 어느 시점부터 '그 전'이란 뜻이고, 과거완료 시제에 쓴다. before는 단독으로 쓰면 막연히 '전에'란 뜻이다.

예 He said that he had seen a tiger <u>before</u>.
(그는 전에 호랑이를 본 적이 있다고 말했다.)

- since: 현재완료 시제에 쓴다.

예 He has lived in Seoul <u>since</u> last year.
(그는 작년부터 서울에 살고 있다.)

㉥ only: 원칙적으로 수식하는 말 앞에 온다.

예 He is <u>only</u> a child. (그는 단지 아이에 지나지 않는다.) – 부사
He is an <u>only</u> child. (그는 외동아들이다.) – 형용사

㉦ so와 neither: '역시 ~하다'의 뜻으로 so는 긍정문에, neither는 부정문에 쓴다.

예 He is happy. <u>So</u> am I. (그는 행복해. 나도 그래.)
He is not happy. <u>Neither</u> am I.
(그는 행복하지 않아. 나도 그래.)

㉧ scarcely[hardly]와 seldom[rarely]: scarcely[hardly]는 '(정도·양)이 거의 ~하지 않다'의 뜻이고, seldom[rarely]은 '(횟수)가 좀처럼 ~ 않다'의 뜻이다.

예 I can <u>scarcely</u> swim across the river.
(나는 간신히 강을 헤엄쳐 건널 수 있었다.)
He <u>seldom</u> comes to my house.
(그는 좀처럼 우리 집에 오지 않는다.)

㉨ there와 here: There is ~는 '~이 있다'의 뜻으로 there를 '거기에'라고 해석하지 않는다. Here is ~는 '여기에 ~이 있다'의 뜻으로 here는 장소(위치)를 나타낸다.

예 <u>There</u> are three men in the room.
(방 안에는 세 명의 남자들이 있다.)
<u>Here</u> is a pencil. (여기 연필이 있어요.)

(3) 전치사

① 전치사의 기능: 전치사는 명사[대명사]와 결합하여 구를 만드는데, 주요 기능은 다음과 같다.

㉠ 형용사구나 부사구를 만든다.

예 Yesterday I received a letter <u>in</u> French.
(어제 나는 프랑스어로 된 편지를 받았다.) – 형용사구
He studied music in France <u>for</u> two years.
(그는 2년간 프랑스에서 음악을 공부했다.) – 부사구

㉡ 전치사의 목적어는 목적격이 되어야 한다.

예 Look at him. (○) (그를 봐.)
Look at he. (×)

㉢ 동사가 전치사의 목적어가 될 경우 동명사 형태를 취한다.

예 Thank you very much <u>for</u> *inviting* me.
(저를 초대해 주셔서 감사합니다.)
<u>Before</u> *going* to bed, you must brush your teeth.
(자기 전에 너는 반드시 양치질을 해야 한다.)

1. 문법 **191**

② 전치사가 부사 또는 접속사의 구실을 할 때도 있다.

예 We played tennis <u>after</u> school. - 전치사

We played tennis <u>after</u> school was over. - 접속사

(우리는 방과 후에 테니스를 쳤다.)

She didn't want to hear the story again. She had heard it all <u>before</u>.

(그녀는 전에 그 이야기를 전부 들었기 때문에 다시 듣고 싶지 않았다.) - 부사

② 전치사의 위치

㉠ 전치사는 원칙적으로 목적어 앞에 온다.

예 He gave me a book <u>with</u> a torn cover.

(그는 나에게 표지가 찢어진 책을 주었다.)

㉡ 다음과 같은 경우에는 목적어 뒤에 온다.

• 전치사의 목적어가 의문사인 경우

예 Where do you come <u>from</u>? (당신은 어디 출신입니까?)

• 전치사의 목적어가 관계대명사인 경우

예 That is the house (*which*) they live <u>in</u>.

(저 집이 그들이 살고 있는 집이다.)

• 부정사가 형용사구를 이루는 경우

예 He has no friend to play <u>with</u>. (그는 같이 놀 친구가 없다.)

• 전치사를 포함한 동사구가 수동태가 되는 경우

예 A dog was run over by <u>the bus</u>.

(개 한 마리가 버스에 치었다.)

= <u>The bus</u> run over a dog.

③ 전치사의 품사 전환

㉠ 전치사 → 부사: 목적어가 없는 전치사는 부사로 취급한다.

예 He is <u>in</u> the room. (전치사)

→ Please come <u>in</u>. (부사)

Let's go <u>along</u> the street. (전치사)

→ Let's go <u>along</u>. (부사)

㉡ 타동사 + 부사 형식의 2어 동사: 목적어가 명사일 때 부사는 명사 앞뒤에 모두 올 수 있고, 목적어가 대명사일 때 부사는 반드시 목적어 뒤에 온다.

예 <u>Pick up</u> the pencil. (○) = <u>Pick</u> the pencil <u>up</u>. (○)

<u>Pick up</u> it. (×) → <u>Pick</u> it <u>up</u>. (○)

■ 이중 전치사

• <u>since before</u> the war (전쟁 전부터)

• <u>for over</u> ten years (10년 이상에 걸쳐)

• <u>from beyond</u> the river (강 저쪽으로부터)

• <u>from among</u> them (그들 가운데로부터)

• <u>from before</u> Sunday (일요일 전부터)

■ 구 전치사

• in spite of (~에도 불구하고)

• on account of (~ 때문에)

• by way of (~을/를 경유하여)

• instead of (~의 대신에)

• according to (~에 의하면)

• owing to (~ 때문에)

④ 전치사의 용법

㉠ 시간 전치사

• at: 하루 중 일정한 시간이나 때 앞에 쓰는데, 비교적 짧은 시간의 한 순간을 나타낸다. 주로 명절 (Christmas 등)이나 night, weekend 앞에는 at을 쓴다.

예 I get up <u>at</u> 7 o'clock. (나는 7시 정각에 일어난다.)

• in: 하루 중의 일부(in the morning, afternoon, evening 등)나 월・계절・해(年)・아침・저녁 등 비교적 긴 시간을 나타낸다.

예 Columbus discovered America <u>in</u> 1492.

(콜럼버스는 1492년에 아메리카를 발견했다.)

• on: 요일이나 날짜 등 일정한 일시를 나타낸다. on time은 '정각에', in time은 '시간 안에, 제때'를 의미한다.

예 We have no school <u>on</u> Sunday.

(일요일에는 학교에 가지 않는다.)

• till(until)/by: till은 어떤 동작의 '계속'을 나타내는 반면, by는 일회적인 사건의 발생이나 어떤 동작의 '완료'를 나타낸다.

예 I will wait here <u>till</u> five.

(나는 5시까지 여기서 기다릴 것이다.)

We need to get home <u>by</u> five.

(우리는 5시까지 집에 도착해야 한다.)

• for/during/through: for는 일정한 길이의 시간, 일반적으로 숫자 앞에서 쓰이고, during은 어떤 일이 계속되고 있는 특정한 기간에 쓰이며, through는 '처음부터 끝까지'라는 의미로 쓰인다.

예 He has studied English <u>for</u> three hours.

(그는 영어를 3시간 동안 공부했다.)

I went to my uncle's (house) <u>during</u> the summer vacation. (나는 여름 방학 동안 삼촌 댁에 갔다.)

It kept raining <u>through</u> the night. (밤새도록 비가 왔다.)

- from/since: from은 '~부터'라는 뜻으로 시간의 출발점을 나타내며, since는 '~ 이래로'라는 의미로 과거부터 현재까지의 계속을 나타낸다.

  예 He has lived here <u>since</u> last year.
  (그는 작년부터 여기에 살았다.)
  He will live here <u>from</u> next month.
  (그는 다음 달부터 여기에 살 것이다.)

ⓛ 방향 전치사

- on/beneath/over/under/above/below

  예 My watch is <u>on</u> the desk. (내 시계는 책상 위에 있다.)
  We saw the whole city <u>below</u> us.
  (우리는 우리 아래 도시 전경을 보았다.)

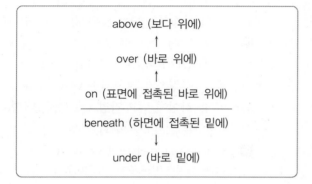

```
        above (보다 위에)
           ↑
        over (바로 위에)
           ↑
   on (표면에 접촉된 바로 위에)
   ────────────────────────
   beneath (하면에 접촉된 밑에)
           ↓
        under (바로 밑에)
```

- up/down/in/out/into/out of

  예 There is no climbing <u>up</u> such a steep cliff.
  (그처럼 가파른 벼랑을 올라가는 것은 불가능하다.)
  They came <u>into</u> the room. (그들은 방 안으로 들어왔다.)
  They went <u>out of</u> the room. (그들은 방 밖으로 나갔다.)

```
        up (위쪽으로)
           ↑
into (~ 안으로) → in (~ 안에) → out of (~ 밖으로)
           ↓   out (~ 밖에)
        down (아래쪽으로)
```

- to/for/toward/from

  예 Father went <u>to</u> the church with my uncle.
  (아버지는 삼촌과 교회 쪽으로 갔다.)
  They will start <u>for</u> Daegu tomorrow.
  (그들은 내일 대구로 떠날 것이다.)
  I saw them running <u>toward</u> the school.
  (나는 그들이 학교 쪽으로 뛰어가는 것을 보았다.)
  It takes five hours by train <u>from</u> Seoul to Busan.
  (기차로 서울에서 부산까지 가는 데는 5시간이 걸린다.)

ⓒ 장소·위치 전치사

- at/in/on
  - 한 지점 또는 비교적 좁은 장소 앞에 at, 일정한 공간이나 지명의 한 곳 앞에 in, 표면 또는 지명 앞에는 전치사 on을 쓴다.

    예 I met her <u>at</u> the coffee shop.
    (나는 그 커피숍에서 그녀를 만났다.)
  - 건물이나 장소의 고유 기능을 염두에 두고 이야기할 때에는 전치사 at, 단순히 그 건물이나 장소의 공간을 이야기할 때에는 전치사 in, 건물의 층수 앞에는 on을 쓴다.

    예 Their office is <u>on</u> the 2nd floor.
    (그들의 사무실은 2층에 있다.)
  - 주소의 앞에는 at, 거리의 이름 앞에는 in 또는 on을 쓴다.

    예 Their office is <u>at</u> 83 West Avenue.
    (그들의 사무실은 West가 83번지에 있다.)

- between/among: between은 '(둘) 사이에', among은 '(셋 이상) 사이에'

  예 Many birds are singing <u>among</u> the trees.
  (나무 사이에는 많은 새들이 노래하고 있다.)

- before/behind/after: before는 '~의 앞에', behind는 '~의 뒤에', after는 '~의 뒤를 쫓아'

  예 He is standing <u>before</u>(= in front of) the house.
  (그는 집 앞에 서 있다.)
  There is a hill <u>behind</u>(= at the back of) our school.
  (우리 학교 뒤에는 언덕이 있다.)
  They ran <u>after</u> the thief. (그들은 도둑을 쫓았다.)

- by/along/across/through: by는 '~ 옆에', along은 '~을/를 따라서', across는 '~을/를 건너', through는 '~을/를 통하여'

  예 My desk is <u>by</u> the window. (내 책상은 창문 옆에 있다.)
  We drove <u>through</u> a forest.
  (우리는 숲을 통하여 차를 몰았다.)

- round/around/about: round는 '~을/를 돌아서', around는 '주위에, 둘레에', about은 '~의 주위에'

  예 The earth goes <u>round</u>[around] the sun.
  (지구는 태양 주위를 돈다.)
  He walked <u>about</u> the street.
  (그는 거리를 걸었다.)

ⓔ 원료·방법 전치사

- of/from: 둘 다 '~(으)로부터 (되다)'라는 의미이나, of는 형태만 바뀌는 물리적 변화의 경우에 쓰이고, from은 형태와 성분이 바뀌는 화학적 변화에 쓰인다.

예 The desk is made of wood. (그 책상은 나무로 만든다.)
　Paper is made from wood. (종이는 나무로 만든다.)

- in/by/with: '~(으)로, ~을/를 가지고'라는 의미이나, in은 재료, by는 수단이나 행위자, with는 도구의 경우에 쓰인다.

예 Don't write a letter in red ink.
　(편지를 빨간 잉크로 쓰지 마라.)
　Do you come to school by bus? (너는 버스로 학교에 오니?)
　This book was written by Mr. Park.
　(이 책은 박 씨에 의해 써졌다.)
　Don't cut bread with your knife. (네 칼로 빵을 자르지 마라.)

ⓓ 기타 전치사

- for/by: for는 '~어치의'로 가격에 사용되고, by는 '~(으)로'로 단위에 사용된다.

예 I bought the book for 5,000 won.
　(나는 그 책을 5,000원에 샀다.)
　Sugar is sold by the pound.
　(설탕은 파운드 단위로 팔린다.)

- for/against: for는 '찬성하는', against는 '반대하는'

예 He is against the idea. (그는 그 아이디어에 반대한다.)

- on/except: on은 '~에 관하여', except는 '~을/를 제외하고'

예 He has many books on mathematics.
　(그는 수학에 관한 책을 많이 가지고 있다.)

- like/as: like는 '~ 같은', as는 '~(으)로서'

예 She's been working as a teller for two years.
　(그녀는 은행 수납원으로 2년간 일하는 중이다.)

- with/in: with는 '(신체상의 특징)을/를 가진', in은 '(옷·장신구)을/를 입고'

예 The woman with long hair is Jack's wife.
　(머리가 긴 그 여인은 잭의 아내이다.)

5 부정사·동명사·분사

(1) 부정사

부정사는 'to + 동사원형'이 기본형이고, to가 생략될 때를 원형부정사라고 한다. 문법적으로는 명사·형용사·부사와 같은 역할을 한다.

① 부정사의 용법

㉠ 명사적 용법: 부정사는 명사 상당어구로서 주어, 목적어, 보어 및 전치사의 목적어로 사용된다.

예 To obey the law is everybody's duty.
　(법을 준수하는 것은 모든 사람의 의무이다.) – 주어
　He wanted to be a scientist.
　(그는 과학자가 되기를 원했다.) – 목적어
　Yeonsu's wish is to be a singer in the future.
　(연수는 장래에 가수가 되기를 바란다.) – 주격보어
　He wanted me to be honest.
　(그는 내가 정직하기를 원했다.) – 목적격보어

㉡ 형용사적 용법: 부정사가 명사 또는 대명사의 뒤에서 명사, 대명사를 수식한다.

- 한정용법: 부정사가 바로 앞의 명사, 대명사를 수식

예 He could think of nothing to say.
　(그는 할 만한 말이 하나도 생각나지 않았다.)

- 서술용법: 부정사가 불완전자동사(주로 be, seem, appear)를 사이에 두고 간접으로 명사, 대명사를 수식, 서술하는 (보어가 되는) 경우

예 She appeared to enjoy the concert.
　(그녀는 음악회가 즐거웠던 모양이었다.)

㉢ 부사적 용법: 부정사가 부사의 역할(동사, 형용사, 다른 부사를 수식)을 할 수 있다.

예 She got up early to catch the first train.
　(그녀는 첫 기차를 타기 위해 일찍 일어났다.) – 목적
　He was disappointed to know that our team had lost the game. (그는 우리 팀이 경기에 졌다는 사실을 알고는 실망했다.) – 원인
　They climbed the mountain to find a small lake on the top.
　(그들이 그 산에 올라가 보니 정상에는 작은 호수가 있었다.) – 결과
　She must be crazy to say such a thing.
　(그런 말을 하다니 그녀는 미친 것이 틀림없다.) – 이유·판단의 근거
　I should be happy to be [if I could be] of service to you.
　(너에게 도움이 될 수 있다면 기쁘겠는데.) – 조건
　I am surprised to hear the news.
　(나는 그 소식을 듣고 놀랐다.) – 형용사 수식
　He was too honest to tell a lie.
　(그는 거짓말을 하기에는 너무 정직했다.) – 부사 수식

■ 'be + to부정사'의 용법
  • 예정: They <u>are to meet</u> at six.
    (그들은 6시에 만날 예정이다.)
  • 의무: You <u>are to do</u> the work.
    (너는 그 일을 해야 한다.)
  • 가능: Not a man <u>was to be</u> seen.
    (한 사람도 보이지 않았다.)
  • 운명: She <u>was</u> never <u>to return</u> home.
    (그녀는 다시 집에 돌아오지 못했다.)
  • 의도: If you <u>are to have</u> good friends, you must be good. (네가 좋은 친구들을 사귀고 싶다면 잘 대해 줘야 한다.)

② 원형부정사의 용법
  ㉠ 지각동사의 목적격보어: 지각동사(see, hear, feel, watch, smell, notice, observe 등)의 목적격보어
    예 I *saw* them <u>swim</u> in the river.
       (나는 그들이 강에서 수영하는 것을 보았다.)
       You must *watch* the sheep <u>sleep</u> and <u>eat</u>.
       (양들이 자고 먹는 것을 지켜봐야 한다.)
       I *felt* my house <u>shake</u> for a second last night.
       (어젯밤 우리 집이 잠깐 흔들리는 것을 느꼈다.)
  ㉡ 사역동사의 목적격보어: 사역동사(let, have, make, help 등)의 목적격보어
    예 I *had* my brother <u>write</u> a letter.
       (나는 동생에게 편지를 쓰게 했다.)
       He *made* me <u>clean</u> the room.
       (그는 나에게 방을 청소하게 했다.)
  ㉢ 관용구의 뒤
    예 You *had better* <u>go</u> to bed. (너는 이제 자는 게 좋겠다.)
       I *cannot but* <u>laugh</u>. = I cannot help laughing.
       (나는 웃지 않을 수 없다.)
       He does *nothing but* <u>laugh</u>. (그는 웃고만 있다.)
       I *had rather* <u>go</u> now than <u>wait</u> another day.
       (나는 하루 더 기다리느니 지금 가는 것이 낫다.)

③ 부정사의 의미상의 주어
  ㉠ 문장의 주어와 일치
    예 <u>I</u> hope to succeed. = I hope that <u>I</u> shall succeed.
       (나는 성공하기를 바란다.)
  ㉡ 문장의 목적어와 일치
    예 I expect <u>him</u> to come at once. = I expect that <u>he</u> will come at once. (그가 곧 올 것이라고 나는 생각한다.)
  ㉢ for + 목적격 + to부정사
    예 It is important <u>for us</u> to be honest.
       (우리가 정직하다는 것이 중요하다.)

  ㉣ of + 목적격 + to부정사
    예 It is kind <u>of you</u> to say so.
       (그렇게 말하다니 당신은 친절하군요.)

■ 사람을 주어로 할 수 없는 형용사
  necessary, natural, easy, important 등의 형용사는 사람을 주어로 할 수 없다.
  예 You are necessary to go there. (×)
     → It is necessary for you to go there. (○)
     → It is necessary that you should go there. (○)
       (넌 거기에 가야(만) 할 필요가 있다.)

■ 의미상의 주어
  'for + 목적격'은 본주어로 고칠 수 없고, 'of + 목적격'은 본주어로 고칠 수 있다.
  예 It is difficult for Tom to master English. (○)
     → Tom is difficult to master English. (×)
     → English is difficult for Tom to master. (○)
       (톰이 영어를 완벽히 구사하는 것은 어렵다.)
  예 It is very cruel of him to kill a dog. (○)
     → He is very cruel to kill a dog. (○)
       (개를 죽이다니 그는 정말 잔인하다.)

④ 부정사의 시제
  ㉠ 단순 부정사인 경우, 부정사의 시제는 술어 동사의 시제와 같은 시제를 나타낸다.
    예 I *believe* him <u>to be</u> honest. = I *believe* that he <u>is</u> honest.
       (나는 그가 정직하다고 믿는다.)
       She *seems* <u>to be</u> rich. = It *seems* that she <u>is</u> rich.
       (그녀는 부자인 것 같다.)
       She *seemed* <u>to be</u> rich. = It *seemed* that she <u>was</u> rich.
       (그녀는 부자인 것 같았다.)
       I *have* something <u>to do</u> today. = I *have* something that I must <u>do</u> today. (오늘 해야 할 일이 있다.)
  ㉡ 미래의 의미가 있는 동사(hope, wish, want, expect) 다음에 오는 부정사의 시제는 미래를 나타낸다.
    예 I *expect* you <u>to pass</u> the examination. = I *expect* that you <u>will pass</u> the examination.
       (나는 네가 시험에 합격하기를 기대한다.)
       I *wish* him <u>to succeed</u>. = I *wish* that he <u>will succeed</u>.
       (나는 그가 성공하기를 바란다.)

⑤ 부정사의 관용적 용법
  ㉠ 의문사 + to부정사: 미래의 뜻을 나타냄(what to do, which to choose, when to begin, where to go 등)
    예 I really don't know <u>what to say</u>. = I really don't know <u>what I should say</u>. (나는 정말 무슨 말을 해야 할지 모르겠다.)

ⓛ too … to(= so … that ~ can't ~): 너무 …해서 ~할 수 없다

예 He is too old to work. = He is so old that he cannot work. (그는 일을 하기에는 나이가 너무 많다.)
That book was too difficult for me to read. = That book was so difficult that I couldn't read it.
(그 책은 내가 읽기에는 너무 어려웠다.)

ⓒ enough to(= so … that can ~): '~할 정도로 충분히 …하다'

예 Tom is strong enough to carry this box. = Tom is so strong that he can carry this box.
(톰은 이 상자를 운반할 정도로 힘이 세다.)

(2) 동명사

동명사는 동사원형에 '-ing'를 붙인 형식으로 동사와 명사의 역할을 한다. 목적어와 보어를 취할 뿐만 아니라 부사(구)의 수식을 받으며 주어·목적어·보어로 쓰인다.

① 동명사의 용법

ⓖ 주어로 쓰일 경우

예 Traveling broadens the mind.
(여행을 하면 마음[견문]이 넓어진다.)

ⓛ 동사의 목적어로 쓰일 경우

예 It began raining in the afternoon.
(오후부터 비가 내리기 시작했다.)

ⓒ 보어로 쓰일 경우

예 Seeing is believing.
(보는 것이 믿는 것이다. = 백문이 불여일견)

ⓔ 전치사의 목적어로 쓰일 경우

예 He is thinking of buying a new bicycle.
(그는 새 자전거를 살 생각이다.)

② 동명사의 의미상의 주어

ⓖ 동명사의 의미상의 주어: 소유격으로 나타내는 것이 원칙이지만, 명사일 경우에는 목적격을 쓸 수 있다.

예 Your being here won't help us much.
(네가 이곳에 있다는 것이 우리에게 큰 도움이 안 될 것이다.)
She is proud of her mother('s) having been educated in England.
(그녀는 모친이 영국에서 교육받았다는 것을 자랑스럽게 여기고 있다.)

ⓛ 동명사의 의미상의 주어가 생략되는 경우

• 의미상의 주어가 본주어와 같은 경우

예 He is proud of being a scholar. = He is proud that he is a scholar. (그는 학자가 된 것이 자랑스러웠다.)

• 의미상의 주어가 목적어와 같은 경우

예 I punished him for being dishonest. = I punished him because he was dishonest.
(나는 그가 정직하지 못하다고 벌을 주었다.)

• 동명사의 의미상의 주어가 일반인을 가리킬 경우

예 Studying English is no easy task.
(영어를 공부하는 것은 쉬운 일이 아니다.)

③ 동명사와 부정사의 비교

ⓖ 동명사만을 목적어로 취하는 동사: enjoy(즐기다), finish(끝내다), mind(꺼리다), give up(포기하다), admit(인정하다), consider(고려하다), practice(연습하다), avoid(피하다), put off(연기하다) 등

예 He always avoids giving a definite answer.
(그는 언제나 확답하기를 피한다.)

ⓛ 부정사만을 목적어로 취하는 동사: want(원하다), hope(희망하다), decide(결정하다), plan(계획하다), promise(약속하다), choose(선택하다), wish(원하다), desire(바라다), learn(배우다), refuse(거절하다), manage(그럭저럭 해내다) 등

예 I have decided to go to a vocational high school.
(나는 직업고등학교에 가기로 결정했다.)

ⓒ 부정사와 동명사 둘 다 목적어로 취할 수 있는 동사: begin(시작하다), continue(계속하다), fear(두려워하다), hate(미워하다), like(좋아하다), omit(빠뜨리다), prefer(선호하다), start(시작하다)

예 I continued to read[reading] at home all day.
(나는 하루 종일 집에서 계속 독서를 하고 있었다.)

ⓔ 동명사[부정사]를 목적어로 쓸 때 의미가 다른 경우: forget(잊어버리다), remember(기억하다), stop(그만두다), try(노력하다) 등

예 I remember seeing her before.
(나는 그녀를 전에 만났던 것을 기억한다.) – 동명사: 과거의 일
I remember to see him tomorrow.
(나는 내일 그와 만날 것을 기억한다.) – 부정사: 미래의 일
They stopped fighting. (그들은 싸움을 중지했다.)
– 동명사: ~하는 것을 그만두다
They stopped to fight. (그들은 싸우기 위해 멈추었다.)
– 부정사: ~하기 위해 멈추다
He tried doing it. (그는 시험 삼아 그것을 해 보았다.)
– 동명사: 시험 삼아 ~하다
He tried to do it. (그는 그것을 해 보려고 노력했다.)
– 부정사: ~하려고 시도하다

④ 동명사의 관용적 표현

　　㉠ be busy -ing: ~하느라 바쁘다

　　　예 We <u>are busy preparing</u> for the exam.

　　　　(우리는 시험 준비하느라 바쁘다.)

　　㉡ It is no use -ing(= It is of no use to 동사원형):
　　　~해야 소용없다

　　　예 <u>It is no use crying</u> over spilt milk.

　　　　(엎질러진 우유를 놓고 울어도 소용없다.)

　　㉢ There is no -ing(= It is impossible to 동사원형):
　　　도저히 ~할 수 없다

　　　예 <u>There is no climbing</u> up such a steep cliff. = It is
　　　　impossible to climb up such a steep cliff.

　　　　(그처럼 가파른 벼랑을 올라가는 것은 불가능하다.)

　　㉣ cannot help -ing(= cannot but 동사원형): ~하지 않
　　　을 수 없다

　　　예 I <u>cannot help thinking</u> him foolish. = I cannot but think
　　　　him foolish. (나는 그가 바보라고 생각하지 않을 수 없다.)

　　㉤ feel like -ing: ~하고 싶은 심정이다

　　　예 I <u>felt like crying</u> to hear the news.

　　　　(나는 그 뉴스를 듣고 울고 싶었다.)

　　㉥ On -ing(= As soon as[When]): ~하자마자

　　　예 <u>On hearing</u> the sad news, she began to cry. = As soon
　　　　as she heard the sad news, she began to cry.

　　　　(그 슬픈 뉴스를 듣자마자 그녀는 울기 시작했다.)

　　㉦ It goes without saying (that) ~: ~은/는 말할 것도
　　　없다

　　　예 <u>It goes without saying</u> that man is mortal.

　　　　(사람이 죽는다는 것은 운명이다.)

　　㉧ of one's own -ing(= -ed by oneself): ~이/가 직접
　　　~한

　　　예 These are trees <u>of our own planting</u>. = These are trees
　　　　planted by ourselves.

　　　　(이 나무들은 우리가 직접 심은 것이다.)

　■ **동명사와 현재분사의 구별**
　• 명사[동명사] + 명사
　　예 a <u>smoking</u> room = a room for smoking (흡연실)
　• 형용사[현재분사] + 명사
　　예 a <u>smoking</u> dish = a dish that is smoking
　　　(김이 나는(따끈따끈한) 요리)

---

[3] 분사

분사는 동사의 성질 및 기능을 하면서 형용사의 성질·기능
도 가지고 있으며, 현재분사와 과거분사가 있다.

① 분사의 종류

　㉠ 현재분사(동사원형 + -ing)

　　• 능동형이나 동작이 계속 진행 중인 경우, 시작되는
　　　경우에 쓰인다.

　　　예 I kept <u>standing</u> all the way. (나는 내내 서 있었다.)

　　• be동사와 결합하여 진행형을 만든다.

　　　예 They are <u>playing</u> soccer now.

　　　　(그들은 지금 축구를 하고 있다.)

　㉡ 과거분사(동사원형 + -ed)

　　• 동작이 완료된 것이나 시작된 것일 경우, 혹은 수동
　　　일 때에 쓰인다.

　　　예 You had better leave it <u>unsaid</u>.

　　　　(너는 그것을 말하지 않은 채로 두는 편이 낫다.)

　　　He cannot get <u>obeyed</u>. (그를 복종시킬 수는 없다.)

　　• be동사와 결합하여 수동태를 만들고, have와 결합
　　　하여 완료형을 만든다.

　　　예 This book *was* <u>written</u> by Mr. Park.

　　　　(이 책은 박 선생이 쓴 것이다.)

　　　When I arrived at the station, the train *had* already <u>left</u>.

　　　　(내가 역에 도착했을 때 기차는 이미 떠났다.)

② 분사구문

　㉠ 분사구문의 정의: 분사를 이용하여 부사절을 부사구
　　로 만드는 것

　　예 When he saw me, he ran off. = <u>Seeing me</u>, he ran off.

　　　(나를 보자 그는 도망쳤다.)

　　• 분사구문의 의미상의 주어가 주절의 주어와 같을 때
　　　주어는 주절에만 붙인다.

　　　예 As I have no money, I can't buy it. → <u>Having no money</u>,
　　　　I can't buy it. (돈이 없기 때문에 나는 그것을 살 수 없다.)

　　• 독립분사구문: 두 개의 주어가 다를 때는 의미상의
　　　주어를 분사 앞에 놓는다.

　　　예 He was absent, so I took his place. → <u>His being
　　　　absent</u>, I took his place.

　　　　(그가 결석했으므로, 내가 그를 대신했다.) - 독립분사구문

　㉡ 분사구문의 용법: 부사구는 시간, 이유, 원인, 조건,
　　양보, 부대 상황 따위를 나타낸다.

　　• 시간분사구문(while, when, after, as)

　　　예 <u>Arriving at the hospital</u>, he found his daughter
　　　　critically ill. = <u>When he arrived at the hospital</u>, he
　　　　found his daughter critically ill.

　　　　(병원에 도착했을 때, 그는 자신의 딸이 심각한 병에 걸린
　　　　것을 알았다.)

- 이유・원인분사구문(because, as)

  예 Having met the boy before, I could recognize him at once. = Because[Since] I had met the boy before, I could recognize him at once.

  (전에 그 소년을 본 일이 있기 때문에, 나는 그를 당장 알아 보았다.)

- 조건분사구문(if)

  예 Turning to the left, you will find the building. = If you turn to the left, you will find the building.

  (왼쪽으로 돌면 그 건물이 나올 겁니다.)

- 양보분사구문(though = although)

  예 Admitting your plan to be right, I still think it very hard to carry it out. = Though I admit your plan to be right, I still think it very hard to carry it out.

  (네 계획이 옳다는 것을 인정하더라도, 나는 여전히 그것을 실행하는 것이 매우 어렵다고 생각한다.)

- 연속 동작을 나타내는 분사구문(~ and)

  예 The plane will depart at 10 a.m., arriving at 7 p.m. = The plane will depart at 10 a.m., and it will arrive at 7 p.m.

  (비행기는 오전 10시에 출발하여 오후 7시에 도착할 것이 다.)

- 동시 동작을 나타내는 분사구문(as = 하면서)

  예 She was sitting on the sofa, reading a fashion magazine. = she was sitting on the sofa, as she was reading a fashion magazine.

  (그녀는 소파에 앉아서 패션 잡지를 읽고 있었다.)

■ 비인칭 독립분사구문

분사구문의 의미상의 주어가 일반인을 나타낼 때는 주절의 주어와 다를지라도 생략할 수 있다. 주로 의견을 말할 때 쓴다.

예 If we judge from his accent, he must be a foreigner. = Judging from his accent, he must be a foreigner. (악센트로 판단하건대 그는 외국인임에 틀림없다.)

generally speaking (일반적으로 말하면)

frankly speaking (솔직히 말하면)

considering (~을/를 고려하면)

compared with (~(으)로 비교해 보면)

seeing that (~ 인 것으로 보아)

---

6 수동태・가정법

(1) 수동태

수동태는 어떤 행위를 하거나 상태를 만든 주체보다는 그 행위를 당하거나 어떤 상태가 된 대상을 강조하기 위해 사용하며, 'be + 과거분사 + by'의 형태이다. 능동태의 목적어가 수동태의 주어가 되므로 목적어를 가지는 타동사만이 수동태로 전환될 수 있다.

① 수동태의 형식

ㄱ 수동태 만드는 법

- 능동태의 목적어를 주격으로 바꾸어 수동태의 주어로 한다.

  예 I visited him. → He was visited by me.

- 능동태의 동사를 'be + 과거분사' 형태로 바꾼다. be 동사는 수동태의 주어의 인칭 및 수에 따라서 바뀌고, 시제는 능동태의 시제와 일치시킨다.

  예 He writes a book. → A book is written by him.

- 능동태의 주어를 'by + 목적격'으로 쓴다.

  예 His parents love him. → He is loved by his parents.

ㄴ 'by + 목적격'을 생략하는 경우

- 능동태의 주어가 일반인을 나타내는 we, you, they, one, people일 때, by us[you, them, one, people]를 생략

  예 People speak French in France. → French is spoken in France (by People).

  We see stars at night. → Stars are seen (by us) at night.

  One should keep one's word. → One's word should be kept (by one).

- 능동태의 주어가 불분명하거나, 행위자를 나타낼 필요가 없는 경우 'by + 목적격'을 생략

  예 They were killed in the war in 1950. (그들은 1950년에 전쟁에서 사망했다.)

  That house was built twenty years ago. (그 집은 20년 전에 지어졌다.)

② 수동태의 시제

현재	능동태	He writes a letter.
	수동태	A letter is written by him.
과거	능동태	He wrote a letter.
	수동태	A letter was written by him.

미래	능동태	He will write a letter.
	수동태	A letter will be written by him.
현재완료	능동태	He has written a letter.
	수동태	A letter has been written by him.
과거완료	능동태	He had written a letter.
	수동태	A letter had been written by him.
미래완료	능동태	He will have written a letter.
	수동태	A letter will have been written by him.
현재진행	능동태	He is writing a letter.
	수동태	A letter is being written by him.
과거진행	능동태	He was writing a letter.
	수동태	A letter was being written by him.

> ■ have[get] + 목적어 + 과거분사: ~을/를 당하다, ~을/를 시키다
> 예 I had my watch stolen.
> (내 시계를 도둑맞았다.) – 당하다
> I had my watch mended.
> (내 시계를 수리 맡겼다.) – 시키다

③ 주의해야 할 수동태
㉠ 제4형식의 수동태
- 간접목적어와 직접목적어를 주어로 하는 두 개의 수동태가 가능하다. → 3형식 문장
예 He gave me a watch.
→ A watch was given (to) me by him.
→ I was given a watch by him.
- 수여동사들 중 afford, carry, ensure, get, hand, intend, make, mean, pass, reach, read, sell, write, yield 등의 수동태는 간접목적어를 주어로 하지 않는다. 실제로 말이 안 되기 때문이다.
예 I wrote him a letter.
→ A letter was written (to) him by me.
My father bought me a camera.
→ A camera was bought (for) me by my father.
㉡ 제5형식의 수동태: 2형식으로 변한다.
예 We call him John. → He is called John (by us).
㉢ 목적격보어가 원형부정사인 수동태: 지각동사[사역동사] 다음의 원형부정사는 수동태에서는 to 부정사로 된다. watch는 수동태가 안 된다.
예 I saw the train come. → The train was seen to come by me. (열차가 오는 것이 보였다.)
They won't let us go. → We won't be allowed to go.

(우리는 가도록 허락받지 못할 것이다.)
She watched me pack.
(그녀는 내가 짐 싸는 것을 지켜보았다.)
→ I was watched to pack by her. (×)
㉣ 조동사가 있는 경우: '조동사 + be + 과거분사'
예 He can solve the problem. → The problem can be solved by him.
※ do(does, did)는 수동태에 따라가지 않는다.
㉤ to부정사/동명사의 수동태: to부정사는 'to be + 과거분사', 동명사는 'being + 과거분사'
예 She wants to be invited to the party.
(그녀는 파티에 초대받기를 원한다.)
He felt sure of being elected to parliament.
(그는 의회에 선출될 것을 확신했다.)
㉥ '자동사 + 전치사'의 수동태: 한 단어처럼 취급한다.
예 The car ran over a boy. → A boy was run over by the car. (한 소년이 차에 치였다.)
④ 수동태의 관용적 표현
예 I was surprised at the news. (나는 그 소식을 듣고 깜짝 놀랐다.)
I was pleased with the gift. (나는 그 선물에 만족했다.)
She is much interested in music. (그녀는 음악에 관심이 많다.)
He is satisfied with the result. (그는 결과에 만족한다.)
The mountain is covered with snow. (산은 눈으로 덮여 있다.)
The room is filled with many students.
(그 방은 많은 학생들로 가득 차 있다.)

> ■ 수동태로 전환되지 않는 동사
> - 자동사는 목적어가 없으므로 수동태로 전환되지 않는다.
> 예 happen, seem, prove, remain, result, look(보이다) arise, appear, sell
> - 상태동사는 통상적으로 수동태로 전환되지 않는다.
> 예 have(~을/를 가지다), possess(~을/를 소유하다), fit, lack, resemble, suit

(2) 가정법

영어에서는 그 시제를 명확히 확정하기 어려운 상상이나 소망을 이야기할 때 일반적인 시제 선택의 원칙에서 벗어나는 시제를 습관적으로 사용하는 경우가 있는데, 이를 가정법이라 한다.

① 가정법의 종류
㉠ 가정법 현재(If + 주어 + 동사원형, 주어 + will + 동사원형): 현재 또는 미래의 불확실한 사실을 가정한 표현이다.
예 If it be[is] rainy tomorrow, I will not go to the church.

(내일 만약 비가 온다면 나는 교회에 가지 않겠다.)

If the rumor be[is] true, we will be glad.

(그 소문이 진짜라면 우리는 기쁘겠는데.)

ⓛ 가정법 미래(If + 주어 + should[were to] + 동사원형, 주어 + will[shall, can, may, would, should, might, could] + 동사원형): 확률이 극히 낮거나 실현 불가능한 미래의 일을 가정한다.

예 If he should come, I will tell you.

(만일 그가 온다면, 당신에게 알려 드리겠습니다.)

If the sun were to rise in the west, I would not change my mind.

(설사 해가 서쪽에서 뜬다 해도, 나는 결심을 바꾸지 않겠다.)

ⓒ 가정법 과거(If + 주어 + 과거 동사, 주어 + would [should/could/might] + 동사원형(be동사는 were)): 현재 사실과 다르거나 현실성이 없는 상황을 가정하는 표현이다.

예 If I knew her address, I could write to her.

(내가 그녀의 주소를 알고 있다면 편지를 쓸 텐데.)

ⓔ 가정법 과거완료(If + 주어 + had + 과거분사, 주어 + would[should/could/might] + have + 과거분사): 과거 사실에 반대되는 상상을 나타낸다.

예 If I had had much money, I would have bought the house.

(만약 내가 돈을 많이 가지고 있었더라면 그 집을 샀을 텐데.)

If I had taken the doctor's advice, I would have not been ill now.

(만약 의사의 충고를 들었더라면 지금 아프지 않을 텐데.)

② 특별한 형식의 가정법

ⓐ I wish 가정법

• I wish 가정법 과거: '~하면 좋을 텐데'(현재 사실의 반대)

예 I wish I could go home. (내가 집에 갈 수 있으면 좋을 텐데.)

• I wish 가정법 과거완료: '~하였더라면 좋았을 텐데'(과거 사실의 반대)

예 I wish I hadn't spent so much money last month.

(지난달에 돈을 많이 쓰지 않았으면 좋았을 텐데.)

ⓑ as if[though] 가정법

• as if 가정법 과거: '마치 ~처럼'(현재 사실의 반대)

예 He talks as if he knew the fact.

(그는 마치 그 사실을 알고 있는 것처럼 말한다.)

• as if 가정법 과거완료: '마치 ~했던 것처럼'(과거 사실의 반대)

예 He talked as if he had heard the news.

(그는 그 소식을 들은 것처럼 말했다.)

ⓒ If it were not for 가정법

• If it were not for: '~이/가 없다면'(가정법 과거) → But for[Without]을 쓸 수 있다.

예 If it were not for the light and heat of the sun, no living thing could exist. = But for[Without] the light and heat of the sun, no living thing could exist.

(만약 태양의 빛과 열이 없다면 어떠한 생물도 존재할 수 없을 것이다.)

• If it had not been for: '마치 ~이/가 없었다면'(가정법 과거완료)

예 If it had not been for your advice, I would have failed. = But for[Without] your advice, I would have failed.

(만약 너의 충고가 없었더라면 나는 실패하고 말았을 것이다.)

③ 가정법 도치와 생략

ⓐ 조건절과 주절의 생략

• 조건절이 없어도 추측할 수 있는 경우에는 조건절을 생략할 수 있다.

예 I should like to make a tour round the world (if I could). ((가능하다면) 세계 여행을 하고 싶다.)

• 주절이 없어도 추측할 수 있는 경우에는 주절을 생략할 수 있다.

예 If only you would work harder! (How glad I should be!)

(네가 좀 더 열심히 공부만 한다면야! (내가 얼마나 기쁠까!))

7 접속사 · 관계사

(1) 접속사

접속사는 단어와 단어, 구와 구, 절과 절을 연결한다. 접속사에는 등위접속사(and, but, or, so)와 종속접속사(that, when, if, though, as)가 있다.

① 등위접속사와 상관접속사의 쓰임

　㉠ 등위접속사

　　• and: '~와(과), 그리고(그러면)'의 뜻을 갖는다.

　　　예 Tom and John are good friends.
　　　（톰과 존은 좋은 친구들이다.） – 단어와 단어 연결
　　　I pulled off my sweater and placed it on the table.
　　　（나는 스웨터를 벗어서 테이블 위에 놓았다.） – 절과 절 연결
　　　※ 명령문 + and: ~해라, 그러면

　　　예 Work hard, and you'll succeed. = If you work hard, you will succeed.
　　　（열심히 일해라. 그러면 너는 성공할 것이다.）

　　• but: '그러나'의 뜻으로 앞뒤의 내용이 서로 반대되는 경우에 쓴다.

　　　예 He praised my cooking, but I knew that he was pulling my leg.
　　　（그는 나의 요리 솜씨를 칭찬했지만, 나는 그가 나를 놀리고 있다는 것을 알았다.）

　　• or: A or B의 형태로 쓰여 'A 또는 B'라는 뜻을 나타낸다.

　　　예 I don't know where to go or what to do.
　　　（나는 어디로 갈지, 무엇을 해야 할지 모르겠다.）
　　　※ 명령문 + or: ~해라, 그렇지 않으면

　　　예 Come at once, or it will be too late.
　　　（지금 바로 오지 않으면 너무 늦을 것이다.）

　　• so: '그래서'의 뜻으로 원인과 결과의 관계 문장을 연결한다.

　　　예 I have no money, so I can't buy the book.
　　　（나는 돈이 없어서 그 책을 살 수 없다.）

　㉡ 상관 접속사

　　• both A and B: A도 B도 둘 다(양자 긍정)

　　　예 Both you and he are wrong. （너도 그도 다 틀렸다.）

　　• not only A but also B: A뿐만 아니라 B도 역시(B에 동사를 일치)

　　　예 She is not only kind but (also) honest. = She is honest as well as kind.
　　　（그녀는 친절할 뿐만 아니라 정직하기도 하다.）

　　• either A or B: A나 B에서 하나(양자택일 – B에 동사를 일치)

　　　예 We can leave either today or tomorrow.
　　　（우리는 오늘이나 내일 떠날 수 있다.）
　　　Either you or he is to go.
　　　（너나 그 둘 중 한 사람은 가야 한다.）

　　• neither A nor B: A도 B도 아니다(양자 부정 – B에 동사를 일치)

　　　예 Neither his father nor his mother is at home. = Either his father or his mother is not at home.
　　　（그의 아버지도 어머니도 집에 안 계신다.）

> ■ **등위접속사와 상관접속사**
> • 등위접속사는 문법적으로 대등한 단어, 구, 절을 연결한다.
> • 상관접속사는 두 개 이상의 단어로 이루어진 접속사이다. 등위접속사보다 강조의 의미가 있다.
> • 상관접속사의 동사는 접속사에 따라 다르다.
> 　예 both A and B: 복수 동사(셀 수 있는 명사인 경우)
> 　not only A but also B / (n)either A (n)or B: B에 일치
> 　A as well as B: A에 일치

② 종속접속사

　㉠ 명사절을 연결시키는 종속접속사: that, if, whether

　　• that

　　　– '~하는 것'의 뜻으로 주어 · 목적어 · 보어 · 동격이 되는 명사절을 이끈다.

　　　예 That he has no appetite at all is true.
　　　（그가 식욕이 전혀 없다는 것은 사실이다.） – 주어
　　　The fact is that I know nothing about it.
　　　（사실은 나는 그것에 대해 아무것도 모른다는 것이다.） – 보어

　　　– say, believe, think, know 등의 목적어일 때는 that이 종종 생략된다.

　　　예 I know (that) he is honest.
　　　（나는 그가 정직하다는 것을 알고 있다.）

　　• if, whether: '~인지 어떤지'로 명사절을 이끌고, 전치사의 목적어는 될 수 없으며, 문두에 올 수 없다.

　　　예 Nobody knows if he owns a luxury car.
　　　（아무도 그가 호화스러운 차를 소유하고 있는지 모른다.） – 목적어
　　　The question is whether he will come or not.
　　　（문제는 그가 오느냐 안 오느냐이다.） – 보어
　　　I wonder if[whether] the weather will be fine tomorrow.
　　　（나는 내일 날씨가 궁금하다.）

ⓒ 부사절을 연결시키는 종속접속사: when, as, while, until, though, if 등

• 시간을 나타내는 종속접속사

when	~할 때
while	~하는 동안에
after	~한 후에
whenever	~할 때마다
as long as	~하는 동안, ~하는 한
as	~할 때에, ~하면서, ~함에 따라서
before	~하기 전에
till, until	~할 때까지
as soon as	~하자마자

예 When it snows, it is cold. (눈이 오면 춥다.)
He went out as I entered the room.
(내가 그 방에 들어갔을 때, 그는 나갔다.)
While there is life, there is hope.
(생명이 있는 동안, 희망이 있다.)
After I walked a few minutes, I came to the park.
(몇 분쯤 걸어서 나는 공원에 왔다.)
Whenever it rains heavily here, there is a flood.
(이곳은 비가 많이 올 때마다 홍수가 난다.)
Call me as soon as you get home.
(집에 도착하자마자 전화해라.)
I shall never forget you as long as I live.
(내가 살아 있는 동안은 너를 결코 잊지 않을 것이다.)

• 장소를 나타내는 종속접속사

where	~ 곳에
wherever	~하는 곳은 어디든지

예 Where there is a will, there is a way.
(뜻이 있는 곳에 길이 있다.)
Sit wherever you like.
(네가 좋아하는 곳에 어디든지 앉아라.)

• 원인 · 이유를 나타내는 종속접속사

because, since, as	~하기 때문에

예 I can't go, because I am busy.
(바쁘기 때문에 나는 갈 수 없다.)
Since I am poor in health, I cannot travel abroad.
(나는 건강이 나쁘기 때문에 외국 여행을 할 수가 없다.)

• 조건 · 양보를 나타내는 종속접속사

조건	if(만일 ~한다면), unless = if + not(만일 ~하지 않는다면)
양보	though, although, even if(비록 ~할지라도), whether ~ or(~이든 아니든)

예 If you have any questions, ask me.
(만일 질문이 있다면, 나에게 물어라.)
Unless you get up early, you will miss the train.
(만일 일찍 일어나지 않는다면, 너는 기차를 놓칠 것이다.)
Though he is big, he is a coward.
(그는 (덩치는) 크지만 겁쟁이다.)
Even if[Even though] you don't like it, you must finish it.
(비록 네가 그것을 좋아하지 않을지라도, 너는 그것을 마쳐야 한다.)
I will employ him, whether he is honest or not.
(그가 정직하든 안하든 나는 그를 고용하겠다.)

■ 기타 조건 접속사
• Unless: ~하지 않는다면(= if ~ not)
예 Unless you sleep well, you will not recover.
(푹 자지 않으면 회복되지 않을 것이다.)
• provided[providing/so long as/if only]: 만일 …(이)라고 한다면
예 I will employ him provided he is honest.
= I will employ him providing he is honest.
= I will employ him if only he is honest.
(그가 정직하기만 하다면 고용할 것이다.)
• In case (that): 만일의 경우에 대비해서
예 In case I forget, remind me of it.
= If I forget, remind me of it.
(혹시 내가 잊으면 나에게 그것을 상기시켜 주세요.)

• 목적 · 결과를 나타내는 종속접속사

목적	• that + may[can] ~, so that + may[can] ~, in order that + may[can] ~: ~하기 위하여 • so that + may not ~(= lest + should ~): ~하지 않기 위하여
결과	• so + 형용사[부사] + that …, such + 명사 + that …: 매우 ~해서 …하다 • so that ~: 그래서 ~하다

예 Children go to school (so) that they may learn things.
(아이들은 배우기 위해 학교에 간다.)
He worked hard in order that he might pass the exam.
(그는 시험에 합격하기 위해 열심히 공부했다.)
I worked hard so that I might not fail.
(나는 실패하지 않도록 열심히 공부했다.)
He is so kind that everybody likes him.
= He is such a kind man that everybody likes him.
(그는 너무 친절해서 모든 사람이 그를 좋아한다.)
※ such 다음에는 명사가, so 다음에는 형용사나 부사를 쓴다.

■ 종속접속사와 의문사
- 접속사 when/where: '~할 때', '~한 곳에'의 뜻으로 각각 시간·장소 부사절을 이끈다.
  예 How should I react when I get treated unfairly at work?
  (회사에서 부당한 대우를 받을 때 어떻게 대응해야 할까?) – 접속사
- 의문사 when/where: '언제', '어디서'의 뜻으로, 직접의문문에 쓰이거나, 간접의문으로 명사절을 이끈다.
  예 Now listen to a conversation. When is this conversation taking place?
  (이제 대화를 들어 보십시오. 이 대화는 언제 하는 겁니까?) – 의문사
  Do you know where the mind resides? Is the mind located in the brain?
  (마음이 어디에 있는지 아시나요? 마음은 뇌에 위치해 있나요?) – 의문사

(2) 관계사

관계사에는 관계대명사와 관계부사가 있는데, 관계대명사는 접속사와 대명사의 역할을, 관계부사는 접속사와 부사의 역할을 겸하고 있다. 관계대명사는 동사의 주어나 목적어가 되거나 전치사의 목적어가 되지만, 관계부사는 그렇지 않다. 또 관계부사는 격 변화가 없으며, 그 다음에는 '주어 + 동사'의 어순이 된다.

① 관계대명사의 종류

종류	선행사	주격	소유격	목적격
who	사람	who	whose	whom
which	사람, 사물	which	whose, of which	which
that	사람, 동물, 사물	that	×	that
what	사물(선행사 포함)	what	×	what

㉠ who, whose, whom의 용법: 일반적으로 선행사가 사람일 경우에 쓰이며, who와 whom은 that으로 대신 쓸 수 있다.
  예 That is the boy who[that] likes to play tennis.
  (저 소년은 테니스를 좋아하는 소년이다.) – 주격
  This is the boy whom I met in the park yesterday.
  (이 소년은 내가 어제 공원에서 만났던 소년이다.) – 목적격
  I know a girl whose name is Judy.
  (나는 이름이 주디라는 소녀를 알고 있다.) – 소유격
㉡ which(that), whose(of which), which의 용법: 일반적으로 선행사가 동물, 사물일 경우 쓰이며, 주격, 목적격은 that으로 대치할 수 있다.

  예 The books which[that] are on the desk are his.
  (책상 위에 있는 그 책들은 그의 것이다.)
  Look at the book whose cover is red.
  (빨간 표지의 그 책을 보아라.)
  This is the book which she gave (to) me yesterday.
  (이 책은 그녀가 어제 나에게 주었던 책이다.)
㉢ 관계대명사 that만 쓰는 경우
- 선행사가 '사람 + 동물', '사람 + 사물'일 경우
- 선행사 앞에 형용사의 최상급, 서수, the only, the very, the same, the last, all, every, any, no, 의문대명사 등이 올 때
- 관계대명사 that에는 소유격이 없으며, 또 전치사를 그 앞에 쓸 수 없다.
  예 She is the prettiest lady that I have ever seen.
  (그녀는 내가 여태껏 본 가장 아름다운 여인이다.)
  This is all the money that he has.
  (이것이 그가 가지고 있는 돈의 전부이다.)
  There is no man that doesn't love his own country.
  (자신의 조국을 사랑하지 않는 사람은 없다.)
  Who is the gentleman that is standing over there?
  (저기 서 있는 신사는 누구니?)
㉣ what의 용법
- 관계대명사 what은 선행사를 포함하고 있으며, '~하는 것'으로 해석한다.
- what에는 소유격이 없다.
  예 Could you tell me what this means?
  (이것이 의미하는 것을 말해 주실 수 있겠습니까?)
  We love what is true. (우리는 진실한 것을 사랑한다.)

② 관계대명사의 용법
㉠ 제한적 용법: 관계대명사 앞에 comma(,)가 없는 경우로, 뒤에서부터 해석하는 것이 자연스럽다.
  예 He had two sons who became officers.
  (그는 공무원이 된 아들이 둘 있다.)
  We must pay attention to the fact that fire burns.
  (우리는 불이 탄다는 사실에 유의해야 한다.)
㉡ 계속적 용법: 관계대명사 앞에 comma(,)가 있는 경우로, 앞에서부터 차례대로 해석하는 것이 자연스럽다. 관계대명사 what과 that에는 계속적 용법이 없다.
  예 He had two sons, who became officers.
  (그는 아들이 둘 있는데 둘 다 공무원이 되었다.)
  I will lend you this novel, which[for it] is very exciting.
  (이 소설책을 너에게 빌려주겠다. 아주 재미있으니까.)
  I cannot understand, what he says. (×)
  He has a horse, that runs very fast. (×)

③ 관계대명사의 주의할 용법

㉠ 관계대명사의 생략
- 제한적 용법에서 관계대명사의 목적격은 생략할 수 있다.
  > 예 This is the farmer (whom/that) I met in the field.
  > (이 사람은 내가 들판에서 만난 농부이다.)
- '주격 관계대명사 + be동사'는 동시에 생략된다.
  > 예 The watch (which is) on the table is hers.
  > (탁자 위에 있는 시계는 그녀의 것이다.)

㉡ 관계대명사와 전치사: 관계대명사가 전치사의 목적어일 때, 전치사를 관계대명사 앞에 두어도 좋고, 전치사를 문장의 맨 뒤에 두어도 좋다.
  > 예 That is the village (which) he lives in. (관계대명사 생략 가능) = That is the village in which he lives. (관계대명사 생략 불가능)
  > (저곳이 그가 살고 있는 마을이다.)

㉢ 복합관계대명사: '관계대명사 + ever'로 선행사를 포함하고 있으며, 명사절과 부사절을 유도한다.
  > 예 I will give you whatever book you want to read.
  > = I will give you any book that you want to read.
  > (네가 원하는 책은 무엇이든 주겠다.)
  > Whoever may object, I will do what I think is right.
  > (누가 반대하든 나는 내가 옳다고 생각하는 것을 하겠다.)

■ 복합관계대명사의 의미

whoever	• 누구나(= anyone who) • 누가 ~하더라도(= no matter who)
whomever	• 누구나(= anyone whom) • 누구를 ~하더라도 (= no matter whom)
whichever	• 어느 것이나(= anything which) • 어느 것이 ~하더라도(= no matter which)
whatever	• 무엇이나(= anything that) • 무엇이 ~하더라도(= no matter what)

㉣ 유사관계대명사: 접속사 as는 선행사 앞에 such, the same이 있을 때 관계대명사로 쓰인다.
  > 예 This is the same watch as I lost.
  > (이것은 내가 잃어버린 것과 같은 시계이다.) – 같은 종류
  > This is the same watch that I lost.
  > (이것은 내가 잃어버린 시계이다.) – 동일 물건

④ 관계부사의 종류: 관계부사는 두 개의 글을 결합시키는 접속사와 부사의 구실을 하는데 where, when, why, how가 있다. 관계부사는 선행사를 수식하는 형용사절을 이끌며, '전치사 + 관계대명사(which)'로 바꾸어 쓸 수 있다. 선행사는 시간, 장소, 이유, 방법 등을 나타낸다.

용도	선행사	관계부사	전치사 + 관계대명사
시간	the time	when	on[at] + which
장소	the place	where	in[at] + which
이유	the reason	why	for which
방법	(the way)	how	in which

㉠ where(장소)
  > 예 This is the house where she lives.
  > (이곳은 그녀가 살고 있는 집이다.)
  > = This is the house in which she lives.
  > = This is the house which she lives in.
  > = This is the house she lives in.

㉡ when(시간)
  > 예 I don't remember the day when Mr. Kim left Seoul.
  > (나는 김 씨가 서울을 떠난 날을 기억하지 못한다.)
  > = I don't remember the day on which Mr. Kim left Seoul.

㉢ why(이유)
  > 예 Do you know the reason why he didn't come?
  > (너는 그가 왜 오지 않는지 이유를 아니?)
  > = Do you know the reason for which he didn't come?

㉣ how(방법)
- 선행사가 the way인 경우 the way how는 거의 사용하지 않는다.
- the way 또는 how로 쓰거나 the way that[the way in which]을 쓴다.
  > 예 Tell me the way you solved the problem.
  > (네가 그 문제를 어떻게 해결했는지 말해 봐라.)
  > = Tell me how you solved the problem.
  > = Tell me the way that you solved the problem.
  > = Tell me the way in which you solved the problem.

⑤ 관계부사의 용법: 관계부사에도 제한적 용법과 계속적 용법이 있는데, 관계대명사와 마찬가지로 관계부사 앞에 콤마가 있느냐 없느냐로 구분한다. 콤마(,)가 없으면 제한적 용법이고, 콤마가 있으면 계속적 용법이다.

㉠ 제한적 용법: 제한적 용법으로 사용되는 관계부사는 선행사를 수식하는 형용사절을 이끈다.
  > 예 This is the city where I visited two years ago.
  > (이곳이 내가 2년 전에 방문했던 도시이다.)

I don't know the day <u>when</u> he died.

(나는 그가 죽은 날을 모른다.)

Do you know the reason <u>why</u> he went there?

(그가 그곳에 간 이유를 아니?)

ㄴ 계속적 용법: 관계부사 where[when]은 계속적 용법

이 있다. 관계부사가 계속적 용법으로 사용될 때에는

'접속사 + 부사'로 바꾸어 쓸 수 있다.

예 I went to Seoul, <u>where</u> I met Tom.

= I went to Seoul, <u>and there</u> I met Tom.

(나는 서울에 갔는데, 거기서 톰을 만났다.)

I was sleeping, <u>when</u> he visited me.

= I was sleeping, <u>and then</u> he visited me.

(나는 잠을 자고 있었는데, 그때 그가 나를 방문했다.)

⑥ 관계부사의 주의할 용법

㉠ 복합관계부사(wherever, whenever, however): 선행

사를 포함하고 부사절을 이끈다.

예 He gets lost <u>wherever</u> he goes.

(그는 어디를 가도 길을 잃는다.)

She is impatient <u>whenever</u> she is kept waiting.

(그녀는 계속 기다릴 때마다 초조해 한다.)

<u>However</u> hungry you are, you must eat slowly.

(아무리 배가 고프더라도 천천히 먹어야 한다.)

㉡ 관계부사의 선행사 생략

예 This is (the reason) <u>why</u> he came here.

(이것이 그가 여기에 온 이유이다.)

That is (the place) <u>where</u> we played in the afternoon.

(저 곳이 우리가 오후에 놀았던 곳이다.)

■ **복합관계부사의 의미**

whenever	• 언제든지(= at any time when)
	• 언제 ~하더라도(= no matter when)
wherever	• 어디서든지(= at any place where)
	• 어디서 ~하더라도(= no matter where)

■ **복합관계부사 however**

• however + 주어 + 동사: '어떤 방식으로 ~할지라도'로 해

석하며, no matter how로 바꾸어 쓸 수 있다.

예 <u>However</u> you behave yourself, you will be blamed

hopelessly.

= <u>No matter how</u> you behave yourself, you will be

blamed hopelessly.

(네가 어떤 방식으로 처신을 한다 해도 어쩔 수 없이

비난받을 것이다.)

• however + 형용사[부사]: '아무리 ~할지라도'로 해석하

며, no matter how + 형용사[부사]로 바꾸어 쓸 수 있다.

예 <u>However</u> *careful* she is, she still repeats the same

mistakes.

= <u>No matter how</u> *careful* she is, she still repeats

the same mistakes.

(그녀가 아무리 주의를 기울여도 여전히 같은 실수

를 되풀이한다.)

8 특수 구문

(1) 도치 · 생략 구문

① 구문상의 도치

㉠ 감탄문, 기원문, 의문문

예 What courage he has!

(그는 얼마나 대단한 용기를 지녔는지!) - 감탄문

Long live the king! (왕이여, 만수무강하기를!) - 기원문

What are you reading now?

(당신은 지금 무엇을 읽고 있습니까?) - 의문문

㉡ 가정법에서 if가 생략된 조건문

예 <u>Were</u> I rich, I would buy the computer.

= If I were rich, I would buy the computer.

(내가 부자라면 그 컴퓨터를 살 수 있을 텐데.)

<u>Had</u> I known it, I would have told it to you.

= If I had known it, I would have told it to you.

(내가 그것을 알았다면 네게 그것을 말했을 것이다.)

㉢ 양보를 나타내는 부사절: as를 포함한 구문(as =

though)

예 Woman <u>as</u> I am, I may be of help to you.

(내가 비록 여자이지만 당신에게 도움이 될지도 모른다.)

He lost his self-command, try <u>as</u> he would to keep calm.

(냉정을 지키려고 노력했음에도 불구하고 그는 자제력을 잃

었다.)

ㄹ neither, nor로 시작하는 문장/절

예 This clock doesn't show right time, and neither does my watch.

(이 시계는 정확한 시각을 가리키지 않는데, 내 시계도 마찬가지이다.)

She wasn't there on Monday. Nor on Tuesday, for that matter.

(그녀는 월요일에 그곳에 없었다. 그 점에 대해서는 화요일도 마찬가지였다.)

ㅁ not ~ until: ~이/가 되어야 비로소 ~하다

예 He did not know the fact until this morning.

= Not until this morning did he know the fact.

(오늘 아침에야 그는 비로소 그 사실을 알았다.)

② 강조를 위한 도치

ㄱ 목적어 강조: 목적어 + S + V

예 That mountain we are going to climb.

(우리는 그 산을 오를 예정이다.)

Not a word did she say all day long.

(그녀는 하루 종일 한 마디도 하지 않았다.)

ㄴ 부사(구)의 도치

• 주어가 대명사일 때: 부사 + S + V

예 Here it comes. (여기 온다.)

Here you are. (자, 여기 있어.)

• 주어가 명사일 때: 부사 + V + S

예 Here comes the car. (여기, 차가 온다.)

Here is your fountain pen. (너의 만년필이 여기 있어.)

• 부정 부사어구를 강조할 때: 부정어 + 조동사 + 주어 + 본동사

예 No sooner had she seen him than she burst into tears.

(그녀는 그를 보자마자 눈물을 터뜨렸다.)

Little did I dream that I should never see her again.

(내가 다시 그녀를 보지 못하리라고는 꿈에도 생각하지 못했다.)

Not until this morning did he know the fact.

(오늘 아침에야 그는 그 사실을 알았다.)

ㄷ 보어의 강조: 보어 + V + S

• 강조하기 위한 도치

예 Happy are those who are always in good health.

(언제나 건강한 사람은 행복하다.)

Great was his joy when he heard the news of their success.

(그는 그들의 성공에 대한 소식을 들었을 때 대단히 기뻤다.)

• 'the + 비교급'으로 수식되는 경우의 도치

예 The more learned a man is, the more modest he usually is. (사람은 배울수록 대개 더 겸손하다.)

③ 생략 구문: 부사절 as though, if, when, while 등으로 유도되고 종속절의 주어가 주절의 주어와 같은 경우 종속절의 주어와 be동사는 생략된다.

ㄱ 종속절의 주어와 주절의 주어가 같을 때 종속절의 '주어 + be동사'는 생략 가능

예 Though (he was) thirsty, he was not tempted by the water of the spring.

(목이 말랐지만, 그는 샘물에 유혹되지 않았다.)

Some tomatoes, when (they are) ripe, turn black.

(어떤 토마토는 익으면 검은색이 된다.)

ㄴ 중복어구 생략

예 She hates washing by hand and (hates) cleaning the house.

(그녀는 손으로 씻는 것과 집안 청소를 싫어한다.) – 동사

Those are your shoes, and these (shoes) are mine.

(저건 네 신발이고, 이 신발은 내 신발이야.) – 명사

Your math score is higher than your brother's (math score).

(너의 수학 점수는 너의 남동생 점수보다 높다.) – 비교 구문

Are you going to visit London? I hope to (visit London).

(너는 런던에 갈 거니? 런던을 방문하고 싶어.) – 대부정사

ㄷ 조동사 사용

• 조동사를 사용하여 동사를 간단히 줄여서 쓰기도 한다.

• be동사나 조동사는 그대로 쓰지만, 일반동사는 대동사(do/does/did)를 쓴다.

예 As far as swimming goes, nobody can do better than she can (do).

(수영에 관한 한, 그 누구도 그녀보다 더 잘할 수 없다.)

예 Tom said he would arrive before six, and he did.

(톰은 그가 6시 전에 도착할 것이라고 말했고, 그는 그렇게 했다.)

ㄹ 관용적으로 생략하는 경우

예 (It is) Nice to meet you.

No parking (is allowed).

(This is) Not for sale.

(2) 강조 구문

① 동사의 강조

ㄱ 'do[does/did] + 동사원형'의 형태로 쓴다.

예 When he <u>does speak</u>, he always speaks to the point.
(그는 말할 때면 언제나 요령 있게 이야기한다.)
I <u>do know</u> his name. (나는 그의 이름을 안다.)

ㄴ 강조 부사인 really, certainly 등을 함께 쓰기도 한다.

예 I *really* <u>did</u> understand why science and religion are mutually incompatible.
(나는 왜 과학과 종교가 서로 양립할 수 없는지 정말로 이해했다.)

② 'It be ~ that' 강조 구문

ㄱ 'It be ~ that …' 사이에 강조하려는 어구를 쓰며, '…한 것은 ~이다'로 해석한다.

ㄴ 강조하는 내용에 따라 that 대신 who(사람), which (사물), where(장소), when(시간) 등을 쓴다.

예 Verdi wrote Aida for the Cairo Opera House in 1871.
(베르디는 1871년에 카이로 오페라 하우스를 위해 아이다를 작곡했다.)

→ It was *Verdi* <u>that[who]</u> Wrote Aida for the Cairo Opera House in 1871. – 주어 강조

→ It was *Aida* <u>that[which]</u> Verdi wrote for the Cairo Opera House in 1871. – 목적어 강조

→ It was *for the Cairo Opera House* <u>that[which]</u> Verdi wrote Aida in 1871. – 부사구 강조

→ It was *in 1871* <u>that[when]</u> Verdi wrote Aida for the Cairo Opera House. – 부사구 강조

③ 그 밖의 강조

명사 강조	• very를 사용하는 경우 예 This is the <u>very</u> book I have been looking for. (이것이 바로 내가 찾고 있던 책이다.) • –self를 사용하는 경우 예 I <u>myself</u> saw it. = I saw it <u>myself</u>. (내 자신이 그것을 보았다.)
형용사 강조	예 After a long discussion he was <u>dead</u> tired. (긴 토론 후 그는 녹초가 되도록 지쳐 버렸다.)
부사 강조	예 The book is <u>badly</u> in need of revision. (수정이 절실히 필요하다.)
부정문 강조	'조금도, 아무것도'의 의미를 가지며, a bit, by any means, in any way, in the least, in the slightest, not ~ at all, on any account, whatever 등이 있다. 예 I know <u>nothing whatever</u> about it. (나는 그것에 대해 아무것도 모른다.) I was not surprised <u>in the least</u>. (나는 조금도 놀라지 않았다.)
의문문 강조	'도대체, 조금이라도'의 의미를 가지며, at all, in the world, on earth, whatever 등이 있다. 예 Why <u>on earth</u> are you weeping? (도대체 너는 왜 울고 있니?)
비교급 강조	예 This flower is <u>even</u> prettier than that. (이 꽃이 저 꽃보다 훨씬 더 예쁘다.)

1

출제 예상 문제

※ 다음 빈칸에 들어갈 말로 알맞은 것을 고르시오(01~02).

01
> The left side of the human brain _____ language.

① controls
② to control
③ controlling
④ is controlled

02
> He ran into the room without _____ me.

① greet
② greeted
③ greeting
④ being greeted

※ 다음 빈칸에 공통으로 들어갈 말로 가장 적절한 것을 고르시오(03~04).

03
> • We have been working for several hours. Let's take a _____.
> • You should not _____ school rules.

① time
② work
③ cook
④ break

04
> • I _____ my hair cut yesterday.
> • He _____ a new car and a boat.

① has
② had
③ have
④ had had

※ 밑줄 친 부분의 쓰임이 어법상 잘못된 것을 고르시오 (05~06).

05
① People thought he <u>went crazy</u>.
② The man doesn't <u>look happily</u>.
③ Please, <u>get ready</u> by one o'clock.
④ As he <u>grew older</u>, he became wiser.

06
① He didn't explain <u>me</u> the reason.
② Though Mary let her husband <u>smoke</u>, she doesn't want him to smoke.
③ She often advises him <u>to give</u> it up.
④ He wanted me <u>to listen</u> to his story.

※ 다음 빈칸에 들어갈 알맞은 것을 고르시오(07~11).

07
> I _____ the book, but I hardly remember.

① cannot read
② may read
③ may have read
④ can read

08
> I _____ play baseball at school.

① am used to
② get used to
③ use to
④ used to

09

> Lightning rarely _____ twice in the same place.

① is striking
② strikes
③ does it strike
④ it strikes

10

> I thought that she would not come, as she _____ sick the previous day.

① will be
② is
③ was
④ had been

11

> The road was very muddy because it _____ all night.

① has been rained
② had been raining
③ has rained
④ rained

※ 밑줄 친 부분의 쓰임이 나머지와 다른 하나를 고르시오 (12~13).

12

① It was so dark that I <u>couldn't</u> see anything.
② <u>Could</u> I use your computer, please?
③ <u>Could</u> you write when you were four?
④ He <u>couldn't</u> swim at all until he took lessons.

13

① Listen to her accent. She <u>must</u> be British.
② She <u>must</u> be Jane's sister. She looks just like her.
③ She's been studying 10 hours a day for 3 weeks. She <u>must</u> be exhausted.
④ Every traveler <u>must</u> fill out the following form and submit.

※ 밑줄 친 부분 중 어법상 틀린 것을 고르시오(14~16).

14

① We <u>aren't leaving</u> until the end of next year.
② This time next week we<u>'ll be sitting</u> on the beach.
③ The teacher told me that the earth <u>moved</u> round the sun.
④ What time <u>does</u> the sunrise tomorrow?

15

① Science <u>hasn't confirmed</u> UFO sightings.
② It's already 10:30, and I <u>have been waiting</u> for over an hour.
③ My sister <u>is living</u> in Seoul since 1980.
④ I <u>do</u> know his name.

16

① Somebody <u>has stolen</u> my bike! I'll have to walk to school.
② I first <u>went</u> to New York in 2005.
③ When <u>did</u> the Titanic <u>sink</u>?
④ She <u>has worked</u> in London for five years, but she left last year.

고등학교 졸업학력 검정고시

※ 다음 빈칸에 공통으로 들어갈 말로 가장 적절한 것을 고르시오(17~18).

17

- He _____ be very old, for his hair is all white.
- I _____ have been sleeping. I did not hear your phone ring.

① has to
② must
③ will
④ should

18

- If it _____ fine tomorrow, we will go on a picnic.
- Mother told me that the honesty _____ the best policy.

① is
② will be
③ was
④ be

※ 다음 빈칸에 들어갈 알맞은 것을 고르시오(19~22).

19

She is all attention.
= She is _____.

① much attentive
② very attentive
③ attentive itself
④ very attentively

20

A: How much money do you have?
B: I have a _____ bill.

① ten dollars
② ten-dollars
③ tens-dollars
④ ten-dollar

21

A: Will you have _____ more?
B: Thank you, I will.

① any
② other
③ some
④ either

22

I have four brothers; one is in Busan, but _____ are in Seoul.

① another
② other
③ the other
④ the others

※ 밑줄 친 부분 중 어법상 틀린 것을 고르시오(23~25).

23
① Athletics <u>has been</u> increasing in interest among women.
② Choose the personal <u>savings</u> account that's right for you.
③ Knowing is one thing and teaching is <u>other</u>.
④ The television <u>news</u> is on at 9 o'clock.

24
① Don't tell a lie. You must always tell <u>the truth</u>.
② Is there <u>an Internet cafe</u> around here?
③ It looks like it is going to be <u>a rainy day</u>.
④ You should get a lot of <u>informations</u> about small business loans.

25
① I have <u>some</u> money with me.
② He went to <u>some</u> places in Africa.
③ <u>Any</u> of them can not do it.
④ <u>Any</u> book will do so far as it is interesting.

※ 다음 빈칸에 공통으로 들어갈 말로 가장 적절한 것을 고르시오(26~28).

26

> • _____ is raining outside.
> • _____ was Mary that I saw at the station yesterday.

① It
② This
③ That
④ What

27

> • The houses of Seoul are more expensive than _____ of other cities.
> • Heaven helps _____ who help themselves.

① that
② this
③ these
④ those

28

> • I needed a pen so I asked to borrow _____.
> • As _____ sows, so shall he reap.

① one
② others
③ another
④ any

※ 다음 빈칸에 들어갈 알맞은 것을 고르시오(29~32).

29

> She wears _____.

① a pretty purple silk dress
② a purple pretty silk dress
③ pretty a purple silk dress
④ a pretty silk purple dress

30

> A: Have you ever been to the Metropolitan Museum of Art?
> B: Yes, I used to go _____.

① there when a child regularly
② as a child regularly there
③ when a child regularly there
④ there regularly as a child

31

> He is extremely smart, energetic, and what is the _____ of all, devoted to his work.

① best
② better
③ worse
④ worst

32

> Do Asian people eat western food ____ chopsticks?

① for
② with
③ as
④ by

※ 밑줄 친 부분 중 어법상 틀린 것을 고르시오(33~37).

33
① The ballet has performed <u>very badly</u> at the box office.
② She is doing a course on teaching <u>a deaf</u>.
③ If a professor is 15 <u>minutes late</u>, is it okay for the students to leave?
④ With all the noise, he had <u>a hard time</u> listening to the lecture.

34
① Sarah <u>skillfully</u> avoided the question.
② While I was napping, I had <u>a really strange</u> dream.
③ The sky became <u>surprisingly darkly</u> as night during the middle of the day.
④ <u>Luckily</u>, no one got hurt after a building collapsed in Pusan.

35
① Did you have <u>a hard time</u> making new friends after elementary school?
② Models used to have <u>so little food</u> that they were starving to death.
③ Have you heard anything from David <u>lately</u>?
④ I've never seen <u>so a good man</u> in my whole life!

36
① Some people are lying <u>on the grass</u>.
② I saw them running <u>toward the school</u>.
③ <u>In</u> his way to the city, he went to see a James' new movie for a change.
④ He has studied English <u>for three hours</u>.

37
① Everyone <u>except</u> him liked the idea.
② Paper is made <u>of</u> wood.
③ Do you come to school <u>by</u> bus?
④ Sugar is sold <u>by</u> the pound.

※ 다음 빈칸에 공통으로 들어갈 말로 가장 적절한 것을 고르시오(38~42).

38
- The telephone is _____ the table.
- Abraham Lincoln was born _____ February 12(th), 1809.

① on
② in
③ under
④ at

39
- Where are you _____?
- Butter is made _____ milk.

① for
② of
③ by
④ from

40
- She was here a minute _____.
- It was so long _____ that I couldn't remember what I heard.

① ago
② little
③ once
④ since

41

- The eagle moves so fast _____ the small animals don't even know what's happening before they are caught.
- I am so poor _____ I can't eat three meals a day.

① enough   ② soon

③ still   ④ that

42

- The _____ Mr. Brown was rich.
- He was _____ for school.

① present   ② late

③ lately   ④ certain

※ 다음 빈칸에 들어갈 알맞은 것을 고르시오(43~49).

43

The flight attendant asked us _____ a comment card.

① to be filled out

② be filled out

③ fill out

④ to fill out

44

He doesn't let anyone _____ in his house or his car.

① to smoke

② smoke

③ smoking

④ is smoking

45

We are looking forward _____ you.

① to seeing

② to see

③ of seeing

④ to expect

46

Would you mind _____ me your camera?

① lend

② lending

③ lent

④ to lend

47

If no actions are taken, the _____ species will soon disappear from the Earth.

① endangering

② endangered

③ endanger

④ to endanger

48

The sun _____, we stayed there for the night.

① being set

② having set

③ is set

④ has set

49

> As she had lots of work to do, she couldn't go to the party.
> = _____ lots of work to do, she couldn't go the party.

① Had

② Have

③ Having

④ Had been

※ 밑줄 친 부분 중 어법상 틀린 것을 고르시오(50~53).

50

① It was wise <u>for him</u> not to spend the money.

② Many times, pets are left home alone with no one <u>to play with</u>.

③ The contest was a very good chance <u>for them to experience</u> Korean culture.

④ Now, <u>it's time to get</u> ready to go back to school.

51

① Everyone has a right <u>to express</u> his or her opinion.

② He has decided <u>not to have</u> any treatments for his stomach cancer.

③ It's important to know <u>what to do</u> when an earthquake happens.

④ The doctor made the patients <u>to take</u> the medicine twice a day.

52

① <u>Traveling</u> may satisfy your desire for new experiences.

② My hobby is <u>reading</u> novels.

③ Her bad habit is <u>chewing</u> her bottom lip.

④ Having failed <u>creating</u> a consensus, the manager asked that the decision be postponed.

53

① The <u>crying</u> child awakened everyone.

② What an <u>embarrassing</u> situations!

③ Please remember <u>enclosing</u> your return mailing address if you want anything returned.

④ Working late every day is <u>tiring</u>.

※ 다음 빈칸에 공통으로 들어갈 말로 가장 적절한 것을 고르시오(54~56).

54

> • It is kind _____ you to say so.
> • It is very nice _____ you to come and help me.

① of

② in

③ for

④ at

55

> • He is _____ old _____ work.
> • That book was _____ difficult for me _____ read.

① too ~ to

② so ~ to

③ too ~ as

④ so ~ that

56

> • All _____ things need air, water, and food to survive.
> • There are nearly 25 million people _____ in Seoul and surrounding areas.

① to live

② living

③ being lived

④ to have lived

※ 다음 빈칸에 들어갈 알맞은 것을 고르시오(57~61).

57

Generally rocks _____ according to the way they were formed.

① classify
② are classified
③ which they are classified
④ classify them

58

A man _____ the company he keeps.

① is known to
② is known for
③ is known as
④ is known by

59

A: Can you play the piano?
B: No, I wish I _____.

① can
② could have
③ could
④ would

60

_____ she met the man before, she could have recognized him.

① Unless
② Had
③ If
④ Did

61

_____ your help, we wouldn't be able to carry out our plan.

① Thanks to
② Instead of
③ Except
④ Without

※ 다음 밑줄 친 부분 중 어법상 틀린 것을 고르시오(62~65).

62

① The Eiffel Tower is made of iron.
② He is resembled his mother more than his father.
③ Treat others the way you want to be treated.
④ How many plays were written by Shakespeare?

63

① Having deceived so often, I am now on my guard.
② He is going to teach us how to play the guitar.
③ Potatoes were brought to Europe from South America in the 1500s.
④ Jogging is done by many people for exercise.

64

① Compared with what it was, it has improved greatly.
② Invitations will be sent to your company employees.
③ Who was the Great Wall made by?
④ This chocolate cake was made to my brother.

65
① Were I a bird, I <u>could fly</u> to you.
② Had it not been for your help, he <u>would have failed</u>.
③ Unless you sleep well, you <u>will recover</u>.
④ He looks as if he <u>knew</u> everything.

※ 다음 빈칸에 공통으로 들어갈 말로 가장 적절한 것을 고르시오(66~68).

66

> • A museum devoted to Hangeul, or Korean alphabet, will _____ built in Seoul.
> • Personally, I'd _____ opposed to the new rule.

① is   ② be
③ being   ④ was

67

> • The child talks _____ he were a grown-up.
> • He looks _____ he knew everything.

① if
② so as
③ as if
④ although

68

> • _____ the sun, the Earth would be too cold to live on.
> • _____ your help, I couldn't have done the work.

① Without
② Had
③ If it had not been for
④ If it were not for

※ 다음 빈칸에 들어갈 알맞은 것을 고르시오(69~73).

69

> _____ she will come back or not doesn't matter.

① If
② Since
③ Whether
④ Unless

70

> _____ it was dark, we were able to find the way to the village.

① So   ② As
③ Though   ④ Whether

71

> I can't go to the movies with you _____ I am tired.

① so   ② or
③ but   ④ because

72

> There were few children _____ like watching TV.

① who   ② but
③ and   ④ what

73

> _____ comes back first is supposed to win the prize.

① Those who
② Anyone
③ Whoever
④ The one who

※ 다음 밑줄 친 부분 중 어법상 틀린 것을 고르시오(74~78).

74
① The books <u>which</u> are on the desk are his.
② This is the book <u>which</u> she gave (to) me yesterday.
③ This is all the money <u>that</u> he has.
④ There is no man <u>who</u> doesn't love his own country.

75
① This is the remote controller <u>which</u> I have been looking <u>for</u>.
② That is the village <u>in</u> he lives.
③ I went to Seoul, <u>where</u> I met Tom.
④ My daughter is very smart, <u>which</u> I am quite proud of.

76
① The last bus has gone. <u>Therefore</u>, we're going to have to walk.
② You'll need to focus on the goal; <u>otherwise</u>, it's easy to get distracted.
③ I washed the dishes. They, however, <u>still</u> looked very dirty.
④ The plane fare was too much; <u>furthermore</u>, I decided not to go.

77
① Neither his father nor his mother <u>is</u> at home.
② Either his father or his mother <u>is</u> not at home.
③ Both Bill and Tom <u>likes</u> tennis.
④ Not only he but also I <u>want</u> you to wash before bed.

78
① I shall never forget you <u>as long as</u> I live.
② <u>Where</u> you may go, I will follow you.
③ <u>Where</u> there is no beginning, there is no ending.
④ There is a disagreement about <u>whether</u> early education is desirable.

※ 다음 빈칸에 공통으로 들어갈 말로 가장 적절한 것을 고르시오(79~82).

79
- He lives in _____ New York or Boston.
- My brother doesn't want to meet her, and I don't want to meet her, _____.

① either
② whether
③ when
④ other

80
- This is the house _____ which she lives.
- Which is the house Shakespeare was born _____?

① in
② of
③ with
④ that

81
- I don't remember the day _____ Mr. Kim left Seoul.
- I don't know the day _____ he died.

① where
② why
③ when
④ how

82

- _____ I changed my study habits, I couldn't get higher grades.
- _____ rich you are, you can't be happy if you're sick.

① However   ② Whenever

③ That   ④ Wherever

※ 다음 빈칸에 들어갈 알맞은 것을 고르시오(83~85).

83

It is the little things _____ make the difference in life.

① who   ② when

③ that   ④ where

84

Never _____ that I might win the first prize!

① I have dreamed
② have dreamed
③ have I dreamed
④ dreamed

85

The teacher wants his students not only to keep quiet but also _____ the task.

① do
② being done
③ doing
④ to do

※ 다음 밑줄 친 부분 중 어법상 틀린 것을 고르시오(86~88).

86 ① Dogs <u>neither act like wolves nor think</u> the way that humans do.
② They cancelled the baseball game because it was raining <u>cats and dogs</u>.
③ This musical will be played in <u>both Korean and English</u>.
④ When <u>either pushed or are pulled</u>, things begin to move.

87 ① Not a word <u>did she</u> say all day long.
② In the doorway <u>did her mother stand</u>.
③ <u>It was not until yesterday</u> that I found my lost dog.
④ Little <u>did I know</u> what my decision would lead to.

88 ① There <u>lived a girl</u> named Snow White.
② Only then <u>did I remember</u> I hadn't got my keys.
③ He believed more in me <u>than I did</u> in myself.
④ <u>It's you that has</u> the right to decide what to do with it.

2 어휘

1 꼭 알아야 할 표현

A

- above all: 무엇보다도, 특히
- abstain from: ~을/를 삼가다
- according to + 구: ~에 따르면
- according as + 절: ~에 따르면
- after all: 결국
- agree with + 사람: ~에 동의하다
- agree to + 사물: ~에 동의하다
- all the time: 항상, 내내(= always)
- all the way: 계속, 줄곧
- anything but: 결코 ~이/가 아닌(= never)
- nothing but: 단지, 다만(= only)
- arrive in/at: ~에 도착하다(= reach, get to)
- as a matter of fact: 사실은(= in fact)
- as for: ~에 관해서, ~에 대해 말하자면
- as if: 마치 ~처럼(= as though)
- as soon as: ~하자마자(= on -ing)
- A as well as B: B뿐만 아니라 A도
  (= not only B but also A)
- ask after: 안부를 묻다
- ask for: ~을/를 찾다
- at first: 처음에는
- at last: 드디어, 결국
- at least: 적어도
- at once: 즉시, 동시에
- at present: 현재는
- at the bottom of: ~의 바닥에
- at the same time: 동시에
- attend on: 시중들다
- attend to: 주의하다

B

- be able to: ~할 수 있다
  (= can, be capable of -ing)
- be about to: 막 ~하려고 하다
  (= be on the point of -ing)
- be absent from: 결석하다
- be afraid of + 명사: ~을/를 두려워하다
  (= be afraid to + 동사)
- be angry at + 사물: ~에 화내다
  (= be angry with + 사람)
- be anxious about: 걱정하다
- be anxious for: 갈망하다
- be busy -ing: ~하느라 바쁘다
- be different from: ~와/과 다르다(= differ from)
- be familiar with: ~을/를 잘 알다
- bear in mind: 명심하다
  (= remember, keep in mind)
  Cf learn by heart: 암기하다(= memorize)
- be famous for: ~(으)로 유명하다
- be full of: ~(으)로 가득 차 있다(= be filled with)
- be fond of: ~을/를 좋아하다(= like)
- before long: 곧, 머지않아
  Cf long before: 오래전에
- be good at: ~을/를 잘하다
- be interested in: ~에 흥미가 있다
- be in trouble: 곤경에 빠져 있다
- be in danger: 위험한 처지에 놓여 있다
- be made of A(물리적 변화): A(재료)로부터 만들어지다
- be made from A(화학적 변화): A(재료)로부터 만들어지다
- be made into A: A(물건)로 만들어지다
- be pleased with + 명사: ~(으)로 기쁘다
  (= be pleased to + 동사)
- be poor at: ~을/를 잘 못하다

- be proud of: ~을/를 자랑하다
  (= take pride in, pride oneself on)
- be satisfied with: ~에 만족하다
- be supposed to: ~하기로 되어 있다
- be sure of: ~을/를 확신하다
- be used to -ing: ~하는 데 익숙하다
  (= be accustomed to -ing)
  Cf used to + 동사원형: ~하곤 했다(과거)
- be worth -ing: ~할 만한 가치가 있다
  (= be worthwhile to + 동사원형, deserve to be + 과거분사)
- because of: ~ 때문에
  (= on account of, owing to)
- believe in: 믿다
- belong to: ~에 속하다, ~의 것이다
- between A and B: A와 B 사이에
- break into: 침입하다(= invade)
- break out: 발생하다(= happen)
- break one's word: 약속을 어기다
  Cf keep one's word: 약속을 지키다
  Cf make one's word: 약속을 하다
- bring up: 기르다(= raise)
- by oneself: 홀로(= alone)
  Cf for oneself: 혼자 힘으로
  Cf of oneself: 저절로
- by the way: 그런데

C

- call for: 요구하다(= demand)
- call off: 취소하다(= cancel)
- call up: 전화를 걸다
  Cf hang up: 전화를 끊다
- cannot help -ing: ~할 수밖에 없다
  (= cannot but + 동사원형, have no choice but to + 동사원형)
- carry out: 수행하다(= execute, accomplish)
- catch up with: 따라잡다(= overtake)
- cling to: ~에 달라붙다(= stick to)

- come across: 우연히 만나다
  (= encounter, meet by chance, happen to meet)
- come by: 얻다(= obtain)
- come back: 돌아오다(= return)
- come from: ~의 출신이다
- come true: 실현되다(= be realized)
- compare A to B: A를 B에 비유하다
- compare A with B: A를 B와 비교하다
- congratulate ~ on: ~을/를 축하하다
- consist of: ~(으)로 구성되어 있다
- consist in: ~에 놓여 있다
- cut off: 잘라내다

D

- deal in: 장사하다
- deal with: 다루다, 취급하다(= treat)
- depend on: ~에 의지하다
  (= be dependent on, count on, rely on)
  ↔ be independent of: 독립하다
- do away with: ~을/를 없애다
  (= get rid of, abolish, eliminate, make away with)
- do A good: A에게 이롭다(= do good to A)
- do A harm: A에게 해를 끼치다(= do harm to A)
- do one's best: 최선을 다하다(= make one's best)
- do without: ~ 없이 지내다(= dispense with)
- don't have to + 동사원형: ~할 필요가 없다
  (= need not)

E

- each other: (둘이) 서로
  Cf one another: (셋 이상이) 서로
- either A or B: A, B 중 하나

F

- fall in love with: ~와/과 사랑에 빠지다
- far from: 결코 ~이/가 아닌(= never)
- feel like -ing: ~하고 싶다
  (= feel inclined to + 동사원형)
- find fault with: 흠잡다, 비판하다(= criticize)
- find out: 알아내다
- first of all: 무엇보다도 먼저
- for a long time: 오랫동안
- for a moment: 잠시 동안
- for the present: 당분간(= for the time being)
- for example: 예를 들면(= for instance)
- for nothing: 공짜로(= free)
- for the first time: 처음으로
- from A to B: A에서 B까지

G

- get along with: 어울리다.
- get on: (차에) 타다
- get off: (차에서) 내리다
- get over: 극복하다(= overcome)
- get out of: ~에서 나오다
- get rid of: ~을/를 없애다
- get the better of: ~을/를 이기다
- get through: 끝마치다(= finish)
- get up: (잠자리에서) 일어나다
  Cf stand up: (앉았다가) 일어나다
- get used to -ing: ~에 익숙해지다
- give in: 항복하다
- give up: 포기하다(= abandon)
- give out: 분배하다(= distribute)
- go -ing: ~하러 가다
- go on: 계속하다(= keep on -ing)
- go on a picnic: 소풍가다
- go to bed: 잠자러 가다
- graduate from: 졸업하다
- grow up: 성장하다

H

- had better: ~하는 것이 낫다(= may as well)
- happen to: ~이/가 일어나다
- have a good time: 좋은 시간을 갖다(= enjoy oneself)
- have an idea of: 알다(= know)
- have trouble in: ~에 문제가 있다
- have much to do with: ~와/과 관계가 많다
- have something to do with: ~와/과 관계가 있다
- have nothing to do with: ~와/과 관계가 없다
- hear from: ~(으)로부터 소식을 받다
- hear of: ~에 대해 듣다
- help 사람 + 동사원형: ~의 일을 돕다
  (= help + 사람 + with -ing, help + 사람 + to + 동사원형)
  Cf help 사람 -ing (✕) → 반드시 with와 함께 쓰인다.
- help oneself to: (음식물 따위를) 자유로이 먹다
- hit on: 우연히(생각이) 떠오르다
  (= strike, occur to)
- hold good: 유효하다(= be available)
- how about -ing: ~하는 게 어떻습니까?
  (= what about -ing, what do you say to -ing, let's ~)
- hurry up: 서두르다(= make haste)

I

- in advance: 미리, 먼저(= to begin with)
- in a hurry: 서둘러
- in fact: 사실은(= as a matter of fact)
- in front of: ~의 앞에(= before)
- in general: 일반적으로(= generally)
- in order to: ~하기 위하여
- in person: 몸소, 직접
- in private: 사적으로
- in public: 공적으로
- in pursuit of: ~을/를 추구하여
- in regard to: ~에 관하여(= in respect of)
- in search of: ~을/를 찾아서
  Cf search for: 찾다

- insist on: 주장하다
- in spite of: ~에도 불구하고
- instead of: ~ 대신에
  (= in one's place, in place of)
- in these days: 요즘
- in time: 시간에 맞게, 조만간
  Cf on time: 정각에
- in turn: 교대로
- in vain: 헛되이(= only to fail)
- it goes without saying: 두말할 필요도 없다
  (= it is needless to say)
- It is no use -ing: ~해도 소용없다
  (=It is of no use to + 동사원형)

K

- keep a diary: 일기 쓰다
- keep company with: ~와/과 사귀다
- keep from -ing: 이/가 ~을/를 못하게 하다
  (= prevent from, abstain from)
- keep in mind: 명심하다
- keep one's temper: 화를 참다
  Cf lose one's temper: 화를 내다
- keep one's word: 약속을 지키다
- keep (on) -ing: 계속 ~하다
- know A from B: A와 B를 구별하다
  (= distinguish A from B)
- keep up with: ~와/과 보조를 맞추다
  (= keep pace with, keep abreast of (with))

L

- laugh at: ~을/를 보고 웃다
- let alone: ~은/는 말할 것도 없이
  (= to say nothing of, not to speak of, not to mention)
- lie in: ~에 놓여 있다(= consist in)
- listen to: ~에 귀 기울이다

- live on: ~을/를 먹고 살다
- long for: 갈망하다
- look after: 돌보다(= take care of, care for)
- look at: ~을/를 쳐다보다
- look down on: ~을/를 경멸하다(= despise)
- look up to: ~을/를 존경하다(= respect)
- look for: ~을/를 찾다(= search for)
- look forward to -ing: 고대하다(= anticipate)
- look into: 조사하다(= investigate)
- look like: ~처럼 보이다
- look alike: 똑같아 보이다

M

- make a fool of: ~을/를 조롱하다, 놀리다
  (= ridicule)
- make a fortune: 재산을 모으다
  (= make a lot of money)
- make a mistake: 실수하다
- make believe: ~인 체하다(= pretend)
- make friends with: ~와/과 사귀다
  (= keep company with)
- make good: 성공하다
- make it a rule to: ~을/를 규칙으로 삼다
  (= make a point of -ing)
- make money: 돈을 벌다
- make out: 이해하다(= understand)
- make up for: 보충하다(= compensate for)
- make up one's mind: 결심하다
  (= decide, make a decision)
- make use of: 이용하다
  (= use = take advantage of)
- may as well: ~하는 것이 낫다(= had better)
- may well: ~하는 것도 당연하다
- mistake A for B: A를 B로 오해하다

N

- neither A nor B: A와 B 모두 아니다
- next to: ~의 옆에(= beside)
- no longer: 이제 더 이상 ~이/가 아니다
  (= not any longer)
- not always: 항상 ~한 것은 아니다
- not at all: 전혀 ~이/가 아니다
- not A but B: A가 아니라 B이다
- not only A but also B: A뿐만 아니라 B도
  (= B as well as A)
- not ~ without -ing: ~하면 반드시 ~한다
- nothing but: 단지(= only)

O

- of course: 물론
- of late: 최근에(= recently, lately)
- of no use: 쓸모없는(= useless)
- of one's (own) -ing: ~이/가 직접 한
  (= 과거분사 by oneself)
- on behalf of: ~을/를 대표하여
  Cf in behalf of: ~을/를 위하여
- on business: 사업상
- on foot: 걸어서
- on one's way to: ~(으)로 가는 도중에
- on purpose: 고의로(= purposely)
- on time: 정각에
  Cf in time: 시간에 맞게, 조만간
- once more: 한 번 더(= once again)
- once upon a time: 옛날에
- one after another: (셋 이상) 서로서로
- out of order: 고장 난
- out of question: 틀림없이, 물론
- out of the question: 불가능한
- owe A to B: A는 B의 덕분이다

P

- persist in: 고집하다
- pick up: 줍다, 차에 태우다
- prepare for: 준비하다
- prevent from: ~하는 것을 막다
  (= keep from, abstain from)
- put off: 연기하다, 미루다(= postpone, delay)
- put on: 입다, 신다(= wear) ↔ take off: 벗다, 이륙하다
- put out: 불을 끄다(= extinguish)
- put up with: 참다(= endure, stand, bear)

Q

- quite a few: 매우 많은
  Cf a few: 약간 (수)
  Cf a little: 약간 (양)

R

- remind A of B: A에게 B를 생각나게 하다
- result from: ~의 결과로 발생하다
- result in: 결과적으로 ~을/를 야기하다
- right away: 즉시, 당장(= at once)
- rob A of B: A에게서 B를 빼앗다
- run away: 달아나다

S

- search for: ~을/를 찾다
- see off: 배웅하다, 전송하다
- shake hands with: ~와/과 악수하다
- show off: 과시하다
- so far: 지금까지(= until now)
- stand for: 상징하다, 대표하다(= symbolize, represent)

- succeed in: ~에 성공하다
- succeed to: 계승하다
- such as: ~와/과 같은(= like)
- sympathize with: 동정하다

T

- take account of: 고려하다(= consider)
- take a picture of: ~의 사진을 찍다
- take a walk: 산책하다
- take A for B: A를 B로 잘못 알다(= mistake A for B)
- take ~ by surprise: 기습하다, ~를 놀라게 하다
- take care of: ~을/를 돌보다
- take it easy: 천천히 하다
- take off: 벗다, 이륙하다 ↔ land: 착륙하다
- take part in: 참가하다(= participate in)
- take place: 일어나다(= happen)
- take the place of: ~을/를 대신하다
- take turns: 교대하다
- tell on: 영향을 끼치다(= influence on)
- thanks to: ~의 덕분에
- thank A for B: A에게 B에 대해 감사하다
- the day after tomorrow: 모레
- there is no -ing: 아무도 ~할 수 없다
  (= it is impossible to + 동사원형, we can't + 동사원형, God only + 동사원형)
- to begin with: 우선, 먼저(= in advance)
- to one's surprise: 놀랍게도
- too ~ to ~: 너무 ~해서 ~할 수 없다
- turn on: 켜다
- turn off: 끄다
- turn up: 볼륨을 높이다
- turn down: 볼륨을 낮추다, 거절하다(= reject)
- turn out: 판명되다(= prove)
- turn over: 뒤집다

W

- wait for: 기다리다(= await)
- wait on: 시중들다(= attend on)
- wake up: 잠을 깨다
- what for?: 무엇 때문에, 왜

2 단어의 의미 관계

(1) 유의 관계

- anxious(불안해 하는) = worried(걱정하는)
- buy(사다, 구입하다) = purchase(구입하다)
- fast(빠른) = speedy(신속한)
- foolish(어리석은) = stupid(멍청한)
- goal(목표) = target(목표, 대상)
- huge(막대한, 거대한) = large(큰, 많은)
- interesting(재미있는) = funny(웃기는, 재미있는)
- listen(듣다, 귀 기울이다) = hear(듣다, 들리다)
- make(만들다) = create(창조하다, 창작하다)
- pain(아픔, 통증) = ache(아픔)
- quiet(조용한) = silent(조용한, 말수가 적은)
- same(같은) = equal(동일한)
- sharp(날카로운, 뾰족한) = keen(날카로운, 예리한)
- sick(아픈, 병든) = ill(아픈, 유해한)
- smart(똑똑한) = clever(영리한)
- strong(강한) = powerful(강력한)
- thin(얇은, 가는) = slim(날씬한, 얇은)
- tiny(아주 작은) = small(작은)
- tour(여행) = travel(여행)
- wise(현명한) = smart(똑똑한)

(2) 반의 관계

- awake(깨어 있는) ↔ asleep(자고 있는)
- beautiful(아름다운) ↔ ugly(못생긴)
- begin(시작하다) ↔ finish(끝마치다)
- buy(사다, 구입하다) ↔ sell(팔다)
- cheap(싼) ↔ expensive(비싼)
- clean(깨끗한, 깔끔한) ↔ dirty(더러운, 지저분한)
- correct(맞는, 옳은) ↔ wrong(잘못된)
- diligent(부지런한) ↔ lazy(게으른)
- easy(쉬운) ↔ difficult(어려운)
- enough(충분한) ↔ lack(부족한)
- far(멀리) ↔ near(가까운, 가까이)
- forget(잊다) ↔ remember(기억하다)
- front(앞면) ↔ back(뒷면)
- happy(행복한) ↔ unhappy(불행한), miserable (비참한)
- heavy(무거운) ↔ light(가벼운)
- hide(숨다) ↔ seek(찾다)
- high(높은) ↔ low(낮은, 아랫부분의)
- honest(정직한) ↔ dishonest(부정직한)
- hot(더운, 뜨거운) ↔ cold(추운, 차가운)
- interesting(흥미 있는) ↔ boring(지루한)
- joy(기쁨, 환희) ↔ sadness(슬픔, 슬픈 일)
- long(긴, 오랫동안) ↔ short(짧은, 키 작은)
- meaningful(의미 있는) ↔ meaningless(무의미한)
- negative(부정적인) ↔ positive(긍정적인)
- old(늙은, 오래된) ↔ new(새로운)
- open(열다) ↔ close(닫다)
- public(공공의) ↔ private(사적인)
- push(밀다) ↔ pull(당기다)
- rich(부유한) ↔ poor(가난한)
- right(옳은) ↔ wrong(잘못된)
- safe(안전한) ↔ dangerous(위험한)
- same(같은, 동일한) ↔ different(다른)
- slow(느린, 느리게) ↔ fast(빠른, 빠르게)
- soft(부드러운, 연한) ↔ hard(단단한, 어려운)
- start, begin(시작하다) ↔ finish(끝나다, 끝내다)
- success(성공) ↔ failure(실패)
- thin(얇은) ↔ thick(두꺼운)
- tight(단단한, 꽉) ↔ loose(헐거워진, 풀린)
- weak(약한, 힘이 없는) ↔ strong(튼튼한, 강한)
- wet(젖은) ↔ dry(마른)
- wide(넓은) ↔ narrow(좁은)

(3) 포함 관계

- accessory(액세서리): bracelet(팔찌), earring(귀걸이), brooch(브로치), sunglasses(선글라스), handkerchief(손수건)
- clothes(의복): suit(수트), shirts(와이셔츠), underwear(속옷), skirt(치마), pants(바지), jeans(청바지), jacket(재킷), blouse(블라우스), vest(조끼), overcoat(코트), turtleneck(목이 긴 스웨터), cardigan(가디건), sweater(스웨터), trench coat(바바리코트), scarf(스카프), belt(벨트), collar(와이셔츠의 옷깃), sleeve(소매), pocket(포켓)
- color(색): red(빨간색), blue(파란색), yellow(노란색), green(녹색), brown(갈색), purple(보라색, 자주색), black(검은색), white(흰색) 등
- domestic animal(가축): dog(개), cat(고양이), rabbit(토끼), cow(소), pig(돼지), chicken(닭), hen(암탉), rooster(수탉), sheep(양), goat(염소)
- Emotion(감정): happiness(행복), sadness(슬픔), anger(분노), hatred(증오)
- furniture(가구): bed(침대), clock(시계), cupboard(찬장), dresser(서랍장), mirror(거울), sofa(소파), desk(책상), table(탁자), chair(의자)
- house(집): door(문), wall(벽), floor(마루), ceiling(천장), roof(지붕), chimney(굴뚝), fence(울타리), balcony(발코니), front yard(앞마당), back yard(뒷마당), garden(정원), garage(차고), stairs(계단), basement(지하실), attic(다락방), bedroom(침실), living room(거실), bathroom(욕실)
- pattern(무늬): striped(줄무늬의), checked(체크무늬의), polka dotted(물방울무늬의), solid(단색의), plaid(격자무늬의)
- sport(스포츠): soccer(축구), basketball(농구), baseball(야구), volleyball(배구), badminton(배드민턴), hockey(하키), handball(핸드볼) 등
- subject(과목): math(수학), science(과학), art(미술), music(음악), ethics(도덕), history(역사) 등
- vegetable(채소): onion(양파), carrot(당근), potato(감자), radish(무), tomato(토마토), cucumber(오이)

• wild animal(야생동물): chimpanzee(침팬지), lion(사자), tiger(호랑이), zebra(얼룩말), hare(산토끼), elephant(코끼리), monkey(원숭이), giraffe(기린), fox(여우), snake(뱀), squirrel(다람쥐)

3 속담과 격언

• Actions speak louder than words.
  (말보다는 행동이 더 중요하다.)
• A friend in need is a friend indeed.
  (어려울 때 도와주는 친구가 진정한 친구다.)
• A good medicine tastes bitter.
  (몸에 좋은 약은 입에 쓰다.)
• Better late than never.
  (하지 않는 것보다는 늦더라도 하는 것이 낫다.)
• Birds of a feather flock together.
  (날개가 같은 새들이 함께 모인다. = 유유상종)
• Easier said than done.
  (행동보다 말이 쉽다.)
• Every dog has his day.
  (쥐구멍에도 볕 들 날이 있다.)
• Haste makes waste.
  (서두르면 일을 그르친다.)
• He laughs best who laughs last.
  (마지막에 웃는 자가 최후의 승자다.)

• It's never too late to learn.
  (배움에는 늦음이 없다.)
• It's no use crying over spilt milk.
  (이미 엎질러진 물이다.)
• Laughter is the best medicine.
  (웃음이 최고의 명약이다.)
• Many hands make light work.
  (일손이 많으면 일이 가벼워진다. = 백지장도 맞들면 낫다.)
• No news is good news.
  (무소식이 희소식이다.)
• No pain, no gain. (고통 없이는 얻는 것도 없다.)
• Out of sight, out of mind.
  (눈에서 멀어지면, 마음에서도 멀어진다.)
• Practice makes perfect.
  (훈련이 완벽을 만든다.)
• The early bird catches the worm.
  (일찍 일어나는 새가 벌레를 잡는다. = 부지런해야 성공한다.)
• The more, the better.
  (많으면 많을수록 좋다. = 다다익선)
• Time flies like an arrow.
  (시간은 쏜살같이 지나간다.)
• To kill two birds with one stone.
  (한 번에 두 가지 이득을 얻는다. = 일석이조)
• Well begun is half done.
  (시작이 반이다.)
• When in Rome, do as the Romans do.
  (다른 나라에 가면 그 나라의 풍습을 따라야 한다.)

2 출제 예상 문제

※ 다음 밑줄 친 부분과 의미가 같은 것을 고르시오(01~15).

01

> He <u>made up his mind</u> to study harder.

① realize ② decide
③ print ④ invent

02

> He succeeded <u>after all</u>.

① entirely ② gradually
③ finally ④ friendly

03

> She <u>called at</u> her teacher's house.

① receive ② found
③ mix ④ visit

04

> <u>In fact</u>, he is a hard worker.

① Besides ② Actually
③ In common ④ For instance

05

> There was <u>nothing but</u> a chair in the room.

① orderly ② only
③ wholly ④ mostly

06

> When did the accident <u>take place</u>?

① settle ② explode
③ happen ④ solve

07

> They always <u>look down on</u> us.

① despise ② astonish
③ respect ④ command

08

> <u>At last</u> we found out what had really happened.

① Only ② In time
③ Finally ④ At least

09

They have to <u>depend on</u> the river for their water.

① live on　　② care for
③ rely on　　④ look for

10

Nancy felt <u>ill at ease</u> about the result of the exam.

① relaxed　　② displeased
③ helpless　　④ uncomfortable

11

We can <u>fall back on</u> our savings in an emergency.

① put aside　　② use up
③ depend on　　④ lay out

12

Jane <u>came up with</u> a new idea.

① overtake　　② adapt
③ suggest　　④ go over

13

He tried to join the army, but was <u>turned down</u>.

① employ
② reject
③ delay
④ participate in

14

I <u>am at a loss</u> to explain why I was absent.

① don't[doesn't] know how
② be troubled
③ feel sure how
④ be disappointed

15

He finally <u>got over</u> the difficulty.

① overcome
② give up
③ carry out
④ run the risk of

※ 두 단어의 관계가 <u>다른</u> 하나를 고르시오(16~23).

16
① anxious - worried
② heavy - light
③ awake - asleep
④ meaningful - meaningless

17
① rich - poor
② wise - smart
③ strong - weak
④ diligent - lazy

18
① near - far
② fast - speedy
③ front - back
④ right - wrong

19
① write - writer
② design - designer
③ strong - stronger
④ invent - inventor

20
① safe - dangerous
② same - equal
③ enough - lack
④ beautiful - ugly

21
① thin - thick
② wide - narrow
③ strong - powerful
④ negative - positive

22
① wet - dry
② tiny - small
③ lazy - diligent
④ easy - difficult

23
① high - low
② thin - slim
③ long - short
④ tight - loose

※ 밑줄 친 표현의 의미로 가장 적절한 것을 고르시오(24~28).

24

> A: Did you know Tom went into hospital last week?
> B: No, I didn't. Sorry to hear that. Is he okay?
> A: I think he just needed some rest, but I haven't heard from him for a few days.
> B: Don't worry. No news is good news.

① 티끌 모아 태산이다.
② 무소식이 희소식이다.
③ 도둑이 제 발 저리다.
④ 배움에는 나이가 없다.

25

> A: You never left me alone whenever I needed your help.
> B: A friend in need is a friend indeed.

① 기회가 왔을 때 잡아야 한다.
② 어릴 때 습관은 고치기 힘들다.
③ 오해 받을 행동은 하지 말아야 한다.
④ 어려울 때 도와주는 친구가 진정한 친구다.

26

> A: I'm afraid I'll never be able to finish this report.
> B: You've already written a good introduction. Well begun is half done.

① 시작이 반이다.
② 무소식이 희소식이다.
③ 남의 떡이 더 커 보인다.
④ 돌다리도 두드려 보고 건너라.

27

> A: We are planning to clean the playground for the school festival.
> B: Sounds like a lot of work. Do you need any help?
> A: Sure! The more, the better.

① 시작이 반이다.
② 많으면 많을수록 좋다.
③ 수고 없이 얻는 것은 없다.
④ 욕심이 지나치면 화가 된다.

28

> A: Mom, I don't want to eat vegetables.
> B: Eating vegetables is good for your health.
> A: But vegetables are not delicious.
> B: Come on, a good medicine tastes bitter.

① 시작이 반이다.
② 몸에 좋은 약은 입에 쓰다.
③ 돌다리도 두들겨 보고 건너라.
④ 낮말은 새가 듣고 밤말은 쥐가 듣는다.

※ 다음 격언이 주는 교훈으로 가장 알맞은 것을 고르시오 (29~30).

29

> Slow and steady wins the race.

① 성실 　　　② 우정
③ 신속 　　　④ 협동

30

> No pain, no gain.

① 행운 　　　② 노력
③ 우정 　　　④ 협력

3 생활 영어

핵심 키워드 빈칸에 들어갈 말 찾기, 대화에서 알 수 있는 B의 심정, 대화가 이루어지는 장소, 두 사람의 관계, 대화를 순서대로 배열하기

1 인사하기

(1)

A: Good morning, sir. How are you today?
B: Very well, thank you. It's a beautiful day, isn't it?
A: Yes, it certainly is.

> 해석 A: 안녕하세요, 선생님. 오늘 (기분) 어떠세요?
> B: 아주 좋아요. 고마워요. 날씨가 화창하네요. 그렇지 않아요?
> A: 예, 그래요.

(2)

A: Excuse me, but is your name Kim Bohee?
B: Yes, it is. Annie, isn't it? Good to see you again.
A: Me, too. Long time no see. How have you been doing?
B: Good. And you?

> 해석 A: 실례지만, 혹시 당신 이름이 김보희 맞나요?
> B: 예, 그래요. 애니 아닌가요? 다시 만나서 반가워요.
> A: 저도 만나서 반가워요. 오랜만이에요. 그동안 어떻게 지냈어요?
> B: 잘 지냈어요. 당신은요?

인사 관련 표현
- Good morning[afternoon/evening].
  (안녕하세요, 좋은 아침[오후/저녁]이에요.)
- Good to see you again.
  (다시 만나서 반가워요.)
- Long time no see.
  (오랜만이에요.)

어휘
- certainly: 틀림없이

2 소개하기

(1)

A: Hello, everyone. Nice to meet you. I'd like to introduce myself. My name is Kim Bohee. I'm from Seoul, Korea. I live in Golden Lake Apartment on the 5th Street. There are five people in my family. I love listening to the music and singing songs. What else? I want to make a lot of friends. Thank you.

> 해석 A: 안녕하세요, 여러분. 만나서 반갑습니다. 제 소개를 할게요. 제 이름은 김보희입니다. 저는 한국의 서울에서 왔습니다. 저는 5번가에 있는 골든 레이크 아파트에 살고 있어요. 우리 가족은 모두 5명입니다. 저는 음악 듣는 것과 노래하는 것을 좋아합니다. 또 다른 건? 저는 친구를 많이 사귀고 싶어요. 고맙습니다.

(2)

A: Brenda, I'd like to introduce my friend to you.
B: Yes, please do.
A: Brenda, this is my friend, Mike.
C: I'm Mike. Nice to meet you, Brenda. I've been looking forward to meeting you.
B: Nice to meet you, too, Mike.

> 해석 A: 브렌다, 내 친구를 너에게 소개할게.
> B: 응, 그래.
> A: 브렌다, 이쪽은 내 친구 마이크야.
> C: 난 마이크야. 만나서 반가워, 브렌다. 널 만나고 싶었어.
> B: 나도 만나서 반가워, 마이크.

(3)

> A: Juhee, I'd like to introduce my brother.
> B: How do you do? I'm Juhee. Nice to meet you.
> C: Glad to meet you, Juhee.
> B: Glad to meet you, too.

 A: 주희야, 우리 오빠를 소개할게.
   B: 처음 뵙겠습니다. 저는 주희입니다. 만나서 반갑습니다.
   C: 만나서 반가워, 주희야.
   B: 저도 만나서 반가워요.

소개 관련 표현
- I'd like to introduce myself.
  = Let me introduce myself to you.
  (저를 소개하겠습니다.)
- Nice[Glad/Pleased/Happy] to meet you.
  (당신을 만나서 반갑습니다.)

어휘
- what else: 그밖에 또
- look forward to: ~을/를 기대하다

---

3 안부 묻기

(1)

> A: Good morning, Jane. How are you today?
> B: I'm fine, thanks. And you?
> A: Very well, thank you.

 A: 안녕, 제인. 오늘 (기분) 어때?
   B: 좋아, 고마워. 너는 어때?
   A: 아주 좋아, 고마워.

(2)

> A: Good-bye, Annie. Have a good time.
> B: Thanks. I'll call you later.
> A: Give my best regards to your parents.
> B: Of course, I will. Take care!

 A: 애니, 잘 가. 좋은 시간 보내렴.
   B: 고마워. 내가 나중에 전화할게.
   A: 네 부모님께 안부 전해 줘.
   B: 물론, 그렇게 할게. 잘 지내!

안부 관련 표현
- How are you?
  = How are you doing?
  (어떻게 지내세요?)
- How's your family?
  (가족들은 어떻게 지냅니까?)
- How have you been (doing)?
  (그동안 어떻게 지냈어요?)
- I'm fine, thanks.
  = I'm very well.
  (좋습니다.)
- Please give my best regards to your parents.
  (부모님께 안부 전해 주세요.)

어휘
- Very well(good).: 좋아.
- regard: ~을/를 …(으)로 여기다, 관심

4 건강 상태 묻고 답하기

(1)

> A: What's wrong with you?
> B: I slipped on the stairs.
> A: That's too bad. You'd better see a doctor.

 A: 너 무슨 일 있니?
B: 계단에서 미끄러졌어.
A: 안됐구나. 의사의 진찰을 받는 게 좋겠어.

(2)

> A: You look pale, Sally. Are you feeling well?
> B: I don't feel very well.

 A: 너 안색이 창백해 보여, 샐리. 너 괜찮니?
B: 매우 안 좋아.

(3)

> A: What do you do to stay in shape?
> B: I make it a rule to run a few miles twice a week.

 A: 당신은 건강을 유지하기 위해 무엇을 하나요?
B: 저는 1주일에 두 번 몇 마일을 규칙적으로 달려요.

(4)

> A: Are you in good shape?
> B: Yes, I'm in good health. I exercise at the gym every day.

 A: 건강은 좋으십니까?
B: 예, 아주 좋아요. 저는 매일 체육관에서 운동을 하거든요.

(5)

> A: Ann, you don't look well. Are you okay?
> B: No, my throat really hurts.
> A: Sounds like you're getting a cold. Why don't you see a doctor?

 A: 앤, 안색이 안 좋아 보인다. 괜찮은 거니?
B: 아니, 목이 많이 아파.
A: 감기에 걸린 것 같네. 의사에게 진찰받는 게 어때?

건강 관련 표현
• What's wrong with you?
 = What's the matter with you?
 (무슨 일이 있습니까?)
• My throat really hurts.
 (목이 너무 아파요.)
• You'd better see a doctor.
 (의사의 진찰을 받아 보는 게[병원에 가 보는 게] 좋겠어.)

어휘
• slip: 미끄러지다, 넘어지다
• pale: 창백한, 핼쑥한
• make it a rule to: 늘 ~하기로 하고 있다
• get a cold: 감기에 걸리다

5 길 묻고 안내하기

(1)

A: Excuse me, but where is the restroom?
B: Sorry, I'm a stranger here myself.

해석
A: 실례지만, 화장실이 어디 있나요?
B: 미안하지만, 저도 여기 처음입니다.

(2)

A: Excuse me, I'm looking for Central Park. Could you tell me how to get there?
B: Sure. Are you going by subway or by taxi?
A: I'll take the subway.
B: Take subway line 3 and get off at Central Park Station.

해석
A: 실례지만, 저는 센트럴 파크를 찾고 있어요. 그곳에 가는 방법을 저에게 알려 주실 수 있나요?
B: 물론이죠. 지하철로 가실 건가요? 택시로 가실 건가요?
A: 지하철을 탈 거예요.
B: 지하철 3호선을 타고 센트럴 파크역에서 내리세요.

(3)

A: Excuse me, could you tell me how to get to the Seoul Station?
B: Are you taking the bus or the subway?
A: I'd like to take the subway.
B: Get off at City Hall and transfer to the Line 1.
A: And, how do I get to the nearest subway station?
B: Go straight two blocks and turn left. You can't miss it. Did you get it?
A: I've got it. Thanks.

해석
A: 실례지만, 서울역 가는 방법 좀 가르쳐 주시겠어요?
B: 버스를 타실 건가요, 지하철을 타실 건가요?
A: 지하철을 탈 거예요.
B: 시청역에서 내려서 1호선으로 갈아타세요.
A: 그리고 여기서 가장 가까운 지하철역으로 가려면 어떻게 하나요?
B: 두 블록을 곧장 가서 왼쪽으로 도세요. 그러면 찾을 수 있을 거예요. 아셨나요?
A: 예, 알겠습니다. 감사합니다.

(4)

A: Excuse me. I'm lost. Could you tell me where I am?
B: Uh, yes. You're at the Empire State Building.

해석
A: 실례지만, 제가 길을 잃었어요. 여기가 어딘지 말씀해 주시겠어요?
B: 예, 당신은 지금 엠파이어 스테이트 빌딩에 있어요.

길 안내 관련 표현

• How can I get to the Seoul Station?
(서울역까지 어떻게 갈 수 있습니까?)
• Would you show me how to get there?
(그곳으로 가는 방법을 알려 주시겠어요?)
• Excuse me, but where is the nearest movie theater?
(실례합니다만, 여기서 가장 가까운 영화관이 어디에 있습니까?)
• I'm a stranger here myself.
= I'm new around here.
(저는 여기가 처음입니다.)
• Get off at City Hall and transfer to the Line 1.
(시청역에서 내려서 1호선으로 갈아타세요.)
• Go straight two blocks and turn left.
(두 블록을 곧장 가서 왼쪽으로 도세요.)
• You can't miss it.
(틀림없이 찾으실 수 있어요.)

어휘

• I'm looking for ~.: 나는 ~을/를 찾고 있어요.
• by subway: 지하철로
• get off: 내리다

6 감정 표현하기

(1)

A: How are you feeling today?
B: I'm so happy. I feel on top of the world!
A: That's great. What happened?
B: I just saw my favorite singer in person!

해석 A: 오늘은 기분이 어때?
B: 너무 행복해. 기분이 최고야!
A: 잘 됐네. 무슨 일이야?
B: 내가 좋아하는 가수를 직접 봤어!

감정 관련 표현
- I'm (very) glad delighted to ~
  (나는 ~하게 되어 기뻐.)
- I'm/I feel (very/so) sad/unhappy.
  (나는 슬퍼/불행해.)
- How are you feeling?
  (기분이 어때?)
- Why are you sad/disappointed?
  (왜 슬퍼/실망했어?)
- I'm (so/very) sorry to hear ~
  (~을 들으니 정말 안 됐군요.)
- That's a pity/ shame.
  (그것 참 안 됐군요.)

7 약속 제안하기

(1)

A: How about going to the movies?
B: Sure. What time shall we make it?
A: How about at 7?
B: OK. See you then.

해석 A: 영화 보러 가는 거 어때?
B: 좋아. 몇 시에 만날까?
A: 7시 어때?
B: 그래. 그때 보자.

(2)

A: I'd like to invite you to my birthday party this Friday.
B: Thank you for inviting me, but I'm afraid not. I have an appointment.

해석 A: 이번 금요일에 너를 내 생일 파티에 초대하고 싶어.
B: 초대해 줘서 고맙지만, 못갈 것 같아. 약속이 있어.

(3)

A: Shall we go to the rock concert?
B: Wow! I'd love to.

해석 A: 록 콘서트 같이 갈래?
B: 와! 좋아.

약속 제안하기 관련 표현
- How about going to the movies?
  = Why don't we go to the movies?
  = Shall we go to the movies?
  (영화 보러 가는 게 어때?)
- I'd like to invite you to my birthday party.
  = Would you like to come to my birthday party?
  (너를 내 생일 파티에 초대하고 싶어.
  = 내 생일 파티에 와 주겠니?)
- I'm afraid not.
  (미안하지만 안 돼.)
- What time shall we make it?
  (몇 시에 만날까?)

8 요청하기[부탁하기]

(1)

A: May I ask you a favor?
B: Sure. What do you want?
A: May I use your telephone?
B: Go ahead.

해석 A: 제가 부탁을 드려도 될까요?
B: 물론이죠. 무엇을 원하세요?
A: 당신의 전화를 사용해도 될까요?
B: 그러세요.

(2)

A: Would you mind helping me move this desk?
B: Of course not.

해석 A: 이 책상 옮기는 것을 도와주시겠어요?
B: 물론입니다.

(3)

A: Would you mind my closing the window? It's getting cold in here.
B: I don't mind at all. It is rather chilly, isn't it?

해석 A: 창문을 닫아도 되나요? 여기는 추워지고 있어요.
B: 전 괜찮습니다. 좀 쌀쌀하죠, 그렇지 않나요?

9 음식 주문하기

(1)

A: May I take your order?
B: Yes, I'll have a pineapple pizza, please.
A: Anything else?
B: Yes, Coke, please.

해석 A: 주문하시겠어요?
B: 예, 파인애플 피자 주세요.
A: 그 밖에 다른 것은요?
B: 예, 콜라 주세요.

(2)

> A: Are you ready to order?
> B: I'd like a hamburger with French fries, please.
> A: Here or to go?
> B: Here, please.

해석 A: 주문하시겠어요?
 B: 햄버거 하나와 프렌치프라이 주세요.
 A: 여기서 드실 겁니까? 가지고 가실 겁니까?
 B: 여기서 먹을 겁니다.

(3)

> A: What would you like to have?
> B: Beef steak, please.
> A: How would you like your steak?
> B: Well done, please.

해석 A: 무엇을 드시겠습니까?
 B: 소고기 스테이크 주세요.
 A: 스테이크를 어떻게 해 드릴까요?
 B: 바싹 익혀 주세요.

음식 주문하기 관련 표현

• Are you ready to order?
 = May I take your order?
 = Can I take your order?
 = What would you like to have?
 (주문하시겠어요?)
• Anything else?
 = Is there anything else?
 = Will that be all?
 (더 주문하실 것 있습니까?)
• Here or to go.
 (여기서 드실 겁니까? 가지고 가실 겁니까?)
• How would you like your steak?
 (스테이크를 어떻게 해 드릴까요?)

스테이크 굽기 정도 표현

• rare: 레어. 고기의 표면만 살짝 구워 속은 거의 익지 않은 상태
• medium rare: 미디움 레어. 레어보다는 조금 더 익힌 상태
• medium: 미디움. 스테이크 굽기의 중간 단계
• medium welldone: 미디움 웰던. 미디움보다는 조금 더 익힌 상태
• well done: 웰던. 속까지 완전하게 가장 바싹 구운 상태

---

10 음식 권하기

(1)

> A: Can I get you some more cake?
> B: Sure. It's so good. I'd love some.
> A: Here you are.
> B: Thanks.

해석 A: 케이크를 조금 더 드릴까요?
 B: 예, 좋아요. 정말 좋아하거든요.
 A: 여기 있습니다.
 B: 감사합니다.

(2)

> A: How about having another cup of coffee?
> B: I'm good, thanks. I've had enough.
> A: How about some more cookies?
> B: Oh, I'm good. Thanks. I'm really full.

해석 A: 커피 한 잔 더 마실래?
 B: 고맙지만 난 괜찮아. 충분히 마셨거든.
 A: 쿠키를 더 줄까?
 B: 오, 고맙지만 난 괜찮아. 난 정말 배부르거든.

(3)

> A: Everything on the menu looks so delicious!
> B: Yeah. This is one of my favorite restaurants.
> A: Great! Can you recommend a dish for me?
> B: How about the spaghetti with cream sauce? It's one of their best dishes.

해석 A: 메뉴에 있는 모든 것이 너무 맛있어 보여요!
 B: 맞아요. 이곳은 내가 가장 좋아하는 식당 중 하나예요.
 A: 잘됐네요! 내게 요리를 추천해 주시겠어요?
 B: 크림소스가 들어간 스파게티는 어때요? 그것은 그들의 최고의 요리 중 하나예요.

음식 권하기 관련 표현
• Can I get you some more cake?
 (케이크를 조금 더 드릴까요?)
• How about having another cup of coffee?
 (커피 한 잔 더 마실래?)
• I'm good, thanks. I've had enough.
 (고맙지만 난 괜찮아. 충분히 마셨거든.)
• Would you like something to drink?
 = Can I get you something to drink?
 (마실 것 좀 드릴까요?)
• Can you recommend a dish for me?
 (내게 요리를 추천해 주시겠어요?)
• How about the spaghetti with cream sauce?
 (크림소스가 들어간 스파게티는 어때요?)

어휘
• full: 배부르게 먹은

11 물건 사기

(1)

A: May I help you?
B: I want to buy an MP3 player. Umm, how about this?
A: It's the most popular brand. It's $250.
B: $250? Too expensive. Do you have any cheaper ones?
A: This is $80. It was imported from Germany.
B: OK, I'll take it.

해석 A: 무엇을 도와드릴까요?
 B: 전 MP3 플레이어를 사려고 해요. 음, 이건 어떤가요?
 A: 이 제품은 가장 인기 있는 상표입니다. 가격은 250달러입니다.
 B: 250달러라고요? 너무 비싸네요. 더 싼 것 있습니까?
 A: 이건 80달러입니다. 독일에서 수입한 제품입니다.
 B: 좋아요, 그걸로 할게요.

(2)

A: That tie looks good. How much is it?
B: It's on sale for $35.50.
A: Good. Could you wrap it for me, please?
B: Sure!

해석 A: 저 타이가 근사하군요. 가격이 얼마예요?
 B: 35달러 50센트에 할인 중입니다.
 A: 좋아요. 그걸로 포장해 주시겠어요?
 B: 네!

(3)

A: Could I see that white shirt, please? What size is it?
B: This is a medium. Would you like to try it on?
A: Yes, it fits well. I'll take it.

해석 A: 저 흰색 셔츠 좀 보여 주시겠어요? 사이즈가 어떻게 되나요?
 B: 이건 중간 사이즈입니다. 한번 입어 보시겠습니까?
 A: 예, 잘 맞아요. 이걸로 할게요.

(4)

A: May I help you, sir?
B: Yes, I'm looking for a tie to match this shirt.
A: How about this blue one?
B: Oh, yes! I like the design.

해석 A: 무엇을 도와드릴까요?
 B: 예, 이 셔츠에 어울리는 타이를 찾고 있어요.
 A: 이 파란색 타이는 어떻습니까?
 B: 오, 네! 디자인이 마음에 들어요.

(5)

A: Do you think I should buy these big pants?
B: No, I don't think it'll look very good on you.
A: Why not?
B :The color doesn't suit you.

해석 A: 넌 내가 이 큰 바지를 사야 한다고 생각하니?
 B: 아니, 난 그게 너한테 어울리지 않는다고 생각해.
 A: 왜 안 어울리는데?
 B: 그 색깔이 너한테 어울리지 않거든.

(6)

A: I'd like to get a refund for this jacket.
B: May I ask you what the problem is?
A: It's too big for me.
B: Would you like to exchange it for a smaller size?
A: No, thank you.

해석 A: 이 재킷을 환불받고 싶어요.
B: 무슨 문제인지 물어 봐도 될까요?
A: 내게 너무 커요.
B: 더 작은 사이즈로 교환해 드릴까요?
A: 아니오, 괜찮아요.

물건 사기 관련 표현
• May I help you?
= May I ask what you are looking for?
(무엇을 도와드릴까요?)
• How much is it?
(가격이 얼마예요?)
• Could you wrap it for me, please?
(포장해 주시겠어요?)
• Would you like to try it on?
(한번 입어 보시겠습니까?)
• I'm looking for a tie to match this shirt.
(이 셔츠에 어울리는 타이를 찾고 있어요.)
• It looks very good on you.
(잘 어울려요.)
• I'd like to get a refund for this jacket.
(이 재킷을 환불받고 싶어요.)
• Would you like to exchange it for a smaller size?
(더 작은 사이즈로 교환해 드릴까요?)

어휘
• popular: 인기 있는
• try on: ~을/를 입어보다
• fit: (의복 등이) 꼭 맞다, 어울리다

12 경험 묻고 말하기

(1)

A: Have you ever tried Korean food?
B: Yes, I have. I love Kimchi.

해석 A: 넌 한국 음식을 먹어 본 적 있니?
B: 응, 난 김치를 좋아해.

(2)

A: Have you ever been to Itaewon?
B: No, I haven't, but I've heard it's good for shopping.
A: Would you like to go with me? I'll show you my favorite places.
B: That sounds great. Thank you so much for your help.

해석 A: 이태원에 가 본 적 있니?
B: 아니, 없어. 하지만 그곳이 쇼핑으로 유명하다고 들었어.
A: 같이 갈래? 내가 좋아하는 곳을 보여 줄게.
B: 그거 참 좋겠다. 도와줘서 정말 고마워.

(3)

A: I went climbing Mt. Seorak with my family last year.
B: Did you have a good time?
A: Sure. The mountains and the ocean were so nice!
B: It sounds great.

해석 A: 나는 작년에 가족과 함께 설악산에 올라갔어.
B: 재미있었니?
A: 물론이지. 산과 바다가 정말 멋있었어!
B: 좋았겠다.

(4)

A: How long have you been skating?
B: I have been skating since I was 10.

해석 A: 스케이트 탄 지 얼마나 됐니?
B: 나는 10살 때부터 스케이트를 탔어.

13 날씨 물어보기

(1)

A: It's really clear and sunny outside.
B: Yes, it sure is.

해석 A: 밝은 날씨가 정말 맑고 화창해.
     B: 그래, 정말 그러네.

(2)

A: What's the weather forecast for the weekend?
B: The weatherman said it's going to be stormy and cold.

해석 A: 주말 일기 예보는 어때?
     B: 일기 예보관은 폭풍우가 치고 추울 거라고 했어.

(3)

A: It's too hot. I can't study anymore.
B: Let's take a ten-minute break.

해석 A: 정말 덥다. 난 더 이상 공부할 수 없어.
     B: 10분간 쉬자.

(4)

A: What a great day!
B: I hope it stays clear. I'm planning to go to the beach with my friends.
A: Really? According to the weather forecast, it's going to be rainy and windy over the weekend.
B: Oh, no! It's our last chance to go to the beach together.

해석 A: 날씨 정말 좋다!
     B: 계속 맑았으면 좋겠어. 친구들이랑 해변에 가기로 했거든.
     A: 정말? 일기 예보에 의하면 주말 내내 비가 오고 바람이 분대.
     B: 안 돼! 이번이 우리가 함께 해변에 갈 마지막 기회야.

14 좋아하는 것 묻고 답하기

A: Cindy, what would you like to do this weekend?
B: I think I'll just stay home and listen to music.
A: What kind of music do you like best?
B: Pop. You seem to have a good ear for music. What do you like?
A: I'm into classical music.

해석
A: 신디, 이번 주말에 뭐 하고 싶니?
B: 난 집에서 음악을 들을 생각이야.
A: 넌 어떤 음악을 가장 좋아하니?
B: 팝 음악, 너는 음악을 잘 듣는 것 같아. 넌 어떤 음악을 좋아하니?
A: 난 클래식 음악에 빠져 있어.

좋아하는 것 묻고 답하기 관련 표현
- I'm into classical music.
  = I'm fond of classical music.
  = I love classical music.
  (나는 클래식 음악에 빠져 있어.)
- What kind of music do you like best?
  (넌 어떤 음악을 가장 좋아하니?)
- I like[love] to ~.
  (나는 ~을/를 좋아해.)
- Do you like ~?
  (~을/를 좋아하니?)
- What do you like?
  (무엇을 좋아하니?)
- What's your favorite ~?
  (가장 좋아하는 ~은/는 무엇이니?)

15 감사하기

(1)

A: You can use my computer if you want to.
B: Thanks. I'm very grateful for your kindness.

해석
A: 원한다면 제 컴퓨터를 사용하세요.
B: 고마워요. 친절에 감사드려요.

(2)

A: I'm not good at English. Could you give me some advice?
B: Why don't you watch English videos?
A: That sounds good. I appreciate your advice.
B: My pleasure.

해석
A: 난 영어를 잘 못해요. 조언 부탁드려요.
B: 영어로 된 비디오를 보는 게 어떨까요?
A: 그게 좋겠네요. 충고 감사합니다.
B: 도움이 되어[도와드릴 수 있어서] 저도 기뻐요.

감사하기 표현
- I'm very grateful for your kindness.
  (당신의 친절에 감사드려요.)
- I appreciated your advice[help].
  (당신의 충고[도움]에 감사드립니다.)
- Your're welcome.
  (천만에요.)
- No problem.
  (괜찮아요.)
- My pleasure.
  (도와드릴 수 있어서 저도 기뻐요. - 고맙다는 말에 대한 정중한 인사)
- Don't mention it.
  (별 말씀을요.)

어휘
- be grateful for: ~을/를 고맙게 여기다
- kindness: 친절(한 행동)
- be good at: ~에 능숙하다
- advice: 조언, 충고
- appreciate: 진가를 알아보다[인정하다]

16 사과하기

(1)

> A: It's my mistake. I'm sorry for everything.
> B: That's all right. Don't worry about it.
> A: All right. I'll be more careful next time.

해석 A: 제 실수입니다. 여러 가지로 죄송합니다.
B: 괜찮아요. 걱정하지 마세요.
A: 알겠습니다. 다음에는 더 주의하겠습니다.

(2)

> A: I can't tell you how sorry I am.
> B: No problem. It can happen to anyone.

해석 A: 어떻게 사과를 드려야 할지 모르겠습니다.
B: 괜찮습니다. 누구에게나 일어날 수 있는 일인걸요.

사과하기 관련 표현
• I'm so[very] sorry (about that).
  ((그 문제에 대해) 정말 미안해요.)
• Please forgive me.
  (제발 용서해 줘요.)
• I can't tell you how sorry I am.
  (어떻게 사과를 드려야 할지 모르겠습니다.)
• I apologize.
  (사과드립니다.)
• That's OK.
  = It doesn't matter.
  = No problem.
  = That's all right.
  (괜찮아요.)
• Forget it.
  = Never mind.
  (마음 쓰지 말아요.)

17 놀람 표현하기

(1)

> A: Remember the Harrison? He won the Novel prize yesterday.
> B: How surprising! I couldn't believe my eyes.

해석 A: 해리슨을 기억하니? 어제 그가 노벨상을 수상했대.
B: 놀랍다! 내 눈을 믿을 수 없을 정도야.

(2)

> A: Did you know that Sandy is six months pregnant?
> B: My goodness! You're kidding!

해석 A: 너 샌디가 임신 6개월인 거 알고 있었어?
B: 어머나! 농담하고 있는 거지!

놀람 관련 표현
• What a surprise!
  = How surprising!
  = That surprises me!
  = I (just) can't believe this.
  = I'm surprised that ~.
  (놀랍구나!)

어휘
• pregnant: 임신[수태]한
• My goodness!: 어머나/맙소사!
• You're kidding!: 설마! 농담이지!

18 소망 말하기

(1)

A: What do you want to be in the future?
B: I want to be a writer. You know I like to write a novel.
A: That's great! I wish you all the best.

해석 A: 넌 장래에 무엇이 되고 싶니?
B: 난 작가가 되고 싶어. 너도 알다시피 난 소설 쓰기를 좋아하잖아.
A: 그거 멋진데! 너에게 행운이 있기를 바랄게.

(2)

A: What are you going to do after graduation?
B: I want to be a professor. I really like studying.
A: Good luck to you!

해석 A: 넌 졸업 후에 뭘 할 거니?
B: 난 교수가 되고 싶어. 난 정말 연구하는 게 좋거든.
A: 행운을 빌게.

소망 말하기 관련 표현
• May you succeed!
 (당신이 성공하기를 바랍니다!)
• I hope you'll have a better year.
 (더 나은 해가 되기를 바랍니다.)
• I want to be a writer.
 (나는 작가가 되고 싶어.)
• I wish you all the best.
 = Good luck to you!
 (행운을 빌게.)

어휘
• in the future: 장차, 미래에
• graduation: 졸업, 졸업식

19 위로하기

(1)

A: I failed the math exam. That makes me depressed.
B: I know how it feels.

해석 A: 나 수학 시험에 떨어졌어. 그래서 우울해.
B: 나 그 마음 알아.

(2)

A: I broke up with my boyfriend.
B: Sorry to hear that, but cheer up.

해석 A: 나 남자 친구랑 헤어졌어.
B: 그 말을 듣게 되어 유감이야. 하지만 힘내.

위로하기 관련 표현
• I know how it feels.
 (나 그 마음 알아.)
• Sorry to hear that, but cheer up.
 (그 말을 듣게 되어 유감이야. 하지만 힘내.)
• Don't worry.
 (걱정하지 마세요.)
• Things will be better soon.
 (곧 나아질 거예요.)
• Don't be disappointed[discouraged].
 (실망하지[낙담하지] 말아요.)

어휘
• fail: (시험에) 떨어지다[낙제하다]
• depressed: (기분이) 우울한
• break up: (~와/과) 헤어지다

20 관심 묻고 답하기

(1)

A: That's a very interesting photograph. Who took it?
B: I did. I'm really interested in photography.
A: Have you been doing it long?
B: About four years. It's my favorite thing to do. What do you do in your free time?
A: I like all sports a lot, and my favorite is soccer.

해석 A: 매우 흥미진진한 사진이다. 누가 찍은 거니?
B: 내가 찍었어. 난 사진에 정말 관심이 많거든.
A: 그런 지 오래 됐니?
B: 대략 4년 정도. 사진 찍기는 내가 좋아하는 취미야. 넌 취미가 뭐야?
A: 난 모든 스포츠를 좋아해. 내가 특히 좋아하는 건 축구야.

(2)

A: Are you interested in music?
B: Yes, I love music.

해석 A: 당신은 음악에 흥미가 있습니까?
B: 예, 난 음악을 좋아해요.

관심 묻고 답하기 관련 표현
• I'm really interested in photography.
  = Photography interests me a lot.
  = I'm fascinated by photography.
  (난 사진에 정말 관심이 많아.)
• What are you interested in?
  = What do you do in your free time?
  (넌 취미가 뭐야?)
• I like all sports a lot, and my favorite is soccer.
  (난 모든 스포츠를 좋아해. 내가 특히 좋아하는 건 축구야.)

어휘
• be interested in: ~에 관심[흥미]이 있다
• favorite: 매우 좋아하는

21 병원이나 약국에서

(1)

A: I have terrible back pains.
B: How long have you had it?
A: Since last Saturday, I think.
B: Let me examine you. Hmm… It's not serious. You should exercise instead of taking medicine.
A: What would you recommend for exercise?
B: Walking and swimming. I hope you'll get well soon.

해석 A: 등에 통증이 심해요.
B: 통증이 있은 지 얼마나 됐죠?
A: 제 생각에는 지난 토요일부터요.
B: 검사를 해 봅시다. 음… 그다지 심각한 건 아니군요. 약을 복용하는 것 대신 운동을 해야 합니다.
A: 추천할 만한 운동이 있습니까?
B: 걷기와 수영이 좋을 겁니다. 곧 회복되기를 바랍니다.

(2)

A: What's the problem?
B: My nose keeps running, and I have a fever.
A: How long have you been feeling like this?
B: Since yesterday.
A: I think you caught a cold. I'm going to give you this medicine. Take these tablets three times a day after meals.

해석 A: 어디가 안 좋으세요?
B: 콧물이 계속 나고, 열이 있어요.
A: 이런 지 얼마나 됐지요?
B: 어제부터요.
A: 감기에 걸린 것 같군요. 이 약을 드릴게요. 하루 세 번 식후에 이 알약을 복용하세요.

(3)

> A: Good evening! How can I help you?
> B: I have a sore throat.
> A: Take this medicine and it's $5.
> B: Here it is. Thanks.

해석 A: 안녕하세요, 어떻게 도와드릴까요?
B: 인후염이 있어요.
A: 이 약을 드세요. 5달러입니다.
B: 여기 있습니다. 감사합니다.

병원이나 약국에서 쓰는 표현

• I have a headache.
  (두통이 있어요.)
• I have a stomachache.
  (배가 아파요.)
• I have a sore throat.
  (인후염이 있어요.)
• I have a toothache.
  (치통이 있어요.)
• I have a fever.
  (열이 나요.)
• My nose keeps running.
  = I have a runny nose.
  (콧물이 계속 나요.)
• I hope you'll get well soon.
  (빨리 나으시길 바랍니다.)
• Take these tablets three times a day after meals.
  (이 알약을 하루 세 번 식후에 복용하세요.)

어휘

• instead of: ~ 대신에
• recommend: 추천하다
• catch a cold: 감기에 걸리다

---

22 은행에서

(1)

> A: May I help you?
> B: I would like to open an account.
> A: Yes. What kind of account?
> B: I want to make a savings account.

해석 A: 무엇을 도와드릴까요?
B: 계좌를 하나 만들고 싶은데요.
A: 네. 예금 종류는 무엇으로 하실 건가요?
B: 보통 예금[저축 예금]으로 할게요.

(2)

> A: Excuse me, could you break a ten dollar bill?
> B: Yes, certainly. how would you like to have it?

해석 A: 실례합니다만, 10달러짜리 지폐를 잔돈으로 바꿔 주시겠어요?
B: 예, 물론입니다. 어떻게 바꿔 드릴까요?

(3)

> A: May I help you?
> B: I would like to exchange Korean wons for US dollars.
> A: How much do you want?
> B: Thirty dollars.

해석 A: 무엇을 도와드릴까요?
B: 원화를 달러로 환전하고 싶어요.
A: 얼마나 환전해 드릴까요?
B: 30달러요.

은행에서 쓰는 표현

• Could you break a ten dollar bill?
  = Could you give me change for a ten dollar bill?
  (10달러짜리 지폐를 잔돈으로 바꿔 주시겠어요?)
• I wish to cash this check.
  (이 수표를 현금으로 바꿔 주세요.)

23 우체국에서

(1)

> A: I'd like to send this parcel to Paris.
> B: Do you want to send it by sea or by air?
> A: By air, please.
> B: OK. That will be $17.50.

해석
A: 이 소포를 파리에 보내고 싶어요.
B: 배편으로 보내시겠어요, 아니면 항공 우편으로 보내시겠어요?
A: 항공 우편으로 보낼게요.
B: 알겠습니다. 17달러 50센트입니다.

(2)

> A: I'd like to send this package to Japan by air.
> B: Let's weigh it now. It's 5 kilograms.
> A: How much do I have to pay?
> B: Ten thousand won per kilogram.
> A: Here you are. That will be fifty thousand won.
> B: Thank you.

해석
A: 이 소포를 항공 우편으로 일본에 보내고 싶어요.
B: 무게를 재 보겠습니다. 5킬로그램입니다.
A: 얼마를 지불해야 하나요?
B: 킬로그램당 만 원입니다.
A: 여기 있습니다. 5만 원입니다.
B: 감사합니다.

(3)

> A: May I help you, sir?
> B: Well, I'd like to send this letter to China by airmail.
> A: Let me see. It comes to two dollars.

해석
A: 뭘 도와드릴까요, 손님?
B: 저, 이 편지를 중국에 항공 우편으로 부치고 싶어요.
A: 어디 보자. 2달러입니다.

(4)

> A: How can I help you?
> B: Could I have five 40-cent stamps, please?
> A: Of course. Anything else?
> B: Yes. How much is a postcard to Germany?
> A: Fifty cents.

해석
A: 무엇을 도와드릴까요?
B: 40센트짜리 우표 5장 주실 수 있나요?
A: 물론이지요. 또 필요한 건 없으세요?
B: 네. 독일로 가는 엽서는 얼마입니까?
A: 50센트입니다.

24 공항에서

(1)

A: May I see your passport?
B: Here you are.
A: Are you here for business or pleasure?
B: For pleasure.

해석
A: 여권 좀 볼 수 있을까요?
B: 여기 있어요.
A: 한국에 사업상 오셨어요, 아니면 여행 오셨어요?
B: 여행 왔어요.

(2)

A: Hi. I'd like to check in.
B: Can I see your passport?
A: Sure. Here you are. Can I choose a window seat?
B: No problem. Here is your ticket. Have a nice flight!

해석
A: 안녕하세요, 체크인을 하고 싶어요.
B: 여권 좀 볼 수 있을까요?
A: 물론이죠. 여기 있어요. 창가 자리로 선택할 수 있을까요?
B: 그럼요. 여기 표 받으세요. 즐거운 비행 되세요!

공항에서 쓰는 표현
• Can I see your passport?
 (여권 좀 볼 수 있을까요?)
• Are you here for business or pleasure?
 (사업상 오셨어요, 아니면 여행 오셨어요?)
• Can I choose a window seat?
 (창가 자리로 선택할 수 있을까요?)
• Have a nice flight!
 (즐거운 비행 되세요!)

25 호텔에서

(1)

A: Good morning, sir. How can I help you?
B: I made a reservation.
A: May I have your name, please?
B: My name is Glen Williams.
A: You booked a single room for May 21st. Here is your key.

해석
A: 안녕하세요, 고객님. 무엇을 도와드릴까요?
B: 예약했는데요.
A: 성함이 어떻게 되시나요?
B: 글렌 윌리엄입니다.
A: 5월 21일자로 싱글 룸을 예약하셨네요. 열쇠 여기 있어요.

(2)

A: King Hotel. May I help you?
B: Yes, I'd like to speak to Bill in room 300.
A: Hold on please. I'll connect you.

해석
A: 킹 호텔입니다. 도와드릴까요?
B: 네, 300호실에 있는 빌과 통화하고 싶어요.
A: 기다려 주세요. 연결해 드리겠습니다.

호텔에서 쓰는 표현
• I made a reservation.
 (예약했는데요.)
• You booked a single room for May 21st.
 (5월 21일자로 싱글룸을 예약하셨네요.)

어휘
• make a reservation for a room (at a hotel): (호텔) 방을 예약하다
• book: 예약하다(= reserve)

3

정답 및 해설 >>> **p.047**

출제 예상 문제

※ 다음 대화가 이루어지는 장소로 가장 적절한 것을 고르시오(01~07).

01

> A: May I take your order?
> B: Sure. I'd like beef steak.

① 음식점
② 도서관
③ 세탁소
④ 미용실

02

> A: Are these books on sale?
> B: Yes, all of these are four dollars each.
> A: Do you have books of travel?
> B: Yes, they are on the second floor.

① 호텔   ② 우체국
③ 은행   ④ 서점

03

> A: Good evening. Do you have a reservation?
> B: Yes. A table for two at seven o'clock.
> A: Ah, yes, Miss. Kim?
> B: That's right.

① airport
② restaurant
③ theater
④ postoffice

04

> A: What are you looking for?
> B: I'm looking for a new cell phone.
> A: How about this one? It's a cell phone with PDA.

① 식료품 가게
② 전자 제품 가게
③ 자동차 수리점
④ 문방구점

05

> A: Excuse me. I'd like to exchange these shoes.
> B: Sure. What's wrong with them?

① 음식점   ② 우체국
③ 동물 병원   ④ 구두 가게

06

> A: May I help you?
> B: Yes. I'm looking for a tie for my father.

① 병원   ② 식당
③ 상점   ④ 농장

07

> A: My cat has strange red spots on her back.
> B: Let me check her. Oh, it looks like she has a skin problem.
> A: Is it serious?
> B: Don't worry. Give her this medicine twice a day, and come back here in three days.

① 경찰서   ② 우체국
③ 동물병원   ④ 도서관

※ 다음 대화에서 두 사람의 관계로 알맞은 것을 고르시오 (08~15).

08

A: I like that painting. How much is it?
B: You have a good eye! It is $200.
A: What? I didn't think it'd cost that much.

① 고객 – 점원　　② 교사 – 학생
③ 배우 – 기자　　④ 의사 – 환자

09

A: Excuse me. I'm looking for the potatoes and the carrots.
B: The potatoes, the carrots, and all the vegetables are in our grocery section.

① 고객 – 점원　　② 선수 – 감독
③ 환자 – 의사　　④ 승객 – 기사

10

A: You're late for my English class.
B: I'm sorry. I promise not to be late again.

① guide – tourist clerk
② clerk – customer
③ doctor – nurse
④ teacher – student

11

A: I like this shirt. Can I try it on?
B: Sure. The fitting room is over there.
A: It fits me well. I will buy it.

① 고객 – 점원　　② 선생님 – 학생
③ 의사 – 환자　　④ 약사 – 환자

12

A: May I see your ticket, please? Oh, you're flying to New York.
B: That's right. Could I have a window seat?
A: Yes, would you like to check any baggage?
B: Yes, I have one bag.

① 교통경찰 – 시민
② 극장 직원 – 관객
③ 호텔 직원 – 고객
④ 항공사 직원 – 승객

13

A: Good evening! How can I help you?
B: I have a sore throat.
A: Take this medicine and it's $5.
B: Here it is. Thanks.

① 약사 – 손님
② 은행원 – 고객
③ 서점 직원 – 손님
④ 호텔 직원 – 고객

14

A: Can I borrow a book now?
B: Of course. Which one do you want to read this time?
A: I'd like to try a science novel today.
B: Let's see. Oh, here's a good one.

① 손님 – 사진관 직원
② 이용객 – 도서관 직원
③ 손님 – 서점 직원
④ 고객 – 동물병원 의사

15

> A: I'd like to buy a cap.
> B: What size do you want?
> A: Small, please. How much is it?
> B: It is 10 dollars.

① 손님 – 판매원　　② 의사 – 환자
③ 은행원 – 고객　　④ 건축가 – 기술자

※ 다음 대화에서 빈칸에 알맞은 것을 고르시오(16~25).

16

> A: _____ with you? You don't look well.
> B: I have a bad cold.

① Is there anything good
② What's wrong
③ Can you see it
④ What does it look like

17

> A: May I help you?
> B: Yes, please. I want to send a few boxes.
> A: _____
> B: One is for China, and the other two for Korea.

① Where are you from?
② What country are they for?
③ How much is it?
④ How far is it?

18

> A: Would you mind my opening the window?
> B: _____

① It's shame.
② Of course not.
③ You are welcome.
④ Yes, go ahead.

19

> A: Do I need to transfer?
> B: No, it goes straight through.
> A: _____ does it come by here?
> B: Every ten minutes.

① How far
② How often
③ How long
④ How much

20

> A: Hi, Bill. _____
> B: I've just returned from Jejudo.
> A: How was the trip?
> B: It was delightful. And the weather was perfect.

① What size are you?
② Why are you so angry?
③ How's the weather?
④ Where have you been?

21

> A: Pass me the salt, please.
> B: _____

① Here it is.
② It's a book.
③ Come back home.
④ About two days.

22

> A: What are you doing here, sir?
> B: _____
> A: You are not allowed to park here.
> B: Really?

① I'm shopping.
② I'm parking.
③ I'm waiting for a taxi.
④ I'm going to the museum.

23

A: I'm going to a concert tonight. How about joining me?

B: _____
I have a lot of homework to do.

① The same to you.

② I'm afraid I can't.

③ You did a good job.

④ I couldn't agree more.

24

A: Could you tell me where the bus station is?

B: _____

① It sounds like fun.

② Sure. It's right over there.

③ You shouldn't have done that.

④ I'm sure that you will finish first.

25

A: This is a small gift for you.

B: Oh! _____
Can I open it?

A: Sure.

① Go ahead.

② It depends.

③ How nice of you!

④ Sure, you can.

※ 다음 대화에서 알 수 있는 B의 심경을 고르시오(26~28).

26

A: What's the matter with you?

B: I didn't do well in the speech contest.

A: Come on! You can do better next time.

① bored

② excited

③ satisfied

④ disappointed

27

A: Are you ready for the dance contest?

B: I don't think I can go on the stage. I'm so nervous.

A: Calm down. You've been practicing for months! You'll do fine.

B: I don't know. My hands are even shaking now.

① bored

② uneasy

③ satisfied

④ relaxed

28

A: How was the picnic yesterday?

B: It was great! I had a lot of fun there.

A: You had perfect weather, too.

B: Yes. That's why I'm so happy today.

① 괴롭다

② 슬프다

③ 행복하다

④ 불안하다

※ 다음 대화에서 알 수 있는 A의 심경을 고르시오(29~30).

29

> A: Finally, I've passed the test for a driver's license. I'm so happy!
> B: Congratulations!

① angry

② glad

③ sad

④ worried

30

> A: Mom, I feel really down today.
> B: I'm sorry to hear that. What's the matter?
> A: I'm really concerned about the result of my exam yesterday.

① bored

② happy

③ excited

④ worried

31 다음은 전화상의 대화 내용이다. 빈칸에 들어갈 말로 적절하지 않은 것은?

> A: Hello, May I speak to Mary, please?
> B: _____

① I'm sorry. She's not in.

② Yes, this is she speaking.

③ Yes, but the line is busy.

④ You have the wrong number.

※ 다음 대화에서 밑줄 친 부분의 의도로 알맞은 것을 고르시오(32~35).

32

> A: Jane is really kind.
> B: You can say that again. She always helps other people.

① 동의　　　　② 허락

③ 부탁　　　　④ 격려

33

> A: Hi, Jack. What are you doing here?
> B: Hi, Sue. I have a job interview.
> A: For a reporter?
> B: Yes.
> A: Great! You'll do fine, I'm sure.

① 불평　　　　② 격려

③ 거절　　　　④ 초대

34

> A: I have a problem with my friend.
> B: Why don't you tell me about it?

① 제안하기

② 주의 끌기

③ 거절하기

④ 사과하기

35

> A: Will you do me a favor?
> B: Sure. What can I do for you?

① 부탁하기

② 사과하기

③ 불평하기

④ 칭찬하기

※ 주어진 말에 이어질 두 사람의 대화를 〈보기〉에서 찾아 순서대로 가장 적절하게 배열한 것을 고르시오(36~41).

36

> Tom, will you do me a favor?

- 보 기 -

(A) Can you give me a ride to the library?
(B) Sure. What is it, Susan?
(C) No problem. I'd love to.

① (A) − (C) − (B)   ② (B) − (A) − (C)
③ (B) − (C) − (A)   ④ (C) − (A) − (B)

37

> What's the purpose of your visit?

- 보 기 -

(A) How long are you staying here?
(B) About two weeks.
(C) I'm here on vacation.

① (A) − (C) − (B)   ② (B) − (A) − (C)
③ (B) − (C) − (A)   ④ (C) − (A) − (B)

38

> Amy, our train will be delayed because of an accident.

- 보 기 -

(A) Good idea. Let's meet at the bus stop at ten a.m.
(B) Oh, no! Why don't we take a bus instead?
(C) Okay. See you then.

① (A) − (B) − (C)   ② (B) − (A) − (C)
③ (B) − (C) − (A)   ④ (C) − (B) − (A)

39

> Did you hear the news?

- 보 기 -

(A) Oh! That's incredible.
(B) Our soccer team won the game.
(C) What news?

① (A) − (B) − (C)   ② (B) − (A) − (C)
③ (B) − (C) − (A)   ④ (C) − (B) − (A)

40

> What are you interested in?

- 보 기 -

(A) Then how about joining the movie club?
(B) That's a good idea.
(C) I'm interested in movies.

① (A) − (B) − (C)   ② (B) − (A) − (C)
③ (B) − (C) − (A)   ④ (C) − (A) − (B)

41

> When did the accident occur?

- 보 기 -

(A) At 5 p.m. yesterday.
(B) At the corner of 1st Avenue.
(C) Where did it take place?

① (A) − (B) − (C)   ② (A) − (C) − (B)
③ (B) − (A) − (C)   ④ (B) − (C) − (A)

4 독해

핵심 키워드 　글을 쓴 목적, 지시 대상, 빈칸에 들어갈 말, 주제, 제목, 내용 일치, 이어질 내용, 문장이 들어갈 곳, 문장의 순서

1 글을 쓴 목적 알기

(1) 유형 분석

필자가 글을 쓴 목적(초대, 감사, 사과, 광고 등)이 무엇인지 알아보는 문제 유형이다.

① 지문에 나오는 표현이나 반복되는 말 또는 정보를 종합하여 글을 쓴 궁극적인 목적을 파악한다.

② 지엽적인 부분에 현혹되지 않고 전체 지문에서 가장 중심 내용을 파악하는 것이 중요하다.

③ 실용문의 경우에는 행사, 광고, 안내, 시설물 이용 등 구체적으로 무엇을 위한 지문인지 이해하고, 정확하게 파악하는 것이 중요하다.

(2) 예제

글을 쓴 목적으로 가장 적절한 것은?

I bought a pair of running shoes from your website. When they arrived, there were some scratches on the side of the shoes. Also, you sent me the wrong size. I want to return them and get my money back.

① 환불 요청　　　　② 제품 추천
③ 부탁 거절　　　　④ 배송비 문의

풀이　운동화 구매와 관련해 '나의 돈을 돌려받고(get my money back)' 싶다고 했으므로 환불 요청을 위한 글임을 알 수 있다.

해석　전 귀사의 웹사이트에서 운동화를 한 켤레 구매했어요. 운동화가 도착했을 때, 신발 옆에 긁힌 자국이 있었어요. 또한 제게 잘못된 사이즈를 보냈어요. 전 신발을 다시 보내고 환불을 받고 싶어요.

정답　①

2 지시 대상 추론하기

(1) 유형 분석

지시대명사, 소유대명사, (the) 명사 등의 형태로 나타나는 지시어(구)의 구체적 대상이나 내용을 추론하는 문제 유형이다.

① 문단에서 지시어가 가리키는 내용을 묻는 형태: 그 지시어와 가까운 곳에서부터 찾는다.

② 사물이나 개념을 종합적으로 설명하고 그것이 가리키는 바를 묻는 형태: 주어진 설명이 선지의 어떤 사물이나 개념과 관련 있는지 생각한다.

(2) 예제

밑줄 친 it이 가리키는 것으로 가장 적절한 것은?

Although it is always around us, it's impossible for us to see, smell, or touch it. Without it, plants as well as animals would not survive. In order to breathe, it is necessary for living creatures.

① air　　　　　　② fire
③ food　　　　　④ water

풀이　마지막 문장에서 숨을 쉬기 위해 생명체에게 필요하다고 했으므로 it은 '공기(air)'라는 것을 알 수 있다.

해석　이것은 항상 우리 주변에 있음에도 불구하고 우리는 이것을 볼 수도, 냄새를 맡을 수도, 만질 수도 없다. 이것 없이는 식물과 동물 모두 생존하지 못한다. 숨을 쉬기 위해 생명체에겐 이것이 필요하다.

정답　①

3 빈칸 추론하기

(1) 유형 분석

지문에 있는 정보를 최대한 이용하여 빈칸에 들어갈 알맞은 내용을 추론하는 문제이다.

① 문단의 논리적 전개를 파악하여, 각각의 문장 다음에 어떤 내용이 올 것인지 예측하면서 글을 읽는다.

② 빈칸 전후에 언급된 내용과 대조적인지, 아니면 부연 설명인지 파악한다.

③ 빈칸에 들어갈 내용이 포함되어 있는 문장이 단락 전체의 결론에 해당되는 경우가 많기 때문에, 문단 전체의 주제나 요지를 파악하며 글을 읽는 게 중요하다.

(2) 예제

글의 빈칸에 들어갈 말로 가장 적절한 것은?

One interesting experience on our trip was riding camels in the _____. The sun was so hot and the air was so dry that I had to drink a lot of water. There were no trees around us. All we could see was an endless line of sand hills.

① jungle　　　　② garden

③ desert　　　　④ rain

풀이 마지막 문장에서 화자가 볼 수 있었던 건 오직 끝없는 모래 언덕의 라인이라고 했으므로 '사막(dessert)'에서 낙타를 탔던 것이라 유추할 수 있다.
- camel: 낙타
- desert: 사막

해석 우리 여행 중 한 가지 흥미로웠던 경험은 사막에서 낙타를 탔던 것이었다. 태양은 굉장히 뜨거웠고 공기는 너무 건조해서 물을 많이 마셔야 했다. 우리 주변엔 나무가 하나도 없었다. 우리가 볼 수 있었던 건 오직 끝없는 모래 언덕의 선이었다.

정답 ③

4 주제 파악하기

(1) 유형 분석

① 대부분 지문들은 단락의 주제를 포함하고 있는 주제문과 그 주제문을 설명하는 보충 문장들로 이루어진다.

② 주제문의 핵심어가 반영된 어구를 찾는다.

③ 주제문은 대부분 문두에 오는 경우가 많지만, 글의 마지막 또는 글의 중간에 나오기도 한다.

④ 글 전체에 자주 반복되는 어구를 찾고, 주어진 단락의 내용이 나타내는 범위와 같은 것인지 확인한다.

(2) 예제

글의 주제로 가장 적절한 것은?

Your hair can be damaged in many ways, such as by coloring or heat from hair dryers. To keep your hair healthy, you can try some of the following tips. First, get a haircut once a month. This will remove damaged hair. Second, use a low heat on your hair dryer. Third, find a shampoo that is good for your hair.

① 세차를 효율적으로 하는 방법

② 직업을 선택할 때의 유의사항

③ 가장 좋은 샴푸를 고르는 방법

④ 머리카락을 건강하게 유지하는 방법

풀이 주어진 글은 머리카락이 다양한 요인으로 인해 손상될 수 있음을 서두에서 밝히며 '머리카락을 건강하게 유지하는 (keep your hair healthy)' 방법에 대해 이야기하고 있다. 따라서 이 글의 주제는 '머리카락을 건강하게 유지하는 방법'이다.
- damage: 손상, 피해, 손상을 주다

해석 당신의 머리카락은 염색이나 헤어 드라이어의 열 등과 같이 여러 이유로 인해 손상될 수 있다. 머리카락을 건강하게 유지하려면, 다음과 같은 방법들을 시도할 수 있다. 첫째, 한 달에 한 번 이발하라. 이것은 손상된 머리카락을 제거할 것이다. 둘째, 헤어 드라이어를 낮은 온도로 사용하라. 셋째, 당신의 머리카락에 좋은 샴푸를 찾아라.

정답 ④

5 제목 파악하기

(1) 유형 분석

지문의 제목을 찾는 문제 유형으로 글의 논리를 정확하게 파악하고 핵심 문장을 찾는 것이 중요하다.

(2) 예제

글의 제목으로 가장 적절한 것은?

Ice cream is considered to be a modern food, but ancient people also ate a kind of ice cream. For example, more than 2,000 years ago, people in China would create a dish of rice mixed with frozen milk during wintertime. Likewise, it is said that Alexander the Great enjoyed eating snow flavored with honey. Isn't it interesting that ancient people could find pleasure in ice cream without the freezing technology we have today?

① Types of Modern Foods
② The Diets for Ancient Kings
③ Ice Cream in Ancient Times
④ The Variety of Modern Ice Cream

풀이 첫 문장에서 고대인들도 일종의 아이스크림을 먹었다고 했고, 고대 중국의 경우와 알렉산더 대왕의 예를 들었으므로, 정답은 ③ '고대의 아이스크림'이 적절하다.
- create: 창조[창작/창출]하다
- dish: 요리
- frozen: 얼어붙은, 결빙된
- likewise: 똑같이, 비슷하게
- flavored: ~ 맛이 나는, ~ 맛의
- pleasure: 기쁨, 즐거움

해석 아이스크림은 현대의 음식으로 간주되지만, 고대인들도 일종의 아이스크림을 먹었다. 예를 들어, 2000년도 더 이전에 중국인들은 겨울철에 얼린 우유와 밥을 섞은 요리를 만들어 냈다. 마찬가지로 알렉산더 대왕은 꿀을 첨가한 눈을 즐겨 먹었다고 전해진다. 오늘날 우리가 갖고 있는 냉동 기술 없이 고대인들이 아이스크림을 먹는 즐거움을 발견했다는 게 흥미롭지 않은가?

정답 ③

---

6 문장의 순서 정하기

(1) 유형 분석

글의 전체적인 흐름을 논리적인 전후 관계와 시간의 전후 관계에 따라 파악한 후, 자연스럽고 통일성 있게 문단을 완성해 나가는 문제 유형이다.

① 글을 읽으면서 내용의 흐름이 끊기는 곳, 즉 내용이 갑자기 바뀌는 곳을 찾거나 지시어와 연결어 등을 이용해 찾는다.
② 시간 순서를 나타내는 단어(first, second, third …)와 연결어(for example, therefore, on the other hand …), 지시대명사, 접속어 등에 유의하면서 문맥에 맞게 논리적으로 연결시킨다.

(2) 예제

주어진 문장에 이어질 글의 순서를 가장 적절하게 배열한 것은?

Because Mom was sick in bed, I wanted to do something special for her.

(A) It was Dad, and he was making breakfast. We looked at each other and smiled.
(B) However, someone was already in the kitchen.
(C) So, I woke up early in the morning and went to the kitchen to prepare breakfast.

① (A) - (B) - (C)   ② (A) - (C) - (B)
③ (C) - (A) - (B)   ④ (C) - (B) - (A)

풀이 병상에 계신 어머니를 위해 뭔가 해 드리고 싶었고, '그래서 (so)' 아침에 부엌으로 갔는데 '하지만(however)' 누군가 이미 있었는데 아버지였다는 것이 문맥상 자연스럽다.

해석 어머니께서 병상에 누워 계셨기 때문에, 나는 어머니께 뭔가 특별한 걸 해 드리고 싶었다.
(C) 그래서 나는 아침 일찍 일어나 아침을 준비하기 위해 부엌으로 갔다.
(B) 하지만 이미 누군가 부엌에 있었다.
(A) 그것은 아버지였는데, 아버지께서 아침을 만들고 계셨다. 우리는 서로를 바라보며 미소 지었다.

정답 ④

---

7 문단의 전후 관계 알기

(1) 유형 분석

주어진 지문을 읽고 그 앞[뒤]에 올 내용을 논리적 사고를 통해 추론하는 문제 유형이다.

① 지문에서 필자가 전반적으로 전개하고 있거나 전개하려는 논지가 무엇인지 파악한다.

② 지문의 앞[뒤]에서 도입이나 연결을 나타내는 어구를 찾아본다.

③ 앞에 올 내용은 주어진 지문의 첫 문장에서, 뒤에 올 내용은 마지막 문장에서 힌트를 찾는다.

(2) 예제

글의 뒤에 이어질 내용으로 가장 적절한 것은?

> Today, Korea is known for its advanced technology in science. A large number of scientific inventions in Korean history prove that Koreans have been gifted in science. Let's explore the wisdom of our ancestors by learning about some of these Korean scientific inventions.

① 과도한 과학 기술 발달의 부작용
② 세계적으로 유명한 한국인 예술가
③ 문학적 재능과 과학적 지식의 상관관계
④ 우리 조상들의 지혜가 담긴 과학 발명품

풀이 마지막 문장에서 '한국의 이러한 과학 발명품들(these Korean scientific inventions)'에 대해 배워 보며 조상의 지혜를 엿보자고 하고 있으므로, 이어서 '조상들의 지혜가 담긴 과학 발명품'에 대한 내용이 나오는 것이 적절하다.

- technology: 기술
- scientific: 과학의, 과학적인
- invention: 발명품
- gifted: 재능이 있는
- explore: 탐험하다, 탐구하다
- wisdom: 지혜, 슬기
- ancestor: 조상

해석 오늘날, 한국은 과학 분야의 첨단 기술로 알려져 있다. 한국 역사상 수많은 과학 발명품들은 한국인들이 과학에 재능이 풍부함을 입증한다. 한국의 이러한 과학 발명품들에 대해 배워 봄으로써 우리 조상들의 지혜를 탐구해 보자.

정답 ④

8 문장 삽입

(1) 유형 분석

주어진 문장을 지문 속의 적절한 위치에 삽입하는 문제 유형으로 주어진 문장을 정확하게 해석하고, 지문의 흐름을 파악하는 것이 중요하다.

(2) 예제

글의 흐름으로 보아, 다음 문장이 들어가기에 가장 적절한 곳은?

> She took the eggs home and kept them warm in her room.

> Amy was walking through the forest one day. (①) Under a tree, she found five eggs. (②) Two weeks later, five baby birds were born in her room. (③) Now they think Amy is their mother. (④)

풀이 숲에서 알을 '발견한(found)' 다음 이것을 집으로 '가져와 (took)' 방에서 따뜻하게 '보관(kept)'했더니 알에서 새들이 태어났다고 하는 것이 자연스럽다.

해석 어느 날 에이미가 숲속을 걷고 있었다. 나무 아래에서, 그녀는 5개의 알을 발견했다. <u>그녀는 알을 집으로 가져와 그녀의 방에서 따뜻하게 보관했다.</u> 2주 뒤에, 5마리의 아기새들이 그녀의 방에서 태어났다. 이제 이 아기새들은 에이미를 그들의 엄마라고 생각한다.

정답 ②

9 내용 이해하기

(1) 유형 분석

주어진 글의 내용과 선지의 내용이 일치하는지, 선지의 내용 중 글에 언급되지 않은 것이 있는지 확인하는 문제 유형이다.

① 선지에 제시된 내용을 먼저 읽어 본다.

② 지문을 읽으며 선지와 비교하여 정답과 관련이 없는 것은 제외시킨다.

③ 선지에 제시된 내용들은 반드시 지문에 있는 사실적 내용을 근거로 판단해야 한다.

④ 지문의 어구를 그대로 사용하여 만든 오답에 속지 않는다.

(2) 예제

동물원 안내 방송에서 언급하지 <u>않은</u> 것은?

> Welcome to K-Park Zoo. We are open daily from 10 a.m. to 6 p.m. Children under the age of 7 can enjoy the 'Kids Play Zone' next to the ticket booth. There are some safety rules to keep. First, don't get too close to the animals because you may get hurt. Second, don't feed the animals because they can get sick. We hope you have a pleasant time here. Thank you.

① 동물원 운영 시간

② 'Kids Play Zone' 이용 가능 나이

③ 동물원 이용 시 안전 수칙

④ 환자 발생 시 대처 요령

풀이 동물원 운영 시간(from 10 a.m. to 6 p.m.), 'Kids Play zone' 이용 가능 나이(under the age of 7), 안전 수칙(safety rules) 등은 나와 있으나 환자 발생 시 대처 요령은 언급된 바가 없다.

해석 K-Park 동물원에 오신 걸 환영합니다. 저희는 매일 오전 10시부터 오후 6시까지 문을 엽니다. 7세 미만 어린이들은 매표소 옆에 있는 'Kids Play Zone'을 이용할 수 있습니다. 몇 가지 지켜 주셔야 할 안전 수칙이 있습니다. 첫째, 다칠 수 있으니 동물들에게 너무 가까이 가지 마십시오. 둘째, 동물들이 병에 걸릴 수 있으니 먹이를 주지 마십시오. 이곳에서 즐거운 시간 보내시기 바랍니다. 감사합니다.

정답 ④

출제 예상 문제

※ 글을 쓴 목적으로 가장 알맞은 것을 고르시오(01~04).

01

> Dear Mike,
> How are you? I am writing to invite you to visit me on Jeju Island. I know you have summer holidays soon. Please accept my invitation to come to my house this summer.
>
> Jake

① 초대하기 위해
② 항의하기 위해
③ 충고하기 위해
④ 용서하기 위해

02

> Keeping a diary is a good habit. Writing will make you a thoughtful student, for writing about something requires careful thinking before you write about it. If you write your diary in English, it will help you improve your English. Why don't you try keeping a diary in English?

① 설득
② 경고
③ 칭찬
④ 논평

03

> This year's Rose Festival will start May 1st at Fantasy Land. You can enjoy many kinds of roses in full bloom. You can also enjoy food and entertainment here. We're expecting to see you at Fantasy Land!

① 광고
② 축하
③ 주문
④ 항의

04

> Dear Mrs. Kim,
> There is a girl whom I like in my class. I want to be her boyfriend but she seems to like another boy. Should I tell her how I feel about her? Please tell me what I should do.

① 약속 확인
② 수리 요청
③ 부탁 거절
④ 고민 상담

※ 밑줄 친 단어가 가리키는 것을 고르시오(05~08).

05

> If you walked into this place, you might easily think you are in a private house. The furniture is soft and comfortable, and the curtains are bright and cheerful. Beautiful pictures of mothers and children are hanging on the walls. Each room is full of things children can play with. Mothers can leave their children here and go to work without worrying about them.

① 가구점
② 미술관
③ 양로원
④ 탁아소

06

> This is not only an e-mail. People use this in other way, too. You can use this to find something in a library. The library can be in any country in the world. Your computer "talks" to the computer at the library through this.

① 책
② 전화
③ 검색대
④ 인터넷

07

It is a kind of sport game for two people or two partner players. It is played on the ground. Players use rackets to hit a small ball back and forth across a low net.

① soccer   ② tennis

③ baseball   ④ volleyball

08

It is one of the traditional music and dance in Korea. Twenty or more people perform it with some traditional musical instruments during planting and harvest times. We call it the farmers' band music.

① 농악   ② 탈춤

③ 그네   ④ 줄다리기

※ 다음 글의 빈칸에 들어갈 말로 가장 알맞은 것을 고르시오 (09~12).

09

Photos can be used for educational purposes. Teachers can teach history by showing photos in their classes. _____, a photo taken 100 years ago can show students how people lived at that time.

① However

② Instead

③ For example

④ In contrast

10

Astronauts need special clothes in space. Their suits, which include gloves, a helmet and boots, _____ them from the changes in pressure and temperature.

① dig   ② harm

③ shoot   ④ protect

11

Adults do not usually think much about the things around them. But most children are naturally _____ about everything. They ask questions like, "Why is the sky blue?" or "Why is snow cold?"

① lazy

② quiet

③ curious

④ thankful

12

Is there any way to prevent a Tsunami? Probably not. One of the ways we can do is to try to _____ damage. This can be done by effective warning systems which give people enough time to escape.

① get

② cause

③ reduce

④ increase

※ 다음 글의 주제로 가장 알맞은 것을 고르시오(13~16).

13

Many people think that sharks are dangerous. However, that is not true. According to some scientists, there are more than 360 kinds of sharks and only four kinds of them sometimes attack human beings.

① 상어의 크기
② 상어의 서식지
③ 상어에 대한 오해
④ 상어의 번식 방법

14

If an oil spill happens in the sea, it can hurt any living things. For example, many fish and seabirds were killed when there was an oil spill near my town last year.

① 기름이 유출될 가능성
② 기름이 유출되는 원인
③ 기름 유출을 예방하는 방법
④ 기름 유출이 끼치는 악영향

15

Advertisements usually give useful information to consumers and help them know quickly and easily about new products. However, they may cause problems by encouraging people to buy more products than they need.

① 광고 모델
② 광고 비용
③ 광고의 종류
④ 광고의 양면성

16

Have you ever been nervous before a job interview? Breathing deeply can help you relax. Practicing interview questions is also helpful. Practice gives you confidence which will reduce your nervousness.

① 취업 면접에 앞서 긴장감을 줄이는 방법
② 에너지 소비 효율성을 높이는 방법
③ 기업 간 분쟁을 해결하는 방법
④ 출장 비용을 절감하는 방법

※다음 글의 제목으로 가장 알맞은 것을 고르시오(17~20).

17

Too much stress can seriously affect your health. Let's talk about tips to deal with your stress. Start by doing some physical activity. If that doesn't work, talk about your problems with someone.

① Where to Get a Job
② When to Get Married
③ How to Manage Stress
④ How to Make New Friends

18

Pizza came from various countries such as Greece, Egypt and Turkey. People there baked flat breads on hot stones. They put many kinds of toppings on these breads. This was the beginning of pizza.

① The Origin of Pizza
② The Location of Greece
③ The Benefits of Traveling
④ The Kinds of Food in Korea

19

You can get hurt while playing sports. So warm up before you play. Wear safety equipment. Also, stop playing when you feel tired.

① Types of Sports
② The Importance of Sports
③ Reasons for Playing Sports
④ Safety Tips for Playing Sports

20

If you want a good friendship with someone, you should try to give first. To build a good friendship, you should try to be a giver, not a taker. By doing so, you can get a good friend.

① How to Donate Money
② The Type of Unfriendly People
③ How to Build a Good Friendship
④ The Benefit of Taking Something

※ 주어진 문장에 이어질 글의 순서를 가장 적절하게 배열한 것을 고르시오(21~24).

21

When I was a boy, I kept many wild animals as pets.

(A) I cleaned the wound and put a bandage on it.
(B) One of them was a deer.
(C) Unfortunately, the deer's leg was wounded by a sharp wire fence.

① (A) − (B) − (C)
② (B) − (C) − (A)
③ (C) − (A) − (B)
④ (A) − (C) − (B)

22

The population explosion gives rise to a number of problems.

(A) Also, this concerns getting proper medical care for all of them, especially the aged.
(B) Thus, we come face to face with more and more difficult problems.
(C) One of them has to do with finding enough food for all the people in the world.

① (A) − (B) − (C)
② (C) − (A) − (B)
③ (B) − (C) − (A)
④ (C) − (B) − (A)

23

Some people claim that the whaling industry constitutes an important part of the economy.

(A) Before everything else, whales are not a lower form of animal.
(B) The killing of whales, however, must be stopped both for humanitarian and economic reasons.
(C) Moreover, technology has advanced to the point that it is no longer necessary to kill whales for oil.

① (A) − (B) − (C)
② (B) − (A) − (C)
③ (B) − (C) − (A)
④ (C) − (B) − (A)

24

> Spiders, those eight-legged bugs that many people fear, build webs in houses.

> (A) Spiders can help to keep a household healthy, so they are useful household inhabitants.
> (B) However, people should not do this because spiders' webs catch flies, mosquitoes, and other harmful insects.
> (C) Because people think that the webs are dirty and ugly, they carefully sweep away the webs and kill the spiders.

① (A) − (C) − (B)
② (B) − (A) − (C)
③ (A) − (B) − (C)
④ (C) − (B) − (A)

※ 다음 글의 바로 뒤에 이어질 내용으로 가장 적절한 것을 고르시오(25~28).

25

> The French are famous for their sauces, the Italians for their pasta, and the Germans for their sausages. But what comes to mind when you think of American food?

① 미국 음식의 특색
② 독일 소시지의 종류
③ 프랑스 소스의 다양성
④ 이탈리아 파스타의 요리법

26

> A recent study showed that humor is useful in relieving tension between people. That is because humor decreases anxiety. Here are some cases of how humor eased tension between people.

① 정기적인 건강 검진의 중요성
② 약물 오·남용으로 인한 부작용
③ 스트레스가 유발하는 질병의 사례
④ 유머가 사람들 간의 긴장을 완화시킨 사례

27

> Today, people feel stressed for many reasons. Stress has a bad effect on them. Here are some ways to control stress.

① 스트레스의 어원
② 스트레스의 기능
③ 스트레스 조절 방법
④ 스트레스와 환경 보호

28

> Today, tomatoes are one of the most common foods in the world. They are served alone or with your favorite dishes such as pizza and spaghetti. Here are some various recipes for tomatoes.

① 토마토의 가격
② 토마토의 요리법
③ 토마토의 생산지
④ 토마토의 재배 방법

※ 다음 문장이 들어가기에 가장 알맞은 곳을 고르시오(29~32).

29

> As I had a few hours to spend until then, I decided to watch a movie.

> One morning my father asked me to drive him into town. (①) When we arrived, I promised to pick him up at 4 p.m. (②) I was enjoying the movie so much and I completely forgot about the time. (③) When the movie had finished, I was two hours late! (④)

30

But one woman changed this idea.

Today, anyone can learn to fly airplanes. (①) But this was not true in 1903. (②) At that time, people thought that only men could be pilots. (③) Her name was Amelia Earhart. (④)

31

This is because fires are very dangerous.

When you go to Woodland Park, remember the following rules. (①) First, fires, even for cooking, are not allowed. (②) Next, food must be stored properly. (③) Leaving food out in the open attracts wild animals. (④)

32

nstead, I decided to make them with paper myself.

On the way home, I wanted to buy carnations for my parents. (①) I went to a flower shop. (②) However, I gave up buying them because of their high price. (③) Fortunately, my parents really loved my carnations. (④)

※ 다음에서 언급되지 <u>않은</u> 사항을 고르시오(33~37).

33

This is your captain speaking. Today, we will be flying from Incheon to Beijing. The flight is expected to take 2 hours. Currently, the weather is clear in Beijing and we expect to arrive on time.

① 도착지   ② 예상 비행 시간
③ 식사 제공 안내   ④ 도착지 날씨

34

Hello. I'm the captain of JTC, the drama club. Do you want to be a Romeo or a Juliet? Then, join us! You can learn how to act, and you may perform at the school festival. Visit us at 4 p.m. on Mondays.

① 동아리 이름   ② 활동 내용
③ 동아리 역사   ④ 방문 시간

35

Seoul Traditional Folk Festival

• Where: City Park
• When: May 1 ~ May 9, 2020
• What: Korean folk dance performances

① 장소
② 기간
③ 입장료
④ 공연 내용

36

A House For Rent

- 3 bedrooms
- 500 dollars a month
- For more information, call us at 231-1125

① 월세
② 위치
③ 연락처
④ 침실 개수

37

This notice is written for all students who want to use the school library during the summer vacation. The library is open from 9 a.m. to 1 p.m. You can borrow up to four books, but you must return them within ten days.

① 도서관 개방 시간
② 도서관 설립 연도
③ 도서 대출 허용 권수
④ 도서 대출 기한

38 Jane에 대한 내용과 일치하는 것은?

Jane isn't active. She thinks she isn't good at sports. When her friends play basketball outside, she just watches them. Her interests are reading books and playing computer games.

① 활동적이지 않다.
② 운동을 잘 한다.
③ 친구들과 야구를 한다.
④ 컴퓨터 게임에 관심이 없다.

39 다음 글에서 설명하는 숲의 기능은?

Trees push their roots deep into the soil. Even when there are storms, the roots hold the soil in place. Without trees, the soil is washed away by the rainwater.

① 공기 정화
② 병충해 예방
③ 토양 침식 방지
④ 휴식 장소 제공

40 다음 글의 내용으로 보아, North America에서 질문해도 예의에 어긋나지 <u>않는</u> 것은?

In North America, some questions are personal and therefore not polite. People don't ask questions about a person's salary. They don't ask how much someone paid for something. It is OK to ask children how old they are, but it is not polite to ask older people their age. People don't ask unmarried people "Why are you single?"

① 어린이의 나이
② 직장인의 월급
③ 결혼하지 않은 이유
④ 구입한 물건의 가격

영어 실전 문제 1회

※ 밑줄 친 부분의 뜻으로 가장 적절한 것을 고르시오(01~03).

01

> This <u>dish</u> doesn't taste good.

① 가구 ② 경험
③ 음식 ④ 기회

02

> I <u>look forward to</u> meeting my new friend.

① 기대하다
② 주저하다
③ 연기하다
④ 후회하다

03

> He solved the problem <u>in the end</u>.

① slowly ② easily
③ lately ④ finally

04 두 단어의 의미 관계가 나머지 셋과 <u>다른</u> 것은?

① tie – untie
② like – dislike
③ agree – disagree
④ stand – understand

05 구인 광고문에 언급되지 <u>않은</u> 것은?

Bullentin Board

**The 2016 English Writing Contest
by Ace Herald**

• When: April 10th, 2016
• Where: Conference room in the Ace Herald
  Building
• How to Apply: Sign up at www.aceherald.co.kr

① 대회 날짜
② 대회 장소
③ 신청 방법
④ 참여 인원

※ 빈칸에 공통으로 들어갈 말로 가장 알맞은 것을 고르시오
(06~08).

06

> • _____ do you want for dinner?
> • _____ I want is health, not money.

① Who ② That
③ What ④ While

07

> • It is easy _____ him to pass the exam.
> • I have lived here _____ ten years.

① at ② in
③ of ④ for

08

- I'll _____ my fingers crossed for you.
- You have to _____ in mind that English is important.

① keep ② want
③ allow ④ advise

09 대화가 이루어지는 장소로 가장 알맞은 것은?

A: Hi, I'd like to have my hair cut.
B: OK, let's see. How about a short hairstyle?
A: Alright. I'll trust you on that.

① 매표소 ② 미용실
③ 우체국 ④ 제과

10 밑줄 친 말의 의도로 가장 알맞은 것은?

A: The math exam was very hard.
B: Yes, I agree with you.

① 동의하기
② 요청하기
③ 소개하기
④ 반대하기

11 대화에서 알 수 있는 A의 심정으로 가장 알맞은 것은?

A: I am finally going to New Zealand.
B: Great! It's a very beautiful country.
A: Yes, I'm really glad to go there!

① sad ② upset
③ happy ④ gloomy

※ 대화에서 빈칸에 알맞은 것을 고르시오(12~13).

12

A: Hey, what's wrong?
B: Oh, it's nothing. I'm OK.
A: Really? You don't look good.
B: Actually, _____ I lost my bag.

① I am happy.
② I feel terrible.
③ I am proud of you.
④ I am glad you like it.

13

A: You look tired. What's the matter?
B: I have sleep problems. What should I do?
A: _____

① I'm glad you slept well last night.
② Thank you for buying me this comfortable bed.
③ You should take a warm bath before going to bed.
④ I have something to do, so I cannot go to bed now.

14 다음 글의 내용에서 새 친구를 사귀기 위한 태도가 아닌 것은?

In order to make new friends, you have to give a good impression of yourself. Firstly, listen to others. Secondly, make sure you have a smile on your face. Lastly, try to help people.

① 다른 사람 말에 귀를 기울인다.
② 얼굴에 미소를 띤다.
③ 항상 자신의 의견을 주장한다.
④ 사람들을 도와주려고 노력한다.

15 밑줄 친 this가 가리키는 것은?

In recent years, this has become very important. By using this you can find information on any subject and communicate with others anywhere in the world. Truly this is making the world a global society.

① X-ray
② package
③ Internet
④ vacation

16 자연스러운 대화가 되도록 순서대로 배열한 것은?

(A) What did he write?
(B) Definitely. I'm a big fan of Ernest Hemingway.
(C) He is the one who wrote *The old man and sea*.
(D) Do you like novels?

① (A) - (B) - (C) - (D)
② (A) - (B) - (D) - (C)
③ (D) - (B) - (A) - (C)
④ (D) - (C) - (B) - (A)

17 Interact 클럽의 주요 활동이 아닌 것은?

I am in a school club called 'Interact.' It mainly helps others and does good things for communities. These are the activities we did last year. We cleaned neighborhoods and helped old people.

① 등산하기
② 다른 사람 돕기
③ 동네 청소하기
④ 지역 사회에 기여하기

18 다음 글 바로 뒤에 올 내용으로 가장 알맞은 것은?

Every day, more than 28 million people around the world use the Internet. However, even with the many useful functions of the Net, some experts warn of the danger of Internet Addiction Disorder.

① 인터넷의 유용성
② 인터넷의 중요성
③ 인터넷 사용 인구
④ 인터넷 중독의 위험성

19 글의 빈칸에 가장 알맞은 것은?

Apples are common and popular in the United States. People believe that apples are good for health. They say, "An apple a day keeps the _____ away."

① wife
② doctor
③ family
④ friend

20 다음 글의 목적으로 가장 알맞은 것은?

I'm having a Halloween party this Saturday and hope you will be able to come. The party will begin at 7:00 p.m. Please let me know as soon as possible whether or not you can come.

① 상담
② 초대
③ 설득
④ 사과

21 다음 문장이 들어가기에 알맞은 곳은?

> After we finished putting up the tent, we cooked lunch.

> My friends and I went camping at a mountain last weekend. (①) Arriving there, we started to put up our tent. (②) While we were cooking, many insects gathered around us. (③) They bit and made us mad. (④)

※ 다음 글을 읽고 물음에 답하시오(22~23).

> A good night's sleep is necessary to teens. _____, they can't sleep enough because of late-night homework and early morning school hours. The lack of sleep can negatively affect the mind and the body. It drops teens' memory and attention.

22 윗글의 흐름으로 보아 빈칸에 알맞은 것은?

① Besides
② However
③ Therefore
④ For example

23 윗글이 청소년들에게 말하고자 하는 것은?

① 충분한 잠이 필요하다.
② 학습 계획이 필요하다.
③ 아침 일찍 일어나야 한다.
④ 학교 수업에 집중해야 한다.

※ 다음 글을 읽고 물음에 답하시오(24~25).

> Each culture has its own customs. They are not "right" or "wrong," but just different. _____, when we meet foreigners, we should be careful not to judge their actions in our own way. Rather, we should learn to understand other cultures with an open mind.

24 윗글의 흐름으로 보아 빈칸에 알맞은 것은?

① Therefore
② However
③ In contrast
④ On the other hand

25 윗글의 요지로 알맞은 것은?

① 우리 문화의 우수성을 알리자.
② 문화 예술에 대한 투자를 늘리자.
③ 문화 차이를 이해하고 받아들이자.
④ 후손을 위해 우리 문화재를 잘 보존하자.

영어 실전 문제 2회

※ 밑줄 친 부분의 뜻으로 가장 적절한 것을 고르시오(01~03).

01

> Would you give me a <u>tip</u> for making the traditional Korean chicken soup?

① 시간   ② 음식
③ 비결   ④ 그릇

02

> The government will <u>announce</u> the new plan tomorrow.

① 취소하다   ② 변경하다
③ 조사하다   ④ 발표하다

03

> He opened the windows to <u>get rid of</u> the bad smell.

① 없애다   ② 알리다
③ 만들다   ④ 관찰하다

04 두 단어의 의미 관계가 나머지 셋과 <u>다른</u> 것은?

① sharp – keen
② buy – purchase
③ pain – ache
④ start – finish

05 다음 광고에서 알 수 <u>없는</u> 것은?

> **Come to Gino's for the Best Italian Food!**
>
> This week you can enjoy our amazing salads.
> Try out grilled potatoes with roasted chicken.
> Finish your meal with refreshing yogurt.
> We're open 24 hours a day.

① 영업 시간
② 음식 가격
③ 식당 이름
④ 식당 메뉴

※ 빈칸에 공통으로 들어갈 말로 가장 알맞은 것을 고르시오 (06~08).

06

> • What do you do in your _____ time?
> • You can get it for _____.

① envy   ② empty
③ kind   ④ free

07

> • All the people focused _____ her performance.
> • This island's economy depends _____ tourism.

① on   ② as
③ at   ④ by

08

• Jenny will _____ on the TV.
• Please _____ down the volume.

① have   ② take
③ make   ④ turn

11 글을 통해 알 수 있는 'I'의 심경은?

I'm a high school girl, a freshman. At my middle school, I used to have quite a few friends. Unfortunately, now I don't have any friends in my class. I'm scared they won't welcome me or want to talk to me.

① happy   ② proud
③ satisfied   ④ miserable

09 대화가 이루어지는 장소로 가장 알맞은 것은?

A: Hi. I'd like to check in.
B: Can I see your passport?
A: Sure. Here you are. Can I choose a window seat?
B: No problem. Here is your ticket. Have a nice flight!

① 공항   ② 병원
③ 소방서   ④ 옷가게

※ 대화에서 빈칸에 알맞은 것을 고르시오(12~13).

12

A: Why are you so upset?
B: _____

① Yes, it is safe.
② Of course I'd love to.
③ Good idea, I think I will.
④ It's because I failed my exam.

13

A: Hello. What can I do for you?
B: I'd like to report a lost bag.
A: Oh! _____
    What does it look like?
B: It's small and light brown.

① Not at all.
② Thank you.
③ I'd love to.
④ That's too bad.

10 밑줄 친 말의 의도로 가장 알맞은 것은?

A: What are you doing this Saturday?
B: Nothing special.
A: How about going to the swimming pool?

① 동의   ② 제안
③ 의심   ④ 칭찬

※ 밑줄 친 It(it)이 가리키는 것을 고르시오(14~15).

14

It is yellow dust from the deserts of northern China. When it comes to Korea, the air becomes dirty. It makes people wear masks outside.

① 안개　　　　② 황사
③ 가뭄　　　　④ 폭우

15

It usually appears on your face. If you squeeze it with your dirty fingers, this may leave some marks on your skin. So, don't touch it.

① 주름　　　　② 하품
③ 여드름　　　④ 재채기

16 주어진 글 다음에 이어질 문장의 순서로 가장 적절한 것은?

How long are you planning to stay?

(A) Just ten days.
(B) I'm here on a tour.
(C) What's the purpose of your trip?

① (A) − (B) − (C)
② (A) − (C) − (B)
③ (B) − (A) − (C)
④ (B) − (C) − (A)

17 다음 밑줄 친 부분이 가리키는 내용에 해당하지 <u>않는</u> 것은?

Welcome to Central Museum! The museum has <u>some rules</u> which you should keep. Taking photographs is not allowed. Also, remember to turn off your cellphone. Eating food is not allowed, either.

① 사진 촬영 금지
② 실내 낙서 금지
③ 휴대 전화 전원 끄기
④ 음식 섭취 금지

18 다음 글 바로 뒤에 올 내용으로 가장 알맞은 것은?

I saw the film, 'Superman.' I really enjoyed the film. People said that the movie had impressive special effects. So, I wanted to see what they were. Let me tell you the effects.

① 출연 배우
② 영화 제작비
③ 영화 상영관 수
④ 영화 속의 특수 효과

19 글의 빈칸에 가장 알맞은 것은?

_____ can have many different meanings. Red means energy, war and love. Yellow means joy and happiness. Green means freshness and growth.

① Animal
② Color
③ Feeling
④ Shape

20 다음 글의 목적으로 가장 알맞은 것은?

> Dear Sir,
> I ordered a sweater from your website on Monday. It arrived yesterday. I ordered a red one, but received a blue one. I'd like to exchange it for the correct color.

① 진료 예약
② 참가 신청
③ 예약 확인
④ 교환 요청

21 다음 문장이 들어가기에 알맞은 곳은?

> Therefore, smoking should not be allowed in public places.

> (①) Some smokers say that they have the right to smoke. (②) But the smell of smoke is very harmful to nonsmokers. (③) It can make some people sick. And smokers sometimes burn other people's clothes. (④)

22 글의 주제로 적절한 것은?

> The process of aging includes several changes in our bodies. Our hair becomes thinner and wrinkles in the skin increase. Further, blood pressure tends to go up, the brain loses cells and internal organs tend to work slowly. Finally, hearing and eyesight gradually weaken.

① 건강의 중요성
② 선진 복지 정책
③ 노화 진행 현상
④ 피부 관리 방법

23 다음 글의 제목으로 가장 알맞은 것은?

> My family had a trip to Australia last summer. We liked the beautiful beaches and the warm weather. We visited the Sydney Opera House. We had a good time.

① Beaches in Australia
② Weather of Sydney
③ Opera House in Sydney
④ Family Trip to Australia

※ 다음 글을 읽고 물음에 답하시오(24~25).

> Nearly 50% of all workers have jobs they aren't happy with. Don't let this happen to you! If you want to find the right job, don't rush to look through the ads in the newspaper. _____, sit down and think about yourself. What kind of person are you? What makes you happy?

24 윗글의 주제로 가장 알맞은 것은?

① 올바른 직업 찾기
② 실직 문제의 심각성
③ 신문 광고의 효과
④ 근로자의 여가 활용

25 윗글의 흐름으로 보아 빈칸에 알맞은 것은?

① Instead
② Besides
③ Therefore
④ For instance

많이 보고 많이 겪고 많이 공부하는 것은 배움의 세 기둥이다.

－ 벤자민 디즈라엘리 －

새 교육과정 완벽 반영
기출문제에
답이 **있다!**

실력 UP! 시키고
빠르게 합격하자!

초 · 중 · 고졸 검정고시 **기출문제 풀이**로 합격하는 **최단기 커리큘럼**

기출이 답이다
초졸 검정고시 5년간 기출문제

기출이 답이다
중졸 검정고시 5년간 기출문제

기출이 답이다
고졸 검정고시 3년간 / 5년간 기출문제

① 기출문제 출제 범위
미반영 문항 표기

② 모의고사 출제 범위
반영 문항 구성

③ 기출문제 풀이 무료
동영상 강의 제공
※ 중졸 · 고졸 검정고시에만 해당

④ OMR 모의 답안지
수록

※ 도서의 구성과 이미지는 변경될 수 있습니다.

2025
고졸 검정고시
한 권 합격

핵심 이론 + 예상 문제 + 실전 문제
새 교육과정 완벽 반영

합격의 모든 것

편집기획실 편저

STRONG

빛나는 당신의 내일을 위해 ──────── 시대에듀가 함께합니다.

2025
고졸 검정고시
한 권 합격

제2권 사회 | 과학 | 한국사 | 도덕

시대에듀

이 책의 차례

제 · 4 · 교 · 시

사회

합격의 공식 시대에듀 www.sdedu.co.kr

1 삶의 이해와 환경

핵심 키워드　시간적 관점, 공간적 관점, 사회적 관점, 윤리적 관점, 통합적 관점, 행복의 조건, 기후, 지형, 자연재해, 인간 중심주의, 생태 중심주의, 환경 문제, 국제 협약, 산업화, 도시화, 도시 문제, 가상 공간, 사이버 범죄

1 인간, 사회, 환경과 행복

● **해결 Point**

사회 현상을 바라보는 여러 가지 관점을 비교하는 문제가 출제될 가능성이 높다. 행복의 조건이나 시대별 기준, 사상가들이 본 행복에 대한 문제도 나올 수 있으므로 관련 내용을 꼼꼼히 살펴보아야 한다.

● **대표 문제 유형**

❖ 다음 질문과 관련 있는 관점은?
❖ 행복을 위한 경제적 측면의 조건으로 가장 적절한 것은?

(1) 인간, 사회, 환경을 보는 여러 가지 관점

① 시간적 관점
　㉠ 의미: 시대적 배경과 맥락을 통해 사회 현상을 살펴보는 관점이다.
　㉡ 특징: 과거의 사실, 제도, 가치 등을 통해 현재의 사회 현상이나 문제를 이해하고 바람직한 해결 방안을 찾는 데 도움을 준다.

> ■ **시간적 관점이 나타나는 질문**
> • 축구 경기는 언제부터 시작되었을까?
> • 커피 문화가 전 세계로 확산된 시대적 배경과 맥락은 무엇일까?
> • 자유주의는 어떤 과정을 거치며 발전해 왔을까?

② 공간적 관점
　㉠ 의미: 위치나 장소, 분포 유형, 영역, 이동, 네트워크 등 공간 정보를 바탕으로 하여 사회 현상을 살펴보는 관점이다.
　㉡ 특징: 공간에 따라 생활 모습과 사회 현상이 다르게 나타나는 이유와 지역 간의 상호 작용을 통해 공간이 인간에게 미치는 영향을 살펴볼 수 있다.

> ■ **공간적 관점이 나타나는 질문**
> • 쓰레기 매립장이 건설될 최적의 입지 장소는?
> • 우리가 살고 있는 공간은 어떤 특징이 있을까?
> • 우리 선조들이 짚신을 즐겨 신은 반면 일본은 나막신을 주로 신게 된 이유는 무엇일까?

③ 사회적 관점
　㉠ 의미: 사회 현상을 사회 제도나 사회 구조 측면에서 이해하는 관점이다.
　㉡ 특징: 사회 구조와 법, 제도 등을 통해 사회 현상의 원인 및 배경을 이해하고 그 영향을 파악하여 사회 문제를 해결하기 위한 대안을 마련한다.

> ■ **사회적 관점이 나타나는 질문**
> • 청소년들의 은어 사용이 사회에 미치는 영향은 무엇일까?
> • 우리나라 사람들이 커피를 많이 마시는 사회적 배경은 무엇일까?
> • 노인 요양 시설이 증가한 원인은 무엇일까?

④ 윤리적 관점
　㉠ 의미: 도덕적 가치 판단과 규범적 방향성의 측면에서 사회 현상과 문제를 이해하는 관점이다.
　㉡ 특징: 욕구와 양심을 기초로 한 도덕적 가치에 따라 평가하고 바람직한 사회 발전을 위한 규범적 방향을 설정하는 데 도움을 준다.

> ■ **윤리적 관점이 나타나는 질문**
> • 일상생활에서 도덕적 행위의 판단 기준은 무엇일까?
> • 곡물 메이저의 식량 분배 과정에는 어떤 문제점이 있는 걸까?
> • 성소수자를 대하는 사회적 인식의 기준은 무엇일까?

⑤ 통합적 관점
  ㉠ 의미: 사회 현상을 탐구할 때 시간적·공간적·사회적·윤리적 관점을 모두 고려하여 통합적으로 살펴보는 관점이다.
  ㉡ 필요성

사회 현상의 복합성	사회 현상은 다양한 요인들이 복잡하게 얽혀 있으며, 사실과 가치의 문제가 공존하기 때문에 통합적인 관점에서 살펴보아야 한다.
개별적 관점의 한계	단일한 관점에서 사회 현상을 보면 인간, 사회, 환경 등이 상호 작용하는 다면적 의미를 제대로 파악할 수 없다.

(2) 행복의 의미와 기준

① 행복
  ㉠ 행복의 의미
    • 물질적인 조건과 정신적 가치를 조화롭게 추구할 때 삶에서 느끼는 만족감과 즐거움의 상태이다.
    • 목표를 설정하고 장기적인 노력을 통해 성취하는 것이다.
    • 인간 활동을 통해 도달하는 삶의 궁극적인 목적이다.
  ㉡ 행복의 조건
    • 물질적 조건: 의식주, 경제력, 사회적 지위 등
    • 정신적 만족: 가족 간의 사랑, 우정, 자아실현 등

② 행복의 기준
  ㉠ 사상가들이 본 행복
    • 아리스토텔레스: 행복은 인간 존재의 목적이고 이유이다.
    • 석가모니: 괴로움을 벗어난 상태이다.
    • 노자: 욕심을 버리고 물(水)의 이치를 따르는 무위자연의 삶이다.
    • 디오게네스: 자족하고 평정심을 잃지 않는 것이다.
  ㉡ 시대별 행복의 기준

선사 시대	생존을 위해 먹을 것을 얻는 것과 안전을 유지하는 것으로 '행운'과 같은 의미로 사용되었다.
중세 시대	신앙을 통한 신의 구원과 군주에 복종하고 명령에 따르는 것이라고 생각하였다.
산업화 시대	물질적 기반 확보와 인간의 기본권 보장으로 행복을 인간의 노력으로 성취할 수 있는 것으로 인식하였다.
오늘날	개인주의, 자아실현의 욕구 등으로 개인의 주관적 만족감이 중시되면서 행복이 과거보다 다양하고 복잡하게 정의되고 있다.

㉢ 지역 여건별 행복의 기준
  • 인문 환경적 행복 기준: 종교·문화·정치·산업에 따라 기준이 다양하다.

정치적인 갈등 지역	민족·종교·정치적 갈등 지역은 전란으로 생명의 위협을 느끼고 난민으로 전락하기도 한다. → 평화와 정치적 안정을 중시 예 서남아시아
경제적 낙후 지역	국민의 절대 다수가 빈곤과 질병에 취약한 상태이다. → 기본적 의식주 해결 및 의료 혜택 요구 예 아프리카 국가
정치·경제적으로 안정된 지역	소득 불평등의 문제, 여가와 문화생활에 관심을 가진다. → 삶의 질을 향상 예 미국, 영국 등 선진국

  • 자연환경적 행복 기준: 주어진 환경에 적응하며 부족한 부분을 충족한다(물, 일조량 등).

사막 지역	물 부족 → 깨끗한 식수의 공급
북유럽 지역	일조량 부족 → 일광욕, 햇볕 쬐기
척박한 기후 지역	기아와 질병 만연 → 기본적 의식주 해결, 의료 혜택 보급

  • 다양한 행복의 기준
    - 종교·문화·정치적 안정, 산업 개발과 환경의 조화, 국민의 건강 등 국민의 행복 실현을 추구
    - 각 국의 상황 및 추구하는 방향에 따라 행복의 기준은 변화 가능

㉣ 행복의 실현
  • 진정한 행복
    - 도구적 가치: 부(富), 명예, 권력 등
    - 본질적 가치: 정신적인 만족감, 노력을 통해 획득한 가치
    - 물질적 가치(돈, 권력 등)와 정신적 가치(자아실현, 사랑, 존경 등)의 조화를 이룬 상태
  • 행복을 위한 노력
    - 삶의 본질에 대한 성찰(자신에 대해 반성하며 깊이 살펴보는 것)
    - 개인적 목표의 설정과 추구 과정
    - 공동체 구성원으로서의 행복 추구

(3) 행복한 삶의 조건

① 보편적인 행복의 조건

   ㉠ 경제적 조건: 기본적인 의식주와 안전한 환경을 조성
한다.

   ㉡ 정치적 조건: 법치주의, 민주주의 등으로 개인의 참여
로 자유, 평등을 보장한다.

   ㉢ 사회·윤리적 조건: 올바른 가치관을 정립, 이기주의
와 갈등을 극복한다.

② 행복을 위한 다양한 조건

   ㉠ 질 높은 정주 환경

     • 정주 환경: 인간이 일정한 장소에서 살아가기에 필
요한 환경이다.

     • 필요성: 생명 유지와 행복한 삶의 유지를 위해 주거
지와 다양한 주변 환경이 요구된다.

     • 정주 환경의 변화

산업화 이전	자연환경에 순응하는 생활
산업화 이후	삶의 질을 향상하기 위해 자연을 이용하고 개발
오늘날	• 정책 초기: 주택, 도로 건설, 노후된 건축·시설 개선 • 경제 발전 이후: 교통·문화·예술·체육 시설 등의 공간 조성 • 최근: 지역 문화 보존, 자연과 인간이 공존하는 생태 환경 조성

   ㉡ 경제적 안정

     • 경제 성장과 행복: 경제적 성장과 함께 인간의 기본
적 욕구 및 사회·문화적 욕구가 충족되었고 삶의
질도 향상되었지만, 국민 소득이 어느 정도 이상이
되면 행복과 소득이 반드시 비례하지는 않는다.

     • 경제적 안정과 삶의 관계

삶의 만족도 저하 요인	• 급속한 경제 성장과 과도한 경쟁에 따른 스트레스 • 경제적 양극화로 인한 사회적 박탈감 • 고용 불안에 따른 실업의 위험성
경제 안정 정책	• 지속적인 경제 성장의 추구 • 일자리 창출을 위한 실업 대책의 마련 • 복지 제도의 강화

   ㉢ 민주주의 발전

     • 필요성: 인권이 보장되고 정치적 의사가 정책에 반영
되면 시민들이 삶에 만족과 행복감을 느낄 수 있다.

     • 민주적 제도: 의회 제도, 복수 정당 제도, 권력 분립
제도 등이 있다.

     • 정치 문화 형성: 시민들이 권리와 의무, 정치 공동체
의 이해, 적극적인 정치 참여 등으로 형성된다.

     • 우리나라 시민의 정치 참여

선거	가장 기본적으로 정치적 의사를 표현하는 방법
단체 활동	정당, 이익 집단, 시민 단체 활동에 참여
개인 활동	집회, 시위 등을 통해 직접적인 정치 의사를 표현

   ㉣ 도덕적인 실천과 성찰

     • 도덕적 실천: 개인뿐 아니라 공동체의 행복을 실현
하기 위해 도덕적 가치에 합의하고 이를 행동으로 실
천하는 것이다.

     • 도덕적 성찰: 타인과 공동체에 해를 입히는 비도덕
적 행위를 하고 있지는 않은지 스스로 반성하고 살
핀다.

     • 관용적 태도: 타인과 이웃의 삶에 관심을 가지려는
노력과 태도를 가진다.

     • 역지사지: 다른 사람의 입장에서 상황을 인식하려는
마음가짐을 갖는다.

     • 사회적 약자 배려: 사회적 약자의 고통에 공감하며
기부, 사회 봉사 등에 참여한다.

2 자연환경과 인간

● 해결 Point

환경 문제의 종류와 국제 협약에 대해 묻는 문제가 자주 출제되고
있으므로 해당 내용을 꼼꼼히 살펴보아야 한다. 기후와 생활 양식,
자연재해, 자연을 보는 관점, 자연과 인간의 공존을 위한 방안 등
에 대해서도 잘 알아 두는 것이 좋다.

● 대표 문제 유형

❖ 사막화에 대한 설명으로 옳지 않은 것은?
❖ 자연과 인간의 공존을 위한 노력으로 옳은 것을 〈보기〉에서 고른
것은?

(1) 자연환경과 인간 생활

① 자연환경이 인간 생활에 미치는 영향
   ㉠ 자연환경: 인간 생활을 둘러싼 자연계의 모든 요소로 구성된 환경이다.
   ㉡ 기후, 지형, 토양, 식생 등 자연환경의 특성에 따라 사람들의 음식, 의복, 가옥 구조 등의 생활 모습과 산업이 다양하게 나타난다.

② 기후와 생활 양식
   ㉠ 세계의 기후 분포: 적도에서부터 극지방으로 가면서 열대·건조·온대·냉대·한대 기후 순으로 나타난다.
   ㉡ 지역별 기후와 생활 양식

지역	기후	생활 양식
열대 기후	연중 고온 다습	• 얇은 천으로 만든 옷 • 기름·향신료를 사용한 음식 • 고상 가옥, 개방적 가옥 • 벼농사, 이동식 화전 농업
건조 기후	적은 강수량, 큰 일교차	• 온몸을 감싸는 옷 • 대추야자, 육류, 밀 • 흙벽돌집·이동식 가옥 예 게르 • 유목·오아시스 농업, 관개 농업
온대 기후	계절이 뚜렷하고 온난한 기온	• 4계절에 맞는 옷 • 벼농사 발달(온대 계절풍 지역), 올리브·포도 농업(지중해 지역)
냉대 · 한대 기후	큰 연교차와 길고 추운 겨울, 적은 강수량	• 두터운 옷차림, 동물의 털옷, 가죽옷 • 육류 및 저장 음식 • 통나무집, 이글루, 폐쇄적 가옥 • 침엽수를 이용한 임업 발달, 순록 유목
고산 기후	연중 온화한 기온	큰 일교차와 햇볕을 피하기 위한 판초, 큰 모자

③ 지형과 인간 생활
   ㉠ 지형의 영향: 산지·평야·해안·하천·사막·화산·빙하 지형의 특성에 따라 생활 양식이 달라진다.
   • 지형과 교통: 고산 지대와 사막은 지역 간의 교통, 물류의 흐름을 방해하는 반면에 하천은 지역 간 교통로로 이용되었다.
   • 지형과 산업: 산지 지역은 임업·광업, 평야 지역은 농업, 초원 지역은 목축업, 해안 지역은 어업, 화산·빙하·카르스트 지형은 관광 산업 등이 발달하였다.

   ㉡ 지형과 생활 양식

산지 지형	• 경사가 급하고 높은 해발 고도로 교통이 불편 • 계단식 농법, 밭농사, 목축업 발달, 임산물 채취 • 적도 부근 고산 지대는 서늘한 기후로 도시가 발달 • 산지 경관을 이용한 관광 산업이 발달
평야 지형	• 지형이 평탄해서 농경지 개간, 교통로와 도시 발달 • 다양한 농업 발달(4대 문명 형성) • 아시아 지역의 벼농사, 유럽과 아메리카 지역의 밀 농사 경작
해안 지형	• 바다를 통한 타 지역과의 교역 • 대규모 항구에 산업 단지 조성 • 농업, 어업, 양식업 등의 발달, 해안 지형을 이용한 관광 산업 발달

   ㉢ 자연환경의 극복
   • 관개 시설 확충: 사막에서도 농업이 가능하게 되었다.
   • 화산 지형 이용: 지열을 이용하여 에너지를 생산한다.
   • 카르스트 지형: 수려한 자연 환경을 이용한 관광 산업이 발달하였다.

④ 안전하고 쾌적한 환경권
   ㉠ 자연재해와 인간 생활
   • 자연재해의 의미: 기상 이변이나 지각 변동 등의 자연환경이 인간 생활을 위협하면서 발생하는 피해이다.
   • 자연재해의 특성: 재해 발생에 대한 정확한 예측이 어렵고 인명과 재산상의 피해 규모도 커서 과학 기술의 발전으로도 완전히 극복할 수 없다.
   • 자연재해의 유형
     – 기상 재해: 기후적 요인

홍수	• 일시에 많은 비가 내림 • 시가지와 농경지 침수
가뭄	• 오랫동안 비가 내리지 않음 • 식수와 농업용수 부족
폭설	• 단기간 많은 눈이 내림 • 시설물 붕괴, 교통 단절
열대성 저기압	• 태풍, 허리케인, 사이클론 등 강한 바람과 호우 • 홍수 피해, 시설물 붕괴

■ 태풍
• 저위도의 열대 해상에서 발생하여 우리나라에 영향을 미치는 열대 저기압
• 강한 바람에 많은 비를 동반하여 큰 피해를 유발

– 지형 재해: 지형적 요인

지진	• 땅이 꺼지고 흔들림 • 건축물과 도로 붕괴
화산 활동	• 용암, 화산재 분출 • 농작물 등에 피해
지진 해일	• 해저 지각 변동으로 인한 거대한 파도 • 해안 지역 침수

• 최근 자연재해 추세
  – 산업 발달로 자연환경을 무분별하게 훼손하여 자연재해의 피해 규모가 더욱 증가하고 있다.
  – 환경 오염으로 인해 태풍의 횟수와 강도가 증가하고 있다.
  – 지구 온난화로 인한 해수면 상승으로 저지대 생활 터전이 침수된다.
  – 무분별할 자연 개발로 산사태 · 땅 꺼짐 현상 등이 발생한다.
  ㉡ 안전하고 쾌적한 환경에 살아갈 시민의 권리
   • 법적 보장
     – 헌법: 헌법 제34조와 제35조에서 안전하고 쾌적한 환경에서 살아갈 시민의 권리를 보장하고 있다.
     – 법률: 우리나라는 재난 및 안전관리 기본법, 자연재해대책법, 국민 안전교육 진흥 기본법 등을 제정하여 국민의 생명과 재산권을 보호하고 있다.
   • 국가의 노력
     – 평상 시: 재난 예보, 대피 요령, 대피 훈련 등을 실시한다.
     – 재해 발생 시: 스마트 재난상황관리시스템 가동, 특별재난지역 지정, 재난지원금 지급, 풍수해 보험 등을 통해 피해를 지원하고 보상한다.
   • 시민들의 노력
     – 시민 스스로 안전에 대한 인식 및 권리 행사를 위한 노력이 필요하다.
     – 자연재해에 대한 위험을 인식하고, 대피 훈련에 적극 참여한다.

(2) 인간과 자연과의 관계

① 자연을 보는 관점
  ㉠ 인간 중심주의 관점

의미	자연을 인간의 이익이나 필요에 의해 평가 · 고려하는 관점
특징	• 이분법적 세계관: 인간을 자연과 구별되는 가치 있는 존재로 인식 • 도구적 가치관: 자연을 인간의 이익과 필요를 충족시켜 주는 도구로 판단 • 본질적 가치: 인간만을 가치를 지닌 존재로 인식
영향	• 자연의 연구 · 개발로 과학 기술, 경제 발달 등에 기여함 • 자연은 인간의 생활을 풍요롭게 하는 데 도움을 줌 • 산업화, 도시화로 자연 훼손, 자원 고갈, 환경 오염, 생태계 파괴 등의 문제가 발생함 • 현세대가 이기심을 줄여 자손에게 온전한 자연을 물려주고, 환경 문제의 책임도 가져야 함(인간 중심주의 자연관)

  ㉡ 생태 중심주의 관점

의미	인간을 자연의 일부로 인식하여 생태계의 균형과 안정을 중시하는 관점
특징	• 전일체적 인식: 자연과 인간을 하나의 통일체로 보는 관점 • 상호 공존: 자연과 인간이 상호 공존을 모색하여 환경 문제 해결을 위해 노력 • 내재적 가치: 자연의 모든 생명체는 평등한 가치와 권리가 있으므로 인간은 자연에게 도덕적 의무를 가져야 함 • 생태계 균형: 인간과 자연은 서로 영향을 주고받는 관계로서 조화와 균형을 유지
영향	• 생태계의 관점에서 문제를 인식하여 환경 문제에 새로운 실마리 제공 • 극단적 생태주의: 모든 자연에 대한 개입 · 개발을 허용하지 않음(비현실적)

> **■ 레오폴드의 대지 윤리**
> 생태 중심주의의 대표적인 이론으로, 각각의 개체로서의 생명의 가치보다는 생태계 전체의 유기적 관계와 균형을 중요시하며 인간을 거대한 대지 공동체의 구성원으로 바라봐야 한다는 입장이다. 레오폴드는 바람직한 대지 이용을 오직 경제적 문제로만 생각하지 말고 윤리적, 심미적으로 검토하고 생명 공동체의 통합성과 안정성, 아름다움의 보전에 이바지한다면 옳다고 주장하였다.

② 인간과 자연의 바람직한 관계
  ㉠ 인간과 자연의 관계
    • 생태계 순환: 지구상의 모든 생명체는 물질의 순환과 에너지의 흐름으로 서로 유기적인 관계를 형성하고 있다.
    • 무분별한 개발: 자연 과학의 발달로 인간이 자연을 정복할 수 있다는 생각으로 생태계를 파괴하였으나 그 피해가 인간에게 되돌아오고 있다.
    • 공존의 인식: 다양한 환경 문제가 출현함에 따라 인간과 자연이 상호 영향을 주고받는 존재임을 인식해야 한다.
  ㉡ 인간과 자연의 바람직한 관계
    • 인간 중심주의와 생태 중심주의

인간 중심주의	생태 중심주의
인간의 미래를 위한 이익을 보존하기 위해 환경 보호가 필요	자연의 내재적인 가치 존중을 위해 환경 보호 필요
공통점: 인간과 자연의 공존을 위해 환경 보호의 연대감 형성	

    • 환경 문제 해결을 위한 노력
      – 인간도 자연의 구성원임을 자각한다.
      – 인간과 자연은 상호 유기적인 관계임을 인식한다.
      – 인간과 자연은 주종 관계가 아닌 상호 공존해야 하는 관계이다.
      – 생태계의 안정과 균형을 위해 인간적인 욕망을 절제한다.
      – 생태계 공동체 의식을 정립한다.
  ㉢ 동양의 자연관

유교	• 중용(中庸): 인간의 도리를 자연의 법칙에서 찾는다. • 주역(周易): 천지(자연)를 인간의 모범으로 이해한다. • 천인합일(天人合一): 인간과 자연을 하나의 유기적 존재로 인식한다.
불교	• 연기설(緣起說): 만물은 서로 의존하는 관계이다. • 육도윤회(六道輪廻): 만물은 인연(因緣)으로 연결되어 있으므로 모든 생명체에게 자비를 베푼다.
도교	• 무위자연(無爲自然): 자연의 흐름을 그대로 따르는 것이 순리이다. • 자연과 인간이 하나로서 서로 조화를 이루어야 한다.

㉣ 인간과 자연의 공존

개인적 차원	• 인간은 생태계의 구성원임을 자각하여 환경친화적인 가치관을 정립한다. • 미래 세대에 대한 책임 의식을 갖는다. • 일상생활에서 자연 보호를 위해 노력한다.
사회적 차원	• 자연과 인간의 공생을 위한 사회적 인식과 필요성을 확대한다. • 자연과 조화를 이루는 개발을 한다. 예 생태 도시, 슬로 시티 • 동식물 서식지 보호를 위해 노력한다. 예 생태 통로 건설 • 생태계 복원 사업을 지속적으로 추진한다. 예 자연 휴식년제, 갯벌 · 하천 생태계 · 멸종위기 종 복원

> ■ 슬로 시티: 자연 · 환경 · 인간이 조화를 이루며 느림의 철학으로 전통문화를 잘 보호하려는 국제 운동이다.
>
> ■ 생태 도시: 인간과 자연환경이 조화를 이루며 지속적으로 공생할 수 있는 체계를 갖춘 도시이다.
>
> ■ 자연 휴식년제: 생태계 보존을 위해 훼손 우려가 있는 지역을 지정하여 일정 기간 사람의 출입을 통제하는 제도이다.

(3) 환경 문제의 해결 방안

① 환경 문제의 발생 원인과 종류
  ㉠ 환경 문제의 발생 원인
    • 급격한 인구 증가: 자원 소비의 증가에 따라 생활 폐기물이 증가하였다.
    • 산업화: 에너지 · 광물 자원의 사용량이 늘어나 각종 공해 · 오염 물질의 배출량도 증가하고 있다.
    • 무분별한 자연 개발: 생태계가 파괴되어 다양한 환경 문제가 발생하고 있다.
  ㉡ 환경 오염의 특징
    • 광범위한 피해 규모: 환경 피해 규모가 인접 국가는 물론 전 지구적인 문제로 확산되고 있다.
    • 심각한 피해: 피해의 정도가 인간의 생존권을 위협할 수준에 이르렀다.
    • 피해 복구의 어려움: 피해를 복구하는 데 많은 시간 · 비용 · 노력이 필요하다.

ⓒ 환경 문제의 종류

지구 온난화	• 화석 연료 사용과 삼림 파괴로 인해 대기 중의 온실가스 농도가 증가하여 지구의 평균 기온이 상승하는 현상이다. • 피해: 해수면 상승에 의한 해안 저지대 침수, 극지방의 빙하 면적 축소, 기상 이변과 자연재해의 증가, 동식물의 서식 환경 변화로 인한 생태계의 혼란 등이 있다.
사막화	• 과도한 방목과 경작, 장기간의 가뭄, 산림의 훼손 등이 원인으로 기존의 사막이 확대되는 현상이다. • 피해: 식량 생산량의 감소, 황사 현상의 심화(고비 사막, 사헬 지대 등), 생활 공간 축소 등으로 난민이 발생한다.
산성비	• 자동차 배기가스나 공업 지대의 대기 오염 물질이 빗물과 섞여 내리는 것으로 수소 이온 농도(pH)가 5.6 미만인 비를 말한다. • 피해: 건축물·조각상의 부식, 하천 오염, 농작물 고사, 삼림 파괴 등이 있다.
오존층 파괴	• 에어컨 냉매·스프레이 분사제 등으로 쓰이는 프레온 가스의 일종인 염화플루오린화탄소의 과다 사용이 원인이다. • 피해: 피부암, 백내장 발병률 증가, 식물 성장 방해로 인한 농작물 생산량 감소 등이 있다.
열대림 파괴	• 목축, 벌목과 개간에 따른 농경지 확대와 삼림 자원 및 지하자원의 무분별한 개발이 원인이다. • 피해: 동식물의 서식지 감소, 생물 다양성의 감소, 지구의 자정 능력 상실, 지구 온난화의 가속화, 홍수 피해 등이 있다.

ⓔ 환경 문제 해결을 위한 국제 협약
- 람사르 협약(1971): 습지 보호를 위한 협약
- 제네바 협약(1979): 산성비 문제와 국가 간 대기 오염의 감축·통제 협약
- 몬트리올 의정서(1987): 오존층 보호를 위해 염화플루오린화탄소 등의 사용 금지 및 규제 등을 위한 협약
- 바젤 협약(1989): 유해 폐기물의 국제간 교역을 규제하는 협약
- 기후 변화 협약(1992): 온난화를 막기 위해 이산화탄소 등의 인위적 가스 방출을 규제하는 협약
- 생물 다양성 협약(1992): 다양한 생물종과 희귀 유전자를 보호하기 위한 협약
- 사막화 방지 협약(1994): 사막화를 겪고 있는 국가에 대해 재정적·기술적 지원을 약속하는 협약
- 파리 기후 협약(2015): 기후 변화에 따른 피해에 취약한 국가를 돕고자, 2025년까지 온실가스 배출량을 '0'으로 목표한 협약

② 환경 문제의 해결 방안
  ⓐ 정부의 노력
    • 법률적 방안
      - 환경정책기본법: 환경 보전에 대한 국민의 권리·의무, 국가의 책무 등을 명확히 하고 환경 정책의 기본사항을 수립하고 시행한다.
      - 자연환경보존법: 환경 정책을 정하여 환경을 지속적으로 보전·관리한다.
    • 제도적·정책적 방안
      - 온실가스 배출권 거래제: 정부가 기업의 온실가스의 양을 할당하여 남거나 모자란 부분을 거래할 수 있게 한 제도이다.
      - 환경 영향 평가: 개발 사업 계획 시 환경에 미치는 영향을 미리 예측·평가하는 제도이다.
      - 저탄소 녹색 성장 정책: 청정에너지 사용으로 온실가스 배출량을 줄이고, 청정에너지와 녹색 기술을 연구·개발하여 새로운 일자리를 창출해 나가는 경제와 환경이 조화를 이루는 성장 정책이다.
      - 환경성적표시제: 제품의 전 과정에서의 환경친화성을 평가하여 성적을 계량적으로 표시하는 제도이다.
      - 에너지 소비 효율 등급제: 소비자는 에너지 효율이 높은 제품을 사용하게 하고, 제조업체는 에너지 절약형 제품을 생산·판매하도록 한 의무적 신고 제도이다.
      - 쓰레기 종량제: 쓰레기 배출량에 따라 수수료를 부과하여 배출량을 줄이고, 재활용품을 최대한 분리배출하게 유도한 제도이다.
  ⓑ 기업의 노력
    • 기업 윤리: 환경 오염을 최소화하려는 윤리 의식을 정립한다.
    • 환경 관련 법규 준수: 오염 물질 배출량 기준 준수, 환경 오염 방지 시설을 구축한다.
    • 환경친화적 제품: 기술 혁신을 통한 환경 친화적 저탄소 상품 등을 개발한다.
    • 고효율 에너지 생산 시설: 온실가스 배출량 감소, 신·재생에너지 사용 확대 등 에너지 효율이 높은 생산 시설을 확대한다.

ⓒ 시민 사회의 노력
- 환경 관련 정책 및 사업 감시: 정부의 환경 정책과 기업의 산업 시설을 환경 보전 측면에서 감시하고 관계 기관에 신고한다.
- 환경 보호 캠페인: 다양한 환경 보호 캠페인과 시민 운동을 실시한다.
- 환경 단체와 연대: 그린피스, 세계 자연 기금(WWF) 등과 시민 단체가 연대하여 범지구적 차원의 환경 보호 활동을 전개한다.

ⓔ 개인의 노력
- 환경친화적 가치관 정립: 환경 보호에 대한 바른 이해와 윤리 의식을 갖는다.
- 녹색 생활의 실천 노력
  - 제품 구매 시 녹색 소비(환경친화적인 제품을 구매하고 이를 환경친화적으로 사용하는 일) 활동을 한다.
  - 구매 제품을 아껴 쓰며 자원과 에너지를 절약한다.
  - 일회용품을 줄이며 쓰레기를 분리 수거한다.
  - 재활용품을 사용하는 노력 등 소비 생활을 개선한다.
  - 자가용보다는 대중교통을 이용한다.

3 생활 공간과 사회

● 해결 Point

산업화·도시화로 인한 문제와 해결 방안, 교통·통신의 발달로 인한 변화, 정보화나 지역 불균형에 따른 문제점과 해결 방안, 열섬 현상이나 공간 정보 기술 등의 개념을 묻는 문제가 골고루 출제되고 있으므로 관련 내용을 자세히 살펴보아야 한다.

● 대표 문제 유형

❖ 교통의 발달이 가져온 변화로 옳지 <u>않은</u> 것은?
❖ 정보화 사회에 대한 특징으로 옳지 <u>않은</u> 것은?

(1) 산업화와 도시화

① 산업화와 도시화의 전개

ⓐ 산업화의 의미
- 농업 중심의 사회에서 공업 중심의 사회로 변화하는 현상이다.
- 분업화·기계화 등이 이루어진다.

ⓑ 도시화의 의미
- 도시 형성 과정에서 농촌 인구의 유입 현상이 활발히 진행되면서 도시 인구 비중이 높아지는 현상이다.
- 2차·3차 산업 종사자의 비중이 높아지고, 도시적 생활 양식이 확대된다.

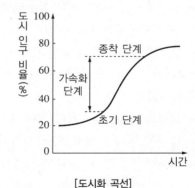

[도시화 곡선]

- 도시화의 단계

초기 단계	도시화율이 낮은 수준에서 비교적 완만한 속도로 증가한다.
가속화 단계	산업화에 따른 이촌 향도 현상이 발생하고 도시 인구 비율이 빠르게 증가한다.
종착 단계	도시화 속도가 둔화되고, 도시 인구가 촌락으로 이동하는 역도시화 현상이 발생하며 인구 증가율도 감소된다.

© 우리나라의 도시화 과정
- 1960년대 이후 수도권과 남동 임해 지역을 중심으로 전개되었다.
- 대부분의 인구가 도시에 거주하고 2·3차 산업에 종사하게 되었다.

② 산업화·도시화로 인한 거주 공간의 변화
- ㉠ 생활 공간의 변화
  - 도시 지역의 변화
    - 이촌 향도 현상: 인구 밀도가 매우 높아진다.
    - 지역 불균형 현상: 국가 간·지역 간 소득 격차가 발생한다.
    - 기능의 분화: 중심 업무 지역, 상업 지역, 주거 지역, 공업 지역 등 다양한 기능을 담당하는 지역으로 분화된다.
    - 집약적 토지 이용: 높은 인구 밀도와 높은 지가가 원인으로 제한된 공간을 효율적으로 사용하기 위해 고층 건물이 들어서게 된다.
    - 신도시 개발: 주택 부족, 환경 오염 등의 도시 문제를 해결하기 위해 도시 주변으로 신도시와 위성 도시가 건설된다.
    - 도시 문제 발생: 주택 부족, 집값 상승, 공해, 교통 체증, 범죄 등의 문제가 발생하게 된다.
  - 촌락 지역의 변화
    - 청년층·장년층의 인구 유출로 인해 노동력 부족 현상이 발생한다.
    - 인구의 노령화가 심화된다.
    - 지역의 성장 잠재력이 서서히 약화된다.
  - 대도시권의 형성
    - 교외화 현상: 대도시와 주변 지역이 기능적으로 밀접한 관계를 갖게 되는 현상이다.
    - 대도시권의 확대: 교통의 발달로 공간적 범위가 점차 확대되어 주거지와 직장의 거리가 점차 멀어진다.
    - 근교 촌락의 변화: 대도시 주변의 농촌에는 도시의 공장과 주거 기능이 이전하면서 도시적 경관이 확대된다.

㉡ 생태 환경의 변화
- 도시화·산업화 확대로 인한 문제
  - 인공 건축물 증가: 야생 동물의 생활 터전이 감소하고 도시의 열섬 현상이 심화된다.
  - 자연재해 증가: 도시 경관 확대로 녹지가 감소하면서 인공적 지표면의 빗물 흡수 능력이 떨어져서 홍수 발생의 위험이 증가한다.
  - 환경 문제: 석탄·석유 등의 화석 연료 사용량이 증가하여 수질·대기·토양 오염이 증가한다.
- 생태 환경 개선을 위한 노력
  - 개발 제한 구역을 설정한다.
  - 옥상 정원 등 도시 내 녹지 공간을 조성하고 자연 하천 등을 복원한다.
  - 생태 도시, 바람길 등을 조성한다.

③ 산업화·도시화로 인한 생활 양식의 변화
- ㉠ 도시 생활 양식의 확대
  - 도시성의 확산
    - 도시민들이 일반적으로 가지는 사고방식 및 생활 양식이 전파된다.
    - 효율성·합리성·자율성·다양성·익명성을 추구하고 2차적인 인간관계를 형성한다.
    - 공동체 의식이 약화되고 도시 근교 촌락으로 도시성이 확산된다.

■ 산업화·도시화의 장점	
산업화	• 제품의 대량 생산 및 대량 소비 가능 • 소득의 증대, 생활 수준의 향상 • 기계화·자동화로 노동 시간의 축소 및 여가 시간의 확대
도시화	• 편리한 교통 시설 • 상업 시설, 여가·문화 시설의 이용: 편의점, 대형 마트, 백화점, 복합 쇼핑몰 등

- 직업의 분화 및 전문화
  - 2·3차 산업 중심으로 변화하면서 다양한 직업에 종사하는 사람이 많아졌다.
  - 직업의 세부적인 분화로 전문성이 강화되었다.
  - 직업 간의 소득 격차가 심화되어 도시민 간의 갈등이 증가하였다.

- 개인주의의 확산
  - 개인의 가치와 성취, 자유와 권리를 강조하는 가치관이 확대되었다.
  - 핵가족화·1인 가구의 비중이 증가하였고, 이웃 간의 유대가 약화되었다.

④ 산업화·도시화로 인한 문제와 해결 방안
  ㉠ 산업화·도시화로 인한 문제
  - 생태 환경의 변화
    - 환경 오염 발생: 화석 연료 사용의 증가와 각종 오염 물질의 배출 등으로 대기 오염·수질 오염·토양 오염 등이 발생하였다.
    - 도시의 홍수 발생: 녹지 공간 감소와 콘크리트·아스팔트 포장 등으로 빗물의 흡수 능력이 감소하였다.
    - 열섬 현상: 냉난방 시설, 자동차 공해 등으로 인한 열기로 도심의 기온이 주변 지역보다 높은 현상이 발생하였다.
  - 도시 문제의 발생
    - 주택 문제: 집값의 상승과 도시의 인구 유입 증가로 주택 부족 문제가 발생하였다.
    - 교통 문제: 교통 혼잡, 주차난, 교통사고 등이 증가하였다.
  - 인간 소외의 문제
    - 인간 소외 현상: 자동화, 물질 만능주의 등으로 노동에서 얻는 만족감이나 성취감이 약화되고, 주변 사람과의 소통이 부족한 현상이 발생하였다.
    - 공동체 의식 약화: 개인의 이익만을 중시하는 현상과 타인에 대한 무관심이 증가하였다.
    - 사회적 갈등 심화: 지역·계층 간의 불평등 현상, 노동 및 실업 문제, 빈부의 격차, 각종 범죄 등이 발생하여 사회적 갈등이 심화되었다.
  - 촌락 위기 문제
    - 이촌 향도에 따라 촌락의 인구가 점차 감소하였다.
    - 도시로의 과도한 인구 집중으로 농촌의 노동력 부족 현상이 발생하였다.
    - 경제 활동 위축으로 마을 공동체가 해체 위기에 직면하고 있다.

  ㉡ 산업화·도시화로 인한 문제의 해결 방안
  - 사회적 차원

환경 문제	• 슬로 시티 건설: 환경과 조화를 이루는 개발 계획을 수립 • 생태 환경 복원: 공원, 생태 하천 등 녹지 공간의 확대 • 환경 영향 평가 제도 및 오염 물질 배출 기업의 규제 강화
도시 문제	• 주택 문제 해결: 신도시 건설, 도시 재개발 사업의 지속적인 추진 • 주차난 완화: 거주자 우선 주차제도의 정착 및 공영 주차장 확대 • 교통 개선: 대중교통 수단을 확충
사회 문제	• 소외 계층을 위한 사회복지제도의 확대 • 각종 범죄 예방을 위한 사회 안전망 확충 • 최저 임금제·비정규직 보호법 등의 제도 마련

  - 개인적 차원
    - 환경 보호를 위한 개인의 실천 의지를 강화한다.
    - 쓰레기 분리 배출, 자원 절약, 대중교통 이용 등을 실천한다.
    - 인간의 존엄성 중시, 타인 존중 실천, 개인주의 지양, 상호 배려 및 협력 자세, 공동체 의식 등을 함양한다.

(2) 교통·통신의 발달과 정보화

① 교통·통신의 발달 및 변화
  ㉠ 교통·통신의 발달

교통	• 시간 거리와 비용 거리가 감소하였다. • 생활 공간이 확대되었다. • 상호 작용 및 문화 교류가 발달하였다.
통신	• 정보 교환의 공간적·시간적 제약이 감소하였다. • 대량의 정보를 신속하게 교환할 수 있다. • 경제 활동이 확대되었다.

  ㉡ 교통·통신 발달로 인한 시·공간의 변화

교통	• 시간 거리의 축소로 지역 간 접근성이 향상되고 물리적 공간의 제약이 완화되었다. • 생활 공간의 확대로 대도시권이 형성되었다. • 지역 간의 빠른 물자 이동으로 국토 효율성의 증대 및 지역 격차의 문제가 발생하였다. • 국제적 이동이 가속화되면서 세계화의 촉진으로 지구촌이 형성되었다.
통신	• 물리적 제약이 축소되었고, 인간의 생활 공간 인식이 확대되었다. • 시간과 거리에 관계없이 많은 양의 정보를 주고받을 수 있게 되었다. • 실시간 정보 획득이 가능하게 되었다.

ⓒ 교통·통신 발달로 인한 생활 공간의 변화
- 교역 증가: 원료와 상품, 노동력의 국제적 이동이 가속화되어 세계화가 촉진되었다.
- 생활권 확대: 대도시는 통근권과 상권 확대, 중소 도시는 주거, 공업, 관광 등의 전문 기능이 향상되었다.
- 관광 산업 발달: 고속 철도와 항공기의 발달로 빠른 여객 이동이 가능해졌다.
- 교통로와 지역 경제: 새로운 교통로의 발달로 교통 조건이 불리해진 지역은 지역 경제가 쇠퇴하게 되었다.
- 생태 환경 변화: 교통 혁신으로 접근성이 좋아진 지역은 환경 문제 등 집적 불이익이 발생하기도 하였다.
- 빨대 효과: 빠른 교통으로 도시 간의 이동 시간이 단축되면서 중소 도시의 인구와 자본이 대도시로 흡수되는 현상이 발생하였다.

ⓓ 교통·통신 발달로 인한 생활 양식의 변화
- 신속한 정보 교류: 시간과 공간에 장애를 받지 않고 많은 정보를 서로 공유하게 되었다.
- 생활의 편리: 전화, 인터넷, 스마트폰 등으로 물건을 구입하거나, 무점포 상점을 개설하는 등 일상생활이 편리해졌다.
- 다양한 문화 형성: 지역 간·국가 간의 상호 작용이 활발하여 새로운 문화·보편적 문화가 형성되었다.

ⓔ 교통·통신 발달의 문제점 및 해결 방안
- 부정적인 영향
  - 환경 문제 유발: 교통수단에서 배출되는 오염 물질로 대기 오염과 소음 피해가 발생하였다.
  - 교통 문제 발생: 교통량 증가로 인한 교통 체증 및 교통사고가 증가하였다.
  - 생태 환경의 악화: 물자 이동을 통한 외래 생물종의 전파로 고유한 생태 환경의 혼란이 초래되었다.
  - 녹지 공간의 감소: 도로 건설에 따른 산림 훼손으로 녹지 면적이 감소되었다.
  - 질병 등의 전파: 인간이나 동물의 이동으로 국경을 초월한 질병 등이 확산되었다.
  - 생태계의 단절: 도로·철도가 생태계의 연속성을 단절하여 야생 동식물의 서식 환경이 악화되었다.
- 정부 및 관련 기관의 해결 방안
  - 오염 물질 배출량의 검사를 강화하고 기술 개발 등을 장려한다.

- 환경 보호를 위한 다양한 정책을 마련한다.
- 소음과 진동을 줄일 수 있는 환경친화적인 도로를 건설한다.
- 교통로 위나 아래로 생태 통로(에코 브리지)를 건설한다.
- 환경 기술의 개발로 환경 오염과 생태계의 부정적 영향을 최소화한다.

② 정보화에 따른 변화
ⓐ 정보화와 공간 정보 기술
- 정보화의 의미: 지식과 자료를 정보로 가공하여 그 가치를 향상시키는 것이다.
- 정보 사회: 지식과 정보가 사회의 부가 가치를 창출하는 사회이다.
- 정보화의 배경: 컴퓨터와 인터넷, 인공위성 등의 발달로 각종 통신 기기를 상용화할 수 있게 되었다.

ⓑ 정보화의 변화
- 정보화에 따른 생활 공간 변화
  - 가상 공간: 인터넷 등을 통해 대량의 정보가 공유되는 가상의 공간이 생활 공간으로 확대되었다.
  - 공간 제약의 극복: 인터넷·휴대폰 등을 이용하여 물건 구매, 업무 처리 등을 할 수 있게 되었다.
  - 공간 정보 기술의 활용: 지리 정보 시스템(GIS), 위성 위치 확인 시스템(GPS) 등을 일상생활·공공 부문에 다양하게 적용하게 되었다.
- 정보화에 따른 생활 양식 변화

정치·행정	• 누리소통망, 전자 투표, 청원, 시민운동, 가상공간 등을 통해 선거 유세 및 의견 등을 표출한다. • 인터넷 민원 서류 등의 발급 신청을 한다.
사회·문화	• 유비쿼터스를 이용한 원격 수업(디지털 교과서, 전자 칠판 등) 및 원격 진료 등을 실시한다. • 인터넷 통신, 스마트폰 등을 이용한 문화가 확산되고 있다.
경제	• 전자 상거래·인터넷 쇼핑·홈쇼핑 등을 통해 물건을 구매한다. • 인터넷 뱅킹, 원격 근무, 화상 회의 등을 수행한다.

■ **누리소통망(SNS):** 온라인상에서 인맥의 구축과 정보를 주고 받기 위해 제공되는 서비스로, 인간관계 방식의 다양화 및 정치 참여 기회 확대 부여

■ **유비쿼터스:** 시간과 장소에 구애받지 않고 언제든지 정보통신망에 접속하여 활용할 수 있는 정보통신환경

ⓒ 정보화의 문제점과 해결 방안
- 문제점

인터넷 중독	• 인터넷을 지나치게 이용하여 대면적인 인간관계의 약화로 심각한 지장을 초래하는 상태이다. • 시력 저하, 불안감, 우울증, 충동 조절 장애 등 신체적·정신적 질환이 증가한다.
사생활 침해	사이버상에서 개인의 사적 정보가 전산망을 타고 다른 사람들에게 공개되는 경우에 각종 사이버 범죄에 악용된다.
사이버 범죄	• 가상 공간 내에서 타인의 명예나 권익을 침해하는 범죄 행위이다. • 익명성을 이용한 사이버 폭력, 해킹, 복제, 지적 재산권 침해, 유해 사이트 운영 등이 있다.
정보 격차	• 정보 접근성에 대한 제도 및 환경의 차이로 인해 지역·연령·계층 간 격차가 심화된다. • 세대 간, 도시와 농촌 간, 국가 간의 사회·경제적 격차가 점차 증가한다.

- 해결 방안

개인적 차원	• 바람직한 인터넷 사용 습관을 확립한다. • 개인 정보의 중요성을 인식하고 정보 윤리를 실천한다. • 불법 정보 이용 및 저작권 침해에 관한 비판 의식을 확립한다.
국가적 차원	• 인터넷 중독 예방 및 치료 프로그램을 시행한다. • 개인정보보호법, 국가정보화기본법 등의 법규·정책 마련 및 처벌 등을 강화한다. • 정보 윤리 교육을 실시한다. • 정보화 기반 시설 지원 및 교육 등 정보 소외 계층을 위한 사회 복지 제도를 확대한다.

(3) 지역의 공간 변화와 발전

① 지역 공간 변화
  ㉠ 지역 공간 변화의 배경: 산업화, 도시화, 교통·통신의 발달, 산업 구조의 변화 등이 있다.
  ㉡ 지역 공간 변화의 요소: 산업, 인구, 생태 환경, 주민의 가치관, 직업, 인간관계, 토지 이용 등이 있다.
② 지역의 공간 변화 조사
  ㉠ 지역 조사: 지역에 대한 다양한 정보를 수집·분석하는 활동이다.
  ㉡ 필요성: 한 지역의 공간 변화를 파악하여 그 지역의 특성과 문제점을 파악하고 해결 방안을 모색한다.

ⓒ 지역 조사의 과정

주제 및 지역 선정	조사 목적에 맞는 주제와 지역 등을 선정한다.
지역 정보 수집	• 실내 조사: 지역 신문, 인터넷 등으로 문헌 자료, 통계 자료, 지형도, 항공 사진, 인공위성 영상 등을 수집한다. • 야외 조사: 주민 면담, 설문 조사, 관찰, 실측, 촬영 등으로 정보를 파악하고 새로운 정보를 입수한다.
지역 정보 정리 및 분석	• 수집한 정보를 항목별로 분류하고 중요 정보를 선별하여 분석한다. • 사용 목적별로 쉽게 이해할 수 있도록 그래프, 통계 지도, 표 등 시각적인 방법으로 표현한다.
보고서 작성	• 조사 목적, 방법, 결론, 참고 자료 등을 정리한다. • 분석 내용을 토대로 지역 변화의 문제점, 해결 방안을 체계적으로 정리한다.

③ 지역별 공간 변화의 문제점과 해결 방안
  ㉠ 대도시

문제점	• 인구 과밀화로 인한 각종 시설의 부족 • 도시 내 노후된 공간 증가로 주민의 삶의 질 저하
해결 방안	• 도시 재개발 등을 통한 환경 개선 • 낙후 지역의 인프라 조성

  ㉡ 지방 도시

문제점	일자리, 문화 공간, 교육 시설 등의 부족으로 대도시의 인구 유출 현상이 발생
해결 방안	• 지역 활성화 방안 추진 • 지역 전략 사업의 육성(경제적 자족 기능)

  ㉢ 촌락

문제점	• 근교: 대도시의 영향으로 전통문화·공동체 의식 약화 • 원교: 노동력 부족, 성비 불균형, 유휴 경작지와 빈집의 증가, 열악한 교육, 의료, 문화 시설 등
해결 방안	• 의료·문화 시설 등의 확충 • 지리적 표시제, 지역 축제 등으로 경제 활성화 모색

출제 예상 문제

01 공간적 관점에 대한 설명으로 적절하지 <u>않은</u> 것은?

① 여러 지역의 유사한 점과 차이점을 이해할 수 있다.
② 어떤 사회 현상에 대해 과거와 현재의 관계를 탐구한다.
③ 지역이나 공간이 사회 현상에 미치는 영향을 파악할 수 있다.
④ 장소, 위치, 네트워크 등을 바탕으로 하여 사회 현상을 이해한다.

02 다음 질문과 관련 있는 관점은?

> • 아동 인권의 범위를 국가가 임의로 정해도 되는 것일까?
> • 일상생활에서 도덕적 행위를 판단하는 기준은 무엇일까?

① 시간적 관점
② 공간적 관점
③ 사회적 관점
④ 윤리적 관점

03 시간적 관점이 나타난 질문을 〈보기〉에서 모두 고른 것은?

> ─── 보 기 ───
> ㄱ. 아동 노동은 언제부터 시작되었을까?
> ㄴ. 법이나 제도는 우리에게 어떤 영향을 미치는 것일까?
> ㄷ. 우리가 사는 세계는 앞으로 어떻게 변할 것인가?
> ㄹ. 커피의 생산·소비 과정에는 어떤 윤리적 문제점이 있을까?

① ㄱ, ㄴ
② ㄱ, ㄷ
③ ㄴ, ㄹ
④ ㄷ, ㄹ

04 기후 변화를 여러 관점에서 살펴본 내용 중 옳은 것은?

① 공간적 관점에서 보면 기후 변화에는 수많은 사람들의 책임이 있다.
② 사회적 관점에서 지구 환경 보호를 위해 다양한 협약이 체결되고 있다.
③ 윤리적 관점에서 볼 때 기후 변화는 산업화 이후에 급속도로 진행되었다.
④ 시간적 관점에서 보면 기후 변화는 전 세계적으로 나타나고 있는 현상이다.

05 도덕적 가치 판단과 규범적 방향성에 초점을 두고 사회 현상을 이해하는 관점은?

① 통합적 관점
② 시간적 관점
③ 사회적 관점
④ 윤리적 관점

06 다음 내용과 관련 있는 관점은?

> • 쓰레기 매립장이 건설될 최적의 입지 장소는?
> • 위치나 장소, 분포 유형, 네트워크 등 공간 정보를 바탕으로 하여 사회 현상을 이해할 수 있다.

① 윤리적 관점
② 사회적 관점
③ 공간적 관점
④ 통합적 관점

07 다음 (가)에 들어갈 내용으로 옳은 것은?

> 사회 현상은 다양한 사회적 요인들이 복잡하게 얽혀 있고 사실과 가치의 문제가 공존하므로 　(가)　 에서 살펴보아야 한다.

① 사회적 관점 　　② 윤리적 관점
③ 통합적 관점 　　④ 개별적 관점

08 다음에서 공통으로 설명하는 개념은?

> • 인간 활동을 통해 도달하는 삶의 궁극적인 목적
> • 목표를 설정하고 장기적인 노력을 통해 성취하는 것

① 목적 　　② 희망
③ 생활 　　④ 행복

09 다음 내용과 관련 있는 것은?

> • 아리스토텔레스: 최고의 선(善), 덕을 갖춘 이성적 활동을 잘 수행하는 것이다.
> • 디오게네스: 스스로 만족하고 평정심을 잃지 않는 것이다.

① 행복의 의미 　　② 성찰의 의미
③ 봉사의 의미 　　④ 규범의 의미

10 시대에 따른 행복의 기준으로 옳지 않은 것은?

	시대	행복의 기준
①	선사 시대	행운과 거의 같은 의미를 가진다.
②	중세 시대	물질적 기반 확보가 기준이 되었다.
③	산업화 시대	인간의 노력으로 성취할 수 있는 것이다.
④	현대 시대	과거보다 다양하고 복잡해졌다.

11 '괴로움을 벗어난 상태'가 행복이라고 주장한 사상가는?

① 노자 　　② 석가모니
③ 디오게네스 　　④ 아리스토텔레스

12 행복의 물질적 조건이 아닌 것은?

① 의식주 　　② 경제력
③ 자아실현 　　④ 사회적 지위

13 지역에 따른 행복의 기준으로 옳지 않은 것은?

① 경제적 안정 지역 – 삶의 질의 향상
② 정치적 안정 지역 – 의료 혜택의 요구
③ 정치적 갈등 지역 – 평화와 정치적 안정
④ 경제적 빈곤 지역 – 기본적인 의식주 충족

14 행복을 위한 조건으로 다음 내용이 의미하는 것은?

> 생명 유지와 행복한 삶의 유지를 위해 주거지와 다양한 주변 환경이 요구된다.

① 민주주의
② 경제적 안정
③ 도덕적 실천
④ 질 높은 정주 환경

15 경제적 안정 정책의 내용으로 옳지 않은 것은?

① 복지 제도의 강화
② 지속적인 경제 성장 추구
③ 고용 불안에 따른 실업의 위험성
④ 일자리 창출을 위한 실업 대책 마련

16 민주주의 필요성에 대한 내용으로 가장 적절한 것은?

① 생명 유지와 행복한 삶의 유지를 위해 주거지와 다양한 주변 환경이 요구된다.

② 경제 성장으로 인간의 기본적 욕구 및 사회·문화적 욕구 충족으로 삶의 질이 향상된다.

③ 인권이 보장되고 정치적 의사가 정책에 반영되면 시민들이 삶에 만족과 행복감을 느낄 수 있다.

④ 개인뿐 아니라 공동체의 행복을 실현하기 위해 도덕적 가치에 합의하고 이를 행동으로 실천하는 것이다.

17 다음 중 민주적 제도가 <u>아닌</u> 것은?

① 선거 제도

② 의회 제도

③ 복수 정당 제도

④ 의료 급여 제도

18 행복한 삶을 실현하기 위한 조건 중 다음 내용과 관련 있는 것은?

> • 국민 기초 생활 보장 제도
> • 여성 고용 할당제
> • 기초 노령 연금

① 경제적 안정

② 민주주의의 실현

③ 사회적 약자 배려

④ 도덕적 실천과 성찰

19 다음 내용을 통해 알 수 있는 행복한 삶의 조건은?

> 관중은 제나라 환공에게 자신의 정치 철학을 다음과 같이 말하였다.
> "백성들은 곳간이 차야 예의를 알고, 입고 먹을 것이 풍족해야 영예와 치욕을 안다."

① 경제적 안정

② 도덕적 실천

③ 민주주의의 발전

④ 질 높은 정주 환경

20 민주주의의 발전을 위한 가장 기본적인 정치 참여 방법은?

① 선거를 통한 투표권 행사

② 기사 투고, 행정 기관에 건의, 청원

③ 집회와 시위를 통한 직접적인 의사 표현

④ 소비자 연맹 등 시민 단체에 가입하여 활동

21 행복의 기준에 대한 설명 중 다음 내용과 가장 관련 있는 것은?

> 2019년 UN은 국내 총생산, 기대 수명, 사회적 지원, 선택의 자유, 부패에 대한 인식, 사회의 너그러움 등을 기준으로 국가별 행복지수를 산출하였다. 주로 복지 국가의 롤모델로 알려진 북유럽의 국가들이 상위권을 차지하였는데, 특이한 점은 멕시코, 칠레, 브라질 등의 남미 국가들이 일본, 중국보다 상위에 위치한다는 점이다.

① 자연환경이나 인문 환경은 행복에 큰 영향을 미친다.

② 인간이 추구하는 물질적인 부가 행복의 기준이 된다.

③ 자유와 평등과 같은 인간의 기본적인 권리가 행복의 기준이 된다.

④ 개인이나 집단이 추구하는 가치에 따라 행복의 기준은 다양하게 나타난다.

22 빈칸에 들어갈 내용으로 적절한 것은?

> 최저 임금 정책은 행복의 기본 조건인 (　　　)을 보장하기 위한 제도이다.

① 경제적 안정
② 민주주의 발전
③ 질 높은 정주 환경
④ 도덕적 실천과 성찰

23 '타인과 공동체에 해를 입히는 비도덕적 행위를 하는지 반성하고 살피는 것'을 의미하는 것은?

① 역지사지
② 도덕적 실천
③ 도덕적 성찰
④ 사회적 약자 배려

24 다음 설명에 해당하는 것은?

> 특정 지역에 장기간 나타나는 평균적인 대기의 상태

① 기온　　　　② 기후
③ 온도　　　　④ 습도

25 다음에서 설명하는 지역의 기후는?

> • 기온의 연교차가 크다
> • 북반구에 위치한다.
> • 침엽수림이 분포한다.
> • 겨울에 백야 현상이 나타난다.

① 열대 기후
② 건조 기후
③ 고산 기후
④ 냉대 기후

26 다음과 같은 특징이 나타나는 지역의 공통적인 기후는?

> • 관개 농업(카나트)
> • 외래 하천(티그리스강, 나일강)
> • 목화, 대추야자 등의 작물 재배

① 온대 기후　　　　② 열대 기후
③ 건조 기후　　　　④ 한대 기후

27 다음 내용과 관련 있는 지역은?

> • 불의 고리 지역
> • 판과 판의 경계 지역
> • 환태평양 조산대, 알프스·히말라야 조산대

① 건조 지역
② 대하천 지역
③ 지진·화산 지역
④ 열대성 저기압 지역

28 열대성 저기압으로 인한 기상 재해 대책으로 옳지 않은 것은?

① 담장 붕괴, 산사태 등에 주의한다.
② 배수 시설과 하천 제방 등을 점검한다.
③ 계곡의 야영객 등을 안전지대로 대피시킨다.
④ 기온과 습도가 높으므로 고상 가옥을 짓는다.

29 해저 지각 변동으로 인해 거대한 파도가 형성되어 해안 지역의 침수 피해를 주는 자연재해는?

① 홍수
② 지진 해일
③ 화산 활동
④ 열대성 저기압

30 다음 설명에 해당하는 것은?

> 자연재해 지역에 긴급한 복구 지원을 위해 대통령이 선포하며 행정, 재정, 금융, 세제 등의 지원을 받을 수 있다.

① 풍수해 보험
② 재난지원금
③ 특별재난지역
④ 스마트 재난상황관리시스템

31 자연을 보는 관점에서 인간 중심주의가 생활에 미친 영향이 아닌 것은?

① 인간의 삶을 풍요롭게 하였다.
② 자연의 개발로 경제 발달에 기여하였다.
③ 인간을 자연의 일부로 인식하게 되었다.
④ 생태계 파괴 등의 환경 문제가 발생하였다.

32 자연을 보는 관점 중 나머지와 다른 하나는?

① 인간만이 가치 판단의 주체가 된다.
② 모든 생명체는 평등한 가치와 권리가 있다.
③ 자연은 인간 생활을 풍요롭게 할 수 있다.
④ 인간은 자연과 구별되는 가치 있는 존재다.

33 다음에서 설명하는 것은?

> 모든 만물을 정신과 물질로만 구분한 세계관이다. 이 세계관에 따르면 자연은 단순한 물질에 불과하므로 인간이 마음대로 이용하고 지배할 수 있는 대상이 된다.

① 생태계 균형
② 내재적 가치
③ 전일체적 인식
④ 이분법적 세계관

34 다음 (가)에 들어갈 내용으로 적절한 것은?

> ___(가)___ 자연관은 인간과 자연의 상호 공존을 모색하며 환경 문제 해결을 위해 노력하는 관계로 보고 있다.

① 인간 중심주의
② 문화 중심주의
③ 생태 중심주의
④ 개인 중심주의

35 다음 내용 중 옳지 않은 것은?

① 인간 중심주의 관점은 인간과 자연을 분리하여 판단한다.
② 생태 중심주의 관점은 오늘날 도시화와 밀접한 관련이 있다.
③ 생태 중심주의 관점은 자연을 그 자체로 가치 있다고 생각한다.
④ 환경 오염 문제의 주요 요인으로 지적받는 것은 인간 중심주의 관점이다.

36 동양의 자연관에 대한 내용으로 적절하지 <u>않은</u> 것은?

① 연기설: 만물은 상호 의존 관계이다.
② 주역: 인간을 천지의 근본으로 파악하였다.
③ 무위자연: 자연의 흐름에 따르는 것이 순리다.
④ 천인합일: 자연과 인간은 하나의 유기적인 존재이다.

37 인간과 자연의 공존 관계에서 개인적 차원의 노력이 <u>아닌</u> 것은?

① 환경친화적인 가치관을 정립한다.
② 미래 세대에 대한 책임 의식을 고취한다.
③ 생태 통로 등 동식물 서식지를 조성한다.
④ 일상생활에서 자연 보호 실천을 위해 노력한다.

38 생태계 복원 사업과 관련이 <u>없는</u> 것은?

① 슬로 시티
② 자연 휴식년제
③ 갯벌 복원 사업
④ 멸종 위기종 복원 사업

39 인간과 자연의 공존을 위한 노력 중 다음 설명에 해당하는 것은?

> • 미래 세대에 대한 책임 의식을 고취한다.
> • 일상생활에서 자연 보호 실천을 위해 노력한다.
> • 인간은 생태계의 구성원임을 자각하여 환경친화적 가치관을 정립한다.

① 개인적 차원의 노력
② 사회적 차원의 노력
③ 국가적 차원의 노력
④ 전 지구적 차원의 노력

40 환경 오염 문제가 발생하는 원인이 <u>아닌</u> 것은?

① 도시화·산업화의 발달
② 무분별한 자원 개발 및 소비
③ 자연 재활용과 재사용의 생활화
④ 자정 능력을 상실한 오염 물질의 배출

41 환경 문제 해결을 위한 정부의 노력이 <u>아닌</u> 것은?

① 친환경 산업의 육성
② 온실가스 배출권 거래제
③ 환경 영향 평가 제도 시행
④ 환경 관련 정책과 사업의 감시

42 환경 문제를 해결하기 위한 기업의 노력을 〈보기〉에서 모두 고른 것은?

> ━━━━ • 보 기 • ━━━━
> ㄱ. 탄소 배출량 감축 제도 마련
> ㄴ. 환경 관련 법규의 준수
> ㄷ. 환경 영향 평가의 시행
> ㄹ. 고효율 에너지 생산 시설의 확대
> ㅁ. 환경친화적인 제품 생산

① ㄱ, ㄷ, ㅁ
② ㄱ, ㄴ, ㄹ
③ ㄴ, ㄷ, ㄹ
④ ㄴ, ㄹ, ㅁ

43 다음 설명에 해당하는 것은?

> • 과도한 방목과 경작, 장기간의 가뭄, 산림의 훼손 등이 원인이다.
> • 식량 생산량의 감소, 황사 현상의 심화, 생활 공간 축소로 난민이 발생한다.

① 사막화
② 산성비
③ 지구 온난화
④ 오존층 파괴

44 다음 현상이 일어나는 환경 문제는?

> • 해수면 상승에 의한 해안 저지대의 침수
> • 극지방에서 빙하 면적의 축소
> • 동식물의 서식 환경 변화로 인한 생태계의 혼란

① 사막화
② 산성비
③ 열대림 파괴
④ 지구 온난화

45 지구 온난화가 환경에 영향을 준 사례로 옳지 <u>않은</u> 것은?

① 북반구에서는 작물 재배의 북한계선이 북상하고 있다.
② 대관령 일대의 고랭지 채소 재배 면적이 감소하고 있다.
③ 해수면 상승으로 해안 저지대의 침수 피해가 나타나고 있다.
④ 우리나라 근해에서는 한류성 어족의 어획량이 증가하고 있다.

46 습지 생태계 보호를 위한 국제 협약은?

① 런던 협약
② 바젤 협약
③ 람사르 협약
④ 몬트리올 의정서

47 다음 내용과 관련이 있는 환경 문제는?

> • 봄에 주로 발생한다.
> • 중국의 북서부 사막 지역이 원인이다.
> • 사람들의 호흡기 질환을 발생시킨다.
> • 항공기 같은 정밀 기계의 고장을 일으킨다.

① 황사 현상
② 엘니뇨 현상
③ 오존층 파괴
④ 지구 온난화

48 다음 그림과 같은 현상이 심화될 때 나타나는 문제점을 〈보기〉에서 옳게 고른 것은?

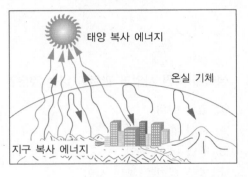

─ 보기 ─
ㄱ. 지구의 평균 온도가 감소할 것이다.
ㄴ. 인구 증가로 인한 식량 문제가 심화될 것이다.
ㄷ. 전염병의 발병률이 증가할 것이다.
ㄹ. 물 부족 현상이 심화될 것이다.

① ㄱ, ㄴ
② ㄱ, ㄷ
③ ㄴ, ㄷ
④ ㄷ, ㄹ

49 다음에서 설명하는 국제 협약은?

이 협약의 목적은 이산화 탄소를 비롯한 온실가스의 방출을 제한하여 지구 온난화를 막는 것이다. 대표적인 규제 대상 물질로 탄산, 메테인 가스, 프레온 가스 등이 있다. 협약 체결국은 염화플루오린화탄소(CFC)를 제외한 모든 온실가스의 배출량과 제거량을 조사하여 이를 협상 위원회에 보고하고 기후 변화 방지를 위한 국가 계획도 작성해야 한다.

① 람사르 협약　　　② 기후 변화 협약
③ 몬트리올 의정서　　④ 사막화 방지 협약

50 다음 그래프에 나타난 환경 문제의 해결을 위한 국제 협약은?

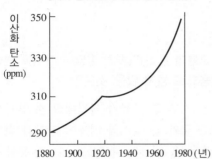

[대기 중 이산화 탄소 농도 변화]

① 바젤 협약　　　　② 람사르 협약
③ 기후 변화 협약　　④ 생물 다양성 협약

51 지도에 표시된 사헬 지대에 나타나는 자연재해는?

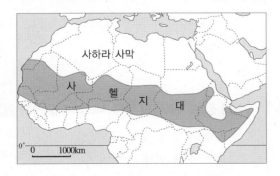

① 풍수해　　　　　② 화산 폭발
③ 오존층 파괴　　　④ 사막화 현상

52 다음 지도는 봄철의 황사 이동 경로이다. 이러한 황사 피해에 대한 가장 바람직한 대책은?

① 인접 국가 간에 상호 협력을 도모한다.
② 국제 연합을 통해 손해 배상을 청구한다.
③ 피해를 발생시킨 국가에게 제재를 가한다.
④ 모든 국가는 경제 성장 위주의 정책을 추진한다.

53 다음과 같은 환경 문제가 발생하는 원인은?

• 피부암이나 백내장의 발생률 증가
• 자외선이 증가하여 자연 생태계 파괴

① 산성비
② 적조 현상
③ 오존층 파괴
④ 지구 온난화

54 교통의 발달이 미친 영향이 <u>아닌</u> 것은?

① 통학권의 확대되었다.
② 대도시권이 형성되었다.
③ 시간적인 거리가 단축되었다.
④ 자급적인 농업이 발달하였다.

55 도시화 과정 중 (가) 단계의 특징을 〈보기〉에서 옳게 고른 것은?

| 초기 단계 | ⇨ | (가) 가속화 단계 | ⇨ | 종착 단계 |

─── 보 기 ───

ㄱ. 산업화가 빠르게 진행되었다.
ㄴ. 이촌 향도 현상이 나타났다.
ㄷ. 대부분의 인구가 촌락에 거주한다.
ㄹ. 도시에서 농촌으로 인구가 급속하게 이동하였다.

① ㄱ, ㄴ　　　　② ㄱ, ㄷ
③ ㄴ, ㄷ　　　　④ ㄷ, ㄹ

56 도심 지역의 특징으로 옳지 <u>않은</u> 것은?

① 접근성이 좋다.
② 지가(地價)가 비싸다.
③ 중심 업무 지구를 이룬다.
④ 인구 밀도는 주간보다 야간이 높다.

57 급속한 도시화로 발생하는 도시 문제가 <u>아닌</u> 것은?

① 주택 부족
② 교통 혼잡
③ 환경 오염
④ 노동력 부족

58 도시화와 산업화에 대한 설명으로 옳지 <u>않은</u> 것은?

① 도시화와 산업화로 다양한 환경 문제가 발생한다.
② 산업화는 2·3차 산업의 비중이 높아지는 현상이다.
③ 도시화는 도시 거주 인구 비율이 높아지는 현상이다.
④ 산업화로 화석 연료의 사용이 줄어들어 이산화 탄소 배출량이 감소한다.

59 다음 내용이 의미하는 현상으로 옳은 것은?

도시 중심부의 기온이 주변 지역보다 현저하게 높게 나타나는 현상을 의미한다. 도심을 중심으로 동심원상의 기온 분포를 나타내며, 이러한 현상의 강도는 여름보다 겨울에, 낮보다는 밤에 현저하게 나타난다.

① 열섬 현상
② 병목 현상
③ 교외화 현상
④ 이촌 향도 현상

60 교통과 통신 기술의 발달이 가져올 변화와 관련된 내용으로 옳지 <u>않은</u> 것은?

① 지역 간 교류가 활발해질 것이다.
② 국가 간 경계와 기능이 강화될 것이다.
③ 이동 시간의 단축으로 여가 활동이 증가할 것이다.
④ 외래 생물종의 유입으로 인한 생태 환경의 혼란이 예상된다.

61 위치 정보 시스템의 활용 사례에 해당하지 <u>않는</u> 것은?

① 차량용 길 안내기
② 버스 도착 안내 정보
③ 태풍의 발생 지역과 이동 경로의 파악
④ 비행기, 선박, 자동차의 자동 항법 장치

62 위성 위치 확인 시스템(GPS)의 활용이 가능한 부분을 〈보기〉에서 모두 고른 것은?

보기
ㄱ. 비행기, 선박, 자동차의 항법 장치 개발
ㄴ. 국토 환경의 관리
ㄷ. 사람의 위치 추적
ㄹ. 농산물 생산량의 예측

① ㄱ, ㄴ
② ㄱ, ㄷ
③ ㄴ, ㄷ
④ ㄷ, ㄹ

63 전자 상거래의 발달에 따른 변화로 옳지 않은 것은?

① 택배 업체가 증가하였다.
② 과거에 비해 상권이 좁아졌다.
③ 무점포 상업 활동이 활발해졌다.
④ 구매를 위한 시공간의 제약이 줄어들었다.

64 언어폭력, 허위·불법 정보 유포, 명예 훼손 등의 사이버 범죄가 날로 증가하는 가장 직접적인 원인은?

① 신속성
② 획일성
③ 다양성
④ 익명성

65 산업 혁명이 가져온 사회 변화를 〈보기〉에서 모두 고른 것은?

보기
ㄱ. 노동 문제의 발생
ㄴ. 정보 사회의 도래
ㄷ. 경제적 평등의 실현
ㄹ. 대량 생산 체제의 확산

① ㄱ, ㄴ
② ㄱ, ㄹ
③ ㄴ, ㄷ
④ ㄷ, ㄹ

66 다음에서 설명하는 것은?

도심 지역에 있던 주택들이 외곽 지역으로 이전하면서 낮에는 도심에 인구가 많았다가 밤이 되면 줄어드는 현상

① 산업화
② 집심 현상
③ 종주 도시화
④ 인구 공동화

67 다음 내용과 관련 있는 용어는?

인구 증가로 도시의 규모가 커지면, 도시 내부에서 같은 종류의 기능은 모이고, 다른 종류의 기능은 분리된다. 그 결과 상업 지구, 공업 지구, 주택 지구 등으로 구분되어 나타난다.

① 역도시화
② 지역 분화
③ 열섬 현상
④ 인구 공동화

68 도시화가 진행되면서 도시에 나타나는 문제점과 해결책의 연결이 바르지 않은 것은?

① 대기 오염 – 청정 연료 사용
② 주택 부족 – 주택 공급 확대
③ 교통 혼잡 – 차량 10부제 실시
④ 인구 증가 – 대규모 공업 단지 조성

69 다음 밑줄 친 사업의 기대 효과로 적절하지 <u>않은</u> 것은?

> 최근 일부 지방 자치 단체에서는 <u>옥상 녹화 사업</u>에 소요되는 공사비의 일부를 지원하고 있다. 이 사업은 냉·난방기의 설치 공간에 불과했던 건물의 옥상을 꽃과 나무로 꾸며진 공원으로 바꾸고 있는 작업이다.

① 도시 미관 개선
② 열섬 현상 완화
③ 바람 이동 통로 확보
④ 주민 휴식 공간 제공

70 다음 내용과 관련 있는 시설물은?

> 자기 지역에 이익이 되는 편의 시설이나 산업을 유치하기 위해 주민 또는 지역 간 경쟁이 발생한다.

① 장례식장   ② 지하철역
③ 하수 처리장   ④ 쓰레기 소각장

71 다음 설명에 해당하는 용어는?

> 추측이나 루머가 결합된 부정확한 정보가 인터넷이나 휴대 전화를 통해 빠르게 전파됨으로써 개인의 사생활 침해는 물론 경제, 정치, 안보 등에 치명적인 영향을 미치는 현상을 말한다.

① 정보 격차
② 스마풀리안
③ 인포데믹스
④ 지적 재산권 침해

72 우리나라 현대 사회의 변동 모습으로 적절하지 <u>않은</u> 것은?

① 평균 수명이 점점 연장되고 있다.
② 외국과의 상호 의존성이 높아지고 있다.
③ 정보 통신 등 과학 기술이 발달하고 있다.
④ 산업의 중심이 서비스업에서 제조업으로 옮겨 가고 있다.

73 지역 조사의 과정으로 옳은 것은?

① 지역 정보 수집 → 지역 정보 정리 및 분석 → 조사의 주제 및 지역 선정 → 보고서 작성
② 지역 정보 수집 → 조사의 주제 및 지역 선정 → 지역 정보 정리 및 분석 → 보고서 작성
③ 지역 정보 정리 및 분석 → 지역 정보 수집 → 조사의 주제 및 지역 선정 → 보고서 작성
④ 조사의 주제 및 지역 선정 → 지역 정보 수집 → 지역 정보 정리 및 분석 → 보고서 작성

74 다음에서 설명하는 지역 정보 수집 방법은?

> 지역 신문, 인터넷 등으로 문헌 자료, 통계 자료, 지형도, 항공 사진, 인공위성 영상 등을 통해 자료를 수집하는 방법이다.

① 야외 조사
② 실내 조사
③ 설문 조사
④ 실측 조사

75 다음은 지방 도시 변화로 인한 문제점이다. 적절한 해결 방안은?

> 일자리, 문화 공간, 교육 시설 등의 부족으로 대도시로 인구 유출 현상이 심화된다.

① 지역 전략 사업을 육성한다.
② 낙후 지역의 인프라를 조성한다.
③ 의료 시설이나 문화 시설 등을 확충한다.
④ 지리적 표시제, 지역 축제 등을 개최한다.

2 인간과 공동체

핵심 키워드　인권, 자유권, 평등권, 참정권, 청구권, 사회권, 헌법, 권력 분립 제도, 준법 의식, 합리적 선택, 독과점, 외부 효과, 금융 자산, 자산 관리 원칙, 생애 주기, 정의, 개인선과 공동선, 기회의 평등, 결과의 평등, 사회 보험, 공공 부조

1 인권 보장과 헌법

● **해결 Point** ·············

기본권의 종류인 자유권, 평등권, 참정권, 청구권, 사회권의 개념을 확인하는 문제가 반드시 출제된다. 또한 권력 분립 제도, 근로 기준법, 최저 임금 등의 개념이나 사례, 헌법 조항과 관련한 문제가 자주 나오고 있으므로 해당 내용을 확실하게 알아 두어야 한다.

● **대표 문제 유형** ·············

❖ 다음에서 설명하는 기본권은?
❖ 다음 대화의 ㉠에 해당하는 법은?

(1) 인권의 의미와 특성

① 인간의 존엄성
　㉠ 모든 인간은 성별, 인종, 신분 등에 상관없이 가장 소중하고 존엄한 존재로 대우받아야 한다.
　㉡ 인간이 누려야 할 당연한 권리를 침해받거나 억압받지 않으며 살아가는 일이다.

② 인권의 특성
　㉠ 인권의 의미
　　• 인간이 가지는 기본적이며 자연적인 권리이다. → 인간의 존엄성 실현
　　• 모든 인간이 인간다운 삶을 살기 위해 당연히 누려야 할 자유와 권리이다.
　㉡ 인권의 특징

기본성	인간으로서 누려야 할 기본적이며 필수적인 권리(천부인권 = 자연권)
보편성	성별, 신분, 인종, 종교에 상관없이 모든 사람이 가질 수 있는 권리
불가침성	다른 사람에게 양도하거나 포기할 수 없고, 다른 사람의 인권을 침해할 수 없는 권리
항구성	영구적으로 권리가 보장되는 권리

　㉢ 기본권 규정: 인간 존엄성과 인권을 실현하기 위해 기본권을 헌법에 규정하고 있다.

③ 인권 신장 노력: 성별, 인종, 종교, 국적 등의 이유로 동등한 권리를 보장받지 못한 사람들의 희생과 노력의 결과로 오늘날 인권이 모든 사람들의 권리로 확장되었다.

④ 인권 신장의 역사
　㉠ 근대 이전: 대부분의 평민들은 왕, 귀족, 성직자 등에게 부당한 대우를 받았다.
　㉡ 근대 시민 혁명
　　• 배경: 상공업의 발달로 시민 계층이 성장하여 계몽사상과 사회 계약설, 천부 인권 사상 등이 확산되었다.
　　• 전개 과정

영국	• 대헌장: 영국의 절대 왕권을 제한하고 견제 • 권리 장전(명예혁명): 시민의 자유와 권리가 확대(1689)
미국	• 독립 선언서: 기본적 인권(자유와 평등), 국민 주권, 저항권 등 근대 민주주의의 기본 원리를 포함
프랑스	• 인권 선언: 천부 인권과 시민의 자유권, 재산권, 저항권, 평등권 등을 명시

　　• 결과: 정치권력으로부터 간섭받지 않고 자유롭게 생활할 수 있는 권리(자유권), 부당하게 차별받지 않을 권리(평등권) 등을 획득하게 되었다.
　㉢ 참정권
　　• 참정권의 의의: 정치에 참여할 수 있는 권리를 말한다.
　　• 참정권의 배경: 시민 혁명 이후에도 직업, 성별, 재산 등에 따라 선거권이 제한되었다.
　　• 전개 과정

노동자	영국의 노동자들이 인민헌장을 통해 참정권, 비밀 투표 등을 요구하였다. 예 차티스트 운동
여성	영국 여성들이 남성과 동등한 참정권 보장을 요구하였다.
흑인	미국의 흑인들이 인종 차별에 맞서 선거권 확대 운동을 전개하였다.

　　• 결과: 20세기에 보통 선거 제도가 확립되어 대부분의 사람들이 참정권을 행사하게 되었다.

㉣ 사회권
- 의미: 인간다운 생활의 보장을 국가에 요구할 수 있는 권리이다.
- 배경: 산업 혁명 이후 자본주의의 발전으로 열악한 근로 조건, 빈부 격차 등의 문제가 발생하였으며 국가가 사회적 약자를 보호해야 한다는 인식이 확산되었다.
- 결과: 독일 바이마르 헌법(1919)에서 최초로 인간다운 생활을 보장하는 사회권의 내용을 명시하였다. → 노동권, 교육권, 환경권 등을 세계 각국의 헌법에서 제정

㉤ 세계 인권 선언
- 배경: 제1차·제2차 세계 대전 후 전 인류에 대한 인권 보장의 필요성이 확산되었다.
- 결과: 국제 연합에서 세계 인권 선언(1948)을 채택하여 인권 보장의 국제 기준을 제시하였다. → 전 인류의 연대 의식 강조

⑤ 새로운 인권의 등장
㉠ 인권의 확대 경향

자유권	신체의 자유, 사상·양심·종교의 자유, 집회·결사의 자유, 자유 선거를 통해 정부에 참여할 권리
사회권	근로의 권리, 교육에 대한 권리, 사회 보장을 받을 권리, 인간다운 생활을 할 권리, 쾌적한 환경에서 생활할 권리
연대권	평화에 관한 권리, 재난으로부터 구제받을 권리, 지속 가능한 환경에 관한 권리, 경제·사회·문화적 발전을 자유롭게 추구할 권리

㉡ 오늘날 요구되는 다양한 인권
- 주거권

의미	쾌적하고 안정적인 주거 공간에서 인간다운 생활을 할 권리
배경	• 도시화로 인한 인구 집중에 따른 주택의 부족 • 각종 개발 사업 및 주거비 증가로 불안정한 주거 생활의 문제 발생 • 층간 소음, 일조권 분쟁의 증가
실천 노력	• 헌법: 주거권을 국가 의무로 명시(헌법 제16조) • 주거기본법 등 관련 법규 제정: 주거권 보장, 주거 안정과 주거 수준 향상을 위한 정책 추진 • 국가의 지원: 사회적 약자에 대한 최저 주거 기준을 보장

- 환경권

의미	건강하고 쾌적한 환경에서 생활할 권리(사회·문화적 환경 포함)
배경	대기 오염, 수질 오염, 소음 공해 등 다양한 환경 오염 문제가 발생
실천 노력	• 헌법: 환경권 명시(헌법 제35조) • 환경 정책 기본법: 국가, 지방 자치 단체, 기업 등의 환경 보전을 위한 노력을 규정 • 국제 환경 관련 회의에서 논의된 내용을 실천 • 환경 분쟁 조정 제도의 시행

- 안전권

의미	국민이 각종 재난의 위험과 사고로부터 안전을 보호받을 권리
배경	각종 자연재해와 과학 기술 발전에 따른 인위적인 위험의 증가
실천 노력	• 헌법: 국민의 안전 보장을 국가의 의무로 규정(헌법 제37조) • 재난 안전법: 국가 등은 재난 안전 관리를 위해 노력함 • 산업 안전 보건법: 기업의 사업장에서 안전 관리 강화를 유도하여 산업 재해를 예방 • 개인: 안전 수칙의 준수로 안전 불감증을 해소

- 문화권

의미	누구나 문화생활을 자유롭게 참여하고 향유할 수 있는 권리
배경	대중매체 발달, 문화·예술의 수요 증대, 계층·지역 간 문화적 배제와 소외가 발생함
실천 노력	문화 예술 진흥법: 국민에게 다양한 문화 예술 복지 시행

- 정보 관련 권리

의미	인터넷 등 가상 공간에서 개인·단체의 권리가 침해받지 않고 안전이 보장될 수 있는 권리
배경	정보 통신의 발달로 개인 정보 유출 및 명예 훼손·재산권 침해 등의 문제가 발생
실천 노력	• 개인 정보 보호법: 개인 정보 처리를 통해 인간의 존엄성과 가치를 구현함 • 국가 정보화 기본법: 정보 관련 정책을 통해 국민의 삶의 질을 향상

(2) 헌법의 역할과 시민 참여

① 인권 보장을 위한 헌법의 역할

　㉠ 인권과 헌법의 관계

　　• 헌법과 인권

　　　– 헌법은 인권 보장을 위한 법과 제도의 근본적인 토대가 된다.

　　　– 헌법에는 기본권을 규정하여 국가의 인권 보장 의무를 명시하였다.

　　• 입헌주의

　　　– 국민의 기본권 보장을 위해 국가의 통치 작용은 헌법에 따라 이루어져야 한다는 정치 원리이다.

　　　– 국가 기관의 권력 남용에 의해 부당하게 기본권을 침해당하는 것을 방지하기 위한 목적이다.

　㉡ 헌법에 규정된 기본권

> **■ 기본권의 추구(헌법 제10조)**
> 국민은 인간으로서의 존엄과 가치를 가지며, 행복을 추구할 권리를 가진다. 국가는 개인이 가지는 불가침의 기본적 인권을 확인하고 이를 보장할 의무를 진다.

　　• 인간의 존엄성과 가치 및 행복 추구권

의미	모든 기본권의 출발이자 다른 기본권을 포괄하는 광범위한 권리
내용	• 인간 존엄성: 다른 기본권의 전제가 되는 동시에 목적이 되는 기본권 • 행복 추구권: 물질적 풍요와 정신적 안정을 동시에 충족시키는 권리

　　• 자유권

의미	국민이 국가 권력의 간섭이나 침해를 받지 않을 권리
내용	• 신체의 자유: 죄형 법정주의, 고문 금지, 법률에 의한 체포 • 정신적 자유: 양심, 종교, 표현의 자유 • 사회·경제적 자유: 주거, 거주 이전, 재산권 보장의 자유

　　• 평등권

의미	성별, 종교, 학력, 사회적 신분 등에 의해 불합리하게 차별받지 않을 권리
내용	• 법 앞의 평등 • 기회의 균등

　　• 참정권

의미	국민이 국가의 정치 과정에 능동적으로 참여할 수 있는 권리
내용	• 선거권 • 국민 투표권 • 공무 담임권

　　• 청구권

의미	국민이 국가에 대하여 일정 행위를 적극적으로 청구할 수 있는 권리 → 기본권 보장을 위한 기본권
내용	• 재판 청구권 • 청원권 • 형사 보상 청구권 • 국가 배상 청구권 • 범죄 피해자의 국가 구조 청구권

　　• 사회권

의미	국가에 대해 인간다운 생활의 보장을 요구할 수 있는 적극적인 권리 → 현대 복지 국가에서 강조
내용	• 교육을 받을 권리 • 근로의 권리, 노동 3권 • 재산권의 공공복리 적합 의무 • 환경권 • 혼인·가족·모성·보건에 관한 권리

　㉢ 인권 보장과 헌법상의 제도적 장치

　　• 권력 분립 제도: 국가 권력을 서로 다른 국가 기관들이 나누어 행사하게 하여 상호 견제와 균형을 유지하게 한다. → 국가 권력의 남용을 방지

> **■ 권력(삼권) 분립 제도와 관련된 헌법 조항**
> **제40조** 입법권은 국회에 속한다.
> **제66조** 제4항 행정권은 대통령을 수반으로 하는 정부에 속한다.
> **제101조** 제항 사법권은 법관으로 구성된 법원에 속한다.

　　• 법치주의: 법에 의한 최소한의 공권력 행사를 허용한다. → 국민의 자유와 권리를 보장

　　• 기본권의 구제

　　　– 헌법 재판 제도: 국가 권력이나 법률이 헌법을 위반하거나 국민의 기본권을 침해하지 못하게 하는 제도이다.

　　　– 인권 보호 기관: 국가인권위원회, 국민권익위원회 등이 있다.

　　• 선거 제도: 국민이 민주적인 절차를 거친 선거를 통해 국민의 대표자를 선출한다. → 국민의 의사를 정책에 반영

- 복수 정당제: 정당의 자유로운 활동을 보장한다. →
  국민의 다양한 정치적 의견과 요구 사항을 반영
② 기본권의 제한
  - 기본권의 제한: 국가는 국가 안전 보장, 국가 질서
    유지, 공공복리 등을 위해 필요한 경우에 한하여 법
    률을 통해서 국민의 기본권을 제한할 수 있다(헌법
    제37조 제2항).
  - 기본권 제한의 한계: 불가피하게 기본권을 제한하는
    경우에도 자유와 권리의 본질적 내용은 침해하지 못
    한다. → 시민의 안전과 질서 유지를 위해 어느 정도
    제한할 수 있으나 국민의 의사 표현의 자유를 위협하
    는 수준이 되면 헌법에 위반된다.
② 시민의 준법 의식과 참여
  ㉠ 준법 의식
  - 준법 의식의 의미: 사회 구성원이 스스로 법과 규칙
    을 지키려는 의지를 말한다.
  - 준법 의식의 필요성

자유와 권리 보호	다른 사람과 국가 권력으로부터 개인의 자유와 권리를 보호한다.
사회 질서 유지	개인이나 집단 간의 충돌 및 갈등을 방지하여 사회 질서를 유지한다.
정의 실현	사회 구성원 전체의 공정한 이익을 실현한다.

  ㉡ 시민 참여
  - 시민 참여의 의미: 시민들이 정치 과정이나 사회 문
    제 개선에 적극적으로 참여하는 행위를 말한다.
  - 시민 참여의 필요성
    - 국가의 권력 남용을 예방한다.
    - 사회적 무관심이 팽배할 경우 개인의 삶을 위협할
      수 있다.
    - 정부의 자의적인 정책 결정을 막아서 책임 있는
      정책 결정이 이루어지도록 한다.
    - 사회의 부정부패나 잘못된 제도를 개선하여 사회
      의 공공선을 실현하고 공동체가 발전하도록 한다.
  - 참여 방법
    - 개인적 차원

선거 · 투표	사회 참여의 가장 기본적인 방법이다.
청원	행정 기관에 대한 불만이나 요구 사항을 진술하고 시정을 요구한다.
기타	진정서 제출, 봉사 활동, 재능 기부, 공청회나 토론회 참석, 언론 투고 등이 있다.

    - 집단적 차원

정당	• 정치적인 견해를 같이하는 사람들이 정권 획득을 목적으로 결성한 단체이다. • 사회 문제들에 대한 여론을 형성하고 조직화하여 정부에 전달한다.
언론	• 매체를 통하여 사회적 사실을 신속 · 정확하게 전달하고 사회적 쟁점에 대하여 여론을 형성하는 단체이다. • 여론 형성에 지배적 역할을 한다.
이익집단	• 이해관계를 같이 하는 사람들이 그들의 특수한 이익을 실현하기 위하여 정치 과정에 영향력을 행사하기 위하여 만든 집단이다. • 자신들이 추구하는 이익에 부합하는 정책이 만들어지도록 여론을 형성하고 조직화하여 정부에 전달한다.
시민단체	• 특정 집단의 이익을 추구하는 것이 아니라 공공의 이익을 추구하기 위해 시민들이 자발적으로 결성한 집단이다. • 국가 권력에 대한 감시와 견제, 시민의 정치 참여 활성화 등을 수행한다.

    - 정보화 시대의 참여 방법: 인터넷을 활용한 전자
      투표, 온라인 서명, 사이버 캠페인, 누리소통망
      (SNS) 등의 방법을 이용한다.
  ㉢ 시민 불복종
  - 시민 불복종의 의미: 잘못된 법률이나 정책을 바로
    잡기 위한 목적으로 의도적으로 법을 위반하는 행위
    를 말한다.
  - 시민 불복종의 정당화 조건
    - 최후의 수단: 합법적인 수단으로는 해결이 안 될
      경우 마지막으로 행사하는 수단이어야 한다.
    - 비폭력성: 폭력적인 방법은 배제되어야 한다.
    - 정당성: 사회 정의를 실현하기 위해 공익 증진을
      목표로 하는 행동을 한다.
    - 법의 수호: 불법적인 행동에 대한 처벌을 감수함
      으로써 법 수호의 의지를 분명히 한다.

(3) 인권 문제와 해결 방안

① 우리나라의 인권 문제와 해결 방안
  ㉠ 우리나라의 인권 문제
  - 1980년대: 정치적 격변기로 신체적 자유, 정치적 자
    유, 노동권 보장 등의 기본적 인권의 침해 문제가 발
    생하였다. → 지속적인 민주화 · 노동 운동의 전개,
    다양한 법적 · 제도적인 장치 보완

• 최근: 경제·사회적 환경의 변화로 인한 고용 불안, 고령화 문제, 다문화 사회, 사회적 소수자 차별, 청소년 노동 문제 등으로 다양한 인권 문제들이 발생하고 있다. → 사회적 환경 변화로 과거와 다른 형태의 인권 문제가 발생

ⓛ 사회적 소수자의 인권 보장

• 의미: 사회적 소수자는 신체적·문화적 특징으로 인해 불리한 환경에 처하거나 다른 구성원에게 불평등한 대우를 받으면서 스스로가 다수의 구성원과 다르다는 것을 인식하는 사람의 집단이다.

• 형태: 장애인, 이주 외국인, 비정규직 노동자, 여성, 북한 이탈 주민 등이 있다.

• 차별 사례: 교육 및 취업 기회의 제한, 언어·문화적 차이에서 오는 불편, 노동 조건 등의 차별 등이 있다.

• 차별의 문제점: 인간의 존엄성 훼손, 사회적 갈등 등을 유발하여 사회 통합을 저해한다.

• 해결 방안

개인적 차원	• 편견이나 고정 관념을 타파하고 배려와 신뢰의 자세를 갖춘다. • 소수자들의 상황을 이해하고 다양성을 존중하는 자세가 필요하다.
사회적 차원	• 차별 금지 및 각종 지원책의 법규를 제정한다. • 불평등을 해소하는 사회적 지원 제도와 정책을 실시한다. • 지속적인 교육과 의식 개선 활동을 지원한다.

ⓒ 청소년 노동권의 보장

• 우리나라 청소년의 특별 보호

 – 청소년 보호법, 청소년 복지 지원법 제정: 유해 환경으로부터 청소년을 보호하고 청소년 인권을 실질적으로 보장한다.

 – 근로 기준법 특별 규정: 청소년 근로자의 정당한 권리 행사를 보장한다.

• 청소년 노동권의 침해 문제와 해결 방안

 – 최저 임금제의 미준수, 임금 체불: 고용노동부 등에 임금 체불을 신고한다.

 – 근로 가능 시간의 초과: 초과 근로를 거부한다.

 – 휴게 시간 및 유급 휴일 미보장: 적법한 휴게 시간을 요구한다.

 – 고용주의 부당한 요구와 노동권의 침해: 노동권 침해 내용을 신고, 법률 상담을 신청한다(고용노동부, 국가 인권 위원회, 대한 법률 구조 공단 등).

• 개인적 차원의 해결 방안

 – 청소년: 노동권에 대한 이해 및 권리 침해에 대해 적극적으로 대처한다.

 – 고용주: 준법 의식을 갖고 관련 법규를 준수한다.

② 세계 인권 문제와 해결 방안

ⓖ 세계의 다양한 인권 침해 문제

• 원인: 전쟁, 분쟁, 잘못된 관습 및 제도에 의해 발생한다.

• 세계 인권 침해의 실태

인권 유린	독재 국가에서 체제, 종교, 관습 등의 목적으로 국민의 기본권을 탄압한다.
기아·난민	• 전쟁·내전으로 난민이 발생하고 이들의 기본권이 유린되고 있다. • 가뭄·기근으로 인한 식량 부족으로 많은 사람들이 생존의 위협을 받고 있다.
성차별· 인종 차별	• 여성은 고용, 승진, 교육 등 전반적인 부문에서 차별을 받는다. • 자신과 다른 인종을 열등하다고 여기거나 적대시한다.
아동 노동	저소득 국가의 아동들이 교육의 기회를 갖지 못한 채 장시간 노동력을 착취당하고 있다.

ⓛ 인권 문제 해결을 위한 국제적 노력

• 국제 연합(UN)

 – 인권 문제를 의제로 다루거나 관련 조약과 선언 등을 채택한다.

 – 해당 국가에 권고안을 제시한다.

• 비정부 기구: 국제 사면 위원회, 국경 없는 의사회 → 정치적인 박해 방지, 전쟁 및 기아로 위협받는 사람들의 생존권을 보장한다.

• 공동체적 차원

 – 책임 의식: 인류를 하나의 공동체로 인식하여 국제 인권 문제 해결에 적극적으로 참여한다.

 – 다양한 국제적 활동 노력: 각국 정부는 국제 기구 구성원으로의 여론을 조성하고, 국제 비정부 기구의 활동을 직·간접적으로 지원한다.

ⓒ 주요 인권 지수

• 세계 자유 지수: 각국의 정치적 권리와 시민 자유로 평가하며 1~7등급으로 분류한다.

• 세계 기아 지수: 기아의 정도를 세계적, 지역적, 국가별로 종합하여 측정한다.

• 인간 개발 지수: 각국의 교육수준과 국민소득, 평균 수명 등을 조사해 인간개발 성취 정도를 평가한다.
• 언론 자유 지수: 나라별 언론의 자유 순위를 발표하는 보고서로 국경 없는 기자회가 발표한다.

2 시장 경제와 금융

● 해결 Point ●●●●●●●●●●

금융 자산의 종류와 특징, 자산 관리의 원칙을 묻는 문제가 자주 출제되고 있다. 국제 거래나 재무 설계 방법에 대한 이해를 확인하는 문제나 경제 관련 용어를 묻는 문제도 자주 나오므로 이와 관련된 기본적인 지식을 갖추어야 한다.

● 대표 문제 유형 ●●●●●●●●●●

❖ 국제 거래 확대의 장점으로 적절하지 <u>않은</u> 것은?
❖ 다음 설명에 해당하는 자산은?

(1) 자본주의와 합리적 선택

① 자본주의의 의미와 특징
  ㉠ 자본주의: 사유 재산 제도를 바탕으로 시장에서 자유로운 경제 활동을 보장할 수 있는 시장 경제 체제를 말한다.
  ㉡ 자본주의의 특징
    • 사유 재산권의 보장: 개인과 기업의 소유권 및 사유 재산권을 법적으로 보장한다.
    • 경제 활동의 자유 보장: 개인과 기업이 시장에서 자유로운 경쟁을 통해 사적 이익을 추구할 수 있다.
    • 시장 경제 체제: 시장에서 자유롭게 상품과 서비스를 거래하면서 자원의 효율적인 배분이 이루어진다.

② 자본주의의 역사적 전개 과정
  ㉠ 중상주의(상업 자본주의)
    • 16세기~18세기 중반: 신항로를 개척하고 교역을 확대하였으며, 유럽의 절대 왕정은 중상주의 정책을 실시하였다.
    • 국가적으로 상업을 중시하고 보호해야 한다는 경제 사상이다.
    • 유통 거래를 통한 금·은 확보로 국가의 부를 증대하였다.

  ㉡ 자유방임주의(산업 자본주의)
    • 18세기 중반~1920년대: 산업 혁명으로 상품의 대량 생산을 실현하였다. → 산업 자본가가 자본주의를 주도
    • 개인에게 자유로운 시장 경제 활동의 최대 보장을 강조하였다. → 정부의 시장 개입 비판
      예 애덤 스미스의 '보이지 않는 손'
    • 자본주의 경제 체제를 확립하는 데 사상적인 기초 역할을 수행하였다.

  ㉢ 수정 자본주의(혼합 경제 체제)
    • 1930년대~1970년대: 시장의 실패 및 자본주의 폐해가 등장하였다(독과점, 아동 노동 착취, 도시 빈민 발생 등). → 미국의 경제 대공황(기업 도산, 대량 실업 등)
    • 정부가 적극적으로 시장에 개입하여 경기 조절 정책, 복지 정책 등을 통해 경제 문제를 해결하였다.
    • 유효 수요 이론(케인즈): 국가가 정책적으로 시장의 고용을 창출하여 유효 수요를 늘려야 한다고 주장하였다.

  ┌─────────────────────────────┐
  │ ■ 미국의 뉴딜 정책 │
  │ 1933년 미국의 루스벨트 대통령은 실업 구제 사업과 대 │
  │ 규모 공공사업 등을 통해 유효 수요를 늘려 대공황 극복 │
  │ 에 나섰다. │
  └─────────────────────────────┘

  ㉣ 신자유주의
    • 1970년대 이후: 석유 파동, 극심한 경기 침체와 물가 상승(스태그플레이션), 정부의 시장 조절 실패가 배경이 되었다.
    • 정부의 시장 개입이 비효율을 초래하여 시장의 조절 기능 부활과 자유로운 경제 활동 등을 강조하였다.
    • 세계화와 자유 무역 확대의 사상적 기반이 되었다.
    • 기업 활동에 대한 정부의 규제가 완화되었으며 자본의 국제적 이동이 심화되었다. → 빈부 격차가 커지고, 시장 불안정성이 증가하는 등의 비판 제기
      예 복지 축소, 공기업 민영화

③ 합리적인 선택과 그 한계
  ㉠ 합리적인 선택
    • 합리적 선택의 의미: 경제 활동 시에 기회비용보다 편익이 더 큰 쪽을 선택하는 것을 말한다. → 최소의 비용으로 최대의 편익을 얻는 효율적인 선택
    • 합리적 선택의 기준

– 편익: 선택으로 얻어지는 경제적 이득이나 심리적 만족감을 의미한다.

– 기회비용: 하나를 선택함으로써 포기해야만 하는 다른 것의 가치 중 최상의 가치이다. → 명시적 비용과 암묵적 비용을 모두 포함

명시적 비용	선택한 대안을 직접 화폐로 지출하는 비용이다.
암묵적 비용	선택한 대안을 포기하고 가진 대안적인 가치이다.

- 합리적 선택의 필요성: 인간의 요구는 무한하나 이를 충족시킬 수 있는 자원은 한정되어 있다(자원의 희소성). → 자원의 효율적 사용과 선택의 문제가 발생

- 경제 주체별 선택 상황

가계	한정된 소득으로 어떤 것을 구매할지를 선택한다. → 최소 비용, 최대 편익
기업	생산 요소가 한정되어 있으므로 어떤 상품을 얼마나, 어떻게 생산할지를 선택한다. → 최소 자본, 최대 이윤
정부	한정된 예산으로 교육, 복지, 국방 등 얼마만큼 지출해야 할지를 선택한다. → 최소 재원으로 국민의 경제적 효용 향상을 선택

- 합리적인 의사 결정의 단계

문제의 인식 → 자료 및 정보 수집 → 대안의 탐색 → 대안의 평가 → 대안의 선택 → 평가 및 보완

ⓒ 합리적인 선택의 한계

- 발생 원인: 합리적 선택 시 효율성만을 추구하면 공공의 이익이나 규범을 간과할 수 있다.
- 선택의 한계
  - 편익과 비용 파악의 한계: 현실적으로 정확한 비용과 편익을 파악하기 곤란하다.
  - 이익의 충돌: 개인 간의 이익이 충돌하거나 공익을 해칠 수 있는 경우가 발생할 수 있다.
  - 합리적 선택의 모순: 개인이 합리적으로 선택하여도 사회 전체적으로 효용이 줄어드는 효과가 발생할 수 있다. 예 저축의 역설
  - 사회 규범의 미준수: 개인의 이익 추구를 위해서 사회 규범을 위반할 수 있다.

■ 저축의 역설
모든 사람들이 저축을 하게 되면 수요가 감소하고 이는 경기 침체로 이어져 기업은 생산과 고용을 줄이게 되고 결국 국민 소득이 줄어들어 저축을 할 수 없게 되는 순환이 반복된다는 이론이다.

(2) 시장 경제를 위한 경제 주체의 역할

① 시장 기능의 한계

ㄱ 독과점의 발생

- 자원 배분의 비효율성 발생: 기업이 생산량은 적게 하고 가격은 높게 책정한다. → 소비자의 피해 발생
- 불공정한 경쟁: 독점을 유지하기 위해 새로운 경쟁자의 시장 진입을 방해한다.
- 상품의 질 하락: 기술 개발 및 품질 개선에 대한 노력을 게을리한다.

■ 담합
비슷한 상품을 생산하는 기업들끼리 생산량과 가격을 사전에 협의하여 결정하는 것으로, 시장의 자유로운 경쟁을 제한하며 소비자의 선택권을 침해하게 된다.

ㄴ 외부 효과의 발생

- 외부 효과에 따른 비용이 생산 비용에 포함되지 않기 때문에 사회적으로 적정한 수준보다 부족하거나 과도하게 생산되어 자원 배분의 비효율성이 발생한다.
- 외부 효과의 유형

긍정적 외부 효과	어떤 경제 주체의 활동이 다른 경제 주체에게 의도치 않은 이익을 주지만 경제적 대가를 받지 못하는 경우 예 과수원과 양봉업자의 관계
부정적 외부 효과	어떤 경제 주체에 의해 피해를 받는데도 경제적 대가를 치르지 않는 경우 예 대기 오염, 소음 공해

ㄷ 공공재 공급의 부족

- 시장에 맡겨 두면 아무도 생산하려 하지 않으므로 사회적으로 필요한 만큼 충분히 공급되기가 어렵다. → 도로, 항만, 치안, 공원 등
- 누가 어느 정도 혜택을 보았는지 가늠하기 어려워 개개인에게 비용을 부담시키기가 어렵다. → 대가를 지급하지 않고 이용하는 문제 발생

㉣ 경제적 불평등: 자원의 불공정한 배분은 소득의 불평등을 가져와서 사회 계층 간의 위화감을 조성하고, 사회 불안 심화 등의 문제를 일으킨다.

② 시장 경제를 위한 시장 참여자의 역할

㉠ 정부의 역할

• 한계적 시장 기능의 보완 방법

독과점	독점 규제 및 공정 거래에 관한 법률 제정, 공정 거래위원회 설치·운영 등과 같은 제도 마련 → 불공정 경쟁 행위의 규제
외부 효과	• 긍정적 외부 효과의 장려: 보조금 지급 • 부정적 외부 효과의 제재: 세금 부과
공공재 부족	정부가 직접 공급하거나, 민간 기업에게 보조금을 지급하여 생산하도록 유도
경제적 불평등	다양한 복지 제도를 마련하고 세금 제도 등 개선 → 소득 재분배를 위한 노력

> ■ 공정 거래 위원회
> 기업 간 자유로운 경쟁을 보장하고 독점 및 불공정 거래에 관한 사안을 심의·의결하기 위해 설립된 우리나라의 정부 기관이다.

• 정부의 역할 한계
 – 의미: 정부의 역할 한계란 정부가 시장에 지나치게 개입하는 것이 오히려 시장 경제의 효율성을 떨어뜨리는 현상을 말한다.
 – 원인: 정부 조직의 경직성, 정부의 근시안적 규제, 정부의 제한된 정보, 다양한 이해관계의 충돌 등이 있다.
 – 대책: 공기업에도 경쟁의 원리를 도입하고, 규제를 완화하여 경제 주체들이 열심히 일할 수 있는 환경을 조성한다.

㉡ 기업의 역할

• 기업가의 역할
 – 생산을 위해 노동자를 고용하여 일자리를 제공한다.
 – 세금을 납부하여 지역 경제 및 국가 경제에 기여한다.
 – 소비자가 원하는 재화와 서비스를 생산하여 소비자에게 만족감을 준다.

• 기업가 정신(기업가의 혁신)
 – 혁신과 창의성을 바탕으로 한 생산 활동을 통해서 기업을 성장시키려는 도전 정신이다.
 – 산업 기술 개발, 고용의 창출, 시장 경제의 활성화, 노사 관계 안정, 소비자 만족도 증가 등이 있다.

• 기업의 사회적 책임
 – 효율적인 기업 활동을 통해 고용을 창출하고 국민 소득의 증가에 기여한다.
 – 좋은 제품을 만들어 소비자에게 공급한다.
 – 사회의 일원으로 사익을 추구할 뿐만 아니라 공공성을 추구한다.

㉢ 노동자의 역할

• 경제적 역할: 다른 생산 요소를 움직이고 관리하는 생산의 실질적인 주체이다.

• 노동자의 권리: 노동조합을 결성하여 사용자와 대등한 위치에서 임금이나 노동 조건의 개선을 추진할 권리를 가진다. → 우리나라에서는 노동 3권을 법으로 보장한다.

• 노동자의 책임: 성실한 직무 수행, 기술 습득 및 능력 계발, 노사 간 동반자 의식 함양 등

> ■ 노동 3권
> • 단결권: 노동조합을 결성할 수 있는 권리
> • 단체 교섭권: 노동조합을 통하여 사용자와 교섭할 수 있는 권리
> • 단체 행동권: 사용자와의 노사 분쟁 발생 시 단체 행동을 할 수 있는 권리

㉣ 소비자의 역할

• 합리적 소비: 상품의 품질·가격·정보를 비판적으로 분석하고 계획적으로 소비한다.

• 소비자 주권의 확립: 생산물의 종류와 수량을 결정하고 불량 상품이나 부당 영업 행위에 대해 주권자로서 감시활동을 한다.

• 윤리적 소비: 사회적 책임을 다하지 않는 기업에 대한 불매 운동, 환경친화적 제품·공정 무역 제품 등의 구입으로 보다 나은 공동체를 위한 소비 활동을 전개한다.

> ■ 공정 무역
> 선진국과 후진국 간의 무역 거래 시 불공정한 거래를 막고 후진국에 정당한 값을 주고 물건을 직거래함으로써 양 당사자 간의 거래에 공정성을 확립시키는 무역 거래를 말한다.

(3) 국제 무역의 확대

① 국제 거래의 필요성

  ㉠ 국제 거래와 국제 분업

- 국제 거래(무역): 국경을 초월하여 상품, 서비스, 생산 요소 등의 모든 경제적 거래가 이루어지는 행위이다.
- 국제 분업: 세계 각국이 무역에 유리한 상품을 특화하여 생산하는 것이다.
- 국제 거래의 특징
  - 생산 요소(인력, 자본, 기술 등)의 이동이 국내 거래만큼 자유롭지 못하다.
  - 국제 통화를 사용하기 위해서는 자국의 화폐와 국제 통화 간의 교환 비율인 환율로 결정한다.
  - 부존자원, 생산 기술 등의 상품의 생산비 차이로 국가마다 상품 가격에 차이가 발생한다.

> ■ **특화**: 특정 상품을 전문적으로 생산하여 경쟁력을 갖추는 것으로 경쟁력이 없는 상품은 포기하고 비교 우위를 가진 상품을 생산하는 것이다.
>
> ■ **국제 통화**: 금이나 달러화와 같이 국제적으로 통용되는 화폐를 말한다.
>
> ■ **부존자원**: 한 나라가 가지고 있는 생산에 필요한 모든 요소를 말한다. 부존자원은 지하자원, 기후와 같은 천연 자원, 노동력을 제공하는 인적 자원, 지식, 사회 제도 등과 같은 사회·문화적 자원이 있다.

  ㉡ 국제 거래의 발생 이유

- 생산비의 차이: 국가 간 자연환경, 부존자원, 생산 요소의 부존량, 기술 수준 등의 차이로 인해 동일한 상품이라도 나라별로 생산비가 서로 다르다.
- 국제 거래에 따른 이익: 각국이 유리한 생산 조건을 갖춘 상품을 특화하여 다른 나라와 교환하면 거래 당사국이 모두 이익을 얻을 수 있다.

  ㉢ 무역 이론

절대 우위론	무역 당사국 간의 상품의 생산비를 비교하여 상대국보다 생산비가 적게 드는 상품을 생산해야 한다.
비교 우위론	• 교역 상대국에 비해 상대적으로 낮은 생산비의 상품을 특화하여 교환함으로써 양국 모두에 이익이 된다. • 각국의 자원과 생산 요소를 효율적으로 활용함으로써 무역을 통한 교환과 분업으로 이익을 추구한다.

> ■ **부존량**: 권리, 능력, 자원 등이 원래부터 가지고 있던 양을 말한다.

② 국제 거래의 확대와 영향

  ㉠ 국제 환경의 변화

- 국제 교류의 촉진: 교통·통신의 발달로 시공간의 제약을 극복하게 되었으며 운송비도 감소하였다.
- 자유 무역주의의 추구: 세계 무역 기구(WTO)를 중심으로 자유 무역의 질서를 구축하였다.
  - 예 관세 인하, 수입 자유화, 국제 무역 표준 정립
- 국가 간 경제 협력의 확대: 지역 간 경제 협력체가 증가하였다.
  - 예 유럽 연합, 북미 자유 무역 협정, 아시아·태평양 경제협력체, 동남 아시아 국가 연합

  ㉡ 국제 거래의 긍정적 영향

소비자 선택 폭 확대	상품을 선택할 수 있는 폭 증가로 다양한 재화와 서비스 선택 가능 → 풍요로운 소비 생활의 범위 확대
기업의 규모의 경제 실현	생산비 절감, 높은 이윤 창출, 끊임없는 기술 개발과 품질 관리 → 국내 경제 활성화, 일자리 창출
국가의 경제 성장 효과와 국제 협력 기회 확대	해외 시장 개척, 국가 간 노동력과 기술의 이전 → 개발 도상국의 경제 발전 기회 제공, 정치적·사회적·문화적 국제 협력 증가

  ㉢ 국제 거래의 부정적 영향

국가 산업 기반 약화	국제 경쟁력이 미흡한 산업 및 기업의 위축 → 산업의 다양성 감소, 일자리 감소 등 문제 발생
국내 경제의 불안정	높은 무역 의존도로 세계 경제의 불안 요인 발생할 때, 수출 환경·연관 산업의 생산성 악화 등으로 국내 경제도 불안
국가 간 빈부 격차	자유 무역으로 선진국과 개발 도상국 간의 격차 심화
정부의 자율적 경제 운영 제한	국내 산업 보호·지원 정책이 외국 정부나 기업과의 이해관계가 충돌 시 → 국가 간 갈등과 마찰이 증가
비합리적인 소비 확산	무분별한 외국 제품의 선호 → 개인 및 국내 경제에 부정적인 영향이 발생

■ **규모의 경제**: 재화를 대량으로 생산할 때의 한 단위당 생산 비용이 하락하는 것으로 이로 인해 기업은 더 큰 이익을 얻을 수 있다.

■ **무역 의존도**: 한 나라의 경제가 어느 정도 무역에 의존하고 있는가를 표시하는 자료로서 각국의 국내 총생산 (GDP)에서 무역 총액이 차지하는 비율로 나타낸다.

(4) 안정적인 자산 관리와 금융 설계

① 금융 자산과 자산의 관리

㉠ 금융 자산

• 금융 자산의 의미: 금융 자산은 보험, 예금, 주식, 채권, 현금 등이 금융 기관에서 거래되는 것을 말한다.

• 금융 자산의 종류

– 예금과 적금

내용	• 예금: 일정 금액을 은행에 맡기고 이자율에 따라 이자를 지급받는 것 예 정기 예금, 요구불 예금 • 적금: 계약 기간 동안 일정 금액을 정기적으로 은행에 납입하여 만기일에 원금과 이자를 받는 것 예 정기 적금
특징	• 예금자 보호법으로 보호 • 안전성 · 유동성은 높으나 수익성은 상대적으로 낮음

– 주식

내용	주식회사가 자본금 마련을 위해 투자자로부터 돈을 받고 회사 소유자라는 증표로 발행하는 증서
특징	• 배당금, 시세 차익을 얻음 • 자산 변동이 심해서 안전성이 낮음

– 채권

내용	정부, 공공 기관, 금융 회사 등이 돈을 빌리면서 원금과 이자, 지급 시기 등을 표시하여 발행하는 증서
특징	• 안전성은 예금보다 떨어지나 주식보다 높음 • 수익성은 예금보다 높음

㉡ 합리적인 자산 관리

• 자산 관리의 의미: 자신의 소득이나 재산을 경제적 목표에 맞추어 적정한 수익을 낼 수 있도록 각종 자산에 투자하여 운용하는 관리 행위이다.

• 자산 관리의 원칙

안전성	• 투자한 자산의 원금과 이자가 안전하게 보전될 수 있는 정도이다. • 은행 예금은 원금 손실의 위험이 거의 없어서 안전성은 높지만, 주식은 원금 손실 가능성이 높기 때문에 안전성이 낮다.
수익성	• 투자한 자산으로부터 가격 상승이나 이자 수익을 기대할 수 있는 정도이다. • 주식은 향후 주식 가격의 상승에 따른 시세 차익과 배당 수익을 받을 수 있어 수익성이 높은 반면, 은행 예금은 정해진 낮은 수준의 이자만 받으므로 수익성이 낮다.
유동성 (환금성)	• 보유하고 있는 자산을 현금으로 바꿀 수 있는 정도이다. • 은행 예금은 언제든지 현금으로 찾을 수 있기 때문에 유동성이 높은 반면, 부동산은 매매하는 데 많은 시간이 걸리고 가격이 높아 매매가 쉽지 않으므로 유동성이 낮다.

■ **시세 차익**: 시장에서 물건 가격이 변동함에 따라 얻게 되는 이익금이다.

■ **배당 수익**: 주식회사가 회사를 운영하면서 얻은 이익금의 일부를 현금이나 주식의 형태로 자본금을 낸 주주들에게 나누어 주는 이익금이다.

• 자산관리의 방법

– 분산 투자: 소유하고 있는 자산을 투자 목적, 기간 등에 따라서 안정성과 수익성이 균형을 이루게 금융 자산을 분산해서 투자하는 행위이다.

– 유동성 파악: 장기적인 관점에서 자신의 돈을 사용하려는 목적, 시기 등에 맞춰 적절히 현금화할 수 있게 관리하는 것이다.

② 생애 주기와 금융 설계

㉠ 생애 주기: 시간의 흐름에 따라 개인의 삶이 전개되는 양상을 일정한 단계로 나눈 것이다.

㉡ 생애 주기별 발달 과업과 금융 생활

• 아동기(10대)

발달 과업	• 학교 교육을 통해 지식과 규범 습득 • 자아 정체성을 형성하고 자신의 진로 탐색
금융 생활	부모의 소득에 의존한 소비 생활

• 청년기(20대)

발달 과업	• 적성과 소질에 대한 탐색 • 경제적 독립을 위한 취업 및 직업 능력 계발 • 결혼 및 가족생활을 위한 준비
금융 생활	결혼 자금 마련

• 중 · 장년기(30~50대)

발달 과업	• 직업인으로서의 역할 수행 • 가족을 구성하여 자녀 양육을 통해 배우자 및 부모로서의 역할 수행 • 주택 마련 준비 • 자녀 결혼, 노후 대비, 은퇴 또는 재취업 준비
금융 생활	• 자녀 양육 및 교육비 마련 • 주택 구입 자금 마련 • 자녀의 결혼 자금 마련 • 은퇴 준비금 마련

• 노년기(60대)

발달 과업	• 은퇴 이후의 삶에 적응, 여가 생활 • 건강 관리와 연금 등을 통한 안정적이고 보람된 노후 생활 • 신체적 노화 수용, 생애 마지막 시간 준비
금융 생활	• 연금 생활 • 노후 생활비 마련 • 건강 유지 비용 및 병원비 마련

ⓒ 생애 주기별 금융 설계
• 생애 주기의 각 시기별로 필요한 소비 지출과 소득이 다르기 때문에 생애 주기에 따른 소득과 지출을 고려한 금융 설계가 필요하다.
• 시기별 금융 설계

청년기, 중 · 장년기	수입이 지출보다 많으므로 저축, 투자 등을 통한 재무 설계를 해야 노후의 안정적인 삶을 유지할 수 있다.
노년기	지출이 수입보다 크므로 충분한 금융 자산의 확보와 건강 관리가 필요하다.

ⓔ 생애 주기별 재무 설계
• 재무 설계의 의미: 생애 주기 전체를 고려하여 소득과 소비, 저축의 규모를 예측하고 자금에 대한 계획을 세우는 것이다.
• 재무 설계의 필요성
  – 각 생애 주기에서 발생하는 수입 · 소비의 규모를 예측할 수 있다.
  – 체계적인 계획을 통해서 지속 가능한 경제 생활을 영위할 수 있다.

• 재무 설계의 단계

〈1단계〉 재무 목표 설정
• 생애 주기에 따른 대표적인 과업을 재무 목표로 수립 • 결혼 자금, 주택 구입 자금, 노후 자금 등 마련

〈2단계〉 재무 상태 파악
• 현재 소득과 지출 상황 · 보유 자산 등 점검 • 목표 달성을 위해 부족한 예산 확인

〈3단계〉 행동 계획 수립
재무 목표를 달성하기 위해 저축, 주식, 채권, 부동산 등 균형 잡힌 포트폴리오 구성

〈4단계〉 행동 계획 실행
재무 목표를 달성하기 위해 수립한 행동 계획 실천

〈5단계〉 실행 결과 평가
정기적으로 포트폴리오를 점검하고, 목표를 달성하지 못했을 경우 문제점을 파악하여 수정

3 사회 정의와 불평등

● 해결 Point ● • • • • • • • • • • • •

사회 보장 제도의 종류와 특징을 묻는 문제나 적절한 정책을 고르는 문제가 자주 출제되고 있다. 정의나 분배에 대한 설명이나 개인선과 공동선의 내용 비교를 확인하는 문제도 나올 수 있으므로 관련 내용을 잘 살펴보아야 한다.

● 대표 문제 유형 ● • • • • • • • • • • • •

❖ 삶의 질 향상을 위한 복지 제도 중 (㉠)에 들어갈 것은?
❖ 사회적 약자를 보호하기 위한 정책으로 적절하지 않은 것은?

(1) 정의의 의미와 기준

① 정의의 의미와 필요성

㉠ 여러 가지 정의의 의미

• 일반적인 정의
 − 각자가 자신의 몫을 누릴 수 있게 하는 것이다.
 − 동일한 것은 동일하게 다른 것은 다르게 취급하는 것이다.
 − 개인이나 사회가 지켜야 할 올바른 도리와 행위이다.

• 동 · 서양 사상가들의 정의

공자	천하의 바른 정도(正道)를 아는 것
플라톤	국가가 가져야 할 가장 필수 덕목
아리스토텔레스	각자에게 공정하게 각자의 몫을 주는 것

• 정의의 종류

분배적 정의	• 각자가 자신의 몫을 누릴 수 있게 하는 것이다. • 공정한 분배 기준에 대한 사회적인 합의이다.
절차적 정의	• 공정한 절차를 통한 결과는 정당하다는 것이다. • 합의 과정의 투명성과 공정성에 초점을 둔다.
교정적 정의	• 잘못에 대한 처벌과 배상이 공정한 지에 대한 것이다. • 법적 정의와 관련이 깊다.

■ 롤스의 절차적 정의
 • 공정한 절차를 통해 발생한 결과는 정당하다.
 • 제1원칙(평등한 자유의 원칙): 모든 사람은 기본적 자유에서 평등한 권리를 가진다.
 • 제2원칙
 − 차등의 원칙: 사회적 · 경제적 불평등은 최소 수혜자에게 최대의 이익을 보장해야 한다.
 − 기회균등의 원칙: 불평등의 계기가 되는 지위는 공정한 기회균등의 원칙에 따라 모든 사람에게 개방되어야 한다.

㉡ 정의의 필요성

• 기본적 권리의 보장
 − 공정한 분배와 절차를 통해서 구성원의 기본적인 권리 보장과 인간다운 삶을 실현하는 것이다.
 − 정의의 기준에 대한 논의로 사회 제도의 개선과 발전을 도모하는 것이다.

• 갈등과 분쟁의 조정
 − 옳고 그름에 대한 판단 기준을 제시하여 구성원 간의 갈등과 분쟁을 공정하게 처리한다.
 − 개인선과 공동선은 상호 보완적이며 조화로운 관계를 유지한다. → 사회 문제를 해결

• 사회 통합의 기반 조성
 − 사회를 신뢰하고 협력할 수 있는 통합적인 분위기를 조성한다.
 − 법과 제도의 정당성을 판단하는 기준이 된다.

② 정의의 실질적 기준

㉠ 분배적 정의의 의미

• 사회 구성원에게 여러 가지 자원을 분배하는 원칙과 관련된 것이다.
• 오늘날 사회 정의는 분배적 정의와 관련이 깊다.
• 분배적 정의가 실현되면 공정한 원칙에 따라 사회 구성원 각자가 자신의 몫을 정당하게 누릴 수 있다.
• 분배의 정의가 실현되기 위한 실질적 기준은 공정성의 원칙과 기준이다.

㉡ 분배적 정의의 필요성

• 개인의 권리를 존중하고 보장하기 위해: 다른 사람의 몫을 누군가 빼앗으면 빼앗긴 사람은 인간의 기본적 권리를 침해당하게 된다.
• 사회의 갈등 예방을 위해: 분배가 공정하게 이루어지지 않으면 여러 가지 사회 문제가 발생할 수 있다.

ⓒ 공정한 분배의 기준
- 업적에 따른 분배
  - 업무 성과나 실적이 높은 사람에게 더 많은 분배를 하는 것이다. 예 성과 연봉제
  - 업적을 쌓을 수 있는 기회의 평등을 추구한다.
  - 객관적 평가와 측정이 용이하며 생산성을 높이는 동기를 부여한다.
  - 서로 다른 종류의 업적은 그 양과 질을 평가하기 어렵다.
  - 사회적 약자를 배려할 수 없다.
  - 업적을 중요시하다 보면 과열 경쟁으로 인한 문제점들이 발생한다.

> ■ 성과 연봉제: 개인의 업무에 대한 성과 평가에 따라 급여가 결정되는 임금 체계로서 능력과 업적에 따른 분배적 정의를 실현하기 위한 제도이다.

- 능력에 따른 분배
  - 직무 수행 능력과 자질이 뛰어난 사람에게 더 많이 분배하는 것이다.
  - 개인의 자유와 책임 의식, 창의성 등을 고취할 수 있다.
  - 능력은 우연적이고 선천적인 영향을 받기 때문에 능력을 판단하는 것이 공정하지 않을 수 있다.
  - 능력을 판단하는 정확한 평가 기준을 세우기 어렵다.
- 필요에 의한 분배
  - 기본적 욕구의 충족이 어려운 사람에게 필요한 재화 등을 분배하는 것이다.
  - 사회적 불평등을 완화하고 사회적 약자를 보호하기 위한 결과의 평등을 추구한다. → 다양한 복지 제도, 사회 안전망 등의 근거
  - 재화가 한정되어 있어 모든 사람의 필요를 충족시키기 어렵다.
  - 개인 성취동기 및 창의성 등을 저하시킨다. → 경제적 비효율성이 증가

> ■ 결과의 평등: 모두에게 기본적인 삶의 조건을 보장하기 위해 사회적 약자에게 다양한 혜택을 제공하는 합리적 차별을 말한다.

- 절대적 평등에 따른 분배
  - 모든 사람에게 동일하게 분배한다.
  - 기회와 혜택이 균등하게 보장된다.
  - 생산의욕 저하가 일어날 수 있다.
  - 차이를 고려하지 않아 불공정한 경우가 발생한다.

(2) 다양한 정의관의 특징과 적용

① 자유주의적 정의관
  ⊙ 의미: 개인의 자유와 권리를 최대로 보장하여 개인선을 실현하는 것이 정의라는 관점이다.

> ■ 개인선
> - 인간의 가치 및 개인의 행복 추구와 자아실현을 중시하는 것을 의미
> - 개인의 권리와 자율을 중시하는 자유주의는 개인선을 강조
> - 국가의 간섭을 최소한으로 줄이고 개인의 자유를 최대한 보장함으로써 개인의 행복과 자아실현이 가능

  ⓒ 사상적 기반

자유주의	인간은 존엄과 가치를 지닌 존재이므로 개인의 자유와 가치를 존중하고 보장하는 것을 우선으로 두는 사상이다.
개인주의	국가나 사회보다 개인을 우선한다는 사상으로 개인의 독립성·자율성을 존중한다.

  ⓒ 특징
  - 국가는 개인의 자유와 권리를 최대한 보장하는 것이 사회 공익적 차원에서 더욱 효율적인 결과를 도출한다.
  - 개인의 자유로운 선택과 자율성을 최대한으로 허용한다.
  - 자유 경쟁을 통해 공정하게 얻어진 개인의 이익을 보장한다.
  - 지나친 사익 추구로 타인이나 사회 공동체의 이익을 침해하여 사회적 갈등을 유발한다. → 공유지의 비극

> ■ 공유지의 비극: 공공재를 과소비할 경우 자원이 고갈되어 공공재 공급이 중단된다는 이론이다.

ⓔ 개인과 공동체의 역할

개인	자율적인 독립체로서 스스로 자신의 삶과 목적을 결정한다.
공동체	• 개인에게 공동체의 특정 가치를 강요하지 않는다. • 개인이 스스로의 선택적인 삶을 살 수 있게 자유를 최대한 보장한다.

ⓜ 한계: 극단적인 이기주의로 변질될 경우 다른 사람의 자유와 권리를 침해할 수 있고 공동체 존속에 위기를 초래할 수 있다.

ⓗ 대표 학자

롤스	• 공정한 절차를 통해 발생한 결과는 정당하다. • 사회적 약자를 보호하기 위한 소득 재분배 정책에 찬성한다.
노직	• 개인의 자유와 권리를 최우선으로 보장하는 것이 정의롭다. • 국가의 소득 재분배 정책을 반대한다.

② **공동체주의적 정의관**

ⓐ 의미: 개인이 자신이 속한 공동체에 소속감과 유대감으로 공동선을 실현하는 것이 정의라는 관점이다.

ⓑ 사상적 기반: 개인은 자신이 속한 집단에 강한 소속감과 정체감을 형성한다는 공동체주의를 기반으로 한다.

ⓒ 특징
   • 개인은 공동체에 관한 소속감으로 공동체의 목표 달성을 위해 책임과 의무를 성실히 수행한다.
   • 공익과 공동선을 실현한다. → 개인의 자유와 권리 보장, 행복한 삶의 실현

> ■ **공동선**
> • 공동체의 가치와 전통에 따라 공동체 구성원의 자아실현과 인격 완성을 추구
> • 개인의 이익보다 공동의 이익을 중시
> • 아리스토텔레스의 덕 윤리와 공동체주의는 공동체의 가치와 전통에 부합하도록 개인의 인격과 자아실현을 추구하는 것이 바람직함

ⓓ 개인과 공동체의 역할

개인	정의로운 사회와 좋은 삶을 위해 연대 의식을 가지고 사회 공동선을 달성하기 위해 자발적 봉사와 희생정신을 발휘해야 한다.
공동체	개인이 공동체를 위한 책무를 다할 수 있는 미덕을 제시하고 권장해야 한다.

ⓜ 한계: 특정 집단의 이념과 이익을 구성원에게 지나치게 강요할 경우 개인의 자유와 권리의 희생을 정당화하는 집단주의의 문제가 발생할 수 있다.

ⓗ 대표 학자

매킨타이어	공동체의 가치를 존중하고 전통을 수호하는 삶을 강조하였다.
왈처	공동체의 문화적 차이 등을 고려하여 사회적 가치를 배분해야 한다.
샌델	구성원들이 연대감, 책임감으로 공동체의 활동에 참여해야 한다.

(3) 불평등의 해결과 정의의 실현

① **다양한 불평등 현상**

ⓐ 사회 불평등
   • 의미: 사회적 희소가치를 지닌 부, 권력, 지위 등이 불평등하게 분배되어 개인이나 집단, 지역 등의 서열화가 나타나는 현상이다.
   • 사회 불평등의 영향
      – 차별적 보상으로 인하여 자신의 성취 지위 향상을 위해 노력하는 등의 동기 부여 현상이 나타난다.
      – 사회 구조적인 성격을 띠거나, 용인될 수준 이상의 불평등 현상이 심화되면 사회 통합과 정의 사회를 구현하기 어려워진다.

ⓑ 사회 불평등의 현상
   • 사회 계층의 양극화

의미	사회 불평등이 심화되어 사회 계층 내의 중간 계층이 줄고 상층과 하층의 비중이 늘어나는 현상이다.
문제점	• 재산과 소득의 경제적 격차가 교육, 주거, 의료, 여가 등의 격차로 나타난다. • 능력, 업적 등에 의한 사회 이동을 막아 폐쇄적 사회 구조를 형성한다. • 계층 간의 위화감 발생으로 인한 갈등 발생으로 사회 통합이 어려워진다.

   • 사회적 약자에 대한 차별

사회적 약자	• 경제 수준, 사회적 지위 등에서 다른 구성원보다 상대적으로 불리한 위치에 있는 개인 또는 집단을 의미한다. • 장애인, 여성, 이주 노동자, 북한 이탈 주민, 소상공인 등
차별의 원인	• 나이, 성별, 장애, 경제력, 지역 등에 대한 선입견과 편견, 차별을 용인하는 사회적 환경에서 비롯된다. • 불합리한 차별과 소외로 기본적인 권리 등이 침해당한다.

• 공간 불평등

의미	사회적 자원이 균등하지 않게 일부 지역에만 집중되어 있는 현상을 말한다.
배경	• 정부 주도의 경제 지역 개발 전략이 수행되었다(예 남동 임해 지역). → 성장 잠재력이 높은 지역만을 집중 개발한 경제적 효과가 그 주변 지역만 확산 • 상대적으로 소외 지역 주민의 경제적 생활수준이 하락하였다. → 사회 통합의 저해 요인으로 작용
영향	• 수도권과 대도시 지역의 인구, 산업, 편의시설 등이 지나치게 집중되었다. • 비수도권과 촌락 지역의 지나친 인구 유출로 지역 경제가 침체되었다.
문제점	• 소득뿐 아니라 교육, 문화, 의료 등의 생활 전반적인 불평등으로 확산되었다. • 도시 지역 내에서도 상대적인 지역 간의 문제가 발생하였다(낙후 주택, 교통, 환경, 치안 문제 등). • 상대적인 발전 지역과 낙후 지역 주민 간의 갈등은 사회 통합을 저해하였다.

② 정의로운 사회를 위한 제도와 실천

㉠ 정의로운 사회
• 의미: 구성원들이 기본권을 평등하게 누릴 수 있는 사회를 말한다.
• 필요성

개인적 차원	자신의 능력을 자유롭게 발휘하여 경제적 이윤을 추구할 수 있는 사회
국가적 차원	구성원에게 균등한 기회를 부여할 수 있게 제도적으로 뒷받침하는 사회

㉡ 사회 복지 제도
• 의미: 사회 구성원들이 다양한 사회적 위험으로부터 행복하고 인간다운 삶을 살 수 있도록 지원하는 제도이다.
• 필요성: 계층의 양극화 현상 완화, 사회적 약자 보호, 인간의 존엄성 보장, 사회 통합의 증진 등
• 종류
– 사회 보험

목적	국민에게 발생하는 사회적 위험을 대비(질병, 노령, 실업, 사망, 재해 등)
대상	부담 능력이 있는 모든 국민
특징	• 강제 가입 • 상호 부조 • 수혜자 · 국가 · 기업 부담 • 능력별 부담

– 공공 부조

목적	생활 유지 능력이 부족한 사람들의 최저 생활 보장과 자립 지원
대상	보험료 납부 능력이 없는 국민
특징	• 국가가 전액 부담 • 소득 재분배 효과 • 재정 부담 • 근로 의욕 상실 우려

– 사회 서비스

목적	도움이 필요한 취약 계층에게 서비스 혜택을 제공
대상	취약 계층
특징	• 상담, 재활, 직업 소개, 복지 시설 제공 • 비경제적 보상 • 보건, 교육, 주택, 문화, 환경 분야

• 효과: 사회 계층의 양극화 완화, 사회적 약자의 보호, 인간의 존엄성 보장 등으로 사회 통합을 증진한다.

㉢ 적극적 우대 조치
• 의미: 사회적 약자에게 실질적인 기회의 평등을 보장하기 위해 다양한 혜택을 부여하는 정책이다.
• 종류

여성 고용 할당제	정치 · 경제 · 교육 등 각 부문 직원 채용 시 일정 비율을 여성에게 할당하는 제도
장애인 고용 의무제	기업이나 관공서에서 일정 비율 이상의 장애인을 고용하도록 규정한 제도
기회균등 대학 입학 전형	빈곤층, 장애인, 농어촌 학생들에게 폭넓은 대학 입학 기회 제공

• 문제점: 사회적 약자에 대한 혜택이 과도할 경우 역차별의 문제가 발생할 수 있다.

> ■ 기회의 평등: 불평등 요인 등에 의해 차별받지 않고 모두가 동등하게 기회를 부여받는 것을 말한다.
>
> ■ 역차별: 부당한 차별을 받는 쪽을 보호하기 위해 만든 제도나 장치가 너무 과하여 오히려 그 반대편의 차별이 심화되는 현상이다.

ⓔ 공간 불평등 현상
- 의미: 지역 간에 사회적 자원이 불평등하게 분배되어 있는 현상을 말한다.
- 공간 불평등 완화 정책

지역 간 격차 완화	국가 균형 발전을 위한 공공 기관의 지방 이전 추진 방침 → 국가균형발전 특별법, 행정중심복합도시건설청 직제
지역 발전 사업	지역 경제 활성화와 지역 이미지 제고의 투자 → 지역 브랜드 구축, 관광 마을 조성, 지역 축제 개최
지역 간 협력	주민 기피 시설 → 쓰레기 처리장, 화장장 등이 특정 지역에 밀집되는 문제를 해결
도시 내 불평등 해결	• 주택공급사업 → 저렴한 공공임대주택·장기전세주택의 공급 • 도시정비사업 → 노후불량주택의 개량, 도로·상수도의 확충 • 도시환경사업 → 쾌적한 주거환경을 위한 공원·녹지의 확보

ⓜ 정의로운 사회를 위한 실천 방안
- 불평등 문제에 개선 의지를 갖고 해결 방안을 모색한다.
- 불평등을 줄이려는 지속적인 논의로 사회 복지 제도를 발전시킨다.
- 사회적 약자에 공감하며 배려하는 자세가 필요하다.
- 지속적인 기부, 봉사 활동, 시민 단체·협동조합 활동으로 사회적 자본을 형성하여 사회적 약자의 자립을 돕는다.

> ■ **사회적 자본**
> - 사회 구성원들에 의해 공유된 제도, 규범, 신뢰 등 일체의 사회적 자산을 포괄한 개념이다.
> - 구성원들이 사회적 관계를 통해 공동 목표와 공동 이익을 위해 상호 조정과 협력을 촉진하는 사회적 조직의 무형 자산이다.

출제 예상 문제

01 다음 내용이 의미하는 선거의 기능은?

> 국민의 대표는 공약을 잘 실천하고 국가를 잘 운영해야 할 책임이 있다. 그래야만 다음 선거에서도 국민의 신임을 얻어 당선될 수 있기 때문이다.

① 여론 형성에 참여한다.
② 사회 정의를 실현한다.
③ 정책 결정 과정에 참여한다.
④ 정부를 선택하고 비판·견제한다.

02 다음 내용과 가장 관련 있는 것은?

> 인간은 태어날 때부터 남에게 양도하거나 빼앗길 수 없는 권리를 가지고 있다.

① 자연권
② 계몽사상
③ 자유주의
④ 절대주의

03 다음 중 시민의 정치 참여 방법이 <u>아닌</u> 것은?

① 여론의 형성
② 선거 및 투표
③ 국가 공권력의 행사
④ 공청회 및 집회 참가

04 다음 내용과 공통적으로 관련 있는 것은?

> • 프랑스의 인권 선언문
> • 영국의 권리 장전
> • 미국의 독립 선언문

① 산업 혁명
② 세계화 실현
③ 시민의 권리 신장
④ 권위주의적 정부 수립

05 사회적 쟁점을 해결하기 위한 정치 과정에서 국민의 여론을 반영하는 기관이 <u>아닌</u> 것은?

① 법원
② 정당
③ 언론
④ 이익 집단

06 다음 중 인권에 대한 설명으로 옳지 <u>않은</u> 것은?

① 영구적으로 보장되는 권리이다.
② 인간으로서 누려야 할 기본적이며 필수적인 권리이다.
③ 다른 사람에게 양도할 수는 없지만 포기할 수는 있는 권리이다.
④ 성별, 신분, 인종, 종교에 상관없이 모든 사람이 가질 수 있는 권리이다.

07 기본권과 그 구체적인 내용이 바르게 연결된 것은?

① 사회권 – 청원권
② 자유권 – 노동 3권
③ 청구권 – 근로의 권리
④ 참정권 – 국민 투표권

08 다음 내용과 관련 있는 헌법상의 기본권은?

> • 모든 국민은 법률이 정하는 바에 의하여 선거권을 가진다(헌법 제24조).
> • 모든 국민은 법률이 정하는 바에 의하여 공무 담임권을 가진다(헌법 제25조).

① 청구권
② 참정권
③ 사회권
④ 자유권

09 현대 민주주의 국가들이 권력 분립의 원리를 채택하는 이유로 옳은 것은?

① 정치권력의 정당성 확립
② 모든 국민의 실질적 평등 보장
③ 입법·사법·행정의 효율성 제고
④ 권력 남용 방지 및 기본권 보장

10 다음 (가)에 들어갈 내용으로 옳은 것은?

> 국민의 모든 자유와 권리는 국가 안전 보장·질서 유지 또는 [(가)] 을(를) 위하여 필요한 경우에 한하여 법률로써 제한할 수 있으며 …
> – 헌법 제37조 제2항 –

① 공공복리
② 사회 복지
③ 재산권 보장
④ 지역 균형 발전

11 국가 권력의 남용을 견제하기 위한 시민운동의 역할이 <u>아닌</u> 것은?

① 부당한 국가 권력의 행사를 감시하고 비판한다.
② 공익을 침해하는 이익 집단의 행동을 견제한다.
③ 이익 갈등을 중재하고 특정 문제를 해결하기 위해 법률 제정을 요구한다.
④ 자신들의 특수한 이익을 보장받기 위해 정치 과정에 영향력을 행사한다.

12 다음 기사에 나타난 인권 문제에 대한 해결 방안으로 적절하지 <u>않은</u> 것은?

> 〈가출 청소년의 성폭력 피해 심각한 수준〉
> 서울시에서 서울과 경기 지역의 가출 여자 청소년 175명을 대상으로 2개월 동안 조사한 결과 40%의 청소년이 성폭력 피해 경험이 있는 것으로 나타났다.

① 인간적인 공감과 동정으로 접근한다.
② 우리의 문제이자 나의 문제라고 인식한다.
③ 사회적 약자를 우선적으로 배려해야 한다.
④ 쟁점의 해결 과정을 민주적으로 공평하게 진행한다.

13 다음 내용에 해당하는 기본권을 각각 바르게 짝지은 것은?

> ㉠ 국민이 국가 권력의 간섭이나 침해를 받지 않을 권리이다.
> ㉡ 국민이 국가의 정치 과정에 능동적으로 참여할 수 있는 권리이다.
> ㉢ 국가에 대해 인간다운 생활의 보장을 요구할 수 있는 적극적인 권리이다.

	㉠	㉡	㉢
①	자유권	참정권	사회권
②	사회권	평등권	참정권
③	평등권	참정권	자유권
④	참정권	자유권	평등권

14 인권 및 사회 정의 쟁점의 해결 방안으로 적절하지 않은 것은?

① 인권과 관련된 사회적 쟁점은 상대방이 문제라는 인식이 필요하다.
② 노인, 어린이, 장애인 등 사회적 약자에 대한 관심과 배려가 필요하다.
③ 서로 다른 주장을 뒷받침하는 사실적 증거를 확인하는 태도가 필요하다.
④ 인권 관련 쟁점을 정치, 법, 경제, 사회·문화 등 다양한 관점에서 살펴보아야 한다.

15 우리나라 인권 신장의 역사에 대한 설명으로 옳지 않은 것은?

① 1948년 제헌 헌법에서는 대통령제를 명시하고 있다.
② 4·19 혁명(1960)은 신군부 세력의 퇴진 및 계엄령 철폐 등을 요구하며 전개된 민주화 운동이다.
③ 6월 민주 항쟁(1987)을 계기로 대통령 직선제가 채택되었다.
④ 2001년 국가 인권 위원회가 출범하여 인권 의식을 확대하고 개인의 기본권을 보장하고 있다.

16 다음 제도의 공통점으로 옳은 것은?

- 여성 고용 할당제
- 장애인 차별 금지법
- 농·어촌 학생 특별 전형

① 다른 사람들에게 역차별이 발생할 수 있다.
② 차별받아 온 사람들을 위한 형식적 평등을 보장한다.
③ 개개인의 노력 없이 차별과 소외를 극복하기 위함이다.
④ 사회적 약자를 배려하는 것이므로 무조건 우선권을 부여하는 대우이다.

17 다음 중 인권의 특징이 아닌 것은?

① 보편성   ② 일시성
③ 기본성   ④ 불가침성

18 다음 내용의 배경 요인에 의해 만들어진 인권은?

- 도시화로 인구 집중에 따른 주택 부족 문제
- 각종 개발 사업 및 주거비 증가로 불안정한 주거 생활의 문제
- 층간 소음, 일조권 분쟁 등의 증가

① 문화권   ② 환경권
③ 주거권   ④ 안전권

19 다음의 실천 노력과 관련 있는 권리는?

- 헌법: 국민의 안전 보장을 국가의 의무로 규정하고 있다.
- 재난안전법: 국가 등은 재난 안전 관리를 위해 노력해야 한다.
- 산업안전보건법: 기업은 사업장 안전 관리 강화를 유도하여 산업 재해를 예방한다.
- 개인: 안전 수칙의 준수로 안전 불감증을 해소한다.

① 환경권   ② 주거권
③ 문화권   ④ 안전권

20 헌법에 규정된 기본권으로 국민이 국가를 상대로 일정한 행위를 청구할 수 있는 권리는?

① 평등권   ② 참정권
③ 청구권   ④ 사회권

21 다음 중 사회권에 속하지 <u>않는</u> 것은?

① 환경권

② 노동 3권

③ 사회・경제적 자유

④ 혼인・가족・모성・보건에 관한 권리

22 시민들이 정치 과정이나 사회 문제 개선에 적극적으로 참여하는 행위를 이르는 것은?

① 준법 의식   ② 시민 참여

③ 국민 주권   ④ 시민 불복종

23 다음 설명 중 (가)에 들어갈 적절한 내용은?

> ┌─(가)─┐ 은/는 정치범 석방을 촉구하고 자유로운 정치적 보장을 위해 활동하는 국제적인 비정부 기구이다.

① 그린피스   ② 국제 연합

③ 국경 없는 의사회   ④ 국제 사면 위원회

24 시민 불복종의 정당화 조건으로 옳지 <u>않은</u> 것은?

① 폭력적인 방법은 배제되어야 한다.

② 공익 증진을 목표로 하는 행동을 해야 한다.

③ 불법적인 행동에 대한 처벌에는 강력히 대처한다.

④ 합법적인 수단이 안 될 경우에 최후의 수단으로 한다.

25 시민의 준법 의식이 필요한 이유가 <u>아닌</u> 것은?

① 국가 권력의 남용을 예방한다.

② 사회 구성원 전체의 공정한 이익을 실현한다.

③ 개인 혹은 집단 간의 충돌과 갈등을 방지한다.

④ 타인과 국가 권력으로부터 자유와 권리를 보호한다.

26 다음에서 설명하는 것은?

> 국민의 기본권 보장을 위하여 국가 통치 작용 및 공동체의 모든 생활이 헌법에 의해 영위되어야 한다는 정치 원리이다.

① 입헌주의   ② 국민 자치

③ 국민 주권   ④ 권력 분립

27 다음 빈칸에 들어갈 말로 옳은 것은?

> (   )은/는 정의롭지 못한 법이나 정부 정책을 변혁시키려는 목적으로 행하는 의도적인 위법 행위를 말한다.

① 항소   ② 항의

③ 일탈   ④ 시민 불복종

28 시민 불복종의 정당화 조건으로 옳지 <u>않은</u> 것은?

① 정당성   ② 폭력성

③ 처벌의 감수   ④ 최후의 수단

29 합리적인 소비를 위한 의사 결정의 단계를 순서대로 바르게 배열한 것은?

> ㄱ. 대안 탐색   ㄴ. 최종 선택
> ㄷ. 문제 인식   ㄹ. 기준 설정
> ㅁ. 대안 평가

① ㄱ → ㄷ → ㄹ → ㅁ → ㄴ

② ㄱ → ㄹ → ㄷ → ㅁ → ㄴ

③ ㄷ → ㄱ → ㄹ → ㅁ → ㄴ

④ ㄷ → ㄹ → ㄱ → ㅁ → ㄴ

30 다음과 같은 소비의 영향으로 옳지 <u>않은</u> 것은?

> 소득은 고려하지 않은 채, 계획에 없는 충동구매를 하거나 유행을 좇아 불필요한 물품을 구매하여 자신의 소득 수준이나 지불 능력을 초과하는 소비 형태

① 부채를 발생시킨다.
② 물가 하락을 유발한다.
③ 계층 간 위화감을 유발한다.
④ 국가 경제의 건전한 발달을 위협한다.

31 다음 ㉠에 대한 설명으로 옳은 것은?

> (㉠)은/는 소득 중에서 소비하지 않은 부분으로 사람들은 장래를 대비하고 자산을 늘리기 위해 (㉠)을/를 한다.

① ㉠은 부채를 의미한다.
② ㉠은 예금의 형태로만 이루어진다.
③ ㉠은 소득 중에서 미래 소비를 위해 남겨 둔 것을 말한다.
④ 소득이 일정한 상태에서 현재 소비가 많아지면 ㉠이 늘어난다.

32 다음 (가)에 들어갈 내용으로 옳지 <u>않은</u> 것은?

> 주식은 은행 예금에 비해 [(가)]

① 수익성이 높다.
② 안전성이 높다.
③ 고위험 자산의 성격이 강하다.
④ 원금 손실이 발생할 위험이 높다.

33 생애 주기에 대한 설명으로 옳지 <u>않은</u> 것은?

① 아동기: 학교 교육을 통해 지식과 규범 습득을 한다.
② 노년기: 생산 활동에서 벗어나 건강 관리, 생의 마지막 시간을 대비한다.
③ 청년기: 직업인으로서의 역할을 수행하며, 주택 등 거주할 공간을 마련할 준비를 한다.
④ 중·장년기: 가족을 구성하여 자녀 양육을 통해 배우자 및 부모로서의 역할을 수행한다.

34 생애 주기의 단계에 해당하는 발달 과업이 바르게 연결된 것은?

① 중년기 – 자아 정체성을 형성하고 자신의 진로를 탐색한다.
② 청년기 – 자녀 양육을 통해 배우자, 부모로서의 역할을 수행한다.
③ 장년기 – 가정과 직장 내에서 책임 있는 역할을 담당한다.
④ 노년기 – 자녀 결혼, 노후 대비, 은퇴 또는 재취업 준비를 한다.

35 자산 관리의 기본 원칙 중 ㉠~㉢에 해당하는 것을 바르게 나열한 것은?

> ㉠ 투자한 자산의 가치가 안전하게 보호될 수 있는 정도
> ㉡ 보유 자산을 쉽게 현금으로 바꿀 수 있는 정도
> ㉢ 투자한 자산의 가격 상승이나 이자 수익을 기대할 수 있는 정도

	㉠	㉡	㉢
①	유동성	수익성	안전성
②	수익성	안전성	유동성
③	안전성	수익성	유동성
④	안전성	유동성	수익성

36 다음은 자산 관리와 관련된 글이다. 제시된 글이 함축하는 뜻으로 적절한 것을 〈보기〉에서 모두 고른 것은?

> "계란을 한 바구니에 담지 마라."라는 말이 있다. 계란을 한 바구니에 담으면 바구니를 떨어뜨릴 경우 계란이 모두 깨질 수 있기 때문이다.

> • 보 기 •
> ㄱ. 투자를 함에 있어서는 안전성보다는 수익성을 우선 고려해야 한다.
> ㄴ. 합리적인 자산 관리를 위해 포트폴리오를 구성해야 한다.
> ㄷ. 다양한 자산에 분산 투자함으로써 위험을 나누어 관리해야 한다.

① ㄱ 　　　　② ㄷ
③ ㄱ, ㄴ 　　　④ ㄴ, ㄷ

37 다음은 일생에 걸친 소득과 소비 곡선을 나타낸 것이다. 이에 대한 옳은 설명만을 〈보기〉에서 모두 고른 것은?

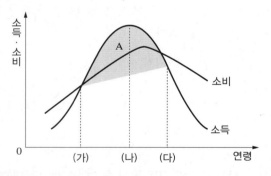

> • 보 기 •
> ㄱ. (가) 시기부터 계속 저축이 발생한다.
> ㄴ. (나) 시기에는 생애 동안 누적된 저축액이 가장 많다.
> ㄷ. (다) 시기 이후에는 수입이 지출보다 적다.
> ㄹ. A 영역은 저축을 나타낸다.

① ㄱ, ㄴ 　　　② ㄱ, ㄹ
③ ㄴ, ㄷ 　　　④ ㄷ, ㄹ

38 A, B에 대한 설명으로 옳지 **않은** 것은?

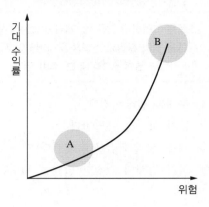

① A는 원금 손실이 없다는 장점이 있다.
② A에는 정기 예금이나 적금 등이 있다.
③ B보다 A가 더 많은 수익을 얻을 수 있다. `
④ B에는 안전성이 낮은 펀드와 주식 등이 있다.

39 다음 중 합리적 소비로 적절한 것을 〈보기〉에서 모두 고른 것은?

> • 보 기 •
> ㄱ. 자신이 가지고 있는 소득의 범위 내에서 가장 큰 만족을 얻도록 소비한다.
> ㄴ. 비용이 동일할 경우 가장 만족이 큰 것을 소비한다.
> ㄷ. 순 편익이 가장 많다면 예산을 무시하고 소비한다.
> ㄹ. 많은 사람이 소비하는 제품을 따라서 소비한다.

① ㄱ, ㄴ 　　　② ㄱ, ㄷ
③ ㄴ, ㄷ 　　　④ ㄷ, ㄹ

40 다음 중 합리적인 소비로 적절한 것은?

① 계획 없이 즉흥적으로 이루어지는 소비
② 광고 등의 대기업 상품만을 구매하는 소비
③ 주어진 소득 내에서 최대의 만족을 얻을 수 있는 소비
④ 타인의 소비에 영향을 받아 이에 편승하여 따라하는 소비

41 세계화에 따른 경제 활동에 대한 설명으로 옳지 <u>않은</u> 것은?

① 국가 간 상호 의존성이 증대된다.
② 값싸고 질 좋은 수입품이 많아진다.
③ 국산품과 수입품의 구별이 쉬워진다.
④ 세계가 하나의 시장으로 통합되어 간다.

42 다음 설명에 해당하는 국제기구는?

> 자유 무역을 확대시키고 회원국 간의 통상 분쟁을 해결하며 세계 교역을 촉진시키기 위해 설립된 기구이다.

① WTO ② FTA
③ GATT ④ ILO

43 다양한 저축 수단에 대한 설명 중 옳은 것만 〈보기〉에서 모두 고른 것은?

> ● 보기 ●
> ㄱ. 펀드: 다수의 투자자로부터 모은 자금을 투자하여 얻은 수익을 투자자에게 배분하는 것
> ㄴ. 주식: 국가, 공공 기관, 기업 등이 투자자로부터 돈을 빌리면서 발행한 증서
> ㄷ. 채권: 주식회사가 투자자에게 발행한 증서
> ㄹ. 예금: 정해진 이자를 기대하고 금융 기관에 돈을 맡기는 것

① ㄱ, ㄴ ② ㄱ, ㄹ
③ ㄴ, ㄷ ④ ㄷ, ㄹ

44 다음 중 소득에 대한 올바른 내용을 〈보기〉에서 모두 고른 것은?

> ● 보기 ●
> ㄱ. 재산 소득은 생산에 참여하지 않고 무상으로 얻는 소득이다.
> ㄴ. 가계가 기업에 생산 요소를 제공하여 받은 대가이다.
> ㄷ. 소비와 저축의 원천이다.
> ㄹ. 근로 소득은 직접 기업을 경영하여 얻은 이윤이다.

① ㄱ, ㄴ ② ㄱ, ㄷ
③ ㄴ, ㄷ ④ ㄷ, ㄹ

45 합리적인 신용 관리 방법이 <u>아닌</u> 것은?

① 과도한 부채를 지지 않는다.
② 가계부를 통해 소비 습관을 확인한다.
③ 자신의 신용 정보를 항상 확인하고 관리한다.
④ 세금이나 공과금 등을 연체하여 납부를 늦추도록 한다.

46 다음 내용에 해당하는 것은?

> • 장기적으로 소비와 저축의 목표를 세워 실행한다.
> • 급변하는 금융 환경에서는 미래의 소득과 소비를 예측하기 어렵다.
> • 소득 중 일정 금액을 저축하고, 나머지 예산에서 계획적으로 소비한다.

① 저축
② 가계
③ 국제적 투기 자본
④ 소득의 합리적 배분

47 ㉠에 공통으로 들어갈 단어는?

> • (㉠)은/는 장래에 갚을 것을 약속하고 현재 상품을 사거나 돈을 빌릴 수 있는 능력을 말한다.
> • (㉠)을/를 올바르게 관리가 되려면 과소비를 하여 빚을 지거나 연체하지 말아야 한다.

① 신용 ② 수익
③ 세금 ④ 배당

48 다음 중 국경을 초월한 경제 활동이 개인에게 미치는 긍정적인 영향은?

① 국가 경쟁력의 강화
② 개인의 투자 기회 확대
③ 국제 투기 자본의 차단
④ 국가 간 경제적 격차의 완화

49 다음 내용과 관련이 있는 경제 용어는?

• 갑(甲)은 좋아하는 가수의 공연에 가는 대신 검정고시에 대비하여 도서관에서 공부를 하였다.
• 인어공주는 사랑하는 왕자를 만나기 위해 마녀에게 목소리를 주고 인간의 다리를 얻었다.

① 재화
② 기회비용
③ 경제 문제
④ 자원의 희소성

50 다음 중 실물 자산에 해당하는 것은?

① 토지
② 예금
③ 채권
④ 주식

51 다음 내용이 설명하는 것은?

경제 활동이 세계적 차원에서 긴밀하게 연결되어 재화와 서비스의 국제 교역이 증가하고, 기술과 자본, 정보의 국가 간 이동이 증가하는 현상

① 첨단화
② 정보화
③ 세계화
④ 산업화

52 정부의 재정 활동 기능에 대한 설명으로 옳지 <u>않은</u> 것은?

① 저소득층에게 생활비를 지원한다.
② 소득이나 재산이 많은 사람에게 높은 세율을 적용한다.
③ 도로, 철도, 공항, 항만 등을 공급하여 경제 성장을 지원한다.
④ 경기가 과열되면 지출을 늘려 소비와 일자리를 창출하여 경기를 활성화한다.

53 국제 무역에 관한 설명으로 옳은 것은?

① 각국은 비교 우위가 있는 산업에 특화를 할 것이다.
② 생산성이 높은 나라는 모든 산업에 비교 우위를 가진다.
③ 국제 무역을 하게 되면 어느 한쪽 국가는 손해를 보게 된다.
④ 절대 우위가 있는 국가이면 모든 산업에 비교 우위를 가진다.

54 다음 빈칸에 공통으로 들어갈 말로 적절한 것은?

비교 우위론에 따르면 국제 거래에 임하는 양국은 교역 상대국에 비해 상대적으로 싼 재화를 특화하여 (   )하는 것을 통해 모두 이익을 얻게 된다. 또 양국은 각국의 상이한 자원과 생산 요소를 효율적으로 활용하여 (   )과/와 분업의 이익을 추구할 수 있다.

① 부양
② 긴축
③ 경쟁
④ 교환

55 국가 간에 무역이 이루어지는 근본적인 이유는?

① 인구 수의 차이
② 생산 비용의 차이
③ 생산 방식의 차이
④ 사회 제도의 차이

56 1960년~1970년대 우리나라의 국제 거래의 특징을 바르게 설명한 것은?

① 내수 시장 확대로 수출 규모가 줄어들었다.
② 철강, 선박 등 중화학 공업 제품 중심의 수출을 하였다.
③ 값싼 노동력을 바탕으로 경공업 제품 중심의 수출을 하였다.
④ 반도체, 디스플레이, 휴대 전화 등 첨단 제품을 주로 수출하였다.

57 한 나라에서 국가 경쟁력을 높이기 위해 특정한 산업이나 주력 수출 상품을 전문화하는 것은?

① 특화   ② 대중화
③ 집약화   ④ 획일화

58 국제 거래가 활성화되었을 때 기업이 주의해야 할 점을 〈보기〉에서 모두 고른 것은?

┌──────────── 보기 ●────────────┐
│ ㄱ. 상품의 안정성에 대한 불신이 발생할 수 있다.   │
│ ㄴ. 해외 근로자와 경쟁하여 고용 불안정이 발생할 우려 │
│   가 있다.   │
│ ㄷ. 타국의 기업과 경쟁하여 기업이 도산할 우려가 있다. │
│ ㄹ. 환율 변동 등의 국제적 변수에 따라 생산에 차질이 발 │
│   생할 수 있다.   │
└─────────────────────────────────┘

① ㄱ, ㄴ   ② ㄱ, ㄹ
③ ㄴ, ㄷ   ④ ㄷ, ㄹ

59 다음에서 이끌어 낼 수 있는 생각으로 거리가 먼 것은?

┌─────────────────────────────────┐
│ 주영이는 여름 방학 때 해외 어학연수를 계획하고 은행에│
│ 서 환전 비율을 알아보았더니, 어제는 1달러에 1,000원이│
│ 었는데 오늘은 1,050원으로 올라 여러 가지 생각을 하게 │
│ 되었다.   │
└─────────────────────────────────┘

① 수출이 감소할 것 같다.
② 국내 물가가 오를 것 같다.
③ 여행 경비 부담이 커질 것 같다.
④ 외채를 갚을 때 부담이 커질 것 같다.

60 정의의 의미에 대한 내용으로 옳지 않은 것은?

① 공정한 분배를 추구하는 것
② 각자가 자신의 몫을 누릴 수 있게 하는 것
③ 개인이나 사회가 지켜야 할 올바른 도리와 행위
④ 같은 것이나 다른 것을 모두 포용하여 같게 취급하는 것

61 다음에서 설명하는 정의의 종류는?

┌─────────────────────────────────┐
│ • 법적인 정의와 관련 있다.   │
│ • 잘못에 대한 처벌과 배상을 공정하게 대하는 것이다. │
└─────────────────────────────────┘

① 분배적 정의   ② 교정적 정의
③ 교환적 정의   ④ 절차적 정의

62 다음에서 설명하는 분배적 정의의 실질적 기준은?

┌─────────────────────────────────┐
│ • 기본적 욕구 충족이 어려운 사람에게 필요한 재화 등을│
│   분배하는 것이다.   │
│ • 사회적 불평등을 완화하고 사회적 약자를 보호하기 위 │
│   한 결과의 평등을 추구한다.   │
│ • 다양한 복지 제도와 사회 안전망 등의 근거가 된다.   │
└─────────────────────────────────┘

① 능력에 따른 분배   ② 필요에 의한 분배
③ 업적에 따른 분배   ④ 출신에 따른 분배

63 분배적 정의 기준에 대한 이해가 바르지 <u>않은</u> 것은?

① 완호: 업적에 따른 분배로도 사회적 약자를 배려할 수 있어.

② 민수: 능력에 따른 분배는 개인의 자유와 책임 의식을 고취할 수 있어.

③ 성민: 업무 성과에 따라 분배하는 것은 누구에게나 기회의 평등을 추구해.

④ 정원: 필요에 의한 분배는 다양한 복지 제도나 사회 안전망 등의 근거가 있어야 해.

64 다음에서 사상가들이 주장하는 개념은?

> • 공자: 천하의 바른 정도(正道)를 아는 것
> • 아리스토텔레스: 각자에게 공정하게 각자의 몫을 주는 것

① 도리   ② 법칙
③ 정의   ④ 윤리

65 다음 내용의 기반이 되는 사상은?

> 개인의 자유와 권리를 최대한 보장하여 개인선을 실현하는 정의관

① 보편주의   ② 개인주의
③ 공리주의   ④ 권위주의

66 사회적 약자의 복지를 위한 국가의 소득 재분배 정책에 찬성한 자유주의 학자는?

① 벤담   ② 노직
③ 롤스   ④ 루소

67 공동체주의 가치관에 대한 설명으로 옳지 <u>않은</u> 것은?

① 개인이 공동체의 가치와 선보다 우선한다.

② 공동체주의 가치관을 주장하는 학자로는 매킨타이어가 있다.

③ 공동체주의에서 개인은 사회적 역할 수행으로 자아 정체성을 형성한다.

④ 공동체주의 가치관을 지나치게 강요할 경우 집단주의 문제가 발생할 수 있다.

68 다음 밑줄 친 '그'의 주장으로 옳지 <u>않은</u> 것은?

> 그는 만약 어떤 사람이 정당하게 소유권을 취득하는 것이 다른 사람에게 피해를 주지 않는다면 국가는 소유권을 보호하는 역할에만 머물러야 하며, 국가가 빈민을 위해 하는 소득 재분배 정책은 개인의 자유과 권리를 침해한다고 주장하였다.

① 적극적인 국가관을 제시하였다.

② 사회적・경제적 불평등을 인정하였다.

③ 개인의 선택권과 소유권을 최대한 보장해야 한다.

④ 사회적 약자의 삶은 개인의 자발적인 자선행위를 통해 개선되어야 한다.

69 개인보다 공동체의 가치와 선이 우선한다는 사상과 거리가 <u>먼</u> 것은?

① 개인이 공정하게 취득한 이익을 보장해야 한다.

② 개인의 삶은 공동체와 밀접한 관계를 갖고 있다.

③ 개인은 사회적 역할을 수행하면서 자아정체성을 형성한다.

④ 개인과 사회의 행복을 추구한다는 점에서 집단주의와 다르다.

70 다음 사례에서 알 수 있는 시사점으로 가장 적절한 것은?

> 소를 키워 생계를 꾸려 나가던 마을이 있었다. 마을 사람들은 소에게 풀을 먹일 때 뒷동산에 있는 목초지를 이용했다. 목초지는 모든 마을 사람들이 아무런 비용을 지불하지 않고 사용할 수 있는 공유지였다. 마을 사람들은 좀 더 많은 이익을 얻기 위해서 키우는 소의 수를 점점 늘려 나갔다. 그 결과 소들이 먹는 풀은 더 많이 필요하게 되었고 목초지는 어느 날부터인가 조금씩 사라져 가더니 결국 완전히 사라져 버렸다.

① 공동선을 위해 개인의 이익은 최소화해야 한다.
② 개인의 이익을 극대화하기 위해 항상 노력해야 한다.
③ 공동선을 위해 개인의 자유를 최대한 보장할 필요가 있다.
④ 개인선을 지나치게 추구하면 공동체 전부가 피해를 입게 된다.

71 다음 중 차이가 차별로 이어진 사례로 옳지 <u>않은</u> 것은?

① 외국인에게 투표권을 제한하였다.
② 음식점에서 복장에 따라 출입을 제한하였다.
③ 회사 입사 시 학력에 따라 취업을 제한하였다.
④ 목욕탕에서 피부색이 다른 사람의 출입을 제한하였다.

72 다음 ㉠, ㉡의 공통점으로 가장 적절한 것은?

> ㉠ 공동체의 이익이나 복지를 증진하기 위해 대가 없이 노동력을 제공
> ㉡ 경제적으로 어려운 사람에게 대가 없이 물질적·금전적 후원

① 국가적 차원의 사회 보장 제도
② 사회 집단 차원의 경제적 지원
③ 개인적 차원의 사회적 약자 배려
④ 상류층 중심의 노블리스 오블리주

73 다음에 해당하는 사회 보장 제도에 대한 내용으로 옳은 것은?

> • 국민 연금
> • 고용 보험
> • 국민 건강 보험
> • 노인 장기 요양 보험

① 강제 가입이 원칙이다.
② 소득 재분배 효과가 크다.
③ 수혜자 부담 없이 국가가 전액 부담한다.
④ 생활 유지 능력이 부족한 사람들의 최저 생활 보장이다.

74 다음 ㉠, ㉡에 해당하는 사회 보장 제도를 바르게 나열한 것은?

> ㉠ 기초 노령 연금 제도
> ㉡ 산업 재해 보상 보험

	㉠	㉡
①	사회 보험	공공 부조
②	공공 부조	사회 보험
③	공공 부조	사회 복지 서비스
④	사회 복지	서비스 공공 부조

75 다음 (가)에 들어갈 말로 옳은 것은?

> 공공사업, 자선 사업, 장학 사업 등의 일을 돕기 위해 개인이나 단체가 돈이나 물건 등을 대가 없이 경제적으로 어려운 사람에게 물질적·금전적으로 후원하는 행위를 ____(가)____ (이)라고 한다.

① 창업
② 책임
③ 신용
④ 기부

76 인간다운 삶을 위한 노력에서 사회 집단의 지원 중 다음 설명에 해당하는 것은?

> 취약 계층에게 일자리나 사회 서비스를 제공하여 지역 주민의 삶의 질을 높이는 등 사회적 목적을 추구한다.

① 시민 단체
② 이익 집단
③ 사회적 기업
④ 사회 복지 단체

77 다음 설명하는 내용으로 옳은 것은?

> • 사회적 자원이 일부 지역에만 불균등하게 분배되어 있는 현상
> • 수도권, 대도시 지역에 인구, 산업, 편의 시설 등이 집중 분배된 현상

① 환경 불평등
② 공간 불평등
③ 사회 불평등
④ 계층 불평등

78 다음과 같은 특징을 가진 사회 복지 제도는?

> • 수혜자 부담 없이 국가가 전액을 부담한다.
> • 소득 재분배의 효과가 크다.
> • 재정적인 부담이 크다.
> • 수혜자의 근로 의욕이 상실된다.

① 공공 부조
② 사회 보험
③ 사회 서비스
④ 복지 시설 보조금

79 정의로운 사회의 필요성에 대한 내용으로 옳지 <u>않은</u> 것은?

① 개인적 차원의 차등 분배 노력으로는 기부 문화의 활성화 등이 있다.
② 개인적 차원의 정의로운 사회는 자신의 능력을 자유롭게 발휘하여 경제적 이윤을 추구할 수 있는 사회이다.
③ 국가적 차원의 차등 분배 노력에는 사회 복지 제도, 공간 불평등의 심화 정책, 사회적 약자 우대 조치 등이 있다.
④ 국가적 차원의 정의로운 사회는 구성원들에게 균등한 기회를 부여할 수 있게 제도적으로 뒷받침할 수 있는 사회이다.

80 다음 설명에 해당하는 것은?

> • 근로자가 인간다운 생활을 하는 데 필요한 최소한의 임금을 법으로 정해 놓은 것이다.
> • 사용자에게 정해진 수준 이상의 임금을 노동자에게 지급하도록 강제하는 제도이다.

① 노동 임금
② 기본 임금
③ 최저 임금
④ 적정 임금

3 사회 변화와 공존

핵심 키워드 다문화 사회, 문화 다양성, 자문화 중심주의, 문화 사대주의, 문화 상대주의, 극단적 문화 상대주의, 보편 윤리, 세계화, 지역화, 소극적 평화, 적극적 평화, 통일의 필요성, 동북 공정, 인구 분포, 인구 이동, 저출산, 고령화, 출산 장려/억제 정책, 에너지 자원, 지속 가능한 발전, 국제 환경 협약

1 문화와 다양성

● **해결 Point** ● ● ● ● ● ● ● ● ● ● ● ● ● ● ● ● ●

자문화 중심주의, 문화 사대주의, 문화 상대주의, 극단적 문화 상대주의 등 문화 이해의 태도 및 개념이나 옳은 설명을 묻는 문제가 반드시 출제된다. 세계 여러 지역의 종교나 기후, 생활 방식에 대한 문제도 출제될 가능성이 있으므로 관련 내용을 잘 알아 두어야 한다.

● **대표 문제 유형** ● ● ● ● ● ● ● ● ● ● ● ● ● ●

❖ 자문화 중심주의에 대한 설명으로 옳은 것은?
❖ 밑줄 친 ㉠에 해당하는 지역으로 적절한 것은?

(1) 세계의 다양한 문화권

① 문화와 문화권

㉠ 문화

의미	어느 한 사회의 성원들에 의해 공유되는 모든 행동 양식이나 생활 양식의 총체이다.
특징	지역마다 자연환경 및 인문 환경이 다르므로 문화가 다양하게 형성된다.

㉡ 문화권

의미	공통된 특징을 가지는 문화가 분포하는 공간적인 범위를 말한다.
특징	• 오랜 기간에 걸쳐 비교적 넓은 범위에 동질적 문화가 형성된다. • 같은 문화권 내에서는 비슷한 생활 양식과 문화 경관이 나타난다. • 문화권의 경계: 산맥, 하천, 사막 등의 지형에 의해 구분된다. • 점이 지대: 문화권과 문화권이 만나는 경계에 중간적 현상이 나타나는 곳이다.

■ **문화 경관**: 특정 장소에 그 문화를 가진 사람들이 오랫동안 거주하면서 만든 그 지역만의 문화적 특성을 말한다.

② 문화권에 영향을 주는 요인

㉠ 자연환경
• 기후, 식생, 토양 등의 자연환경은 의식주와 같은 기본적인 생활 양식에 영향을 준다.
• 의식주 문화
  – 열대 지역

의복	통풍이 잘 되는 얇은 옷
음식	쌀이 주식
주거	뜨거운 열기와 습기를 차단하는 나무를 이용한 고상 가옥

  – 건조 지역

의복	온몸을 감싸는 옷
음식	밀과 고기가 주식
주거	강한 햇볕을 차단하기 위해 벽을 두껍게 하고 창문을 작게 한 흙집

  – 냉대 지역

의복	두꺼운 옷, 짐승의 털 또는 가죽
음식	생선과 고기를 날로 섭취
주거	바닥에서 올라오는 냉기를 차단하는 폐쇄 가옥

㉡ 인문 환경
• 문화뿐 아니라 인간의 가치관과 활동에 영향을 미치는 언어, 예술, 산업, 관습, 제도 등의 환경 요인을 말한다.
• 종교와 문화권

크리스트교 문화권	• 십자가, 성당, 교회 등 • 교회에서 예배 의식
이슬람교 문화권	• 모스크, 첨탑, 할랄 산업 • 술과 부정하다고 여기는 돼지고기를 먹지 않음 • 여성은 천으로 얼굴과 몸을 가림 • 라마단 기간의 금식
힌두교 문화권	• 소를 신성시하여 쇠고기를 먹지 않음 • 갠지스 강에서 목욕 의식
불교 문화권	불교 사원, 불상, 탑 등

- 산업과 문화권: 산업은 주민들의 경제 활동에 영향을 미쳐 문화권 형성에 중요한 작용을 하며 특히, 전통적인 산업의 영향을 받아 형성된다.
  예 농경 문화권, 유목 문화권
③ 다양한 문화권의 특징과 삶의 방식
  ㉠ 세계 문화권의 지역적 구분과 특징
    - 문화권의 구분 기준: 자연환경과 인문 환경의 문화적 요소를 종합적으로 고려하여 구분한다.
    - 세계의 문화권 분류: 북극 문화권, 유럽 문화권, 건조 문화권, 아프리카 문화권, 아시아 문화권, 아메리카 문화권, 오세아니아 문화권 등으로 나뉜다.
  ㉡ 세계 문화권의 특징
    - 북극 문화권: 한대 기후 지역, 순록 유목 및 사냥, 이누이트족, 이글루
    - 유럽 문화권: 크리스트교, 역사적 동질성, EU(유럽연합 국가), 산업 혁명, 백인 문화권
    - 아랍(건조) 문화권: 이슬람교, 아랍어, 석유 사업, 낙타를 이용한 유목 사회, 돼지고기 금기, 오아시스 농업
    - 아프리카 문화권: 열대 기후 지역, 흑인, 식민지 경제, 부족 중심의 사회, 토속 신앙
    - 인도 문화권: 힌두교의 발상지, 카스트 제도, 소를 신성시
    - 동아시아 문화권: 계절풍 기후 지역, 한자 문화권, 불교와 유교, 벼농사, 젓가락 사용
    - 동남아시아 문화권: 계절풍 기후 지역, 고상 가옥, 수상 가옥, 해상 교통, 벼농사, 인도와 중국의 영향, 다양한 민족과 종교
    - 앵글로아메리카 문화권: 앵글로·색슨족, 자본주의, 크리스트교, 영어, 다양한 인종과 민족, 세계 최대 경제 지역
    - 라틴아메리카 문화권: 가톨릭교, 피식민 지배 경험, 혼혈인, 고대 문명, 에스파냐어(브라질은 포르투갈어), 다양한 인종과 문화의 융합(원주민·아프리카·유럽 문화권)
    - 오세아니아 문화권: 북서 유럽 문화 이식, 크리스트교, 영어, 원주민 애버리지니(오스트레일리아)·마오리족(뉴질랜드)

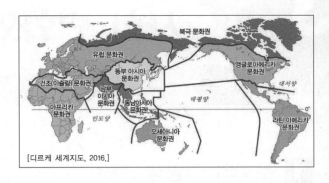
[디르케 세계지도, 2016.]

(2) 문화 변동과 전통문화

① 문화 변동의 의미와 요인
  ㉠ 문화 변동: 새로운 문화 요소의 등장이나 타 문화와의 접촉 등으로 한 사회의 문화가 끊임없이 변화하는 현상이다.
  ㉡ 문화 변동의 요인
    - 내재적 요인: 한 사회 내부에서 새로운 문화 요소가 나타나는 것이다.

발명	원래 없었던 문화 요소가 새롭게 만들어진 것 예 전화, 컴퓨터, 한글, 수레바퀴, 안경 등
발견	존재했었지만 알려지지 않은 문화 요소를 뒤늦게 찾아낸 것 예 불, 새로운 병원균, 태양의 흑점, 비타민

    - 외재적 요인: 다른 사회로부터 새로운 문화 요소가 들어오는 것을 말한다.

직접 전파	두 문화 간의 직접적인 접촉을 통해서 이루어지는 문화 전파
간접 전파	텔레비전, 인터넷, 인쇄물 등의 매체를 통해서 이루어지는 문화 전파
자극 전파	타 사회 문화 요소의 영향을 받아 새로운 문화 요소를 발명하는 것

② 문화 변동의 양상
  ㉠ 문화 접변: 두 문화가 오랜 기간에 걸쳐 전면적 접촉을 하면서 일어난 변동 현상이다.
  ㉡ 문화 접변의 양상

문화 병존	• 의미: 전통문화 요소와 외래문화 요소가 함께 공존하는 현상 • 사례: 포크와 젓가락을 같이 사용하는 현상, 필리핀에서 필리핀어와 미국의 식민 지배로 인한 영어를 공용어로 사용하는 현상
문화 융합	• 의미: 전통문화 요소와 외래문화 요소가 결합하여 새로운 문화 요소가 만들어지는 현상 • 사례: 불교와 토속 신앙이 융합된 형태의 산신각

문화 동화	• 의미: 전통문화 요소가 새로운 외래문화 요소에 흡수 · 통합되어 소멸되는 현상 • 사례: 양복의 전래로 한복이 일상복에서 사라지고 예복화한 형태
문화 동질화	• 의미: 범세계적으로 같은 문화를 공유하는 현상 • 사례: 세계 각국에서 같은 브랜드의 콜라, 청바지, 패스트푸드 등을 공유하는 현상

③ 전통문화의 창조적 계승과 발전

　㉠ 전통문화
　　• 의미: 한 사회에서 오랜 세월 동안 지속되어 온 문화 요소 중에서 현재까지 고유한 가치를 인정받고 있는 문화이다.
　　• 우리나라의 전통문화
　　　- 고유의 민족 문화: 한글, 한복 등
　　　- 유교적 질서에 바탕을 둔 농경 문화: 두레, 향약 등
　　　- 자연과의 조화를 추구하는 문화: 전통 가옥, 온돌 등
　　　- 놀이와 예술 문화: 탈춤, 사물놀이 등

　㉡ 전통문화의 중요성
　　• 사회 유지와 통합: 한 사회가 단절되지 않고 지속되게 하는 역할을 하며, 구성원 간의 유대를 강화하여 사회 통합에 기여한다.
　　• 문화의 고유성 유지: 한 사회의 정신과 가치는 구성원들의 사고방식이나 행동 양식에 많은 영향을 준다.
　　• 문화의 정체성 확립: 우리 문화에 대해 바르게 알고 문화의 긍지와 자부심을 가지려는 노력을 한다.
　　• 세계 문화의 다양성: 세계 각국의 전통문화가 상호 공존하면서 우리 사회의 문화를 더 풍요롭게 만들어 준다.

　㉢ 전통문화 계승 · 발전의 필요성
　　• 세대 간의 단절과 갈등 유발을 막아 준다.
　　• 한 사회의 문화적 정체성이 상실될 수 있다.
　　• 세계 문화의 다양성이 약화되는 추세이다.

　㉣ 전통문화의 창조적 계승
　　• 전통문화의 재해석: 전통문화의 가치를 현대적 흐름과 변화에 맞게 재창조하여 새로운 문화 콘텐츠를 개발한다.
　　• 전통문화에 대한 지속적 관심과 객관적 분석: 전통문화만의 우수성과 독창성을 발견하기 위해 노력한다.
　　• 외래문화의 비판적 수용: 외래문화를 주체적으로 수

용해야 한다. → 고유문화의 세계화와 민족 정체성 보존이 동시에 실현 가능

(3) 문화 상대주의와 보편 윤리

① 문화의 다양성의 의미와 필요성

　㉠ 문화의 다양성: 다른 지역 환경이나 시대적 상황에 따라 서로 다른 문화적 차이가 나타나는 현상을 말한다.

　㉡ 문화 다양성의 원인
　　• 서로 다른 자연환경과 상황에 적응하면서 각기 다른 생활 방식을 선택하였기 때문이다.
　　• 사회 구성원들이 역사적 · 사회적 · 종교적 가치 등을 수용하면서 각기 다른 문화적 차이를 형성한다.

　㉢ 문화적 다양성의 필요
　　• 문화는 한 사회만의 물질적 · 정신적 소산이므로 그 특수성과 고유성을 보호해야 한다.
　　• 현세대와 미래 세대의 더 나은 삶을 위해 문화의 다양성을 보장한다.
　　• 다양한 문화 교류의 장단점

장점	더욱 다양한 문화를 경험하여 삶이 풍요로워질 수 있다.
단점	문화의 다양성이 파괴되고 획일화되는 현상이 발생한다.

② 문화적 차이를 이해하는 태도

　㉠ 자문화 중심주의: 자기 문화만을 우수한 것으로 믿고, 다른 문화를 부정적으로 평가하는 태도, 즉 다른 문화를 자기 문화의 기준으로 평가하려는 태도이다.
　　예 한국인의 개고기 식용을 부정하는 태도

　㉡ 문화 사대주의: 자신의 문화는 부정적으로 평가하고, 다른 특정 사회의 문화를 가치 있고 우수한 것으로 여기는 태도이다.
　　예 외국의 명품 브랜드만 맹목적으로 좋아하는 태도

　㉢ 문화 상대주의: 문화를 그 사회의 특수한 환경과 역사적 맥락을 고려하여 그 사회의 입장에서 이해하고 존중하는 태도이다.
　　• 문화 상대주의의 필요성
　　　- 다양한 문화권의 관습과 규범을 겸허하게 수용하여 갈등을 예방한다.
　　　- 각 문화가 가진 고유한 가치에 관용적이며, 자문화에 대해서 겸손한 태도를 가진다.
　　　- 문화 교류가 점차 증가하는 오늘날 다른 문화 이해에 도움을 제공한다.

• 문화 상대주의의 한계
  – 의미: 모든 문화를 무조건 인정하고 받아들일 경우 인류의 보편적 가치나 윤리를 무시하는 문화까지도 인정해야 하는 문제가 발생한다.
  – 극단적 문화 상대주의

의미	생명 존중이나 인간 존엄성과 같은 인류의 보편적 가치를 해치는 행위에 대해서도 문화 상대주의를 적용하는 태도이다.
한계	인류의 보편적 가치의 실현을 방해하고 문화의 발전을 저해한다.
사례	이슬람 문화권의 명예 살인, 아프리카 소수 민족의 식인 풍습, 여성을 납치하여 아내로 삼는 키르기스스탄의 알라가추

③ 문화를 성찰하는 기준
  ㉠ 보편 윤리

의미	시대와 지역을 초월하여 모든 사람들이 따라야 하는 행위의 원칙을 말한다.
필요성	• 극단적 문화 상대주의 관점에 빠지는 것을 방지한다. • 기존 문화의 성찰을 통해 바람직한 문화 형성에 기여한다. • 윤리의 상대주의를 경계할 수 있다.

  ㉡ 문화에 대한 보편 윤리적 성찰
  • 문화의 다양성을 이유로 무비판적 문화의 수용 자세를 경계하고 성찰한다.
  • 자문화에서 보편 문화에 어긋나는 부분은 바꾸고 바람직한 문화는 계승·발전한다.
    예 연고주의 타파, 노인 공경 문화를 계승
  • 타문화가 보편 윤리에 어긋나는 부분은 성찰하여 다양한 문화에 대한 객관적인 입장을 견지한다.
    예 중국의 전족 → 여성의 신체 자유를 침해

(4) 다문화 사회와 문화적 다양성

① 다문화 사회로의 변화
  ㉠ 다문화 사회의 의미: 다양한 인종·종교·문화 등 서로 다른 문화 집단들이 함께 어우러져 공존하는 사회이다.
  ㉡ 다문화 사회의 원인: 교통수단의 발달로 세계화의 급진전 → 결혼 이민자 증가, 외국인 노동자와 외국인 유학생 유입, 북한 이탈 주민의 급속한 증가, 다양한 소수 집단의 증가 등

  ㉢ 다문화 사회의 특징
  • 문화의 다양성을 존중하고 보호하는 태도를 가진다.
  • 인종이나 국적에 따른 차별 없이 모든 사람이 평등한 기회 보장 정책을 실시하는 사회가 된다.
  • 다양한 문화의 접촉은 우리 삶을 더욱 풍성하게 하고 문화의 다양성을 높일 수 있다.
  • 소수 문화에 대한 편견 등으로 갈등이 발생할 수 있다.
  ㉣ 다문화 사회의 영향

긍정적 영향	• 다양한 문화의 유입으로 사회 구성원들이 문화 선택의 기회가 확대되었다. • 새로운 문화 요소가 도입되면서 문화 발전의 가능성이 향상되었다. • 다양한 언어의 사용으로 우리나라의 국제 경쟁력이 향상되었다. • 저출산과 고령화에 따른 노동력 감소 문제를 외국인 근로자 유입으로 해소하게 되어 안정적인 경제 성장 및 유지가 가능하게 되었다.
부정적 영향	• 외국인 이주민에 대한 편견과 차별로 인한 인권 침해 문제와 문화 간의 갈등이 발생한다. • 출신국에 따른 외국인에 대한 편견과 차별이 발생한다. • 다문화 가정의 자녀나 북한 이탈 주민의 사회 부적응 문제가 나타난다. • 국내 노동자와 외국인 근로자 사이의 일자리 경쟁이 심화된다. • 외국인 범죄가 증가된다.

② 다문화 사회의 갈등 해결 노력
  ㉠ 개인적 차원의 노력
  • 단일 민족 의식에서 탈피하여 다른 문화를 개방적으로 포용하는 관용의 자세가 필요하다.
  • 문화의 다양성을 이해하고 문화 상대주의적 관점에서 타문화를 이해하려는 노력이 요구된다.
  • 서로 다른 문화 간의 소통을 통해 서로의 문화 차이를 인정해야 한다.
  ㉡ 제도적 차원의 노력
  • 외국인의 문화와 권리를 보장하기 위한 제도나 다문화 정책을 시행한다.
  • 결혼 이민자의 국내 정착을 지원하는 제도적인 정책을 마련한다.
  • 다문화 가정 자녀의 학교 교육 등 문화적 차이를 인정하고 존중하도록 돕는 다양한 교육 프로그램을 시행한다.

ⓒ 다문화 정책
- 용광로 이론: 여러 민족의 고유한 문화들이 그 사회의 지배적인 문화 안에서 변화를 일으키고 서로에게 영향을 주어 새로운 문화를 만들어 나가는 것이다.
- 샐러드 볼 이론: 국가라는 큰 그릇 안에서 샐러드같이 여러 민족의 문화가 하나의 새로운 문화를 만들어 가는 것이다.

ⓔ 문화적 다양성을 존중하는 태도
- 필요성: 문화 상대주의 측면에서 다른 문화를 이해하고 존중하며, 그들과 소통하는 자세가 요구된다.
- 문화적 다양성을 존중하는 자세
  - 문화 상대주의적 태도: 문화의 다양성을 인정하고 이해하려고 노력한다. → 문화적 갈등이 줄고 풍성한 문화가 형성
  - 문화적 교류: 다른 문화적 배경을 이해하고 상호 교류를 통해 다문화 구성원 간의 소통하는 자세가 필요하다.

2 세계화와 평화

● 해결 Point ● · · · · · · · · · · · ·

세계화로 인한 변화 양상이나 사례를 묻는 문제, 지역별 갈등 원인, 국제기구의 종류 등을 묻는 문제가 골고루 출제되고 있으며 해당 내용을 자세히 살펴보아야 한다. 특히 최근에 벌어지고 있는 사건에 대한 문제가 출제될 가능성이 높으므로 대중 매체를 통해 세계 문제에 관심을 갖는 것이 좋다.

● 대표 문제 유형 ● · · · · · · · · · · ·

❖ 세계화의 영향으로 나타나는 변화로 적절하지 않은 것은?
❖ 두 지역에서 발생하는 공통적인 갈등으로 가장 적절한 것은?

(1) 세계화의 양상과 문제

① 세계화와 지역화

ⓐ 세계화
- 의미: 전 세계가 인적 자원과 물자, 기술, 문화 등이 자유롭게 교류되면서 경제, 사회, 문화 등 각 분야에 대한 장벽이 없어지는 현상이다. → 시장 경제의 확대와 교통 및 정보 통신 기술의 발달로 확대

- 세계화의 배경
  - 정보·통신 기술과 교통수단의 발달로 국가 간 상호 의존성이 심화되었다.
  - 세계 무역 기구(WTO) 출범과 자유 무역 협정(FTA)의 등장으로 국가 간의 교역이 증진되었다.
  - 다국적 기업의 활동 증대와 자본주의 시장 경제가 전 세계적으로 확산되고 있다.
- 세계화의 영향

공간적 측면	• 국가 간의 공간적 제약이 작아져서 전 세계가 하나의 공동체로 통합되었다. • 사람, 기술, 자본, 물자 등의 이동이 국경을 넘어 세계로 확대되고 있다.
경제적 측면	• 자본주의에 바탕을 둔 자유 무역주의 원리가 확산되며 국가 간 교역 규모가 커지고 있다. • 세계화는 경쟁력 있는 상품의 수출 시장을 확대하고 경제적 효율성을 향상시킨다. • 경쟁력이 약한 기업, 산업, 국가는 도태될 위험이 크다. • 부가 가치가 큰 지식 근로자와 전통 산업의 단순 근로자, 제조업과 서비스업, 선진국과 개발도상국 간의 격차가 커질 수 있다.
문화적 측면	• 인적 교류가 활발해지고 각 지역의 문화 요소가 국경을 넘나드는 현상이 발생한다. • 세계 수준의 문화를 공유하고 반대로 자국의 문화가 세계에 진출할 수 있는 발판이 형성된다. • 다양한 문화를 공유함으로써 삶이 더욱 풍요로워지며, 최근에는 문화 콘텐츠의 경제적 가치가 주목받고 있다. • 강대국들이 자국의 문화를 상품화하여 대량으로 공급함에 따라 각국이 가진 고유문화나 정체성이 점차 약화되는 현상이 나타나거나 문화 갈등이 나타날 가능성도 커지고 있다.

ⓑ 지역화
- 의미: 지역적인 특성이 사회적·문화적 측면에서 세계적인 가치를 갖게 되는 현상을 말한다.
- 지역화의 배경: 세계화로 인해 각 지역 간의 관계를 맺는 범위가 넓어짐에 따라 지역만의 특수성을 띤 요소가 세계적으로 경쟁력 있는 가치로 인정받고 있다.
- 지역화의 영향
  - 지역 경제의 활성화: 지리적 표시제, 장소 마케팅, 지역 축제 등을 통한 경제적 활성화를 도모한다.
  - 지역 경쟁력 강화: 그 지역만의 정체성과 고유성으로 세계적인 경쟁력을 갖게 된다.

② 세계화의 다양한 양상

　㉠ 다국적 기업

　　• 의미: 생산비 절감, 해외 시장의 확대, 무역 규제 완화를 위해 다른 나라에 생산 공장을 설립하거나 지사를 설립·운영하는 기업이다.

　　　예 나이키, 소니, 아디다스, GM, 포드, 코카콜라, 펩시

　　• 배경

　　　– 교통·통신의 발달: 경제 활동이 활성화되었다.

　　　– 기업의 확대: 관리·경영 기능, 연구·개발 기능, 생산·판매 기능 등의 규모가 확대되고 있다.

　　　– 생산비 절감의 필요: 지가·노동력이 저렴한 개발 도상국으로 공장 등이 이전하고 있다.

　　　– 무역 장벽 극복과 연구 개발의 중요성: 판매 시장이 넓은 선진국으로 본사·연구소 등이 이전하고 있다.

　　• 다국적 기업의 공간적 분업

　　　– 본사(업무 관리 기능): 자본 및 우수한 인력 확보가 쉬운 대도시 및 중심 도시에 입지한다.

　　　– 연구소(연구·개발 기능): 우수한 연구 시설과 관련 시설이 집중된 대학 및 대도시 인근 지역에 집중된다.

　　　– 공장(생산 기능): 저렴한 임금 및 토지 비용 등이 유리한 곳에 위치하나 무역 규제 장벽을 극복하고 시장 개척을 위해 선진국에 입지하기도 한다.

　　• 영향

　　　– 투자 유치국(개발 도상국)

장점	• 선진 기술이나 경영 기법 습득 • 고용 창출 효과 • 소비자들의 다양한 상품 선택 가능
단점	• 가격 횡포로 인한 소비자 피해 • 산업 시설로 인한 환경 오염 발생 • 경쟁력이 약한 국내 중소기업 피해 • 국내 자본의 유출 가능성 증대

　　　– 투자국(선진국)

장점	• 생산 비용의 절감 • 고급 인력과 금융 시설 등이 함께 입지하여 그 지역이 더욱 발전
단점	• 국내 실업률의 증가 • 산업 공동화 현상

　㉡ 세계 도시 형성

　　• 세계 도시의 의미: 전 세계의 정치·경제·정보 등의 중심지 역할을 수행하는 도시를 말한다.

　　　예 뉴욕, 런던, 도쿄 등

　　• 세계 도시의 기능

　　　– 경제 활동 조절 및 통제 기능: 다국적 기업의 본사, 국제 금융 업무 기능

　　　– 생산자 서비스 기능: 상품의 생산, 유통에 필요한 서비스(금융·회계·법률 전문 서비스 등)

　　　– 물적·인적 교류 기능: 국제기구의 운영 본부, 국제회의 및 행사 개최

　　• 세계 도시의 영향: 각 도시들은 기능적으로 유기적인 관계를 형성하며 세계 도시의 변화는 연쇄적으로 다른 전 세계 도시들에 영향을 미친다.

　㉢ 세계 도시의 활발한 문화 교류

　　• 세계화와 교통·통신의 발달로 국가 간 교류와 이동이 활발해짐에 따라 문화적인 교류가 활발하게 진행된다.

　　• 관광, 취업 등으로 국가 간 이동이 잦아지면서 다인종·민족들이 함께 살아가는 다문화 사회가 형성된다.

③ 세계화로 인한 문제점과 해결 방안

　㉠ 세계화의 문제와 해결

　　• 국가 간 빈부 격차

문제점	선진국과 개발 도상국의 경제적 부의 격차가 발생한다.
해결 방안	세계화를 모든 국가의 경제적 상생을 하는 방향으로 진행시키고, 각국은 자국 경쟁력을 강화하는 방안을 마련하여 자유 경쟁에 적극 대처한다.

　　• 문화 획일화

문제점	국가 간의 활발한 문화 교류로 상호 영향력이 증가되어 전 세계의 문화가 비슷해져 가는 추세이다.
해결 방안	자국 문화의 정체성을 지키면서 외래문화를 능동적으로 수용한다.

　　• 보편 윤리와 특수 윤리의 충돌

문제점	인권 존중 등의 보편 윤리의 강조가 각 국가만의 특수한 윤리와 충돌한다.
해결 방안	보편 윤리를 존중하면서 각 사회의 특수한 윤리를 성찰하는 태도를 가진다.

ⓛ 세계 시민의 자세
- 세계 시민 의식: 지구촌에서 발생하는 문제에 관심을 갖고 더불어 사는 공동체 구성을 위해 노력하는 마음가짐을 갖는다.
- 공정 무역: 선진국과 개발 도상국 간의 불공정한 무역으로 발생하는 부의 편중, 노동력 착취, 환경 파괴 등을 해결하기 위한 무역의 한 형태이다.

(2) 국제 사회의 모습과 평화의 중요성

① 국제 사회 행위 주체의 역할

㉠ 국제 협력과 갈등
- 국제 협력의 필요성
  - 국가 간의 의존이 심화됨에 따라 한 국가의 문제는 전 세계에 영향을 미친다.
  - 한 국가의 노력만으로 해결할 수 없는 지구촌의 문제가 증가한다.
    예 환경 오염, 기후 변화 협약, 국제 테러 대응
- 국제 갈등
  - 민족·종교·문화적 차이 등의 다양한 원인으로 나타나고 있다.
  - 지하자원, 영토 등 자국의 이익을 우선적으로 추구하여 갈등이 심화된다.

㉡ 국제 행위 주체와 역할
- 국가
  - 국제 사회를 구성하는 가장 기본적인 행위 주체이다.
  - 외교를 통한 자국의 이익을 최우선적으로 수행한다.
  - 국가 간의 합의, 제3자 조정, 협약, 정상회담 등으로 국가 간의 갈등을 해결한다.
  - 빈곤 국가의 원조, 재난 구호 활동, 환경 문제 해결을 위한 협력 등의 역할을 수행한다.
- 정부 간 국제기구
  - 각국 정부를 회원으로 한 국제 사회의 행위 주체이다.
  - 국가 연합(UN), 유럽 연합(EU), 국제 통화 기금(IMF) 등이 있다.
  - 전쟁 방지, 평화로운 체제 유지의 합의체 역할을 한다.
  - 평화 유지군 파견, 분쟁 지역 치안·재건 활동, 국비 축소 활동, 국제 협력 활동 등을 수행한다.

- 국제 비정부 기구
  - 개인이나 민간단체를 회원으로 하는 국제 사회의 행위 주체이다.
  - 그린피스, 국제 사면 위원회, 국경 없는 의사회 등이 있다.
  - 환경 보호, 인권 신장, 보건 등 국제 사회 및 인류의 보편적 가치를 위해 다양한 노력을 한다.
  - 국제적인 연대를 통해 지구촌 공동 문제를 제기하고 공동 노력을 이끌어 낸다.

② 국제 평화의 의미와 중요성

㉠ 평화의 의미

소극적 평화	• 의미: 전쟁, 테러 등의 직접적·물리적인 폭력이 발생하지 않는 상태이다. • 특징: 현재 물리적 폭력이나 위협의 원인이 사라지고 있지 않다.
적극적 평화	• 의미: 직접적 폭력뿐만 아니라 억압, 착취 등의 구조적인 폭력도 사라진 상태이다. • 특징: 직접적·구조적 폭력의 소멸로 평등하고 자유로운 삶을 추구할 수 있다.

㉡ 평화의 중요성
- 인류의 생존 보장: 생존의 위협, 고통·공포 등에서 벗어나 인류가 안전하게 살 수 있는 환경을 조성한다.
- 정신적 문화 가치의 전달·보전: 인류의 축적된 지혜와 가치를 미래 세대에게 안정적으로 전수할 수 있다.
- 삶의 질의 향상: 적극적인 평화 실현으로 인류는 행복, 복지, 번영의 상태로 발전할 수 있다.

(3) 동아시아 갈등과 국제 평화

① 남북 분단과 통일의 필요성

㉠ 남북 분단의 배경

국제적 배경	• 광복 후 냉전 체제의 심화 • 미국과 소련이 북위 38도 선을 경계로 남과 북에 각각 군대를 주둔
국내적 배경	• 통일 정부 수립의 실패로 이념적 갈등과 대립 • 6.25 전쟁으로 남북의 적대감이 심화

㉡ 통일의 필요성
- 민족의 동질성 회복: 이산가족의 고통을 치유하고 민족 공동체 역량을 극대화할 수 있다.
- 생활 공간의 확장: 우리나라가 유라시아 대륙과 태평양을 연결하는 중심적 역할을 수행할 수 있다.

• 한반도의 경제적 발전과 번영: 남북한의 경제 협력으로 국내 경제가 활성화되고 국가 경쟁력이 강화될 수 있다.

• 세계 평화에 기여: 한반도의 군사적 긴장 해소로 동아시아와 세계 평화에 기여한다.

② 동아시아의 역사 갈등과 해결 방안

㉠ 영토 분쟁

• 쿠릴 열도(북방 4도): 전략적 군사 요충지 및 자원 확보를 둘러싼 러시아와 일본 간의 갈등이다.

• 시사 군도(파라셀 군도): 석유 및 천연가스 등의 자원 및 해상 교통로 확보를 둘러싼 중국, 베트남 간의 갈등이다.

• 난사 군도(스프래틀리 군도): 인도양과 태평양을 잇는 해상 교통 및 군사적 요충지로 석유, 천연가스, 수산 자원이 풍부하다. 영유권 분쟁 지역으로 중국, 타이완, 베트남, 말레이시아, 브루나이, 필리핀 등이 50개의 섬을 나누어서 실효 지배하고 있다.

• 센카쿠 열도(댜오위다오): 중국, 타이완, 일본의 영토 분쟁 지역이다. → 석유와 천연가스가 매장된 사실이 알려지며 중국과 일본의 분쟁 심화

> ■ 실효 지배: 어떤 정권 및 국가가 특정 지역을 실제로 관리·통제·지배하는 것을 말한다.

㉡ 역사 인식의 문제

• 일본과의 갈등

역사 교과서 왜곡	일본 정부는 식민지 지배와 침략 전쟁을 정당화하는 역사 교과서를 편찬
위안부 문제	일본 정부가 침략 전쟁 중 조선 여성들을 '위안부'로 강제 동원하였으나 강제성을 부정
야스쿠니 신사 참배	일본 보수 정치인들이 전쟁 범죄자들의 위패가 있는 야스쿠니 신사를 참배

• 중국과의 갈등

동북 공정	중국이 우리나라의 역사인 고조선, 부여, 고구려, 발해의 역사를 중국의 지방 정권이라 주장

㉢ 동아시아 역사 갈등의 해결 방안

정부 차원	• 한·일 역사 공동 연구 위원회를 설립한다. • 역사 왜곡 관계 법령을 제정한다. • 동북아 역사 재단을 설립한다. • 역사 왜곡에 대응하기 위한 연구를 지원한다.
민간 차원	• 한국·중국·일본 등 동아시아 근현대사 공동 교재를 발행한다. • 민간 교류의 확대를 통한 공동의 역사 인식을 갖는다.

③ 국제 사회 평화에 기여하는 대한민국

㉠ 세계 속의 우리나라

• 지정학적 위치

  – 동아시아의 전략적 관문: 아시아 동쪽 끝에 위치한 반도국이다.

  – 대륙과 해양의 간선 항로: 대륙은 유럽, 해양은 동남아시아, 오세아니아, 아메리카 대륙을 연결할 수 있는 지리적 요충지에 위치한다.

• 경제 성장과 발전

  – 1960년대 이후 정부 주도의 경제 개발 정책으로 고도의 경제 발전과 성장을 이룩하였다.

  – 경제 협력 개발 기구(OECD), 아시아·태평양 경제 협력체(APEC) 등의 국제기구에서 주도적인 활동을 하고 있다.

• 전통문화의 우수성 인정

  – 석굴암, 불국사, 해인사 장경판전 등 유네스코에 문화유산을 등재하였다.

  – 드라마, 케이팝(K-Pop) 등 대중문화가 세계적으로 한류의 열풍을 일으키고 있다.

㉡ 국제 평화를 위한 우리의 노력

국가	• 분쟁 지역에 군대를 파병 → 국제 연합 활동을 지원 • 국제 연합 인권 이사회의 활동 → 세계인의 인권 및 민주주의 증진에 기여 • 대량 살상 무기 및 테러 확산 방지, 해적 소탕 → 여러 나라와 협력 • 개발 도상국에 경제적 기술과 경험을 지원 • 재난 피해 국가에 긴급 구호 물품을 제공
민간 및 개인	• 국제 비정부 기구에 참여 → 반전 및 평화 운동의 전개 • 세계 시민 의식으로 초국가적 문제를 해결하기 위해 노력 • 남북한의 긴장 완화와 화해 분위기를 조성 • 중국 동북 공정과 일본 역사 왜곡 등의 원만한 해결을 위해 노력

3 미래와 지속 가능한 삶

(1) 세계의 인구와 인구 문제

① 세계의 인구

ㄱ 세계 인구 규모와 성장

• 인구 규모의 흐름

산업화 이전	매우 느린 속도로 인구가 증가하였다.
산업화 이후	매우 급속하게 인구가 늘어났다.
현재	개발 도상국의 인구 성장 속도는 선진국에 비해 빠르게 전개된다.
미래	세계 인구에서 아시아, 라틴 아메리카, 아프리카에 위치한 개발 도상국의 인구 비율이 점점 높아질 것으로 예상된다.

• 인구 성장 요인
 – 농업 기술의 발달과 산업화로 인해 인구 부양력이 증대되었다.
 – 의학 기술의 발달 및 공공 위생 시설의 개선으로 사망률이 감소하고 있다.

ㄴ 인구의 변천 단계

다산 다사형	• 시기: 산업 혁명 이전 • 양상: 출생률과 사망률이 모두 높은 단계 → 인구 증가가 거의 없음
다산 소사형	• 시기: 18세기 말 ~ 19세기 초 유럽과 북미 국가, 현재 아시아·아프리카의 일부 개발 도상국 • 양상: 출생률에 비해 사망률이 빠르게 감소 → 급격한 인구의 증가
감산 소사형	• 시기: 경제 발전이 진행 중인 개발 도상국 • 양상: 사망률과 함께 출생률이 급격히 감소 → 인구 증가 속도가 둔화
소산 소사형	• 시기: 고도의 산업화가 이루어진 선진국 • 양상: 출생률과 사망률이 모두 낮은 단계 → 인구 증가가 정체

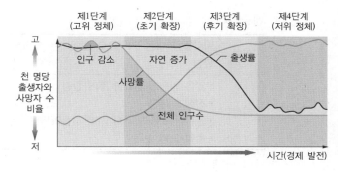

ㄷ 세계의 인구 분포

• 인구 분포의 요인
 – 자연적 요인: 기후, 지형, 식생, 토양 등의 자연환경적 요인의 영향을 받는다.
 – 사회·경제적 요인: 산업, 교통, 문화, 교육, 정책 등의 인문 환경적 요인도 인구의 분포에 큰 영향을 미친다.

• 인구 밀집 지역과 인구 희박 지역
 – 인구 밀집 지역

자연적 요인	• 냉·온대 기후 지역의 하천 주변과 해안 지역 • 풍부한 천연자원이 매장되어 있는 지역 • 농업에 유리한 평야 지역 예 동부 및 남부 아시아 지역
사회·경제적 요인	• 경제가 발달한 지역 • 교통이 편리하고 편의 시설이 풍부한 지역 • 각종 산업 시설과 일자리가 풍부한 지역 예 미국의 북서부 지역, 서유럽

 – 인구 희박 지역

자연적 요인	• 열대·건조·한대 기후 지역 • 사막, 극지방, 험한 산지 • 토양이 척박한 지역
사회·경제적 요인	• 산업화가 이루어지지 않고 일자리가 부족한 지역 • 교통이 불편하고 편의 시설이 부족한 지역 • 전쟁이나 분쟁 지역

ㄹ 세계의 인구 이동

• 인구 이동 요인
 – 흡인 요인

의미	사람들을 지역 내부로 끌어들이는 긍정적인 요인
사례	• 보다 좋은 임금 및 직장 • 쾌적한 환경, 교통 편리 • 교육·문화·의료 등 사회 기반 시설의 풍부

– 배출 요인

의미	사람들을 다른 지역으로 밀어내는 부정적인 요인
사례	• 낮은 임금과 열악한 주거 환경 • 전쟁과 분쟁 • 불편한 교통과 사회 기반 시설의 부족 • 환경 오염, 빈곤

• 과거의 국제 이동

종교적 이동	영국 청교도들이 종교의 자유를 찾아 북아메리카로 이주
경제적 이동	• 신항로 개척 이후 많은 유럽인들이 신대륙으로 이동 • 중국 화교들의 동남아시아 및 전 세계로 이동
강제적 이동	• 아프리카 흑인 노예의 유럽·아메리카로 이동 • 고려인의 중앙아시아로의 이동

• 오늘날의 인구 이동

경제적 이동	개발 도상국에서 임금·고용 수준이 높은 선진국으로 이동 예 라틴 아메리카 노동자들의 미국 이동
환경적 이동	해수면 상승이나 사막화 등 대규모 자연재해가 발생한 국가에서의 환경 난민 이동 예 남태평양 섬 주민의 주변국 이동
정치적 이동	전쟁이나 내전을 피해 이동 예 서남아시아·아프리카 내전 난민 이동

② 인구 구조와 인구 문제
   ㉠ 인구 구조의 의미: 인구 집단을 성별, 연령별, 산업별 등으로 나눈 인구의 구성 상태를 말한다.
   ㉡ 인구 구조의 파악: 성별(예 남녀의 성비), 연령별(예 생산 연령 인구, 인구 부양비), 산업별(예 산업에 종사하는 비율)로 구분하여 파악한다.

> ■ **생산 연령 인구**: 생산을 할 수 있는 15세부터 64세까지의 청장년층 인구
>
> ■ **인구 부양비**: 청장년층 인구에 대한 유소년층과 노인층 인구의 비율

   ㉢ 선진국과 개발 도상국의 인구 구조와 문제 해결 방안
   • 인구 구조

선진국	• 유소년층 인구 비율이 낮고, 노년층 인구 비율이 매우 높다. • 중위 연령이 높다.
개발 도상국	유소년층 인구 비율이 높고, 노년층 인구 비율이 낮다.

• 문제의 원인과 해결 방안
   – 선진국

저출산	• 여성의 사회 진출, 결혼·출산에 대한 가치관 변화 등으로 인한 출산율 감소 • 해결 방안: 출산 및 육아 비용 지원, 유급 출산 휴가 기간의 연장, 양육 시설 확충 등 여성의 사회 활동 보장을 위한 법과 제도 마련
고령화	• 의학 기술의 발달로 평균 수명의 연장 • 해결 방안: 실버산업을 확충하고 연금 제도, 임금 피크제, 정년 연장 등의 사회 보장 제도를 확충

   – 개발 도상국

기아와 빈곤	• 식량 및 자원이 부족하여 기아와 빈곤 문제가 발생 • 해결 방안: 경제 발전, 식량 증산 정책, 빈곤 문제 해결, 일자리 창출 등
대도시 인구 과밀	• 산업화·도시화에 따른 이촌 향도 현상으로 일자리, 주택, 교통 문제 등이 발생 • 해결 방안: 도시 기반 시설 확충, 생활 환경 개선, 중소 도시 육성 정책, 인구 분산 정책 등

> ■ **중위 연령**: 전체 인구를 연령별로 세웠을 때 중간층에 있는 사람들의 나이를 말한다. 일반적으로 개발 도상국보다는 선진국의 중위 연령이 높게 나타난다.

   ㉣ 가치관의 변화
   • 가족 친화적인 가치관 확대: 자녀의 출산과 양육의 과정을 통해 부모의 가치를 인식하고 가족의 소중함과 삶의 행복을 추구한다.
   • 양성평등의 문화 확립: 일과 가정생활의 균형을 이루는 가족 친화적 가치관을 확산한다.
   • 세대 간의 정의 실현: 현세대와 미래 세대 간의 형평성을 고려하고 자원, 일, 환경 등에서 미래 세대 부담감의 경감 노력을 한다.
   • 노인에 대한 인식 변화: 노인을 지혜와 경험을 나누는 사회 구성원으로 인식하고 공경하는 마음가짐을 갖는다.

> ■ **유리 천장**
> 자격과 능력을 갖추었음에도 여성이라는 이유만으로 고위직 승진을 가로막는 조직 내의 보이지 않는 장벽

(2) 세계의 자원과 지속 가능한 발전

① 자원의 분포와 소비

  ㉠ 자원의 의미와 특성

  • 자원: 자연 상태로부터 얻어 내어 인간에게 유용하게 이용될 수 있으며, 기술적 · 경제적으로 개발이 가능한 것이다.

  • 에너지 자원: 인간의 기본 생활과 생산 활동에 필요한 에너지를 얻을 수 있는 자원이다.

  • 자원의 특성

유한성	대부분의 자원은 매장량이 제한되어 있어서 언젠가는 고갈될 수 있다. 예 석유, 석탄, 천연가스
가변성	자원의 가치는 고정된 것이 아니라 시간의 흐름과 기술 발달 수준에 따라서 변화한다. 예 석유는 산업화 이후에 중요한 에너지원으로 인정
편재성	자원은 지구상에 고르게 분포하지 않고 특정 지역에 집중하여 분포되어 있다. 예 석유는 서남아시아, 희토류는 중국에 집중

  • 에너지 자원의 소비 구조: 석유 > 석탄 > 천연가스

  ㉡ 주요 에너지 자원의 분포와 특징

  • 석유

특징	세계적으로 사용 비중이 가장 높은 에너지 자원이다.
분포	서남아시아와 같은 신생대 제3기 배사 구조의 지층에 많이 매장되어 있다.
이동	• 자원의 편재성이 커서 국제 이동량이 많다. • 수출국: 사우디아라비아, 러시아 등

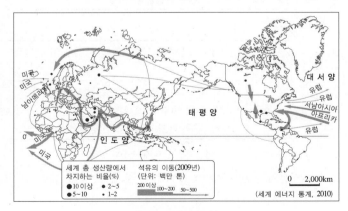

[석유의 분포와 이동]

  • 석탄

특징	• 산업 혁명 시기에 증기 기관의 주 연료로서 많이 사용되었다. • 제철 공업용 · 발전용 · 가정용 등으로 이용되고 있다.
분포	석유에 비해 비교적 고르게 매장되어 있다.
이동	• 국제 이동량이 적은 편이다. • 수출국: 중국, 미국, 오스트레일리아 • 수입국: 동아시아, 서유럽

  • 천연가스

특징	• 냉동 액화 기술의 발달로 수요가 증가하였다. • 가정용으로 주로 사용되며 높은 에너지 효율을 지닌 청정에너지이다.
분포	화석 연료로, 주로 석유와 함께 신생대 제3기의 배사 구조에 매장되어 있다.
이동	• 육지: 파이프라인을 이용해 수송 • 해상: 액화 수송선을 이용해 수송

  ㉢ 에너지 자원의 문제

  • 에너지 자원과 갈등 요인

소비량 증가	인구 증가와 경제 발전으로 자원 소비량이 급증하고 있다.
자원 고갈	대부분의 자원이 재생 불가능하며 가채 연수가 짧다.
자원 민족 주의	• 석유를 국유화하거나 수출을 제한하는 등 민족과 국가의 이익을 위해 자국이 가진 자원을 무기화하려는 태도를 말한다. • 석유 수출국 기구(OPEC) 결성: 석유 생산량과 불안정한 가격 조절로 국제적인 영향력 행사 → 원유 가격 인상으로 오일 쇼크 발생 • 주요 생산 지역: 서남아시아 산유국, 중국, 러시아, 남아메리카 등

■ **가채 연수**: 어떤 자원을 캐낼 수 있다고 예상하는 연수를 말하며, 자원 매장량을 연간 생산량으로 나눈 수치이다.

  • 환경 문제

  – 자원 개발 및 소비 과정에서 환경 오염 물질을 배출한다.

  – 화석 연료 사용으로 이산화 탄소의 배출량이 증가하면 지구 온난화가 발생한다.

ⓛ 자원 문제의 해결 방안

문제	해결 방안
자원 고갈	• 자원의 효율적 이용: 자원의 절약 및 재활용 방안 마련, 에너지 소비 효율 등급이 높은 제품 사용, 자원 절약형 산업 육성 • 자원의 안정적 확보: 새로운 자원의 매장 지역 확보, 품질이 낮은 자원도 사용할 수 있는 방법 개발, 자원의 국제적 교류와 자원의 비축 확대 • 신·재생 에너지 개발: 태양 에너지·풍력·조력·지열·바이오 에너지 등 순환 자원을 이용하는 기술 개발, 환경 오염이 없는 청정에너지 개발
자원 분쟁	• 자원 외교를 강화하고 국제적인 협력을 증대 • 이해 당사국 간의 양보와 타협이 필요
환경 문제	쓰레기 분리 배출, 대중교통 이용, 탄소 포인트제 시행 등

② 지속 가능한 발전을 위한 노력

㉠ 지속 가능한 발전
  • 의미: 미래 세대의 자원과 환경을 낭비하지 않으면서 현세대의 필요를 충족시킬 수 있는 발전을 말한다.
  • 필요성: 무절제한 자원의 이용과 환경을 고려하지 않은 개발로 생태계의 자정 능력이 초과되었다. → 미래 세대들이 필요한 자원과 깨끗한 환경을 물려줄 필요성 대두
  • 발전 방안
    – 생산과 소비 활동을 자원 순환형으로 전환한다.
    – 환경과 경제의 선순환이 가능한 사회 발전 체제를 구축한다.

㉡ 지속 가능한 발전을 위한 노력
  • 국제적 노력

경제	• 공적 개발 원조(ODA): 경제 협력 개발 기구 (OECD)의 개발 도상국 원조 • 신·재생 에너지 개발: 순환 자원의 이용, 기술·청정에너지 개발의 보급 확대
환경 보전	람사르 협약, 몬트리올 의정서, 바젤 협약, 교토 의정서, 생물 다양성 협약, 사막화 방지 협약, 기후 변화 협약 등

  • 국가적 노력

세계 각국	국가 지속가능발전 위원회 운영, 각종 법률과 정책 마련
우리나라	지속가능발전법·저탄소 녹색성장 기본법 제정, 지속가능발전 기본계획을 세워 국가와 지방 자치 단체 간의 협력

  • 개인적 노력
    – 환경 오염 방지 노력: 자원 및 에너지의 절약, 재활용품의 이용
    – 윤리적 소비 실천: 사회·환경에 미치는 영향을 고려한 소비 생활과 가치관 실천
    – 건강한 시민 의식: 사회 정의와 형평성 함양을 위한 시민 의식 확보

(3) 미래의 지구촌 모습과 삶의 방향

① 미래의 예측과 우리 지구촌의 모습
  ㉠ 미래의 예측
  • 미래 예측의 필요성: 과학적이고 체계적인 미래 예측을 할 수 있다면 미래에 발생할 수 있는 문제를 미리 파악하고 대비할 수 있기 때문이다.
  • 미래 예측의 방법
    – 델파이 기법(전문가 합의법): 각 분야 전문가들의 의견이나 판단을 설문을 통해 종합하여 전문가 집단의 합의를 이끌어 내는 방법이다.
    – 시나리오 기법: 미래에 발생 가능한 일들을 추정하여 이를 대비하는 방법이다.

  ㉡ 미래 지구촌의 협력과 갈등
  • 정치·사회

협력	• 핵 안보, 영토, 종교 등의 분쟁 조정 • 난민, 기아, 빈곤 해결책의 모색 • 기본 인권의 보장, 민주주의 이념의 확산
갈등	• 전쟁·테러 등의 위협 증가 • 국가 간 영토·자원 분쟁 • 종교·문화적 갈등의 심화

  • 경제

협력	전 세계 경제력의 상승으로 생활 수준이 전반적으로 향상
갈등	• 자유 무역 확대로 국가 간의 경쟁 치열 • 국가 간의 빈부 격차 심화 • 자원, 우주 개발, 각종 이권 경쟁의 심화

  ㉢ 과학 기술 발전에 따른 환경 변화
  • 정치 환경: SNS나 모바일 전자 투표 등을 통한 선거 유세와 의견 표출
  • 교육 환경: 디지털 교과서, 전자 칠판, 온라인 교육 등
  • 업무 환경: 업무의 시간·공간적 제약 완화, 온라인 재택근무, 인공 지능 로봇 개발로 인간의 노동 시간 감소

- 생활 환경: 전자 상거래의 확대, 유비쿼터스, 스마트 시티의 등장, 사물 인터넷 발달로 초연결 사회 건설
- 공간 환경: 정보 취득 및 관리, 새로운 문화 체험 및 창출, 인터넷 공간을 통한 만남 등
- 교통 환경: 자율 주행 자동차, 드론 등의 발달로 시공간 제약 감소, 우주 항공 기술 발달
- 생체 환경: 생명 연장 공학 발달로 개인 맞춤형 치료 가능

> ■ **유비쿼터스**: 시간과 장소에 구애받지 않고 우리가 원하면 언제든지 정보 통신망에 접속하여 활용할 수 있는 정보 통신 환경
> 예 휴대폰 등을 이용하여 가스나 전등을 끄는 기능
>
> ■ **스마트 시티**: 정보 통신 기술을 적용하여 도로, 항만, 수도, 전기, 학교 등의 도시 기반 시설이 효율적으로 갖춰진 도시
>
> ■ **사물 인터넷**: 스마트폰, 텔레비전, 냉장고, 자동차 등의 사물에 유·무선의 통신망을 이용하여 실시간으로 인터넷에 연결한 것
>
> ■ **초연결 사회**: 디지털 기술을 이용하여 모든 사물이 인간과 긴밀하게 연결되어 있는 사회

② 과학 기술 발전의 문제점
- 인터넷 중독: 시력 저하, 불안감, 우울증, 충동 조절 장애 등 신체적·정신적 질환이 증가할 수 있다.
- 개인 정보 유출: 개인 정보가 해킹되어 각종 사이버 범죄에 악용되기도 한다.
- 전자 감시 사회: CCTV나 위치 추적 서비스 등을 통해 감시 및 통제가 강화되었다.
- 사이버 폭력: 정보 및 통신망을 통해 타인의 명예나 권익을 침해하기도 한다.
- 정보 격차: 세대 간, 도시와 농촌 간, 국가 간 등의 정보 격차가 심화되었다.
- 지적 재산권 침해: 음악, 사진, 영화, 서적 등의 저작물을 불법으로 유통시키는 행위가 발생한다.
- 생명 윤리 문제: 생명 공학 발달로 유전자 조작, 불법 복제 등의 생명 경시 현상이 발생한다.
- 인간 소외 문제: 인공 지능 로봇(AI)으로 인한 인간의 일자리가 소멸되는 문제가 발생한다.

② 미래의 삶을 위한 준비
㉠ 지구촌 구성원(세계 시민)으로서의 나
- 인류의 공통 과제를 적극적으로 해결하기 위해 노력하는 자세를 가진다.
- 세계 시민 의식과 지구 공동체에 대한 연대 의식을 가진다.
- 문화적 차이를 인정하고 다양성을 존중하며 이주민들과 더불어 사는 삶을 실천한다.
- 국가나 사회 집단의 이익보다 인류의 보편적 가치에 대한 이해가 필요하다.
- 지구의 생태 환경 훼손을 방지하기 위한 생활 습관을 실천한다.
㉡ 미래의 내 삶을 위한 준비
- 나의 삶에 대한 올바른 가치관과 사명감을 가져야 한다.
- 비판적이며 과학적 사고로 사회 현상을 명확하게 분석하고 파악하려는 노력이 필요하다.
- 구성원들과 다름을 인정하고 서로 배려하는 개방적이고 관용적인 자세를 가진다.
- 세계 시민으로서의 공동체 의식을 함양하여 인류의 보편적 가치를 중시해야 한다.
- 미래 국가를 발전시키는 개인의 잠재력을 개발한다.

3

출제 예상 문제

정답 및 해설 >>> p.068

01 다음 내용에서 설명하고 있는 문화의 특성은?

> 시대나 장소에 관계없이 어느 사회에서나 공통적으로 나타나는 문화 요소가 존재함을 의미한다.

① 보편성   ② 특수성
③ 상대성   ④ 다양성

02 문화적 차이로 인하여 발생하는 갈등의 해결 방안으로 옳지 <u>않은</u> 것은?

① 문화의 다양성을 인정한다.
② 문화 상대주의로 접근한다.
③ 자문화 중심의 사고로 접근한다.
④ 문화가 다른 집단의 입장과 처지를 이해한다.

03 다음 내용에서 공통적으로 나타난 태도나 가치는?

> • 제사를 지내는 것은 우상 숭배이므로 피해야 한다.
> • 크리스트교의 예배는 좋지만 당굿은 미신이므로 싫다.

① 문화적 상대주의   ② 문화적 사대주의
③ 자문화 중심주의   ④ 문화적 제국주의

04 문화를 바르게 이해하기 위한 상대주의적 태도는?

① 다른 문화의 관점에서 우리 문화를 이해한다.
② 우리 문화의 관점에서 다른 문화를 이해한다.
③ 우수한 문화와 열등한 문화가 있음을 이해한다.
④ 한 사회의 문화를 그 사회의 맥락에서 이해한다.

05 우리나라에서 할 수 있는 다문화 가정을 위한 노력으로 적절하지 <u>않은</u> 것은?

① 구직 활동 지원
② 한국어 강좌 개설
③ 정신 상담 및 치료
④ 육아 휴직 제도 보완

06 다음 중 문화 상대주의의 관점을 갖고 있는 사람은?

① 우진: 선진국의 대중문화가 항상 최고라고 생각해.
② 세아: 혐오하는 음식이 나라마다 다른 것은 당연해.
③ 민환: 한민족의 문화가 세계에서 으뜸이라고 생각해.
④ 지수: 옷을 입지 않고 생활하는 민족은 미개한 민족이야.

07 다음 내용과 관계 깊은 문화 이해 태도는?

> • 자기 것에 대한 우월성에 집착하여 타 문화를 비하하는 태도를 보인다.
> • 자기 것에 대한 자부심과 집단 내 사회 통합에 기여하기도 한다.
> • 심할 경우 국제적 고립을 초래하고, 세계화 시대에 장애가 된다.

① 문화 사대주의
② 문화 상대주의
③ 극단적 문화 상대주의
④ 자문화 중심주의

08 다문화 사회의 긍정적인 측면이 <u>아닌</u> 것은?

① 기존 문화와 새로운 문화 간의 갈등이 해소된다.
② 노동력 감소 문제가 외국인 근로자 유입으로 해소된다.
③ 다양한 언어 사용으로 우리나라의 국제 경쟁력이 높아진다.
④ 다양한 문화의 유입으로 사회 구성원들의 문화 선택의 기회가 확대된다.

09 다음에 제시된 그래프처럼 다문화 가정 학생 수가 증가하는 이유로 적절한 것을 〈보기〉에서 고른 것은?

[연도별 다문화 가정 초·중·고 학생 수]

9,389명(2006) 14,654명(2007) 20,180명(2008) 26,015명(2009) 31,788명(2010) 38,678명(2011) 46,954명(2012)

자료: 교육과학기술부, 2012년 다문화가정 학생 현황 조사 결과

― 보기 ―
ㄱ. 외국인 근로자의 유입
ㄴ. 국제결혼 이민자의 증가
ㄷ. 출산의 지속적인 감소
ㄹ. 노인 관련 산업의 성장

① ㄱ, ㄴ ② ㄱ, ㄷ
③ ㄴ, ㄷ ④ ㄷ, ㄹ

10 다음 내용과 관련 있는 문화권은?

• 한자   • 벼농사
• 불교와 유교   • 젓가락 사용

① 아랍 문화권
② 유럽 문화권
③ 동아시아 문화권
④ 아프리카 문화권

11 다음 내용과 관련 있는 문화권은?

계절풍 기후 지역, 고상 가옥, 수상 가옥, 해상 교통, 벼농사, 다양한 민족과 종교

① 인도 문화권
② 오세아니아 문화권
③ 동남아시아 문화권
④ 앵글로아메리카 문화권

12 이민, 식민, 전쟁, 선교 등의 접촉에 의해 이루어지는 문화 전파는?

① 자극 전파
② 직접 전파
③ 간접 전파
④ 문화 갈등

13 문화의 세계화를 보여 주는 사례로 적절하지 <u>않은</u> 것은?

① 히잡의 착용
② 팝 음악의 인기
③ 할리우드 영화의 보급
④ 햄버거, 피자 등 패스트푸드의 확산

14 다음에서 공통으로 설명하는 용어는?

• 서로 다른 두 개의 문화가 만나서 제3의 형태를 형성하는 것
• 문화의 세계화가 이루어지는 과정에서 확산된 문화가 세계 각 지역의 특성에 맞게 지역 문화와 섞이는 현상

① 문화의 섬
② 문화 융합
③ 문화 갈등
④ 문화 동질화

15 문화 융합의 사례로 옳지 <u>않은</u> 것은?

① 세계 어디서나 똑같은 브랜드의 햄버거를 먹을 수 있다.

② 서양의 건축 양식에 한옥의 요소를 더하였다.

③ 외국인 거주자가 증가하면서 여러 도시에 다문화 거리가 형성되었다.

④ 김치만 전용으로 보관하는 김치냉장고라는 새로운 가전 기기가 등장하였다.

16 세계화 시대에 대비하는 올바른 문화적 태도는?

① 상품화된 문화로 세계 문화를 획일화한다.

② 문화의 정체성보다 세계 문화의 형성을 위하여 노력한다.

③ 민족 문화의 보존을 위하여 외래문화의 수용을 반대한다.

④ 각기 다른 문화가 서로 다름을 이해하고 공존을 모색한다.

17 다음 중 다양한 문화가 나타나는 이유로 가장 적절한 것은?

① 전통문화의 계승이 이루어졌기 때문이다.

② 새로운 문화에 대한 관심이 높아졌기 때문이다.

③ 정보 통신 기술의 발달로 교류가 활발해졌기 때문이다.

④ 사회마다 구성원이 추구하는 가치관이 다르기 때문이다.

18 ㉠과 ㉡에 들어갈 용어가 바르게 연결된 것은?

• (㉠): 이민자들의 다양한 문화를 기존의 문화에 융합하고 흡수하는 정책이다.

• (㉡): 이민자들의 다양한 문화를 인정하고 존중하는 정책이다.

	㉠	㉡
①	동화주의	다문화주의
②	문화 상대주의	동화주의
③	다문화주의	문화 상대주의
④	다문화주의	동화주의

19 다음 문화 이론 중 나머지와 <u>다른</u> 하나는?

① 용광로 이론

② 모자이크 이론

③ 샐러드 볼 이론

④ 다문화주의 이론

20 다음 글에서 추론할 수 있는 내용으로 가장 적절한 것은?

어떤 사회가 노예를 취하려는 목적으로 이웃 나라와 전쟁을 일으켰다고 가정해 보자. 또는 어떤 사회가 격렬한 반유대주의 사회여서 그 사회의 지도자들이 유대인을 학살하려 하였다고 가정해 보자. 문화 상대주의를 있는 그대로 받아들인다면 이러한 사회적 관습에 대해 비난의 여지가 없다고 받아들여야만 하는 문제가 발생한다.

① 윤리는 사회적 풍습에 따라 늘 변화한다는 사실을 이해해야 한다.

② 문화의 다양성을 인정하되 윤리 상대주의로 흐르는 것을 경계해야 한다.

③ 각각의 문화는 나름대로의 전통이 있으므로 있는 그대로를 존중해야 한다.

④ 옳고 그름의 기준은 시대나 상황에 따라 다양하게 존재한다는 것을 인식해야 한다.

21 다음 밑줄 친 '다원주의적 접근'에 대한 설명으로 가장 적절한 것은?

<u>다원주의적 접근</u>은 문화와 정체성의 다양성을 어느 정도 받아들인다. 이민으로 생겨난 소수 민족 집단이나 원주민 소수 집단들의 문화적 정체성과 특수성이 공적인 차원에서 인정되는 것이다. 개인과 집단은 자유롭게 결사하여 법을 존중하면서 자신들의 문화와 정체성을 보존할 수 있다.

① 문화의 획일화로 문화적 역동성이 저하된다.

② 자문화 중심주의를 초래하여 국제적으로 고립될 수 있다.

③ 외래문화를 무조건 숭상하여 문화 사대주의를 초래할 수 있다.

④ 다양한 문화가 각자의 모습을 유지하며 전체적으로 조화된 모습을 만들고자 한다.

22 다음 글에서 주장하는 내용으로 가장 적절한 것은?

> 옳음에 대한 관념은 관습적인 것이라서 관습을 벗어나서
> 는 존재하지 않으며 독립적인 기원이 있는 것도 아니고
> 진위를 판단 받지도 않는다. 관습적인 것은 그것이 무엇이
> 든 간에 옳다. 왜냐하면 관습적이라는 것은 전통적인 것이
> 며 따라서 그 자체에 조상으로부터 내려온 권위가 포함되
> 어 있기 때문이다.

① 문화는 인간 생활 양식의 총체이다.
② 모든 문화는 있는 그대로 존중해야 한다.
③ 다양한 문화에 대한 윤리적 평가가 필요하다.
④ 보편적 가치를 바탕으로 문화를 평가해야 한다.

23 다음을 통해 추론할 수 있는 내용을 〈보기〉에서 모두 고른 것은?

> • 더운 지방과 추운 지방의 주거, 음식, 의복 문화가 서로
>   다르다.
> • 우리나라 사람들은 돼지고기를 즐겨 먹지만 이슬람 문
>   화권에서는 돼지를 부정한 동물이라고 간주하여 먹지
>   않는다.

> ───── 보기 ─────
> ㄱ. 가치관이나 종교의 차이에 따라 다양한 문화가 존재
>   한다.
> ㄴ. 노예 제도나 인종 차별 문화에 대해서도 인정하고 수
>   용해야 한다.
> ㄷ. 지역에 따라 자연환경이나 처해진 상황이 다르기 때
>   문에 다양한 문화가 존재한다.
> ㄹ. 모든 문화에 대한 윤리적 평가는 불가능하다.

① ㄱ, ㄴ
② ㄱ, ㄷ
③ ㄴ, ㄷ
④ ㄷ, ㄹ

24 다음과 같은 태도가 다문화 시대에 미칠 수 있는 영향으로 옳은 것은?

> 자문화 중심주의적 태도에서 벗어나 자신의 문화를 기
> 준으로 다른 문화를 평가하고 우열을 가리지 않는다. 다
> 양한 문화를 대할 때 각각의 문화가 지닌 고유성과 상대
> 적 가치를 이해하고 존중하는 한편 윤리 상대주의를 경
> 계한다.

① 보편 윤리의 존재를 부정하고 다른 문화에 대한 성
  찰을 방해한다.
② 문화적 획일화의 논리적 근거로 활용되어 문화의
  역동성을 저해한다.
③ 기존 주류 문화에 소수 문화를 융합하거나 흡수시
  켜 사회 통합을 촉진한다.
④ 문화적 차이에 따른 갈등을 예방하고 다양한 문화
  의 공존을 가능하게 한다.

25 다음 내용에 대한 설명으로 옳지 <u>않은</u> 것은?

> "살인하지 말라.", "도둑질하지 말라." 등과 같이 시대와
> 지역을 초월하여 모든 사람들이 따라야 하는 행위의 원칙
> 을 말한다.

① 윤리 상대주의를 가질 수 있게 도와준다.
② 극단적인 문화 상대주의에 빠지는 것을 방지한다.
③ 기존 문화의 성찰을 통해 바람직한 문화를 형성
  한다.
④ 시대와 공간을 초월하여 모든 사람들이 믿고 따를
  수 있는 가치이다.

26 다음 내용에 해당하는 용어는?

> 오늘날의 세계는 국경을 넘나드는 거래가 활발해져서, 지구를 하나의 마을에 비유한 '지구촌'이라는 말이 이제는 낯설게 느껴지지 않는다. 외국에서 수입하지 않은 재료로 만든 물건은 우리 주변에서 찾기 어려워졌으며, 옷, 음식, 주택은 외국 문화의 영향을 받고 있다. 이제는 많은 사람이 자신의 경쟁력을 키우기 위하여 부지런히 영어를 배운다.

① 단일화
② 양극화
③ 세계화
④ 자유화

27 다음 중 국제 경제 활동 증가에 따른 부정적 영향은?

① 외국인 근로자의 국내 유입으로 자국민의 일자리가 감소할 수 있다.
② 세계 시장에서 기업 간 치열한 경쟁으로 기업 및 국가 경쟁력이 강화될 수 있다.
③ 외국인의 국내 투자 증가로 생산 활동의 활성화, 고용 증가, 주식 가격 등이 상승한다.
④ 다양한 상품의 소비 및 선택 가능, 상품의 양과 질 향상으로 소비자 만족도가 증가한다.

28 세계화의 진전에 따른 긍정적 변화로 〈보기〉에서 옳은 것만 모두 고른 것은?

> ● 보기 ●
> ㄱ. 다양한 문화를 접할 수 있는 기회의 확대
> ㄴ. 보호 무역 확대로 인한 국제 교역의 감소
> ㄷ. 자국의 이익 증진을 위한 경제 블록 해체의 가속화
> ㄹ. 지구촌 문제의 해결을 위한 상호 협력의 필요성이 증대

① ㄱ, ㄴ
② ㄱ, ㄹ
③ ㄴ, ㄷ
④ ㄷ, ㄹ

29 세계화 시대의 경제에 대응하는 방법으로 옳지 <u>않은</u> 것은?

① 수출 시장의 다변화
② 신자유주의에 대한 대응책 강구
③ 특정 국가에 대한 의존적 경향 확대
④ 공정한 경쟁이 이루어지기 위한 시장 환경 조성

30 다국적 기업에 대한 설명으로 〈보기〉에서 옳은 것만 모두 고른 것은?

> ● 보기 ●
> ㄱ. 다국적 기업은 세계 여러 나라에 진출하여 제품을 생산·판매하는 기업을 말한다.
> ㄴ. 우리나라의 다국적 기업은 아직 세계 진출에는 성공하지 못하였다.
> ㄷ. 해외 다국적 기업의 국내 진출로 경쟁력이 약한 국내 기업이 동반 성장하게 된다.
> ㄹ. 개발 도상국에서는 산업화나 경제 발전에 필요한 자본이나 기술을 제공받고 고용을 창출하는 효과가 있다.

① ㄱ, ㄴ
② ㄱ, ㄹ
③ ㄴ, ㄹ
④ ㄷ, ㄹ

31 다음 중 세계화의 배경으로 옳지 <u>않은</u> 것은?

① 보호 무역의 발달
② 다국적 기업의 활동
③ 세계 무역 기구의 출범
④ 국가 간 상호 협력의 필요성

32 다음 ㉠~㉢에 해당하는 내용을 바르게 나열한 것은?

> 북미 자유 무역 협정은 미국의 __㉠__, 캐나다의 __㉡__, 멕시코의 __㉢__ 을 결합한 지역 경제 공동체이다.

	㉠	㉡	㉢
①	자본	자원	노동력
②	노동력	자본	자원
③	자본	노동력	기술
④	자원	기술	노동력

33 동남아시아 국가들이 경제 협력을 위하여 만든 국제 기구는?

① EU   ② OPEC

③ NAFTA   ④ ASEAN

34 다음 내용과 관련 있는 것은?

> • 생산자에게 다양한 기회를 제공하자!
> • 무역 과정의 투명성을 확대하고, 공정한 가격을 지불하자!
> • 바람직한 노동 환경 속에서 친환경적으로 제품 생산이 이루어지게 하자!

① 공정 무역

② 비정부 기구

③ 한국 국제 협력단

④ 경제 협력 개발 기구

35 다음 (가)에 들어갈 말로 가장 적절한 것은?

> (가) 은 지리적 영토나 공간에 대한 독점적이고도 배타적인 태도를 말한다. 최근 세계화의 경향 속에서도 국가 간 (가) 주장으로 인한 분쟁은 격화되는 추세이다.

① 편재성   ② 단일성

③ 다양성   ④ 영토성

36 우리나라의 통일의 필요성으로 볼 수 <u>없는</u> 것은?

① 국제적 지위 향상과 국제 평화에 이바지할 수 있다.

② 국토의 효율적인 이용과 민족의 번영을 위해서는 통일이 필요하다.

③ 인구, 자원, 지리적 위치 등 우리의 잠재력을 최대한 이끌어 낼 수 있다.

④ 분단 비용과 통일로 얻는 이익 중에서 이익보다 비용이 더 크게 발생한다.

37 다음 지도의 A, B 두 분쟁 지역에 모두 관련된 국가는?

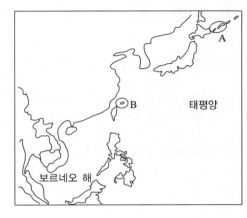

① 중국   ② 일본

③ 베트남   ④ 러시아

38 지형과 인간생활에 대한 내용으로 옳지 <u>않은</u> 것은?

① 카르스트 지형은 공정 무역이 발달하였다.

② 산지 지역은 임업과 광업 등이 발달한다.

③ 하천은 지역 간의 교통로로 이용되었다.

④ 산지나 하천 등에 의해 인간 생활의 양식이 달라진다.

39 다음 설명에 해당하는 것은?

> 현재의 세대가 풍요로울 수 있으면서도 미래 세대가 보존된 환경 속에서 적절한 발전을 지속할 수 있도록 하여, 인류와 자연이 지속적으로 공존하는 발전을 의미한다. 이를 위해서는 경제 성장, 사회 안정과 통합, 환경 보전이 균형을 이루어야 한다.

① 국제기구

② 국제 협약

③ 비정부 기구

④ 지속 가능한 발전

40 지구촌에 발생하는 환경 문제에 대한 내용 중 옳은 것을 〈보기〉에서 모두 고른 것은?

> ● 보기 ●
>
> ㄱ. 환경 문제를 해결하기 위해 비정부 기구의 활동이 활발하게 이루어지고 있다.
> ㄴ. 환경 문제는 국가 기구들을 통해서만 해결할 수 있다.
> ㄷ. 인구 증가와 경제 발전은 전 지구적 환경 문제를 확산시킨다.
> ㄹ. 지구촌의 환경 문제는 한 지역에 국한되어 있다.

① ㄱ, ㄴ
② ㄱ, ㄷ
③ ㄴ, ㄷ
④ ㄷ, ㄹ

41 국제 분쟁이나 지구촌의 다양한 문제를 해결하기 위한 방법으로 적절하지 <u>않은</u> 것은?

① 환경 문제는 문제가 발생하는 해당국이 전적으로 책임을 진다.
② 기후 문제는 국제 기후 협약을 체결하여 국제적 협조를 얻는다.
③ 국제 분쟁은 국제 연합 평화 유지군을 파병하여 분쟁의 발생을 막는다.
④ 분쟁을 해결하기 위해 다른 문화나 민족, 종교의 고유한 가치를 존중하는 태도를 기른다.

42 통일의 필요성으로 적절하지 <u>않은</u> 것은?

① 국가 경쟁력의 강화
② 군사적 강국의 지위 확보
③ 군사적 위협과 갈등 해소
④ 민족의 정체성과 동질성 회복

43 다음에 제시된 국제 협약의 공통점은?

> • 바젤 협약   • 교토 의정서
> • 람사르 협약   • 몬트리올 의정서

① 남북문제의 해결
② 국제 평화의 정착
③ 국제 환경의 보존
④ 질병 및 기근의 퇴치

44 〈보기〉의 내용과 관련 있는 것은?

> ● 보기 ●
>
> • 미국 기업이 중국에서 생산한 제품을 우리나라에 판매하기도 하며, 우리나라 기업이 베트남에서 생산한 제품을 미국에 판매하기도 한다.
> • 주로 선진국에 본사를 둔 기업들이지만, 최근에는 개발도상국에서도 활동이 증가하고 있다.

① 중소기업
② 주식회사
③ 다국적 기업
④ 사회적 기업

45 세계화의 영향으로 옳지 <u>않은</u> 것은?

① 자유 무역주의 원리가 확산되어 국가 간 교역의 규모가 커진다.
② 국가 간의 공간적 제약이 적어져서 전 세계가 하나의 공동체로 통합되고 있다.
③ 각국의 고유문화나 정체성이 점차 강화되어 각 문화 간 갈등이 사라질 수 있다.
④ 인적 교류가 활발해지고 각 지역의 문화 요소가 국경을 넘나드는 현상이 발생한다.

46 다국적 기업의 공간적 분업에 대한 내용으로 옳지 않은 것은?

① 본사는 주로 대도시 및 중심 도시에 입지한다.
② 저렴한 임금 및 토지 비용 등이 유리한 곳에 생산 공장을 세운다.
③ 생산 공장은 무역 규제 장벽 극복 및 시장 개척을 위해 개발 도상국에만 입지한다.
④ 연구소는 우수한 연구 시설과 전문 인력 확보를 위해 대도시 인근 지역에 위치한다.

47 다음과 같은 세계화의 문제를 해결할 방안으로 가장 적절한 것은?

> 선진국과 개발 도상국의 경제적인 부의 격차가 발생한다.

① 자국 문화의 정체성을 지키면서 외래문화를 능동적으로 수용한다.
② 각국은 자국 경쟁력의 강화 방안을 마련하여 자유 경쟁에 적극 대처한다.
③ 세계화와 교통·통신의 발달로 국가 간 교류와 이동을 활발하게 진행한다.
④ 보편 윤리를 존중하면서 각 사회의 특수 윤리를 성찰하는 태도를 가진다.

48 다음 (가)에 들어갈 내용으로 적절한 것은?

> 런던, 뉴욕, 도쿄 등과 같이 정치, 경제, 정보 등 다양한 방면에서 세계의 중심지 역할을 하는 도시를 (가) 라고 한다.

① 세계 도시
② 첨단 도시
③ 거대 도시
④ 정보화 도시

49 다음 중 국제 비정부 기구에 속하는 것은?

① 그린피스
② 국제 연합
③ 국제 통화 기금
④ 세계 보건 기구

50 동아시아 역사 갈등의 해결 방안 중 나머지와 성격이 다른 하나는?

① 동북아시아 역사 재단을 설립한다.
② 역사 왜곡의 관계 법령을 제정한다.
③ 역사 왜곡에 대응하기 위한 연구를 지원한다.
④ 민간 교류의 확대를 통해 공동의 역사임을 인식한다.

51 세계의 인구 분포에 대한 설명으로 옳지 않은 것은?

① 벼농사가 발달하는 계절풍 지대에는 인구 밀도가 낮은 편이다.
② 농업 발달이 유리한 냉·온대 기후 지역에 가장 많은 인구가 분포한다.
③ 세계의 인구는 지구상에 고르게 분포하지 않고 일부 지역에 편중되어 있다.
④ 대륙별로 중국과 인도를 포함하는 아시아 지역에 전체 인구의 60% 이상이 거주한다.

52 다음 중 인구 집중 요인으로 볼 수 없는 것은?

① 풍부한 일자리
② 풍부한 천연자원
③ 척박한 토양과 부족한 산업 시설
④ 교육·문화 기반이 잘 갖추어진 곳

53 오늘날 우리나라의 인구 문제로 볼 수 <u>없는</u> 것은?

① 저출산율
② 성비의 불균형
③ 인구의 고령화
④ 유소년층 비율 증가

54 다음 중 식량 안보를 위한 방법으로 옳은 것을 〈보기〉에서 모두 고른 것은?

┌─────── 보 기 ●─────────┐
│ ㄱ. 농업 수입의 확대
│ ㄴ. 농경지의 유지와 보전
│ ㄷ. 생산 시설 개선
│ ㄹ. 농업의 세계화
└──────────────────────┘

① ㄱ, ㄴ   ② ㄱ, ㄷ
③ ㄴ, ㄷ   ④ ㄷ, ㄹ

55 다음과 같은 원인으로 발생하는 재해는?

┌──────────────────────┐
│ • 무분별한 삼림 벌채
│ • 과도한 경작과 목축
│ • 가뭄의 지속과 지하수 개발
└──────────────────────┘

① 지진   ② 사막화
③ 쓰나미   ④ 화산 폭발

56 다음 (가)에 들어갈 환경 문제로 옳은 것은?

┌──────────────────────┐
│ ┌─(가)─┐ 은/는 1980년대에 가장 심각한 환경 문제로 대
│ 두되었다. 1987년 몬트리올 의정서가 체결된 이후 프레온
│ 가스 사용에 대한 규제가 이뤄지며 다행히 최악의 사태를
│ 막을 수 있었다는 평가가 있었지만, 2011년 초 북극권에
│ 서 지구에 직접적으로 흡수되는 자외선의 수치가 급격히
│ 상승하며 문제의 심각성이 커지고 있다.
└──────────────────────┘

① 산성비   ② 오존층 파괴
③ 지구 온난화   ④ 사막화 현상

57 다음의 현상으로 인해 나타나는 인구 문제는?

┌──────────────────────┐
│ • 결혼 연령의 상승
│ • 육아 지원 제도의 부족
│ • 자녀 양육비의 부담 증가
└──────────────────────┘

① 출산율의 저하
② 총인구의 증가
③ 고령 인구의 감소
④ 유소년 인구 비율의 증가

58 다음 그래프를 통해 알 수 <u>없는</u> 것은?

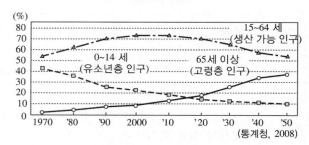
(통계청, 2008)

① 고령층 인구 비율이 증가하고 있다.
② 유소년층 인구 비율이 감소하고 있다.
③ 인구 분포의 지역적 불균형이 해소되었다.
④ 생산 가능 인구 비율은 2010년 이후 감소하고 있다.

59 개발 도상국에 나타나는 인구 문제로 옳지 <u>않은</u> 것은?

① 기아와 전쟁에 시달리는 사람들이 늘어나고 있다.
② 가치관의 변화 등으로 합계 출산율이 감소하고 있다.
③ 이촌 향도로 인한 대도시의 인구 과밀 현상이 나타난다.
④ 급속한 인구 증가로 식량 및 자원의 부족 문제가 발생한다.

60 밑줄 친 ㉠의 사례로 적절하지 <u>않은</u> 것은?

> 개인의 공간적 이동은 이동 기간에 따라 ㉠<u>일시적 이동</u>과 반영구적 또는 영구적 이동으로 구분된다.

① 해외로 이민
② 직장으로 통근
③ 상품 구매를 위한 이동
④ 체험 활동을 위한 국내 여행

61 자원을 둘러싼 분쟁이 발생하는 원인으로 옳지 <u>않은</u> 것은?

① 자원은 필요한 곳을 모두 충족시킬 수 있다.
② 인구의 증가로 자원에 대한 수요가 많아진다.
③ 자원은 일부 지역에 매장되어 편재성이 있다.
④ 생활 수준의 향상으로 자원의 소비량이 증가하였다.

62 다음 (가)에 들어갈 말로 적절한 것은?

> 천연자원은 ⌈(가)⌉ 이 있어 국제적으로 이동이 불가피하며, 때로는 자원 확보를 둘러싼 국제적 갈등을 일으키기도 한다. 또한 기술의 발전에 따라 자원의 중요성이 변화하기도 한다.

① 이동성   ② 편재성
③ 획일성   ④ 가변성

63 다음 (가)에 들어갈 용어로 알맞은 것은?

> 세계화가 빠르게 진행되면서 ⌈(가)⌉ 라는 개념이 등장하였다. 전쟁, 기아, 환경 문제 등은 이미 개인적 · 지역적 · 국가적 차원에서 해결하기 어려워졌다. 앞으로 우리 미래에 다가올 수많은 문제들에 대해 어떤 자세를 갖고 대처할 것인가에 대한 다각적인 검토와 노력이 필요한 때이다.

① 정보화 사회   ② 네트워크 사회
③ 탈공업화 사회   ④ 글로벌 위험 사회

64 다음에서 설명하는 것은?

> 공동체 전체의 더 나은 삶을 위해 소비 생활을 건강하고 지속 가능한 친환경 중심으로 전개하자는 생활 양식 · 행동 양식 · 사고방식을 의미한다.

① 녹색 기술
② 로하스 인증
③ 지식 기반 산업
④ 에너지 절약형 산업 구조

65 미래 사회에 나타날 수 있는 문제로 옳지 <u>않은</u> 것은?

① 다문화 사회 진입으로 인한 갈등
② 산업화에 따른 사회적 계급의 발생
③ 생명 공학 발달에 따른 생명 윤리의 문제
④ 개인 정보 유출로 인한 사이버 범죄의 증가

66 미래 사회에 대비하는 자세로 바람직하지 <u>않은</u> 것은?

① 다른 문화, 종교, 인종의 사람들과 함께하기 위해 편견을 버린다.
② 미래 환경을 위해 온실가스의 배출을 줄이고 친환경 제품을 사용한다.
③ 국가의 문제보다 개인으로서의 삶에 집중하여 행복과 안정을 추구한다.
④ 노인 문제에 관심을 가지고 노인 관련 서비스와 의료 산업 발달에 힘쓴다.

67 다음 밑줄 친 내용에 해당하는 사례를 〈보기〉에서 모두 고른 것은?

> 인구 이동은 두 지역 간의 배출 요인과 흡인 요인에 의하여 나타난다. 배출 요인은 특정 지역의 인구를 다른 지역으로 밀어내는 요인이며, 흡인 요인은 다른 지역으로부터 인구를 끌어들이는 요인이다.

> ─── 보기 ───
> ㄱ. 편리한 교통
> ㄴ. 낮은 임금
> ㄷ. 사회 기반 시설 부족
> ㄹ. 쾌적한 환경

① ㄱ, ㄴ   ② ㄱ, ㄹ
③ ㄴ, ㄷ   ④ ㄷ, ㄹ

68 다음 내용과 관련 있는 광물 자원은?

> • 현대 산업 사회의 기초가 되는 자원이다.
> • 고생대 이전의 오래된 지층에 매장되어 있으며 브라질, 오스트레일리아에서 많이 생산한다.

① 구리   ② 희토류
③ 철광석   ④ 보크사이트

69 〈보기〉의 공통점으로 옳은 것은?

> ─── 보기 ───
> • 페르시아만
> • 카스피해 유역
> • 동중국해 연안

① 수자원을 둘러싼 갈등
② 천연 바이오 연료의 생산 지역
③ 종교 분쟁으로 인한 난민 발생 지역
④ 에너지 자원을 둘러싼 영유권 분쟁 지역

70 광물 자원 중에서 중국이 전 세계 매장량의 35%와 생산량의 97%를 차지하고 있는 것은?

① 구리   ② 철광석
③ 희토류   ④ 보크사이트

71 세계 3대 작물 중 하나로서 가축의 사료와 바이오 연료로 활용되는 것은?

① 쌀   ② 밀
③ 보리   ④ 옥수수

72 미래 사회의 변화와 관련된 우리나라의 사회 현상으로 옳지 않은 것은?

① 국제결혼이 일반화되면서 다문화 가정이 증가할 것이다.
② 자문화 중심주의가 사회의 중요한 가치로 대두될 것이다.
③ 주요 수출 품목이 휴대 전화 등의 첨단 제품으로 변화하고 있다.
④ 저출산·고령화 사회로 접어들면서 실버산업의 비중이 증가할 것이다.

73 인구 분포에 대한 설명으로 옳지 않은 것은?

① 산업 및 교통 발달 수준에도 영향을 받는다.
② 열대 기후 지역의 고산 지대는 인구가 밀집해 있다.
③ 산업화 이전에는 자연적 요소에 영향을 적게 받았다.
④ 과학 기술이 발달하면서 인간의 거주 지역이 확대되고 있다.

74 자원의 특성 중 다음 내용을 통해 알 수 있는 것은?

> • 과거에는 식량이나 사료로 주로 쓰이던 옥수수가 기술의 개발로 에너지 자원으로도 인식되고 있다.
> • 이슬람교 지역과 힌두교 지역에서는 문화적인 차이 때문에 소고기와 돼지고기가 식량 자원으로 이용되는 가치가 달라지기도 한다.

① 유한성
② 가변성
③ 편재성
④ 유용성

75 인간이 이용해도 고갈되지 않는 자원으로 지열, 바다의 파력, 태양광, 수력 등의 자원을 일컫는 용어는?

① 순환 자원
② 인적 자원
③ 광물 자원
④ 에너지 자원

76 다음 내용과 관련 있는 것은?

> 미래 세대의 생존에 피해를 입히지 않으면서 현재 세대의 필요를 충족시키는 것을 목표로 하는 개발이다.

① 녹색 성장
② 슬로 시티
③ 탄소 배출권
④ 지속 가능한 발전

77 다음 (가)에 들어갈 용어로 옳은 것은?

> ___(가)___ 이란 자동차, 기계, 가정용 기기 등을 인터넷에 연결한 물리적인 네트워크를 말한다.

① 딥 러닝
② 사물 인터넷
③ 하이퍼 루프
④ 자율 주행 자동차

78 미래 사회에 대한 내용으로 옳지 <u>않은</u> 것은?

① 변화의 속도가 빠르고 변화의 폭도 크다.
② 미래 사회 예측에 대한 불확실성이 커진다.
③ 미래학의 발달로 과학적이고 체계적인 미래 예측이 가능하다.
④ 과학 기술의 발달로 미래 사회의 모습은 낙관적인 견해만 존재한다.

79 미래의 삶을 준비하는 자세로 옳지 <u>않은</u> 것은?

① 삶에 대한 올바른 가치관과 사명감을 가진다.
② 비판적 사고로 사회 현상을 명확하게 분석하려고 노력한다.
③ 모두가 다름을 인정하고 서로 배려하는 관용적 태도를 지닌다.
④ 인류의 보편적 가치를 지역적 차원에서 실현하려는 자세를 가진다.

80 다음 중 재생 에너지에 해당하지 <u>않는</u> 것은?

① 풍력 에너지
② 원자력 발전
③ 태양광 발전
④ 해양 에너지

사회 실전 문제

01 다음 설명에 해당하는 관점은?

> • 사회 현상을 사회 제도나 사회 구조와 관련지어 이해하는 것
> • 사회 구조와 법, 제도 등이 사회 현상에 미치는 영향을 파악하고 사회 문제를 해결하기 위한 정책 대안을 마련하는 데 도움을 주는 것

① 사회적 관점
② 시간적 관점
③ 공간적 관점
④ 윤리적 관점

02 다음 밑줄 친 ㉠의 내용으로 적절한 것은?

> 저출산, 유소년 인구 감소와 의료 기술 발달로 인한 인간의 수명 연장은 사회에 ㉠다양한 변화를 가져오고 있다.

① 청장년층 조세 부담 감소
② 출산·육아 장려 정책 축소
③ 노인 대상 실버산업의 성장
④ 노인들의 정치적 영향력 감소

03 정주 환경의 변화에 대한 설명으로 적절하지 <u>않은</u> 것은?

① 산업화 이전에는 자연환경에 순응하는 방식으로 진행되었다.
② 산업화 이후에는 도시화의 진행으로 자연을 이용하고 개발하였다.
③ 경제 개발 이후에는 노후화된 건물·시설 개선 중심으로 주택 개발 정책을 시행하고 있다.
④ 최근에는 자연과 인간이 공존하는 생태 환경 조성을 위해 노력하고 있다.

04 다음과 같은 농업 방식에 해당하는 것은?

> 나무를 베어 냄 → 불을 질러 경작지 조성 → 농작물 수확 → 토양이 황폐하면 이동

① 기계화 농법
② 오아시스 농법
③ 이동식 화전 농법
④ 온대 기후 지역 농법

05 최근 자연재해의 특징으로 옳지 <u>않은</u> 것은?

① 무분별한 개발로 인한 땅 꺼짐·산사태 현상 등이 발생한다.
② 환경 오염으로 열대성 저기압의 횟수와 강도가 증가한다.
③ 지구 온난화로 빙산이 녹아 해안 저지대에 침수 현상이 나타난다.
④ 과학 기술과 산업의 발달로 자연재해의 규모는 감소하는 추세이다.

06 ㉠과 ㉡에 해당하는 내용으로 옳은 것은?

> • (㉠)는 모든 자연에 대한 개입·개발을 허용하지 않는다.
> • 지구상의 모든 생명체는 물질의 순환과 에너지의 흐름으로 서로 (㉡) 관계를 형성하고 있다.

	㉠	㉡
①	인간 중심주의	대치적인
②	극단적 생태주의	유기적인
③	형태주의	공동체적인
④	절대주의	주종적인

07 다음 그래프의 종착 단계에서 나타나는 현상으로 옳은 것은?

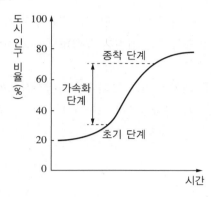

① 도시 인구의 비율이 빠르게 증가한다.
② 산업화에 따른 이촌 향도 현상이 발생한다.
③ 도시화가 낮은 수준에서 비교적 완만하게 진행된다.
④ 도시 인구가 촌락으로 이동하는 역도시화 현상이 발생한다.

08 산업화 · 도시화로 인한 도시 환경 문제의 해결 방안에 해당하지 <u>않는</u> 것은?

① 오염 물질의 배출 규제 강화
② 거주자 우선 주차 제도의 정착
③ 공원, 생태 하천 등 녹지 공간의 확대
④ 환경과 조화를 이루는 개발 계획의 수립

09 교통 · 통신의 발달로 인한 생활의 변화로 옳은 것을 〈보기〉에서 모두 고른 것은?

> ● 보 기 ●
> ㄱ. 노동력의 국제적 이동이 가속화되어 세계화가 촉진되었다.
> ㄴ. 대도시는 주거의 전문 기능이 향상되었고, 중소 도시는 통근권과 상권이 확대되었다.
> ㄷ. 새로운 교통로의 발달로 교통 조건이 유리해진 지역의 경제는 점차 쇠퇴하였다.
> ㄹ. 도시 간 이동 시간이 단축되면서 중소 도시의 인구와 자본이 대도시로 흡수되는 현상이 발생하였다.

① ㄱ, ㄷ
② ㄱ, ㄹ
③ ㄴ, ㄷ
④ ㄴ, ㄹ

10 다음은 시민 불복종에 관한 설명이다. 시민 불복종의 정당화 조건으로 옳지 <u>않은</u> 것은?

> 시민 불복종이란 정의롭지 못한 법이나 정부 정책을 변혁시키려는 목적으로 행해지는 의도적인 위법 행위이다. 다시 말하면 시민들이 자신이 생각하는 정의에 대한 규범적 · 윤리적 근거를 널리 알리기 위해 법을 공개적으로 위반하는 행위이다.

① 공동선을 목적으로 해야 한다.
② 비폭력적인 방법으로 해야 한다.
③ 위법 행위에 대한 처벌을 감수해야 한다.
④ 법의 테두리 안에서 합법적으로 해야 한다.

11 다음 (가)에 들어갈 내용으로 적절한 것은?

> 시민 혁명 이후에 국가가 사회적 약자를 보호 · 지원해야 한다는 인식이 널리 퍼지면서 20세기 초반에야 사회권이 보장되었다. 그런데 최근에는 소속 공동체에서 더 나아가 국제적인 연대와 협력을 중시한 ___(가)___ 이 강조되고 있는 추세이다.

① 연대권
② 환경권
③ 생존권
④ 안정권

12 다음과 같은 특징을 갖는 정치 참여의 주체는?

> • 시민들이 자발적으로 조직한 집단이다.
> • 정권 획득이 아닌 공익 실현이 목표이다.
> • 상업적 이득을 추구하지 않는 비영리 기구이다.

① 정당
② 행정부
③ 입법부
④ 시민 단체

13 합리적인 경제 활동을 위해 선택한 것의 가치와 포기한 것의 가치 사이의 상관관계로 옳은 것은?

① 상관관계가 없다.
② 선택한 것의 가치 < 포기한 것의 가치
③ 선택한 것의 가치 > 포기한 것의 가치
④ 선택한 것의 가치 = 포기한 것의 가치

14 정부가 시장에 개입하게 된 이유와 거리가 <u>먼</u> 것은?

① 소득 불평등의 심화
② 공공재의 생산 부족
③ 환경 오염 등의 발생
④ 경영 능력이 부족한 기업의 도산

15 국제 거래에 대한 설명으로 적절하지 <u>않은</u> 것은?

① 국경을 초월하여 생산 요소의 이동이 자유롭다.
② 국가마다 화폐 제도나 단위가 다르므로 환율이 개입된다.
③ 상품에 대한 수요의 차이가 국제 거래가 필요한 이유 중 하나이다.
④ 부존자원, 생산 기술의 차이 등에 의해 나라별 상품의 생산비와 가격이 다르게 나타난다.

16 다음 중 '성과 연봉제'에 해당하지 <u>않는</u> 분배의 기준은?

① 업적에 따른 분배   ② 능력에 따른 분배
③ 필요에 의한 분배   ④ 실적에 따른 분배

17 개인선에 대한 내용으로 적절하지 <u>않은</u> 것은?

① 국가의 간섭을 최소한으로 줄이는 것이다.
② 인간의 가치, 개인의 행복 추구 등을 중시한다.
③ 공동체의 가치에 부합하도록 개인의 자아실현을 추구하는 것이다.
④ 개인의 자유를 최대한 보장함으로써 개인의 행복과 자아실현이 가능하다.

18 다음 밑줄 친 '이 사상'과 관련이 <u>없는</u> 설명은?

> <u>이 사상</u>은 개인이 자신이 속한 공동체에 소속감과 유대감으로 공동선을 실현하는 것이 정의라는 관점이다.

① 개인은 공동체의 목표 달성을 위해 책임과 의무를 성실히 수행한다.
② 극단적인 이기주의로 변질될 경우 공동체 존속에 위기를 초래할 수 있다.
③ 개인의 자유와 권리 보장, 행복한 삶의 실현을 위해 공익과 공동선을 실현한다.
④ 특정 집단의 이념과 이익을 구성원에게 지나치게 강요할 경우 집단주의 문제가 발생한다.

19 다음 중 문화 사대주의 관점을 가지고 있는 사람은?

① 갑: 나무 위에서 생활하는 민족은 우리보다 미개해.
② 을: 서양의 옷은 한복보다 모든 면에서 고급스럽고 세련되었어.
③ 병: 이슬람교의 돼지고기 금식은 기후를 고려한 합리적 생각이야.
④ 정: 다양한 장례 풍습은 그 지역의 환경, 역사와 관련이 깊어서 존중해야 해.

20 다문화 사회에서 나타날 수 있는 부정적 측면에 해당하지 <u>않는</u> 것은?

① 외국인 범죄가 증가하였다.
② 다문화 가정의 자녀나 북한 이탈 주민의 사회 부적응 문제가 발생하였다.
③ 외국인 근로자가 일자리에 투입되면서 국내 경제가 더욱 악화되었다.
④ 외국인 이주민에 대한 편견과 차별로 인한 인권 침해 문제가 발생하였다.

21 우리나라의 전통문화를 알리기 위한 노력으로 옳은 것을 〈보기〉에서 모두 고른 것은?

─── 보기 ───
ㄱ. 우리나라의 고유문화를 보호
ㄴ. 홍보 책자를 한글로만 제작
ㄷ. 국가 브랜드의 가치 하향
ㄹ. 긍정적인 국가 이미지의 형성

① ㄱ, ㄴ   ② ㄴ, ㄷ
③ ㄱ, ㄷ   ④ ㄱ, ㄹ

22 다음 내용과 관련 있는 것은?

• 국제 무역과 관련된 규범의 제정과 운영
• 회원들 간에 발생하는 무역 마찰 문제 해결
• 1995년에 출범하여 전 세계의 자유 무역 실현

① 유럽 연합(EU)
② 세계 무역 기구(WTO)
③ 북미 자유 무역 협정(NAFTA)
④ 동남아시아 국가 연합(ASEAN)

23 지속 가능한 발전에 대한 설명으로 옳지 <u>않은</u> 것은?

① 인류와 자연이 지속적으로 공존해야 한다.
② 미래 세대가 보존된 환경 속에서 발전을 계속해야 한다.
③ 현재 세대가 희생되더라도 미래 세대의 필요를 충족시켜야 한다.
④ 지구촌에 당면한 과제를 해결하고 인류의 존속과 미래를 대비해야 한다.

24 다음 현상으로 인해 나타나는 인구 문제에 해당하는 것은?

• 초혼 연령 증가
• 여성들의 사회 활동 증가
• 출산과 육아에 따른 비용의 증가
• 육아 지원 제도의 부족

① 출산율의 저하
② 총인구의 증가
③ 고령 인구의 감소
④ 유소년 인구 비율의 증가

25 다음 내용과 관련 있는 것은?

냉매제로 주로 사용되는 염화플루오린화탄소(CFCs)의 배출 증가로 발생한다. 이로 인해 지구에 도달하는 자외선이 많아져 피부암, 백내장 등의 질병을 유발하고 농작물의 성장을 방해한다.

① 사막화
② 지구 온난화
③ 열대림 파괴
④ 오존층 파괴

정답 및 해설 ⟫⟫ p.074

사회 실전 문제

01 A와 B가 공통으로 느끼는 행복의 기준은?

> A: 우리 마을은 사막에 위치해 있어서 오염된 물도 식수로
>   마실 만큼 물이 많이 부족해.
> B: 내가 사는 지역은 종교의 자유가 허용되지 않아서 몹시
>   괴로워.

① 환경적 여건   ② 시대적 상황
③ 지역의 문화   ④ 주관적 가치관

02 다음 내용에서 갖추어야 할 행복한 삶의 조건은?

> 전 세계 14세 미만의 아동들이 성인도 견디기 힘든 열악한
> 노동 환경 속에서 긴 시간 동안 일을 하고 있다. 국제 노동
> 기구(ILO)에 의하면 아동 노동의 착취는 주로 대부분 농촌
> 이나 경제가 불안정한 지역에서 나타난다고 한다.

① 도덕적 성찰   ② 경제적 안정
③ 민주주의의 발전   ④ 질 높은 정주 환경

03 민주주의의 발전과 관련하여 ㉠, ㉡에 들어갈 것을 바
르게 나열한 것은?

> • 시민들의 권리와 의무, 정치 공동체의 이해, 적극적인
>   정치 (㉠)로 형성된다.
> • (㉡)이 보장되고 정치적 의사가 정책에 반영되면
>   시민들이 삶에 만족과 행복감을 느낄 수 있다.

	㉠	㉡
①	태도	자유
②	참여	인권
③	합의	자율
④	집회	평등

04 ㉠에 공통으로 들어갈 말로 알맞은 것은?

> (㉠)는 1992년 브라질 리우 환경 회의에서 세계 환경
> 보전을 위해 채택되었으며, 미래 세대와 현재 세대의 필요를
> 충족시킬 수 있게 도시의 개발과 환경 보전을 동시에 추구하
> 는 발전 방식을 말한다. 우리나라의 대표적인 (㉠)에는
> 전라남도 순천시가 있다.

① 슬로 시티
② 문화 도시
③ 생태 도시
④ 환경 도시

05 지구촌 환경 문제에 대한 내용으로 옳은 것만 〈보기〉
에서 모두 고른 것은?

> • 보기 •
> ㄱ. 환경 문제를 해결하기 위해 비정부 기구의 활동이 활
>   발하게 이루어지고 있다.
> ㄴ. 환경 문제의 해결은 국가 기구들을 통해서만 해결할
>   수 있다.
> ㄷ. 인구 증가와 경제 발전은 전 지구적 환경 문제를 확산
>   시킨다.
> ㄹ. 지구촌의 환경 문제는 한 지역에 국한되어 있다.

① ㄱ, ㄴ
② ㄱ, ㄷ
③ ㄴ, ㄹ
④ ㄷ, ㄹ

06 다음 제도들의 공통적인 특징으로 옳은 것은?

> • 장애인 차별 금지법
> • 여성 고용 할당제
> • 농·어촌 학생 특별 전형

① 다른 상대방에게 역차별이 발생할 수 있다.
② 차별 받아온 사람들을 위한 형식적 평등을 보장한다.
③ 개개인의 노력 없이 차별과 소외를 극복하기 위함이다.
④ 사회적 약자를 배려하는 것이므로 무조건 우선권을 부여하는 대우이다.

07 다음 중 정보화의 문제점이 <u>아닌</u> 것은?

① 익명성을 이용한 사이버 폭력이 발생한다.
② 컴퓨터나 휴대 전화를 이용해 물건을 구매한다.
③ 개인 정보를 해킹하여 각종 사이버 범죄에 악용한다.
④ 지나친 인터넷 이용으로 대면적인 인간관계가 약화된다.

08 다음 내용과 같은 문제점이 나타나는 지역은?

> 노동력 부족, 성비 불균형, 유휴 경작지와 빈집 증가, 열악한 교육·의료·문화 시설 등의 문제가 나타난다.

① 대도시   ② 지방 도시
③ 근교 촌락   ④ 원교 촌락

09 다음의 현상으로 인해 기대되는 변화의 양상으로 적절하지 <u>않은</u> 것은?

> 교통·통신의 발달로 인해 각 나라들은 이제 하나의 공동체가 되어 가고 있다. 세계 각국 사람들의 삶의 공간은 국경을 넘어서 전 지구로 확대되어 가고 있으며, 정치·경제·문화의 모든 영역에서 통합의 방향으로 나아가고 있다.

① 국가 간의 거리의 한계가 극복된다.
② 정보의 공유 및 확산 속도가 빨라진다.
③ 각 나라의 문화적 정체성이 더욱 뚜렷해진다.
④ 전 지구적 문제 해결을 위한 국제적 협력이 중요해진다.

10 사회적 소수자 차별에 대한 해결 방안 중 나머지와 성격이 <u>다른</u> 하나는?

① 지속적인 교육 지원
② 차별 금지의 법규 제정
③ 소수자에 대한 배려와 신뢰
④ 불평등 해소를 위한 사회적인 지원

11 청소년 노동권에 대한 설명으로 옳지 <u>않은</u> 것은?

① 최저 임금 적용 대상이다.
② 근로 기준법의 적용 예외 대상이다.
③ 하루 7시간을 초과하여 근무할 수 없다.
④ 휴일 근무 시 50%의 가산 임금을 받을 수 있다.

12 다음 내용과 가장 관련 있는 것은?

> (가) 인간은 태어나면서부터 일정한 권리를 부여받았으며 그 권리는 양도할 수 없다는 것, 정부는 시민의 동의에서 비롯되므로 정부가 정당하지 못하면 시민은 정부에 저항할 권리가 있다는 것 등으로 이루어져 있다.
>
> (나) 근대 시민 혁명을 전후로 정착되어 온 여러 가지 권리인 시민적·정치적 권리, 경제적·문화적 권리 등이 포함되어 있다.

① 프롤레타리아 계급 혁명의 내용을 담고 있다.
② 민주적 방법의 사회주의 실현을 주장하고 있다.
③ 폭력을 통한 시민 계급의 통치를 정당화하고 있다.
④ 인간으로서 보장받아야 할 당연한 권리인 인권 보장의 내용을 담고 있다.

13 다음 내용에서 (가)에 들어갈 기회비용은?

> 어느 공장에서 필통 100개를 생산할 수 있는 시간에 연필 6,000개를 생산한다고 할 때 필통 1개에 대한 연필의 기회비용은 ☐(가)☐ 이다.

① 필통 6개
② 필통 60개
③ 연필 60개
④ 연필 600개

14 다음 A와 B에 해당하는 것을 〈보기〉에서 알맞게 고른 것은?

> 자산이란 개인이나 기업이 소유하고 있는 경제적 가치가 있는 재산을 말한다. 자산은 (A)과/와 같은 금융 자산과 (B)과/와 같은 실물 자산으로 구분할 수 있다.

> ──● 보 기 ●──
> ㄱ. 채권   ㄴ. 부동산
> ㄷ. 현금   ㄹ. 주식

	A	B
①	ㄱ, ㄴ	ㄷ, ㄹ
②	ㄱ, ㄷ, ㄹ	ㄴ
③	ㄴ, ㄷ	ㄱ, ㄹ
④	ㄴ, ㄹ	ㄱ, ㄷ

15 다음과 같은 분배 기준과 관련 있는 내용을 〈보기〉에서 모두 고른 것은?

> 사회 구성원 간의 차이를 고려하지 않고 모든 사람에게 동일하게 분배한다.

> ──● 보 기 ●──
> ㄱ. 객관적 평가와 측정이 용이하며 생산성을 높이는 동기를 제공할 수 있다.
> ㄴ. 사회 구성원 모두에게 기회와 혜택을 골고루 나누어 줄 수 있다.
> ㄷ. 차이를 고려하지 않아 불공정한 경우가 발생할 수 있다.
> ㄹ. 서로 다른 종류의 업적과 양을 평가하기 어렵다.

① ㄱ, ㄴ   ② ㄱ, ㄹ
③ ㄴ, ㄷ   ④ ㄷ, ㄹ

16 다음 글에 나타난 활동의 특징을 〈보기〉에서 모두 고른 것은?

> 고등학생들은 자신들이 모은 성금으로 식료품을 구매하여 저소득층 가구와 홀로 사는 노인 등 경제적으로 어려운 이웃에게 직접 배달하였다.

— 보기 —
ㄱ. 재능 기부
ㄴ. 경제적 기부
ㄷ. 근로자의 의무
ㄹ. 사회봉사

① ㄱ, ㄴ
② ㄱ, ㄷ
③ ㄴ, ㄹ
④ ㄷ, ㄹ

17 공간 불평등 완화 정책의 연결이 바르지 <u>않은</u> 것은?

① 지역 간 협력 사업 – 주택 공급 사업
② 도시 내 불평등 해결 – 도시 정비 사업
③ 지역 간 격차 완화 – 공공 기관의 지방 이전
④ 지역 발전 사업 – 지역 축제, 관광 마을의 조성

18 다음 ㉠에 공통으로 들어갈 말로 옳은 것은?

> 문화의 다양성을 존중하는 올바른 태도는 다양한 문화 속에 (㉠)이/가 존재한다는 것을 인식하는 것이다. 문화의 고유성과 상대성을 존중하고 (㉠)을/를 바탕으로 비판적 성찰을 해야 한다.

① 객관성
② 타당성
③ 사회 윤리
④ 보편 윤리

19 다음 선언의 취지에 부합하지 <u>않는</u> 것은?

> 〈제1조 문화의 다양성〉
> 생태 다양성이 자연에 필요한 것처럼 교류·혁신·창조성의 근원으로서의 문화 다양성은 인류에게 필요한 것이다. 이러한 의미에서 문화 다양성은 인류의 공동 유산이며, 현세대와 미래 세대를 위한 혜택으로 인식하고 보장해야 한다.

① 각각의 문화가 지닌 다양성을 인정한다.
② 전통문화를 대체할 수 있는 서구의 발전된 문화를 수용한다.
③ 자신의 문화를 기준으로 다른 문화를 평가하는 행동은 삼간다.
④ 여러 문화가 서로의 색깔을 유지하면서도 조화를 이룰 수 있도록 힘쓴다.

20 다음 그래프를 보고 우리 사회의 변화에 대해 이해한 내용으로 옳지 <u>않은</u> 것은?

[한국인과 외국인의 혼인 추이]

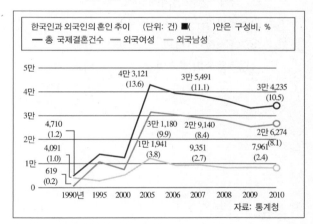

① 체계적인 다문화 교육 프로그램을 마련해야 한다.
② 다른 문화를 존중하고 인정하는 태도를 가져야 한다.
③ 우리 사회에는 서로 다른 인종과 문화가 공존하고 있다.
④ 다문화 사회에 대응하기 위해 국수주의 정책을 강화해야 한다.

21 다음 주요 국제 협력 기구 중 정부 간 기구에 해당하지 <u>않는</u> 것을 〈보기〉에서 모두 고른 것은?

> • 보 기 •
> ㄱ. 경제 협력 개발 기구   ㄴ. 국제 적십자사
> ㄷ. 국경 없는 의사회   ㄹ. 국제 통화 기금

① ㄱ, ㄴ   ② ㄱ, ㄹ
③ ㄴ, ㄷ   ④ ㄷ, ㄹ

22 전 세계적으로 중심지 역할을 하는 도시의 기능으로 적절하지 <u>않은</u> 것은?

① 국제 금융 업무
② 국제기구의 운영본부
③ 다국적 기업의 생산 공장 집중
④ 금융·회계·법률 전문 서비스 기능

23 국제 사회의 평화에 기여하기 위한 개인과 민간단체의 노력으로 가장 적절한 것은?

① 분쟁 지역에 군대 파견
② 대량 살상 무기 및 테러 확산 방지
③ 개발 도상국에 경제적 기술 및 경험 지원
④ 국제 비정부 기구에 참여하여 반전·평화 운동 전개

24 다음 표에 나타나는 사회 변동을 바르게 분석한 것은?

〈A국의 인구 변화 추이 지표〉

구분	2000년	2010년	2020년	2030년
노년 부양비 (%)	10.1	15.2	22.1	38.6
유소년 부양비 (%)	29.4	22.2	18.6	20.0

(○○청, 2010년)

① 정보화가 주된 원인이겠군.
② 유소년 부양비는 지속적으로 감소하겠군.
③ 노인들의 사회적 영향력은 점점 커지겠군.
④ 2020년 이후에는 노년층보다 유소년층 인구가 더 많겠군.

25 세계 시민으로서의 역할과 자세로 적절하지 <u>않은</u> 것은?

① 우리나라에서 생활하는 이주민들과 더불어 사는 삶을 실천에 옮긴다.
② 지구촌을 하나의 공동체로 파악하여 인류 전체를 이웃으로 생각한다.
③ 인류의 보편적인 선 또는 정의보다는 개별 국가나 사회 집단의 이익을 앞세운다.
④ 인류가 직면한 환경 오염, 자원 고갈, 인권 침해 등을 우리의 문제로 받아들인다.

제 · 5 · 교 · 시

과학

합격의 공식 시대에듀 www.sdedu.co.kr

물질과 규칙성

핵심 키워드 빅뱅 우주론, 우주 배경 복사, 별의 탄생, 주기율표, 이온 결합, 공유 결합, 단백질, 핵산, 신소재

1 물질의 규칙성과 결합

● **해결 Point**

빅뱅 우주론이나 우주 배경 복사, 원자를 구성하는 입자에 대한 문제가 자주 출제되고, 원자의 전자 배치에 대한 이해를 확인하는 문제도 빠지지 않고 출제되고 있다. 문제가 어렵지 않더라도 헷갈려서 틀릴 수 있으므로 해당 개념을 확실하게 알아 두어야 한다.

● **대표 문제 유형**

❖ 그림은 빅뱅 우주론을 나타낸 것이다. 이에 대한 설명으로 옳은 것은?
❖ 1족 원소끼리 옳게 짝지은 것은?

(1) 우주의 시작과 원소의 생성

① 우주의 시작
  ㉠ 빅뱅 우주론: 우주는 약 138억 년 전 대폭발과 함께 시작되었으며, 지금까지 계속 팽창하고 있다는 우주론이다.
  ㉡ 정상 우주론: 우주가 팽창하는 동안 계속 물질이 생성되어 우주는 항상 같은 밀도를 유지한다는 우주론이다.

구분	빅뱅 우주론	정상 우주론
우주의 크기	증가	증가
총 질량	일정	증가
밀도	감소	일정
온도	감소	일정

  → 현재 여러 증거들(우주 배경 복사, 우주에 존재하는 수소와 헬륨의 질량비)이 관측됨에 따라 빅뱅 우주론이 인정받고 있다.

② 우주 초기 원자의 생성 과정
  ㉠ 우주의 온도가 낮아지면서 점차 무거운 입자가 생성되었다.
  ㉡ 빅뱅 → 기본 입자 생성 → 양성자, 중성자 생성 → 헬륨 원자핵 생성(빅뱅 약 3분 후) → 원자 생성(빅뱅 약 38만 년 후)

입자의 종류	특징
기본 입자	• 더 이상 분해할 수 없는 가장 작은 입자이다. • 쿼크: 양성자나 중성자를 이루는 기본 입자 [u(up), d(down), c, s, t, b] • 렙톤(경입자): 질량이 작은 입자(전자와 중성미자)
양성자, 중성자	• 양성자: u쿼크 2개 + d쿼크 1개 • 중성자: u쿼크 1개 + d쿼크 2개
원자핵	양성자 + 중성자 → 양전하를 띤다.
원자	원자핵 + 전자 → 전기적으로 중성이다.

③ 빅뱅 우주론의 증거 – 우주 배경 복사
  ㉠ 우주 배경 복사: 빅뱅 약 38만 년 후, 우주의 온도가 약 3000 K일 때 수소 원자와 헬륨 원자가 생성되면서 우주 공간으로 퍼져 나간 빛이 우주 전체를 채우고 있는 것이다.
  ㉡ 우주 배경 복사의 예측과 관측: 가모프가 우주 배경 복사의 존재를 예측하였고, 펜지어스와 윌슨이 관측을 통해 그 존재를 발견하였다.
  ㉢ 우주 배경 복사의 의미: 빅뱅 우주론에 따라 예측한 우주 배경 복사의 존재가 실제로 관측되었으므로 우주 배경 복사는 빅뱅 우주론의 증거가 된다.

④ 빅뱅 우주론의 증거 – 우주에 존재하는 수소와 헬륨의 질량비
  ㉠ 우주의 원소 분포의 예측: 양성자와 중성자의 개수비는 생성 초기에 약 1 : 1에서 헬륨 원자핵이 생성 직전, 약 7 : 1이 되었다. → 헬륨 원자핵 생성 후, 수소 원자핵과 헬륨 원자핵의 개수비는 약 12 : 1이 되어, 수소와 헬륨의 질량비는 약 3 : 1이 된다.
  ㉡ 우주의 원소 분포의 관측: 우주 전역의 스펙트럼 분석으로 수소와 헬륨의 질량비가 약 3 : 1임을 알아냈다.

■ **스펙트럼 분석으로 알 수 있는 것**
  • 원소의 종류: 별빛의 흡수 스펙트럼을 분석하여 원소의 스펙트럼과 비교하면 구성 원소를 알 수 있다.
  • 원소의 양(질량비): 흡수선의 선폭을 비교하면 원소의 질량비를 알 수 있다.

ⓒ 수소와 헬륨의 질량비 약 3 : 1의 의미: 빅뱅 우주론에서 예측한 수소와 헬륨의 질량비 값이 별빛의 스펙트럼으로 관측한 값과 일치하므로 빅뱅 우주론의 증거가 된다.

(2) 지구와 생명체를 이루는 원소의 생성

① 지구와 생명체를 구성하는 원소

ㄱ 우주의 주요 원소: 수소와 헬륨이 전체 원소의 약 98 %를 차지한다.

ㄴ 지구와 생명체의 주요 원소: 빅뱅 후 수억 년이 지났을 때 별이 탄생하였고, 별이 진화하는 과정에서 여러 가지 원소가 생성되었다. → 수소와 헬륨에 비해 무거운 원소가 많은 비율을 차지한다.

우주의 주요 구성 원소	수소, 헬륨 등
지구의 주요 구성 원소	철, 산소, 규소 등
생명체의 주요 구성 원소	산소, 탄소 등

② 별의 탄생과 진화에 따른 원소의 생성

ㄱ 별의 탄생

• 별: 중심부에서 핵융합 반응으로 생성된 에너지를 방출하여 스스로 빛을 내는 천체이다.

• 별의 탄생: 성운 중 온도가 낮고 밀도가 높은 지역에서 생성된다.

• 성운의 온도가 낮고 밀도가 높은 부분에서 자체 중력 수축으로 온도와 밀도가 증가한다.

• 중력 수축으로 원시별(원시성)이 형성되며, 회전하는 원시별 주변에 성간 물질이 원반 모양으로 형성된다.

• 중심 온도가 1,000만 K 이상이 되면 중력 수축이 멈추고, 수소 핵융합 반응을 하는 별(주계열성)이 탄생한다.

> ■ 주계열성
> 별은 일생의 90 %를 주계열성으로 보내며, 중심에서 수소 핵융합 반응으로 헬륨을 생성한다. 질량이 클수록 수소가 빨리 소모되어 수명이 짧고, 표면 온도가 높다. 수소 핵융합 반응으로 팽창하려는 기체의 압력과 수축하려는 중력이 작용하여 크기는 변하지 않는다.

ㄴ 별의 진화: 수소 핵융합 반응으로 탄생한 별은 질량에 따라 다르게 진화한다.

• 질량이 태양보다 매우 작은 별: 중력 수축만 하면서 갈색 왜성으로 진화한다.

• 질량이 태양과 비슷한 별: '적색 거성 → 행성상 성운 → 백색 왜성'으로 진화한다.

적색 거성	• 주계열성의 외층이 팽창하며 반지름이 크고, 표면 온도가 낮아 붉은색을 띤다. • 적색 거성 중심부가 수축하여 밀도가 커지고, 온도가 높아지면 헬륨 핵융합 반응이 일어나 탄소, 산소가 생성된다.
행성상 성운, 백색 왜성	별 중심부의 헬륨이 고갈되어 헬륨 핵융합 반응이 멈추면, 바깥 층은 팽창하여 행성상 성운이 되고, 중심부는 수축하여 백색 왜성이 된다.

• 질량이 태양보다 10배 이상인 별: '초거성 → 초신성 → 중성자별 또는 블랙홀'로 진화한다.

초거성	• 태양의 100배 이상 되는 반지름을 가진 별로, 적색 거성보다 크고 밝다. • 중심부의 온도가 계속 높아져 헬륨, 탄소, 산소, 규소 핵융합 반응이 일어나면서 철까지 생성된다. • 철은 가장 무겁고 안정된 원소로 더 이상 핵융합 반응이 일어나지 않는다.
초신성	• 별의 중심부에서 철이 만들어지고 핵융합 반응이 멈추면, 별이 수축하다가 격렬한 폭발이 일어나 초신성이 된다. • 폭발과 함께 발생한 에너지에 의해 철보다 무거운 금, 우라늄 등의 원소가 만들어진다.
중성자별, 블랙홀	초신성이 폭발하고 남은 중심부는 밀도가 큰 중성자별이 되고, 남은 중심부의 질량이 매우 클 경우에는 물질은 물론 빛조차도 탈출하지 못하는 블랙홀이 된다.

③ 태양계와 지구의 형성
ㄱ) 태양계의 형성: 우주의 성간 물질이 모여 성운을 형성하였고, 회전과 중력 수축으로 원시 태양 및 행성과 위성이 형성되었다.

❶ 성운의 형성	중력 수축으로 성간 물질이 모여 성운 형성
❷ 원반상 분포의 성운 형성	회전 속도가 빨라지면서 원심력에 의해 원반 모양의 성운 형성
❸ 원시 태양과 미행성 형성	중심부에는 원시 태양이 형성되고 가장자리에는 티끌이 모여 미행성을 형성
❹ 원시 행성 형성	미행성들이 충돌하여 원시 행성으로 성장

ㄴ) 태양계의 특징(성운설의 증거)
• 태양은 태양계 중심에 위치하고, 태양계 전체 질량의 99 % 이상을 차지한다.
• 행성들의 공전 궤도면(평면상 위치)이 거의 일치한다.
• 태양의 자전 방향과 행성의 공전 방향(서 → 동)이 일치한다.
• 행성들은 원에 가까운 타원 궤도로 공전하고, 태양에서 멀어질수록 공전 주기가 길어진다.
• 태양에서 가까운 행성들은 암석질로 구성되어 있고, 먼 거리에 있는 행성들은 가벼운 기체 성분으로 구성되어 있다.
• 태양계를 구성하는 행성들의 나이와 태양의 나이가 비슷하다.

ㄷ) 지구형 행성과 목성형 행성의 분류

지구형 행성	• 원시 태양과 가까운 곳은 온도가 높아 녹는점이 높은 무거운 원소들만 남아 있을 수 있었으며, 이 무거운 원소(철, 니켈, 규산염 등)들의 충돌로 반지름이 작고 밀도가 큰 행성들이 형성되었다. • 수성, 금성, 지구, 화성
목성형 행성	• 원시 태양과 먼 곳은 온도가 낮아 주로 가벼운 기체(수소, 헬륨, 메테인 등)들이 존재하였으며, 이 가벼운 원소들로부터 반지름이 크고 밀도가 작은 행성들이 형성되었다. • 목성, 토성, 천왕성, 해왕성

ㄹ) 지구의 형성

❶ 원시 지구 형성	태양계 성운에서 원시 행성이 생성되는 과정에서 원시 지구도 형성되었다.
❷ 미행성의 충돌	미행성의 충돌로 원시 지구의 크기와 질량은 점점 증가하였다.
❸ 마그마의 바다 형성	미행성의 충돌, 대기의 수증기와 이산화 탄소의 온실 효과로 마그마의 바다가 형성되었다.
❹ 원시 지각의 형성	시간이 지남에 따라 밀도 차에 의해 핵, 맨틀이 분리되고, 지구 표면 온도가 점점 낮아져 단단하게 굳어진 원시 지각이 형성되었다.
❺ 원시 바다의 형성과 대기 성분 변화	대기 중의 수증기가 비가 되어 원시 바다를 형성하였고, 미행성의 충돌과 화산 활동으로 대기의 성분이 변하였다. → 바다에서 최초로 생명체가 탄생하였다.

ㅁ) 원시 대기 성분의 변화

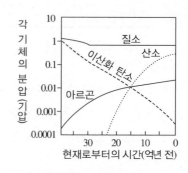

원시 대기	현재 대기
수증기, 수소, 메테인, 암모니아, 질소, 이산화 탄소	질소, 산소, 아르곤, 수증기, 이산화 탄소

(3) 원소들의 주기성

① 원소와 주기율표
ㄱ) 원소
• 물질을 이루는 기본 성분이다.
• 더 이상 다른 물질로 분해되지 않는다.
• 현재까지 알려진 원소는 약 110종류이다.

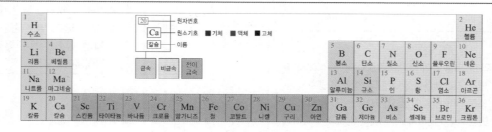

[주기율표(일부)]

ⓛ 주기율과 주기율표
- 주기율: 원소들의 원자번호 순으로 나열할 때 성질이 비슷한 원소가 주기적으로 나타나는 현상이다.
- 주기율표: 성질이 비슷한 원소가 같은 세로줄에 오도록 배열한 표로, 가로줄을 주기, 세로줄을 족이라 한다.

주기	1~7주기까지 있으며, 같은 주기의 원소는 전자껍질의 수가 같다.
족	1~18족까지 있으며, 같은 족의 원소는 원자가 전자(최외각 전자)의 수가 같아 성질이 비슷하다. 같은 족에 있는 원소를 동족 원소라 한다.

ⓒ 금속 원소와 비금속 원소

구분	금속 원소	비금속 원소
주기율표에서의 위치	왼쪽과 가운데	오른쪽 (단, 수소는 예외)
실온에서의 상태	고체 (단, 수은은 액체)	기체나 고체 (단, 브로민은 액체)
광택	있다	없다
열과 전기 전도성	크다	적다
이온의 형성	양이온이 되기 쉽다.	18족을 제외하고 음이온이 되기 쉽다.
이용	알루미늄 – 알루미늄 호일 / 구리 – 전선 / 철 – 건축 자재	산소 – 생명체의 호흡 / 질소 – 식품 포장 충전 / 인 – 성냥

ⓔ 알칼리 금속과 할로젠

구분	알칼리 금속	할로젠
정의	주기율표의 1족에서 수소를 제외한 금속 원소 예 리튬(Li), 나트륨(Na), 칼륨(K), 루비듐(Rb)	주기율표의 17족에 속하는 비금속 원소 예 플루오린(F), 염소(Cl), 브로민(Br), 아이오딘(I)
특징	• 실온에서 고체 상태이며, 은백색 광택을 띤다. • 칼로 쉽게 잘릴 정도로 무르다. • 반응성이 커서 산소나 물과 잘 반응한다.	• 실온에서 할로젠 원자 2개가 결합한 이원자 분자 형태로 존재한다.[1] • 특유의 색을 띤다.[2] • 반응성이 매우 커서 금속, 수소와 잘 반응한다.
이용	리튬(Li) – 휴대용 기기의 전지 / 나트륨(Na) – 도로, 터널의 조명 / 칼륨(K) – 비료	플루오린(F) – 충치 예방 물질 / 염소(Cl) – 물 소독 / 아이오딘(I) – 상처 소독약

[1] F_2(기체), Cl_2(기체), Br_2(액체), I_2(고체)
[2] F_2(옅은 노란색), Cl_2(노란색), Br_2(적갈색), I_2(보라색)

② 원자의 전자 배치
㉠ 원자의 구조
- 원자는 원자핵과 전자, 원자핵은 양성자와 중성자로 이루어져 있다.

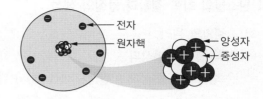

- 원자는 양성자 수와 전자 수가 같아 전기적으로 중성이다.
- 양성자 수는 원자마다 다르므로 양성자 수로 원자 번호를 정한다.

㉡ 원자의 전자 배치
- 전자껍질: 원자핵 주위의 전자가 돌고 있는 특정한 에너지 준위의 궤도이다.
- 원자가 전자: 원자의 전자 배치 중 가장 바깥 전자껍질에 들어 있는 전자로, 화학 반응에 참여하므로 원소의 화학적 성질을 결정한다.
- 전자 배치

구분	수소	헬륨	탄소	질소	산소
전자 배치	H	He	C	N	O
양성자 수 (원자번호)	1	2	6	7	8
전자 수	1	2	6	7	8
원자가 전자 수	1	2	4	5	6

- 전자는 안쪽 전자껍질부터 차례대로 배치된다.
- 첫 번째 전자껍질에는 2개의 전자, 두 번째 전자껍질에는 8개의 전자가 채워진다(각 전자껍질에 최대로 채워질 수 있는 전자 수는 정해져 있다).
- 원자의 최외각 전자 껍질에 전자가 최대로 채워질 때 안정하다(옥텟 규칙).

㉢ 동족 원소들의 화학적 성질

1족	수소를 제외한 1족 원소들은 불안정하여 다른 물질과 쉽게 반응한다.
2족	최외각 전자가 2개인 2족 원소들은 반응성이 크고, 16족 원소들과 결합하여 안정한 상태가 되려 한다.
16족	최외각 전자가 8개일 때 안정한 상태로 존재하는데, 최외각 전자가 6개이므로 2개의 전자를 얻어 안정해지려는 성질이 있다.

18족	최외각 전자껍질이 모두 채워져 안정한 상태로 다른 물질과 잘 반응하지 않으며, 상온에서 기체로 존재하기 때문에 비활성 기체라고도 한다.

(4) 원소들의 화학 결합과 물질의 생성

① 화학 결합의 원리
㉠ 화학 결합이 형성되는 까닭: 물질을 구성하는 원소들은 화학 결합을 통해 비활성 기체(18족)와 같이 최외각 전자껍질에 전자를 모두 채운 안정한 전자 배치를 이루려 하기 때문이다(옥텟 규칙).

㉡ 비활성 기체
- 주기율표의 18족에 속하는 원소이다.
  - 예 헬륨(He), 네온(Ne), 아르곤(Ar), 크립톤(Kr) 등
- 헬륨을 제외한 나머지 비활성 기체들은 최외각 전자껍질에 전자가 8개 채워진 안정한 전자 배치를 이룬다.
- 반응성이 작고, 화학적으로 안정하다.

② 화학 결합의 종류
㉠ 이온 결합
- 금속 원소의 원자와 비금속 원소의 원자가 서로 전자를 주고받아 양이온과 음이온을 생성한다.
- 이 이온들 사이의 정전기적 인력으로 결합이 형성된다.

나트륨 이온   염화 이온   이온 결합   염화나트륨

㉡ 공유 결합
- 비금속 원자들이 서로 전자를 내놓아 전자쌍을 이루고 공유하는 결합이다.
- 공유 결합의 종류와 세기: 두 원자 사이의 공유 전자쌍 수에 따라 단일 결합, 2중 결합, 3중 결합 등으로 나눈다.
- 결합의 수가 많을수록 결합의 세기가 세다(단일 결합 < 2중 결합 < 3중 결합).

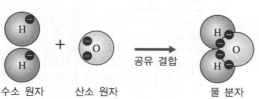

수소 원자   산소 원자   공유 결합   물 분자

③ 우리 주변의 다양한 물질
㉠ 이온 결합 물질
- 수많은 양이온과 음이온이 연속적으로 결합하여 결정을 이룬다.
- 대부분 물에 잘 녹고, 물에 녹으면 양이온과 음이온으로 나누어져 자유롭게 이동할 수 있다.
- 고체 상태에서는 전기 전도성이 없으나, 액체 상태와 수용액 상태에서는 전기 전도성이 있다.

염화나트륨($NaCl$)	소금의 주성분
수산화나트륨($NaOH$)	비누의 원료
탄산칼슘($CaCO_3$)	달걀 껍데기, 조개껍데기 주성분
염화칼슘($CaCl_2$)	습기 제거제

㉡ 공유 결합 물질
- 공유 결합으로 생성된 물질이다.
- 산소(O_2), 질소(N_2), 물(H_2O), 이산화 탄소(CO_2), 메테인(CH_4), 암모니아(NH_3), 포도당($C_6H_{12}O_6$) 등이다.
- 분자의 성질에 따라 물에 녹는 것도 있고, 물에 녹지 않는 것도 있다.
- 대부분은 전기 전도성이 없다.

물(H_2O)	생명체 주요 구성 물질
에탄올(C_2H_6O)	소독용 알코올, 술
설탕($C_{12}H_{22}O_{11}$)	음식의 조미료
아세틸살리실산($C_9H_8O_4$)	아스피린(의약품)

2 자연의 구성 물질

● 해결 Point
초전도체, 반도체, 나노 튜브 등 신소재의 개념과 종류를 묻는 문제가 자주 출제되므로 각 물질의 특징을 잘 알아 두어야 한다. 단백질과 핵산(DNA와 RNA)의 특징이나 구조 모형에 대한 문제도 출제될 가능성이 높기 때문에 꼼꼼히 정리해 두는 것이 좋다.

● 대표 문제 유형
❖ 다음 설명에 해당하는 물질은?
❖ 다음에서 설명하는 초전도체의 특성을 이용한 것은?

(1) 지각과 생명체 구성 물질의 결합 규칙성

① 지각을 구성하는 물질의 결합 규칙성

ㄱ 지각을 이루는 주요 원소
- 산소 > 규소 > 알루미늄 > 철 등
- 산소와 규소의 비율이 가장 높다. → 지각을 이루는 광물의 대부분이 규산염 광물이다.

ㄴ 규산염 광물의 기본 구조: 1개의 규소(Si)가 4개의 산소(O)와 결합한 형태로, 정사면체 모양이다(음전하를 띰).

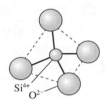

ㄷ 규산염 광물의 결합 규칙성: 규산염 광물은 규산염 기본 구조가 서로 결합하지 않고 독립적으로 모여 구성되기도 하지만, 대부분은 규산염 기본 구조가 규칙적으로 결합하여 만들어지며, 결합하는 방식에 따라 다양한 구조를 이룬다.

구분	결합 모습	특징
독립형 구조	산소 규소	하나의 규산염 사면체가 다른 규산염 사면체와 결합하지 않고 독립적으로 있다. 예 감람석
단사슬 구조		규산염 사면체가 한 방향으로 길게 연결되어 하나의 사슬 모양을 이룬다. 예 휘석
복사슬 구조		규산염 사면체의 단사슬 구조 2개가 서로 엇갈리게 결합하여 2개의 사슬 모양을 이룬다. 예 각섬석
판상 구조		규산염 사면체가 3개의 산소를 다른 규산염 사면체와 공유하여 넓은 판 모양을 이룬다. 예 흑운모
망상 구조		규산염 사면체가 산소 4개를 모두 공유하여 3차원 입체 구조를 이룬다. 예 석영, 장석

② 생명체를 구성하는 물질의 결합 규칙성

ㄱ 생명체를 구성하는 주요 원소
- 산소 > 탄소 > 수소 > 질소 > 칼슘 등
- 대부분의 생명체가 유기물로 구성된다. → 유기물은 모두 탄소를 기본 골격으로 하는 탄소 화합물이다.

ㄴ 탄소 화합물의 결합 규칙성
- 탄소 화합물: 생명체의 기본 요소인 탄소(C)에 수소(H), 산소(O), 질소(N) 등이 결합하여 구성된다.

- 탄소는 거의 모든 원자와 결합할 수 있으며, 탄소끼리 무한(고분자 유기물)으로 결합할 수 있다. → 생명체의 복잡하고 다양한 분자를 만드는 데 유리하다.
- 탄소는 원자가 전자가 4개이므로, 최대 4개의 원자와 결합이 가능하다.
- 탄소는 다른 탄소와 단일 결합하여 다양한 모양의 구조를 만들 수 있고, 탄소와 탄소 사이에 2중 결합이나 3중 결합을 만들 수도 있다.

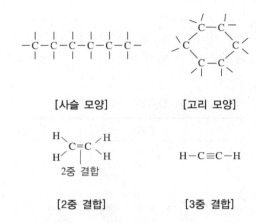

(2) 생명체 구성 물질의 형성

① 생명체의 구성 물질

ㄱ 생명체는 물, 단백질, 지질, 핵산, 무기염류, 탄수화물 등으로 구성되어 있다.

ㄴ 이 중 탄수화물, 단백질, 지질, 핵산은 탄소 화합물에 속한다.

② 단백질

구성 단위체	아미노산
형성 과정	20여종의 아미노산이 펩타이드 결합으로 연결되어 형성된다.
기능 및 역할	• 근육, 뼈 등을 구성한다. • 항체의 주성분으로 몸을 방어한다. • 효소의 주성분으로 생체 촉매 역할을 한다. • 호르몬의 주성분으로 생리 작용을 조절한다. • 에너지원으로 사용된다.

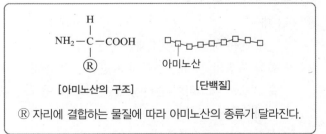

Ⓡ 자리에 결합하는 물질에 따라 아미노산의 종류가 달라진다.

③ 핵산

㉠ 유전 물질로 생명 활동을 조절한다.

㉡ 핵산의 단위체: 뉴클레오타이드

> ■ 뉴클레오타이드
> 인산, 당, 염기가 1 : 1 : 1로 결
> 합되어 있으며, 염기에는 아
> 데닌(A), 구아닌(G), 사이토
> 신(C), 타이민(T), 유라실(U)
> 이 있다.

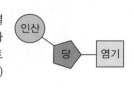

㉢ 핵산의 형성: 한 뉴클레오타이드의 인산과 다른 뉴클
레오타이드의 당이 결합하는 방식이 반복되어 긴 사슬
의 폴리뉴클레오타이드를 형성한다.

㉣ 핵산의 종류: DNA와 RNA가 있다.

구분	DNA	RNA
구조	2층 나선 구조	단일 사슬 구조 (단일 가닥 구조)
당	디옥시리보스	리보스
염기	아데닌(A), 구아닌(G), 사이토신(C), 타이민(T)	아데닌(A), 구아닌(G), 사이토신(C), 유라실(U)
역할	유전 정보 저장	유전 정보 전달, 단백질 합성에 관여

㉤ DNA 염기의 상보 결합: 하나의 DNA를 구성하는 두
가닥의 폴리뉴클레오타이드는 염기의 상보 결합으로
연결된다. 이때 아데닌(A)은 타이민(T)과만 결합하고,
구아닌(G)은 사이토신(C)과만 결합이 이루어진다.

(3) 신소재의 개발과 활용

① 신소재

㉠ 신소재의 개념: 기존 소재를 구성하는 원소의 종류나
화학 결합의 구조를 변화시켜 단점을 보완하고, 새로
운 기술로 제조하여 종래에 없던 성능 및 용도를 갖는
소재이다.

㉡ 신소재의 종류: 반도체, 초전도체, 액정, 나노 신소재
등이 있다.

② 반도체

㉠ 전기 전도성: 가전자 띠와 전도띠의 에너지 간격이 좁
을수록 전자의 이동이 쉽다. 이 에너지 간격에 따라 물
질을 도체, 반도체, 부도체로 나눈다.

도체	가전자 띠와 전도띠가 중첩되어 있거나 에너지 간격이 없거나 가까워 전자의 이동의 활발하다. 예 금, 구리, 철 등의 금속
반도체	가전자 띠와 전도띠 사이의 에너지 간격이 비교적 작아 전자가 에너지를 얻으면 전도띠로 올라갈 수 있다. 예 실리콘(규소), 저마늄(Germanium)
부도체	가전자 띠에 전자가 완전히 채워져 있고 에너지 간격이 커서 에너지를 얻어도 전도띠로 올라갈 수 없다. 예 나무, 고무, 유리 등

㉡ 반도체의 특징: 순수한 규소나 저마늄 등은 전류가 잘
흐르지 않지만, 소량의 불순물(원소)를 첨가하면 전기
전도성이 크게 증가한다. 순수한 반도체에 불순물을
첨가하는 과정을 도핑이라고 한다.

㉢ 반도체의 이용

다이오드	• p형 반도체와 n형 반도체를 접합시켜 만든 소자로, 순방향의 전압이 걸렸을 때만 전류가 흐른다. • 이용: 교류를 직류로 바꾸는 정류 작용에 이용한다.
트렌지스터	• 3개의 반도체를 접합하여 만든 것으로 pnp형과 npn형이 있다. • 이용: 신호의 증폭 작용, 스위칭 작용을 통해 전자 장치의 성능 향상 및 소형화에 이용한다.
발광 다이오드 (LED)	• 전류가 흐를 때 빛을 방출한다. • 이용: 각종 영상 표시 장치, 조명 장치 등에 이용한다.
유기 발광 다이오드 (OLED)	• 전류가 흐를 때 빛을 방출하는 유기물의 얇은 필름으로 만든 다이오드이다. • 이용: 휘어지는 디스플레이에 이용한다.

③ 초전도체

㉠ 초전도체: 초전도 현상을 나타내는 물질이다.

㉡ 초전도 현상: 특정 온도(임계 온도) 이하에서 전기 저
항이 0이 되는 현상이다.

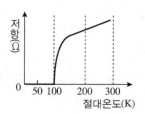

[초전도 현상의 원리]

ⓒ 초전도체의 특징
- 저항이 0이므로 전력 손실이 없어 큰 전류 송전에 유리하다. 예 초전도 케이블, 송전선
- 큰 전류가 송전 가능하므로 그에 따른 강한 자기장을 만들 수 있다. 예 자기 공명 영상(MRI) 장치, 핵융합 장치
- 마이스너 효과: 강한 자기장이 주변의 자기장을 밀어내 물체를 띄울 수 있다. 예 자기 부상 열차

④ 액정
ⓐ 가늘고 긴 분자가 거의 일정한 방향으로 배열되어 있고, 액체와 고체의 성질을 함께 가진 물질이다.
ⓑ 액정 디스플레이(LCD): 액정을 이용해 얇게 만든 영상 표시 장치로, 전압이 걸리지 않으면 빛이 통과하고 전압이 걸리면 빛이 차단되는 성질을 이용한다.
ⓒ 이용: 휴대 전화, 카메라 등의 화면에 이용한다.

⑤ 네오디뮴 자석
ⓐ 자기적 성질은 이용한 신소재로, 철 원자 사이에 네오디뮴과 붕소를 첨가해 만든 강한 자석이다.
ⓑ 컴퓨터의 하드 디스크, 스피커 등에 이용한다.

⑥ 형상 기억 합금
ⓐ 고온에서 기억시킨 형상을 기억하고 있어, 저온에서 심한 변형을 가해도 조금만 가열하면 즉시 본래의 형상으로 복원되는 합금이다.
ⓑ 니켈-티탄 합금, 구리-아연 합금 등이 있으며, 의료기기 및 우주개발 기기 등에 이용한다.

⑦ 나노 기술을 이용한 신소재
ⓐ 나노 물질: 구성 입자가 1~100 nm인 물질이다.
ⓑ 나노 기술을 적용한 신소재

그래핀	• 탄소 원자가 육각형 벌집 모양으로 연결되어 평면적인 구조를 이루고 있다. • 투명하고 전기 전도성이 좋으며, 단단하면서도 유연성이 있으므로, 휘어지는 디스플레이, 야간 투시용 콘택트 렌즈, 차세대 반도체 소재 등에 이용된다.
탄소 나노 튜브	• 6개의 탄소가 육각형 모양으로 결합하여 원통 모양을 이루고 있다. • 강도가 강하고, 열전도율과 전기 전도율이 높아 첨단 현미경의 탐침, 금속이나 세라믹과 섞어 강도를 높인 복합 재료 등에 쓰인다.
풀러렌	• 60개의 탄소 원자가 그물 모양으로 결합하여 공 모양을 이루고 있다. • 내부가 비어 있고, 잘 부서지거나 변형되지 않는다. • 강도가 높고 초전도성이 있어 마이크로 로봇이나 의약 성분의 체내 운반체 등에 쓰인다.

[그래핀] [탄소 나노 튜브] [풀러렌]

(4) 자연을 모방한 신소재

신소재	특성 및 이용
도꼬마리 열매를 모방한 신소재	• 도꼬마리 열매는 갈고리 구조를 가진 식물의 열매로, 사람의 옷이나 동물의 털에 잘 달라붙는다. • 이용: 벨크로 테이프
거미줄을 모방한 신소재	• 거미줄은 매우 가늘지만 강철보다 강도가 5~10배 강하고, 신축성도 뛰어나다. • 이용: 인공힘줄, 낙하산
연잎의 표면을 모방한 신소재	• 연잎의 표면에는 나노미터 크기의 돌기가 있어서 물방울이 흘러내려 물에 젖지 않는다. • 이용: 방수가 되는 옷, 유리 코팅제
상어의 비늘을 모방한 신소재	• 상어의 피부에는 수많은 돌기들이 있어서 물과의 저항력을 줄인다. • 이용: 전신 수영복
홍합의 접착 단백질을 모방한 신소재	• 접착 단백질을 분비하여 바위와 같은 젖은 표면에 붙어서 강한 파도에도 떨어지지 않는다. • 이용: 수중 접착제, 의료용 생체 접착제
게코도마뱀의 발바닥을 모방한 신소재	• 발바닥에 나 있는 미세 섬모를 이용해 나무나 벽에 잘 붙어 있을 수 있다. • 이용: 게코 테이프, 의료용 패치

출제 예상 문제

01 우주의 팽창에 대한 설명으로 옳은 것은?

① 빅뱅 이후 온도는 점점 높아졌다.
② 빅뱅 이후 밀도는 점점 증가하였다.
③ 팽창하는 우주의 중심은 태양계이다.
④ 은하 사이의 거리는 점점 멀어지고 있다.

02 다음 중 가장 작은 입자는?

① 쿼크
② 양성자
③ 중성자
④ 원자핵

03 양성자와 중성자의 구성으로 옳은 것은?

①	양성자	u쿼크 2개
	중성자	d쿼크 2개
②	양성자	u쿼크 2개, d쿼크 1개
	중성자	u쿼크 1개, d쿼크 2개
③	양성자	u쿼크 1개, d쿼크 1개
	중성자	u쿼크 1개, d쿼크 1개
④	양성자	u쿼크 1개, d쿼크 2개
	중성자	u쿼크 2개, d쿼크 1개

04 우주 초기 원자의 생성 과정을 순서대로 바르게 나열한 것은?

> ㄱ. 쿼크, 경입자 생성
> ㄴ. 헬륨 원자핵 생성
> ㄷ. 양성자, 중성자 생성
> ㄹ. 원자 생성

① ㄱ - ㄷ - ㄴ - ㄹ
② ㄱ - ㄷ - ㄹ - ㄴ
③ ㄴ - ㄱ - ㄷ - ㄹ
④ ㄴ - ㄱ - ㄹ - ㄷ

05 그림은 빅뱅 우주론에 근거한 초기 우주론의 진화 과정이다. 이에 대한 설명으로 옳지 않은 것은?

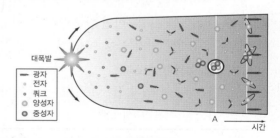

① A 시기에 원자가 형성되었다.
② 쿼크는 양성자와 중성자를 형성하였다.
③ 빅뱅 이후 우주의 온도는 점점 낮아졌다.
④ 물질은 쿼크 → 양성자·중성자 → 원자핵 → 원자 순으로 만들어졌다.

06 우주 배경 복사의 형성 시기로 옳은 것은?

① 쿼크 생성 시기
② 원자 형성 시기
③ 양성자 형성 시기
④ 중성자 형성 시기

07 빅뱅 38만 년 이후에 일어난 일로 옳지 <u>않은</u> 것은?

① 우주 배경 복사가 나타났다.
② 전자가 원자핵과 결합할 수 있었다.
③ 우주의 온도가 3,000 K으로 낮아졌다.
④ 물질과 빛이 분리되지 않아 우주가 불투명하였다.

08 스펙트럼에 대한 설명으로 옳지 <u>않은</u> 것은?

① 온도가 낮을 때 특정 파장을 방출한다.
② 빛을 분광기로 관찰할 때 나타나는 색의 띠이다.
③ 빛이 굴절하는 정도가 다르기 때문에 나타난다.
④ 선 스펙트럼을 분석하여 원소의 종류를 알 수 있다.

09 우주 전역에 분포하는 수소와 헬륨의 질량비로 옳은 것은?

① 약 1 : 1
② 약 2 : 1
③ 약 3 : 1
④ 약 1 : 3

10 별에 대한 설명으로 옳은 것은?

① 빛을 반사하여 빛을 낸다.
② 질량이 클수록 수명이 길다.
③ 저밀도의 성운에서 생성된다.
④ 일생의 90 %를 주계열성으로 보낸다.

11 별의 진화를 구분하는 기준은?

① 모양 　　　　② 중력
③ 온도 　　　　④ 질량

12 별의 핵융합 반응에 의해 만들어지는 가장 무거운 원소는?

① 철 　　　　② 금
③ 규소 　　　　④ 우라늄

13 별 내부의 핵융합 반응에 대한 설명으로 옳지 <u>않은</u> 것은?

① 무거운 원소일수록 높은 온도에서 반응한다.
② 질량이 큰 별일수록 높은 온도에서 반응한다.
③ 초신성에는 더 이상 핵융합 반응이 일어나지 않는다.
④ 철의 핵융합 반응을 통해 금, 우라늄 등의 원소가 생성된다.

14 별의 진화 경로에 대한 설명으로 옳지 <u>않은</u> 것은?

① A는 백색 왜성이다.
② B는 중성자별이나 블랙홀이다.
③ 태양은 현재 주계열성에 속한다.
④ 별은 부피에 따라 진화 경로가 달라진다.

15 질량이 매우 작아 중력 수축만 하는 별은?

① 초신성
② 중성자별
③ 갈색 왜성
④ 백색 왜성

16 태양계의 특징으로 옳지 <u>않은</u> 것은?

① 행성들의 나이가 비슷하다.
② 행성들의 대기의 구성 성분이 같다.
③ 행성들의 공전 궤도면이 거의 같다.
④ 태양의 자전 방향과 행성의 공전 방향이 같다.

17 다음 중 지구형 행성과 목성형 행성으로 나누는 기준이 <u>아닌</u> 것은?

① 질량   ② 구성 성분
③ 평균 밀도   ④ 물의 존재 유무

18 그림은 성운설에 의한 태양계 형성 과정을 나타낸 것이다. 이에 대한 설명으로 옳지 <u>않은</u> 것은?

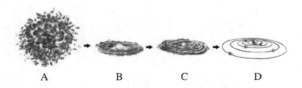

A   B   C   D

① A: 성운은 밀도가 큰 물질을 중심으로 수축한다.
② B: 성운의 회전 속도가 느려지며 원반 형태가 된다.
③ C: 원시 태양과 많은 미행성이 만들어진다.
④ D: 원시 태양의 자전 방향과 행성들의 공전 방향은 같다.

19 지구의 형성 과정을 순서대로 바르게 나열한 것은?

ㄱ. 원시 바다의 형성과 대기의 성분 변화
ㄴ. 미행성의 충돌
ㄷ. 원시 지각의 형성
ㄹ. 마그마의 바다 형성

① ㄱ － ㄴ － ㄷ － ㄹ
② ㄱ － ㄷ － ㄹ － ㄴ
③ ㄴ － ㄹ － ㄷ － ㄱ
④ ㄹ － ㄴ － ㄱ － ㄷ

20 족에 대한 설명으로 옳지 <u>않은</u> 것은?

① 1~18족까지 있다.
② 같은 족 원소는 화학적 성질이 비슷하다.
③ 같은 족 원소는 원자가 전자의 수가 같다.
④ 1족 원소들은 모두 금속이며, 반응성이 크다.

21 주기율표의 1족에서 수소를 제외한 금속 원소가 <u>아닌</u> 것은?

① 칼륨(K)   ② 리튬(Li)
③ 나트륨(Na)   ④ 알루미늄(Al)

22 주기에 대한 설명으로 옳지 <u>않은</u> 것은?

① 1~7주기까지 있다.

② 주기는 주기율표의 가로줄이다.

③ 같은 주기 원소는 같은 수의 전자껍질을 가진다.

④ 2주기 원소는 최외각 전자껍질에 최대 2개의 전자를 갖는다.

23 알칼리 금속에 대한 설명으로 옳지 <u>않은</u> 것은?

① 실온에서 액체 상태이다.

② 산소나 물과 잘 반응한다.

③ 광택을 띠며, 무른 편이다.

④ 주기율표에서 1족에 속하는 원소들이다.

24 비금속 원소에 대한 설명으로 옳은 것은?

① 양이온이 되기 쉽다.

② 열과 전기가 잘 통한다.

③ 상온에서 대부분 액체 상태이다.

④ 주기율표의 오른쪽 부분에 위치한다.

25 다음 원소들의 공통점이 <u>아닌</u> 것은?

F   Cl   Br   I

① 색이 무색이다.

② 비금속 원소이다.

③ 할로젠에 해당한다.

④ 주기율표 17족에 속한다.

26 그림은 원자 X와 Y의 전자 배치를 모형으로 나타낸 것이다. 이에 해당하는 원소를 바르게 짝지은 것은?

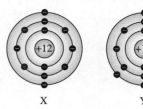

X   Y

	X	Y
①	Ne	S
②	Mg	S
③	O	Mg
④	O	Si

27 표는 주기율표의 일부분을 나타낸 것이다. 이에 대한 설명으로 옳지 <u>않은</u> 것은?

족\주기	1	2	3~12	13	14	15	16	17	18
1	A								C
2	B							D	
3							E		

① A와 B는 성질이 다르다.

② B와 C는 전자껍질의 수가 같다.

③ C는 화학적으로 안정된 원소이다.

④ D와 E는 음이온이 되기 쉽다.

28 그림은 어떤 원자의 전자 배치를 나타낸 것이다. 이에 대한 설명으로 옳지 <u>않은</u> 것은?

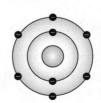

① 원자 번호가 8번이다.

② 전자껍질 수가 2개이다.

③ 산소(O)의 전자 배치이다.

④ 원자가 전자 수가 8개이다.

29 양이온과 음이온 사이의 정전기적 인력에 의한 결합은?

① 이온 결합　　　② 공유 결합
③ 금속 결합　　　④ 옥텟 규칙

30 이온 결합 물질이 <u>아닌</u> 것은?

① 에탄올(C_2H_6O)
② 탄산칼슘($CaCO_3$)
③ 염화나트륨($NaCl$)
④ 수산화마그네슘($Mg(OH)_2$)

31 그림은 화합물 MX를 이루는 이온의 전자 배치를 나타낸 것이다. 이 화합물로 옳은 것은?

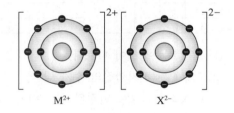

① MgO　　　② MgS
③ NaCl　　　④ HCl

32 공유 결합에 대한 설명으로 옳지 <u>않은</u> 것은?

① 결합의 수가 많을수록 결합의 세기가 세다.
② 수소 분자는 전자쌍 2개를 공유하는 2중 결합을 한다.
③ 비금속 원자들이 서로 전자쌍을 공유하여 형성된 것이다.
④ 두 원자 사이에 공유하는 전자쌍 수에 따라 단일 결합, 2중 결합 등으로 나눌 수 있다.

33 그림은 산소 원자가 산소 분자를 형성하는 과정이다. 이에 대한 설명으로 옳은 것은?

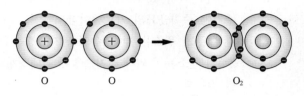

① 3중 결합이 존재한다.
② 이온 결합을 형성한다.
③ 1개의 전자쌍을 공유한다.
④ 산소 원자는 결합을 통해 네온(Ne)과 같은 전자 배치를 이룬다.

34 그림은 물(H_2O) 분자의 결합 모형을 나타낸 것이다. 이에 대한 설명으로 옳지 <u>않은</u> 것은?

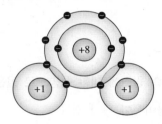

① 공유 결합을 형성한다.
② 수소는 전자 1개를 잃어 안정된다.
③ 산소 원자는 수소 원자와 전자쌍을 공유한다.
④ 산소는 네온(Ne)과 같은 전자 배치를 이루어 안정된다.

35 지각과 생명체를 구성하는 원소 중 공통적으로 가장 많은 비율을 차지하는 것은?

① 수소　　　　② 산소
③ 규소　　　　④ 탄소

36 그림은 규산염 사면체 구조를 나타낸 것이다. 이에 대한 설명으로 옳은 것은?

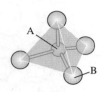

① A는 산소이다.
② B는 규소이다.
③ 공유 결합을 하였다.
④ 규산염 사면체는 양전하를 띤다.

37 지각을 이루는 규산염 광물 중 다음 설명에 해당하는 것은?

> 하나의 규산염 사면체가 다른 규산염 사면체와 결합하지 않고 독립적으로 존재하는 광물

① 석영   ② 휘석
③ 감람석   ④ 각섬석

38 ㉠에 들어갈 숫자로 옳은 것은?

> 탄소는 원자가 전자가 (㉠)개이므로, 여러 종류의 원소와 결합하여 다양한 탄소 화합물을 만들 수 있다.

① 1   ② 2
③ 3   ④ 4

39 탄소 화합물에 대한 설명으로 옳지 않은 것은?

① 생명체를 구성한다.
② 단일 결합만 형성한다.
③ 다양한 모양의 구조를 만들 수 있다.
④ 탄소는 최대 4개의 원자와 결합 가능하다.

40 다음 설명에 해당하는 생명체의 구성 물질은?

> • 근육, 뼈, 머리카락 등을 구성한다.
> • 효소 및 호르몬의 주성분이다.

① 지질
② 핵산
③ 단백질
④ 탄수화물

41 핵산의 구성 단위체로 옳은 것은?

① 포도당
② 지방산
③ 아미노산
④ 뉴클레오타이드

42 핵산에 대한 설명으로 옳은 것은?

① 생명체 유전 정보의 본체이다.
② 1 g당 9 kcal의 열량을 방출한다.
③ 지방산과 글리세롤로 구성되어 있다.
④ 생명체의 주요 에너지원으로 사용된다.

43 DNA의 구조에 대한 설명으로 옳지 <u>않은</u> 것은?

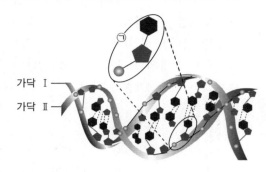

가닥 Ⅰ
가닥 Ⅱ

① ㉠은 뉴클레오타이드이다.
② DNA는 2중 나선 구조이다.
③ ㉠은 지방산 – 당 – 염기로 구성된다.
④ 가닥 Ⅰ의 염기는 가닥 Ⅱ의 염기와 결합한다.

44 다음 (가)와 (나)에 들어갈 말을 바르게 나열한 것은?

> 특정 온도 이하에서 전기 저항이 0이 되는 물질을
> [(가)]라고 하며, 이때의 온도를 [(나)]라고 한다.

     (가)   (나)
① 반도체   임계 온도
② 반도체   절대 온도
③ 초전도체 임계 온도
④ 초전도체 절대 온도

45 초전도체의 마이스너 특성을 이용한 것은?

① 증폭기
② 인공 관절
③ 항공기 동체
④ 자기 부상 열차

46 그림은 탄소로 이루어진 나노 물질을 나타낸 것이다. 이에 대한 설명으로 옳지 <u>않은</u> 것은?

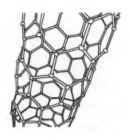

① 열전도율이 높다.
② 탄소 나노 튜브이다.
③ 가볍고 강도가 매우 크다.
④ 초전도성이 있어 초전도체 개발에 이용되고 있다.

47 다음에서 설명하는 신소재는?

> • 탄소 원자가 육각형 벌집 모양의 평면 구조로 되어 있다.
> • 투명하면서 유연성이 있어 휘어지는 디스플레이에 주로 사용한다.

① 풀러렌   ② 그래핀
③ 반도체   ④ 탄소 나노 튜브

48 자연의 대상과 그 대상을 모방해 개발한 신소재를 바르게 짝지은 것은?

① 연잎 – 수중 접착제
② 거미줄 – 유리 코팅제
③ 홍합 – 방수가 되는 옷
④ 상어 비늘 – 전신 수영복

2 시스템과 상호 작용

핵심 키워드 역학적 시스템, 중력, 관성, 운동량과 충격량, 지구 시스템, 상호 작용, 판, 변동대, 세포, 물질대사, 효소, 유전자

1 역학적 시스템

● **해결 Point**

중력이나 질량의 크기, 물체의 운동량이나 충격량을 구하는 문제가 출제될 가능성이 높으므로 기본적인 공식을 익혀서 제시된 상황에 적용할 수 있어야 한다.

● **대표 문제 유형**

❖ 각각의 물체에 작용하는 중력의 크기가 가장 큰 것은?
❖ 다음 설명에 해당하는 운동 법칙은?

(1) 중력과 역학적 시스템

① 중력

ㄱ 중력: 질량이 있는 모든 물체 사이에 상호 작용하는 힘이다.
ㄴ 지구에서의 중력: 지구가 물체를 당기는 힘으로, 물체는 지구 중심 방향으로 중력을 받는다.
ㄷ 지구에서의 중력 크기

> 중력의 크기(N) = 질량(Kg) × 중력 가속도(m/s²)

• 물체에 작용하는 중력의 크기를 무게라고 한다.

② 중력을 받는 물체의 운동

ㄱ 자유 낙하 운동: 공기 저항을 무시할 때 물체가 중력만 받아 연직 낙하하는 운동이다.

• 일정한 크기의 중력이 작용하므로 물체는 1초마다 9.8 m/s씩 속도가 증가하는 등가속도 운동을 한다.
• 중력 가속도: 물체에 작용하는 지구 중력에 의해 생기는 가속도로, 질량과 관계없이 9.8 m/s²로 일정하다.

ㄴ 수평 방향으로 던진 물체의 운동: 수평 방향으로 던진 물체의 경우 수평 방향으로는 힘이 작용하지 않으므로 등속 직선 운동을 하고, 연직 방향으로는 지구에 의해 중력만 작용하므로 자유 낙하하는 물체와 같이 등가속도 운동을 한다.

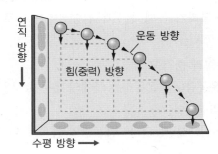

※ 자유 낙하 운동과 수평 방향으로 던진 물체의 운동 비교

구분	자유 낙하 운동	수평 방향으로 던진 물체의 운동	
		수평 방향	연직 방향
힘	중력	0	중력
속도	일정하게 증가	일정	일정하게 증가
운동	등가속도 운동	등속 직선 운동	등가속도 운동

③ 중력이 지구 시스템과 생명 시스템에 미치는 영향

ㄱ 중력은 지구 시스템과 생명 시스템에서 일어나는 여러 자연 현상에 중요한 역할을 한다.
ㄴ 중력과 지구 시스템
• 대류 현상이 일어난다.
• 지표면 근처에 대기층이 형성된다.
• 달과 지구 사이에 작용하는 중력은 밀물과 썰물 현상을 일으킨다.
ㄷ 중력과 생명 시스템
• 식물의 뿌리가 중력을 받아 땅속으로 자란다.
• 기린은 다른 동물에 비해 혈압이 높다.

(2) 역학적 시스템과 안전

① 관성

  ⊙ 관성: 물체가 현재의 운동 상태를 그대로 유지하려는 성질이다.

  ⓛ 관성의 크기: 물체의 질량이 클수록 관성이 크다.

  ⓒ 관성의 법칙: 물체에 힘이 작용하지 않으면 정지해 있던 물체는 계속 정지해 있고, 운동하던 물체는 계속 등속 직선 운동을 한다.

  ⓔ 관성에 의한 현상

  • 버스가 갑자기 출발하면 승객이 뒤로 쏠린다.

  • 버스가 급정지하면 승객이 앞으로 쏠린다.

  • 달리기할 때 선수가 결승선에서 바로 멈추기가 어렵다.

② 운동량과 충격량

  ⊙ 운동량(p): 운동하는 물체의 운동 효과를 나타내는 물리량이다.

  • 식: 질량(m)과 속도(v)의 곱으로 나타낸다.

$$p = mv \ \text{[단위: kg·m/s]}$$

  • 방향: 물체의 운동 방향과 같다.

  ⓛ 충격량(I): 물체가 받은 충격의 정도를 나타내는 물리량이다.

  • 식: 물체에 작용한 힘(F)과 힘이 작용한 시간(Δt)의 곱으로 나타낸다.

$$I = F\Delta t \ \text{[단위: N·s, kg·m/s]}$$

  • 방향: 물체에 작용한 힘의 방향과 같다.

  ⓒ 힘-시간 그래프와 충격량: 그래프 아랫부분의 넓이가 충격량을 나타낸다.

힘이 일정할 때	힘이 일정하지 않을 때
힘↑ 넓이=충격량 O ──→ 시간	힘↑ 넓이 =충격량 O ──→ 시간

③ 운동량과 충격량의 관계

  ⊙ 물체가 받은 충격량은 운동량의 변화량과 같다.

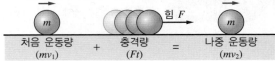

처음 속도 v_1　힘이 시간 t 동안 작용　처음 속도 v_2　힘 F

처음 운동량(mv_1) + 충격량(Ft) = 나중 운동량(mv_2)

충격량(I) = 운동량의 변화량(Δp)
= 나중 운동량(mv_2) − 처음 운동량(mv_1)

  ⓛ 운동량의 변화량(=충격량)을 크게 하려면 작용하는 힘을 크게 하거나 힘이 작용하는 시간을 길게 한다.

  • 야구공을 큰 힘으로 쳐야 멀리까지 날아간다.

  • 대포를 쏠 때 포신이 길수록 포탄이 멀리까지 간다.

④ 충돌과 안전장치

  ⊙ 평균 힘: 물체가 충돌할 때 받는 힘의 평균값이다.

  ⓛ 충격량이 같을 때, 충돌 시간이 길수록 물체가 받는 평균 힘이 작아진다.

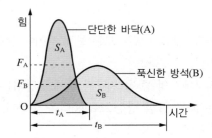

그래프 아랫부분 넓이(충격량)	$S_A = S_B$
힘 받는 시간	$t_A < t_B$
평균 힘	$F_A > F_B$

  ⓒ 안전장치의 원리: 충격량이 일정할 때, 충돌 시간을 길게 하여 사람이 받는 힘의 크기를 줄이는 원리를 이용한다.

  • 자동차의 에어백은 충돌 시간을 길게 해줌으로써 탑승자가 받는 힘을 줄여 준다.

  • 투수가 야구공을 받을 때 손을 뒤로 빼면서 받으면 손이 받는 힘이 작아져 손에 충격을 줄여 준다.

  • 놀이방 매트는 바닥에 넘어졌을 때 몸과 바닥과의 충돌 시간을 길게 해 주어 아이가 받은 충격을 줄여 준다.

2 지구 시스템

● 해결 Point

지구 시스템의 구성 요소인 지권, 기권, 수권, 생물권의 구성비를
묻는 문제나 상호 작용에 해당하는 현상을 찾는 문제가 자주 출제
되고 있다. 또 물이나 탄소의 순환 과정에 대한 문제도 출제될 가
능성이 높으므로 주요 사례를 중심으로 해당 내용을 잘 기억해 두
어야 한다.

● 대표 문제 유형

❖ 지구계를 구성하는 수권과 기권의 상호 작용에 해당하는 것은?
❖ 그림은 어떤 물질 순환 과정의 일부를 나타낸 것이다. 이와 같
  이 순환하는 것은?

(1) 지구 시스템의 에너지와 물질의 순환

① 지구 시스템의 구성 요소

ㄱ 지구 시스템: 지권, 기권, 수권, 생물권, 외권으로 이
  루어진 지구 환경을 말한다.

ㄴ 지구 시스템 구성 요소의 진화

지권의 진화	맨틀의 대류로 판이 이동하면서 맨틀 대류의 상승 부인 해령에서는 지각이 생성되고, 맨틀 대류의 하 강부인 해구에서는 지각이 소멸되었다.
기권의 진화	메테인, 수소, 암모니아 등의 환원성 대기에서 수 증기, 이산화 탄소, 질소의 양이 증가하여 산화형 대기로 변하였다. • 질소: 안정한 기체로 과거부터 현재까지 변화가 거의 없고, 대기 중에서 가장 많은 양을 차지한다. • 이산화 탄소: 원시 바다의 형성 이후 바다에 녹아 들어 석회암을 형성하여 지권에 저장되었고, 광 합성 생물의 출현 이후에는 꾸준히 줄어들었다. • 산소: 바다에서 광합성을 하는 생물의 출현으로 생성되기 시작하여, 대기로 공급되어 오존층을 형성하였고 육상 생물의 출현을 일으켰다.
수권의 진화	육지로부터 운반되어 온 나트륨 이온, 마그네슘 이 온과 해저 화산 활동으로 인한 염소 이온, 황 이온 등에 의해 염분을 가진 바다가 형성되었다.
생물권 의 진화	원시 바다가 형성되어 자외선을 차단하고 가시광 선은 투과시켜 해양 생태계가 만들어질 수 있었고, 해양 생물의 광합성을 통한 산소의 증가로 기권에 오존층이 형성되어 육상 생물이 출현하였다.

② 지구 시스템 구성 요소의 특징

ㄱ 지권: 지구 표면과 지구 내부를 포함하며, 깊이가 약
  6400 km 정도이다.

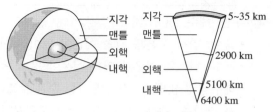

지각	• 지구의 겉 부분으로, 대륙 지각과 해양 지각으로 구 분한다. • 규산염 물질로 이루어져 있다.
맨틀	• 지권 전체 부피의 약 80 %를 차지한다. • 고체 상태이지만 일부는 유동성이 있어 대류가 일어 난다.
핵	• 액체 상태인 외핵과 고체 상태인 내핵으로 이루어져 있다. • 주로 철과 니켈 등 무거운 물질로 이루어져 있어 밀 도가 크다. • 외핵에서 철과 니켈의 대류로 지구 자기장이 형성 된다.

ㄴ 기권: 지구를 둘러싸고 있는 대기층으로 높이가 약
  1000 km 정도이다.

• 기권의 층상 구조: 높이에 따른 기온 분포를 기준으
  로 대류권, 성층권, 중간권, 열권으로 구분한다.

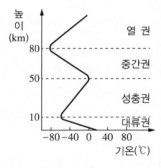

열권	• 높이 올라갈수록 기온이 상승한다. • 공기가 매우 희박하여 낮과 밤의 기온 차가 매우 크다. • 고위도의 상공에서 오로라가 관측된다.
중간권	• 높이 올라갈수록 기온이 하강한다. → 대류가 일 어난다. • 수증기가 거의 없어 기상 현상이 나타나지 않는다.
성층권	• 높이 올라갈수록 기온이 상승한다. → 오존이 태 양의 자외선을 흡수하기 때문이다. • 높이 약 20~30 km에 오존층이 존재한다.

대류권	• 높이 올라갈수록 기온이 하강한다. → 대류가 일어난다. • 수증기가 존재하고 대류가 일어나므로 구름, 비, 눈 등의 기상 현상이 나타난다.

ⓒ 수권: 해수, 빙하, 지하수, 강, 호수 등으로 구성된다.
- 육수: 탄산 이온과 칼슘 이온이 많이 녹아 있다.
- 해수: 나트륨 이온과 염화 이온이 많이 녹아 있다.
- 해수의 층상 구조: 깊이에 따른 수온 분포를 기준으로 혼합층, 수온 약층, 심해층으로 구분한다.

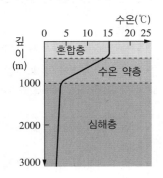

혼합층	• 태양 복사 에너지를 흡수하여 수온이 높다. • 바람의 혼합 작용으로 인해 깊이에 따른 수온 변화가 거의 없다.
수온 약층	• 깊이가 깊어질수록 수온이 급격히 낮아진다. • 매우 안정한 층이며, 혼합층과 심해층 사이의 물질과 에너지 교환을 차단한다.
심해층	• 태양 복사 에너지가 거의 도달하지 못하여 수온이 매우 낮다. • 계절이나 깊이에 따른 수온 변화가 거의 없다.

ⓔ 생물권: 지구에 살고 있는 모든 생명체를 뜻한다.
- 유기 화합물로 이루어진 생물체는 탄소(C), 수소(H), 질소(N), 산소(O), 인(P), 황(S) 등으로 구성된다.
- 지권, 기권, 수권에 걸쳐 분포한다.

ⓜ 외권: 기권 바깥의 우주 공간을 말한다.
- 외권과 지구의 물질 교환은 거의 없다.
- 태양 에너지는 지구 시스템에 많은 영향을 준다.

③ **지구 시스템 구성 요소의 상호 작용**
　ⓐ 지구 시스템의 각 구성 요소들은 서로 영향을 주고받으면서 균형을 이룬다.
　ⓑ 상호 작용은 같은 권 내에서도 일어나고, 서로 다른 권 사이에서도 일어난다.

근원＼영향	지권	기권	수권	생물권
지권	조산 운동, 암석의 순환	복사 에너지 방출, 화산 가스 방출	지진 해일 발생, 염류 공급	대륙 이동에 의한 서식처 변화
기권	풍화, 침식 작용	일기 변화, 대기 대순환, 기단의 상호 작용	해류 발생, 이산화 탄소 용해	호흡에 필요한 산소 및 광합성에 필요한 이산화 탄소 공급
수권	석회 동굴 형성	물의 증발, 태풍 발생	해수의 혼합	세포 내의 물 공급
생물권	화석 연료의 생성	광합성, 호흡으로 인한 대기 조성 변화	해수에 용해된 물질 흡수	먹이 사슬 유지

④ **지구 시스템의 에너지 흐름과 물질 순환**
　ⓐ 지구 시스템의 에너지원

태양 에너지	• 발생 원인: 태양의 수소 핵융합 반응 • 지구 시스템에서 자연 현상을 일으키는 근본적인 에너지원이다. • 물의 순환 등을 일으킨다.
지구 내부 에너지	• 발생 원인: 지구 내부의 방사성 원소의 붕괴열 • 맨틀 대류를 일으켜 판을 움직이며, 화산 활동을 일으킨다.
조력 에너지	• 발생 원인: 달과 태양의 인력 • 밀물과 썰물을 일으켜 해안 생태계와 지형 변화에 영향을 준다.

　ⓑ 지구 시스템의 물질 순환
- 물의 순환
  - 주된 에너지원: 태양 에너지
  - 물은 각 권 사이를 순환하며, 각 권에서 물의 유입량과 유출량이 같아 물의 총량은 일정하다.
- 탄소의 순환
  - 탄소의 형태: 각 권에서 다양한 형태로 존재한다.

지권	석회암(탄산염), 화석 연료
기권	이산화 탄소(CO_2), 메테인(CH_4)
수권	탄산 이온(CO_3^{2-})
생물권	탄소 화합물(유기물)

– 탄소는 여러 가지 형태로 지권, 기권, 수권, 생물권을 이동하여 순환하는데, 이때 에너지의 흐름이 함께 일어나며, 지구 시스템 전체의 탄소 양은 일정하다.

• 질소의 순환

– 대기 중 질소는 토양 속 세균을 통해 질산 이온(NO_3^-)으로 바뀌어 식물에 흡수되고, 동물의 단백질 구성 성분이 된다.

– 동물과 식물의 배설물이나 사체가 분해자를 통해 분해되면서 질소가 다시 기권으로 이동하게 된다.

(2) 지권의 변화

① 지권의 변화와 변동대

㉠ 지각 변동을 일으키는 에너지원: 지구 내부의 에너지

㉡ 변동대: 지각 변동이 자주 일어나는 지역이다.

• 화산대와 지진대는 대체로 일치한다. → 화산 활동과 지진이 대부분 판 경계에서 발생하기 때문이다.

• 화산대와 지진대는 주로 판 경계를 따라 좁고 긴 띠 모양으로 분포한다.

• 화산 활동과 지진은 대륙의 중앙부에서는 거의 발생하지 않고, 환태평양 지역에서 가장 활발하다.

② 판 구조론

㉠ 지구 표면은 여러 개의 판으로 이루어져 있고, 판의 운동으로 지각 변동이 일어난다는 이론이다.

㉡ 판의 구조

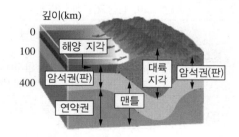

판(암석권)	• 지각과 상부 맨틀의 일부를 포함한다. • 지표에서부터 깊이 약 100 km까지의 단단한 부분이다. • 여러 조각으로 갈라져 있으며, 각각의 조각을 판이라고 한다.
연약권	• 암석권 아래의 깊이 약 100~400 km 부분이다. • 고체이지만 맨틀 물질이 부분적으로 녹아 유동성이 있다. → 대류가 일어난다. • 암석권보다 밀도가 크다. → 연약권 위에 암석권이 떠 있는 모습이다.

㉢ 판의 구분: 대륙판과 해양판으로 구분한다.

대륙판	• 대륙 지각과 상부 맨틀 일부를 포함한다. • 두께가 두껍고, 화강암질 암석으로 이루어져 있다. • 밀도가 작다.
해양판	• 해양 지각과 상부 맨틀 일부를 포함한다. • 두께가 얇고, 현무암질 암석으로 이루어져 있다. • 대륙판에 비해 밀도가 크다.

㉣ 판 이동의 원동력: 맨틀의 대류(연약권의 대류)

③ 판 경계에서 일어나는 지각 변동

㉠ 판의 상대적인 이동 방향에 따라 발산형 경계, 수렴형 경계, 보존형 경계로 구분한다.

㉡ 발산형 경계

• 판과 판이 서로 멀어지는 경계이다.

• 맨틀 대류의 상승부에서 나타나며, 새로운 판이 생성된다.

• 해양판과 해양판이 멀어지면서 해령이 형성된다.
예 대서양 중앙 해령, 동태평양 해령

• 대륙판과 대륙판이 멀어지면서 열곡대가 형성된다.
예 동아프리카 열곡대

• 화산 활동이 활발하며, 천발 지진이 발생한다.

㉢ 수렴형 경계

• 판과 판이 서로 모이는 경계이다.

• 맨틀 대류의 하강부에서 나타나며, 판이 소멸된다.

섭입형	• 밀도가 큰 해양판이 대륙판 아래로 섭입하면 해구 및 호상 열도나 습곡 산맥이 형성된다. 예 일본 해구, 일본 열도, 안데스 산맥 • 밀도가 큰 해양판이 상대적으로 밀도가 작은 해양판 아래로 섭입하여 해구와 호상 열도가 형성된다. 예 마리아나 해구 • 화산 활동이 활발하며, 천발~심발 지진이 발생한다.
충돌형	• 밀도가 비슷한 두 대륙판이 충돌하여 대규모 습곡 산맥을 형성한다. 예 히말라야 산맥 • 화산 활동은 거의 없으며, 천발~중발 지진이 발생한다.

㉣ 보존형 경계

• 발산하는 판의 이동 속도 차이로 해령이 끊어지면서 해령과 해령 사이에 수직으로 변환 단층이 발달한다.
예 산안드레아스 단층

• 화산 활동은 없으며, 천발 지진이 발생한다.

④ 화산 활동과 지진의 영향
　㉠ 화산 활동: 마그마가 지각의 약한 부분을 뚫고 나와 화
　　산 분출물을 방출한다.

부정적인 면(피해)	• 용암으로 인명 및 재산 피해가 발생한다. • 용암으로 인해 지형의 변화가 생기며, 산사태가 발생한다. → 지권에 영향 • 화산 기체로 인한 산성비 및 토양의 산성화가 일어난다. → 지권에 영향 • 화산재가 햇빛을 가려 기온 하강이 일어난다. → 기권에 영향 • 화산재에 의한 항공기 운항 방해로 경제적, 사회적 피해가 발생한다.
긍정적인 면(이용)	• 무기질이 풍부한 화산재 성분으로 인해 토양이 비옥화된다. • 독특한 지형 및 온천은 관광 자원으로 이용 가능하다. • 지열 발전에 이용된다.

　㉡ 지진: 지층에 축적된 에너지가 방출되면서 진동이 일
　　어난다.

부정적인 면(피해)	• 지표면이 갈라지면서 도로 및 건물 붕괴가 일어나며, 산사태가 발생한다. → 지권에 영향 • 지진 해일(쓰나미)이 발생한다. → 수권에 영향 • 가스관 파괴로 인한 가스 누출 등 환경적, 경제적, 사회적 피해가 발생한다.
긍정적인 면(이용)	• 지진파를 분석하면 지구 내부 구조 및 물질을 연구할 수 있다. • 지진파를 이용하여 지하자원 탐색 등을 할 수 있다.

3 생명 시스템

● 해결 Point

세포의 구조와 기능에 대한 문제가 빠지지 않고 출제되며, 물질대사 과정에 대한 이해를 묻는 문제도 자주 나오고 있다. 단순한 명칭뿐만 아니라 세부적인 내용까지 질문하는 경우가 있으므로 주요 내용을 확실하게 알아 두어야 한다.

● 대표 문제 유형

❖ 그림은 세포막 구조를 나타낸 것이다. 이에 대한 설명으로 옳은 것만을 〈보기〉에서 모두 고른 것은?
❖ 다음은 생물체 내에서 일어나는 물질대사 과정을 나타낸 것이다. (가)와 (나)에 해당하는 것은?

(1) 생명 시스템의 기본 단위

① 생명 시스템과 세포
　㉠ 생명 시스템: 세포, 조직, 기관 등 구성 요소의 상호
　　작용을 통해 다양한 생명 활동을 수행하는 시스템이다.
　㉡ 생명 시스템의 구성 단계

> 세포 → 조직 → 기관 → 개체

세포	생명 시스템을 구성하는 구조적·기능적 단위
조직	모양과 기능이 비슷한 세포들의 모임
기관	여러 조직이 모여 고유한 형태와 기능을 나타내는 것
개체	독립된 구조와 기능을 가진 하나의 생명체

　㉢ 세포의 구조와 기능

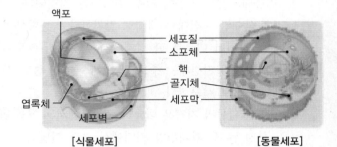

[식물세포]　　　　　　[동물세포]

핵	• 세포에서 가장 큰 세포 소기관이다. • 핵막으로 둘러싸여 있으며, 유전 정보를 저장하고 있는 DNA가 있어 세포의 생명 활동을 조절한다.
리보솜	작은 알갱이 모양이며, DNA의 유전 정보에 따라 단백질이 합성되는 장소이다.
소포체	• 막으로 둘러싸인 납작한 주머니 모양으로, 핵막과 연결되어 있다. • 리보솜에서 합성된 단백질을 골지체나 세포의 다른 부위로 운반하거나 지질을 합성한다.
골지체	소포체를 통해 전달된 단백질, 지질 등을 저장했다가 막으로 싸서 분비한다.
미토콘드리아	세포 호흡이 일어나는 장소로, 유기물을 산화시켜 세포가 생명 활동을 하는 데 필요한 에너지를 생산한다.
엽록체	광합성이 일어나는 장소로, 이산화 탄소와 물을 원료로 포도당을 합성한다.
액포	물, 색소, 노폐물 등을 저장하며, 성숙한 식물 세포일수록 크기가 크다.
세포막	세포를 둘러싸는 막으로, 세포 안팎으로 물질이 출입하는 것을 조절한다.
세포벽	식물 세포의 세포막 바깥에 있는 단단한 구조물로, 세포를 보호하고 모양을 유지한다.

② 세포막의 구조와 선택적 투과성

　㉠ 세포막: 세포의 형태를 유지하는 얇은 막으로, 인지질 2중층에 막단백질이 군데군데 박혀 있다.

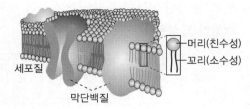

세포질
머리(친수성)
꼬리(소수성)
막단백질

인지질	• 인산과 지방산으로 구분한다. • 인산은 인지질의 머리 부분으로 친수성이다. • 지방산은 인지질의 꼬리 부분으로 소수성이다. • 친수성인 머리 부분이 물과 접한 바깥쪽을 향하고, 소수성인 꼬리 부분이 서로 마주 보며 배열하여 인지질 2중층을 형성한다.
막단백질	• 외부 신호를 받아들이거나 물질을 선택적으로 투과시킨다. • 인지질층이 유동성이 있어 막단백질의 위치 이동이 가능하다.

　㉡ 세포막의 선택적 투과성: 세포막은 물질의 종류에 따라 물질을 선택적으로 통과시키는 특성이 있어 세포 안팎으로의 물질 출입을 조절한다.

③ 세포막을 통한 물질 이동

　㉠ 확산: 세포막을 경계로 용질의 농도가 높은 쪽에서 낮은 쪽으로 물질이 이동하며, 물질의 농도 차에 따라 스스로 퍼져 나가는 것이므로 에너지의 소모가 일어나지 않는다.

인지질 2중층을 통한 확산	• 물질이 인지질 2중층을 직접 통과하여 확산한다. • 크기가 매우 작은 기체 분자(O_2, CO_2 등)나 지용성 물질(지방산, 글리세롤 등)의 확산 방식이다. • 분자의 크기가 작을수록, 온도가 높을수록, 세포 안팎의 농도 차가 클수록, 지질에 대한 용해도가 클수록 빠르게 확산된다. 예 폐포와 모세 혈관 사이의 산소(O_2)와 이산화 탄소(CO_2)의 교환
막단백 질을 통한 확산	• 물질이 막단백질을 통과하여 확산한다. • 비교적 분자 크기가 큰 수용성 물질(포도당, 아미노산 등), 전하를 띠는 물질(이온 등)의 확산 방식이다. • 세포 안팎의 농도 차가 클수록 빠르게 확산하지만, 일정 농도 차 이상에서는 확산 속도가 더 이상 증가하지 않는다. → 물질 이동에 관여하는 막단백질이 모두 물질 이동에 참여하고 있기 때문이다. 예 혈액 속의 포도당이 조직 세포로 확산될 때

　㉡ 삼투: 세포막을 경계로 용질의 농도가 낮은 용액에서 높은 용액으로 물이 이동하는 현상으로, 삼투 역시 확산의 일종이므로 에너지 소모가 일어나지 않는다.

　　• 세포 안보다 농도가 낮은 용액에 넣었을 때
　　　– 동물 세포: 세포 안으로 물이 들어오며 세포의 부피가 커진다.
　　　– 식물 세포: 세포 안으로 물이 들어오며 세포가 팽팽해지지만, 세포벽이 있어 일정 크기 이상 커지지는 않는다.
　　• 세포 안과 농도가 같은 용액에 넣었을 때
　　　– 동물 세포와 식물 세포 모두 세포 안팎으로 이동하는 물의 양이 같고, 부피 변화가 없다.
　　• 세포 안보다 농도가 높은 용액에 넣었을 때
　　　– 동물 세포: 세포에서 밖으로 물이 빠져나가며 세포의 부피가 줄어든다.
　　　– 식물 세포: 세포에서 밖으로 물이 빠져나가며 세포막이 세포벽으로부터 분리된다(원형질 분리).

(2) 생명 시스템에서의 화학 반응

① 물질대사

　㉠ 물질대사: 생명체 내에서 일어나는 모든 화학 반응으로, 생체 촉매(효소)가 관여한다.

　㉡ 물질대사는 물질을 합성하는 동화 작용과 물질을 분해하는 이화 작용으로 구분된다.

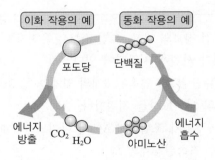

이화 작용의 예　동화 작용의 예
포도당
단백질
에너지
방출
CO_2　H_2O
아미노산
에너지
흡수

② 물질대사와 생명체 밖 화학 반응의 비교

물질대사(세포 호흡)	생명체 밖 화학 반응(연소)
• 체온 범위에서 일어난다. • 여러 단계에 걸쳐 반응이 일어나 에너지가 소량씩 방출된다.	• 고온에서 일어난다. • 한 번에 반응이 일어나 다량의 에너지가 한꺼번에 방출된다.

③ 효소(생체 촉매)의 특성과 활용

　㉠ 효소: 생명체에서 합성되어 물질대사를 촉진하는 물질이다.

　㉡ 효소의 기능: 활성화 에너지를 낮추어 화학 반응의 반응 속도를 증가시킨다.

ⓒ 효소의 특성
- 기질 특이성: 한 종류의 효소는 한 종류의 반응물(기질)에만 작용한다.
- 효소는 반응 전후 변하지 않으므로 재사용된다.

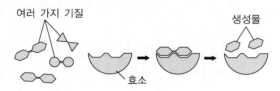

ⓔ 효소의 활용: 효소는 생명체 밖에서도 작용할 수 있으므로 다양하게 활용되고 있다.

예 발효 식품, 의약품

(3) 생명 시스템에서 정보의 흐름

① 유전자와 단백질

ⓐ 유전자: 유전 정보가 저장된 DNA의 특정 부위이다.

ⓑ 유전자와 단백질: 유전자에 저장된 유전 정보에 따라 다양한 단백질이 합성되고, 이 단백질에 의해 다양한 형질이 나타난다.

② 유전 정보의 흐름

ⓐ 생명 중심 원리: 세포에서 유전 정보가 DNA에서 RNA를 거쳐 단백질로 전달된다고 설명하는 원리이다.

$$DNA \xrightarrow{\text{전사}} RNA \xrightarrow{\text{번역}} 단백질$$

ⓑ 유전 정보의 저장: 유전 정보는 유전자를 이루는 DNA 염기 서열에 저장되어 있다.
- 유전 부호: 연속된 3개의 염기가 한 조가 되어 하나의 아미노산을 지정한다.
  - 3염기 조합: DNA에서 아미노산 1개를 지정하는 연속된 3개의 염기
  - 코돈: RNA에서 아미노산 1개를 지정하는 연속된 3개의 염기

ⓒ 유전 부호 체계의 공통성: 지구상의 거의 모든 생명체는 동일한 유전 부호 체계를 사용한다. → 대부분의 생명체가 공통 조상으로부터 진화하였음을 의미한다.

③ 유전 정보의 전달과 형질 발현

ⓐ 전사: DNA 한쪽 가닥에 상보적인 염기 서열을 가진 RNA가 합성된다.

ⓑ 번역: 전사된 RNA의 유전 정보에 따라 세포질에서 단백질이 합성된다.

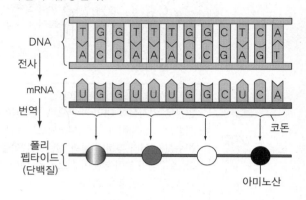

출제 예상 문제

01 질량이 있는 모든 물체 사이에 상호 작용하는 힘은?

① 중력 　　　　② 자기력
③ 마찰력 　　　　④ 전기력

02 다음 (㉠)에 들어갈 말로 알맞은 것은?

> 자유 낙하 운동은 물체가 '중력만 받아 연직 낙하하는
> (㉠)이다.

① 감속 운동
② 회전 운동
③ 등가속도 운동
④ 등속 직선 운동

03 수평 방향으로 던진 물체의 운동에서 수평으로 작용하는 힘의 크기는?

① 0 N
② 4.9 N
③ 9.8 N
④ 19.6 N

04 수평 방향으로 던진 물체의 운동에서 연직 방향의 속도 변화로 옳은 것은?

① 감소한다.
② 일정하다.
③ 일정하게 감소한다.
④ 일정하게 증가한다.

05 충격량이 일정할 때 힘이 작용하는 시간이 짧을수록 평균 힘의 크기는?

① 0이 된다.
② 변함없다.
③ 작아진다.
④ 증가한다.

06 ㉠과 ㉡에 들어갈 말을 바르게 나열한 것은?

> 대부분의 충돌 예방 안전장치는 충돌이 일어났을 때 힘이
> 작용하는 시간을 (㉠) 하여 사람이 받는 힘의 크기가
> (㉡)도록 한다.

　　　　㉠　　　㉡
① 짧게　　　작
② 짧게　　　크
③ 길게　　　작
④ 길게　　　크

07 관성에 의한 현상으로 옳지 <u>않은</u> 것은?

① 벽을 밀면 사람이 뒤로 밀린다.
② 이불을 막대기로 두드려 먼지를 턴다.
③ 버스가 갑자기 출발하면 승객이 뒤로 넘어진다.
④ 동전을 올려놓은 종이를 재빠르게 빼면 종이만 빠져나오고 동전은 컵 안으로 떨어진다.

※ 그림은 수평면 위에서 직선 운동을 하는 질량이 3 kg인 물체의 운동량을 시간에 따라 나타낸 것이다(08~09).

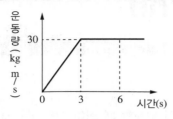

08 0~3초 동안 물체에 작용한 힘의 크기는?

① 5 N　　　　② 10 N
③ 15 N　　　　④ 30 N

09 0~6초 동안 물체가 받은 충격량의 크기는?

① 15 N · s　　　② 30 N · s
③ 45 N · s　　　④ 90 N · s

10 지구 시스템에 해당하지 <u>않는</u> 것은?

① 지권　　　　② 수권
③ 기권　　　　④ 자기권

11 다음 설명에 해당하는 대기 성분은?

바다에서 광합성을 하는 생물의 출현으로 생성되기 시작하여, 대기로 공급되어 오존층을 형성하였고 육상 생물의 출현을 일으켰다.

① 질소
② 산소
③ 수증기
④ 이산화 탄소

12 다음 설명에 해당하는 지권의 구성 요소는?

• 지권 전체 부피의 약 80 %를 차지한다.
• 고체 상태이지만 일부는 유동성이 있어 대류가 일어난다.

① 지각　　　　② 맨틀
③ 외핵　　　　④ 내핵

13 지권에 대한 설명으로 옳은 것은?

① 지구 표면과 지구 내부를 포함한다.
② 지구 내부는 모두 고체 상태로 존재한다.
③ 지구 내부 구조에서 지각이 가장 큰 부피를 차지한다.
④ 지구의 내부 구조는 지각, 맨틀, 내핵으로 나눌 수 있다.

14 지구 내부에 있는 핵의 구성 원소로 옳은 것은?

① 철, 니켈　　　② 철, 산소
③ 산소, 규소　　③ 질소, 산소

15 다음 설명에 해당하는 기권의 구성 요소는?

> • 높이 올라갈수록 기온이 하강한다.
> • 수증기가 존재하고 대류가 일어나므로 구름, 비, 눈 등의 기상 현상이 나타난다.

① 열권   ② 중간권

③ 성층권   ④ 대류권

16 다음 설명에 해당하는 해수의 층상 구조는?

> • 태양 복사 에너지를 흡수하여 수온이 높다.
> • 바람의 혼합 작용으로 인해 깊이에 따른 수온 변화가 거의 없다.

① 빙하   ② 심해층

③ 혼합층   ④ 수온 약층

17 다음 중 해수를 혼합층, 수온 약층, 심해층으로 구분하는 기준은?

① 수온 분포

② 염분 분포

③ 어종 분포

④ 수압 분포

18 다음 설명에 해당하는 지구 시스템 구성 요소 간의 상호 작용은?

> • 복사 에너지 방출
> • 화산 가스 방출

① 지권 – 지권

② 지권 – 기권

③ 수권 – 기권

④ 생물권 – 수권

19 지권과 수권의 상호 작용으로 알맞은 것은?

① 맨틀의 대류로 지각이 형성되었다.

② 생물이 묻혀 화석 연료가 생성되었다.

③ 지상의 화산 활동으로 대기 조성이 변화된다.

④ 해저의 화산 활동으로 해수의 성분이 변화되었다.

20 지구 시스템에서 자연 현상을 일으키는 근본적인 에너지원은?

① 태양 에너지

② 풍력 에너지

③ 조력 에너지

④ 지구 내부 에너지

21 ㉠과 ㉡에 들어갈 말을 바르게 나열한 것은?

> 물의 순환을 일으키는 주된 에너지원은 (㉠)이며, 물은 각 권 사이를 순환하며, 각 권에서 물의 유입량과 유출량이 같아 물의 총량은 (㉡)한/하다.

	㉠	㉡
①	태양 에너지	감소
②	태양 에너지	일정
③	지구 내부 에너지	일정
④	지구 내부 에너지	증가

22 지구 시스템의 각 권에서 탄소의 형태로 옳은 것은?

① 생물권 – 유기물
② 기권 – 탄산 이온
③ 수권 – 석회암, 화석 연료
④ 지권 – 이산화 탄소, 메테인

23 지각 변동이 자주 일어나는 지역과 관련이 <u>없는</u> 것은?

① 변동대
② 화산대
③ 지진대
④ 판의 중심

24 지권에서 판에 대한 설명으로 옳지 <u>않은</u> 것은?

① 지각과 상부 맨틀 일부를 포함한다.
② 판의 운동으로 지각 변동이 일어난다.
③ 지표에서 깊이 약 100 km까지의 단단한 부분이다.
④ 지구 표면은 하나의 거대한 판으로 이루어져 있다.

25 대륙판의 특징으로 옳지 <u>않은</u> 것은?

① 해양판보다 밀도가 작다.
② 해양판보다 두께가 두껍다.
③ 현무암질 암석으로 이루어져 있다.
④ 대륙 지각과 상부 맨틀 일부를 포함한다.

26 다음에 해당하는 판의 경계는?

- 판과 판이 서로 멀어지는 경계이다.
- 맨틀 대류의 상승부에서 나타나며, 새로운 판이 생성된다.

① 발산형 경계
② 보존형 경계
③ 수렴형 경계 – 충돌형
④ 수렴형 경계 – 섭입형

27 그림은 지각 변동을 한 형태를 나타낸 것이다. 이에 대한 설명으로 옳지 <u>않은</u> 것은?

① 판이 소멸된다.
② 화산 활동은 거의 없다.
③ 천발~심발 지진이 발생한다.
④ 해구, 호상 열도 등이 형성된다.

28 밀도가 비슷한 두 대륙판이 충돌하여 생성된 지형은?

① 일본 해구   ② 일본 열도
③ 안데스 산맥   ④ 히말라야 산맥

29 화산 활동이 기권에 영향을 주는 사례로 옳은 것은?

① 산사태가 발생한다.
② 토양의 산성화가 일어난다.
③ 용암으로 인해 지형 변화가 생긴다.
④ 화산재가 햇빛을 가려 기온 하강이 일어난다.

30 지진의 부정적인 면으로 옳지 <u>않은</u> 것은?

① 산사태가 발생한다.
② 지진 해일이 발생한다.
③ 도로 및 건물 붕괴가 일어난다.
④ 지구 내부 구조 및 물질을 연구할 수 있다.

31 생명 시스템의 구성 단계로 옳은 것은?

① 세포 → 조직 → 기관 → 개체
② 세포 → 기관 → 조직 → 개체
③ 조직 → 세포 → 기관 → 개체
④ 개체 → 기관 → 조직 → 세포

32 다음 설명에 해당하는 세포 소기관을 바르게 짝지은 것은?

> (가) DNA의 유전 정보에 따라 단백질이 합성되는 장소이다.
> (나) 세포 호흡이 일어나는 장소이다.

	<u>(가)</u>	<u>(나)</u>
①	핵	리보솜
②	리보솜	미토콘드리아
③	소포체	미토콘드리아
④	골지체	핵

33 식물 세포에만 존재하는 기관을 옳게 짝지은 것은?

① 엽록체, 세포막
② 엽록체, 세포벽
③ 미토콘드리아, 액포
④ 미토콘드리아, 세포벽

34 세포막의 주성분은?

① 인지질, 단백질
② 인지질, 글루코스
③ 중성 지방, 단백질
④ 중성 지방, 글루코스

35 인지질 2중층에 대한 설명으로 옳지 <u>않은</u> 것은?

① 세포막의 주요 구조이다.
② 친수성인 머리 부분이 바깥으로 향한다.
③ 유동성이 없어 막단백질의 이동이 불가능하다.
④ 소수성인 꼬리 부분이 서로 마주 보며 배열되어 있다.

36 그림은 세포막의 구조를 나타낸 것이다. 이에 대한 설명으로 옳지 <u>않은</u> 것은?

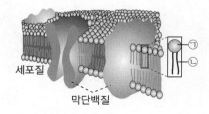

① ㉠은 소수성, ㉡은 친수성이다.
② 막단백질은 선택적으로 물질을 투과시킨다.
③ 세포막에서 인지질은 2중층으로 배열되어 있다.
④ 세포의 내부와 외부는 세포막에 의해 구분된다.

37 인지질 2중층을 통한 확산 속도를 높이는 요인이 <u>아닌</u> 것은?

① 온도가 높을수록
② 분자 크기가 클수록
③ 지질에 대한 용해도가 클수록
④ 세포 안팎의 농도 차가 클수록

38 동물 세포를 세포 안보다 농도가 낮은 용액에 넣었을 때 나타나는 현상으로 옳은 것은?

① 세포의 부피가 커진다.
② 세포의 크기가 변함없다.
③ 세포의 부피가 줄어든다.
④ 세포에서 밖으로 물이 빠져나간다.

39 그림은 생명체 내에서 일어나는 물질대사를 나타낸 것이다. (가)와 (나)에 들어갈 말을 바르게 나열한 것은?

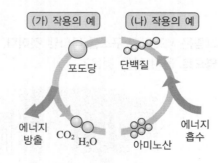

	(가)	(나)
①	동화	이화
②	이화	동화
③	소화	광합성
④	호흡	단백질 합성

40 물질대사에 대한 설명으로 옳지 <u>않은</u> 것은?

① 생체 촉매가 관여한다.
② 에너지 출입이 일어난다.
③ 생명체 밖에서도 일어난다.
④ 생명체 내에서 일어나는 모든 화학 반응이다.

41 그림은 연소와 세포 호흡 반응을 순서 없이 나타낸 것이다. 이에 대한 설명으로 옳은 것은?

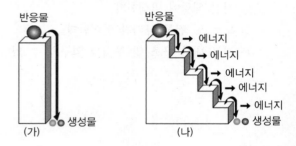

① (가)는 세포 호흡 반응이다.
② (나)는 연소 반응이다.
③ (가)는 생체 촉매가 관여한다.
④ (나)는 체온 범위 온도에서 일어난다.

42 그림은 어떤 효소의 작용을 나타낸 것이다. 이에 대한 설명으로 옳은 것만을 〈보기〉에서 모두 고른 것은?

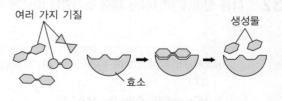

┌─────────── 보 기 ───────────┐
ㄱ. 효소는 특정 반응물하고만 결합한다.
ㄴ. 반응이 끝나면 효소는 생성물과 분리된다.
ㄷ. 효소는 반응 후 재사용이 불가능하다.
└──────────────────────────┘

① ㄱ   ② ㄱ, ㄴ
③ ㄱ, ㄷ   ④ ㄱ, ㄴ, ㄷ

43 다음 중 구성 단위가 가장 큰 것은?

① DNA
② 염색체
③ 유전자
④ 뉴클레오타이드

44 다음과 같은 DNA의 염기에 대하여 상보적 결합을 하는 뉴클레오타이드는?

> ATCGACGTTA

① TACGTCGAAT
② TAGCTGCAAT
③ AACGACGAAA
④ ACCGACGCCA

45 유전자에 대한 설명으로 옳지 <u>않은</u> 것은?

① DNA 상의 특정한 염기 서열이다.
② 단백질을 합성하기 위한 유전 정보를 가진다.
③ 아미노산을 합성하는 유전 암호는 총 128가지가 있다.
④ 유전 정보는 4종류 염기의 배열 순서에 따라 달라진다.

46 다음 ㉠에 들어갈 알맞은 말은?

> A, T, G, C 4종류의 염기는 3개씩 짝을 지어 64개의 염기 조합을 가지고 (㉠)에 대한 유전 정보를 형성한다.

① 지질
② 단백질
③ 포도당
④ 아미노산

※ 다음 그림을 보고 물음에 답하시오(47~48).

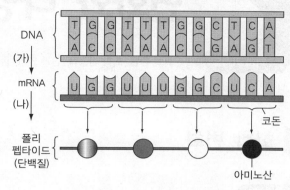

47 그림에 대한 설명으로 옳지 <u>않은</u> 것은?

① (가)는 전사, (나)는 번역이다.
② (가)는 핵에서 일어난다.
③ (나)는 세포질에서 일어난다.
④ 하나의 아미노산은 하나의 단백질을 구성한다.

48 단백질 합성에 대한 설명으로 옳은 것은?

① 생물 종마다 다른 유전 암호 체계를 이룬다.
② (나)에서 유전 정보에 따라 지질이 합성된다.
③ 아미노산을 지정하는 4쌍의 염기를 코돈이라고 한다.
④ RNA를 구성하는 염기에는 아데닌(A), 사이토신(C), 구아닌(G), 유라실(U)이 있다.

3 변화와 다양성

핵심 키워드   산화와 환원, 화학 반응식, 산과 염기, 중화 반응, 지질 시대, 자연 선택, 진화, 생물 다양성

1 화학 변화

● **해결 Point**

산화와 환원 반응 과정에 대한 이해나 광합성, 화석 연료의 연소 등에 나타난 화학 반응에 대해 묻는 문제가 출제될 가능성이 높다. 화학 반응식의 결과나 빈칸에 들어갈 내용을 묻는 문제도 자주 출제되고 있으므로 화학 변화의 기본적인 내용을 잘 알아 두어야 한다.

● **대표 문제 유형**

❖ 다음은 암모니아(NH_3)가 만들어지는 화학 반응식을 나타낸 것이다. ㉠에 알맞은 값은?
❖ 그림은 녹색식물의 광합성 과정을 나타낸 것이다. 이에 대한 설명으로 옳은 것은?

(1) 산화 환원 반응

① 산화 환원 반응

㉠ 산화: 물질이 산소를 얻거나 전자를 잃는 반응이다.

구분	산화	환원
산소의 이동	물질이 산소를 얻음	물질이 산소를 잃음
	$C + O_2 \rightarrow CO_2$	$2CuO \rightarrow 2Cu + O_2$
	예 $2CuO + C \rightarrow 2Cu + CO_2$ 산화 구리(II) 탄소 구리 이산화 탄소	
전자의 이동	물질이 전자를 잃음	물질이 전자를 얻음
	$Mg \rightarrow Mg^{2+} + 2\ominus$	$Cu^{2+} + 2\ominus \rightarrow Cu$
	$Mg + Cu^{2+} \rightarrow Mg^{2+} + Cu$ 마그네슘 구리 마그네슘 구리 이온 이온	

㉡ 환원: 물질이 산소를 잃거나 전자를 얻는 반응이다.

㉢ 산화 환원 반응의 동시성: 어떤 물질이 산소를 얻거나 전자를 잃고 산화되면 다른 물질은 산소를 잃거나 전자를 얻어 환원된다. → 산화와 환원은 항상 동시에 일어난다.

② 지구와 생명의 역사를 바꾼 화학 반응

㉠ 광합성과 호흡

- 광합성: 식물의 엽록체에서 빛에너지를 이용하여 이산화 탄소와 물로 포도당과 산소를 만드는 반응이다.

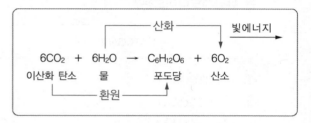

- 호흡: 미토콘드리아에서 포도당과 산소가 반응하여 이산화 탄소와 물이 생성되고, 에너지가 발생하는 반응이다.

$$C_6H_{12}O_6 + 6O_2 \rightarrow 6CO_2 + 6H_2O + 에너지$$
포도당   산소   이산화 탄소   물

㉡ 화석 연료의 연소: 화석 연료가 공기 중의 산소와 반응하여 이산화 탄소와 물이 생성되고 많은 열이 방출되는 반응이다.

$$CH_4 + 2O_2 \rightarrow CO_2 + 2H_2O$$
메테인   산소   이산화 탄소   물

㉢ 철의 제련: 산화 철(III)에서 산소를 제거하여 순수한 철을 얻는 과정이다.

- 1단계: 코크스(C)의 산화

$$2C + O_2 \rightarrow 2CO$$
코크스   산소   일산화 탄소

• 2단계: 산화 철(Ⅲ)의 환원

$$Fe_2O_3 + 3CO \rightarrow 2Fe + 3CO_2$$

산화 철(Ⅲ)　일산화 탄소　철　이산화 탄소

ㄹ 지구와 생명의 역사를 바꾼 화학 반응의 공통점: 광합성, 호흡, 화석 연료의 연소, 철의 제련은 모두 산소가 관여하는 산화 환원 반응이다.

③ 생활 속 산화 환원 반응의 예
  ㄱ 사과의 갈변: 사과를 깎아 두면 공기 중 산소와 반응하는 산화 반응으로 갈변 현상이 나타난다.
  ㄴ 손난로: 철가루가 들어 있는 손난로를 흔들면 철이 산화철로 산화하면서 열이 발생한다.
  ㄷ 표백제: 누렇게 변한 옷에 표백제를 넣으면 산소 방울에 의한 산화 환원 반응으로 옷이 하얗게 된다.

[2] 산과 염기

① 산
  ㄱ 산: 물에 녹아 수소 이온(H^+)을 내놓는 물질이다.
    예 염산(HCl), 황산(H_2SO_4), 아세트산(CH_3COOH), 질산(HNO_3), 탄산(H_2CO_3) 등

> ■ 산의 이온화
> • $HCl \rightarrow H^+ + Cl^-$
>   염산　수소이온　염화 이온
> • $H_2SO_4 \rightarrow 2H^+ + SO_4^{2-}$
>   황산　수소이온　황산 이온

  ㄴ 산의 성질(산성): 산의 공통적인 성질은 수소 이온(H^+) 때문에 나타난다.
    • 신맛이 난다.
    • 수용액에서 전류가 흐른다.
    • 금속과 반응하여 수소 기체를 발생시키고, 달걀 껍데기와 반응하여 이산화 탄소 기체를 발생시킨다.
    • 푸른색 리트머스 종이를 붉게 변화시킨다.
    • 페놀프탈레인 용액의 색을 변화시키지 않는다.
  ㄷ 주변의 산성 물질: 과일, 식초, 탄산음료, 김치, 해열제 등

② 염기
  ㄱ 염기: 물에 녹아 수산화 이온(OH^-)을 내놓는 물질이다.
    예 수산화 나트륨(NaOH), 수산화 칼륨(KOH), 암모니아(NH_3), 수산화 칼슘($Ca(OH)_2$), 수산화 바륨($Ba(OH)_2$), 수산화 마그네슘($Mg(OH)_2$) 등

> ■ 염기의 이온화
> • $NaOH \rightarrow Na^+ + OH^-$
>   수산화　나트륨 이온　수산화
>   나트륨　　　　　　　이온
> • $Ca(OH)_2 \rightarrow Ca^{2+} + 2OH^-$
>   수산화　칼슘 이온　수산화
>   칼륨　　　　　　　이온

  ㄴ 염기의 성질(염기성): 염기의 공통적인 성질은 수산화 이온(OH^-) 때문에 나타난다.
    • 쓴맛이 난다.
    • 수용액에서 전류가 흐른다.
    • 금속이나 달걀 껍데기와 반응하지 않는다.
    • 단백질을 녹이는 성질이 있어 손으로 만지면 미끈거린다.
    • 붉은색 리트머스 종이를 푸르게 변화시킨다.
    • 페놀프탈레인 용액을 붉게 변화시킨다.
  ㄷ 주변의 염기성 물질: 비누, 하수구 세정제, 제산제, 치약 등

③ 지시약과 pH
  ㄱ 지시약: 용액의 액성을 구별하기 위해 사용하는 물질이다.

구분	산성	중성	염기성
리트머스 종이	푸른색 → 붉은색	–	붉은색 → 푸른색
페놀프탈레인 용액	무색	무색	붉은색
메틸 오렌지 용액	붉은색	노란색	노란색
BTB 용액	노란색	초록색	파란색

  ㄴ pH: 수용액에 들어 있는 수소 이온(H^+)의 농도를 숫자로 나타낸 것으로, 0~14 사이의 값을 갖는다.
    • pH가 작을수록 산성이 강하고, pH가 클수록 염기성이 강하다.
    • pH < 7 → 산성
    • pH = 7 → 중성
    • pH > 7 → 염기성

④ 지구 환경에 영향을 미치는 산과 염기: 이산화 탄소는 생명체의 호흡이나 화석 연료의 연소, 화산 분출 등으로 발생하며, 바닷물에 녹아 탄산(H_2CO_3)을 생성하고, 해양을 산성화시킨다.

(3) 중화 반응

① 중화 반응: 산과 염기가 반응하여 물이 생성되는 반응이다.
  ㉠ 산의 수소 이온(H^+)과 염기의 수산화 이온(OH^-)이 1 : 1의 개수비로 반응하여 물(H_2O)을 생성한다($H^+ + OH^- \rightarrow H_2O$).

> ■ 묽은 염산(HCl)과 수산화 나트륨(NaOH) 수용액의 중화 반응
>
> | HCl | $\rightarrow$ | H^+ | $+$ | Cl^- |
> |---|---|---|---|---|
> | NaOH | $\rightarrow$ | Na^+ | $+$ | OH^- |
> | HCl + NaOH | $\rightarrow$ | H_2O | $+$ | NaCl |

  ㉡ 혼합 용액의 액성
- H^+의 수 > OH^-의 수 → 산성
- H^+의 수 = OH^-의 수 → 중성
- H^+의 수 < OH^-의 수 → 염기성

② 중화 반응이 일어날 때의 변화
  ㉠ 중화점: 산의 H^+과 염기의 OH^-이 모두 반응하여 중화 반응이 완결된 지점이다.
  ㉡ 지시약의 색 변화: 중화점을 지나면 용액의 액성이 변하여 지시약의 색이 변한다.
> 예 일정량의 묽은 염산에 BTB 용액을 떨어뜨린 후 수산화 나트륨 수용액을 조금씩 넣을 때: 용액의 색이 '노란색 → 초록색 → 파란색'으로 변한다.

  ㉢ 용액의 온도 변화
- 중화열: 중화 반응이 일어날 때 발생하는 열로, 반응하는 수소 이온(H^+)과 수산화 이온(OH^-)의 수가 많을수록 중화열이 많이 발생한다.
- 중화점에서 용액의 온도가 가장 높다.

③ 생활 속의 중화 반응의 예
  ㉠ 생선구이에 산성 물질인 레몬 즙을 뿌려 비린내의 원인인 염기성 물질을 중화한다.
  ㉡ 위산 과다 분비로 속이 쓰릴 때 염기성 성분인 제산제를 먹어 위산을 중화한다.
  ㉢ 산성화된 토양에 염기성 물질인 석회 가루를 뿌린다.

2 생물 다양성과 유지

● 해결 Point
지질 시대와 관련하여 제시된 자료를 보고 어느 시대인지 알아맞히는 문제나 각 시대의 특징, 대표 화석을 묻는 문제가 빠지지 않고 출제된다. 생물 다양성의 개념과 중요성을 묻는 문제도 출제되고 있으므로 주요 내용을 확실히 이해해 두어야 한다.

● 대표 문제 유형
❖ 그림은 우리나라 어느 퇴적층에서 발견된 공룡 발자국 화석을 나타낸 것이다. 이 퇴적층이 생성된 지질 시대는?
❖ ㉠에 들어갈 말로 가장 적절한 것은?

(1) 지질 시대의 환경과 생물

① 화석: 지질 시대에 살았던 생물의 유해나 흔적이 지층 속에 남은 것이다. 예 발자국, 뼈, 알 등
  ㉠ 화석의 생성 조건
- 지각 변동을 받지 않아야 한다.
- 생물체에 단단한 부분이 있어야 한다.
- 생물체가 퇴적물에 빠르게 묻혀야 한다.
- 개체 수가 많아야 한다.

  ㉡ 화석의 분류

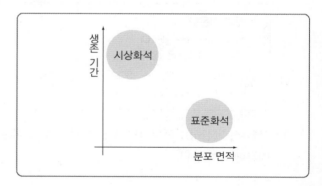

- 표준화석

특징	• 생존 기간이 짧고, 분포 면적은 넓다. • 지층의 생성 시대를 알려 준다.
예	• 고생대: 삼엽충, 방추충, 갑주어 • 중생대: 암모나이트, 공룡 • 신생대: 화폐석, 매머드

[삼엽충]   [암모나이트]   [화폐석]

• 시상화석

특징	• 생존 기간이 길고, 분포 면적이 좁다. • 지층의 생성 환경을 알려 준다.
예	• 고사리: 따뜻하고 습한 육지 • 산호: 따뜻하고 얕은 바다 • 조개: 얕은 바다나 갯벌

ⓒ 화석을 통해 알아 낼 수 있는 것
  • 과거 지층이 생성된 시대와 환경
  • 과거의 수륙 분포 변화
  • 과거 육지와 바다의 환경
  • 지층의 융기

② 지질 시대의 환경과 생물
  ㉠ 지질 시대: 약 46억 년 전 지구가 탄생한 후부터 현재까지의 기간이다.

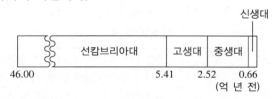

신생대

	선캄브리아대	고생대	중생대	

46.00   5.41   2.52   0.66
(억 년 전)

  ㉡ 지질 시대의 구분 기준: 생물계의 급격한 변화(화석의 변화)

선캄브리아대	• 전반적으로 온난한 기후 • 남세균의 광합성 증가로 대기 중 산소량 증가 • 단세포 생물, 원시 해조류, 다세포 생물 등 출현 • 스트로마톨라이트, 에디아카라 동물군 화석(발견되는 화석이 적음) • 말기에 빙하기가 있었을 것으로 추청
고생대	• 온난한 기후, 오존층 형성 • 초기에 다양한 생물 출현 • 오존층이 두꺼워져 최초의 육상 생물 출현 • 삼엽충, 방추충, 어류(갑주어 등), 곤충류, 양서류, 양치식물 번성 • 말기에 생물의 대멸종(판게아 형성, 빙하기 등을 원인으로 추정, 지질 시대 동안 가장 큰 규모의 멸종)
중생대	• 빙하기 없이 전반적으로 온난한 기후 • 암모나이트, 공룡, 겉씨식물 번성, 시조새 출현 • 판게아가 분리되며 대서양과 인도양 형성 • 말기에 생물의 대멸종(운석 충돌, 화산 폭발 등을 원인으로 추정)
신생대	• 4번의 빙하기, 3번의 간빙기 • 현재와 비슷한 수륙 분포 형성 • 화폐석, 포유류, 속씨식물 번성, 최초의 인류 출현

③ 대멸종과 생물 다양성: 지질 시대에 여러 번의 대멸종이 있었고, 이를 계기로 생물 다양성이 증가하게 되었다.

(2) 자연 선택과 생물의 진화

① 진화와 변이
  ㉠ 진화: 생물이 오랫동안 여러 세대를 거치면서 환경에 적응하여 변화하는 현상이다.
  ㉡ 변이: 같은 종의 개체 사이에 나타나는 형질의 차이

유전적 변이	• 개체가 가진 유전자의 차이로 나타난다. • 형질이 자손에게 유전되며, 진화의 원동력이 된다.
비유전적 변이	• 환경의 영향으로 나타난다. • 형질이 자손에게 유전되지 않는다.

  ㉢ 유전적 변이의 원인: 돌연변이, 생식 세포의 다양한 조합

② 다윈의 자연 선택설
  ㉠ 자연 선택설: 다양한 변이를 가진 개체들 중 환경에 잘 적응한 개체가 자연 선택되는 과정을 반복하여 생물이 진화한다는 학설이다.
  ㉡ 자연 선택설에 의한 진화 과정

❶ 과잉 생산과 변이	• 과잉 생산: 생물은 주어진 환경에서 살아남을 수 있는 것보다 많은 수의 자손을 낳음 • 과잉 생산된 같은 종의 개체들 사이에는 형태, 습성 등 형질이 조금씩 다른 변이가 존재함
❷ 생존 경쟁	개체 사이에는 먹이, 서식지 등을 두고 생존 경쟁이 일어남
❸ 자연 선택	환경에 적응하기 유리한 변이를 가진 개체가 더 많이 살아남아 자손을 남김
❹ 진화	생존 경쟁에서 살아남은 개체는 자신의 유전자를 자손에게 물려주며, 이러한 자연 선택 과정이 오랫동안 누적되어 진화가 일어남

  ㉢ 자연 선택설의 한계점: 유전자의 역할이 밝혀지기 전이었기 때문에 변이가 나타나는 원인과 부모의 형질이 자손에게 유전되는 원리를 명확히 설명하지 못하였다.

③ 변이와 자연 선택에 의한 생물의 진화

핀치 부리 모양의 자연 선택	다양한 변이를 가진 핀치가 갈라파고스 군도의 각 섬에 적응하는 과정에서 각 섬의 환경(먹이)에 적합한 변이를 가진 핀치가 자연 선택되었고, 이 과정이 오랫동안 반복되면서 각 섬마다 살고 있는 핀치의 종류가 달라졌다. → 같은 종의 핀치가 오랫동안 다른 먹이에 적응하여 다른 종으로 진화하였다.
항생제 내성 세균의 자연 선택	항생제를 지속적으로 사용하는 환경에서는 항생제 내성 세균이 자연 선택되어 집단 내에서 그 비율이 점차 높아진다. → 항생제 내성 세균의 집단이 형성된다.

낮 모양 적혈구 빈혈증의 자연 선택	말라리아가 많이 발생하는 지역에서는 낮 모양 적혈구 유전자를 가진 사람이 정상 적혈구 유전자만 가진 사람보다 생존에 유리하여 자연 선택되므로 낮 모양 적혈구 유전자를 가진 사람의 비율이 다른 지역보다 높다. → 형질이 더 우수해 자연 선택되는 것이 아니라 주어진 환경에 적응하여 살아남는 데 적합한 변이를 가진 개체가 자연 선택된다.

④ 다양한 생물의 출현과 진화: 환경의 변화는 자연 선택의 방향에 영향을 주므로 생물은 각 환경에 적합한 방향으로 자연 선택된다. 이 과정이 반복되면서 생물종이 다양해진다.

(3) 생물 다양성과 보전

① 생물 다양성: 일정한 생태계에 존재하는 생물의 다양한 정도를 의미하며, 유전적 다양성, 종 다양성, 생태계 다양성을 모두 포함한다.

유전적 다양성	• 같은 생물종이라도 서로 다른 유전자를 가지고 있어 다양한 형질이 나타나는 것을 의미한다. 예 터키달팽이의 껍데기 무늬와 색이 개체마다 다르다. 채프먼얼룩말의 털 줄무늬가 개체마다 다르다. • 하나의 형질을 결정하는 유전자가 다양할수록 유전적 다양성이 높아 변이가 다양하다.
종 다양성	• 일정한 지역에 얼마나 많은 생물종이 고르게 분포하며 살고 있는지를 의미한다. • 생물종이 많을수록, 각 종의 분포 비율이 균등할수록 종 다양성이 높다.
생태계 다양성	• 생물 서식지의 다양한 정도를 의미한다. • 지구에는 대륙과 해양의 분포, 위도, 기온, 강수량, 계절 등 환경의 차이로 인해 열대 우림, 갯벌, 습지, 삼림, 초원, 사막, 해양 등 다양한 생태계가 존재한다. • 생태계의 종류에 따라 환경이 다르므로 서식하는 생물종과 개체 수가 다르다.

② 생물 다양성의 중요성

   ㉠ 유전적 다양성의 중요성: 유전적 다양성이 높을수록 급격한 환경 변화에도 적응하여 살아남는 개체가 존재할 가능성이 높다.

   ㉡ 종 다양성의 중요성: 종 다양성이 높을수록 생태계가 안정적으로 유지된다.

   ㉢ 생태계 다양성의 중요성: 생태계가 다양할수록 서식지와 환경 요인도 다양하므로 종 다양성과 유전적 다양성이 높아진다.

③ 생물 자원: 인간의 생활과 생산 활동에 이용될 가치가 있는 생물을 생물 자원이라고 하며, 생물 다양성이 높을수록 생물 자원이 풍부해진다.

> ■ 생물 자원의 예
> • 목화, 누에 등은 의복의 원료로 이용된다.
> • 벼, 옥수수, 콩, 사과 등은 식량으로 이용된다.
> • 나무 등은 주택의 재료로 이용된다.
> • 주목의 열매에서 항암제의 원료를 얻는다.
> • 버드나무 껍질에서 아스피린의 원료를 얻는다.
> • 휴식 장소, 생태 관광 장소 등을 제공한다.

④ 생물 다양성의 위기

   ㉠ 생물 다양성의 감소: 현재 지구상의 생물 다양성은 다양한 원인으로 빠르게 감소하고 있으며, 많은 생물종이 멸종 위기에 처해 있다.

   ㉡ 생물 다양성 감소의 원인

서식지의 파괴와 단편화	• 생물 다양성 감소의 가장 큰 원인이다. • 서식지 파괴: 삼림의 벌채, 습지의 매립 등으로 서식지가 파괴되면 서식지의 면적이 줄어들므로 생물 다양성이 급격히 감소한다. • 서식지 단편화: 도로 건설, 택지 개발 등으로 서식지가 소규모로 분할되면 서식지의 면적이 감소되고, 생물종의 이동을 제한하고 고립시키므로 멸종 위험이 높아진다.
야생 동식물 불법 포획 및 남획	보호 동식물을 불법 포획하거나 야생 동물을 남획하면 해당 생물종 개체 수가 급격하게 감소하여 멸종될 수 있다. → 특정 생물종의 멸종은 생태계에서의 먹이 관계와 생물 간의 상호 작용에 영향을 주어 생물 다양성을 감소시킨다.
외래종 도입	외래종이 대량으로 번식하면 고유종의 서식지를 차지하여 생존을 위협하고 먹이 관계에 변화를 일으켜 생태계 평형을 깨뜨린다. 예 블루길, 가시박, 뉴트리아, 배스
환경 오염	대기 오염으로 인한 산성비는 하천, 호수, 토양 등을 산성화시키고, 강이나 바다에 유입된 화학 물질과 중금속은 수중 생물에게 피해를 준다.

   ㉢ 생물 다양성 보전을 위한 노력

     • 개인적 노력: 쓰레기 분리 배출, 자원 및 에너지 절약하기 등

     • 국가적·사회적 노력: 생태 통로 설치, 국립 공원 지정, 멸종 생물종 복원 사업 및 종자 은행 설립 등

     • 국제적 노력: 생물 다양성 협약 등 국제 협약 체결

출제 예상 문제

01 산화 환원 반응에 대한 설명으로 옳지 않은 것은?

① 산화와 환원은 동시에 일어난다.
② 어떤 물질이 산소를 얻으면 환원된다.
③ 어떤 물질이 전자를 얻으면 환원된다.
④ 어떤 물질이 전자를 잃으면 산화된다.

02 그림과 같이 산화구리(II)와 탄소(C) 가루를 시험관에 넣고 가열하였다. 이에 대한 설명으로 옳은 것만 〈보기〉에서 모두 고른 것은?

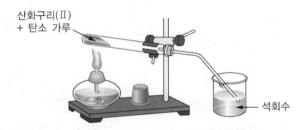

산화구리(II)
+ 탄소 가루

석회수

• 보 기 •
ㄱ. 탄소는 산소를 얻어 이산화 탄소로 산화된다.
ㄴ. 산화구리(II)가 붉은색을 띠는 물질로 변한다.
ㄷ. 반응 후 석회수가 뿌옇게 흐려진다.

① ㄱ, ㄴ   ② ㄱ, ㄷ
③ ㄴ, ㄷ   ④ ㄱ, ㄴ, ㄷ

03 다음은 두 가지 화학 반응식을 나타낸 것이다. (가)와 (나)에서 산화되는 물질을 옳게 나타낸 것은?

(가) $Fe_2O_3 + 3CO \rightarrow 2Fe + 3CO_2$
(나) $Zn + 2HCl \rightarrow ZnCl_2 + H_2$

	(가)	(나)		(가)	(나)
①	Fe_2O_3	Zn	②	Fe_2O_3	HCl
③	CO	Zn	④	CO	HCl

04 광합성과 화석 연료의 연소 반응에서 ㉠에 들어갈 공통 물질은?

• 광합성: 이산화 탄소 + 물 → 포도당 + (㉠)
• 연소: 메테인 + (㉠) → 이산화 탄소 + 물

① 물(H_2O)   ② 산소(O_2)
③ 수소(H_2)   ④ 일산화 탄소(CO)

05 우리 주변의 산화 환원 반응이 아닌 것은?

① 생선 비린내를 제거할 때 레몬 즙을 뿌린다.
② 사과를 깎아 공기 중에 두면 갈색으로 변한다.
③ 철가루가 들어 있는 손난로를 흔들면 열이 발생한다.
④ 누렇게 변한 옷을 표백제로 세탁하면 옷이 하얗게 된다.

06 다음 화학 반응식 중 밑줄 친 물질이 환원된 것이 아닌 것은?

① $2Mg + \underline{O_2} \rightarrow 2MgO$
② $2Na + \underline{Cl_2} \rightarrow 2NaCl$
③ $\underline{Zn} + 2HCl \rightarrow ZnCl_2 + H_2$
④ $\underline{Fe_2O_3} + 3CO \rightarrow 2Fe + 3CO_2$

07 산의 공통적인 성질을 나타나게 하는 물질은?

① 물(H_2O)
② 수소 이온(H^+)
③ 수산화 이온(OH^-)
④ 이산화 탄소(CO_2)

08 산성 수용액에 대한 설명으로 옳은 것만을 〈보기〉에서 모두 고른 것은?

> ─── 보기 ───
>
> ㄱ. 신맛이 난다.
> ㄴ. 탄산음료, 이온 음료가 해당한다.
> ㄷ. 붉은색 리트머스 종이를 푸르게 변화시킨다.

① ㄱ, ㄴ   ② ㄱ, ㄷ
③ ㄴ, ㄷ   ④ ㄱ, ㄴ, ㄷ

09 염기에 해당하는 물질이 아닌 것은?

① 암모니아(NH_3)
② 수산화 칼륨(KOH)
③ 아세트산(CH_3COOH)
④ 수산화 나트륨($NaOH$)

10 산성에서 지시약의 색 변화로 옳지 않은 것은?

① BTB 용액: 파란색
② 페놀프탈레인: 무색
③ 메틸오렌지: 붉은색
④ 리트머스 종이: 푸른색 → 붉은색

11 다음 물질에 BTB 용액을 떨어뜨렸을 때의 색 변화로 옳은 것은?

① 비눗물: 노란색
② 증류수: 노란색
③ 탄산음료: 초록색
④ 하수구 세정제: 파란색

12 다음 중 pH가 7 이하인 물질이 아닌 것은?

① 레몬   ② 커피
③ 토마토   ④ 제빵 소다

13 산과 염기의 이온화 반응식 중 옳지 않은 것은?

① $HNO_3 \rightarrow H^+ + NO_3^-$
② $NH_4OH \rightarrow 4NH^+ + OH^-$
③ $Ca(OH)_2 \rightarrow Ca^{2+} + 2OH^-$
④ $CH_3COOH \rightarrow H^+ + CH_3COO^-$

14 중화 반응에서 산의 수소 이온(H^+)과 염기의 수산화 이온(OH^-)이 반응하는 개수비로 옳은 것은?

① 1 : 1
② 1 : 2
③ 2 : 1
④ 1 : 4

15 중화 반응에서 용액의 온도가 가장 높은 시기는?

① 중화점
② 중화점 이전
③ 중화점 이후
④ 온도 변화가 없다.

16 표는 같은 농도의 묽은 염산과 수산화 나트륨 수용액의 부피를 달리하여 중화 반응을 시킬 때 각 실험에서 혼합 용액의 온도를 측정한 것이다. ㉠~㉣ 중 온도가 가장 높은 것은?

실험	(가)	(나)	(다)	(라)	(마)
염산의 부피(mL)	2	4	6	8	10
수산화 나트륨 수용액의 부피(mL)	10	8	6	4	2
혼합 용액의 최고 온도(℃)	25	㉠	㉡	㉢	㉣

① ㉠   ② ㉡
③ ㉢   ④ ㉣

17 생활 속 중화 반응에 대한 설명으로 옳은 것만 〈보기〉에서 모두 고른 것은?

```
─────────── 보 기 ───────────
ㄱ. 산성화된 토양에 염기성 물질인 석회 가루를 뿌린다.
ㄴ. 위산이 과다하게 분비되어 속이 쓰릴 때 염기성 성분
   인 제산제를 먹는다.
ㄷ. 생선회에서 비린내 성분의 산성 물질을 중화할 때 레
   몬 즙을 뿌린다.
```

① ㄱ   ② ㄱ, ㄴ
③ ㄱ, ㄷ   ④ ㄱ, ㄴ, ㄷ

18 다음 중 시상화석은?

① 산호   ② 삼엽충
③ 화폐석   ④ 암모나이트

19 표준화석에 대한 설명으로 옳지 <u>않은</u> 것은?

① 생존 기간이 짧아야 한다.
② 분포 면적이 좁아야 한다.
③ 지층의 생성 시대를 알려 주는 화석이다.
④ 암모나이트와 화폐석은 표준화석에 속한다.

20 다음 생물들이 지구상에 나타난 순서대로 바르게 나열한 것은?

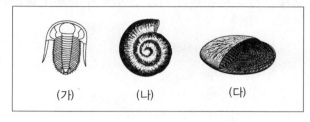

(가)   (나)   (다)

① (가) → (나) → (다)
② (가) → (다) → (나)
③ (다) → (가) → (나)
④ (다) → (나) → (가)

21 다음에서 설명하는 지질 시대에 생성된 화석은?

```
• 전반적으로 온난하였다.
• 거대 동식물이 번성하였다.
```

① 삼엽충
② 갑주어
③ 양치식물
④ 암모나이트

22 다음 중 빙하기가 없었던 시대는?

① 고생대
② 중생대
③ 신생대
④ 선캄브리아대 말기

23 다음 중 지질 시대를 구분하는 기준으로 옳은 것은?

① 지각 변동, 기후 변화
② 지각 변동, 생물의 급변
③ 수륙 분포, 생물의 급변
④ 수륙 분포의 변화, 기후 변화

24 지질 시대 동안 가장 큰 규모의 멸종이 일어났던 시기는?

① 선캄브리아대
② 고생대
③ 중생대
④ 신생대

25 다음에서 설명하는 지질 시대는?

- 후기에 빙하기와 간빙기가 반복되었다.
- 수륙 분포가 현재와 비슷하다.
- 속씨식물의 화석이 생성되었다.

① 신생대
② 중생대
③ 고생대
④ 선캄브리아대

26 화석을 통해 알 수 있는 사실로 옳지 <u>않은</u> 것은?

① 지층의 융기
② 과거의 지진 활동
③ 과거 수륙 분포의 변화
④ 과거 육지와 바다의 환경

27 다음 중 식물의 진화 과정으로 옳은 것은?

① 해조류 → 양치식물 → 겉씨식물 → 속씨식물
② 해조류 → 양치식물 → 속씨식물 → 겉씨식물
③ 양치식물 → 겉씨식물 → 속씨식물 → 해조류
④ 양치식물 → 속씨식물 → 겉씨식물 → 해조류

28 다음 중 동물의 진화 과정으로 옳은 것은?

① 무척추동물 → 어류 → 파충류 → 양서류 → 조류와 포유류
② 무척추동물 → 어류 → 양서류 → 파충류 → 조류와 포유류
③ 어류 → 무척추동물 → 양서류 → 파충류 → 조류와 포유류
④ 양서류 → 어류 → 파충류 → 조류와 포유류 → 무척추동물

29 변이에 대한 설명으로 옳지 <u>않은</u> 것은?

① 돌연변이는 자손에게 유전되지 않는다.
② 유전적 변이는 진화가 일어나는 원동력이다.
③ 같은 종에서 나타나는 다양한 형질 차이이다.
④ 유전적 변이는 개체가 가진 유전자의 차이로 나타난다.

30 유전적 변이에 해당하지 <u>않는</u> 것은?

① 사람의 피부색이 다양하다.
② 무당벌레 등껍질의 무늬와 색이 다양하다.
③ 유럽정원달팽이의 껍데기 무늬가 다양하다.
④ 훈련으로 팔 근육을 단련하여 팔이 굵어졌다.

31 다윈의 자연 선택설에 의한 진화 과정을 옳게 나타낸 것은?

① 과잉 생산 → 생존 경쟁 → 자연 선택 → 진화
② 생존 경쟁 → 과잉 생산 → 자연 선택 → 진화
③ 과잉 생산 → 자연 선택 → 생존 경쟁 → 진화
④ 자연 선택 → 과잉 생산 → 생존 경쟁 → 진화

32 그림은 숲의 밝기가 밝아진 후 포식자인 새가 피식자인 곤충을 잡아먹는 모습을 나타낸 것이다. 이 그림과 관련 있는 내용으로 옳은 것은?

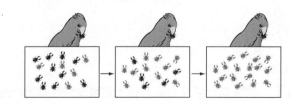

① 이주
② 격리
③ 돌연변이
④ 자연 선택

33 그림은 어떤 동일한 생물종 집단의 진화 과정을 나타낸 것이다. 이에 대한 설명으로 옳지 <u>않은</u> 것은?

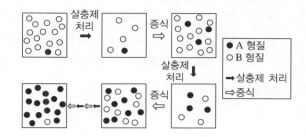

① 이 집단에서 자연 선택이 일어나고 있다.
② 자연 선택에 의해 선택된 종은 개체 수가 감소한다.
③ A 형질은 B 형질보다 살충제에 강한 내성이 강하다.
④ 이 집단의 진화 과정에서 A 형질을 나타내는 유전자의 비율이 증가한다.

34 자연 선택과 진화에 대한 설명으로 옳지 <u>않은</u> 것은?

① 갈라파고스 핀치새는 자연 선택의 예이다.
② 환경의 변화는 자연 선택의 방향에 영향을 주지 않는다.
③ 자연 선택된 개체는 그렇지 않은 개체보다 많은 생식 기회를 갖는다.
④ 항생제를 지속적으로 사용하는 환경에서는 항생제 내성 세균이 자연 선택된다.

35 최초 생명체 출현에 대한 가설 중 다음 내용에 해당하는 것은?

> 우주에서 운석을 통해 지구로 유입된 유기물에서 최초 생명체가 만들어졌다는 가설이다.

① 창조설
② 화학 진화설
③ 우주 기원설
④ 심해 열수구설

36 생물의 진화에 대한 설명으로 옳은 것은?

① 유전적 변이는 진화에 영향을 주지 않는다.

② 단기간의 진화를 통해 생물종이 다양해진다.

③ 자연 선택되는 과정이 누적되어 진화가 일어난다.

④ 자연 선택되는 형질은 자손에게 전달되지 않는다.

37 생물 다양성 중에서 종 다양성에 해당하는 예로 옳은 것은?

① 갯벌에 사막보다 더 많은 생물종이 살고 있다.

② 채프먼얼룩말의 털 줄무늬가 개체마다 다르다.

③ 터키달팽이는 껍데기 무늬와 색이 개체마다 다르다.

④ 생태계의 종류에는 열대 우림, 습지, 초원 등이 있다.

38 그림은 면적이 같은 서로 다른 지역 (가)와 (나)에 서식하는 생물 종들을 나타낸 것이다. 이에 대한 설명으로 옳지 <u>않은</u> 것은?

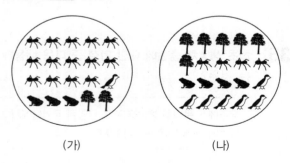

(가)   (나)

① (가)와 (나)는 생물 종 수가 같다.

② (가)와 (나)의 총 개체 수는 같다.

③ (가)는 (나)보다 생물 종 분포 비율이 고르다.

④ (나)는 생물 종 다양성이 높다.

39 생물 자원을 이용하는 예로 옳은 것은?

① 목화, 누에 – 식량

② 벼, 옥수수 – 주택

③ 자연 휴양림 – 의복

④ 주목의 열매, 버드나무 껍질 – 의약품

40 생물 다양성 보전을 위한 노력으로 옳지 <u>않은</u> 것은?

① 생태 통로의 설치

② 외래종의 적극 도입

③ 멸종 위기 생물 복원 사업 및 보호

④ 종자 은행을 통한 생물의 유전자 관리

41 생물 다양성 보전을 위한 개인적 노력에 해당하는 것은?

① 국립 공원 지정

② 국제 협약 체결

③ 저탄소 제품의 사용

④ 야생 생물 보호 및 관리에 관한 법률 제정

4 환경과 에너지

핵심 키워드 생태계 구성 요소, 생태계 평형, 지구 온난화, 엘리뇨, 라니냐, 대기 대순환, 에너지 전환, 열기관, 전력, 신·재생 에너지

1 생태계와 환경

● 해결 Point

지구의 대기 대순환이나 해류에 대한 이해를 묻는 문제나 엘리뇨, 라니냐, 사막화, 지구 온난화 등의 개념을 묻는 문제가 빠지지 않고 출제된다. 열기관에서 방출하는 열을 계산하는 문제도 자주 출제되고 있으므로 관련 내용을 확실히 알아 두어야 한다.

● 대표 문제 유형

❖ 다음 설명에 해당하는 현상은?
❖ 그림은 지구 대기 대순환을 나타낸 것이다. 이에 대한 설명으로 옳은 것만을 〈보기〉에서 모두 고른 것은?

(1) 생태계의 구성 요소

① 생태계

개체 < 개체군 < 군집 < 생태계

㉠ 개체: 하나의 생명체
㉡ 개체군: 같은 종의 개체가 일정한 지역에 모여 사는 무리이다.
㉢ 군집: 일정한 지역에서 서로 관계를 맺고 살아가는 여러 개체군 집단이다.
㉣ 생태계: 일정한 공간에서 자연 환경과 생물이 밀접한 관계를 맺으며 서로 영향을 주고받는 체계이다.

② 생태계의 구성 요소

㉠ 생물적 요인: 생태계에 존재하는 생물로, 생산자, 소비자, 분해자로 구분한다.

생산자	광합성을 통해 스스로 양분을 만드는 생물 예 식물 플랑크톤, 식물
소비자	생산자나 다른 동물을 섭취하여 양분을 얻는 생물 예 동물 플랑크톤, 초식 동물, 육식 동물
분해자	죽은 생물이나 배설물을 분해하여 양분을 얻는 생물 예 세균, 버섯, 곰팡이

㉡ 비생물적 요인: 생물을 둘러싸고 있는 환경 요인
예 빛, 온도, 물, 토양, 공기 등

③ 생태계 구성 요소 간의 관계

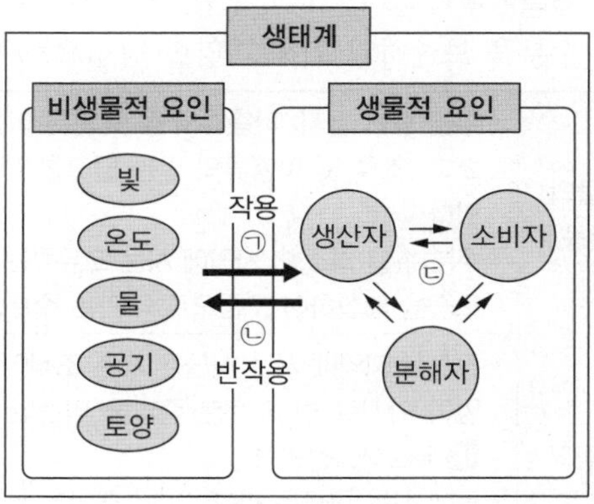

㉠ 작용: 비생물적 요인이 생물에 영향을 준다.
예 토양에 양분이 풍부하면 식물이 잘 자란다.
㉡ 반작용: 생물이 비생물적 요인에 영향을 준다.
예 지렁이가 토양의 통기성을 높인다.
㉢ 상호 작용: 생물들 간에 서로 영향을 주고받는다.
예 토끼의 개체 수가 증가하자 토끼풀의 개체 수가 감소하였다.

(2) 생물과 환경의 관계

① **빛과 생물**: 빛의 세기와 파장, 일조 시간 등은 생물의 형태나 생활 방식에 영향을 준다.

빛의 세기	• 강한 빛을 받는 잎은 약한 빛을 받는 잎보다 두껍다. → 울타리 조직이 두껍다. • 약한 빛을 받는 잎은 빛을 효율적으로 흡수하기 위해 잎이 얇고 넓다.
빛의 파장	바다의 깊이에 따라 서식하는 해조류의 종류가 다르다. → 바다의 깊이에 따라 도달하는 빛의 파장과 양이 다르기 때문
일조 시간	일조 시간은 식물의 개화나 동물의 생식에 영향을 준다. 예 붓꽃은 일조 시간이 길어지는 봄과 초여름에 꽃이 피지만, 코스모스는 일조 시간이 짧아지는 가을에 꽃이 핀다.

② 온도와 생물: 생물의 생명 활동은 온도의 영향을 받는다.

동물의 적응	• 개구리, 곰, 박쥐 등은 추운 겨울이 오면 겨울잠을 잔다. • 포유류는 서식지에 따라 몸집의 크기 및 귀와 같은 몸 말단부의 크기가 다르다. 예 북극 여우는 몸집이 크고 몸의 말단부가 작아 열이 방출되는 것을 막으며, 사막 여우는 몸집이 작고 몸의 말단부가 커서 열을 잘 방출한다.
식물의 적응	낙엽수는 기온이 낮아지면 단풍이 지고 잎이 떨어지지만, 상록수는 잎의 큐티클층이 두꺼워 잎을 떨어뜨리지 않고 겨울을 난다.

③ 물과 생물: 물은 생명 유지에 반드시 필요하므로 생물은 몸속 수분을 보존하기 위해 다양한 방법으로 적응하였다.

동물의 적응	• 수분 증발 방지: 파충류의 몸 표면은 비늘로 덮여 있으며, 조류 및 파충류의 알은 단단한 껍데기로 싸여 있다. • 수분 손실 최소화: 사막에 사는 포유류는 농도가 진한 오줌을 배설하여 오줌으로 나가는 수분량을 줄인다.
식물의 적응	• 건조한 지역에 사는 식물은 저수 조직이 발달하였고, 잎이 가시로 변해 수분 증발을 막는다. 예 알로에, 선인장 • 물에 사는 식물은 관다발이나 뿌리가 잘 발달되어 있지 않으며, 통기 조직이 발달하였다. 예 수련, 연꽃

④ 토양과 생물: 토양은 많은 생물에 삶의 터전을 제공하고, 토양의 무기염류, 공기, 수분 함량 등은 생물의 생활에 영향을 준다.
　㉠ 토양 속 미생물은 동식물의 사체나 배설물을 무기물로 분해하여 다른 생물에게 양분을 제공하거나 비생물 환경으로 돌려보낸다.
　㉡ 토양의 깊이에 따라 공기의 함량이 다르므로 분포하는 세균의 종류가 다르다. → 토양의 표면에는 호기성 세균이 주로 살고, 토양의 깊은 곳에는 혐기성 세균이 주로 산다.

⑤ 공기와 생물: 공기와 생물은 서로 영향을 주고받는다.
　㉠ 공기가 생물의 호흡과 광합성에 이용되고, 생물의 호흡과 광합성에 의해 공기의 성분이 변한다.
　㉡ 공기가 희박한 고산 지대에 사는 사람은 평지에 사는 사람에 비해 혈액 속에 적혈구 수가 많아 산소를 효율적으로 운반한다.

⑥ 인간과 생태계: 인간은 환경과 상호 작용을 하며 살아가며, 생태계를 구성하는 구성 요소이기도 하므로 생태계를 보전하는 것은 인간의 생존을 위해서도 중요하다.

(3) 생태계 평형

① 먹이 관계와 생태 피라미드

먹이 사슬	생산자로부터 최종 소비자까지 먹고 먹히는 관계를 사슬 모양으로 나타낸 것이다.
먹이 그물	여러 개의 먹이 사슬이 복잡하여 얽혀 그물처럼 나타나는 것이다.
생태 피라미드	안정된 생태계에서는 개체 수, 생물량, 에너지양이 상위 영양 단계로 갈수록 감소하는 피라미드 형태를 나타낸다.

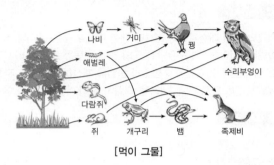

[먹이 그물]

② 생태계 평형
　㉠ 생태계 평형: 생태계를 구성하는 생물의 종류와 개체 수, 물질의 양, 에너지 흐름 등이 안정된 상태를 유지하는 것으로, 먹이 그물이 복잡할수록 생태계 평형이 잘 유지된다.
　　• 먹이 그물이 단순한 생태계: 환경의 변화로 특정 생물종이 사라지면 그 생물종과 먹고 먹히는 관계의 생물종이 직접 영향을 받는다. → 생태계 평형이 깨지기 쉽다.
　　• 먹이 그물이 복잡한 생태계: 환경의 변화로 특정 생물종이 사라져도 그 역할을 대신할 수 있는 생물종이 존재한다. → 생태계 평형이 쉽게 깨지지 않는다.
　㉡ 생태계 평형을 깨뜨리는 요인
　　• 자연재해: 홍수, 지진, 산사태 등은 생물의 서식지를 사라지게 만들고, 먹이 그물을 변화시켜 생태계 평형을 깨뜨린다.
　　• 인간의 활동: 무분별한 벌목, 경작지 개발, 도시화, 대기 오염, 수질 오염은 환경을 급격히 변화시켜 생태계 평형을 깨뜨린다.
　㉢ 생태계 보전을 위한 노력
　　• 멸종 위기에 처한 생물을 천연기념물로 지정한다.
　　• 서식지를 연결하는 생태 통로를 설치한다.
　　• 하천 복원 사업을 실시한다.

- 도시에 옥상 정원 및 숲을 조성한다.
- 생태적으로 보전 가치가 있는 장소를 국립 공원으로 지정한다.

(4) 지구 환경 변화와 인간 생활

① 지구 온난화

㉠ 지구 온난화: 대기 중 온실 기체의 양이 증가하여 지구의 평균 기온이 상승하는 현상이다.

㉡ 온실 기체: 지구 복사 에너지를 잘 흡수하여 온실 효과를 일으키는 기체이다.
  예 수증기, 이산화 탄소, 메테인, 오존 등

㉢ 지구 온난화의 발생 원인: 화석 연료의 사용량 증가로 인한 대기 중 이산화 탄소의 농도 증가(주요 원인), 지나친 삼림 벌채, 과도한 가축 사육 등으로 인한 대기 중 온실 기체의 양 증가

㉣ 지구 온난화의 영향과 대책
  - 영향: 강수량과 증발량의 변화에 의한 기상 이변, 빙하의 융해로 인한 해수면 상승, 육지 면적 감소, 생태계 변화에 의한 생물 다양성 감소 등
  - 대책: 화석 연료 사용 억제, 신·재생 에너지 개발, 국가 간 협약 체결 등

② 대기와 해수의 순환

㉠ 대기 대순환: 크고 작은 여러 규모의 대기 순환 중 지구 전체 규모로 일어나는 순환이다.

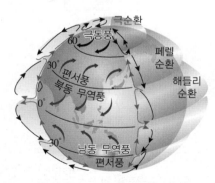

발생 원인	위도별 에너지 불균형과 지구의 자전
발생 과정	적도의 따뜻한 공기는 상승하여 고위도로 이동하고, 극의 찬 공기는 하강하여 저위도로 이동하며, 지구 자전의 영향을 받아 3개의 순환 세포(해들리 순환, 페렐 순환, 극 순환)를 형성한다. • 적도~30°: 무역풍이 분다. • 위도 30°~60°: 편서풍이 분다. • 위도 60°~90°: 극동풍이 분다.
역할	저위도에서 고위도로 열에너지 수송 → 에너지 불균형 해소

㉡ 해수의 표층 순환

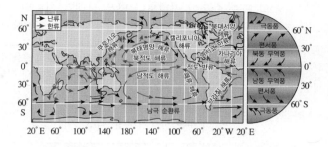

발생 원인	해수면 위에서 지속적으로 부는 바람
발생 과정	대기 대순환의 바람에 의해 동서 방향의 표층 해류 발생, 동서 방향으로 흐르던 표층 해류가 대륙에 의해 막히면 남북 방향으로 흐르면서 표층 순환 형성한다. • 무역풍대: 동 → 서로 해류가 흐름 예 북적도 해류, 남적도 해류 • 편서풍대: 서 → 동으로 해류가 흐름 예 북태평양 해류, 북대서양 해류, 남극 순환 해류 • 난류: 저위도 → 고위도로 흐르는 해류 예 쿠로시오 해류, 멕시코 만류 • 한류: 고위도 → 저위도로 흐르는 해류 예 캘리포니아 해류, 카나리아 해류
역할	저위도에서 고위도로 열에너지 수송 → 에너지 불균형 해소

③ 사막화, 엘리뇨와 라니냐

㉠ 사막화: 사막 주변 지역의 토지가 황폐해져 사막이 점차 넓어지는 현상이다.

발생 원인	• 자연적 원인: 대기 대순환의 변화(강수량 감소, 증발량 증가) • 인위적 원인: 과잉 경작, 과잉 방목, 무분별한 삼림 벌채 등
피해	황사 발생 빈도 증가, 작물 수확량 감소로 인한 식량 부족 등
대책	삼림 벌채 최소화, 숲 면적 늘리기 등

㉡ 엘리뇨: 적도 부근 동태평양 해역의 표층 수온이 평년보다 높은 상태로 지속되는 현상이다.

발생 원인	대기 대순환의 변화로 표층 해수의 흐름이 영향 받아 발생 → 무역풍이 평상시보다 약화되어 적도 부근의 따뜻한 해수가 동쪽으로 이동
적도 부근 동태평양	수온 상승, 어획량 감소, 강수량 증가, 홍수 발생
적도 부근 서태평양	수온 하강, 강수량 감소, 가뭄 발생

ⓒ 라니냐 : 엘리뇨와 반대로, 적도 부근 동태평양 해역
의 표층 수온이 평년보다 낮은 상태로 지속되는 현상
이다.

발생 원인	대기 대순환의 변화로 표층 해수의 흐름이 영향 받아 발생 → 무역풍이 평상시보다 강화되어 따뜻한 해수가 서쪽으로 이동
적도 부근 동태평양	수온 하강, 강수량 감소, 가뭄 발생
적도 부근 서태평양	수온 상승, 강수량 증가, 홍수 발생

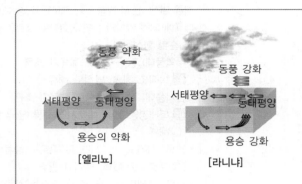

[엘리뇨]   [라니냐]

■ **용승**: 해양에서 비교적 찬 해수가 아래에서 위로 올라오
는 현상으로 영양이 풍부한 저온의 해수층 때문에 좋은
어장이 된다.

(5) 에너지의 전환과 효율적 이용

① 에너지의 전환과 보존

ⓐ 에너지: 일을 할 수 있는 능력, 단위는 줄(J)을 사용한다.
- 역학적 에너지

운동 에너지	운동하는 물체가 가지는 에너지
위치 에너지	높은 곳에 있는 물체가 가지는 에너지

- 열에너지: 물체의 온도를 변화시키는 에너지
- 화학 에너지: 화학 결합에 의해 물질 속에 저장된 에
너지
- 전기 에너지: 전하의 이동에 의해 발생하는 에너지
- 핵에너지

핵융합 에너지	원자핵이 합쳐지면서 발생하는 에너지
핵분열 에너지	원자핵이 분열하면서 발생하는 에너지(원자력 발전)

- 파동 에너지

소리 에너지	공기의 진동으로 전달되는 에너지
빛에너지	빛의 형태로 전달되는 에너지

ⓑ 에너지의 전환: 한 형태의 에너지가 다른 형태의 에너
지로 전환되는 것이다.
- 자연에서의 에너지 전환
  - 광합성: 빛에너지 → 화학 에너지
  - 번개: 전기에너지 → 빛에너지
  - 태풍: 열에너지 → 운동에너지
  - 화산 폭발: 지구 내부 에너지 → 역학적 에너지
- 일상생활에서의 에너지 전환
  - 수력 발전: 역학적 에너지 → 전기 에너지
  - 원자력 발전: 핵에너지 → 전기 에너지
  - 세탁기, 선풍기: 전기 에너지 → 운동 에너지
  - 스피커: 전기 에너지 → 소리 에너지

ⓒ 에너지 보존 법칙: 에너지는 여러 가지 형태로 전환될
수 있지만, 새로 생기거나 소멸되지 않으며 전체 양은
항상 일정하게 보존된다.

② 에너지의 효율과 열기관

ⓐ 에너지 효율: 공급한 에너지 중에서 유용하게 사용된
에너지의 비율(%)

$$에너지\ 효율(\%) = \frac{유용하게\ 사용된\ 에너지의\ 양}{공급한\ 에너지의\ 양} \times 100$$

ⓑ 열기관: 열에너지를 일로 전환하는 장치이다.

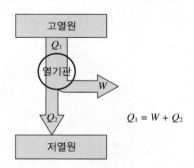

$$Q_1 = W + Q_2$$

$$열기관의\ 열효율(\%) = \frac{열기관이\ 한\ 일(W)}{공급한\ 열에너지(Q_1)} \times 100$$

③ 에너지의 절약과 효율적인 이용

ⓐ 에너지를 절약해야 하는 까닭: 에너지 보존 법칙에 따
라 에너지 총량은 일정하지만, 에너지를 사용할수록
다시 사용하기 어려운 열에너지의 형태로 전환되는 양
이 많아지기 때문이다.

ⓑ 에너지를 효율적으로 이용한 예: 하이브리드 자동차,
단열 자재를 이용한 에너지 제로 하우스, LED 전구 등

2 발전과 신·재생 에너지

(1) 전기 에너지의 생산

① 전자기 유도

ㄱ 전자기 유도: 코일 근처에서 자석을 움직이거나 자석
근처에서 코일을 움직일 때 코일에 전류가 흐르는 현
상이다.

ㄴ 유도 전류 : 전자기 유도에 의해 발생하는 전류

자석의 운동	N극을 가까이 할 때	S극을 가까이 할 때
코일의 자기장 변화	코일 위쪽을 통과하는 자기장 증가 → 자석 을 밀어내도록 코일 위쪽에 N극 유도	코일 위쪽을 통과하는 자기장 증가 → 자석 을 밀어내도록 코일 위쪽에 S극 유도
유도 전류 방향	B → Ⓖ → A	A → Ⓖ → B

ㄷ 유도 전류의 세기: 자석의 세기가 셀수록, 자석을 빠
르게 움직일수록, 코일의 감은 수가 많을수록 유도 전
류의 세기가 세다.

ㄹ 유도 기전력: 전자기 유도에 의해 코일에 생기는 전압
으로, 유도 기전력이 클수록 코일에 유도 전류가 많이
흐른다.

② 발전기

ㄱ 발전기: 전자기 유도를 이용하여 전기 에너지를 생산
하는 장치이다.

ㄴ 발전기의 구조: 자석 사이에 회전하는 코일이 있다.

ㄷ 발전기의 원리: 자석 사이에서 코일을 회전시키면 코
일을 통과하는 자기장이 변하여 전자기 유도에 의해
코일에 유도 전류가 흐른다.

ㄹ 발전기에서의 에너지 전환: 코일의 운동 에너지가 전
기 에너지로 전환된다.

③ 발전소에서의 전기 에너지 생산: 다양한 에너지 자원을
이용하여 터빈을 돌리면 발전기에서 전기 에너지가 발생
한다.

화력 발전	화학 에너지 → 열에너지 → 운동 에너지 → 전기 에너지
핵발전	핵에너지 → 열에너지 → 운동 에너지 → 전기 에너지
수력 발전	위치(퍼텐셜) 에너지 → 운동 에너지 → 전기 에너지

(2) 전기 에너지의 수송

① 전력 수송

ㄱ 전력: 단위 시간 동안 생산 또는 사용한 전기 에너지
로, 전압과 전류의 곱과 같다.

$$전력 = \frac{전기\ 에너지}{시간} = 전압 \times 전류$$

$$P = \frac{E}{t} = VI \quad (단위: W(와트), J/s)$$

ㄴ 전력 수송 과정: 발전소에서 생산한 전기 에너지는 초
고압 변전소에서 전압을 높여 송전되고, 1, 2차 변전
소를 거쳐 전압을 낮춘 후 최종적으로 주상 변압기를
거쳐 가정으로 공급된다.

발전소 → 초고압 변전소 → 1차 변전소 → 2차 변전소 →
주상 변압기 → 가정

② 손실 전력과 변압

    ㉠ 손실 전력: 송전 과정에서 송전선의 저항에 의해 전기
에너지의 일부가 열에너지로 전환되어 손실되는 전력
이다.

$$\text{손실 전력} = (\text{전류})^2 \times \text{저항}, \quad P_{\text{손실}} = I^2 R$$

    ㉡ 손실 전력을 줄이는 방법

     • 송전 전압을 높게 한다. → 송전 전력이 일정할 때,
전압을 n배 높이면 전류는 $\dfrac{1}{n}$이 되므로 손실 전력은
$\dfrac{1}{n^2}$배가 된다.

     • 송전선의 저항을 작게 한다. → 저항이 작은 송전선
을 사용하거나, 굵기가 굵은 송전선을 사용한다.

    ㉢ 변압기: 송전 과정에서 전압을 변화시키는 장치로,
1차 코일과 2차 코일의 감은 수를 조절하여 전압을
변화시킨다.

     • 구조: 변압기는 얇은 철판 여러 장을 붙인 철심 양쪽
에 코일을 감은 구조이다.

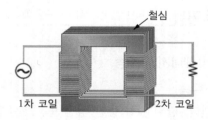

     • 원리: 1차 코일에 교류가 입력될 때 생기는 자기장
의 변화가 철심을 통해 2차 코일에 영향을 주므로 2
차 코일의 자기장이 변하여 2차 코일에 전류가 유도
된다.

     • 에너지 손실이 없을 때 1차 코일과 2차 코일의 전력
은 같다($P_1 = P_2$이므로 $V_1 I_1 = V_2 I_2$이다).

     • 전압은 코일의 감은 수에 비례하고, 전류의 세기는
코일의 감은 수에 반비례한다.

$$\frac{V_1}{V_2} = \frac{I_2}{I_1} = \frac{N_1}{N_2}$$

(3) 태양 에너지의 생성과 전환

① 태양 에너지의 생성

    ㉠ 태양: 주로 수소와 헬륨으로 이루어져 있으며, 중심부
는 약 1500만 K인 초고온 상태이다.

    ㉡ 태양 에너지: 태양 중심부에서 일어나는 수소 핵융합
반응을 통해 생성된다. → 수소 원자핵 4개가 융합하
여 헬륨 원자핵 1개로 변하는 수소 핵융합 반응에서 질
량이 감소하는데, 이 감소한 질량에 해당하는 에너지
가 태양 에너지이다.

② 태양 에너지의 전환과 순환

    ㉠ 지구에 도달하는 태양에너지의 양: 태양이 우주 공간
으로 방출하는 전체 에너지 중 $\dfrac{1}{20\text{억}}$ 정도만 지구에
도달한다.

    ㉡ 지구에서의 태양 에너지 전환과 순환: 태양 에너지는
지구에 도달하여 지구에서 다른 에너지로 전환되어 여
러 가지 에너지 순환을 일으킨다.

     • 광합성을 통해 화학 에너지 형태로 저장 → 생명체
의 에너지원

     • 동식물에 화학 에너지 형태로 축적 → 화석 연료(석
탄, 석유, 천연가스 등)

     • 대기, 해양, 지표에 흡수 → 대기와 해수의 순환, 기
상 현상을 일으킨다.

(4) 에너지의 생성과 고갈

① 화석 연료와 에너지

    ㉠ 화석 연료: 동식물의 유해가 지각에 매몰되어 오랜 시
간 동안 고온·고압을 받아 형성된 에너지 자원이다.

석탄	고생대의 고사리류 식물이 퇴적되어 고온·고압에 변성되었다.
석유	주로 중생대의 공룡이 퇴적되어 고온·고압에 변성되었다.
천연가스	바다나 호수 속의 플랑크톤이나 동물이 퇴적하여 고온·고압에 의해 변성되었다.

    ㉡ 화석 연료의 문제점

     • 에너지의 고갈: 생성 시간에 비해 빠른 속도로 사용
하고 있다.

     • 환경 오염의 유발: 화석 연료의 연소 시 발생하는 이
산화 탄소는 지구 온난화의 주범이다.

    ㉢ 해결 방안: 고갈될 염려가 없고, 지구 온난화와 환경
오염의 위험이 없는 새로운 에너지 자원을 개발해야
한다.

② 핵발전과 에너지

　㉠ 원리: 원자로 안에서 우라늄을 핵분열시켜 발생하는 열로 물을 끓여 수증기로 터빈을 돌린다. 터빈의 회전으로 전기를 생산한다.

　㉡ 장점과 단점

장점	• 이산화 탄소를 거의 배출하지 않아 화력 발전을 대체할 수 있다. • 에너지 효율이 높다.
단점	• 방사능 누출에 대비해야 한다. • 자원 매장량이 한정되어 있다. • 건설비가 많이 들고, 폐기물 처리가 어렵다.

(5) 미래를 위한 에너지

① 신·재생 에너지: 신에너지와 재생 에너지의 합성어이며, 기존의 화석 연료를 변환시켜 이용하거나 햇빛, 물, 지열, 강수, 생물 유기체 등을 포함하여 재생 가능한 에너지로 변환시켜 사용하는 에너지이다. → 지속적인 에너지 공급이 가능이다.

　㉠ 신에너지: 기존에 사용하지 않았던 새로운 에너지이다.

수소 에너지	• 수소를 분리하여 에너지로 이용한다. • 수소를 생산하는 데 많은 에너지가 필요하다. • 폭발 위험성이 있어 저장 및 운반에 고도의 기술이 필요하다.
연료 전지	• 수소와 산소의 산화·환원 반응을 통한 화학 에너지를 전기 에너지로 전환해 사용한다. • 우주선, 자동차, 컴퓨터 등의 에너지원으로 사용된다. • 수소를 생산하는 비용이 비싸며, 연료 전지의 변질이나 변형이 우려된다.
석탄 액화 ·가스화	• 석탄은 석유에 비해 매장량에 여유가 있다. • 석탄을 액체화시키거나 가스화시켜 터빈을 돌려 에너지를 생산한다. • 설치 면적이 넓어 건설비가 많이 들고 대기 오염 물질을 발생시킨다.

　㉡ 재생 에너지: 재생 가능한 에너지를 변환시켜 사용하는 에너지이다.

태양광, 태양열 에너지	• 태양의 빛에너지(태양광)나 열에너지(태양열)를 이용한다. • 태양광: 태양 전지판을 이용하여 태양의 빛에너지를 전기 에너지로 직접 변환한다. 태양 전지, 태양광 발전 등에서 이용한다. • 태양열: 태양열로 물을 데워 증기로 터빈을 돌리거나, 태양열을 난방에 이용한다. • 초기 시설 설치비가 많이 들고, 계절에 따른 영향을 받는다.

풍력 에너지	• 바람의 운동 에너지를 이용하여 풍력 발전기를 돌려 전기를 얻는다. • 넓은 면적이 필요하지 않아 국토 활용 효율을 높일 수 있다. • 환경에 따라 발전량의 차이가 나고, 소음이 발생할 수 있다.
바이오 에너지	• 생물 유기체를 가스, 액체 혹은 고체 연료로 변환하거나 연소시켜 에너지를 얻는다. • 기존 화석 연료 기반 시설을 그대로 이용하면서도 에너지 효율이 높다. • 곡물의 가격 상승 및 산림 훼손, 연소 시 이산화 탄소를 배출한다.
해양 에너지	• 해수면의 높이 차, 파도, 해류, 밀물과 썰물의 흐름 등을 이용하여 전기를 생산한다(조력 발전, 파력 발전). • 설치 장소가 제한적이며, 해양 생태계에 혼란을 줄 수 있다. • 건설비가 많이 들고, 조류의 세기가 일정하지 않으므로 에너지의 생산량 또한 일정하지 않다.
지열 에너지	• 지하수 및 지구 내부의 열에너지를 이용하여 전기 에너지를 생산한다. • 좁은 면적에 설비·설치가 가능하며, 날씨의 영향을 받지 않는다. • 설치 장소에 제한이 있으며, 설치 비용이 많이 들고 정기적인 보수를 요구한다.
수력 에너지	• 물의 위치 에너지를 이용하여 전기 에너지를 얻는다. • 발전 비용이 적게 든다. • 건설비가 많이 들고, 설치 장소가 제한적이며 댐 건설에 의해 생태계가 파괴될 수 있다.
폐기물 에너지	• 가연성 폐기물의 소각 과정에서 발생하는 열에너지를 얻는다. • 버려진 폐기물을 사용하는 것으로 재생 에너지의 좋은 예이다. • 폐기물의 종류에 따라 온실 가스와 대기 오염 물질을 생성할 수 있다.

② 에너지 문제를 해결하기 위한 노력

　㉠ 친환경 에너지 도시: 지역 환경에 맞는 신·재생 에너지를 활용함으로써 에너지 문제와 환경 문제를 해결할 수 있는 도시를 건설한다.

　㉡ 적정 기술: 해당 지역의 필요와 환경 등을 고려하여 화석 연료를 사용하지 않고 삶의 질을 개선할 수 있도록 하는 기술이다.

적정 기술의 조건	• 친환경적이어야 한다. • 현지의 자원을 활용해야 한다. • 해당 지역에서 지속적인 생산과 소비가 가능해야 한다.
예	페트병 전구, 페달 세탁기, 항아리 냉장고 등

정답 및 해설 >>> p.082

출제 예상 문제

01 생태계를 구성하는 생물적 요인이 <u>아닌</u> 것은?

① 생산자
② 소비자
③ 구매자
④ 분해자

02 그림은 생태계의 구성 요소를 나타낸 것이다. 이에 대한 설명으로 옳지 <u>않은</u> 것은?

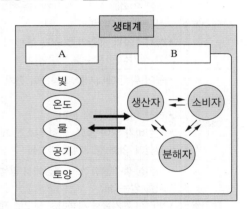

① A는 생태계 유지와 관련이 없다.
② B는 생물적 요인이다.
③ A와 B는 서로 영향을 주고 받는다.
④ B의 각 요소를 구분하는 기준은 생태계에서의 역할이다.

03 생물이 비생물적 요인에 영향을 준 예가 <u>아닌</u> 것은?

① 지렁이가 토양의 통기성을 높인다.
② 낙엽이 쌓여 분해되면 토양이 비옥해진다.
③ 기온이 낮아지면 은행나무의 잎이 노랗게 변한다.
④ 식물의 광합성으로 공기 중 산소 농도가 높아진다.

04 잎의 두께 차이에 가장 큰 영향을 주는 환경 요인은?

① 온도
② 강수량
③ 빛의 파장
④ 빛의 세기

05 다음과 같은 생물의 생명 활동에 영향을 미친 환경 요인으로 옳은 것은?

• 개구리, 곰, 박쥐 등은 추운 겨울이 오면 겨울잠을 잔다.
• 사막여우는 북극여우에 비해 몸집이 작고 귀와 같은 말단부가 크다.

① 물
② 온도
③ 공기
④ 빛의 세기

06 생물과 자연 환경이 밀접한 관계를 맺으며, 서로 영향을 주고받는 체계는?

① 개체
② 군집
③ 개체군
④ 생태계

07 생태계에 대한 설명으로 옳은 것은?

① 생물적 요소로만 구성된다.
② 생물 종이 다양할수록 안정된 생태계로 볼 수 있다.
③ 먹이 그물이 단순할수록 안정된 생태계로 볼 수 있다.
④ 인공적으로 다양성을 증가시키면 식량 부족 문제를 해결할 수 있다.

08 나비가 멸종하면 멸종할 위험이 있는 생물은?

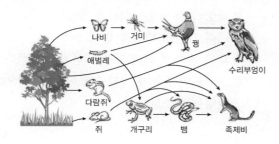

① 꿩
② 거미
③ 애벌레
④ 수리부엉이

09 그림은 어떤 안정된 생태계에서의 생태 피라미드를 나타낸 것이다. 이에 대한 설명으로 옳지 <u>않은</u> 것은?

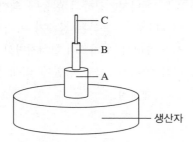

① A는 1차 소비자이다.
② B는 2차 소비자이다.
③ C는 3차 소비자이다.
④ A → B → C로 갈수록 에너지양은 점점 증가한다.

10 생산자로부터 최종 소비자까지 먹고 먹이는 관계를 사슬 모양을 나타낸 것은?

① 생태계
② 먹이 그물
③ 먹이 사슬
④ 생태 피라미드

11 그림은 생산자, 1차 소비자, 2차 소비자로 이루어진 생태 피라미드를 나타낸 것이다. 이에 대한 설명으로 옳지 <u>않은</u> 것은?

① 생태계 평형이 깨진 상태이다.
② 1차 소비자가 일시적으로 증가한 상태이다.
③ 이후 생산자의 개체 수가 감소하는 상태가 나타난다.
④ 한 번 깨진 생태계 평형은 회복되지 않는다.

12 생태계 평형에 대한 설명으로 옳지 <u>않은</u> 것은?

① 먹이 그물이 복잡해야 생태계 평형 유지가 잘 된다.
② 급격한 환경 변화는 생태계 평형 유지에 도움이 된다.
③ 지진, 홍수 등 자연재해로 인해 생태계 평형이 깨질 수 있다.
④ 천적이 없는 외래종의 유입으로 생태계 평형이 깨질 수 있다.

13 지구 온난화에 가장 많은 영향을 끼치는 대기 성분은?

① 메테인(CH_4)
② 이산화 탄소(CO_2)
③ 일산화 이질소(N_2O)
④ 염화플루오르화탄소(CFC)

14 지구 온난화가 우리나라에 미치는 영향으로 옳지 <u>않은</u> 것은?

① 사계절이 점점 뚜렷해지고 있다.
② 열대 과일의 재배가 가능해졌다.
③ 수온의 상승으로 어종이 변하고 있다.
④ 온대 기후에서 아열대 기후로 변하고 있다.

15 지구 온난화 방지 대책으로 옳지 <u>않은</u> 것은?

① 산림 면적을 확대한다.
② 화석 연료의 사용을 줄인다.
③ 신·재생 에너지의 사용을 늘린다.
④ 개발 도상국의 탄소 배출권을 사들인다.

16 지구 물질 순환의 근원이 되는 에너지로 옳은 것은?

① 파동 에너지
② 태양 에너지
③ 지구 에너지
④ 화학 에너지

17 대기 대순환에 대한 설명으로 옳지 <u>않은</u> 것은?

① 위도에 따른 태양 복사 에너지 양의 차에 의해 나타난다.
② 바람과 수증기의 이동으로 에너지 불균형을 해소한다.
③ 극지방에서는 차가운 공기가 하강하는 저압대를 형성한다.
④ 지구가 자전하지 않는다면 하나의 순환이 형성되었을 것이다.

18 그림에서 대기 순환의 명칭이 <u>잘못</u> 짝지어진 것은?

① ㉠: 편서풍
② ㉡: 무역풍
③ ㉢: 페렐 순환
④ ㉣: 해들리 순환

19 해수의 순환에 대한 설명으로 옳은 것은?

① 대양의 서쪽에는 한류가 발달한다.
② 대기 순환의 방향과 반대 방향이다.
③ 대기 순환에 의해 표층 해류가 발생한다.
④ 고위도의 난류가 저위도로 이동하면서 에너지 불균형을 해소한다.

20 엘니뇨에 대한 설명으로 옳지 <u>않은</u> 것은?

① 동태평양의 수온이 상승한다.
② 무역풍이 약해질 때 나타난다.
③ 서태평양 인근 지역에서는 가뭄이 발생한다.
④ 동태평양 인근 지역에서는 어획량이 증가한다.

21 에너지에 대한 설명으로 옳은 것은?

① 파동 에너지: 전하의 이동에 의한 에너지
② 핵에너지: 운동하는 물체가 가지는 에너지
③ 전기 에너지: 원자핵이 합쳐지면서 발생하는 에너지
④ 화학 에너지: 화학 결합에 의해 물질에 저장되어 있는 에너지

22 역학적 에너지에 대한 설명으로 옳지 <u>않은</u> 것은?

① 운동 에너지와 위치 에너지의 합이다.
② 운동 에너지가 증가하면 위치 에너지는 감소한다.
③ 위치 에너지가 증가하면 역학적 에너지도 증가한다.
④ 운동 에너지가 증가해도 역학적 에너지는 변하지 않는다.

23 다음 중 에너지 전환이 <u>잘못</u> 짝지어진 것은?

① 번개: 전기 에너지 → 빛에너지
② 선풍기: 운동 에너지 → 전기 에너지
③ 수력 발전: 위치 에너지 → 전기 에너지
④ 스피커: 전기 에너지 → 소리 에너지

24 100 J의 에너지를 공급받아 70 J의 에너지만 유용하게 사용되었다면 에너지 효율은 얼마인가?

① 30 %　　　　② 50 %
③ 70 %　　　　④ 90 %

25 에너지를 절약해야 하는 이유로 옳지 <u>않은</u> 것은?

① 화석 연료의 매장 한계
② 재생 가능한 에너지의 증가
③ 사용할 수 있는 에너지의 감소
④ 지구 온난화와 같은 환경 문제 발생

26 전자기 유도에 의해 코일에 흐르는 유도 전류의 세기에 영향을 주는 요인이 <u>아닌</u> 것은?

① 자석의 세기
② 코일의 감은 수
③ 자석이 움직이는 방향
④ 자석이 움직이는 속도

27 그림은 전자기 유도 실험을 나타낸 것이다. 이에 대한 설명으로 옳지 <u>않은</u> 것은?

① 자석을 빠르게 운동시키면 검류계 바늘이 움직이는 폭이 커진다.
② 자석을 고정시키고 코일을 움직이면 검류계의 바늘이 움직이지 않는다.
③ 코일에 자석의 S극을 가까이할 때와 멀리할 때 검류계의 바늘은 반대로 움직인다.
④ 코일 안에 자석이 정지해 있으면 자기장의 변화가 없어 유도 전류가 흐르지 않으므로 검류계의 바늘은 움직이지 않는다.

28 그림과 같이 자석을 코일 근처에서 화살표 방향으로 움직일 때 검류계에 흐르는 전류의 방향이 같은 것끼리 짝지은 것은?

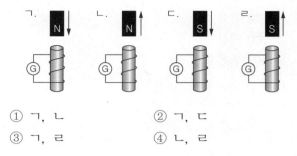

① ㄱ, ㄴ　　　　② ㄱ, ㄷ
③ ㄱ, ㄹ　　　　④ ㄴ, ㄹ

29 그림은 발전기의 구조를 나타낸 것이다. 이에 대한 설명으로 옳지 <u>않은</u> 것은?

① 전자기 유도에 의해 코일에 전류가 흐른다.
② 자석의 세기가 셀수록 전구의 불이 밝아진다.
③ 코일의 운동 에너지가 전기 에너지로 전환된다.
④ 코일이 회전하는 동안 코일을 통과하는 자기력선의 수는 일정하다.

30 전력에 대한 설명으로 옳지 <u>않은</u> 것은?

① 단위는 J/s, W(와트)를 쓴다.
② 전압×전류×시간으로 나타낼 수 있다.
③ 단위 시간 동안 생산 또는 사용하는 전기에너지이다.
④ 1 W는 1초 동안 1 J의 전기 에너지를 사용할 때의 전력이다.

31 다음 중 발전소에서 생산한 전력을 가정이나 공장으로 수송하는 과정은?

① 송전
② 변전
③ 배전
④ 변전소

32 다음 중 손실 전력을 줄이기 위한 전력 수송 방법이 아닌 것은?

① 고전압 송전을 한다.
② 지중선로를 설치한다.
③ 수송 거리를 단축한다.
④ 굵기가 굵은 송전선을 사용한다.

33 송전 전압을 100 V에서 200 V로 높일 때, 송전선의 손실 전력 크기는 몇 배가 되는가?

① 2배
② 4배
③ $\frac{1}{2}$ 배
④ $\frac{1}{4}$ 배

34 어떤 변압기의 1차 코일에 감긴 수가 100회이고, 2차 코일에 감긴 수는 200회이다. 2차 코일의 전류는 6 A일 때 1차 코일에 흐르는 전류는 얼마인가?(단, 변압기에서 에너지 손실은 무시한다)

① 3 A
② 6 A
③ 12 A
④ 24 A

35 효율적인 전력 수송 방법으로 옳지 <u>않은</u> 것은?

① 저전압 송전: 전압을 낮추어 송전함으로써 손실 전력을 줄인다.
② 전력 예측 공급 시스템: 소비자의 수요 전력을 통계적으로 예측하여 발전소에서 생산하는 전력량을 조절하는 시스템이다.
③ 거미줄 같은 송전 전력망: 거미줄과 같이 복잡한 송전 전력망을 구축하면, 선로에 이상이 생길 경우에 그 부분을 차단하고 우회하여 송전할 수 있다.
④ 지능형 전력망(스마트 그리드): 정보 통신 기술을 바탕으로 소비자와 전력 회사가 실시간으로 정보를 주고받아 효율성을 높이는 전력 공급 기술이다.

36 태양에서 에너지가 생성되는 과정에 대한 설명으로 옳은 것은?

① 중심부에서 수소 핵분열 반응이 일어난다.
② 수소가 헬륨이 되면서 에너지가 방출된다.
③ 태양의 중심부가 온도는 높고, 밀도는 낮기 때문에 나타난다.
④ 수소가 헬륨이 되면서 증가한 질량이 에너지로 전환되는 것이다.

37 그림은 태양의 내부 구조를 나타낸 것이다. 이에 대한 설명으로 옳지 <u>않은</u> 것은?

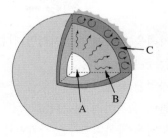

① A의 온도는 약 1500 K이다.
② A에서 핵융합 반응이 일어난다.
③ A는 핵, B는 복사층, C는 대류층이다.
④ A에서 수소와 헬륨이 플라스마 상태로 존재한다.

38 태양 에너지의 영향에 대한 설명으로 옳지 <u>않은</u> 것은?

① 식물이 태양의 빛에너지를 받아 유기물을 생성한다.
② 생물이 죽어 화석 연료가 되며, 연소할 때 에너지를 흡수한다.
③ 위도에 따른 에너지 불균형으로 대기와 해수의 순환이 일어난다.
④ 태양의 열에너지에 의해 가열된 물이 증발하여 기상 현상이 일어난다.

39 태양의 빛에너지가 광합성을 통해 전환되는 에너지의 종류는?

① 열에너지
② 핵에너지
③ 위치 에너지
④ 화학 에너지

40 화석 연료에 대한 설명으로 옳지 <u>않은</u> 것은?

① 석유는 각종 화합물의 재료로 쓰인다.
② 석탄 연소 시 발생하는 열에너지로 증기기관을 작동시킨다.
③ 화석 연료를 사용할 때 발생하는 이산화 탄소는 지구 온난화를 일으킨다.
④ 천연가스 연소 시 발생하는 화학 에너지는 취사와 난방에 쓰인다.

41 핵분열 발전에 대한 설명으로 옳지 <u>않은</u> 것은?

① 자원의 매장 지역이 편중되어 있다.
② 화석 연료에 비해 오래 사용할 수 있다.
③ 새로운 기술 개발이 필요한 재생 에너지이다.
④ 우라늄이 핵분열할 때 발생하는 열을 이용한다.

42 신에너지에 속하지 <u>않는</u> 것은?

① 연료 전지
② 수소 에너지
③ 풍력 에너지
④ 석탄의 액화·가스화에너지

43 태양광 에너지에 대한 설명으로 옳은 것은?

① 소음이 발생할 수 있다.
② 계절에 따른 영향을 받는다.
③ 초기 설치 비용이 적게 든다.
④ 온실 가스를 생성할 수 있다.

44 해양 에너지가 <u>아닌</u> 것은?

① 조력 발전
② 수력 발전
③ 파력 발전
④ 해류 발전

45 수소 에너지의 특징으로 옳지 <u>않은</u> 것은?

① 자원 고갈의 우려가 없다.
② 이산화 탄소를 배출하지 않는다.
③ 수소의 저장, 운송 등이 간편하다.
④ 물에서 수소를 분리해 에너지로 이용한다.

정답 및 해설 »»» p.084

과학 실전 문제 ①회

01 빅뱅 이론에 따라 커지는 물리량은?

① 온도 ② 밀도
③ 부피 ④ 질량

02 태양계의 형성 과정을 순서대로 바르게 나열한 것은?

ㄱ. 성운의 형성
ㄴ. 원시 행성 형성
ㄷ. 원반상 분포의 성운 형성
ㄹ. 원시 태양과 미행성 형성

① ㄱ - ㄴ - ㄷ - ㄹ
② ㄱ - ㄷ - ㄹ - ㄴ
③ ㄴ - ㄹ - ㄷ - ㄱ
④ ㄹ - ㄴ - ㄱ - ㄷ

03 두 원소에 대한 설명으로 옳지 않은 것은?

A B

① 화학적 성질이 비슷하다.
② A보다 B의 원자 번호가 크다.
③ 주기율표의 같은 주기에 속한다.
④ 수소(H)와 같은 족의 원소들이다.

04 고체 상태에서는 전류가 흐르지 않지만, 액체 및 수용액 상태에서는 전류가 흐르는 물질이 <u>아닌</u> 것은?

① 포도당($C_6H_{12}O_6$)
② 탄산칼슘($CaCO_3$)
③ 염화나트륨($NaCl$)
④ 탄산수소나트륨($NaHCO_3$)

05 ㄱ과 ㄴ에 들어갈 숫자로 옳은 것은?

규산염 광물의 기본 구조는 (ㄱ)개의 규소(Si)에 (ㄴ)개의 산소(O)가 결합한 형태로, 정사면체 모양이다.

	ㄱ	ㄴ
①	1	4
②	4	1
③	1	8
④	8	1

06 핵산에 대한 설명으로 옳지 않은 것은?

① RNA는 유전 정보를 전달한다.
② DNA는 2중 나선 구조를 가지고 있다.
③ 핵산은 인산 : 당 : 염기 = 1 : 1 : 1로 구성된다.
④ RNA의 염기는 아데닌(A), 사이토신(C), 구아닌(G), 타이민(T)이 있다.

07 도꼬마리 열매가 갈고리 구조를 가지고 있어 사람의 옷이나 동물의 털에 잘 달라붙는 특징을 모방하여 만든 것은?

① 인공 힘줄
② 수중 접착제
③ 전신 수영복
④ 벨크로 테이프

08 질량이 5 kg인 물체가 2 m/s의 속도로 운동하고 있다. 이 물체의 운동량의 크기는?

① 1 kg · m/s
② 5 kg · m/s
③ 10 kg · m/s
④ 20 kg · m/s

09 관성에 의한 설명으로 옳은 것만을 〈보기〉에서 모두 고른 것은?

┌─────────────── • 보 기 • ───────────────┐
│ ㄱ. 물체가 원래의 운동 상태를 유지하려는 성질이다. │
│ ㄴ. 질량이 클수록 관성은 작다.   │
│ ㄷ. 정지한 물체에는 관성이 없다.   │
└─────────────────────────────────────┘

① ㄱ   ② ㄱ, ㄴ
③ ㄱ, ㄷ   ④ ㄱ, ㄴ, ㄷ

10 다음 현상과 관련 있는 상호 작용은?

┌─────────────────────────────────┐
│ • 바람에 의한 해류 발생   │
│ • 이산화 탄소의 용해   │
└─────────────────────────────────┘

① 기권 – 수권
② 지권 – 기권
③ 생물권 – 지권
④ 기권 – 생물권

11 판 이동의 원동력은?

① 태양 에너지
② 풍력 에너지
③ 조력 에너지
④ 맨틀의 대류

12 다음 설명에 해당하는 생명 시스템의 구성 단계는?

┌─────────────────────────────────┐
│ 여러 조직이 모여 고유한 형태와 기능을 나타내는 것이 │
│ 다.   │
└─────────────────────────────────┘

① 세포   ② 조직
③ 기관   ④ 개체

13 그림은 세포막의 구조를 나타낸 것이다. 이에 대한 설명으로 옳지 <u>않은</u> 것은?

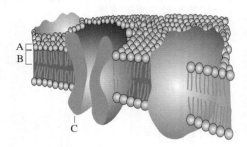

① A + B는 인지질, C는 단백질이다.
② 물에 대한 친화력은 A가 B보다 크다.
③ C는 고정되어 있어 이동할 수 없다.
④ C는 물질을 선택적으로 투과시킨다.

14 DNA의 염기의 상보적 결합으로 옳은 것은?

① A - T
② A - G
③ G - T
④ C - A

15 다음 ㉠과 ㉡에 들어갈 말을 바르게 나열한 것은?

> 물질이 산소를 얻거나 전자를 잃는 반응은 (㉠)이며, 물질이 산소를 잃거나 전자를 얻는 반응은 (㉡)이다.

	㉠	㉡
①	산화	환원
②	환원	산화
③	산	염기
④	염기	산

16 주변에서 볼 수 있는 산성 물질이 <u>아닌</u> 것은?

① 식초   ② 비누
③ 과일   ④ 유산균 음료

17 pH에 대한 설명으로 옳지 <u>않은</u> 것은?

① pH가 클수록 염기성이다.
② 0~14 사이의 값을 갖는다.
③ pH가 7보다 큰 용액의 액성은 산성이다.
④ 수용액에 들어 있는 수소 이온(H^+)의 농도를 숫자로 나타낸 것이다.

18 다음 화석이 생성된 지질 시대에 대한 설명으로 옳은 것은?

① 중생대의 화석이다.
② 당시 오존층이 형성되었다.
③ 현재와 비슷한 수륙 분포를 이루었다.
④ 같은 시대의 화석으로 암모나이트가 있다.

19 갈라파고스 군도의 각 섬에 사는 핀치의 부리 모양이 다양하게 진화하는 데 가장 큰 영향을 미친 요인으로 옳은 것은?

① 돌연변이
② 핀치의 몸색
③ 먹이의 종류
④ 핀치의 부리 색

20 그림은 생물 다양성의 세 가지 의미를 나타낸 것이다. 이에 대한 설명으로 옳지 <u>않은</u> 것은?

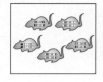

(가)　　　　(나)　　　　(다)

① (가)는 유전적 다양성을 의미한다.
② (가)가 높을수록 생물 다양성은 낮아진다.
③ (나)가 높을수록 생태계가 안정적으로 유지된다.
④ (다)는 강, 산, 습지 등과 같이 생물 서식지의 다양한 정도를 의미한다.

21 종 다양성에 대한 설명 중 옳은 것만을 〈보기〉에서 고른 것은?

---- 보기 ----
ㄱ. 종 다양성은 지구상의 모든 지역에서 동일하다.
ㄴ. 생물종이 많을수록 종 다양성이 높다.
ㄷ. 각 생물종의 분포 비율이 균등할수록 종 다양성이 높다.

① ㄱ
② ㄱ, ㄴ
③ ㄱ, ㄷ
④ ㄴ, ㄷ

22 다음과 같은 생물의 생명 활동에 영향을 미친 환경 요인으로 옳은 것은?

• 조류와 파충류의 알은 단단한 껍데기로 싸여 있다.
• 곤충은 몸 표면이 키틴질로 되어 있다.

① 물
② 공기
③ 온도
④ 빛의 세기

23 다음 중 지구 온난화가 진행될 때 예상되는 현상이 <u>아닌</u> 것은?

① 해수면이 상승할 것이다.
② 육지 면적이 감소할 것이다.
③ 나무의 성장이 느려질 것이다.
④ 극지방의 빙하가 녹을 것이다.

24 에너지 효율이 40 %인 열기관에 1,200 J의 열에너지를 공급할 때, 기관이 한 일은 얼마인가?

① 360 J
② 480 J
③ 600 J
④ 720 J

25 태양 에너지의 근원으로 옳은 것은?

① 중력 수축으로 발생하는 에너지
② 수소 핵융합 시 질량 손실에 해당하는 에너지
③ 수소 핵융합 시 질량 증가에 해당하는 에너지
④ 헬륨 핵융합 시 질량 손실에 해당하는 에너지

과학 실전 문제 ②회

01 다음 설명에 해당하는 것은?

> 중력이 커서 빛조차 탈출하지 못하는 천체이다.

① 블랙홀　　　　　② 초신성
③ 주계열성　　　　④ 중성자별

02 원소들의 주기성에 가장 큰 영향을 주는 요인은?

① 원자량
② 원자 번호
③ 전자껍질 수
④ 원자가 전자 수

03 다음에 해당하는 원소가 <u>아닌</u> 것은?

> • 주기율표의 17족에 속한다.
> • 금속 및 수소와 잘 반응한다.
> • 실온에서 이원자 분자로 존재하며, 특유의 색을 띤다.

① 염소(Cl)　　　　② 헬륨(He)
③ 아이오딘(I)　　　④ 플루오린(F)

04 다음 설명에 해당하는 원소는?

> • 지각을 구성하는 8대 원소 중 하나이다.
> • 지구에 매우 풍부하고 반응성이 크다.
> • 주기율표 2주기에 속하며, 원자가 전자가 6개인 원소이다.

① 수소　　　　　　② 산소
③ 규소　　　　　　④ 이산화 탄소

05 탄소 화합물로 볼 수 <u>없는</u> 것은?

① 물　　　　　　　② 지질
③ 단백질　　　　　④ 탄수화물

06 다음에서 설명하는 신소재는?

> 6개의 탄소가 육각형 모양으로 결합하여 원통 모양을 이루고 있으며, 강도가 강해 첨단 현미경의 탐침 등에 쓰인다.

① 풀러렌　　　　　② 그래핀
③ 초전도체　　　　④ 탄소 나노 튜브

07 ㉠과 ㉡에 들어갈 말을 바르게 나열한 것은?

> 중력의 크기는 물체의 질량이 (㉠)수록, 두 물체 사이의 거리가 (㉡)수록 크다.

	㉠	㉡
①	클	멀
②	클	가까울
③	작을	멀
④	작을	가까울

08 지권에 대한 설명으로 옳은 것은?

① 맨틀은 주로 철과 니켈로 이루어져 있다.
② 무거운 원소일수록 지구 중심 쪽에 분포한다.
③ 핵의 대류 현상에 의해 지각이 생성·소멸된다.
④ 내핵은 액체 상태, 외핵은 고체 상태로 존재한다.

09 보존형 경계에 대한 설명으로 옳은 것은?

① 변환 단층이 발달한다.
② 화산 활동이 활발하다.
③ 심발 지진이 발생한다.
④ V자 모양의 열곡이 발달한다.

10 그림은 세포막의 구조를 나타낸 것이다. 이에 대한 설명으로 옳은 것은?

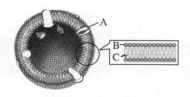

① A는 지방이다.
② B는 소수성을 띤다.
③ A는 모든 물질을 투과시킨다.
④ 인지질은 B와 C로 이루어져 있다.

11 그림은 생명체 내에서 일어나는 화학 반응에서 효소 (정촉매)의 유무에 따른 에너지 변화를 나타낸 것이다. 이에 대한 설명으로 옳은 것은?

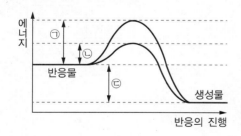

① 흡열 반응이다.
② ㉠은 효소가 있을 때 활성화 에너지이다.
③ ㉡은 효소가 없을 때 활성화 에너지이다.
④ ㉢은 반응열이다.

12 그림은 유전자 활동으로 인한 단백질의 합성 과정을 나타낸 것이다. 이에 대한 설명으로 옳은 것은?

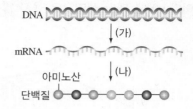

① (가)는 전사 과정이다.
② (나)는 핵에서 일어난다.
③ (나)에 관여한 mRNA 뉴클레오타이드의 수는 7개이다.
④ 아미노산이 번역되어 단백질이 합성된다.

13 다음은 철의 제련 과정에서 일어나는 화학 반응을 나타낸 것이다. (가)와 (나)에서 산화된 물질을 바르게 나타낸 것은?

(가) $2C + O_2 \rightarrow 2CO$
(나) $Fe_2O_3 + 3CO \rightarrow 2Fe + 3CO_2$

	(가)	(나)
①	C	Fe_2O_3
②	C	CO
③	O_2	Fe_2O_3
④	O_2	CO

14 염기의 공통적인 성질에 해당하지 <u>않는</u> 것은?

① 쓴맛이 난다.
② 단백질을 녹이는 성질이 있다.
③ 금속이나 달걀 껍데기와 반응한다.
④ 페놀프탈레인 용액을 붉게 변화시킨다.

15 그림은 수산화 나트륨 수용액에 묽은 염산을 조금씩 넣으면서 혼합 용액의 온도 변화를 측정하여 나타낸 것이다. 이에 대한 설명으로 옳지 <u>않은</u> 것은?

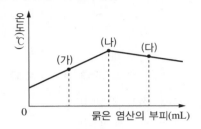

① (나)는 중화점이다.
② (다) 용액은 산성이다.
③ 용액의 pH는 (가)보다 (다)에서 크다.
④ 생성된 물 분자 수는 (가)보다 (나)에서 적다.

16 다음과 관련 있는 지질 시대로 옳은 것은?

- 파충류의 번성
- 겉씨식물의 번성

① 고생대
② 중생대
③ 신생대
④ 선캄브리아 시대

17 다윈의 자연 선택설에 대한 설명으로 옳지 <u>않은</u> 것은?

① 개체들은 먹이나 서식지를 두고 경쟁한다.
② 생물의 진화를 변이와 자연 선택으로 설명하였다.
③ 다윈의 이론은 자본주의 사회의 발달에 영향을 주었다.
④ 부모의 형질이 자손에게 유전되는 원리를 명확하게 설명하였다.

18 다음 표는 생물 다양성의 3가지 의미와 예를 나타낸 것이다. (가)~(다)를 옳게 짝지은 것은?

구분	예
(가)	지구 여러 지역에는 산, 강, 초원 등이 존재한다.
(나)	숲에는 버섯, 고사리, 개구리, 쥐, 참나무 등이 살고 있다.
(다)	아시아무당벌레는 날개의 색과 반점 무늬가 개체마다 다르다.

① (가) – 종 다양성
② (나) – 생태계 다양성
③ (다) – 유전적 다양성
④ (다) – 종 다양성

19 생물 다양성을 보전하기 위한 방안으로 옳은 것만을 〈보기〉에서 모두 고른 것은?

보기
ㄱ. 생물 다양성에 관한 국제 협약을 체결한다.
ㄴ. 숲을 벌목하여 경작지를 만든다.
ㄷ. 자원을 재활용하여 환경 오염을 줄인다.

① ㄱ, ㄴ
② ㄱ, ㄷ
③ ㄴ, ㄷ
④ ㄱ, ㄴ, ㄷ

20 다음은 두 생태계 (가)와 (나)의 먹이 관계를 나타낸 것이다. 이에 대한 설명으로 옳은 것은?

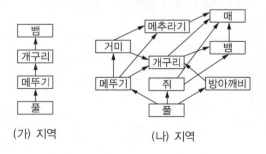

(가) 지역 　　　　(나) 지역

① (가)와 (나) 모두 뱀이 최종 소비자이다.
② 생태계 평형 유지가 잘되는 지역은 (가)이다.
③ (나) 지역에서 개구리가 멸종되면 뱀은 사라진다.
④ 생태계가 깨졌을 때 회복이 쉬운 지역은 (나)이다.

21 그림과 같이 라니냐가 일어날 때 서태평양에서 볼 수 있는 현상은?

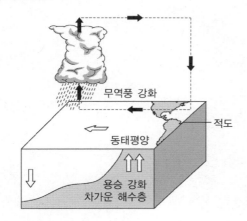

① 홍수
② 가뭄
③ 수온 하강
④ 용승 약화

22 다음 중 온실 기체가 <u>아닌</u> 것은?

① 오존   ② 수소
③ 메테인   ④ 수증기

23 어떤 변압기의 1차 코일과 2차 코일의 감은 수의 비가 1 : 2이다. 1차 코일에 공급되는 전력의 전압이 100 V 일 때, 2차 코일에서 출력되는 전력의 전압은?(단, 변압기에서 에너지 손실은 무시한다)

① 20 V   ② 50 V
③ 100 V   ④ 200 V

24 석탄과 석유의 공통점이 <u>아닌</u> 것은?

① 비재생 에너지
② 동물의 유해로부터 생성
③ 연소 시 이산화 탄소 발생
④ 열과 압력으로 변성되어 생성

25 신에너지의 특징으로 옳은 것은?

① 자원의 고갈 염려가 크다.
② 초기 투자 비용이 적게 든다.
③ 새로운 기술 개발이 필요하다.
④ 기존 산업에 이용이 불가능하다.

배우기만 하고 생각하지 않으면 얻는 것이 없고, 생각만 하고 배우지 않으면 위태롭다.

– 공자 –

한국사

합격의 공식 시대에듀 www.sdedu.co.kr

전근대 한국사의 이해

핵심 키워드
제가 회의, 관등제, 율령, 녹읍, 민정 문서, 불교, 도교, 유학, 몽골의 영향, 문벌, 향리, 주현과 속현, 사대교린, 왜란과 호란, 북벌 운동과 북학론, 양천제, 농민 봉기

1 고대 국가의 지배 체제

● 해결 Point
고대 국가의 성립과 발전 과정을 파악하고 지배 체제의 성격을 이해해야 한다. 시기 및 나라별 특징과 삼국 시대의 국왕별 업적 등을 비교하여 암기하는 것이 좋다.

● 대표 문제 유형

❖ 다음과 같은 특징에 해당하는 나라는?
❖ 다음 설명에 해당하는 왕은?

(1) 선사 문화와 국가의 등장

① 구석기 시대와 신석기 시대

구분	구석기 시대	신석기 시대
시기	약 70만 년 전 시작	약 1만 년 전 시작
도구	주먹도끼, 찍개, 슴베찌르개 등 뗀석기	간석기, 토기(빗살무늬 토기), 가락바퀴, 뼈바늘
생활	이동 생활, 동굴이나 바위 그늘, 막집 거주	정착 생활, 강가나 바닷가 움집 거주
경제	사냥과 채집	농경과 목축 시작, 사냥과 채집
사회	계급이 없는 평등 사회, 무리 생활	씨족 마을 형성, 계급이 없는 평등 사회

[주먹도끼]   [슴베찌르개]

■ **슴베찌르개**: 뾰족하고 긴 부분인 슴베를 만들어서 창이나 화살 따위에 꽂아 쓰는 찌르개이다.

② 청동기 시대

시기	기원전 2000년경~기원전 1500년경
도구	• 청동기(비파형 동검, 거친무늬 거울 등) • 간석기(반달 돌칼 등 농기구), 토기(민무늬 토기 등)
경제	벼농사 보급으로 생산력 발전
사회	• 사유 재산, 빈부 격차, 계급 발생 → 군장 출현(고인돌) • 청동기 문화를 바탕으로 최초의 국가 고조선 건국

[반달 돌칼]   [비파형 동검]   [고인돌]

③ 철기 시대

시기	기원전 5세기경 시작
도구	• 철기(농기구, 무기) • 청동기(세형 동검, 잔무늬 거울) → 독자적인 청동기 문화 형성
경제	철제 농기구 사용으로 농업 생산량 증가
사회	• 철제 무기 사용으로 정복 전쟁 활발 • 부여, 고구려, 옥저, 동예, 삼한 등 여러 나라 등장

(2) 고조선과 여러 나라의 성장

① 고조선

건국	• 청동기 문화를 바탕으로 단군왕검이 건국 • 요동 지방과 한반도 서북부에 위치
성장	• 연과 대립 • 부왕, 준왕 등 왕위 세습 • 기원전 2세기경 위만의 집권 → 철기 문화 발달
사회	8조법(계급 사회, 개인의 노동력과 사유 재산 중시)으로 사회 질서 유지
멸망	한 무제의 침략으로 멸망(기원전 108년), 한 군현 설치

② 여러 나라의 성장

부여	쑹화강 유역	연맹 국가, 사출도	형사취수제, 순장, 영고
고구려	졸본 지역	5부 연맹, 제가 회의	형사취수제, 서옥제, 동맹
옥저	함경도 동해안	군장 국가 (읍군, 삼로)	민며느리제, 가족 공동 무덤
동예	강원도 북부 동해안		족외혼, 책화
삼한	한반도 남부	제정 분리 (천군, 소도)	벼농사, 철 수출(변한)

(3) 중앙 집권 국가로 발전한 삼국

① 중앙 집권 국가의 특징

   ㉠ 중앙 체제 정비(관등제 마련, 공복 제정)

   ㉡ 율령 반포(국가와 백성을 다스리는 기준 마련)

   ㉢ 지방 행정 조직 정비

   ㉣ 신분제 정비(골품제 등)

   ㉤ 불교 수용

② 고구려의 성장과 발전

1~2 세기	태조왕	정복 활동 활발 → 옥저 정복, 요동 진출
	고국천왕	진대법 실시
4세기	미천왕	낙랑군 축출 → 대동강 유역 확보
	소수림왕	불교 수용, 태학 설립, 율령 반포
5세기	광개토 대왕	만주 일대 장악, 신라에 침입한 왜 격퇴, 금관가야 공격, 한강 이북 차지
	장수왕	평양 천도(427), 남진 정책, 한강 유역 장악

③ 백제의 성장과 발전

3세기	고이왕	한강 유역 장악, 6좌평 등 관등과 공복 제정, 통치 조직 정비
4세기	근초고왕	마한 정복, 왕위 부자 상속, 고구려 평양성 공격(고국원왕 전사)
5세기		나제 동맹 체결, 웅진 천도(475)
6세기	무령왕	22담로에 왕족 파견, 중국 남조와 교류
	성왕	사비 천도, 국호 '남부여'로 변경, 한강 하류 일시 회복, 관산성 전투 패배

④ 신라의 성장과 발전

4세기	내물왕	김씨 왕위 계승 확립, '마립간' 칭호
6세기	지증왕	국호 '신라', '왕' 칭호, 우산국 정복
	법흥왕	불교 공인, 율령 반포, 17관등제 마련, 병부 및 상대등 설치, '건원' 연호 사용, 금관가야 정복
	진흥왕	화랑도를 국가 조직으로 개편, 영토 확장(한강 유역 장악, 대가야 정복, 함경도 진출) → 단양 신라 적성비, 진흥왕 순수비 건립

⑤ 가야 연맹의 발전

건국	• 변한 지역의 여러 소국에서 시작 • 철 생산 풍부, 벼농사 발달
금관 가야	• 3세기 중반부터 전기 가야 연맹 주도(김해) • 4세기 말 고구려 광개토 대왕의 공격으로 쇠퇴
대가야	• 5세기 후반부터 후기 가야 연맹 주도(고령) • 신라에 병합(562)

(4) 통일 신라와 발해의 발전

① 신라의 삼국 통일

   ㉠ 고구려와 수·당의 전쟁: 수의 침입 격퇴(살수 대첩, 612), 당의 침입 격퇴(안시성 싸움, 645)

   ㉡ 백제와 고구려 멸망: 백제의 신라 공격 → 나당 동맹 체결(648) → 나당 연합군의 공격으로 백제 멸망(660), 고구려 멸망(668)

   ㉢ 백제와 고구려의 부흥 운동

| 백제 | 복신·도침(주류성), 흑치상지(임존성) 주도 → 실패 |
| 고구려 | 검모잠·안승(한성) 주도 → 실패 |

   ㉣ 나당 전쟁과 신라의 삼국 통일: 당의 한반도 지배 야욕(웅진 도독부, 계림 도독부, 안동 도호부 설치), 신라의 고구려 부흥 운동 지원, 사비에 주둔한 당군 격파 → 매소성·기벌포 전투에서 당에 승리 → 신라의 삼국 통일(676)

② 통일 신라의 발전

   ㉠ 왕권 강화

무열왕	최초의 진골 출신 왕
문무왕	삼국 통일 완성
신문왕	김흠돌의 난 진압 → 진골 귀족 숙청, 왕권 강화

ⓒ 통치 체제 정비

중앙	• 집사부 중심 운영(장관인 시중 권한 강화), 집사부 이하 13부가 행정 분담, 감찰 기구 설치(사정부, 외사정 등) • 국학 설립: 유학 교육, 인재 양성
지방	• 9주 5소경, 특수 행정 구역 향·부곡 • 상수리 제도(지방 세력 견제) • 신라 촌락 문서(민정 문서): 촌락 내 인구, 토지 종류와 면적, 가축 수 등 경제 상황 기록
군사	9서당(중앙군), 10정(지방군)
관료제	• 신문왕 때 녹읍 폐지, 관료전 지급 → 귀족 세력 약화 • 골품 제도: 정치적·사회적 지위와 일상생활까지 제한(가옥, 수레 등)

ⓒ 신라 말 지배 체제의 동요
- 신라 말의 상황: 진골 귀족 간의 왕위 다툼(김헌창의 난, 장보고의 난) → 왕권 약화, 농민 봉기 빈번(원종과 애노의 난), 호족과 6두품 성장
- 후삼국 성립: 견훤의 후백제(900), 궁예의 후고구려(901)

③ 발해의 발전
ⓐ 발해의 건국과 발전

대조영	지린성 동모산에서 발해 건국(698)
무왕	영토 확장, 당의 산둥반도 공격, 신라 견제, 일본과 친교
문왕	당·신라와 친선 관계, 당 문물 수용, 신라도를 통해 신라와 교류
선왕	고구려 영토 대부분 회복, 최대 영토 확보 → '해동성국'이라 불림

ⓑ 발해의 통치 체제 정비

중앙	3성 6부: 당 제도 모방, 명칭과 운영은 독자적, 정당성 중심 운영(장관 대내상이 국정 총괄)
지방	5경 15부 62주, 말단 촌락은 토착 세력이 운영

2 고대 사회의 종교와 사상

● 해결 Point • • • • • • • • • •
고대 사회의 종교와 사상을 시기별로 살펴보고, 정치적·사회적 기능을 파악해야 한다. 특히 삼국 시대 주요 승려의 활동을 구분하여 암기해 두어야 한다.

● 대표 문제 유형 • • • • • • • • • •
❖ 다음 설명에 해당하는 사상은?
❖ 다음과 같은 주장을 한 인물로 옳은 것은?

(1) 고대 사회의 성장과 천신 신앙
① 선사 시대의 원시 신앙과 예술
ⓐ 구석기 시대: 다산과 풍요, 사냥 성공 기원
ⓑ 신석기 시대: 원시 신앙 등장(애니미즘, 토테미즘, 샤머니즘)
② 고대의 천신 신앙
ⓐ 특징: 초기 국가의 지배층이 자신의 기원을 천신과 연결 → 지배층의 통치를 정당화하는 논리로 이용
ⓑ 사례: 단군의 고조선 건국 설화, 제천 행사(영고, 동맹, 무천 등)

(2) 불교, 도교, 풍수지리설
① 불교
ⓐ 수용: 중앙 집권 국가로 발전하는 과정에서 수용 → 고구려 소수림왕, 백제 침류왕, 신라 법흥왕(이차돈의 순교)
ⓑ 특징

왕권 강화	왕즉불 사상, 업설 수용(신분 질서 정당화), 신라의 불교식 왕명
호국 불교	대규모 사찰 건설

ⓒ 통일 신라 불교
- 특징: 교리에 대한 이해 심화, 민간에 불교 확산
- 대표적 승려

원효	일심 사상·화쟁 사상 주장, 아미타 신앙(불교 대중화)
의상	당에 유학, 신라에 화엄 사상 정립(『화엄일승법계도』), 관음 신앙 전파
혜초	인도와 중앙아시아 순례, 『왕오천축국전』

ㄹ 신라 말 선종 불교 유행

배경	교종의 세속화·보수화
특징	• 참선 수행 강조, 실천적 경향 • 9산 선문 형성: 지방 호족 세력과 연결
영향	지방 문화 발달, 6두품 출신 유학자들과 함께 새로운 사회 건설에 필요한 사상적 바탕

ㅁ 발해의 불교
- 특징: 왕실과 귀족 중심으로 발달, 고구려 불교 계승
- 불교문화: 이불병좌상, 흥륭사 발해 석등

② 도교
- ㄱ 수용: 삼국 시대 중국으로부터 전래되어 귀족을 중심으로 유행
- ㄴ 특징: 신선 사상을 바탕으로 산천 숭배, 민간 신앙과 결합 → 불로장생, 현세 구복 추구
- ㄷ 문화: 고구려 고분 벽화(사신도), 백제 산수무늬 벽돌, 백제 금동 대향로

③ 풍수지리설
- ㄱ 수용: 신라 말 도선 등 선종 승려들이 체계적인 이론으로 수용
- ㄴ 특징: 산, 하천, 땅 등 지형적 요인이 인간 생활에 영향을 끼친다는 이론
- ㄷ 영향: 수도 금성에서 벗어나 지역의 중요성 인식, 지방 호족 세력의 확대 뒷받침

(3) 유학의 발달

① 삼국 시대
- ㄱ 수용: 중국과 교류하며 수용
- ㄴ 특징: 교육 기관 설립(국가 주도) → 인재 양성, 유교적 도덕규범 장려

고구려	소수림왕 때 중앙에 태학 설립(유교 경전, 역사 교육), 지방에 경당(한학, 무술 교육)
백제	오경박사(유학 교육)
신라	임신서기석(청년들이 유교 경전을 공부한 내용이 적혀 있음)

- ㄷ 역사서 편찬: 국력 안정 도모와 왕권 강화

고구려	『유기』 100권 편찬, 이문진의 『신집』 5권(영양왕)
백제	고흥의 『서기』(근초고왕)
신라	거칠부의 『국사』(진흥왕)

② 통일 신라와 발해
- ㄱ 통일 신라
  - 유학의 통치 이념화: 유학 교육 기관인 국학 설립(신문왕), 독서삼품과 실시(원성왕)
  - 대표적 유학자

6두품	강수(외교 문서 작성), 설총(이두 정리), 최치원(당의 빈공과 급제, 개혁안 10여 조 건의, 『계원필경』)
진골	김대문(『화랑세기』, 『고승전』)

- ㄴ 발해
  - 6부의 명칭에 유교 덕목 사용
  - 주자감(유교 경전 교육), 문적원(유교 서적 관리)

3 고려의 통치 체제와 국제 질서의 변동

● **해결 Point** ●·······

고려 시대 통치 체제의 성립과 변화를 국제 질서의 변동과 연결지어 파악해야 한다. 태조 왕건, 광종, 성종 등 고려 초기 국왕의 정책을 묻는 문제가 자주 출제되며, 거란·여진과의 대외 관계에 대한 문제도 꾸준히 출제되고 있으니 다른 시대와 비교하여 특징을 확실하게 정리해 두어야 한다.

● **대표 문제 유형** ●·······

❖ 고려 광종의 정책으로 옳은 것은?
❖ 고려 시대 대외 관계에 대한 설명으로 옳은 것은?

(1) 고려 건국과 통치 체제 정비

① 후삼국 통일
 ㉠ 왕건이 궁예를 축출하고 고려 건국(918)
 ㉡ 신라 경순왕의 항복 → 후백제 격파 → 후삼국 통일 (936)

② 국가 기틀 확립

태조	• 호족 통합 정책: 유력 호족과 혼인, 성씨 하사, 사심관 제도와 기인 제도 • 민생 안정: 조세 부담 축소 • 북진 정책: 고구려 계승 의식, 서경(평양) 중시
광종	노비안검법 실시(호족, 공신의 경제력 약화), 과거제 실시, 관리 공복 제정, 황제 칭호와 독자적 연호 '준풍' 사용
성종	• 유교 정치: 최승로의 시무 28조 수용, 불교 행사 억제, 국자감 설치 • 통치 체제: 2성 6부제, 12목에 지방관 파견, 향리제 정비

③ 고려의 통치 체제
 ㉠ 중앙 정치 제도

2성 6부	• 2성: 중서문하성(최고 관서, 문하시중이 국정 총괄, 재신·낭사), 상서성(6부 관리, 정책 집행) • 6부(이부·호부·예부·병부·형부·공부): 국정 실무 담당
중추원	군사 기밀, 왕명 출납
어사대	관리 비리 감찰 및 풍속 교정, 어사대의 관원은 중서문하성의 낭사와 함께 대간으로 불림
삼사	화폐와 곡식 출납 등 회계
귀족 회의 기구	• 도병마사: 국방 문제 논의 • 식목도감: 법률, 제도 제정

 ㉡ 지방 행정 제도

5도	일반 행정 구역(안찰사 파견), 주현보다 속현이 많음
양계	군사 행정 구역, 병마사 파견, 진 설치
향·부곡·소	특수 행정 구역, 주현 수령의 지배

 ㉢ 군사 제도

중앙	2군(국왕 친위 부대), 6위(수도 경비, 국경 방어)
지방	주현군(5도 주둔), 주진군(양계 주둔, 상비군)

 ㉣ 관리 등용과 교육 제도

관리 등용	• 과거 제도: 양인 이상 응시 가능, 문과와 잡과 위주, 무과 없음 • 음서: 공신이나 5품 이상 고위 관리 자제를 과거 없이 관직에 임용
교육 기관	• 국자감(개경), 향교(지방) → 관리 양성과 유학 교육 진흥 • 고려 중기 최충의 문헌공도를 비롯해 사학 12도 융성

(2) 고려 전기의 대외 관계

① 다원적 동아시아 질서와 고려의 천하관
 ㉠ 10~12세기 동아시아 질서: 당 중심의 국제 질서 붕괴로 다원적 국제 질서 확립 → 고려, 거란, 송 사이에 세력 균형
 ㉡ 고려의 독자적 천하관: 해동 천하 인식, 황제국 체제 (황제, 천자 칭호 사용)

② 고려의 대외 관계
 ㉠ 거란의 침입

1차 침입	서희의 외교 담판(993) → 강동 6주 확보
2차 침입	강조의 정변을 구실로 고려 침입(1010) → 양규의 항전
3차 침입	강감찬의 귀주 대첩(1019) 승리, 나성(개경)과 천리장성(압록강~영흥) 축조

 ㉡ 여진과의 충돌
 • 12세기 초 세력을 키운 여진이 동북쪽 국경 침략 → 윤관이 별무반 편성 후 여진 정벌 → 동북 9성 설치
 • 여진의 성장: 여진의 금 건국(1115) → 고려에 군신 관계 요구 → 이자겸 등이 금의 요구 수용

(3) 문벌 귀족 사회의 동요와 무신 정권 성립

① 문벌 귀족 사회

㉠ 문벌 형성: 여러 대에 걸쳐 고위 관직을 독점한 가문이 문벌 형성, 상호 혼인 관계로 지위 유지, 음서·공음전 혜택

㉡ 문벌 귀족 사회의 동요

이자겸의 난 (1126)	• 배경: 외척 이자겸이 권력 독점 • 전개: 인종과 측근 세력의 이자겸 제거 시도 → 이자겸, 척준경의 반란 • 결과: 국왕 권위 실추, 문벌 사회 분열
묘청의 서경 천도 운동 (1135)	• 배경: 인종의 개혁 • 전개: 서경 세력(묘청·정지상)이 황제 칭호, 서경 천도, 금 정벌 등 주장 → 개경 세력(김부식) 반발 → 서경 세력이 서경에서 반란 → 김부식의 관군에게 진압

② 무신 정권 성립

㉠ 무신 정변(1170)

• 배경: 무신에 대한 차별 대우

• 전개: 정중부·이의방 등이 정변 → 중방 중심 정치 운영 → 무신 간의 잦은 권력 다툼과 백성 수탈로 혼란 심화

㉡ 최씨 무신 정권 수립

• 최충헌 집권: 교정도감 설치, 사병 집단인 도방 확대 → 이후 4대 60여 년간 최씨 가문이 권력 독점

• 최우: 정방·서방 설치, 야별초 조직

• 농민과 천민의 난 빈번: 망이·망소이의 난(공주 명학소), 김사미·효심의 난, 만적의 난(신분 해방 운동)

③ 몽골의 침략과 무신 정권의 몰락

몽골의 침략	몽골 사신 피살 사건 → 몽골의 고려 침략 → 최씨 정권의 강화도 천도 → 처인성 전투, 충주성 전투 → 최씨 정권 몰락, 몽골과 강화 → 개경 환도
삼별초 항쟁	몽골과 강화 반대, 강화도에서 진도·제주도로 차례로 이동하며 항전 → 고려와 몽골의 연합군에게 진압됨

(4) 원 간섭기와 고려 후기 정치 변동

① 원 간섭기 고려의 상황

원의 내정 간섭	• 위상 격하: 원의 부마국, 왕실 칭호와 관제 격하 • 영토 상실: 쌍성총관부, 동녕부, 탐라총관부 설치 • 일본 원정 동원: 정동행성 설치(다루가치 파견) • 공물·공녀 요구, 몽골풍 유행
권문세족의 성장	• 친원적 성향 • 주로 음서로 관직 진출, 고위 관직 독점(도평의사사 장악), 지위 세습, 대농장과 노비 소유

② 고려 후기 정치 변동

㉠ 공민왕의 개혁 정책

반원 자주 정책	• 기철 등 친원파 제거, 정동행성 이문소 폐지 • 왕실 칭호와 관제 복구, 몽골풍 금지 • 쌍성총관부 공격 → 철령 이북 지역 수복
왕권 강화 정책	• 정방 폐지: 인사권 장악 • 신진 사대부 등용 • 신돈 등용(전민변정도감 설치)

㉡ 신진 사대부의 성장과 고려의 멸망

신진 사대부	• 지방 향리 자제, 중소 지주 출신 → 공민왕의 개혁 정치로 성장 • 성리학 수용, 권문세족과 사회 모순 비판
신흥 무인 세력	14세기 후반 홍건적과 왜구를 격퇴하는 과정에서 성장(이성계, 최영 등)

㉢ 고려 멸망: 요동 정벌 추진 → 이성계의 위화도 회군(1388) → 이성계, 정도전 등이 과전법 실시(1391) → 조선 건국(1392)

4 고려의 사회와 사상

● **해결 Point** ● ● ● ● ● ●

다원적인 사회 구조와 다양한 사상적 기반 위에 고려 사회가 성립되었음을 이해해야 한다. 고려의 사회 제도나 역사서, 또는 불교가 발달함에 따른 주요 승려의 대표적 활동들을 구분하여 물어보는 문제가 출제될 가능성이 높으니 다른 시대의 승려와 구분하여 학습해 두어야 한다.

● **대표 문제 유형** ● ● ● ● ● ●

❖ 다음 설명에 해당하는 역사서는?
❖ 다음 설명에 해당하는 사상은?

(1) 고려의 신분 구조와 사회 모습

① 신분 구조: 신라의 골품제에 비해 개방적, 과거나 군공을 통해 신분 상승 가능

	양반	• 최상위 지배층: 왕족, 문반, 무반 • 특징: 문벌 형성(고위 관직 세습, 상호 혼인 관계)
양인	중간 계층	• 구성: 서리, 남반, 향리, 하급 장교 등 • 특징: 향리가 지방 행정을 실질적으로 담당(속현), 직역의 대가로 토지를 받음, 신분 세습
	양민 (평민)	• 일반 군현민: 농민(백정), 상인, 수공업자 • 특수 행정 구역민: 향·부곡·소의 거주민, 일반 군현민에 비해 조세 차별받음, 이주 금지
천인	천민	• 대다수가 노비: 공노비(국가 소유), 사노비(개인 소유) • 특징: 매매, 증여, 상속의 대상

② 고려 사회의 모습

사회 시책	• 의창: 흉년 시 빈민 구제 • 상평창: 물가 안정 활동 • 동서 대비원: 환자 진료 및 빈민 구제 • 제위보: 기금 마련, 이자로 빈민 구제
가족 제도	• 일부일처제 • 여성의 지위: 비교적 수평적, 여성 호주 가능, 태어난 순서대로 호적 기재, 여성 이혼과 재혼 가능, 재산 자녀 균등 상속, 사위와 외손에게 음서 혜택
사회 공동체	향도: 불교 신앙 활동 + 마을 공동체 유지

(2) 유학의 발달과 역사 인식의 변화

① 유학의 발달

고려 전기	• 6두품 출신 유학자 등용(태조), 과거제 시행(광종) • 유교 정치 이념 확립, 국자감 설립(성종)
고려 중기	• 최충의 9재 학당: 고려 유학 발전 • 김부식: 이자겸의 난 진압, 금의 사대 요구 수용 등 보수적 경향 → 유학 침체
고려 후기	• 충렬왕 때 안향이 성리학 소개 • 신진 사대부의 성리학 수용, 권문세족 비판

② 역사서 편찬

고려 중기	김부식의 『삼국사기』: 기전체, 유교적 합리주의 사관, 현존하는 가장 오래된 역사서
고려 후기	• 몽골 침략과 원 간섭으로 자주 의식을 강조한 역사서 편찬 → 이규보의 『동명왕편』(고구려 계승 의식), 이승휴의 『제왕운기』와 일연의 『삼국유사』(단군을 민족의 시조로 서술) • 성리학적 유교 사관: 이제현의 『사략』

(3) 불교, 도교, 풍수지리설의 발달

① 불교의 발달
  ㉠ 국가의 불교 장려: 태조의 훈요 10조, 광종 때 국사·왕사 제도 및 승과 실시, 사찰 건립, 불교 행사 거행
  ㉡ 대표적 승려

의천	• 교종 통합(화엄종 중심), 해동 천태종 창시 • 교관겸수 제창
지눌	• 송광사에서 수선사 결사 운동, 조계종 창시 • 돈오점수, 정혜쌍수 주장
혜심	유불 일치설 주장, 심성의 도야 강조(성리학 수용의 사상적 토대 마련)
요세	• 천태종 신앙 결사체인 백련사 조직 • 참회(법화) 신앙

  ㉢ 대장경 조판
    • 초조대장경: 부처의 힘으로 거란의 침략을 물리치고자 간행 → 대구 부인사 보관 중 몽골 침략 때 소실
    • 팔만대장경: 몽골의 침입 때, 격퇴를 염원하며 간행 → 유네스코 세계 기록 유산(합천 해인사 보관)
② 도교와 풍수지리설의 발달
  ㉠ 도교: 나라의 안녕과 왕실의 번영 기원, 불로장생과 현세 구복 추구
  ㉡ 풍수지리설: 신라 말 도선 소개, 서경 길지설(묘청의 천도 운동의 이론적 근거), 한양 명당설(조선 수도 선정의 사상적 배경)

5 조선의 정치 운영과 세계관의 변화

조선 시대 세계관의 변화를 국내 정치 운영 체제와 국제 질서의 변동 속에서 이해할 수 있어야 한다. 조선 전기 주요 왕의 업적과 임진왜란, 병자호란을 계기로 변화한 대외 관계 등을 중점적으로 알아 두어야 한다.

● 대표 문제 유형

❖ 조선 태종이 실시한 정책을 〈보기〉에서 고른 것은?
❖ 임진왜란 시기에 있었던 사실로 옳은 것은?

(1) 조선의 건국과 통치 체제 정비

① 조선 건국과 유교 정치 확립

　㉠ 조선 건국 과정: 명 건국 → 이성계와 급진파 신진 사대부가 위화도 회군으로 정치적 실권 장악(1388) → 과전법 시행 → 조선 건국(1392)

　㉡ 유교 정치 확립

태조	• 국호 '조선', 한양 천도(1394) • 군사 체제 정비, 경복궁 건설 • 정도전의 활약: 재상 중심의 정치 주장, 불교 비판(『불씨잡변』) → 성리학의 통치 이념화
태종	• 왕권 강화: 의정부 설치와 6조 직계제 실시, 사간원 독립, 개국 공신 세력 견제와 숙청 • 사병 제도 폐지: 국왕이 군사 지휘권 장악 • 국가의 경제 기반 안정: 사원전·사원 노비 제한, 양전 사업 실시, 호패법 시행
세종	의정부 서사제 실시(왕권과 신권의 조화), 경연 활성화, 집현전 설치(학문 연구), 훈민정음 창제·반포
세조	왕권 강화: 6조 직계제 실시, 집현전과 경연 제도 폐지, 유향소 폐지, 직전법 실시
성종	• 홍문관 설치: 경연 활성화 • 문물 정비: 조선 왕조의 기본 법전인 『경국대전』 완성 → 유교적 통치 체제 확립

② 유교적 통치 체제 정비

　㉠ 중앙 정치 제도와 지방 행정 제도

중앙 정치 제도	의정부	국정 총괄, 재상 합의 기구
	6조	직능에 따라 행정 분담, 실제 행정 집행
	3사	사헌부(관리 감찰), 사간원(간쟁), 홍문관(경연) → 언론 기능, 권력 독점 견제
	기타	승정원(왕명 출납), 의금부(중죄인 처벌), 한성부(수도 행정, 치안 담당), 춘추관(역사서 편찬, 보관)
지방 행정 제도		• 8도: 관찰사 파견 - 부·목·군·현(모든 군현에 수령 파견) • 향리: 수령 업무 보좌, 지방 행정 실무 담당, 고려 시대에 비해 권한 약화 • 유향소(향청): 지방 사족의 향촌 자치 기구, 수령 업무 보좌, 수령과 향리 감시, 풍속 교화

　㉡ 군사 제도

군역 제도		양인 개병제, 정군(현역)과 보인(정군 비용 부담)
조직	중앙군	5위: 궁궐, 수도 방어
	지방군	• 영·진 방어 • 병마절도사·수군절도사가 지휘

　㉢ 관리 등용 제도와 교육 제도

관리 등용 제도	과거(문과, 무과, 잡과), 음서(고려에 비해 대상 축소), 천거제 실시
교육 제도	• 유학 교육: 성균관(중앙 최고 교육 기관), 향교(지방 군현에 설치), 서원·서당(사립 교육 기관) • 기술 교육: 각 해당 관청에서 담당

(2) 정치 운영의 변화

① 사림의 성장과 사화 발생

　㉠ 사림의 형성과 성장: 지방 사대부·중소 지주 출신으로 왕도 정치와 향촌 자치 추구 → 성종 때 본격적으로 정치 참여, 3사의 언관직 차지(훈구파의 비리 비판)

　㉡ 사화 발생

무오사화 (연산군)	훈구 세력이 김종직의 조의제문을 문제 삼아 사림 축출
갑자사화 (연산군)	연산군이 생모 폐위 문제로 훈구와 사림 세력 제거
기묘사화 (중종)	조광조의 개혁 정치(3사의 언론 활동 활성화, 현량과 실시, 위훈 삭제, 소격서 폐지 등) → 훈구 세력의 반발로 조광조 및 사림 제거
을사사화 (명종)	외척 간의 권력 다툼 과정에서 훈구와 사림 세력이 피해를 입음

② 붕당 정치의 전개와 변질

　㉠ 사림 세력 확대: 서원과 향약을 기반으로 향촌 사회에서 세력 확대, 중앙 정계에서 세력 확장

　㉡ 붕당 형성과 분화: 이조 전랑 임명 문제로 대립 → 동인과 서인으로 분화

동인	신진 사림(김효원 등), 척신 정치 청산과 도덕성 강조 → 이황, 조식, 서경덕의 학통 계승
서인	기성 사림(심의겸 등), 척신 정치 청산에 소극적 → 이이와 성혼의 학통 계승

　㉢ 붕당 정치의 전개와 변질

선조~광해군	• 동인이 정여립 모반 사건을 계기로 남인과 북인으로 분화 • 광해군 때 북인 집권
인조~효종	인조반정 후 서인 집권 → 상호비판적 공존
현종	두 차례 예송 발생 → 서인과 남인 대립 심화
숙종	• 환국 전개 → 3사의 언론 기능 변질, 남인 몰락, 서인 노론과 소론으로 분화 • 붕당 간 보복과 탄압으로 일당 전제화 경향

③ 탕평 정치

　㉠ 영조와 정조의 탕평 정치

영조	• 탕평 교서 발표(탕평비 건립) → 탕평 정책에 동의하는 인물(탕평파)을 등용하여 정국 운영 • 붕당의 뿌리 제거: 공론의 주재자인 산림의 존재를 인정하지 않음, 붕당의 근거지인 서원 정리 • 이조 전랑 권한 축소 • 개혁 정치: 균역법 실시, 군영 정비, 신문고 제도 부활, 가혹한 형벌 폐지 • 문물제도 정비: 『속대전』, 『속오례의』, 『동국문헌비고』 등 편찬
정조	• 탕평책 계승(적극적 탕평), 소론 및 남인 계열 중용 • 규장각 설치: 서얼 출신 등용, 국왕의 권력·정책을 뒷받침하는 정치 기구 • 초계문신제 시행: 신진 인물이나 하급 관리 중 능력 있는 자를 재교육 • 장용영 설치: 수원에 설치한 국왕 친위군, 군영의 독립적 성격 약화 → 왕권을 뒷받침하는 군사적 기반 • 수원의 화성 건설: 정치적·군사적 기능 부여 → 정치적 이상을 실현하는 상징적 도시 육성 • 문물제도 정비: 신해통공(금난전권 폐지), 『대전통편』, 『무예도보통지』, 『탁지지』 편찬

　㉡ 탕평책의 한계: 붕당 간 정쟁을 완화하였으나 왕과 외척에 권력 집중 → 세도 정치의 배경이 됨

④ 세도 정치의 전개

배경	탕평 정치의 붕괴로 유력 가문 출신에 권력 집중
전개	순조, 헌종, 철종 3대 60여 년 동안 안동 김씨, 풍양 조씨 등 몇몇 가문의 권력 독점
폐단	• 소수의 유력한 가문들이 권력과 이권 독점, 언론 활동 위축 • 비변사의 권한 강화: 의정부와 6조 유명무실화 → 비변사에 권력 집중 • 정치 기강 문란: 과거제 문란, 매관매직 등 • 탐관오리 수탈 극심, 삼정(전정·군정·환곡)의 문란으로 농촌 경제 피폐

(3) 국제 질서의 변동과 조선의 대외 관계

① 사대교린의 외교 관계

  ㉠ 명과의 사대 관계

조공	사신 파견·조공(경제적·문화적 교류 및 선진 문물 수용)
책봉	명으로부터 국왕의 지위를 인정받음

  ㉡ 여진·일본과의 교린 관계

여진	• 회유책: 귀순 장려, 국경 무역(무역소)과 조공 무역(북평관) 허용 • 강경책: 4군 6진 개척(세종, 압록강~두만강까지 영토 확보)
일본	• 회유책: 계해약조 → 제한적 무역, 3포 개항 • 강경책: 세종 때 왜구의 본거지인 대마도 정벌(이종무)

② 임진왜란(1592)

  ㉠ 왜란의 배경: 일본을 통일한 도요토미 히데요시의 대륙 침략 결정

  ㉡ 전개 과정

전쟁 초기	일본군이 한성과 평양 함락 → 선조의 의주 피난 → 명에 지원군 요청
수군의 활약	이순신(전라 좌수사)의 수군이 남해에서 활약 → 옥포, 사천(거북선 최초 사용), 한산도 대첩(학익진 전법) 승리 → 전라도 곡창 지대 방어
의병의 항쟁	대표적 의병장: 곽재우, 고경명, 조헌, 정문부, 서산 대사, 사명 대사 등
전쟁 극복	• 명군 참전, 조명 연합군의 평양성 탈환, 권율의 행주 대첩 승리 → 명의 휴전 제의 • 전열 정비: 훈련도감 설치, 지방군 편제 개편(속오법 실시), 화포 개량, 조총 제작 등
정유재란 (1597)	• 조명 연합군이 재침입한 왜군을 직산에서 격퇴 • 이순신이 명량 해전에서 왜군 대파 → 전세가 불리해진 일본군 철수

  ㉢ 왜란의 결과

  • 조선의 변화

비변사 기능 강화	임진왜란 이후 군사뿐 아니라 모든 정무를 총괄하는 최고 회의 기구화 → 왕권 약화, 의정부·6조 중심 행정 체계 유명무실화
사회 변화	• 인구 감소, 농토 황폐화, 국가 재정 궁핍, 식량 부족 • 토지 대장과 호적 소실: 조세·역 징발 곤란 • 공명첩 발행과 신분제 동요 • 문화재 소실: 경복궁, 불국사, 사고(전주사고만 보존)

  • 동아시아의 변화

일본	• 도쿠가와 이에야스의 에도 막부 정권 성립 • 문화재 약탈, 포로로 잡아간 조선 학자와 기술자들에 의해 성리학·도자기 문화 전래
중국	• 명: 막대한 전쟁 비용 소모로 국력 쇠퇴 • 여진: 명의 쇠퇴를 틈타 후금 건국 → 명·청 교체

  • 일본과 국교 재개: 에도 막부의 요청으로 조선 통신사 파견

③ 광해군의 정책과 호란의 전개

  ㉠ 광해군의 정치와 인조반정

전후 복구 사업	• 토지 대장과 호적 재정비로 국가 재정 확충 노력 • 농민의 공납 부담을 줄이기 위해 대동법 실시(경기도)
중립 외교	• 배경: 후금 건국(1616), 후금과 명의 충돌 → 명의 원군 요구 • 중립 외교(실리 외교): 명과 후금 사이에서 중립 추구 → 강홍립 파병, 신중한 대응과 항복
인조 반정	인목 대비 폐위, 영창 대군 살해에 대한 반발 → 서인 주도로 광해군 축출(1623) → 친명배금 정책 추진(명에 대한 의리와 명분 강조)

  ㉡ 정묘호란과 병자호란

정묘호란 (1627)	• 배경: 인조와 서인 정권의 친명배금 정책 • 전개: 후금의 침략 → 인조의 강화도 피신 → 정봉수, 이립의 활약 • 결과: 후금과 형제 관계를 맺고 강화 체결
병자호란 (1636)	• 원안: 청의 군신 관계 요구 거절(척화주전론 우세) • 전개: 청의 침략 → 인조의 남한산성 피신·항전 • 결과: 청에 항복(삼전도에서 청과 군신 관계를 맺고 강화 체결), 소현 세자와 봉림 대군 등 청에 끌려감

④ 북벌 운동과 북학론: 양난 이후 대외 인식 변화

북벌 운동 (17세기)	• 배경: 병자호란 이후 청에 대한 복수심 고조 • 전개: 효종이 송시열, 이완 등과 함께 청 정벌 계획 추진 → 군대 양성, 성곽 수리 • 결과: 효종의 죽음 등으로 좌절
북학론 (18세기)	청의 선진 문물을 수용하여 부국강병을 이루자는 주장 → 북학파 실학자들이 주도
백두산 정계비 건립 (1712)	• 조선과 청과의 국경 분쟁 발생 → 숙종 때 국경을 확정하고 정계비 건립(서쪽으로는 압록강, 동쪽으로는 토문강) • 간도 귀속 분쟁 발생: 19세기 후반 정계비 해석에 대해 조선과 청이 서로 다른 주장을 펴면서 발생

(4) 세계관의 변화

① 성리학 발전

　㉠ 통치 이념으로 활용: 조선의 건국 이념, 사림의 성리학 절대화

　㉡ 생활 윤리에 영향: 『소학』, 『주자가례』 보급, 서원과 향약

② 조선 후기 새로운 사상 등장

　㉠ 실학 등장: 사회 모순을 해결하기 위한 개혁적 학문

농업 중심	• 서울 남인 출신, 농민 입장에서 토지 제도 개혁과 자영농 육성 주장(경세치용 학파) • 유형원(『반계수록』), 이익(『성호사설』), 정약용(『목민심서』, 『여유당전서』) 등
상공업 중심	• 서울 노론 출신, 상공업 진흥, 청의 선진 문물과 기술 수용 주장(북학파, 이용후생 학파) • 유수원(『우서』), 홍대용(『의산문답』, 『임하경륜』), 박지원(『열하일기』), 박제가(『북학의』) 등

　㉡ 국학의 발달: 역사, 지리 등 우리 것에 대한 관심 고조

역사 연구	• 안정복의 『동사강목』: 우리 역사 체계화(고조선부터 고려까지) • 유득공의 『발해고』: 발해와 만주에 대한 관심(최초로 '남북국' 용어 사용)
지리 연구	• 인문 지리서 편찬: 한백겸의 『동국지리지』, 이중환의 『택리지』 • 실용적 지도 제작: 김정호의 『대동여지도』

6 양반 신분제 사회와 상품 화폐 경제

● **해결 Point**

조선 시대 신분의 구성과 특성을 살펴보고, 양난 이후 상품 화폐 경제가 발달하면서 신분제에 변동이 나타났음을 이해해야 한다. 조선 전기와 비교하여 조선 후기의 신분 질서와 경제 상황의 변화를 학습하고 공명첩, 보부상 등 당시 상황을 알 수 있는 용어에 대해 알아 두어야 한다.

● **대표 문제 유형**

❖ 다음 문서의 발급으로 인해 증가된 조선의 신분 계층은?
❖ 조선 후기 경제 상황을 〈보기〉에서 고른 것은?

(1) 양반 중심의 신분 질서 확립

① 조선 전기 신분 질서와 특징

　㉠ 양천제와 반상제

양천제	• 양인: 자유민, 조세와 국역의 의무, 과거 응시 자격 • 천인: 비자유민, 개인이나 국가에 소속, 천역 담당
반상제	지배층인 양반과 피지배층인 상민 간의 차별을 두는 제도 → 양반, 중인, 상민, 천민의 신분 제도 정착

　㉡ 신분별 특징

양반	• 관직 진출: 과거·음서·천거로 관직 독점 → 현직 또는 예비 관료로 활동, 국역 면제 • 경제적 기반: 과전, 녹봉, 토지와 노비 소유
중인	• 의미: 양반과 상민의 중간 신분 계층(넓은 의미), 기술관(좁은 의미) • 구성: 서리·향리·기술관(의관, 역관) – 직역 세습, 행정 실무 담당 / 서얼 – 양반 첩에게서 출생 → 중인과 같은 신분적 처우, 문과 응시 금지
상민	• 구성: 농민, 수공업자, 상인, 신량역천(신분은 양인이나 천역을 담당하는 계층) • 과거 응시 가능(실제 불가능)
천민	• 대부분 노비이며 재산으로 취급, 매매·상속·증여의 대상 • 노비는 일반적으로 부모 중 한쪽이 노비이면 그 자녀도 노비로 귀속

② 양반 중심의 향촌 지배 체제 확립

　㉠ 유향소: 수령 보좌, 백성 교화

　㉡ 향회: 향촌 사족의 명단인 향안에 등록된 지방 양반들의 총회, 지방 사족들이 결속을 다지며 향촌에서 영향력 행사

　㉢ 서원: 여론 형성, 학문의 기반 마련

　㉣ 향약: 향촌 질서 유지, 농민 교화

(2) 수취 제도 개편

① 조선 전기의 수취 제도

조세 (전세)	• 토지에 대한 세금, 수확량의 1/10 징수 • 세종 때 공법 시행(전분 6등법, 연분 9등법): 토지의 비옥도와 풍흉을 고려하여 차등 징수
공납	각 지역의 특산물을 현물로 징수 → 방납의 폐단으로 농민 부담 증가
역	• 군역(정군·보인), 요역(토목 공사 등에 동원) • 군역 기피로 대립, 방군수포 발생

② 조선 후기의 수취 제도 개편

영정법 (전세)	풍흉에 관계없이 전세를 토지 1결당 쌀 4~6두로 고정 → 전세의 정액화, 세율 인하
대동법 (공납)	• 광해군 때 경기도에 처음 실시되어 점차 확대, 숙종 때 평안도와 함경도 등을 제외하고 전국적 실시 • 공납을 토지 1결당 쌀 12두 또는 삼베, 무명, 돈 등으로 징수 • 결과: 농민 부담 감소, 관청에 물품을 납품하는 공인 등장, 상품 화폐 경제 발달
균역법 (역)	• 군역 대신 1년에 군포 1필 징수 • 줄어든 군포 수입을 보충하기 위해 결작(토지 1결당 쌀 2두), 선무군관포(일부 상류층) 징수, 어염세·선박세 등을 활용

(3) 상품 화폐 경제의 발달

① 농업의 발달과 농민층의 분화

ㄱ 농업 생산력 증가: 이앙법(모내기법) 확산으로 노동력 절감과 수확량 증가(이모작 가능, 광작 등장), 인삼·면화·담배 등 상품 작물 재배, 일정액을 납부하는 도조법으로 지대 납부 방식 변화

ㄴ 농민층 분화
• 일부 농민이 상품 작물 재배를 통해 부농으로 성장
• 대다수 농민은 소작농, 고용 노동자, 임노동자로 전락

② 수공업과 광업의 발달

수공업	• 관영 수공업 쇠퇴: 장인세를 내고 물품을 직접 만들어 판매 • 민영 수공업 발달: 공인·사상 등 상인 자본의 지원을 받아 제품을 만드는 선대제 유행, 임노동자를 고용해 공장제 수공업 형태로 물품 생산, 독립 수공업자가 등장하여 생산과 판매까지 주관(18세기 후반)
광업	• 설점수세제(민간인의 광산 채굴을 허용하고 세금 징수), 잠채(광물을 몰래 채굴) 성행 • 전문 광산 경영인 덕대 등장

③ 상업의 발달

ㄱ 상인의 성장

공인	• 대동법 실시로 정부에 필요한 물품을 공급하는 어용상인 • 서울 시전과 전국 장시를 중심으로 활동 → 점차 도고로 성장
사상	• 금난전권 폐지(신해통공) 이후 크게 성장 • 평양의 유상, 개성의 송상(송방 설치, 인삼 판매), 의주의 만상(대청 무역), 동래의 내상(대일본 무역) 등이 성장 • 일부 사상은 독점적 도매상인인 도고로 성장 → 상업 자본 축적 • 서울의 종로, 칠패 등에서 사상 등장

ㄴ 상업의 발달

장시	• 15세기 말 등장하여 16세기 무렵 전국적으로 확산 • 보부상: 전국 지방의 장시를 돌아다니며 활동 → 보부상단 조합 결성
포구 상업	• 포구 상업의 중심지: 강경포, 원산포(18세기 발달) • 선상: 선박을 이용하여 각 지방의 물품을 구입한 뒤 포구에서 판매(경강상인) • 객주·여각: 상품의 매매 및 중개와 부수적으로 운송, 보관, 숙박, 금융 등의 영업 행위 담당

ㄷ 대외 무역의 발달

청과의 무역	• 17세기 중엽부터 국경 지대를 중심으로 공무역(개시)과 사무역(후시)이 동시에 성행 • 의주의 만상이 청과의 무역 주도 • 비단·약재·문방구 등 수입, 금·은·무명·인삼 등 수출
일본과의 무역	• 17세기 이후 기유약조로 일본과의 관계가 정상화된 후 왜관 개시를 통한 대일 무역 활발 • 동래의 내상이 일본과의 무역 전개 • 은·구리·황 등 수입, 인삼·쌀 등 수출
중계 무역	• 개성의 송상이 청과 일본 연결 • 만상과 내상의 무역 활동 중계

ㄹ 화폐의 유통

배경	상품 화폐 경제 발달, 대동법 실시 이후 조세 및 소작료의 금납화 확대 → 화폐 사용 증가
전개	숙종 때 상평통보(동전)가 전국적으로 유통
한계	전황: 지주나 대상인들이 화폐를 고리대나 재산 축적에 이용하면서 시중에 유통되는 화폐가 크게 부족해짐

④ 신분 질서의 변화와 농민 봉기
ㄱ 신분제 동요
- 양반층 분화: 권력이 일부 양반에 집중되면서 다수의 양반이 향반, 잔반 등으로 몰락
- 상민의 신분 상승: 부유한 상민이 공명첩, 납속책, 족보 위조 등을 통해 신분 상승 → 양반 수 증가, 상민 수 감소
- 중인층의 신분 상승

서얼	• 영·정조의 개혁 분위기에 편승하여 적극적인 신분 상승 시도(상소 운동) → 서얼들의 청요직 통청 요구 수용 • 정조 때 유득공, 이덕무, 박제가 등 서얼 출신들이 규장각 검서관에 기용
기술직 중인	• 축적된 재산과 실무 경력을 바탕으로 신분 상승 운동 추구 • 철종 때 관직 진출 제한을 없애 달라는 대규모 소청 운동 전개 → 실패(전문직의 역할 부각)

- 노비의 신분 상승: 군공과 납속 등으로 신분 상승 추구, 노비종모법(영조), 공노비 해방(순조) → 국가 재정 확보를 위해 노비 축소(상민 증가)

ㄴ 향촌 질서 재편

배경	일부 부농층이 양반으로 신분 상승
과정	향전 발생: 구향(기존 양반)과 신향(부농층)의 대립 → 수령의 신향 지원, 관 주도의 향촌 질서 확립
영향	구향의 향촌 지배권 약화, 수령 권한 강화 → 수령, 향리의 농민 수탈 심화

ㄷ 새로운 사상의 등장

예언 사상	• 사회 변혁 운동의 이념적 기반 • 『정감록』 등의 비기·도참 유행, 미륵 신앙(현실을 부정하고 새로운 세상을 바라는 농민 의식 자극)
천주교	17세기에 서학(학문)으로 수용 → 18세기 후반부터 남인 계열 실학자들로부터 신앙으로 수용(인간 평등 주장) → 정부의 박해(신유박해)
동학	• 철종 때 몰락 양반 최제우가 창시(1860) → 삼남 지방의 농촌 사회에 널리 보급 • 사상: 인내천, 시천주, 후천개벽 • 탄압: 세상을 어지럽히고 백성을 현혹한다는 이유로 탄압(최제우 처형)

ㄹ 세도 정치기의 농민 봉기: 농민들이 사회 문제와 지배 체제의 모순에 저항

홍경래의 난(1811)	• 배경: 평안도 지역에 대한 차별, 세도 정치기 과도한 수탈에 대한 불안 • 전개: 몰락 양반 홍경래가 영세 농민, 광산 노동자 등과 봉기 → 청천강 이북 지역 장악 → 관군에 의해 5개월 만에 진압
임술 농민 봉기(1862)	• 배경: 삼정의 문란과 지배층의 수탈 • 전개: 몰락 양반 유계춘의 주도로 진주 농민 봉기 발발 → 전국 확산 • 결과: 안핵사 파견, 삼정이정청 설치 → 근본적 문제는 해결하지 못함

![1]

출제 예상 문제

정답 및 해설 ≫ p.087

01 다음 유물이 사용된 시대의 생활 모습으로 옳은 것은?

① 정복 활동이 활발하였다.
② 농경 생활이 시작되었다.
③ 사유 재산과 계급의 분화가 일어났다.
④ 주먹도끼를 이용하여 사냥을 하면서 생활하였다.

02 (가)에 들어갈 제목으로 알맞은 것은?

> 제목: [(가)]
> • 제정 분리 사회
> – 정치 지배자: 신지, 읍차
> – 제사장: 천군
> – 신성 구역: 소도

① 동예의 정치
② 부여의 발전
③ 삼한의 특징
④ 고구려의 성립

03 (가)에 들어갈 인물은?

> 『삼국유사』의 기록에 따르면, 환웅이 웅녀와 혼인하여 낳은 [(가)] 이/가 고조선을 세웠다. 고조선은 정치적 지배자가 제사장을 겸하는 사회였다.

① 온조
② 궁예
③ 박혁거세
④ 단군왕검

04 다음 업적을 남긴 고구려의 왕은?

> • 율령 반포
> • 태학 설립
> • 불교 공인

① 내물왕
② 진흥왕
③ 소수림왕
④ 고국원왕

05 (가)에 들어갈 내용으로 알맞은 것은?

> 백제 무령왕은 지방에 [(가)] 을/를 설치하고 왕족을 파견하여 지방에 대한 통제를 강화하고자 하였다.

① 9주
② 5소경
③ 사출도
④ 22담로

06 5세기는 고구려가 삼국 항쟁의 주도권을 잡은 전성기였다. 이 시기와 관계 깊은 비석은?

① 창녕비
② 북한산비
③ 단양 적성비
④ 충주 고구려비

07 수행 평가 계획서에서 (가)에 들어갈 내용으로 가장 옳은 것은?

> ◁▦▦ 수행 평가 계획서 ▦▦▷
>
> • 주제: _____(가)_____
> – 1모둠: 매소성 싸움의 승리 요인
> – 2모둠: 기벌포 싸움의 전개와 결과

① 백제의 사비성 함락
② 고구려와 수의 전쟁
③ 백제의 한강 유역 장악
④ 나당 전쟁과 신라의 삼국 통일

08 다음 통일 신라의 통치 조직에 대한 설명으로 옳은 것은?

> 전국을 9주로 편성하고 위화부 등 중앙 행정 관서와 관직 체계를 정비하였다. 또한 중앙의 9서당과 지방의 10정을 조직하여 군사 조직을 재정비하였다.

① 지방 조직 정비로 왕권 약화
② 중앙 집권적 정치 체제 정비
③ 중앙의 지방 세력에 대한 통제력 약화
④ 집사부의 기능 강화는 귀족들의 권한 강화를 뜻함

09 발해의 문화 중 고구려 영향을 받은 것을 〈보기〉에서 모두 고른 것은?

> ● 보기 ●
> ㄱ. 영광탑   ㄴ. 석등
> ㄷ. 주작대로   ㄹ. 궁궐의 온돌 장치

① ㄱ, ㄹ
② ㄴ, ㄷ
③ ㄴ, ㄹ
④ ㄷ, ㄹ

10 다음 설명에 해당하는 사상은?

> • 신라 말에 도선이 중국에서 들여온 것으로 산이나 물, 땅의 모양을 살펴 도읍, 주거지, 묘지 등을 정할 때 영향을 주었던 사상이다.
> • 경주 중심의 지리적 개념에서 벗어나 다른 지방의 중요성을 강조하여 호족들에게 크게 환영받았다.

① 도교
② 실학
③ 양명학
④ 풍수지리설

11 다음과 같은 주장을 한 인물로 옳은 것은?

> • 일심 사상과 화쟁 사상 주장
> • 불교 대중화에 기여

① 원효
② 의상
③ 혜초
④ 지눌

12 신라 시대 청소년들이 유교 경전을 공부했음을 알 수 있는 자료는?

① 강서대묘
② 사택지적비
③ 임신서기석
④ 독서삼품과

13 다음 (가)에 들어갈 인물은?

> 백제에서는 근초고왕 때 ___(가)___ 이/가 『서기』를 편찬하였다.

① 고흥
② 이문진
③ 거칠부
④ 서거정

14 (가)~(다)를 일어난 순서대로 바르게 나열한 것은?

> (가) 후백제 정복
> (나) 발해 멸망
> (다) 신라 항복

① (가) – (나) – (다)
② (나) – (가) – (다)
③ (나) – (다) – (가)
④ (다) – (나) – (가)

15 다음의 설명 내용 중 밑줄 친 '이 정책'으로 옳은 것은?

> • 고려 태조는 고구려의 수도였던 평양을 재건하여 서경이라고 부르고 이 정책의 전진 기지로 삼았다.
> • 태조 말에는 이 정책으로 청천강에서 영흥에 이르는 지역까지 영토를 확장할 수 있었다.

① 북진 정책
② 사민 정책
③ 민생 안정책
④ 호족 통합 정책

16 고려 광종이 실시한 정책이 아닌 것은?

① 과거제 실시
② 시무 28조 시행
③ 노비안검법 시행
④ 독자적인 연호 사용

17 고려의 중앙 정치 기구와 기능이 바르게 연결되지 않은 것은?

① 중서문하성 – 정책 심의·결정
② 상서성 – 6부를 두어 행정을 집행
③ 중추원 – 관리 사회의 감찰, 풍기 단속 담당
④ 삼사 – 곡식의 출납 및 회계

18 (가)에 들어갈 말로 가장 적절한 것은?

> 고려에는 과거를 치르지 않고도 관직에 나갈 수 있는 제도가 있었어.
>
> 맞아. 고려의 (가) 제도는 왕실과 공신의 후손 및 5품 이상 고위 관리의 자손을 대상으로 했어.

① 음서
② 잡과
③ 전시과
④ 독서삼품과

19 다음 (가)에 들어갈 내용으로 알맞은 것은?

> 윤관의 별무반 편성 → 여진 정벌 → [(가)] 획득

① 나성
② 정동행성
③ 강동 6주
④ 동북 9성

20 (가)~(다)를 일어난 순서대로 바르게 나열한 것은?

> (가) 윤관이 여진을 정벌하였다.
> (나) 서희가 소손녕과 외교 담판을 벌였다.
> (다) 김윤후가 처인성 전투에서 활약하였다.

① (가) – (나) – (다)
② (나) – (가) – (다)
③ (나) – (다) – (가)
④ (다) – (나) – (가)

21 다음과 같은 내용에 해당하는 사건은?

- 서경 세력과 개경 세력의 대립
- 이자겸의 난으로 왕의 권위 실추
- 김부식 등의 관군에 의해 진압

① 무신 정권　　　　② 거란의 침입
③ 서경 천도 운동　　④ 농민·천민 봉기

22 고려 시대에 다음과 같은 결과를 초래한 역사적 사건은?

- 중방의 정치적 기능이 확대되었다.
- 문신 중심의 정치 조직이 그 기능을 상실하였다.
- 천민과 농민의 봉기가 일어났다.

① 무신 정변　　　　② 이자겸의 난
③ 몽골과의 전쟁　　④ 묘청의 서경 천도 운동

23 고려 시대 몽골의 침입에 대해 바르게 설명한 것은?

① 2차 침입 때 양규 장군이 활약하였다.
② 개경에서 강화도로 도읍을 옮겼다.
③ 강감찬 장군이 귀주에서 크게 승리하였다.
④ 서희의 담판으로 강동 6주를 획득하였다.

24 다음 빈칸에 들어갈 말을 순서대로 바르게 짝지은 것은?

공민왕은 원의 간섭에서 벗어나기 위해서 (　　　)을/를 공격하여 원에게 빼앗긴 철령 이북의 영토를 회복하였다. 한편 승려 (　　)을/를 등용하여 개혁을 추진하였다.

① 동녕부 – 지눌
② 동녕부 – 김윤후
③ 탐라총관부 – 묘청
④ 쌍성총관부 – 신돈

25 고려 시대 때 통치 조직의 정비에 관한 내용으로 옳지 **않은** 것은?

① 속현의 실제 행정은 향리가 담당하였다.
② 성종은 모든 군현에 지방관을 파견하였다.
③ 특수 행정 구역인 향·소·부곡이 존재하였다.
④ 중앙의 정치 기구로는 중서문하성과 상서성이 있었다.

26 고려 시대 여성의 지위에 관한 설명으로 옳은 것은?

① 여성도 호주가 될 수 있었다.
② 남존여비 사상이 확산되었다.
③ 호적에 남녀 간 차별을 두었다.
④ 아들이 없으면 딸이 제사를 모실 수 없었으므로 양자를 들였다.

27 다음 내용에 해당하는 교육 기관은?

- 고려 시대 최고 교육 기관으로 유교적 소양을 갖춘 인재를 양성하였다.
- 유학부 외에도 율학, 서학, 산학 등의 기술학부가 있었다.

① 서원
② 서당
③ 국자감
④ 원산학사

28 다음 설명에 해당하는 역사서는?

> • 고려 충렬왕 때 승려 일연이 불교사를 중심으로 지방의 기록과 민간 설화까지 포함하여 저술하였다.
> • 단군을 우리 민족의 시조로 여겨 단군의 건국 설화를 수록하였다.

① 『고려사』　　　　　② 『동사강목』
③ 『삼국유사』　　　　④ 『조선왕조실록』

29 (가)에 해당하는 역사서는?

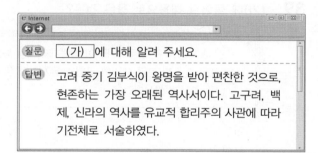

질문　(가)에 대해 알려 주세요.

답변　고려 중기 김부식이 왕명을 받아 편찬한 것으로, 현존하는 가장 오래된 역사서이다. 고구려, 백제, 신라의 역사를 유교적 합리주의 사관에 따라 기전체로 서술하였다.

① 『칠정산』　　　　　② 『삼국사기』
③ 『목민심서』　　　　④ 『제왕운기』

30 (가)에 들어갈 내용으로 옳은 것은?

> 이 책은 청주 흥덕사에서 간행된 (가) (으)로, 현존하는 세계에서 가장 오래된 금속 활자본이다.

① 『삼국유사』
② 『삼강행실도』
③ 『상정고금예문』
④ 『직지심체요절』

31 조선을 건국한 태조의 업적으로 옳은 것을 〈보기〉에서 모두 고른 것은?

> ─● 보 기 ●─
> ㄱ. 사병을 혁파하였다.
> ㄴ. 도읍을 한양으로 천도하였다.
> ㄷ. 『경국대전』을 반포하였다.
> ㄹ. 경복궁을 건설하였다.

① ㄱ, ㄴ　　　　　② ㄱ, ㄹ
③ ㄴ, ㄷ　　　　　④ ㄴ, ㄹ

32 조선 시대 왕권 강화와 관련된 기구를 〈보기〉에서 모두 고른 것은?

> ─● 보 기 ●─
> ㄱ. 승정원　　　　ㄴ. 의금부
> ㄷ. 춘추관　　　　ㄹ. 사간원

① ㄱ, ㄴ　　　　　② ㄱ, ㄹ
③ ㄴ, ㄷ　　　　　④ ㄴ, ㄹ

33 조선 시대 지방 행정 제도에 대한 설명으로 옳지 <u>않은</u> 것은?

① 전국을 8도로 나누었다.
② 지방의 요충지에 5소경을 두었다.
③ 모든 군현에 지방관을 파견하였다.
④ 향·부곡·소를 일반 군현으로 승격시켰다.

34 조선 시대에 사림이 성장할 수 있었던 토대에 해당하는 것을 〈보기〉에서 모두 고른 것은?

> ─● 보 기 ●─
> ㄱ. 서원　　　　　ㄴ. 향약
> ㄷ. 성균관　　　　ㄹ. 호패제

① ㄱ, ㄴ　　　　　② ㄱ, ㄹ
③ ㄴ, ㄷ　　　　　④ ㄷ, ㄹ

35 다음과 같은 결과를 가져온 전쟁은?

> • 조선은 국토의 황폐화, 양안과 호적의 소실 등으로 국가 재정이 매우 궁핍해졌다.
> • 명은 국력이 약화되었고, 후금이 성장하였다.
> • 일본은 조선에서 약탈한 문화재와 포로로 잡아간 학자 및 기술자를 통해 문화가 크게 발전하였다.

① 병자호란
② 임진왜란
③ 귀주 대첩
④ 안시성 전투

36 (가)에 들어갈 내용으로 가장 적절한 것은?

임진왜란 이후에 나타난 변화에 대해 말해 볼까요?

(가)

교사   학생

① 일본에서는 에도 막부가 성립되었어요.
② 조선에서는 전민변정도감을 설치하였어요.
③ 최윤덕과 김종서가 4군과 6진을 개척했어요.
④ 하층민의 저항 운동과 서경 천도 운동이 진행되었어요.

37 (가)에 해당하는 사건은?

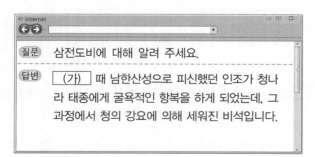

질문 삼전도비에 대해 알려 주세요.

답변 (가) 때 남한산성으로 피신했던 인조가 청나라 태종에게 굴욕적인 항복을 하게 되었는데, 그 과정에서 청의 강요에 의해 세워진 비석입니다.

① 정유재란
② 신미양요
③ 임오군란
④ 병자호란

38 광해군이 실시한 정책을 〈보기〉에서 모두 고른 것은?

> ● 보기 ●
> ㄱ. 대동법 시행   ㄴ. 탕평책 실시
> ㄷ. 중립 외교 추진   ㄹ. 장용영 설치

① ㄱ, ㄷ   ② ㄱ, ㄹ
③ ㄴ, ㄷ   ④ ㄴ, ㄹ

39 (가)에 들어갈 내용으로 옳은 것은?

> 조선 후기 붕당 간 갈등과 대립이 심해지자 국왕 중심의 개혁을 통해 붕당 세력의 균형을 유지하기 위해 (가) 이/가 실시되었다.

① 대동법
② 균역법
③ 탕평책
④ 세도 정치

40 조선 후기 세도 정치 시기의 상황으로 옳은 것은?

① 국가 재정의 근간인 삼정이 매우 문란해졌다.
② 권문세족이 대농장을 소유하고 농민을 핍박하였다.
③ 왕권이 약화되어 지방에서 호족 세력이 성장하였다.
④ 홍건적과 왜구의 침입으로 많은 농민이 몰락하였다.

41 다음에 제시된 실학자들이 주장한 사회 개혁의 공통점은?

> • 유형원 – 균전론
> • 이익 – 한전론
> • 정약용 – 여전론

① 과거 제도의 개혁
② 토지 제도의 개혁
③ 상업 활동의 자유
④ 공납의 폐단 개혁

43 (가)에 해당하는 제도는?

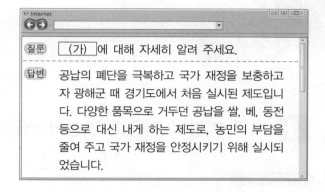

질문 [(가)]에 대해 자세히 알려 주세요.

답변 공납의 폐단을 극복하고 국가 재정을 보충하고자 광해군 때 경기도에서 처음 실시된 제도입니다. 다양한 품목으로 거두던 공납을 쌀, 베, 동전 등으로 대신 내게 하는 제도로, 농민의 부담을 줄여 주고 국가 재정을 안정시키기 위해 실시되었습니다.

① 영정법
② 균역법
③ 대동법
④ 과전법

42 조선의 신분제에 대한 설명으로 옳지 않은 것은?

① 법제적으로 양인과 천인으로 구분되었다.
② 골품에 따라 정치적·사회적 제약을 받았다.
③ 상민은 농업, 수공업, 상업 등에 종사하였다.
④ 중인은 기술관, 서리, 향리 등으로 구성되었다.

44 조선 후기 경제 상황을 〈보기〉에서 모두 고른 것은?

> ━━━ 보기 ━━━
> ㄱ. 민영 수공업이 발달하였다.
> ㄴ. 녹읍을 폐지하고 관료전을 지급하였다.
> ㄷ. 촌주가 3년마다 민정 문서를 작성하였다.
> ㄹ. 모내기법이 확대되어 생산량이 증가하였다.

① ㄱ, ㄴ
② ㄱ, ㄹ
③ ㄴ, ㄷ
④ ㄷ, ㄹ

2 근대 국민 국가 수립 운동

핵심 키워드 제국주의, 흥선 대원군, 병인양요, 신미양요, 양무 운동, 메이지 유신, 강화도 조약, 임오군란, 갑신정변, 청일 전쟁, 동학 농민 운동, 갑오개혁, 대한 제국, 광무개혁, 러일 전쟁, 을사늑약, 항일 의병, 애국 계몽 운동, 독도, 조청 상민 수륙 무역 장정, 방곡령, 국채 보상 운동, 근대 문물, 근대 의식, 해외 이주

1 서구 열강의 접근과 조선의 대응

● **해결 Point**

당시 국제 정세에 대한 이해를 바탕으로 흥선 대원군이 추진한 정책의 내용과 성격을 이해하고, 서구 열강의 침략적 접근에 대한 조선의 대응을 파악할 수 있어야 한다. 흥선 대원군의 개혁 정책이나 병인양요, 신미양요 등 서구 열강 침입에 대한 문제가 자주 출제된다.

● **대표 문제 유형**

❖ 흥선 대원군의 정책으로 옳지 <u>않은</u> 것은?
❖ 다음 설명에 해당하는 사건은?

(1) 서구 열강의 동아시아 접근

① 제국주의 대두

등장 배경	19세기 후반 독점 자본주의와 배타적·침략적 민족주의의 결합
특징	• 서구 열강이 경제력·군사력을 이용해 대외 팽창 정책 추진 → 약소국 식민지화 • 백인 우월주의, 사회 진화론을 내세워 약소국에 대한 식민 지배 정당화

② 제국주의 열강의 동아시아 침략

㉠ 청의 개항

제1차 아편 전쟁	• 과정: 영국의 아편 밀수출 → 청 정부의 아편 몰수·폐기 → 전쟁 발발 → 청 패배 • 결과: 난징 조약 체결(5개 항구 개항, 홍콩 할양, 배상금 지급, 추가 조약에서 영사 재판권과 최혜국 대우 허용)
제2차 아편 전쟁	• 과정: 영프 연합군의 공격 → 청 패배 • 결과: 톈진 조약, 베이징 조약 체결(추가 10개 항구 개항, 러시아에 연해주 할양)

㉡ 일본의 개항

과정	미국 페리 함대가 무력으로 개항 요구
결과	• 미일 화친 조약 체결: 12개 항구 개항, 최혜국 대우 허용 • 미일 수호 통상 조약 체결: 5개 항구 개항, 영사 재판권 허용

③ 19세기 조선의 국내외 상황

국내	세도 정치, 삼정의 문란 → 농민 봉기, 천주교 확산
국외	• 이양선 출몰 • 서구 열강의 통상 요구로 위기감 확산

(2) 흥선 대원군의 개혁 정치

① 통치 체제 정비

세도 정치 타파	• 세도 가문 안동 김씨 축출 • 고른 인재 등용
통치 조직 정비	• 비변사(세도 정치의 핵심 권력 기구) 축소 • 의정부, 삼군부 기능 부활
법전 편찬	『대전회통』, 『육전조례』 → 통치 질서 정비
경복궁 중건	• 목적: 왕권 강화 • 공사비 마련을 위해 원납전 징수, 당백전 발행 • 토목 공사에 많은 백성 동원, 양반 묘지림 벌목 → 백성과 양반들의 불만 초래

② 민생 안정책

삼정의 문란 개혁	• 전정: 양전 사업 실시 → 토지 대장에 누락된 토지 색출 • 군정: 호포제 실시 → 개인이 아닌 가호 기준으로 군포 징수, 양반에게도 군포 부과 • 환곡: 사창제 실시 → 민간 자치 운영
서원 정리	• 배경: 붕당의 근거지, 면세·면역 특권을 누리며 백성 수탈 • 과정: 전국에 47개소의 서원만을 남기고 모두 철폐, 만동묘 철폐, 토지와 노비 몰수 → 국가 재정 확충 • 결과: 백성들의 환영, 양반 유생들의 반발

③ 개혁 정치의 의의와 한계

의의	국가 기강 확립, 민생 안정에 기여
한계	왕권 강화를 목적으로 한 전통적 왕조 체제 내에서의 개혁

(3) 서구 열강의 침략과 조선의 통상 수교 거부 정책

① 병인양요(1866)

배경	천주교 확산, 흥선 대원군이 프랑스 선교사를 통해 러시아 남하 견제 시도(실패) → 천주교 배척 여론 고조 → 병인박해(천주교 신자와 프랑스 선교사 처형, 1866)
과정	프랑스군이 강화도 침공(강화부 점령, 재물 약탈) → 한성근 부대(문수산성), 양헌수 부대(정족산성)의 활약으로 프랑스군 격퇴
결과	프랑스군이 철수하면서 외규장각 의궤 등 문화유산 약탈, 천주교 탄압 심화, 통상 수교 거부 정책 강화

② 오페르트 도굴 사건(1868)

배경	조선 조정이 독일 상인 오페르트의 통상 요구 거절
과정	오페르트 일행이 남연군 묘(흥선 대원군의 아버지) 도굴 시도 → 지역 주민의 저항으로 실패
결과	통상 수교 거부 정책 강화

③ 신미양요(1871)

배경	미국 상선 제너럴 셔먼호가 대동강을 거슬러 평양까지 올라와 통상 요구 → 평안도 관찰사 박규수의 통상 요구 거부 → 미국의 민가 약탈 행위 → 평양 관민이 제너럴 셔먼호를 불태움(1866)
과정	제너럴 셔먼호 사건을 구실로 미군이 강화도 침략(초지진, 덕진진 점령) → 어재연 부대의 항전(광성보) → 미군 철수
결과	전국에 척화비 건립(1871) → 통상 수교 거부 의지 천명

[척화비]

2 동아시아의 변화와 근대적 개혁 추진

● 해결 Point

강화도 조약의 성격을 살펴보고, 개화 정책의 내용과 이를 둘러싼 여러 세력의 대응을 다른 나라의 사례와 비교해서 파악해야 한다. 임오군란, 갑신정변 등 주요 사건들의 전개 과정과 결과 등을 구분하여 암기하는 것이 필요하다.

● 대표 문제 유형

❖ 다음 내용을 배경으로 일어난 사건은?
❖ 다음 사건이 일어난 시기를 연표에서 옳게 고른 것은?

(1) 문호 개방과 불평등 조약 체결

① 중국과 일본의 근대화 운동

청의 양무운동	• 중체서용(중국 전통을 바탕으로 서양 기술 수용)의 원칙 • 내용: 서양식 무기 도입, 군수 공장 등 근대 산업 시설 설립 • 한계: 근본적 제도 개혁 없이 기술만 도입
일본의 메이지 유신	천황 중심의 메이지 정부 수립(1868) → 문명개화론을 내세워 근대화 개혁 추진 → 신분제 폐지, 근대 시설 도입, 의회 설립 → 대외 팽창 추진

② 조선의 개항

㉠ 운요호 사건(1875)

정세 변화	흥선 대원군 실권 장악, 통상 개화론 대두(박규수, 오경석, 유홍기 등)
과정	운요호를 이끌고 강화도·영종도 일대 침략 → 개항, 강화도 조약 체결

㉡ 강화도 조약(조일 수호 조규, 1876)

배경	운요호 사건
내용	• 조선이 자주국임을 명시(청의 간섭 배제 의도) • 부산·원산·인천 개항, 해안 측량권 허용, 영사 재판권(치외 법권) 인정
성격	외국과 맺은 최초의 근대적 조약, 불평등 조약
부속 조약	• 조일 수호 조규 부록(1876.6.): 개항장 내 일본인 거류지(외국인 무역 활동과 거주가 허용된 지역) 설정, 일본 화폐 유통 • 조일 무역 규칙: 양곡의 무제한 유출, 일본의 수출입 상품에 대한 무관세 원칙 허용

ⓒ 조미 수호 통상 조약(1882)

배경	황준헌의 『조선책략』 유포 → 미국과의 수교 주장 → 청의 알선(러시아와 일본 견제 의도)
내용	• 거중 조정, 관세 조항 규정 • 치외 법권, 최혜국 대우 인정
성격	서양과 맺은 최초의 근대적 조약, 불평등 조약

ⓔ 서양 각국과의 수교: 영국・독일(1883), 러시아(1884), 프랑스(1886) 등과 불평등 조약 체결

> ■ **거중 조정**: 양국 중 한 나라가 제3국과 분쟁이 있을 경우 다른 한 나라가 국가 간의 분쟁을 조정하는 것을 말한다.
>
> ■ **최혜국 대우**: 가장 유리한 대우를 조약 상대국에게 부여하는 것을 말한다.
>
> ■ **『조선책략』**: 일본 주재 청 외교관 황준헌이 저술한 책으로, 러시아 남하를 견제하기 위해 조선이 중국, 일본, 미국과 우호 관계를 맺을 것을 주장하였다.

(2) 개화 정책 추진과 반발

① 개화 정책

통리기무아문 설치 (1880)	• 부국강병 목표 → 김윤식, 박정양, 어윤중, 김홍집, 김옥균, 홍영식 등 개화파 인물 등용 • 실무를 담당하는 12사를 두고 국내외의 군국 기무 총괄 및 각종 개화 정책 담당	
군사 개편	• 2군영: 기존 5군영을 무위영, 장어영의 2군영으로 개편 • 신식 군대 별기군 창설: 신식 무기, 일본인 교관 초빙	
해외 사절단 파견	수신사	• 김기수(1차, 1876), 김홍집(2차, 1880, 『조선책략』 소개) • 강화도 조약 이후 일본에 파견 → 일본의 근대화 실상 파악
	조사 시찰단 (1881)	• 박정양, 어윤중, 홍영식 등 파견 • 일본 정부 각 기관의 사무 조사, 산업・군사 등 근대적 시설 관찰 • 시찰 후 보고서 제출
	영선사 (1881)	• 김윤식을 중심으로 38명의 기술자 및 학생들 청에 파견 → 톈진에서 서양의 근대식 무기 제조 기술과 군사 훈련법 습득(1881) • 근대식 무기 제조 공장인 기기창 설립(1883)
	보빙사 (1883)	• 조미 수호 통상 조약을 계기로 미국에 파견 → 일부 사절단의 유럽 순방 • 민영익, 홍영식, 유길준 등으로 구성

② 위정척사 운동

㉠ 의미: 반외세 자주 운동의 성격, 성리학적 전통 사회 체제 수호 목적, 외세 배척을 기본 정신으로 일본과 서양의 침략성 인지 → 항일 의병 운동으로 이어짐

㉡ 전개 과정

1860년대	• 배경: 열강의 통상 요구, 병인양요 • 척화 주전론에 근거한 통상 반대 → 이항로, 기정진 등
1870년대	• 배경: 강화도 조약 체결 • 개항 반대 운동, 왜양 일체론 → 최익현 등
1880년대	• 배경: 개화 정책 추진, 『조선책략』 유포 • 개항 반대 운동, 영남 만인소 → 이만손 등

㉢ 의의와 한계

• 의의: 조선의 자주성을 지키려 한 반외세・반침략 운동(이후 항일 의병으로 계승)

• 한계: 개화 정책 추진의 걸림돌

(3) 임오군란과 갑신정변

① 임오군란(1882)

㉠ 배경: 개화 정책으로 인한 세금 증가에 대한 불만, 개항 이후 쌀 유출로 쌀값 폭등 → 백성 불만 고조

㉡ 전개

발단	신식 군대 별기군과 구식 군인에 대한 차별 대우, 밀린 급료로 받은 쌀에 겨와 모래가 섞임
전개 과정	구식 군인이 봉기(민씨 정권 고관의 집과 일본 공사관 습격, 궁궐 습격) → 왕비 피신 → 흥선 대원군 재집권(통리기무아문과 별기군 폐지, 5군영 복구) → 민씨 정권의 요청으로 청군 개입 → 흥선 대원군 청으로 압송, 군란 진압 → 민씨 재집권
결과	• 청의 내정 간섭 심화: 마건상과 묄렌도르프 파견, 조청 상민 수륙 무역 장정 체결(청 상인의 내륙 진출, 영사 재판권 인정) • 제물포 조약 체결: 일본 공사관에 경비병 주둔 허용, 배상금 지불 • 개화 정책 후퇴

② 개화파의 분화
　㉠ 배경: 개화 정책 추진 방식과 청에 대한 입장 차이
　㉡ 온건 개화파와 급진 개화파

구분	온건 개화파	급진 개화파
중심인물	김홍집, 어윤중, 김윤식	김옥균, 박영효, 서광범, 홍영식
개화 모델	청의 양무운동	일본의 메이지 유신
개혁 사상	점진적 개혁 추구, 동도서기론 입장 → 전통적 유교와 도덕 유지, 서양의 기술만 수용	적극적인 근대화 추구, 문명개화론 입장 → 서양의 기술과 사상, 제도 수용
청과의 관계	전통적 우호 관계 중시	청의 내정 간섭 반대, 사대 관계 청산

③ 갑신정변(1884)

배경	• 개화 정책 지연: 청의 내정 간섭 강화, 민씨 정권의 친청 정책 • 급진 개화파 위축: 김옥균이 일본에서 개화 정책 추진에 필요한 차관 도입을 시도했으나 실패 • 청프 전쟁 발발: 서울 주둔 청군의 절반이 베트남으로 철수 • 일본의 군사적 지원 약속
전개 과정	• 1884년 10월 급진 개화파(김옥균, 박영효, 서광범)가 우정총국 개국 축하연을 기회로 정변 • 사대당으로 지목한 고위 관료들 살해, 개화당 정부 수립 • 14개조 정강 발표: 청과의 사대 관계 청산, 내각제 수립, 지조법 개혁, 재정 일원화, 인민 평등 확립 등
결과	• 청군이 진압 → 3일 만에 실패, 청의 내정 간섭 심화 • 한성 조약 체결(1884): 일본의 배상금 요구, 공사관 신축비 보상 • 톈진 조약 체결(1885): 일본과 청의 양국 군대 철수 및 군대 파견 시 상대국에 알리도록 규정
의의	• 근대 국가 건설을 목표로 한 최초의 정치 개혁 운동 • 근대화 운동의 선구자적 역할
한계	• 소수의 지식인 중심: 위로부터의 개혁 • 토지 개혁에 소홀 → 민중의 지지 부족 • 일본에 지나치게 의존

④ 갑신정변 이후 정세

거문도 사건(1885)	러시아와 우호 관계 강화 → 영국이 러시아의 남하를 견제한다는 명분으로 거문도 불법 점령
조선 중립화론 대두	조선 주재 독일 부영사 부들러와 미국 유학에서 돌아온 유길준 등이 주장

3 근대 국민 국가 수립을 위한 노력

● 해결 Point
열강의 침략이 계속되는 가운데 여러 세력이 추진한 근대 국민 국가 수립 노력을 알아두어야 한다. 특히 동학 농민 운동의 발생 배경과 주장, 갑오개혁 추진 과정과 개혁 내용, 독립 협회 활동과 대한 제국의 근대화 노력 등에 대한 문제가 자주 출제되며, 각 사건의 주요 인물에 대해서도 자세히 알아 두도록 한다.

● 대표 문제 유형
❖ 다음 인물이 주도한 사건은?
❖ 다음 대화 내용의 배경이 된 사건은?

(1) 동학 농민 운동

① 동학의 확산과 교조 신원 운동

농민층의 동요	외세의 경제 침탈, 조세 부담 증가, 삼정의 문란, 지방관 수탈 심화 → 농촌 경제 악화
동학 확산	2대 교주 최시형이 포접제의 조직망 정비, 경전 간행 → 포교 활동을 통해 삼남 일대에 동학의 교세가 크게 확산
교조 신원 운동	• 정부의 탄압으로 처형당한 교조 최제우의 누명을 벗기고, 포교의 자유를 보장받으려는 목적 • 공주・삼례 집회, 보은 집회 등을 거치면서 종교 운동의 성격에서 정치・사회 운동으로 발전

② 전개 과정
　㉠ 고부 농민 봉기(1894.1.)

배경	고부 군수 조병갑의 비리와 수탈
전개	전봉준을 중심으로 농민 봉기 → 고부 관아 습격, 만석보 파괴 → 조병갑 파면, 신임 군수 박원명의 회유로 농민들 자진 해산
결과	정부 안핵사 이용태 파견 → 동학교도 탄압

　㉡ 제1차 봉기(1894.3.)

배경	안핵사 이용태의 봉기 주도자 체포
전개	전봉준・손화중 등을 중심으로 봉기 → 백산에서 격문 발표(제폭구민, 보국안민 주장) → 황토현・황룡촌 전투 → 전주성 점령 → 정부가 청에 원군 요청, 청일 양국 파병(톈진 조약 구실)
결과	정부와 농민군이 전주 화약 체결 → 폐정 개혁 12개조 제시, 자진 해산 → 집강소 설치(폐정 개혁안 실천)

ⓒ 제2차 봉기(1894.9.)

배경	전주 화약 체결 후 조선 정부가 청군과 일본군의 철수 요구 → 일본이 내정 개혁을 요구하며 경복궁 기습 점령, 청일 전쟁 발발
전개	동학 농민군의 재봉기 → 논산 집결(남북접 연합) → 공주 우금치 전투에서 관군·일본군에게 패배 → 전봉준 등 동학 농민군 지도자 체포

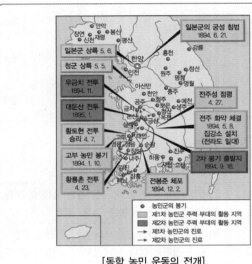

[동학 농민 운동의 전개]

③ 동학 농민 운동의 의의 및 한계

성격	• 반봉건: 신분제 개혁 등 정치·사회 개혁 요구 • 반외세: 일본의 침략과 내정 간섭에 저항
영향	• 농민군의 요구가 갑오개혁에 부분적으로 반영 • 의병 운동에 가담하여 반일 무장 투쟁 활성화
한계	근대 국가를 건설하기 위한 구체적인 방안을 제시하지 못함

(2) 갑오개혁과 을미개혁

① 제1차 갑오개혁(1894.7.)

전개	농민의 개혁 요구(동학 농민 운동)를 일부 수용하면서 자주적 개혁 추진, 일제의 내정 개혁 요구와 경복궁 무력 점령 → 김홍집 내각 성립, 군국기무처 설치
내용	• 정치: 개국 기년 사용, 내각 권한 강화와 왕권 강화(궁내부 설치, 의정부 권한 집중, 6조 → 8아문 개편), 과거제 폐지, 경무청 중심의 경찰 제도 도입 • 경제: 재정을 탁지아문으로 일원화, 은 본위 화폐 제도 채택, 도량형 통일, 조세의 금납화 • 사회: 신분제 철폐, 전통적 폐습(조혼, 고문, 연좌제, 과부의 재가 불허) 타파

② 제2차 갑오개혁(1894.12.)

배경	• 일본의 적극적인 간섭 → 군국기무처 폐지, 김홍집과 박영효 연립 내각 구성 • 홍범 14조 반포 → 조선은 청에 의존하는 관계를 청산하고 자주독립을 국내외 선포
내용	• 정치: 내각제 도입, 8개 아문을 7부로 교체, 전국 8도를 23부로 개편, 행정구역 명칭을 '군'으로 통일, 재판소 설치, 사법권과 행정권 분리 • 경제: 징세 기관 일원화, 지방 재판소, 한성 재판소, 고등 재판소 설치, 근대적 예산 제도 도입, 징세사·관세사 설치, 상리국 폐지 • 사회: 교육 입국 조서에 따라 한성 사범 학교·외국어 학교 관제 반포

③ 제3차 갑오개혁(을미개혁, 1895)

전개	삼국 간섭 이후 일본의 간섭을 막기 위해 친러 정책 추진, 박영효 일본 망명 → 일본이 명성황후 시해(을미사변), 친일 내각 수립(김홍집, 유길준), 을미개혁 추진
내용	• '건양' 연호 제정 • 단발령 실시 • 태양력 사용, 종두법 실시
결과	• 을미사변, 단발령 등에 대한 반발로 을미의병 봉기 → 전국으로 확산 • 아관 파천(1896): 고종이 러시아 공사관으로 처소를 옮김

④ 갑오·을미개혁의 의의와 한계

의의	• 근대 국가 수립을 위한 시대적 요구에 부응하는 개혁 • 개화 인사들과 농민층의 개혁 의지가 일부 반영된 자주적 근대화 개혁을 위한 노력
한계	• 개혁 주도 세력이 일본의 무력에 의존 • 민중의 지지를 얻지 못함(위로부터의 개혁 시도) • 국방력 강화와 상공업 진흥 등에 소홀

(3) 독립 협회와 대한 제국

① 독립 협회

㉠ 독립 협회 창립(1896)

배경	아관 파천 이후 열강의 이권 침탈 심화, 자유 민주주의적 개혁 사상 보급, 자주 독립 국가 건설 목표
구성	서재필, 윤치호, 이상재, 남궁억 등의 지도부와 광범위한 사회 계층(학생, 노동자, 여성, 천민 등) 참여
과정	서재필 등이 자유민주주의 개혁 사상을 보급, 독립신문 창간 이후 독립 협회 창립

ⓛ 독립 협회 주요 활동

민중 계몽 운동	『대조선 독립 협회 회보』 간행, 독립관에서 토론 회 개최
자주 국권 운동	• 독립문 건립 • 만민 공동회 개최 → 러시아의 절영도 조차 요 구 저지
자유 민권 운동	국민의 신체와 재산권의 자유, 언론·출판·집 회·결사의 자유 등 요구
의회 설립 운동	관민 공동회를 개최하여 헌의 6조 채택 → 고종 의 수락, 중추원 관제 반포

- 헌의 6조
  1. 외국인에게 의지하지 말고 관민이 한마음으로 힘을 합하여 전제 황권을 공고히 할 것
  2. 외국과의 이권에 관한 계약과 조약은 각 대신과 중추원 의장이 합동 날인하여 시행할 것
  3. 국가 재정은 탁지부에서 전관하고, 예산과 결산을 국민에게 공표할 것
  4. 중대 범죄를 공판하되, 피고의 인권을 존중할 것
  5. 칙임관을 임명할 때에는 황제가 정부에 그 뜻을 물어서 중의에 따를 것
  6. 정해진 규정을 실천할 것

ⓒ 독립 협회 해산

배경	보수 세력의 독립 협회 모함(공화정 수립 모함)
해산 과정	고종의 독립 협회 해산 명령, 간부 체포 → 만민 공동 회 개최, 저항 → 황국 협회와 군대를 동원하여 강제 해산

② 대한 제국

㉠ 대한 제국 수립(1897)

배경	• 국내: 고종의 환궁 요구, 자주독립의 근대 국가를 세 우려는 국민적 열망 • 국외: 조선에서 러시아의 세력 독점 견제
수립 과정	• 고종의 경운궁(덕수궁) 환궁 • 대한 제국 선포(1897): 국호는 대한 제국, 연호는 광 무로 하고, 황제라 칭하며 자주 국가임을 선포 • 대한국 국제 반포(1899): 만국 공법에 의거하여 대 한 제국은 세계 만국이 공인한 자주 독립국이며, 황 제가 군 통수권, 입법권, 행정권, 사법권 등 모든 권 한을 가진다고 규정 • 황제권 강화: 입헌 군주제가 아닌 전제 군주제 지향 (대한국 국제에 민권에 대한 언급 없음)

ⓛ 광무개혁: 구본신참의 복고주의적, 점진적 개혁 → 전제 황권 강화

군사	원수부 설치, 군부 권한 축소, 친위대(서울)와 진위대 (지방) 확대, 무관 학교 설립, 징병제 실시 추진
경제	궁내부에 내장원 설치(수익 사업 관할), 양전 사업과 지계 발급 사업 추진, 상공업 진흥 정책(근대 시설 마 련, 공장·회사 설립)
사회	• 전화 가설, 우편제도 정비, 전차 부설 • 실업학교와 기술 교육 기관 설립, 유학생 파견

ⓒ 의의와 한계

의의	군사력 강화, 근대적 토지 소유 제도 확립, 상공업 진 흥 등 근대화 지향
한계	황제권 강화에 치중하여 민권 보장 미흡, 재정 부족 으로 외국 자본 도입

4 일본의 침략 확대와 국권 수호 운동

● 해결 Point

일제의 국권 침탈 당시 국제 정세 및 국권 침탈 과정과 함께 국권을 수호하기 위한 우리 민족의 다양한 노력에 대해 알아 두어야 한다. 항일 의병 운동과 의열 투쟁 및 애국 계몽 단체의 명칭과 활동에 대해 이해하고 독도와 간도에 관련된 분쟁 역사에 대해서도 파악해 둔다.

● 대표 문제 유형

❖ (가)에 들어갈 사건은?
❖ 밑줄 친 '이 단체'에 해당하는 것은?

(1) 일제의 국권 침탈

① 러일 전쟁(1904~1905)

배경	한반도를 둘러싼 러시아와 일본의 대립 격화, 대한 제국 의 국외 중립 선언
전개	일본의 기습 공격 → 일본이 뤼순항 함락, 발트 함대 격 파 → 일본 승리

② 일제의 국권 침탈 과정

한일 의정서 (1904.2.)	• 러일 전쟁 발발 직후 체결 • 일본이 군사 전략상의 요지를 임의로 사용할 수 있는 권리 확보
제1차 한일 협약(1904.8.)	재정 고문 메가타, 외교 고문 스티븐스 파견 → 일본의 내정 간섭 본격화
제국주의 열강의 한국 지배 인정	• 가쓰라 · 태프트 밀약(1905.7.): 일본의 한국 지배, 미국의 필리핀 지배를 서로 인정 • 제2차 영일 동맹(1905.8.): 영국이 한국에 대한 일본의 독점적 지배권 인정 • 포츠머스 조약(1905.9.): 러시아가 한국에 대한 일본의 독점적 지배권 인정
을사늑약(제2 차 한일 협약, 1905.11.)	• 대한 제국의 외교권 박탈 • 통감부 설치 → 초대 통감 이토 히로부미 파견
고종 강제 퇴위(1907.7.)	고종의 헤이그 특사 파견 → 일본이 고종 강제 퇴위, 순종 즉위
한일 신협약 (정미 7조약, 1907.7.)	• 통감의 내정(행정권) 장악, 일본인 차관 임명 • 부속 각서를 통한 대한 제국 군대 해산
기유각서 (1909)	사법권 및 감옥 관리권 박탈, 법부 · 군부 폐지
한일 병합 조약(1910.8.)	경찰권 박탈(1910.6.) → 대한 제국 국권 강탈 → 일본 식민지로 전락, 조선 총독부 설치

(2) 항일 의병 운동과 의열 투쟁

① 의병 운동

을미의병 (1895)	• 원인: 을미사변(명성황후 시해 사건)과 단발령 강제 시행 • 주도: 유인석 등 위정척사 사상을 가진 유생 • 활동: 일본군과 거류민 공격, 친일 관리 처단 • 해산: 아관 파천 이후 단발령 철회와 고종의 해산 권고 조칙 발표로 자진 해산
을사의병 (1905)	• 원인: 을사늑약 체결, 러일 전쟁 이후 일본의 침략 노골화 • 주도: 최익현(양반), 민종식(전직 관리), 신돌석(평민 의병장) 등 • 활동: 을사늑약의 폐기 및 친일 내각 타도(국권 회복)를 주장하며 무장 투쟁 전개
정미의병 (1907)	• 원인: 고종 황제의 강제 퇴위, 군대 해산 • 특징: 해산 군인의 참여로 의병의 전투력 · 조직력 강화, 의병 전쟁으로 발전, 전국으로 확산 • 활동: 13도 창의군 결성(총대장 이인영), 서울 진공 작전 전개 • 호남 의병 전쟁: 서울 진공 작전 실패 후 13도 창의군이 해산되면서 전라도 지역 중심으로 의병 활동 전개 → 남한 대토벌 작전으로 의병 활동 위축

② 의열 투쟁

나철, 오기호	5적 암살단 조직 → 을사 5적 처단 시도
이재명	명동 성당 앞에서 이완용 암살 시도(1909)
장인환, 전명운	미국 샌프란시스코에서 친일파 미국인 스티븐스 사살(1908)
안중근	만주 하얼빈에서 이토 히로부미 처단(1909)

(3) 애국 계몽 운동

① 애국 계몽 운동의 특징

주도 세력	을사늑약 전후 개화 운동과 독립 협회의 활동을 계승한 지식인
활동 목표	사회 진화론 기반 → 실력 양성을 통한 국권 수호

② 주요 애국 계몽 운동 단체

보안회 (1904)	• 독립 협회의 정신 계승 • 일제의 황무지 개간권 반대 운동 → 저지 성공
헌정 연구회 (1905)	• 민족의 정치의식 고취와 입헌 군주제 수립 목표 • 일진회 규탄 → 일제의 탄압으로 해산
대한 자강회 (1906)	• 국권 회복을 위해 교육 · 산업 진흥 강조, 입헌 군주제 수립 주장 • 고종의 강제 퇴위 반대 투쟁 전개 → 일제의 탄압으로 해산
대한 협회 (1907)	대한 자강회 계승, 실력 양성을 통한 국권 회복과 입헌 군주정 지향 → 일제의 탄압으로 활동 약화, 친일화
신민회 (1907)	• 주도: 안창호, 양기탁 등이 비밀 결사 형태로 조직 • 목표: 국권 회복, 공화 정체의 근대 국가 건설 • 활동 – 민족 교육 실시: 대성 학교 · 오산 학교 설립 – 민족 산업 육성: 태극 서관 · 자기 회사 운영 – 국외 독립운동 기지 건설: 만주에 신흥 강습소 설립 • 해산: 일제가 날조한 105인 사건으로 와해(1911)

■ 105인 사건(1911): 일제가 조선 총독 데라우치를 암살하려 했다는 죄목으로 600여 명의 애국지사들을 체포하여 105명을 유죄 판결했던 사건이다.

③ 교육 · 언론 · 출판 활동

교육	서북 학회, 기호 흥학회 설립
언론 · 출판	황성신문(장지연의 시일야방성대곡), 대한매일신보(양기탁, 박은식, 국채 보상 운동 지원)

(4) 독도와 간도

① 독도

연원	• 고대: 『삼국사기』 신라 영토로 기록 • 고려: 『고려사』 독도 기록(우산국이 고려 왕실에 조공) • 조선: 안용복이 독도가 조선의 영토임을 확인 • 대한제국: 대한 제국 칙령 제41호(1900) 선포[독도를 울도군(울릉도)의 행정구역으로 편입, 독도가 우리 영토임을 분명히 함]
강탈	러일 전쟁 중 일본의 시마네현 고시 → 불법적 영토 편입(1905)
반환	1946년 '연합국 최고 사령관 각서' 등에서 독도를 일본 영토에서 제외

② 간도

간도 귀속 분쟁	• 숙종 때 청과 조선의 국경 설정 → 백두산 정계비 설립(1712) • 19세기 후반 토문강 해석을 둘러싸고 간도 귀속 분쟁 발생
간도 관리사 파견(1902)	간도를 함경도의 행정 구역으로 편입 → 간도 관리사 이범윤 파견
간도 협약	을사늑약 이후 청일 간의 외교 문제화 → 간도 협약(1909)으로 인하여 간도의 중국 영토화

5 개항 이후 경제적 변화

● 해결 Point

개항 이후 열강의 경제적 이권 침탈과 이로 인한 경제적 변화를 살펴보고, 이에 맞선 우리 민족의 경제적 구국 운동을 함께 파악하는 것이 중요하다.

● 대표 문제 유형

❖ 밑줄 친 '운동'에 해당하는 것은?
❖ 다음 자료에 해당하는 경제적 구국 운동은?

(1) 열강의 경제 침탈

① 개항 이후 무역 상황

개항 초기	• 강화도 조약과 부속 조약으로 각종 특권이 일본 상인에게 부여 • 거류지 무역, 중계 무역, 약탈 무역으로 이득
임오군란 이후	• 임오군란 후 청나라 상인들의 대거 진출 → 일본 상인들과 치열한 경쟁 • 조청 상민 수륙 무역 장정(1882): 청 상인의 내륙 시장 진출 허용 → 한성 진출 • 조일 통상 장정(1883): 관세권 설정, 방곡령 선포 규정, 최혜국 대우 인정
청일 전쟁 이후	일본 상인 독점 → 조선의 중개 상인 몰락, 시전 상인의 타격, 조선의 무역 수지 악화

② 열강의 주요 이권 침탈

배경	청일 전쟁과 아관 파천 이후 열강들이 최혜국 대우를 내세워 이권 침탈
내용	• 미국, 프랑스, 일본 등이 철도 부설권 차지 • 미국, 독일, 영국 등이 광산 채굴권 차지 • 러시아 등이 삼림 채벌권 차지

③ 일본의 경제 침탈

금융 지배	• 일본의 차관 제공 독점 → 일본에 재정 예속 • 대한 제국 황실 재정 축소하여 정부 재정에 통합 • 화폐 정리 사업(일본인 재정 고문 메가타 주도, 엽전과 백동화를 일본 제일 은행 화폐로 교환 → 한국 상인과 은행 타격)
토지 약탈	일본이 철도 부지와 군용지 확보를 구실로 토지 대량 약탈, 동양 척식 주식회사 설립(1908)

■ **백동화**: 전환국에서 1892년부터 발행했던 화폐이다. 액면가는 2전 5푼이었는데 재료값이 액면가에 크게 못 미쳤기 때문에 인플레이션을 일으켰다. 이후 화폐 정리 사업으로 통용이 중지되었다.

■ **동양 척식 주식회사**: 1908년 한일 합작 회사로 설립되었다. 한국 정부에서 인수받거나 매입한 막대한 토지를 기반으로 일본인의 이민을 추진하는 등 한국 토지 침탈에 앞장섰다.

(2) 경제적 구국 운동

① 상권 수호 운동

회사 설립	대동 상회(평양), 장통회사(서울) 등 상회사 설립
은행 및 기업 육성	• 조선 은행(관료 자본 중심), 한성 은행, 대한 천일 은행 등 설립 • 해운 회사 및 철도 회사 설립
상인	• 개성 상인: 수출입 유통업 확대 • 경강 상인: 증기선 구입 • 시전 상인: 황국 중앙 총상회 설립(1898)

■ **황국 중앙 총상회**: 1898년 서울에서 창립된 시전 상인의 단체이다. 외국 상인의 침투에 대항하여 민족적 권익을 지키면서 그 속에서 시전 상인의 독점적 이익을 수호, 유지하고자 하였다.

② 이권 수호 운동

배경	아관 파천 이후 열강의 이권 침탈 심화
내용	• 독립 협회: 러시아의 절영도 조차 요구 저지, 한러 은행 폐쇄, 프랑스와 독일의 광산 채굴권 요구 반대 • 보안회: 일부 실업인과 관리들이 농광 회사 설립(우리 손으로 황무지 개간 주장), 황무지 개간권 요구 반대 운동(1904) → 일제가 황무지 개간권 요구 철회

③ 방곡령

배경	개항 이후 곡물이 대량으로 일본에 유출 → 국내 곡물 부족, 곡물 가격 폭등
내용	함경도와 황해도에서 방곡령 실시(1889, 1890) → 통보가 늦었다는 이유로 일본의 항의 → 방곡령 철수와 배상금 지급

④ 국채 보상 운동(1907)

배경	대한 제국을 경제적으로 예속시키기 위한 일제의 차관 강요
전개	대구에서 서상돈 주도로 국채 보상 운동 전개 → 국채 보상 기성회 설립(서울) → 대한매일신보 등 언론 기관의 대국민 홍보 → 각계각층의 호응과 동참
결과	일제의 탄압(주요 인사들을 횡령죄로 재판)과 고위 관료·부유층 불참으로 실패

6 개항 이후 사회·문화적 변화

● 해결 Point

개항 이후 근대 문물 수용으로 나타난 사회·문화적 변화를 살펴 보아야 한다. 또한, 새롭게 등장한 근대 시설과 주요 언론 기관에 대해 숙지하고 개항 이후 문학, 예술, 종교적 변화에 대해서도 알아 두는 것이 좋다.

● 대표 문제 유형

❖ 다음 설명에 해당하는 신문은?
❖ 두 사람의 대화 내용에 해당하는 종교는?

(1) 근대 문물 수용과 사회·문화의 변화

① 근대 문물 도입

통신	• 전신: 부산~나가사키 해저 전신(1884, 일본), 인천~서울~의주 육로 전신(1885, 청) • 우편: 우정총국 설립(1884) → 갑신정변으로 중단 → 갑오개혁 때 재개(1895) • 전화: 경운궁에 처음 설치 → 시내로 확대
전기	경복궁에 최초로 전등 설치(1887), 한성 전기 회사 설립(1898)
교통	• 전차: 서대문~청량리 노선(1899, 한성 전기 회사) • 철도: 경인선(1899), 경부선(1905), 경의선(1906)
의료	• 광혜원(1885): 최초의 서양식 병원, 이후 제중원으로 개칭 • 광제원(1900): 국립 병원 • 지석영의 종두법 보급

② 생활 모습의 변화

의	단발 실시, 양복·양장 착용, 개량 한복 등장
식	• 서양식 요리, 커피 전래(궁중) • 중국, 일본 요리
주	서양식·일본식 건축 양식 도입(러시아 공사관, 명동 성당, 덕수궁 정관헌, 덕수궁 석조전 등)

③ 문예·종교의 변화

㉠ 문예의 변화

문학	역사·전기 소설(박은식의 『서사건국지』), 신체시(최남선의 『해에게서 소년에게』), 신소설(이인직의 『혈의 누』, 이해조의 『자유종』, 안국선의 『금수회의록』)
음악	창가(서양식 곡과 우리말 가사) 유행, 서양식 군악대 설치, 창의가·용병가 등장, 창극 유행
미술	서양 화풍 도입 → 유화 등장
연극	원각사 설립(현대식 극장) → 「은세계」 공연

㉡ 종교계의 변화

유교	박은식의 『유교구신론』 → 유교의 개혁과 유림계의 단결 주장
불교	한용운 『조선불교유신론』 → 불교 개혁과 불교 대중화를 위해 노력
동학	손병희가 동학을 천도교로 개칭, 청년·여성·소년 운동 전개, 만세보 발행
대종교	나철·오기호 등 창시, 단군 신앙 체계화, 적극적인 항일 무장 투쟁 전개
천주교	애국 계몽 운동 참여, 고아원·양로원 설립, 교육 기관 설립
개신교	병원 설립, 배재 학당·이화 학당 등 학교 설립

(2) 근대 의식의 확대

① 근대 교육 확산

개항 초기	• 원산학사(1883): 함경남도 덕원, 최초의 근대적 사립 학교 • 동문학(1883): 정부가 설립한 외국어 교육 기관, 통역관 양성 • 육영공원(1886): 근대적 관립 학교 • 개신교 선교사들이 배재 학당(1885), 이화 학당(1886) 등 근대 학교 설립
갑오개혁기	교육 입국 조서 반포(1895) → 한성 사범 학교, 소학교 등 관립 학교 수립
을사늑약 전후	개신교 선교사들과 애국 계몽 단체들이 대성 학교, 오산 학교 등 사립 학교 설립 → 민족 교육 실시

■ **교육 입국 조서**: 1895년에 고종이 발표한 것으로 '국가의 부강은 국민의 교육에 있다'는 내용이다. 이를 실천하기 위해 한성 사범 학교와 소학교 등이 설립되었다.

② 근대 언론의 발달

한성순보 (1883)	순한문, 박문국에서 10일에 한 번 발간, 최초의 근대 신문, 관보 성격, 정부 정책 홍보
한성주보 (1886)	한성순보 계승(7일에 한 번 발간), 한문 혼용, 최초로 상업 광고 게재
독립신문 (1896)	서재필 등이 창간, 우리나라 최초의 민간 신문, 순한글, 영문판 발행, 민권 의식 향상에 기여
제국신문 (1898)	순한글, 서민층과 부녀자 대상, 민중 계몽
황성신문 (1898)	유림층 대상, 국한문 혼용
대한매일신보(1904)	양기탁과 영국인 베델이 창간, 순 한글·국한문·영문판 발행, 항일 논조(국채 보상 운동 지원)

③ 국학 연구

국어	• 배경: 갑오개혁 이후 국문 사용이 늘면서 문자 체계와 철자법에 대한 통일 필요성 제기 • 활동: 국문 연구소 설립(1907), 유길준·주시경·지석영 등이 국어 문법 연구
국사	• 정부에서 『조선 역사』 등 교과서 편찬 • 위인전기(박은식의 『동명왕실기』, 신채호의 『을지문덕전』 등), 신채호의 『독사신론』(민족주의 역사학의 연구 방향 제시)

출제 예상 문제

01 흥선 대원군의 정책으로 옳지 <u>않은</u> 것은?

① 서원 철폐
② 별기군 창설
③ 당백전 발행
④ 호포제 실시

02 다음 내용과 가장 관계 깊은 역사적 사건은?

- 일본인 교관을 살해하고 일본 공사관을 습격하였다.
- 왕비는 충주로 피신하고 흥선 대원군이 재집권하였다.

① 갑신정변
② 을미사변
③ 임오군란
④ 병인양요

03 (가) 사건이 일어난 원인으로 옳은 것은?

외규장각 의궤는 (가) 때 약탈당해 국외로 유출되었다가 145년 만에 돌아왔습니다.

① 흥선 대원군이 전국에 척화비를 건립하였다.
② 조선 정부가 프랑스인 선교사들을 처형하였다.
③ 제너럴 셔먼호가 평양 군민들에 의해 불태워졌다.
④ 오페르트가 남연군의 묘를 도굴하려다가 실패한 사건이 발생하였다.

04 다음 설명에 해당하는 사건은?

제너럴 셔먼호 사건을 구실로 1871년 미국의 군함이 강화도를 침략하였다. 어재연 등이 이끄는 조선의 수비대는 광성보와 갑곶에서 결사적으로 항전하였지만 광성보가 함락되었다.

① 병인박해
② 신미양요
③ 을미사변
④ 임오군란

05 (가)에 들어갈 내용의 근거가 되는 조약으로 옳은 것은?

1889년과 1890년에 함경도, 황해도 관찰사가 흉년으로 곡물이 부족하자 일본으로의 곡물 유출을 막기 위해 (가) 을/를 선포하였다.

① 한일 의정서
② 조일 통상 장정
③ 제1차 한일 협약
④ 한일 신협약

06 다음 사건이 일어난 시기를 연표에서 옳게 고른 것은?

> 고종은 일제의 불법적인 국권 강탈을 국제 사회에 폭로하기 위해 1907년 네덜란드 헤이그에서 열리는 제2회 만국 평화 회의에 이상설, 이준, 이위종을 특사로 파견하였다.

	(가)	(나)	(다)	(라)	
대한 제국 수립	한일 의정서 체결	을사늑약 체결	고종 퇴위	한일 병합 조약 체결	

① (가)　　② (나)
③ (다)　　④ (라)

07 다음 (가)에 들어갈 사건은?

> 주제: (가) 의 전개 과정
> • 1일차: 우정총국 개국 축하연을 기회로 거사를 단행하였다.
> • 2일차: 김옥균, 박영효 등 개화파가 개화당 정부를 수립하였다.
> • 3일차: 청군의 개입으로 3일 천하로 막을 내렸다.

① 갑신정변　　② 아관파천
③ 을미개혁　　④ 신미양요

08 다음 (가)에 들어갈 인물은?

> ■ 역사 인물 카드 ■
> • 이름: (가)
> • 생몰 연도: 1851년~1894년
> • 주요 활동
> - 급진 개화파로 조선을 속국으로 생각하는 청나라의 내정 간섭을 치욕적이라고 비판하였고, 일본의 힘을 빌려 조선의 개혁을 꾀하고자 하여 1884년 갑신정변을 주도하였다.

① 김옥균　　② 최제우
③ 최익현　　④ 홍범도

09 다음 (가)에 해당하는 기구 이름은?

> 1894년 전주성을 점령한 동학 농민군은 청군과 일본군의 개입으로 생길 혼란을 막기 위해 외국 군대 철수와 폐정 개혁을 조건으로 전주 화약을 맺고 (가) 을/를 설치하여 개혁을 추진하였다.

① 별기군　　② 집강소
③ 총독부　　④ 통감부

10 다음 (가)에 들어갈 나라로 옳은 것은?

> 신미양요는 제너럴 셔먼호 사건을 구실로 (가) 의 함대가 강화도에 침입하면서 발생하였다.

① 프랑스　　② 일본
③ 미국　　④ 러시아

11 우리나라 근대화 과정에서 일어난 사건의 성격을 설명한 것으로 옳지 <u>않은</u> 것은?

① 강화도 조약 - 최초의 근대적 조약, 불평등 조약
② 위정척사 운동 - 유생층이 주도한 반외세 자주 운동
③ 갑신정변 - 개화당이 추진한 근대 국가 건설을 위한 개혁 운동
④ 갑오개혁 - 구본신참의 복고적·점진적 개혁 운동

12 다음 내용의 공통적인 배경이 되는 사상으로 옳은 것은?

> • 영선사 파견
> • 조사 시찰단 파견
> • 통리기무아문 설치

① 개화 사상　　② 위정척사 사상
③ 동학 사상　　④ 척왜양이 사상

13 다음은 급진 개화파와 온건 개화파를 비교한 것이다. 옳지 <u>않은</u> 것은?

구분	급진 개화파	온건 개화파
① 중심인물	김옥균, 박영효	김홍집, 김윤식
② 개혁 방안	동도서기론	문명개화론
③ 활동	갑신정변	갑오개혁
④ 정책	사대 정책 비판	친청·사대 정책

14 서양 열강과 조선의 수호 통상 조약에 대한 설명으로 옳지 <u>않은</u> 것은?

① 조선이 최초로 최혜국 대우를 보장한 것은 미국이다.

② 러시아와는 청의 알선 없이 독자적으로 수교하였다.

③ 천주교 선교 문제로 조선과의 조약 체결이 지연된 나라는 영국이다.

④ 조미 수호 통상 조약은 청이 권유하고 알선한 것이었다.

15 다음 (가)에 해당하는 것은?

> 병인양요와 신미양요에서 외세의 침략을 물리친 흥선 대원군은 전국 각지에 척화비를 세워 (가) 을/를 널리 알리고자 하였다. 그 결과 서양 세력의 침략을 일시적으로 저지시켰으나, 조선의 근대화를 지연시키기도 하였다.

① 문화 통치

② 헌병 경찰제

③ 중립 외교 정책

④ 통상 수교 거부 정책

16 독립 협회의 활동을 〈보기〉에서 모두 고른 것은?

> ● 보 기 ●
> ㄱ. 대성 학교 설립
> ㄴ. 독립신문 발간
> ㄷ. 만민 공동회 개최
> ㄹ. 브나로드 운동 전개

① ㄱ, ㄴ   ② ㄱ, ㄹ

③ ㄴ, ㄷ   ④ ㄷ, ㄹ

17 다음 설명에 해당하는 조약은?

> ● 조선이 외국과 맺은 최초의 근대적 조약
> ● 치외 법권과 해안 측량권을 인정한 불평등 조약

① 한성 조약

② 강화도 조약

③ 제물포 조약

④ 시모노세키 조약

18 다음 내용을 배경으로 일어난 사건은?

> ● 일본이 명성황후를 시해하였다.
> ● 친일 내각이 단발령을 실시하였다.

① 신미양요

② 임오군란

③ 갑신정변

④ 을미의병

19 다음 자료에 해당하는 경제적 구국 운동은?

> 나라 빚 1,300만 원은 우리 대한의 존망에 관계된
> 것이다. 갚아버리면 나라가 존재하고 갚지 못하면
> 나라가 망하게 된다. …… 2천만 인이 3개월을 한정
> 하여 금연하고 그 대금으로 1인마다 20전씩 징수하
> 면 1,300만 원이 될 수 있다.
>
> – 대한매일신보, 1907 –

① 방곡령
② 물산 장려 운동
③ 국채 보상 운동
④ 황무지 개간 반대 운동

20 (가)에 해당하는 의병 운동의 배경이 된 사건은?

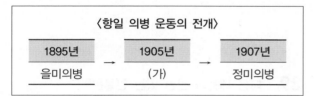

〈항일 의병 운동의 전개〉

1895년	→	1905년	→	1907년
을미의병		(가)		정미의병

① 만주사변
② 을사늑약
③ 청산리 전투
④ 봉오동 전투

21 다음 내용과 관계 깊은 역사적 사건은?

• 고부 군수 조병갑의 폭정에 항거
• 전주성 점령
• 공주 우금치 전투에서 패배

① 갑신정변
② 을미의병
③ 갑오개혁
④ 동학 농민 운동

22 (가)에 들어갈 전쟁은?

> 대한 제국은 1900년에 칙령 제41호를 반포하여 울
> 릉도를 군으로 승격시켜 독도를 관할하게 하였다.
> 그러나 일본은 　(가)　 중에 어떠한 논의도 없이
> 독도를 시마네현에 불법적으로 편입시켰다.

① 만주사변
② 러·일 전쟁
③ 청·일 전쟁
④ 태평양 전쟁

23 (가)에 해당하는 내용은?

> • 제목: _____(가)_____
> • 주요 단체
> – 헌정 연구회: 입헌 정치 체제 수립 추구
> – 대한 자강회: 고종 강제 퇴위 반대 운동
> – 신민회: 국권 회복과 공화정 추구

① 갑신정변
② 물산 장려 운동
③ 애국 계몽 운동
④ 항일 의병 전쟁

24 다음 설명과 관계 깊은 단체는?

> • 근대적 개혁 사상을 지닌 인사들과 서재필이 결성한
>   단체
> • 우리나라 최초의 민중 대회인 만민 공동회를 개최하여
>   국민 계몽에 주력
> • 자주 독립과 자유 민권 사상 전파

① 보안회
② 독립 협회
③ 대한 자강회
④ 헌정 연구회

25 다음에서 설명하는 단체는?

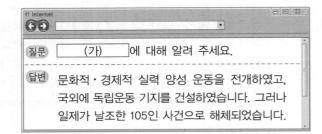

질문 [(가)]에 대해 알려 주세요.

답변 문화적·경제적 실력 양성 운동을 전개하였고, 국외에 독립운동 기지를 건설하였습니다. 그러나 일제가 날조한 105인 사건으로 해체되었습니다.

① 보안회
② 신민회
③ 대한 자강회
④ 헌정 연구회

26 다음에서 설명하는 근대 교육 기관은?

우리나라 최초의 근대적 사립 학교로 함경남도 덕원 지역의 사람들이 덕원 부사에게 요청하여 설립되었다.

① 동문학
② 육영공원
③ 서전서숙
④ 원산학사

27 다음 내용을 배경으로 일본이 일으켰던 사건은?

일본의 요동 반도 진출이 러시아를 비롯한 삼국 간섭으로 실패하고 일본 세력이 위축되었다. 이에 명성황후가 러시아 세력을 이용하여 일본을 견제하려 하였다.

① 갑신정변
② 아관파천
③ 임오군란
④ 을미사변

28 다음 내용에 해당하는 신문으로 옳은 것은?

양기탁 등 애국지사들이 운영했으나, 영국인 베델이 발행인으로 참여했기 때문에 일본의 검열을 받지 않고 민족운동을 활발하게 전개할 수 있었다.

① 독립신문
② 황성신문
③ 제국신문
④ 대한매일신보

29 다음 내용과 관련 있는 인물은?

• 을사늑약을 계기로 의병 활동을 전개하였다.
• 울진 일대에서 평민 의병장으로 활약하였다.

① 신돌석
② 손병희
③ 김규식
④ 최익현

3 일제 식민지 지배와 민족 운동의 전개

핵심 키워드

제1차 세계 대전, 무단 통치, 토지 조사 사업, 문화 통치, 산미 증식 계획, 비밀 결사 운동, 3·1 운동, 대한민국 임시 정부, 무장 투쟁, 실력 양성 운동, 민족 유일당 운동, 도시와 농촌의 변화, 제2차 세계 대전, 민족 말살 통치, 전시 수탈, 일본군 '위안부', 조선 의용대, 한국 광복군, 카이로 회담

1 일제 식민지 지배 정책

● **해결 Point** ··············

제1차 세계 대전 전후 세계 정세 변화를 살펴보고, 일제의 식민지 지배 정책과 구조 변화의 특징을 파악해야 한다. 통치 시기별 특징을 구분하는 문제와 이에 따른 국내외의 독립운동을 묻는 문제가 자주 출제된다.

● **대표 문제 유형** ··············

❖ 1910년대 일제가 시행한 식민 정책이 <u>아닌</u> 것은?

❖ 다음 설명과 관계 깊은 독립운동 단체는?

(1) 제1차 세계 대전과 전후의 세계

① 제1차 세계 대전(1914~1918)

배경	제국주의 열강의 식민지 쟁탈전 고조 → 3국 동맹(독일, 오스트리아–헝가리 제국, 이탈리아)과 3국 협상(영국, 프랑스, 러시아)의 대립, 범게르만주의(독일 중심)와 범슬라브주의(러시아 중심)의 대립
전개	사라예보 사건 → 3국 동맹과 3국 협상 측의 전쟁 가담 → 전쟁 장기화 → 미국 참전으로 협상국 우세 → 러시아 혁명 발생으로 러시아의 전선 이탈 → 독일 항복 → 협상국 승리

② 전후 처리와 베르사유 체제

베르사유 체제	전후 처리 문제를 논의하기 위해 파리 강화 회의 개최(미국 대통령 윌슨의 14개조 평화 원칙) → 베르사유 조약 체결, 국제 연맹 창설(1920)
워싱턴 체제	전후 일본의 성장(중국에 21개조 요구) → 일본 견제를 위해 미국 주도로 워싱턴 회의 개최(1921) → 아시아·태평양 지역에서 미국의 주도적 역할 확립, 일본이 산둥반도를 중국에 반환, 군비 축소

■ **윌슨의 평화 원칙 14개조(1918)**

제5조 모든 식민지 문제는 식민지 주민의 의사를 존중하여 공평무사하고 자유롭게 처리되도록 한다.

제14조 국가 간 연합 기구를 만들어 각국의 정치적 독립과 영토 보전을 보장한다.

③ 러시아 혁명과 사회주의 국가의 수립

러시아 혁명(1917)	제1차 세계 대전 이후 경제난 지속 → 3월 혁명(노동자와 군인들이 제정 붕괴, 임시 정부 수립 → 임시 정부의 개혁 미진, 전쟁 지속 → 11월 혁명(레닌 등 사회주의자들이 혁명 정부 수립)
소련 수립(1922)	독일과 강화 조약 체결(1918), 사회 개혁 추진 → 반혁명 세력이 내전 승리 → 소비에트 사회주의 연방 공화국(소련) 수립

(2) 1910년대 일제의 식민 통치

① 무단 통치

ㄱ 식민지 통치 제도 정비

- 조선 총독부 설치: 일제 식민 통치의 중추 기관(행정·입법·사법·군통수권 장악)
- 중추원 설치: 총독부 자문 기관

ㄴ 헌병 경찰을 통한 무단 통치

- 헌병 경찰 제도 시행: 헌병이 경찰 업무와 일반 행정 업무 관여
- 범죄 즉결례(1910) 제정: 헌병 경찰에게 즉결 처분권 부여
- 조선 태형령(1912) 제정: 한국인에게만 태형 적용
- 일반 관리와 학교 교원에게까지 제복을 입고 칼을 차게 함

ㄷ 한국인의 기본권 제한과 식민지 교육

- 기본권 박탈: 출판·언론·결사의 자유 박탈, 한글 신문 폐간
- 교육 정책: 제1차 조선 교육령 제정(보통 교육과 실업 교육 위주의 편성, 일본어 교육 강화), 사립 학교와 서당 탄압

② 1910년대 경제 수탈 정책

㉠ 토지 조사 사업(1910~1918)

목적	지세 수입을 늘려 한국을 일본의 식량과 원료 공급지화 → 토지 수탈 계획
내용	• 시행: 임시 토지 조사국 설치(1910), 토지 조사령 공포(1912) • 방식: 정해진 기간 안에 직접 신고한 토지만 소유권을 인정하는 신고주의
결과	• 조선 총독부의 지세 수입 증가 → 식민지 통치에 필요한 재정 확보 • 일본인의 토지 소유 증가: 미신고 토지, 국유지·공유지를 조선 총독부 소유로 편입하여 동양 척식 주식회사나 일본인 지주에게 매매 → 일본인 대지주 증가 • 농민 몰락: 지주의 소유권만 인정하고 소작농의 관습적 경작권 부정 → 농민들이 소작농·화전민으로 전락, 만주·연해주로 이주

㉡ 일제의 산업 통제

회사령 (1910)	기업을 설립할 때 총독의 허가를 받은 후 회사 설립 → 한국인의 기업 활동 억제
산업 침탈	어업령·삼림령·조선 광업령 공포, 인삼 등의 전매 사업 실시, 조선 식산 은행 설립
기간 시설 구축	철도·도로 건설 및 정비, 항만 시설 확충 → 식량·자원 일본 반출 목적

(3) 1920년대 일제의 식민 통치

① 민족 분열 통치(문화 통치)

㉠ 배경: 3·1 운동 이후 무단 통치의 한계 인식 → 사이토 마코토가 총독으로 부임, '문화 통치' 표방

㉡ 목적: 친일파 양성을 통해 민족 분열 도모

㉢ 내용

구분	표면적 내용	실제 운영
총독	문관 총독 임명 가능	문관 총독 임명되지 않음
경찰 제도	헌병 경찰제를 보통 경찰제로 전환, 태형 제도 폐지, 관리·교원의 제복 착용 폐지	경찰서와 경찰관 수 증가, 치안 유지법 제정(1925)
언론 정책	언론·출판·집회·결사의 자유 허용	신문 검열 강화(기사 삭제, 신문 압수·정간·폐간 등)
교육 정책	교육 기회 확대 표방 → 제2차 조선 교육령(보통학교 교육 연한 6년으로 증가, 학교 수 증설)	학교 수 부족, 운영비 부담 증가로 한국인의 취학률 저조

지방 제도	지방 자치제 실시 표방 → 도 평의회, 부·면 협의회 구성	평의회와 협의회는 자문 기관으로 의결권이 없는 자문 기구에 불과

■ **치안 유지법(1925)**: 일제가 국가 체제나 사유 재산 제도를 부정하는 사회주의 사상을 탄압할 목적으로 1925년에 제정한 법률이다. 이 법은 사회주의자는 물론 민족주의 계열의 독립운동가들을 탄압하는 데 이용되었다.

② 1920년대 경제 수탈 정책

㉠ 산미 증식 계획(1920~1934)

배경	일본의 공업화로 도시 인구 증가 → 쌀 부족 현상 → 한국에서 쌀을 확보하려 함
내용	품종 개량, 비료 사용 확대, 수리시설 확충, 농토 개간 사업(밭을 논으로 변경) → 쌀 증산 시도
결과	• 증산량보다 많은 양을 반출 • 수리 조합비 및 소작료 증가로 농민 몰락, 식량 사정 악화, 농업 구조 변화

㉡ 일제 자본의 산업 침투

회사령 폐지(1920)	회사 설립을 허가제에서 신고제로 변경 → 일본 대기업의 한국 진출 증가(미쓰비시 등)
관세 철폐 (1923)	한일 간 관세 폐지 → 일본 상품의 한국 수출 급증 → 한국 기업 타격
금융 장악	신은행령 발표(1928), 한국인 소유 은행 합병

2 3·1 운동과 대한민국 임시 정부

● 해결 Point ● ● ● ● ● ● ● ● ● ● ● ●

1910년대 국내외 독립 운동의 전개와 3·1 운동이 일어난 배경 및 영향에 대한 문제, 대한민국 임시 정부 수립의 의미와 활동을 묻는 문제가 자주 출제되고 있다. 3·1 운동을 계기로 조직된 대한민국 임시 정부의 활동 변화 양상에 대해서도 알아두도록 한다.

● 대표 문제 유형 ● ● ● ● ● ● ● ● ● ● ●

❖ 다음 설명에 해당하는 민족 운동의 영향으로 옳은 것은?
❖ 대한민국 임시 정부의 활동으로 옳은 것은?

[1910년대 독립운동 기지 건설]

(1) 1910년대 국내외 독립운동

① 국내 항일 비밀 결사

독립 의군부 (1912)	의병장 임병찬이 비밀리에 조직, 복벽주의 표방, 일본에 국권 반환 요구 서신 발송 시도
대한 광복회 (1915)	박상진(총사령)·김좌진(부사령) 등이 군대식 조직으로 결성, 공화 정체의 근대 국가 수립 목표, 군자금 마련· 친일파 처단 등의 활동

② 국외 독립운동

만주	• 서간도(남만주): 신민회 중심 → 삼원보에서 경학사 조직, 신흥 강습소 설립(이후 신흥 무관 학교로 개편 – 독립군 양성) • 북간도(동만주): 한인 집단촌 형성(용정촌, 명동촌 등), 서전서숙·명동 학교 설립(민족 교육 실시), 중광 단 결성(대종교, 이후 북로 군정서로 개편)
연해주	한인 집단촌인 신한촌 건설(1911), 권업회(자치 단체, 권 업 신문 발간, 1911) 결성 → 이후 대한 광복군 정부 조 직, 전로 한족회 중앙 총회, 대한 국민 의회 수립(1919)
상하이	동제사 조직(1912), 대동단결 선언 발표(박은식·신규 식 등, 1917), 신한 청년당(파리 강화 회의에 김규식을 대표로 파견, 1918)
미주	대한인 국민회(장인환·전명운 의거를 계기로 결성, 독 립운동 자금 모금), 대조선 국민군단(하와이, 박용만), 숭무 학교(멕시코)

(2) 3·1 운동의 전개와 영향

① 3·1 운동의 배경

국내	• 일본의 무단 통치와 수탈에 대한 반발 • 고종의 급사(독살설)
국외	• 미국 대통령 윌슨이 민족 자결주의 제시 • 레닌이 식민지와 반식민지의 민족 해방 운동 지원 선언

■ **윌슨의 민족 자결주의**: 다른 민족이나 국가의 간섭을 받지 않고 자민족의 정치적 운명을 스스로 결정하는 권리를 실현하고자 하는 사상이다.

② 3·1 운동의 전개 과정

독립 선언 준비	33인의 민족 대표 구성(대중적 비폭력 운동 전개 방침 수립) → 기미 독립 선언서 작성
독립 선언서 발표	민족 대표 33인이 태화관에서 독립 선언서 낭독 후 자진 체포 → 탑골 공원에서 학생·시민들이 독립 선언서 낭독 후 서울 시내에서 평화적 만세 시위 전개
시위 확산	철도를 따라 전국 주요 도시로 확산(청년·학생 중심, 상인·노동자 동참) → 농촌으로 확대(농민 참여, 일제의 탄압에 대항하여 무력 투쟁 전개) → 국외 확산(만주, 연해주, 미주, 일본 등)
일제의 탄압	유관순 순국, 헌병 경찰과 군대를 동원한 일본이 학살 자행(제암리 학살 사건)

③ 3·1 운동의 의의와 영향

㉠ 우리 역사상 최대 규모의 민족 운동: 모든 계층이 참여
㉡ 대한민국 임시 정부 수립의 계기: 독립운동을 조직적· 체계적으로 전개할 지도부의 필요성 대두
㉢ 일제의 통치 방식 변화: 기존의 무단 통치에서 문화 통 치로 전환

ㄹ 아시아의 반제국주의 민족 운동에 영향: 중국의 5 · 4 운동과 인도의 독립운동에 영향

> ■ 제암리 학살 사건(1919.4.): 화성 제암리에 파견된 일본군이 30여 명의 제암리 기독교도들을 교회에 모아 놓고 문을 잠근 뒤, 무차별 사살하고 불을 질러 증거를 인멸하려고 한 비인간적 학살 사건이다.

(3) 대한민국 임시 정부 수립과 활동

① 대한민국 임시 정부의 수립과 통합

ㄱ 여러 지역의 임시 정부 수립

대한 국민 의회	연해주, 전로 한족회 중앙 총회를 정부 형태로 개편
한성 정부	국내에서 13도 대표가 모여 수립
상하이 임시 정부	신한 청년당을 중심으로 임시 의정원을 만들어 구성, 대한민국 임시 헌장 선포

ㄴ 임시 정부의 통합

수립	외교 활동에 유리한 상하이에 대한민국 임시 정부 수립(1919.9.), 대한민국 임시 헌법 공포
체제	• 우리나라 최초로 3권 분립에 입각한 민주 공화 정체의 정부 • 임시 대통령 이승만, 국무총리 이동휘

② 대한민국 임시 정부의 활동

비밀 조직 운영	연통제(비밀 행정 조직), 교통국(통신 기관) 조직 → 독립운동 자금 확보, 정보 수집
자금 모금	독립 공채 발행, 국민 의연금 모금
외교 활동	• 김규식을 전권대사로 임명, 파리 강화 회의에 대표로 파견 → 독립 청원서 제출 • 미국에 구미 위원부 설치(1919): 한국의 독립 문제 국제 여론화 노력
무장 투쟁	군무부를 설치하고 직할 부대로 광복군 사령부, 광복군 총영, 육군 주만 참의부 편성
문화 활동	기관지로 독립신문 간행, 외교 선전 책자 발행, 임시 사료 편찬 위원회에서 『한일 관계 사료집』 간행

③ 국민 대표 회의와 대한민국 임시 정부의 변화

국민 대표 회의 (1923)	• 배경: 일제의 탄압으로 임시 정부의 연통제 · 교통국 마비, 외교 활동 성과 미약, 이승만의 위임 통치 청원서 제출 → 독립운동의 노선을 둘러싼 논쟁 발생(외교 독립론, 무장 투쟁론, 실력 양성론 등) • 전개: 독립운동의 새로운 활로를 모색할 목적으로 개최 → 창조파(임시 정부 해산 후 새 정부 수립 주장)와 개조파(임시 정부 유지)로 대립 → 결렬 • 결과: 많은 독립운동가들이 임시 정부에서 이탈 → 임시 정부의 세력 약화
대한민국 임시 정부의 변화	이승만 탄핵, 제2대 대통령 박은식 선출 → 국무령 중심 내각 책임제로 개편(1925) → 국무위원 중심 집단 지도 체제로 개편(1927) → 일제의 상하이 점령 및 중국 침략으로 충칭으로 이동(1940)

3 다양한 민족 운동의 전개

● **해결 Point** ● ● ● ● ● ● ● ● ● ● ●

3·1 운동 이후 전개된 국내외 민족 운동의 흐름을 파악해야 한다. 물산 장려 운동과 문맹 퇴치 운동 등 당시의 각 민족 운동의 특징을 정확히 파악해야 하며, 신간회에 대한 문제도 출제될 가능성이 높으니 주요 인물과 활동 내용도 함께 알아 두도록 한다.

● **대표 문제 유형** ●

❖ 다음 자료에 해당하는 민족 운동은?
❖ 다음 설명에 해당하는 단체의 활동으로 옳은 것은?

(1) 무장 투쟁과 의열 투쟁

① 1920년대 무장 독립 투쟁

봉오동 전투 (1920.6.)	• 독립군이 압록강·두만강 유역의 일본 경찰·식민 통치 기관 습격 → 일제의 독립군 공격 • 대한 독립군(홍범도)을 중심으로 국민회군(안무), 군무 도독부군(최진동) 등의 연합 부대 형성 → 봉오동에서 대승
청산리 대첩 (1920.10.)	• 봉오동 전투에서 패한 일본군의 독립군 소탕 계획 → 훈춘 사건을 조작하여 일본군이 만주 진입 • 북로 군정서(김좌진)와 대한 독립군(홍범도)의 연합 부대가 청산리 백운평·어랑촌 등에서 일본군에게 반격 → 대승

■ **훈춘 사건**: 봉오동 전투에서 패배한 일본군이 중국 마적단과 내통하여 고의로 일본 관공서를 습격하게 한 사건이다. 일제는 이를 독립군의 소행으로 몰면서 만주 출병의 명분으로 삼았다.

② 독립군의 시련

간도 참변 (1920)	청산리 대첩 이후 일본군이 독립군 소탕이라는 명분 하에 간도 지역 한인 학살
자유시 참변 (1921)	북만주 밀산으로 독립군 집결, 대한 독립 군단 결성 → 러시아 자유시로 이동 → 지원을 약속했던 소련이 독립군의 무장 해제 요구 → 밀산에서 자유시로 이동한 수백 명의 독립군 희생

③ 독립군 부대 재정비

3부 성립	• 배경: 간도 참변, 자유시 참변 • 참의부(지안 지역), 정의부(남만주), 신민부(간도, 북만주) 조직
3부 통합	• 배경: 미쓰야 협정 체결로 독립군 활동 위축, 민족 유일당 운동 확산 → 독립군 단체 통합의 필요성 대두 • 혁신 의회(북만주)와 국민부(남만주)로 재편

■ **미쓰야 협정(1925)**: 조선 총독부 경무국장 미쓰야와 만주 군벌 사이에 체결된 협약이다. 이를 통해 독립군 체포·인도 등에 합의하여 일본군뿐만 아니라 중국의 탄압까지 받게 되면서 독립군 활동이 위축되었다.

■ **1920년대 무장 독립운동 단체**

④ 의열단

결성	3·1 운동 이후 강력한 무장 조직의 필요성 인식 → 김원봉을 중심으로 만주 지린성에서 결성
활동	• 신채호가 작성한 '조선 혁명 선언'을 의열단의 행동 강령으로 채택 • 의거: 박재혁(부산 경찰서 투탄, 1920), 김익상(조선 총독부 투탄, 1921), 김상옥(종로 경찰서 투탄, 1923), 김지섭(일본 황궁 투탄, 1924), 나석주(동양 척식 주식회사와 식산 은행 투탄, 1926)
변화	• 개별 의거의 한계 인식으로 조직적인 무장 투쟁의 필요성 자각 • 김원봉을 비롯한 단원들이 황푸 군관 학교에 입교 → 난징에 조선 혁명 간부 학교 설립(1932) • 민족 혁명당 결성(1935)

(2) 실력 양성 운동

① 물산 장려 운동

배경	일본 기업의 한국 진출 활발, 일본 상품의 관세 철폐 (1923) → 일본 상품 대량 유입으로 한국 기업 위기 → 한국인 자본을 보호·육성하여 민족의 경제적 실력을 양상하고자 함
전개	• 평양에서 조만식을 중심으로 평양 물산 장려회 설립 (1920) → 서울과 전국으로 확산 • '내 살림 내 것으로', '조선 사람 조선 것' 등의 구호 제시 • 민족 산업 보호·육성을 위한 토산품 애용, 근검저축, 금주·금연 등 실천
결과	일부 기업가에 의해 토산품 가격 상승 → 일제의 탄압과 방해로 큰 성과 거두지 못함

[국산품 선전 광고]

② 민립 대학 설립 운동

배경	3·1 운동 이후 교육열 고조, 일제의 교육령 개정 → 대학 설립을 통해 고등 교육을 실현하기 위하여 교육 분야의 실력 양성 추진
전개	이상재 등이 주도, 조선 민립 대학 기성회 결성(1923) → 전국적인 천만 원 모금 운동('한민족 1천만이 한 사람이 1원씩'의 구호)
결과	• 일제의 탄압과 방해, 가뭄과 수해로 모금 운동 부진 • 일제의 회유책: 경성 제국 대학 설립(1924)

③ 문맹 퇴치 운동

문자 보급 운동	조선일보 주도, '아는 것이 힘, 배워야 산다' 구호
브나로드 운동	동아일보 주도, '배우자, 가르치자, 다함께 브나로드' 구호

④ 실력 양성 운동의 한계와 자치론 대두

한계	일본이 허용하는 범위 안에서만 전개, '선 실력 양성, 후 독립' 강조 → 큰 성과 거두지 못함
타협적 자치론 대두	일부 민족주의 계열(이광수, 김성수, 최린 등): 일제의 식민 통치 인정, 자치권을 확보하여 민족의 실력 양성을 주장(자치 운동, 참정권 운동 전개)
결과	민족주의 세력의 분열 초래(일제의 민족 분열 정책에 이용당함)

(3) 민족 유일당 운동

① 사회주의 사상 확산과 탄압

확산	3·1 운동을 계기로 국내 유입, 청년·지식인층 중심으로 확산 → 조선 공산당 결성(1925)
탄압	일제가 치안 유지법 제정(1925) → 사회주의 세력 탄압

② 민족 유일당 운동의 전개(민족 협동 전선)

국외	• 제1차 국공 합작 성립(1924) • 한국 독립 유일당 북경 촉성회 결성(베이징), 만주에서 3부 통합 운동 전개
국내	• 조선 민흥회(1926): 비타협적 민족주의 계열이 사회주의 세력과 연합 모색 • 정우회 선언(1926): 사회주의 세력이 민족주의 세력과의 제휴 필요성 강조

③ 신간회

창립	• 비타협적 민족주의 세력과 사회주의 계열이 연대하여 창립(1927) • 회장 이상재, 부회장 홍명희 선출
활동	• 민족 단결, 정치적·경제적 각성 촉구, 기회주의자 배격 • 민중 계몽 활동으로 순회 강연, 야학 등 전개 • 농민·노동·여성·형평 운동 등 지원 • 광주 학생 항일 운동 지원(조사단 파견, 대규모 민중 대회 계획)
해소	민중 대회 사건으로 간부 대거 구속 → 타협적 민족주의와의 협력으로 갈등 발생, 코민테른 노선 변화 → 해소론 대두 → 해소(1931)
의의	• 민족주의 계열과 사회주의 계열의 민족 연합 • 일제 강점기 최대의 합법적인 반일 사회단체

■ **신간회 행동 강령**
1. 우리는 정치적, 경제적 각성을 촉진함
2. 우리는 단결을 공고히 함
3. 우리는 기회주의를 일체 부인함

■ **코민테른**: 1919년에 설립된 각국 공산당 연합으로 '국제 공산당'이라고도 한다. 레닌의 주도로 창설되어 국제 공산주의 운동을 지도하다가 1943년에 해산되었다.

4 사회·문화의 변화와 사회 운동

● 해결 Point ● · · · · · · · · · · ·

일제 강점기 당시 사회 모습의 변화를 살펴보고, 다양한 사회 운동을 근대 사상의 확산과 관련지어 이해해야 한다. 특히 6·10 만세 운동, 광주 학생 항일 운동 등 당시의 각 민족 운동의 주요 내용을 알아 두도록 한다.

● 대표 문제 유형 ● · · · · · · · · · ·

❖ 다음 가상 일기의 내용에 해당하는 민족 운동은?
❖ 다음 내용과 관계있는 종교는?

(1) 사회 구조와 생활 모습의 변화

① 식민지 도시화

교통 발달	항만·전차 노선 확충, 철도망 완성(물자 수탈에 이용)
식민지 도시화	• 도시 발달: 교통 발달 지역으로 확대(1920년대) → 공업 도시 성장(1930년대 이후) • 특징: 일본인과 한국인 거주 지역 구분, 일본인 거주 지역 중심으로 도시 발전, 도시 변두리에 빈민촌 형성(토막민 거주)

② 농민 몰락

일제의 농업 정책	• 1910년대: 토지 조사 사업 → 일본인 지주의 대토지 소유 확대 • 1920년대: 산미 증식 계획 → 한반도가 일본의 식량 공급지화 • 1930년대: 농촌 진흥 운동(1932), 조선 농지령(1934)을 통해 일제가 농촌 경제 안정화 시도 → 해결 실패
농민의 삶	지주의 횡포, 높은 소작료로 농민 몰락(화전민, 도시 빈민으로 전락) → 농민 운동 확산

③ 생활 양식의 변화

의	• 서양식 복장 보편화(고무신, 운동화, 구두, 양복 등), 단발머리 유행 → 모던 걸, 모던 보이 유행 • 중일 전쟁 이후에는 일제가 국민복, 몸뻬 착용 강요
식	커피·빵·아이스크림·맥주 등 서양 및 일본 음식 유행, 일반 서민 및 농민은 식량 부족
주	대도시에 근대적 고층 건물 건립, 개량 한옥과 문화 주택 보급, 농촌과 도시 서민은 여전히 초가집이나 구식 기와집 거주

(2) 근대 사상의 확산과 다양한 사회 운동

① **근대 사상 확산**: 3·1 운동 전후로 자유주의, 공화주의, 사회주의, 개조론, 아나키즘(무정부주의) 등의 근대 사상이 국내에 유입

② 농민 운동과 노동 운동

농민 운동	배경	토지 조사 사업, 산미 증식 계획 → 농민 몰락
	전개	• 1920년대: 소작료 인하와 소작권 인정 등을 요구하는 소작 쟁의 전개, 암태도 소작 쟁의(1923) • 1930년대: 혁명적 농민 조합 중심, 항일 운동·계급 투쟁 성격
노동 운동	배경	회사령 철폐 → 노동자 수 증가, 저임금, 열악한 노동 환경
	전개	• 1920년대: 임금 인상, 열악한 노동 조건 개선 요구 → 원산 노동자 총파업(1929) • 1930년대: 비합법적·혁명적 노동조합 건설

③ 학생 운동

6·10 만세 운동(1926)	• 순종의 장례식을 기해 일제의 수탈과 식민지 교육에 대한 반발로 발생한 항일 운동 • 조선 공산당, 천도교 세력, 학생 단체가 만세 시위 계획 → 사전에 발각되어 학생들 주도로 전개, 민족 유일당 운동의 공감대 형성(신간회 결성의 계기)
광주 학생 항일 운동 (1929)	• 배경: 민족 차별, 식민지 교육 • 전개: 한일 학생 충돌 → 일본의 편파적 처벌 → 광주 지역 학생 총궐기 → 신간회 등의 지원으로 전국적인 규모의 항일 운동으로 확산 • 의의: 전국적 규모, 3·1 운동 이후 최대 규모의 민족 운동

■ 6·10 만세 운동 격문

조선 민중아!
우리의 철천지 원수는 자본·제국주의 일본이다.
이천만 동포야!
죽음을 각오하고 싸우자!
만세 만세 조선 독립 만세

---

④ 기타 사회 운동

여성 운동	• 배경: 여성에 대한 봉건적 차별 • 근우회(1927): 신간회의 자매단체, 여성 단결과 지위 향상 노력, 기관지『근우』발행, 노동·농민 운동에 참여
소년 운동	방정환이 소년 운동 전개 → 어린이날 제정(1923, 조선소년운동협회), 잡지『어린이』발간
청년 운동	조선 청년 총동맹 결성(1924) → 식민 교육 반대 활동, 계몽 운동 등 전개
형평 운동	• 배경: 갑오개혁 때 신분제 철폐 이후에도 백정에 대한 사회적 차별 • 조선 형평사 결성(1923): 신분 차별과 멸시 타파를 목표로 진주에서 창립 → 다른 사회 운동 단체와 연합하여 항일 민족 운동 전개

> ■ 잡지『어린이』
> 천도교 소년회에서 소년 운동을 주도한 아동 문학가 방정환을 중심으로 1923년에 창간된 월간 아동 잡지이다.

(3) 민족 문화 수호 운동과 문예 활동

① 한글 연구

배경	일제의 일본어 보급 → 학교에서 일본어 교육 비중 증가
활동	• 조선어 연구회(1921): 이윤재, 최현배 등, 잡지『한글』간행, 가갸날(한글날) 제정 • 조선어 학회(1931): 조선어 연구회 확대 개편, 한글 맞춤법 통일안·표준어 제정,『우리말 큰사전』의 편찬 준비 → 조선어 학회 사건으로 강제 해산(1942)

> ■ 조선어 학회 사건: 1942년에 총독부가 조선어 학회를 독립운동 단체로 규정하고 회원 상당수를 구속한 사건이다. 이로 인해 조선어 학회는 해산되었다.

② 한국사 연구

배경	일제의 식민 사관 → 타율성론(외세의 영향을 받음), 정체성론(발전 없이 정체됨), 당파성론(당파를 만들어 싸움) 등 한국사 왜곡, 조선사 편수회에서『조선사』를 편찬해 식민사관 전파 시도
민족주의 사학	• 박은식:『한국통사』,『한국독립운동지혈사』저술, 민족의 '혼' 강조 • 신채호: 고대사 연구에 치중하여『조선상고사』,『조선사연구초』저술
사회경제 사학	• 사회주의의 영향으로 유물 사관을 토대로 한국사 정리 • 백남운:『조선사회경제사』,『조선봉건사회경제사』→ 식민주의 사관의 정체성 반박
실증 사학	• 객관적 사실에 근거한 문헌 고증 • 이병도·손진태: 진단 학회 조직(1934),『진단학보』발간

③ 종교계 활동

대종교	만주에서 중광단 조직, 항일 무장 투쟁 전개
천도교	『개벽』,『신여성』등 잡지 간행, 대중 운동 전개
불교	한용운 등이 사찰령 폐지 운동 전개, 조선 불교 유신회 조직
원불교	박중빈 창시, 불교의 생활화·대중화 추구, 새생활 운동 전개
개신교	신사 참배 거부 운동, 교육·의료 활동 전개
천주교	사회 사업 확대(고아원·양로원 설립 등), 만주에서 의민단 조직 → 항일 무장 투쟁 전개

④ 문예 활동

문학	• 1910년대: 계몽적 문학 유행(이광수, 최남선 등) • 1920년대: 동인지 발간, 신경향파 문학(사회주의 영향), 저항 문학(한용운, 이상화) • 1930년대 이후: 순수 문학 등장(식민지 현실 외면), 친일 문학, 저항 문학 지속(심훈, 윤동주, 이육사 등)
예술	• 연극: 토월회(1923) → 본격적 신극 운동 전개 • 영화: 나운규의 아리랑(1926) → 민족의 저항 의식과 한국적 정서 부각 • 음악: 민족 정서가 드러난 가곡·동요, 안익태의「애국가」작곡(1936) • 미술: 한국 전통 회화 계승, 서양화 기법 도입(나혜석, 이중섭 등) • 대중문화: 대중가요 유행, 대중 잡지 발간

5 전시 동원 체제와 민중의 삶

● 해결 Point ● ● ● ● ● ● ● ●

일제의 침략 전쟁 이후 식민지 지배 방식의 변화를 살펴보고, 전시 동원 체제로 달라진 민중의 삶을 파악해야 한다.

● 대표 문제 유형 ●

❖ 다음 설명에 해당하는 일제의 식민 통치 정책은?
❖ 다음에서 일제강점기 국가 총동원법이 적용된 시기의 상황으로 옳은 것은?

(1) 대공황과 제2차 세계 대전

① 대공황 발생

배경	제1차 세계 대전 이후 미국의 경제 호황 → 생산·소비의 불균형 심화
전개	뉴욕 증권 거래소 주가 폭락(1929), 기업과 은행 도산, 대량 실업 사태 발생 → 전 세계로 공황 확산
각국의 대응	미국(뉴딜 정책), 영국·프랑스(블록 경제), 이탈리아·독일·일본(전체주의 추구, 대외 침략)

② 제2차 세계 대전

배경	전체주의 국가 독일·이탈리아·일본의 3국 방공 협정(추축국), 독·소 불가침 조약 체결
전개	독일의 폴란드 침공 → 영국·프랑스의 선전 포고 → 독일·이탈리아의 유럽 장악 및 소련 공격 → 일본의 진주만 기습(태평양 전쟁, 1941)으로 미국 참전 → 노르망디 상륙 작전 → 이탈리아의 항복(1943) → 미국의 원자 폭탄 투하, 소련 참전 → 독일·일본 항복(1945)
결과	유럽 열강 쇠퇴, 미·소 중심의 국제 질서, 식민지 국가 독립, 국제 연합 창설

(2) 일제의 침략 전쟁과 전시 동원 체제

① 일제의 침략 전쟁

시작	대공황에 따른 일본의 경제 위기 → 대륙 침략(만주 사변, 1931) → 군부 쿠데타(전체주의 심화)
확대	경제난 지속 → 중국 본토 침략(중일 전쟁, 1937) → 동남아시아 침략 → 미국·영국의 경제 봉쇄 → 진주만 기습(1941), 태평양 전쟁 발발

② 병참 기지화 정책

식민지 공업화 정책	• 목적: 대공황 극복과 전쟁에 필요한 군수 물자 공급 • 만주를 농업·원료 생산 지대로, 한반도를 중화학 공업 지대로 설정 → 한반도 북부 지방에 발전소 건설, 중화학 공업 육성(→ 산업 간·지역 간 불균형 초래)
남면북양 정책	• 목적: 일본 방직업자에게 싼값에 원료 공급 • 일본에 필요한 공업 제품의 원료 생산을 위해 남부 지방에 면화 재배, 북부 지방에 양 사육 강요

③ 전시 동원 체제(국가 총동원법 제정, 1938)

인력 수탈	• 병력 동원: 지원병제(1938), 학도 지원병제(1943), 징병제(1944) • 노동력 동원: 국민 징용령(1939), 근로 보국대 조직 → 광산·철도 건설, 군수 공장 등에 학생과 청년들 강제 동원 • 여성 동원: 여자 정신 근로령(1944), 여성들에게 일본군 '위안부' 강요
물적 수탈	전쟁 물자 공출, 금속 및 미곡 공출제·양곡 배급제 실시, 위문 금품 모금, 국방 헌금 강요, 산미 증식 계획 재개(1938)

④ 황국 신민화 정책(민족 말살 통치)

내선일체 강요	황국 신민 서사 암송, 궁성 요배, 신사 참배, 창씨개명 강요
교육·언론 통제	소학교 명칭을 국민학교로 변경, 우리말 사용 및 교육 금지, 한글 신문·잡지 폐간
사상 탄압	조선 사상범 예방 구금령(1941): 독립운동가들을 재판없이 구금

■ **내선일체(內鮮一體):** '내'는 일본을, '선'은 조선을 가리키며, '일본과 조선은 한 몸'이라는 뜻으로, 한국인을 일본인으로 동화시키기 위한 구호

■ **황국 신민 서사**
1. 우리들은 황국 신민이다. 충성으로써 군국에 보답하자.
2. 우리들 황국 신민은 서로 신애협력하여 단결을 굳게 하자.
3. 우리들 황국 신민은 인고단련의 힘을 길러 황도를 선양하자.

6 광복을 위한 노력

● 해결 Point ●··········

일제의 침략 전쟁에 맞선 민족 운동의 내용을 파악하고, 신국가 건설에 대한 구상과 활동을 알아 두어야 한다. 1920년대부터 1940년대까지 전개된 무장 독립 전쟁을 주요 전투별·조직별로 정리하고, 의열단과 한인 애국단의 주요 독립운동가와 활동을 묻는 문제가 자주 출제되고 있으므로 반드시 구분할 수 있어야 한다. 또한, 카이로 회담, 얄타 회담, 포츠담 선언 등 우리나라 독립과 관련된 국제 회담의 내용도 파악해 두는 것이 좋다.

● 대표 문제 유형 ●··········

❖ 두 사람의 대화에 해당하는 역사적 사건은?
❖ 다음 자료에 해당하는 인물은?

(1) 1930년대 이후 독립운동

① 만주 지역의 항일 투쟁

조선 혁명군	조선 혁명당 산하 군사 조직, 총사령관 양세봉, 중국 의용군과 연합 작전, 영릉가·흥경성 전투에서 승리
한국 독립군	한국 독립당 산하 군사 조직, 총사령관 지청천, 북만주 일대에서 중국 호로군과 연합 작전 전개, 쌍성보·사도하자·대전자령 전투 등에서 승리

② 항일 유격 투쟁

동북 인민 혁명군	중국 공산당이 만주 주변의 항일 유격대를 통합하여 조직(1933) → 동북 항일 연군으로 개편
동북 항일 연군	동북 인민 혁명군 확대·개편(1936), 동북 항일 연군 내 한인 간부 중심으로 조국 광복회 결성(사회주의·민족주의 세력 통합, 1936) → 보천보 전투(1937) → 일본의 탄압으로 러시아 연해주로 이동

(2) 중국 관내 항일 투쟁

① 한인 애국단의 활동

배경	위축된 대한민국 임시 정부의 활로를 모색하기 위해 김구가 상하이에서 조직(1931)
활동	• 이봉창: 도쿄에서 일본 국왕 폭살 시도(실패, 1932), 중국 신문에 보도 → 일제가 상하이 침략(상하이 사변) • 윤봉길: 상하이 훙커우 공원에서 일왕 생일 및 상하이 사변 승리 축하 기념식장에 폭탄 투척(성공, 1932)
영향	중국 국민당 정부가 대한민국 임시 정부를 지원하는 계기

② 민족 운동 단체 결성

민족 혁명당 (1935)	• 결성: 의열단(김원봉)을 중심으로 한국 독립당·조선 혁명당 등이 모여 결성(민족주의·사회주의 계열 연합) • 분화: 조소앙과 지청천 탈당
조선 의용대 (1938)	• 결성: 김원봉을 중심으로 중국 국민당 정부의 지원을 받아 조직 • 분화: 일부 세력이 화북 지방으로 이동하여 조선 의용대 화북 지대 결성(1941) → 김원봉 등 나머지 세력은 충칭으로 이동하여 한국 광복군에 합류(1942)

(3) 건국 준비 활동

① 대한민국 임시 정부의 활동

㉠ 체제 정비: 윤봉길 의거 이후 일제의 탄압으로 근거지 이동 → 충칭에 정착, 주석(김구) 중심 체제 마련(1940)

㉡ 한국 광복군(1940)

창설	대한민국 임시 정부의 정규군으로, 중일 전쟁 이후 충칭에서 창설(1940) → 총사령관 지청천
활동	• 대일 선전포고: 태평양 전쟁 발발 직후 연합국의 일원으로 일본에 선전 포고(1941) • 군사력 증강: 조선 의용대원들의 합류(1942)로 군사력 강화 • 연합 작전 전개: 영국군의 요청으로 인도·미얀마 전선에 공작대 파견, 문서 번역, 일본군을 상대로 한 정보 수집과 포로 심문 등의 활동 전개 • 국내 진공 작전: 미국 전략 정보국(OSS)의 지원하에 국내 정진군을 조직하여 준비 → 일제의 패망으로 불발

㉢ 대한민국 건국 강령 발표(1941)

기초	• 조소앙의 삼균주의에 입각 • 대한민국 임시 정부가 제시한 신국가 건설 계획
내용	민주 공화정 수립, 보통 선거와 무상 교육 실시, 토지와 주요 산업의 국유화, 노동권 보장 등

> ■ **삼균주의**: 조소앙에 의해 정립된 정치 이념이다. 삼균이란 개인과 개인, 민족과 민족, 국가와 국가 간의 균등을 의미한다.

② 조선 독립 동맹과 조선 의용군

조선 독립 동맹 (1942)	• 결성: 김두봉을 위원장으로 화북 지역 사회주의자들 중심으로 결성 • 활동: 일본 제국주의 타도, 보통 선거에 의한 민주 공화국 수립, 남녀평등권 확립 등의 건국 강령 발표
조선 의용군 (1942)	• 화북 각지에서 중국 공산당군(팔로군)과 함께 항일전에 참여 • 광복 이후 중국 국공 내전 참가 후 북한 인민군으로 편입

③ 조선 건국 동맹

결성	국내에서 여운형 주도로 사회주의자와 민족주의자를 망라하여 결성
활동	• 건국 방침: 일본 제국주의 세력 축출, 조선 민족의 자유와 독립 회복, 민주주의 국가 수립, 노농 대중 해방 • 전국에 조직망 설치, 농민 동맹 조직, 군사 위원회 조직(일본군 후방 교란과 무장 봉기 목적) • 8 · 15 광복 후 조선 건국 준비 위원회로 개편

④ 국제 사회의 한국 독립 약속

카이로 회담 (1943.11.)	미국 · 영국 · 중국 사이에 열린 회담, 적당한 시기에 한국을 독립시킨다는 것에 합의
얄타 회담 (1945.2.)	미국 · 영국 · 소련 대표가 참여, 일본과의 전쟁에 소련의 참여 결정
포츠담 회담 (1945.7.)	미국 · 영국 · 소련 · 중국 대표 참여, 포츠담 선언 발표, 일본의 무조건 항복 요구, 한국 독립 재확인

⑤ 한국 독립: 미국이 일본에 원자 폭탄 투하, 소련의 대일 선전 포고 → 일본 항복, 한국 독립(1945.8.15.)

출제 예상 문제

01 1910년대 일제의 대표적인 경제 침탈 정책으로 옳은 것은?

① 국가 총동원법
② 토지 조사 사업
③ 산미 증식 계획
④ 병참 기지화 정책

02 (가) 시기에 해당하는 일제의 식민지 수탈 정책으로 옳은 것은?

① 징용제 실시
② 산미 증식 계획
③ 토지 조사 사업
④ 학도 지원병제 실시

03 1910년대 일제의 무단 통치와 거리가 먼 것은?

① 조선 태형령
② 제1차 조선 교육령
③ 치안 유지법
④ 회사령

04 (가)에 들어갈 일제의 식민 통치 정책은?

> (가)
> • 계기: 3 · 1 운동
> • 목적: 친일파를 양성하여 민족 분열
> • 내용: 보통 경찰제 실시, 문관 총독 임명 가능

① 무단 통치
② 문화 통치
③ 민족 말살 정책
④ 병참기지화 정책

05 다음 설명에 해당하는 민족 운동으로 옳은 것은?

> • 민족 자결주의의 영향을 받았다.
> • 고종의 인산일을 계기로 전국적으로 일어난 민족 운동이다.
> • 중국의 5 · 4 운동에도 영향을 주었다.

① 3 · 1 운동
② 애국 계몽 운동
③ 6 · 10 만세 운동
④ 광주 학생 항일 운동

06 다음 설명에 해당하는 것은?

- 민주 공화제 채택
- 구미 위원부 설치
- 연통제 실시와 교통국 조직

① 한성 정부
② 대한 국민 의회
③ 대한 광복군 정부
④ 대한민국 임시 정부

07 대한민국 임시 정부의 활동으로 옳은 것은?

① 의열단 조직
② 독립 공채 발행
③ 군국기무처 설치
④ 교육 입국 조서 반포

08 (가)에 해당하는 인물은?

■ 역사 인물 카드 ■

- 이름: (가)
- 생몰 연도: 1908년~1932년
- 주요 활동
  - 1932년 상하이 훙커우 공원에서 폭탄을 던져 일본인 고관을 살상하였다.
  - 이 의거는 중국 정부가 대한민국 임시 정부의 항일 독립운동에 협력하는 계기가 되었다.

① 김상옥
② 김원봉
③ 윤봉길
④ 이봉창

09 (가)에 들어갈 내용으로 적절하지 않은 것은?

조사 보고서

- 주제: 일제가 우리 민족을 수탈한 사례
- 사례: (가)

① 미곡 공출제 시행
② 징용·징병제 실시
③ 조선 물산 장려회 조직
④ 일본군 위안부 강제 동원

10 다음에서 설명하는 단체로 옳은 것은?

- 비타협적 민족주의자들과 사회주의자들이 협력하여 조직
- 광주 학생 항일 운동에 진상 조사단 파견 등 지원

① 신간회
② 대한 광복회
③ 헌정 연구회
④ 국채 보상 기성회

11 (가)에 들어갈 단체로 옳은 것은?

(가)

- 김원봉이 만주에서 결성
- 일본인 고관과 친일파 처단
- 식민 통치 기관 파괴를 목표로 활동

① 근우회
② 의열단
③ 신간회
④ 한인 애국단

12 다음 설명에 해당하는 독립운동 단체는?

> • 대한민국 임시 정부가 충칭에서 창설하였다.
> • 미국군과 연합하여 국내 진공 작전을 계획하였다.
> • 인도 · 미얀마 전선에서 영국군과 공동 작전을 전개하였다.

① 의열단　　　　　② 조선 혁명군
③ 한국 광복군　　　④ 한인 애국단

13 다음 설명에 해당하는 단체는?

> 제○○호　　　**한국사 신문**　　　○○○○년 ○월 ○일
>
> **민족 유일당 운동이 전개되다**
> 1927년 비타협적 민족주의자들과 사회주의자들이 협력하여 창립한 단체로, 광주 학생 항일 운동이 일어나자 민중 대회를 열어 전국적인 항일 운동으로 확산시키려 하였다.

① 신간회
② 북로 군정서
③ 조선어 학회
④ 구미 위원부

14 다음 자료에 해당하는 민족 운동은?

> 민족 산업의 보호와 육성을 위해 토산품 애용, 근검절약, 금주 · 단연 등을 주장하였다.

① 형평 운동
② 브나로드 운동
③ 물산 장려 운동
④ 민립 대학 설립 운동

15 다음 설명에 해당하는 민족 운동은?

> 1920년대 후반부터 농촌 계몽의 일환으로 언론 기관이 중심이 되어 한글을 보급하였다. 조선일보는 문자 보급 운동을, 동아일보는 브나로드 운동을 전개하였다.

① 형평 운동
② 국채 보상 운동
③ 문맹 퇴치 운동
④ 6 · 10 만세 운동

16 1920년대에 일제가 다음과 같은 정책을 시행한 배경으로 옳은 것은?

> • 벼 품종 교체
> • 수리 시설 확대
> • 화학 비료 사용
> • 쌀 수출량 증대

① 물산 장려 운동
② 임야 조사 사업
③ 산미 증식 계획
④ 일본인의 조선 이주 장려

17 다음 설명에 해당하는 일제의 식민 정책은?

> • 내선일체 강조
> • 황국 신민 서사 암송, 신사참배 강요
> • 일본식 성명 강요

① 회사령
② 문화 통치
③ 헌병 경찰제
④ 민족 말살 통치

18 다음 가상 일기의 내용에 해당하는 민족 운동은?

> 1929년 11월 ○일
> 조선 여학생을 희롱한 일본 학생과 이를 말리던 조선 학생이 충돌한 사건이 일어났다. 일본의 편파적인 경찰들에 분노한 조선 학생들이 민족 차별 중지, 식민지 교육 제도 철폐 등을 요구하면서 대규모 시위를 벌였다. 많은 학생들이 검거되었다는데 앞으로 어찌될지 걱정스럽다.

① 3 · 1 운동
② 문맹 퇴치 운동
③ 물산 장려 운동
④ 광주 학생 항일 운동

19 1920년대에 다음과 같은 강령을 내세우며 이념을 초월하여 조직된 독립운동 단체는?

> • 민족의 단결을 공고히 할 것
> • 민족의 정치적 · 경제적 각성을 촉구할 것
> • 기회주의자를 배격할 것

① 보안회   ② 신간회
③ 일진회   ④ 독립 협회

20 다음 (가)에 해당하는 사건은?

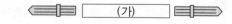

> (가)
> 1920년대 순종의 장례식이 계기가 되어 일제의 수탈과 식민지 교육에 대한 반발로 일어났던 항일 운동이다.

① 3 · 1 운동
② 형평 운동
③ 애국 계몽 운동
④ 6 · 10 만세 운동

21 다음 설명에 해당하는 인물은?

> • 만주 무장 독립군의 총사령관이었다.
> • 북로 군정서 사령관으로서 청산리 대첩을 주도하여 일본군을 상대로 큰 승리를 거두었다.

① 김구
② 김좌진
③ 윤봉길
④ 최익현

22 다음 설명에 해당하는 일제 식민 정책은?

> 1920년대 일제는 부족한 쌀을 한국에서 확보하기 위한 정책을 추진하였다. 그 결과 쌀 생산량은 늘었지만, 증산량보다 많은 쌀이 일본으로 유출되어 우리 농민의 처지는 더욱 악화되었다.

① 회사령
② 토지 조사 사업
③ 국가 총동원법
④ 산미 증식 계획

23 1910년대 일제의 경제 수탈 정책에 해당하지 <u>않는</u> 것은?

① 회사령 제정
② 전매제 실시
③ 토지 조사 사업
④ 미곡 공출 제도

24 다음 설명에 해당하는 민족 운동의 영향으로 옳은 것은?

> • 배경: 일본의 무단 통치와 수탈에 대한 반발, 고종의 서거
> • 준비: 비폭력의 3대 원칙에 따라 시위운동 진행 결정
> • 의의: 우리 역사상 최대 규모의 민족 운동

① 단발령을 실시하였다.
② 광무개혁을 시작하였다.
③ 독립 협회를 창설하였다.
④ 대한민국 임시 정부를 수립하였다.

25 (가)에 들어갈 전투로 옳은 것은?

> 1920년 10월 김좌진의 북로 군정서군을 비롯한 독립군 연합 부대가 (가) 에서 일본군을 크게 격파하였다.

① 쌍성보 전투
② 청산리 전투
③ 봉오동 전투
④ 대전자령 전투

26 다음 내용과 관련 있는 항일 민족 운동은?

> • 기차에서 한일 학생 간의 충돌 사건을 계기로 일어남
> • 전국으로 확산되어 3・1 운동 이후 최대 규모의 민족 운동으로 발전

① 브나로드 운동
② 6・10 만세 운동
③ 원산 총파업 운동
④ 광주 학생 항일 운동

27 다음 내용과 관계 깊은 종교는?

> • 소년 운동을 적극적으로 지원하였다.
> • 방정환, 이정호 등을 중심으로 어린이날을 정하고, 『어린이』라는 잡지를 간행하였다.

① 천주교   ② 대종교
③ 천도교   ④ 개신교

28 (가)에 들어갈 단체로 옳은 것은?

> • 주도 단체: (가)
> • 목적: 고등 교육 기관 설립을 통한 실력 양성
> • 인물: 이상재, 이승훈 등
> • 활동: '한민족 1천만이 한 사람이 1원씩'이라는 구호로 모금 운동 전개

① 조선어 학회
② 신흥 강습소
③ 대한인 국민회
④ 조선 민립 대학 기성회

29 (가)에 들어갈 내용으로 옳은 것은?

> **주제: 1920년대 일제의 식민 정책**
> • 민족 분열 통치(문화 통치)
> • 친일파 양성으로 민족의 분열 도모
> • (가)

① 헌병 경찰제 실시
② 병참 기지화 정책
③ 산미 증식 계획 시행
④ 황국 신민화 정책 강화

30 다음 설명에 해당하는 사건은?

> 일본군은 만주에서 활동하던 독립군 지지 기반을 무너뜨리기 위해 1920년에서 1921년 봄까지 만주 일대의 한인 동포들을 학살하는 만행을 저질렀다.

① 을미사변
② 간도 참변
③ 4 · 3 사건
④ 제암리 사건

31 (가)에 들어갈 답변으로 옳은 것은?

> 3 · 1 운동으로 무단 통치의 한계를 느낀 일제가 실시한 통치 정책에는 어떤 것이 있을까요?

(가)

① 한일 협정을 체결하였습니다.
② 조선 총독부를 설치하였습니다.
③ 민족 분열 정책을 실시하였습니다.
④ 헌병 경찰 제도를 도입하였습니다.

32 (가)에 들어갈 인물은?

제○○호	**한국사 신문**	○○○○년 ○월 ○일

민족주의 사학의 연구 방향을 제시하다

　　(가)　은/는『독사신론』을 통해 민족주의 사학의 연구 방향을 제시하였으며 일제의 역사 왜곡이 심한 고대사 연구에 주력하여 『조선상고사』 등을 저술하였다.

① 백남운　　　　② 신채호
③ 박은식　　　　④ 주시경

33 다음 대화에 해당하는 역사적 사건은?

> 3 · 1운동 이후 독립군이 일본군에 큰 승리를 거두었던 전투에 대해 알고 있습니까?

> 네, 홍범도의 대한 독립군을 포함한 독립군 연합 부대가 일본군과 싸워 크게 승리하였습니다.

① 기벌포 전투
② 매소성 전투
③ 봉오동 전투
④ 쌍성보 전투

34 한국 광복군의 활동으로 옳지 <u>않은</u> 것은?

① 봉오동 전투에서 일본군을 격파하였다.
② 태평양 전쟁 때 일본에 선전포고를 하였다.
③ 국내 정진군을 조직하여 진공 작전을 준비하였다.
④ 인도와 미얀마 전선에서 연합군과 공동 작전을 전개하였다.

35 다음에서 설명하는 사회 운동은?

> • 갑오개혁으로 법적인 신분제는 없어졌지만, 사회적 차별은 여전히 남아 있었다.
> • 백정들이 1923년에 진주에서 단체를 조직하여 백정에 대한 차별 철폐 등을 주장하며 활동하였다.

① 형평 운동
② 브나로드 운동
③ 국채 보상 운동
④ 물산 장려 운동

36 다음 정책이 추진된 목적으로 가장 적절한 것은?

> 일제는 남부 지방에는 면화 재배를, 북부 지방에는 양을 기르도록 강요하였다.

① 일본에 공업 원료를 공급하고자 하였다.
② 일본의 부족한 식량을 보충하고자 하였다.
③ 조선인의 민족의식을 고취시키고자 하였다.
④ 조선인의 경제적 어려움을 해소하고자 하였다.

37 다음 내용과 관련 있는 신문은?

> '아는 것이 힘이다, 배워야 산다.'는 구호와 함께 한글 교재를 보급하고, 전국 순회 강연을 개최하면서 문자 보급 운동을 전개하였다.

① 조선일보
② 동아일보
③ 경향신문
④ 대한매일신보

38 다음 저서를 저술한 인물은?

> • 『조선사 연구』
> • 『양명학 연론』
> • 『5천년 간 조선의 얼』

① 백남운   ② 정인보
③ 문일평   ④ 신채호

39 다음 밑줄 친 내용과 관계 깊은 인물은?

> 임시 정부는 1941년 <u>삼균 제도에 바탕을 둔 건국 강령</u>을 발표했는데, 이는 사회주의 이념을 바탕으로 항일 투쟁을 전개하던 독립운동 세력들이 내세운 새 국가 건설의 목표와도 부합되었다.

① 김구
② 지청천
③ 조소앙
④ 김원봉

40 다음 내용에 해당하는 회담은?

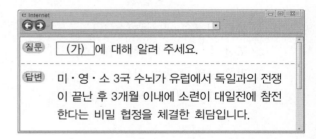

> 질문 (가) 에 대해 알려 주세요.
>
> 답변 미·영·소 3국 수뇌가 유럽에서 독일과의 전쟁이 끝난 후 3개월 이내에 소련이 대일전에 참전한다는 비밀 협정을 체결한 회담입니다.

① 얄타 회담
② 포츠담 회담
③ 카이로 회담
④ 모스크바 3국 외상 회의

4 대한민국의 발전

핵심 키워드

8·15 광복, 냉전, 모스크바 3국 외상 회의, 좌우 합작 운동, 남북 협상, 제주 4·3 사건, 5·10 총선거, 대한민국 정부 수립, 반민족 행위 특별 조사 위원회, 6·25 전쟁, 원조 경제, 4·19 혁명, 5·16 군사 정변, 한일 협정, 7·4 남북 공동 성명, 유신 독재, 5·18 민주화 운동, 경제 개발 5개년 계획, 정경 유착, 6월 민주 항쟁, 지방 자치, 외환 위기, 다문화 사회, 남북 정상 회담

1 8·15 광복과 통일 정부 수립을 위한 노력

● **해결 Point**

8·15 광복 이후 정치적 상황을 세계 냉전 체제 형성과 관련하여 이해해야 한다. 또한, 통일 정부를 수립하기 위한 과정을 알아두고 이때 발생한 주요 사건의 순서를 묻는 문제가 자주 출제되므로 반드시 알아 두어야 한다.

● **대표 문제 유형**

❖ 모스크바 3국 외상 회의에 대한 설명으로 옳지 않은 것은?
❖ (가)와 (나) 사이에 있었던 역사적 사건으로 옳은 것은?

(1) 냉전 체제 형성

① 제2차 세계 대전 이후

전후 처리	제2차 세계 대전 중 연합국은 카이로, 얄타, 포츠담 회담에서 전후 처리 문제 논의 → 독일이 서독(미국·영국·프랑스가 관리)과 동독(소련이 관리)으로 분리, 일본이 미국의 감시를 받음, 독일과 일본에서 군사 재판 개최
국제 연합 창설 (1945)	전쟁 방지와 세계 평화 유지 목적 → 안전 보장 이사회(5개 상임 이사국에 안건 거부권 부여) 등 조직, 국제 분쟁을 해결하기 위한 유엔군 창설 허용

② 냉전 체제 형성과 심화

㉠ 냉전 체제 형성

자본주의 진영 (미국 중심)	트루먼 독트린 발표, 유럽 부흥 계획(마셜 플랜) 수립, 북대서양 조약 기구(NATO) 설립
공산주의 진영 (소련 중심)	공산권 경제 상호 원조 회의(COMECON) 조직, 바르샤바 조약 기구(WTO) 설립

㉡ 냉전 체제 심화: 베를린 봉쇄(독일 분단), 6·25 전쟁, 쿠바 미사일 위기, 베트남 전쟁, 중국 국공 내전 등

(2) 8·15 광복과 국토 분단

① 8·15 광복(1945)

배경	우리 민족의 끊임없는 독립운동 전개, 연합군의 한국 독립 약속과 전쟁 승리
광복	연합군의 승리로 일본이 무조건 항복 선언 → 광복 (1945.8.15.)

② 미·소 군정과 국토 분단

38도선 설정	38도선을 경계로 미국은 남한을, 소련은 북한을 각각 분할 점령
미·소 군정 실시	• 남한: 1945년 9월 초 미군 진주 → 미군의 군정 실시(직접 통치) • 북한: 소련군이 인민 위원회를 통해 통치(간접 통치) → 민족주의 세력 탄압

③ 조선 건국 준비 위원회

조직	광복 직후 여운형, 안재홍 등이 조선 건국 동맹을 중심으로 민족주의 좌파와 사회주의 세력을 모아 결성
활동	전국에 145개 지부 설치, 치안대 조직(치안 유지)
해체	좌익 세력의 위원회 주도권 장악, 우익 세력 이탈 → 중앙 조직을 정부 형태로 개편 → 각 지부를 인민 위원회로 교체, 조선 인민 공화국 수립 선포(1945.9.) → 미군정의 불인정

■ **조선 건국 준비 위원회 강령**
• 우리는 완전한 독립 국가의 건설을 기함
• 우리는 전 민족의 정치적·경제적·사회적 기본 요구를 실현할 수 있는 민주주의적 정권의 수립을 기함
• 우리는 일시적 과도기에 있는 국내 질서를 자주적으로 유지하며 대중 생활의 확보를 기함

④ 광복 이후 국내 정치 세력

우익	• 한국 민주당: 송진우, 김성수 중심 • 독립 촉성 중앙 협의회: 이승만이 귀국 후 조직 • 한국 독립당: 김구, 대한민국 임시 정부 세력 중심
좌익	박헌영 등이 남조선 노동당(남로당) 결성

⑤ 모스크바 3국 외상 회의(1945.12.)

결정 사항	한반도에 임시 민주주의 정부 수립을 위한 미·소 공동 위원회 설치, 미·영·소·중 4개국에 의한 최대 5년간의 신탁 통치 결의
국내 반응	• 우익: 반탁 운동 • 좌익: 반탁 입장 → 회의 내용 총체적 지지로 입장 변경 • 결과: 좌우 세력 대립 격화

⑥ 제1차 미소 공동위원회 개최(1946.3)

목적	한반도에 임시 정부 수립 목적
전개	미국과 소련의 대립(미국은 모든 단체 참여 주장, 소련은 모스크바 3국 외상 회의 결정에 찬성한 단체들만 참여 주장) → 회의 결렬

⑦ 이승만의 정읍 발언(1946.6.): 제1차 미소 공동 위원회 결렬 이후 전북 정읍에서 남쪽만의 단독 정부 수립 주장

(3) 통일 정부 수립을 위한 노력

① 좌우 합작 운동(1946~1947)

배경	제1차 미소 공동 위원회 결렬, 이승만의 정읍 발언(단독 정부 수립 주장)
전개	• 중심 세력: 여운형, 김규식 등 중도 세력 • 주요 활동: 미 군정의 지원 아래 좌우 합작 위원회 결성, 좌우 합작 7원칙 발표 • 좌우 합작으로 임시 민주주의 정부 수립, 미소 공동 위원회 속개 요청, 유상 몰수·무상 분배에 의한 토지 개혁 및 과도 입법 기구에서 친일파 처리 등 결의
한계	김구·이승만·조선 공산당 등 불참, 좌우 합작 7원칙 중 신탁 통치·토지 개혁·친일파 처벌 문제를 두고 좌우익 세력의 충돌
결과	냉전 체제 심화로 미 군정이 좌우 합작 운동 지지 철회, 여운형 암살 → 좌우 합작 위원회 해체(1947.12.)

② 유엔의 한반도 문제 논의

배경	제2차 미소 공동 위원회 결렬 → 미국이 한반도 문제를 유엔 총회에 상정
전개	유엔 총회에서 인구 비례에 따른 남북한 총선거 결정(1947.11.) → 북한과 소련의 유엔 한국 임시 위원단 입북 거부로 남북한 총선거 실패 → 유엔 소총회에서 접근 가능한 지역(남한)에서의 총선거 실시 결정(1948.2.)

③ 남북 협상(1948)

배경	이승만·한국 민주당 등이 남한만의 단독 선거 결정 찬성, 좌익 세력은 반대 → 김구와 중도 세력이 통일 정부 수립을 위한 남북 정치 지도자 회담 제의
전개	김구, 김규식 등이 평양 방문 → 남북 주요 정당 및 사회 단체 연석회의와 남북 지도자 회의 개최(1948.4.) → 단독 정부 수립 반대, 미소 양군 철수 요구 등을 담은 결의문 채택
결과	미국과 소련이 합의안 미수용, 남북에서 각각 단독 정부 수립 절차 진행, 김구 피살로 남북 협상 중단

④ 단독 정부 수립 반대 운동

제주 4·3 사건(1948)	남한만의 단독 정부 수립을 반대하며 제주도의 좌익 세력과 일부 주민이 무장 봉기 → 군대와 경찰의 진압 과정에서 많은 민간인 사망
여수·순천 10·19 사건(1948)	정부 수립 이후 이승만 정부가 제주 4·3 사건의 잔여 세력 진압 시도 → 출동 명령을 받은 여수 주둔 군대 내 좌익 세력이 이에 반발하여 출동 거부, 여수·순천 일시 점령 → 진압 과정에서 많은 민간인 사망

2 대한민국 정부 수립

● **해결 Point** ∙∙∙∙∙∙∙∙∙∙∙∙∙∙∙∙∙∙∙

대한민국 정부 수립의 과정과 의의를 파악해야 하며 특히 5 · 10 총선거를 실시하기까지의 과정이 자주 출제된다. 또한, 식민지 잔재를 청산하기 위한 노력인 반민 특위와 농지 개혁 등 제헌 국회 활동도 자주 출제된다.

● **대표 문제 유형** ∙∙∙∙∙∙∙∙∙∙∙∙∙∙∙∙∙∙∙∙∙

❖ 이승만 정부 시기에 있었던 사실이 아닌 것은?
❖ 다음 사건을 일어난 순서대로 바르게 나열한 것은?

(1) 대한민국 정부 수립

① 대한민국 정부 수립 과정

5 · 10 총선거 (1948.5.10.)	38도선 이남 지역에서 총선거 실시(김구 · 김규식 등 남북 협상 세력은 남한 단독 정부 수립 반대로 불참) → 제헌 국회 구성
제헌 헌법 제정 · 공포 (1948.7.17.)	• '대한민국' 국호 결정, 3 · 1 운동 정신과 대한민국 임시 정부의 법통을 계승한 민주 공화국임을 밝힘 • 제헌 헌법 제정: 삼권 분립과 대통령 중심제 채택, 평등 · 공공복리 강조, 국회에서 임기 4년의 대통령 간접 선거(1회에 한해 중임 허용), 대통령 이승만 · 부통령 이시영 선출
대한민국 정부 수립 (1948.8.15.)	대통령 이승만의 내각 조직 → 대한민국 정부 수립을 국내외에 선포 → 유엔 총회에서 대한민국 정부를 한반도 유일의 합법 정부로 승인(1948.12)

② 북한 정권 수립

북조선 임시 인민 위원회	실질적 정부 역할, 토지 개혁 실시, 노동법과 중요 산업의 국유화 조치 → 북조선 인민 위원회로 발전
정권 수립 과정	초대 수상 김일성을 중심으로 내각 구성 → 조선 민주주의 인민 공화국 정부 수립 선포 (1948.9.9.)

(2) 친일파 청산과 농지 개혁 추진

① 친일파 청산을 위한 노력

㉠ 반민족 행위 처벌법 제정(1948.9.)

배경	친일파 청산으로 민족 정기 확립 요구, 미군정의 친일 관료 유지 정책
과정	일제 강점기 반민족 행위자 처벌 및 재산 몰수 → 반민족 행위 특별 조사 위원회(반민 특위) 설치

㉡ 반민족 행위 특별 조사 위원회의 활동 및 위기

활동	활동은 1949년 1월부터 시작, 이광수 · 박흥식 · 노덕술 · 최린 · 최남선 등 친일 혐의자 체포 · 조사
위기	이승만 정부의 비협조와 방해, 일부 경찰의 반민 특위 습격, 국회 프락치 사건 등으로 활동 제약

■ **반민족 행위 특별 조사 위원회(반민특위)**: 친일파 청산을 목적으로 반민족 행위 처벌법을 기준으로 국회에서 구성된 특별 위원회이다.

㉢ 결과: 처벌법 개정에 따른 반민특위 활동 기간 단축, 반민 특위 해체(1949) → 친일파 청산 노력 좌절

② 농지 개혁 실시

㉠ 배경: 대다수 농민들이 토지 분배와 지주제 개혁 요구, 북한의 토지 개혁 실시(1946)

㉡ 농지 개혁

과정	제헌 국회의 농지 개혁법 제정(1949.6.) → 1950년부터 농지 개혁 시행
내용	• 유상 매수 · 유상 분배 방식 • 가구당 농지 소유를 3정보로 제한 → 3정보 이상의 토지는 지가 증권을 발행하여 정부가 매입
한계	유상 분배에 따른 농민의 부담, 지주들의 편법 토지 매각으로 개혁 대상 토지 감소
결과	지주−소작제 소멸, 경작자 중심의 토지 소유 확립

■ **유상 매수 · 유상 분배**: 정부가 지주에게 일정한 대가를 지불하고 토지를 사들인 이후 농민에게 대가를 받고 분배하는 방식이다.

3 6 · 25 전쟁과 남북 분단의 고착화

● **해결 Point** ● ● ● ● ● ● ● ● ● ● ● ● ● ● ● ●

6 · 25 전쟁의 발생 배경과 전개 과정을 알아 두어야 한다. 또한, 전후 이승만 정부의 독재 체제 강화를 위한 개헌 과정과 남북 분단이 고착되는 과정을 세부적으로 파악하도록 한다.

● **대표 문제 유형** ● ● ● ● ● ● ● ● ● ● ● ● ● ● ●

❖ 6 · 25 전쟁 과정을 순서대로 바르게 나열한 것은?
❖ (가)와 (나) 사이에 있었던 역사적 사건으로 옳은 것은?

(1) 6 · 25 전쟁

① 6 · 25 전쟁의 배경과 전개 과정

배경	• 미국 · 소련의 군대 철수, 38도선 일대에서 잦은 무력 충돌, 북한의 군사력 강화 • 냉전 격화, 애치슨 선언 발표(1950.1.)
전개 과정	북한의 기습 남침(1950.6.25.) → 서울 함락, 낙동강 유역까지 후퇴 → 유엔군 참전 → 국군과 유엔군의 연합 작전으로 남하 저지 → 인천 상륙 작전(9.15.) 성공 → 서울 수복(9.28.) 및 압록강까지 진격 → 중국군 참전 → 흥남 철수 → 서울 재함락(1 · 4 후퇴) → 서울 재수복 → 38도선 부근에서 전선 교착 → 미소 양국의 휴전 회담 합의, 협상 시작 → 정전 협정 체결(1953.7.) → 군사 분계선(휴전선) 설정

> ■ **애치슨 선언**: 1950년 미 국무장관 애치슨이 발표한 미국의 태평양 방위선. 알래스카 · 일본 · 오키나와 · 대만 · 필리핀 선으로 구성되어 한반도는 제외되었고 북한은 이로 인해 남한을 공격해도 미국의 개입이 없을 것이라고 판단하였다.

② 6 · 25 전쟁의 영향

ⓗ 인적 · 물적 피해

인적 피해	수백만 명의 사상자 발생, 전쟁고아 및 이산가족 발생
물적 피해	전 국토 초토화, 대다수 산업 시설과 도로 · 주택 · 철도 등 파괴, 식량과 생활필수품 부족

ⓛ 분단의 고착화

• 남북한 간의 이념 대립 및 적대적 감정 확대
• 한미 상호 방위 조약 체결(1953): 주한 미군 주둔, 한미 동맹 관계 강화
• 북한에서 중국의 영향력 강화

(2) 전후 독재 체제 강화

① 전후 남한의 정치와 경제 변화

ⓗ 이승만 정부의 독재 체제 강화

발췌 개헌 (1952)	• 배경: 제2대 국회의원 선거(1950.5.) 결과 이승만 지지 세력 급감 • 내용: 대통령 직선제, 양원제 국회 • 과정: 자유당 창당, 임시 수도 부산 일대에 계엄령 선포 → 야당 의원 연행 · 협박 → 개헌안 국회 통과 • 결과: 제2대 대통령 선거에서 이승만 당선
사사오입 개헌(1954)	• 배경: 이승만의 대통령 장기 집권 목적 • 내용: 초대 대통령에 한해 중임 제한 규정 철폐 • 과정: 개헌안이 1표 차로 부결 → 사사오입(반올림) 논리로 개헌안 불법 통과 • 결과: 제3대 대통령 선거(1956)에서 이승만 당선(3선)
독재 강화	진보당 사건(조봉암 사형, 1958), 국가 보안법 개정(1958), 경향신문 폐간(1959) 등

> ■ **사사오입 개헌**: 개헌안 통과를 위해 136명의 찬성이 필요하나 자유당은 사사오입, 즉 반올림한 135명만으로도 가능하다는 억지 논리로 개헌안을 통과시켰다.

ⓛ 전후 복구와 원조 경제 체제

전후 복구	귀속 재산과 미국의 원조 물자를 민간 기업에 헐값으로 팔아 전후 복구 자금 마련
미국의 원조 경제	소비재 산업 원료(밀가루, 설탕, 면) 중심 물자 원조 → 삼백 산업(제분업, 제당업, 면방직 공업) 발달, 농산물 대량 유입으로 농업 기반 약화

② 전후 북한의 정치와 경제 변화

ⓗ 김일성의 독재 체제 강화: 6 · 25 전쟁 기간 중 남로당 출신 및 연안파, 소련파 인물 제거 → 반대파 숙청 → 김일성 1인 독재 체제 구축

ⓛ 소련 · 중국의 지원과 사회주의 경제 체제 확립: 사회주의 국가(소련, 중국)의 지원, 천리마 운동(대중 노동력을 중심으로 생산력 향상 도모), 농업 협동화(토지 및 생산 수단 통합, 노동량에 따른 수확물 분배)

4 4 · 19 혁명과 민주화를 위한 노력

● 해결 Point ● ········

4 · 19 혁명, 5 · 18 민주화 운동 등 민주주의의 발전 과정에서 일어난 주요 사건의 내용을 정확히 파악해야 한다. 또한, 각 정부에서 실시한 정책에 대해 묻는 문제도 자주 출제되므로 해당 내용을 자세히 알아 둘 필요가 있다.

● 대표 문제 유형 ● ········

❖ 다음 설명에 해당하는 민주화 운동은?
❖ 다음과 같은 정책을 실시한 정부는?

(1) 4 · 19 혁명(1960)

① 4 · 19 혁명의 배경과 전개 과정

배경	• 이승만 정부의 독재와 부정부패 • 3 · 15 부정 선거
전개 과정	각 지역에서 부정 선거 규탄 시위 → 마산에서 김주열 학생의 시신 발견(4.11.), 전국으로 시위 확산 → 학생 · 시민 대규모 시위 → 경찰 발포로 여러 사상자 발생, 비상 계엄령 선포(4.19.) → 서울 시내 대학 교수단 시국 선언문 발표 및 시위(4.25.)
결과	이승만 대통령 하야 성명 발표(4.26.), 허정 과도 정부 구성

② 장면 내각 수립

㉠ 과도 정부: 헌법 개정(양원제 국회, 내각 책임제) → 총선거 실시 → 국회에서 대통령 윤보선, 국무총리 장면 당선

㉡ 장면 내각의 정책

내용	지방 자치제 실시, 공무원 공개 채용 제도 실시, 경제 개발 5개년 계획 마련, 학생 · 노동 운동 전개, 통일 논의 활성화
한계	시민들의 민주화 요구 수용 미흡, 부정 축재자 · 부정 선거 책임자 처벌에 소극적, 5 · 16 군사 정변으로 붕괴

(2) 5 · 16 군사 정변과 박정희 정부

① 5 · 16 군사 정변(1961.5.16.)

발생	박정희를 중심으로 한 군인들의 군사 정변 → 정권 장악, 장면 내각 붕괴
군정 실시	반공을 국시로 한 혁명 공약 발표, 비상계엄 선포 → 국가 재건 최고 회의를 통해 군정 실시, 모든 정당과 사회 단체 해산
박정희 정부 수립	중앙정보부 설치, 민주 공화당 조직 → 헌법 개정(대통령 중심제, 단원제 국회) → 민주 공화당 후보로 출마하여 제5대 대통령 선거에서 박정희 당선(1963)

② 박정희 정부의 활동

한일 국교 정상화 (1965)	미국의 한일 국교 정상화 요구 → 한일 회담 추진(경제 개발에 필요한 자본 확보 목적) → 반대 시위 전개(6 · 3 시위, 1964) → 정부의 휴교령 · 계엄령 선포, 시위 진압 → 한일 협정 체결(1965)
베트남 파병(1964 ~1973)	• 전개: 미국의 한국군 파병 요청 → 부대 파견 → 미국의 추가 파병 요청 → 미국의 군사적 · 경제적 지원 약속을 받고 추가 파병(브라운 각서 체결, 1966.3.) • 성과: 미군의 차관 제공, 파병 군인들의 송금 · 군수 물자 수출 등 베트남 특수로 외화 획득에 도움, 한미 동맹 관계 강화 • 문제점: 많은 사상자 발생, 고엽제 문제
3선 개헌	대통령 3회 연임을 허용하는 3선 개헌 추진 → 3선 개헌 반대 운동(야당 의원, 학생) → 반대 여론 억압, 개헌 단행(1969) → 제7대 대통령 선거에서 박정희 당선(1971)

(3) 유신 체제

① 유신 체제 성립

배경	닉슨 독트린(1969) 등 냉전 체제 완화, 장기 집권과 경제 불황으로 국민 불만 고조
전개	비상계엄령 선포, 국회 해산 → 유신 헌법 제정, 국민 투표로 확정(1972.10.17) → 통일 주체 국민 회의에서 제8대 대통령으로 박정희 선출
유신 헌법 (1972)	• 장기 독재: 대통령 간선제(통일 주체 국민 회의에서 선출, 임기 6년), 대통령 중임 제한 조항 삭제 • 대통령 권한 강화: 대통령에게 긴급조치권, 국회 해산권, 국회의원 3분의 1 추천권(사실상 임명권) 부여

② 유신 체제의 전개와 붕괴

유신 반대 운동	김대중 납치 사건 → 장준하 등이 개헌 청원 100만 인 서명 운동 전개 → 긴급조치 발표, 제2차 인혁당 사건 조작 → 명동 성당에서 유신 체제 반대 3·1 민주 구국 선언 발표(1976)
유신 체제 붕괴	• 배경: YH 무역 사건에 항의하는 야당(신민당) 총재 김영삼 국회의원직 제명, 부마 민주 항쟁 발생 (1979) • 전개: 시위 진압을 두고 정권 내 갈등 발생 → 중앙 정보부장 김재규가 박정희 암살(10·26 사태, 1979)

> ■ **YH 무역 사건(1979)**: 신민당사에서 농성하던 가발 공장 여성 노동자 중 1명이 진압 과정에서 숨진 사건이다.
>
> ■ **부마 민주 항쟁(1979)**: YH 무역 사건으로 김영삼이 국회의원 직에서 제명된 사건을 계기로 대학생들이 민주 회복과 학원 자율화 등을 요구하며 유신정권에 반대하는 시위를 벌이자, 정부는 부산과 마산 지역에 위수령을 발동하였다.

(4) 5·18 민주화 운동과 전두환 정부

① 신군부 등장

ㄱ 배경: 국무총리 최규하를 대통령으로 선출(통일 주체 국민 회의) → 전두환·노태우 등 신군부 세력이 군사권 장악(12·12 사태, 1979)

ㄴ 서울의 봄(1980): 신군부 퇴진 요구, 유신 헌법과 계엄령 철폐 등을 요구하며 민주화 운동 전개 → 정부의 계엄령 전국 확대, 모든 정치 활동 금지, 국회와 대학 폐쇄, 민주화 운동 탄압 등

> ■ **서울의 봄**: 10·26 사태 이후 1980년 5월 17일까지 벌어진 학생과 시민들의 민주화 운동 시기를 말한다. 이들은 신군부 퇴진, 계엄령 철폐, 유신 헌법 폐지 등을 요구하였다. 서울의 봄은 신군부가 전국에 계엄령을 선포하고 무력으로 진압하면서 종료되었다.

② 5·18 민주화 운동(1980)

전개	광주에서 비상계엄 확대와 휴교령 반대에 따른 민주화 시위 발생(1980.5.18.) → 신군부의 공수 부대 투입, 계엄군의 발포 → 시민군 조직, 평화적 협상 요구 → 계엄군의 무력 진압
의의	• 민주화 운동의 기반: 이후 민주화 운동의 원동력이 됨 • 아시아 여러 나라의 민주화 운동에 영향 • 5·18 민주화 운동 기록물이 유네스코 세계 기록 유산에 등재(2011)

③ 전두환 정부

성립	신군부의 국가 보위 비상 대책 위원회 설치 → 통일 주체 국민 회의에서 전두환을 대통령으로 선출(11대, 1980) → 간선제(대통령 선거인단에서 7년 단임의 대통령 선출) → 제12대 대통령으로 전두환 당선(1981)
정책	• 강압 정책: 삼청 교육대 운영, 언론사 통폐합 및 기사 검열·단속(보도지침), 학생·노동 운동 등 민주화 요구 세력 탄압 등 • 유화 정책: 야간 통행금지 해제, 두발과 교복 자율화, 대입 본고사 폐지, 해외여행 자유화, 프로 스포츠 육성 등

5 경제 성장과 사회·문화의 변화

● 해결 Point ● · · · · · · · · · · ·

현대 정부 시기 경제 성장의 성과와 문제점을 살펴보고, 이에 따른 사회·문화의 변화를 함께 파악해 두어야 한다.

● 대표 문제 유형 ● · · · · · · · · ·

❖ 1960~1970년대 우리나라의 경제 상황에 해당하는 것은?
❖ 다음과 같은 정책이 실행되었던 정부는?

(1) 산업화와 경제 성장

① 1960~1970년대 경제 성장

㉠ 제1·2차 경제 개발 5개년 계획(1962~1971)

배경	박정희 정부가 장면 내각의 경제 개발 5개년 계획 보완 → 국가 주도 경제 성장 정책 추진
특징	• 경공업 육성, 노동 집약적 산업(가발·섬유 산업) 중심, 대규모 산업 단지 조성 • 베트남 특수로 고도 성장, 경부 고속 국도 개통(1970) → 한강의 기적

㉡ 제3·4차 경제 개발 5개년 계획(1972~1981)

배경	경공업 중심의 경제 성장 한계 인식
특징	• 중화학 공업 육성, 자본 집약적 산업 중심 • 포항 제철소 준공, 울산·거제 조선소 설립, 공업 단지 건설 • 중화학 공업 비중이 경공업 비중 초과, 수출액 100억 달러 달성(1977)
경제 위기	제1·2차 석유 파동(1973, 1978), 중화학 공업에 대한 과잉 투자 → 기업 도산, 실업률 증가, 경제 성장률 감소

> ■ **석유 파동**: 1973년 아랍·이스라엘 전쟁, 1979년 이란의 이슬람 혁명과 이란·이라크 전쟁이 계기가 되었다. 산유국들이 원유를 무기로 사용하면서 6, 7년 사이에 유가가 10배나 뛰어올랐다.

② 1980년대 경제 변화

전두환 정부의 경제 정책	경제 안정화 실시(부실기업 정리), 중화학 공업에 대한 투자 조정
3저 호황	1980년대 중반 저유가·저달러·저금리 상황으로 세계 경제 호황 → 중화학 공업(자동차, 철강) 발달, 첨단 산업 육성(반도체) → 높은 경제 성장률 기록, 국민 소득 증가

③ 시장 개방

배경	선진 자본주의 국가들의 보호 무역 강화, 후발 자본주의 국가들에 대한 개방 압력 강화
과정	신자유주의 정책과 자유 무역 강조(우루과이 라운드) → 다국적 기업, 국제 금융 자본 등 국내 진출

④ 경제 성장 과정의 문제점

㉠ 경제 불균형 심화: 지역 간 경제 격차 심화(대규모 산업 시설이 영남 지방에 집중), 도시와 농촌 간의 소득 격차 심화

㉡ 정부의 대기업 중심 육성 정책: 정부와 대기업 간의 정경 유착 지속, 정부의 특혜를 받는 재벌 중심의 산업 독과점

㉢ 무역 의존도 심화: 내수보다 무역의 비중이 커짐, 해외 자본에 대한 경제 의존도 심화, 외채 부담 증가

㉣ 산업 불균형 심화: 정부의 공업 중심 경제 개발 정책, 저임금·저곡가 정책 → 노동자·농민들의 경제적 어려움 심화

(2) 경제 성장에 따른 사회 변화

① 산업화와 도시화

㉠ 배경: 제조업, 서비스 산업 → 도시로 인구 집중

㉡ 특징: 도시 빈민 증가, 빈민촌 형성, 정부의 신도시 건설, 대규모 아파트 단지 조성(경기도 광주 대단지 사건 발생)

㉢ 소비·주거 형태 변화: 분식·외식 문화 확산, 아파트·연립 주택 등장

② 농촌의 변화

㉠ 새마을 운동(1970)

배경	정부의 공업화·저곡가 정책으로 도시와 농어촌 간 소득·문화 격차 심화
전개	근면·자조·협동을 바탕으로 농촌 환경 개선에 중점을 둔 정부 주도 운동 → 도시로 확대
결과	• 농어촌 근대화에 기여 • 유신 체제 유지에 이용 • 새마을 운동 기록물이 유네스코 세계 기록 유산으로 등재(2013)

ⓛ 농민 운동의 성장

1970년대	• 정부의 저곡가 정책 → 농촌 경제 악화 • 추곡 수매 운동, 전남 함평 고구마 피해 보상 운동 등
1980년대	부족한 농산물 수입 개방 압력 → 외국 농산물 수입 개방 반대 운동 전개

③ 노동 운동의 성장

배경	• 산업화로 도시 노동자 급증 • 정부의 지속적 저임금 정책, 열악한 작업 환경으로 노동자의 생존권 위협
노동 운동	• 전태일 분신 사건(1970), YH 무역 사건 • 민주화 진전으로 노동 운동 활성화, 노동조합 설립

(3) 문화의 변화

① 교육의 변화

장면 내각	교육 자치제 실시 → 5·16 군사 정변으로 중단
박정희 정부	• 국가주의 교육 → 국민 교육 헌장 • 사교육 열풍 → 중학교 무시험 추첨 제도(1969), 고교 평준화 제도(1974)
전두환 정부	국민 윤리 교육 강조, 과외 전면 금지, 대학 졸업 정원제

② 언론 활동의 성장

이승만 정부	언론 탄압 강화 → 경향신문 폐간(1959)
박정희 정부	유신 체제 성립 이후 정부에 비판적인 언론인 구속·해직, 프레스 카드제 시행(기자 등록제) → 동아일보 기자들의 '자유 언론 실천 선언' 발표(1974)
전두환 정부	언론사 통폐합, 보도 지침을 통해 기사 검열

③ 대중문화 발달

1960년대	신문·라디오 보급 증가, 텔레비전 보유 가정 증가
1970년대	정부가 문화·예술 분야 검열 및 통제 강화(금지곡 지정), 반공 의식 고취
1980년대	상업적 프로 스포츠 등장(프로야구 출범, 1982), 6월 민주 항쟁 이후 언론 및 대중문화 통제 완화

6 6월 민주 항쟁과 민주주의의 발전

● 해결 Point

6월 민주 항쟁 이후 평화적 정권 교체가 이루어지고, 시민 사회가 성장하면서 민주주의가 발전하는 과정에 대해 파악해야 한다. 특히 6월 민주 항쟁의 전개 과정에서 벌어진 주요 사건의 순서를 알아 두어야 하며, 각 정부에서 실시한 정책을 묻는 문제가 자주 출제되므로 구분할 수 있어야 한다.

● 대표 문제 유형

❖ 다음 설명에 해당하는 민주화 운동은?
❖ 다음과 같은 정책을 실시한 정부는?

(1) 민주주의의 발전

① 6월 민주 항쟁(1987)

배경	• 전두환 정부의 군사 독재, 대통령 간선제 유지 • 부천 경찰서 성 고문 사건, 박종철 고문치사 사건(1987.1.) → 정부의 사건 은폐·조작, 4·13 호헌 조치(대통령 직선제 논의 금지)
전개	대통령 직선제 개헌 및 전두환 정권 퇴진 운동 → 시위 도중 이한열이 경찰의 최루탄 피격 → 민주 헌법 쟁취 국민운동 본부 민주 항쟁 선언, '호헌 철폐, 독재 타도' 구호를 내세워 전국적 시위 전개(1987.6.10.)
결과	여당 대통령 후보 노태우의 6·29 민주화 선언 발표(대통령 직선제 개헌 요구 수용)

■ 박종철 고문치사 사건: 1987년 1월 대학생 박종철이 경찰의 물고문에 의해 사망한 사건으로, 정부의 고문 은폐 시도가 드러나 전두환 정권에 대한 국민들의 분노는 더욱 커졌다.

② 민주화의 진전

노태우 정부	여소 야대 형성(여소 야대를 극복하기 위해 3당 합당 1990), 전두환의 비리 및 5·18 민주화 운동 진상 규명, 부분적 지방 자치제 실시, 언론 자유 확대, 북방 외교(공산주의 국가와 수교)
김영삼 정부	공직자 윤리법 개정(고위 공직자 재산 등록 의무화), 금융 실명제 시행, 지방 자치제 전면 실시, '역사 바로 세우기' 사업 진행, 외환 위기로 국제 통화 기금(IMF)의 구제 금융 지원 요청

③ 평화적 정권 교체 정착

김대중 정부	최초로 여야 간 평화적 정권 교체 회담 개최(2000), 김대중 대통령 노벨 평화상 수상
노무현 정부	제2차 남북 정상 회담 개최(2007), 수도권 소재 주요 공공 기관 지방 이전(행정 수도 건설 특별법 제정), 과거사 정리 사업 추진, 권위주의 청산 노력
이명박 정부	10년 만에 여야 정권 교체, 자유 무역 협정(FTA) 체결 확대, 기업 활동 규제 완화
박근혜 정부	민간인에 의한 국정 농단 의혹 사건으로 국회에서 대통령 탄핵 소추안 가결 → 헌법 재판소의 탄핵 인용
문재인 정부	국민의 나라·정의로운 대한민국을 국정 지표로 삼음, 지역 발전·복지·한반도 완전한 비핵화와 남북 평화에 중점을 둔 정책

(2) 시민 사회의 성장

① 노동 운동 활성화

배경	6월 민주 항쟁 이후 노동자의 사회의식 성장
내용	• 노동 환경·처우 개선을 위한 '노동자 대투쟁' 전개(1987) • 전국적 노동조합 설립

② 시민의 정치 참여 확대

배경	시민 단체가 경제, 환경, 여성, 인권 등 다양한 영역에서 활동하며 사회 문제 제기
과정	호주제 폐지 운동, 2016년 국정 농단에 대한 진상 규명과 박근혜 대통령 퇴진 요구 집회, 총선 연대의 낙선 운동 등

③ 인권·사회 복지 증진
  ㉠ 인권 증진: 헌법 소원 심판 청구 제도 마련, 국가 인권 위원회 설립, 여성부 설치, 학생 인권 조례 제정
  ㉡ 사회 복지 확대: 의료 보험 제도, 국민연금 제도, 국민 기초 생활 보장법 등 사회 보장 제도 확대

---

7 외환 위기와 사회·경제적 변화

● **해결 Point**

외환 위기를 극복하기 위한 노력을 살펴보고, 이 시기에 당면한 사회적 과제를 이해해야 한다. 세계화에 따른 한국 경제의 변화 양상과 현대 사회의 변화 모습도 알아 두어야 한다.

● **대표 문제 유형**

❖ 1990년대 우리나라의 경제 상황에 해당하는 것은?

(1) 세계화에 따른 한국 경제의 변화

① 시장 개방과 한국 경제

세계 경제의 변화	선진 자본주의 국가들의 전면적 시장 개방 논의 → 우루과이 라운드 타결(1993) → 세계 무역 기구(WTO) 출범(1995) → 국제 교역 증가, 세계 자본 시장 통합
한국 경제의 변화	시장 개방 압력 증가 → 상품과 자본 시장 개방으로 세계화 추진, 공기업 민영화, 금융 규제 완화, 경제 협력 개발 기구(OECD) 가입(1996) 등 신자유주의 정책 추진

② 외환 위기 발생과 극복

전개	동남아시아에서 시작된 외환 위기 및 금융 불안 → 외환 보유고 고갈, 기업 연쇄 부도 → 김영삼 정부가 국제 통화 기금(IMF)에 구제 금융 요청(1997)
극복	• 김대중 정부: 기업의 구조 조정 실시, 외국 자본 유치 노력, 공기업 민영화 및 경영 혁신 추진, 노사정 위원회 설치 • 금 모으기 운동: 국민들의 자발적 참여
결과	국제 통화 기금(IMF) 지원금 조기 상환(2001)
영향	• 노동자 대량 해고, 비정규직 노동자 급증 → 고용 안정 저하, 소득 격차 심화 • 많은 자영업자의 도산 → 중산층 비중 감소

③ 외환 위기 이후 한국 경제
  ㉠ 자유 무역 협정(FTA) 체결: 2004년 칠레를 시작으로 미국, 유럽 연합(EU) 등과 체결 → 시장 확대
  ㉡ 첨단 산업 발달: 반도체·전자·자동차 산업 및 정보 기술(IT) 산업
  ㉢ 한국 경제의 과제: 대외 무역 의존도 심화, 사회 계층 간 격차 심화, 농민 경제 위기, 대기업 중심의 경제 구조로 소상공인 생계 어려움

(2) 현대 사회의 변화

① 사회 양극화 심화

배경	외환 위기 이후 실업 증가, 소득 격차 확대
현상	개인 간·계층 간 소득 불균형 심화, 도시와 농촌 간 지역 격차 심화, 부의 대물림 현상
해결 노력	사회 취약 계층 지원 제도, 중소기업 및 소상공인 지원 등

② 다문화 사회

　㉠ 다문화 사회로의 변화: 국제결혼을 통한 다문화 가정 증가, 외국인 이주 노동자와 새터민 유입 증가

　㉡ 문제점: 문화적 차이와 의사소통 문제, 사회적 차별과 편견

　㉢ 해결 방향: 사회 인식 개선, 각종 제도적 마련

---

8 남북 화해와 동아시아 평화를 위한 노력

● **해결 Point** ・・・・・・・・・・・・・

현대 정부 시기 남북 관계의 변화 양상과 함께 동아시아 평화에 공헌하기 위해 국제 정세와 맞물려 이해하려는 노력이 필요하다. 정부별 대북 정책을 묻는 문제가 자주 출제되므로 이를 구분할 수 있어야 한다.

● **대표 문제 유형** ・・・・・・・・・・・・・

❖ 다음과 같은 정책이 실행되었던 정부는?

(1) 북한 사회의 변화

① 북한의 정치적 변화

　㉠ 김일성 유일 지배 체제 확립

　　• 주체사상 수립

　　• 국가 주석제 채택

　㉡ 3대 권력 세습 체제 확립

김정일	• 김일성 사망(1994) 이후 권력 승계·국방 위원장 권한 강화 • 군대가 사회를 이끄는 '선군 정치' 추구 • 두 차례 남북 정상 회담 진행
김정은	• 김정일 사망(2011) 이후 권력 승계 • 비핵화를 전제로 한 남북 정상 회담과 북미 정상 회담 성사

② 북한의 경제적 변화

1960~1970년대	• 경제 개발 계획 추진 → 공산품 생산 증가 • 지나친 자립 경제 노선, 국방비 증가로 목표 달성 실패
1980~1990년대	외국 자본과 기술 유치를 위해 합영법 제정(1984) → 동유럽 사회주의 국가의 붕괴와 미국의 제재, 식량난으로 경제 위기
2000년대 이후	7·1 경제 관리 개선 조치 발표(2002)로 시장 경제 요소 부분적 도입, 신의주 경제 특구 설치 등 개방 정책 → 핵무기 개발, 미사일 발사 등으로 인한 국제 사회의 제재 지속

(2) 남북 화해와 협력을 위한 노력

① 남북 갈등 심화

ㄱ 6·25 전쟁 이후 적대 관계 지속

ㄴ 5·16 군사 정변 이후 반공 정책 강화, 북한의 군사 도발로 긴장 고조

② 남북 관계의 개선

박정희 정부	닉슨 독트린 이후 냉전 체제 완화 → 남북 적십자 회담 개최(1971), 자주·평화·민족 대단결의 3대 통일 원칙에 합의한 7·4 남북 공동 성명 발표(1972), 남북 조절 위원회 설치
전두환 정부	민족 화합 민주 통일 방안 제시, 최초로 이산가족 고향 방문 및 예술 공연단 교환 방문(1985)

③ 남북 관계의 변화와 진전

노태우 정부	남북한 유엔 동시 가입, 남북한 정부 간 최초의 공식 합의서인 남북 기본 합의서 채택, '한반도 비핵화 공동 선언' 발표(1991)
김영삼 정부	북한의 핵 확산 금지 조약(NPT) 탈퇴(1993)로 남북 관계 악화 → '한민족 공동체 건설을 위한 3단계 통일 방안' 제시(1994)
김대중 정부	대북 화해 협력 정책(햇볕 정책) 추진 → 정주영의 소 떼 방북, 금강산 관광 시작, 평양에서 남북 정상 회담 개최 및 6·15 남북 공동 선언 발표(2000) → 이산가족 상봉, 경의선 철도 복구, 개성 공단 건설 등 남북 교류 활성화
노무현 정부	대북 화해 협력 정책 계승·발전, 제2차 남북 정상 회담 개최 및 10·4 남북 공동 선언(6·15 남북 공동 선언의 이행 방안) 채택(2007)
이명박 정부	금강산 관광 중단(2008), 연평도 포격 사건(2010)
박근혜 정부	개성 공단 폐쇄(2016), 대북 강경 정책 지속
문재인 정부	남북 정상 회담 개최 및 '한반도 평화와 번영, 통일을 위한 판문점 선언' 발표(2018)

> ■ **금강산 관광 사업**: 김대중 정부의 대북 화해 협력 정책을 배경으로 현대그룹이 1998년부터 금강산 해로 관광 사업을 시작하였으며, 2003년부터는 육로 관광 사업을 시작하였다.

(3) 역사 갈등 해결과 동아시아 평화를 위한 노력

① 영토 갈등

ㄱ 러일 간 북방 4도 분쟁: 일본이 러일 전쟁 때 러시아에 빼앗긴 사할린 남부와 섬 4개(북방 4도) 반환 요구

ㄴ 중일 간 센카쿠 열도(댜오위다오) 분쟁: 청일 전쟁에서 승리한 일본이 차지 → 중국은 강제로 빼앗겼다고 주장

② 역사 갈등

ㄱ 중국의 역사 왜곡: '통일적 다민족 국가론'을 내세워 만주 지역의 고구려, 발해의 역사를 자국의 역사로 편입·왜곡 시도

ㄴ 일본의 역사 왜곡: 한국 식민 지배 당시 강제 징병·징용 피해자 배상 거부와 침략 전쟁 옹호 발언, 일본군 '위안부' 문제 부인·배상 거부

③ 동아시아 역사 갈등 해결을 위한 노력

ㄱ 한국·중국·일본 공동 역사 교재 집필

ㄴ 일본군 '위안부' 문제 해결을 위한 아시아 연대 회의 개최

ㄷ 음악, 영화 드라마 등 문화 교류

정답 및 해설 ≫≫ p.094

출제 예상 문제

01 다음의 사건들을 일어난 순서대로 바르게 나열한 것은?

> ㄱ. 모스크바 3국 외상 회의
> ㄴ. 얄타 회담
> ㄷ. 미소 공동 위원회
> ㄹ. 포츠담 선언
> ㅁ. 카이로 회담

① ㄱ - ㄹ - ㄴ - ㄷ - ㅁ
② ㄴ - ㄹ - ㅁ - ㄱ - ㄷ
③ ㄹ - ㅁ - ㄴ - ㄷ - ㄱ
④ ㅁ - ㄴ - ㄹ - ㄱ - ㄷ

02 다음 강령과 관련이 있는 단체는?

> • 우리는 완전한 독립 국가의 건설을 기하였다.
> • 우리는 전 민족의 정치적·경제적·사회적 기본 요구를 실현할 수 있는 민주주의 정권의 수립을 기하였다.
> • 우리는 일시적 과도기에 있어서 국가 질서를 자주적으로 유지하며 대중생활의 확보를 기하였다.

① 최고 인민 회의
② 국가 안보 위원회
③ 조선 건국 준비 위원회
④ 북조선 임시 인민 위원회

03 (가)에 들어갈 내용으로 옳은 것은?

〈대한민국 정부 수립 과정〉

8·15 광복	→ 미소 공동 위원회 결렬
→ 한국 문제의 UN 이관 →	(가)
→ 제헌 국회 구성 →	대한민국 정부 수립

① 4·19 혁명
② 5·10 총선거
③ 농지 개혁법 제정
④ 한미 상호 방위 조약 체결

04 6·25 전쟁에 대한 설명으로 옳지 않은 것은?

① 북한군의 기습 남침으로 시작되었다.
② 국군과 유엔군은 인천 상륙 작전에 성공하였다.
③ 수많은 사상자와 전쟁고아, 이산가족이 생겨났다.
④ 중국군과 소련군은 개입하지 않고 중립을 지켰다.

05 다음 설명에 해당하는 사건은?

> • 배경: 자유당 정권의 3·15 부정 선거
> • 과정: 학생과 시민의 시위가 전국적으로 확산
> • 결과: 이승만 대통령 하야

① 4·19 혁명
② 12·12 사태
③ 6월 민주 항쟁
④ 5·18 민주화 운동

06 1960~1970년대 우리나라의 경제 상황에 해당하는 것은?

① 우루과이 라운드가 타결되었다.
② 미국과 자유 무역 협정(FTA)이 체결되었다.
③ 경제 개발 5개년 계획이 실시되었다.
④ 원조 물자에 의존하여 삼백 산업이 발달하였다.

07 다음 설명에 해당하는 사건은?

> ◀▬▬ 탐구 활동 계획서 ▬▬▶
>
> • 탐구 주제: ☐☐☐☐☐ (가) ☐☐☐☐☐
> • 탐구 내용
> – 민주화 운동을 탄압한 신군부
> – 광주 시민군 결성 및 대항
> – 관련 기록물 유네스코 세계 기록 유산 등재

① 4 · 19 혁명
② 베트남 파병
③ 4 · 13 호헌 조치
④ 5 · 18 민주화 운동

08 다음 설명에 해당하는 것은?

> 1945년 12월에 제2차 세계 대전의 전후 처리 문제를 협의하기 위한 회의가 열렸다. 이 결과 한반도에 민주주의 임시 정부를 수립하고, 이를 지원할 미소 공동 위원회를 설치하며, 최고 5년간 미·영·중·소의 신탁 통치를 실시한다는 결정안이 채택되었다.

① 을사 조약
② 톈진 조약
③ 국민 대표 회의
④ 모스크바 3국 외상 회의

09 광복 이후 분단을 막기 위해 남북 협상을 주도한 인물이 바르게 묶인 것은?

① 김구, 김규식
② 이승만, 김성수
③ 여운형, 조봉암
④ 신익희, 조병옥

10 다음은 1949년 이승만 정부에서 제정한 농지 개혁법의 기본 원칙이다. 이 개혁의 실시 목적으로 옳은 것은?

> • 3정보 소유 상한
> • 유상 매입, 유상 분배

① 토지 국유화 확대
② 기업적 농업 경영자 육성
③ 농민 중심의 토지 소유제 확립
④ 미곡 증산을 통한 식량 자급

11 다음 사건을 일어난 순서대로 바르게 나열한 것은?

> ㄱ. 여수 · 순천 10 · 19 사건
> ㄴ. 농지 개혁법 제정
> ㄷ. 제주 4 · 3 사건
> ㄹ. 한미 상호 방위 조약 체결

① ㄱ – ㄹ – ㄴ – ㄷ
② ㄴ – ㄹ – ㄱ – ㄷ
③ ㄷ – ㄱ – ㄴ – ㄹ
④ ㄹ – ㄴ – ㄷ – ㄱ

12 남한 단독 정부 수립 과정을 일어난 순서대로 바르게 나열한 것은?

> ㄱ. 5·10 총선거
> ㄴ. 남북 협상
> ㄷ. 헌법 제정
> ㄹ. 한국 문제 유엔 상정
> ㅁ. 대한민국 정부 수립

① ㄱ - ㄴ - ㄷ - ㄹ - ㅁ
② ㄱ - ㄷ - ㄹ - ㄴ - ㅁ
③ ㄴ - ㄱ - ㄷ - ㄹ - ㅁ
④ ㄹ - ㄴ - ㄱ - ㄷ - ㅁ

13 좌우 합작 위원회에 대한 설명으로 옳지 <u>않은</u> 것은?

① 좌우 합작 7원칙을 발표하였다.
② 주도 세력은 여운형과 김규식이다.
③ 미군정의 지원을 받는 데 실패하였다.
④ 중도적 사상의 통일 정부를 수립하는 것을 목표로 하였다.

14 1948년 '반민족 행위 처벌법'이 제정된 목적은?

① 경제 활성화
② 친일파 처벌
③ 남북 단일 정부 수립
④ 전근대적 신분제 철폐

15 (가)에 들어갈 사건은?

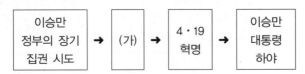

이승만 정부의 장기 집권 시도 → (가) → 4·19 혁명 → 이승만 대통령 하야

① 3·1 운동
② 2·8 독립 선언
③ 3·15 부정 선거
④ 6·10 만세 운동

16 (가)에 들어갈 주제는?

> 주제: ☐ (가)
> 〈주요 내용〉
> • 관련 법령 공포: 1949년 6월
> • 토지 분배 방식: 유상 매수, 유상 분배
> • 가구당 토지 소유 한도: 3정보

① 농지 개혁
② 금융 실명제
③ 새마을 운동
④ 경제 개발 5개년 계획

17 (가)와 (나) 사이에 있었던 역사적 사건으로 옳은 것은?

> (가) 북한군에 밀려 3일 만에 서울을 빼앗기고 이후 낙동강 유역까지 후퇴하였다.
> (나) 국군과 유엔군은 서울을 되찾고, 계속 북진하여 압록강 유역까지 진출하였다.

① 베트남 파병
② 5·10 총선거
③ 사사오입 개헌
④ 인천 상륙 작전

18 이승만 정부 시기의 경제 상황으로 옳은 것은?

① 삼백 산업 발달
② 한일 협정 체결
③ 국제 통화 기금(IMF) 지원 요청
④ 경제 협력 개발 기구(OECD) 가입

19 (가)에 들어갈 내용으로 옳은 것은?

[대한민국의 경제 발전 과정]

1960년대		1970년대		1980년대
노동 집약적 경공업 육성	→	(가)	→	3저 호황, 고도 성장

① 여러 국가와 자유 무역 협정 체결
② 경제 협력 개발 기구(OECD) 가입
③ 국제 통화 기금(IMF)으로부터 긴급 자금 지원
④ 중화학 공업 육성의 주력으로 2·3차 산업 비중 증가

20 다음의 내용을 일어난 순서대로 바르게 나열한 것은?

ㄱ. 장면 내각
ㄴ. 박정희 정부
ㄷ. 이승만 정부

① ㄱ - ㄴ - ㄷ   ② ㄱ - ㄷ - ㄴ
③ ㄴ - ㄱ - ㄷ   ④ ㄷ - ㄱ - ㄴ

21 4·19 혁명에 대한 설명을 〈보기〉에서 모두 고른 것은?

● 보기 ●

ㄱ. 허정의 과도 정부가 수립되었다.
ㄴ. 김구의 암살이 기폭제가 되었다.
ㄷ. 10월 유신이 배경이 되었다.
ㄹ. 마산에서 학생과 시민들이 부정선거 규탄 시위를 전개하였다.

① ㄱ, ㄴ   ② ㄱ, ㄹ
③ ㄴ, ㄹ   ④ ㄷ, ㄹ

22 다음 설명에 해당하는 사건은?

• 김종필-오히라의 비밀 회담에서 식민지 보상금에 대한 합의
• 한일 회담 반대 시위

① 10월 유신
② 6·3 시위
③ 5·16 군사 정변
④ 10·26 사태

23 다음 정책을 실시한 정부는?

• 베트남 파병
• 한일 국교 정상화
• 외국 차관 도입
• 경제 개발 5개년 계획 실시

① 이승만 정부
② 박정희 정부
③ 김대중 정부
④ 노무현 정부

24 두 사람의 대화 내용에 해당하는 것은?

냉전 체제가 완화되고 남북 대화가 시작된 후 1972년에 남북한이 동시에 발표했지.

자주·평화·민족 대단결의 통일 원칙을 제시하기도 했지.

① 6·29 선언
② 햇볕 정책
③ 금융 실명제
④ 7·4 남북 공동 성명

25 (가)에 해당하는 사건은?

- 사건: (가)
- 배경: 대통령 직선제 개헌 운동 확산
- 내용: 호헌 철폐, 독재 타도를 주장하는 민주화 시위 전개
- 결과: 6·29 민주화 선언 발표와 대통령 직선제 수용

① 4·19 혁명
② 새마을 운동
③ 6월 민주 항쟁
④ 6·10 만세 운동

26 (가) 시기에 일어난 사건으로 옳지 않은 것은?

	4·19 혁명	(가)	유신 헌법 선포	
	1960년		1972년	

① 경제 개발 5개년 계획이 수립되었다.
② 대통령 긴급조치를 발표하였다.
③ 미국과 자유 무역 협정(FTA)를 체결하였다.
④ 한일 협정이 체결되어 국교가 정상화되었다.

27 다음 사건을 일어난 순서대로 바르게 나열한 것은?

ㄱ. 10월 유신
ㄴ. 4·19 혁명
ㄷ. 5·18 민주화 운동

① ㄱ - ㄴ - ㄷ
② ㄱ - ㄷ - ㄴ
③ ㄴ - ㄱ - ㄷ
④ ㄷ - ㄱ - ㄴ

28 다음 사건을 일어난 순서대로 바르게 나열한 것은?

ㄱ. 대통령 3회 연임 허용 개헌안 가결
ㄴ. 5·16 군사 정변
ㄷ. 유신 헌법 제정
ㄹ. 신군부의 12·12 사태

① ㄱ - ㄹ - ㄴ - ㄷ
② ㄴ - ㄱ - ㄷ - ㄹ
③ ㄷ - ㄱ - ㄴ - ㄹ
④ ㄹ - ㄴ - ㄷ - ㄱ

29 다음 설명에 해당하는 정책으로 옳은 것은?

- 정부가 농촌 근대화의 의지를 실험하기 위함이었다.
- 자조, 자립, 협동의 정신을 강조하였다.
- 농가 지붕 개량, 농로 개설 등 20개 표준 사업을 정하였다.

① 농지 개혁 시행
② 새마을 운동 전개
③ 브나로드 운동 전개
④ 토지 조사 사업의 실시

30 다음 사실들을 일어난 순서대로 바르게 나열한 것은?

ㄱ. 우루과이 라운드 타결
ㄴ. 수출 100억 달러 달성
ㄷ. 3저 호황
ㄹ. 베트남 특수

① ㄱ - ㄹ - ㄴ - ㄷ
② ㄴ - ㄱ - ㄷ - ㄹ
③ ㄷ - ㄱ - ㄴ - ㄹ
④ ㄹ - ㄴ - ㄷ - ㄱ

31 다음 제도를 시행한 공통적인 목적은?

>
> - 의료보험법 제정(1960년대)
> - 의료보험 제도의 본격적인 시행(1970년대)
> - 국민연금 제도 실시(1980년대)
> - 국민기초생활보장법 제정(1990년대)

① 시민운동 성장
② 농촌 환경 개선
③ 다문화 사회 확산
④ 사회 복지의 확대

32 (가)에 들어갈 내용으로 가장 적절한 것은?

> ◁◁◁ 수행 평가 보고서 ▷▷▷
> - 주제: ___(가)___
> - 목차
>   1. 소녀상 건립에 대한 이해와 목적
>   2. 일본 대사관 앞 수요 집회 조사
>   3. 일본 정부 위안부 문제에 대한 반응

① 반미 문제
② 동북 공정
③ 남북 협상
④ 일본군 '위안부'

33 김대중 정부의 대북 화해 협력 정책의 성과로 옳은 것은?

① 5·10 총선거 실시
② 6·23 평화 통일 선언
③ 3단계 통일 방안 제시
④ 최초의 남북 정상 회담 개최

34 해당 정부 시기에 실시된 정책으로 옳지 않은 것은?

① 노태우 정부 - 북방 외교 정책을 추진하였다.
② 김대중 정부 - 금강산 관광 사업을 전개하였다.
③ 노무현 정부 - 최초로 남북한 이산가족 상봉이 이루어졌다.
④ 박정희 정부 - 베트남 파병과 한일 국교 정상화를 추진하였다.

35 다음과 같은 대북 정책을 실시한 정부는?

> - 남북 유엔 동시 가입
> - 한반도 비핵화 공동 선언

① 이승만 정부
② 박정희 정부
③ 전두환 정부
④ 노태우 정부

한국사 실전 문제

01 (가) 시기의 생활 모습으로 옳은 것은?

구석기 시대	(가)	청동기 시대	철기 시대

① 고인돌 축조
② 뗀석기 사용
③ 막집에서 생활
④ 빗살무늬 토기 제작

02 다음 설명에 해당하는 것은?

> 동예는 다른 부족의 영역을 침범하면 노비나 소, 말로 배상하게 하였다.

① 단오   ② 순장
③ 책화   ④ 영고

03 다음 업적을 남긴 신라의 국왕은?

> • 화랑도를 국가적 조직으로 정비하였다.
> • 한강 유역을 확보하고 4개의 순수비를 건립하였다.

① 내물왕   ② 지증왕
③ 진흥왕   ④ 문무왕

04 다음 유물을 통해 알 수 있는 사실로 적절한 것은?

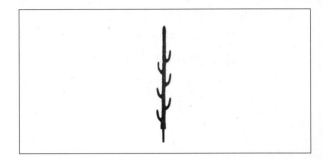

① 백제가 일본과 교류하였다.
② 고구려가 요동을 방어하였다.
③ 가야는 낙랑군과 교역하였다.
④ 신라가 한강 유역을 장악하였다.

05 (가)에 들어갈 내용으로 가장 적절한 것은?

> 최씨 무신 정권 때 최충헌이 반대 세력 제거와 정책 결정을 위해 설치한 최고의 권력 기관은 무엇인가요?

(가)

① 정방입니다.
② 도방입니다.
③ 서방입니다.
④ 교정도감입니다.

06 다음과 같은 내용의 개혁 정치를 주장한 인물은?

> • 현량과 실시와 위훈 삭제
> • 소격서 폐지와 향약의 전국적 시행
> • 불교·도교 행사 폐지

① 묘청   ② 조광조
③ 정도전   ④ 최승로

07 (가)에 들어갈 내용으로 옳은 것은?

주제: 정조의 업적
- 규장각 설치
- 장용영 설치
- ⬜ (가)

① 균역법 실시
② 초계문신제 시행
③ 신문고 제도 부활
④ 이조 전랑 권한 축소

08 흥선 대원군의 정책을 〈보기〉에서 모두 고른 것은?

━━━━ 보기 ━━━━
ㄱ. 경복궁 중건
ㄴ. 호포제 시행
ㄷ. 대마도 정벌
ㄹ. 수원 화성 축조

① ㄱ, ㄴ
② ㄱ, ㄹ
③ ㄴ, ㄷ
④ ㄷ, ㄹ

09 다음 설명에 해당하는 것은?

〈대한 제국 시기의 ⬜ (가) 〉
- '옛 법을 근본으로 하고 새로운 제도를 참작한 다.'라는 구본신참(舊本新參)을 기본 방향으로 하였다.
- 개혁 내용으로는 원수부 설치, 양전 사업 실시, 지계 발급 등이 있다.

① 갑신정변
② 광무개혁
③ 을미개혁
④ 정묘호란

10 다음 설명에 해당하는 조약은?

- 조선이 외국과 맺은 최초의 근대적 조약
- 치외 법권과 해안 측량권을 인정한 불평등 조약

① 톈진 조약
② 강화도 조약
③ 제물포 조약
④ 시모노세키 조약

11 (가)에 들어갈 내용으로 옳은 것은?

■ 역사 인물 카드 ■
- 이름: 안중근
- 생물 연도: 1879년~1910년
- 주요 활동
  – 동양 평화론 주장
  – ⬜ (가)

① 신간회 설립
② 독립 협회 설립
③ 한국 광복군 창설
④ 이토 히로부미 처단

12 다음 내용에 해당하는 민족 운동은?

1920년대 후반부터 농촌 계몽의 일환으로 언론 기관이 중심이 되어 한글을 보급하였다. 조선일보는 문자 보급 운동을, 동아일보는 브나로드 운동을 전개하였다.

① 형평 운동
② 국채 보상 운동
③ 문맹 퇴치 운동
④ 6 · 10 만세 운동

13 다음 (가)에 들어갈 내용은?

> 1903년부터 ___(가)___ 지역의 하와이의 사탕수수 농장의 노동자를 선발하면서 이주가 시작되었다.

① 미주
② 만주
③ 연해주
④ 동남아시아

14 1910년대 일제가 시행한 식민 정책이 <u>아닌</u> 것은?

① 조선 태형령
② 헌병 경찰제
③ 국가 총동원법
④ 토지 조사 사업

15 다음 (가)에 들어갈 인물은?

> 1919년 만주 지린성에서 ___(가)___의 주도로 의열단이 조직되었다. 의열단은 일제 고위 관리나 친일파 거두를 처단하고, 식민 통치 기관을 파괴하는 항일 투쟁 활동을 전개하였다.

① 김원봉
② 김좌진
③ 안창호
④ 홍범도

16 다음 설명에 해당하는 단체는?

> • 비타협적 민족주의자들과 사회주의자들이 협력하여 조직
> • 광주 학생 항일 운동 지원과 진상 조사단 파견

① 신간회
② 대한 광복회
③ 헌정 연구회
④ 국채 보상 기성회

17 다음 인물들의 공통된 사실로 옳은 것은?

> • 박은식
> • 신채호
> • 정인보

① 한글 보급 운동
② 한국사 연구
③ 민립 대학 설립 운동
④ 경제 자립 운동

18 대한민국 임시 정부의 활동이 아닌 것은?

① 갑오개혁 추진
② 독립 공채 발행
③ 한국 광복군 창설
④ 연통제와 교통국 조직

19 밑줄 친 '이 섬'에 해당하는 것은?

> | 제OO호 | **한국사 신문** | OOOO년 O월 O일 |
>
> **우리 땅 지키기**
> <u>이 섬</u>은 삼국 시대 이래 우리의 영토이다. 그러나 일본은 <u>이 섬</u>을 자기네 땅이라 우기며 영토 분쟁 지역으로 만들려고 하고 있다. 우리는 일본의 억지 주장에 대해 여러 분야의 공동 연구를 통해 강력하게 대응할 필요가 있다.

① 독도
② 강화도
③ 거문도
④ 제주도

20 1948년 4월 평양에서 열린 남북 협상에서 채택된 내용으로 옳은 것은?

① 신탁 통치 반대
② 독재 정치의 타도
③ 통일된 조국 건설
④ 남한만 총선거 실시 결정

21 다음 (가)에 들어갈 정부는?

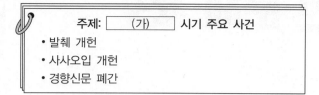

주제: [(가)] 시기 주요 사건
- 발췌 개헌
- 사사오입 개헌
- 경향신문 폐간

① 박정희 정부   ② 전두환 정부
③ 노태우 정부   ④ 이승만 정부

22 다음 (가)에 들어갈 내용으로 가장 적절한 것은?

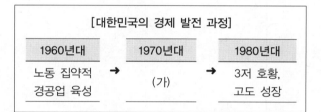

[대한민국의 경제 발전 과정]

1960년대		1970년대		1980년대
노동 집약적 경공업 육성	→	(가)	→	3저 호황, 고도 성장

① 여러 국가와 자유 무역 협정 체결
② 경제 협력 개발 기구(OECD) 가입
③ 수출 주도형 중화학 공업화 정책 추진
④ 국제 통화 기금(IMF)으로부터 긴급 자금 지원

23 다음 내용을 일어난 순서대로 바르게 나열한 것은?

ㄱ. 4 · 19 혁명
ㄴ. 유신 헌법 선포
ㄷ. 3 · 15 부정 선거

① ㄱ-ㄴ-ㄷ   ② ㄱ-ㄷ-ㄴ
③ ㄴ-ㄱ-ㄷ   ④ ㄷ-ㄱ-ㄴ

24 다음 구호와 관계 깊은 민주화 운동의 결과로 옳은 것은?

- 호헌 조치 철회하라!
- 민주 헌법 쟁취하여 민주 정부 수립하자!

① 유신 헌법이 만들어졌다.
② 이승만 대통령이 하야하였다.
③ 제주 4 · 3 사건을 촉발시켰다.
④ 6 · 29 민주화 선언이 발표되었다.

25 다음 내용에 해당하는 정부 시기에 있었던 사실로 옳은 것은?

- 남북한 유엔 동시 가입
- 남북 기본 합의서 채택
- 한반도 비핵화에 관한 공동 선언 합의

① 개성 공단이 조성되었다.
② 서울 올림픽 대회가 개최되었다.
③ 베트남 전쟁에 국군이 파병되었다.
④ 국민 기초 생활 보장법이 제정되었다.

한국사 실전 문제 2회

01 (가)에 들어갈 내용으로 옳은 것은?

> ⬛━━ 수행 평가 보고서 ━━⬛
>
> • 주제: 구석기 시대의 생활상
> • 조사 내용
> – 주먹도끼와 슴베찌르개 사용
> – [(가)]

① 움집에서 정착 생활
② 무리를 지어 이동 생활
③ 가락바퀴와 뼈바늘 사용
④ 부족사회 형성과 평등사회

02 단군 신화에 나타난 고조선의 사회상으로 적절하지 <u>않은</u> 것은?

① 농경이 발달하였다.
② 제정이 분리된 사회였다.
③ 곰 부족과 환웅 부족이 연합하였다.
④ 환웅 부족이 하늘의 자손임을 내세워 우월성을 과시하였다.

03 다음 지도는 5세기경 삼국의 상황을 나타낸 것이다. 이 시기의 상황이 아닌 것은?

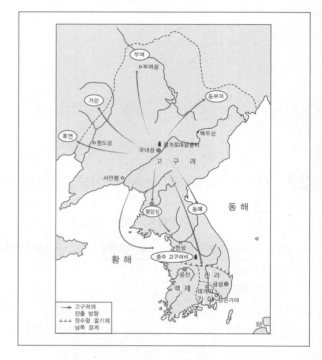

① 나당 전쟁
② 나제 동맹
③ 백제의 웅진 천도
④ 고구려의 평양 천도

04 (가)에 들어갈 왕의 업적으로 옳은 것은?

> 쌍기는 [(가)]에게 상소를 올려 과거 제도를 통해 나라의 인재를 선발할 것을 건의하였다.

① 국자감을 설치하였다.
② 독서삼품과를 마련하였다.
③ 노비안검법을 시행하였다.
④ 12목에 지방관을 파견하였다.

05 고려 때 몽골과의 강화에 반발하여 진도와 제주도로 근거지를 옮기며 항쟁한 군대는?

① 별무반   ② 속오군
③ 별기군   ④ 삼별초

06 (가)에 들어갈 정치 기구가 <u>아닌</u> 것은?

> 주제: 조선의 주요 정치 기구
> • 언론 학술 기구: [(가)]
> • 왕권 강화 기구: 승정원, 의금부

① 사간원   ② 사헌부
③ 춘추관   ④ 홍문관

07 조선 후기에 볼 수 있었던 경제 상황으로 옳은 것은?

① 우경 시작   ② 이앙법 확산
③ 청해진 설치   ④ 해동통보 주조

08 다음에서 설명하는 것은?

> • 흥선 대원군이 권력을 잡은 후 프랑스 선교사 9명과 신자 8천여 명을 처형하였다.
> • 프랑스는 천주교인에 대한 탄압을 구실로 강화도를 침략하였다. 그러나 양헌수 부대의 활약으로 프랑스군은 강화도에서 철수하였다.
> • 프랑스군이 외규장각 의궤 등 각종 문화재를 약탈해갔다.

① 갑신정변   ② 갑오개혁
③ 병인양요   ④ 임오군란

09 다음 내용을 담고 있는 책으로 옳은 것은?

> 러시아가 강토를 공격하려 한다면 반드시 조선이 첫 번째 대상이 될 것이다. …… 러시아를 막을 수 있는 조선의 책략은 무엇인가? 오직 중국과 친하며 일본과 맺고 미국과 연합함으로써 자강을 도모하는 길뿐이다.

① 『조선책략』   ② 『조선상고사』
③ 『삼국사기』   ④ 『동국통감』

10 다음 인물이 주도한 사건은?

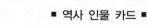

> ■ 역사 인물 카드 ■
>
> • 이름: 전봉준
> • 주요 활동
> – 고부 군수 조병갑의 폭정에 항거
> – 전주성 점령
> – 공주 우금치 전투에서 패배

① 갑신정변   ② 을미사변
③ 정미의병   ④ 동학 농민 운동

11 밑줄 친 '이 조약'에 해당하는 것은?

> 일본이 대한 제국의 외교권을 빼앗은 이 조약은 체결 절차의 강제성 때문에 늑약으로 부르기도 한다.

① 을사늑약
② 한성 조약
③ 정미 7조약
④ 강화도 조약

12 (가)에 들어갈 기관에 대한 설명으로 옳은 것은?

> ___(가)___ 는 1885년에 조선 정부가 세운 최초의 근대식 병원이다. 정부는 미국 공사관의 소속 의사가 갑신정변 당시 중상을 입은 민영익을 치료하자 그의 건의를 받아 이 병원을 세웠다.

① 제중원으로 이름을 바꾸었다.
② 경운궁(덕수궁) 내부에 설치되었다.
③ 일본이 군사적 목적으로 부설하였다.
④ 갑신정변으로 인해 운영이 중단되었다.

13 개항 이후 외국 상인과 무역을 전개하면서 나타난 결과로 옳은 것을 〈보기〉에서 모두 고른 것은?

> ─ 보 기 ─
> ㄱ. 조선의 곡물 가격이 폭락하였다.
> ㄴ. 조선의 면방직 수공업이 쇠퇴하였다.
> ㄷ. 객주·여각이 중개 무역으로 성장하였다.
> ㄹ. 공인이 등장하였다.

① ㄱ, ㄴ
② ㄱ, ㄹ
③ ㄴ, ㄷ
④ ㄷ, ㄹ

14 다음 설명에 해당하는 사건은?

> 모든 계층이 참여한 우리 역사상 최대 규모의 민족 운동으로, 대한민국 임시 정부가 수립되는 계기가 되었다.

① 3·1 운동
② 브나로드 운동
③ 물산 장려 운동
④ 6·10 만세 운동

15 일제 식민지 지배 당시 문예 활동에 대한 설명으로 옳지 않은 것은?

① 이육사는 일제 강점기의 저항 시인으로 활동하였다.
② 나운규는 토월회를 결성하여 신극 운동을 전개하였다.
③ 이중섭은 일제 강점기의 화가로 소 그림과 은지화 등을 남겼다.
④ 1920년대 후반 사회주의의 영향을 받은 카프(KAPF)가 결성되었다.

16 다음 중 일제가 1920년대 문화 통치 시기에 시행한 정책으로 옳은 것은?

① 치안 유지법을 제정하였다.
② 남면북양 정책을 추진하였다.
③ 토지 조사 사업을 실시하였다.
④ 헌병 경찰 제도를 실시하였다.

17 (가)에 들어갈 말로 옳은 것은?

중·일 전쟁 이후 일제가 실시한 민족 말살 통치 정책에는 무엇이 있을까요?

(가)

① 회사령을 실시했어요.
② 조선 총독부를 설치했어요.
③ 일본식 성명을 강요했어요.
④ 동양 척식 주식회사를 설립했어요.

18 (가)에 들어갈 내용으로 옳은 것은?

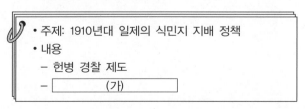

• 주제: 1910년대 일제의 식민지 지배 정책
• 내용
 – 헌병 경찰 제도
 – (가)

① 방곡령
② 국채 보상 운동
③ 토지 조사 사업
④ 물산 장려 운동

19 다음 설명에 해당하는 단체는?

• 일제 식민 통치 아래 백정에 대한 사회적 차별 심화
• 공평은 사회의 근본이고 애정은 인류의 본령

① 근우회　　② 형평사
③ 보안회　　④ 신민회

20 (가)에 들어갈 내용으로 옳은 것은?

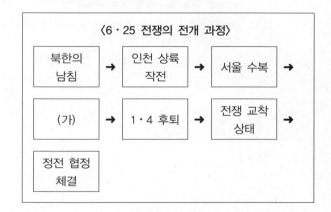

〈6·25 전쟁의 전개 과정〉

북한의 남침 → 인천 상륙 작전 → 서울 수복 →
(가) → 1·4 후퇴 → 전쟁 교착 상태 →
정전 협정 체결

① 봉오동 전투
② 카이로 회담
③ 중국군의 개입
④ 모스크바 3국 외상 회의

21 밑줄 친 '그'에 해당하는 인물은?

> 그는 대한민국 임시 정부의 주석을 역임하였으며, 광복 후 남한만의 단독 정부 수립에 반대하고, 남북 협상을 추진하였다.

① 김구   ② 나철
③ 김옥균   ④ 서재필

22 5·16 군사 정변을 일으킨 세력에 대한 설명으로 옳은 것을 〈보기〉에서 모두 고른 것은?

> ─── 보 기 ───
> ㄱ. 국가 재건 최고 회의를 구성하여 군정을 실시하였다.
> ㄴ. 반민족 행위 처벌법을 제정하였다.
> ㄷ. 대통령 중심제와 단원제 국회를 골자로 한 헌법 개정안을 공포하였다.
> ㄹ. 이산가족 고향 방문을 최초로 성사시켰다.

① ㄱ, ㄴ   ② ㄱ, ㄷ
③ ㄴ, ㄷ   ④ ㄷ, ㄹ

23 밑줄 친 '선언'에 해당하는 것은?

> 박종철의 고문치사 등을 배경으로 직선제 개헌을 요구하는 시위가 전국에서 일어났다. 결국 전두환 정부는 조속한 대통령 직선제 개헌을 약속하는 선언을 발표하였다.

① 정우회 선언
② 6·29 민주화 선언
③ 3·1 민주 구국 선언
④ 물산 장려 운동

24 다음과 같은 정책을 실시한 정부는?

> • 금융 실명제 시행
> • 지방 자치제 전면 실시
> • 고위 공직자 재산 공개 의무화

① 박정희 정부
② 전두환 정부
③ 노태우 정부
④ 김영삼 정부

25 김대중 정부 시기의 통일 정책으로 옳은 것은?

① 이산가족이 최초로 상봉하였다.
② 남북한이 유엔에 동시 가입하였다.
③ 7·4 남북 공동 성명을 발표하였다.
④ 6·15 남북 공동 선언을 발표하였다.

제 · 7 · 교 · 시

도덕

합격의 공식 시대에듀 www.sdedu.co.kr

현대의 삶과 실천 윤리

핵심 키워드　윤리의 의미, 이론 윤리학, 실천 윤리학, 동양 윤리, 의무론, 공리주의, 덕 윤리, 도덕 과학, 도덕적 탐구, 도덕적 추론, 윤리적 성찰, 도덕적 토론

1 현대 생활과 실천 윤리

● 해결 Point ● · · · · · · · · · · · · · · · ·

제시된 주제나 질문, 문제 상황과 관련 있는 실천 윤리 분야를 고르는 문제가 반드시 출제된다. 윤리의 개념, 이론 윤리학과 실천 윤리학의 관계에 대한 질문도 출제될 수 있으므로 해당 내용을 확실히 알아 두어야 한다.

● 대표 문제 유형 ● · · · · · · · · · · · · · · · ·

❖ 다음 주제들을 다루는 실천 윤리 분야로 가장 적절한 것은?
❖ 다음 문제와 관련된 실천 윤리학의 분야는?

(1) 윤리와 윤리학

① 윤리와 윤리학의 의미

윤리	• 인간이 살아가면서 지켜야 할 도덕적 행동의 기준 또는 규범 • 사물의 이치를 나타내는 물리(物理)에 대응하여 인간관계의 이치와 도리를 나타냄
윤리학	도덕적 행동의 기준이나 규범을 체계적으로 탐구하는 학문

② 동양과 서양의 윤리 개념

동양	• '윤리(倫理)'는 인간의 집단을 뜻하는 '윤(倫)'과 이치나 도리를 뜻하는 '리(理)'가 합쳐진 말임 • 인간관계의 이치와 도리를 이해하고 실천하는 데 많은 관심을 보임
서양	• 서양에서의 '윤리(ethics)'라는 표현은 고대 그리스어인 '에토스(ethos)'에서 유래함 • 에토스는 사회의 풍습 또는 관습과 개인의 성품 또는 품성을 의미함

(2) 실천 윤리학의 특징과 필요성

① 윤리학의 특징과 구조

　㉠ 윤리학의 특징

　　• 도덕적 규범의 실천을 목적으로 삼는다.
　　• 인간의 행위가 도덕적 차원에서 인정받기 위해 갖추어야 할 조건이나 기준을 탐구한다.

　　• '도덕적으로 가치 있는 삶'의 방향을 제시하는 것을 궁극적인 목표로 삼는다.
　㉡ 윤리학의 구조

규범 윤리학	• 인간이 어떻게 행동해야 하는가에 대한 보편적 원리를 탐구함 • "선행을 하라.", "악행을 하지 말라.", "살인을 하지 말라.", "불우 이웃을 도우라."와 같은 기본적인 도덕 기준들을 제시 • 이론 윤리학과 실천 윤리학으로 구분
메타 윤리학	• 도덕 언어의 의미를 분석하고 도덕 추론의 타당성을 검토하여 윤리학의 학문적 성립 가능성을 모색함 • "어째서 선행을 해야 하는가?", "어째서 악행을 해서는 안 되는가?", "선행이란 무엇이며, 궁극적으로 선이란, 혹은 악이란 무엇인가?", "어째서 살인을 해서는 안 되는가?"와 같은 질문에 답변을 제시
기술 윤리학	도덕적 관습이나 풍습 등을 경험적으로 조사하여 기술하고 그 인과 관계를 설명하고자 함

② 이론 윤리학과 실천 윤리학

　㉠ 이론 윤리학
　　• 특정 원리가 윤리적 행위를 위한 근본 원리로 성립할 수 있는지 연구하는 학문으로 의무론, 공리주의, 덕 윤리가 대표적이다.
　　• 윤리 이론을 정립하여 행위를 인도하는 도덕 판단의 기준을 제공한다.

> ■ **의무론**: 행위의 옳음을 결정하는 법칙이 있고, 이 법칙에 따라 행동하는 것이 인간의 의무이자 선을 실천하는 행위라고 보는 입장
>
> ■ **공리주의**: 최대 다수의 최대 행복의 실현이 윤리적 행위의 목적이 되며 쾌락과 행복을 가져다주는 행위는 옳은 행위이고, 고통과 불행을 가져다주는 행위는 그릇된 행위라는 입장
>
> ■ **덕 윤리**: 도덕 법칙이나 원리보다 행위자의 내면적 도덕성이나 성품을 강조하는 윤리 이론

ⓒ 실천 윤리학
- 이론 윤리학을 활용하여 현대 사회의 다양한 윤리 문제를 해결하는 데 목표를 둔 학문이다. → 실천적 성격
- 다양한 분야의 학문을 함께 탐구한다. → 학제적 성격
- 아리스토텔레스는 윤리학을 실천 학문으로 분류하였다.

ⓒ 이론 윤리학과 실천 윤리학의 관계
- 이론 윤리학은 윤리적 행위의 근본 원리를 밝히는 것이고, 실천 윤리학은 다양한 윤리 문제를 해결하고자 하는 것이다.
- 실천 윤리학은 이론 윤리학을 활용하여 윤리 문제 해결의 토대를 제공한다.

③ 실천 윤리학의 등장 배경 및 필요성

등장 배경	• 현대 사회는 과학 기술의 급속한 발달로 새로운 윤리적 쟁점과 딜레마 상황을 야기함 • 시대의 변화에 따라 정치·경제·사회·문화 등 다양한 영역에서 새로운 윤리 문제에 대한 해결책이 요구됨 • 과학 기술 및 정보 통신, 환경, 생명 의료, 가정 등에서 발생하는 윤리 문제에 대하여 전통 윤리의 틀만으로는 해결하기가 어려워짐
필요성	• 이론적 토대보다는 문제 해결에 직접적으로 또는 일차적으로 관심을 기울이는 실천 윤리학의 필요성이 요구됨 • 실천 윤리학은 윤리적 쟁점의 성격과 의미를 분명히 밝히고, 최선의 대안을 모색하고 정당화함으로써 문제 해결에 기여함

(3) 현대 사회의 윤리 문제

① 현대 사회에 등장한 윤리 문제의 특징
ⓒ 전 지구적으로 영향을 끼칠 수 있고 미래 세대까지 위협할 수 있어서 파급 효과가 광범위하다.
ⓒ 윤리 문제의 원인이 되는 대상이 누구인지 판단하기 어려워 책임 소재가 불분명한 경우가 많다.

② 현대 사회의 다양한 윤리적 쟁점
ⓒ 생명 윤리

핵심 문제	인공 임신 중절, 자살, 안락사, 뇌사, 생명 복제, 동물 실험과 동물의 권리 등 삶과 죽음 및 생명의 존엄성에 대한 문제
사례	'낙태, 안락사 등을 허용해야 하는가?', '생명에 관한 자기 결정권이 인간에게 주어져 있는가?' 등

ⓒ 성과 가족 윤리

핵심 문제	사랑과 성의 관계, 성차별과 양성평등, 성의 자기 결정권, 성 상품화, 결혼의 윤리적 의미, 부부 윤리, 가족 해체 현상, 노인 소외 등에 대한 문제
사례	'성을 상품화해도 되는가?', '가족의 윤리적 의미는 무엇인가?' 등

ⓒ 사회 윤리

핵심 문제	직업 윤리, 공정한 분배 및 처벌, 사형제 존폐 여부, 우대 정책과 역차별, 시민 참여와 시민 불복종 등에 대한 문제
사례	'공정한 분배의 기준은 무엇인가?', '시민 불복종을 정당화할 수 있는 조건은 무엇인가?', '사회 참여는 시민의 의식인가?' 등

ⓒ 과학 기술과 정보 윤리

핵심 문제	과학자의 사회적 책임, 과학 기술의 가치 중립성에 대한 논쟁, 사이버 공간에서의 표현의 자유 허용 범위, 사이버 따돌림, 사이버 공간에서의 자아 정체성 등에 대한 문제
사례	'과학 기술은 가치 중립적인가?', '사이버 공간에서의 자아 정체성은 현실 공간에서와 동일한가?' 등

ⓒ 환경 윤리

핵심 문제	미래 세대에 대한 책임, 기후 변화에 따른 윤리적 문제, 생태계의 지속 가능성에 대한 문제
사례	'인간 중심주의 윤리로 환경 문제를 해결할 수 있는가?', '환경 보전과 개발은 양립 가능한가?' 등

ⓒ 문화 윤리

핵심 문제	다문화 사회에서 발생하는 문제, 대중문화의 상업화에 따른 선정성과 폭력성, 의식주와 관련한 윤리 문제
사례	'예술이 윤리적 지도를 따라야 하는가?', '윤리적 소비는 왜 필요한가?', '문화의 다양성을 존중하는 것과 보편 윤리를 인정하는 것은 양립 가능한가?' 등

ⓒ 평화 윤리

핵심 문제	민족의 정체성과 민족 통합, 세계화와 지역화, 국제 분쟁, 해외 원조 등
사례	'지구촌 시대에 민족 정체성은 어떤 의미인가?', '왜 통일을 해야 하는가?', '원조는 의무인가, 자선인가?' 등

2 현대 윤리 문제에 대한 접근

● 해결 Point ●

동양과 서양의 여러 가지 윤리적 접근 방법에 대한 이해를 확인하는 문제가 자주 출제되고 있다. 공자, 맹자, 장자, 칸트, 벤담, 밀 등 사상가들에 대해 묻는 문제도 자주 나오므로 해당 내용을 확실하게 기억해 두어야 한다.

● 대표 문제 유형 ●

❖ 다음에서 강조하는 윤리적 접근은?
❖ 다음에서 설명하는 사상가는?

(1) 동양 윤리의 접근

① 유교 윤리적 접근
  ㉠ 개요
    • 현실에서 나타나는 삶의 문제를 중요시함
    • 지속적인 수양을 통한 도덕적 인격 완성과 도덕적 이상 사회의 실현을 추구
  ㉡ 특징
    • 도덕적 인격 완성의 중시

공자	인간에 대한 사랑인 인(仁)을 타고난 내면적 도덕성으로 보았으며, 인을 실천하기 위해 효도하고 우애 있게 지내자는 효제(孝悌), 다른 사람을 배려하자는 충서(忠恕) 등 제시
맹자	누구에게나 주어져 있다는 선한 마음인 사단(四端)을 바탕으로 수양하면 도덕적으로 완성된 인간인 성인(聖人)과 군자(君子)가 된다고 주장

> ■ 맹자의 사단(四端)
> • 측은지심(惻隱之心): 남을 불쌍히 여기는 마음
> • 수오지심(羞惡之心): 자신의 잘못을 부끄러이 여기고, 남의 잘못을 미워하는 마음
> • 사양지심(辭讓之心): 겸손하고 양보하는 마음
> • 시비지심(是非之心): 옳고 그름을 가리는 마음

    • 도덕적 공동체의 추구
      – 정명(正名): 공자는 사회 구성원 각자가 자신의 역할과 신분에 맞는 덕을 실현해야 한다고 강조
      – 대동사회(大同社會): 모두가 더불어 잘 사는 사회로, 유교에서 제시한 이상 사회
      – 오륜(五倫): 인간관계에서 지켜야 할 다섯 가지 의무

    • 인간과 자연의 조화 추구
      – 천인합일(天人合一) 사상: 하늘과 사람은 하나라고 봄
  ㉢ 시사점
    • 현대 사회의 도덕적 해이 현상 극복에 도움
    • 인간성 상실 문제나 이기주의 극복에 기여
    • 천인합일 사상으로 생명의 소중함과 환경 보호에 기여

② 불교 윤리적 접근
  ㉠ 개요
    • 모든 존재와 현상에는 원인[因]과 조건[緣]이 있어, 이것이 결합하여 상호 의존한다는 연기(緣起)적 세계관 강조
    • 연기를 깨달으면 자기가 소중하듯 남도 소중하다는 자비(慈悲)의 마음이 생김
  ㉡ 특징
    • 평등적 세계관: 모든 존재는 깨달음을 얻어 부처가 될 가능성을 말하는 불성(佛性)이 있으므로 모두 평등함
    • 깨달음의 실천: 진리를 깨닫고 자비를 실천하면 열반 또는 해탈이라는 이상적 경지에 도달할 수 있음
    • 이상적 인간상: 대승불교는 깨달음을 얻어 중생을 구제하고자 하는 이상적 인간상으로 '보살(菩薩)'을 제시
  ㉢ 시사점
    • 참선과 같은 수행을 통해 내면을 성찰하고 마음의 평화를 얻을 수 있음
    • 생명 경시 풍조와 환경 파괴 문제에 대해 경계할 수 있음
    • 자비를 통해 보편적 인류애를 실천하도록 해 줌

③ 도가 윤리적 접근
  ㉠ 개요
    • 사회 혼란은 인간의 인위적인 규범과 제도로부터 옴
    • 자연의 순리에 따르는 삶 강조
  ㉡ 특징
    • 우주 만물의 근원인 도(道)에 따라 인위적으로 강제하지 않고 자연스러움을 따르는 무위자연(無爲自然)의 삶 강조
    • 인위적으로 강제하지 않고 무위(無爲)의 다스림이 이루어지는 이상 사회로 소국과민(小國寡民)을 제시

- 평등적 세계관(장자)
  - 제물(齊物): 세상 만물을 차별하지 않고 한결같이 바라보는 상태
  - 심재(心齋; 마음을 비워 깨끗이 함)와 좌망(坐忘; 조용히 앉아 자신을 구속하는 일체의 것들을 잊어 버림)을 통해 절대 자유의 경지인 소요유(逍遙遊)에 이름
- 이상적 인간상: 도를 깨달아 모든 차별이 소멸된 정신적 자유의 경지에 이른 지인(至人), 진인(眞人), 신인(神人) 등 제시
- ⓒ 시사점
  - 세속적 가치에 대한 욕망에서 벗어나 내면의 자유로움을 추구
  - 인간을 자연의 일부로 봄으로써 환경 문제 해결에 도움
  - 평등적 세계관을 통해 다양한 윤리 문제에 도움을 줌

(2) 서양 윤리의 접근

① 의무론적 접근
- ㉠ 의의
  - 언제 어디서나 인간이 따라야 할 행위의 보편 법칙이 있으며, 인간의 행위가 이 법칙을 따르면 옳고 따르지 않으면 그르다고 본다.
  - 행위의 결과를 고려하기보다 보편타당한 법칙에 따를 것을 요구한다.
- ㉡ 자연법 윤리

개요	• 인간의 본성에 근거하는 절대적인 법으로, 모든 인간에게 자연적으로 주어진 보편적인 법을 말함 • 실정법과 대비되는 개념으로 언제 어디서나 유효하며, 보편적이고 불변적인 법칙이 있다고 봄
대표 학파	• 스토아학파: 자연법 윤리의 기초를 제시했으며, 인간은 누구나 자연법을 파악할 수 있는 이성을 지니고 있으므로 모든 인간은 동등하게 대우받아야 한다고 주장함 • 토마스 아퀴나스의 자연적 질서: 인간이 본성적으로 지니는 자연적 성향으로 자기 보존, 종족 보존, 신과 사회에 대한 진리의 파악을 제시
윤리적 의사 결정 과정	• '선은 행하고 악은 피하라.'라는 윤리를 핵심 명제로 강조 • 자연의 질서에 어긋나는지, 부합하는지를 검토하도록 함

의의	자연법 윤리는 자연적 성향으로부터 생명의 불가침성 및 존엄성, 인간 양심의 자유, 만민 평등 등의 자연법적 권리를 도출함
한계	• 도덕적 판단이 서로 다른 사람들 간의 문제를 해결할 방안이 없음 • 행위의 자유로운 선택을 제한할 수 있음

- ㉢ 칸트 윤리

개요	• 칸트: 의무론적 접근의 대표적인 사상가
	• 도덕성의 판단에 있어 행위의 결과보다 동기를 중시
	• 오로지 의무 의식에서 나온 행위만이 도덕적 가치를 지닌다고 봄
	• 도덕 법칙: 이성적이고 자율적인 인간은 보편적인 도덕 법칙을 의식할 수 있다고 보았으며, 도덕 법칙은 정언 명령의 형식을 띠고 있음
	• 정언 명령
	  – 네 의지의 준칙이 언제나 동시에 보편적 입법의 원리가 되도록 행위하라.
	  – 너 자신에게나 다른 사람에게 있어서 인격을 언제나 동시에 목적으로 대우하고 수단으로 대우하지 말라.

윤리적 의사 결정 과정	• 칸트는 보편화 가능성과 인간 존엄성을 중시함 • 어떤 준칙이 도덕 법칙이 될 수 있는지 검토하기 위해 먼저 해당 준칙을 보편 진술로 바꾼 후에 그 진술을 보편화 가능성과 인간 존엄성의 관점에서 검토함 • 진술이 그 검토를 통과하면 도덕 법칙으로 받아들이고 통과하지 못하면 거부함
시사점과 한계	• 시사점: 칸트는 보편화 가능성과 인간 존엄성에 부합하는 도덕 법칙을 준수할 것을 강조했으며, 칸트의 사상은 인간 존엄성의 이념과 보편 윤리의 중요성을 인식시키는 데 기여함 • 한계: 형식만을 제공하여 행위의 구체적인 지침을 제공하지 못한다는 비판이 제기됨. 또한 의무가 충돌할 경우 도덕적 판단을 내리기 어려움

■ **칸트의 의무 의식**

인간에게는 '나는 무엇을 해야만 하는가?'라는 질문에 대답하는 이성이 있다. 그것이 바로 실천 이성이다. 실천 이성은 우리 마음속에 있는 의무 의식이다. 의무 의식에 따라 행동의 결과에 관계없이 규칙을 따라야 한다. 예를 들어 주위에 굶주리는 사람이 있다고 하자. 단지 동정심이 일어서, 남을 돕는 게 좋아서 돕는 일은 참된 도덕적 행동이 아니다. 동정심도 없고 기쁨도 얻지 못하지만 도와야 한다는 의무 의식에 따라 남을 돕는 행위가 참된 도덕적 행동이다.

> **■ 정언 명령과 가언 명령**
> 행위의 결과와 상관없이 행위 자체가 선(善)이기 때문에
> 무조건 수행해야 하는 도덕적 명령이다. '예로써 부모님
> 을 공경하라, 거짓말하지 말라.'는 정언 명령이다. 이와
> 비교하여 '성공하려면 거짓말하지 말라.'와 같이 조건이
> 붙는다면 가언 명령이다. 따라서 칸트에 따르면 가언 명
> 령은 도덕 법칙이 될 수 없다.

② 공리주의적 접근

　㉠ 의의

　　• 인간은 누구나 쾌락을 추구하고 고통을 피하려는 존
　　재로, 행위의 결과가 가져다주는 쾌락과 행복을 중
　　시한다.

　㉡ 공리주의의 행위 기준

　　• 쾌락과 행복을 가져다주는 행위는 옳은 행위이고,
　　고통과 불행을 가져다주는 행위는 그릇된 행위이다.

　　• 공리주의의 기본적 관심은 유용성의 추구이다.

　㉢ 벤담과 밀의 공리주의

벤담	• 행위의 선악은 그 행위의 결과에 의해 판단할 수 있다고 봄 • 최대 다수의 최대 행복: 사회는 개인의 집합체이므로 개인의 행복과 사회 전체의 행복은 연결되어 있고 따라서 더 많은 사람이 행복을 누리는 것이 바람직함 • 쾌락은 질적으로 동일하며, 양적 차이만 있어서 쾌락을 계산할 수 있다고 봄
밀	• 쾌락의 양뿐만 아니라 질적인 차이도 고려해야 한다고 봄 • 감각적 쾌락보다 정신적 쾌락이 우위에 있다고 주장함

　㉣ 행위 공리주의와 규칙 공리주의

　　• 행위 공리주의: 행위의 결과를 중시하며, 유용성을
　　먼저 계산한 후 최대의 유용성을 산출할 대안을 선택
　　한다.

　　• 규칙 공리주의: 행위에 적용되는 규칙의 결과를 중시
　　하며, 더 큰 유용성을 산출하는 규칙을 따라야 한다.

　㉤ 공리주의의 장단점

　　• 장점: 다수결의 원리와 연결되어 근대 민주주의의
　　성립에 기여하였다.

　　• 단점: 쾌락을 삶의 목적으로 설정해 내면적 동기에
　　소홀했으며, 다수의 이익 추구로 소수의 권익을 침
　　해하였다.

③ 덕 윤리적 접근

　㉠ 의의

　　• 아리스토텔레스의 윤리 사상적 전통을 따른다.

　　• 행위자의 품성과 덕성을 중요시한다.

　　• 의무론과 공리주의가 행위자 내면의 도덕성과 인성
　　의 중요성을 간과하며, 개인의 자유와 권리 강조로
　　공동체의 전통을 무시한다고 비판한다.

　㉡ 특징

　　• 윤리적으로 옳고 선한 결정을 하려면 유덕한 품성을
　　길러야 하며, 옳고 선한 행위를 습관화하여 자신의
　　행위로 내면화해야 한다고 주장한다.

　　• 공동체와 분리된 개인이 아니라 공동체 구성원으로
　　서의 인간의 삶에 관심을 갖는다.

　　• 매킨타이어: 개인의 자유와 선택보다는 공동체와 그
　　공동체의 전통과 역사를 중시한다.

　　• 덕 윤리가 내리는 도덕 판단은 구체적이고 맥락적 사
　　고를 반영한다.

　㉢ 시사점: 윤리학의 논의 범위를 확장하였으며, 도덕적
　　실천력을 높이는 데 기여하였다.

④ 도덕 과학적 접근

　㉠ 의의: 인간의 도덕성과 윤리적 문제를 과학에 근거하
　　여 탐구하는 방식이다.

　㉡ 신경 윤리학과 진화 윤리학

신경 윤리학	• 도덕 판단 과정에서 이성과 정서의 역할, 인간의 자유 의지나 공감 능력 등을 과학적 방법으로 측정하여 입증하려 함
진화 윤리학	• 도덕성을 진화의 관점에서 설명 → 인간의 이타적 행동 및 도덕적 성품은 자연 선택을 통한 진화의 결과 • 인간이 이타적인 행위를 하는 이유 → 자신의 생존과 번식, 유전자의 복제에 도움을 주기 때문이라고 주장

　㉢ 시사점

　　• 인간의 도덕성과 그 윤리적 문제에 대한 새로운 해석
　　을 통해 이해의 폭을 넓혀 주었다.

　　• 도덕적 판단과 행동의 과정, 도덕성의 형성 요인 등
　　에 대한 과학적 해명에 도움을 주었다.

　　• 현대 사회의 다양한 윤리 문제를 해결하는 데 있어서
　　인간의 이성뿐만 아니라 정서적인 측면과 신체적인
　　부분까지 다양한 부분을 통합적으로 고려해야 한다
　　고 하였다.

3 윤리 문제에 대한 탐구와 성찰

(1) 도덕적 탐구의 의미와 방법

① 도덕적 탐구의 의미와 특징
  ㉠ 의미: 도덕적 사고를 통해 도덕적 의미를 새롭게 구성하는 지적 활동이다.
  ㉡ 특징
    • 현실 문제를 해결할 때 당위적 차원에 주목하여 가치와 규범의 탐구에 집중하고 도덕적인 실천을 중요시한다.
    • 윤리적 딜레마를 활용한 도덕적 추론으로 이루어진다.
    • 이성적 사고뿐만 아니라 정서적 측면도 함께 고려한다.

  > ■ **도덕적 딜레마**: 두 가지 이상의 도덕적 의무와 도덕 원칙 사이에 갈등과 충돌이 전개되는 상황을 말한다.

② 도덕적 탐구의 중요성과 방법
  ㉠ 도덕적 탐구의 중요성
    • 도덕적 탐구를 통해 다양한 윤리 문제를 해결하고 올바른 윤리적 가치관을 정립할 수 있다.
    • 역지사지의 태도를 기를 수 있다.
  ㉡ 도덕적 탐구 방법의 단계

  > **❶ 윤리적 쟁점 또는 딜레마 확인**
  >
  > 윤리적 쟁점이나 딜레마를 발생시키는 문제의 확인을 파악하기 위해 관련된 사람들의 문제, 문제가 발생하는 이유 등 검토

  ▼

  > **❷ 자료의 수집 및 분석**
  >
  > 윤리적 쟁점 및 딜레마에 여러 사항이 관련되어 있을 경우, 이를 정확히 이해하고 해결하기 위한 자료 수집

  ▼

  > **❸ 입장의 채택과 정당화의 근거 제시**
  >
  > • 역할 교환 탐색: 도덕 원리를 자신의 입장에 적용했을 때에도 그 결과를 받아들일 수 있는지 알아보는 방법
  > • 보편적 가능성 탐색: 채택한 입장이 다른 유사한 상황에 있는 모든 행위자에게 보편적으로 적용할 수 있는가 탐색

  ▼

  > **❹ 최선의 대안 도출**
  >
  > 제시된 해결책의 장단점을 비교하는 토론 과정을 거쳐 윤리적 쟁점 또는 딜레마 해결을 위한 최선의 대안 마련

  ▼

  > **❺ 반성적인 성찰**
  >
  > 참여 태도, 배운 점, 달라진 생각과 그 이유 등에 대해 반성하고 정리

③ 도덕적 추론
  ㉠ 도덕적 추론의 의미와 필요성
    • 주어진 상황에서 무엇이 옳은지, 어떤 행동을 해야 하는지에 대해 결정하는 사고 과정이다.
    • 도덕적 탐구 과정에서 옳고 그름을 판단하는 '도덕 원리'와 참과 거짓을 구분하는 '사실 판단'을 근거로 논리적인 과정을 통해 올바른 '도덕 판단'을 내리는 과정이 필요하다.
  ㉡ 도덕적 추론의 과정과 예
    • 도덕 원리(원리의 근거): "법을 준수해야 한다."
    • 사실 판단(사실 근거): "무단횡단은 법을 어기는 행동이다."
    • 도덕 판단(결론): "무단횡단을 해서는 안 된다."
  ㉢ 도덕적 추론의 기술과 물음(로버트 피셔, 『사고하는 방법』)
    • 감정 이입: 타인과 입장 바꾸어 생각하기
       만약 내가 저런 상황에 처한다면 어떤 기분일까?
    • 가설적 추론: 대안 가능성 고려
       어떤 대안이 있는가?
    • 정당한 근거 제시: 근거 제시를 통한 판단의 뒷받침
      예 근거가 무엇인가? 이것이 정당한 이유인가?

- 보편화 가능성: 자기 입장의 보편화 가능성 탐색
  - 예 유사한 상황에서 모두에게 적용할 수 있는가?
- 결과 예측: 어떤 행동이 초래할 결과 예상
  - 예 ~한다면 어떤 결과를 초래할까?
- 일관성의 검증: 대안과 신념의 일관성
  - 예 그 행동이 신념과 일치하는가?
- 이상적 세계의 기획: 사회적 차원의 도덕적 이상 설계
  - 예 그곳이 내가 살고 싶은 세계인가?
- 이상적 자아의 설계: 자기 자신에 대한 도덕적 관점 고려
  - 예 나는 어떤 사람이 되고 싶은가?

(2) 윤리적 성찰과 실천

① 윤리적 성찰

  ㉠ 윤리적 성찰의 의미
  - 성찰은 자신의 경험, 자아 정체성, 세계관, 삶의 목적 및 이상 등에 대해 스스로 평가하고 반성하는 것을 의미한다.
  - 생활 속에서 자신의 마음가짐, 행동 또는 가치관과 정체성에 대하여 윤리적 관점에서 깊이 반성하고 살피는 태도를 말한다.

  ㉡ 윤리적 성찰의 중요성
  - 자신의 존재를 자각함으로써 올바른 삶을 살 수 있다.
  - 도덕적인 앎과 실천 간의 간격을 좁히고 인격을 함양하는 데 도움을 준다.
  - 스스로를 비판적으로 성찰하고 불완전함을 보완하여 올바른 가치관을 형성하는 데 도움을 준다.

② 동서양의 윤리적 성찰의 방법

유교	• 일일삼성(一日三省): 증자가 주장한 내용으로 하루에 세 번 돌아본다는 뜻으로, 날마다 자신의 행동을 반성하고 개선하라는 뜻 • 거경(居敬): 유학에서 강조하는 거경은 늘 한 가지를 주로 하고 다른 것으로 옮김이 없이, 심신이 긴장되고 순수한 상태를 유지함으로써 덕성을 함양하는 수양을 의미함 • 신독(愼獨): 혼자 있어도 도리에 어긋나는 행동을 하지 않는다는 뜻
불교	• 참선: 무엇이 참된 삶인지 깨닫고 자신 안에 내재한 맑은 본성을 찾아 바르게 살아가기 위해 하는 수행법
소크라테스	• 산파술: 끊임없는 질문을 통해 자신의 무지를 자각하고 성찰할 수 있도록 하는 방법 • 반성하지 않는 삶은 살 가치가 없다(반성적으로 검토하는 삶이 중요함을 강조). • 너 자신을 알라.

아리스토텔레스	• 중용: 마땅한 때에 마땅한 일에 대해 마땅한 사람에게 마땅한 동기로 느끼거나 행하는 태도 • 아리스토텔레스는 중용을 통해 자신의 행위와 태도를 성찰하고, 비도덕적 행위에 대한 반성을 강조함

③ 도덕적 토론

  ㉠ 토론의 필요성: 당면 문제에 대해 상대방과 서로 입장 차이를 좁히면서 최선의 해결책을 모색하는 과정으로, 개인의 성찰뿐 아니라 공동체적 차원의 성찰로 이끌어 줄 수 있다.

  ㉡ 토론의 과정
  - 주장하기: 자신의 주장에 대한 근거를 찾고 자신의 주장을 근거와 함께 발표함
  - 반론하기: 상대방이 하는 주장의 오류나 부당성을 밝힘
  - 재반론하기: 상대방의 반론이 옳지 않음을 밝히거나 자신의 주장을 뒷받침할 더 많은 근거를 제시함
  - 반성과 정리하기: 상대방의 반론을 참고하여 각자의 주장을 반성하고 자신의 최종 입장을 발표함

④ 윤리적 실천

  ㉠ 도덕적 탐구와 윤리적 성찰, 윤리적 실천과의 관계
  - 먼저 도덕적 탐구와 윤리적 성찰을 조화시키며, 이를 바탕으로 윤리적 실천이 이루어져야 한다.
  - 탐구와 성찰을 윤리적 실천으로 옮겨 도덕적으로 옳은 것을 행하도록 해야 한다.

  ㉡ 윤리적 실천을 위한 자세
  - 윤리적 실천을 위한 도덕적 습관을 기른다.
  - 선의지를 강화해야 한다.

  ㉢ 윤리적 실천의 방법: 좌우명 만들어 실천하기, 일기를 쓰기 등

출제 예상 문제

01 다음 중 윤리와 윤리학에 대한 설명으로 옳지 <u>않은</u> 것은?

① 윤리는 인간이 살아가면서 지켜야 할 도덕적 행동의 기준이다.
② 윤리학은 도덕적 행동의 기준이나 규범을 탐구하는 학문이다.
③ 동양에서는 인간관계의 이치와 도리를 이해하고 실천하는 데 관심을 보인다.
④ 서양에서의 윤리는 이성적 사고 능력을 나타내는 로고스(logos)에서 유래하였다.

02 윤리학에 대한 설명으로 옳지 <u>않은</u> 것은?

① 윤리학은 가치 있는 삶의 방향을 제시해 준다.
② 인간의 도덕적 행위 자체가 주된 탐구 대상이다.
③ 도덕적 행위가 갖추어야 할 조건과 기준이 무엇인지 탐구한다.
④ 아리스토텔레스는 윤리학을 이론 학문으로 분류하였다.

03 다음 중 규범 윤리학에 대한 설명으로 옳은 것은?

① 윤리학의 학문적 성립 가능성을 모색한다.
② 도덕적 관습이나 풍습 등을 경험적으로 조사하고 기술한다.
③ 인간이 어떻게 행동해야 하는가에 대한 보편적인 원리를 탐구한다.
④ "어째서 살인을 해서는 안 되는가?"와 같은 질문에 대한 답변을 제시한다.

04 다음의 ㉠과 ㉡에 들어갈 말로 옳은 것은?

> (㉠)은/는 특정 원리가 윤리적 행위를 위한 근본 원리로 성립할 수 있는지를 연구한다. (㉡)은/는 시대가 변화함에 따라 정치·경제·사회·문화 등 다양한 영역에서 새로운 윤리 문제에 대한 해결책의 요청에 따라 대두되었다.

	㉠	㉡
①	의무론	공리주의
②	공리주의	의무론
③	실천 윤리학	이론 윤리학
④	이론 윤리학	실천 윤리학

05 실천 윤리학의 등장 배경에 대한 설명으로 옳지 <u>않은</u> 것은?

① 윤리적 행위의 근본 원리를 밝히는 데 실천 윤리학의 1차적 관심이 있다.
② 윤리적 쟁점의 성격과 의미를 분명히 밝히고, 최선의 대안을 모색하기 위해 필요하다.
③ 정치·경제·사회·문화 등 다양한 영역에서 새로운 윤리 문제에 대한 해결책이 요구되었다.
④ 과학 기술 및 정보 통신 영역에서 발생하는 윤리 문제에 대해 전통 윤리로는 해결하기가 어려워졌다.

06 다음 내용과 관련 있는 윤리학은?

> 의무론, 공리주의, 덕 윤리

① 실천 윤리학
② 이론 윤리학
③ 메타 윤리학
④ 환경 윤리학

07 실천 윤리학에 대한 설명으로 옳지 <u>않은</u> 것은?

① 문제 해결에 직접적으로 관심을 기울인다.
② 대부분의 윤리 문제는 전통 윤리를 기반으로 해결할 수 있다.
③ 윤리적 쟁점의 성격과 의미를 밝히고, 최선의 대안을 모색한다.
④ 다양한 영역의 새로운 윤리 문제에 대한 해결책으로 등장하게 되었다.

08 다음 중 실천 윤리의 주제와 관련된 설명으로 옳지 <u>않은</u> 것은?

① 문화 윤리는 예술, 종교, 의식주와 관련된 윤리 문제를 다룬다.
② 정보 윤리는 사이버 공간에서 어떻게 행동할 것인지에 주목한다.
③ 환경 윤리는 자연에 대한 인간의 올바른 인식과 환경 문제 해결에 관심을 갖는다.
④ 생명 윤리에서는 동성애자와 성전환자 등의 성적 소수자의 생명 존엄성을 다룬다.

09 다음 주제들을 다루는 실천 윤리학의 분야로 가장 적절한 것은?

> 낙태, 자살, 안락사, 뇌사

① 생명 윤리
② 정보 윤리
③ 환경 윤리
④ 성과 가족 윤리

10 다음 문제와 관련된 실천 윤리학의 분야는?

> 과학 기술의 가치 중립성, 사회적 책임, 정보 기술 발달, 환경 문제

① 문화 윤리
② 과학 윤리
③ 평화 윤리
④ 직업 윤리

11 ㉠과 ㉡에 들어갈 말로 옳은 것은?

> 예술, 종교, 의식주와 관련된 윤리는 (㉠)이고, 민족의 정체성과 민족 통합과 관련된 윤리는 (㉡)이다.

	㉠	㉡
①	문화 윤리	사회 윤리
②	평화 윤리	문화 윤리
③	사회 윤리	환경 윤리
④	문화 윤리	평화 윤리

12 유교 윤리에 대한 설명으로 옳지 <u>않은</u> 것은?

① 현실에서 나타나는 삶의 문제를 중요시하였다.
② 이상 사회로 소국과민(小國寡民)을 제시하였다.
③ 인(仁)을 실천하기 위해 효제(孝悌)와 충서(忠恕) 등을 제시하였다.
④ 하늘과 사람은 하나라고 보는 천인합일(天人合一) 사상을 제시하였다.

13 동양 윤리에 대한 설명 중 옳지 <u>않은</u> 것은?

① 유교 윤리에서는 인(仁)을 타고난 내면적 도덕성으로 보았다.
② 불교 윤리에서는 모든 생명은 불성(佛性)이 있으므로 모두 평등하다고 하였다.
③ 도가 윤리에서는 사단(四端)을 바탕으로 수양하면 도덕적으로 완성된 인간이 된다고 하였다.
④ 유교 윤리에서는 모두가 더불어 잘 사는 사회인 대동사회(大同社會)를 이상 사회로 제시하였다.

14 다음 설명과 관련 있는 윤리적 접근 방법은?

> • 보편타당한 법칙에 따를 것을 요구한다.
> • 법칙을 따르면 옳은 행위이다.

① 의무론적 접근
② 결과론적 접근
③ 도덕 법칙 접근
④ 공리주의적 접근

15 칸트 윤리에 대한 설명으로 옳지 <u>않은</u> 것은?

① 보편화 가능성과 인간 존엄성을 중시한다.

② 인간의 본성에 근거하는 절대적인 법을 중시하였다.

③ 이성적이고 자율적인 인간은 보편적인 도덕 법칙을 의식할 수 있다고 보았다.

④ "네 의지의 준칙이 언제나 동시에 보편적 입법의 원리가 되도록 행위하라."라고 하였다.

16 다음과 같은 주장을 펼친 학파나 철학자는?

> 인간은 누구나 자연법을 파악할 수 있는 이성을 가지고 있으므로 모든 인간은 동등하게 대우받아야 한다.

① 칸트
② 벤담
③ 스토아학파
④ 토마스 아퀴나스

17 공리주의에 대한 설명 중 옳지 <u>않은</u> 것은?

① 행위 공리주의는 행위의 결과를 중시한다.

② 공리주의는 다수결의 원리와 연결되어 근대 민주주의의 성립에 기여하였다.

③ 규칙 공리주의는 유용성을 먼저 계산한 후 최대의 유용성을 산출할 대안을 선택한다.

④ 밀(Mill, J. S.)은 쾌락의 양뿐만 아니라 질적인 차이도 고려해야 한다는 질적 공리주의를 주장하였다.

18 다음 설명에 해당하는 사상가는?

> 그는 인생의 목적은 '최대 다수의 최대 행복'의 실현에 있으며 쾌락을 조장하고 고통을 방지하는 능력이야말로 모든 도덕과 입법의 기초 원리라고 하는 공리주의를 주장하였다.

① 밀
② 벤담
③ 아리스토텔레스
④ 토마스 아퀴나스

19 다음과 관련 있는 윤리적 접근과 사상가를 바르게 연결한 것은?

> • 덕을 함양한 사람이 할 법한 판단과 행위의 실천에 관심을 갖는다.
> • 훌륭한 성품이 당면한 윤리 문제를 해결하는 데 도움이 된다.

① 의무론 – 벤담
② 규칙 공리주의 – 밀
③ 행위 공리주의 – 벤담
④ 덕 윤리 – 아리스토텔레스

20 윤리학의 도덕 과학적 접근에 대한 내용으로 옳지 <u>않은</u> 것은?

① 인간의 도덕성과 그 윤리적 문제에 대한 과학적 해명에 도움을 주었다.

② 신경 윤리학은 도덕 판단 과정에서의 이성과 정서의 역할을 과학적 방법으로 입증하려 한다.

③ 윤리 문제를 해결하는 데 있어 인간의 이성을 가장 중요하게 고려해야 한다는 것을 강조하였다.

④ 진화 윤리학은 인간의 이타적 행동 및 도덕적 성품이 자연 선택을 통한 진화의 결과라고 주장한다.

21 다음 ㉠에 들어갈 말로 가장 적절한 것은?

> 도덕적 탐구는 도덕적 딜레마를 활용한 (㉠)(으)로 이루어진다.

① 사실 판단
② 도덕 판단
③ 도덕 원리
④ 도덕적 추론

22 도덕적 탐구 방법의 단계를 순서대로 바르게 나열한 것은?

① 윤리적 쟁점 확인 → 자료 수집 및 분석 → 입장 채택 → 최선의 대안 도출 → 반성 및 정리

② 자료 수집 및 분석 → 윤리적 쟁점 확인 → 반성 및 정리 → 입장 채택 → 최선의 대안 도출

③ 윤리적 쟁점 확인 → 입장 채택 → 자료 수집 및 분석 → 최선의 대안 도출 → 반성 및 정리

④ 최선의 대안 도출 → 반성 및 정리 → 입장 채택 → 자료 수집 및 분석 → 입장 채택 → 윤리적 쟁점 확인

23 토론의 과정 중 다음 괄호의 ㉠~㉣에 들어갈 말로 옳은 것은?

> • (㉠): 자신의 주장에 대한 근거를 찾고 자신의 주장을 발표한다.
> • (㉡): 상대방 주장의 오류나 부당성을 밝힌다.
> • (㉢): 상대방 반론이 옳지 않음을 밝히거나 자신의 주장을 뒷받침할 더 많은 근거를 제시한다.
> • (㉣): 상대방의 반론을 참고하여 각자의 주장을 반성하고 자신의 최종 입장을 발표한다.

① ㉠: 반성과 정리하기

② ㉡: 최선의 대안 도출

③ ㉢: 재반론하기

④ ㉣: 주장하기

24 ㉠에 들어갈 말로 옳은 것은?

> 자신의 경험, 자아 정체성, 세계관, 삶의 목적 및 이상 등에 대해 스스로 평가하고 반성하는 것을 (㉠)이라고 한다.

① 토론   ② 추론

③ 성찰   ④ 존중

25 다음 설명에 해당하는 내용으로 옳은 것은?

> • 유교 윤리에서의 성찰 방법 중 하나이다.
> • 혼자 있어도 도리에 어긋나는 행동을 하지 않는다는 뜻이다.

① 거경(居敬)

② 신독(愼獨)

③ 주일무적(主一無敵)

④ 일일삼성(一日三省)

2 생명과 윤리

핵심 키워드 | 출생, 죽음, 인공 임신 중절, 생식 보조술, 자살, 안락사, 뇌사, 생명 복제, 유전자 치료, 배아 복제, 개체 복제, 동물 실험, 사랑의 4요소, 성차별, 자기 결정권, 부부 윤리, 가족 윤리

1 삶과 죽음의 윤리

● 해결 Point ●

낙태나 안락사 등의 주제에 대해 찬성과 반대 논거로 적절한 것을 찾는 문제나, 반대로 토론 내용을 보고 주제를 고르는 문제가 자주 출제된다. 삶과 죽음에 대한 여러 문제들을 확인하고 어떤 쟁점이 있는지, 찬성과 반대 입장의 근거에는 어떤 것들이 있는지 확인해 두어야 한다.

● 대표 문제 유형 ●

❖ 다음 사상가가 삶과 죽음에 대해 강조하는 윤리적 태도로 가장 적절한 것은?
❖ 안락사에 반대하는 입장의 근거를 〈보기〉에서 고른 것은?

(1) 출생과 죽음의 의미와 삶의 가치

① 출생의 윤리적 의미

　㉠ 자연적 성향의 실현: 임신과 출산을 통해 현실 세계에 나오게 되며, 자신의 자식을 낳아 종족을 보존하고자 한다.

　㉡ 도덕적 주체로서의 시작: 자신의 행위를 스스로 결정하고 책임지는 도덕적 주체로서의 시작은 한 인간의 삶의 출발점이다.

　㉢ 사회적 존재로서의 시작: 출생과 함께 사회적 지위를 얻어 가족 및 사회 구성원으로서의 삶을 시작한다.

② 죽음의 윤리적 의미와 삶의 가치

　㉠ 죽음에 대한 동양 사상의 견해

유교 사상	• 죽음을 자연의 과정이라 여기면서도 애도하는 것은 마땅한 것으로 여김 • 공자: 죽음보다는 현실의 윤리적 삶과 도덕적 실천에 주력해야 함
불교 사상	• 죽음은 대표적인 고통 중 하나이며 현실의 세계로부터 벗어나 또 다른 세계로 윤회(輪廻)하게 됨을 의미 – 삶과 죽음은 하나[生死一如] • 선행과 악행은 윤회 과정에서 죽음 이후의 삶을 결정함 • 죽음은 그 자체로 또 다른 삶
도가 사상	• 삶은 기(氣)가 모인 것이고 죽음은 기가 흩어지는 것 → 생사(生死)를 사계절의 변화처럼 자연스러운 것으로 파악 • 장자: 삶과 죽음은 자연적이고 필연적인 과정이므로 죽음을 슬퍼하거나 삶에 집착하지 말 것

　㉡ 죽음에 대한 서양 사상의 견해

플라톤	• 죽음은 육체로부터 벗어나 이데아(Idea)의 세계에 도달하는 과정으로 현실에서 이성적 지혜를 중요시함 • 육체적 즐거움은 사물을 있는 그대로 볼 수 없도록 지혜의 활동을 방해함
에피쿠로스	• 죽음은 원자가 흩어지는 것으로, 사람은 죽음을 경험할 수 없는 존재이므로 죽음을 두려워할 필요가 없음
하이데거	• 인간은 자기의 죽음을 알면서 죽어가는 존재임 • 죽음을 통해 인간이 유한한 존재임을 깨닫고 삶을 의미 있고 가치 있게 살 수 있음(실존주의)

> **■ 이데아**
> 플라톤 철학의 중심 개념으로, 사물의 완전하고 이상적인 원형 또는 본질을 말한다. 플라톤은 이데아를 감각 너머에 있는 실재이자 참된 존재라는 의미로 사용하였다.

　㉢ 죽음의 윤리적 의미

　　• 삶의 의미와 인간관계의 소중함을 깨닫는 계기가 됨
　　• 개인적 차원을 넘어 사회적 차원에서 중요한 의미가 있음

(2) 출생·죽음과 관련된 윤리적 쟁점

① 출생과 관련된 윤리적 쟁점

　㉠ 인공 임신 중절의 윤리적 쟁점

　　• 인공 임신 중절의 의미: 자연 분만기에 앞서서 자궁 내의 태아를 인위적으로 모체 밖으로 배출시켜 임신을 중단하는 행위

- 인공 임신 중절의 찬반 논리

찬성 (선택 옹호 주의)	• 소유권 논거: 여성은 아기 몸에 대한 소유권을 지니며 태아는 여성 몸의 일부이기 때문에 태아에 대한 권리를 가짐 • 생산 논거: 여성은 태아를 생산하므로 태아를 마음대로 할 수 있는 권리가 있음 • 자율권 논거: 여성은 자신의 삶을 자율적으로 영위할 수 있기 때문에 낙태에 관해 자유롭게 결정할 권리를 가짐 • 평등권 논거: 여성은 남성과 동등한 권리를 가져야 하는데, 이를 위해서는 낙태에 대한 결정이 자유로워야 함 • 정당방위 논거: 여성은 자기 방어와 정당방위의 권리가 있기 때문에 일정한 조건에서 낙태 권리가 있음 • 프라이버시 논거: 낙태는 여성의 사생활 문제이므로 개인의 선택임
반대 (생명 옹호 주의)	• 존엄성 논거: 모든 인간의 생명은 존엄하기 때문에 태아의 생명도 존엄함 • 무고한 인간의 신성불가침 논거: 잘못이 없는 인간을 해치는 것은 부도덕함 • 잠재성 논거: 태아는 임신 순간부터 성인으로 성장할 잠재성이 있기 때문에 인간으로서의 지위를 가짐

ⓒ 생식 보조술의 윤리적 쟁점
- 생식 보조술의 의미: 난임 부부가 자녀를 임신할 수 있게 돕는 의료 시술로 시험관 아기 시술과 인공 수정 시술이 있음
- 생식 보조술의 윤리적 문제: 대리모 출산, 비배우자 인공 수정, 생식 세포 매매 등
- 생식 보조술의 찬반 논리

찬성	• 난임 부부의 고통을 덜어 주고 행복을 증진시킴 • 출산율을 높여 사회를 존속시키는 데 기여함
반대	• 생명체의 탄생 과정에 인위적으로 개입해서는 안 됨 • 자연법 윤리의 관점에서 생명체의 탄생 과정에 인위적으로 개입하는 것은 자연의 섭리에 어긋나며 도덕적으로 옳지 않음

② 자살의 윤리적 쟁점
ⓐ 자살에 관한 윤리적 관점

유교	부모로부터 받은 신체를 훼손하지 않는 것이 효의 시작임
불교	불살생(不殺生)의 계율로 생명을 해치는 것을 금함
그리스도교	신으로부터 선물 받은 목숨을 스스로 끊어서는 안 됨
자연법 윤리	• 자살은 자연적 성향인 자기 보존의 의무를 다하지 않는 것임 • 자살은 공동체를 훼손하며 신을 거스르는 행위임
칸트	고통스러운 상황에서 벗어나려고 자신의 목숨을 끊는 것은 인간을 수단으로 이용하는 것임
쇼펜하우어	자살은 문제를 해결하는 것이 아니라 회피하는 것이므로 옳지 않음

> ■ 불살생(不殺生)
> 불교의 다섯 가지 계율 중 첫 번째 계율로 살생을 하지 말라는 내용이다.

ⓑ 자살의 윤리적 문제
- 생명과 인격을 훼손하는 행위: 자살은 자신의 소중한 생명을 훼손하는 행위로, 인간은 어떠한 상황에서도 생명을 소중히 여겨야 한다.
- 자아실현의 가능성 차단: 삶의 일회성을 인식하지 못하고 자신의 가능성을 포기하는 일이다.
- 사회에 끼치는 부정적 영향: 타인의 삶에 슬픔과 고통 등 커다란 영향을 끼치며, 유명인의 자살은 모방 자살로 이어지는 등 사회적 문제로 발전할 수 있다.

③ 안락사의 윤리적 쟁점
ⓐ 안락사의 의미: 불치병으로 극심한 고통을 겪는 환자에게 본인 또는 가족의 요구에 따라 인위적으로 개입하여 생명을 단축하는 의료적 행위이다.
ⓑ 안락사의 구분
- 환자의 동의 여부에 따라

자발적 안락사	• 환자가 직접적으로 동의한 경우 • 환자의 선택이 이성적인 판단에 따른 것인지, 환자의 선택이라고 하여 자살을 인정할 수 있는지 논란이 됨
반자발적 안락사	• 환자의 의사에 반하는 경우 • 환자가 반대하는 상황에서 시행하는 것은 살인 행위이므로 윤리적 논의에서 제외
비자발적 안락사	• 환자의 직접적인 동의 없이 가족 혹은 국가의 요구에 의해 이루어지는 경우 • 가까운 사람이라고 해도 환자의 죽음을 결정할 권리가 있는지 문제가 됨

• 시행 방법의 적극성 여부에 따라

적극적 안락사	치사량의 약물이나 독극물 투여 등 구체적인 행위를 능동적으로 행하여 환자의 삶을 단축
소극적 안락사	죽음의 진행 과정을 일시적으로 저지하거나 목숨을 연명시킬 수 있는 의료행위를 하지 않고 자연스럽게 죽음에 이르게 하는 경우

ⓒ 안락사에 대한 찬성과 반대 입장

찬성	• 환자의 삶의 질과 자율성을 강조함 • 불치병으로 고통받는 사람에게는 어떤 방법으로 죽을 것인지 선택할 수 있는 권리가 있으므로 자기 의사에 따라 안전하고 편안하게 죽을 수 있도록 허용해야 함 • 공리주의 관점으로 환자 가족의 경제적 부담과 심리적·신체적 고통을 주는 것이 사회 전체의 이익에 부합하지 않음
반대	• 모든 사람의 생명은 소중함(생명의 존엄성 강조). • 자연법 윤리의 관점에서 생명체의 탄생 과정에 인위적으로 개입하는 것은 자연의 섭리에 어긋나며 도덕적으로 옳지 않음 • 의료인은 치료를 통해 생명을 살리는 것이 최우선 의무임

④ 뇌사의 윤리적 쟁점

㉠ 뇌사의 의미
• 뇌 활동이 회복 불가능하게 정지된 상태를 의미한다.
• 일반적인 죽음은 심장 박동이 멈추고 호흡이 멈춘 뒤 체온이 떨어지는 과정을 거치는데, 사고 등으로 심장보다 뇌의 기능이 먼저 멈추는 경우를 말한다.
• 심장과 폐 기능이 영구적으로 상실된 심폐사가 죽음을 판정하는 전통적인 기준이다.
• 우리나라에서는 장기 기증을 전제로 한 경우에만 뇌사를 죽음으로 인정한다.

■ 뇌사자와 식물인간의 구분
• 뇌사자: 대뇌, 소뇌, 뇌간의 모든 기능을 상실한 사람
• 식물인간: 호흡, 체온, 심장 박동 등 생명의 기본 기능을 담당하는 소뇌나 뇌간의 기능은 일부 유지하고 있는 사람

㉡ 뇌사의 윤리적 쟁점
• 뇌사를 죽음으로 인정하면 뇌사자의 장기를 다른 환자에게 이식할 수 있게 되면서 뇌사를 죽음의 판정 기준으로 인정해야 한다는 의견이 대두하였다.

• 뇌사의 죽음에 대한 입장

찬성	• 뇌사자가 존엄하게 죽을 수 있는 권리를 존중해야 함 • 인간의 중요한 기능을 담당하는 뇌 기능이 정지하면 인간으로서의 고유한 활동을 더 이상 수행할 수 없음 • 뇌사자의 장기로 다른 많은 생명을 살릴 수 있는 기회를 제공하며 의료 자원의 비효율성을 막을 수 있음(실용적 관점) • 치료 연장은 가족의 경제적 고통을 가져옴
반대	• 인간의 생명은 실용적 가치로 따질 수 없는 존엄함을 지님 • 심장 자체는 뇌의 명령 없이도 자발적으로 박동되기 때문임 • 뇌사 판정 과정에서 오류 가능성이 제기됨 • 남용되거나 악용될 위험성이 있음

2 생명 윤리

● 해결 Point
제시된 자료의 내용이 생명 복제, 유전자 치료, 인체 실험, 동물 실험 등 생명 윤리의 쟁점 중 무엇과 관련 있는지 묻는 문제가 자주 출제되고 있다. 시험에 자주 나오는 용어들은 그 개념을 확실히 이해해 두어야 문제를 쉽게 해결할 수 있다.

● 대표 문제 유형
❖ 다음 내용이 공통으로 비판하는 문제는?
❖ 생명 공학 발달로 인한 윤리적 문제에 해당하지 않는 것은?

(1) 생명 복제와 유전자 치료 문제

① 생명의 존엄성에 관한 윤리적 관점
㉠ 생명 과학
• 의미: 생명체가 나타내고 있는 생명 현상의 본질과 그 특성을 연구하는 학문으로 시험관 아기, 장기 이식, 신약 개발, 동식물 품종 개발, 유전병과 난치병 극복 등이 있다.
• 성과와 한계: 인류의 질병 퇴치와 생명 연장, 삶의 질 향상 등에 크게 기여하고 있으나, 다양한 문제가 발생하고 있다.

ⓒ 생명 윤리와 생명의 존엄성
- 의미: 생명을 책임 있게 다루기 위한 모든 윤리적인 고려를 말한다.
- 필요성: 주로 생명의 외적인 현상을 다루어 생명의 존엄성에 대한 근거를 밝혀 주지 못하는 생명 과학의 한계를 극복하기 위해 필요하다.
- 동서양의 생명관: 생명 윤리의 이론적 바탕이 된다.

동양	• 유교: 부모로부터 물려받은 생명은 소중히 여겨야 함 • 불교: 모든 생명은 상호 의존 관계에 있다는 연기설, 인간은 함부로 살생하지 말아야 한다는 불살생(不殺生) 주장 • 도가: 태어나고 자라는 것은 자연스러운 것으로, 인위적으로 조장하는 것은 바람직하지 않다고 주장
서양	• 의무론: 생명의 존엄성 강조 • 그리스도교: 신의 피조물인 생명은 존엄하면서도 일정한 위계를 가진다고 봄. → 자연의 질서를 중요시한 아퀴나스의 사상과 슈바이처의 생명 경외 사상으로 계승

ⓒ 생명 과학과 생명 윤리의 올바른 관계
- 생명 과학과 생명 윤리의 공통 윤리: 생명의 존엄성을 실현한다.
- 보완적 관계: 생명 윤리와 생명 과학은 상호 보완적 관계에 있다. → 생명 윤리는 생명 과학의 구체적 연구 성과를 통해 제시되어야 하며, 생명 과학은 생명 윤리의 윤리적 지침에 따라 문제를 최소화해야 한다.

② 생명 복제의 윤리적 쟁점
ⓒ 생명 복제: 같은 유전 형질을 가진 생명체를 만드는 기술
ⓒ 생명 복제의 구분: 동물 복제와 인간 복제로 구분
ⓒ 동물 복제에 대한 입장

찬성	• 인위적인 복제로나마 멸종을 막을 수 있어 생태계의 다양성이 유지됨 • 동물 복제를 통해 우수한 품종을 개발하고 유지할 수 있음 • 생명 복제의 기술을 동물 복제를 통해 발달시켜 인간에게까지 도입할 수 있음
반대	• 동물 복제는 자연의 질서에 위배되는 행위임 • 자칫 잘못하면 생태계가 교란될 수 있어 종의 다양성을 해침 • 동물의 생명이 인간의 유용성을 위한 도구로 여겨지는 윤리적 문제를 발생시킴

ⓒ 인간 복제에 대한 입장
- 배아 복제

찬성	• 복제 과정에 이용되는 배아는 아직 완전한 인간으로 보기 어려움 • 배아로부터 획득한 줄기세포를 활용해 난치병을 치료할 수 있으며 인체 조직과 장기를 복구할 수 있음
반대	• 배아 역시 초기 인간이므로 보호되어야 함 • 여성의 난자를 이용하는 것은 여성의 인권과 건강권을 훼손하는 것임

- 개체 복제

찬성	• 불임 부부가 유전적 연관이 있는 자녀를 가질 수 있음 • 복제 인간도 일반의 인간들처럼 서로 다른 선택과 경험, 환경 아래 독자적인 삶을 살아갈 수 있음
반대	• 복제를 원한 사람의 의도에 따라 복제 인간을 도구로 이용하며 인간의 존엄성이 훼손될 수 있음 • 한 사람의 체세포에서 인간이 복제된다면 인간의 상호 의존성이 파괴되고 자연스러운 출산 과정에 위배됨 • 자연의 고유한 질서를 해칠 수 있음 • 체세포와 난자를 제공한 사람과 복제 인간의 관계가 부모와 자녀인지, 형제자매인지 불분명해져 가족 관계에 혼란을 초래함 • 체세포를 제공한 사람과 유전 형질이 같기 때문에 복제된 인간은 자신만의 고유성을 갖기 어려움

■ 배아 복제와 개체 복제, 줄기세포
- 배아 복제: 배아는 수정 후 약 2주~8주 사이의 개체로, 배아의 줄기 세포를 얻기 위해 복제를 통해 배아 단계까지만 발생을 진행시키는 것이다.
- 개체 복제: 복제를 통해 새로운 인간 개체를 탄생시키는 것으로, 일반적인 인간 복제를 말할 때는 개체 복제를 뜻한다.
- 줄기세포: 아직 분화하지 않은 미성숙 세포로, 개체의 발달 시기와 위치하는 장소 등에 따라 생물체를 이루는 다양한 종류의 세포로 분화되어 나갈 수 있는 세포이다.

---

③ 유전자 치료의 윤리적 쟁점
ⓒ 유전자 치료: 생명 공학 기술을 이용하여 특정 동식물의 유용한 유전자를 다른 동식물에 삽입하여 유전자의 기능을 바로잡거나 이상 유전자 자체를 바꾸는 치료법을 말한다.
ⓒ 유전자 치료의 구분: 치료 대상에 따라 체세포를 대상으로 하는 체세포 유전자 세포와 수정란이나 배아를 대상으로 하는 생식 세포 유전자 치료로 나뉜다.

ⓒ 체세포 유전자 치료
- 의미: 유전자의 운반체인 바이러스를 이용하여 유전 물질을 환자의 체세포에 삽입하여 질병을 치료하는 방법이다.
- 특징: 주입된 유전자는 환자 개인에게만 영향을 미치므로 질병 치료를 위해 제한적으로 허용된다. 단, 생명 의료 윤리 원칙에 따른 과학적, 의학적, 윤리적인 검토가 지속적으로 필요하다.

ⓔ 생식 세포 유전자 치료
- 의미: 수정란이나 발생 초기의 배아에 유전 물질을 삽입하여 질병을 치료하는 방법이다.
- 특징: 생식 세포에 영향을 주어 변형된 유전적 정보가 후세대에 영향을 끼치므로 윤리적으로 논란의 소지가 있다.
- 생식 세포 유전자 치료에 관한 논쟁

찬성	• 유전적 질병을 치료하고, 다음 세대의 유전 질환을 예방할 수 있음 • 새로운 치료법 개발을 통해 의학적, 경제적 효용 가치 창출
반대	• 미래 세대의 동의 여부가 불확실 • 의학적으로 불확실하며 임상 실험의 위험성이 있음 • 인간의 유전자를 조작하여 우수한 인간을 만들려는 우생학을 부추길 수 있으며, 이로 인해 인간의 유전자 변형 및 유전적 다양성이 상실될 수 있음 • 고가의 치료비로 그 혜택이 부유층에 편중되어 분배 정의에 어긋날 수 있음

(2) 동물 실험과 동물 권리의 문제

① 동물 실험의 윤리적 쟁점
ⓐ 동물 실험: 살아 있는 동물을 대상으로 수행하는 실험을 말한다.
ⓑ 동물 실험의 실태: 다양한 종의 동물이 신약 개발을 위한 연구, 공산품의 안전성 검사, 실험 교육 등 다양한 분야에서 광범위하게 사용되고 있다.
ⓒ 동물 실험에 대한 입장

찬성	• 인간과 동물의 지위는 근본적으로 다르기 때문에 인간은 동물을 이용할 수 있음 • 인간의 생명과 건강을 보호할 수 있음 • 동물은 인간과 생물학적으로 유사하여 실험의 결과를 인간에게 적용 가능 • 다른 대안이 없음
반대	• 인간과 동물 모두 같은 지위를 가지고 있음 • 인간과 동물은 생물학적으로 차이가 있으므로 동물 실험을 통해 얻은 결과를 인간에게 그대로 적용시킬 수는 없음 • 인간의 편리를 위해 고통을 느끼는 생명체를 희생시켜서는 안 됨 • 인간 세포와 조직 배양을 이용하거나 컴퓨터 모의 실험 등 대체 가능한 방법이 있음

■ 동물 실험의 3R 원칙
- 대체(Replacement): 가능하다면 동물 실험이 아닌 방법으로 대체함
- 감소(Reduction): 꼭 필요한 경우 실험 횟수와 동물의 수를 줄임
- 정교화(Refinement): 동물의 고통을 덜기 위해 실험을 정교화해야 함

② 동물 권리의 윤리적 쟁점
ⓐ 동물 권리에 대한 다양한 문제들: 음식을 위한 동물 사육, 의복을 위한 동물 사육, 유희를 위한 동물 활용, 야생 동물의 생존권 위협, 애완동물의 학대·유기 등
ⓑ 동물 권리에 관한 핵심 논쟁: '동물은 도덕적으로 고려받을 권리를 가지는가?' → 동물의 도덕적 지위를 인정하는가?
ⓒ 동물의 도덕적 권리를 인정하는 입장

벤담	• 공리주의적 관점: 고통은 나쁜 것이며 인종, 성별, 동물의 종류와 관계없이 최소화되어야 함 • 동물도 고통을 느끼기 때문에 도덕적으로 고려할 필요가 있음 → 중요한 것은 그들이 이성을 가지는가, 말을 하는가가 아니라 '고통을 느낄 수 있는가'임
싱어	• 동물은 즐거움과 고통을 느끼는 쾌고 감수 능력을 갖고 있으므로 도덕적인 지위를 가짐 • 공리주의적 관점에서 동물의 이익도 인간과 평등하게 고려해야 함
레건	• 한 살 정도 이상의 포유류는 자신의 자각과 감정을 가지고 삶을 영위할 수 있는 능력을 가진 삶의 주체가 될 수 있음 • 인간처럼 삶의 주체가 될 수 있는 내재적 가치를 지니므로 인간의 목적을 위한 수단으로 이용해서는 안 됨

ㄹ 동물의 도덕적 권리를 인정하지 않는 입장

아리스토텔레스	식물은 동물을 위하여, 동물은 인간을 위하여 존재
데카르트	동물은 영혼이 없기 때문에 고통과 쾌락을 경험할 수 없는 '자동인형' 또는 '움직이는 기계'에 불과함
아퀴나스	동물은 신의 섭리에 의해 자연의 과정에서 인간이 사용하도록 운명 지어져 있음
칸트	• 이성적 존재만이 자율적이고 도덕적 존재 → 동물은 자의식이 없으므로 어떤 목적을 위한 수단임 • 동물에 대한 인간의 의무는 직접적 의무가 아니라, 사람에 대한 의무를 계발하려는 간접적인 의무임 • 동물을 함부로 다루는 것은 인간의 품성에 부정적인 영향을 끼치므로 함부로 다루어서는 안 됨
코헨	• 동물은 자율성이 없고 윤리 규범을 고안할 수 없으므로 도덕적 권리가 없음 • 의학 발전을 비롯한 인간의 수많은 업적은 동물 실험을 통해 얻을 수 있었음

3 사랑과 성 윤리

● 해결 Point ● ● ● ● ● ● ● ● ● ●

양성평등이나 부부 또는 가족 간의 관계에 대해 올바른 자세나 태도를 묻는 문제가 자주 출제되고 있다. 프롬이 주장하는 사랑의 기본 요소, 성과 관련된 문제의 종류, 부부와 가족 간의 도리와 관련된 용어나 한자성어에 대한 문제도 나오고 있으므로 자세히 살펴보아야 한다.

● 대표 문제 유형 ● ● ● ● ● ● ● ● ●

❖ 양성평등을 실현하기 위한 노력에 해당하는 것을 〈보기〉에서 고른 것은?
❖ 현대 부부간의 윤리에 대한 올바른 자세는?

(1) 사랑과 성의 관계

① 사랑의 의미와 가치
  ㉠ 사랑의 의미: 인간의 근원적인 정서로, 어떤 사람이나 존재를 아끼고 소중히 여기는 마음이다.
  ㉡ 사랑의 가치
    • 인간이 지향하는 최고 단계의 정서로, 인간을 도덕적인 생활로 이끈다.

• 인간과 인간 사이의 인격적인 교감이 이루어지게 하여 사회적 존재로서의 인간의 본성을 실현하는 바탕이 된다.
  ㉢ 프롬이 제시한 사랑의 구성 요소(사랑의 4요소)

보호	사랑하는 사람의 생명과 성장에 관심을 가지고 보호하는 것
책임	사랑하는 사람의 요구를 배려하면서 자신의 행동에 책임을 지는 것
존경	사랑하는 사람을 소유하고 지배하는 것이 아니라, 있는 그대로 받아들이며 존경하는 것
이해	사랑하는 사람에 대해 깊이 이해하는 것

② 성의 의미와 가치
  ㉠ 성(性)의 의미
    • 생물학적 성(sex): 생식 작용을 중심으로 육체적인 특성에 따라 남자와 여자를 구분하는 것
    • 사회 문화적 성(gender): 사회적·문화적으로 만들어지는 여성다움과 남성다움을 통칭하는 것
    • 욕망으로서의 성(sexuality): 성적 관심, 성적 활동 등 성적 욕망과 관련되는 것
  ㉡ 성의 가치

생식적 가치	종족 보존의 가치를 가지며 새로운 생명을 탄생시키는 원천임
쾌락적 가치	감각적인 욕구를 충족시켜 주는 쾌락적 기능을 가짐
인격적 가치	동물의 성과 달리 상대방에 대한 배려나 예의, 존중을 바탕으로 함

③ 사랑과 성의 관계에 대한 다양한 관점
  ㉠ 사랑과 성의 관계에 대한 관점

보수주의 입장	• 성이 부부간의 신뢰와 사랑을 전제로 할 때만 도덕적임 • 결혼을 통해 이루어지는 성적 관계만이 정당하며, 혼전이나 혼외 성적 관계는 부도덕함
중도주의 입장	• 성과 사랑을 결혼과 결부시키지 않으며, 사랑을 동반한 성적 관계는 허용될 수 있음 • 사랑이 결부된 성적 관계는 인간의 육체적·정신적 교감이 이루어지게 한다는 점에서 긍정적임
자유주의 입장	• 성숙한 성인들의 자발적 동의로 이루어지는 성적 관계를 옹호함 • 성에 대한 자유로운 선택이 중요하고, 자발적 동의에 따라 다른 사람에게 피해를 주지 않는 한 성적 관계가 허용될 수 있음

ⓛ 다양한 관점의 공통점
- 성과 사랑이 인격적 가치와 관련된다는 점이다.
- 성과 사랑은 자신과 상대방의 인격을 표현하고 품위를 고양시킨다.

④ 성과 관련된 윤리 문제
　ⓙ 성차별

의미	남녀 간의 차이를 잘못 이해하여 행하는 차별로 여성 혹은 남성이라는 이유로 부당한 대우를 하는 것
문제점	• 개인의 자아실현을 방해하고 인간으로서의 평등과 존엄성을 훼손하여 인권을 침해함 • 개인의 다양한 잠재력을 발휘할 수 없도록 하여 인력 낭비를 초래함
극복 방법	• 양성평등: 여성과 남성의 평등을 추구하는 양성평등의 개념을 부각시킴 • 남녀의 차이를 인정하며 다양성과 개성을 존중하는 사회를 만들어 나가야 함

　ⓛ 성의 자기 결정권

의미	외부의 강요 없이 스스로 자신의 성적 행동을 결정할 수 있는 권리
문제점	• 상대방의 동의 없이 강제로 성적 행위를 하는 등, 타인이 갖는 성의 자기 결정권을 침해할 수 있음 • 원치 않는 임신으로 무분별한 인공 임신 중절이 이루어지는 등 생명을 훼손하는 비도덕적 행동을 초래할 수 있음
극복 방법	• 서로의 인격과 권리를 상호 존중할 때 보장될 수 있다는 점을 인식하고, 올바로 이해하고 행사해야 함 • 자신의 결정에 책임지는 자세가 필요함

　ⓒ 성 상품화
- 의미: 인간의 성 자체를 상품처럼 사고팔거나 또는 다른 상품을 얻기 위한 수단으로 이용하는 등 인간의 성을 직접 또는 간접적으로 이용하여 이윤을 추구하는 행위
- 사례: 성매매, 성적 이미지를 제품과 연결하여 성을 도구화하는 것 등
- 성 상품화에 대한 논쟁

찬성	• 성의 자기 결정권과 표현의 자유 인정 • 이윤 극대화를 추구하는 자본주의 논리에 부합 • 소비자의 선호를 반영
반대	• 인간의 성이 지닌 본래의 가치와 의미 변질 • 외모 지상주의 조장 • 성 상품화는 인간을 수단화, 도구화하는 것(칸트 윤리)

(2) 결혼과 가족의 윤리

① 결혼의 윤리적 의미와 부부간의 윤리
　ⓙ 결혼의 의미

일반적 의미	• 사랑의 결실이며, 인간의 영원한 존속을 위한 첫걸음 • 다양한 인간관계의 출발점인 가정을 구성하는 의식
윤리적 의미	• 사랑을 바탕으로 한 모든 인간관계의 출발점인 가정을 구성하고, 삶 전체를 공동으로 영위하겠다는 약속 • 결혼이라는 공식 제도를 통해 서로의 차이를 존중하고 사랑을 지키겠다는 약속이자 의지의 표현

　ⓛ 부부 윤리

전통 사회의 부부 윤리	• 부부유별(夫婦有別): 오륜(五倫) 중의 하나로 남편과 아내의 역할에는 구별이 있다는 의미이며 '차별'이 아닌 '구별'의 상호 존중의 의미 표현 • 부부상경(夫婦相敬): 음양론에 바탕을 둔 윤리로, 부부가 서로 상대방의 인격과 역할을 존중할 것을 강조함 • 음양론(陰陽論): 음은 여성성을, 양은 남성성을 상징. 음양론의 관점에서 보면 남성이나 여성은 독립하여 존재할 수 없는 불완전한 존재임. 즉, 부부는 대등하면서도 상호 보완적 관계임 • 정조(貞操): 부부가 된 이후에는 부부간의 윤리로 배우자에 대한 정조를 지켜야 함
현대 사회의 부부 윤리	• 각자의 주체성과 자유를 존중하며, 삶의 동반자로서 상호 발전할 수 있도록 도와주어야 함 • 양성평등의 관점에서 가정에서 부부의 역할을 고정적으로 구분하는 것을 지양함

■ 오륜(五倫)
유교에서 강조하는, 인간관계에서 지켜야 할 기본적인 다섯 가지의 기본 윤리를 말한다. 부자유친(父子有親), 군신유의(君臣有義), 부부유별(夫婦有別), 장유유서(長幼有序), 붕우유신(朋友有信)이 있다.

■ 음양론(陰陽論)
음양론은 우주와 인간을 포함한 인간 사회의 모든 일들이 운영되는 원리를 음과 양의 운행으로 설명한다. 음과 양은 상호 의존적·보완적 관계로, 남녀는 서로 결합하여 조화를 이룰 때 비로소 완전한 존재가 될 수 있다.

　ⓒ 부부간에 발생하는 문제: 경제적인 문제, 고정된 성 역할에 따른 가사 분담, 부모 부양이나 자녀 양육에서 생기는 갈등

㉣ 부부간에 요구되는 윤리
- 서로가 동등한 존재임을 인식한다.
- 서로를 존중하고 협력하며 신의를 지켜야 한다.
- 상대를 배려하고 서로의 부족함을 보완해야 한다.

② 가족의 가치와 가족 윤리
㉠ 가족의 의미: 사회 조직의 가장 원초적 집단으로, 혼인・혈연・입양 등으로 이루어지는 공동체를 말한다.
㉡ 가족의 가치
- 정서적 안정: 인간은 가족 간의 사랑과 이해 속에서 정서적 안정을 느낀다.
- 사회화와 인격 형성: 사회생활에 필요한 규칙이나 예절을 배운다. 이러한 과정을 사회화라고 하며, 이는 바람직한 인격 형성에 도움을 준다.
- 건강한 사회의 토대: 가족은 사회를 이루는 최소 집단이므로 가족의 화목과 안정은 사회 전체의 화목과 안정으로 이어진다.
㉢ 가족 해체 현상

의미	가족의 형태가 점점 축소되고 가족 구성원들의 역할이나 가족 전체의 기능이 제대로 이루어지지 못하는 상태
원인	• 사회 구조가 변화하면서 혼인율과 출산율이 급격히 감소함 • 전통적 가족 구조가 축소되고 유대감이 약화되면서 접촉 시간이 줄어들어 가족 공동체 내의 정서적인 상호 작용이나 사회화 기능이 제대로 이루어지지 못함
문제점	• 가족 해체 현상은 개인의 삶을 불안하게 만들 수 있음 • 가족 공동체가 무너지면 사회 전체에 부정적인 영향을 끼침

㉣ 바람직한 가족 윤리

전통 사회의 가족 윤리	부자유친(父子有親)과 부자지효(父子之孝)의 윤리 강조
부모와 자녀 간의 가족 윤리	• 부모는 자녀를 사랑하는 자애(慈愛)를, 자녀는 부모에게 효도(孝道)를 실천해야 함 • 부모는 자녀가 건강하게 자라고 성숙한 인격을 형성할 수 있도록 도와주어야 하며, 독립된 인격체로 존중해야 함 • 자녀는 낳아 주고 길러 준 부모의 은혜에 감사하며, 이를 겉으로 바르게 표현해야 함 • 양지(養志): 부모의 뜻을 헤아려 실천함으로써 부모를 기쁘게 해 드리는 것
형제자매 간의 가족 윤리	• 우애(友愛): 서로에 대해 사랑하고 공경해야 함 • 형우제공(兄友弟恭): 형은 동생을 벗처럼 사랑하고 보살피고, 동생은 부모를 사랑하는 마음처럼 형을 공경하라는 뜻 • 형제자매 간의 규범을 익히는 것은 또 다른 사회적 관계의 규범을 배우고 익히는 데 밑거름이 됨

출제 예상 문제

01 다음 중 출생의 의미가 <u>다른</u> 하나는?

① 인간의 자연적 성향을 실현하는 과정이다.
② 도덕적 주체로서 한 인간의 삶의 출발점이다.
③ 가족 및 사회 구성원으로서의 삶의 시작이다.
④ 태아가 모체와 분리되어 독립된 생명체가 되는 것이다.

02 죽음의 윤리적 의미와 관련된 설명으로 옳지 <u>않은</u> 것은?

① 삶의 소중함과 인간 존엄성의 관점에서 죽음에 접근해야 한다.
② 유교에서는 죽음이 아쉽지 않도록 충실히 살아야 함을 강조한다.
③ 죽음은 개인적 차원을 넘어 사회적 차원에서도 중요한 의미를 갖는다.
④ 도가에서는 선행과 악행이 윤회 과정에서 죽음 이후의 삶을 결정한다고 본다.

03 다음 문제와 가장 관련 깊은 실천 윤리학의 분야는?

> • 동물 실험에 대해 허용해야 하는가?
> • 생식 세포의 사용을 허용해야 하는가?
> • 생명 복제를 어디까지 허용해야 하는가?

① 생명 윤리
② 자연과 윤리
③ 사랑과 성의 윤리
④ 다문화 사회의 윤리

04 다음 문제와 가장 관련 깊은 실천 윤리학의 분야는?

> • 인공 임신 중절을 허용해야 하는가?
> • 안락사를 허용해야 하는가?
> • 뇌사를 죽음으로 인정해야 하는가?

① 자연과 윤리   ② 삶과 죽음의 윤리
③ 과학 기술과 윤리   ④ 사회 정의와 윤리

05 ㉠에 들어갈 내용으로 옳은 것은?

> 안락사의 찬성과 반대 입장을 구분하여 서술하시오.
> • 찬성: (㉠   )
> • 반대: 생명의 존엄성 차원에서 옳지 않다.

① 모든 사람의 생명은 소중하다.
② 환자의 삶의 질과 자율성이 중요하다.
③ 의료인은 치료를 통해 생명을 살리는 것이 가장 중요한 의무이다.
④ 생명체의 탄생과 죽음에 인위적으로 개입하는 것은 자연의 섭리에 어긋난다.

06 다음 사상가가 강조하는 태도로 가장 적절한 것은?

> 인간은 자신의 죽음을 알면서 죽어가는 존재이다. 따라서 죽음을 외면하지 말고, 항상 자기의 것이라는 사실을 인지하면서 살아야 한다.

① 죽음을 회피하고자 노력해야 한다.
② 죽음보다는 현실의 윤리적 삶을 중요시해야 한다.
③ 죽음을 자각하고 삶을 의미 있고 가치 있게 살아야 한다.
④ 죽음은 그 자체로 또 다른 삶으로, 삶과 죽음은 하나이다.

07 다음 내용이 공통적으로 비판하는 문제는?

> • 인간의 존엄성을 훼손한다.
> • 잘못이 없는 인간을 해치는 것은 부도덕한 일이다.

① 인간 복제　　　　　② 유전자 치료
③ 생식 보조술　　　　④ 인공 임신 중절

08 다음 윤리적인 비판과 관련된 문제는?

> • 인간의 생명은 실용적 가치로 따질 수 없는 존엄성을 지닌다.
> • 심장 자체는 자발적으로 박동된다.
> • 판정 과정에서 오류 가능성이 제기된다.
> • 남용되거나 악용될 위험성이 있다.

① 자살　　　　　　　② 뇌사
③ 안락사　　　　　　④ 인공 임신 중절

09 동물 복제에 찬성하는 입장의 근거를 〈보기〉에서 모두 고른 것은?

> ● 보기 ●
> ㄱ. 인위적인 복제로나마 멸종을 막을 수 있다.
> ㄴ. 자연의 질서에 위배되는 행위이다.
> ㄷ. 우수한 품종을 개발하고 유지할 수 있다.
> ㄹ. 종의 다양성을 해칠 수 있다.

① ㄱ, ㄴ　　　　　　② ㄱ, ㄷ
③ ㄴ, ㄷ　　　　　　④ ㄴ, ㄹ

10 생명 공학 발달로 인한 윤리적 문제에 해당하지 <u>않는</u> 것은?

① 인간의 존엄성 훼손
② 생명 가치의 상품화
③ 난치병 치료제의 개발
④ 유전자 변형 기술의 악용

11 다음 찬반 토론의 주제로 가장 적절한 것은?

> 찬성: 임신한 여성의 자유로운 선택권을 보장해야 합니다.
> 반대: 초기 단계의 태아라 하더라도 인간의 존엄성을 가지고 있습니다.

① 생명 복제　　　　　② 생식 보조술
③ 유전자 조작　　　　④ 인공 임신 중절

12 안락사에 반대하는 입장의 근거를 〈보기〉에서 모두 고른 것은?

> ● 보기 ●
> ㄱ. 모든 사람의 생명은 소중하다.
> ㄴ. 환자 본인의 고통을 경감시킬 수 있다.
> ㄷ. 안락사가 쉽게 남용될 수 있다.
> ㄹ. 치료를 통해 생명을 살리는 것은 의료인의 의무이다.

① ㄱ, ㄴ　　　　　　② ㄱ, ㄷ
③ ㄱ, ㄷ, ㄹ　　　　④ ㄴ, ㄷ, ㄹ

13 다음과 가장 관련 있는 실천 윤리학의 분야는?

> 인공 임신 중절, 유전자 복제, 생식 보조술

① 생명 윤리　　　　　② 정보 윤리
③ 문화 윤리　　　　　④ 평화 윤리

14 다음 내용과 가장 관련 있는 생명 윤리의 분야는?

> 살아 있는 사람을 직접 실험과 연구 대상으로 삼는 일은 신중해야 한다. 의료 기술을 발전시키기 위한다는 관점에서는 불가피할 수도 있지만, 실험 대상자를 선정하는 과정이나 실험으로 인한 피해로 윤리적 문제가 발생할 수 있기 때문이다.

① 안락사　　　　　② 인체 실험
③ 동물 복제　　　　④ 생식 보조술

15 다음 내용과 가장 관련 깊은 토론 주제는?

> (가) 치유 불가능한 환자에게 과다한 경비를 사용하는 것은 환자와 가족에게 경제적 부담이 너무 크다.
> (나) 환자의 삶을 인위적으로 중단시키는 행위는 자연의 질서에 어긋나며, 생명의 존엄성을 훼손하는 행위이다.

① 안락사　　　　　② 생명 복제
③ 인공 임신 중절　　④ 유전자 변형 농산물

16 다음과 같은 입장으로 옳은 것은?

> • 태아는 여성 몸의 일부이므로 임신 지속 여부를 선택할 권리가 있다.
> • 태아는 완전한 인간이 아니므로 낙태를 살인이라고 볼 수 없다.

① 선택 옹호주의
② 생명 옹호주의
③ 선택 반대주의
④ 생명 반대주의

17 자살에 대해 다음과 같은 견해를 주장한 종교나 사상가는?

> 자살은 문제를 해결하는 것이 아니라 회피하는 것이므로 옳지 않다.

① 칸트　　　　　　② 유교
③ 불교　　　　　　④ 쇼펜하우어

18 인간 복제를 법으로 금지하는 가장 큰 이유는?

① 생태계를 파괴한다.
② 인간의 존엄성을 훼손한다.
③ 환경 오염 문제를 야기한다.
④ 사회 질서가 혼란해질 수 있다.

19 생명 윤리와 생명 과학에 관한 다음 설명 중 가장 적절한 것은?

① 생명 과학의 목적은 오직 질병 퇴치와 수명 연장에 있다.
② 생명 윤리는 생명 과학이 나아가야 할 방향을 제시해 준다.
③ 생명 과학은 생명을 책임 있게 다루기 위한 윤리적인 고려이다.
④ 생명 윤리는 생명체가 나타내고 있는 생명 현상의 본질과 그 특성을 연구하는 학문이다.

20 에리히 프롬이 주장한 사랑의 기본 요소에 포함되지 않는 것은?

① 보호
② 책임
③ 집착
④ 존경

21 (가)와 (나)에 해당하는 성의 가치가 바르게 연결된 것은?

> (가) 상대방에 대한 배려나 예의를 바탕으로 한다.
> (나) 새로운 생명을 탄생시켜 종족 보존의 기능을 수행한다.

	(가)	(나)
①	생식적 가치	쾌락적 가치
②	쾌락적 가치	인격적 가치
③	생식적 가치	인격적 가치
④	인격적 가치	생식적 가치

22 다음 설명에 해당하는 것은?

> • 다양한 인간관계의 출발점인 가정을 구성하는 의식
> • 예부터 인륜지대사(人倫之大事)라고 일컬어졌음

① 결혼
② 출생
③ 오륜
④ 효도

23 다음에서 설명하는 형제간의 도리는?

> 형은 동생을 벗처럼 사랑하고 보살피고, 동생은 부모를 사랑하는 마음처럼 형을 공경해야 한다.

① 붕우유신(朋友有信)
② 형우제공(兄友弟恭)
③ 장유유서(長幼有序)
④ 부자유친(父子有親)

24 다음에서 설명하는 효의 실천 방법은?

> 부모의 뜻을 헤아려 실천함으로써 부모를 기쁘게 해 드리는 것을 말한다.

① 이순(耳順)
② 우애(友愛)
③ 정조(貞操)
④ 양지(養志)

25 양성평등을 실현하기 위한 노력에 해당하는 것을 〈보기〉에서 모두 고른 것은?

> ─── 보 기 ───
> ㄱ. 성 차이 인정
> ㄴ. 성 차별 인정
> ㄷ. 다양성의 존중
> ㄹ. 성 역할에 대한 고정 관념에 집착

① ㄱ, ㄴ
② ㄱ, ㄷ
③ ㄴ, ㄷ
④ ㄷ, ㄹ

3 사회와 윤리

핵심 키워드 직업 윤리, 직업관, 소명 의식, 청렴, 사회 정의, 니부어, 분배적 정의, 롤스, 사형 제도, 국가 권위, 민주 시민, 사회 계약설, 민본주의, 시민 불복종

1 직업과 청렴의 윤리

● 해결 Point ●

직업인이 지녀야 할 바람직한 자세를 묻는 문제나 소명 의식, 청렴 등의 개념을 확인하는 문제가 자주 출제되고 있다. 직업의 의의, 기업가의 사회적 책임, 공직자의 태도 등에 대한 문제도 출제될 가능성이 높으므로 해당 내용을 꼼꼼히 확인해 두어야 한다.

● 대표 문제 유형 ●

❖ 다음 내용이 설명하는 직업 윤리 의식은?
❖ 직업인이 지녀야 할 윤리적 자세를 〈보기〉에서 고른 것은?

(1) 직업 생활과 행복한 삶

① 직업의 의미와 의의

ㄱ 직업의 의미

- 생계를 유지하기 위하여 자신의 적성과 능력에 따라 일정한 기간 동안 계속하여 종사하는 일이다.
- 동양: 직업은 사회적 지위나 역할을 나타내는 '직(職)'과 생계를 유지하는 노력을 뜻하는 '업(業)'이 합쳐진 말이다.
- 서양: '아큐페이션(occupation)'은 생계유지 수단으로서의 일, '프로페션(profession)'은 일이 지니는 사회적 지위나 위상, '보케이션(vocation)'은 종교적 의미로서의 일을 말한다.

ㄴ 직업의 의의

- 생계유지: 경제적으로 안정된 삶을 영위하기 위한 필수적인 수단이다.
- 자아실현: 직업 생활을 하는 가운데 자신의 잠재적인 능력을 발견하고 발휘하면서 성취감과 보람을 느끼게 된다.
- 사회적 역할 분담: 사회 구성원으로서의 역할을 수행하고 사회 발전에 기여할 수 있다.

② 직업 윤리와 동서양의 직업관

ㄱ 동양의 직업관

공자	• 정명(正名) 사상: 임금은 임금다워야 하고 신하는 신하다워야 하며, 부모는 부모다워야 하고 자식은 자식다워야 함 • 생활 속에서 자신이 맡은 바 임무와 역할을 충실히 수행하라는 사상
맹자	• 대인의 일과 소인의 일을 구별 → 사회적 분업과 직업 간의 상호 보완성 강조 • 경제적으로 불안정하면 도덕적인 삶을 지키기 어려우므로 직업이 필요함
순자	적성과 능력에 따라 직분을 분담하는 예(禮)에 따르고, 이를 성실히 수행하라고 함
장인 정신	자신의 일에 긍지를 가지고 전념하거나 한 가지 기술에 정통하려고 노력하는 것을 말함

ㄴ 서양의 직업관

플라톤	• 통치자, 수호자, 생산자 계급이 각자의 고유한 기능에 따라 자신의 직분을 충실히 수행해야 함 • 직업을 통해 자신의 고유한 기능을 발휘하는 것이 덕(德)을 실현하는 것임
중세 그리스도교	노동은 원죄에 대한 속죄의 의미로 신이 부과한 것이므로, 속죄의 차원에서 노동을 해야 한다고 강조
칼뱅	직업은 신의 거룩한 부름, 즉 소명(召命)이므로 근면하고 성실하게 직업에 임해야 함
마르크스	인간은 노동을 통해 자아실현을 할 수 있으나, 자본주의 체제에서의 분업화된 노동은 인간 소외 현상을 심화시킴

③ 직업과 행복

ㄱ 직업의 중요성

개인적 측면	직업 활동을 통해 자아실현을 이룸
사회적 측면	사회의 유지와 발전에 기여
경제적 측면	풍요롭고 행복한 삶을 위한 물질적인 토대를 마련함

ⓒ 행복한 직업 생활을 위한 조건
- 부나 명예, 권력 같은 외재적 가치가 아닌 그 일 자체가 목적이 되는 등의 바람직한 직업관을 가져야 한다.
- 행복한 직업 생활을 위해 자신의 적성과 능력에 맞는 직업 선택이 필요하다.
- 전문성, 연대 의식, 소명 의식, 인간애를 바탕으로 타인을 배려하고 서로 존경과 사랑을 주고받는 직업 생활을 해야 한다.

(2) 직업 윤리와 청렴

① 직업 윤리의 의의
ⓐ 직업 윤리의 의미: 직업 생활에서 자신이 맡은 일에 대해 지켜야 하는 행동 기준과 규범을 말한다.
ⓑ 직업 윤리의 필요성
- 개인의 자아실현과 사회의 발전에 기여할 수 있다.
- 직업 생활에서 일어날 수 있는 부정부패를 막아 건강한 공동체를 유지할 수 있다.
ⓒ 직업 윤리의 특성
- 일반성: 모든 직업에서 공통으로 지켜야 하는 행동 규범으로 정직, 성실, 의무, 준법 등을 말한다.
- 특수성: 각각의 직업에서 지켜야 하는 특수한 행동 규범으로 비밀 유지, 의료인의 생명 존중이나 교사의 학생 존중, 애정과 관심 등을 말한다.

② 다양한 직업 윤리
ⓐ 기업가와 근로자의 윤리
- 기업: 이윤을 얻기 위해서 생산 활동을 하는 조직이다.
- 기업가: 기업에 자본을 제공하면서 경영하는 사람을 말한다.
- 근로자: 기업가에게 근로를 제공하고 임금을 받는 사람을 말한다.
- 기업가 윤리
  - 기업가는 법을 지키며 건전하게 이윤을 추구해야 한다.
  - 노동자의 역할을 인정하고 근로자 권리를 존중해야 한다.
  - 기업가는 소비자에 대한 책임을 다해야 한다.
  - 사회적 책임을 다하여 공익을 추구하고 윤리 경영을 실천해야 한다.

- 근로자 윤리
  - 투철한 직업 윤리를 갖추어 자신의 업무를 성실히 수행하고, 노동 생산성 향상을 위해 노력해야 한다.
  - 기업가와 맺은 근로 계약을 따르고 기업가와 협력을 추진한다.
  - 동료 근로자와 유대감, 연대 의식을 형성해야 한다.
- 기업가와 근로자 간의 상생적 관계

개인 윤리 차원	상호 간의 신뢰를 유지하고 발전시키며 공동의 이익을 추구해야 함
사회 윤리 차원	노사협의회와 같이 기업가와 근로자가 상생할 수 있는 제도가 사회적으로 뒷받침되어야 함

ⓑ 전문직과 공직자의 윤리
- 전문직의 특징과 전문직 윤리

전문직의 의미	고도의 전문적 교육과 훈련을 거쳐야만 종사할 수 있는 직업
전문직의 특징	• 전문성: 고도의 전문적인 훈련을 통해 전문 지식을 갖춰야 함 • 독점성: 사회적으로 승인된 사람만이 그 직업을 수행할 수 있음 • 자율성: 전문 지식을 바탕으로 독자적이고 자율적인 업무를 수행할 수 있음
전문직 윤리	• 전문가가 전문적 지식과 기술을 개인의 이익을 위해서만 사용하면 사회 문제가 발생할 수 있으므로 사회에 대한 책임 의식을 가지도록 노력해야 함 • 비윤리적 행동으로 인한 해악을 막기 위해 자체적으로 윤리 헌장을 만들고 준수하고자 노력해야 함

- 공직자의 특징과 공직자 윤리

공직자의 의미	• 국가 기관이나 공공 단체의 일을 맡아보는 직책이나 직무
공직자의 특징	• 국민으로부터 권한을 위임받은 대리인으로 법에 규정된 공권력을 지님 • 국민에게 봉사할 뿐만 아니라 국가 유지 및 발전에 중요한 역할을 함
공직자 윤리	• 공익 실현: 공사를 구분하고 공익을 실현하기 위해 노력해야 함 • 봉사: 국민에게 봉사하는 자세를 갖춰야 함 • 공정: 직무 수행 시 민주적이고 공정하게 처리해야 함 • 청렴: 위임받은 권한을 남용하지 않으며, 직무를 통해 부당한 이득을 취하지 않아야 함 • 공직자 윤리 확립을 위해 공직자에 대한 감시 활동에 국민이 적극적으로 참여해야 하며, 공직 사회의 자정 노력과 기강 확립이 이루어져야 함

③ 청렴의 의미와 필요성

㉠ 부정부패의 의미와 문제점

부정부패의 의미	자신의 지위를 이용하여 불법적인 방법으로 이득을 취하는 행위
문제점	• 개인의 권리를 부당하게 침해함 • 올바른 시민 의식이 발달하기 어려움 • 업무의 비효율적인 처리로 사회적 비용이 증가함 • 국민 간 위화감을 조성하여 사회 통합을 방해함

㉡ 청렴한 사회의 실현

청렴의 의미	성품과 행동이 맑고 깨끗하여 탐욕을 부리지 않는 것
실현 방안	• 자신의 지위를 이용하여 부당한 이익을 취하지 않고 자신의 양심과 사회 정의에 따라 행동(청백리 정신) • 업무 처리의 투명성을 보장하고 부정부패를 방지하기 위한 제도 마련(부패방지법, 내부공익 신고제도, 부정 청탁 및 금품 수수 금지에 관한 법률 등)

■ **청백리(淸白吏)**
마음이 청렴하고 결백한 관리로 검소하며 절제된 생활을 하는 공직자를 말한다.

■ **노블레스 오블리주**
사회 고위층이나 고위 공직자 등 높은 사회적 신분을 지닌 사람에게 요구되는 도덕적 의무와 책임을 뜻한다. 명예(노블레스)만큼 의무(오블리주)를 다해야 한다는 말로, 초기 로마 시대에 왕과 귀족들이 보여 준 도덕의식과 솔선수범의 정신에서 유래하였다.

2 사회 정의와 윤리

● **해결 Point**

공정한 분배의 기준이나 롤스의 정의의 원칙에 대한 이해를 묻는 문제가 자주 출제되고 있으므로 해당 내용을 반드시 알아 두어야 한다. 니부어의 사회 윤리, 사형 제도에 대한 찬반 입장을 확인하는 문제도 나오고 있으므로 해당 내용을 자세히 살펴보아야 한다.

● **대표 문제 유형**

❖ 다음 롤스(Rawls, J.)의 주장에서 밑줄 친 ㉠에 해당하지 <u>않는</u> 것은?
❖ 다음 설명에 해당하는 분배의 기준은?

(1) 사회 정의의 의미

① 개인 윤리와 사회 윤리

㉠ 사회 윤리의 등장 배경
• 현대 사회에서는 개인 윤리만으로는 해결할 수 없는 복잡하고 어려운 윤리 문제가 발생한다.
• 사회는 단순히 개인의 집합체가 아닌, 독자적 원리로 움직이므로 사회 문제를 개인 윤리만으로 해결하기는 힘들다.

㉡ 사회 윤리의 의미와 과제
• 의미: 사회 구조나 제도와 관련된 윤리 문제를 해결하기 위한 도덕적 규범을 말한다.
• 과제: 공동선과 사회 정의의 실현을 그 과제로 삼는다.

㉢ 개인 윤리와 사회 윤리의 비교

구분	개인 윤리	사회 윤리
윤리 문제의 원인	개인의 도덕성 결핍	개인보다는 사회 구조와 제도의 부조리
원인에 대한 해결책	개인의 도덕성 함양과 실천 의지, 바람직한 습관	사회 구조와 제도의 개선

㉣ 개인 윤리와 사회 윤리의 관계: 현대 사회에서 발생하는 다양한 윤리 문제를 해결하려면 개인 윤리와 사회 윤리가 모두 필요하다.

㉤ 니부어의 사회 윤리
• 개인 윤리를 강조하는 전통적인 관점의 한계를 지적하였다.
• 개인적으로 도덕적인 사람도 자신이 속한 집단의 이익을 위해 비도덕적으로 행동할 수 있기 때문에 현대 사회의 복잡한 윤리 문제를 개인의 양심과 덕목의 실천만으로 해결하기 어렵다고 보았다.
• 개인의 도덕적 행위는 집단의 도덕성을 결정하지 못하며, 오히려 집단이 개인 행위의 도덕성을 결정할 수 있으므로 정의로운 사회가 되려면 개인의 도덕성뿐 아니라 사회의 도덕성을 고양해야 한다고 하였다.
• 사회 구조와 제도의 개선을 통해 윤리 문제를 해결해야 하며 이를 위해 사회적인 강제력을 동원해야 한다고 주장하였다.

■ **니부어**
- 미국의 신학자로 기독교적 사회 윤리학 수립에 노력
- 집단이기주의를 폭로하고, 애국심이 집단 이기주의에 빠질 수 있다고 주장
- 정의를 실현하기 위해서는 불가피하게 폭력을 사용할 수 있다고 주장
- 대표 저서로 『도덕적 인간과 비도덕적 인간』 등이 있음

② 사회 정의

㉠ 사회 정의의 의미와 필요성

의미	• 개인 간의 올바른 도리 또는 사회를 구성하고 유지하는 공정한 도리 • 사회가 추구해야 할 가장 핵심적이고 기본적인 덕목 중 하나
필요성	• 사회가 정의로울 때 개인의 자유와 권리를 존중받을 수 있음 • 정의롭지 못한 사회 구조와 제도의 개선 지침을 제공함

㉡ 사회 정의의 분류

분배적 정의	• 각자가 자신의 몫을 누릴 수 있게 하는 것 • 공정한 분배 기준에 대한 사회적 합의와 관련 있음
교정적 정의	• 위법과 불공정함을 바로잡아 공정함을 확보하는 것 • 처벌과 배상이 피해의 정도에 맞게 공정하게 정해졌는지를 보는 것 • 법적 정의와 관련이 깊음
절차적 정의	• 공정한 절차를 통해 합당한 몫을 결정하는 것 • 합의 과정의 투명성과 공정성에 초점을 둠

(2) 분배적 정의와 윤리적 쟁점

① 분배적 정의의 의미와 필요성

㉠ 의미: 사회적 이익과 부담을 공정하게 분배하는 것을 말한다.

㉡ 필요성
- 개인의 권리를 존중하고 보장하기 위해: 재화는 한정되어 있으므로 모든 사람의 욕구를 충족시킬 수 없으며, 다른 사람의 몫을 누군가 빼앗으면 빼앗긴 사람은 인간의 기본적 권리를 침해당한다.
- 사회의 갈등 예방을 위해: 분배가 공정하게 이루어지지 않으면 사회 구성원들이 불만을 가지게 되고 이로 인해 갖가지 사회 문제가 발생할 수 있다.

㉢ 공정한 분배의 다양한 기준
- 절대적 평등

의미	모든 사람에게 동일하게 분배
장점	기회와 혜택이 균등하게 보장
문제점	• 개인의 책임의식 약화 • 생산 의욕을 저하시켜 효율성이 떨어짐

- 필요

의미	사람들의 필요에 따라 다르게 분배
장점	사회적 약자를 보호하는 도덕적 윤리에 부합
문제점	• 한정된 재화로 모든 사람의 필요를 충족시킬 수 없음 • 경제적 효율성 저하

- 능력

의미	능력이 뛰어난 사람에게 더 많이 분배
장점	개인의 자유와 책임 의식, 창의성 고취에 유리
문제점	• 능력은 우연적, 선천적인 영향을 받으므로 불공정할 수 있음 • 능력을 판단하는 기준이 모호함

- 업적

의미	기여한 정도에 따라 분배
장점	• 객관적 평가와 측정 용이 • 생산성을 높이는 동기를 부여함
문제점	• 서로 다른 종류의 업적에 대한 평가가 힘듦 • 사회적 약자를 배려할 수 없음

- 노동

의미	일한 시간만큼 분배
장점	개인의 노력에 비례하는 분배 가능
문제점	노동 시간에 비례한 결과가 나오지 않는 경우가 있어 현실 적용이 어려움

② 다양한 정의관

㉠ 롤스의 '공정으로서의 정의'
- 사회 제도가 공정한 조건에서 합의된 정의 원칙에 의해 규제되어야 공정한 분배가 가능하다고 주장하였다.
- 공정한 절차를 통해 발생한 결과는 정당하다고 본다.
  → 절차적 정의를 중시
- 사람들은 자연적, 사회적 우연성이 배제된 원초적 입장에 놓였을 때 자신이 가장 불리한 상황에 놓일 가능성을 염두에 두고 모두에게 공정한 정의 원칙에 합의한다. → 최소 수혜자에게 최대의 이익을 주는 분배 방식

- 롤스의 정의의 원칙

제1원칙	평등한 자유의 원칙	모든 사람은 다른 사람과 유사한 자유와 양립할 수 있는 가장 광범위한 기본적 자유에서 평등한 권리를 가짐
제2원칙	차등의 원칙	사회적·경제적 불평등은 최소 수혜자에게 최대의 이익을 보장해야 함
	기회균등의 원칙	불평등의 계기가 되는 지위는 공정한 기회균등의 원칙에 따라 모든 사람에게 개방되어야 함

ⓛ 노직의 '소유권으로서의 정의'
  - 개인의 소유권 중시: 최초의 취득, 자발적 이전(양도), 교정 등의 과정이 정당하다면 현재의 소유권에 대해 정당한 권리를 가진다.
  - 국가는 개인의 소유권을 침해하지 않는 '최소 국가'로, 세금이나 복지 정책 등 국가에 의한 재분배 행위를 반대하였다.

취득의 원칙	과정이 정당하다면 타인의 처지를 악화시키지 않는 한 해당 소유물을 취득할 권한을 가짐
이전의 원칙	타인이 이전한 것에 대해서도 정당한 소유권을 가짐
교정의 원칙	취득과 이전의 과정에서 부당한 절차가 생길 시 이를 바로잡아야 함

ⓒ 왈처의 '복합 평등으로서의 정의'
  - 모든 재화를 공정하게 분배할 수 있는 하나의 정의 원칙만이 존재하지 않는다고 주장하였다.
  - 따라서 다양한 삶의 영역에서 각각 다른 공정한 기준에 따라 사회적 가치가 분배될 때 사회 정의가 실현된다고 하였다.

ⓔ 마르크스
  - 능력에 따라 일하고 필요에 따라 분배받아야 한다고 주장하였다.
  - 실질적으로 필요한 부분을 충족시킬 수 있게 분배하여 인간다운 삶을 보장하고자 하였다.

ⓜ 벤담
  - 전체 사회가 얻을 이익의 총량을 최대화하는 것이 정의로운 분배라고 주장하였다.

③ 분배적 정의의 윤리적 쟁점
  ⓐ 우대 정책의 윤리적 쟁점
    - 우대 정책의 의미: 공정한 분배를 위하여 특정 집단이 겪어 온 부당한 차별을 바로잡기 위해 다양한 방면에서 혜택을 제공하는 것이다.

- 우대 정책의 사례: 대학의 농어촌 특별 전형, 지역 균형 선발, 여성 할당제 등
- 우대 정책에 대한 찬반 입장

찬성	• 과거의 부당한 차별에 대한 보상 • 사회적 격차 해소와 긴장 완화 • 사회적 운으로 발생한 불평등을 시정하여 기회의 평등 보장
반대	• 특정 집단에 대한 특혜는 업적주의에 위배되며 다른 집단에 대한 또 다른 차별을 발생시킴 • 과거의 피해와 현재의 보상 사이의 불일치가 문제시됨

ⓑ 부유세의 윤리적 쟁점
  - 부유세의 의미: 일정한 금액 이상의 자산을 보유하고 있는 사람에게 비례적으로 또는 누진적으로 세금을 부과하는 것을 말한다.
  - 부유세에 대한 찬반 입장

찬성	• 부의 재분배를 통해 불평등을 해소 • 빈부 격차의 완화를 통해 사회 통합을 이룰 수 있음
반대	• 개인의 재산권을 과도하게 침해 • 세금의 이중 부과로 부자들에 대한 역차별이 될 수 있음

(3) 교정적 정의와 윤리적 쟁점

① 교정적 정의
  ⓐ 의미: 다른 사람의 권리를 침해하거나 사회의 안정과 질서를 위협하는 반사회적 행위를 저지른 사람을 법 집행에 의해 처벌함으로써 공정성을 확보하는 것이다.
  ⓑ 처벌에 대한 관점
    - 응보주의 관점

의미	형벌은 죄에 대한 정당한 보복을 가하는 데 목적이 있다고 보는 사상
특징	• 범죄 행위에 상응하는 처벌을 하는 것 • 칸트: 자유롭게 자신의 행위를 결정할 수 있는 이성적 존재는 자신의 행동에 책임을 져야 함 (개인의 책임 강조)
문제점	• 처벌 그 자체를 목적으로 하여 범죄 예방이 거의 불가능하며 범죄자의 교화에 무관심해질 수 있음 • 처벌 비용이 많이 듦 • 전과자의 사회 적응을 어렵게 함

• 공리주의 관점

의미	행위의 목적이나 선악 판단의 기준을 인간의 이익과 행복을 증진시키는 데 두는 사상을 말하며, 최대 다수의 최대 행복을 내세우며 사회 전체의 복지를 중요시함
특징	• 처벌 자체에 목적을 두는 게 아니라 사회의 이익을 증진하기 위한 수단으로 간주 • 위법을 통한 이익보다 처벌로 인한 손실이 더 크도록 형벌을 부과함 • 처벌을 통해 범죄자를 교화시켜 장래의 범죄를 예방할 수 있기 때문에 처벌이 정당화됨
문제점	• 처벌받을 것을 알고도 범죄를 저지르는 경우가 있음 • 처벌의 예방적 효과를 증명하기 어려움 • 인간을 사회 안정을 위한 수단으로 여겨 인간의 존엄성을 훼손함

ⓒ 공정한 처벌의 조건
• 죄형 법정주의: 처벌의 근거가 되는 법이 있어야 하며, 유죄 조건에 부합하는지 따져 보고 죄가 있다는 것이 확실한 경우에만 법에 따라 처벌해야 한다.
• 비례성의 원칙: 범죄와 형벌 사이에는 균형이 유지되어야 하며, 위반이나 침해의 정도에 따라 적절하게 처벌해야 한다.

② 사형 제도의 윤리적 쟁점
㉠ 사형의 의미: 국가가 범죄자의 생명을 인위적으로 박탈하는 법정 최고형을 말한다.
㉡ 사형 제도에 대한 다양한 입장

칸트	• 다른 사람의 생명을 빼앗은 중범죄이므로 그 당사자의 생명을 빼앗는 것은 정당하며 인간의 존엄성을 존중하는 행위임 • 지은 죄와 동일한 수준의 벌을 받는 평등의 원리에도 부합(응보주의 관점)
공리주의 (예방주의)	사형 제도가 범죄를 예방하여 더 높은 행복한 삶을 살게 한다면 정당하고, 그렇지 않다면 정당하지 않음
루소	• 계약자의 생명권을 보존하는 사회 계약설의 관점에 따라, 자신의 생명을 보전하기 위해 정당한 사회 구성원이 아닌 살인자에 대한 사형에 동의 • 살인자가 된다는 것은 자신도 죽임을 당해도 좋다는 것에 동의한 것이라고 봄
베카리아	• 생명권 양도는 계약자의 생명권을 중요시하는 사회 계약의 내용이 아니므로 반대 • 공리주의 관점에서 범죄 예방을 위해 사형보다 종신 노역형과 같이 지속적 효과를 가진 처벌을 주장

ⓒ 사형 제도에 대한 찬반 입장

찬성	• 국민의 안전을 지키기 위해 피해자의 생명을 앗아간 범죄자의 생명권을 제한해야 함 • 범죄 비례성의 원칙에 따라 사형 제도는 극악한 범죄에 대한 처벌로 적합함 • 사형 제도는 범죄 예방 효과가 큼 • 형벌의 목적은 근본적으로 인과응보적 응징에 있음
반대	• 사형은 근본적으로 인간의 존엄성을 훼손하는 것임 • 범죄자의 생명권도 보장해야 함 • 사형 제도가 예방 효과가 없는 처벌이라는 점에서 적합한 처벌이 아님 • 오판의 가능성이 있으므로 사형 제도는 폐지되어야 함

3 국가와 시민의 윤리

● 해결 Point

시민 불복종에 대한 이해를 확인하는 문제나 사회 계약설을 주장한 사상가를 묻는 문제가 출제되고 있다. 국가의 역할, 민주 시민의 권리와 의무에 대한 문제도 출제될 수 있으므로 해당 내용을 꼼꼼히 확인해야 한다.

● 대표 문제 유형

❖ 시민 불복종 운동이 정당화되기 위한 조건으로 옳은 것은?
❖ 다음의 국가 기원론을 주장한 사상가는?

(1) 국가의 권위와 시민에 대한 의무

① 국가 권위의 정당성
㉠ 국가 권위의 의미: 국민이 국가를 따르게 하는 힘으로, 통치권이나 명령권과 같이 국민의 공동 이익을 보장하기 위해 국가 조직을 통해 행사되는 물리적 강제력을 말한다.
㉡ 국가 권위의 정당성에 대한 관점

인간의 본성	• 국가는 인간의 본성에 따라 형성된 것이므로 국가를 따르는 것은 본성에 부합하는 것임 • 아리스토텔레스: 국가란 시민적 유대감과 행복한 삶을 위해 존재하는 것이며, 인간은 본성적으로 사회적·정치적 존재이기 때문에 공동체 안에서만 행복을 달성할 수 있으므로 국가의 발생도 자연스러운 것임

동의	국가는 시민의 기본권을 보호하며, 시민은 이를 조건으로 국가에 복종하기로 동의함(사회 계약설)
혜택	국가는 시민에게 공공재를 제공하고, 각종 제도나 규칙과 같은 관행의 혜택을 주기 때문에 권위를 가짐
천명 (天命)	• 국가의 권위를 민의에 기초한 천명(天命) 사상으로 이해 • 유교 사상에서는 군주의 통치권은 백성을 잘 살게 하기 위해 하늘에서 준 것이라고 봄

② 동양에서의 국가의 역할과 의무

　㉠ 유교 사상(공자, 맹자)

　　• 민본주의를 바탕으로 군주가 먼저 인격을 닦아 덕(德)을 베풀어야 백성을 교화시킬 수 있다고 하였다.

　　• 공자: 재화가 고르게 분배되어 모든 사람이 더불어 잘 사는 대동(大同) 사회를 이상 사회로 제시하였다.

　　• 맹자: 군주가 백성을 나라의 근본으로 하여 인(仁)을 행하는 왕도(王道) 정치를 해야 한다고 하였다.

　㉡ 묵자: 남의 나라와 나의 나라, 남의 가족과 나의 가족을 차별하지 않고 서로 돌보는 겸애(兼愛)를 실천해야 천하에 혼란이 없다고 주장하였다.

　㉢ 한비자

　　• 인간은 본질적으로 사악한 존재이므로 엄격한 법으로 교화, 통제해야 사회 질서가 유지된다고 보았다.

　　• 적절한 포상과 처벌을 통해 질서를 유지해야 한다고 하였다.

　㉣ 정약용: 지방 관리들은 애민(愛民)을 실천하여 노약자와 어린이, 가난한 자를 돌보고 구제해야 한다고 하였다.

③ 서양에서의 국가의 역할과 의무

　㉠ 사회 계약설

　　• 자연 상태에서의 인간 사회에는 불신과 투쟁이 존재할 뿐 보편타당한 도덕 원리가 존재할 수 없다.

　　• 이를 보완하고 공공 이익을 달성하기 위해 자발적으로 합의나 계약을 맺고 국가를 수립한다고 보았다.

　　• 사회 계약설을 주장한 사상가와 그 내용

사상가	자연 상태	국가의 역할
홉스	만인의 만인에 대한 투쟁 상태	시민의 생명과 자유, 재산을 보호해야 함
로크	자유·평등 상태지만 인간관계 확대로 자연권 유지 불안	
루소	자유·평등 상태이나 사유 재산으로 인해 불평등 발생	

　㉡ 밀: 국가는 시민이 타인에게 해악을 끼칠 경우를 제외하고는 시민의 자유 등 기본권을 보장해야 한다고 주장하였다.

　㉢ 롤스

　　• 사회 구성원들의 선(善)을 증진하고 공공의 정의관에 의해 잘 규제되는 질서정연한 사회를 구현해야 한다고 하였다.

　　• 질서정연한 사회의 구현을 위해 정의의 원칙(평등한 자유의 원칙, 차등의 원칙, 기회균등의 원칙)을 실현해야 한다고 주장하였다.

> ■ 국가의 역할에 대한 관점
> • 소극적 국가관: 국가는 외적의 침입을 막고 치안, 질서를 유지하는 등 최소한의 기능을 수행하는 것 외에는 국민의 삶에 개입하지 않으며, 시장의 개입을 최소화해야 한다는 관점(야경 국가론)
> • 적극적 국가관: 국가가 직접 개입하여 경제를 통제하고 복지 정책을 실시하여 국민의 삶을 개선해야 함

(2) 민주 시민의 참여와 시민 불복종

① 민주 시민의 권리와 의무

　㉠ 민주 시민의 의미: 민주 국가에서 주권을 가진 주체로, 민주주의 정치사상에서 유래하였다.

　㉡ 민주 시민의 권리

　　• 주권자로서 자유를 행사하는 권리를 말한다.

　　• 국가에 대해 생명, 재산, 인권의 보호, 사회 보장과 복지 증진, 공공재의 효율적인 관리와 제공 등을 요구할 수 있다.

　㉢ 민주 시민의 의무

　　• 사회의 질서를 유지하고 조정하기 위해 해야 하는 임무를 말한다.

　　• 국가의 정당한 권위를 존중하고 국가가 시민을 위한 역할을 잘 수행하는지 지속적으로 확인하며, 국방·납세·교육의 의무와 정치 참여의 의무 등을 잘 이행해야 한다.

> ■ 민본주의(民本主義)와 역성혁명(易姓革命)
> • 민본주의: 백성을 나라의 근본으로 삼고 근본을 탄탄히 해야 나라가 평안하다는 사상으로, '백성을 위한 정치'를 지향한다.
> • 맹자는 군주는 민본주의를 바탕으로 왕도 정치를 해야 하며, 만약 군주가 백성을 위한 정치를 하지 않으면 백성은 역성혁명을 일으킬 수 있다고 보았다.

• 역성혁명: 군주가 백성을 위한 정치를 하지 않을 때 군주의 자격을 상실하므로 군주를 교체할 수 있다는 것이다.

② 민주 시민의 참여의 필요성과 방법

　㉠ 참여의 의미: 정부의 정책 결정 과정에 영향을 끼치는 것을 목적으로 하는 시민 활동을 말한다.

　㉡ 민주 시민의 참여의 필요성

　　• 대의 민주주의의 한계: 선출된 대표가 국민의 의견을 충분히 반영하지 못하며, 전문적이고 다양한 현대 사회 문제를 해결하기 힘들 수 있다.

　　• 직접적인 참여를 통해 '시민에 의한 통치'라는 민주주의의 이념을 실현할 수 있으며, 개인의 권리를 보장받을 수 있다.

　　• 다양한 의견 수렴을 통해 다양하고 복잡한 사회 문제를 효과적으로 해결하고 공동체의 발전을 도모할 수 있다.

　㉢ 민주 시민의 참여 방법

　　• 선거, 공청회, 주민 소환제, 국민 참여 재판 등 다양한 제도에 참여할 수 있다.

　　• 언론에 의견 보내기, 행정 기관에 건의, 시민 단체 활동 등 다양한 형태의 활동에 참여할 수 있다.

　㉣ 참여의 영향

　　• 공적 담론을 활성화시켜 공정한 사회 제도를 수립하여 사회 발전을 이룩할 수 있다.

　　• 공동체 의식을 고양시킬 수 있다.

　㉤ 참여의 한계: 개인이나 자신이 속한 집단의 이해관계만을 관철할 때 사회적 갈등을 초래할 수 있다.

③ 시민 불복종

　㉠ 시민 불복종의 의미와 특징

의미	법률이나 정부의 권력, 명령 등이 기본권을 침해하거나 부당하다고 판단될 때 법이나 정책을 변화시키기 위하여 의도적으로 법을 위반하여 저항하는 행위
특징	정의롭지 않은 법이나 정책을 공개적이고 의식적으로 위반하여 자신이 생각하는 규범적인 근거를 널리 알리려 함

　㉡ 시민 불복종에 대한 다양한 관점

드워킨	시민은 헌법 정신에 어긋나는 법률에 저항할 수 있다고 주장
소로	• 법보다 정의에 대한 존경심이 더 중요하며, 악법에 대한 불복종은 정의로운 행동 • 헌법을 넘어선 개인의 양심에 따라 정의롭지 못한 악법에 적극적으로 불복종해야 함

간디	• 부당한 법에 대한 불복종은 정당하다고 주장 • 불복종은 비폭력적이고 평화로운 방법으로 이루어져야 함
롤스	시민 불복종은 사회적 다수에 의해 공유된 공공의 정의관에 어긋날 경우 허용됨
싱어	• 시민 불복종으로 인해 발생할 이익과 손해를 계산해야 함 • 시민 불복종을 시행할 경우 성공 가능성에 대해 고려해야 함

　㉢ 시민 불복종의 정당화 조건

공개성	불복종의 정당성을 알리기 위해 공개적으로 이루어져야 함
정당성	개인에게 불리한 법률이나 정책이 아니라 사회 구성원의 권리를 침해하여 사회 정의를 훼손한 법이나 정책에 항의하는 것으로, 공동선을 추구
비폭력성	폭력적인 행동으로 선동하는 것은 정당화될 수 없음
최후의 수단	정상적인 방식을 시도했지만 소용이 없을 때 최후의 상황에서 시도해야 함
처벌의 감수	위법 행위에 대한 처벌을 받아들여 기본적인 법을 존중하고 정당한 법체계를 세우기 위한 노력임을 분명히 해야 함

> ■ 시민 불복종의 사례
> • 영국의 식민지 정책에 저항한 간디의 무저항 불복종 운동
> • 마틴 루서 킹의 흑인 차별 철폐를 위한 인권 운동
> • 미국의 노예 제도와 멕시코 전쟁에 반대한 헨리 데이비드 소로의 세금 납부 거부 운동

　㉣ 시민 불복종의 한계

　　• 시민 불복종 과정에서 무고한 시민에게 피해를 줄 수 있다.

　　• 법을 어기는 행위이므로, 과도한 시민 불복종은 법질서를 해치고 국가의 존립을 위협할 수 있다.

　　• 시민 불복종에 참여하는 일부 시민이 전체 시민의 의사를 대변하기 힘들 수 있다.

출제 예상 문제

01 롤스(Rawls, J.)의 정의의 원칙 중 ㉠, ㉡의 내용에 해당하는 사례로 적절한 것은?

> • 롤스의 제2의 원칙
> ㉠ 최소 수혜자 우선 배려의 원칙
> ㉡ 공정한 기회균등의 원칙

①	㉠	국민건강보험 실시
	㉡	고위 공직자 재산 등록제 실시
②	㉠	영화 사전 심의 제도 폐지
	㉡	선거 연령 하향 조정
③	㉠	장애인 고용 촉진 정책 시행
	㉡	공무원 시험 학력 제한 폐지
④	㉠	직업 선택의 자유 보장
	㉡	국민기초생활보장제도 실시

02 다음 설명에 해당하는 것은?

> 이것은 정의롭지 않은 사회 제도를 의도적으로 거부하는 시민 저항 운동이다. 간디의 비폭력 저항과 마틴 루서 킹 (King, M. L. Jr.)의 흑인 인권 운동이 이에 해당한다.

① 협동조합
② 노동 운동
③ 시민 불복종
④ 난민 구호 활동

03 다음 문제 상황을 니부어(Niebuhr, R.)의 사회 윤리적 관점에서 해결하는 가장 적절한 방법은?

> 사회적 약자들은 카드빚, 실직, 부의 양극화 등과 같은 탈출구 없는 경제적 상황에 놓여 있다. 그래서 삶에 대한 분노와 절망을 죽음으로 해결할 수밖에 없는 처지에 직면해 있다.

① 경제적 분배 정의를 실현하는 법과 제도를 확대한다.
② 인간 생명의 소중함을 깨닫기 위해 종교 생활을 한다.
③ 삶의 의지를 고양할 수 있는 치유 프로그램에 참여한다.
④ 시민운동 차원에서 협력과 나눔의 문화 활동을 전개한다.

04 다음 이론과 거리가 먼 사상가는?

> 국가가 없는 자연 상태는 위험하거나 불안정하다. 따라서 사람들은 생명과 안전, 재산을 보호하기 위해 자연권의 일부나 전부를 국가에 양도 혹은 위임하기로 서로 합의하여 국가를 만들었다.

① 로크
② 프롬
③ 홉스
④ 루소

05 다음과 같은 입장에서 사회 문제를 해결하려고 할 때 가장 적절한 방법은?

> 현대 사회의 도덕 문제는 개인의 선한 의지만으로 사회 정의를 실현하기가 어렵다. 사회 정책과 제도의 개선을 통해서 사회 문제를 해결할 수 있는 측면이 강하다.

① 자율성과 책임감을 강화한다.
② 개인의 양심과 도덕성에 호소한다.
③ 도덕적 가치 판단 능력을 함양한다.
④ 잘못된 사회 관행을 고치며 법적 체제를 보완한다.

06 다음 내용이 공통적으로 강조하는 덕목으로 가장 적절한 것은?

> • 옳고 그름에 대한 기준
> • 사회적 재화의 정당한 분배 기준
> • 사회 제도가 갖추어야 할 가장 기본적인 덕목

① 절제
② 정의
③ 책임
④ 협력

07 다음 설명에 해당하는 원칙은?

> 정의로운 사회를 위해 사회적·경제적 불평등은 최소 수혜자에게 최대의 이익을 보장하도록 해야 한다. 즉, 사회적 약자에 대한 배려가 우선해야 한다는 것이다. 예를 들어 저소득자에게 생활비 보조금 지급, 공공시설에 장애인 전용 엘리베이터 설치, 빈곤 무주택자에게 임대 아파트 우선적 공급 등이 이에 해당된다.

① 홉스의 사회적 계약의 원칙
② 칸트의 평등한 자유의 원칙
③ 롤스의 정의론 중 차등의 원칙
④ 아리스토텔레스의 정의와 우애의 원칙

08 시민 불복종의 정당화 조건에 대한 설명으로 옳지 않은 것은?

① 비폭력적이어야 한다.
② 최후의 수단이어야 한다.
③ 행위 목적이 정당해야 한다.
④ 자신에게 불리한 정책에 무조건 저항해야 한다.

09 시민 참여의 올바른 자세가 아닌 것은?

① 공동체 이익에 기여해야 한다.
② 물질적 이해관계에만 적극 개입한다.
③ 주체적이고 자율적인 태도가 필요하다.
④ 사회적 약자에 대한 배려를 해야 한다.

10 다음의 국가 기원설을 주장한 사상가는?

> • 인간은 본성적으로 사회적·정치적 존재이므로 국가의 발생도 자연스러운 것이다.
> • 국가는 시민적 유대감과 행복한 삶을 위해 존재하는 것이다.

① 홉스
② 칸트
③ 플라톤
④ 아리스토텔레스

11 정의로운 사회 제도가 필요한 근본적인 이유로 적절하지 않은 것은?

① 사회 질서 유지
② 인간다운 삶의 보장
③ 구성원 간의 갈등 조정
④ 특정 계층의 이익 극대화

12 정의로운 사회 제도 구현을 위한 조건에 해당하지 <u>않는</u> 것은?

① 복지권의 보장
② 공권력의 남용
③ 부의 공평한 재분배
④ 소수자와 사회적 약자 배려

15 (가)에 들어갈 내용으로 적절하지 <u>않은</u> 것은?

> • 주제: 시민 불복종
> – 의미: 정의롭지 못한 법이나 정부 정책을 변혁시키려는 목적으로 행해지는 의도적인 위법 행위
> – 정당화 요건: [(가)]

① 공공성을 추구해야 한다.
② 최후의 수단이어야 한다.
③ 항상 폭력적이어야 한다.
④ 행위의 목적이 정당해야 한다.

13 롤스(Rawls, J.)의 정의론에 대한 설명으로 옳은 것을 〈보기〉에서 모두 고른 것은?

> ─ 보기 ─
> ㄱ. 모든 사람이 기본적인 자유를 평등하게 누려야 한다고 주장한다.
> ㄴ. 합의의 공정성을 바탕으로 절차적 정의를 주장한다.
> ㄷ. 공동 생산과 공동 분배의 원리를 강조한다.
> ㄹ. 사회의 최소 수혜자에게 최대의 이익을 보장하는 '차등의 원칙'을 주장한다.

① ㄱ, ㄹ
② ㄴ, ㄷ
③ ㄱ, ㄴ, ㄹ
④ ㄴ, ㄷ, ㄹ

16 복지 사회를 실현하기 위해 필요한 것을 〈보기〉에서 모두 고른 것은?

> ─ 보기 ─
> ㄱ. 인간의 존엄성 중시
> ㄴ. 자신의 이익을 추구
> ㄷ. 성장과 분배의 조화
> ㄹ. 공정한 제도적 장치 마련

① ㄱ, ㄴ
② ㄴ, ㄷ
③ ㄱ, ㄷ, ㄹ
④ ㄴ, ㄷ, ㄹ

14 다음 설명에 해당하는 국가관은?

> 국가의 간섭 없이도 '보이지 않는 손'이 국가 전체의 이익을 증대시키기 때문에 국가는 국방이나 치안, 사유 재산의 보호 등과 같은 최소한의 역할만을 수행해야 한다.

① 야경 국가
② 복지 국가
③ 공산 국가
④ 적극적 국가

17 다음에서 설명하는 정의의 종류는?

> • 사회적 합의 과정의 투명성과 공정성을 강조한다.
> • 롤스(Rawls, J.)의 '정의의 제2원칙'을 적용한다.

① 절차적 정의
② 결과적 정의
③ 도구적 정의
④ 이념적 정의

18 다음의 국가 기원론을 주장한 사상가는?

> 인간은 이기적이기 때문에 자연 상태는 '만인의 만인에 대한 투쟁'과 같다. 따라서 생명과 안전을 확보하기 위해서는 계약을 통해 자신의 권리를 국가에 양도해야 한다.

① 루소　　　　　② 홉스
③ 로크　　　　　④ 니부어

19 밑줄 친 '이것'에 해당하는 공자의 사상은?

> 이것은 "임금은 임금다워야 하고, 신하는 신하다워야 한다."라는 뜻으로 사람들이 각자의 신분과 지위에 맞는 역할을 제대로 해야 한다는 의미를 갖는다.

① 겸애(兼愛)　　② 자비(慈悲)
③ 부쟁(不爭)　　④ 정명(正名)

20 ㉠에 들어갈 말로 적절한 것은?

> (㉠)은/는 정의롭지 못한 법이나 정부 정책을 의도적으로 거부하는 시민 저항 운동이다.

① 자아실현　　　② 시민 불복종
③ 기본권 제한　　④ 윤리적 소비

21 ㉠에 들어갈 내용으로 적절한 것은?

> 니부어는 개인의 도덕성만으로는 사회 집단의 비도덕성을 해결할 수 없으므로, (㉠)하면 사회 정의가 실현될 것이라고 하였다.

① 개인의 양심을 회복
② 무한 경쟁 원리를 도입
③ 도덕성을 함양하고 실천
④ 잘못된 사회 구조와 제도를 개선

22 다음 중 공직자가 지녀야 할 윤리적 덕목이 <u>아닌</u> 것은?

① 공익 실현
② 봉사 정신
③ 특권 의식
④ 청렴 정신

23 사회적 약자에게 공정한 기회를 부여하기 위한 제도에 해당하지 <u>않는</u> 것은?

① 여성 할당제
② 기업 연봉 성과급 제도
③ 대학의 농어촌 특별 전형
④ 정부의 지역 인재 채용 목표제

24 다음 내용을 주장한 사상가는?

> 모든 직업은 소명(召命)이므로 근면하고 성실하게 직업에 임해야 한다.

① 루소
② 칼뱅
③ 플라톤
④ 마르크스

25 다음 설명에 해당하는 분배의 기준은?

> 회사에 기여한 바가 적은 사람보다 더 많이 기여한 사람에게 더 많은 임금을 지급하는 것은 업무 생산성을 더욱 높일 수 있으므로 공정한 분배라고 할 수 있다.

① 필요　　　　　② 업적

③ 지위　　　　　④ 평등

26 ㉠에 들어갈 내용으로 옳은 것은?

> 〈롤스(Rawls, J.)의 정의론〉
> • 제1원칙: (　　　　　　㉠　　　　　　)
> • 제2원칙
> 　- 차등의 원칙: 최소 수혜자에게 최대의 이익을 보장하도록 조정
> 　- 기회균등의 원칙: 개방된 지위의 보장

① 평등한 자유의 원칙

② 소유권으로서의 정의

③ 사회 구조와 제도의 개선

④ 복합 평등으로서의 정의 원칙

27 다음 내용과 관련된 직업의 의의로 가장 적절한 것은?

> 사회 구성원으로서의 역할을 수행하고 사회 발전에 기여할 수 있다.

① 생계유지의 역할

② 자아실현의 역할

③ 사회적 역할 분담

④ 소명 의식으로서의 역할

28 다음에서 적용하고 있는 공정한 분배의 기준은?

> 혼자 사는 사람보다 부양가족이 있는 사람에게 돈이 더 필요하므로, 후자에게 더 많은 임금을 지급하는 것이 공정한 분배이다.

① 능력　　　　　② 업적

③ 지위　　　　　④ 필요

29 다음 문제점이 나타날 수 있는 분배의 기준은?

> • 개인의 책임 의식을 약화시킬 수 있다.
> • 생산 의욕을 저하시켜 효율성을 떨어뜨린다.

① 평등에 따른 분배

② 업적에 따른 분배

③ 노동에 따른 분배

④ 능력에 따른 분배

30 다음 중 사형 제도에 대한 입장이 <u>다른</u> 하나는?

① 오판의 가능성이 있다.

② 형벌의 목적은 근본적으로 인과응보적 응징에 있다.

③ 사형은 근본적으로 인간의 존엄성을 훼손하는 것이다.

④ 사형 제도는 예방 효과가 없는 처벌이라는 점에서 적합하지 않다.

4 과학과 윤리

핵심 키워드   과학 기술의 가치 중립성, 요나스의 책임 윤리, 정보 윤리, 사이버 폭력, 저작권 침해, 사생활 침해, 인간 중심주의, 동물 중심주의, 생명 중심주의, 생태 중심주의

1 과학 기술과 윤리

● **해결 Point** ········

과학 기술과 윤리 문제에 대해 과학 기술 발달에 따른 문제점이나 과학 기술의 가치 중립성, 요나스의 책임 윤리와 관련한 문제가 출제되고 있다. 이와 관련된 개념이나 입장을 자세하게 알아 두어야 한다.

● **대표 문제 유형** ········

❖ 과학 기술 발달에 따라 발생할 수 있는 윤리적 문제점은?
❖ 요나스(Jonas, H.)의 책임 윤리에 대한 설명으로 옳은 것은?

(1) 과학 기술의 가치 중립성 논쟁

① 과학 기술의 성과와 문제점
   ㉠ 과학 기술의 성과
     • 물질적 풍요와 안락한 삶: 의식주 관련 재화가 대량 생산되면서 물질적으로 풍요로운 삶을 누리게 되었고, 자동화가 진행되면서 많은 여가를 확보하게 되었다.
     • 시·공간적 제약 극복: 교통과 정보 통신 기술의 발달로 실시간 정보 교환이 가능해졌고 전 세계를 자유롭게 여행할 수 있게 되었다.
     • 수면 연장과 건강 증진: 생명 과학과 의료 기술의 발달로 새로운 치료법과 신약 개발이 이루어지면서 각종 질병을 극복하고 생명을 연장할 수 있게 되었다.
   ㉡ 과학 기술의 문제점
     • 인간의 주체성 약화와 비인간화: 과학은 인간을 위해 있는 것인데, 인간이 오히려 과학 기술에 종속되어 기술 지배 현상과 인간 소외 현상이 발생된다.
     • 인권 및 사생활 침해: 정보 통신 기술의 발달로 개인 정보 유출, 사이버 폭력, 위치 추적 시스템이나 감시 카메라를 이용한 감시와 통제 등이 발생한다. 사람들을 감시하고 통제할 수 있는 '전자 판옵티콘 사회'와 '빅 브라더'가 출현할 위험이 있다.

     • 생명의 존엄성 훼손: 생명체를 대상으로 실험하다 보면 생명을 도구나 수단으로 여기게 되고, 생명 복제나 유전자 조작 등 생명 윤리 문제가 발생한다.
     • 환경 문제의 심화: 자연을 인간의 도구로 보며 이를 개발하고 활용하는 과정에서 자원 고갈, 기후 변화, 생태계 파괴 등의 심각한 환경 문제가 발생한다.

> ■ **판옵티콘(Panopticon)**
> 벤담이 제안한 원형 감옥으로 '모두'를 뜻하는 'Pan'과 '본다'는 뜻의 'Opticon'을 합친 말이다. 판옵티콘에서는 간수는 모든 죄수를 볼 수 있지만 죄수는 간수를 볼 수 없도록 설계되어 있다. 죄수는 늘 감시받는 느낌을 받게 되어 스스로를 감시하는 규율의 내면화가 이루어진다는 것이다.
>
> ■ **빅 브라더(Big brother)**
> 조지 오웰의 소설 『1984』에 등장하는 용어로 텔레스크린을 통해 모든 사람을 감시하는 권력을 말하며, 이는 현대 정보 사회에서의 감시와 통제의 문제점을 상징적으로 표현한다.

② 과학 기술을 바라보는 관점
   ㉠ 과학 기술 지상주의
     • 과학 기술이 사회의 모든 문제를 해결할 수 있다고 보는 입장이다.
     • 과학 기술의 부정적 측면을 간과하여 인간의 반성하는 사고 능력을 훼손하는 문제가 있다.
   ㉡ 과학 기술 혐오주의
     • 과학 기술의 부정적 측면을 강조하는 입장이다.
     • 과학 기술의 비인간적이며 비윤리적인 측면을 부각하여 점점 많은 문제가 발생하고 궁극적으로 인간 소외 사회가 될 것이라고 주장한다.
     • 과학 기술의 혜택과 성과를 전면 부정한다는 점에서 현실을 반영하지 못한다.
   ㉢ 바람직한 태도: 과학 기술의 성과를 인정하면서, 그 부작용을 최소화하기 위해 비판적으로 성찰하는 자세를 가져야 한다.

■ 인간 소외 사회
기술이 지배하는 거대한 사회 구조의 영향으로 인간성과 인간다운 삶을 잃어버린 사회를 말한다.

■ 과학 기술의 양면성을 보여 주는 사례
• GPS(위성 위치 확인 시스템): 실종자 구조, 미아 찾기 등 위급한 순간에 인간의 생명을 구하는 도구로 이용되기도 하지만, 사생활을 침해하는 도구로 악용될 수도 있다.
• 유전자 변형(GMO) 식품: 식량난을 해소할 수 있다는 장점이 있으나, 장기간 섭취할 경우 인체에 무해하다는 점이 분명하게 검증된 바 없으며 생태계를 교란할 수도 있다.

③ 과학 기술의 가치 중립성 논쟁
㉠ 가치 중립성의 의미
• 과학적 사실이나 기술 그 자체는 철저히 중립적인 것으로써 다른 의미나 아무런 가치를 지니지 않는다는 것으로, 여러 가지 가치 주장이나 가치관에 찬성하거나 반대하지 않으려는 무관심의 상태 또는 개입하기를 거부하는 상태를 말한다.
• 베버: 과학적 지식의 객관성을 보장하기 위해서 사실과 가치 판단을 엄격히 구별해야 한다고 주장하였다.
㉡ 과학 기술의 가치 중립성에 대한 입장

과학 기술을 가치 중립적으로 보는 입장	• 과학 기술은 좋은 것도 나쁜 것도 아니라고 주장함 • 과학 기술은 객관적 관찰과 실험 및 논리적 사고로 얻게 되기 때문에 주관적 가치가 개입될 수 없다고 봄 • 과학 기술의 가치는 그것을 사용하는 사람에게 달려 있음 • 과학 기술 그 자체는 가치 판단의 대상이 아님 • 야스퍼스: 과학 기술을 수단으로 보면서 과학 기술의 가치 중립성을 강조하여 과학 기술에 가치 판단이 개입되어서는 안 된다고 주장함
과학 기술에 대한 가치 판단이 필요하다는 입장	• 과학 기술은 발견 및 활용의 과정에서 가치가 개입되므로 가치 판단에서 자유로울 수 없음 • 과학 기술을 연구하고 활용하는 과정에서 개인이나 기업, 사회의 이익이나 정치적·경제적 목적 등 가치가 개입되므로 윤리적으로 규제되어야 함 • 하이데거: 과학 기술은 인간을 지배할 수 있으며, 만약 과학 기술이 가치 중립적이라면 인간은 무방비 상태로 과학 기술에 내맡겨진다고 주장함

㉢ 바람직한 입장
• 연구 과정에서의 가치 중립성: 과학 기술이 객관적 타당성을 갖춘 지식으로 인정받는 과정에서는 가치 중립적이어야 한다.
• 활용 과정에서의 가치 판단: 과학 기술은 윤리적 가치 평가에 의해 지도되고 규제되어야 한다.
• 윤리는 과학 기술이 추구해야 할 가치를 제공하고, 윤리적 규범은 과학 기술이 윤리적 책임을 다할 수 있도록 도와야 한다.

(2) 과학 기술의 사회적 책임

① 과학 기술자의 책임
㉠ 과학 기술 연구 윤리: 과학 기술 연구자가 정직하고 책임 있는 연구를 수행하기 위해 지켜야 할 윤리적 원칙과 행동 양식을 말한다.
㉡ 과학 기술의 사회적 책임 문제의 등장 배경

과학 기술의 파급 효과	과학 기술은 사회에 광범위하고 지속적인 영향을 끼침
결과 예측의 불확실성	과학 기술의 결과에 대해 정확히 예측할 수 없기 때문에 기술을 만든 의도와 상관없이 부정적인 결과가 발생할 수 있음
적용의 강제성	과학 기술의 적용에 대한 요구가 커지면서 비윤리적인 과학 기술 개발을 막기 어려워졌음
시공간적 광역성	과학 기술은 지구 전체뿐 아니라, 미래 세대에까지 영향을 끼칠 수 있음

㉢ 과학 기술자의 내적 책임과 외적 책임

내적 책임	• 연구 윤리를 준수하여 위조, 변조, 표절, 부당한 저자 표기 등 비윤리적 행위를 하지 않아야 함 • 실험 대상을 윤리적으로 대우해야 함 • 자신의 연구가 참 또는 거짓인지 확실하게 밝혀야 하며 엄격한 자기 검증 과정을 거쳐야 함
외적 책임 (사회적 책임)	• 자신의 연구 결과가 사회에 미칠 영향에 대한 책임을 져야 함 • 연구 결과가 사회에 부정적 영향을 미친다면 이를 중단하거나 예방적 조치를 취해야 함 • 자신의 연구 활동이 인간의 존엄성을 구현하고 삶의 질 향상을 위한 것인지 항상 고민해야 함

㉣ 과학 기술자의 사회적 책임에 대한 입장
• 과학자의 사회적 책임을 인정하는 입장: 과학 기술의 가치 중립성을 부정하는 입장으로, 과학 기술은 인간의 삶과 떨어질 수 없는 관계이므로 과학 기술의 연구와 활용 과정을 독립적인 영역으로 생각하면 안 된다고 본다.

- 과학자의 사회적 책임을 부정하는 입장: 과학 기술의 가치 중립성을 인정하는 입장으로, 과학 기술자는 연구 윤리를 지키고 자신의 연구가 진리임을 밝히는 것으로 충분하며, 연구 결과가 사회에 어떤 영향을 끼칠지를 고려할 필요는 없다고 본다.

② 과학 윤리의 사회적 책임을 실현하기 위한 노력
- ㉠ 부작용의 검토 및 대처: 과학 기술의 개발 과정과 그 결과물이 사회에 끼칠 수 있는 부정적인 영향과 위험을 검토하고 이에 대한 예방적인 조치를 취해야 한다.
- ㉡ 요나스의 책임 윤리
  - 요나스는 과학 기술 시대에 맞는 책임 윤리의 확립을 주장하였다.
  - 책임 범위의 확대: 책임 범위를 현세대로 한정하는 전통적 윤리관을 비판하고, 윤리적 책임의 범위를 확대해 인간뿐만 아니라 자연, 미래 세대에 대한 책임까지 고려해야 한다고 하였다.
  - 예견적 책임: 과학 기술이 미래에 끼치게 될 결과까지 예측하여 인류에 해악을 끼칠 수 있는 과학 기술 연구는 중단하는 등 도덕적인 책임을 져야 한다고 하였다.
- ㉢ 새로운 과학 기술의 개발: 기아나 환경 문제와 같은 인류의 당면 과제를 해결할 수 있는 과학 기술의 개발이 필요하다(식량 증산 기술, 대체 에너지 기술, 적정 기술 등).
- ㉣ 제도적인 장치의 마련: 기술 평가 제도, 과학기술윤리위원회, 시민의 감시와 참여를 이끌어 내는 장치 등 과학 기술의 사회적 책임 실현을 위한 제도적 장치를 마련해야 한다.

2 정보 사회와 윤리

● 해결 Point
정보화에 따른 윤리적 문제, 사이버 폭력을 예방하는 방법, 사이버 윤리 원칙 등을 묻는 문제가 자주 출제되고 있다. 사이버 폭력의 종류와 사례를 묻는 문제도 나오므로 해당 내용을 자세히 살펴보아야 한다.

● 대표 문제 유형
- ❖ 다음과 같은 정보화에 따른 윤리적 문제에 해당하는 것은?
- ❖ 사이버 따돌림을 예방하기 위한 노력으로 적절한 것을 〈보기〉에서 고른 것은?

(1) 정보 기술 발달과 정보 윤리

① 정보 기술 발달에 따른 긍정적 변화
- ㉠ 정보 사회: 다양한 정보의 생산과 전달을 중심으로 전개되는 사회를 말한다.
- ㉡ 정보 기술의 발달에 따른 긍정적 변화

생활의 편리성 향상	• 인터넷을 통해 일상적인 활동을 하거나 업무를 쉽고 빠르게 처리할 수 있게 됨 • 전 세계 사람들과 쉽게 대화할 수 있게 됨
전문적인 지식의 습득	인터넷의 발달과 검색 기능 등 여러 정보 통신 매체를 통해 전문적인 정보를 쉽게 얻을 수 있음
사회 참여 기회 확대	• 쌍방향 의사소통이 가능한 수평적이고 다원적인 사회로 변화함 • 가상 공간의 등장으로 자신의 의견을 자유롭게 표현하고 청원이나 서명 운동에 참여하는 등 정치적 의사 결정 과정에 직접 참여할 수 있음
다양성이 존중되는 사회 분위기 조성	인터넷을 통해 전 세계 문화를 실시간으로 접할 수 있어 다양한 문화를 경험하고 이해할 수 있음

② 정보 기술 발달에 따른 윤리적 문제
- ㉠ 사이버 폭력

의미	사이버 공간에서 상대방이 원하지 않는 언어, 이미지 등을 이용하여 정신적으로 피해를 주는 폭력 행위
사례	사이버 따돌림(cyber bullying), 사이버 명예 훼손, 사이버 모욕, 사이버 스토킹, 사이버 성폭력 등
문제점	• 빠른 전파성: 인터넷, SNS의 빠른 전파성과 무한 복제성으로 피해자를 공격하는 소문, 허위 사실 등이 광범위하고 빠르게 확산되어 피해 확대

- 시공간 제약 없는 가해: 시공간 경계가 없는 사이버 공간의 특성으로 24시간 장소의 구애 없이 사이버 폭력에 노출
- 피해 기록의 영속성: 인터넷상에 노출된 사이버 폭력의 내용은 삭제가 어려워 평생 피해 기록에 대한 두려움에 시달림
- 은밀한 폭력 방식: 익명성을 이용하여 은밀하고 가혹한 폭력이 행해짐
- 가해자들이 피해자의 고통을 직접 목격하기 어려워 폭력의 심각성을 인식하지 못함

■ **사이버 불링(cyber bullying)**
사이버 공간에서 특정인을 집단적으로 따돌리거나 욕설, 험담 따위로 집요하게 괴롭히는 행위를 뜻하는 말. '불링(bullying)'은 약자를 괴롭히는 행동을 의미한다. 사이버 불링은 신속성, 익명성, 광범위한 확산 등으로 사회 문제를 일으키고 있다.

ⓛ 저작권 침해

의미	• 저작권: 소설, 시, 음악, 미술, 컴퓨터 프로그램 등과 같은 저작물에 창작자가 가지는 권리 • 저작권 침해: 저작권법에 따라 배타적으로 보호되는 저작물을 무단으로 사용하여 저작권자의 권리를 침해하는 행위를 말함
사례	소프트웨어 무단 복제, 저작물 표절, 불법 다운로드 등
문제점	저작자의 창작 의욕을 감소시켜 결과적으로 정보의 질을 하락시킴
저작권에 관한 입장	• 정보 사유론(copyright) – 창작자의 정보 생산에 대한 노력의 대가를 충분히 제공하도록 해야 함 – 창작자의 창작 의욕과 정보의 질을 높일 수 있음 • 정보 공유론(copyleft) – 정보는 개인의 자산인 동시에 인류 공동의 자산이므로 더 많은 사람이 쉽게 사용할 수 있도록 무료로 공유해야 함 – 정보를 공유할 때 정보의 질적 발전이 가능함

ⓒ 사생활 침해

의미	자신의 의사와 무관하게 개인 정보가 다른 사람에게 노출되거나 악용되는 것을 말함
사례	신상 털기 등
문제점	개인 정보가 악용되어 통제·억압당할 경우 개인의 자유로운 활동과 행복 추구를 방해하여 인간의 존엄성을 해칠 수 있음

자기 결정권과 잊힐 권리	• 정보의 자기 결정권: 자신에 관한 정보를 보호받기 위해 이를 자율적으로 결정하고 관리할 수 있는 권리를 뜻함 • 잊힐 권리: 개인의 사생활 보호를 위해 등장한 것으로, 정보 주체가 온라인상에서 자신과 관련된 모든 정보에 대한 삭제 및 확산 방지를 요구할 수 있는 자기 결정권 및 통제 권리를 뜻함

ⓔ 정보격차

의미	지역, 소득, 교육 수준, 성별 등의 차이로 인하여 정보에 대한 접근 및 이용에 차별이 발생하여 사회·경제적 불평등이 초래되는 현상
문제	• 정보의 차이가 사회 전체적인 격차로 확대되어, 새로운 정보 기술에 접근할 수 있는 능력을 가진 이와 그렇지 못한 이 사이에 빈부격차가 심화될 수 있음 • 정보격차로 인한 소득 격차는 사회 격차를 불러일으키고 사회를 양분할 수 있어 새로운 사회 문제로 등장하고 있음

③ 정보 사회에서 요구되는 정보 윤리
ⓖ 스피넬로(Spinello, R.)는 인간의 존엄성과 기본권, 사회 정의 등과 같은 기본적인 가치를 바탕으로 한 정보 윤리의 기본 원칙으로 존중, 책임, 정의, 해악 금지의 네 가지를 제시하였다.
ⓛ 정보 윤리의 기본 원칙

존중의 원칙	자신에 대한 존중과 타인에 대한 존중. 자신에 대한 존중이란 스스로를 본래적 가치를 지닌 것으로 대우하는 것이고 타인에 대한 존중은 타인의 인격과 사생활, 지적 재산권 등을 존중하는 것임
책임의 원칙	정보 제공자 및 이용자는 자신의 행동이 가져올 결과를 신중히 생각하고 책임 있게 행동해야 함
정의의 원칙	• 정보의 진실성과 공정성, 완전성을 추구해야 하며 다른 사람의 기본적 자유와 권리를 침해하지 않아야 함 • 정보화로 인해 얻을 수 있는 혜택을 차별 없이 분배하며, 사이버 공간에서 법과 규칙을 준수해야 함
해악 금지의 원칙	사이버상에서의 비도덕적 행동을 지양하고 타인에게 피해를 끼치지 않아야 함

(2) 정보 사회에서의 매체 윤리

① 대중 매체의 의미와 영향력

　㉠ 대중 매체의 의미

　　• 불특정 다수를 대상으로 다양한 정보를 신속하게 전달하기 위한 매개체이다.

　　• 신문·서적 등의 인쇄 매체, 텔레비전·라디오 등의 방송 매체, 인터넷과 같은 뉴 미디어 등이 있다.

　㉡ 대중 매체의 영향력

순기능	• 다양한 정보를 제공하며, 정보가 갖는 의미를 해석하고 평가 • 사회의 전통과 가치 등을 다음 세대에 전수하는 역할 • 오락이나 즐길 거리를 제공하여 사회 구성원에게 휴식을 제공
역기능	• 편견이 개입된 정보나 불공정한 보도를 전달할 수 있음 • 위험한 정보들은 사회 구성원들에게 심리적 긴장감이나 공포를 유발할 수 있음 • 일방적인 전달로 인해 사회의 다양성과 창의성을 저하시킴

② 뉴 미디어의 등장과 문제점

　㉠ 뉴 미디어의 의미: 기존 매체가 인터넷 등 전자 통신의 새로운 기술과 결합하여 정보를 가공하고 전송, 소비하는 새로운 수단의 전송 매체를 뜻한다.

　㉡ 뉴 미디어의 특징

상호 작용화	송수신자 간에 쌍방향 정보 교환이 가능해져 활발하게 상호 작용할 수 있음
비동시화	정보 교환에서 송수신자가 동시에 참여하지 않고도 수신자가 원하는 시간에 정보를 볼 수 있음
탈대중화	대규모 집단에 획일적인 메시지를 전달하는 방식에서 벗어나 특정 대상과 특정 정보의 상호 교환이 가능함
능동화	이용자가 정보를 직접 생산하고 유통, 소비하는 동시에 감시의 역할도 할 수 있어, 더욱 능동적으로 활동할 수 있음
종합화	아날로그 시대에 개별적으로 존재했던 매체들이 하나의 정보망으로 통합됨

　㉢ 뉴 미디어의 문제점

　　• 전문성이 검증되지 않은 정보가 많으며, 객관성을 지니는지 감시할 장치가 기존 매체에 비해 부족하다.

　　• 매체가 다양해짐에 따라 특정 저작물을 여러 공간에 저장하면서 정보가 분산되고, 그 결과 책임도 분산되어 윤리적인 책임 의식이 약화될 수 있다.

　　• 매체가 다양해지면서 정보를 교환하고 처리하는 과정에서 사적인 정보가 노출될 수 있다.

　　• 허위 정보나 유해 정보를 전달할 수 있다.

③ 뉴 미디어 시대의 매체 윤리

　㉠ 뉴 미디어의 정보 생산 및 유통 과정에서 필요한 윤리

진실 보도	있는 그대로의 사실을 전달해야 함
타인의 인격 존중	• 시민의 알 권리도 중요하지만, 이를 충족하는 과정에서 개인의 인격권을 침해하지 않도록 해야 함 • 뉴 미디어는 다수에게 영향을 끼칠 수 있는 공적인 영역이므로 표현의 자유는 타인의 권리를 침해하지 않는 범위에서 허용되어야 함
공정한 보도	정보와 관련된 내용을 객관성과 공정성을 가지고 동등하고 균형 있게 취급해야 함
표절 금지	• 내용에 큰 차이가 없는 기사들이 동시적으로 다양한 언론사의 이름을 달고 게재되는 사례가 있음 • 이는 원작자의 권리와 소중한 재산을 침해하는 것이며, 언론에 대한 신뢰를 무너뜨림

> ■ **국민의 알 권리와 인격권**
> • 알 권리
> 　－ 국민은 정보를 제한 없이 알 수 있는 알 권리가 있으며, 이는 인간의 존엄성을 실현하고 헌법에 명시된 행복 추구권을 보장하기 위해 필요함
> 　－ 시민 혼자 정보를 수집하는 것에는 한계가 있으므로, 언론에 객관적이고 공정한 정보 전달의 의무를 부여
> • 인격권
> 　－ 인간의 존엄성에 바탕을 둔 사적 권리
> 　－ 국민의 알 권리 보장을 위한 매체의 보도가 개인의 인격권을 침해하면 안 됨

　㉡ 시민의 정보 소비 과정에서 필요한 윤리

미디어 리터러시	• 매체 이해력이라고도 하며, 매체의 내용을 비판적으로 해석하면서 제대로 사용하고 표현하는 능력을 말함 • 비판적인 사고를 바탕으로 정보를 올바르게 이해하고 활용해야 함
시민 의식	• 정보를 바탕으로 대화하고 교류하며 협력할 수 있는 능력과 자세 필요 • 규범 준수뿐 아니라 시민 의식과 같은 윤리적 태도를 갖추어야 함
비판적이고 능동적인 정보 수용	매체가 제공하는 정보에 대해 비판적인 시각을 가지고 정보의 진실성을 판단하며, 매체의 공정성과 객관성에 대해 끊임없이 감시해야 함

3 자연과 윤리

인간 중심주의, 동물 중심주의, 생명 중심주의, 생태 중심주의에 대한 이해와 각 관점을 비교하는 문제가 반드시 출제되므로 관련 내용을 확실하게 알아 두어야 한다. 기후 변화와 같은 환경 문제도 출제 가능성이 높으므로 자세히 살펴보아야 한다.

❖ 다음에서 생명 중심주의 윤리의 관점에만 V표를 표시한 학생은?
❖ 기후 변화에 따른 윤리적 문제에 해당하지 <u>않는</u> 것은?

(1) 자연을 바라보는 동서양의 관점

① 자연을 바라보는 서양의 관점

㉠ 인간 중심주의

• 의미와 특징

의미	• 인간만이 윤리적 동물이며 자연은 인간의 도구라고 여기는 입장 • 이성을 지닌 인간은 자연적 존재보다 우월하고 귀한 존재임 • 인간의 필요 충족을 위해 자연을 도구화하여 자연에 대한 정복을 정당화함
특징	• 도구적 자연관: 자연의 도덕적 가치를 부정하고 인간의 욕구나 필요에 따라 도구로서 사용될 때 가치가 있다고 보는 인간 중심주의적 논리 • 기계론적 자연관: 자연의 모든 현상을 물리적으로 설명하여 자연은 인과 법칙에 따라 작동되는 기계와 같으며 정신이 없는 물질에 불과하다고 주장함 • 이분법적 세계관: 인간과 자연을 분리하고 자연보다 우월하다고 보는 관점

• 대표 사상가

데카르트	• 이분법적 세계관에 입각하여 인간과 자연을 분리 • 모든 존재를 정신과 물질로 구분, 인간의 정신은 물질로 환원할 수 없는 존엄한 것이지만 자연은 기계에 불과하며, 자연과학의 목표는 인간을 자연의 주인으로 만드는 데 있다고 주장함
베이컨	• "지식은 힘", 자연은 인간에게 순종해야 하고 정복되어야 하는 대상임 • 자연을 인류의 복지를 위한 수단으로 보고 자연에 관한 지식 활용을 강조 • 뉴 아틀란티스: 계급제와 신분제는 존재하지만 과학 기술의 발전을 통해 빈곤이 해결되고 인간의 건강·행복·능력이 증진되는 과학적 유토피아 사회

칸트	• 이성적 존재만이 자율적이고 도덕적 존재임 → 인간만이 도덕적 주체가 될 수 있음 • 자연을 도덕적으로 고려해야 하는 이유는 도덕성 실현과 인간에 대한 의무에서 도출되는 간접적 의무로 규정

• 의의와 한계점

의의	자연을 객관적으로 이해하고 적극적으로 이용하여 인간의 삶을 풍요롭게 만드는 데 이바지함
한계점	인간의 필요로 자연을 훼손하고 남용하는 것을 허용함으로써 현재 문제가 되고 있는 생태적 위기나 환경 문제의 주범으로 비판받고 있음

㉡ 동물 중심주의

• 의미와 특징

의미	도덕적인 고려 범위를 동물로 확대해야 한다는 입장
특징	동물을 인간의 수단으로 여기는 것에 반대하며, 동물의 복지와 권리를 향상해야 한다고 주장함

• 대표 사상가

싱어	• 공리주의에 근거하여 동물도 쾌락과 고통을 느끼므로 도덕적 고려의 대상이라고 함 • 동물 해방론 주장: 동물이 인간과 마찬가지로 쾌락과 고통을 느끼므로 동물을 고통에서 해방시키자고 함 • 종 차별주의 반대: 종이 다르다는 이유로 동물을 차별하는 것은 옳지 않음
레건	• 의무론에 근거하여 내재적 가치를 지닌 존재는 수단이 아닌 목적으로 대해야 한다고 주장함 • 동물 권리론: 동물도 삶의 주체로 자신의 고유한 삶을 영위할 권리가 있는 내재적 가치를 지니고 있으므로 도덕적으로 존중받아야 한다고 주장함 • 동물에 대한 실험, 매매, 사냥, 식용 등이 비윤리적인 이유는 동물이 지닌 가치와 권리를 부정하기 때문임

• 의의와 한계점

의의	상업적 이익을 위한 동물의 수단화와 동물에 대한 비도덕적인 관행에 대해 반성하는 계기를 만들어 동물의 권익 증진과 복지를 향상시키는 데 기여함
한계점	• 인간과 동물 사이의 이익이 충돌하는 경우 명확한 판단을 내리기 어려움 • 생태계의 조화와 균형을 간과할 수 있음 • 동물 이외의 생명은 고려하지 못함

ⓒ 생명 중심주의
- 의미
  - 도덕적 지위를 갖는 기준이 생명이라고 보고 도덕적 고려 범위를 모든 생명체로 확대함
  - 인간과 동물뿐만 아니라 식물을 포함한 모든 생명체가 생명이라는 점에서 내재적 가치를 지님
- 대표 사상가

슈바이처	• 모든 생명은 살고자 하는 의지를 지니고 있으며 그 자체로 신성하다는 생명 외경(畏敬) 사상 제시 • 생명 외경: 생명의 신비를 두려워하고 존경하여 생명을 소중하게 대하는 태도 • 생명은 그 자체로 선이며 생명을 파괴하고 억압하는 것은 악이므로 불가피하게 생명을 해쳐야 하는 경우에는 도덕적 책임을 느껴야 한다고 주장함
테일러	• 모든 생명체는 의식의 유무에 상관없이 자신의 생존, 성장, 발전, 번식이라는 목적을 지향하는 '목적론적 삶의 중심'이라고 규정함 • 생명체는 목적을 위하여 환경에 적응하려고 애씀 • 모든 생명체는 인간의 필요와 관계없이 고유한 가치를 지님

- 의의와 한계점

의의	도덕적 고려의 범위를 생명체까지 확대하여 모든 생명체의 고유한 가치를 일깨움
한계점	• 생명에 대한 불간섭을 강조하지만 인간과 자연은 분리될 수 없고, 인간에 의해 자연이 변하는 것이 나쁜 것만은 아님 예 나무 심기, 환경 보호 활동 • 생명을 가진 존재만 고려하기 때문에 생태계의 물이나 땅과 같은 다른 존재를 고려하지 못함 • 인간은 생명체로부터 식량과 자원을 얻어 생존하는데, 모든 생명체를 도덕적으로 고려하는 것은 일반적인 상식과 일치하지 않음

ⓔ 생태 중심주의
- 의미
  - 무생물을 포함한 생태계 전체를 고려 대상으로 삼음
  - 생명 개체에만 초점을 맞춘 개체 중심적 환경 윤리 비판
  - 전일론(全一論)적 입장: 전일론은 전체를 하나로 여기는 이론으로, 도덕적 고려 범위를 무생물을 포함한 생태계 전체로 보아야 한다는 입장

- 대표 사상가

레오폴드	• 대지 윤리(Land Ethics): 도덕 공동체의 범위를 동식물과 물, 흙을 비롯해 대지까지 확대(먹이 사슬을 이루는 유기적 관계에 주목) • 인간은 대지의 한 구성원일 뿐이며, 자연은 인간의 이해와 상관없이 내재적 가치를 지니므로 자연 전체가 도덕적 고려의 대상이 되어야 한다고 봄
네스	• 심층 생태주의: 세계관과 생활 양식 자체를 생태 중심적으로 바꾸어야 한다고 주장 • 큰 자아실현: 자신을 자연과의 상호 연관 속에서 존재하는 것으로 이해함 • 생명 중심적 평등: 모든 생명체는 상호 연결된 전체의 평등한 구성원으로 동등한 가치를 가짐

- 의의와 한계점

의의	• 생태계 전체를 포괄적으로 바라볼 수 있는 시각을 제공 • 인간은 생태계의 구성원이라는 인식을 갖게 함
한계점	• 생태계의 안정을 유지해야 하는 도덕적 근거를 제시하지 못함 • 전체 생태계의 선을 위해 개별 구성원의 희생을 강요하는 환경 파시즘으로 흐를 수 있음

② 자연을 바라보는 동양의 관점

유교	• 만물은 본래의 가치를 지니고 있다고 보고 인간과 자연이 조화를 이루는 천인합일(天人合一)의 경지 추구 • 단, 인간과 자연 존재 간의 도덕적 고려에 있어 분별적 차이를 둠
불교	• 연기설(緣起說): 모든 존재는 이것이 생(生)하면 저것이 생하고, 이것이 멸(滅)하면 저것이 멸한다는 것으로, 상호 의존성을 인식하고 모든 생명을 소중히 여기며 자비를 베풀어야 함 • 불살생(不殺生): 살아 있는 것을 죽이지 않는다는 생명 존중 사상 • 자타불이(自他不二): 너와 내가 둘이 아니라는 것으로, 남을 내 몸과 같이 느끼고 생각한다는 자비 사상
도가	• 자연은 아무런 목적이 없는 무위(無爲)의 체계로 무목적의 질서를 담고 있음 • 노자: 인간도 인위적 욕망을 버리고 자연의 순리에 따르는 무위자연(無爲自然)의 삶을 살아야 함 • 장자: 만물이 나와 하나라는 물아일체(物我一體) 강조

(2) 환경 문제에 대한 윤리적 쟁점

① 환경 문제의 특징

지구 자정 능력의 초과	지구의 자정 능력을 넘어서게 되어 회복할 수 없는 경우가 발생함
전 지구적 영향	한 지역에서 발생한 환경 문제가 다른 지역에 연쇄적으로 영향을 주면서 초국가적인 성격을 지님
책임 소재의 불분명	환경 문제의 원인이 다양하기 때문에 책임 소재를 명확히 가리기 힘들며, 가해자와 피해자 구분도 쉽지 않음
미래 세대에 영향	현세대뿐 아니라 미래 세대까지 피해를 줌

② 기후 변화의 윤리적 문제

㉠ 기후 변화의 원인과 문제점

원인	• 환경 오염 등 인간 활동의 영향으로 급속한 기후 변화가 나타나는데, 대표적으로 지구 온난화가 있음 • 산업화와 도시화로 인한 공해 물질 발생 및 산림 파괴 등으로 인한 온실가스 증가
문제점	• 지구 생태계 파괴 • 홍수, 가뭄, 해일 등의 자연재해 발생이 늘어남. • 기후 변화로 인한 사막화나 식량 생산량의 감소, 홍수와 가뭄 등으로 생활 기반을 잃는 등 인간의 삶을 위협

㉡ 기후정의의 의미와 실현 방안

의미	• 기후 변화에 따른 불평등을 해소함으로써 실현되는 정의로, 기후 변화 문제를 형평성의 관점에서 바라봄 • 기후 변화를 크게 일으키는 것은 선진국이지만, 기후 변화의 피해는 변화에 영향을 덜 끼친 개발 도상국과 경제적 약자에게서 발생하고 있기 때문에 문제가 제기됨
실현 방안	• 선진국의 기후 변화로 피해를 입은 나라들에 대한 적극적인 보상 및 지원 확대 • 선진국뿐 아니라 개발 도상국도 산업 구조를 생태 친화적으로 바꾸어야 함 • 기후 변화 방지를 위한 국제적인 대응 필요

㉢ 기후 변화 방지를 위한 국제적 노력

기후 변화 협약 (1992)	• 지구 온난화를 방지하기 위한 국제 협약 • 온난화의 주범인 온실가스 배출 억제를 규정
교토 의정서 (1997)	• 기후 변화 협약의 강제적 구속력 부족으로 실천이 미비한 점을 해결하기 위해 채택 • 선진국의 온실가스 감축 목표를 설정하고, 온실가스 배출권을 거래할 수 있는 탄소 배출권 거래 제도 도입
파리 기후 협약 (2015)	• 선진국뿐 아니라 협약에 참여한 모든 국가가 온실가스 감축 목표를 지키기로 합의 • 개발 도상국에 집중적인 지원

③ 미래 세대에 대한 책임

㉠ 미래 세대의 환경 문제
- 환경 문제는 미래 세대의 생존 및 삶의 질에 깊은 관련이 있다.
- 기후 변화, 환경 오염 등이 지속되면 미래 세대는 깨끗한 환경에서 풍요롭게 살아갈 수 없다.
- 현세대는 미래 세대의 생존과 삶의 질을 위해 환경 문제 해결에 힘써야 한다.

㉡ 요나스의 책임 윤리
- 인류가 존재해야 한다는 당위적 요청을 근거로 인류 존속에 대한 현세대의 책임을 강조한다.
- 책임은 일차적으로 미래 세대의 존재를 보장하는 것이고, 이차적으로는 미래 세대의 삶의 질을 배려하는 것이다.
- 책임 원칙의 정언 명령: "너의 행위의 귀결이 미래에도 인간이 존속할 수 있는 가능성을 파괴하지 않도록 행위하라."
- 현세대가 지녀야 할 덕목: 미래 세대가 생존할 수 없을지도 모른다는 두려움을 가지고 겸손한 태도로 검소하고 절제된 소비 생활을 해야 한다.

④ 건전하고 지속 가능한 환경 발전을 위한 모색 방안

㉠ 환경 보전과 개발에 대한 논쟁
- 개발론과 보전론의 입장

개발론	• 자연을 도구로 여겨 사람에게 도움이 된다면 자연을 개발해야 한다고 주장함 • 경제 성장과 복지 향상을 중요하게 여김 • 환경 파괴의 문제점 발생
보전론	• 자연은 본래적 가치를 지닌다고 보고 자연을 보전할 것을 주장함 • 인간의 장기적 이익이나 정신적 안식처로서의 자연의 역할을 중요시함 • 경제 성장을 제약하고 둔화시키는 문제 발생

- 개발은 환경 보전을 가로막고 환경 보전은 개발을 가로막는 딜레마가 생기므로 이에 대한 해결책으로 '환경적으로 건전하고 지속 가능한 발전' 개념이 등장하였다.

고등학교 졸업학력 검정고시

ⓒ 환경적으로 건전하고 지속 가능한 발전
- 의미
  - 미래 세대의 필요를 충족할 수 있는 범위에서 현세대의 필요를 충족하는 개발 방식
  - 생태 지속 가능성의 범위에서 환경 개발을 추구함으로써 인간과 자연이 공존하며, 개발과 보존을 양자택일이 아닌 조화와 균형의 관점에서 바라보자는 것
- 실천 방안

개인적	• 친환경적 소비 생활을 하고 불필요한 소비를 줄임 • 에너지 절약, 재활용하기 등
국가적	• 신·재생 에너지 개발: 풍력, 태양열, 지열 등을 이용한 친환경 에너지 개발을 통해 녹색 성장을 지향하고 이를 위한 제도와 법 마련 • 온실가스 등 환경 오염 물질 배출을 규제하는 법 제정과 엄격한 시행
국제적	• 환경 문제에 대한 국제적 협력 체계를 갖추어야 함 • 파리 협정, 람사르 협약, 생물 다양성 협약 등 국가 간 합의와 탄소 배출권 거래 제도, 녹색기후기금 등과 같은 제도나 기구를 통한 협력

■ 환경 문제 관련 국제 협약
- 람사르 협약(1971년): 각종 생물의 서식지인 습지와 습지의 자원을 보호하기 위해 가입국 모두에게 습지 보호의 의무를 부여하는 국제 협약
- 몬트리올 의정서(1987년): 오존층 파괴 물질인 염화플루오린화탄소의 생산과 사용을 규제하려는 목적에서 체결한 협약
- 바젤 협약(1989년): 국제적으로 문제가 되는 유해 폐기물의 수출입에 관련된 규제를 목적으로 하는 협약
- 생물 다양성 협약(1992년): 생물 다양성의 보전, 생물 자원의 지속 가능한 이용, 이익을 공정하고 공평하게 배분하는 것 등을 목적으로 하는 협약

출제 예상 문제

01 사이버 공간의 발달로 인한 윤리적 문제점에 해당하지 않는 것은?

① 사생활 침해
② 저작권 침해
③ 개인 정보 유출
④ 업무 효율성 극대화

02 정보화의 영향 중 옳지 않은 부분을 모두 고른 것은?

긍정적 영향	ㄱ. 쌍방향 소통 가능 ㄴ. 정보의 무분별한 남용 ㄷ. 상호 간 정보 전달의 용이
부정적 영향	ㄹ. 정보 유출로 인한 사생활 침해 ㅁ. 정보 격차로 경제적 평등 확대 ㅂ. 익명성을 이용한 악성 댓글 팽배

① ㄱ, ㄹ
② ㄴ, ㅁ
③ ㄷ, ㄹ
④ ㄷ, ㅂ

03 다음 사례에서 발생한 지식 정보 사회의 윤리적 문제는?

최근 사람들이 정식으로 음반을 구입하지 않고 불법으로 노래 파일을 내려받기 때문에 이 노래의 작곡가가 경제적으로 손해를 보았다.

① 익명성
② 악성 댓글
③ 정보 격차
④ 저작권 침해

04 다음 내용을 주장한 사상가는?

"과학자의 목적은 자연의 비밀을 파헤치는 데 있다."고 하면서 "자연을 이용해서 노예로 만들어 인간에게 봉사하도록 해야 한다."고 주장하였다.

① 흄
② 밀
③ 루소
④ 베이컨

05 다음의 주제와 가장 관련이 깊은 것은?

과학 기술이 발전함에 따라 컴퓨터와 같은 기계를 통한 간접적 만남이 많아지고 인간을 직접 대면하는 시간이 줄어들게 되었다. 이에 따라 인간은 사회로부터 소외감과 단절감을 더 크게 느끼게 되어 은둔형 외톨이, 게임 중독과 같은 유형의 사회적 문제가 발생하고 있다.

① 도덕적 토론은 왜 복잡한가?
② 국가 권력의 횡포는 막을 수 없는가?
③ 정보 사회의 윤리적 문제는 무엇인가?
④ 환경 보존과 개발은 양립할 수 있는가?

06 다음의 윤리적 문제점과 가장 관련 있는 것은?

• 사이버 폭력
• 불법 다운로드
• 위치 추적 시스템의 남용

① 자연 환경 오염
② 뉴 미디어의 등장
③ 생명 과학의 발전
④ 정보 통신 기술 발달

07 환경적으로 건전하고 지속 가능한 발전의 실현 방안으로 옳지 <u>않은</u> 것은?

① 친환경적인 소비 생활을 한다.
② 에너지를 절약하고 재활용한다.
③ 자연 자정 능력을 넘어서는 무한 개발을 지향한다.
④ 풍력, 태양열 에너지 개발 등 녹색 성장을 지향한다.

08 다음 중 사이버 공간에서 실천해야 할 바람직한 행위는?

① 댓글은 거침없이 단다.
② 바른 언어를 사용한다.
③ 개인의 신상을 공유한다.
④ 소프트웨어를 불법 다운로드한다.

09 다음 내용을 주장한 윤리 사상가는?

> • "너의 행위의 귀결이 미래에도 인간이 존속할 수 있는 가능성을 파괴하지 않도록 행위하라."
> • 현세대는 미래 세대가 생존할 수 없을지도 모른다는 두려움을 가지고 겸손한 태도로 절제된 소비 생활을 해야 한다.

① 요나스   ② 길리언
③ 니부어   ④ 데카르트

10 다음 내용을 주장한 학자는?

> • "생명을 유지하고 증진하며 고양시키는 것은 선이며, 생명을 파괴하고 해를 끼치는 것은 악이다."
> • 모든 생명은 살고자 하는 의지를 지니고 있으며 그 자체로 신성하다는 생명 외경을 주장하였다.

① 싱어   ② 칸트
③ 베이컨   ④ 슈바이처

11 과학 기술의 발달에 따라 발생할 수 있는 윤리적 문제점으로 옳지 <u>않은</u> 것은?

① 환경 문제의 심화
② 인권 및 사생활 침해
③ 비판적 사고능력 강화
④ 인간의 주체성 약화와 비인간화

12 스피넬로(Spinello, R.)의 정보 윤리의 기본 원칙에 해당되지 <u>않는</u> 것은?

① 존중   ② 경쟁
③ 책임   ④ 정의

13 다음 내용이 설명하는 것은?

> • 생태 지속 가능성의 범위에서 환경 개발을 추구함으로써 인간과 자연이 공존하며, 개발과 보존을 양자택일이 아닌 조화와 균형의 관점에서 바라보는 것이다.
> • 현세대와 미래 세대의 필요를 같이 충족하는 개발 방식이다.

① 자연 보전론
② 도구적 자연론
③ 경제 지향적 발전
④ 지속 가능한 발전

14 다음 중 싱어(Singer, P.)가 주장한 내용으로 적절하지 <u>않은</u> 것은?

① 종 차별주의에 반대하였다.
② 정복 지향적인 자연관을 가졌다.
③ 동물을 도덕적 고려의 대상으로 삼았다.
④ 동물을 고통에서 해방해야 한다고 주장하였다.

15 다음과 관련된 실천 윤리학의 분야는?

> 급격한 산업화와 도시화로 토양 오염, 수질 오염, 대기 오염뿐만 아니라 지구 온난화와 기후 변화, 해수면 상승, 사막화 등 생태계 전반을 위협하는 문제가 등장하였다.

① 정보 윤리
② 생명 윤리
③ 환경 윤리
④ 문화 윤리

16 다음의 (가)~(다)가 공통적으로 지향하는 과학 기술에 대한 입장은?

> (가) 과학 기술은 좋은 것도, 나쁜 것도 아니야.
> (나) 과학 기술은 객관적, 사실적 영역으로 주관적 가치가 개입될 수 없어.
> (다) 과학 기술은 윤리적 관점에서 평가되어서는 안 돼.

① 과학 기술은 가치 판단이 필요하다.
② 과학 기술은 가치 중립적이어야 한다.
③ 과학 기술에는 여러 가치가 개입된다.
④ 과학 기술은 윤리적인 규제가 필요하다.

17 다음 설명에 해당하는 용어는?

> 벤담이 제안한 원형 감옥으로, 간수는 모든 죄수를 볼 수 있지만 죄수는 간수를 볼 수 없도록 설계되어 있다. 죄수는 늘 감시받는 느낌을 받게 되어 스스로를 감시하는 규율의 내면화가 이루어진다는 것이다.

① 판옵티콘
② 디옵티콘
③ 빅 브라더
④ 카피레프트

18 다음 설명에 해당하는 용어로 알맞은 것은?

> 사이버 공간에서 특정인을 대상으로 지속적, 반복적으로 심리적 공격을 가하거나 특정인과 관련된 개인 정보나 허위 사실을 유포하여 고통을 주는 일체의 행위를 말한다.

① 인터넷 실명제
② 사이버 따돌림
③ 정보 자기 결정권
④ 저작물 무단 복제

19 뉴 미디어의 특징 중 다음 내용과 관계 있는 것은?

> 이용자가 정보를 직접 생산하고 유통·소비하는 동시에 감시의 역할도 할 수 있다.

① 종합화
② 능동화
③ 탈대중화
④ 비동시화

20 테일러(Taylor, P.)의 생명 중심주의 윤리에 대한 설명으로 옳은 것은?

① 생명에 대한 외경을 주장하였다.
② 도덕적 고려의 범위를 물, 흙을 비롯한 대지까지 확대하였다.
③ 도덕적 고려의 범위를 식물을 포함한 모든 생명체로 확대하였다.
④ 공리주의에 근거하여 동물까지 도덕적 고려의 대상에 포함하였다.

21 기후 변화로 인한 문제에 해당하지 <u>않는</u> 것은?

① 지구 생태계가 파괴된다.
② 홍수, 가뭄, 해일 등 자연재해 발생이 늘어난다.
③ 생활 기반을 잃게 되는 등 인간의 삶을 위협한다.
④ 위치 추적 시스템 등을 이용한 감시와 통제가 쉬워진다.

22 다음 중에서 동물 중심주의 윤리의 관점으로 옳은 것은?

① 인간과 동물의 이익을 평등하게 고려해야 한다.
② 생명을 가진 모든 존재를 수단으로 고려해야 한다.
③ 이성적 능력을 지닌 인간의 권리를 항상 최우선으로 고려해야 한다.
④ 물, 흙 등 대지를 포함한 지구의 생태계 전체의 권리를 고려해야 한다.

23 다음과 같은 특징을 갖는 관점으로 옳은 것은?

> 인간과 자연을 분리하여 인간이 우월하다고 생각한다.

① 천인합일
② 생명 중심주의
③ 생태 중심주의
④ 이분법적 세계관

24 다음과 같은 특징을 갖는 대표적인 이론은?

> 무생물을 포함한 생태계 전체를 도덕적 고려 대상으로 삼는다.

① 대지 윤리
② 생명 외경 사상
③ 생명 중심주의 윤리
④ 동물 중심주의 윤리

25 다음은 동양의 자연관에 대한 내용이다. ㉠과 ㉡에 들어갈 말로 옳은 것은?

> (㉠)은/는 인간은 자연의 섭리에 순응하고 자연과 조화를 이루어야 한다는 (㉡)을 주장한다.

	㉠	㉡
①	도가	무위자연
②	우리 조상	풍수지리설
③	불교	연기설
④	유교	천인합일

26 다음 설명에 해당하는 것은?

> • "이것이 있으므로 저것이 있고, 이것이 생기므로 저것이 생긴다."
> • 모든 현상은 무수한 원인과 조건들로 서로 연결된다.

① 성악설
② 연기설
③ 국부론
④ 사회 계약론

5 문화와 윤리

핵심 키워드 도덕주의, 심미주의, 예술의 상업화, 대중문화, 합리적 소비, 윤리적 소비, 친환경, 자문화 중심주의, 문화 상대주의, 관용, 종교 갈등

1 예술과 대중문화 윤리

● **해결 Point**

예술에 대한 사상가들의 입장을 묻는 문제, 도덕주의나 심미주의 등 용어에 대한 이해를 묻는 문제가 자주 출제된다. 예술에 대한 여러 가지 입장을 자세히 살펴보아야 하며, 대중문화의 윤리적 문제에 대한 내용도 잘 알아 두어야 한다.

● **대표 문제 유형**

❖ 다음 두 사상가의 공통된 입장으로 가장 적절한 것은?
❖ 예술에 대한 도덕주의의 입장으로 가장 적절한 것은?

(1) 미적 가치와 윤리적 가치

① 예술의 의미와 기능
  ㉠ 예술의 의미
    • 아름다움을 표현하고 창조하는 일에 목적을 두고 작품을 제작하는 모든 인간 활동과 그 산물이다.
    • 미적 가치를 추구하는 다양한 활동을 예술이라고 한다.
  ㉡ 예술의 역할
    • 인간은 예술을 통해 감정과 생각을 자유롭게 표현할 수 있다.
    • 예술을 통해 잠재적으로 억압된 욕망을 풀어내어 정신을 정화하면서 카타르시스를 느낄 수 있다.
    • 예술을 통해 의식과 사회를 비판·개혁하거나 새로운 사상과 가치를 창조할 수 있다.

② 예술과 윤리의 관계
  ㉠ 도덕주의

의미	도덕적 가치가 미적 가치보다 우위에 있기 때문에 예술은 윤리의 지도를 받아야 한다는 입장
예술의 목적	인간의 올바른 품성을 기르고 도덕적 교훈이나 모델을 제공하는 것이라고 봄
윤리적 규제에 대한 입장	• 예술의 사회성을 옹호하는 참여 예술론을 지지함 • 예술은 도덕적 선을 지향하는 것이 바람직하므로 예술에 대한 적절한 규제가 필요함

대표 사상가	• 플라톤: 예술의 목적은 올바른 행동을 권장하고 덕성을 장려하는 데 있다고 봄 • 톨스토이: 예술 작품의 가치는 도덕적인 가치에 의해 결정되므로, 선을 추구하는 예술이 참된 예술임
문제점	미적 요소가 경시될 수 있고, 자유로운 창작이 제한되어 예술의 자율성을 침해할 수 있음

  ㉡ 심미주의

의미	미적 가치와 도덕적 가치는 무관하기 때문에 윤리가 예술에 관여해서는 안 된다는 입장
예술의 목적	예술은 미적 가치를 추구하는 것일 뿐, 도덕적 가치를 기준으로 예술을 판단하는 것은 잘못이라고 봄
윤리적 규제에 대한 입장	• 예술의 자율성을 옹호하는 순수 예술론을 지지함 • 예술은 도덕적 가치의 평가 대상이 아니라고 주장하며, 예술에 대한 윤리적 규제에 반대함
대표 사상가	• 와일드: 예술가는 도덕적 기준과 관습에 상관없이 예술 표현을 자유롭게 할 수 있도록 자율성과 독창성을 지녀야 한다고 봄 • 스핑건: 시(詩)가 도덕적이거나 비도덕적이라고 말하는 것은 정삼각형이 도덕적이고 이등변 삼각형이 비도덕적이라고 말하는 것과 같이 무의미하다고 함
문제점	예술의 사회적 영향과 책임을 간과할 수 있음

③ 예술의 상업화
  ㉠ 의미: 상품을 사고파는 행위를 통해 이윤을 얻는 일이 예술 작품에도 적용되는 현상을 말한다.
  ㉡ 등장 배경
    • 예술 작품을 대량으로 생산하고 소비할 수 있는 대중 매체의 발전 및 자본주의 확산으로 예술 작품에 가치를 매겨 거래하는 등 예술에서도 경제적 가치를 중시하게 되었다.
    • 팝아트나 키치, 패러디 등 현대 예술의 발달과 기성품 예술의 등장에 따라 예술이 대중화되었다.

ⓒ 예술의 상업화에 대한 긍정적·부정적 측면

긍정적 측면	• 일반 대중도 쉽게 접근할 수 있는 계기를 제공하여 예술을 누구나 즐길 수 있게 됨 • 대중의 취향과 가치를 반영한 예술 작품이 창작되고, 다양한 예술 분야가 발전하게 됨 • 예술가에게 예술 활동을 지속할 수 있도록 경제적 기반을 마련해 줌
부정적 측면	• 예술 작품을 고유의 가치가 아닌 상업적 가치로만 평가하게 되며, 투기 수단으로 사용될 수 있음 • 미적 가치를 추구하는 자율성을 잃게 됨 • 상업화된 예술 활동은 예술을 오락물로 전락시켜 창조성을 경시하고 예술 수준을 저하시킴 • 대중의 오락적인 요구에 맞춰 선정적인 작품이 생산되어 대중의 도덕성을 저하시킴

(2) 대중문화의 윤리적 문제

① 대중문화의 의미와 특징

ㄱ 대중문화의 의미
- 대중 사회를 기반으로 형성되어 다수의 사람들이 소비하고 향유하는 문화이다.
- 텔레비전, 라디오, 인터넷, 드라마, 영화, 공연, 신문, 잡지, 음반, 게임, 만화 등을 통해 많은 사람들이 쉽게 접하고 즐기는 통속적이고 가벼운 오락물이나 생활 예술을 말한다.

ㄴ 대중문화의 특징
- 신문, 방송, 인터넷 등의 대중 매체에 의한 대량 생산이 이루어지고, 불특정 다수에 의해 대량 소비가 가능하게 된다.
- 자본주의 체제에서 시장을 통해 제작·유통되어 이윤을 창출한다.
- 대중 매체를 통해 저렴한 비용으로 예술을 향유할 수 있게 되면서 대중이 소비 주체가 된다.

ㄷ 대중문화의 중요성
- 개인의 가치관이나 행동 양식에 영향을 준다.
- 짧은 시간에 많은 사람에게 전파되므로 사회 변화에 많은 영향을 주기도 한다.

② 대중문화의 윤리적 문제

선정성과 폭력성	• 육체와 성을 욕구 충족의 수단 및 과시적 대상으로 인식 • 폭력을 미화하거나 정당화하여 그릇된 인식을 지니게 함 • 청소년을 비롯하여 대중의 정서에 악영향을 주고, 모방 범죄로 이어질 수도 있음

자본 종속	• 자본의 힘이 대중문화를 지배하는 현상을 말함 • 막대한 자본력을 지닌 일부 기획사가 대중문화를 주도하게 되면서 상업적이고 획일화된 상품이 양산되어 문화의 다양성 위축 • 대중문화를 생산하고 소비하는 개인의 삶도 획일화되고, 문화 산업의 도구로 전락할 수도 있음
지나친 상업성	• 자본주의 원리에 따라 이윤을 창출하는 단순한 상품으로 여김 • 불특정 다수에게 직간접적인 영향을 주므로 그 영향력과 사회적 효과를 신중히 고려해야 함

③ 대중문화에 대한 윤리적 규제

ㄱ 윤리적 규제에 찬성하는 입장과 반대하는 입장

찬성	• 성을 상품으로 대상화하면 성의 인격적 가치가 훼손될 수 있으므로 윤리적 규제가 필요함 • 청소년의 정서에 해로운 대중문화를 선별해 낼 수 있음 • 자본 종속으로 인해 문화 산업의 도구로 전락할 수도 있는 개인의 보호가 가능함
반대	• 규제가 자율성과 표현의 자유를 침해할 수 있음 • 다양한 대중문화를 즐길 대중의 권리를 침해함 • 대중문화를 규제하는 기준에 대한 공정성의 기준이 문제가 될 수 있음 • 강자를 대변하거나 특정한 정치적 의도를 전달하려는 도구로 악용될 수도 있음

ㄴ 대중문화에 대한 바람직한 태도

소비자	대중문화를 맹목적으로 받아들이지 말고, 주체적으로 선별하고 비판적으로 수용해야 함
생산자	지나친 이윤 추구를 지양하고 건전하고 의미 있는 대중문화를 보급하기 위해 노력해야 함
정부와 시민 사회	• 방송법 등을 통해 대중문화의 생산 및 소비에 공적 책임을 부여해야 함 • 다양한 계층이 참여할 수 있는 사회적 기구를 만들어 대중문화에 대한 자율적인 자정 노력을 해야 함

2 의식주와 윤리 및 윤리적 소비

● 해결 Point

윤리적 소비에 대한 이해와 그 사례를 묻는 문제가 자주 출제되고
있다. 의복, 음식, 주거 문화와 관련하여 바람직한 판단을 묻는 문
제도 출제될 가능성이 있으므로 해당 내용을 자세히 살펴보아야
한다.

● 대표 문제 유형

❖ 다음 내용이 설명하는 소비 형태는?
❖ 다음 자료를 토대로 내릴 수 있는 결론은?

(1) 의식주와 윤리

① 의복 문화와 윤리적 문제

㉠ 의복의 윤리적 의미

개인적 차원	자아 및 가치관 형성: 의복으로 개성과 가치관을 표현하고, 반대로 의복이 가치관 형성에 영향을 주기도 하며, 의복을 '제2의 피부'라고 표현함
사회적 차원	예의에 대한 사회적 기준 반영 • 상황과 격식에 맞는 의복을 입음으로써 예의를 표현함 • 의복을 통해 개인의 소속 집단이나 사회의 가치관이 나타남

㉡ 의복과 관련된 윤리적 문제

• 유행 추구 현상

긍정적 입장	• 유행을 추구하는 것에 대한 개인의 선택권을 존중해야 함 • 자신의 미적 감각과 가치관을 표현할 수 있음 • 최신 유행을 창조하는 것은 새로운 가치관을 형성하고 문화 발전의 바탕이 됨
부정적 입장	• 유행을 무조건 따르는 것은 무비판적으로 따르는 현상으로 몰개성화가 나타남 • 유행을 선도하는 기업의 판매 전략에 휘둘리는 것임 • 패스트 패션은 자원 낭비, 환경 문제, 노동 착취 등 또 다른 문제점을 낳음

• 명품 선호 현상

긍정적 입장	• 명품을 선호하는 것은 개인의 자유로 자기만족과 품위를 높여 줌 • 개인의 자유로운 소비는 정당함
부정적 입장	• 자기를 과시하려는 욕망의 표현일 뿐임 • 사회적으로 과소비 및 사치 풍조와 계층 간 위화감을 조성함

■ 몰개성화(沒個性化)
다른 사람과 구별되는 개성이 없어지는 현상을 뜻한다.

■ 패스트 패션
최신 유행을 반영하여 유행에 따른 신제품을 짧은 주기로 대량 생산하여 판매하는 의류를 말한다. 주로 인건비가 저렴한 개발 도상국에서 값싼 원료로 생산하여 가격이 저렴하다.

㉢ 의복 문화의 윤리적 문제 해결을 위한 노력
• 의복은 타인과의 관계에서 예절을 표현하는 수단이므로 상황과 장소에 맞는 옷차림을 해야 한다.
• 환경 문제와 자원 낭비를 가져올 수 있는 패스트 패션에 대한 반성적인 태도를 가지고, 환경을 고려하는 윤리적 경영과 소비를 해야 한다.

② 음식 문화와 윤리적 문제

㉠ 음식의 윤리적 의미

생명과 건강 유지	음식을 통해 생명과 건강을 유지할 수 있음
사회의 도덕성	믿을 수 있는 음식을 생산해 유통하는 과정에서 사회의 도덕성이 구현됨
건강한 생태계 유지	인간과 자연을 고려한 음식의 생산·유통 등을 통해 건강한 생태계를 유지할 수 있음

㉡ 음식과 관련된 윤리적 문제

식품 안전성 문제	• 인체에 유해한 음식은 건강을 해치고 질병에 걸릴 확률을 높이는 등 생명권을 침해함 • 해로운 첨가제를 넣은 부정 식품이나 유전자 변형 농산물의 유해성 논란
환경 문제	• 무분별한 음식의 생산 및 소비 과정은 토양을 오염시키고 음식물 쓰레기를 증가시키는 등 환경 문제를 발생시킴 • 식품을 원거리 이동하면서 탄소 배출량이 증가하고 육류 생산 과정에서 온실가스 배출
동물 복지 문제	• 육류 소비가 증가하면서 동물에 대한 비윤리적 대우의 문제 발생 • 대규모의 좁고 기계화된 공장에서 사육 및 도축되면서 동물 학대 문제 발생
음식 불평등 문제	• 국가 간 빈부 격차로 인해 식량 수급의 불균형 문제 발생 • 저소득 국가의 인권 문제와 직결되는 윤리적 문제 발생

■ **유전자 변형 농산물(GMO)**
'유전자 조작 농산물'이라고도 하며, 농산물의 생산성과 질을 높이기 위해 본래 유전자를 조작하고 변형해 새롭게 만든 농산물을 말한다.

ⓒ 음식 문화의 윤리적 문제 해결을 위한 노력
 • 생태계를 고려하는 음식 문화 형성: 음식을 통해 타인, 공동체, 생태계와 밀접한 관련을 갖는다는 사실을 인식해야 함 → 음식물 쓰레기 줄이기, 로컬 푸드 운동, 슬로푸드 운동 등
 • 사회적 제도 마련: 바람직한 음식 문화의 확립을 위해 제도적 장치를 마련해야 함 → 성분 표시 강화, 음식물 쓰레기 종량제, 육류 생산 과정에서 동물의 고통을 줄이는 제도적 장치 등

■ **로컬 푸드 운동**
장거리 운송을 거치지 않은 지역 농산물 소비 운동으로, 생산자와 소비자 모두에게 이익을 준다.

■ **슬로푸드 운동**
이탈리아 로마에 패스트푸드 지점이 생기는 데 반대하면서 시작된 운동으로, '좋고, 깨끗하고, 공정한(Good, Clean and Fair) 먹거리'를 실현하고자 한다.

③ 주거 문화와 윤리적 문제
 ⊙ 주거의 윤리적 의미

주거 공간의 의미	• 우리가 살아가는 장소뿐만 아니라 그곳에서 이루어지는 생활까지 포함하는 개념 • 주거 공간은 개인 생활, 가족 공동생활, 사회생활이 복합적으로 이루어지는 생활 공간임
주거 공간으로서 집의 윤리적 의미	• 개인적 차원: 인간은 주거 공간에서 휴식과 평화로운 삶을 영위함 • 공동체 차원: 주거 공간을 중심으로 가족과 생활하고 이웃과 교류하며 소속감과 유대감을 형성함

 ⓒ 주거와 관련된 윤리적 문제

이웃 간의 소통 단절	• 공동 주택의 폐쇄적인 형태로 인해 이웃과의 소통이 단절되고 있음 • 소통 단절로 인한 갈등과 분쟁이 발생함 예 층간 소음 문제, 주차 문제
삶의 질 저하	• 도시에 주거가 밀집되며 여러 가지 문제가 발생함 • 주택 건설로 인한 환경 파괴와 환경 오염, 녹지 공간 부족, 교통 혼잡, 소음 공해 등의 문제가 발생하여 생활의 질이 떨어지고 있음

경제적 가치 중시	• 집을 하나의 상품처럼 여겨 크기나 위치, 가격 등에 더 관심을 가짐 • 경제적 가치를 중시하여 집의 본질적 의미가 퇴색하고 있음

 ⓒ 주거 문화의 윤리적 문제 해결을 위한 노력
 • 주거의 본질적 가치를 되살려 삶의 질을 높이고, 주거권을 제도적으로 확립하여 인간다운 삶을 보장해야 한다.
 • 이웃 및 공동체와의 유대감과 소속감을 회복하기 위하여 공동체를 고려하여 주거 공간을 만들어야 한다.
 • 기반 시설 등의 지역 간 격차를 해소하고 주거 환경을 균형적으로 발전시켜 주거 정의를 추구해야 한다.

(2) 윤리적 소비

① 합리적 소비와 윤리적 소비
 ⊙ 합리적 소비
 • 자신의 경제력 안에서 최소한의 비용으로 최대의 만족을 추구하는 소비
 • 개인의 경제적 이익이나 만족감 등 합리성과 효율성이 상품 선택의 기준이 됨
 ⓒ 윤리적 소비
 • 상품이나 서비스를 만들고 유통하는 전체 과정을 윤리적인 가치 판단에 따라 구매하여 사용하는 것
 • 합리적 소비의 한계를 인식하고, 이에 대한 대안으로 등장함
 • 경제성을 넘어 환경, 인권, 복지, 노동 조건, 경제 정의 등 인류의 보편적 가치를 실천하는 소비를 말함

② 윤리적 소비의 필요성과 실천 노력
 ⊙ 윤리적 소비의 필요성

인권의 향상	• 소비자의 이익을 넘어 타인의 인권을 고려할 수 있음 • 공정 무역을 통해 개발 도상국의 소규모 생산자와 노동자들이 정당한 대가를 받을 수 있음
사회 정의 구현	사회적 기업에서 제작한 제품을 구매하여 사회적 불평등을 완화시키고 사회 정의를 구현할 수 있음
건강한 생태계 유지	• 친환경 제품을 구매하여 환경 오염을 줄이고 생태계를 보존할 수 있음 • 현세대뿐 아니라 미래 세대까지 고려할 수 있음

■ **사회적 기업**
취약 계층에게 고용 및 복지를 제공하는 등 사회적인 목적을 추구하면서 재화 및 서비스의 생산과 판매 등 영업 활동을 추구하는 기업을 말한다. 자립적인 운영을 위해 이익을 추구하나, 이익을 공익이나 지역 사회에 재투자한다.

ⓒ 윤리적 소비를 위한 실천 노력
• 개인적 차원의 노력

인권과 정의를 생각하는 소비	• 생산과 유통, 판매 과정에서 인권이 보장되고 이 과정과 관련된 사람들에게 정당한 대가를 지급하는 소비 • 소비자의 안전이 보장된 상품을 소비하는 것 예 공정 무역 상품 구매, 노동자의 인권과 복지를 생각하는 기업의 상품 구매
공동체적 가치를 생각하는 소비	지역 공동체의 지속 가능한 발전을 도모하는 소비 예 지역에서 생산된 농산물을 지역에서 소비하는 로컬 푸드 소비
동물 복지를 생각하는 소비	동물의 생명을 존중하고, 그들의 고통을 최소화하는 방식으로 생산된 상품을 소비 예 모피, 털, 가죽 등을 사용하지 않은 애니멀 프리 상품 구매, 동물 실험을 거치지 않은 상품 구매
환경 보존을 생각하는 소비	생태계를 보존하고 지속 가능할 수 있게 하는 친환경 소비 예 친환경 상품 소비, 멸종 위기 동식물을 사용하지 않은 상품 구매, 여행지의 문화와 환경 등을 존중하고 보호하는 공정 여행

• 사회적 차원의 노력: 사회적 차원에서 윤리적 소비의 확산을 위한 제도적 장치를 마련해야 한다.
예 기업의 윤리 경영 촉진을 위한 제도 마련, 사회적 기업 지원 법률 제정, 친환경 제품 인증제, 환경 마크 부여

3 다문화 사회의 윤리

● **해결 Point**
다른 문화를 대하는 태도나 종교 갈등 극복 방안 등을 묻는 문제가 자주 출제된다. 자문화 중심주의, 문화 상대주의 등의 개념을 확인하는 문제가 나올 수도 있으므로 관련 내용을 확실히 알아 두어야 한다.

● **대표 문제 유형**
❖ 바람직한 문화 정체성을 확립하기 위한 노력으로 적절하지 않은 것은?
❖ 종교 갈등을 극복하기 위한 노력으로 적절하지 않은 것은?

(1) 문화 다양성과 존중
① 다문화 사회의 의미와 특징
ⓐ 다문화 사회의 의미
• 한 사회 안에 다른 인종, 민족 등 여러 집단이 지닌 문화가 함께 존재하는 사회를 말한다.
• 우리 사회는 세계화에 따라 국제결혼, 외국인 노동자 증가 등으로 인해 다문화 사회가 되었다.
ⓑ 다문화 사회의 특징
• 통일성보다 다양성을, 단일성보다 다원성을, 동일성보다 차이를 강조한다.
• 국가 간 장벽이 약화되고 국가 간 교류와 협력이 활발히 진행되는 세계화와 관련 있다.
• 새로운 문화 요소의 도입으로 문화 선택의 폭이 확대되고 문화 발전의 기회가 늘어난다.

② 다문화를 바라보는 관점
ⓐ 동화주의

관점	이민자들의 다양한 문화를 기존의 문화에 융합하고 흡수하는 정책
특징	• 용광로 이론: 모든 것을 녹이는 용광로처럼 다양한 이주민의 문화를 주류 사회에 융합시키는 정책 • 사회를 통합하고 질서를 유지하는 데 유리함 • 소수 민족의 문화가 소실되고 인권 침해의 문제가 발생할 수 있음 • 문화의 획일화로 인해 문화적 역동성이 저하될 수 있음

ⓒ 문화 다원주의

관점	주류의 고유문화가 중심적인 역할을 하되, 이주민의 문화는 그 안에서 문화적 정체성을 유지하면서 공존하는 것
특징	• 국수 대접 이론: 주류 문화는 국수와 국물처럼 중심적인 역할을 하고, 이주민의 문화는 고명처럼 부수적 역할을 하며 공존해야 함 • 이주민의 문화를 존중하고 공존을 추구하지만 주류 문화의 우위를 인정함

ⓒ 다문화주의

관점	이민자들의 다양한 문화를 인정하고 존중하며 문화 다양성을 실현하려는 정책
특징	• 샐러드볼 이론: 다양한 채소와 과일이 샐러드 볼 안에서 조화를 이루듯, 국가라는 샐러드 볼 안에서 여러 문화가 서로 조화롭게 공존하는 정책 • 모자이크 이론: 여러 색의 모자이크 조각이 조화를 이루어 하나의 작품이 되듯, 다양한 문화의 공존을 목표로 함 • 소수 민족의 문화와 인권을 보호함 • 다양한 문화의 공존이 가능해져 문화적 역동성이 증가함 • 다양한 문화의 공존으로 사회적 혼란과 문화 간 갈등이 발생할 수 있음

③ 다문화 사회의 윤리적 자세

㉠ 문화적 편견의 극복

• 문화적 편견이 타인의 보편적 권리를 침해할 경우 심각한 문제가 발생할 수 있다.

• 문화적 편견의 사례

자문화 중심주의	• 자국의 문화를 우월하게 여기며, 다른 문화를 일방적으로 판단하는 태도를 말함 • 다른 문화를 비하하고 부정적으로 평가하는 경향이 있음 • 민족이나 국가 간의 갈등을 유발할 수 있음
문화 사대주의	• 자국 문화를 비하하고 다른 사회의 문화를 맹목적으로 추종하는 태도를 말함 • 문화적 주체성을 상실할 수 있음
문화 제국주의	자국 문화만 인정하고 타 문화에 대한 지배와 종속을 강요하는 것을 말함

㉡ 문화 상대주의적 태도 필요

문화 상대주의	• 문화의 고유성과 상대적 가치를 이해하고 타 문화를 존중하는 태도 • 문화적 차이에 따른 갈등을 예방하고 다양한 문화가 공존하기 위해 필요함 • 단, 문화는 다양하지만 보편적 윤리 규범이 존재한다는 것이 전제되어야 함

윤리 상대주의	• 도덕적 옳음과 그름의 기준이 사회에 따라 다양하여 보편적 도덕 기준은 존재하지 않는다는 태도임 • 자문화와 타 문화에 대한 비판적 성찰을 어렵게 함 • 윤리 상대주의 관점에서는 노예 제도나 명예 살인, 인종 차별 등도 관습이나 전통이라며 정당화할 수 있음 • 문화적 다양성에 대한 인정이 윤리 상대주의로 흐르는 것을 경계해야 함

㉢ 관용의 실천

• 관용의 의미

소극적 의미	타 문화에 대해 배타적인 태도를 보이거나 간섭하지 않음
적극적 의미	받아들일 수 없는 상대의 주장이나 가치관을 이해하려고 노력하며, 다른 사람의 인권을 존중하고 평화를 실현하려는 자세를 말함

• 관용의 필요성: 서로 다른 문화를 가진 사람들이 평화롭게 공존할 수 있으며, 문화적 편견과 차별의 극복을 통해 자유와 인간 존중의 가치를 실현할 수 있다.

• 관용의 한계: 모든 문화에 대해 무조건적인 관용은 옳지 않다.

• 관용의 역설: 관용을 무제한으로 허용하여 관용 자체를 부정하는 사상이나 태도까지 허용하는 것으로, 오히려 인권을 침해하고 사회 질서가 무너져 아무도 관용을 보장받을 수 없게 된다.

• 관용의 범위: 타인의 인권과 자유를 침해하지 않는 범위, 사회 질서를 훼손하지 않는 범위 내에서 이루어져야 한다.

• 인류의 보편적 가치, 도덕적 악에 반하는 것에 대해서는 불관용을 할 수 있다.

㉣ 바람직한 문화적 정체성 형성

• 자신의 문화적 정체성을 버리지 않으면서도 다른 사람들과 조화롭게 살아가는 화이부동(和而不同)의 자세가 요구된다.

• 문화의 상대적 가치를 인정하여 문화의 다양성을 존중하고 이를 수용하면서도 보편적 규범을 준수하는 것이 중요하다.

• 사회의 평화와 인권 보호를 위해 책임 있는 행동을 지향한다.

> **■ 화이부동(和而不同)**
> "남과 사이좋게 지내기는 하나 무턱대고 어울리지는 않음, 이익을 위해 도리를 저버리면서까지 남에게 부화뇌동(附和雷同)하지 않음." 이 말은 화합을 하되 사사로운 이익이나 계파의 이해관계가 걸린 탐욕, 즉 그릇된 것과는 결코 함께하지 않는다는 의미이다.

(2) 종교의 공존과 관용

① 종교의 기원과 본질
  ㉠ 종교의 의미: 신앙 행위와 종교의 가르침, 성스러움과 관련된 심리 상태 등 다양한 현상을 아우르는 말
  ㉡ 종교의 발생 원인
    • 인간은 생로병사를 겪는 불완전한 존재이자 인간의 능력 또한 제한적이므로 살아가는 동안 어찌할 수 없는 한계 상황을 만나게 됨
    • 한계 상황을 해결하는 과정에서 초월적이고 절대적인 존재와 세계를 향한 믿음으로 종교를 갖고자 함
  ㉢ 종교의 본질과 기능
    • 인간은 종교를 통해 인생의 궁극적인 의미를 발견하고 마음의 평화와 행복을 추구함
    • 인류의 보편적인 가치를 추구하는 등 사회 통합의 계기가 되기도 함
    • 종교가 추구하는 이상을 아름답게 표현한 예술 작품은 인류의 문화 수준을 높여 줌
    • 종교학자 엘리아데는 인간을 '종교적 인간(Homo Religiosus)'으로 규정하고, 종교를 지향하는 것이 인간의 근본적인 성향이라고 봄
  ㉣ 종교의 구성 요소

내용적 측면	• 성스럽고 거룩한 것에 대한 체험과 믿음을 포함 • 오토는 인간이 초월적인 존재와 만나는 신비로운 체험이야말로 종교의 본질이라고 주장함
형식적 측면	• 경전과 교리, 의례와 형식, 교단 등을 포함함 • 종교는 초월적인 힘을 가진 절대자에 대한 설명 체계를 바탕으로 종교 공동체를 구성함 • 예배, 미사, 법회 등과 같은 의식을 통해 초월적이고 절대적인 존재와 교류하고자 함

> • 경전: 종교의 교리를 적은 책을 뜻한다.
> • 교리: 종교적인 원리나 이치를 뜻한다.
> • 교단: 종교를 믿는 공동체를 뜻한다.

② 종교와 윤리의 관계
  ㉠ 공통점
    • 도덕성을 중요시함
    • 대부분의 종교는 윤리에서 강조하는 보편 윤리를 포함하고 있음
    예 불교의 자비, 그리스도교의 황금률, 유교의 인(仁)
  ㉡ 차이점
    • 종교: 초월적인 세계, 궁극적인 존재를 상정하고 종교적 신념이나 교리에 따름
    • 윤리: 종교적으로 중립적인 태도를 갖추고 인간의 이성, 양심, 상식에 기초하여 윤리 규범을 도출함
  ㉢ 바람직한 관계
    • 종교와 윤리의 공통점을 인식함
    • 종교는 건전한 윤리적 삶을 고양시킬 수 있고, 윤리는 종교가 올바른 방향으로 발전할 수 있도록 보편 윤리에 근거하여 기준을 제시할 수 있음

> **■ 황금률**
> 그리스도교의 기본적 윤리관으로서, "남에게 대접을 받고자 하는 대로 남을 대접하라."는 가르침을 말한다.

③ 종교 간 갈등 문제
  ㉠ 종교 간 갈등의 원인

다른 종교에 대한 배타적인 태도	자신이 믿는 종교만을 맹신하면 다른 종교의 존재를 인정하지 않는 배타적인 태도가 나타날 수 있음
다른 종교에 대한 무지와 편견	다른 종교에 대한 지식이 부족해 다른 종교가 잘못된 것이라고 단정하는 태도로 인해 갈등이 발생함
신념과 가치관의 충돌	종교 간의 신념과 가치관이 다를 경우 서로 충돌하여 갈등이 발생함

  ㉡ 종교 간 갈등의 유형

유형	내용
교리 문제	서로 다른 종교 간에 발생하거나, 같은 종교 내에서도 교리 차이에 따라 발생함
정치 문제	계급 간, 혹은 정치 세력 간의 권력 다툼이 종교 갈등과 맞물린 경우에 발생함
경제 문제	영토나 자원 등 경제적 이해관계에 따른 대립이 종교와 맞물린 경우 발생함
역사 문제	오랜 기간의 대립으로 상대 종교에 대한 배타성이 생기면서 발생함
윤리 문제	어떤 윤리적 문제에 대한 종교적인 신념의 차이에 따라 발생함

ⓒ 종교 간 갈등 해결을 위한 노력
- 관용의 태도: 종교의 자유를 인정하고 다른 종교에 대해 관용적인 태도를 갖추어야 한다.
- 대화와 협력: 종교 간에 대화하고 협력하려는 노력을 기울여야 한다.
- 보편적 가치 존중: 종교 간에 서로 올바르게 이해하여 종교 간 갈등을 해소하고, 인권·사랑·평화와 같은 보편적인 가치를 실천하려 노력해야 한다.

ⓔ 종교 간 갈등 극복을 강조한 사상가
- 신학자 한스 큉: "종교 간 대화 없이 종교 간의 평화 없고, 종교 평화 없이는 세계 평화도 없다." → 종교 간 협력이 평화로운 세계를 위한 기초가 된다고 강조하였다.
- 철학자 뮐러: "하나만 아는 자는 아무것도 모르는 자이다." → 서로 다른 종교를 이해하려는 노력이 필요하다고 강조하였다.
- 원효: 다양한 불교 종파들의 대립을 하나로 통합하여 일심(一心)으로 극복해야 한다는 화쟁(和諍)을 강조하였다.

출제 예상 문제

01 세계화 시대에 요구되는 바람직한 모습으로 거리가 먼 것은?

① 세계 시민 의식 확대
② 이데올로기의 대립 심화
③ 다른 민족 간의 문화 공존
④ 국가 간의 상호 협력 증진

02 다음에서 강조하는 도덕적 자세는?

> 어떤 문제에 대해 타인과 의견이 대립되는 상황에서는 의견 차이를 좁히고 서로에게 도움이 되는 방향으로 노력해야 한다. 이런 과정에서 서로 상대방의 의견을 존중하는 마음가짐이 우선시되어야 한다.

① 관용
② 비판
③ 복종
④ 강요

03 다문화 사회의 시민으로서 필요한 자세로 적절하지 않은 것은?

① 다문화 가정을 열린 마음으로 포용한다.
② 편견을 없애는 사회 분위기를 조성한다.
③ 다른 민족과 문화를 배척하는 마음을 가진다.
④ 국내 이주 여성을 위해 교육 재능을 기부한다.

04 다문화 시대에 필요한 덕목으로 옳은 것은?

① 문화 사대주의
② 문화 상대주의
③ 윤리 상대주의
④ 자문화 중심주의

05 다문화 시대에 필요한 덕목이 아닌 것은?

① 존중
② 관용
③ 강요
④ 다양성

06 다음에서 설명하는 예술에 대한 관점은?

> 예술의 목적은 미적 가치를 추구하는 것일 뿐, 도덕적 가치를 기준으로 예술을 판단하는 것은 안 된다.

① 도덕주의
② 심미주의
③ 상업주의
④ 향락주의

07 다음에서 설명하는 특징을 가진 예술에 대한 관점은?

> • 예술이 인간의 덕성 함양에 기여해야 한다고 주장한다.
> • 예술의 미적 가치보다 도덕적 가치가 우위에 있다.

① 심미주의
② 쾌락주의
③ 상대주의
④ 도덕주의

08 다음 중 윤리적 소비에 해당하지 <u>않는</u> 것은?

① 경제적 효율성을 가장 중시하는 소비를 한다.
② 환경적으로 건전한 지속 가능한 소비를 한다.
③ 환경, 인권, 복지 등 인류의 보편적 가치를 실천하는 소비를 한다.
④ 만들고 유통하는 전체 과정을 윤리적 가치 판단에 따라 구매, 사용한다.

09 ㉠과 ㉡이 공통적으로 말하는 가치로 옳지 <u>않은</u> 것은?

> ㉠ 사회마다 문화가 다를 수 있다는 것을 인정하고 열린 마음으로 존중하는 태도를 가진다.
> ㉡ 상대 문화와의 차이를 인정하되, 인종·국가의 구별을 넘어 관용과 협력의 태도를 가진다.

① 개방성   ② 단일성
③ 다원성   ④ 다양성

10 종교 간 갈등을 줄이기 위한 태도와 거리가 <u>먼</u> 것은?

① 다른 종교에 대해 비하하는 태도를 가진다.
② 다른 종교에 대해 관용적인 태도를 갖추어야 한다.
③ 종교 간에 대화하고 협력하려는 노력을 기울여야 한다.
④ 인권, 사랑, 평화와 같은 보편적인 가치의 실천을 위해 노력한다.

11 예술에 대한 도덕주의의 입장으로 가장 적절한 것은?

① 예술의 자율성을 옹호한다.
② 미적 가치와 도덕적 가치는 무관하다.
③ 예술에 대한 윤리적 규제에 반대한다.
④ 예술은 도덕적 선을 지향하는 것이 바람직하다.

12 다음 내용이 설명하는 소비 형태는?

> • 합리성과 효율성이 기준이 되는 소비의 한계를 인식하고 이에 대한 대안으로 등장한 소비 방식
> • 경제성을 넘어 환경, 인권, 복지, 노동 조건, 경제 정의 등 인류의 보편적 가치를 실천하는 소비

① 과소비
② 충동적 소비
③ 윤리적 소비
④ 합리적 소비

13 다음 중 예술의 상업화에 대한 견해가 <u>다른</u> 하나는?

① 미적 가치를 추구하는 자율성을 잃게 된다.
② 일반 대중도 예술에 쉽게 접근할 수 있는 계기를 제공한다.
③ 예술 작품을 고유의 가치가 아닌 상업적 가치로만 평가한다.
④ 예술을 오락물로 전락시켜 창조성을 경시하고 수준을 저하시킨다.

14 다음 중 대중문화의 윤리적 문제점을 〈보기〉에서 모두 고른 것은?

> ──────── 보기 ────────
> ㄱ. 선정성과 폭력성
> ㄴ. 막대한 자본력에 지배받는 자본 종속
> ㄷ. 저렴한 비용으로 다양한 계층이 예술 향유
> ㄹ. 자본주의 원리에 따른 지나친 상업성

① ㄱ, ㄴ   ② ㄱ, ㄴ, ㄹ
③ ㄱ, ㄷ, ㄹ   ④ ㄱ, ㄴ, ㄷ, ㄹ

15 다음 중 대중문화의 윤리적 규제에 대한 입장이 <u>다른</u> 하나는?

① 공정성의 기준이 문제가 될 수 있다.
② 자율성과 표현의 자유를 침해할 수 있다.
③ 다양한 대중문화를 즐길 대중의 권리를 침해한다.
④ 성을 상품으로 대상화하면 성의 인격적 가치가 훼손될 수 있다.

16 의복의 유행 추구 현상에 대한 부정적인 면으로 옳지 <u>않은</u> 것은?

① 자신의 미적 감각과 가치관을 표현한다.
② 유행을 무조건 따르면 몰개성화가 나타난다.
③ 유행을 선도하는 기업의 판매 전략에 휘둘리는 것이다.
④ 패스트 패션은 자원 낭비, 환경 문제, 노동 착취 등의 문제점을 낳는다.

17 다음 ㉠에 공통적으로 들어갈 단어는?

• (㉠)로/으로 개인 및 집단의 가치관을 표현할 수 있다.
• (㉠)을/를 통해 예의를 표현한다.
• (㉠)을/를 '제2의 피부'라고도 표현한다.

① 음식　　　　② 주거
③ 의복　　　　④ 예술

18 음식의 올바른 역할로 옳지 <u>않은</u> 것은?

① 생명과 건강을 유지할 수 있다.
② 음식은 이를 향유하는 사람의 신분과 소속된 계층을 나타낸다.
③ 믿을 수 있는 음식의 생산과 유통 과정에서 사회 도덕성이 구현된다.
④ 인간과 자연을 고려한 음식의 생산, 유통을 통해 건강한 생태계를 유지한다.

19 음식과 관련된 윤리적 문제를 〈보기〉에서 모두 고른 것은?

───── 보기 ─────
ㄱ. 무분별한 음식 생산과 소비는 환경 문제를 발생시킨다.
ㄴ. 식품의 원거리 이동으로 탄소 배출량이 증가한다.
ㄷ. 육류 소비 증가로 질 좋은 고기를 얻기 위해 친환경 농장이 증가한다.
ㄹ. 빈부 격차로 인해 식량 수급의 불균형 문제가 발생한다.

① ㄱ, ㄴ　　　　② ㄴ, ㄹ
③ ㄱ, ㄴ, ㄷ　　④ ㄱ, ㄴ, ㄹ

20 다음 내용이 설명하는 용어는?

장거리 운송을 거치지 않은 지역 농산물 소비 운동으로, 생산자와 소비자 모두에게 이익을 준다.

① 슬로푸드 운동
② 로컬 푸드 운동
③ 식품 안전성 운동
④ 유전자 변형 농산물 운동

21 다음 중 주거와 관련된 윤리적 문제점으로 옳지 <u>않은</u> 것은?

① 주택 건설로 인한 환경 파괴와 환경 오염
② 집의 경제적 가치 중시로 인한 부의 증대
③ 교통 혼잡, 소음 공해 등으로 인한 생활의 질 하락
④ 공동 주택의 폐쇄적 형태로 인한 이웃과의 소통 단절

22 윤리적 소비를 위한 실천 방법으로 적절하지 <u>않은</u> 것은?

① 공정 무역 상품을 구매한다.
② 여행지의 문화와 환경을 존중하고 보호하는 공정 여행을 한다.
③ 모피, 털, 가죽 등을 사용하지 않은 애니멀 프리 제품을 구입한다.
④ 다양한 지역의 음식을 빠르게 먹을 수 있는 패스트 푸드를 이용한다.

23 다문화 사회의 특징으로 옳지 <u>않은</u> 것은?

① 세계화와 관련이 있다.
② 문화 발전의 기회가 늘어난다.
③ 다원성보다 단일성을, 차이보다 동일성을 추구한다.
④ 한 사회 안에 여러 집단이 지닌 문화가 공존하는 사회를 말한다.

24 다음의 내용이 가리키는 것은?

> • 이민자들의 다양한 문화를 기존 문화에 융합하고 흡수하는 정책이다.
> • 모든 것을 녹이는 용광로처럼 다양한 이주민의 문화를 주류 사회에 융합시키는 정책이다.

① 동화주의
② 다문화주의
③ 문화 사대주의
④ 문화 다원주의

25 갑과 을이 다른 나라의 문화에 대해 취하는 태도는 무엇인가?

> 갑: 다중 이용 시설에 무슬림들을 위한 기도 공간을 설치하는 것은 적절하다고 생각해.
> 을: 동감이야. 무슬림들은 하루에 다섯 번씩 메카를 향해 기도하는 것을 종교적 의무로 여기기 때문이야.

① 문화 사대주의
② 문화 상대주의
③ 문화 제국주의
④ 자문화 중심주의

26 종교와 윤리에 대한 다음 설명 중 옳지 <u>않은</u> 것은?

① 종교와 윤리는 도덕성을 강조한다.
② 윤리는 현실 세계에서 지켜야 할 규범을 포함한다.
③ 종교에 의해 윤리가 배척되어 갈등이 발생할 수 있다.
④ 종교는 윤리적 문제에 대해 종교적으로 중립적인 태도를 취한다.

6 평화와 공존의 윤리

핵심 키워드 갈등, 소통, 담론, 하버마스, 화쟁 사상, 화이부동, 분단 비용, 통일 비용, 평화 비용, 통일 편익, 국제 분쟁, 국제 관계, 칸트의 영구 평화, 갈퉁의 평화론, 해외 원조

1 갈등 해결과 소통의 윤리

● **해결 Point** · · · · · · · · · · · · · · ·

갈등의 원인과 예방 또는 해결 방법을 묻는 문제가 자주 출제되고 있다. 소통과 담론에 대한 사상가의 주장이나 하버마스의 담론 윤리에 대한 이해를 확인하는 문제도 출제되고 있으므로 해당 내용을 자세히 살펴보아야 한다.

● **대표 문제 유형** · · · · · · · · · · · · ·

❖ 다음 갈등 문제를 예방하기 위한 노력으로 적절하지 <u>않은</u> 것은?
❖ 하버마스가 제시한 이상적 담화 조건에 해당하지 <u>않는</u> 것은?

(1) 사회 갈등과 사회 통합

① 갈등의 의미와 기능
  ㉠ 갈등의 의미: 개인이나 집단 사이에 추구하는 목표나 이해관계가 달라 서로 충돌하거나 화합하지 못하는 것을 뜻한다.
  ㉡ 사회 갈등의 원인

가치관의 차이	• 자신의 가치관이나 신념에 따라 사회 문제를 다르게 해석함 • 자신의 가치관만 옳다고 주장하고 상대의 생각을 무시할 때 갈등이 발생함
이해관계의 대립	• 한정된 사회적 자원을 둘러싼 이해관계가 충돌함 • 불공정한 분배로 인해 양극화와 경쟁이 심해져 갈등이 발생함
원활한 소통의 부재	• 사회 내에서 대립하는 주제에 대한 의사소통 부족 • 한쪽에게만 유리한 결론이 내려질 때 갈등이 발생함

  ㉢ 사회 갈등의 기능

긍정적 기능	배려와 관용의 정신을 가지고 갈등을 예방하고 조정하는 사회는 갈등을 통해 사회의 문제를 명확히 인식하게 되어 이를 사회 발전의 계기로 삼을 수 있음
부정적 기능	자신의 가치관과 이해관계만 고집하며 상대방의 문제점을 지적하고 양보가 없는 사회는 갈등이 깊어져 결국 해체될 수도 있음

  ㉣ 사회 갈등의 유형

이념 갈등	• 한 사회 내에서 구성원들이 추구하는 이념이나 견해의 차이 때문에 발생하는 갈등 • 서로의 가치관을 흑백 논리의 이분법적 사고로 구분하여 적대시하면서 사회 갈등이 심화됨
세대 갈등	• 세대 간의 의식과 가치관 차이가 커지면서 서로의 차이를 이해하고 인정하지 못하여 발생하는 갈등 • 어느 사회에서나 연령별·시대별 경험 차이로 나타나는 보편적인 갈등임
지역 갈등	• 지역 개발의 이해관계 등 경제적 요인, 지역감정, 연고주의, 타 지역에 대한 편견 등 다양한 이유로 발생 • 지역의 역사적·지리적 상황과 결부하여 정치적·경제적 갈등으로 확대되는 등 복합적으로 나타남
계층 갈등	• 한계가 있는 사회적 자원의 분배 과정에서 불평등이 심화되며 나타나는 갈등 • 자원이 불균등하게 배분될수록 계층 간의 갈등이 점점 심해짐
노사 갈등	• 생산의 효율성을 중시하는 기업과 임금과 복지의 개선을 요구하는 노동자 사이에서 발생하는 갈등 • 비정규직 확대와 구조 조정이 심화될 경우 갈등이 점점 심해질 수 있음

② 사회 통합을 위한 노력
  ㉠ 사회 통합의 의미: 사회 내 개인이나 집단이 상호 작용을 통해 하나로 통합되는 과정으로, 공동 목표를 향해 조화롭게 결속된 상태를 말한다.
  ㉡ 사회 통합의 필요성

개인의 행복한 삶	• 갈등으로 인한 충돌과 대립이 일상화되면 개인의 고통이 심화됨 • 사회 통합을 통해 개인의 고통과 사회적 비용 감소
사회 발전	• 갈등은 사회적 역량의 결집과 사회 발전을 방해 • 사회 구성원의 협력과 신뢰를 통해 공동체 의식을 함양

국가 경쟁력 강화	• 갈등은 사회 분열을 조장하여 구성원의 소속감과 연대감을 해치며, 이는 국가 경쟁력을 약화시킴 • 사회 통합을 통해 사회적인 역량을 결집시켜 국 가 경쟁력을 강화할 수 있음

ⓒ 사회 통합을 위한 실현 방안

개인적 노력	• 상호 존중과 신뢰를 토대로 소통해야 함 • 관용과 역지사지의 자세가 필요 • 다양성의 가치를 인정하면서 대화를 통해 의사를 결정하는 민주 시민의 자세를 보여 주어야 함
제도적 노력	• 이해 당사자가 정책 결정 과정에 참여할 수 있는 제도와 정책을 마련해야 함(공청회, 설명회 등의 법제화) • 사회 가치의 배분은 공정하고 투명한 절차와 기 준 확립을 통해 이루어져야 함 • 사회 구성원 간의 불평등과 격차를 완화하기 위한 정책을 마련해야 함(지방 분권, 복지 정책 등)

(2) 소통과 담론의 윤리

① 소통과 담론의 의미와 필요성

ⓐ 소통과 담론의 의미

소통	• 의미: 막히지 않고 잘 통함 • 나와 상대방이 서로 의견을 주고받는 공유의 과정 을 말함 • 대화와 공감을 통한 진정한 소통은 상대방을 존중 하는 바탕 위에서 이루어짐
담론	• 의미: 갈등이나 문제를 해결하기 위한 이성적 의사 소통 행위를 말함 • 언어로 표현되는 인간의 모든 관계를 분석하는 도 구로, 주로 토론의 형태로 이루어짐 • 담론은 사회의 구성원에게 현실에서 전개되는 사 건과 행위를 해석하고 인식하는 틀을 제공

ⓑ 소통과 담론의 필요성
  • 사회 구성원들의 자발적이고 적극적인 참여를 유도
    할 수 있다.
  • 소통을 통해 정당하게 이루어지므로 도덕적 권위를
    갖춘 합의를 도출할 수 있다.
  • 담론을 통해 이루어진 해석의 틀은 현실을 바라보는
    인식과 가치관을 형성하는 데 도움을 준다.

② 동서양의 소통과 담론의 윤리

ⓐ 소통과 담론에 대한 동서양의 윤리

원효	• 화쟁(和諍) 사상: 모든 종파와 사상을 분리시켜 고 집하지 말고 더 높은 차원에서 하나가 되어야 한다 는 것으로, 다양성을 인정하고 포용과 존중의 중요 성을 강조함
	• 특수하고 상대적인 입장에서 벗어나 더 높은 차원 에서 하나로 통합해야 함을 강조함
공자	화이부동(和而不同): 남과 사이좋게 지내기는 하나 자신의 중심은 잃지 않는다는 뜻으로, 조화의 중요 성을 강조함

맹자	소통을 방해하는 그릇된 언사 네 가지를 제시하며
	진실한 마음에서 우러난 바른 말을 해야 한다고 주
	장함
	– 피사(詖辭): 한쪽으로 치우쳐 공정하지 못하고
	  편파적인 말
	– 음사(淫辭): 음란하고 방탕한 말
	– 사사(邪辭): 간교하게 속이는 말
	– 둔사(遁辭): 스스로의 궁색함을 알고 회피하려고
	  꾸며서 하는 말

장자	• 옳고 그른 것은 도(道)의 입장에서 바라본다면 모 두 똑같은 것이라고 함 • 서로 다른 것을 그 자체로 인정하고 그것의 상호 의존 관계를 이해할 때 갈등을 줄이고 진정한 소통 을 할 수 있음
밀	• 인간은 끊임없이 잘못 판단하고 잘못 행동할 수 있 는 존재라고 함 • 때문에 자신의 오류 가능성을 인정하고 열린 마음 으로 토론에 임해야 한다고 주장함
아펠	• 보편적인 윤리 규범은 합리적인 토론을 통해 만들 어지며, '인격의 상호 인정'이 진정한 소통을 위한 기본 전제라고 함 • 개인은 의사소통 공동체의 구성원으로서 합의를 위해 담론에 참여해야 할 책임이 있으며, 공동체를 유지해야 할 책임도 가지고 있다고 주장함

ⓑ 하버마스의 담론 윤리
  • '담론 윤리'를 강조하며 서로 이해하며 합의해 나가
    는 과정을 중시한다.
  • 시민은 누구나 자유롭게 소통에 참여할 자격이 있다
    고 강조하며, '의사소통의 합리성'을 실현하기 위한
    '이상적 담화 조건'을 제시하였다.
  • 의사소통의 합리성
    – 의미: 상호 간 논증적인 토론 과정을 거쳐 보편적
      합의에 도달하는 것이다.
    – 서로 합의한 결과를 수용하고 이를 의무로 받아들일
      수 있으려면 합리적 의사소통 과정을 거쳐야 한다.
  • 이상적 담화 조건
    – 이해 가능성: 대화 당사자들이 토론 내용을 서로
      이해할 수 있어야 한다.
    – 진리성: 담화 내용은 참이어야 하며, 진리에 바탕
      을 두어야 한다.

- 진실성: 상대방을 속이지 않고, 말하려는 바를 진실하게 표현해야 한다.
- 정당성: 말하는 내용은 사회적으로 정당한 규범을 다루고, 논쟁 절차를 준수해야 한다.
- 공론장: 시민 사회 내부에서 작동하는 의사소통의 영역으로 사회 통합의 가능성을 내포하고 있다. 언론, 텔레비전의 공론, 문화적·정치적·학술적 공론 등 다양한 영역을 가지고 있다.

③ 바람직한 소통과 담론의 윤리적 자세
  ㉠ 토론 참여자들의 권리를 인정하고 의견을 존중한다.
  ㉡ 독선적인 태도를 버리고 자신의 의견에 오류가 있을 수도 있다는 가능성을 인정한다.
  ㉢ 상대방을 속이려는 의도 없이 진실한 태도로 대화하여 상호 이해한다.

2 민족 통합의 윤리

● 해결 Point ●

분단 비용, 통일 비용 등의 개념을 묻는 문제가 매우 자주 출제되며, 바람직한 통일을 위해 노력할 점이나 남북한의 교류와 협력이 필요한 이유, 민족주의의 종류를 묻는 문제도 출제되고 있으므로 관련 내용을 잘 알아 두도록 한다.

● 대표 문제 유형 ●

❖ 다음 설명에 해당하는 비용은?
❖ 남북한의 평화적 교류와 협력이 중요한 이유에 해당하지 <u>않는</u> 것은?

(1) 통일 문제를 둘러싼 쟁점

① 통일에 대한 찬반 논쟁
  ㉠ 통일에 관한 찬성과 반대 입장의 논거

찬성	• 이산가족의 고통을 해소할 수 있음 • 민족의 동질성을 회복하고 민족 공동체를 실현 • 군사비 감소로 인한 복지 혜택 증가 • 전쟁에 대한 공포 해소 • 늘어난 인구와 영토를 통해 경제적 번영 및 국제적 위상 제고 • 동북아시아의 긴장 완화를 통한 세계 평화 기여
반대	• 오랜 기간 분단으로 인해 커진 문화적인 이질감 • 북한의 군사 도발 등으로 인한 거부감 • 통일 비용으로 인한 조세 증가에 대한 부담감 • 남북한 사이의 사회적 갈등 발생에 대한 우려 • 통합 과정에서 정치적·군사적 혼란의 발생

  ㉡ 통일의 필요성

개인적 차원	• 이산가족의 고통 해소 • 자유롭고 평화로운 삶 확산 • 기회의 확산으로 소득 증대와 풍요로운 삶 향유 • 보편적인 가치 보장
민족적 차원	• 민족 간의 다른 이념과 사상 속에서 걸어온 정치·경제·사회·문화의 이질화 현상 극복 • 민족 문화의 전통 계승과 발전을 통한 민족 문화 융성 • 민족 공동체 구현
국가적 차원	• 전쟁 위협의 소멸 • 단일 경제권을 형성하여 경제 규모 확장 • 자원 및 민족적 역량의 낭비를 제거하여 민족 번영 기반 확대 • 남북한 공간 통합으로 생활 공간을 대륙으로 확장
국제적 차원	• 평화 통일은 민족의 자주적인 역량을 세계에 발휘하게 함 • 동북아시아와 세계 평화 및 안정에 기여 • 북한의 인권 문제와 핵 문제 등을 해결

② 분단 비용과 통일 비용 문제
  ㉠ 통일과 관련된 비용

분단 비용	• 분단으로 인해 소요되는 비용, 즉 남북한 사이의 대결과 갈등으로 발생하고 있는 유무형의 지출성 비용 • 분단이 지속되는 동안 영구적으로 발생 예 군사비, 안보비, 외교 행정비, 이산가족의 고통, 이념적 갈등과 대립
평화 비용	• 통일 이전에 평화를 지키고 창출하기 위한 비용 • 한반도 전쟁 위기를 억제하고 안보 불안을 해소하기 위해 직간접적으로 지출하는 모든 형태의 비용 • 분단 비용과 통일 비용을 감소시키는 투자적 성격의 비용 예 대북 지원 비용, 남북 경제 협력 비용
통일 비용	• 통일에 따라 한시적으로 발생하게 되는 투자 비용 • 통일 과정 및 통일 이후 남북 간의 격차를 해소하고 이질적인 요소를 통합하는 데 소요되는 정치, 경제, 사회, 문화적 비용 등 예 북한 경제 재건 비용, 통일 후 위기 관리 유지 비용

ⓛ 통일 편익
- 의미: 통일을 통해 얻을 수 있는 편리함과 이익으로, 통일 이후 지속적으로 발생할 경제적·비경제적 보상과 혜택을 말한다.
- 통일 편익의 종류

경제적 편익	• 군사비, 안보비 등 분단 비용의 제거 • 국토의 효율적인 이용 • 남북한 경제의 통합으로 인한 시장의 확대와 교역 증가, 규모의 경제 실현 • 동북아시아의 교통과 물류 중심지로 부상
비경제적 편익	• 이산가족의 고통 해소 • 전쟁 위협의 소멸과 평화 실현 • 북한 주민의 인권 문제 해결 • 통일 한국의 위상을 국제적으로 제고할 수 있음

- 통일의 체계적인 준비를 통해 통일 비용 부담을 줄이고 통일 편익을 최대화할 수 있어야 한다.

③ 북한 인권 문제
  ㉠ 북한의 인권 실태

식량의 배급 문제	• 주민들이 기본적 의식주를 충분히 제공받지 못하여 생존권을 위협받고 있음 • 출신 성분과 계층에 따라 차별적으로 배급됨
종교의 자유 침해	• 사상과 양심의 자유가 부정됨 • 헌법상으로는 종교의 자유를 보장하고 있으나 실제로는 엄격히 제한
신체의 자유 침해	• 법적 절차 없는 체포와 구금이 빈번함 • 감시와 강압적인 통치
표현의 자유 침해	통제와 검열 등으로 표현의 자유를 억압
직업 선택의 자유 침해	• 북한에서의 직업은 개인의 의사가 아닌 당의 인력 수급 계획에 의해 정해짐 • 출신 성분에 따라 직업이나 직장이 나뉘므로 자율성과 선택권이 제한당함
정치범 등에 대한 인권 침해	• 수용소에 갇힌 정치범들에 대한 강제 노동, 학대 등 인권 침해 문제가 심각함 • 북한 이탈 주민은 송환 후 수용소에 구금되어 반인도적 인권 침해 행위를 당함

  ㉡ 북한 인권 문제 개입에 대한 찬반 입장

찬성	국가가 자국민의 인권을 유린하거나 인권을 보장할 의지나 역량이 부족하다면 국제 사회가 인도적인 차원에서 개입을 할 수 있음
반대	국가는 내정 및 외교 관계에서 최고의 권위를 가지므로 다른 나라가 이에 간섭을 할 수는 없음

  ㉢ 국제 사회와 함께 북한이 변화할 수 있도록 유도하면서 인권 문제를 같이 해결해 나가는 방안이 필요하다.

④ 대북 지원 문제
  ㉠ 대북 지원의 의미: 정부와 민간이 어려운 북한 주민의 생활을 개선시키기 위해 인도적 차원에서 식량 및 각종 물품부터 농업 개발 지원, 피해 복구 지원, 영양 결핍 아동과 노약자 지원 등 다양한 방식으로 지원하는 것을 말한다.
  ㉡ 대북 지원에 관한 관점

인도주의적 관점	대북 지원은 남북의 정치나 군사 등 여러 상황과 무관하게 이루어져야 함
상호주의적 관점	대북 지원은 북한에 일정한 변화를 요구하면서 이루어져야 함

  ㉢ 대북 지원에 대한 논의: 통일을 이루기 위해 대북 지원의 방향에 대한 국민적 합의가 필요하다.

(2) 통일이 지향해야 할 가치

① 독일 통일의 과정과 교훈
  ㉠ 독일 통일의 과정
  - 통일 과정: 동독 주민들이 투표를 통해서 스스로 서독으로의 흡수 통합을 선택하였으며, 이후 서독이 주도권을 가지고 동독을 통합하였다.
  - 동독의 통합 선택 이유: 공산당의 억압과 탄압, 사회주의 경제의 비효율성에 따른 빈곤, 서독의 자유 민주주의의 발전 및 경제 성장 등이 원인이다.
  - 통일 독일의 노선: 자유 민주주의, 시장 경제 원리, 친서방주의를 채택하였다.
  ㉡ 독일 통일의 교훈
  - 통일 전 동서독 간의 활발한 문화·경제적 교류가 통일의 기초가 되었다.
    예 다양한 문화 교류, 동독에 대한 서독의 경제적 지원
  - 통일 이후에는 동서독 주민 간에 실질적으로 하나가 되기 위해 내면적·정신적 통합에 대한 노력이 있었다.
② 남북통일을 위한 노력

개인적 차원	• 열린 마음으로 소통과 배려 실천: 남북한의 차이를 인정하면서도 적극적인 대화를 통해 서로 이해하도록 노력해야 함 • 북한에 대한 올바른 인식: 군사와 안보 측면에서는 경계의 대상이지만 북한 주민은 통일 한국에서 함께 살아가야 할 동포로 결과적으로는 동반자라는 인식이 필요함 • 통일에 대한 관심: 통일은 나와 관계없는 일이 아닌, 언제든지 현실로 다가올 수 있는 일이라는 인식 필요

사회·국가적 차원	• 점진적으로 사회 통합의 노력을 통해 남북한의 긴장 관계를 해소해야 함 • 내부적 노력: 안보 기반의 구축, 사회·경제·문화 및 인도적 교류의 장을 확대하여 신뢰를 형성하고, 평화적 통일을 위한 체계적인 준비와 그 과정에서 표출되는 각종 갈등을 해결해야 함 • 외부적 노력: 국제 사회와의 긴밀한 협력을 통해 통일에 우호적인 환경을 조성하여 국제적인 통일 기반을 구축해야 함

③ 통일 한국이 지향해야 할 가치

수준 높은 문화 국가	• 우수한 전통문화를 계승하고 창조적으로 발전시켜 사회 발전과 국가 경쟁력의 원동력으로 삼아야 함 • 열린 민족주의를 바탕으로 다양한 문화와 조화를 이루어야 함
자주적인 민족 국가	• 외세 의존적 통일이 아닌, 우리 힘으로 통일을 이루어야 함 • 통일 후 모든 측면에서 자주적인 역량을 발휘해야 함
정의로운 복지 국가	• 사회 구성원의 삶의 질을 향상시키는 복지 국가가 되어야 함 • 부의 불공정한 분배가 이루어지지 않으며, 계층 간 갈등을 해소하도록 노력해야 함
자유로운 민주 국가	• 모든 사람의 존엄성과 가치가 존중되는 인권 국가로 나아가야 함 • 자신의 신념에 따라 자유로운 삶이 보장되는 국가가 되어야 함
평화롭고 풍요로운 나라	• 남북한의 기술과 노동력이 합쳐져 경제적으로 풍요로운 국가로 나아가야 함 • 전쟁의 위협에서 벗어난 평화 공동체를 건설하고 세계 평화에 기여하는 국가를 만들어야 함

■ 열린 민족주의
'열린'이란 다양성을 인정한다는 뜻으로, 자기 민족의 정체성을 유지하면서 다른 민족의 문화를 포용하는 열린 자세를 가지고 그들과 공존하는 태도를 말한다.

■ 민족주의의 구분
• 닫힌 민족주의: 자기 민족의 발전을 위해 다른 민족의 희생을 당연하게 여기는 폐쇄적 민족주의이다.
• 극단적 세계주의: 세계의 통합을 지나치게 강조하여 다른 국가나 민족의 필요성을 부정하는 사상이다.
• 배타적 민족주의: 자기 민족의 이익만을 추구하여 다른 민족을 배척하는 민족주의로 자민족 중심주의, 국수주의, 제국주의 등이 속한다.

3 지구촌 평화의 윤리

● 해결 Point ● ● ● ● ● ● ● ● ● ● ●

갈퉁의 평화 이론, 해외 원조에 대한 사상가들의 견해를 확인하는 문제가 자주 출제되고 있다. 국가 간 분쟁이나 세계화와 관련된 바람직한 태도를 묻는 문제도 출제될 가능성이 높으므로 이와 관련된 내용을 잘 이해해 두어야 한다.

● 대표 문제 유형 ● ● ● ● ● ● ● ● ● ●

❖ ( )에 공통으로 들어갈 단어는?
❖ 싱어(Singer, P.)가 지지할 견해로 옳은 것은?

(1) 국제 분쟁의 해결과 평화

① 국제 분쟁의 원인과 윤리적 문제
　㉠ 국제 분쟁의 원인
　　• 영역과 자원을 둘러싼 갈등: 국가들 사이에 국가 경쟁력의 토대가 되는 영역과 자원을 선점하기 위한 과정에서 분쟁이 발생한다.
　　• 종교적·문화적 차이에 의한 갈등: 집단 정체성의 토대이자 공동체의 구심점인 종교와 문화 차이로 인해 갈등이 쉽게 나타나며, 이는 특성상 타협이나 제삼자의 중재가 어렵다.
　　• 인종·민족 차이로 인한 갈등: 한 종족 내의 정치·사회적 쟁점으로 갈등이 일어나거나 다른 민족에 대한 차별이나 억압으로 분쟁이 발생한다.
　㉡ 윤리적 문제
　　• 국제 평화 위협: 군사적 우위 확보 경쟁으로 핵무기 – 생화학 무기 등의 개발, 분열과 갈등으로 인한 지구촌 불안이 가중된다.
　　• 인간의 존엄성과 정의 훼손: 인간의 존엄성을 훼손하는 인종 청소, 집단 살해와 같은 반인도적 범죄가 자행된다.

② 국제 관계를 바라보는 관점
　㉠ 현실주의
　　• 모겐소: 국제 정치는 국가 이익의 관점에서 정의된 권력을 위한 투쟁이라고 주장하였다.
　　• 인간의 이기적 본성으로 자국의 이익만을 극대화하려는 정책으로 인해 갈등과 분쟁이 생긴다.
　　• 국제 관계는 국가를 통제할 세계 정부가 없는 무정부적 상태이다.
　　• 국가 간 세력의 균형을 통해 전쟁을 방지한다는 현실적 설명 → 국제 평화는 힘의 논리를 벗어날 수 없다.
　　• 한계점: 세력 균형이 평화를 보장하지 못한다(군비 경쟁)., 국제 사회의 유동성으로 확실한 평화를 보장하지 못한다.
　㉡ 이상주의
　　• 칸트: 국제 분쟁은 국가 간 도덕성을 확보해야 해결된다고 주장하였다.
　　• 인간의 본성은 선하며 대화와 협력이 가능한 이성적 존재 → 분쟁은 잘못된 제도로 인한 것이다.
　　• 국제기구나 국제법, 국제 규범을 통해 잘못된 제도를 바로잡아야 한다.
　　• 인간 본성에 대한 신뢰, 도덕과 규범을 통한 평화 추구한다.
　　• 한계점: 인간 본성 및 국가적 대립에 관해 지나치게 낙관적임. 국가 간 갈등이 생겨도 국제법이 실질적 구속력을 발휘하기 힘들다.
　㉢ 구성주의
　　• 웬트: 국제 관계는 국가 간의 상호 작용을 통해 구성된다고 주장하였다.
　　• 자국과 상대국이 서로 어떻게 상호 작용할 것인지에 따라 국익이 좌우되므로, 분쟁 해결을 위해서는 서로 긍정적인 상호 작용을 해야 한다.

③ 평화의 의미와 국제 평화 실현을 위한 노력
　㉠ 칸트의 영구 평화
　　• 전쟁이란 인간을 국가적인 이해관계를 실현하기 위한 수단으로만 대우하는 것이므로 도덕적으로 정당화될 수 없다고 하였다.
　　• 『영구 평화론』
　　　– 평화를 유지할 수 있는 대책을 『영구 평화론』에서 제시하였다.
　　　– 반복되는 전쟁이 인류를 멸망으로 이끌 것이라고 경고하며 전쟁을 막기 위해 각국이 주권의 일부를 양도하여 국제법 및 국제 조직(국제 연맹)을 설치해야 한다고 주장하였다.
　　　– 영구 평화의 실현에 장애가 되는 일을 금지한 예비 조항(6항)과 영구 평화를 실현하기 위한 조건을 논한 확정 조항(3항)을 제시하였다.
　　• 평화를 실현하는 방법으로 환대권을 강조하였다.
　　• 국제 연합(UN)이나 국제 연맹과 같은 국제기구는 영구 평화의 실천적인 형태이다.

■ 칸트의 영구 평화를 위한 확정 조항
  • 제1항: 모든 국가의 정치 체제는 공화정에 기초해야 한다(국내법 측면).
  • 제2항: 국제법은 자유로운 국가들의 연방 체제(국제 연맹)에 기초하여야 한다.
  • 제3항: 세계 시민법은 보편적 우호의 조건에 국한되어야 한다.

■ 칸트의 환대권
  어떤 사람이 다른 나라 영토에 도착했을 때 평화적으로 행동한다면 적으로 간주되지 않고 존중받을 권리를 말한다.

ⓛ 갈퉁의 적극적 평화
  • 갈퉁의 폭력론

직접적 폭력	폭행, 구타, 고문, 테러, 전쟁 등 폭력의 결과를 의도한 행위자(가해자)가 존재하는 의도적인 폭력
간접적 폭력	• 구조적 폭력: 사회 제도나 관습, 법률 등 사회 구조로부터 비롯되는 폭력 • 문화적 폭력: 종교나 사상, 언어, 예술, 과학 등 문화적 영역이 직접적 폭력과 구조적 폭력을 정당화하는 기능을 수행하는 것

  • 갈퉁의 평화론

소극적 평화	• 전쟁, 테러와 같이 사람의 목숨과 신체에 위협을 가하는 직접적 폭력이 없는 상태 • 전쟁과 평화는 상호 배타적이라는 견해에 기초한 평화
적극적 평화	• 직접적 폭력뿐만 아니라 빈곤, 정치적 억압, 인종 차별과 같은 간접적 폭력까지 모두 없는 상태 • 전쟁이 없는 상태일지라도 빈곤, 억압 등 인간의 잠재적 능력이 억압되는 경우가 존재한다면 적극적 평화가 실현되었다고 볼 수 없음

  • 갈퉁은 진정한 평화는 직접적 폭력뿐만 아니라 간접적인 폭력까지 모두 제거된 적극적인 평화를 의미한다고 하였다.
  • 평화의 개념을 국가 안보의 차원에서 인간 안보의 차원까지 확장하였다.

ⓒ 국제 평화 실현을 위한 노력

개인적 차원	• 상호 존중과 관용의 자세를 가져야 함 • 묵자의 겸애(兼愛) 사상: '자국을 사랑하듯 타국을 사랑하라' → 전쟁을 방지하기 위해 상호 존중의 자세를 갖춰야 함
국제적 차원	• 반인도적 범죄에 대한 처벌 강화: 국제 형사 재판소, 국제 형사 경찰 기구 등을 통해 범죄자 처벌 및 공조 수사

• 분쟁의 중재 노력: 국제 사법 재판소, 국제 해양법 재판소 등을 통해 화해와 중재 실천
• 분쟁에 대한 적극적 개입과 해결: 국제 연합 평화 유지군 활동 등을 통한 분쟁의 개입 활동
• 평화를 위한 구호 활동: 국경 없는 의사회, 유니세프 등을 통해 구호 활동을 전개

(2) 국제 사회에 대한 책임과 기여

① 세계화의 의미와 특징
  ㉠ 세계화의 의미: 세계화(Globalization)는 국제 사회의 상호 의존성이 증가하고 세계 전체가 긴밀하게 연결된 사회 체계로 통합되어 가는 현상을 말한다.
  ㉡ 세계화의 영향

긍정적 영향	• 지구촌 실현이라는 목표 아래 세계 통합을 지향하고 인류의 공동 번영을 도모함 • 전 세계적인 문화의 교류를 통해 전 지구적 차원에서 문화 간 공존을 기대할 수 있음 • 환경, 난민, 인권 문제 등 전 지구적 문제를 해결하고 보편적 가치를 보장하기 위한 국제적인 협력이 이루어질 수 있음
부정적 영향	• 문화의 획일화: 세계의 통합만을 지나치게 강조할 경우 지구촌 문화의 획일화라는 문제가 발생할 수 있음 • 경제적 종속: 특정 국가의 시장과 자본의 독점으로 경제적 약소국이 특정 국가에 경제적으로 종속될 수 있음 • 빈부 격차: 강대국의 시장과 자본의 독점으로 빈부 격차가 심화됨

■ 지역화(Localization)와 글로컬리즘(Glocalism)
  지역화는 특정 지역에서 그 지역의 고유한 전통이나 특성을 살려 다른 지역과 차별화된 경쟁력을 갖추려고 노력하는 것으로, 다른 지역과 차별화된 고유문화나 전통이 세계화의 흐름 속에서 지역 경쟁력의 바탕이 된다. 그러나 지역화를 지나치게 강조하면 배타성과 폐쇄성으로 인한 갈등이 발생할 수 있기 때문에 세계화와 지역화가 조화를 이루어야 한다는 글로컬리즘이 대두되고 있다.

② 국가 간 빈부 격차 문제와 국제 정의
  ㉠ 국가 간 빈부 격차 문제
    • 절대 빈곤은 최소의 의식주조차 획득하기 힘든 상태로, 이로 인해 굶주림과 질병이 만연하는 등 인간다운 삶을 유지하기 어렵게 만든다.
    • 남북문제와 같이 선진국이 밀집한 북반구와 개발 도상국이 많은 남반구 사이의 경제적 격차로 인한 분배 정의의 문제가 발생한다.

ⓒ 국제 정의

- 국제 정의의 필요성: 전 세계가 단일한 사회 체계로 나아가고 있는 세계화 현상이 가속되면서 보편적 가치를 보장하기 위한 국제 협력이 이루어지고 있는 추세로, 지구촌 구성원 모두의 인간다운 삶을 위해 필요하다.
- 국제 정의의 종류

형사적 정의	• 의미: 범죄의 가해자를 법에 따라 정당하게 처벌하는 데서 실현되는 정의 • 국제 정의를 해치는 사례: 전쟁이나 집단 학살, 테러, 인신 매매, 납치 등 인간 존엄성을 훼손하는 반인도주의적 범죄 • 해결 방안: 국제 형사 재판소, 국제 형사 경찰 기구 등을 통해 범죄자 처벌 및 수사 공조
분배적 정의	• 의미: 재화나 가치를 공정하게 분배함으로써 실현되는 정의 • 국제 정의를 해치는 사례: 강대국이나 특정 계층으로 부가 편중되면서 발생하는 빈곤, 기아, 환경 파괴 등 • 해결 방안: 선진국이 빈곤국에 공적 개발 원조를 통해 경제적 지원과 기술 이전을 하여 빈부 격차를 줄임

③ 해외 원조에 대한 다양한 입장

㉠ 의무의 관점

칸트	의무론: 타인의 곤경에 무심한 태도는 보편적인 윤리로 통용될 수 없으므로, 선행의 실천이 도덕적인 의무임
싱어	• 공리주의: 고통을 감소시키고 쾌락을 증진하는 것은 인류의 의무로 굶주림과 죽음을 방치하는 것은 인류 전체의 고통을 증가시키는 것 • 공리주의적 관점에서 해외 원조는 인류에게 주어진 의무이므로 누구나 차별 없이 도움을 받아야 함 • 이익 평등 고려의 원칙에 따라 원조를 통해 얻는 이익이 비용보다 크다면 고통을 받는 사람들은 소속과 상관없이 누구나 도움을 받아야 함 • 세계 시민주의 관점에서 지구촌 전체를 대상으로 원조해야 함
롤스	• 해외 원조는 정의 실현을 위한 의무로, 고통받는 사회가 '질서 정연한 사회'가 되도록 돕는 것임 • 단, 차등의 원칙이 국제 사회에 적용되는 것은 반대하며, 질서 정연한 사회로 진입한 후에는 상대적으로 빈곤하더라도 더 이상 원조할 필요가 없음 • 국가 간의 부와 복지 수준은 다양하며 이는 자연스러운 것이므로 해외 원조가 부의 재분배나 복지의 향상을 의미하는 것은 아님

ⓒ 자선의 관점

노직	• 해외 원조는 의무가 아닌 선의를 베푸는 자선 • 개인은 정당한 절차를 통해 취득한 재산에 관하여 절대적인 소유권을 가지므로 자신의 부를 어떻게 이용할지는 개인의 자유

- **롤스의 '질서 정연한 사회'**
  독재나 착취와 같은 불합리한 사회 구조나 제도를 가진 사회는 '질서 정연하지 못한 사회'이고, 이것이 개선되어 정치적 전통이나 법, 규범 등이 적정한 수준에 이른 사회가 질서 정연한 사회이다. 롤스는 해외 원조에 대해 질서 정연하지 못한 사회를 질서정연한 사회로 만드는 것을 목표로 삼았다.

- **차등의 원칙**
  롤스가 주장한 사회 정의론으로 천부적으로나 사회적으로 가장 혜택받지 못한 계층을 비롯한 모든 사람에게 인간다운 생활을 위한 최소한의 조건이 보장되어야 한다는 것과, 일단 그 조건이 충족된 다음에는 각자의 능력이나 업적에 따른 차등 분배가 이루어져야 한다는 것이다.

출제 예상 문제

01 다음 설명에 해당하는 도덕적 갈등 유형은?

> 양심적 병역 거부를 선택한 김○○은(는) 비폭력이라는
> 자신의 도덕적 신념을 중요시하고, 국가는 국민으로서의
> 의무를 강조하기 때문에 갈등 상황이 발생하게 된다.

① 개인과 개인
② 개인과 집단
③ 집단과 집단
④ 개인의 내적 갈등

02 다음 밑줄 친 부분의 특징으로 적절하지 않은 것은?

> 민족주의는 기본적으로 자기 민족의 이익과 발전을 중요
> 하게 여긴다. 그러나 민족의 발전을 추구하는 방식에 따라
> 열린 민족주의와 닫힌 민족주의로 나눌 수 있다.

① 배타성   ② 다양성
③ 포용성   ④ 개방성

03 다음의 사회적 갈등 문제를 해결하기 위한 태도로 적절한 것은?

> 철수: 밤낮으로 아이들이 뛰는 소리에 시끄러워서 우리
>   식구가 살 수 없어요.
> 영희: 아이들이 장난치다가 떠들 수도 있는데 그것 가지
>   고 밤늦게 올라와서 시비를 거는 것은 너무하지
>   않아요?

① 인신공격
② 역지사지
③ 아집과 독선
④ 물리적 폭력

04 한민족 공동체가 지향해야 할 과제로 적절하지 않은 것은?

① 남북한의 문화적 이질화 현상 유지
② 민족의 분단 극복과 한민족 공동체의 형성
③ 민족의 번영과 조화롭고 평화로운 세계 건설
④ 민족 정체성 확립과 세계의 보편적 가치 추구

05 다음 사례에 나타난 갈등의 유형은?

> 우리나라에서는 유교적 전통에 따라 웃어른에 대한 존경
> 심을 중시하는 어른들과, 개인의 자유와 권리에 대한 가치
> 를 중시하는 젊은 사람들 사이에 갈등이 나타나고 있다.

① 노사 갈등   ② 빈부 갈등
③ 세대 갈등   ④ 지역 갈등

06 세계화 시대에 요구되는 바람직한 모습으로 거리가 먼 것은?

① 세계 시민 의식 확대
② 이데올로기의 대립 심화
③ 다른 민족 간의 문화 공존
④ 국가 간의 상호 협력 증진

07 사회적 갈등을 해결하기 위한 자세로 가장 적절한 것은?

① 서로의 차이를 부정한다.
② 상대방의 입장을 존중한다.
③ 고정 관념과 선입견을 갖는다.
④ 흑백 논리적 사고를 추구한다.

08 북한 이탈 주민의 정착을 돕기 위한 노력에 해당하는 것을 〈보기〉에서 모두 고른 것은?

---- 보기 ----
ㄱ. 경제적 자립 지원
ㄴ. 사회적 편견과 무관심
ㄷ. 문화적 적응을 위한 교육
ㄹ. 지속적인 사상 검열과 통제

① ㄱ, ㄴ   ② ㄱ, ㄷ
③ ㄴ, ㄷ   ④ ㄷ, ㄹ

09 다음 (가), (나)에서 자유의 의미를 바르게 연결한 것은?

(가) 외부로부터의 강제나 방해가 없는 상태
(나) 스스로의 선택과 결정에 따라 목적을 설정하고 그것을 실현하고자 노력하고 있는 상태

      (가)   (나)
① 소극적 자유   적극적 자유
② 적극적 자유   감정적 자유
③ 감정적 자유   이성적 자유
④ 이성적 자유   소극적 자유

10 다음의 내용이 설명하는 용어는?

• 국제 사회의 상호 의존성이 증가하고 세계 전체가 긴밀하게 연결된 사회 체계로 통합되어 가는 현상을 말함
• 지구촌 실현이라는 목표 아래 세계 통합을 지향하고 인류의 공동 번영을 도모함

① 지역화
② 세계화
③ 단일화
④ 글로컬리즘

11 친구 간의 갈등 해결 방안으로 바람직한 것을 〈보기〉에서 모두 고른 것은?

---- 보기 ----
ㄱ. 경제적 보상
ㄴ. 상대에 대한 배려
ㄷ. 공감과 대화의 노력
ㄹ. 용서와 관용의 자세

① ㄷ, ㄹ   ② ㄱ, ㄴ, ㄷ
③ ㄴ, ㄷ, ㄹ   ④ ㄱ, ㄴ, ㄷ, ㄹ

12 하버마스(Habermas, J.)가 제시한 이상적 담화 조건에 속하지 않는 것은?

① 진리성
② 진실성
③ 공론성
④ 이해 가능성

13 다음 내용에 대한 입장으로 적절하지 않은 것은?

국가 간의 분쟁은 힘의 논리가 아니라 국가 간 대화를 통해 해결할 수 있다.

① 국가 간 도덕성을 확보하여 해결할 수 있다.
② 군비를 확충하여 세력의 우위를 확보해야 한다.
③ 국제기구나 국제법을 통해 잘못된 제도를 바로잡을 수 있다.
④ 인간의 본성은 선하며 대화와 협력이 가능한 이성적 존재이다.

14 바람직한 통일을 위한 노력으로 적절하지 <u>않은</u> 것은?

① 무력에 의한 흡수 통일을 이룩한다.
② 국민적 이해와 합의의 과정을 토대로 한다.
③ 점진적 노력을 통해 남북한의 긴장 관계를 해소한다.
④ 국제 사회와의 긴밀한 협력을 통해 통일에 우호적인 환경을 조성한다.

15 남북한의 통일로 인한 통일 편익으로 옳지 <u>않은</u> 것은?

① 국토의 효율적인 이용
② 군사비, 안보비 등 분단 비용의 제거
③ 통일 한국의 위상을 국제적으로 제고
④ 무력 통일을 통한 군사 대국으로의 부상

16 다음 내용이 설명하는 개념은?

> • 남북한 사이의 대결과 갈등으로 발생하고 있는 유무형의 지출성 비용
> • 분단이 지속되는 동안 영구적으로 발생하는 비용

① 분단 비용   ② 통일 비용
③ 평화 비용   ④ 긴장 비용

17 다음의 ㉠에 들어갈 내용으로 적절한 것은?

> **갈퉁(Galtung, J.)의 평화론**
> • 소극적 평화: 테러, 범죄, 전쟁과 같은 물리적 폭력이 없는 상태
> • 적극적 평화: (㉠   )

① 사람의 목숨과 신체에 위협을 가하는 폭력이 없어진 상태
② 종교나 사상, 언어, 예술 등 문화적 영역의 폭력이 제거된 상태
③ 사회 제도나 관습 등 사회 구조로부터 비롯되는 폭력이 제거된 상태
④ 빈곤, 정치적 억압, 인종 차별과 같은 간접적 폭력까지 모두 제거된 상태

18 다음에 나온 싱어(Singer, P.)의 해외 원조에 대한 입장과 같은 것은?

> 당장의 생존과 관련 없는 지출을 하는 사람이 기부하지 않는 것은 마치 물에 빠진 어린아이를 손쉽게 구할 수 있는데도 그냥 지나치는 사람과 똑같은 것이다.

① 약소국에 대한 원조는 불필요하다.
② 해외 원조는 고통받는 사회가 질서 정연한 사회가 되도록 돕는 것이다.
③ 해외 원조는 의무가 아니며 자신의 부를 어떻게 이용할지는 개인의 자유이다.
④ 고통을 감소시키고 쾌락을 증진하는 것을 추구하는 공리주의적 관점에서 해외 원조는 인류에게 주어진 의무이다.

19 다음의 내용을 주장한 사상가는?

> • 전쟁이란 인간을 국가적 이해관계를 실현하기 위한 수단으로만 대우하는 것이므로 도덕적으로 정당화될 수 없다.
> • 전쟁을 막기 위해 각국이 주권의 일부를 양도하여 국제법 및 국제 조직을 설치해야 한다.

① 갈퉁   ② 칸트
③ 하버마스   ④ 베카리오

20 통일 한국이 지향해야 할 가치 중 다음 내용이 가리키는 부분은?

> • 외세 의존적 통일이 아닌 우리 힘으로 통일을 이루어야 한다.
> • 통일 후 모든 측면에서 자주적인 역량을 발휘해야 한다.

① 자유로운 민주 국가
② 자주적인 민족 국가
③ 정의로운 복지 국가
④ 수준 높은 문화 국가

21 ㉠, ㉡에 들어갈 말로 알맞은 것은?

> • (㉠): 막히지 않고 잘 통한다는 뜻으로 나와 상대방이 서로 의견을 주고받는 공유의 과정을 말함
> • (㉡): 갈등이나 문제를 해결하기 위한 이성적 의사소통 행위를 말함

	㉠	㉡
①	대화	담론
②	소통	담론
③	소통	분석
④	대화	분석

22 다음의 내용을 주장한 사상가는?

> • 모든 종파와 사상을 분리시켜 고집하지 말고 더 높은 차원에서 하나가 되어야 한다는 '화쟁(和諍) 사상'을 주장하였다.
> • 다양성을 인정하고 포용과 존중의 중요성을 강조하였다.

① 원효   ② 공자
③ 맹자   ④ 장자

23 다음 ㉠에 들어갈 말로 가장 알맞은 것은?

> 지역의 고유문화와 전통을 소중히 여기면서 세계 시민 의식을 바탕으로 인류의 공존과 화합을 도모하는 (㉠)을/를 실현하도록 노력해야 한다.

① 글로벌화
② 세계 평화
③ 글로컬리즘
④ 민족의 단합

24 국제 정의의 종류 두 가지를 바르게 짝지은 것은?

① 형사적 정의 – 절차적 정의
② 절차적 정의 – 분배적 정의
③ 형사적 정의 – 전체적 정의
④ 분배적 정의 – 형사적 정의

25 인간의 존엄성과 가장 관련 깊은 평화는?

① 소극적 평화   ② 문화적 평화
③ 적극적 평화   ④ 구조적 평화

26 다음 중 평화 비용이 가져다줄 영향으로 옳은 것을 〈보기〉에서 모두 고른 것은?

> ● 보 기 ●
> ㄱ. 통일 비용 절감
> ㄴ. 국가 경쟁력 강화
> ㄷ. 분단 비용 증가
> ㄹ. 통일 편익 증대

① ㄱ, ㄴ   ② ㄷ, ㄹ
③ ㄱ, ㄴ, ㄹ   ④ ㄴ, ㄷ, ㄹ

27 다음 중 소극적 평화에 해당하는 것을 〈보기〉에서 모두 고른 것은?

> ● 보 기 ●
> ㄱ. 물리적 폭력이 없는 상태
> ㄴ. 종교적 폭력이 없는 상태
> ㄷ. 구조적 폭력이 없는 상태
> ㄹ. 문화적 폭력이 없는 상태

① ㄱ   ② ㄷ
③ ㄱ, ㄴ   ④ ㄷ, ㄹ

도덕 실전 문제 1회

01 ㉠과 ㉡에 들어갈 내용에 대한 설명으로 옳은 것은?

> • (㉠): 의무론, 공리주의, 덕 윤리
> • (㉡): 생명 윤리, 정보 윤리, 환경 윤리

① ㉠은 현대인의 삶의 영역에서 제기되는 다양한 윤리 문제를 해결하고자 한다.
② ㉠은 생명 복제, 안락사, 기후 변화 문제 등 현대 생활에서 발생하는 윤리 문제를 해결하는 데 관심을 둔다.
③ ㉡은 ㉠을 토대로 삼아 현대 생활의 다양하고 복잡한 윤리 문제를 해결하고자 한다.
④ ㉠은 ㉡을 활용하여 현대 사회의 윤리 문제 해결을 위한 토대와 근거를 마련한다.

02 다음 중 실천 윤리 문제에 관한 설명으로 옳은 것은?

① 도구적 자연관과 관련된 윤리는 정보 윤리이다.
② 생명 윤리는 개인선과 공동선의 조화에 관심을 기울인다.
③ 사이버 공간에서의 행동에 관해 논의하는 것은 환경 윤리이다.
④ 성과 가족의 윤리는 성의 의미와 성을 둘러싸고 발생하는 윤리 문제를 논의한다.

03 다음 칸트 윤리에 대한 설명 중 ㉠에 들어갈 말로 옳은 것은?

> 칸트는 도덕성을 판단함에 있어 행위의 결과보다는 동기를 중시하면서 오로지 (㉠)에서 나온 행위만이 도덕적 가치를 지닌다고 보았다.

① 의무 의식   ② 도덕 법칙
③ 보편 의식   ④ 인간 존엄성

04 공리주의에 관한 설명으로 옳은 것은?

① 밀(Mill, J. S.)은 쾌락의 질은 동일하며 양적 차이만 있다고 보았다.
② 벤담(Bentham, J.)은 감각적 쾌락보다 정신적 쾌락이 우위에 있다고 주장하였다.
③ 밀(Mill, J. S.)은 쾌락을 산출하고 고통을 피하는 결과를 낳는 것이 선이라고 보았다.
④ 벤담(Bentham, J.)은 행위의 선악은 그 행위의 결과에 의해 판단할 수 있다고 보았다.

05 다음 내용이 공통적으로 말하는 것은?

> • 인간의 가장 기본적인 도리를 말한다.
> • 노인 공경의 실천을 위한 도덕적 기초이다.
> • 부모님을 공경하는 마음과 사랑이다.

① 존경
② 효도
③ 우애
④ 존중

06 오륜(五倫)의 덕목 중 부부간의 역할을 강조한 것은?

① 부자유친(父子有親)
② 부부유별(夫婦有別)
③ 장유유서(長幼有序)
④ 붕우유신(朋友有信)

07 양성평등의 실현을 위한 방안으로 적절하지 않은 것은?

① 남녀의 차별을 인정해야 한다.
② 잘못된 성차별 문화를 개선한다.
③ 양성평등에 대한 교육을 강화한다.
④ 남성 중심의 가부장적 문화를 타파한다.

08 다음 중 가족에 대한 설명으로 옳지 않은 것은?

① 사회의 토대이다.
② 도덕 교육의 장이다.
③ 정서적 안정을 준다.
④ 재사회화가 이루어지는 이차적 집단이다.

09 불공정한 분배로 인한 문제점에 해당하지 않는 것은?

① 사회 문제 발생
② 개인의 기본권 향상
③ 인간의 기본적 권리 침해
④ 한정된 재화로 인한 욕구의 불충족

10 시민 불복종 운동이 정당화되기 위한 조건을 〈보기〉에서 모두 고른 것은?

┌──────── 보기 ●────────┐
ㄱ. 불복종의 정당성을 알리기 위해 공개적으로 이루어져
　 야 한다.
ㄴ. 폭력적인 행동으로 선동하는 것은 정당화될 수 없다.
ㄷ. 자신에게 불리한 정책에는 무조건 저항해야 한다.
ㄹ. 기본적인 법을 존중하여 위법 행위에 대한 처벌을 받
　 아들인다.
└─────────────────────┘

① ㄱ, ㄴ
② ㄱ, ㄴ, ㄷ
③ ㄱ, ㄴ, ㄹ
④ ㄱ, ㄴ, ㄷ, ㄹ

11 다음 내용이 설명하는 것은?

┌─────────────────────┐
초기 로마의 귀족들이 평민보다 앞장서서 솔선수범한 데
서 유래한 말로, 사회 고위층이나 고위 공직자에게 요구되
는 높은 수준의 도덕적 의무와 책임을 말한다.
└─────────────────────┘

① 톨레랑스
② 소명 의식
③ 프로테스탄티즘
④ 노블레스 오블리주

12 다음 중 니부어(Niebuhr, R.)의 사회 윤리적 관점을 〈보기〉에서 모두 고른 것은?

┌──────── 보기 ●────────┐
ㄱ. 집단의 도덕성은 개인의 도덕성보다 높다.
ㄴ. 개인의 도덕성 결핍을 해결해야 사회 문제 해결이 가
　 능하다.
ㄷ. 사회 문제를 해결하기 위해서는 제도의 개선이 필요
　 하다.
ㄹ. 개인의 도덕성만으로는 사회 문제를 해결하기 어렵다.
└─────────────────────┘

① ㄱ, ㄴ
② ㄱ, ㄴ, ㄷ
③ ㄱ, ㄷ, ㄹ
④ ㄱ, ㄴ, ㄷ, ㄹ

13 사형 제도를 반대하는 주장의 논거로 적절한 것은?

① 사형은 범죄 예방 효과가 매우 크다.
② 사형은 인간의 존엄성을 훼손하는 것이다.
③ 형벌의 목적은 근본적으로 인과응보적 응징에 있다.
④ 범죄의 비례성의 원칙에 따라 사형 제도는 극악한
　 범죄에 대한 처벌로 적합하다.

14 다음 주제와 관련된 실천 윤리의 영역은?

> • 불법 다운로드 문제
> • 사이버 스토킹, 사이버 명예 훼손
> • 해킹, 악성 댓글

① 평화 윤리　　　　② 문화 윤리
③ 정보 윤리　　　　④ 다문화 윤리

15 다음 설명이 가리키는 용어는?

> 벤담(Bentham, J.)이 제안한 원형 감옥으로, 오늘날에는 통제하고 감시하는 컴퓨터 통신망과 데이터를 이것에 비유하기도 한다.

① AI　　　　　　② 판옵티콘
③ 유토피아　　　　④ 사이버 불링

16 다음 내용이 가리키는 사상은?

> • 슈바이처의 윤리 사상이다.
> • 생명을 유지하고 고양하는 것은 선이고, 파괴하고 훼손하는 것은 악이라고 하였다.
> • 모든 생명은 살고자 하는 의지를 지니고 있다고 하였다.

① 생명 외경　　　　② 대지 윤리
③ 동물 해방론　　　④ 심층 생태주의

17 다음의 내용이 가리키는 용어는?

> • 온라인상에서 이루어지는 폭력으로 집단적으로 이루어져 책임을 전가하기 쉽다.
> • 해킹, 바이러스 유포, 악성 댓글, 허위 사실 등이 광범위하고 빠르게 확산되어 피해가 확대된다.

① 사이버 폭력　　　② 저작권 침해
③ 사생활 침해　　　④ 알 권리 침해

18 다음 ㉠에 공통으로 들어갈 알맞은 말은?

> • (㉠)은/는 타 문화에 대해 배타적인 태도를 보이거나 간섭하지 않는 것을 말한다.
> • (㉠)은/는 다른 사람의 잘못을 너그럽게 용서하는 태도를 말한다.
> • (㉠)은/는 타인의 가치관이나 문화가 나와 다를지라도 이를 이해하고 존중하려는 태도를 말한다.

① 지배　　　　　② 윤리
③ 맹목　　　　　④ 관용

19 ㉠과 ㉡이 설명하는 것으로 알맞은 것은?

> ㉠ 예술의 목적이 인간의 올바른 품성을 기르고 도덕적 교훈이나 모델을 제공하는 것이라고 본다.
> ㉡ 예술은 미적 가치를 추구하는 것일 뿐이며 미적 가치와 도덕적 가치는 무관하다고 본다.

	㉠	㉡
①	도덕주의	심미주의
②	예술주의	심미주의
③	심미주의	도덕주의
④	도덕주의	예술주의

20 다음 내용과 관련 있는 대중문화의 윤리적 문제는?

> • 육체와 성을 욕구 충족의 수단 및 과시적 대상으로 인식함
> • 청소년을 비롯하여 대중 정서에 악영향을 주고 모방 범죄로 이어질 수 있음

① 자본 종속 문제
② 지나친 상업성
③ 예술의 오락화
④ 선정성과 폭력성

21 다음 중 문화의 다양성을 존중하는 바람직한 태도로 옳지 않은 것은?

① 문화의 고유성을 존중한다.
② 윤리 상대주의를 지향한다.
③ 문화의 상대성을 존중한다.
④ 문화 속의 보편 윤리를 중요시한다.

22 다음 내용에서 설명하는 민족주의의 모습은?

> 국내에 거주하는 외국인 이주자, 북한 이탈 주민 등 새로운 사회 구성원들이 늘어나고 있다. 따라서 이들을 한민족 구성원으로서 포용하여 공동 번영을 추구해 나가야 한다.

① 열린 민족주의
② 국수적 민족주의
③ 배타적 민족주의
④ 폐쇄적 민족주의

23 열린 민족주의가 지향하는 가치가 <u>아닌</u> 것은?

① 다양성
② 배타성
③ 주체성
④ 개방성

24 다양한 사회적 갈등이 발생하는 원인에 해당하는 것을 〈보기〉에서 모두 고른 것은?

> ● 보기 ●
> ㄱ. 역지사지의 자세
> ㄴ. 경제적 이해관계 대립
> ㄷ. 신념이나 가치관의 충돌
> ㄹ. 상대방에 대한 왜곡된 정보

① ㄱ, ㄴ
② ㄷ, ㄹ
③ ㄱ, ㄴ, ㄹ
④ ㄴ, ㄷ, ㄹ

25 다음 내용이 설명하는 개념은?

> • 통일을 통해 얻을 수 있는 편리함과 이익
> • 통일 이후 지속적으로 발생할 경제적·비경제적 보상과 혜택

① 통일 비용
② 평화 비용
③ 통일 편익
④ 분단 비용

도덕 실전 문제 2회

01 다음 중 동양의 이상적 인간상에 대한 내용으로 옳지 <u>않은</u> 것은?

① 유교 – 도덕적으로 완성된 인간을 성인(聖人)이라 하였다.
② 유교 – 선한 마음인 사단(四端)을 바탕으로 수양하면 지인(至人)이 된다고 하였다.
③ 불교 – 이상적 인간상으로 깨달음을 얻어 중생을 구제하고자 하는 보살(菩薩)을 제시하였다.
④ 도교 – 도를 깨달아 모든 차별이 소멸된 정신적 자유의 경지에 이른 인간으로 신인(神人), 진인(眞人) 등을 제시하였다.

02 다음 중 자연법 윤리에 대한 설명으로 옳지 <u>않은</u> 것은?

① 모든 인간에게는 자연적으로 주어진 보편적인 법이 있다.
② 생명의 불가침성 및 존엄성, 인간 양심의 자유, 만민 평등을 강조한다.
③ 스토아학파는 인간은 누구나 자연법을 파악할 수 있는 이성을 지닌다고 보았다.
④ 벤담은 인간의 본성으로 자기 보존, 종족 보존, 신과 사회에 대한 진리 파악을 제시하였다.

03 주어진 상황에서 무엇이 옳은지, 어떤 행동을 해야 하는지에 대해 결정하는 사고 과정으로 옳은 것은?

① 도덕 원리
② 도덕 판단
③ 사실 판단
④ 도덕적 추론

04 성찰에 대한 설명 중 옳지 <u>않은</u> 것은?

① 성찰은 자신의 경험, 자아 정체성, 세계관, 삶의 목적 및 이상 등에 대해 스스로 평가하고 반성하는 것을 의미한다.
② 생활 속에서 자신의 마음가짐, 행동 또는 가치관과 정체성에 대하여 윤리적 관점에서 깊이 반성하고 살피는 태도이다.
③ 아리스토텔레스는 "성찰하지 않는 삶은 살 가치가 없다."라고 하여 인간은 자신의 삶을 성찰할 수 있는 존재로 보았다.
④ 성찰을 통해 윤리적 실천력을 높이고 나아가 도덕적 성장을 도모할 수 있다.

05 다음을 '도덕 원리 – 사실 판단 – 도덕 판단'의 순서대로 바르게 나열한 것은?

> ㄱ. 수업 중에 잡담을 하는 것은 옳지 않다.
> ㄴ. 타인에게 피해를 주는 행동은 옳지 않다.
> ㄷ. 수업 중에 잡담을 하는 것은 타인에게 피해를 주는 행동이다.

① ㄱ – ㄴ – ㄷ
② ㄱ – ㄷ – ㄴ
③ ㄴ – ㄷ – ㄱ
④ ㄷ – ㄴ – ㄱ

06 다음 설명에 해당하는 것은?

> 인간의 성을 직접 또는 간접적으로 이용하여 이윤을 추구하는 행위로, 성을 쾌락의 대상이나 물질적 가치로 인식하게 하여 잘못된 성 의식을 심어 준다.

① 성차별
② 성 상품화
③ 성 정체성
④ 성의 자기 결정권

07 성차별로 인해 발생할 수 있는 문제점과 관련이 <u>없는</u> 것은?

① 국가 인력 낭비
② 평등과 존엄성의 훼손
③ 개인의 자아실현 방해
④ 정신 질환이나 범죄자 취급

08 다음 내용에 대한 설명으로 옳지 <u>않은</u> 것은?

> • 여성은 가사 노동을 전담해야 한다고 생각하며, 가사에 관심이 없는 여성을 나무라거나 비난하는 것
> • 여성이 남성보다 취업하기 힘들고 상대적으로 적은 임금을 받으며 승진할 때 불이익을 받는 것
> • '남자라면 큰 뜻을 품어야지, 사나이가 겁을 내느냐.' 등으로 남성을 설득하는 것

① 남성과 여성의 상호 보완성을 보여 준다.
② 남녀 간의 차이를 잘못 이해하여 발생한다.
③ 여성 혹은 남성이라는 이유로 부당한 대우를 하는 것이다.
④ 차이에 대하여 열등하다, 나쁘다 등의 가치 판단을 하는 것이다.

09 부부간의 윤리와 관련된 것을 〈보기〉에서 모두 고른 것은?

> ──── 보기 ────
> ㄱ. 부부유별   ㄴ. 음양론
> ㄷ. 부자유친   ㄹ. 부부상경

① ㄱ, ㄴ   ② ㄴ, ㄹ
③ ㄱ, ㄴ, ㄹ   ④ ㄴ, ㄷ, ㄹ

10 다음 내용이 설명하는 덕목은?

> • 성품과 행동이 맑고 깨끗하여 탐욕이 없는 상태이다.
> • 공직자 윤리 확립을 위해 공직자가 갖추어야 할 덕목 중 하나이다.

① 자율   ② 청렴
③ 신뢰   ④ 전문성

11 ㉠과 ㉡에 공통적으로 들어갈 말은?

> • (㉠)은/는 어느 한쪽에 치우치지 않고 공정하게 각자의 몫을 분배하는 것이다.
> • (㉡)은/는 사회의 갈등을 조정하기 위해 사회 제도가 갖추어야 할 기본적인 덕목 중 하나이다.

① 자유   ② 청렴
③ 정의   ④ 윤리

12 다음 내용을 주장한 사상가는?

> • 모든 사람은 기본적 자유에서 평등한 권리를 가진다.
> • 불평등의 계기가 되는 지위는 공정한 기회균등의 원칙에 따라 모든 사람에게 개방되어야 한다.

① 롤스   ② 노직
③ 왈처   ④ 베카리아

13 다음 내용과 관련 있는 행위는?

> 법에 대한 존경보다는 먼저 정의에 대한 존경심을 지니는 것이 바람직하다. 불의가 당신으로 하여금 다른 사람에게 불의를 행하는 하수인이 되라고 요구한다면 그 법을 어겨라.

① 역성혁명   ② 단체 교섭
③ 시민 불복종   ④ 노블레스 오블리제

14 기업가의 사회적 책임에 해당하지 <u>않는</u> 것은?

① 건전하게 이윤을 추구한다.
② 근로자의 권리를 존중한다.
③ 소비자를 위해 신뢰성 있는 상품을 생산한다.
④ 기업의 이익 추구를 위해 모든 수단을 동원한다.

15 현대 환경 문제의 특징을 〈보기〉에서 모두 고른 것은?

> **보기**
> ㄱ. 자정 능력 증가
> ㄴ. 사막화 현상
> ㄷ. 전 지구적 영향
> ㄹ. 자원 고갈

① ㄱ, ㄴ ② ㄴ, ㄷ
③ ㄱ, ㄷ, ㄹ ④ ㄴ, ㄷ, ㄹ

16 밑줄 친 '딜레마'를 해결하기 위해 등장한 것은?

> 개발은 환경 보전을 가로막고, 환경 보전은 개발을 가로막는 딜레마가 생긴다.

① 고도의 경제 성장
② 철저한 자연 보전
③ 환경 관련 국제기구의 창설
④ 환경적으로 건전하고 지속 가능한 발전

17 과학 기술의 성과에 해당하는 것을 〈보기〉에서 모두 고른 것은?

> **보기**
> ㄱ. 건강 증진과 생명 연장
> ㄴ. 전자 판옵티콘 사회 출현
> ㄷ. 물질적인 풍요
> ㄹ. 시간적·공간적 제약 극복

① ㄱ, ㄴ, ㄷ ② ㄱ, ㄴ, ㄹ
③ ㄱ, ㄷ, ㄹ ④ ㄴ, ㄷ, ㄹ

18 동물 중심주의 윤리에 관한 설명 중 옳지 <u>않은</u> 것은?

① 인간과 동물 사이의 이익이 충돌하는 경우 명확한 판단을 내리기 어렵다.
② 현실적으로 실천하는 데 어려움이 있다.
③ 도덕적인 고려 범위를 동물로 확대하는 입장이다.
④ 레건은 공리주의적 관점에서 동물의 고통을 감소시키는 것이 도덕적이라고 하였다.

19 다음 내용에서 설명하는 용어는?

> 이탈리아 로마에 패스트푸드 지점이 생기는 데 반대하면서 시작된 운동으로, '좋고, 깨끗하고, 공정한(Good, Clean and Fair) 먹거리'를 실현하고자 한다.

① 슬로푸드 운동
② 로컬 푸드 운동
③ 안전 식품 운동
④ 친환경 식품 운동

20 다음 이론과 관련이 있는 정책적 접근으로 옳은 것은?

- 모자이크 이론
- 샐러드 볼 이론

① 동화주의 ② 다문화주의
③ 용광로 이론 ④ 자문화 중심주의

21 예술에 대해 다음과 같은 주장을 한 사상가는?

예술가는 도덕적 기준과 관습에 상관없이 예술 표현을 자유롭게 할 수 있도록 자율성과 독창성을 지녀야 한다.

① 와일드 ② 플라톤
③ 스핑건 ④ 톨스토이

22 다음은 종교의 구성 요소이다. 형식적 측면의 구성 요소를 〈보기〉에서 모두 고른 것은?

● 보기 ●
ㄱ. 교단 ㄴ. 경전과 교리
ㄷ. 종교적 체험 ㄹ. 의례

① ㄱ, ㄴ ② ㄴ, ㄷ
③ ㄱ, ㄴ, ㄷ ④ ㄱ, ㄴ, ㄹ

23 다음의 내용을 주장한 사상가는?

- 서로 이해하며 합의해 나가는 과정을 중시한다.
- 상호 간 논증적인 토론 과정을 거쳐 보편적 합의에 도달하는 의사소통의 합리성을 강조하였다.
- 이상적 담화 조건으로 이해 가능성, 진리성, 진실성, 정당성을 제시하였다.

① 벤담 ② 노직
③ 길리언 ④ 하버마스

24 다음 설명에 해당하는 현상은?

국제 사회의 상호 의존성이 증가하고 세계 전체가 긴밀하게 연결된 사회 체계로 통합되어 가는 현상이다.

① 지역화 ② 세계화
③ 광역화 ④ 조직화

25 싱어는 약소국에 대한 원조를 의무라고 주장하였다. 그의 관점으로 옳은 것은?

① 덕 윤리론 ② 자선론
③ 공리주의 ④ 보편 윤리

시대에듀
한국사능력검정시험 대비 시리즈

한국사능력검정시험 기출문제집 시리즈

최신 기출문제 최다 수록!

>>>> 기출 분석 4단계 해설로 합격 완성, 기본서가 필요없는 상세한 해설!

- PASSCODE 한국사능력검정시험
  기출문제집 800제 16회분 심화(1 · 2 · 3급)

- PASSCODE 한국사능력검정시험
  기출문제집 800제 16회분 기본(4 · 5 · 6급)

한국사능력검정시험 합격 완성 시리즈

완벽하게 시험에 대비하는 마스터플랜!

- PASSCODE 한국사능력검정시험
  한권으로 끝내기 심화(1 · 2 · 3급)

- PASSCODE 한국사능력검정시험
  주제 · 시대 공략 기출문제집 심화(1 · 2 · 3급)

- PASSCODE 한국사능력검정시험
  7일 완성 심화(1 · 2 · 3급)

>>>> 알짜 핵심 이론만 모은 한권으로
끝내기로 기본 개념 다지기!

>>>> 신유형을 대비할 수 있는 주제별 · 시대
별 이론과 기출문제로 단기 합격 공략!

>>>> 기출 빅데이터를 바탕으로 선별한
핵심 주제 50개를 담은 7일 완성!

※ 도서의 구성과 이미지는 변경될 수 있습니다.

2025

고졸 검정고시
한 권 합격

편집기획실 편저

STRONG

빛나는 당신의 내일을 위해 ———————— 시대에듀가 함께합니다.

2025
고졸 검정고시
한 권 합격

제3권 정답 및 해설

시대에듀

정답 및 해설

고 · 졸 · 검 · 정 · 고 · 시

정답 및 해설

합격의 공식 시대에듀 www.sdedu.co.kr

정답 및 해설

국어

1 듣기 · 말하기 / 쓰기

01	④	02	④	03	②	04	②	05	①
06	②	07	③	08	②	09	④	10	④
11	②	12	①	13	①	14	②	15	②
16	④	17	③	18	③	19	①	20	④
21	③	22	①	23	②	24	④	25	③
26	①	27	③	28	①	29	③	30	①
31	②	32	①	33	①	34	②		

01 ④ 대화할 때 말하는 내용이 올바르더라도 상대방과의 관계와 대화 상황 등을 고려하지 않으면 서로 오해가 생기거나 감정이 상할 수 있다.

02 ④ ㉠은 대화 참여자가 적절하게 역할을 교대해 가면서 말을 주고받아 원활하게 정보가 순환되도록 하는 '순서 교대의 원리'와 관련이 있다. 대화할 때는 말을 너무 길게 하거나 대화를 독점하지 않도록 하며, 상황을 살피며 대화에 참여해야 한다.

03 ① 동의의 격률: 상대방의 의견과 불일치하는 표현은 최소화하고, 상대방의 의견과 일치하는 표현은 최대화하는 방법이다.
③ 겸양의 격률: 말하는 사람의 입장에서, 자신을 칭찬하는 표현은 최소화하고, 자신을 낮추는 표현은 최대화하는 방법이다.
④ 찬동의 격률: 상대방을 비난하는 표현은 최소화하고, 상대방을 칭찬하는 표현은 최대화하는 방법이다.

04 ② 청소년 세대는 신조어, 줄임말, 외래어 등을 자주 쓰고, 노년 세대는 고유어, 한자어, 예스러운 표현 등을 많이 사용한다.

05 ① '단디 해라.'는 '똑바로 해라.'라는 의미의 경상도 방언이다. 지역 방언은 한 언어에서 지역적으로 분화되어 지역에 따라 다르게 쓰는 말이다. 같은 언어를 사용하는 사람들끼리는 친밀감과 동질감을 느낄 수 있지만, 그렇지 않은 사람들과는 언어 소통에 문제가 생길 수 있다.

06 ② 병문안을 가서 친구를 위로하는 상황에서는 따뜻한 말이나 행동으로 괴로움을 덜어 주거나 슬픔을 달래 주는 말하기가 필요하다. 친구가 처한 상황에 공감하며 친구의 빠른 쾌유를 빌어 주는 자세도 필요하다.

07 ③ 상대방에게 사과할 때에는 변명을 늘어놓거나 상대방을 탓하지 말아야 한다. 변명을 늘어놓거나 잘못의 원인이 상대방에게도 있다고 탓하는 말을 하면, 자신의 잘못을 회피하려 한다는 인상을 줄 수 있기 때문이다.

08 ①·③ 위로와 격려의 표현이다.
② 회의에 늦게 참석해서 죄송하다는 사과의 뜻이 담긴 표현이다.
④ 감사의 표현이다.

09 ④ 대화에서 말의 내용 못지않게 중요한 것이 준언어적 표현과 비언어적 표현이다. 준언어적 표현에는 말의 속도, 어조, 목소리의 크기 등이 있고, 비언어적 표현에는 표정, 몸짓, 시선 등이 있다.

10 ④ 유전자 변형 작물이 과학적으로 안전한지는 제시된 글에서 확인할 수 없다.

11 ② 자기의 주장을 조리 있고 분명하게 말하며, 상대방의 주장을 논리적으로 반박해야 하는 것은 '토론자'의 역할이다.

12 ① 우리나라에서는 유전자 변형 작물의 수입은 허용하고 있지만, 재배는 금지하고 있는데, 이에 대한 찬반 논쟁이 팽배하다고 하였다. 따라서 ㉡에는 '유전자 변형 작물의 재배를 허용해야 한다.'라는 논제가 적절하다. 이어지는 찬성 측의 주장을 통해서도 확인할 수 있다.

13 ① 토론: 어떤 문제에 대하여 여러 사람이 각각 의견을 말하며 논의하는 것으로, 찬성하는 입장과 반대하는 입장의 사람들이 논증을 구성하여 자신의 주장이 옳음을 입증하는 말하기이다.
② 협상: 갈등을 해결하기 위해 서로 타협하고 의견을 조정하는 것이다.
③ 설명: 잘 모르는 내용에 대해 알기 쉽게 풀이하는 것이다.
④ 정서 표현: 마음에 일어나는 여러 가지 감정을 표현하는 것이다.

14 ② '투표 연령을 하향 조정해야 한다.'와 같이 어떤 정책을 시행할 것인지에 대한 논제는 '정책 논제'이다.

15 ② ㉠의 뒤에 있는 '그러나'로 보아, ㉠에는 '학생 1'이 주장한 내용이 일리가 있음을 인정하는 내용이 들어가는 것이 적절하다.

16 ④ 찬성 측에서는 동네 골목길에 CCTV를 설치해야 하는 이유를 논거로 제시해야 하므로, ㉠에는 CCTV가 범죄 예방에 효과가 있다는 내용이 들어가는 것이 적절하다.

17 ③ '협상하기'에서는 언어적 표현만 사용하는 것보다 준언어적 표현과 비언어적 표현을 함께 사용하는 것이 효과적이다.

18 ③ '학교 대표'는 학생들이 안전한 환경에서 교육 활동에 전념할 수 있도록 하기 위해서 학교 시설의 개방에 반대하는 입장이다. 따라서 ㉠에는 외부인의 침입으로 인한 학교 범죄 증가와 같이 학교 시설 개방에 반대하는 합당한 이유가 들어가는 것이 적절하다.

19 ② 겸양 어법: 상대방을 높이고 자신을 낮추는 말하기 방식
③ 관용 표현: 두 개 이상의 낱말이 합쳐져 새로운 말로 굳어져 사용되는 표현
④ 시제 표현: 과거·현재·미래를 나타내는 표현

20 ④ 필자는 자신이 독자와 공동의 관심사를 갖고 있는 동일 공동체의 구성원임을 말하여 독자와의 관계를 형성하고, 독자가 자신의 글에 귀를 기울이고 적극적으로 참여하도록 유도한다. 따라서 필자가 독자보다 우월한 존재임을 알려 독자를 대화에 참여하도록 유도한다는 내용은 적절하지 않다.

21 ③ 쓰기는 필자와 독자가 글을 통해 의미를 주고받는 의사소통 행위이다. 즉, 필자는 글쓰기를 통해 자신의 생각이나 느낌을 표현하고, 독자는 글 읽기를 통해 필자의 생각을 받아들인다. 따라서 쓰기가 필자의 생각이나 느낌을 독자에게 전달하는 일방적인 과정이라고 할 수는 없다.

22 ① 글을 쓸 때에는 사실을 축소하지 않고 있는 그대로 오류 없이 담아야 한다. 사실을 축소·과장·왜곡하지 않는 것이 책임감 있는 글쓰기의 자세이다.

23 ① 자유 연상: 꼬리를 물고 떠오르는 생각의 흐름을 따라가며 내용을 떠올리는 방법이다.
③ 자유롭게 쓰기: 떠오르는 내용을 자유롭게 종이에 옮기는 방법이다.
④ 배경지식 활용: 자신이 알고 있는 지식을 활용하는 방법이다.

24 ④ (라)는 (가)의 출처를 밝힌 것이고, (가)와 (라)의 내용에 대한 반론이 (나)에 나타나 있다. 그리고 (다)는 (나)의 보충 설명에 해당한다. 따라서 (가)~(라)를 논리적 순서로 배열하면 '(가) − (라) − (나) − (다)'이다.

25 ③ ㉠에는 '저출산 문제의 원인'을 설명하는 세부적인 내용이 들어가야 하므로, '직장 일과 육아 병행의 어려움'이 적절하다. '저출산 문제의 해결 방안'으로 '가정을 배려하는 직장 문화 조성'이 제시된 것을 통해서도 확인할 수 있다.

26 ① '본론 1'에서 가격 경쟁력 요인과 비가격 경쟁력 요인을 분석함으로써 수출 부진 원인을 살펴보고, '본론 2'에서 수출 부진의 해결책을 제시하는 내용이 이어져야 글의 흐름이 자연스럽고 논리적이다.

27 ③ '삭제의 원칙'은 글에서 필요 없는 내용은 삭제하는 것이다. 기존의 내용을 더 나은 내용으로 바꾸는 것은 '대치의 원칙'이다.

28 ② 문단 수준에서 고쳐쓰기: 문단의 중심 내용이 확실하게 드러나는가?, 중심 문장과 뒷받침 문장의 관계가 바른가?, 문단의 배열 순서가 적절한가?, 문단의 길이가 적절한가?
③ 문장 수준에서 고쳐쓰기: 문장 성분의 호응 관계가 적절한가?, 접속어와 지시어가 올바르게 사용되었는가?, 모호한 문장이 있는가?, 중의적인 문장이 있는가?
④ 단어 수준에서 고쳐쓰기: 띄어쓰기가 올바른가?, 맞춤법이 올바른가?, 문맥에 맞는 어휘를 사용하였는가?

29 ③ 불필요한 부분이 없는지 살펴보는 것은 글 수준에서 고쳐 쓸 때 점검할 내용이다.

30 ① 주장을 뒷받침할 타당한 논거를 제시하는 것은 설득을 목적으로 하는 글을 쓸 때 유의할 사항이다.

31 ② 제시된 글의 중간 부분(2문단과 3문단)의 내용은 화장품에 사용되는 화학 성분의 역할과 유해성에 관한 것이다. 따라서 ⓐ에는 '화장품에 사용되는 화학 성분의 역할'이 들어가는 것이 적절하다.

32 ④ ㉠은 앞뒤 문맥과 문장 성분의 호응을 고려하여 '~다면'과 호응하는 '만일'이나 '만약'으로 고쳐 쓰는 것이 적절하다.

33 ① '등재'는 '일정한 사항을 장부나 대장에 올림'이라는 뜻을 지닌 단어이므로 제시된 문장에서 적절하게 쓰였다. '등기'는 '국가 기관이 법정 절차에 따라 등기부에 부동산이나 동산·채권 등의 담보 따위에 관한 일정한 권리관계를 적는 일'을 의미한다.

34 ①·④ 대구법을 활용하지 않았다.
② '속어 사용을 지양하고'와 '표준어 사용을 지향해요'가 서로 대구를 이루며, 속어 대신 표준어를 사용하자는 주제가 잘 드러나 있다.
③ 글의 주제와 관련 없으며 대구법도 활용하지 않았다.

2 읽기

01 ②	02 ④	03 ③	04 ②	05 ①
06 ③	07 ③	08 ①	09 ③	10 ④
11 ③	12 ①	13 ④	14 ④	15 ②
16 ④	17 ④	18 ②	19 ③	20 ④
21 ③	22 ②	23 ①	24 ②	25 ③
26 ①	27 ③	28 ②	29 ①	30 ④
31 ③	32 ③	33 ④	34 ①	35 ②
36 ②				

작품 해설 이준구, 「슈퍼마켓 백 배 즐기기」 [01~04]
• 갈래: 설명문
• 주제: 소비자 심리를 교묘하게 이용하는 방식이 숨어있는 슈퍼마켓의 마케팅 전략
• 특징
 − 다양한 예시의 방법이 사용되었다.
 − 어려운 경제 용어를 알기 쉽게 설명하고 있다.

01 ② 제시된 글은 정보를 전달하는 글인 설명문이므로, 글에 제시된 새로운 정보를 파악하고 사실 여부를 확인하며 읽어야 한다.

02 ④ 묶어 파는 방식은 여러 개를 한꺼번에 사도록 유도하는 방식이며, 물건을 비싸게 사도록 유도하는 방법은 아니다.

03 ③ 제시된 글에서 "특가 세일! 하야니 치약 5통 2만 원"과 같은 광고는 치약 한 통을 사러 갔던 사람에게 4통을 충동구매하게 만든다고 하였다. 따라서 치약 4통을 더 사도록 충동구매를 부추기는 효과가 있다고 볼 수 있다.

04 ② ⓒ은 소비자의 충동구매를 부추길 수 있는 상품으로 유통기한이 길거나 꾸준히 사용해야 하는 생활용품이 적절하다. 채소는 보관 기간이 짧은 상품으로 제시된 글에서 소개한 판매 방식과 어울리지 않는다.

작품 해설 이주헌, 「지식의 미술관」 [05~08]
• 갈래: 설명문
• 주제: 르네 마그리트의 창작 기법인 데페이즈망의 의미와 효과
• 특징
  − 구체적인 사례를 들어 설명하고 있다.
  − 대상에 대한 개념을 정리하여 독자의 이해를 돕는다.

---

05 ① 제시된 글은 설명문이다. 설명문을 읽을 때에는 글의 중심 내용이 무엇인지 파악하고, 글과 관련된 배경지식을 활용하며 읽어야 한다. 또한, 제시된 자료의 출처가 믿을 만한 것인지 파악하고, 중요한 정보와 그렇지 않은 정보를 구별하며 읽어야 한다. 견문과 감상을 구분하며 읽어야 하는 글은 기행문이다.

06 ③ 「골콘다」는 푸른 하늘과 집들을 배경으로 검은 옷과 모자를 쓴 남자들이 부유하는 모습을 그린 르네 마그리트의 그림이다. "재봉틀과 양산이 해부대에서 만나듯이 아름다운"은 로트레아몽의 시에 나오는 표현이다.

07 ③ ㉠·㉡·㉢은 일상적·현실적 상황을 의미하고, ㉢은 현실의 법칙에서 벗어난 비현실적인 상황을 의미한다.

08 ① '전치(轉置)'의 사전적 의미는 '어떤 물건을 다른 곳으로 옮겨 놓음'이다. '물건을 앞쪽에 놓음'을 의미하는 단어는 '전치(前置)'이다.

작품 해설 문화재청 엮음, 「조선의 얼, 광화문」 [09~13]
• 갈래: 설명문
• 주제: 광화문이 겪은 수난의 역사와 복원 과정
• 특징
  − 소제목에 따라 내용을 서술한다.
  − 신문기사, 역사 자료 등을 인용하여 내용에 대한 신뢰성을 높인다.
  − 높임의 표현을 사용하고 있다.
  − 비유적인 표현을 사용하였다(파고와 격랑: 고통과 시련).

---

09 ③ 설명문은 독자의 이해를 돕기 위해 대상을 쉽게 풀어서 설명하므로 '난해성'은 적절하지 않다. 설명문의 특징에는 객관성, 평이성, 체계성, 명료성, 정확성 등이 있다.

10 ④ 제시된 글은 비유적인 표현을 사용하여 설명의 효과를 높이고 있지만, 역설적인 표현을 사용하지는 않았다. 역설적인 표현은 어떤 주장이나 이론이 겉보기에는 모순되는 것 같으나 그 속에 중요한 진리가 함축되어 있는 표현을 말한다.

11 ③ 광복 후 조선 총독부 건물은 바로 철거되지 않고, 중앙청으로 이름만 바뀌어 정부 청사로 사용되다가, 이후 국립 중앙 박물관으로 사용되기도 하였다.

12 ① (라)는 광화문의 훼손 과정이 아니라 광화문의 복원 과정과 광화문이 지닌 역사적 가치에 대해 설명하고 있다.

13 ④ 결과적으로 조선 총독부 건물이 철거되었고, 2006년에는 광화문을 제자리에 제대로 복원하는 작업이 시작되어 2010년에 비로소 복원된 광화문이 그 모습을 드러냈다. 4년의 복원 과정을 거쳐 2010년에 복원된 것은 덕수궁이 아니라 광화문이다.

14 ④ 제시된 글은 '과정에 따른 독서 방법'에 대해 설명하는 글이다. 주장을 뒷받침하는 근거가 적절한지 평가하며 읽어야 하는 글은 논설문이다.

15 ② 제시된 글에서는 '훑어보기, 질문하기, 읽기, 확인하기, 재검토하기' 등과 같은 순서로 읽는 방법인 '과정에 따른 독서 방법'에 대해 설명하고 있다.

16 ④ '확인하기'는 앞의 질문하기 단계에서 제기한 질문들에 대한 내용을 확인하거나 메모하는 단계이다. 지금까지 진행한 모든 단계들을 종합하여 주요 내용들을 재검토하여 정리하고 확인하는 단계는 '재검토하기'이다.

작품 해설 고영삼, 「스마트폰 중독, 어떻게 해결할까?」 [17~21]
• 갈래: 논설문
• 주제: 스마트폰 중독의 위험성과 극복 방안
• 특징
  − 객관적인 통계자료를 인용하여 주장을 뒷받침하고 있다.
  − 비유, 예시 등 다양한 표현 방법을 사용하고 있다.
  − 스마트폰 중독의 위험성에 대해 체계적이고 구체적으로 서술하고 있다.

---

17 ④ 제시된 글은 논설문으로 어떤 주제에 관하여 글쓴이가 자신의 생각이나 주장을 체계적으로 밝혀 쓴 글이다. 등장인물의 심리 변화 흐름을 고려하며 읽어야 하는 글에는 소설, 희곡 등이 있다.

18 ② 제시된 글에서 스마트폰에 중독되면 신경 전달 물질인 세로토닌의 분비가 줄어드는데, 이것이 줄어들면 감정 조절이 어려워 충동적으로 변하거나 우울증이 생긴다고 하였다.

19 ③ 제시된 글에서는 스마트폰 중독이 위험한 이유에 대해 설명하고 있다. 스마트폰 중독은 일상생활에 어려움을 겪게 하고, 신경 정신과적 증상을 동반할 수 있으며, 신체 건강에 악영향을 끼친다는 것이 글의 주요 내용이다.

20 ① 두괄식 구성: 글의 첫머리에 중심 내용이 오는 방식이다.
② 미괄식 구성: 글의 끝부분에 중심 내용이 오는 방식이다.
③ 양괄식 구성: 글의 중심 내용이 앞부분과 끝부분에 반복하여 나타나는 구성 방식이다.
④ 병렬식 구성: 문단마다 중심 내용을 배치하는 구성 방식이다.

21 ③ ⓒ의 앞과 뒤에는 스마트폰 중독으로 인한 신경 정신과적 증상에 대한 설명이 이어지고 있으므로, ⓒ에는 '그리고', '또한'과 같은 접속어가 들어가는 것이 적절하다.

> **작품 해설** 김진석, 「동물의 복지를 생각한다」 [22~25]
> • 갈래: 논설문
> • 주제: 동물과 건전하고 바람직한 관계를 정립하는 자세의 필요성
> • 특징
> – 예시의 방법을 사용하여 근거를 뒷받침하고 있다.
> – 시대의 흐름에 따라 동물을 대하는 관점이 어떠했는지 사례를 들어 제시하고 있다.

22 ② 제시된 글은 글쓴이가 동물의 복지 문제에 대해 다른 사람을 설득하기 위해 쓴 논설문이다.

23 ②는 자료의 적절성, ③과 ④는 내용의 타당성을 평가하기 위한 질문이다.

내용의 타당성	글쓴이의 주장과 의견의 근거가 합리적인지, 글에 제시된 정보와 사실들이 정확한 내용인지 평가한다.
내용의 공정성	주장이나 의견, 주제 등이 어느 한쪽으로 지나치게 치우치지 않고 균형을 이루는지 평가한다.
자료의 적절성	사용된 자료가 주장과 근거를 뒷받침하는 데 적절한지, 자료가 객관적이고 출처가 명확한 것인지 평가한다.

24 ㉠과 ②에 쓰인 '의식'은 깨어 있는 상태에서 자기 자신이나 사물에 대하여 인식하는 작용을 뜻한다. ①·③·④에 쓰인 사회적·역사적으로 형성되는 사물이나 일에 대한 개인적·집단적 감정이나 견해나 사상을 의미한다.

25 ② 첫 번째 문단의 내용으로 보아, 서구에서 동물을 이성적 영혼이 없는 존재라고 생각하고 어떤 것도 전혀 느끼지 못하는 기계처럼 여기는 경향이 오늘날까지 영향을 미쳐 '공장식 농장'이 출현하였음을 알 수 있다.

> **작품 해설** 구본권, 「로봇 시대, 인간의 일」 [26~29]
> • 갈래: 논설문
> • 주제: 인공 지능 시대에 해결해야 할 인류의 과제
> • 특징
> – 세계적인 석학들의 의견을 인용하고 있다.
> – 질문을 통해 독자들의 관심을 유도한다.
> – 구체적인 사례를 들어 주장을 뒷받침하고 있다.

26 ① 제시된 글은 어떤 주제에 관하여 글쓴이 자신의 생각이나 주장을 체계적으로 밝혀 독자를 설득하기 위해 쓴 논설문이다. 사건이나 정보를 빠르게 전달하는 것은 기사문의 특징이다.

27 ③ 제시된 글에서 감정은 비이성적이고 비효율적이지만 인간됨을 규정하는 본능이라고 하였다. 따라서 감정이 이성적이고 효율적인 성격을 지닌다는 설명은 적절하지 않다.

28 ①·③·④는 인공 지능을 우리가 통제하는 방법에 대한 내용이고, ②는 인간의 특징을 찾아 인간의 가치를 높이는 방법에 대한 내용이다. 따라서 ②는 ㉠을 해결하는 방법으로 적절하지 않다.

29 ① ⓛ에는 앞의 내용을 보충 설명하는 접속어가 들어가야 하므로, '다시 말하여'라는 의미를 지닌 '즉'이 가장 적절하다.

30 제시된 글의 주제는 '손수건 사용을 생활화하자.'로, 손수건을 사용하면 자원을 절약할 수 있고, 우리 건강에도 도움이 되며, 지구 환경을 되살리는 데에도 이바지할 것이라고 하였다. 그리고 독자의 입장에서 실천할 수 있는 방법으로 손수건 가지고 다니기, 친구에게 손수건 선물하기 등을 제시하고 있으므로, ④는 적절하지 않은 설명이다.

31 ① 우물 안 개구리: 넓은 세상의 형편을 알지 못하는 사람을 비유적으로 이르는 말, 견식이 좁아 저만 잘난 줄로 아는 사람을 비꼬는 말
② 계란으로 바위 치기: 대항해도 도저히 이길 수 없는 경우를 비유적으로 이르는 말
③ ㉠의 앞뒤에는 지금까지의 습관을 당장 바꾸기는 쉽지 않지만 작은 실천부터 시작하면 된다는 내용이 나타나 있으므로, ㉠에는 무슨 일이나 그 일의 시작이 중요하다는 말인 '천 리 길도 한 걸음부터'가 들어가는 것이 적절하다.
④ 닭 쫓던 개 지붕 쳐다보기: 애써 하던 일이 실패로 돌아가거나 남보다 뒤떨어져 어찌할 도리가 없이 됨을 비유적으로 이르는 말

작품 해설 정약용(丁若鏞), 「근검(勤儉) 두 글자를 유산으로」

[32~33]

- 갈래: 서간문(편지글)
- 주제: 부지런하고 검소한 생활태도의 필요성
- 특징
  - 자식들에게 편지글의 형식으로 교훈을 전달하고 있다.
  - 구체적인 경험을 예시로 들어, 자식들이 본받을 수 있도록 유도하고 있다.
  - 질문하고 답하는 형식을 사용한다.

32 ③ 서간문(편지글)은 자신의 용건과 심정을 상대방에게 전하는 글로, 친교를 위한 글쓰기의 대표적인 양식이다. 서간문은 일반적으로 편지를 받는 대상을 제외하고는 편지의 내용을 알 수 없으므로, 자신의 생각을 널리 알리기 위한 글은 아니다.

33 ④ 제시된 글에서 글쓴이는 근검(勤儉), 즉 부지런하고 검소한 생활 태도의 실천에 대해 강조하고 있다.

34 ① 포스터를 공모하는 안내문에 공모 기간과 신청 방법을 반드시 포함해야 한다.

35 ② 플라스틱 산업의 발달 과정은 '플라스틱 사용을 줄이자.'라는 주장과 관련이 없으므로, 뒷받침 내용으로 적절하지 않다.

36 ① 서사: 어떤 현상의 움직임이나 변화, 사건의 진행 등을 시간의 흐름에 따라 설명하는 서술 방식이다.
② 〈보기〉에서는 국가 지정 문화재를 국보, 보물, 사적 등으로 나누어 설명하고 있다. 이와 같이 유사한 특성을 가진 대상들을 일정한 기준에 따라 묶어서 설명하는 방식을 '분류'라고 한다.
③ 인과: 어떤 결과를 가져오게 한 힘이나 현상에 초점을 두고, 원인과 결과에 따라 글을 전개하는 방식이다.
④ 대조: 둘 또는 그 이상의 사물을 견주어 서로 간의 차이점을 밝히는 방식이다.

3 문법

01 ②	02 ③	03 ③	04 ②	05 ①
06 ①	07 ④	08 ④	09 ①	10 ①
11 ①	12 ④	13 ③	14 ①	15 ④
16 ③	17 ①	18 ②	19 ③	20 ①
21 ④	22 ④	23 ②	24 ①	25 ③
26 ④	27 ②	28 ②	29 ③	30 ④
31 ②	32 ②	33 ①	34 ①	35 ③
36 ③	37 ④	38 ②	39 ④	40 ①
41 ②	42 ④	43 ②	44 ③	45 ②
46 ①	47 ④			

01 ② 음성 언어는 비교적 쉬운 내용을 전달하고, 문자 언어는 비교적 복잡한 내용을 전달한다.

02 ① 언어의 창조성: 언어는 무한한 개방적 체계로 새로운 문장을 계속 만들어 낼 수 있고, 어떠한 개념이든 무한하게 표현할 수 있다.
② 언어의 자의성: 언어 기호의 내용과 형식 사이에는 필연적인 관계가 없다.
④ 언어의 사회성: 언어는 언중의 사회적 약속이므로 개인이 마음대로 바꿀 수 없다.

03 ① 표현적 기능: 화자가 어떤 문제에 대해 자신의 판단이나 감정을 언어로 표현하는 기능이다.
② 표출적 기능: 화자가 의사소통을 전제로 하지 않고 거의 본능적으로 사용하는 기능이다.
③ 친교적 기능: 화자가 청자와의 유대 관계를 확인하거나 친교를 돈독하게 하기 위한 목적으로 사용하는 언어 기능이다.
④ 지령적 기능: 청자에게 무엇을 하게 하거나 하지 않게 하는 기능이다.

04 ① 방언: 지역 또는 사회 계층에 따라 분화된 말이다.
③ 속어: 통속적으로 쓰는 저속한 말이다.
④ 표준어: 교양 있는 사람들이 두루 쓰는 현대의 서울말이다.

05 ① 'ㄴ'은 혀가 윗잇몸에 붙는 모양을 본떠서 만든 기본 글자로, 획을 더한 글자가 아니다.

06 ① 혀뿌리가 목구멍을 닫는 모양을 본떠 만든 기본자 'ㄱ'에 획을 더해 'ㅋ'을 만들었다.

작품 해설 「훈민정음 언해」

[07~09]

- 성격: 해설적
- 주제: 훈민정음 창제의 취지
- 의의: 15세기 국어의 중요한 자료
- 특징
  - 이어 적기(연철 표기)를 사용하였다.
  - 방점을 사용하여 성조를 표현하였다.
  - 어두 자음군이 사용되었다.
  - 모음조화를 엄격히 적용하였다.

현대어 풀이
우리나라의 말이 중국과 달라서 한자와 서로 통하지 않으므로 이런 이유로 어리석은 백성이 말하고자 하는 바가 있어도 마침내 자신의 뜻을 담아 말하지 못하는 사람이 많다. 나는 이를 위해 불쌍히 여겨 새로 스물여덟 자를 만드니 사람으로 하여금 쉽게 익혀서 날마다 쓰는 것에 편안하게 하고자 하려 한다.

07 ④ '나·랏:말ᄊᆞ·미'에서 'ㅣ'와 '百·빅姓·셩·이'에서 '이'가 주격 조사로 쓰였지만, 주격 조사 '가'는 쓰이지 않았다.

08 ① '·새·로·스·믈여듧字·쫑·롤밍·ㄱ노·니'에서 확인할 수 있다.
② '便뼌安한·킈한·고·져홇ᄴᆞ릿·미니·라'에서 확인할 수 있다.
③ 'ᄆᆞ·촘:내제·쁘·들시·러펴·디:몯홇·노·미하·니·라'에서 확인할 수 있다.
④ 제시된 글의 내용 중 한자 배우기의 어려움과 중국어 비판의 내용은 확인할 수 없다.

09 ㉠은 '달라', ㉡은 '통하지', ㉢은 '만드니', ㉣은 '익혀(배워)'라는 의미이다.

작품 해설 「용비어천가」 2장 [10~12]
• 갈래: 악장
• 의의: 한글로 된 최초의 장편 서사시(15세기 중세 국어 연구의 귀중한 자료)
• 주제: 조선 건국의 정당성과 사적 찬양 및 후왕에 대한 권계
• 특징
  – 기본적으로 2절 4구의 대구 형식을 취함
  – 대구법, 영탄법, 설의법 등 다양한 수사법 사용

현대어 풀이: 2장 조선 왕조의 번성과 무궁한 발전 기원
뿌리가 깊은 나무는 바람에 흔들리지 아니하므로, 꽃이 좋고 열매가 많이 열리니.
샘이 깊은 물은 가뭄에 그치지 아니하므로, 내가 이루어져 바다에 가나니.

10 ① 「용비어천가」의 갈래는 '악장'이다. 「용비어천가」는 조선 건국의 정당성을 밝히고, 국가의 영원한 발전을 기원하는 목적으로 지어졌다.

11 ① '종성부용초성'이란 초성의 글자가 종성에도 사용되는 표기법으로, '곶'이 그 예이다.

12 ④ 'ㄱᄆᆞ래'는 '가뭄에'라는 뜻이다.

작품 해설 『소학언해(小學諺解)』 [13~16]
• 성격: 교훈적, 설득적
• 주제: 어린이들이 배워야할 수신 예절, 충효신자(忠孝信者)의 사적
• 의의: 16세기 국어의 중요한 자료
• 특징
  – 현실적인 한자음을 사용하였고, 두음 법칙이 적용되지 않았다.
  – 이어 적기와 끊어 적기가 혼용되었고, 모음조화가 파괴되었다.
  – 명사형 어미 '-기'가 쓰였다.
  – 명사형 어미 '-옴/-움'의 혼란이 일어났다.

[13-14] 현대어 풀이: 효도의 시작과 끝
공자께서 증자에게 일러 말씀하시기를, 몸과 형체와 머리카락과 살은 부모님께 받은 것이므로 감히 헐게 하여 상하게 하지 않는 것이 효도의 시작이고, 출세하여 도를 행해 이름을 후세에 알려서 부모를 드러나게 하는 것이 효도의 마침이다.

[15-16] 현대어 풀이: 좋은 벗의 선택
유익한 벗이 셋이고, 해로운 벗이 셋이니, 정직한 이를 벗하며, 신실한 이를 벗하며, 견문이 많은 이를 벗하면 유익하고, 행동만 익은 이를 벗하며, 아첨하기를 잘 하는 이를 벗하며, 말만 익은 이를 벗하면 해로우니라.

13 ③ ㉢에는 끊어 적기가 아니라, 이어 적기 표기법이 사용되었다.

14 ① 입신양명(立身揚名): 출세하여 이름을 세상에 떨침
② 죽마고우(竹馬故友): 어릴 때부터 같이 놀며 자란 벗
③ 설상가상(雪上加霜): 난처한 일이나 불행한 일이 잇따라 일어남을 이르는 말
④ 이심전심(以心傳心): 마음과 마음으로 서로 뜻이 통함

15 ④ 중세 국어 시기에는 방점을 활용하여 성조를 표시하였다.

16 ③ '닉다'는 '자주 경험하여 조금도 서투르지 않다.'라는 뜻의 단어인 '익다'의 옛말이다.

17 ① 'ㄱ, ㄷ, ㅂ'이 비음인 'ㄴ, ㅁ'의 영향을 받아 비음인 'ㄴ, ㅁ, ㅇ'으로 변하는 현상을 '비음화'라고 한다.

18 ① 광한루[광할루]: 유음화
② 나날이(날-날-이): 자음 'ㄹ' 탈락
③ 곧이듣다[고지듣따]: 구개음화
④ 몰상식[몰쌍식]: 된소리되기

19 ③ '솜이불[솜니불]', '막일[망닐]', '맨입[맨닙]', '한여름[한녀름]', '늑막염[능망념]'은 모두 'ㄴ'이 첨가된 예이다.

참고자료 표준어 규정 제29항
합성어 및 파생어에서, 앞 단어나 접두사의 끝이 자음이고 뒤 단어나 접미사의 첫음절이 '이, 야, 여, 요, 유'인 경우에는, 'ㄴ' 음을 첨가하여 [니, 냐, 녀, 뇨, 뉴]로 발음한다.

20 ① '잠가(잠그- + -아)'와 '써라(쓰- + -어라)'에서는 'ㅡ', '가서(가- + -아서)'에서는 'ㅏ'가 탈락하였다.

21 두 음운이 합쳐져서 하나의 음운으로 소리 나는 현상은 '음운 축약'이다. ①의 '놓고[노코]', ②의 '국화[구콰]', ③의 '맏형[마텽]'에서는 음운 축약 현상이 나타나지만, ④의 '미닫이[미다지]'에서는 구개음화 현상이 나타난다.

22 ④ 단어의 첫머리 이외의 경우에는 두음 법칙을 적용하지 않는다. 남녀(男女), 당뇨(糖尿), 결뉴(結紐), 은닉(隱匿)이 그 예이다.

참고자료 **두음 법칙**
- 일부 소리가 단어의 첫머리에 발음되는 것을 꺼려 나타나지 않거나 다른 소리로 발음되는 일
- 한자음 '녀, 뇨, 뉴, 니' → '여, 요, 유, 이'
- 한자음 '랴, 려, 례, 료, 류, 리' → '야, 여, 예, 요, 유, 이'
- 한자음 '라, 래, 로, 뢰, 루, 르' → '나, 내, 노, 뇌, 누, 느'

23 ① 칼날[칼랄]: 유음화
② 제시된 규정은 비음화 현상에 대한 것으로, 이에 해당하는 예는 국물[궁물], 쫓는[쫀는], 꽃망울[꼰망울], 앞마당[암마당] 등이 있다.
③ 굳이[구지]: 구개음화
④ 덮개[덥깨]: 된소리되기

24 ② 객체 높임법: 문장의 목적어나 부사어가 지시하는 대상을 높이는 표현이다.
③ 상대 높임법: 종결 어미를 사용하여 청자를 높이거나 낮추는 표현이다.
④ 간접 높임법: 높여야 할 대상의 신체 일부, 소유물, 말씀 등을 간접적으로 높이는 방법이다.

25 ①·②·④ 서술어의 주체(주어)를 높이는 주체 높임법이 사용되었다.
③ 문장의 목적어나 부사어가 지시하는 대상을 높이는 객체 높임법이 사용되었다.

26 ③ 미래 시제는 사건이 말하는 시점 이후에 일어나는 시간 표현으로, 선어말 어미 '-겠-'에 의해 실현된다.

27 ① 진행상: 발화시를 기준으로 그 동작이 진행되고 있음을 표현이다.
③ 미래 시제: 사건이 말하는 시점 이후에 일어나는 시간 표현이다.
④ 과거 시제: 사건이 말하는 시점 이전에 일어나는 시간 표현이다.

28 ① 주동 표현이다.
② '아이들이 얼음을 녹였다.'와 같이 주어가 남에게 어떤 동작을 하도록 시키는 문장은 사동 표현이다.
③·④ 피동 표현이다.

29 ③ 보조 용언 '-어지다, -게 되다'를 사용하는 것은 피동 표현이다.

30 ④ 피동 표현에는 피동 접미사 '-이-, -히-, -리-, -기-'를 사용한다.

31 ① ㉠의 주어는 '경찰'이고, ㉡의 주어는 '도둑'이다.
② ㉡은 ㉠을 피동문으로 바꾼 것이다.
③ ㉠은 '주어 + 목적어 + 서술어', ㉡은 '주어 + 부사어 + 서술어'로 이루어졌다.
④ ㉡에서 '잡혔다(잡히었다)'의 '-히-'는 피동 접미사이다.

32 ② 다른 사람의 말이나 글을 직접 또는 간접적으로 자신의 말이나 글 속에 끌어 쓰는 표현을 '인용 표현'이라고 한다. 다른 사람의 말을 내용과 형식 그대로 인용하는 것은 '직접 인용', 내용만 끌어다 쓰는 것은 '간접 인용'이다.

33 ① 명령문이나 청유문의 경우 '못' 부정문이나 '안' 부정문을 쓰지 않고, '말다' 부정문을 사용한다.

34 ① '못' 부정문은 긴 부정문과 짧은 부정문 모두 사용할 수 있다.

35 ③ 부정문은 그 의미가 중의적으로 해석될 수 있다. 제시된 문장은 '사과를 먹은 것은 내가 아니다.', '내가 먹은 것은 사과가 아니다.', '나는 사과를 먹지는 않았다.' 등으로 해석할 수 있다.

36 ③ '맏이[마지], 맏아들[마다들]'의 '맏-', '낟[낟], 낟알[나달], 낟가리[낟까리]'의 '낟'처럼 원래부터 'ㄷ' 받침을 가지고 있는 경우에는 'ㄷ'으로 적는다.

37 ④ 게송(偈頌), 게시판(揭示板), 휴게실(休憩室) 등과 같은 말은 본음대로 적는다.

38 ② '어린이-난, 어머니-난, 가십(gossip)-난'과 같이 고유어나 외래어 뒤에 결합하는 경우에는 한자어 형태소가 하나의 단어로 인식되므로 두음 법칙이 적용된 형태로 적는다.

39 ①·②·③ 어간의 끝음절 '르'의 'ㅡ'가 줄고, 그 뒤에 오는 어미 '-아/-어'가 '-라/-러'로 바뀌는 용언이다.
④ '이르다[至]'는 어간의 끝음절 '르' 뒤에 오는 어미 '-어'가 '-러'로 바뀌는 경우에 해당하며, '이르러, 이르렀다'의 형태로 변한다.

40 ③ '굽도리, 목거리(목병), 무녀리, 코끼리, 거름(비료), 고름[膿], 노름(도박)'과 같이 어간에 '-이'나 '-음'이 붙어서 명사로 바뀐 것이라도 그 어간의 뜻과 멀어진 것은 원형을 밝히어 적지 아니한다.

41 ① '댓잎[댄닙]'은 (3) '뒷말의 첫소리 모음 앞에서 'ㄴㄴ' 소리가 덧나는 것'에 해당하는 단어이다.
② '냇가'는 '내'와 '가'의 합성어로, 발음은 [내까/낻까]이며, 뒷말의 첫소리 'ㄱ'이 [ㄲ]으로 발음되는 것을 확인할 수 있다.
③·④ '잇몸[인몸]'과 '빗물[빈물]'은 (2) '뒷말의 첫소리 'ㄴ, ㅁ' 앞에서 'ㄴ' 소리가 덧나는 것'에 해당하는 단어이다.

42 ① 딛고(← 디디고)
② 엊저녁(← 어제저녁)
③ 기럭아(← 기러기야)
④ 엊그저께(← 어제그저께)

43 ① 적잖은(← 적지 않은)
② 그렇잖은(← 그렇지 않은)
③ 만만찮다(← 만만하지 않다)
④ 변변찮다(← 변변하지 않다)

44 ③ '생각건대(← 생각하건대), 거북지(← 거북하지)'와 같이 어간의 끝 음절 '하'가 아주 줄 적에는 준 대로 적는다.

45 ② 받침에는 'ㄱ, ㄴ, ㄹ, ㅁ, ㅂ, ㅅ, ㅇ'만을 쓰므로 '케잌'은 잘못된 표기이다. '밀가루, 달걀, 버터, 우유, 설탕 따위를 주원료로 하여 오븐 따위에 구운 서양 음식'을 의미하는 'cake'는 '케이크'로 표기해야 한다.

46 ② 바지를 다리다.
③ 규모를 줄이다.
④ 흥정을 붙이다.

47 ④ • 지난 일을 나타내는 어미는 '−더라, −던'으로 적는다.
예 깊던 물이 얕아졌다. / 그 사람 말 잘하던데!
• '(−)든지'는 물건이나 일의 내용을 가리지 아니하는 뜻을 나타내는 말이다.
예 배든지 사과든지 마음대로 먹어라. / 가든지 오든지 마음대로 해라.

4 문학

1 서정

01 ①	02 ④	03 ②	04 ②	05 ③
06 ②	07 ①	08 ④	09 ④	10 ①
11 ③	12 ③	13 ②	14 ①	15 ③
16 ②	17 ④	18 ①	19 ④	20 ③
21 ③	22 ③	23 ④	24 ③	25 ④
26 ②	27 ③	28 ③	29 ③	30 ②
31 ④	32 ②	33 ③	34 ②	35 ④
36 ④	37 ④	38 ③	39 ②	40 ④
41 ①	42 ③	43 ②		

작품 해설 월명사, 「제망매가(祭亡妹歌)」 [01~02]
• 갈래: 향가(10구체)
• 성격: 애상적, 추모적, 종교적
• 주제: 누이에 대한 추모, 슬픔의 종교적 승화
• 특징
  − 다른 향가에 비해 문학성과 서정성이 두드러짐.
  − 비유적 이미지의 사용
  − 불교적 내세관을 통한 슬픔 승화

---

01 ① 제시된 작품은 10구체 향가이다.
② '모르온저(모르는구나)', '아아' 등에 영탄법이 사용되었다.
③ '이른 바람'은 '누이의 이른 죽음'을, '떨어질 잎'은 '죽은 누이'를, '한 가지'는 '한 부모'를 의미하는 비유적 표현이다.
④ 죽은 누이의 명복을 비는 노래로, 불교적 세계관이 나타나 있다.

02 ④ ㉠은 불교적 믿음을 통해 미래에 누이와 재회하기를 기원하는 내용으로, 사별의 슬픔을 종교적으로 승화시키고 있다.

작품 해설 작자 미상, 「가시리」 [03~05]
• 갈래: 고려 가요
• 성격: 서정적, 애상적, 여성적
• 주제: 이별의 정한
• 특징
  − 총 4연, 분연체 형식
  − '기−승−전−결' 구조에 따른 화자의 정서 변화
  − 후렴구 사용(궁중 음악으로 채택되면서 후대에 추가되었을 것으로 추측)

---

03 ② '가시는 듯 도셔 오쇼셔'는 '가시자마자 돌아서서 다시 오소서.'라는 뜻으로, 화자가 임과의 재회를 간절히 바라고 있음을 알 수 있다.

04 ② 고려 가요 「가시리」는 사랑하는 사람과의 이별에 대한 슬픔을 주제로 한 작품으로, 애이불비(哀而不悲)의 마음을 표현하고 있다. 김소월의 「진달래꽃」에서도 절제된 이별의 정한이 느껴진다.

05 ③ ㉢은 '서운하면 아니올까 두렵다.'라는 뜻으로, 화자가 임을 영원히 잃어버릴까 두려워 임을 보낸다는 사실을 알 수 있다.

작품 해설 작자 미상, 「청산별곡」 [06~08]
• 갈래: 고려 가요
• 성격: 현실 도피적, 애상적, 체념적, 서정적
• 주제: 삶의 터전을 잃은 유랑민의 슬픔
• 특징
  − 총 8연, 분연체 형식
  − 시구의 반복을 통한 의미 강조
  − 'ㄹ'과 'ㅇ' 음을 사용하여 리듬감 형성

현대어 풀이

멀위랑 ᄃ래랑: 머루와 다래	자고 니러: 자고 일어나
널라와: 너보다	믈: 물
잉무든: 녹슨	장글: 쟁기(농기구)
이링공 뎌링공: 이럭저럭	나즈란: 낮은
디내와숀뎌: 지내왔지만	

---

06 ① '얄리얄리 얄라셩 얄라리 얄라'라는 후렴구가 연마다 반복되고 있다.
② 계절의 변화를 드러내는 시어는 나타나 있지 않다.
③ '살어리랏다'라는 시구를 반복하여 '청산'에 살고 싶은 화자의 소망을 강조하고 있다.
④ 'ㄹ, ㅇ' 음과 같은 울림소리를 사용하여 리듬감이 느껴진다.

07 ① ㉠에는 소박한 음식을 먹으며 청산에 살고 싶어 하는 화자의 태도가 잘 드러나 있다.

08 ④ '나즈란 디내와숀뎌'는 '낮은 지내 왔는데'라는 뜻이다.

> **작품 해설** 성삼문, 「이 몸이 주거 가셔~」 [09~10]
> • 갈래: 평시조, 정형시
> • 성격: 의지적, 지사적
> • 주제: 충절 및 우국의 정, 굳은 절개에 대한 의지
> • 특징
> – 자문자답 형식으로 시상 전개
> – 색채 대비를 통한 화자의 의지 강조
>
> **현대어 풀이**
> 이 몸이 죽은 다음에 무엇이 될까 하니
> 봉래산 제일 높은 봉우리에 큰 소나무가 될 것이니
> 흰 눈이 온 세상을 덮을 때 혼자 푸르고 푸르리라

09 ④ 제시된 글은 단종에 대한 일편단심을 버릴 수 없다는 선비의 지조와 절개를 노래한 성삼문의 작품으로, 조선 전기 시조이다.

10 ① '봉래산(蓬萊山)'은 '신성한 산'을 의미한다. 수양 대군의 세력, 시련과 고난을 의미하는 시어는 '백설(白雪)'이다.

> **작품 해설** 송순, 「십 년을 경영하여~」 [11~13]
> • 갈래: 평시조, 정형시, 서정시
> • 성격: 전원적, 풍류적, 낭만적
> • 주제: 전원 생활, 안빈낙도(安貧樂道)
> • 특징
> – 의인법과 비유법을 통해 물아일체의 모습을 보임
> – 근경과 원경의 조화

11 ③ 4구체, 8구체, 10구체로 분류할 수 있는 것은 시조가 아니라 향가이다.

12 ③ 제시된 작품의 초장에서는 자연에 은거하는 안빈낙도의 삶을, 중장에서는 자연과 어우러지는 물아일체의 경지를, 종장에서는 강산을 둘러 두고 보겠다는 표현을 통해 자연에 동화된 삶을 이야기하고 있다. 따라서 자연과 더불어 소박하게 살아야겠다는 반응이 가장 적절하다.

13 ② '초려삼간'은 '세 칸짜리 초가, 아주 소박한 집'을 의미한다.

> **작품 해설** [14~15]
> **(가) 황진이, 「동지(冬至)ㅅ돌 기나긴 밤을~」**
> • 갈래: 고시조, 평시조, 단시조
> • 성격: 감상적, 낭만적, 연정적
> • 주제: 임을 기다리는 애틋한 마음
> • 특징
> – 추상적 대상을 구체적 사물로 형상화
> – 음성 상징어를 통해 순우리말의 묘미를 살림
>
> **현대어 풀이**
> 동짓달 기나긴 밤의 한 가운데를 베어 내어
> 봄바람처럼 따뜻한 이불 속에 서리서리 넣어 두었다가
> 정든 임이 오시는 날 밤이면 굽이굽이 펴리라
>
> **(나) 작자 미상, 「님이 오마 ㅎ거놀~」**
> • 갈래: 사설시조
> • 성격: 해학적, 과장적
> • 주제: 임을 기다리는 애타는 마음
> • 특징
> – 임을 빨리 만나고 싶은 마음을 솔직하고 소박하게 표현
> – 사설시조 특유의 해학성과 낙천성이 드러남
> – 의성어와 의태어를 통해 과장된 행동 묘사
>
> **현대어 풀이**
> 임께서 오신다기에 저녁밥을 일찍 지어먹고, 중문을 나와서 대문으로 나가 문지방 위에 올라앉아 손을 이마에 대고 임이 오는가 하여 건넛산을 바라보니, 검은빛과 흰빛이 뒤섞인 것이 서 있거늘, 저것이 바로 임이구나.
> 버선을 벗어 품에 품고, 신은 벗어 손에 쥐고, 엎치락뒤치락 허둥거리며 진 곳 마른 곳을 가리지 않고 뛰어가서 정 있는 말을 하려고 곁눈으로 흘깃 바라보니, 작년 칠월 사흗날 갉아서 벗긴 삼대의 줄기가 알뜰하게도 나를 속였구나.
> 마침 밤이었기에 망정이지 낮이었으면 남을 웃길 뻔하였구나.

14 ① (가)와 (나) 모두 임을 기다리는 그리움의 정서가 강하게 드러난 작품이다.

15 ① 추상적인 개념인 '밤'을 베어 낼 수 있는 구체적인 사물로 형상화하여 표현하고 있다. '기나긴 밤을 한 허리를 버혀 내어'는 '기나긴 밤의 한가운데를 베어 내어'라는 의미이다.
② '어론 님'은 화자가 기다리는 대상인 정든 임, 사랑하는 임을 의미한다.
③ 임이 오신 줄 알고 서둘러 내려가 보니 '상년(上年) 칠월(七月) 사흗날 갉아 벗긴 주추리 삼대'였다는 내용을 통해 화자는 '주추리 삼대'를 임으로 착각하였음을 알 수 있다. 따라서 '주추리 삼대'가 화자가 기다리는 임이라는 설명은 적절하지 않다.
④ '밤일식만정'은 '밤이었기에 망정이지'라는 의미이다.

작품 해설　　　　　　　　　　　　[16~18]

(가) 작자 미상, 「창(窓) 내고쟈 창(窓)을 내고쟈~」
- 갈래: 사설시조
- 성격: 해학적, 의지적, 구체적
- 주제: 삶의 답답함으로부터 벗어나고 싶은 마음
- 특징
  - 답답한 상황에서 벗어나고 싶은 욕구를 반복과 열거를 통해 표현함
  - 기발한 발상을 사용하여 높은 문학성을 드러냄
  - 현실의 어려움을 웃음으로 극복하려는 평민 문학의 해학성이 돋보임

(나) 작자 미상, 「두터비 ᄑ리를 물고~」
- 갈래: 사설시조
- 성격: 풍자적, 우화적
- 주제: 양반 계층의 횡포와 허장성세(虛張聲勢)를 풍자
- 특징
  - 대상(두꺼비)을 우의적으로 표현하여 양반의 횡포 풍자
  - 종장에서 화자를 변환해 해학적 효과를 높임

> **현대어 풀이**
> 두꺼비가 파리 한 마리를 물고 두엄 위에 치달아 앉아
> 건너편 산을 바라보니 하얀 송골매가 떠 있으니 가슴이 섬뜩하여 풀쩍 뛰어서 내달리다가 두엄 아래에 넘어져 나뒹굴었구나.
> 다행히도 날쌘 나이기에 망정이지 멍이 들 뻔하였구나.

16 ② (가)와 (나)는 사설시조로, 기존의 평시조의 율격을 무시하고 파격적인 형태를 지니며, 평민과 부녀자들의 작품이 많다.

17 ④ (가)는 답답한 현실에서 벗어나고자 하는 의지가 잘 드러나 있는 사설시조이다. 여러 문고리들을 열거하는 표현을 사용하고 있지만 임과의 이별에 대한 표현은 찾아볼 수 없다.

18 ① (나)는 약육강식과 위선적인 허세를 신랄하게 풍자한 사설시조이다.

작품 해설　김소월, 「진달래꽃」　　　　[19~21]
- 갈래: 자유시, 서정시
- 성격: 전통적, 애상적, 민요적, 향토적
- 주제: 이별의 정한(情恨)과 승화
- 특징
  - 이별의 상황을 가정한 '기-승-전-결'의 구조로 시상 전개
  - 수미상관의 구조를 통해 화자의 정서 강조
  - 여성적이고 간절한 어조의 사용
  - 반어법과 도치법으로 애이불비(哀而不悲)의 정서 강조

19 ④ 제시된 작품에서 화자는 이별의 상황을 수용하고 슬픔을 인내하겠다는 소극적·순종적 태도를 보이고 있다.

20 ③ 제시된 작품에서 '진달래꽃'은 시적 화자의 분신, 시적 화자의 마음, 화자의 순종적 사랑, 떠나는 임을 축복하는 헌신적 사랑 등을 의미한다.

21 ㉠에는 겉으로 드러난 표현과 속에 숨겨져 있는 내용이 서로 반대가 되게 하는 수사법인 반어법이 사용되었다. ③에서도 당신을 잊지 못하는 마음을 반어적으로 표현하고 있다.
① 영탄법
② 설의법
④ 역설법

작품 해설　이육사, 「광야」　　　　[22~24]
- 갈래: 자유시, 서정시
- 성격: 의지적, 상징적, 저항적, 미래 지향적
- 주제: 조국 광복에의 신념과 의지
- 특징
  - '과거-현재-미래'의 시간적 순서로 시상을 전개
  - 상징적 시어와 속죄양 모티프로 주제를 형상화
  - 웅장한 상상력과 의지적이고 남성적인 어조로 강렬한 인상을 줌

22 ③ 청유형 어미가 아니라 명령형 어미인 '-라'가 사용되었다.

23 ④ 5연에서의 '초인'은 민족의 새로운 역사를 쓸 초월적 존재로, 화자는 초인이 오기를 간절히 바라고 있다.

24 ③ 제시된 작품에서 '눈'은 현재를 고통스럽게 하는 부정적 현실로 극복해야 할 대상이며, 시대 상황과 관련지었을 때 일제 강점기를 의미한다고 볼 수 있다.

작품 해설　이육사, 「절정」　　　　[25~27]
- 갈래: 자유시, 서정시
- 성격: 상징적, 남성적, 지사적
- 주제: 극한 상황에서의 초월적 인식
- 특징
  - 역설적 표현을 통해 효과적으로 주제를 형상화
  - 강렬한 상징어와 남성적 어조로 강인한 의지를 표출
  - 현재형 시제를 사용해 긴박함을 더함

25 ④ 제시된 작품은 미래형 시제가 아니라 현재형 시제를 사용하여 긴박한 분위기를 조성하고 있다.

26 ② ㉠에서는 겉으로 보기엔 서로 이치에 어긋나거나 모순되는 것 같지만(강철 ↔ 무지개) 그 속에는 어떤 진실을 담고 있는 표현 방법인 역설법을 사용하여 극한의 상황에서도 희망을 잃지 않겠다는 의지를 보여 주고 있다.

27 ③ '무릎을 꿇는 것'은 패배를 인정하고 항복하는 것이 아니라, 절망적 상황을 극복하기 위한 기도를 의미한다.

작품 해설 윤동주, 「서시」   [28~30]
• 갈래: 자유시, 서정시
• 성격: 성찰적, 고백적, 의지적, 상징적
• 주제: 부끄러움 없는 삶에 대한 소망과 의지
• 특징
  – '과거-현재-미래'의 시간적 흐름에 따라 시상을 전개
  – 이미지의 대립을 통해 시적 상황과 주제 제시

---

28 ③ 제시된 작품은 부끄러움 없는 삶에 대한 소망을 노래한 시로, '부끄럼이 없기를, 사랑해야지, 걸어가야겠다' 등의 시어를 사용하여 시적 화자의 의지를 드러내고 있다. 이 작품에서 후렴구는 찾아볼 수 없다.

29 ③ 「서시」와 「참회록」은 식민지 현실을 살아가는 화자의 고뇌와 부끄러움 없는 삶에 대한 소망을 노래한 시로, 자기반성적이고 자아 성찰적인 성격이 드러난다.

30 ② 「서시」의 '밤'과 「절정」의 '매운 계절'은 암울하고 고통스러운 식민지 현실을 의미한다.

작품 해설 정지용, 「향수」   [31~34]
• 갈래: 자유시, 서정시
• 성격: 향토적, 감각적, 회상적, 낭만적
• 주제: 고향에 대한 그리움
• 특징
  – 참신하고 선명한 감각적 이미지 사용
  – 유사한 통사 구조의 반복을 통한 운율 형성
  – 후렴구가 반복되는 병렬식 구조
  – 향토적 소재와 시어의 사용으로 시적 분위기 형성

---

31 ④ 제시된 작품은 고향에 대한 그리움을 노래한 시로, 후렴구의 반복으로 리듬감을 형성하고 주제 의식을 강화하였으며, 참신하고 선명한 감각적 이미지를 사용하였고, 향토적 소재와 시어를 구사하였다. 하지만 이 작품에서 반어적 표현은 찾아볼 수 없다.

32 ② 제시된 작품에서 '고향'은 아름답고 인정이 넘치는 모습으로 그려지고 있다. 삭막하거나 부유하거나 도시적인 모습은 찾아볼 수 없다.

33 ③ 〈보기〉는 황진이의 시조로, 임을 그리워하는 마음이 드러나 있다. 정지용의 「향수」에서도 고향을 그리워하는 화자의 마음이 잘 느껴진다.

---

34 ⊙에는 공감각적 심상이 사용되었다.
  ① 후각적 심상
  ② 공감각적 심상
  ③ 촉각적 심상
  ④ 시각적 심상

작품 해설 황지우, 「너를 기다리는 동안」   [35~37]
• 갈래: 자유시, 서정시
• 성격: 감각적, 고백적, 희망적
• 주제: 사랑하는 사람을 기다리는 설렘, 만남에 대한 의지
• 특징
  – 반복과 변주를 통해 만남에 대한 기다림 표현
  – 시적 화자의 태도 변화(소극적 → 적극적)
  – 역설적 표현을 통해 화자의 의지를 드러냄

---

35 ① '온다', '안다', '닫힌다' 등 현재 시제를 사용하고 있다.
  ② '쿵쿵거린다', '바스락거리는'에서 청각적 심상이 느껴진다.
  ③ '세상에서 기다리는 일처럼 가슴 애리는 일 있을까'에서 의문형 어미를 사용하고 있다.
  ④ 제시된 작품에서 계절감의 변화가 드러나는 시어는 찾을 수 없다.

36 ④ ⓔ에는 '너'를 만나겠다는 화자의 적극적 의지가 드러나 있다.

37 ⓐ에는 겉으로 보기엔 서로 이치에 어긋나거나 모순되는 것 같지만 속에는 어떤 진실을 담고 있는 표현 방법인 '역설법'이 사용되었다. 따라서 사랑을 위해 이별이 필요하다는 역설적 진술이 드러난 ④와 표현 방법이 같다.
  ① 대구법, 대조법
  ② 의태법
  ③ 반어법

작품 해설 정호승, 「슬픔이 기쁨에게」   [38~40]
• 갈래: 자유시, 서정시
• 성격: 교훈적, 비판적, 의지적
• 주제: 이기적인 삶에 대한 반성, 더불어 사는 삶의 추구
• 특징
  – 종결 어미의 반복으로 운율감 형성
  – 역설적 표현을 통해 주제를 효과적으로 드러냄
  – 추상적 개념의 의인화

---

38 ③ 제시된 작품의 주제는 이기적으로 살아온 삶을 반성하고, 소외된 이웃에게 관심을 갖고, 이웃과 더불어 사는 삶을 살자는 것이다. 생각이 다른 사람을 존중하자는 것은 작품의 내용과 관련이 없다.

39 ① '사랑보다 소중한 슬픔을 주겠다.'에서 역설적인 표현이 사용되었다.

② 제시된 작품은 상대방에게 말을 건네는 방식으로 시상을 전개하고 있으며, 공간의 이동이 드러나는 부분은 찾을 수 없다.

③ '~위해, ~주겠다'라는 동일한 어구를 반복하여 운율을 형성하고 있다.

④ '~겠다'라는 어미를 반복하여 화자의 강한 의지를 드러내고 있다.

40 ④ '함박눈'은 가진 자들에게는 기쁨과 행복을 주지만, 소외된 사람들에게는 추위와 고통을 주는 존재이다.

작품 해설 고재종, 「첫사랑」 [41~43]

• 갈래: 자유시, 서정시
• 성격: 서정적, 회화적, 비유적
• 주제: 인내와 헌신으로 이루어낸 아름다운 사랑
• 특징
  – 자연 현상에서 사랑의 의미를 발견함
  – 설의법, 의인법의 사용
  – 시각적 이미지와 음성 상징어의 사용
  – 역설적 표현을 통해 주제를 효과적으로 드러냄

---

41 ① '싸그락 싸그락'에서 청각적 심상이, '난분분 난분분'에서 시각적 심상이 사용되었으나, 공감각적 심상이 사용된 부분은 찾을 수 없다.

② '세상에서 가장 아름다운 상처'에서 역설법이 사용되었다.

③ '싸그락 싸그락'은 '눈'이 '나뭇가지'를 두드리는 소리를 흉내내는 표현이다.

④ '겨울'에서 '봄'이 되는 계절의 변화에 따라 시상이 전개되고 있다.

42 ③ '눈은 얼마나 많은 도전을 멈추지 않았으랴'에는 사람이 아닌 것에 인격적 요소를 부여하여 마치 사람인 것처럼 표현하는 의인법과, 의문의 형식을 사용하여 의도하는 결론으로 독자를 이끄는 설의법이 사용되었다.

43 ① '싸그락 싸그락 두드려 보았겠지'와 '난분분 난분분 춤추었겠지'에 대구적 표현이 사용되었다.

③ '~겠지'라는 종결 어미가 반복적으로 사용되었다.

④ '싸그락 싸그락', '난분분 난분분'에서 동일한 시어를 반복하였다.

---

4 문학

2 서사

01 ③	02 ③	03 ①	04 ③	05 ①
06 ②	07 ①	08 ③	09 ④	10 ③
11 ④	12 ②	13 ④	14 ③	15 ④
16 ①	17 ④	18 ②	19 ④	20 ①
21 ②	22 ④	23 ①	24 ④	25 ③
26 ①	27 ④	28 ①	29 ④	30 ④
31 ④	32 ③	33 ②	34 ③	35 ④
36 ③	37 ②	38 ③	39 ④	

작품 해설 작자 미상, 「춘향전」 [01~07]

• 갈래: 고전 소설, 판소리계 소설
• 성격: 풍자적, 해학적, 서민적
• 시점: 전지적 작가 시점
• 주제: 신분을 초월한 지고지순한 사랑, 탐관오리의 횡포에 대한 풍자
• 특징
  – 열녀 설화를 바탕으로 함
  – 풍자와 해학에 의한 골계미가 드러남
  – 반복법과 대구법 등 다양한 수사법 사용
  – 서술자의 개입에 의한 편집자적 논평이 나타남
  – 판소리계 소설로 판소리 사설 투의 문장이 드러남
  – 서민층의 언어와 양반층의 언어가 혼재되어 나타남

---

01 ③ 제시된 작품에서 배경을 묘사한 부분이나 이를 통해 주제를 간접적으로 드러내는 부분은 찾아볼 수 없다.

02 ③ 춘향은 어사또가 이몽룡임을 아직 모르고 있으며, 자신의 수청을 들라는 어사또의 말에 '명관(明官, 고을을 잘 다스리는 현명한 관리)'이라며 반어적으로 비꼬아 비판하고 있다.

03 ⓐ는 몹시 당황하여 '바람'과 '문'의 순서를 바꿔 한 말이다. ①도 이가 빠져서 말이 헛나왔다고 할 것을 이와 말의 순서를 바꿔 말하였다. ②·③·④ 단어끼리 소리가 비슷한 것을 이용한 언어유희이다.

04 ③ 제시된 작품에서는 인물의 말과 행동을 통해 사건이 전개되고 있으며, 인물의 심리 묘사는 나타나 있지 않다.

05 ① 사또는 춘향에게 "네가 아무리 수절을 한들 누가 열녀 포상이라도 할 줄 아느냐?"라고 말하며, 정절을 지키는 것이 무의미하다고 춘향을 설득하고 있다.

06 ① 역설법
② ㉠에는 직유법이 사용되었다. 직유법은 '~처럼, ~같은'과 같은 말을 넣어 두 대상을 직접 비유하는 표현 방법이다.
③ 대구법, 대조법
④ 의태법

07 ① [A]와 〈보기〉는 "너희같이 천한 기생들에게 '충렬(忠烈)' 두 글자가 왜 있겠느냐?"라는 회계 생원의 말에 춘향이 조목조목 따지는 내용이다. 따라서 춘향의 속마음을 표현하는 부분이라고 볼 수 없다.

작품 해설 박지원, 「허생전」   [08~10]
• 갈래: 고전 소설, 한문 소설, 풍자 소설
• 성격: 현실 비판적, 풍자적
• 시점: 전지적 작가 시점
• 주제: 무능한 지배층에 대한 비판 및 개혁 촉구
• 특징
 – 실학을 바탕으로 당대 현실 비판
 – 전형적 고전 소설의 결말에서 벗어난 미완의 결말 구조

---

08 ③ "당신은 가끔 나를 와서 보고 양식이나 떨어지지 않고 옷이나 입도록 하여 주오. 일생을 그러면 족하지요."라는 허생의 말을 통해 허생이 변씨의 도움을 모두 거부하지는 않았음을 알 수 있다.

09 ④ [A]에서 보통의 이(利)를 취하는 조그만 장사치들은 여러 물건을 사고 한 물건에서 실패를 보더라도 다른 물건에서 재미를 보는 방법을 취한다고 했으므로, 독점이 보통의 이(利)를 취하는 조그만 장사치들이 하는 짓이라는 설명은 적절하지 않다.

10 ③ '시방(時方)'은 '말하는 바로 이때에'라는 의미를 지닌 말이다.

작품 해설 조위한, 「최척전」   [11~14]
• 갈래: 고전 소설, 한문 소설, 군담 소설, 애정 소설
• 성격: 서사적, 사실적
• 시점: 전지적 작가 시점
• 주제: 전란으로 인한 가족의 이산과 재회
• 특징
 – 최척의 부인인 옥영을 통해 슬기롭고 적극적인 여성상을 그려냄
 – 전쟁으로 인해 겪게 되는 가족의 고난과 아픔을 사실적으로 묘사함
 – 17세기 후반 다른 군담 소설과는 달리 영웅이 아닌 평범한 인물의 이야기를 다룸

---

11 ④ 제시된 작품은 고전 소설로, 행복한 결말 구조, 시간의 흐름에 따른 서술, 비현실적이고 우연적인 사건 발생, 인물의 성격에 변화가 없는 평면적 인물 등의 특징을 지닌다.

12 ② 제시된 작품은 역사적 사실을 바탕으로 창작된 소설로, 전쟁 때문에 가족과 헤어지고 재회하는 과정이 드러난다. 당시 전쟁으로 인해 백성들이 겪는 고통스러운 삶을 사실적으로 표현한 작품으로, 꿈과 현실의 교차는 나타나지 않는다.

13 ④ ㉠에서 최척은 왜적들에게 온 가족이 변을 당했고, 자신도 어디 의탁할 곳이 없으니 중국에 들어가 은둔하고 싶다고 말하였다. 따라서 가족을 만나기 위해 중국에 가고자 한다고 볼 수 없다.

14 ③ ㉡은 서술자가 인물의 성격과 능력을 직접 표현한 부분으로, 객관적 묘사라고 보기는 어렵다.

작품 해설 김유정, 「봄·봄」   [15~18]
• 갈래: 단편 소설, 농촌 소설, 순수 소설
• 성격: 향토적, 해학적
• 시점: 1인칭 주인공 시점
• 주제: 우직하고 순박한 데릴사위와 그를 이용하는 교활한 장인 간의 갈등
• 특징
 – 1인칭 주인공 시점을 통해 '나'의 인물됨과 성격을 독자에게 직접적으로 전달
 – 토속어와 구어체 사용으로 해학적 분위기를 조성

---

15 ④ 제시된 작품은 농촌 사회의 현실을 풍자하는 작품이지만, 카프 문학에 속하지는 않는다.

참고자료 카프(KAPF)
'조선 프롤레타리아 예술가 동맹'의 약칭으로, 1925년 8월에 박영희, 김기진, 이기영 등 주로 신경향파 작가가 중심이 되어 조직한 문학 단체이다. 문학 작품을 통해 노동자들의 계급의식을 고취하여 사회주의 혁명을 이루고자 했으나, 정치적인 목적이 강해서 문학이 정치의 수단으로 전락하였다는 비판을 받기도 하였다.

16 ① 제시된 작품은 주인공인 '나'가 점순이와의 성례(혼인)와 관련하여 일어나는 사건을 서술하는 1인칭 주인공 시점의 소설이다.
   ② 전지적 작가 시점
   ③ 3인칭 관찰자 시점
   ④ 1인칭 관찰자 시점

17 ④ 장인은 점순이의 키가 아직 크지 않았다는 것을 핑계로 성례를 시켜 주지 않는데, 이를 통해 장인이 '나'와 점순이와의 성례를 일부러 피한다는 것을 알 수 있다.

18 ② ㉡은 성례시켜 달라는 '나'의 말을 피하기 위해 장인이 직접 핑계를 대며 한 말이다. ㉠과 ㉣은 '나'가 한 말이고, ㉢은 '나'가 상상 속에서 장인이 '나'에게 해 줬으면 하고 떠올린 말이다.

작품 해설 채만식, 「레디메이드 인생」 [19~21]
- 갈래: 단편 소설, 세태 소설, 풍속 소설
- 성격: 서사적, 풍자적, 비판적
- 시점: 전지적 작가 시점
- 주제: 식민지 현실을 살아가는 지식인의 고통과 실의의 삶
- 특징
  - 냉소적인 어조로 식민지 시대의 구조적 병폐를 비판
  - 식민지 지식인들을 공장에서 만들어진 기성품에 빗대어 풍자함

19 ④ 제시된 작품은 식민지 현실을 살아가는 지식인의 좌절과 고통을 그린 소설로, 농민의 삶을 사실적으로 그린 것과는 거리가 멀다.

20 ① ⊙의 앞부분에는 해마다 인텔리(지식층)가 늘어 가고 있지만, 일할 곳이 없다는 내용이 나타나 있으므로, ⊙에 들어갈 말로는 '개는 도토리를 먹지 아니하기 때문에 밥 속에 있어도 먹지 아니하고 남긴다는 뜻에서, 따돌림을 받아서 여럿의 축에 끼지 못하는 사람을 비유적으로 이르는 말'인 '개밥에 도토리'가 가장 적절하다.
② 무슨 일에나 아무 관계 없는 듯이 무심히 지켜보기만 하는 사람을 비유적으로 이르는 말
③ 대항해도 도저히 이길 수 없는 경우를 비유적으로 이르는 말
④ 소가 뒷걸음질 치다가 우연히 쥐를 잡게 되었다는 뜻으로, 우연히 공을 세운 경우를 비유적으로 이르는 말

21 ② '레디메이드'는 기성품을 뜻하는 말로, 공장에서 대량 생산된 제품을 의미한다. 즉, '레디메이드 인생'은 사회의 요구에 따라 소모되는 부속품으로 전락한 인간에 대한 좌절과 모멸감이 드러나는 표현이다.

작품 해설 이효석, 「메밀꽃 필 무렵」 [22~24]
- 갈래: 단편 소설
- 성격: 낭만적, 서정적
- 시점: 전지적 작가 시점
- 주제: 떠돌이 삶의 애환과 혈육의 정
- 특징
  - 낭만적이고 서정적인 문체와 사실적 묘사를 통해 사건을 제시함
  - 암시와 추리의 기법으로 주제를 부각시킴
  - 여운을 주는 결말 구조를 사용함

22 ④ 제시된 작품은 전지적 작가 시점의 소설로, 서술자가 주인공의 심리를 상세히 설명하고 있다.

23 ① "알 수 있나요? 도무지 듣지를 못했으니까."라는 내용을 통해 동이가 아버지의 성을 모르고 있음을 짐작할 수 있다.

24 ④ [A]의 '물을 다 건넜을 때에는 도리어 서글픈 생각에 좀 더 업혔으면도 하였다.'라는 표현을 통해 허 생원이 동이에게 좀 더 업히고 싶어 한다는 사실을 알 수 있다.

작품 해설 이태준, 「돌다리」 [25~29]
- 갈래: 단편 소설, 세태 소설
- 성격: 교훈적, 사실적, 향토적
- 시점: 전지적 작가 시점
- 주제: 물질 만능 사회에 대한 비판
- 특징
  - '돌다리'를 통해 전통 세대의 자연친화적 가치관을 보여줌
  - 근대적 가치관의 젊은 세대와 전통적 가치관의 기성세대 간의 갈등을 다룸

25 ③ 제시된 작품은 전지적 작가 시점의 소설로, 작가는 관찰자가 아니라 전지전능한 입장에서 사건을 서술하고 있다.

26 ① 아들은 '병원은 나날이 환자가 늘어 가나 입원실이 부족'하므로 이런 문제점을 해결할 돈을 마련하기 위해 땅을 팔자고 '아버지'를 설득하고 있다.

27 ④ 의사인 아들은 땅을 팔아 마련한 돈으로 서울에서 병원으로 쓸 건물을 구입하면 그 땅에 농사를 짓는 것보다 더 많은 돈을 벌 수 있다고 생각한다. 하지만 아버지는 땅을 팔고 '돌다리'로 대표되는 농촌을 떠나는 것에 반대하고 있다.

28 ① 아버지는 어릴 때 ⊙'그 다리(돌다리)'를 처음 짓는 것을 직접 봤고, 돌다리에 얽힌 추억이 많아서 애정을 느끼므로 돌다리를 고치는 것에 찬성하지만, 아들은 이에 반대하고 있다.

29 ① 일을 보러 가니 공교롭게 장이 서는 날이라는 뜻으로, 어떤 일을 하려고 하는데 뜻하지 않은 일을 공교롭게 당함을 비유적으로 이르는 말이다.
② 말은 비록 발이 없지만 천 리 밖까지도 순식간에 퍼진다는 뜻으로, 말을 삼가야 함을 비유적으로 이르는 말이다.
③ 아무도 안 듣는 데서라도 말조심해야 한다는 말, 아무리 비밀히 한 말이라도 반드시 남의 귀에 들어가게 된다는 말이다.
④ [A]에는 나무다리보다 예전에 지은 돌다리가 더 낫다는 아버지의 생각이 나타나 있으므로, '새로운 법을 내려고 하기보다 오히려 옛 법을 잘 운영함이 나음을 비유적으로 이르는 말'인 '새 도랑 내지 말고 옛 도랑 메우지 말라.'라는 속담이 잘 어울린다.

작품 해설 황석영, 「삼포 가는 길」 [30~32]
- 갈래: 단편 소설, 사실주의 소설, 여로형 소설
- 성격: 사실적, 현실 비판적
- 시점: 전지적 작가 시점
- 주제: 산업화 과정에서 소외된 하층민들의 애환과 연대 의식
- 특징
  - 대화를 중심으로 내용을 요약적으로 제시함
  - 결말 부분을 여운을 남기는 방식으로 구성함

30 ④ 제시된 작품은 산업화 과정에서 소외된 사람들의 고달픈 삶이 드러나는 전지적 작가 시점의 소설로, 인물과 인물의 갈등이 고조되는 내용은 나타나 있지 않다.

31 ④ '도저(불도저)', '방둑(방죽)', '트럭'은 산업화를 상징하지만, '하늘'은 고향을 상징하는 소재이다.

32 ③ 뒷부분의 '정 씨는 발걸음이 내키질 않았다. 그는 마음의 정처를 방금 잃어버렸기 때문이다.'라는 내용으로 보아, 정 씨는 고향 상실에 대해 아쉬움을 느끼고 있다. 따라서 ⓐ'나룻배'는 마음의 안식처인 고향을, ⓑ'신작로'는 산업화로 인해 변해 버린 고향을 의미하는 것으로 볼 수 있다.

┌───┐
│ **작품 해설** 성석제, 「황만근은 이렇게 말했다」 [33~35]
│ • 갈래: 단편 소설, 농촌 소설
│ • 성격: 풍자적, 해학적, 향토적, 비극적
│ • 시점: 전지적 작가 시점
│ • 주제: 부채로 얼룩진 농촌 현실과 사람들의 이기심
│ • 특징
│   – 사투리의 사용으로 사실성을 높임
│   – 선량한 인물인 황만근과 이기적인 마을 사람들을 대조시켜 당시 농촌 현실의 문제점을 비판함
└───┘

33 ① 논설문
② 제시된 작품은 농촌 마을에서 바보 취급을 받는 농부 황만근에 대한 이야기를 해학적으로 그려 낸 소설이다. 소설은 갈등을 중심으로 사건이 전개되기 때문에, 소설을 읽을 때는 갈등의 양상을 파악하며 읽어야 한다.
③ 설명문
④ 수필

34 ③ 제시된 작품에는 인물들의 대화와 행동이 주로 나타나 있으며, 인물 묘사와 배경 묘사가 두드러지게 나타난 부분은 찾아볼 수 없다.

35 ④ 민 씨는 '이장이 궐기 대회 전날 황만근을 따로 불러 무슨 말을 건네던 것을 기억해' 낸 후, 황만근이 돌아오지 못하는 이유가 무엇이겠느냐며 '따지는 어조로' 이장에게 묻고 있다. 이를 통해 민 씨는 이장이 황만근에게 한 말 때문에 황만근이 돌아오지 못하고 있는 것이라 생각하고 있음을 알 수 있다.

┌───┐
│ **작품 해설** 양귀자, 「마지막 땅」 [36~39]
│ • 갈래: 단편 소설, 세태 소설, 연작 소설
│ • 성격: 세태적, 사실적, 일상적, 비판적
│ • 시점: 전지적 작가 시점
│ • 주제: 자본주의적 도시화의 세태와 땅의 가치에 대한 인식
└───┘

• 특징
  – 방언, 비속어 사용 등을 통해 사실감을 높임
  – 구체적인 배경을 제시하고 그 안에서 살아가는 사람들의 일상을 묘사함

36 ③ 제시된 작품은 원미동이라는 구체적인 배경을 바탕으로 한 소설로, 비범한 인물들이 아니라 평범한 인물들이 등장한다.

37 ② 제시된 작품에는 땅을 팔지 않으려는 '강 노인'과 땅을 팔라며 회유하는 '박 씨'의 외적 갈등이 두드러지게 나타나 있다.

38 ③ '박 씨 부부'는 '강 노인'을 회유하기 위해 '유 사장'이 그동안 우리 동네의 발전을 위해 애를 많이 썼다고 강조하고 있다.

39 ④ ㉠'서울 것들'은 땅의 전통적 가치보다 물질적 가치를 중시하는 사람들로, 땅의 소중함을 모르고 강 노인에게 땅을 팔라고 권유하는 사람들을 의미한다.

---

4 문학

3 극·수필

01 ④	02 ③	03 ①	04 ②	05 ④
06 ④	07 ②	08 ④	09 ④	10 ③
11 ④	12 ①	13 ①	14 ③	15 ④
16 ②	17 ②	18 ④	19 ①	20 ②
21 ③	22 ③	23 ④	24 ①	25 ②
26 ②	27 ④	28 ④	29 ①	30 ②
31 ③	32 ③	33 ④	34 ②	35 ③
36 ②	37 ③	38 ④	39 ①	40 ④
41 ①	42 ①	43 ①	44 ④	

┌───┐
│ **작품 해설** 작자 미상, 「봉산 탈춤」 [01~05]
│ • 갈래: 전통극(가면극) 대본
│ • 성격: 해학적, 풍자적, 비판적
│ • 주제: 양반에 대한 비판과 풍자
│ • 특징
│   – 비슷한 재담구조가 반복됨
│   – 언어유희, 과장, 익살 등의 기법으로 해학적 효과를 높임
│   – 양반 계층의 언어와 서민 계층의 언어가 함께 등장함
└───┘

01 ① 무대와 객석이 엄격하게 구분되지 않는다.
② 열거, 대구, 과장 등을 통해 위선적인 양반을 풍자한다.
③ 분위기에 따라 대사를 바꾸어 표현할 수 있다.
④ 제시된 작품은 양반의 허세에 말뚝이가 조롱하면 양반의 호통이 이어지고, 말뚝이가 이에 대해 변명하면 양반이 안심하는 구조로 이루어져 있다.

02 ③ 제시된 작품은 우리나라 전통 민속극으로 서술자가 따로 존재하지 않고, 인물의 대화와 행동을 통해 극이 진행된다.

03 ① 말뚝이는 양반에 대해 개잘량(개의 가죽)의 '양' 자에 개다리소반의 '반' 자를 쓴다고 말하며 조롱하고 있다.
② 비판의 대상이 되는 인물은 양반이다.
③ 서방님은 둘째이고, 도련님이 막내로 방정맞게 행동하고 있다.
④ 도련님은 부채만 가졌으며, 샌님과 서방님이 부채와 장죽(긴 곰방대)을 가지고 있다.

04 ② 제시된 작품에서 말뚝이는 양반을 조롱하다가 양반이 호통을 치면 말한 내용을 바꿔 변명하고 있다.

05 ④ ㉣은 갈등의 일시적 해소에 해당한다.

작품 해설 이강백, 「결혼」 [06~09]
- 갈래: 희곡, 단막극, 실험극
- 성격: 풍자적, 희극적, 교훈적
- 주제: 소유의 본질과 진정한 사랑의 의미
- 특징
 – 특별한 무대장치가 없고, 무대와 관객 사이의 경계가 명확하지 않음
 – 관객을 극 안으로 끌어들여 자연스럽게 소통을 이루어냄
---

06 ④ 제시된 작품은 희곡으로, 무대 상연을 전제로 하는 글이고, 현재 시제를 사용하여 사건을 표현한다. 서술자의 해설에 의해 인물의 심리나 성격이 제시되는 글은 소설이다.

07 ② 제시된 내용 중에서 '하인'은 '남자'에게 다가가 그를 구둣발로 걸어차는 등의 행동을 할 뿐 대사를 하지 않는다.

08 ④ 제시된 작품에서는 배우가 객석으로 내려가 관객에게 말을 걸고 넥타이 등 관객의 물건을 빌림으로써 관객을 극 중으로 끌어들이고 있다. 여기서 '넥타이'는 물질을 과시하려는 욕구나 허영심을 상징한다.

09 ④ 제시된 작품에서는 모든 것이 잠시 빌린 것에 불과하여 자신의 것이라 할 수 없으므로, 빌리는 동안에는 아끼고 사랑하고 시간이 되면 공손하게 되돌려 주어야 하는 것이 '덤'이다.

작품 해설 이강백, 「파수꾼」 [10~12]
- 갈래: 희곡, 단막극, 풍자극
- 성격: 풍자적, 상징적, 우화적
- 주제: 진실이 통하지 않는 사회의 비극과 진실을 향한 열망
- 특징
 – 상징적인 인물과 소재를 사용하여 주제를 나타냄
 – 이솝 우화 「늑대와 양치기 소년」을 모티프로 함
---

10 ③ 제시된 작품은 희곡으로, 인물의 말과 행동으로 사건이 전개되고, 시간적·공간적 배경에 제약이 있으며, 작가의 직접적인 묘사와 해설이 불가능하다. 영화를 만들기 위한 각본으로 장면 번호가 있는 것은 시나리오이다.

11 ④ 제시된 작품에서 이리 떼는 처음부터 없었기 때문에 이리 떼에 물려 피해를 입은 마을 사람도 없었을 것이다.

12 ① '흰 구름'은 '진실'을 의미한다.

작품 해설 노희경, 「세상에서 가장 아름다운 이별」 [13~16]
- 갈래: 시나리오(드라마)
- 성격: 서정적, 감성적
- 주제: 죽음의 과정을 통해 본 진정한 가족의 의미
- 특징
 – 행동과 대사를 중심으로 죽음을 대하는 인물들의 심리를 드러냄
 – 파편화된 가족 구성원이 엄마의 죽음으로 인해 사랑의 본질을 깨달아 가는 과정을 그림
---

13 ① 제시된 작품은 시나리오로 공간의 제한을 덜 받지만, 희곡은 무대 위에서 상연되기 때문에 공간의 제한을 많이 받는다.

14 ③ 인희가 자신의 무덤을 만들어 달라고 한 이유는, 가족들이 자신을 잊는 것이 두려워서가 아니라 남겨진 가족들을 걱정해서이다.

15 ① O.L.(Over Lap): 한 화면이 없어지기 전에 다음 화면이 천천히 나타나는 이중 화면 접속법이다.
② C.U.(Close Up): 어떤 대상이나 인물을 크게 확대해서 찍는 것이다.
③ F.O.(Fade Out): 화면이 점차 어두워지는 것(영화가 끝나는 단계에서 많이 씀)이다.
④ S#74에서는 인희와 정철의 모습을 편집해서 보여 주고 있으므로 따로따로 촬영한 장면을 떼어 붙여서 편집하는 기법인 '몽타주'가 적절하다.

16 ② 제시된 작품에서 ㉡은 정철이 인희의 죽음을 확인하고 슬퍼하는 부분이므로, 슬프게 눈물을 흘리는 행동이 가장 적절하다.

작품 해설 김애란 원작, 최민석 외 각본, 「두근두근 내 인생」 [17~20]
- 갈래: 시나리오
- 성격: 서정적, 감성적
- 주제: 죽음을 앞둔 소년의 삶에 대한 소망, 힘든 상황 속에서도 서로를 의지하는 부모와 자식 간의 사랑
- 특징
 – 투병 중인 소년의 삶을 밝게 형상화하여 유쾌한 시각으로 그려냄
 – 인물이 상상하는 장면을 통해 인물의 심리를 묘사함
---

17 ② 제시된 작품의 갈래는 시나리오이다. 시나리오는 주로 대사와 행동으로 표현되고, 촬영과 편집을 고려한 특수한 시나리오 용어가 사용된다. 직접적인 심리 묘사는 불가능하고, 장면과 대상에 의해 간접적으로 묘사된다. 또한 등장인물의 수에 제한을 받지 않으며 인물 없이 배경만 보여주는 것도 가능하다.

18 ④ 제시된 작품에서 '태연한 미라의 태도에 짜증이 나서 손을 놔 버리는 아름이.'라는 부분을 통해 아름이가 엄마를 항상 자랑스러워하지는 않는다는 사실을 알 수 있다.

19 ① ㉠은 미라가 다른 사람들의 시선을 의식하지 않고, 편견으로 바라볼 수 있는 부분까지 떳떳하게 말하는 부분이다. 이를 통해 미라의 당당한 성격을 엿볼 수 있다.

20 ② 제시된 작품의 문맥을 살펴볼 때 ㉡에는 미라와 아름이가 사람들의 시선을 의식하지 않고 당당하게 걸어가는 모습이 가장 적절하다.

작품 해설 정철, 「관동별곡」   [21~23]
• 갈래: 양반 가사, 기행 가사, 정격 가사
• 성격: 서정적, 지사적, 서사적, 풍류적, 유교적, 도교적
• 주제: 관동 팔경에 대한 예찬, 연군지정, 애민 사상
• 특징
 – 4음보의 반복으로 운율을 형성함
 – 시간과 공간의 이동에 따라 시상을 전개함
 – 우리말의 아름다움을 살린 표현들이 많이 사용됨
 – 애민 정신, 연군지정, 우국지정 등의 사상이 나타남

현대어 풀이
자연을 사랑하는 마음이 고질병이 되어 대숲(은거지의 창평)에서 지내고 있었는데, 8백 리나 되는 강원도 관찰사의 직분을 맡겨 주시니, 아아, 임금님의 은혜야말로 갈수록 끝이 없다. 경복궁의 서쪽 문인 연추문으로 달려 들어가 경회루의 남쪽 문을 바라보면서 임금님께 하직을 하고 물러나니, 관찰사의 신표인 옥절이 앞에 서 있다. 평구역(양주)에서 말을 갈아타고 흑수(여주)로 돌아드니, 섬강(원주)은 어디인가 치악산(원주)이 여기로구나. 소양강에 흘러내리는 물은 어디로 흘러든다는 말인가? 임금 곁을 떠나는 외로운 신하가 근심, 걱정이 많기도 하구나. 동주(철원)에서 밤을 겨우 새워 북관정에 올라가니, 임금 계신 서울의 삼각산 제일 높은 봉우리가 웬만하면 보일 것도 같구나. 옛날 태봉국 궁예 왕의 대궐 터였던 곳에 까마귀와 까치가 지저귀니, 한 나라의 흥하고 망함을 알고 우는가, 모르고 우는가. (내가 관찰사 방면을 받은 지역인) 회양이 옛날 한(漢)나라에 있던 '회양'이라는 이름과 공교롭게도 같구나. 중국의 회양 태수(太守)로 선정을 베풀었다는 급장유의 풍채를 이곳 회양에서 (나를 통해) 다시 볼 것이 아닌가?

21 ③ 제시된 작품은 평민 가사가 아니라 양반 가사이다.

22 ③ 제시된 작품에서는 '연추문, 경회 남문, 평구역, 흑슈, 셤강·티악, 쇼양강, 동쥬, 회양' 등 공간의 이동에 따라 시상이 전개되고 있다.

---

23 ① '회양(淮陽) 녜 일홈이 마초아 ᄀ톨시고. / 급당유(汲長孺) 풍치(風彩)를 고텨 아니 볼 게이고.'에서 과거 중국 회양에서 선정을 베풀었다고 하는 급장유처럼 자신도 관리로서 선정을 베풀겠다는 포부를 드러내고 있다.
② '천고(千古) 흥망(興亡)을 아ᄂ다 몰ᄋ느다.'를 통해 옛 왕조의 성터에서 무상함을 느끼고 있음을 알 수 있다.
③ '어와 셩은(聖恩)이야 가디록 망극(罔極)ᄒ다.'를 통해 임금님의 은혜에 감사하는 마음을 엿볼 수 있다.
④ 제시된 부분에서 화자가 자신의 과거를 반성하는 부분은 찾아볼 수 없다.

작품 해설 정철, 「속미인곡」   [24~27]
• 갈래: 양반 가사, 서정 가사, 정격 가사
• 성격: 서정적, 여성적
• 주제: 연군지정
• 특징
 – 순우리말을 절묘하게 구사함
 – 대화 형식으로 내용을 전개함
 – 충신연주지사(忠臣戀主之事)의 대표적 작품임
 – 「사미인곡」과 더불어 가사 문학의 백미(白眉)로 평가 받음

현대어 풀이
차라리 물가에 가서 뱃길이나 보려고 하니 바람과 물결로 어수선하게 되었구나. 뱃사공은 어디 가고 빈 배만 걸렸는가? 강가에 혼자 서서 지는 해를 굽어보니 임 계신 곳의 소식이 더욱 아득하구나. 초가집 찬 잠자리에 한밤중이 돌아오니, 벽 가운데 걸려 있는 등불은 누구를 위하여 밝았는가? 산을 오르내리며 여기저기를 헤매며 오락가락하니 잠깐 사이에 힘이 다하여 풋잠을 잠깐 드니 정성이 지극하여 꿈에 임을 보니 옥과 같이 곱던 (임의) 모습이 반 넘게 늙었구나. 마음속에 품은 생각을 실컷 사뢰려고 하였더니 눈물이 계속 나니 말인들 어찌하며 정을 못다 풀어 목마저 메니 방정맞은 닭소리에 잠은 어찌 깨었는가. 아, 헛된 일이로구나. 이 임이 어디 갔는가? 꿈결에 일어나 앉아 창을 열고 바라보니 가엾은 그림자만이 나를 따를 뿐이로다. 차라리 죽어 없어져서 지는 달이나 되어 임 계신 창 안에 환하게 비추리라. 각시님 달은커녕 궂은비나 되십시오.

24 ① 제시된 작품에는 사랑하는 임을 그리워하는 화자의 애절한 마음이 나타나 있다.

25 ② 제시된 작품은 자문자답이 아니라 두 화자가 대화를 나누는 방식으로 시상이 전개되고 있다.

26 ② '샤공은 어디 가고 빈 비만 걸롓ᄂ니.'를 통해 화자가 사공을 만나지 못하였음을 알 수 있다. 화자는 물가에 서서 뱃사공 없이 매여 있는 빈 배를 바라본 것이다.

27 ④ ㉣은 '돌(달)' 대신 '구즌 비(궂은 비)'라도 되라고 하며 상대를 위로하는 의미가 담긴 표현이다.

작품 해설 정약용, 「수오재기」 [28~30]
- 갈래: 한문 수필, 기(記)
- 성격: 회고적, 교훈적, 성찰적
- 주제: 참된 자아를 지키는 것의 중요성
- 특징
  - 자신의 경험에서 진정한 삶의 의미를 깨달음
  - 관념적 자아를 객관화하고, 그 자아와 대화하는 방식을 사용함

28 ④ 제시된 작품에서 글쓴이는 자신의 체험을 통해 삶의 의미를 깨닫는 과정을 제시하고 있다. 하지만 상대의 의견을 미리 예상하고 반박하는 부분은 찾아볼 수 없다.

29 ① 제시된 작품에서 글쓴이는 자신의 삶을 성찰하고, '나'를 지키는 일의 중요성을 강조하고 있다.

30 ② 글쓴이는 조정의 벼슬아치가 되어 12년을 보내다가 갑자기 상황이 바뀌어 친척을 버리고 고향을 떠나 ⓒ에 이르렀다고 했으므로, ⓒ은 '유배지'를 가리킨다는 것을 알 수 있다.

작품 해설 이석영, 「초신성의 후예」 [31~34]
- 갈래: 수필
- 성격: 성찰적, 교훈적
- 주제: 우주의 원리에 비유한 공동체적 삶의 필요성
- 특징
  - 질문하고 답하는 형식을 통해 독자의 흥미를 유발함
  - 유추의 방식을 활용하여 나누는 삶의 가치를 강조함
  - 권위자의 이론을 인용하여 전체적인 글의 신뢰성을 높임

31 ① 빅뱅 이론을 세운 조지 가모프 교수의 이론을 인용하고 있다.
② '작은 별들이 약 100억 년 안팎으로 살 수 있는 것에 비해, 큰 별들은 1,000만 년 정도로 짧게 산다.'에서 두 대상의 차이점을 설명하고 있다.
③ 제시된 글에서 작가의 일화를 인용한 부분은 찾아볼 수 없다.
④ '그러면 수소와 헬륨보다 무거운 원소들은 어디에서 만들어졌을까? 탄소, 질소, 산소는 태양과 같은 작은 별 안에서 만들어졌다.'를 통해 확인할 수 있다.

32 ③ 제시된 글을 통해 작은 별들은 약 100억 년 안팎으로 살 수 있고, 큰 별들은 1,000만 년 정도 산다는 것을 알 수 있다. 따라서 큰 별들이 작은 별보다 길게 산다는 것은 적절하지 않다.

33 ④ 제시된 글의 두 번째 문단에서 작은 별들은 수소를 연료로 핵융합 발전을 해 빛을 만들고 그 과정에서 헬륨을 생산한다는 사실을 알 수 있다. 따라서 헬륨을 연료로 수소를 생산한다는 설명은 적절하지 않다.

34 ② ⓒ의 '고갈(枯渴)'은 '어떤 일의 바탕이 되는 돈이나 물자, 소재, 인력 따위가 다하여 없어짐'을 뜻하는 단어이다. '몹시 목이 말라 고생함'을 뜻하는 단어는 '고갈(苦渴)'이다.

작품 해설 최재천, 「과학자의 서재」 [35~38]
- 갈래: 수필
- 성격: 경험적, 회고적, 자전적
- 주제: 독서 경험이 자신의 삶과 학문에 미친 영향
- 특징
  - 시간에 따라 과거 체험을 기술하며 자신에게 영향을 미친 책을 소개함
  - 책을 읽고 경험한 가치관의 변화를 중심으로 내용을 전개함

35 ③ 제시된 글은 수필로, 형식과 내용의 제한이 없이 글쓴이가 붓 가는 대로 쓰는 글이다.

36 ② 제시된 글에서는 솔제니친의 「모닥불과 개미」라는 수필을 인용한 부분, 그 글과 관련한 글쓴이의 경험, 그 글이 글쓴이에게 미친 영향을 확인할 수 있지만, 통계 자료는 찾아볼 수 없다.

37 ③ 「모닥불과 개미」는 솔제니친이 쓴 반 쪽짜리 짧은 수필로, 글쓴이가 (나)에서 '생물학자가 아니라 문학가인 솔제니친은 그 상황을 과학적으로 설명하지 못하고 철학적으로 받아들인 듯하다.'라는 내용을 통해 솔제니친은 개미의 행동을 과학적으로 설명하지 못하였음을 알 수 있다.

38 ④ 〈보기〉의 '겉으로는 이타적으로 보이는 개미의 행동도 유전자의 수준에서 보면 보다 많은 복사체를 후세에 남기려는 이기적 행동의 산물이다.'라는 내용을 통해 ⓒ에 나타난 개미의 행동이 종족 번식을 위한 것임을 짐작할 수 있다.

작품 해설 정기용, 「등나무 운동장 이야기」 [39~42]
- 갈래: 수필
- 성격: 체험적, 서사적, 비평적
- 주제: 감응을 통해 만들어진 '등나무 운동장'
- 특징
  - 등나무 운동장이 만들어낸 풍경을 통해 작가가 생각하는 바람직한 건축관을 보여줌

39 ① 제시된 글의 종류인 수필은 의식적 동기를 가지고 쓰는 글이 아니라, 붓 가는 대로 자연스럽게 쓰는 글이다.

40 ④ ⑤의 앞뒤 내용으로 보아, 모더니즘 건축에서는 자연을 본격적으로 대접하지 않고 부수적인 측면에서 인공적으로 다루려고 하였고, 건축이 마치 자연 위에 군림하는 것처럼 여긴다는 것을 알 수 있다.

41 ① ⓛ의 '추상적인 이야기'는 자연의 특징에 대한 내용으로, 자연은 시시각각 변화하는 시간을 온전히 표현하고, 자연 그 자체가 변화이자 축적이며 지속이고 자라나는 것을 의미한다.

42 ① ⓐ의 '필연(必然)'은 '사물의 관련이나 일의 결과가 반드시 그렇게 될 수밖에 없음'을 뜻하는 단어이다. '아무런 인과 관계가 없이 뜻하지 아니하게 일어난 일'을 뜻하는 단어는 '우연(偶然)'이다.

작품 해설 나도향, 「그믐달」 [43~44]

- 갈래: 수필
- 성격: 낭만적, 감상적
- 주제: 그믐달을 사랑하는 마음
- 특징
  - 다양한 비유를 통해 그믐달에 대한 개성적인 시각을 보여줌
  - 초승달, 보름달과의 대비를 통해 그믐달의 특성을 드러냄

---

43 ① 제시된 글에서 '그믐달'은 가슴이 저리고 쓰리도록 가련한 달, 세상의 갖은 풍상을 겪고 애처롭게 쓰러지는 달, 보는 이가 적어 그만큼 외로운 달이라고 표현되어 있다.

44 ① 동병상련(同病相憐): 같은 병을 앓는 사람끼리 서로 가엾게 여긴다는 뜻으로, 어려운 처지에 있는 사람끼리 서로 가엾게 여김을 이르는 말이다.
② 불립문자(不立文字): 불도의 깨달음은 마음에서 마음으로 전하는 것이므로 말이나 글에 의지하지 않는다는 말이다.
③ 각골난망(刻骨難忘): 남에게 입은 은혜가 뼈에 새길 만큼 커서 잊히지 아니하다는 말이다.
④ 정든 님이 그리워 잠 못 든다는 것은 '자나 깨나 잊지 못함'을 뜻하는 '오매불망(寤寐不忘)'과 관련이 깊다.

(국어 실전 문제)

국어 실전 문제 1회

01 ④	02 ①	03 ②	04 ④	05 ③
06 ②	07 ④	08 ②	09 ③	10 ③
11 ①	12 ④	13 ③	14 ①	15 ②
16 ②	17 ②	18 ②	19 ②	20 ③
21 ④	22 ③	23 ①	24 ②	25 ②

01 ④ 제시된 상황에서는 격려와 위로의 대답을 하는 것이 적절하다. 위로와 격려의 대화를 할 때에는 정성스런 마음이 전달될 수 있도록 진실한 태도로 말해야 하고, 상대방의 감정을 자극하여 오히려 불쾌하게 해서는 안 된다.

02 ① ㉠은 '휴식 공간을 조성할 지역 내 장소 부족'과 '비용 마련의 어려움'이라는 하위 단계의 두 내용을 모두 포함해야 하므로, '휴식 공간 조성의 장애 요인'이 가장 적절하다.

03 ② '로서'는 지위나 신분·자격을, '로써'는 수단·도구·재료를 나타내는 조사이므로, ㉡은 문맥상 '배우로서'가 옳다.

04 ④ '너희들의 많은 관람을 기대할게.'에 관객을 초대하는 의도가 드러나 있고, '많이 와 줄 거지?'에 의문형 어미가 활용되었다.

05 ① 있어[이써]
② 꽃을[꼬츨]
④ 쫓아[쪼차]

06 ② '될 것이다'는 현재가 아니라 미래를 나타내는 시간 표현이다.

07 ① ㉠은 내용을 단순하게 부정하거나 주체의 의지에 따른 부정 표현으로 '안' 부정문이다.
② ㉡에는 '일찍, 금방, 먼저' 등 시간을 표현하는 부사어가 없다.
③ ㉡은 주체의 능력 부족이나 외부 원인에 의해 어쩔 수 없는 상황으로 할 수 없었다는 뜻의 '못' 부정문이다.
④ ㉠의 '왔어(오- + -았- + -어)'에서 '-았-'은 과거 시제 선어말 어미이다.

08 ① '만약에'는 어떤 일을 가정할 때 쓰이는 부사로, 같은 상황에서 쓰이는 어미 '-면'과 호응한다.
② 주어 '나는'과 서술어 '하고 싶다'가 잘 호응되어 자연스러운 문장이다.
③ 미래를 가정할 때 쓰이는 어미인 '-면'과 호응하도록 '열심히 해야 한다'로 고쳐야 한다.
④ '빵'은 '먹다'와 호응하므로, '빵을 먹고 우유를 마셨다'로 고치는 것이 자연스럽다.

09 ③ '지'는 의존 명사이므로, '그가 떠난 지가 오래다.'와 같이 띄어 쓰는 것이 적절하다.

작품 해설 이주헌, 「시각 상과 촉각 상」 [10~13]

- 갈래: 설명문
- 주제: 인간의 인식과 사유를 표현하는 예술로서의 미술
- 특징
  - 촉각 상과 시각 상을 대조하여 설명함
  - 다양한 사례를 제시하며 독자들의 이해를 높임

---

10 ③ 제시된 글은 정보 전달을 목적으로 하는 설명문이다.

11 ① 세 번째 문단에 우리나라 민화의 책거리 그림에 대한 언급은 있지 만, 우리나라 민화의 종류에 대한 내용은 찾아볼 수 없다.
② 첫 번째 문단을 통해 시각 상과 촉각 상의 의미를 파악할 수 있다.
③ 미술의 일차적 기능과 보편적 기능은 네 번째 문단과 다섯 번째 문단을 통해 파악할 수 있다.
④ 첫 번째 문단과 두 번째 문단을 통해 촉각 상에 더 치중하여 그린 이집트인들의 표현이 원근법적 표현에 익숙한 오늘의 시각에서 보면 어색하게 느껴진다는 사실을 알 수 있다.

12 ① 첫 번째 문단에서 촉각 상과 시각 상의 뜻을 설명하고 있다.
② 이집트 벽화와 우리나라 민화의 책거리 그림을 예로 들어 설명하고 있다.
③ 첫 번째 문단에서 촉각 상과 시각 상의 차이점을 설명하고 있다.
④ 제시된 글에서 공간의 이동과 관련한 내용은 확인할 수 없다.

13 ③ 원근법적 표현 방식에 따라 주체가 본 그대로 나타낸 상은 '시각 상'이다. '촉각 상'은 사물의 객관적 형태나 모양에 대한 인식을 상으로 나타낸 것이다.

14 ① '한 가지에 나고'는 잎이 하나의 나뭇가지에서 태어났다는 의미로, 시적 화자와 대상이 남매지간임을 암시하는 시어이다.

15 ㉠에 쓰인 표현 방법은 직유법이다. 직유법은 비슷한 성질이나 모양을 가진 두 사물, 즉 원관념과 보조 관념을 '-같이', '-처럼', '-양', '-듯이' 등의 연결어를 사용하여 연결하는 수사법으로, ①의 '햇발같이', ③의 '산(山)ㅅ새처럼', ④의 '꽃가루와 같이'에 사용되었다. ②에 쓰인 표현 방법은 은유법이다.

작품 해설 하종오, 「원어(原語)」 [16~18]
• 갈래: 자유시, 서정시
• 성격: 사실적, 서사적, 경험적
• 주제: 결혼 이주 여성들의 삶의 애환과 그들에 대한 새로운 인식
• 특징
 – 일상적 경험을 평범한 시어로 서술하여 친근감을 줌
 – 짧고 간결한 문장을 사용

---

16 ② 제시된 작품에서는 일상의 경험을 소재로 평이한 시어와 간결한 문장을 사용하고 있으며, '울지 말거레이 / 집에 다 와 간데이'와 같이 다른 사람의 말을 직접 인용하고 있다. 하지만 현실 극복에 대한 의지는 드러나지 않는다.

17 ② 제시된 작품에는 결혼으로 이주한 여성들의 삶의 애환이 나타나 있으며, 이주민들을 따뜻한 시선으로 바라보는 자세가 필요하다는 반성이 담겨 있다.

18 ② 한국에서 태어난 아이들에게는 한국어가 원어(原語)이지만, 두 여인에게는 한국어가 원어는 아니다. ㉠은 두 여인이 현실 상황에서 어쩔 수 없이 원어가 아닌 한국어를 사용하는 모습을 보여주고 있다.

19 ② 제시된 작품에는 봉건적 신분 질서가 동요되고 몰락한 양반이 궁핍한 생활을 하는 조선 후기의 사회 모습이 잘 반영되어 있다.

20 ③ 제시된 작품에서 '허생의 아내'는 실용적인 사고를 하는 인물로, 경제 활동을 통해 가족의 생계를 책임지고 있다. 경제적으로 무능력하면서도 글 읽기에만 전념하는 양반의 무능력함을 비판하려는 작가의 생각을 드러내고, 동시에 허생이 세상에 나가는 계기를 만들어 주는 인물이다.

작품 해설 김유정, 「동백꽃」 [21~22]
• 갈래: 단편 소설, 농촌 소설, 순수 소설
• 성격: 향토적, 해학적
• 시점: 1인칭 주인공 시점
• 주제: 산골 젊은 남녀의 순박한 사랑
• 특징
 – 사투리와 토속적 문체로 향토적 정서를 잘 표현함
 – 역순행적 시간 순서에 따라 사건을 전개함
 – 어리숙한 '나'를 화자로 설정하여 해학적 분위기를 조성함

---

21 ④ 제시된 작품은 해학적 · 토속적 · 서정적인 성격의 농촌 소설이다. 등장인물로 가난한 하층민이 등장하고 고통받는 삶이 드러나기는 하지만, 하층민의 궁핍한 삶을 비판하였다고 보기는 어렵다.

22 ③ '감자'는 점순이에 대한 '나'의 열등감을 드러내고, '나'에 대한 점순이의 사랑이 드러나는 소재이다. '감자'는 향토적이고 토속적인 소재이기는 하지만, 당시 시대적 배경을 드러내는 소재라고 보기는 어렵다.

23 ① 제시된 작품은 영화 상영을 목적으로 하여 작가가 꾸며 낸 이야기인 시나리오이다.
② · ③ · ④ 희곡에 해당하는 설명이다.

24 ② 아름이의 빠른 쾌유를 빌어 주는 인물은 '여학생 1'이다.

25 ② 몸이 불편해 평범한 생활을 하지 못하는 아름이가 또래 아이들을 보며 부러워하고 있는 부분이다.

01 ①	02 ④	03 ①	04 ④	05 ④
06 ①	07 ②	08 ③	09 ③	10 ③
11 ③	12 ②	13 ③	14 ①	15 ④
16 ④	17 ②	18 ④	19 ④	20 ④
21 ①	22 ③	23 ③	24 ④	25 ①

01 ① 제시된 대화 상황에서 B의 말하기에 나타난 문제점은 필요 이상의 정보를 제공한다는 점이다. 필요한 만큼의 정보를 제공하는 것을 '양의 격률'이라고 한다.
② 겸양의 격률: 말하는 사람의 입장에서, 자신을 칭찬하는 표현은 최소화하고, 자신을 낮추는 표현은 최대화하는 방법이다.
③ 동의의 격률: 상대방의 의견과 불일치하는 표현은 최소화하고, 상대방의 의견과 일치하는 표현은 최대화하는 방법이다.
④ 요령의 격률: 상대방에게 부담이 되는 표현은 최소화하고, 상대방에게 이익이 되는 표현은 최대화하는 방법이다.

02 ①·②·③ 청소년 아르바이트를 허용해야 한다는 주장의 근거이다.
④ 청소년의 아르바이트에 반대하는 주장의 근거로는 아르바이트의 부정적 측면에 대한 내용을 제시하는 것이 적절하다.

03 ① 제시된 글에는 누구나 책을 내고 누구나 주목받을 수 있는 것이 중요한 게 아니며, 직업이나 이벤트로서의 글쓰기가 아니라 '삶으로서의 글쓰기'가 필요하다는 생각이 드러나 있다.

04 ④ 제시된 글에는 젊은 세대의 존대법이 혼란스러워 어르신 세대가 불편하게 생각한다는 내용이 나타나 있다. 따라서 이를 뒷받침하는 예로 존대법을 잘못 사용하는 것을 지적하는 내용이 나와야 하는데, '선생님께서 너 오라고 하셨어.'라는 문장은 올바른 표현이므로 적절하지 않다.

05 ①·②·③ 순우리말로 된 합성어로서 앞말이 모음으로 끝난 경우 중 '뒷말의 첫소리 'ㄴ, ㅁ' 앞에서 'ㄴ' 소리가 덧나는 것'의 예에 해당된다.
④ 순우리말과 한자어로 된 합성어로서 앞말이 모음으로 끝난 경우 중 '뒷말의 첫소리 'ㄴ, ㅁ' 앞에서 'ㄴ' 소리가 덧나는 것'의 예로는 '양칫물, 곗날, 제삿날, 훗날, 툇마루' 등이 있다.

06 ② 내가 친구 한 명 <u>소개해</u> 줄게.
③ 우리 차 앞으로 버스가 <u>끼어들었다</u>.
④ 시험에 합격한 후에 <u>목메어</u> 울었다.

07 ①·③·④ 문장의 목적어나 부사어가 지시하는 대상을 높이는 객체 높임법이 사용되었다.
② 서술어의 주체(주어)인 '사장님'을 높이기 위해 '께서'를 사용하였으므로 주체 높임법에 해당한다.

08 ③ ': 됴·코 → 좋고'는 어두 자음군의 소멸과 관련이 없으며, 중세 국어에서 구개음화가 아직 일어나지 않았음을 알 수 있다.

09 ③ '기픈'은 '깊은'을 이어 적기하여 쓴 것이다.

> **작품 해설** 이민정, 「옷 한 벌로 세상 보기」 [10~13]
> • 갈래: 논설문
> • 성격: 논리적, 분석적, 비판적
> • 주제: 공생과 상생의 가치를 바탕으로 한 옷 입기의 필요성
> • 특징
> – 일상생활에서 도출해 낸 문제점을 제시해 독자들의 흥미를 유발함
> – 구체적인 사례를 제시하여 주장의 신뢰도를 높임

10 ③ 제시된 글은 어떤 문제에 대해 자신의 생각이나 주장을 논리적으로 증명하고, 독자를 설득하는 논설문이다. 논설문은 정확한 용어를 사용해야 하며, 문학에서 사용하는 함축적 용어보다는 지시적 용어를 주로 사용한다.

11 ① 글 (다)를 통해 알 수 있다.
② 글 (나)를 통해 알 수 있다.
③ 제시된 글에 언급되지 않았다.
④ 글 (라)를 통해 알 수 있다.

12 ② 〈보기〉의 내용은 디자이너의 지적 재산권 소송과 관련된 이야기이다. 이는 남의 디자인을 도용하여 불법 복제품을 만드는 사례에 해당하므로, 글 (나)의 뒤에 들어가는 것이 적절하다.

13 ③ '소각되다'는 '불에 타 없어지게 되다.'라는 뜻이다. 우묵한 땅이나 하천, 바다 등을 돌이나 흙 따위로 채우는 것을 뜻하는 단어는 '매립'이다.

14 ① (가)는 평시조, (나)는 사설시조이다. (가)와 같은 평시조는 주로 양반이 지었으며 관념적인 성격을 지니고 있고, (나)와 같은 사설시조는 주로 평민이나 여성이 지었으며 풍자적인 성격을 지니고 있다.

15 ④ '상년(上年) 칠월(七月) 사흗날'은 '작년 7월 3일'을 의미한다.

> **작품 해설** 정지용, 「유리창」 [16~18]
> • 갈래: 자유시, 서정시
> • 성격: 상징적, 회화적
> • 주제: 죽은 자식에 대한 그리움과 슬픔
> • 특징
> – 감각적인 시어를 사용하여 선명한 시각적 이미지를 전달함
> – 역설법과 감정의 대위법을 통해 감정을 절제함

16 ④ 제시된 작품은 죽은 아이의 죽음에 대한 슬픔과 그리움을 비교적 담담한 어조로 노래한 시이므로, 절규하는 듯한 어조로 낭송하는 것은 적절하지 않다.

17 ① 직유법
② '외로운 황홀한 심사이어니'와 '이것은 소리 없는 아우성'에는 역설법이 사용되었다.
③ 설의법
④ 대유법

18 ④ 〈보기〉에서 '잎'은 죽은 누이를 가리킨다. 「유리창」에서 죽은 자식을 비유하는 말은 '차고 슬픈 것', '언 날개', '물 먹은 별', '산새'이다. 따라서 '잎'과 가장 의미가 유사한 것은 ⓓ이다.

> **작품 해설** 작자 미상, 「홍계월전」 [19~20]
> • 갈래: 고전 소설, 국문 소설, 군담 소설, 여성 영웅 소설
> • 성격: 전기적, 일대기적, 영웅적
> • 시점: 전지적 작가 시점
> • 주제: 여성 영웅 홍계월의 활약과 남성 중심 사회에 대한 비판
> • 특징
> – 남성보다 우월한 여성이 주인공으로 등장함
> – 여성의 봉건적 역할을 거부하는 근대적 가치관이 드러남

19 ④ 제시된 작품은 고전 소설로, 실존 인물이 아니라 작가가 만들어 낸 가공의 인물이 등장한다.

20 ④ ㉣은 원수(계월)가 걷잡을 수 없는 기세로 맹길을 제압하는 장면이다.

> **작품 해설** 윤흥길, 「아홉 켤레의 구두로 남은 사내」 [21~22]
> • 갈래: 중편 소설, 세태 소설
> • 성격: 사실적, 비판적
> • 시점: 1인칭 관찰자 시점
> • 주제: 산업화 된 사회에서 소외된 계층의 어려운 삶
> • 특징
> – 상징적 소재를 통해 인물의 성격을 나타냄
> – 1인칭 화자가 주인공의 삶을 관찰하고, 그의 심리를 분석·제시함

21 ① 제시된 작품에서 '원장은 내가 권 씨하고 아무 척분도 없으며 다만 그의 셋방 주인일 따름인 걸 알고는 혀를 찼다.'라는 내용을 통해 '나'는 '권 씨'와 친분이 두터운 사이가 아님을 알 수 있다. 제시된 글은 부수적 인물인 '나'가 주인공 '권 씨'에 대한 이야기를 서술하는 방식인 1인칭 관찰자 시점의 소설이다.

22 ③ ㉠에는 응급 환자의 목숨보다 병원비를 우선시하는 원장의 태도에 대한 비판이 담겨 있다.

> **작품 해설** 이권우, 「책 속에 길이 있다」 [23~25]
> • 갈래: 수필
> • 성격: 회고적, 교훈적
> • 주제: 독서는 평생 해야 할 가치 있는 일
> • 특징
> – 작가가 자신의 경험을 바탕으로 서술함
> – 다양한 근거를 들어 독서의 가치를 주장함

23 ③ 제시된 글의 갈래는 수필로, 비전문적이며 누구나 쓸 수 있다.

24 ④ '책 읽기'는 책을 통해 우리가 경험하지 못한 세계를 '간접 경험'하는 것이다. 따라서 '책 읽기'를 '직접 경험'으로 표현하는 것은 옳지 않다.

25 ① 제시된 글의 내용으로 보아, '언어로 이루어진 상상의 집'은 '문학 작품'을, '수없이 많은 문학 작품이 담긴 그릇'은 '책'을 의미한다.

1 다항식

01 ③	02 ①	03 ①	04 ②	05 ①
06 ②	07 ③	08 ②	09 ①	10 ①
11 ③	12 ①	13 ②	14 ①	15 ④
16 ④	17 ④	18 ④	19 ②	20 ③
21 ②	22 ①	23 ②	24 ②	25 ①
26 ②	27 ②	28 ④		

01
$$A-3B=x^2-5-3(2x+3)$$
$$=x^2-5-6x-9$$
$$=x^2-6x-14$$

02
$$2A-B=2(x^2-xy+y)-(x^2+2y)$$
$$=2x^2-2xy+2y-x^2-2y$$
$$=x^2-2xy$$

03
$$(x^2+x+1)(x^2-x+1)$$
$$=\{(x^2+1)+x\}\{(x^2+1)-x\}$$
$$=(x^2+1)^2-x^2$$
$$=x^4+2x^2+1-x^2$$
$$=x^4+x^2+1$$

04
$$(x+1)(x-1)(x^2+1)$$
$$=(x^2-1)(x^2+1)$$
$$=x^4-1$$

05
$$(x-3)(y-3)=xy-3x-3y+9$$
$$=-3(x+y)+xy+9$$
$$=-3\times5+6+9=0$$

06
$$(a-b)^2=a^2-2ab+b^2$$
$$=a^2+b^2-2ab$$
$$=6-2\times2=2$$

07
$$(x^2+3x-2)(2x+3)=2x^3+3x^2+6x^2+9x-4x-6$$
$$=2x^3+9x^2+5x-6$$
따라서 모든 계수들의 합은
$$2+9+5-6=10$$

08
$$(x^2+3x-4)(x-2)=x^3-2x^2+3x^2-6x-4x+8$$
x^2항은 $(-2+3)x^2=x^2$이므로 x^2의 계수는 1이다.

09

$$
\begin{array}{r}
x^2-3x+2\overline{)\,x^3-x^2+2x-1} \\
\end{array}
$$

$$
\begin{array}{r}
x\ +2 \\
x^2-3x+2\overline{)\ x^3-x^2+2x-1} \\
\underline{x^3-3x^2+2x} \\
2x^2-1 \\
\underline{2x^2-6x+4} \\
6x-5
\end{array}
$$

10
$$4a-2-[3a+4-\{a+2-(2a-4)\}]$$
$$=4a-2-(3a+4+a-6)$$
$$=4a-2-4a+2=0$$

11
$$x^3+\frac{1}{x^3}=\left(x+\frac{1}{x}\right)^3-3\left(x+\frac{1}{x}\right)$$
$$=5^3-3\times5=125-15=110$$
참고 곱셈 공식의 변형을 이용한다.
$$a^3+b^3=(a+b)^3-3ab(a+b)$$

12 $x=2$를 양변에 대입하면 $b=-2$
$x=3$을 양변에 대입하면 $a=3$

13 $a(x+3)+b(x-1)=2(x+1)$에서
$$(a+b)x+3a-b=2x+2$$
$$\therefore a+b=2$$

14
$$x^2=ax^2-3ax+2a+bx+b+c$$
$$=ax^2+(-3a+b)x+2a+b+c$$
$a=1,\ -3a+b=0,\ 2a+b+c=0$에서
$a=1,\ b=3a,\ c=-2a-b$
$$\therefore a=1,\ b=3\times1=3,\ c=-2\times1-3=-5$$
$$\therefore abc=-15$$

15 $a-1=4$에서 $a=5$
$b+2=-5$에서 $b=-7$
$c-3=3$에서 $c=6$
$$\therefore a+b+c=4$$

16 $f(x)=x^3+2x+m$이라 하면 $f(-1)=0$이므로
$$f(-1)=(-1)^3+2\times(-1)+m=0$$
$$-1-2+m=0 \quad \therefore m=3$$

17 $f(x)=x^2+x+a$라 하면 $f(1)=0$이므로
$$f(1)=1+1+a=0$$
$$\therefore a=-2$$

18 $A=(x^2-2)x-3x+2=x^3-5x+2$
따라서 일차항 x의 계수는 -5이다.

19 $f(x)=x^2-ax+1$이라 하면 $f(1)=0$이므로
$$f(1)=1-a+1=0$$에서 $a=2$

따라서 $f(x)=x^2-2x+1$이므로
$f(-1)=(-1)^2-2\times(-1)+1=4$

20 $g(-2)=4-2k+1=5-2k$
$g(1)=1+k+1=2+k$
$g(x)$를 $x+2$로 나눈 나머지와 $x-1$로 나눈 나머지가 같으므로
$5-2k=2+k$에서 $k=1$이다.

21 주어진 등식의 양변에 $x=1$을 대입하면
$1+a-1-b=0$, $a=b$　　　……㉠
주어진 등식의 양변에 $x=-2$를 대입하면
$16-8a+2-b=0$, $-8a-b+18=0$ ……㉡
㉠, ㉡에서 $a=b=2$
따라서 주어진 등식은
$x^4+2x^3-x-2=(x-1)(x+2)f(x)$
이므로 양변에 $x=-1$을 대입하면
$f(-1)=1$

22 $f(2)=8+4a+2b-4=0$에서
$2a+b=-2$　　……㉠
$f(-1)=-1+a-b-4=6$에서
$a-b=11$　　……㉡
㉠, ㉡을 연립하여 풀면 $a=3$, $b=-8$
$\therefore a+b=-5$

23 조립제법을 이용하여 구한 몫은 x^2+x-2이고 나머지는 $2-6=-4$이므로 $R=-4$이다.

24 $x^2-4x-5=x^2+(1-5)x+1\times(-5)=(x+1)(x-5)$

25 $f(x)=x^3-3x-2$라 하면 $f(-1)=0$이므로
$f(x)=(x+1)(x^2-x-2)$
$\quad=(x+1)(x+1)(x-2)$
$\quad=(x+1)^2(x-2)$
따라서 모든 인수의 합은
$2(x+1)+x-2=3x$

26 두 다항식을 각각 인수분해하면
$x^2-1=(x+1)(x-1)$
$x^2+x-2=(x-1)(x+2)$
따라서 공통인수는 $x-1$이다.

27 $x^2=X$로 놓으면
$x^4-8x^2+16=X^2-8X+16$
$\quad=(X-4)^2=(x^2-4)^2$
$\quad=(x+2)^2(x-2)^2$
이때 $a>b$이므로 $a=2$, $b=-2$
$\therefore a-b=2-(-2)=4$

28 인수정리에 의하여 $f(1)=0$이므로
$f(1)=1^3-2\times1^2-a\times1+6=0$에서 $a=5$
$f(x)=x^3-2x^2-5x+6$을 인수분해하면
$x^3-2x^2-5x+6=(x-1)(x^2-x-6)$
$\quad=(x-1)(x+2)(x-3)$

2 방정식과 부등식

01 ③	02 ③	03 ①	04 ①	05 ①
06 ①	07 ②	08 ①	09 ④	10 ③
11 ②	12 ②	13 ①	14 ③	15 ④
16 ②	17 ③	18 ③	19 ②	20 ②
21 ①	22 ④	23 ③	24 ③	25 ③
26 ④	27 ①	28 ③	29 ②	30 ①
31 ③	32 ②	33 ①	34 ②	35 ②
36 ③	37 ①	38 ③	39 ④	40 ③
41 ④	42 ①	43 ③	44 ④	45 ①
46 ②	47 ④	48 ①	49 ①	

01 $(2+3i)+(3-2i)=5+i$이므로
$a=5$, $b=1$
$\therefore a+b=6$

02 $(2+i)(2-i)=2^2-i^2$
$\quad=4-(-1)=5$

03 $x=1-2i$에서 $x-1=-2i$
양변을 각각 제곱하면
$(x-1)^2=(-2i)^2$, $x^2-2x+1=-4$
$\therefore x^2-2x+5=0$

04 $i+\dfrac{1}{i}=i+\dfrac{i}{i\times i}$
$\quad=i+\dfrac{i}{-1}=i-i=0$

05 $ab=(1+i)(1-i)=1-i^2=1+1=2$
$a-b=(1+i)-(1-i)=1+i-1+i=2i$
$\therefore a+ab-b=ab+(a-b)=2+2i$

06 $2x-y=1$, $y-x=-2$에서
$y=x-2$이므로
$2x-(x-2)=1$ $\therefore x=-1$
$y-(-1)=-2$ $\therefore y=-3$
$\therefore x+y=-4$

07
$$\frac{(1+i)(3+2i)}{(3-2i)(3+2i)} = \frac{3+(3+2)i+2\times(-1)}{9-4\times(-1)}$$
$$= \frac{1}{13} + \frac{5}{13}i$$
이므로
$$a = \frac{1}{13}, \ b = \frac{5}{13}$$
$$\therefore \ a+b = \frac{6}{13}$$

08 $\dfrac{1}{1-i} = \dfrac{(1+i)}{(1-i)(1+i)} = \dfrac{1+i}{2}$이므로

켤레복소수는 $\dfrac{1-i}{2}$이다.

09
$$(\alpha+\beta)(\overline{\alpha}+\overline{\beta}) = (\alpha+\beta)(\overline{\alpha+\beta})$$
$$= (3+3i)(\overline{3+3i})$$
$$= (3+3i)(3-3i)$$
$$= 3^2 - (3i)^2$$
$$= 9+9 = 18$$

10 주어진 식을 풀어 정리하면
$x^2 + x - 6 = 0$이므로
$(x-2)(x+3) = 0$
$\therefore \ x = 2$ 또는 $x = -3$

11 $x = -1$을 주어진 식에 대입하면
$(-1)^2 + 3\times(-1) + a = 0$
$\therefore \ a = 2$

12 $x^2 + 4x = -5$이므로 $x^2 + 4x + 4 = -1$
$(x+2)^2 = -1$
$\therefore \ k = -1$

13 주어진 방정식의 판별식을 D라 할 때, $D > 0$이면 서로 다른 두 근을

가지므로 $\dfrac{D}{4} = (-1)^2 - a > 0$에서

$a < 1$

14 주어진 방정식의 판별식을 D라 할 때, $D = 0$이면 중근을 가지므로

$\dfrac{D}{4} = (-1)^2 - k = 0$에서

$k = 1$

15 주어진 방정식의 판별식을 D라 할 때, $D < 0$이면 서로 다른 허근을

가지므로 $\dfrac{D}{4} = 2^2 - a < 0$에서

$a > 4$

16 두 근이 α, β인 이차방정식은
$x^2 - (\alpha+\beta)x + \alpha\beta = 0$이므로
$\alpha+\beta = 1$, $\alpha\beta = -2$
$\therefore \ x^2 - x - 2 = 0$

17 이차방정식의 근과 계수의 관계에 의해
$\alpha+\beta = 4$, $\alpha\beta = -3$
$\therefore \ \alpha^2 + \beta^2 = (\alpha+\beta)^2 - 2\alpha\beta$
$$= 4^2 - 2\times(-3) = 22$$

18 두 근 α, β에 대하여 서로 다른 부호일 조건은 $\alpha\beta < 0$이다.
$\alpha\beta = 2k-1 < 0$
$$\therefore \ k < \frac{1}{2}$$

19 이차방정식의 한 근이 $1+i$이고 다른 한 근이 $1-i$이다.
이차방정식의 근과 계수의 관계에 의해
$m = -(1+i+1-i) = -2$
$n = (1+i)(1-i) = 2$
$\therefore \ m+n = -2+2 = 0$

20 꼭짓점의 좌표가 $(3, 2)$인 이차함수의 식은
$y = a(x-3)^2 + 2$
이 이차함수의 그래프가 점 $(4, 3)$을 지나므로
$3 = a(4-3)^2 + 2$에서 $a = 1$
$\therefore \ y = (x-3)^2 + 2 = x^2 - 6x + 11$

21 $y = -x^2 + 4x + 4 = -(x-2)^2 + 8$
따라서 꼭짓점의 좌표가 $(2, 8)$이므로 제1사분면에 존재한다.

22 ① 위로 볼록하므로 $a < 0$
② 대칭축이 y축의 오른쪽에 존재하므로 a와 b는 서로 다른 부호이다.
$\quad \therefore \ b > 0$
③ y축과의 교점의 y좌표 $c > 0$
④ $x = 1$일 때의 y값이므로 $a+b+c > 0$

23 점 $(0, 0)$을 지나므로 $c = 0$

축의 방정식 $x = -\dfrac{b}{2} = 3$에서 $b = -6$

$\therefore \ b+c = -6$

24 $x^2 + 2kx + k = 0$의 판별식을 D라 할 때, 주어진 이차함수의 그래프
가 x축과 접하려면 $D = 0$이어야 하므로

$\dfrac{D}{4} = k^2 - k = 0$에서 $k(k-1) = 0$

$\therefore \ k = 0$ 또는 $k = 1$

25 $x^2 - px + 1 = 0$의 판별식을 D라 할 때, 주어진 이차함수의 그래프가 x축과 만나지 않으려면 $D < 0$이어야 하므로
$D = p^2 - 4 < 0$에서
$(p+2)(p-2) < 0$
$\therefore -2 < p < 2$

26 $x^2 + kx + 1 = 0$의 판별식을 D라 할 때, 주어진 이차함수의 그래프가 x축과 서로 다른 두 점에서 만나려면 $D > 0$이어야 하므로
$D = k^2 - 4 > 0$에서 $(k-2)(k+2) > 0$
$\therefore k < -2$ 또는 $k > 2$

27 $x = 3$일 때 최댓값 2, $x = 1$일 때 최솟값 -2를 가지므로
$2 + (-2) = 0$

28 $y = x^2 - 4x + 1 = (x-2)^2 - 3$이므로
이차함수의 그래프는 오른쪽 그림과 같다.
따라서
$x = -1$일 때 최댓값 6,
$x = 2$일 때 최솟값 -3
이므로 $6 + (-3) = 3$

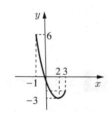

29 이차방정식 $x^2 - 2x + k = 0$의 판별식을 D라 할 때, 모든 실수 x에 대하여 $x^2 - 2x + k \geq 0$이 성립하려면 $D \leq 0$이어야 한다.
따라서 $\dfrac{D}{4} = (-1)^2 - k \leq 0$에서
$k \geq 1$

30 이차함수 $y = x^2$의 그래프가 직선 $y = -x + k$보다 항상 위쪽에 존재하려면 모든 실수 x에 대하여 $x^2 > -x + k$, 즉 $x^2 + x - k > 0$ 을 만족해야 한다.
따라서 이차방정식 $x^2 + x - k = 0$의 판별식을 D라 할 때, $D < 0$이어야 하므로
$D = 1 + 4k < 0$에서
$k < -\dfrac{1}{4}$

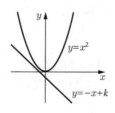

31 철망의 길이가 $16\,\mathrm{m}$이고 화단의 한 변의 길이가 $x\,\mathrm{m}$이므로 나머지 한 변의 길이는 $(16 - 2x)\,\mathrm{m}$이다.
이때 $x > 0$, $16 - 2x > 0$이므로 $0 < x < 8$
화단의 넓이가 $y\,\mathrm{m}^2$이므로
$y = x(16 - 2x) = -2x^2 + 16x = -2(x-4)^2 + 32$
따라서 $0 < x < 8$에서 이차함수 $y = -2(x-4)^2 + 32$의 그래프는 $x = 4$일 때 최댓값 32를 갖는다.

32 $x^2(x-1) - 4(x-1) = 0$
$(x-1)(x^2 - 4) = 0$
$(x-1)(x+2)(x-2) = 0$
$\therefore x = -2$ 또는 $x = 1$ 또는 $x = 2$

33 $x^2 + x = t$로 놓으면
$t^2 - 2t = t(t-2) = 0$이므로
$(x^2 + x)(x^2 + x - 2) = 0$
$x(x+1)(x+2)(x-1) = 0$
$\therefore x = -2$ 또는 $x = -1$ 또는 $x = 0$ 또는 $x = 1$
따라서 $\alpha = 1$, $\beta = -2$이므로
$\alpha + \beta = -1$

34 $x^3 = 1$에서 $x^3 - 1 = 0$이므로
$(x-1)(x^2 + x + 1) = 0$
$x^3 = 1$의 한 허근 w는 방정식 $x^2 + x + 1 = 0$의 근이므로
$w^3 = 1$, $w^2 + w + 1 = 0$이 성립한다.
$\therefore 1 + w + w^2 + \cdots + w^8$
$= (1 + w + w^2) + w^3(1 + w + w^2) + (w^3)^2(1 + w + w^2)$
$= 0 + 0 + 0 = 0$

35 삼차방정식의 근과 계수의 관계에 의해
$\alpha + \beta + \gamma = -\dfrac{0}{1} = 0$

36 삼차방정식의 세 근을 $1 + \sqrt{2}$, $1 - \sqrt{2}$, α라 하면 근과 계수의 관계에 의해
$(1 + \sqrt{2}) + (1 - \sqrt{2}) + \alpha = 0$에서 $\alpha = -2$
$(1 + \sqrt{2})(1 - \sqrt{2}) + (1 - \sqrt{2})\alpha + \alpha(1 + \sqrt{2}) = a$에서
$a = -5$
$(1 + \sqrt{2})(1 - \sqrt{2})\alpha = b$에서 $b = 2$
$\therefore a + b = -5 + 2 = -3$

37 $\begin{cases} x + y = 1 & \cdots\cdots \ \text{㉠} \\ y + z = 2 & \cdots\cdots \ \text{㉡} \\ z + x = 3 & \cdots\cdots \ \text{㉢} \end{cases}$
㉠+㉡+㉢을 하면 $x + y + z = 3$
㉠, ㉡, ㉢에서 $x = 1$, $y = 0$, $z = 2$
$\therefore xyz = 0$

38 연립일차방정식의 해가 없을 경우는
$\dfrac{2}{4} = \dfrac{3}{k} \neq \dfrac{4}{7}$가 성립하므로
$k = 6$

39 $\dfrac{k}{1} = \dfrac{1}{k} = \dfrac{1}{1}$에서 $k^2 = 1$ $\therefore k = \pm 1$
따라서 $k = 1$이면 해가 무수히 많고 $k = -1$이면 해가 없다.

40 $x^2 - 3x + 2 = (x-1)(x-2) \leq 0$에서
$1 \leq x \leq 2$

41 $|2x-3|>1$에서
$2x-3<-1$ 또는 $2x-3>1$이므로
$2x<2$ 또는 $2x>4$
$\therefore x<1$ 또는 $x>2$

42 $(x+6)(x-2)\le0$에서 $-6\le x\le2$
따라서 주어진 이차부등식의 해를 수직선 위에 나타내면 ①이다.

43 $-x^2+2x+3>0$에서
$x^2-2x-3<0$
$(x+1)(x-3)<0$
$\therefore -1<x<3$

44 $1-x<x+3$에서 $-2x<2$이므로
$x>-1$ $\cdots\cdots$ ㉠
$x+3\le-3x+11$에서 $4x\le8$이므로
$x\le2$ $\cdots\cdots$ ㉡
㉠, ㉡에서 $-1<x\le2$

45 $x^2+2x-35>0$에서 $(x-5)(x+7)>0$
$x<-7$ 또는 $x>5$ $\cdots\cdots$ ㉠
$|x-2|<10$에서
$-10<x-2<10$
$-8<x<12$ $\cdots\cdots$ ㉡
㉠, ㉡을 수직선 위에 나타내면

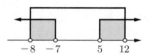

$\therefore -8<x<-7$ 또는 $5<x<12$

46 이차부등식 $2x^2+ax+b<0$의 해가 $\dfrac{1}{2}<x<3$이므로
$2\left(x-\dfrac{1}{2}\right)(x-3)=2\left(x^2-\dfrac{7}{2}x+\dfrac{3}{2}\right)$
$\qquad\qquad\qquad\qquad=2x^2-7x+3<0$
$\therefore a=-7,\ b=3$

47 $3x+3\ge2x-1$에서
$x\ge-4$ $\cdots\cdots$ ㉠
$2x<1-x$에서
$x<\dfrac{1}{3}$ $\cdots\cdots$ ㉡
㉠, ㉡에서 $-4\le x<\dfrac{1}{3}$

48 $x^2-6x-7\le0$에서 $(x-7)(x+1)\le0$
$-1\le x\le7$ $\cdots\cdots$ ㉠
$x^2-8x+15>0$에서
$(x-3)(x-5)>0$
$x<3$ 또는 $x>5$ $\cdots\cdots$ ㉡

㉠, ㉡을 수직선 위에 나타내면 다음 그림과 같다.

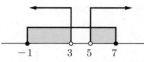

따라서 주어진 연립부등식의 해는
$-1\le x<3$ 또는 $5<x\le7$

49 $x^2+6x+1-3k=0$의 판별식을 D라 할 때 $x^2+6x+1-3k>0$
이 항상 성립하려면 $D<0$이어야 한다.
$\dfrac{D}{4}=3^2-(1-3k)<0$에서
$8+3k<0$
$\therefore k<-\dfrac{8}{3}$

---

3 도형의 방정식

01 ③	02 ②	03 ④	04 ①	05 ③
06 ②	07 ③	08 ④	09 ④	10 ②
11 ④	12 ①	13 ①	14 ③	15 ②
16 ①	17 ①	18 ②	19 ④	20 ②
21 ②	22 ③	23 ①	24 ①	25 ④
26 ①	27 ③	28 ②	29 ④	30 ①
31 ③	32 ④	33 ④	34 ①	35 ③
36 ①	37 ③	38 ③		

01 좌표평면 위의 두 점 $A(0,\ 3)$, $B(4,\ 0)$ 사이의 거리는
$\overline{AB}=\sqrt{(4-0)^2+(0-3)^2}=\sqrt{16+9}=5$

02 좌표평면 위의 두 점 $A(-1,\ 1)$, $B(3,\ 1)$의 중점 M의 좌표는
$M\left(\dfrac{-1+3}{2},\ \dfrac{1+1}{2}\right)$, 즉 $M(1,\ 1)$

03 두 점 $A(4,\ 3)$, $B(7,\ -3)$에 대하여 선분 AB를 $1:2$로 내분하는 점 P의 좌표는
$P\left(\dfrac{1\times7+2\times4}{1+2},\ \dfrac{1\times(-3)+2\times3}{1+2}\right)$, 즉 $P(5,\ 1)$

04 $P(x,\ y)$라 하면 $\overline{AP}=\overline{BP}=\overline{CP}$이므로
$\sqrt{(x-6)^2+(y-1)^2}=\sqrt{(x+1)^2+(y-2)^2}$
$\qquad\qquad\qquad\qquad=\sqrt{(x-2)^2+(y-3)^2}$
$(x-6)^2+(y-1)^2=(x+1)^2+(y-2)^2$ $\cdots\cdots$ ㉠
$(x+1)^2+(y-2)^2=(x-2)^2+(y-3)^2$ $\cdots\cdots$ ㉡
㉠에서 $7x-y=16$ $\cdots\cdots$ ㉢
㉡에서 $3x+y=4$ $\cdots\cdots$ ㉣

ⓒ+ⓔ을 하면 $x=2$, $y=-2$

$\therefore$ P$(2, -2)$

05 세 점 A$(2, 6)$, B$(-3, 2)$, C$(7, 1)$을 꼭짓점으로 하는 삼각형 ABC의 무게중심 G의 좌표는

G$\left(\dfrac{2-3+7}{3}, \dfrac{6+2+1}{3}\right)$, 즉 G$(2, 3)$

06 좌표평면 위의 두 점 A$(a, 0)$, B$(1, 2a)$ 사이의 거리는 5이므로

$\overline{AB}=\sqrt{(1-a)^2+(2a)^2}=5$이므로

$5a^2-2a-24=0$

$(a+2)(5a-12)=0$

$\therefore a=-2$ ($\because a$는 정수)

07 두 점 A$(3, 5)$, B$(6, -1)$을 잇는 선분 AB에 대하여

$1:2$로 내분하는 점 P의 좌표는

P$\left(\dfrac{1\times6+2\times3}{1+2}, \dfrac{1\times(-1)+2\times5}{1+2}\right)$, 즉 P$(4, 3)$

$1:2$로 외분하는 점 Q의 좌표는

Q$\left(\dfrac{1\times6-2\times3}{1-2}, \dfrac{1\times(-1)-(2\times5)}{1-2}\right)$, 즉 Q$(0, 11)$

따라서 두 점 P, Q 사이의 거리는

$\overline{PQ}=\sqrt{4^2+(-8)^2}=4\sqrt{5}$

08 기울기가 -3, y절편이 2인 직선의 방정식은 $y=-3x+2$이므로 점 $(k, -2)$를 대입하면

$-2=-3k+2$

$\therefore k=\dfrac{4}{3}$

09 x절편이 a, y절편이 b인 직선의 방정식은 $\dfrac{x}{a}+\dfrac{y}{b}=1$이므로

$\dfrac{x}{-2}+\dfrac{y}{4}=1$

$\therefore 2x-y=-4$

10 두 점 $(0, 1)$, $(1, 1+\sqrt{3})$을 지나는 직선의 방정식은

$y-1=\dfrac{1+\sqrt{3}-1}{1-0}(x-0)$

$\therefore y=\sqrt{3}x+1$ ····· ㉠

㉠에 ①~④를 차례로 대입하여 식이 성립되는 것을 찾으면 ② $(3, 1+3\sqrt{3})$이다.

11 두 점 A$(3, 2)$, B$(-1, -2)$를 지나는 직선의 방정식은

$y-(-2)=\dfrac{2-(-2)}{3-(-1)}\{x-(-1)\}$에서 $y+2=x+1$

$\therefore x-y-1=0$

12 두 직선 $ax+by+c=0$, $a'x+b'y+c'=0$이 한 점에서 만나려면 $\dfrac{a}{a'}\neq\dfrac{b}{b'}$이어야 한다.

따라서 $\dfrac{2}{k}\neq\dfrac{3}{4}$이므로 $3k\neq8$

$\therefore k\neq\dfrac{8}{3}$

13 직선 $y=-x$에 평행하는 직선의 기울기는 -1이다.

기울기가 -1이고 점 $(1, -2)$를 지나는 직선의 방정식은

$y-(-2)=-(x-1)$ $\therefore y=-x-1$

14 직선 $x-2y-1=0$, 즉 $y=\dfrac{1}{2}x-\dfrac{1}{2}$에 수직인 직선의 방정식을

$y=mx+n$이라 하면 $\dfrac{1}{2}\times m=-1$에서

$m=-2$

이 직선이 점 $(1, 1)$을 지나므로

$1=-2\times1+n$에서 $n=3$

따라서 구하는 직선의 방정식은 $y=-2x+3$, 즉 $2x+y-3=0$ 이다.

15 두 직선이 서로 수직이므로 $4m=-1$에서

$m=-\dfrac{1}{4}$

16 주어진 두 직선의 교점을 지나는 직선의 방정식은

$x+y-5+k(2x-y-1)=0$

이고 이 직선이 점 $(1, 2)$를 지나므로

$1+2-5+k(2\times1-2-1)=0$

$\therefore k=-2$

따라서 구하는 직선의 방정식은

$y=x+1$

17 점 $(2, 1)$에서 직선 $3x+4y-5=0$까지의 거리는

$\dfrac{|3\times2+4\times1-5|}{\sqrt{3^2+4^2}}=1$

18 중심이 $(0, 0)$이고 반지름의 길이가 2이므로 원의 방정식은

$x^2+y^2=2^2$

$\therefore x^2+y^2=4$

19 중심이 $(1, 3)$이고 반지름의 길이가 2인 원의 방정식은

$(x-1)^2+(y-3)^2=2^2$

$\therefore (x-1)^2+(y-3)^2=4$

20 $x^2+y^2+2x-6y+1=0$에서

$x^2+2x+1+y^2-6y+9-9=0$

$(x+1)^2+(y-3)^2=9$

따라서 구하는 원의 방정식의 반지름의 길이는 3이다.

21 두 점 $(-3, 0)$, $(3, 0)$을 지름의 양 끝으로 하는 원의 중심의 좌표는
$$\left(\frac{-3+3}{2}, \ 0\right) = (0, \ 0)$$
따라서 원점이 원의 중심이고 반지름의 길이가 3이므로 구하는 원의 방정식은 $x^2 + y^2 = 3^2$
$$\therefore x^2 + y^2 = 9$$

22 $x^2 + y^2 + 2x - 4y + 1 = 0$에서
$$x^2 + 2x + 1 + y^2 - 4y + 4 - 4 = 0$$
$$(x+1)^2 + (y-2)^2 = 2^2$$
따라서 원의 중심이 $(-1, \ 2)$이고 반지름의 길이가 2이므로
$$a = -1, \ b = 2, \ r = 2$$
$$\therefore a + b + r = -1 + 2 + 2 = 3$$

23 중심이 $(1, \ 0)$이고 반지름의 길이가 1이므로 원의 방정식은
$$(x-1)^2 + y^2 = 1$$

24 중심이 $(1, \ 2)$이고 반지름의 길이가 2이므로 원의 방정식은
$$(x-1)^2 + (y-2)^2 = 4$$이므로
$$x^2 + y^2 - 2x - 4y + 1 = 0$$

25 원 $x^2 + y^2 = r^2$ 위의 점 $(x_1, \ y_1)$에서의 접선의 방정식은
$$x_1 x + y_1 y = r^2$$이다.
$$\therefore x + \sqrt{3}\,y = 4$$

26 원 $x^2 + y^2 = r^2$에 접하고 기울기가 m인 접선의 방정식은
$$y = mx \pm r\sqrt{m^2 + 1}$$ 이므로
$$y = \sqrt{3}\,x \pm 3\sqrt{(\sqrt{3})^2 + 1}$$
$$\therefore y = \sqrt{3}\,x \pm 6$$

27 점 $(1, \ 3)$을 중심으로 하는 원이 직선에 접하므로 원의 중심 $(1, \ 3)$에서 직선 $3x + 4y = 0$까지의 거리 d가 반지름의 길이이다.
따라서 $d = \dfrac{|1 \times 3 + 3 \times 4|}{\sqrt{3^2 + 4^2}} = 3$이므로 구하는 원의 방정식은
$$(x-1)^2 + (y-3)^2 = 9$$

28 구하는 원의 반지름의 길이 r는 점 $(3, \ 4)$와 점 $(0, \ 0)$ 사이의 거리이므로
$$r^2 = (3-0)^2 + (4-0)^2 = 5^2$$에서
$$r = 5 \ (\because r > 0)$$
$$\therefore (x-3)^2 + (y-4)^2 = 25$$

29 방정식 $x^2 + y^2 + Ax + By + C = 0$이 원의 방정식이 되려면
$$A^2 + B^2 - 4C > 0$$이어야 한다.
따라서 $2^2 + (-4)^2 - 4k > 0$에서
$$k < 5$$

30 접점을 $P(x_1, \ y_1)$이라고 하면
$$x_1^2 + y_1^2 = 8 \quad \cdots\cdots \ \text{㉠}$$
점 P에서의 접선의 방정식은
$$x_1 x + y_1 y = 8 \quad \cdots\cdots \ \text{㉡}$$
직선 ㉡이 점 $(-4, \ 0)$을 지나므로
$$-4x_1 = 8$$
$$\therefore x_1 = -2 \quad \cdots\cdots \ \text{㉢}$$
㉢을 ㉠에 대입하면
$$y_1^2 = 4 \quad \therefore y_1 = \pm 2$$
$$\therefore \begin{cases} x_1 = -2 \\ y_1 = 2 \end{cases} \text{또는} \begin{cases} x_1 = -2 \\ y_1 = -2 \end{cases}$$
따라서 구하는 접선의 방정식은
$$-x + y = 4 \ \text{또는} \ -x - y = 4$$에서
$$x - y = -4 \ \text{또는} \ x + y = -4$$

31 원 $x^2 + y^2 = 1$과 직선 $y = mx + 1$에서
$$x^2 + (mx+1)^2 = 1$$
$$x^2 + m^2 x^2 + 2mx + 1 = 1$$
$$(1 + m^2)x^2 + 2mx = 0 \quad \cdots\cdots \ \text{㉠}$$
원과 직선이 접하려면 ㉠의 판별식을 D라 할 때 $D = 0$이어야 하므로
$$\frac{D}{4} = m^2 - (1 + m^2) \times 0 = 0$$
$$m^2 = 0 \quad \therefore m = 0$$

32 점 $(x, \ y)$를 직선 $y = x$에 대하여 대칭이동한 점의 좌표는 $(y, \ x)$이다.
따라서 점 $(-2, \ 5)$를 직선 $y = x$에 대하여 대칭이동한 점의 좌표는 $(5, \ -2)$이다.

33 점 $(x, \ y)$를 점 $(x+3, \ y-2)$로 옮기는 평행이동은 x축의 방향으로 3만큼, y축의 방향으로 -2만큼 평행이동한 것이므로 이 평행이동으로 옮겨지는 점의 좌표는
$$(-4+3, \ 3-2), \ \text{즉} \ (-1, \ 1)$$

34 점 $(x, \ y)$를 점 $(x+a, \ y+b)$로 옮기는 평행이동에 의해 점 $A(3, \ -4)$가 점 $A'(-1, \ 1)$로 이동하므로
$$3 + a = -1$$에서 $a = -4$
$$-4 + b = 1$$에서 $b = 5$
$$\therefore a + b = 1$$

35 직선 $y = 2x + 3$을 직선 $y = x$에 대하여 대칭이동한 직선의 방정식은 $x = 2y + 3$이므로
$$y = \frac{1}{2}x - \frac{3}{2}$$

36 포물선 $y = x^2 - 2x + 5$를 x축에 대하여 대칭이동한 포물선의 방정식은 $-y = x^2 - 2x + 5$이므로
$$y = -x^2 + 2x - 5$$

37 두 원이 점 $P(\alpha, \beta)$에 대하여 대칭이 되므로 두 원의 중심 $(1, -2)$, $(-3, 2)$도 점 $P(\alpha, \beta)$에 대하여 대칭이다. 즉, 점 P는 두 원의 중심의 중점이 된다.

따라서 $\alpha = \dfrac{1-3}{2} = -1$, $\beta = \dfrac{-2+2}{2} = 0$이므로

$P(-1, 0)$

38 직선 $2x - y + 3 = 0$을 원점에 대하여 대칭이동하면

$-2x + y + 3 = 0$, 즉 $y = 2x - 3$

또, 직선 $y = 2x - 3$을 x축의 방향으로 2만큼 평행이동하면

$y = 2(x-2) - 3$

$\therefore y = 2x - 7$

4 집합과 명제

01 ④	02 ③	03 ④	04 ①	05 ③
06 ②	07 ④	08 ②	09 ②	10 ③
11 ②	12 ②	13 ②	14 ④	15 ②
16 ④	17 ④	18 ①	19 ④	20 ④
21 ③	22 ③	23 ①	24 ④	25 ④
26 ②	27 ①	28 ②	29 ③	30 ④
31 ②	32 ①	33 ①		

01 ④ 모임을 정하는 기준이 명확하고, 그 대상을 구별할 수 있다.
①·②·③ 모임을 정하는 기준이 명확하지 않다.

02 ① $0 \in A$
② $\{3\} \in A$, $\{3\} \subset A$
④ $\{0, 1, 2\} \not\subset A$

03 ① A는 유한집합이다.
② $1 < x < 2$인 자연수 x는 존재하지 않으므로 B는 공집합이다.
③ 짝수인 소수는 2뿐이므로 $C = \{2\}$는 유한집합이다.

04 ① $x + 1 = 0$을 만족하는 양의 정수는 없으므로 A는 공집합이다.
② $1 < x < 2$인 실수 x는 셀 수 없이 많으므로 B는 무한집합이다.
③ 가장 작은 자연수는 1이므로 $C = \{1\}$이다.
④ $\{\phi\}$은 ϕ를 원소로 갖는 집합이다.

05 조건제시법으로 나타낼 때, 합집합은 "~ 또는 ~", 교집합, 차집합, 여집합은 "~ 그리고 ~"로 나타낸다.

06 ① $\phi \subset A$, 공집합은 모든 집합의 부분집합이다.
③ A의 원소는 a, b, $\{a, b\}$의 3개이므로 $n(A) = 3$이다.
④ $\{\{a, b\}\} \subset A$

07 집합 A의 원소는 5개이므로 A의 부분집합의 개수는
$2^5 = 32$

08 $A = \{1, 2, 3, 4\}$이므로 A의 진부분집합의 개수는
$2^4 - 1 = 15$

09 $A - B^C = A \cap (B^C)^C = A \cap B$

10 ③ $(A \cup B)^C = A^C \cap B^C$

11 $A - B = A \cap B^C$

12 $(A \cap B)^C = A^C \cup B^C$

13 $A \cup B = A$이면
$A = B$ 또는 $B \subset A$

14 $U = \{1, 2, 3, 4, 5, 6, 7, 8, 9, 10\}$이고
$A = \{1, 2, 3, 6\}$, $B = \{1, 3, 5, 7, 9\}$이므로
$A \cap B = \{1, 3\}$

15 $U = \{1, 2, 3, 4, 5, 6, 7, 8\}$이고
$A \cup B = \{2, 3, 4, 6, 7\}$이므로
$(A \cup B)^C = \{1, 5, 8\}$

16 $n(A \cup B) = n(A) + n(B) - n(A \cap B)$이므로
$12 = n(A) + n(B) - 4$
$\therefore n(A) + n(B) = 16$

17 집합 X는 반드시 4, 5를 원소로 가지는 집합 $\{1, 2, 3, 4, 5, 6\}$의 부분집합이다.
따라서 구하는 집합 X의 개수는
$2^{6-2} = 2^4 = 16$

18 $a^2 + 2a = 0$이므로 $a(a+2) = 0$에서
$a = 0$ 또는 $a = -2$
$a = 0$일 때, $B = \{2, 1, -4\}$
$a = -2$일 때, $B = \{2, -1, 0\}$
따라서 $A \cap B = \{0, 2\}$를 만족하는 정수 a는
$a = -2$

19 ④ $2 \times 1 + 3 \neq 4$이므로 거짓인 명제이다.
①·②·③ 참, 거짓을 구별할 수 없다.

20 ① 0은 자연수가 아니다. (거짓)

② $\sqrt{2}$는 무리수이다. (거짓)

③ $c > 0$일 때 $a > b \Rightarrow ac > bc$

$c < 0$일 때 $a > b \Rightarrow ac < bc$ (거짓)

21 조건 '$a = 0$ 또는 $b = 0$'의 부정은 '$a \neq 0$ 그리고 $b \neq 0$'이다.

22 명제 '$a > 0$이면 $a^2 > 0$이다.'의 역은 '$a^2 > 0$이면 $a > 0$이다.'이다.

23 ① 역: $a - b > 0$이면 $a > b$이다. (참)

② 역: $ab > 0$이면 $a > 0$, $b > 0$이다. (거짓)

[반례] $a = -1$, $b = -2$일 때, $ab > 0$이지만 $a < 0$, $b < 0$이다.

③ 역: $a + b > 0$이면 $a > 0$, $b > 0$이다. (거짓)

[반례] $a = 2$, $b = -1$일 때, $a + b > 0$이지만 $a > 0$, $b < 0$이다.

④ 역: $a^2 > 1$이면 $a > 1$이다. (거짓)

[반례] $a = -2$일 때, $a^2 > 1$이지만 $a < 1$이다.

참고 [반례]

명제 $p \to q$가 거짓이라는 것을 밝히기 위해 $P \not\subset Q$, 즉 P에는 속하나 Q에는 속하지 않는 원소를 예로 든 것

24 어떤 명제의 참, 거짓은 대우 명제의 참, 거짓과 일치한다.

'$p \to q$'의 대우는 '$\sim q \to \sim p$'이다.

25 명제 '$x < 3$이고 $y < 2$이면 $x + y < 5$이다.'의 대우는 '$x + y \geq 5$이면 $x \geq 3$이거나 $y \geq 2$이다.'이다.

26 ② $p \to q$, $q \to \sim r$이면 $p \to \sim r$

27 $x^2 = 2x$에서 $x(x-2) = 0$

$\therefore \ x = 0$ 또는 $x = 2$

따라서 p는 q이기 위한 충분조건이다.

28 $x + y = 0$에서 $x = -y$이다.

즉, $x = y = 0$이면 $x + y = 0$이지만 $x + y = 0$이면

반드시 $x = y = 0$이 되지는 않는다.

따라서 p는 q이기 위한 필요조건이다.

29 $p \to q$이므로 $P \subset Q$

① $P \cup Q = Q$

② $P \cap Q = P$

④ $P^C \cap Q \neq \phi$

30 ① $p \Rightarrow q$, $q \not\Rightarrow p$이므로 p는 q이기 위한 충분조건이다.

② $p \Rightarrow q$, $q \not\Rightarrow p$이므로 p는 q이기 위한 충분조건이다.

③ $p \not\Rightarrow q$, $q \Rightarrow p$이므로 p는 q이기 위한 필요조건이다.

④ $x > 0$, $y > 0$이면 $x + y > 0$, $xy > 0$이다.

$x + y > 0$, $xy > 0$이면 $x > 0$, $y > 0$이다.

즉, $p \Leftrightarrow q$이므로 p는 q이기 위한 필요충분조건이다.

31 산술평균과 기하평균의 관계에 의해

$$\frac{b}{a} + \frac{a}{b} \geq 2\sqrt{\frac{b}{a} \times \frac{a}{b}} = 2$$

등호는 $\dfrac{b}{a} = \dfrac{a}{b}$일 때 성립하므로 $a^2 = b^2$에서

$a = b \ (\because \ a > 0, \ b > 0)$

따라서 $a = b$일 때 최솟값 2를 갖는다.

32 $(\sqrt{a} + \sqrt{b})^2 - (\sqrt{a+b})^2$

$= a + 2\sqrt{ab} + b - (a+b)$

$= 2\sqrt{ab} > 0 \ (\because \ a > 0, \ b > 0)$

$\therefore \ \sqrt{a} + \sqrt{b} > \sqrt{a+b}$

33 코시-슈바르츠 부등식에 의해

$(a^2 + b^2)(x^2 + y^2) \geq (ax + by)^2$에서

$4 \times 9 \geq (ax + by)^2$

$\therefore \ -6 \leq ax + by \leq 6$

따라서 $ax + by$의 최솟값은 -6이다.

5 함수

01 ②	02 ②	03 ②	04 ③	05 ②
06 ①	07 ①	08 ③	09 ④	10 ③
11 ②	12 ①	13 ②	14 ②	15 ①
16 ①	17 ④	18 ②	19 ②	20 ①
21 ①	22 ①	23 ④	24 ③	25 ④
26 ①	27 ③	28 ④	29 ④	30 ④
31 ②	32 ③			

01 ②는 R에서 R로의 상수함수이다.

①·③·④는 x의 원소에 여러 개의 y의 원소가 대응한다.

참고 함수: 모든 x의 각 원소에 y의 원소가 오직 하나씩 대응한다.

02 오른쪽 그림과 같이 $y = |x-2| + 2$의 그래프는 $y = |x|$를 x축의 방향으로 2만큼, y축의 방향으로 2만큼 평행이동한 그래프이다.

따라서 구하는 치역은 $\{y \mid y \geq 2\}$이다.

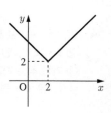

03 ② 두 실수 x_1, x_2에 대하여 $x_1 \neq x_2$이면

$g(x_1) - g(x_2) = (-x_1 + 5) - (-x_2 + 5) = -(x_1 - x_2) \neq 0$

이므로 $g(x_1) \neq g(x_2)$이다. 즉, g는 일대일함수이고 g의 치역과 공역이 실수 전체의 집합으로 같으므로 함수 g는 일대일대응이다.

① $x_1 = 1$, $x_2 = 2$라 하면 $x_1 \neq x_2$이지만 $f(x_1) = f(x_2)$

이므로 f는 일대일대응이 아니다.

③ $x_1=-1$, $x_2=1$라 하면 $x_1 \neq x_2$이지만 $h(x_1)=h(x_2)$이므로 h는 일대일대응이 아니다.

④ $x_1=0$, $x_2=2$라 하면 $x_1 \neq x_2$이지만 $l(x_1)=l(x_2)$이므로 l는 일대일대응이 아니다.

04 ㉠ $f(x)$의 치역은 $\{-3,\ -1,\ 1\}$
㉡ $g(x)$의 치역은 $\{-1,\ 0,\ 1\}$
㉢ $h(x)$의 치역은 $\{-1,\ 0,\ 1\}$
㉣ $k(x)$의 치역은 $\{0,\ 1\}$
㉤ $l(x)$의 치역은 $\{3\}$
② 항등함수는 ㉡과 ㉢이다.

05 $(f \circ f)(2)=f(f(2))=f\left(\dfrac{1}{1-2}\right)=f(-1)$
$\qquad =\dfrac{1}{1-(-1)}=\dfrac{1}{2}$

06 $(h \circ g \circ f)(2)=h(g(f(2)))$
$\qquad =h(g(2-1))=h(g(1))$
$\qquad =h(3\times 1+1)=h(4)$
$\qquad =16-5=11$

07 $(f \circ g)(3)=f(g(3))$
$\qquad =f(2\times 3-4)=f(2)$
$\qquad =-5\times 2=-10$

08 $(f \circ g)(4)=f(g(4))=f\left(\dfrac{2}{4}\right)$
$\qquad =f\left(\dfrac{1}{2}\right)=2\times \dfrac{1}{2}-3=-2$

09 $(g \circ f)(x)=g(f(x))=3(2x-3)-5=6x-9-5=6x-14$

10 $(g \circ f)(2)=g(f(2))=g(3\times 2+1)=g(7)=7-1=6$
$(f \circ g)(2)=f(g(2))=f(2-1)=f(1)=3\times 1+1=4$
$\therefore (g \circ f)(2)+(f \circ g)(2)=6+4=10$
참고 합성함수에서 일반적으로 교환법칙은 성립하지 않는다.

11 $(f \circ g)=f(g(x))=2(-3x+5)+k=-6x+10+k$
$(g \circ f)(x)=g(f(x))=-3(2x+k)+5=-6x-3k+5$
$f \circ g=g \circ f$이므로
$-6x+10+k=-6x-3k+5$, $4k=-5$
$\therefore k=-\dfrac{5}{4}$

12 $f^{-1}(4)=2$이면 $f(2)=4$이므로
$f(2)=2+a=4$에서
$a=2$
참고 $y=f(x) \Leftrightarrow x=f^{-1}(y)$

13 $y=3x+1$의 역함수는 $x=3y+1$에서 $3y=x-1$
$\therefore y=\dfrac{x}{3}-\dfrac{1}{3}$

14 $y=\dfrac{1}{3}x-\dfrac{2}{3}$의 역함수는 $x=\dfrac{1}{3}y-\dfrac{2}{3}$에서 $y=3x+2$이다.
$\therefore k=2$

15 $y=\dfrac{1}{2}x-1$의 역함수는 $x=\dfrac{1}{2}y-1$에서 $y=2x+2$이므로
$a=2$, $b=2$
$\therefore ab=4$

16 $y=-2x+1$의 역함수는 $x=-2y+1$에서 $y=-\dfrac{1}{2}x+\dfrac{1}{2}$이므로
$f^{-1}(x)=-\dfrac{x}{2}+\dfrac{1}{2}$
$\therefore (f^{-1} \circ f)(2)=f^{-1}(f(2))$
$\qquad =f^{-1}(-2\times 2+1)=f^{-1}(-3)$
$\qquad =-\dfrac{-3}{2}+\dfrac{1}{2}=2$

17 주어진 그림에서 $f(2)=c$, $f^{-1}(a)=3$
$\therefore f(2)\times f^{-1}(a)=3c$

18 $y=2x+1$의 역함수는 $x=2y+1$에서 $y=\dfrac{1}{2}x-\dfrac{1}{2}$이므로
$f^{-1}(x)=\dfrac{1}{2}x-\dfrac{1}{2}$
$\therefore (f \circ f^{-1})(1)=f(f^{-1}(1))$
$\qquad =f\left(\dfrac{1}{2}\times 1-\dfrac{1}{2}\right)=f(0)=1$

19 $y=\dfrac{x}{x-1}=\dfrac{x-1+1}{x-1}=\dfrac{1}{x-1}+1$
이므로 점근선의 방정식은
$x=1$, $y=1$

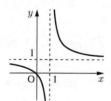

20 주어진 유리함수의 그래프의 점근선의 방정식이 $x=2$, $y=3$이면
$y=\dfrac{k}{x-2}+3$
이 그래프가 점 $(0,\ 2)$를 지나므로
$2=\dfrac{k}{-2}+3$ $\therefore k=2$
따라서 주어진 유리함수는 $y=\dfrac{2}{x-2}+3=\dfrac{3x-4}{x-2}$이므로
$a=3$, $b=-4$, $c=-2$
$\therefore a+b+c=-3$

21 주어진 그래프는 $y=\dfrac{1}{x}$의 그래프를 x축의 방향으로 -2만큼, y축의 방향으로 1만큼 평행이동한 것이다.

$$\therefore y-1=\dfrac{1}{x+2}, \ \text{즉} \ y=\dfrac{1}{x+2}+1$$

22 $y=\dfrac{2x}{2x+1}=-\dfrac{1}{2x+1}+1$의 그래프를 x축의 방향으로 3만큼, y축의 방향으로 2만큼 평행이동하면

$$y-2=-\dfrac{1}{2(x-3)+1}+1$$

$$\therefore y=-\dfrac{1}{2x-5}+3$$

23 $y=\dfrac{2(x-3)+1}{x-3}=\dfrac{1}{x-3}+2$이므로 이 함수의 그래프는 함수

$y=\dfrac{1}{x}$의 그래프를 x축의 방향으로 3만큼, y축의 방향으로 2만큼 평행이동한 것이다.

따라서 $a=3$, $b=2$이므로

$a+b=5$

24 점근선의 방정식이 $x=1$, $y=-2$인 유리함수의 그래프는

$$y=\dfrac{k}{x-1}-2$$

이 그래프가 점 $(3,\ -1)$을 지나므로

$$-1=\dfrac{k}{3-1}-2 \quad \therefore k=2$$

$$\therefore y=\dfrac{2}{x-1}-2$$

25 무리함수의 정의역은 함숫값이 실수가 되도록 하여야 하므로 근호 안이 음수가 아니어야 한다.

$3-x \geq 0$에서 $x \leq 3$이므로

정의역은 $\{x \,|\, x \leq 3\}$, 치역은 $\{y \,|\, y \geq -2\}$

26 $y=\sqrt{x}$의 그래프는 $x \geq 0$, $y \geq 0$인 부분만이다.

27 주어진 그래프는 제4사분면에 있으므로 $y=-\sqrt{ax}$ 꼴이다.

이 그래프가 점 $(1,\ -1)$을 지나므로 $-1=-\sqrt{a}$에서 $a=1$

따라서 구하는 무리함수의 식은 $y=-\sqrt{x}$

28 정의역 $\{x \,|\, 2 \leq x \leq 5\}$에서 함수

$y=2\sqrt{x-1}$의 그래프는 오른쪽 그림과 같다.

$x=2$일 때, $y=2\sqrt{2-1}=2$

$x=5$일 때, $y=2\sqrt{5-1}=4$

이므로 치역은 $\{y \,|\, 2 \leq y \leq 4\}$이다.

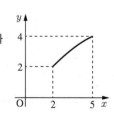

29 주어진 그래프는 $y=\sqrt{-x}$의 그래프를 x축의 방향으로 1만큼, y축의 방향으로 1만큼 평행이동한 것이므로

$$y=\sqrt{-(x-1)}+1=\sqrt{-x+1}+1$$

30 산술평균과 기하평균의 관계에 의해

$$y=x+\dfrac{4}{x} \geq 2\sqrt{x \times \dfrac{4}{x}}=4$$

등호가 성립하려면 $x=\dfrac{4}{x}$이므로 $x^2=4$

$x=2 \ (\because \ x>0)$

따라서 $x=2$일 때 유리함수 $y=x+\dfrac{4}{x}$는 최솟값 4를 갖는다.

31 무리함수 $y=\sqrt{ax}$의 그래프가 두 점 $(1,\ 3)$, $(b,\ 9)$를 지나므로

$3=\sqrt{a}$에서 $a=9$

$9=3\sqrt{b}$에서 $\sqrt{b}=3 \quad \therefore b=9$

$\therefore a+b=18$

32 $f^{-1}(1)=0$에서 $f(0)=1$

$1=\sqrt{a \times 0+b}=\sqrt{b}$에서 $b=1$

$f^{-1}(3)=4$에서 $f(4)=3$

$3=\sqrt{a \times 4+1}$에서 $9=4a+1 \quad \therefore a=2$

$\therefore a+b=3$

---

6 확률과 통계

01 ③	02 ②	03 ④	04 ②	05 ④
06 ③	07 ④	08 ①	09 ②	10 ②
11 ④	12 ④	13 ③	14 ①	15 ②
16 ③	17 ①	18 ④	19 ③	20 ②
21 ④	22 ②	23 ④	24 ③	25 ④
26 ③				

01 주어진 옷 중에서 하나만 고르면 되므로 합의 법칙을 이용한다.

$\therefore 2+3+3=8$

02 1부터 20까지의 자연수에 대하여

3의 배수는 3, 6, 9, 12, 15, 18의 6개,

5의 배수는 5, 10, 15, 20의 4개,

3과 5의 최소공배수인 15의 배수는 15의 1개다.

따라서 구하는 자연수의 개수는

$6+4-1=9$

03 주사위의 눈의 수를 순서쌍 $(x,\ y)$로 나타내면
(i) $x+y=2$일 때, $(1,\ 1)$
(ii) $x+y=7$일 때,
$(1,\ 6),\ (2,\ 5),\ (3,\ 4),\ (4,\ 3),\ (5,\ 2),\ (6,\ 1)$
(i), (ii)에서 구하는 경우의 수는
$1+6=7$

04 (i) $x=1$일 때, $2y+z=9$이므로 순서쌍 $(y,\ z)$는
$(1,\ 7),\ (2,\ 5),\ (3,\ 3),\ (4,\ 1)$
(ii) $x=2$일 때, $2y+z=6$이므로 순서쌍 $(y,\ z)$는 $(1,\ 4),\ (2,\ 2)$
(iii) $x=3$일 때, $2y+z=3$이므로 순서쌍 $(y,\ z)$는 $(1,\ 1)$
따라서 구하는 순서쌍 $(x,\ y,\ z)$의 개수는
$4+2+1=7$

05 두 가지 조건에서 각각 1종류씩 택해야 하므로 곱의 법칙을 이용한다.
$\therefore\ 5\times 6=30$

06 주사위 1개를 던질 때 일어나는 모든 경우의 수는 6가지
동전 1개를 던질 때 일어나는 모든 경우의 수는 2가지
따라서 구하는 경우의 수는
$6\times 6\times 2=72$

07 집에서 학교로 가는 방법은 3가지이고, 그 각각에 대하여
집으로 돌아오는 방법은 2가지이다.
따라서 구하는 방법의 수는
$3\times 2=6$

08 $48=2^4\times 3$이므로 48의 약수의 개수는
$(4+1)(1+1)=5\times 2=10$

09 A → B → C → D의 순서로 가능한 경우의 수를 생각하면
A에 칠할 수 있는 색은 4가지
B에 칠할 수 있는 색은 A에 칠한 색을 제외한 3가지
C에 칠할 수 있는 색은 A와 B에 칠한 색을 제외한 2가지
D에 칠할 수 있는 색은 B와 C에 칠한 색을 제외한 2가지
따라서 구하는 방법의 수는
$4\times 3\times 2\times 2=48$

10 서로 다른 4개 중에서 3개를 뽑아 일렬로 나열하는 순열의 수는
$_4\mathrm{P}_3$이다.

11 $_8\mathrm{P}_3=\dfrac{8!}{(8-3)!}=8\times 7\times 6=336$

12 구하는 경우의 수는 25명 중에서 2명을 택하는 순열의 수와 같으므로
$_{25}\mathrm{P}_2=25\times 24=600$

13 $_n\mathrm{P}_2=210$에서 $n(n-1)=210$
$n^2-n-210=0,\ (n+14)(n-15)=0$
$\therefore\ n=15\ (\because\ n\geq 2)$

14 백의 자리에 올 수 있는 숫자는 0을 제외한 1, 2, 3의 3가지
십의 자리와 일의 자리에 숫자를 나열하는 경우의 수는 백의 자리에
사용한 숫자를 제외한 3개의 숫자 중에서 2개를 택하여 일렬로 나열
하는 경우의 수와 같으므로
$_3\mathrm{P}_2=3\times 2=6$
따라서 구하는 세 자리의 자연수의 개수는 $3\times 6=18$

15 은영이와 수지를 한 사람으로 생각하여 4명을 일렬로 세우는 경우의
수는 $4!=4\times 3\times 2\times 1=24$
은영이와 수지가 서로 자리를 바꾸는 경우의 수는 $2!=2$
따라서 구하는 경우의 수는 $24\times 2=48$

16 여학생 3명을 일렬로 세우는 경우의 수는 $3!=3\times 2=6$
그림과 같이 여학생 사이사이 및 양 끝의 4개의 자리 중 2개의 자리에
남학생을 세우는 경우의 수는 $_4\mathrm{P}_2=4\times 3=12$

$\checkmark$ (여) $\checkmark$ (여) $\checkmark$ (여) $\checkmark$

따라서 구하는 경우의 수는 $6\times 12=72$

17 5의 배수는 일의 자리의 수가 5이어야 한다.
(i) $1\ \square\ \square\ 5$인 경우: 2, 3, 4를 일렬로 나열하는 경우의 수와
같으므로 $3!=6$
(ii) $2\ \square\ \square\ 5$인 경우: 1, 3, 4를 일렬로 나열하는 경우의 수와
같으므로 $3!=6$
(iii) $3\ 1\ \square\ 5$인 경우: 2, 4를 일렬로 나열하는 경우의 수와 같으므
로 $2!=2$
(iv) $3\ 2\ \square\ 5$인 경우: 1, 4를 일렬로 나열하는 경우의 수와 같으므
로 $2!=2$
따라서 구하는 자연수의 개수는
$6+6+2+2=16$

18 적어도 한 쪽 끝에 자음이 오는 경우의 수는 5개의 문자를 일렬로
나열하는 경우의 수에서 양 끝에 모두 모음이 오는 경우의 수를 뺀
것과 같다.
5개의 문자를 일렬로 나열하는 경우의 수는 $5!=120$
모음 a, e를 양 끝에 배열하고 나머지 3개의 문자를 배열하는 경우의
수는 $2!\times 3!=12$
따라서 구하는 경우의 수는
$120-12=108$

19 $_7\mathrm{C}_2=\dfrac{7!}{2!(7-2)!}=\dfrac{7\times 6}{2\times 1}=21$

20 $_nC_2 = \dfrac{n(n-1)}{2 \times 1} = 55$에서 $n(n-1) = 110$

$n^2 - n - 110 = 0$, $(n+10)(n-11) = 0$

$\therefore n = 11 \ (\because n \geq 2)$

21 서로 다른 연필 3개 중에서 2개를 고르는 방법의 수는 $_3C_2 = 3$

서로 다른 지우개 4개 중에서 2개를 고르는 방법의 수는 $_4C_2 = 6$

따라서 구하는 방법의 수는

$3 \times 6 = 18$

22 전체 8명 중에서 3명을 뽑는 경우의 수는

$_8C_3 = \dfrac{8 \times 7 \times 6}{3 \times 2 \times 1} = 56$

남학생만 3명을 뽑는 경우의 수는 $_5C_3 = \dfrac{5 \times 4 \times 3}{3 \times 2 \times 1} = 10$

따라서 구하는 경우의 수는

$56 - 10 = 46$

23 구하는 방법의 수는 A, B를 제외한 8명의 학생 중에서 4명을 뽑는 방법의 수와 같으므로

$_8C_4 = \dfrac{8 \times 7 \times 6 \times 5}{4 \times 3 \times 2 \times 1} = 70$

24 구하는 삼각형의 개수는 5개의 점 중에서 3개를 택하는 방법의 수와 같으므로

$_5C_3 = \dfrac{5 \times 4 \times 3}{3 \times 2 \times 1} = 10$

25 가로 방향의 평행선 4개 중에서 2개, 세로 방향의 평행선 5개 중에서 2개를 택하면 평행사변형 1개가 만들어진다.

따라서 구하는 평행사변형의 개수는

$_4C_2 \times _5C_2 = 6 \times 10 = 60$

26 $_6C_2 \times _4C_2 \times _2C_2 \times \dfrac{1}{3!} = 15 \times 6 \times 1 \times \dfrac{1}{6} = 15$

수학 실전 문제

수학 실전 문제 1회

01 ③	02 ④	03 ②	04 ④	05 ②
06 ④	07 ②	08 ①	09 ④	10 ③
11 ④	12 ④	13 ①	14 ③	15 ③
16 ①	17 ②	18 ④	19 ③	20 ②

01 $A + 3B = x^2 - 3x + 3(x+5)$

$= x^2 - 3x + 3x + 15$

$= x^2 + 15$

02 $a(x-1)^2 + b(x-1) = x^2 + 3x - 4$에서

$ax^2 - 2ax + a + bx - b = x^2 + 3x - 4$

$ax^2 + (-2a+b)x + a - b = x^2 + 3x - 4$

항등식의 성질에 의해

$a = 1, \ -2a + b = 3, \ a - b = -4$이므로 $b = 5$

$\therefore a + b = 6$

03 $f(x) = x^2 - 8x + a$라 하면 $f(x)$가 $x - 2$로 나누어떨어지므로 나머지정리에 의해 $f(2) = 0$이다.

$f(2) = 2^2 - 8 \times 2 + a = 0$이므로

$4 - 16 + a = 0$

$\therefore a = 12$

04 조립제법을 이용하여 구한 몫은 $4x^2 - 2x + 3$이고 나머지는 $3 + 3 = 6$이므로 $R = 6$이다.

05 $(3 + 2i) - (1 + 4i) = a - 2i$에서

$(3-1) + (2-4)i = a - 2i$

복소수가 서로 같을 조건에 의해

$3 - 1 = a$ $\therefore a = 2$

06 이차함수 $y = -(x+2)^2 + 9$의 그래프에서

$x = -5$일 때, $y = 0$

$x = -2$일 때, $y = 9$

$x = 0$일 때, $y = 5$

따라서 $-5 \leq x \leq 0$에서의 최댓값은 9이다.

다른풀이

위로 볼록한 그래프이므로 꼭짓점 $(-2, 9)$일 때 최댓값을 갖는다.

07 $x = -5$를 두 식에 각각 대입하면

$-5 + y = -4$에서 $y = -4 + 5 = 1$ $\therefore b = 1$

$-5y = a$에서 $-5 \times 1 = a$ $\therefore a = -5$

$\therefore a + b = -5 + 1 = -4$

08 $|x+3| \le 2$에서 $-2 \le x+3 \le 2$

$\therefore -5 \le x \le -1$

따라서 이를 수직선 위에 나타낸 것은 ①이다.

09 두 점 $A(-4,\ 6)$, $B(2,\ 2)$ 사이의 거리는

$$\sqrt{\{2-(-4)\}^2+(2-6)^2} = \sqrt{6^2+(-4)^2}$$
$$= \sqrt{36+16}$$
$$= \sqrt{52}$$
$$= 2\sqrt{13}$$

10 직선 $y=-x$에 수직인 직선의 방정식을

$y=ax+b$라 하면

$-1 \times a = -1$이므로 $a=1$

직선 $y=x+b$가 점 $(2,\ 3)$을 지나므로

$3=2+b$ $\therefore b=1$

따라서 구하는 직선의 방정식은 $y=x+1$

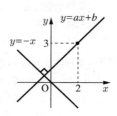

11 중심의 좌표가 $(-4,\ 2)$이고, y축에 접하는 원의 반지름의 길이는

4이다.

따라서 구하는 원의 방정식은

$$(x+4)^2+(y-2)^2=16$$

12 좌표평면 위의 점 $(7,\ 5)$를 x축에 대하여 대칭이동한 점의 좌표는,

y좌표의 부호가 반대로 바뀌므로 $(7,\ -5)$가 된다.

13 $A \cup B = \{1,\ 2,\ 3,\ 4,\ 5\}$이므로 $n(A \cup B)=5$

14 $p \to q$의 역은 $q \to p$

따라서 명제 '$a^2+b^2=0$이면 $a=0$이고 $b=0$이다.'의 역은 '$a=0$이고 $b=0$이면 $a^2+b^2=0$이다.'이다.

15 ① $\sqrt{3}$은 무리수이다.

② 10의 약수는 1, 2, 5, 10이다.

④ 삼각형의 세 내각의 크기의 합은 $180°$이다.

16 $f(1)=6$

f^{-1}는 f의 역함수이므로 $f^{-1}(5)=a$이면

$f(a)=5$ $\therefore a=4$

$\therefore f(1)+f^{-1}(5)=6+4=10$

17 $(f^{-1} \circ f)(2) = f^{-1}(f(2)) = f^{-1}(8)=2$

18 함수 $y=\sqrt{x-a}$의 그래프는 점 $(7,\ 0)$을 지나므로 함수

$y=\sqrt{x}$의 그래프를 x축의 방향으로 7만큼 평행이동한 것이다.

$\therefore a=7$

19 주사위 1개를 던질 때 일어나는 모든 경우의 수는 6가지

동전 1개를 던질 때 일어나는 모든 경우의 수는 2가지

따라서 구하는 경우의 수는

$6 \times 2 \times 2 \times 2 = 48$

20 가로 방향의 평행선 3개 중에서 2개, 세로 방향의 평행선 4개 중에서

2개를 택하면 평행사변형 1개가 만들어진다.

따라서 구하는 평행사변형의 개수는

$_3C_2 \times _4C_2 = 3 \times 6 = 18$

수학 실전 문제 2회

01 ②	02 ③	03 ①	04 ②	05 ③
06 ①	07 ③	08 ④	09 ②	10 ④
11 ④	12 ④	13 ③	14 ①	15 ④
16 ③	17 ②	18 ①	19 ④	20 ④

01 $A-B = (3x^2+x+2)-(x^2-x-3)$
$$= 3x^2+x+2-x^2+x+3$$
$$= (3-1)x^2+(1+1)x+2+3$$
$$= 2x^2+2x+5$$

02 $(x-1)^2=(x-2)^2+2(x-5)+a$에서

$x^2-2x+1 = x^2-4x+4+2x-10+a$
$$= x^2-2x-6+a$$

$-6+a=1$이므로 $a=7$

03 $f(x)=x^3-5x+ax+4$라 하면 $f(x)$가 $x+1$로 나누어떨어지므로 나머지정리에 의해 $f(-1)=0$이다.

$f(-1)=(-1)^3-5 \times (-1)+a \times (-1)+4$
$$= -1+5-a+4$$
$$= 8-a=0$$

이므로 $a=8$

04 $i(5+3i)=a+5i$에서

$5i+3 \times i^2 = a+5i$

$5i+3 \times (-1) = a+5i$

$-3+5i = a+5i$

복소수가 서로 같을 조건에 의해

$a=-3$

05 이차함수 $y=-(x+2)^2+10$의 그래프에서
$x=-4$일 때, $y=-(-4+2)^2+10=6$
$x=-2$일 때, $y=10$
$x=2$일 때, $y=-6$
따라서 $-4 \leq x \leq 2$에서의 최댓값은 10, 최솟값은 -6이므로 그 합은
$10-6=4$

06 $x=-1$을 대입하면 $(-1)^3+a\times(-1)^2+(-1)+4=0$
$-1+a-1+4=0$ $\therefore a=-2$

07 $x^2+x-12 \leq 0$에서
$(x+4)(x-3) \leq 0$
$\therefore -4 \leq x \leq 3$

08 주어진 수직선에 나타난 이차부등식의 해는 $x \leq -3$ 또는 $x \geq -1$이므로 이를 이차부등식으로 나타내면 $(x+1)(x+3) \geq 0$이다.
따라서 $a=1$, $b=3$ 또는 $a=3$, $b=1$이므로
$a+b=1+3=4$

09 두 점 $A(-2, 2)$, $B(4, 8)$에 대하여 선분 AB의 중점의 좌표는
$\left(\dfrac{-2+4}{2}, \dfrac{2+8}{2} \right)$, 즉 $(1, 5)$

10 두 점 $A(4, 2)$, $B(0, -4)$를 지나는 직선의 방정식은
$y-2=\dfrac{2-(-4)}{4-0}(x-4)$, $y=\dfrac{3}{2}(x-4)+2$
$\therefore y=\dfrac{3}{2}x-4$

11 중심의 좌표가 $(6, 3)$이고, 반지름의 길이가 2인 원의 방정식은
$(x-6)^2+(y-3)^2=4$

12 좌표평면 위의 점 $(5, 8)$을 직선 $y=x$에 대하여 대칭이동한 점의 좌표는 $(8, 5)$이다.

13 점 $A(3, -4)$를 x축에 대하여 대칭이동한 점 B의 좌표는 $B(3, 4)$이다.
원점 O와 점 B 사이의 거리는
$\sqrt{3^2+(-4)^2}=\sqrt{9+16}=\sqrt{25}=5$

14 $A \cap B^C=A-B$이므로
$A \cap B^C=\{3, 4\}$
$\therefore n(A \cap B^C)=2$

15 $p \rightarrow q$의 대우는 $\sim q \rightarrow \sim p$
따라서 명제 '$x=1$이면 $x^2=1$이다.'의 대우는 '$x^2 \neq 1$이면 $x \neq 1$이다.'이다.

16 $(g \circ f)(2)=g(f(2))=g(4)=5$

17 유리함수 $y=\dfrac{2}{x}$의 그래프를 x축의 방향으로 3만큼, y축의 방향으로 2만큼 평행이동하면 $y=\dfrac{2}{x-3}+2$의 그래프가 된다.
따라서 $a=3$, $b=2$이므로
$a+b=3+2=5$

18 함수 $y=-\sqrt{x+2}+1$의 그래프는 함수 $y=-\sqrt{x}$의 그래프를 x축의 방향으로 -2만큼, y축의 방향으로 1만큼 평행이동한 그래프이므로 ①이다.

19 주사위의 눈의 수를 순서쌍 (x, y)로 나타내면
(i) $x+y=3$일 때, $(1, 2)$, $(2, 1)$
(ii) $x+y=8$일 때, $(2, 6)$, $(3, 5)$, $(4, 4)$, $(5, 3)$, $(6, 2)$
(i), (ii)에서 구하는 경우의 수는
$2+5=7$

20 남학생 4명을 일렬로 세우는 경우의 수는 $4!=24$
그림과 같이 남학생 사이사이 및 양 끝의 5개의 자리 중 3개의 자리에 여학생을 세우는 경우의 수는 $_5P_3=5 \times 4 \times 3=60$

√ (남) √ (남) √ (남) √ (남) √

따라서 구하는 경우의 수는
$24 \times 60 = 1440$

영어

1 문법

01 ①	02 ③	03 ④	04 ②	05 ②
06 ①	07 ③	08 ④	09 ②	10 ④
11 ②	12 ②	13 ④	14 ③	15 ③
16 ④	17 ③	18 ①	19 ②	20 ④
21 ③	22 ④	23 ③	24 ④	25 ③
26 ①	27 ④	28 ①	29 ①	30 ④
31 ①	32 ②	33 ②	34 ③	35 ④
36 ③	37 ②	38 ①	39 ④	40 ①
41 ④	42 ②	43 ④	44 ②	45 ①
46 ②	47 ②	48 ②	49 ③	50 ①
51 ④	52 ②	53 ④	54 ①	55 ①
56 ④	57 ②	58 ④	59 ③	60 ②
61 ④	62 ②	63 ①	64 ④	65 ③
66 ②	67 ③	68 ①	69 ③	70 ③
71 ④	72 ②	73 ③	74 ④	75 ②
76 ④	77 ③	78 ②	79 ①	80 ①
81 ③	82 ①	83 ③	84 ③	85 ④
86 ④	87 ②	88 ④		

01 주어가 인간의 좌뇌(The left side of the human brain)이므로, 3인칭 단수동사(controls)를 써야 한다.

[해석]
인간의 좌뇌는 언어를 <u>관장한다</u>.

02 전치사(without) 다음에는 명사 또는 명사 상당 어구를 써야 한다.

[해석]
그는 나에게 <u>인사도 없이</u> 방으로 뛰어 들어갔다.

03 첫 번째 빈칸에는 '잠시 휴식을 취하다'의 뜻의 take a break에서 break가 명사로 쓰였으며, 두 번째 빈칸에는 break가 '~을/를 어기다'라는 뜻의 동사로 쓰였다.

[해석]
• 우리는 몇 시간째 일하고 있는데, <u>잠깐 쉬었다</u> 합시다.
• 교칙을 <u>어겨서는</u> 안 된다.

04 첫 번째 빈칸에서 had는 사역동사로 목적어가 사물일 경우 '~이/가 ~을/를 당하다'의 뜻이다. 두 번째 빈칸에서 had는 '~을/를 가지다'라는 뜻이다.

[해석]
• 어제 (미용실에서) 머리를 <u>잘랐다</u>.
• 그는 새 승용차 한 대와 보트를 한 척 <u>가지고 있었다</u>.

05 ① go가 상태를 나타내는 동사(~가 되다, ~해지다)로 형용사(crazy)와 함께 쓰여 '미쳐가다'의 뜻이다.
② 'look + 형용사'는 '~처럼 보이다'의 뜻으로 look happily → look happy가 되어야 한다.
③ get ready는 '~을/를 위해 준비하다'의 뜻이다.
④ grow older는 '나이가 (점점) 들어가다'라는 의미이다.

[해석]
그 남자는 <u>행복해 보이지</u> 않는다.

06 ① explain me → explain to me가 되어야 한다.
explain, propose, suggest, complain은 '~에게'의 뜻으로 'to + 목적격'을 쓴다. 수여동사가 아니다.
② let은 '~에게 ~하도록 하다'라는 뜻의 사역동사이므로, 원형부정사(smoke)를 썼다.
③ allow, permit, advise, forbid는 동명사를 목적어로 취하지만 목적어가 오면 to부정사를 쓴다.
• I'd <u>advise</u> *buying* your tickets well in advance if you want to travel in August.
8월에 여행하려면 표를 한참 전에 사라고 충고하고 싶군요.
• I'd <u>advise</u> you not *to tell* him.
그에게 말하지 말라고 네게 충고하고 싶어.
④ want는 to부정사를 목적어로 취한다.

[해석]
그는 <u>내게</u> 그 이유를 설명하지 않았다.

07 과거의 추측을 나타낼 때는 'may have p.p'를 쓴다.

[해석]
나는 그 책을 <u>읽었을지도 모른다</u>. 하지만 거의 기억나지 않는다.

08 • be used to ~ing: ~하는 데 익숙하다
• used to: ~하곤 했다(과거의 습관)

[해석]
나는 학교에서 야구를 <u>하곤 했다</u>.

09 일반적인 현재 사실을 나타내므로 현재시제를 쓰며, 부정의 부사 rarely가 문장 앞에 쓰이지 않으므로 도치는 불가능하다.

[해석]
번개는 좀처럼 같은 장소에 두 번 <u>치지</u> 않는다.

10 주절의 시제보다 먼저 일어난 일을 나타내므로 과거완료(had p.p)로 나타낸다.

[해석]
나는 그녀가 오지 않을 것이라고 생각했다. 왜냐하면 그녀가 그 전날 <u>아팠기</u> 때문이었다.

11 종속절의 행위가 주절보다 앞선 행위이므로 한 시제 빠른 과거완료시제가 와야 하며, 밤새 계속 비가 내렸기 때문에 진행형이어야 한다.

[해석]
밤새 비가 <u>내렸기</u> 때문에 길이 매우 축축했다.

12 ②의 could는 허락(~해도 될까요?)을 나타내고, 나머지는 능력(~할 수 있다)을 나타내는 can의 과거형이다.

해석

내가 네 컴퓨터를 써도 될까?

13 ④의 must는 의무(~해야 한다)를 나타내고, 나머지는 추측(~임에 틀림없다)을 나타내는 must이다.

해석

모든 여행객은 다음 양식을 작성해서 제출해야 한다.

14 자연적 현상이나 불변의 진리인 경우 항상 현재시제를 사용한다.
③ moved → moves

해석

선생님은 나에게 지구는 태양의 둘레를 돈다고 말했다.

15 과거에 시작하여 현재까지 계속 진행 중이므로 현재완료진행 시제를 쓴다.
③ is living → has been living

해석

내 여동생은 1980년 이후 쭉 서울에 살고 있다.

16 과거의 한 시점 이전에 계속되어 온 일이므로 과거완료 시제를 쓴다.
④ has worked → had worked

해석

그녀는 런던에서 5년 동안 일했지만, 작년에 떠났다.

17 내용상 빈칸에는 강한 추측을 나타내는 must가 들어가야 한다.

해석

그는 매우 고령임에 틀림없어. 머리가 백발이니까.
나는 잠들어 있었음에 틀림없어. 난 네 전화벨을 못 들었어.

18 첫 번째 문장에서는 시간과 조건의 부사절에서는 미래 시제 대신 현재 시제를 쓰기 때문에 be동사의 3인칭 현재형(is)을 써야 한다. 두 번째 문장에서는 변하지 않는 진리, 속담의 경우 시제 일치의 예외로 항상 현재형(is)을 쓴다.

해석

내일 날씨가 좋으면 우리는 피크닉을 갈 것이다.
어머니는 정직이 가장 좋은 정책이라고 내게 말씀하셨다.

19 단어
• all + 추상명사 = very + 형용사 = 추상명사 + itself: 매우 ~한

해석

그녀는 매우 주의를 기울이고 있다.

20 '수사 + 명사'가 형용사적으로 쓰일 때는 단수 형태이다.

해석

A: 너는 돈이 얼마나 있니?
B: 난 10달러짜리 지폐 한 장 있어.

21 권유, 의뢰, 긍정의 대답을 기대하는 의문문에서는 some을 쓴다.

해석

A: 좀 더 드시겠습니까?
B: 고마워요, 그럴게요.

22 막연한 나머지는 others로, 지정된 나머지는 the others로 나타낸다. 동사가 복수동사(are)이므로 주어가 복수가 되어야 한다.

해석

나는 네 명의 형제들이 있는데, 한 명은 부산에 있고, 나머지는 서울에 있다.

23 ③ other → another

단어
• one thing ~ another: ~와/과 ~은/는 완전 별개의 것이다

해석

아는 것과 가르치는 것은 완전 별개의 것이다.

24 information(정보)은 셀 수 없는 명사이므로 복수형을 쓸 수 없다.
④ informations → information

해석

당신은 소기업 대출에 대한 많은 정보를 얻어야 한다.

25 any는 부정문에서 주어로 쓸 수 없고 반드시 not 다음에 any가 와야 한다.
③ Any of them can not → None of them can

해석

아무도 그것을 할 수 없다.

26 첫 번째 문장의 빈칸에는 날씨를 나타내는 비인칭 주어 It이 들어가야 한다. 두 번째 문장은 목적어(Mary)를 강조하는 It ~ that 강조용법이므로, 빈칸에는 It이 들어가야 한다.

해석

• 밖에 비가 내리고 있다.
• 내가 어제 역에서 보았던 사람은 다름 아닌 메리였다.

27 첫 번째 문장의 빈칸에는 명사(houses)의 반복을 피하기 위하여 쓰인 지시대명사(those)가 들어가야 한다. 두 번째 문장의 빈칸에는 '~하는 사람들'이란 뜻으로 those가 들어가야 한다. 선행사(those)가 복수이므로, 복수동사(help)가 쓰였다.

해석

• 서울의 주택은 다른 도시의 주택보다 비싸다.
• 하늘은 스스로 돕는 사람들을 돕는다.

28 첫 번째 문장의 빈칸에는 정해지지 않은 하나의 어떤 것을 가리키는 one이 들어가야 한다. 두 번째 문장의 빈칸에는 일반인을 가리키는 one이 들어가야 한다.

해석

• 나는 펜이 필요해서 하나(펜)를 빌려 달라고 부탁했다.
• 사람은 뿌린 대로 거둔다.

29 형용사의 어순은 '관사·소유격·지시형용사 + 수량형용사 + 성질형용사(대·소 + 형상 + 신·구 + 색채 + 재료) + 명사'의 순이다.

[해석]
그녀는 예쁜 자줏빛 실크 드레스를 입는다.

30 부사가 여러 개 겹칠 때 '장소 + 방법(빈도) + 시간부사'의 순이다.
④ as a child = when I was a child

[해석]
A: 메트로폴리탄 미술관에 가 본 적이 있니?
B: 응, 내가 어렸을 때 정기적으로 그곳에 가곤 했어.

31 of all의 수식을 받고 있으므로 최상급 best가 적절하다.

[단어]
• what is the best of all: 게다가 가장 좋은 것은, 금상첨화로

[해석]
그는 매우 똑똑하고, 열정적인 데다가 금상첨화로 자기 일에 헌신적이다.

32 도구는 전치사 with와 함께 쓴다.

[해석]
동양인들은 젓가락으로 서양 음식을 먹나요?

33 'the + 형용사 = 복수보통명사'이므로, ② a deaf → the deaf 또는 deaf people이 되어야 한다.

[단어]
• box office: 매표소
• deaf: 귀가 먹은, 청각장애가 있는
• have a hard time –ing: ~하는 데 고생하다

[해석]
그녀는 청각장애인들을 가르치는 수업을 하고 있다.

34 became은 '~이/가 되다'라는 의미로 형용사가 필요하다. surprisingly는 형용사 dark를 수식하는 부사이다.
③ surprisingly darkly → surprisingly dark

[단어]
• skillfully: 교묘하게
• avoid: 피하다
• nap: 잠깐 자다, 낮잠을 자다
• get hurt: 다치다
• collapse: 붕괴하다, 무너지다

[해석]
하늘이 낮 동안에도 밤처럼 무척 어두워졌다.

35 명사와 함께 쓰인 형용사의 강조는 'such + a[n] + 형용사 + 명사'를 쓴다.
④ so a good man → such a good man

[단어]
• starve to death: 굶어죽다
• in my whole life: 내 평생에

[해석]
나는 내 평생에 이렇게 좋은 사람을 본 적이 없다.

36 on one's way는 '~(으)로 가는 길'이라는 뜻이다.
③ In his way → On his way

[해석]
그는 도시로 가는 길에 기분전환으로 제임스의 새 영화를 보러 갔다.

37 of는 형태만 바뀌는 물리적 변화의 경우에 쓰이고, from은 형태와 성분이 바뀌는 화학적 변화에 쓰인다. 나무가 종이로 만들어지는 것은 화학적 변화이므로, ② made of → made from

[단어]
• except: 제외하고는[외에는]
• by bus: 버스로
• by the pound: 1 파운드 단위로

[해석]
종이는 나무로 만든다.

38 첫 번째 문장의 빈칸에는 위치를 나타내는 전치사 on(~ 위에)이 들어가야 한다. 두 번째 문장의 빈칸에는 요일이나 날짜 등 일정한 일시를 나타내는 전치사 on(~에)이 들어가야 한다.

[해석]
• 그 전화기는 탁자 위에 있다.
• 에이브러햄 링컨은 1809년 2월 12일에 태어났다.

39 첫 번째 문장의 빈칸에는 출신, 출처를 뜻하는 전치사 from(~의 출신)이 들어가야 한다. 두 번째 문장의 빈칸에는 재료, 원료를 뜻하는 전치사 from(화학적 변화)이 들어가야 한다.

[해석]
• 어디 출신이세요?
• 버터는 우유로 만든다.

40 ago는 명백한 과거를 나타내는 표현이므로 과거시제만 사용할 수 있고, 현재완료시제에는 사용할 수 없다. ago를 사용하면 that이나 when이 이끄는 절이 뒤에 올 수 있으나, since가 이끄는 절은 뒤에 올 수 없다.

[해석]
• 그녀는 1분 전에 여기 있었다.
• 매우 오래전의 일이라 나는 내가 무엇을 들었는지 기억할 수 없었다.

41 '매우 ~해서 ~하다'라는 의미를 표현할 때는 'so ~ that'을 사용한다.

[단어]
• eagle: 독수리
• even: (예상 밖이나 놀라운 일을 나타내어) ~도[조차]
• happen: 있다[발생하다/벌어지다]
• meal: 식사[끼니]

해석
- 독수리는 매우 빨리 움직여서 작은 동물들은 잡히기 전까지는 <u>심지어</u> 무슨 일이 벌어지고 <u>있는지조차</u> 모른다.
- 나는 매우 가난<u>해서</u> 하루에 세 끼를 먹을 수 없다.

42 첫 번째 문장의 빈칸에는 late가 '이미 사망한'의 뜻으로 한정용법으로 쓰였다. 두 번째 문장의 빈칸에는 late가 '늦은'의 뜻으로 서술용법으로 쓰였다.

해석
고 브라운 씨는 부자였다.
그는 학교에 <u>지각</u>했다.

43 'ask + 목적어 + to 부정사'는 '목적어에게 ~을 요청하다'의 뜻이다.

단어
- flight attendant: 승무원

해석
승무원은 우리에게 코멘트 카드를 <u>작성해 달라고</u> 요청했다.

44 '사역동사 let + 목적어 + 원형부정사'는 '목적어에게 ~하게 하다'의 뜻이다.

해석
그는 누구도 그의 집이나 차에서 <u>담배를 피우지</u> 못하게 한다.

45 'look forward to + -ing'는 '~ 하기를 고대하다'의 뜻으로 전치사 to의 목적어로 동명사가 온다.

해석
우리는 너를 <u>보기를</u> 고대하고 있다.

46 Would you mind -ing?: ~ 해도 될까요?

해석
네 카메라를 <u>빌려도</u> 될까?

47 species와 endanger가 수동의 관계이므로, 빈칸에는 ② endangered가 적절하다.

단어
- action: (어떤 목적이나 문제 해결을 위한) 행동, 조치
- endangered: 멸종 위기에 처한
- disappear: 사라지다, 보이지 않게 되다

해석
아무런 조치도 취해지지 않으면, <u>멸종위기에 처한</u> 종들은 곧 지구에서 사라질 것이다.

48 The sun having set은 As the sun had set과 같은 의미로, 이유를 나타내는 분사구문이다.

해석
해가 <u>저물었으므로</u>, 우리는 그곳에서 하룻밤을 묵었다

49 분사구문은 부사절을 부사구로 바꾼 것으로, 먼저 접속사를 없애고 부사절의 주어와 주절의 주어가 같으면 생략한다. 부사절의 동사는 주절의 시제와 같으면 단순 분사형으로 바꾼다.

해석
그녀는 해야 할 일이 많<u>아서</u>, 그 파티에 갈 수 없었다.

50 사람의 성질을 나타내는 형용사(kind, nice, careless, foolish, careful, good 등)가 오면 의미상 주어에 for 대신에 of를 쓴다.
① for him → of him

해석
<u>그가</u> 돈을 쓰지 않는 게 현명했다.

51 사역동사 make(~하게 만들다)는 원형부정사를 목적격보어로 취하므로 ④ to take → take가 되어야 한다.

단어
- express: (감정·의견 등을) 나타내다, 표(현)하다
- treatment: 치료, 처치
- stomach cancer: 위암
- earthquake: 지진
- patient: 환자
- medicine: 약, 약물

해석
의사는 그 환자에게 하루에 두 번 약을 <u>복용하도록</u> 했다.

52 fail은 to부정사를 목적어로 취하므로 ④ Having failed creating → Having failed to create가 되어야 한다.

단어
- satisfy: 만족시키다
- desire: 욕구, 갈망, 바람
- chew: 물어뜯다[깨물다]
- bottom lip: 아랫입술
- consensus: 의견 일치, 합의
- manager: 경영자[운영자/관리자]
- decision: 결정, 판단
- postpone: 연기하다, 미루다

해석
합의를 <u>이끌어 내는 데</u> 실패했기 때문에, 관리자는 결정을 연기할 것을 요구했다.

53
- remember + 동명사: ~했던 것을 기억하다(과거)
- remember + 부정사: ~하는 것을 기억하다(미래)

단어
- awaken: (잠에서) 깨다[깨우다]
- embarrassing: 난처한, 쑥스러운
- enclose: 동봉하다
- tiring: 피곤하게 만드는, 피곤한

해석
돌려받고 싶다면, 회신 주소를 <u>동봉하는 것을</u> 잊지 마십시오.

54 성질을 나타내는 형용사(kind, nice, careless, foolish, careful, good 등)가 오면 의미상의 주어는 'of + 목적격'을 쓴다.

[해석]
- 그렇게 말하다니 당신은 친절하군요.
- 네가 와서 나를 도와주다니 정말 친절하구나.

55 too ~ to 구문은 '너무 ~해서 ~할 수 없다'의 뜻이다.

[해석]
- 그는 너무 늙어서 일할 수 없다.
- 저 책은 너무 어려워서 내가 읽을 수 없었다.

56 첫 번째 문장에서 분사(living)가 명사(things) 앞에서 명사를 수식하고 있다. 두 번째 문장에서 분사(living)가 다른 단어(in Seoul and surrounding areas)와 함께 오면 명사(people) 뒤에서 수식한다.

[단어]
- survive: 살아남다, 생존하다
- nearly: 거의
- surrounding area: 주변 지역

[해석]
- 모든 생물은 생존하기 위해 공기와 물, 식량이 필요하다.
- 서울과 주변 지역에는 거의 2천 5백만 명의 사람들이 살고 있다.

57 바위가 분류하는 주체가 아니라 분류되는 대상이므로 수동태로 쓴다.

[해석]
일반적으로 바위는 그것이 형성된 방식에 따라 분류된다.

58 ① be known to: ~에게 알려지다
② be known for: ~(으)로 유명하다
③ be known as: ~(으)로서 알려지다

[단어]
- be known by: ~을/를 보면 안다

[해석]
사람은 그가 사귀는 친구를 보면 알 수 있다.

59 'wish + 가정법 과거'로 I wish I could (play the piano).라는 의미이다.

[해석]
A: 너 피아노 칠 수 있어?
B: 아니, 나도 할 수 있으면 좋겠어.

60 If she had met the man before에서 If가 생략되고 도치되었다.

[해석]
그녀가 그를 전에 만났더라면 그를 알아볼 수 있었을 텐데.

61 Without은 (But for = Except for = If it were not for = Were it not for) '만약 ~이/가 없다면'이라는 의미이다.

[단어]
- carry out: 수행하다
- plan: 계획(앞으로 하려는 일)

[해석]
네 도움이 없다면 우리는 계획을 수행할 수 없었을 것이다.

62 상태동사 resemble은 수동태를 쓰지 않으므로, ② is resembled → resembles가 되어야 한다.

[단어]
- resemble: 닮다, 비슷[유사]하다
- treat: 대하다[다루다/취급하다/대우하다]

[해석]
그는 아버지보다는 어머니를 더 닮았다.

63 문맥상 내가 속인 것이 아니라, 속임을 당한 수동의 관계이므로, ① Having deceived → Having been deceived가 되어야 한다.

[단어]
- deceive: 속이다, 기만하다
- be on one's guard: 경계를 늦추지 않다
- jogging: 조깅

[해석]
지금까지 자주 속았기 때문에 지금 나는 경계하고 있다.

64 4형식 문장의 수여동사(make, buy, get, find 등)는 직접목적어를 주어로 해서 수동태로 전환할 경우 간접목적어 앞에 전치사 for를 쓴다.
④ was made to → was made for

[단어]
- compared with: ~와/과 비교하여
- improve: 개선되다, 나아지다
- invitation: 초대[초청]
- employee: 종업원, 고용인

[해석]
이 초콜릿 케이크는 남동생을 위해서 만들어졌다.

65 Unless는 '~하지 않는다면(if ~ not)'의 뜻이므로, 문맥상 ③ will recover → will not recover가 되어야 한다.

[단어]
- unless: ~하지 않는 한, ~이 아닌 한
- fail: 실패하다, ~하지 못하다
- recover: (건강이) 회복되다
- as if: 마치 ~인 것처럼

[해석]
푹 자지 않으면, 회복되지 않을 것이다.

66 첫 번째 문장에서 박물관이 서울에 세워지는 수동의 의미이므로 조동사(will) 다음의 빈칸에는 동사원형(be)이 들어가야 한다. 두 번째 문장에서 be opposed to는 '~에 반대하다'의 뜻이므로 조동사(would) 다음의 빈칸에는 동사원형(be)이 들어가야 한다.

[단어]
- museum: 박물관, 미술관
- personally: 개인적으로
- be opposed to: ~에 반대하다

[해석]
- 한글 박물관이 서울에 건설될 것이다.
- 개인적으로, 나는 새로운 법에 반대한다.

67 'as if [as though] + 가정법 과거'(사실은 아니지만) 마치 ~인 것처럼'의 뜻이다.

> [해석]
> • 그 아이는 마치 어른(이라도 된 것)처럼 말한다.
> • 그는 마치 만사를 다 아는 것처럼 보인다.

68 첫 번째 문장은 가정법 과거로 '~이 없다면(If it were not for)'이 적절하고, 두 번째 문장은 가정법 과거완료로 '~이 없었더라면(If it had not been for)'이 적절하다. 두 문장에 공통적으로 들어갈 수 있는 것은 Without 또는 But for이다.

> [해석]
> • 태양이 없다면 지구는 너무 추워서 살 수 없을 것이다.
> • 너의 도움이 없었다면 나는 그 일을 할 수 없었을 거야.

69
> [단어]
> • whether ~ or not: ~인지 아닌지

> [해석]
> 그녀가 돌아올지 안 올지는 문제가 되지 않는다.

70 주절과 종속절의 내용이 상반될 때는 '비록 ~이지만'이라는 양보의 뜻을 갖는 종속접속사 though[although]를 쓴다.

> [해석]
> 날은 어두웠지만, 우리는 마을로 가는 길을 발견할 수 있었다.

71 이유를 나타내는 접속사가 와야 한다.

> [해석]
> 나는 피곤하기 때문에 너와 함께 영화 보러 갈 수 없다.

72 선행사가 부정어(not, no, few 등)를 포함하는 경우 유사관계대명사 but을 쓴다. 이때 but의 의미는 'that ~ not'이다.

> [해석]
> TV 시청을 좋아하지 않는 어린이는 거의 없다.

73 복합관계대명사 whoever는 anyone who의 의미이다. comes가 단수동사이므로, ① Those who는 적합하지 않다.

> [해석]
> 누구든 제일 먼저 돌아오는 사람이 상을 받게 되어 있다.

74 선행사가 '사람 + 동물', '사람 + 사물'로 되어 있거나, 선행사 앞에 형용사의 최상급, 서수, the only, the very, the same, the last, all, every, any, no, 의문대명사 등이 올 때 관계대명사 that을 쓴다. that 에는 소유격이 없으며, 또 그 앞에 전치사를 쓸 수 없다.

> [해석]
> 자신의 조국을 사랑하지 않는 사람은 없다.

75 관계대명사가 전치사의 목적어일 때, 전치사가 관계대명사 앞에 있을 경우에는 관계대명사를 생략할 수 없으므로 ② the village in he lives → the village in which he lives가 되어야 한다.

③ 관계부사(where)의 계속적 용법, ④ which의 선행사는 앞 문장 (My daughter is very smart)

> [해석]
> 저기가 그가 살고 있는 마을이다.

76 문맥상 결과를 나타내는 therefore, thus, as a result 등이 적합하다. ④ furthermore → therefore[thus / as a result]가 되어야 한다.

> [단어]
> • focus on: ~에 주력하다, 초점을 맞추다
> • otherwise: (만약) 그렇지 않으면[않았다면]
> • distracted: (정신이) 산만[산란]해진
> • still: 아직(도) (계속해서)
> • plane fare: 비행기 요금
> • furthermore: 뿐만 아니라, 더욱이

> [해석]
> 비행기 요금이 너무 비쌌다; 그러므로 나는 가지 않기로 결정했다.

77 both A and B는 복수동사(셀 수 있는 명사인 경우)이므로, ③ likes → like가 되어야 한다.

> [단어]
> • not only A but also B / (n)either A (n)or B: (B에 일치) A뿐만 아니라 B도
> • A as well as B: (A에 일치) B뿐만 아니라 A도

> [해석]
> 빌과 톰은 모두 테니스를 좋아한다.

78 Wherever는 양보를 나타내는 부사절을 이끄는 종속접속사로 '아무리 ~라도'의 뜻이므로, ② Where → Wherever가 되어야 한다.

> [단어]
> • as long as: ~하는 한
> • follow: (~의 뒤를) 따라가다[오다]
> • disagreement: 의견 충돌[차이]
> • desirable: 바람직한, 호감 가는

> [해석]
> 당신이 어디를 가든, 당신을 따라가겠습니다.

79 첫 번째 문장은 'A이거나 B인'의 뜻인 either A or B의 either가 들어가고, 두 번째 문장에는 부정문에서 '역시 ~하지 않다'의 뜻인 either가 들어가야 한다.

> [해석]
> • 그는 뉴욕이나 보스턴 두 곳 중 한 곳에서 산다.
> • 나의 형도 그녀를 만나고 싶어 하지 않고, 나도 역시 그녀를 만나고 싶지 않다.

80 첫 번째 문장에서 관계부사 where는 '전치사 + 관계대명사(which)'로 바꾸어 쓸 수 있으므로, in which로 쓸 수 있다. 두 번째 문장은 선행사 the house가 있으므로 관계대명사 which가 생략되어 있으며 빈칸에는 전치사 in이 들어가야 한다.

> [단어]
> • be born in ~: ~에서 태어나다

해석
- 이곳은 그녀가 살고 있는 집이다.
- 어느 것이 셰익스피어가 태어난 집이냐?

81 선행사가 시간을 나타내는 the day이므로, 빈칸에는 관계부사 when 이 적절하다.

해석
- 나는 김씨가 서울을 떠난 날을 기억하지 못한다.
- 나는 그가 죽은 날을 모른다.

82 첫 번째 문장은 'however + 주어 + 동사'의 형태로 '~할지라도'의 뜻이다. 두 번째 문장은 'however + 형용사[부사]'의 형태로 '아무리 ~할지라도'의 뜻이다.

해석
- 공부 습관을 바꿨을지라도, 나는 더 높은 점수를 받을 수 없었다.
- 아무리 부자라도 아프면 행복할 수 없다.

83 It ~ that 강조구문에서 주어(the little things)를 강조하고 있다.

해석
인생에서 차이를 만드는 것은 바로 사소한 것들이다.

84 부정어(never, hardly, seldom, rarely, little, nor, neither)를 강조하기 위해 문장 앞에 쓰면, 주어와 동사는 도치된다. 조동사가 없는 일반 동사는 'do[does/did] + 동사원형'을 쓴다.

해석
내가 1등상을 탈 줄은 꿈에도 생각지 못했다.

85 not only 뒤에 to부정사(to keep quiet)이므로 but also 뒤에도 to 부정사(to do)를 쓴다.

해석
선생님은 학생들이 조용히 할 뿐만 아니라 과제를 하길 원한다.

86 상관접속사 either A or B 로 연결된 병렬구조에서는 접속사 사이의 어구들이 문법적으로 동일한 구조로 연결되어야 한다. ④ either pushed or are pulled → either pushed or pulled가 되어야 한다.

단어
- act like: ~답게 행동하다
- cancel: 취소하다
- rain cats and dogs: 비가 억수같이 퍼붓다

해석
밀거나 당기면 사물이 움직이기 시작한다.

87 장소부사구(in the doorway)가 문두에 위치해도 주어와 동사를 도치하지 않는다.

단어
- lead to: ~(으)로 이어지다

해석
입구에 그녀의 어머니가 서 계셨다.

88 It ~ that 강조구문으로 주어(you)를 강조하고 있으므로, ④ It's you that has → It's you that have가 되어야 한다.

해석
그것을 어떻게 할지 결정할 권리는 다름 아닌 네게 있다.

2 어휘

01 ②	02 ③	03 ④	04 ②	05 ②
06 ③	07 ①	08 ③	09 ③	10 ④
11 ③	12 ③	13 ②	14 ①	15 ①
16 ①	17 ②	18 ②	19 ③	20 ②
21 ③	22 ②	23 ②	24 ②	25 ④
26 ①	27 ②	28 ②	29 ①	30 ②

01 ① '깨닫다'의 과거
③ '인쇄하다'의 과거
④ '멸망하다'의 과거

단어
- make up one's mind: 결심하다(= decide)

해석
그는 더욱 열심히 공부하기로 결심했다.

02 ① 전적으로, 완전히
② 점차적으로
④ 친절한

단어
- after all: 마침내(= finally)

해석
그는 결국 성공했다.

03 ① '받다'의 과거
③ '세우다'의 과거
④ '섞다'의 과거

단어
- call at: 방문하다(= visit)
- call on: 방문하는 것이 사람일 때

해석
그녀는 선생님 댁을 방문했다.

04 ① 게다가
③ 공동으로
④ 예를 들어

단어
- in fact: 실제로, 사실상(= actually)

해석
사실상, 그는 성실한 노동자이다.

05 ① 정돈된
③ 완전히, 전적으로
④ 주로, 일반적으로

단어
• nothing but(= only): 오직, ~만

해석
그 방에는 의자 하나만이 있다.

06 ① 정착하다 ② 폭발하다 ④ 해결하다

단어
• take place: 일어나다, 발생하다(= happen)

해석
그 사고가 언제 일어났습니까?

07 ② 놀라게 하다 ③ 존경하다 ④ 명령하다

단어
• look down on: 업신여기다(= despise)

해석
그들은 우리를 항상 업신여긴다.

08 ① 오직, 단지 ② 제 시간에 ④ 적어도

단어
• at last: 마침내, 드디어(= finally)

해석
마침내 우리는 실제로 무슨 일이 일어났는지 알았다.

09 ① ~을/를 먹고 살다
② ~을/를 돌보다
④ ~을/를 찾다

단어
• depend on: 의지하다(= rely on)

해석
그들은 물을 강에 의존해야 한다.

10 ① 느긋한 ② 화난 ③ 무력한

단어
• ill at ease: 불안한(= uncomfortable)
↔ at ease

해석
낸시는 그 시험 결과에 불안해 했다.

11 ① 무시하다
② ~을/를 다 쓰다
④ ~을/를 펼치다

단어
• fall back on: 의지하다(= depend on, rely on)

해석
우리는 비상시에 저축에 의지할 수 있다.

12 ① '앞지르다'의 과거
② '적응하다'의 과거
④ '~을/를 건너다'의 과거

단어
• come up with: ~을/를 제안하다(= suggest)

해석
제인은 새로운 생각을 제안했다.

13 ① '고용하다'의 과거분사
③ '미루다, 연기하다'의 과거분사
④ '~에 참가[참여]하다'의 과거분사

단어
• turn down: 거절하다(= reject)

해석
그는 군에 가려 했지만 거절당했다.

14 단어
• be at a loss: 당황하다, 어쩔 줄 모르다(= be embarrassed, be
  bewildered, be confused, be puzzled)

해석
나는 내가 결석한 이유를 어떻게 설명해야 할지 모르겠다.

15 ② '포기하다'의 과거
③ '수행하다(= accomplish)'의 과거
④ '~의 위험을 무릅쓰다'의 과거

단어
• get over: 극복하다(= overcome)

해석
그는 마침내 어려움을 극복했다.

16 ①은 '염려하는 – 걱정[우려]하는'으로 유의어 관계이고, 나머지는 반의어 관계이다.

17 ②는 '현명한 – 영리한'으로 유의어 관계이고, 나머지는 반의어 관계이다.

18 ②는 '빠른 – 빠른[신속한]'의 뜻으로 유의어 관계이고, 나머지는 반의어 관계이다.

19 ③은 '강한 – 더 강한'의 뜻으로 형용사의 '원급 – 비교급' 관계이고, 나머지는 '동사 – ~하는 사람'의 관계이다.

20 ②는 '같은 – 동일한'의 뜻으로 유의어 관계이고, 나머지는 반의어 관계이다.

21 ③은 '강한 – 강력한'의 뜻으로 유의어 관계이고, 나머지는 반의어 관계이다.

22 ②는 '아주 작은 – 작은'의 뜻으로 유의어 관계이고, 나머지는 반의어 관계이다.

23 ②는 '마른 – 날씬한'의 뜻으로 유의어 관계이고, 나머지는 반의어 관계이다.

24 밑줄 친 'No news is good news.'는 '무소식이 희소식이다.'의 뜻이다.

단어
- go into hospital: 병원에 입원하다

해석
A: 톰이 지난주에 병원에 입원한 거 알았어?
B: 아니 몰랐어. 참 안됐구나. 이제 괜찮니?
A: 내 생각에 그는 휴식이 필요한 거 같아. 하지만 최근 며칠 동안은 소식을 듣지 못했어.
B: 걱정하지 마. <u>무소식이 희소식이야.</u>

25 밑줄 친 'A friend in need is a friend indeed.'는 '어려울 때 도와주는 친구가 진정한 친구다.'의 뜻이다.

단어
- in need: 어려움에 처한
- indeed: 정말[참으로]

해석
A: 넌 내가 네 도움이 필요할 때마다 날 혼자 두지 않았어.
B: <u>어려울 때 도와주는 친구가 진정한 친구지.</u>

26 밑줄 친 'Well begun is half done.'은 '시작이 반이다.'의 뜻이다.

해석
A: 나는 이 보고서를 끝내지 못할 것 같아서 걱정이야.
B: 벌써 훌륭한 도입부를 썼잖아. <u>시작이 반이야.</u>

27 밑줄 친 'The more, the better.'는 '많으면 많을수록 좋다.'의 뜻이다.

해석
A: 우리는 학교 축제를 위해서 운동장을 청소할 계획이야.
B: 일이 정말 많겠는걸. 도움 필요하니?
A: 물론이지. <u>많으면 많을수록 좋지.</u>

28 밑줄 친 'a good medicine tastes bitter.'는 '몸에 좋은 약이 입에 쓰다.'의 뜻이다.

해석
A: 엄마, 나 채소 먹기 싫어요.
B: 채소를 먹는 게 건강에 좋단다.
A: 하지만 채소는 맛이 없어요.
B: 어서, <u>몸에 좋은 약은 입에 쓴단다.</u>

29 '일을 급히 서두르면 망친다.'는 의미로 신중함과 결단력이 성공으로 이끈다는 것을 뜻하는 속담이다.

해석
느려도 착실하면 이긴다(서두르면 일을 망친다).

30 '고통 없이는 얻는 것도 없다.'는 뜻으로, 노력의 중요성을 강조하는 말이다.

해석

고통 없이는 아무것도 못 얻는다.

3 생활 영어

01 ①	02 ④	03 ②	04 ②	05 ④
06 ③	07 ③	08 ①	09 ①	10 ④
11 ①	12 ④	13 ①	14 ②	15 ①
16 ②	17 ②	18 ②	19 ②	20 ④
21 ①	22 ②	23 ②	24 ②	25 ③
26 ④	27 ②	28 ③	29 ②	30 ④
31 ③	32 ①	33 ②	34 ①	35 ①
36 ②	37 ④	38 ②	39 ④	40 ④
41 ②				

01 첫 문장에서 A가 B에게 '주문하시겠어요?'라고 묻자 B가 '비프 스테이크 주세요.'라고 했으므로 대화의 장소가 음식점임을 알 수 있다.

단어
- order: 주문

해석
A: 주문하시겠어요?
B: 네. 비프 스테이크 주세요.

02 첫 문장에서 A가 '이 책들 세일 중인가요?'라고 물었으므로, 대화가 이루어지는 장소는 서점임을 알 수 있다.

단어
- on sale: 세일 중인
- travel: 여행
- second floor: 2층

해석
A: 이 책들 세일 중인가요?
B: 네, 이 책들 모두 각각 4달러씩입니다.
A: 여행에 관한 책도 있나요?
B: 네, 그 책들은 2층에 있어요.

03 B가 'A table for two at seven o'clock(7시에 2인용 테이블이요).'이라고 했으므로, 대화의 장소가 식당임을 알 수 있다.

단어
- reservation: 예약

해석
A: 안녕하세요, 예약하셨나요?
B: 네. 7시에 2인용 테이블이요.
A: 아, 네, 미스 김이신가요?
B: 맞아요.

04 B가 새 휴대폰을 찾는다고 했으므로, 대화의 장소가 전자 제품 가게임을 알 수 있다.

단어
- look for: 찾다, 구하다

해석

A: 무엇을 찾으시는지요?

B: 새로 나온 휴대폰을 찾고 있어요.

A: 이 제품은 어떠세요? PDA(휴대정보단말기)가 탑재된 휴대폰이에요.

05 A가 'I'd like to exchange these shoes.'라고 했으므로, 대화의 장소가 구두 가게임을 알 수 있다.

단어

• Excuse me.: (모르는 사람의 관심을 끌려고 할 때) 실례합니다.

• exchange: (동일한 종류의 것을) 교환하다

해석

A: 실례합니다. 이 신발을 교환하고 싶어요.

B: 물론이지요. 무엇 때문에 그러세요?

06 B가 'I'm looking for a tie for my father.'라고 했으므로, 대화의 장소가 상점임을 알 수 있다.

해석

A: 무엇을 도와드릴까요?

B: 네. 아버지를 위한 넥타이를 찾고 있어요.

07 고양이(cat), 피부 문제(skin problem), 약(medicine)과 같은 단어들로 보아 대화가 이루어지는 장소는 동물병원임을 알 수 있다.

단어

• spot: 점, 반점

• medicine: 약

• come back: 돌아오다

해석

A: 제가 키우는 고양이 등 위에 이상한 붉은 점들이 있어요.

B: 고양이 좀 볼게요. 오, 이거 피부에 문제가 있어 보이는데요.

A: 심각한 건가요?

B: 걱정하지 마세요. 고양이한테 이 약을 하루에 두 번 주시고, 3일 후에 여기 다시 오세요.

08 A가 마음에 드는 그림의 가격을 물어보자 B가 200달러라고 대답했으므로, 두 사람의 관계는 고객과 점원의 관계임을 알 수 있다.

해석

A: 저 그림이 마음에 들어요. 얼마예요?

B: 안목이 좋으시군요! 200달러입니다.

A: 뭐라고요? 그렇게 비쌀 거라고 생각하지 않았는데요.

09 A가 감자와 당근을 찾는다고 하자 B가 식료품 코너에 있다고 대답했으므로, 두 사람의 관계는 고객과 점원의 관계임을 알 수 있다.

단어

• vegetable: 채소

• grocery section: 식료품 코너

해석

A: 실례합니다. 전 감자와 당근을 찾고 있어요.

B: 감자와 당근, 그리고 채소는 모두 식료품 코너에 있어요.

10 A가 영어 수업 시간에 늦었다고 하자 B가 다시는 지각하지 않겠다고 대답했으므로, 두 사람의 관계는 교사와 학생의 관계임을 알 수 있다.

단어

• be late for: ~에 지각하다

• promise: 약속하다

해석

A: 영어 수업에 지각했구나.

B: 죄송해요. 다시는 늦지 않겠습니다.

11 A가 셔츠를 입어 봐도 되냐고 묻자 B가 탈의실의 위치를 알려 주고 있으므로, 두 사람의 관계는 고객과 점원의 관계임을 알 수 있다.

단어

• try on: (시험 삼아) 해[입어] 보다

• fitting room: (옷가게의) 탈의실

• fit: (의복 등이) (꼭) 맞다, 어울리다

해석

A: 이 셔츠 마음에 들어요. 입어 봐도 돼요?

B: 물론이지요. 탈의실은 저쪽에 있어요.

A: 잘 맞는데요. 살게요.

12 A가 티켓을 보여 달라고 하자 B가 창쪽 좌석으로 배정해 달라고 했으므로, 두 사람의 관계는 항공사 직원과 승객의 관계임을 알 수 있다.

단어

• fly to ~: ~까지 비행기로 가다

• window seat: 창쪽 좌석

• check: (비행기 등을 탈 때 수하물을) 부치다

해석

A: 항공권 보여 주시겠어요? 아, 뉴욕까지 가시는군요.

B: 맞아요. 창쪽 좌석을 주세요.

A: 네, 부칠 짐 있으세요?

B: 네, 가방 한 개 있어요.

13 B가 인후염이 있다고 하자 A가 약을 주면서 5달러라고 했으므로, 두 사람의 관계는 약사와 손님의 관계임을 알 수 있다.

단어

• sore throat: 인후염

• medicine: 약, 약물

해석

A: 안녕하세요. 무엇을 도와드릴까요?

B: 목이 따끔거려요[인후염이 있어요].

A: 이 약을 드세요. 5달러입니다.

B: 여기 있어요. 감사합니다.

14 A가 지금 책을 빌려도 되냐고 하자 B가 이번에는 어떤 책을 읽으려고 하느냐고 했으므로, 두 사람의 관계는 이용객과 도서관 직원의 관계임을 알 수 있다.

단어

• borrow: 빌리다

• science novel: 공상과학소설

해석
A: 지금 책을 빌릴 수 있을까요?
B: 이번에는 어떤 것을 읽고 싶으세요?
A: 오늘은 공상과학소설을 읽어 볼게요.
B: 어디 봅시다. 오, 여기 적당한 게 있군요.

15 A가 모자를 사고 싶다고 하자 B가 사이즈가 어떻게 되느냐고 했으므로, 두 사람의 관계는 손님과 판매원의 관계임을 알 수 있다.
해석
A: 전 모자를 사고 싶어요.
B: 사이즈가 어떻게 되시죠?
A: '소'로 주세요. 얼마예요?
B: 10달러입니다.

16 B가 '독감에 걸렸어.'라고 했으므로, 빈칸에는 '너 무슨 일이니?'라는 뜻의 ② What's wrong (with you)?가 들어가야 한다.
• Is there anything wrong with you?: 어디 아픈 데 있니?
• look well: 건강해 보이다
해석
A: 너 무슨 일 있니? 안색이 별로 좋지 않구나.
B: 독감에 걸렸어.

17 빈칸 다음에서 B가 한 개는 중국에, 나머지 두 개는 한국으로 보낸다고 했으므로, 빈칸에는 '어느 나라에 보내는 것입니까?'라는 뜻의 ② What country are they for?가 들어가야 한다.
• How far is it?: 거리가 얼마나 멉니까?
해석
A: 도와드릴까요?
B: 네. 상자 몇 개를 부치려고 합니다.
A: 어느 나라에 보내는 것입니까?
B: 한 개는 중국에, 나머지 두 개는 한국으로요.

18 Would you mind ~?라고 물어보면, 부정으로 답해야 긍정의 의미가 되므로, 빈칸에는 ② Of course not.이 들어가야 한다.
• Would you mind -ing?: ~을/를 해도 괜찮겠습니까?
해석
A: 창문 열어도 괜찮겠습니까?
B: 물론이지요.

19 빈칸 다음에서 B가 '10분마다요.'라고 했으므로, 빈칸에는 '얼마나 자주'라는 뜻의 ② How often이 들어가야 한다.
• transfer: 갈아타다, 환승하다
• How often ~?: 얼마나 자주 ~?
해석
A: 내가 갈아타야 하나요?
B: 아니요, 쭉 갑니다.
A: 여기에 얼마나 자주 옵니까?
B: 10분마다요.

20 빈칸 다음에서 B가 '방금 제주도에서 돌아왔어요.'라고 했으므로, 빈칸에는 '어디에 있었어요?'라는 뜻의 ④ Where have you been?이 들어가야 한다.
• delightful: 매우 기쁜, 즐거운
해석
A: 안녕하세요, 빌. 어디에 있었어요?
B: 방금 제주도에서 돌아왔어요.
A: 여행은 어땠어요?
B: 즐거웠어요. 그리고 날씨도 완벽했어요.

21 A가 '소금 좀 건네주세요.'라고 했으므로, 빈칸에는 ① Here it is(여기 있어요).가 적절하다.
해석
A: 소금 좀 건네주세요.
B: 여기 있어요.

22 빈칸 다음에서 A가 'You are not allowed to park here.'라고 했으므로, 빈칸에는 ② I'm parking(주차하고 있어요).이 적절하다.
해석
A: 선생님, 여기서 뭐하시는 겁니까?
B: 주차하고 있어요.
A: 이곳에 주차하시면 안 됩니다.
B: 정말요?

23 빈칸 다음에 과제가 많다고 했으므로, 빈칸에는 거절하는 표현이 와야 한다. 따라서 정답은 ②이다.
해석
A: 나는 오늘밤에 콘서트 갈 거야. 나랑 같이 갈래?
B: 미안하지만, 못 가. 과제가 너무 많거든.

24 A가 버스 정류장 위치를 묻고 있으므로 빈칸에는 위치를 알려 주는 ②가 적절하다.
해석
A: 버스 정류장이 어디 있는지 가르쳐 주실 수 있나요?
B: 물론이지요. 바로 저쪽에 있어요.

25 A가 선물을 건네고 있으므로, 빈칸에는 ③ How nice of you(정말 친절하구나)!가 적절하다.
해석
A: 너를 위한 작은 선물이야.
B: 오! 정말 친절하구나! 열어 봐도 돼?
A: 물론이야.

26 B가 말하기 대회에서 잘하지 못했다며 A의 위로를 받고 있으므로, 정답은 ④ disappointed(실망한)이다.
해석
A: 무슨 일이야?
B: 말하기 대회에서 잘하지 못했어.
A: 기운 내! 다음번엔 더 잘할 수 있을 거야.

27 B가 'I'm so nervous(너무 떨려).'라고 했으므로, 정답은 ② uneasy (불안한)이다.

[해석]

A: 댄스 경연 대회 준비는 됐니?
B: 무대에 설 수 있을지 모르겠어. 너무 떨려.
A: 진정해. 몇 달 동안이나 연습했잖아! 잘할거야.
B: 모르겠어. 이제 손까지 떨려.

28 A가 날씨도 완벽했다고 하자 B가 'That's why I'm so happy today.'라고 했으므로, 정답은 ③ '행복하다'이다.

[해석]

A: 어제 피크닉 어땠니?
B: 굉장했어! 아주 즐거웠어.
A: 날씨도 아주 좋았어.
B: 맞아. 그래서 오늘 너무 행복해.

29 A가 'I'm so happy!'라고 말하자 B가 'Congratulations(축하해)!'라고 했으므로, 정답은 ② glad(기쁜)이다.

[해석]

A: 드디어 운전면허시험에 합격했어. 나 정말 행복해!
B: 축하해!

30 B가 무슨 일이냐고 묻자 A가 'I'm really concerned about the result of my exam yesterday.'라고 했으므로, 정답은 ④ worried(걱정하는)이다.

[해석]

A: 엄마, 나 오늘 기분이 정말 우울해요.
B: 안됐구나. 무슨 일이니?
A: 어제 시험 결과가 너무 걱정돼요.

31 'The line is busy.'는 '통화 중입니다.'라는 뜻이다.

[해석]

A: 여보세요, 메리 좀 바꿔주세요.
B: 죄송합니다. 그녀는 지금 없어요. / 네, 접니다. / 전화 잘못 거셨어요.

32 밑줄 친 'You can say that again.'은 '당신의 의견에 동의해요.'라는 뜻으로 I agree with you.와 같은 뜻이다.

[해석]

A: 제인은 정말 친절해.
B: 동감이야. 그녀는 언제나 다른 사람들을 도와주지.

33 밑줄 친 'You'll do fine, I'm sure.'는 '넌 잘 할 거야, 틀림없이.'의 뜻으로 격려의 의미이다.

[해석]

A: 안녕, 잭. 여기서 뭐하고 있니?
B: 안녕, 수. 취업 면접이 있어.
A: 취재 기자를 위한?
B: 맞아.
A: 대단하다! 넌 잘 할 거야, 틀림없이.

34 'Why don't you ~?'는 '~하는 게 어때요, ~하지 않겠어요?'의 뜻으로 제안하는 표현이다. What[How] about ~?과 같은 표현이다.

[해석]

A: 나는 내 친구와 문제가 있어.
B: 그것에 대해 말해 보는 게 어때?

35 'Will you do me a favor?'는 부탁하는 표현이다.

[해석]

A: 부탁 하나 들어 줄래?
B: 물론이지. 뭘 도와줄까?

36 주어진 말에서 '나 좀 도와줄래?'라고 요청했고 (B)에서 '물론이지. 뭘 도와줄까?'라고 물어본다. (A)에서 '도서관까지 태워다줄 수 있니?'라고 했더니, (C)에서 '그럼. 기꺼이 태워다줄게.'라고 대답하는 것이 문맥상 적절하다.

[해석]

톰, 나 좀 도와줄래?
(B) 물론이지. 뭘 도와줄까, 수잔?
(A) 도서관까지 태워다줄 수 있니?
(C) 물론이야. 기꺼이 태워다줄게.

37 주어진 말에서 '방문 목적이 무엇인가요?'라고 묻자 (C)에서 '여기 휴가차 왔어요.'라고 대답했다. 그러자 (A)에서 '여기 얼마나 머물 예정인가요?'라고 묻고 (B)에서 '약 2주 정도요.'라고 대답하는 것이 문맥상 적절하다.

[해석]

방문 목적이 무엇인가요?
(C) 여기 휴가차 왔어요.
(A) 여기 얼마나 머물 예정인가요?
(B) 약 2주 정도요.

38 주어진 말에서 '사고로 기차가 늦어질 거야.'라고 하자 (B)에서 버스를 타자고 제안하고, (A)에서 '좋은 생각이야. 버스 정류장에서 오전 10시에 만나자.'로 약속한다. (C)에서 수락하고 그때 만나자고 하는 것이 문맥상 적절하다.

[해석]

에이미, 사고 때문에 기차가 늦어질 거야.
(B) 오, 안 돼! 대신 버스 타는 게 어때?
(A) 좋은 생각이야. 버스 정류장에서 오전 10시에 만나자.
(C) 오케이, 그때 만나자.

39 주어진 말에서 '소식 들었니?'라고 하자 (C)에서 '어떤 소식?'이라고 묻고, (B)에서 '우리 축구팀이 경기에서 우승했어.'라고 대답한다. (A)에서 '오! 대단하다.'라고 하는 것이 문맥상 적절하다.

[해석]

소식 들었니?
(C) 어떤 소식?
(B) 우리 축구팀이 경기에서 우승했어.
(A) 오! 대단하다.

40 주어진 말에서 '넌 무엇에 흥미 있니?'라고 묻자 (C)에서 '난 영화에 관심 있어.'라고 대답한다. 그러자 (A)에서 '그러면 영화 동아리에 가입하는 게 어때?'라고 제안한다. (B)에서 '좋은 생각이야.'라고 하는 것이 문맥상 적절하다.

해석
넌 무엇에 흥미 있니?
(C) 난 영화에 관심 있어.
(A) 그러면 영화 동아리에 가입하는 게 어때?
(B) 좋은 생각이야.

41 주어진 말에서 '언제 사고가 일어났어요?'라고 묻자 (A)에서 '어제 오후 5시요.'라고 대답한다. (C)에서 '어디서 일어났어요?'라고 묻자 (B)에서 '1번가 모퉁이에서요.'라고 대답하는 것이 문맥상 적절하다.

해석
언제 사고가 일어났어요?
(A) 어제 오후 5시요.
(C) 어디서 일어났어요?
(B) 1번가 모퉁이에서요.

4 독해

01 ①	02 ①	03 ①	04 ④	05 ④
06 ④	07 ②	08 ①	09 ③	10 ④
11 ③	12 ③	13 ③	14 ④	15 ④
16 ①	17 ③	18 ①	19 ④	20 ③
21 ②	22 ②	23 ②	24 ④	25 ①
26 ④	27 ③	28 ②	29 ②	30 ③
31 ②	32 ③	33 ③	34 ③	35 ③
36 ②	37 ②	38 ①	39 ③	40 ①

01 두 번째 문장에서 'I am writing to invite you to visit me ∼'라고 했으므로, 정답은 ①이다.

단어
• invitation: 초대
• accept: 받아들이다

해석
마이크에게,
잘 지내고 있니? 네가 제주도에 있는 나를 방문했으면 해서 초대 글을 쓰고 있어. 곧 여름 방학이라는 걸 알고 있어. 부디 내 초대를 받아들여서 이번 여름에 우리집에 와 줘.
제이크가

02 'Why don't you ∼?'는 '∼하는 것이 어때요?(권유, 제안)'라는 의미이다.

해석
일기를 쓰는 것은 좋은 습관이다. 무엇인가에 관해 쓰는 것은 그것에 대해 쓰기 전에 신중한 사고를 요구하기 때문에 쓰기는 당신을 사려

깊은 학생으로 만들어 줄 것이다. 영어로 일기를 쓰면 영어 실력을 향상시키는 데 도움이 될 것이다. 영어로 일기를 써 보는 게 어떨까?

03 이 글은 장미 축제를 알리는 광고이다.

단어
• in full bloom: 만개하여, 활짝 펴
• entertainment: 오락(물), 여흥

해석
올해 장미 축제는 5월 1일 판타지 랜드에서 시작할 것입니다. 여러분은 활짝 핀 많은 종류의 장미들을 감상할 수 있습니다. 또한 이곳에서 음식과 오락도 즐길 수 있습니다. 우리는 판타지 랜드에서 여러분을 만나길 기대하고 있습니다!

04 이 글은 자신이 좋아하는 여자애가 다른 남자애를 좋아하는 것 같아서 고민하는 소년의 고민 상담이다.

해석
친애하는 김 선생님께,
우리 반에 내가 좋아하는 여자애가 있어요. 나는 그 애의 남자친구가 되고 싶은데 그녀는 다른 남자애를 좋아하는 것 같아요. 그 애에게 내 마음을 고백해 볼까요? 내가 어떻게 해야 할지 알려 주세요.

05 글의 마지막에서 'Mothers can leave their children here and go to work without worrying about them.'이라고 했으므로, ④ '탁아소'가 적절하다.

단어
• private: 개인에 속하는, 개인 전용의(↔ public)
• comfortable: 편한, 안락한
• cheerful: 마음을 밝게 하는
• be full of: ∼(으)로 가득하다
• leave: 남기다, 두고 가다

해석
만약 당신이 이곳에 걸어 들어온다면, 당신은 금방 어느 개인 주택에 와 있다고 생각할지도 모릅니다. 가구는 부드럽고 편안하며, 커튼은 밝고 명랑한 느낌을 줍니다. 벽에는 어머니와 아이들의 아름다운 그림들이 걸려 있습니다. 각각의 방은 모두 아이들이 가지고 놀 수 있는 물건들로 가득 차 있습니다. 어머니들은 이곳에 아이들을 남겨 두고, 아이들을 걱정하지 않고 일하러 갈 수 있습니다.

06 이메일을 보내고 컴퓨터를 통해서 전 세계 도서관에 있는 자료를 찾는 데 이용한다고 했으므로, 밑줄 친 this는 ④ '인터넷'을 가리킨다.

해석
이것은 이메일만이 아니다. 사람들은 이것을 다른 방식으로도 사용한다. 당신은 도서관에 있는 무언가를 찾는 데 이것을 이용할 수 있다. 세계 어느 나라에 있는 도서관이라도 가능하다. 당신의 컴퓨터는 이것을 통해서 도서관에 있는 컴퓨터에 '말을 건다.'

07 라켓으로 작은 공을 쳐서 네트를 가로질러 서로 왔다갔다하는 경기라고 했으므로, 정답은 ② '테니스'이다.

단어
• back and forth: 왔다갔다하는, 앞뒤로
• hit: 치다

이것은 두 사람 또는 두 파트너 선수들을 위한 스포츠 경기이다. 이것은 경기장에서 진행된다. 선수들은 라켓을 사용해 작은 공을 쳐서 낮은 네트를 가로질러 왔다갔다한다.

08 한국의 전통적인 음악과 춤으로, 모내기와 추수 기간에 20명 이상의 사람들이 공연하는 악대 음악이라고 했으므로, 정답은 ① '농악'이다.

단어
• harvest: 추수

해석
이것은 한국의 전통적인 음악과 춤의 하나이다. 20명이 넘는 사람들이 모내기와 추수 기간에 전통 악기로 이것을 공연한다. 우리는 이것을 농악이라고 부른다.

09 빈칸 앞 문장에서 교사들이 사진으로 역사를 가르칠 수 있다고 했고, 빈칸 다음 문장에서 100년 전에 찍은 사진은 그 당시 사람들의 삶을 보여 줄 수 있다고 했으므로, 빈칸에는 ③ '예를 들어'가 적절하다.

단어
• educational: 교육적인
• purpose: 목적
• history: 역사

해석
사진은 교육적인 목적으로 사용될 수 있다. 교사들은 수업 시간에 사진을 보여 줌으로써 역사를 가르칠 수 있다. 예를 들어, 100년 전에 찍은 사진들은 학생들에게 그 당시 사람들이 어떻게 살았는지 보여 줄 수 있다.

10 첫 문장에서 우주 비행사들은 우주에서 특별한 의복이 필요하다고 했으므로, 문맥상 빈칸에는 의복이 우주에서의 압력과 온도 변화로부터 그들을 '보호한다'고 해야 적절하다.

단어
• astronaut: 우주 비행사
• space: 우주
• pressure: 압박, 압력
• temperature: 온도, 기온

해석
우주 비행사들은 우주에서 특별한 의복이 필요하다. 그들의 옷은 장갑과 헬멧, 부츠를 포함하며, 압력과 온도 변화로부터 그들을 보호한다.

11 빈칸 다음 문장에서 아이들이 '하늘은 왜 파란색이에요?' 같은 질문을 한다고 했으므로, ③ '호기심 많은'이 적절하다.

단어
• curious: 궁금한, 호기심이 많은
• naturally: 자연스럽게, 당연히

해석
성인들은 보통 그들 주위의 사물들에 대해 많이 생각하지 않는다. 하지만 대부분의 아이들은 자연스럽게 모든 것에 호기심이 많다. 아이들은 '하늘은 왜 파란색이에요?' 또는 '눈은 왜 차가워요?' 같은 질문들을 한다.

12 빈칸 앞 문장에서 쓰나미를 예방하는 방법은 'Probably not(아마 없을 것이다).'라고 했으므로, 문맥상 빈칸에는 쓰나미의 피해를 ③ '줄이기' 위해 노력하는 게 우리가 할 수 있는 방법 중 한 가지라고 해야 적절하다.

단어
• prevent: 막다[예방/방지하다]
• Tsunami: 쓰나미, 지진성해일
• probably: 아마도
• damage: 피해
• increase: 증가하다

해석
쓰나미를 막을 방법이 있을까? 아마 없을 것이다. 우리가 할 수 있는 방법 중 하나는 피해를 줄이는 것이다. 이것은 사람들에게 탈출할 충분한 시간을 주는 효과적인 경고 시스템으로 시행할 수 있다.

13 지문은 상어가 위험하다고 생각하는 사람들에게 상어에 대한 오해를 풀어 주고자 쓴 글이다.

단어
• however: 그러나
• kinds of: 종류의
• attack: 공격하다

해석
많은 사람들이 상어가 위험하다고 생각한다. 그러나 그것은 진실이 아니다. 몇몇 과학자들에 따르면, 360종보다 더 많은 종의 상어가 있는데 그중 4종만이 가끔 사람들을 공격한다.

14 지문은 기름 유출이 끼치는 악영향에 대해 예를 들어 설명하는 글이다.

단어
• spill: 유출
• hurt: 다치다
• living things: 생명체
• for example: 예를 들어

해석
만약 바다에 기름이 유출된다면, 그것은 어떤 생명체든 다치게 할 수 있다. 예를 들어, 작년 우리 마을 근처에서 기름이 유출됐을 때 많은 물고기와 바닷새들이 죽임을 당했다.

15 첫 문장에서는 광고가 가지고 있는 장점을 설명하고 있고, 두 번째 문장에서는 이러한 광고도 사람들로 하여금 필요한 것보다 물건을 더 많이 구입하게 부추기는 문제를 일으킬 수도 있다고 했으므로, 지문의 주제는 ④ '광고의 양면성'이다.

단어
• advertisement: 광고
• consumer: 소비자
• cause: ~을/를 야기하다[초래하다]
• encourage: 부추기다, 조장하다

해석
광고는 대개 소비자들에게 유용한 정보를 주고 새로운 제품에 대해 쉽고 빠르게 알 수 있게 도와준다. 그러나 광고는 필요한 것보다 더 많은 제품을 사도록 사람들을 부추김으로써 문제를 초래할 수도 있다.

16 제시된 글은 취업 면접에서 긴장감을 줄이는 방법에 대한 글이다.

단어
- nervous: 긴장한
- relax: 긴장을 풀다
- confidence: 자신감

해석
당신은 취업 면접 전에 긴장한 적이 있는가? 심호흡은 당신이 긴장을 풀도록 도울 수 있다. 면접 질문들을 연습하는 것 역시 도움이 된다. 연습은 당신에게 자신감을 주고, 그 자신감이 당신의 긴장감을 줄여 줄 것이다.

17 두 번째 문장에서 '스트레스를 다루는 비결에 대해 이야기해 보자.'고 했으므로, 지문의 제목은 ③ '스트레스를 관리하는 법'이 적절하다.

단어
- affect: 영향을 미치다
- deal with: ~을/를 다루다
- physical: 신체적인, 물리적인
- work: 효과가 나다[있다]
- manage: 다루다

해석
과도한 스트레스는 당신의 건강에 심각하게 영향을 줄 수 있다. 당신의 스트레스를 관리하는 비결들에 대해 이야기해 보자. 약간의 신체 활동을 하면서 시작해 보라. 만약 그것이 효과가 없다면, 누군가에게 당신의 문제들에 대해 이야기해 보라.

18 첫 문장에서 '피자는 그리스, 이집트, 터키와 같은 다양한 나라에서 왔다.'라고 했으므로, 지문은 피자의 기원에 대해 설명하고 있다.

단어
- come from: 에서 생겨나다
- bake: 굽다
- flat: 평평한
- topping: (음식 위에 얹는) 고명, 토핑

해석
피자는 그리스, 이집트, 터키와 같은 다양한 나라에서 왔다. 그곳 사람들은 뜨거운 돌 위에서 납작한 빵을 구웠다. 그들은 이 빵 위에 다양한 종류의 고명을 올렸다. 이것이 피자의 시작이었다.

19 제시된 글은 운동의 안전 수칙에 대한 글이다.

단어
- get hurt: 다치다
- warm up: 준비 운동을 하다
- safety equipment: 안전 장비

해석
당신은 운동하는 동안 다칠 수 있다. 그러므로 운동하기 전에 준비 운동을 해야 한다. 안전 장비를 착용해야 한다. 또한 피곤할 때는 운동을 멈추어야 한다.

20 제시된 글은 바람직한 우정을 쌓는 법에 대한 글이다.

단어
- friendship: 우정, 교우 관계
- unfriendly: 비우호적인, 친하지 않은
- benefit: 이익

해석
만약 당신이 누군가와 좋은 교우 관계를 원한다면, 먼저 무언가를 주어야 한다. 바람직한 우정을 쌓기 위해서, 당신은 주는 사람이 되어야 하고 받는 사람이 되어서는 안 된다. 그렇게 하면, 당신은 좋은 친구를 얻을 수 있다.

21 야생 동물들을 반려동물로 길렀다는 내용 뒤에, 그들 중 하나가 사슴이었다는 (B)의 내용, 사슴에게 일어난 일에 해당하는 (C)의 내용, 그 일을 해결하기 위해 자신이 한 일인 (A)의 내용이 차례대로 이어지는 것이 자연스럽다.

단어
- bandage: 붕대
- deer: 사슴
- wire: 철사, 철망
- unfortunately: 불행히도
- fence: 울타리

해석
소년 시절에 나는 야생 동물들을 반려동물로 길렀다.
(A) 나는 상처를 깨끗이 소독해 주었고, 붕대를 감아 주었다.
(B) 그들 중 하나는 사슴이었다.
(C) 불행하게도 그 사슴은 날카로운 철사 울타리에 다리를 다쳤다.

22 인구 폭발이 많은 문제를 야기한다는 문장 뒤에는 그 문제들 중 하나인 식량 문제에 대해 언급한 (C)의 내용, 이 문제와 관련한 또 다른 문제점을 언급한 (A)의 내용, 결과에 해당하는 (B)의 내용이 차례대로 이어지는 것이 자연스럽다.

해석
인구 폭발은 많은 문제를 야기한다.
(A) 또한 이 염려는 그들 모두, 특히 나이 든 사람들에 대한 적절한 의학적 보살핌과 관련이 있다.
(B) 따라서 우리는 점점 더 많은 어려운 문제와 직면하게 된다.
(C) 그것들 중 하나는 세상의 모든 이들에게 공급할 충분한 식량과 관련이 있다.

23 주어진 문장은 '어떤 사람들은 고래잡이 산업이 경제의 중요한 부분이라고 주장한다.'는 내용이다. (B)에서 however가 나오고 '고래를 죽이면 안 되는 두 가지 이유'가 제시되므로 (B)가 주어진 문장 다음에 오는 것이 자연스럽다. (A)에서 Before everything else로, (C)에서는 Moreover로 시작하여 고래를 죽이면 안 되는 이유를 말하고 있다.

해석
어떤 사람들은 고래잡이 산업이 경제의 중요한 부분을 이루고 있다고 주장한다.
(A) 무엇보다도 먼저, 고래는 하등동물이 아니다.
(B) 그러나 고래를 죽이는 것은 인도적 이유와 경제적 이유로 중지되어야만 한다.

(C) 게다가, 기술은 더 이상 기름을 위해 고래를 죽일 필요가 없는 정도까지 진보했다.

24 거미들이 집 안에 거미집을 짓는다는 내용 뒤에 사람들이 거미줄을 쓸어 낸다는 (C)의 내용, 사람들의 이러한 행동이 바람직하지 않다는 (B)의 내용, 거미들이 우리에게 어떤 도움을 주는지 밝힌 (A)의 내용이 차례대로 이어지는 것이 자연스럽다.

단어
• inhabitant: 거주자
• sweep away: 일소하다, 없애다

해석
많은 사람들이 무서워하는, 다리가 여덟 개 달린 벌레인 거미들은 집 안에 거미줄을 친다.
(C) 사람들은 거미줄이 더럽고 보기 흉하다고 생각하기 때문에 거미줄을 조심스럽게 쓸어 내고 거미들을 죽인다.
(B) 그러나 사람들은 이런 짓을 해서는 안 된다. 왜냐하면 거미줄은 파리와 모기들, 그리고 해로운 다른 벌레들을 잡기 때문이다.
(A) 거미들은 가족의 건강을 유지하는 데 도움을 줄 수 있고, 따라서 그들은 한 집안의 유용한 거주자이다.

25 마지막 문장에서 미국 음식을 생각하면 무엇이 떠오르는지 물었으므로, 지문의 뒤에 이어질 내용은 ① '미국 음식의 특색'이 적절하다.

단어
• the French: 프랑스인
• be famous for: ~(으)로 유명하다
• come to mind: 떠오르다

해석
프랑스인들은 소스로, 이탈리아인들은 파스타로, 독일인들은 소시지로 유명하다. 그러나 미국 음식을 생각했을 때 당신은 무엇이 떠오르는가?

26 지문의 마지막 문장에서 '유머가 긴장을 덜어 주는 사례'가 있다고 했으므로, 이 글 뒤에는 ④ '유머가 사람들 간의 긴장을 완화시킨 사례'가 이어지는 것이 적절하다.

단어
• study: 연구
• relieve: 완화하다
• tension: 긴장
• decrease: 감소시키다
• ease: 덜어 주다
• anxiety: 불안

해석
최근의 연구는 사람들 사이에 긴장을 완화하는 데 유머가 유용하다는 사실을 보여 줬다. 그것은 바로 유머가 불안함을 감소시키기 때문이다. 여기 유머가 어떻게 사람들 사이의 긴장감을 덜어 주는지에 대한 몇 가지 사례가 있다.

27 마지막 문장에서 스트레스를 조절하는 몇 가지 방법이 있다고 했으므로, 다음에 이를 나열하는 내용이 나와야 한다.

단어
• feel stressed: 스트레스를 받다
• bad effect: 나쁜 영향
• control: 조절하다

해석
오늘날, 사람들은 많은 이유로 인해 스트레스를 받는다. 스트레스는 그들에게 나쁜 영향을 준다. 여기 스트레스를 조절하는 몇 가지 방법이 있다.

28 마지막 문장인 'Here are some various recipes for tomatoes.'를 통해 바로 뒤에 '토마토 요리법'이 나온다는 것을 알 수 있다.

단어
• common: 흔한
• serve: (식당 등에서 음식을) 제공하다
• recipe: 조리[요리]법

해석
오늘날, 토마토는 세계에서 가장 흔한 음식 중 하나이다. 토마토는 단독으로 제공되기도 하고 피자와 스파게티 등 당신이 가장 좋아하는 음식과 함께 제공되기도 한다. 여기 다양한 토마토 요리법이 있다.

29 아버지께 4시에 모시러 온다고 한 뒤 영화를 보기로 한 것이 내용상 자연스럽다.

단어
• watch a movie: 영화를 보다
• completely: 완전히
• forget: 잊다

해석
어느 날 아침 아버지께서 시내까지 데려다 달라고 하셨다. 우리가 도착했을 때, 나는 아버지께 4시에 모시러 오겠다고 약속했다. 그때까지 시간을 보내야 했기 때문에 나는 영화를 보기로 결정했다. 나는 영화를 즐겁게 봤고 시간을 완전히 잊고 있었다. 영화가 끝났을 때 나는 두 시간이나 늦었다는 걸 알게 되었다.

30 주어진 글에서 '하지만 한 여성이 이런 생각을 바꾸었다.'고 했고, ③ 다음에서 그녀의 이름은 Amelia Earhart라고 했으므로, 주어진 문장은 ③에 들어가는 게 적절하다.

단어
• thought: think(생각하다)의 과거형
• pilot: 비행기 조종사
• at that time: 그때에

해석
오늘날, 누구든지 비행기 조종을 배울 수 있다. 그러나 이것은 1903년에는 사실이 아니었다. 그 당시에, 사람들은 오직 남자만 비행기 조종사가 될 수 있다고 생각했다. 하지만 한 여성이 이 생각을 바꿨다. 그녀의 이름은 Amelia Earhart였다.

31 주어진 문장에서 '불은 매우 위험하기 때문이다.'라고 했고, ② 앞 문장에서 불은 요리를 위해서도 허용되지 않는다고 했으므로, 그 다음에 이유를 말하는 주어진 문장이 들어가는 것이 적절하다.

단어
- allow: 허용하다
- store: 보관하다, 저장하다
- leave: (어떠한 상태로) 두다, 남기다
- attract: 끌어 모으다

해석
삼림 공원에 갈 때, 다음 규칙들을 기억하세요. 첫째, 불은, 심지어 요리를 위한 것이라도, 허용되지 않습니다. 왜냐하면 불은 굉장히 위험하기 때문입니다. 다음으로, 음식은 적절하게 보관되어야 합니다. 음식을 밖에 두는 것은 야생 동물들을 끌어 모읍니다.

32 문맥상 카네이션 가격이 너무 비쌌기 때문에 종이로 스스로 만들겠다고 결심한 것이 자연스러우므로 ③이 가장 자연스럽다.

해석
집으로 가는 길에 나는 부모님을 위한 카네이션을 사고 싶었다. 꽃집에 갔다. 그러나 가격이 너무 비싸서 사는 것을 포기했다. 대신 나는 종이로 그것을 만들기로 결정했다. 다행스럽게도, 부모님은 나의 카네이션을 정말로 좋아하셨다.

33 기장의 안내 방송에서 도착지(베이징), 예상 비행 시간(2시간), 도착지 날씨(맑음)가 언급되었다.

단어
- captain: 기장, 선장
- expect: 예상하다, 기대하다
- currently: 현재, 지금
- on time: 정각에

해석
저는 여러분의 기장입니다. 오늘, 우리는 인천에서 베이징으로 운항할 것입니다. 비행은 2시간이 걸릴 것으로 예상됩니다. 현재, 베이징 날씨는 맑으며 우리는 정각에 도착할 것으로 예상합니다.

34 JTC 동아리에서 로미오 혹은 줄리엣 역할을 원하면 월요일 오후 4시까지 방문하라고 나와 있으며, ③ '동아리 역사'에 대해서는 언급되지 않았다.

해석
안녕하세요. 연극부 JTC의 부장입니다. 로미오 혹은 줄리엣이 되기를 원하십니까? 그러면 가입하세요! 연기하는 방법을 배울 수 있고, 학교 축제에서 공연할 수도 있습니다. 매주 월요일 오후 4시에 방문해 주세요.

35 입장료(admission[entrance fee])는 알 수 없다.

단어
- Where: 어디에서
- When: 언제
- What: 무엇
- folk dance: 민속 무용
- Traditional Folk Festival: 전통 민속 축제

해석
서울 전통 민속 축제
- 어디에서: 도시 공원
- 언제: 2020년 5월 1일 ~ 5월 9일
- 무엇: 한국 민속 무용 공연

36 위치(location)에 관해서는 알 수 없다.

해석
집을 빌려드립니다.
- 침실 3개
- 월세 500달러
- 더 많은 정보를 알고 싶으시면 231-1125로 전화 주세요.

37 여름 방학 기간의 도서관 이용 안내 공지이다. 개방 시간은 두 번째 문장, 대출 허용 권수와 기한은 마지막 문장에 나와 있다. 도서관 설립 연도는 나와 있지 않다.

단어
- notice: 공지
- borrow: 빌리다
- up to: ~까지
- return: 반납하다

해석
이 공지는 여름 방학 동안 학교 도서관을 이용하기를 원하는 모든 학생들을 위해 작성되었다. 도서관은 오전 9시부터 오후 1시까지 열린다. 최대 4권까지 빌릴 수 있지만, 그것들을 10일 안에 반납해야 한다.

38 첫 문장에서 '제인은 활동적이지 않다.'라고 했다.

단어
- active: 활동적인
- be good at: ~을/를 잘하다
- interest: 관심

해석
제인은 활동적이지 않다. 그녀는 자신이 운동을 잘하지 못한다고 생각한다. 친구들이 야외에서 농구를 할 때, 그녀는 그들을 지켜보고만 있다. 그녀의 관심은 독서와 컴퓨터 게임에 있다.

39 마지막 문장에서 '나무가 없다면, 흙은 빗물에 유실될 것'이라고 했으므로, 정답은 ③ '토양 침식 방지'이다.

단어
- storm: 폭풍, 폭풍우
- hold: 잡고[받치고] 있다
- wash away: ~을/를 유실되게 하다[쓸어 가다]

해석
나무들은 그 뿌리를 흙 속으로 깊이 밀어 넣는다. 심지어 폭풍우가 몰아칠 때도 뿌리는 흙을 제자리에 고정시킨다. 나무가 없다면, 흙은 빗물에 유실될 것이다.

40 네 번째 문장에서 'It is OK to ask children how old they are ~'라고 했으므로, 정답은 ① '어린이의 나이'이다.

[단어]
- polite: 예의 바른
- salary: 월급
- unmarried: 미혼의
- single: 독신의

[해석]
북아메리카에서 어떤 질문들은 개인적인 것이어서 공손하지 않다. 사람들은 개인의 월급에 대해 묻지 않는다. 그들은 누군가 다른 사람이 구입한 물건의 가격을 묻지 않는다. 아이들에게 몇 살인지 묻는 것은 괜찮지만, 나이든 사람들에게 나이를 묻는 것은 무례한 것이다. 사람들은 미혼인 사람들에게 "왜 혼자인가요?"라고 묻지 않는다.

(영어 실전 문제)

영어 실전 문제 1회

01 ③	02 ①	03 ④	04 ④	05 ④
06 ③	07 ④	08 ①	09 ②	10 ①
11 ③	12 ②	13 ③	14 ③	15 ③
16 ③	17 ①	18 ④	19 ②	20 ②
21 ②	22 ②	23 ①	24 ①	25 ③

01 밑줄 친 dish 다음에서 '맛이 없다'고 했으므로, ③ '음식'이 정답이다.

[단어]
- dish: 음식, 접시
- taste: 맛이 ~하다

[해석]
이 음식은 맛이 없다.

02 'look forward to + -ing'는 '~할 것을 기대하다'라는 의미이다.

[해석]
나는 새 친구를 만나기를 기대한다.

03 'in the end'는 '마침내, 결국'(= finally)의 뜻이다.

[해석]
그는 결국 그 문제를 풀었다.

04 'stand'는 '서다', 'understand'는 '이해하다'의 뜻이고, 나머지는 반의어 관계이다.
① 묶다 - 풀다
② 좋아하다 - 싫어하다
③ 동의하다 - 동의하지 않다

05 날짜(2016년 4월 10일), 장소(Ace Herald Building), 신청 방법(www.aceherald.co.kr에서 등록) 순서대로 나와 있다. 참여 인원은 게시판에 나와 있지 않다.

[해석]
[게시판]
2016년 Ace Herald 영작 대회
- 언제: 2016년 4월 10일
- 어디서: Ace Herald 건물 회의실
- 신청 방법: www.aceherald.co.kr에서 등록

06 첫 번째 문장에서 What은 의문사로 '무엇/무슨/어떤(것)'으로 해석되며, 두 번째 문장에서 What은 관계사로 '~것'으로 해석된다.

[해석]
- 저녁에는 무엇을 먹고 싶어?
- 내가 원하는 것은 돈이 아니라, 건강이다.

07 첫 번째 문장에서 to부정사의 의미상 주어를 나타낼 때로, 전치사 'for'를 사용했다. 두 번째에는 '~ 동안'이라는 의미의 전치사로 쓰였다.

[해석]
- 그 시험을 통과하는 것은 그에게 쉬운 일이다.
- 나는 10년 동안 여기에 살았다.

08 'keep one's fingers crossed'는 '행운을 빌다'라는 뜻이고, 'keep in mind'는 '명심하다'라는 뜻이다.

[단어]
- important: 중요한

[해석]
- 너의 행운을 빌겠다.
- 영어가 중요하다는 것을 명심해야 한다.

09 'have one's hair cut'은 '(머리를)자르다, 이발하다'라는 뜻이다.

[해석]
A: 안녕하세요, 저는 머리를 자르고 싶습니다.
B: 좋아요, 봅시다. 짧은 머리 스타일은 어떠세요?
A: 좋습니다. 믿고 맡길게요.

10 'agree with'는 '~에 동의하다'의 뜻이다.

[단어]
- math: 수학
- exam: 시험
- agree: 동의하다

[해석]
A: 수학 시험이 매우 어려웠어.
B: 응, 나도 그렇게 생각해.

11 대화의 마지막에서 뉴질랜드에 가게 되어 기뻐하고 있다.

단어
• finally: 마침내, 드디어
• be glad to: ~하게 되어 기쁘다

해석
A: 나 드디어 뉴질랜드에 간다.
B: 멋지다! 그곳은 매우 아름다운 나라야.
A: 응, 나 그곳에 가게 되어 정말 기뻐!

12 빈칸 다음에서 'I lost my bag.'이라고 했으므로, 빈칸에는 부정적인 의미가 와야 한다. 따라서 ② '기분이 정말 안 좋아.'가 정답이다.

단어
• actually: 실제로, 정말로
• terrible: 기분[몸]이 안 좋은
• proud: 자랑스러워하는, 자랑스러운

해석
A: 이봐, 무슨 일이니?
B: 오, 아무것도 아니야. 괜찮아.
A: 정말? 얼굴이 안 좋아 보여.
B: 사실, 기분이 정말 좋지 않아. 나 가방 잃어버렸거든.

13 B가 불면증에 대한 조언을 요청하고 있으므로, 빈칸에는 조언을 해주는 ③이 적절하다.

해석
A: 너 피곤해 보여. 무슨 일 있니?
B: 불면증이야. 어떻게 해야 하지?
A: 자기 전에 따뜻한 물로 목욕을 해야 해.

14 '항상 자신의 의견을 주장하는 것'은 글의 내용에 나와 있지 않다.

단어
• give a good impression: 좋은 인상을 주다
• make sure: 확실하게 하다

해석
새로운 친구들을 사귀기 위해서 여러분은 자신에 대해 좋은 인상을 주어야 한다. 첫째로, 다른 사람들의 말을 잘 들어야 한다. 둘째로, 얼굴에 미소를 띠도록 해야 한다. 마지막으로, 사람들을 도와주려고 노력해야 한다.

15 두 번째 문장에서 '이것을 사용해서 정보를 찾고 세계 어느 곳에서든지 서로 의사소통할 수 있다.'고 했으므로, this가 가리키는 것은 ③ '인터넷'이다.

해석
최근 몇 년간, 이것은 매우 중요해졌다. 이것을 사용해서 당신은 어떤 주제에 관한 정보를 찾을 수 있고 세계 어느 곳에서나 다른 사람들과 의사소통할 수 있다. 진정으로 이것은 세계를 초국가적 사회로 만들고 있다.

16 (D)에서 소설을 좋아하는지 물어보면, (B)에서 헤밍웨이의 팬이라고 대답한다. 그러자 (A)에서 그가 무엇을 썼는지 물어보면, (C)에서 「노인과 바다」를 썼다고 대답하는 것이 자연스럽다.

해석
(D) 너는 소설을 좋아하니?
(B) 물론이지. 나는 어니스트 헤밍웨이의 열렬한 팬이야.
(A) 그가 무엇을 썼는데?
(C) 그가 바로 「노인과 바다」를 쓴 사람이야.

17 ① '등산하기'는 Interact 클럽의 주요 활동이 아니다. 그 클럽은 주로 다른 사람과 지역 사회를 돕는 일을 한다.

해석
나는 'Interact'라는 학교 클럽에 있다. 그 클럽은 주로 다른 사람들을 돕고 지역 공동체를 위해 선한 일을 한다. 다음은 우리가 작년에 했던 활동들이다. 우리는 동네를 청소했고 노인들을 도왔다.

18 맨 마지막 문장에서 '~some experts warn of the danger of Internet Addiction Disorder'라고 했으므로, 정답은 ④ '인터넷 중독의 위험성'이다.

해석
매일 세계에서 2800만 명 이상의 사람들이 인터넷을 사용한다. 하지만, 인터넷의 수많은 유용한 기능에도 불구하고, 일부 전문가들은 인터넷 중독의 위험성에 대해 경고한다.

19 빈칸 앞 문장에서 '사람들은 사과가 건강에 좋다고 믿는다.'고 했으므로, 문맥상 빈칸에는 ② '의사'가 적절하다.

해석
사과는 미국에서 흔하고 인기가 있다. 사람들은 사과가 건강에 좋다고 믿는다. '하루에 사과를 하나씩 먹으면 의사를 멀리하게 된다.'라는 말이 있다.

20 첫 번째 문장에서 '~hope you will be able to come'이라고 했으므로, 정답은 ② '초대'이다.

해석
이번 토요일에 할로윈 파티를 열 예정인데, 당신이 올 수 있기를 바랍니다. 파티는 오후 7시에 시작할 것입니다. 올 수 있는지 아닌지 가능한 한 빨리 알려 주세요.

21 두 번째 문장에서 'Arriving there, we started to put up our tent.'라고 했고, 세 번째 문장에서 'While we were cooking, many insects gathered around us.'라고 했으므로, 주어진 문장은 ②에 들어가는 것이 적절하다.

단어
• put up: (건물 등을 어디에) 세우다[짓다]
• gather: 모이다[모으다]
• bite: (곤충, 뱀 등이) 물다

해석
내 친구와 나는 지난 주말에 산으로 캠핑을 갔다. 그곳에 도착하자마자 우리는 텐트를 치기 시작했다. 텐트를 치고 나서 우리는 점심을 요리했다. 우리가 음식을 만드는 동안, 많은 곤충들이 우리들 주위에 모여들었다. 그것들이 우리들을 물고 화나게 했다.

[22~23]

단어
- negatively: 부정적으로
- affect: 영향을 미치다
- drop: 떨어뜨리다
- memory: 기억
- attention: 관심, 집중력

해석

십대들에게 숙면은 필수적이다. 그러나, 그들은 밤늦도록 숙제하고, 아침 일찍 등교하느라 잠을 충분히 잘 수가 없다. 수면 부족은 심신에 부정적인 영향을 끼칠 수 있다. 그것은 십대들의 기억력과 집중력을 떨어뜨린다.

22 첫 번째 문장에서 'A good night's sleep is necessary to teens.'라고 했는데 빈칸 다음에서 '그들은 잠을 충분히 잘 수 없다.'고 했으므로, 빈칸에는 역접의 연결사인 ② 'However(그러나)'가 들어가야 한다.

23 첫 문장인 'A good night's sleep is necessary to teens.'가 지문에서 말하고자 하는 것이다.

[24~25]

단어
- culture: 문화
- custom: 관습, 풍습
- judge: (~(으)로 미루어) 판단하다[여기다]

해석

각각의 문화는 그들만의 관습을 가지고 있다. 그것은 '옳거나 잘못된' 게 아니라 단지 다를 뿐이다. 그러므로, 우리가 외국인들을 만날 때 우리는 그들의 행동을 우리들의 방식으로 판단해서는 안 된다. 오히려, 우리는 열린 마음으로 다른 문화를 이해하는 법을 배워야 한다.

24 빈칸 앞의 문장에서 'They are not "right" or "wrong," but just different.'라고 했고 빈칸 다음에서 '외국인들의 행동을 우리들의 방식으로 판단해서는 안 된다.'는 내용이 나오므로, 빈칸에는 ① 'Therefore (그러므로)'가 들어가야 한다.

25 첫 문장에서 '각각의 문화는 그들만의 관습을 가지고 있다.'라고 했고, 마지막 문장에서 '열린 마음으로 다른 문화를 이해하는 법을 배워야 한다.'라고 했으므로, 이 글의 요지는 ③ '문화 차이를 이해하고 받아들이자.'가 적절하다.

영어 실전 문제 2회

01 ③	02 ④	03 ①	04 ④	05 ②
06 ④	07 ①	08 ④	09 ①	10 ②
11 ④	12 ④	13 ④	14 ②	15 ③
16 ②	17 ②	18 ④	19 ②	20 ④
21 ④	22 ③	23 ④	24 ①	25 ①

01 이 지문에서 tip은 '정보, 귀띔, 비결'의 뜻으로 쓰였다.

해석

한국식 전통적인 닭고기 스프 만드는 비결을 알려주시겠어요?

02 이 지문에서 'announce'는 '발표하다'의 뜻으로 쓰였다.

해석

정부는 내일 새로운 계획을 발표할 것이다.

03 이 지문에서 'get rid of'는 '없애다'라는 의미로 쓰였다.

단어
- get rid of: 없애다

해석

그는 나쁜 냄새를 없애기 위해 창문들을 열었다.

04 ④는 '시작하다 - 끝내다'로 반의어 관계이고, 나머지는 모두 동의어 관계이다.
① 날카로운 - 날카로운
② 사다 - 사다
③ 고통 - 고통

05 광고문에 식당 이름과 메뉴, 영업 시간은 나와 있지만, 음식 가격은 나와 있지 않다.

해석

Gino's에 와서 최상의 이탈리아 요리를 즐기세요!
이번 주 여러분은 굉장한 샐러드를 즐길 수 있습니다.
로스트 치킨에 곁들인 구운 감자를 맛보세요.
신선한 요거트로 여러분의 식사를 마무리하세요.
우리는 24시간 영업합니다.

06 첫 번째 문장에서 free는 '자유, 여가'라는 의미이고, 두 번째 문장에서 free는 '공짜'라는 의미로 쓰였다.

단어
- for free: 공짜로, 무상으로

해석
- 너는 여가 시간에 무얼 하니?
- 너는 그것을 공짜로 얻을 수 있어.

07 첫 번째 문장에서 focus on은 '~에 집중하다'의 뜻이고, 두 번째 문장에서 depend on은 '~에 달려 있다(의존하다)'의 뜻이다

해석
- 모든 사람들이 그녀의 공연에 집중했다.
- 이 섬의 경제는 관광에 의존한다.

08 '켜다, 줄이다'에 공통으로 들어가는 단어이므로 turn이 정답이다.

단어
- turn on: ~을/를 켜다
- turn down: ~을/를 줄이다

해석
- Jenny는 TV를 켤 것이다.
- 볼륨을 줄이세요.

09 check in, passport, flight의 단어로 보아 대화가 이루어지는 장소가 공항임을 짐작할 수 있다.

단어
- check in: '공항의' 탑승 수속을 하다.
- passport: 여권
- flight: (비행기) 여행, 비행

해석
A: 안녕하세요. 탑승 수속을 하려고 합니다.
B: 여권을 보여 주시겠어요?
A: 여기 있습니다. 창가 좌석으로 선택할 수 있나요?
B: 물론이지요. 티켓 여기 있어요. 즐거운 비행되세요.

10 'How about ~?'은 '~하면 어떨까요?, ~하지 않겠습니까?'의 뜻으로 제안하는 표현이다.

해석
A: 이번 토요일에 무엇을 할 예정이니?
B: 특별한 거 없어.
A: 수영장에 가지 않겠니?

11 마지막 문장에서 'I'm scared they won't welcome me or want to talk to me.'라고 했으므로, 정답은 ④ '비참[우울]한'이 적절하다.

단어
- freshman: (대학·고등학교의) 신입생
- quite a few: 상당수
- unfortunately: 불행하게도, 유감스럽게도
- scared: 무서워하는, 겁먹은
- welcome: (다정하게) 맞이하다, 환영하다

해석
나는 고등학교 1학년 여학생이야. 중학교에서 나는 친구가 꽤 많았어. 불행하게도 지금 나는 우리 반에 친구가 없어. 나는 그들이 나를 환영하지 않고 내게 말을 걸지 않을까봐 걱정돼.

12 A가 '왜 그렇게 속상해 하니?'라고 물었으므로, 빈칸에는 속상한 이유가 들어가야 한다. 따라서 ④ '왜냐하면 시험에서 떨어졌거든.'이 적절하다.

해석
A: 너 왜 그렇게 속상해 하니?
B: 왜냐하면 나는 시험에서 떨어졌거든.

13 B가 가방 분실을 신고하고 싶다고 했으므로, 빈칸에는 유감[동정]을 표현하는 ④ '참 안됐군요.'가 적절하다.

단어
- report: 신고[보고]하다

해석
A: 안녕하세요, 무엇을 도와드릴까요?
B: 가방 분실을 신고하고 싶어요.
A: 저런! 참 안됐군요. 어떻게 생겼어요?
B: 그것은 작고, 연갈색이에요.

14 중국 북쪽에서 오는 노란 먼지, 즉 황사에 관한 글이다.

단어
- yellow dust: 황사
- northern: 북쪽에 위치한
- When it comes to ~: ~에 대해서라면, ~에 관한 한
- outside: 밖에

해석
그것은 중국 북쪽에 위치한 사막으로부터 오는 황사이다. 한국에 대해서라면, 공기가 더러워진다. 그것은 사람들이 밖에 나갈 때 마스크를 쓰게 만든다.

15 더러운 손가락으로 짜면 피부에 흉터를 남길 수 있다고 했으므로 그것은 ③ '여드름'이라고 짐작할 수 있다.

단어
- squeeze: ~을/를 짜다
- mark: 흠집, 상처, 자국
- skin: 피부

해석
그것은 보통 얼굴에 나타난다. 만약 여러분이 더러운 손가락으로 그것을 짠다면, 피부에 흉터가 남게 될지도 모른다. 그러므로 그것을 건드리면 안 된다.

16 주어진 글에서 '얼마나 체류하실 예정입니까?'라고 묻자 (A)에서 10일 동안만 있을 거라고 대답한다. 그러자 (C)에서 여행 목적이 무엇인지 묻고 (B)에서 관광차 왔다고 대답하는 것이 자연스럽다.

해석
얼마나 체류하실 예정입니까?
(A) 10일 동안만 있을 거예요.
(C) 여행 목적은 무엇입니까?
(B) 관광차 왔어요.

17 미술관의 규칙 사항에 사진 촬영 금지, 휴대 전화 전원 끄기, 음식 섭취 금지가 순서대로 언급되었다. ② '실내 낙서 금지'는 언급되지 않았다.

해석

Central Museum에 오신 것을 환영합니다. 미술관에서 여러분이 지켜야 할 <u>몇 가지 규칙</u>이 있습니다. 사진 촬영은 허용되지 않습니다. 또한, 휴대 전화 전원을 꺼 두는 것을 기억하세요. 음식을 먹는 것 또한 허용되지 않습니다.

18 지문의 마지막 문장에서 'Let me tell you the effects.'라고 했으므로, 정답은 ④ '영화 속의 특수 효과'임을 알 수 있다.

단어
• impressive: 인상적인
• special effect: 특수 효과

해석

나는 영화 '슈퍼맨'을 보았다. 나는 그 영화가 정말 재미있었다. 사람들은 그 영화가 인상적인 특수 효과를 가지고 있다고 말했다. 그래서 나는 그것들이 무엇인지 보고 싶었다. 그 특수 효과들에 대해 말해 보겠다.

19 두 번째 문장들부터 여러 가지 색깔이 의미하는 것이 나오므로, 문맥상 빈칸에는 ② '색깔'이 적절하다.

단어
• joy: 기쁨[즐거움], 환희
• freshness: 신선함, 새로움
• growth: 성장

해석

색깔은 여러 가지 다른 의미를 가질 수 있다. 빨간색은 에너지와 전쟁, 사랑을 의미한다. 노란색은 기쁨과 행복을 뜻한다. 초록색은 신선함과 성장을 뜻한다.

20 마지막 문장에서 'I'd like to exchange it'이라고 했으므로, 글의 목적이 ④ '교환 요청'임을 알 수 있다.

해석

담당자께,
저는 월요일에 귀사의 웹사이트에서 스웨터를 주문했어요. 그것은 어제 도착했습니다. 그런데 빨간색을 주문했는데, 파란색이 왔어요. 올바른 색으로 교환하고 싶습니다.

21 주어진 문장은 '그러므로 흡연은 공공장소에서 허용되어서는 안 된다.'라는 뜻으로 결론에 해당하므로, 담배 피우는 사람들의 흡연권 주장에 대한 반대 이유를 나열하고 나서 지문의 마지막인 ④에 들어가는 것이 적절하다.

단어
• harmful: (특히 사람의 건강·환경에) 해로운[유해한]
• nonsmoker: 비흡연자

해석

일부 흡연자들은 흡연할 권리가 있다고 말한다. 하지만 담배 연기는 비흡연자들에게 매우 해롭다. 그것은 일부 사람들을 아프게 만들 수 있다. 그리고 흡연자들은 때때로 다른 사람들의 옷을 태우기도 한다. <u>그러므로 흡연은 공공장소에서 허용되어서는 안 된다.</u>

22 첫 문장에서 'The process of aging includes several changes in our bodies.'라고 한 다음에 각 신체 기관의 변화에 대해 설명하고 있으므로, 지문의 주제는 ③ '노화 진행 현상'이 적절하다.

단어
• wrinkle: (특히 얼굴의) 주름
• blood pressure: 혈압
• gradually: 서서히
• weaken: (신체적·물리적으로) 약하게 만들다

해석

노화 과정은 우리 신체의 몇 가지 변화를 포함한다. 우리들의 머리카락은 더 가늘어지고 피부의 주름이 늘어난다. 게다가 혈압은 올라가고, 뇌는 세포를 잃고, 내부 장기는 천천히 작동하는 경향이 있다. 결국, 청력과 시력도 서서히 약해진다.

23 첫 번째 문장을 통해 작년 여름의 호주 가족 여행에 대한 글임을 알 수 있다.

해석

내 가족은 작년 여름, 호주로 여행을 갔다. 우리는 아름다운 해변과 따뜻한 날씨가 좋았다. 우리는 시드니 오페라 하우스를 방문했다. 우리는 즐거운 시간을 보냈다.

[24~25]

단어
• ad: 광고
• rush: (너무 급히) 서두르다

해석

모든 노동자의 거의 50%가 자신들이 행복하지 않은 직업을 가지고 있다. 이런 일이 당신에게 일어나지 않도록 해야 한다! 만약 당신이 올바른 직업을 찾기 원한다면, 신문의 광고를 성급하게 훑어보지 말아야 한다. <u>그 대신에</u>, 자리에 앉아서 자신에 대해서 생각해 보라. 당신은 어떤 부류의 사람인가? 당신을 행복하게 하는 것은 무엇인가?

24 올바른 직업을 찾기 원한다면, 신문 광고를 성급하게 훑어보지 말고, 자신이 어떤 종류의 사람인지와 무엇이 자신을 행복하게 만드는지, 자신에 대해 생각하라고 했으므로, 지문의 주제는 ① '올바른 직업 찾기'이다.

25 빈칸 앞 문장에서 '~don't rush to look through the ads in the newspaper'라고 했고, 빈칸 다음 문장에서는 'sit down and think about yourself.'라고 했으므로, 빈칸에는 ① 'Instead(대신에)'가 적절하다.

사회

1 삶의 이해와 환경

01 ②	02 ④	03 ②	04 ②	05 ④
06 ③	07 ③	08 ④	09 ①	10 ②
11 ②	12 ③	13 ②	14 ④	15 ③
16 ③	17 ④	18 ③	19 ①	20 ①
21 ④	22 ①	23 ③	24 ②	25 ④
26 ②	27 ④	28 ④	29 ②	30 ③
31 ③	32 ②	33 ④	34 ③	35 ②
36 ②	37 ③	38 ①	39 ①	40 ③
41 ④	42 ④	43 ①	44 ④	45 ④
46 ③	47 ①	48 ④	49 ②	50 ③
51 ③	52 ③	53 ③	54 ④	55 ①
56 ④	57 ④	58 ④	59 ①	60 ②
61 ③	62 ②	63 ②	64 ④	65 ②
66 ④	67 ②	68 ④	69 ③	70 ②
71 ③	72 ④	73 ④	74 ②	75 ①

01 ② 시간적 관점에 대한 내용이다. 시간적 관점은 과거의 사실, 제도, 가치 등을 통해 현재의 사회 현상이나 문제를 이해하고 바람직한 해결 방안을 찾는 데 도움을 준다.

02 ④ 제시된 질문은 윤리적 관점에 대한 내용이다. 윤리적 관점은 도덕적 가치 판단과 규범적 방향성의 측면에서 사회 현상과 문제를 이해하는 관점이다.

03 ㄱ・ㄷ. 시간적 관점
ㄴ. 사회적 관점
ㄹ. 윤리적 관점

04 ② 사회적 관점은 사회 제도나 사회 구조 등을 통해 사회 현상의 원인과 배경, 영향 등을 파악하는 관점이다. 환경에 관한 협약은 법과 제도적인 측면을 이용한 환경 문제 해결 방법이므로 적절한 내용이다.

05 ④ 윤리적 관점은 인간의 욕구와 양심을 기초로 한 도덕적 가치에 따라 사회 현상을 평가하고 바람직한 사회 발전을 위한 규범적 방향을 설정하는 데 도움을 준다.

06 ③ 공간적 관점은 위치나 장소, 분포 유형, 영역, 이동, 네트워크 등 공간 정보를 바탕으로 하여 사회 현상을 살펴보는 관점으로, 공간에 따라 생활 모습과 사회 현상이 다르게 나타나는 이유와 지역 간의 상호 작용을 통해 공간이 인간에게 미치는 영향을 살펴볼 수 있다.

07 ③ 통합적 관점은 사회 현상을 탐구할 때 시간적・공간적・사회적・윤리적 관점을 모두 고려하여 살펴보는 관점이다.

08 ④ 행복은 물질적인 조건과 정신적 가치를 조화롭게 추구할 때 삶에서 느끼는 만족감과 즐거움의 상태이다.

09 ① 제시된 내용은 사상가들이 본 행복의 기준으로, 아리스토텔레스는 이성을 잘 실현하는 것이 참된 행복이라고 하였고, 디오게네스는 자족하고 평정심을 잃지 않는 것이 행복이라고 하였다.

10 ② 중세 시대에는 신앙을 통한 신의 구원과 군주에 복종하고 명령에 따르는 것이 행복의 기준이었다.

11 ① 노자: 행복은 욕심을 버리고 물(水)의 이치를 따르는 무위자연의 삶이다.
③ 디오게네스: 행복은 자족하고 평정심을 잃지 않는 것이다.
④ 아리스토텔레스: 행복은 인간 존재의 목적이고 이유이다.

12 ③ 자아실현은 물질적 조건이 아니라 정신적 만족에 해당한다.

> **참고자료** 행복의 조건
> • 물질적 조건: 의식주, 경제력, 사회적 지위 등
> • 정신적 만족: 가족 간의 사랑, 우정, 자아실현 등

13 ② 의료 혜택이 요구되는 곳은 경제적으로 낙후한 지역이다.

14 ④ 정주 환경이란 우리가 살아가는 주거 공간과 다양한 주변 환경, 즉 자연환경, 인문 환경 등을 말한다. 질 높은 정주 환경의 필요성은 인간이 생존하는 데 위협을 받지 않고 기본적인 삶을 유지하기 위함이다.

15 ③ 고용 불안에 따른 실업의 위험성은 삶의 만족도를 저하하는 요인에 해당하므로 경제적 안정 정책의 내용으로 볼 수 없다.

16 ① 질 높은 정주 환경
② 경제적 안정
④ 도덕적 실천

17 ④ 의료 급여 제도는 사회 보장 제도이다. 민주적 제도는 사회 구성원이 자유와 권리를 최대한 보장받으며 행복한 삶을 영위하기 위하여 만든 제도를 말한다.

18 ③ 사회적 약자 배려 정책에는 국민 기초 생활 보장 제도, 기초 노령 연금, 여성 고용 할당제, 중소기업 및 소비자 보호 정책, 장애인 고용 의무제 등이 있다.

19 ① 행복한 삶을 위한 기본적인 토대는 물질적 조건의 안정된 상태가 유지되는 것이다. 즉, 윤리와 도덕은 물질적인 경제적 안정을 기반으로 실현될 수 있는 것이다.

20 ① 선거를 통해 투표권을 행사하는 것이 가장 기본적으로 정치적 의사를 표현하는 민주 정치의 참여 방법이다.

21 ④ 〈보기〉의 내용으로 보아 경제력이나 복지 실현 등이 반드시 한 나라의 행복을 결정하는 기준으로 작용하는 것은 아니며, 개인이나 집단이 추구하는 가치나 이념, 주관적 만족감 등도 행복의 기준이 되는 것을 알 수 있다.

22 ① 경제적 안정은 물질적인 조건이 안정된 상태를 말한다. 최저 임금 정책은 근로자에 대하여 임금의 최저 수준을 보장하여 근로자의 생활 안정에 이바지할 목적으로 마련된 것이다.

23 ① 역지사지: 다른 사람의 입장에서 상황을 인식하려는 마음가짐이다.
② 도덕적 실천: 개인뿐 아니라 공동체의 행복을 실현하기 위해 도덕적 가치에 합의하고 이를 행동으로 실천하는 것이다.
④ 사회적 약자 배려: 사회적 약자의 고통에 공감하며, 기부, 사회 봉사 등에 참여하는 것이다.

24 ① 기온: 대기(大氣)의 온도를 말한다.
③ 온도: 따뜻함과 차가움을 나타내는 정도이다.
④ 습도: 공기 중에 포함되어 있는 수증기의 양 또는 비율을 나타낸다.

25 ① 열대 기후: 연중 고온 다습하고 얇은 천으로 만든 옷을 입고 생활하며 고상 가옥, 벼농사 등이 발달하였다.
② 건조 기후: 적은 강수량과 큰 일교차를 가진 지역으로, 흙벽돌집·이동식 가옥을 짓고 살며, 유목, 오아시스 농업, 관개 농업 등이 발달하였다.
③ 고산 기후: 고도가 높은 지역에 나타나는 기후로, 연중 봄과 같은 따뜻한 기온이 특징이다. 작물로는 감자, 옥수수 등이 있고, 큰 일교차와 강렬한 햇볕 때문에 판초를 입고 큰 모자 등을 쓰고 생활한다.

26 ③ 적은 강수량과 큰 일교차가 특징인 건조 기후 지역에서는 사람들이 외래 하천 주변에 취락을 형성하여 생활하며, 강한 햇빛으로부터 몸을 보호하기 위해 온몸을 감싸는 헐렁한 옷을 입는다. 이 지역에서는 관개 농업과 오아시스 농업을 통해 밀, 목화, 대추야자 등을 재배한다.

참고자료
- 카나트: 건조 지대에서 땅속에 만들어 놓은 물길로, 산기슭에서 얻은 지하수를 긴 지하 수로를 통하여 멀리 떨어진 취락이나 농경지에 공급한다.
- 관개 농업: 농작물이 자라기에 좋은 조건을 만들기 위하여 조직적으로 경작지에 물을 대어서 하는 농업이다.
- 외래 하천: 물줄기의 근원이 다른 지역에서 유래하는 하천이다.

27 ③ 지진·화산 지역은 해양판과 대륙판의 경계 지역인 불안정한 지층에 위치한다. 특히 환태평양 조산대의 '불의 고리' 지역은 전 세계의 지진·화산 활동의 상당 부분이 집중되어 있다.

28 ①·②·③ 열대성 저기압의 강한 바람과 호우로부터의 기상 재해 대책이다.
④ 고상 가옥은 열대 우림 기후 지역의 가옥으로, 지면의 더위 및 습기를 피하기 위해 만든 가옥 형태이다.

29 ① 홍수: 일시에 많은 비가 내려 시가지와 농경지가 침수되는 기상 재해이다.
③ 화산 활동: 용암, 화산재 분출 등의 현상으로 농작물 피해 등이 발생하는 지형 재해이다.
④ 열대성 저기압: 태풍, 허리케인, 사이클론 등의 강한 바람과 호우로 홍수나 시설물 붕괴 등의 피해가 발생한다.

30 ① 풍수해 보험: 정책 보험으로서 보험료의 일부를 국가 및 지방 자치 단체에서 보조하여 국민은 저렴한 보험료로 풍수해에 대해 스스로 대처할 수 있게 한 재난 관리 제도
② 재난지원금: 자연재해를 입은 자에 대하여 재난 복구 및 이재민 구호를 위해 지원하는 금액
④ 스마트 재난상황관리시스템: 스마트테크놀로지와 빅데이터를 결합한 용어로 재난 정보를 통합하고 분석하여 효과적이고 정확하게 재난 대응 의사 결정을 지원하는 시스템

31 ③ 인간을 생태계 구성의 일부로 인식하는 입장은 생태 중심주의이다.

32 ①·③·④ 인간 중심주의 관점이다.
② 생태 중심주의 관점으로, 인간을 자연의 일부로 인식하여 생태계의 균형과 안정을 중시한다.

33 ① 생태계 균형: 인간과 자연은 서로 영향을 주고받는 관계로서 조화와 균형을 유지한다.
② 내재적 가치: 자연의 모든 생명체는 평등한 가치와 권리가 있으므로 인간은 자연에게 도덕적 의무를 가져야 한다.
③ 전일체적 인식: 자연과 인간을 하나의 통일체로 보는 관점이다.
④ 이분법적 세계관: 인간을 자연과 구별되는 가치 있는 존재로 인식하는 세계관이다.

34 ③ 생태 중심주의 자연관은 자연의 내재적인 가치를 존중하기 위해 환경 보호의 필요성을 강조하였다.

35 ② 산업화·도시화로 자연 훼손이 심각하여 자원의 고갈, 환경 오염, 생태계 파괴 등의 문제가 발생하게 된 것은 인간 중심주의 관점과 관련이 깊다.

36 ② 주역에서는 천지(자연)를 인간의 모범으로 이해하였다.

37 ③ 생태 통로 조성은 사회적 차원의 공존 노력에 해당한다.

> **참고자료** 사회적 차원의 공존 노력
> • 자연과 인간의 공생을 위한 사회적 인식과 필요성을 확대한다.
> • 자연과 조화를 이루는 개발을 한다(생태 도시, 슬로 시티 등).
> • 동식물 서식지 보호를 위해 노력한다(생태 통로 건설 등).
> • 생태계 복원 사업을 지속적으로 추진한다(자연 휴식년제, 갯벌·하천 생태계·멸종 위기종 복원 사업 등).

38 ① 슬로 시티 건설은 생태계 복원 사업이 아니라 자연과 조화를 이루는 개발에 해당한다.

39 ① 개인적인 차원에서 인간과 자연이 공생적 관계임을 깨닫고, 환경 친화적인 가치관을 정립하여 후손들에게 깨끗한 자연을 물려주기 위한 자연 보호 실천 노력이 요구된다.

40 ③ 자연 재활용과 재사용의 생활화는 환경 문제 해결을 위한 일상생활에서의 개인적 실천 노력 사항이다. 이와 같은 노력에는 녹색 소비의 실천, 자원 및 에너지 절약 등이 있다.

41 ④ 환경 관련 정책과 사업의 감시는 정부와 기업이 추진하는 환경 정책과 사업을 환경 보전 측면에서 감시하고 관계 기관에 신고하는 것으로, 환경 문제 해결을 위한 시민 사회의 노력에 해당한다.

42 ④ 환경 문제를 해결하기 위한 기업의 노력에는 환경 오염을 최소화하려는 윤리 의식 정립, 환경과 관련된 법규 준수, 고효율 에너지 생산 시설 확대, 환경친화적 제품 개발 및 생산 등이 있다. ㄱ·ㄷ 정부의 노력에 해당한다.

43 ② 산성비: 자동차 배기가스나 공업 지대의 대기 오염 물질이 빗물과 섞여 내리는 것으로 수소 이온 농도(pH)가 5.6 미만인 비를 말한다.
③ 지구 온난화: 화석 연료 사용과 삼림 파괴로 인해 대기 중의 온실가스 농도가 증가하여 지구의 평균 기온이 상승하는 현상이다.
④ 오존층 파괴: 에어컨 냉매·스프레이 분사제 등으로 쓰이는 프레온 가스의 일종인 염화플루오린화탄소의 과다 사용이 원인이다.

44 ④ 제시된 내용은 석유나 석탄 등의 화석 연료 사용의 증가와 삼림 파괴로 인해 대기 중의 온실가스 농도 및 배출량 증가로 지구의 평균 기온이 상승하면서 나타나는 지구 온난화와 관련 있는 현상이다.

45 ④ 지구 온난화의 영향으로 동해의 수온이 상승하여 한류성 어획량이 감소하고 있다.

46 ① 런던 협약: 해양 투기 및 폐기물 등의 해상 소각의 규제 협약이다.
② 바젤 협약: 유해 폐기물의 국가 간 이동 및 처리에 관한 국제적 통제 협약이다.
④ 몬트리올 의정서: 오존층 보호를 위해 프레온 가스 사용을 억제하는 국제 의정서이다.

47 ② 엘니뇨 현상: 바다의 수온이 평균보다 상승하여 기상 이변이 생기는 현상이다.
③ 오존층 파괴: 프레온 가스가 원인으로 오존 홀이 오염되어 피부암 등이 발생한다.
④ 지구 온난화: 지구 기온의 상승으로 해수면 상승에 따른 경지 면적의 감소와 주거지 상실, 기상 이변, 생태계 파괴 등이 일어난다.

48 ④ 제시된 그림은 온실 효과가 일어나는 과정에 대한 것으로, 자연 상태보다 온실 효과가 심해지면 지구 온난화 현상이 발생하게 된다. 지구 온난화란 지구 표면의 평균 온도가 꾸준히 상승하는 현상인데, 기온 상승으로 눈이 내리지 않으면 전염병의 발병률이 증가하고, 물 부족 현상이 심화될 것이다.

49 ① 람사르 협약: 물새 서식지로서 중요한 습지 보호에 관한 협약으로, 1971년 이란의 람사르에서 채택되어 1975년에 발효되었다.
② 기후 변화 협약: 1992년 국제 연합 환경 개발 회의에서 채택한 '기후 변화에 관한 유엔 기본 협약'이다. 지구의 온실화를 방지하는 취지에서 이뤄진 이 협약은 지구 온난화를 가속화시키는 주범인 이산화 탄소의 배출 규제를 주요 과제로 다루고 있다.
③ 몬트리올 의정서: 오존층 파괴 물질에 대한 규제를 목적으로 1989년 1월 발효된 국제 환경 협약으로 1987년 캐나다 몬트리올에서 채택되었다.
④ 사막화 방지 협약: 무리한 개발과 오남용으로 인한 사막화 방지를 위해 체결된 협약으로, 심각한 가뭄 및 사막화·토지 황폐화 현상을 겪고 있는 개발 도상국을 재정적·기술적으로 지원하는 것을 목표로 한다.

50 ① 바젤 협약: 유해 폐기물의 국가 간 이동 규제에 관한 협약
② 람사르 협약: 물새 서식지로 중요한 자연 습지 보호에 대한 협약
③ 제시된 그래프는 대기 중 이산화 탄소의 농도 변화가 높아지고 있다는 것을 보여 주므로, 이산화 탄소의 배출 규제를 다룬 기후 변화 협약과 관련이 있다.
④ 생물 다양성 협약: 다양한 생물종과 희귀 유전자를 보호하기 위한 협약

51 ④ 사헬 지대는 인구 증가와 이에 따른 가축의 과다한 방목으로 초원이 황폐화되어 사막화가 진행되고 있는 지역이다.

52 ① 국제 문제를 해결하는 가장 바람직한 방법은 대화와 타협을 통해 국가 간의 상호 협력을 도모하는 것이다.

53 ③ 오존층이 파괴되면 지표면에 도달하는 자외선의 양이 증가되어 피부암과 안과 질환인 백내장을 유발하고, 농·수산물의 성장에도 영향을 미쳐 결국 지구의 생태계에 큰 영향을 끼친다.

54 ④ 교통의 발달로 시간적인 거리가 단축되어 지역 간 접근성이 향상되었고, 대도시권이 형성되어 통학권과 상권의 범위가 넓어졌다.

55 ① 가속화 단계는 산업화에 따른 이촌 향도 현상이 발생하며, 도시 인구의 비율이 빠르게 증가한다.

56 ④ 도심 지역은 주간 인구 밀도가 야간보다 높다.

57 ④ 노동력 부족은 이촌 향도에 따라 촌락에서 일어나는 문제이다. 급속한 도시화로 발생하는 도시 문제에는 주택 부족, 교통 혼잡, 환경 오염, 실업 증가, 범죄 발생 등이 있다.

58 ④ 산업화로 화석 연료의 사용이 증가하여 이산화 탄소 배출량도 증가하고 있다. 이러한 이산화 탄소 배출량 증가는 지구 온난화의 주요 원인이기도 하다.

59 ① 제시된 내용은 인구 증가, 각종 인공 시설물의 증가, 고층 건물의 바람 순환의 방해, 자동차 통행의 증가, 온실 효과 등의 영향으로 도시 중심부의 기온이 주변 지역보다 높게 나타나는 열섬 현상에 대한 설명이다.

60 ② 교통과 통신의 기술 발달로 인해 교류가 활발해지면 국가 간의 경계 구분은 점차 약해질 것이다.

61 ③ 태풍의 발생 지역과 이동 경로의 파악은 인공위성 사진이나 항공 사진 등의 원격 탐사 사례에 해당한다.

62 ② 위성 위치 확인 시스템(GPS)은 인공위성을 이용하여 위치를 알려 주는 시스템으로 비행기, 선박, 자동차의 자동 항법 장치를 개발하거나 분실물, 사람의 위치를 추적하는 데 이용된다.

63 ② 전자 상거래가 발달하면 구매를 위한 시간적·공간적 제약이 줄어들고, 상권이 넓어질 뿐만 아니라 중간 유통 과정이 줄어들어 상품의 가격이 저렴해진다.

64 ④ 정보화 사회에서는 익명성 보장을 악용해서 각종 범죄나 타인에 대한 언어폭력 등 사이버 범죄가 날로 증가하고 있다.

65 ② 산업 혁명으로 대량 생산 체제의 확산, 자본주의 경제 체제, 공업 사회가 형성되었지만, 노동 문제, 빈부 격차, 환경 오염 등의 문제점도 발생하였다.

66 ① 산업화: 재화를 생산하는 제조업의 비중이 확대되는 생산 양식과 생산 관계의 변화 현상을 말한다.
② 집심 현상: 상업·업무 기능은 접근성이 좋은 도심 쪽으로 집중되는 것처럼 최적의 장소를 찾아 비슷한 기능들끼리 모이는 현상이다.
③ 종주 도시화: 인구가 가장 많은 도시와 두 번째로 많은 도시의 인구 차이가 두 배 이상 나는 현상이다.
④ 인구 공동화: 도심 지역의 주거 기능 약화로 상주인구의 밀도가 감소하는 현상으로, 도심의 주간 인구는 많으나 야간 인구는 줄어든다.

67 ① 역도시화: 도시 지역에서 비도시 지역으로의 인구 이동이 전입자 수를 초과하여 도시가 쇠퇴하는 현상이다.
② 지역 분화: 하나의 지역이 인간의 필요성 또는 생태적 요인에 따라 성격을 달리하는 지역으로 세분되는 현상. 대도시에서는 접근성, 지대, 지가에 따라 상업 지구, 업무 지구, 공업 지구, 주거 지구 등으로 도시 내부 공간의 기능별 지역(공간) 분화가 나타난다.
③ 열섬 현상: 도시화에 따른 인구 증가, 건물·자동차 등에서 배출되는 대기 오염이나 인공열 등의 영향으로 도심의 온도가 주변 지역보다 높게 나타나는 현상이다.
④ 인구 공동화: 중심 시가지의 인구가 감소하고 교외의 인구가 증가하는 인구 이동 현상이다.

68 ④ 인구 증가로 인한 주택 부족과 각종 시설 부족 문제를 해결하기 위한 방안으로는 신도시 건설, 도시 재개발 사업의 추진 등이 적절하다. 공업 단지는 도심보다는 주로 지가가 낮은 주변 지역에 입지한다.

69 ③ 바람 이동 통로 확보는 바람길 사업과 관련된 내용이다. 옥상 녹화 사업은 열섬 현상 완화, 녹지 공간 확보 등을 위해 추진되고 있다.

70 ② 제시된 내용은 자기 지역에 이익이 되는 행정 기관, 지하철역, 백화점, 대학교, 대학 병원, 고속 철도 등의 시설물이나 기능을 유치하고자 하는 핌피(PIMFY) 현상과 관련이 있다.

71 ① 정보 격차: 새로운 정보 기술에 접근할 수 있는 능력을 보유한 사람과 그렇지 못한 사람 간의 사회와 경제적 격차가 심화되는 현상
② 스마트리안: 정보화 기기에 지나치게 의존하게 되어 바보처럼 되어 가는 현상
④ 지적 재산권 침해: 음악, 사진, 영화, 서적 등의 저작물을 불법으로 유통시키는 행위

72 ③ 컴퓨터 발달과 초고속 통신망의 보급 등 정보 통신 기술의 발달은 현대 사회 변동의 가장 큰 요인이다.
④ 우리나라 현대 사회에서는 산업의 중심이 제조업에서 서비스업으로 이동하고 있다.

73 ④ 지역 조사를 할 때에는 먼저 조사할 주제와 지역을 선정하고, 그 지역에 대한 정보를 수집한 다음, 지역 정보를 정리하고 분석한 뒤 보고서를 작성한다.

74 ② 실내 조사는 야외 조사를 위해 지역 신문, 서적, 인터넷 등으로 문헌 자료, 통계 자료, 지형도, 항공 사진, 인공위성 영상 등을 수집하는 과정으로, 야외 조사에서 필요한 항목, 조사 방법, 방문 장소 등을 결정한다. 또한 실내 조사에서는 설문 조사를 위한 대상 선정과 설문지 작성 등도 함께 작업이 이루어진다.

75 ②는 대도시, ③·④는 촌락의 공간 변화 문제점에 대한 해결 방안으로 적절하다.

2 인간과 공동체

01 ④	02 ①	03 ③	04 ③	05 ①
06 ③	07 ④	08 ②	09 ④	10 ①
11 ④	12 ①	13 ①	14 ①	15 ②
16 ①	17 ②	18 ④	19 ④	20 ③
21 ③	22 ②	23 ④	24 ③	25 ①
26 ①	27 ④	28 ②	29 ③	30 ②
31 ④	32 ②	33 ④	34 ③	35 ④
36 ④	37 ④	38 ③	39 ①	40 ③
41 ③	42 ①	43 ②	44 ③	45 ④
46 ④	47 ①	48 ②	49 ②	50 ①
51 ③	52 ②	53 ①	54 ④	55 ②
56 ③	57 ①	58 ④	59 ①	60 ④
61 ②	62 ②	63 ①	64 ③	65 ②
66 ③	67 ④	68 ①	69 ①	70 ④
71 ①	72 ③	73 ①	74 ②	75 ④
76 ③	77 ②	78 ①	79 ③	80 ③

01 ④ 선거는 정부의 권력 남용을 견제하고 그릇된 정책에 대해서 국민이 심판하는 자리가 된다.

02 ① 인간으로서 누려야 할 기본적이며 필수적인 권리(천부인권 = 자연권)로서 다른 사람에게 양도하거나 포기할 수 없고, 다른 사람의 인권을 침해할 수 없는 불가침의 권리이다

03 ③ 시민의 정치 참여 방법에는 선거, 시민운동, 이익 집단·정당·시민 단체를 통한 참여, 청원서 제출, 공청회 참여 등이 있다.

04 ③ 〈보기〉에 제시된 내용은 도시 상공업자들이 중심이 되어 절대 왕정과 신분 제도를 무너뜨리고 새로운 사회 질서를 수립한 시민 혁명과 관련이 있다. 영국의 명예혁명. 미국의 독립 혁명, 프랑스 혁명 등이 이에 해당한다.

05 민주 사회에서는 모든 의사 결정이 국민의 지지와 동의에 기초해야 정당성을 인정받기 때문에 각 정당이나 언론, 이익 집단은 국민의 여론을 의식하여 활동한다.

06 ③ 인권 불가침의 권리에 따르면 인권은 다른 사람에게 양도할 수도 없고 포기할 수 없다.

07 ① 청원권 – 청구권
② · ③ 노동 3권, 근로의 권리 – 사회권

08 ① 청구권: 국민이 국가에 대하여 일정 행위를 적극적으로 청구할 수 있는 권리이다.
② 참정권: 국민이 국가의 정치 과정에 능동적으로 참여할 수 있는 권리로 선거권, 국민 투표권, 공무 담임권 등이 있다.

③ 사회권: 국가에 대해 인간다운 생활의 보장을 요구할 수 있는 적극적인 권리이다.
④ 자유권: 국민이 국가 권력의 간섭이나 침해를 받지 않을 권리이다.

09 ④ 권력 분립의 원리는 권력의 남용 및 절대화를 막아 국민의 기본권을 보장하는 데 목적이 있다.

10 ① 국민의 모든 자유와 권리는 국가 안전 보장, 질서 유지 또는 공공복리를 위하여 필요한 경우에 한하여 법률로써 제한할 수 있으며 제한하는 경우에도 자유와 권리의 본질적인 내용을 침해할 수 없다(헌법 제37조 제2항).

11 ④ 이익을 보장받기 위해 정치 과정에 영향력을 행사하는 것은 이익 집단의 역할에 대한 내용이다.

12 인권 문제의 해결 방안
• 인권과 관련된 사회적 쟁점은 우리의 문제이자 나의 문제라는 인식이 필요하다.
• 인권 관련 쟁점을 다양한 관점에서 살펴보아야 한다.
• 쟁점의 해결 과정을 민주적·합리적이며 공평하게 진행해야 한다.
• 사회적 약자를 우선적으로 배려해야 한다.

13 ㉠ 자유권: 어떤 권력으로도 제한할 수 없는 기본적 가치로 모든 인간에게 적용되는 권리이다.
㉡ 참정권: 민주주의에서 주인으로서의 권리를 정치 과정에서 행사하는 권리이다.
㉢ 사회권: 산업 사회 발전 과정에서 발생한 사회적 약자를 인간답게 생활할 수 있도록 국가가 보호해야 한다는 취지의 권리이다.

14 ① 인권과 관련된 사회적 쟁점은 우리의 문제이자 나의 문제라는 인식이 필요하다.

15 ② 4·19 혁명(1960)은 이승만 정권의 독재와 3·15 부정 선거에 대해 국민이 저항권을 행사한 것이다. 신군부 세력의 퇴진 및 계엄령 철폐 등 민주주의 회복을 요구하며 전개된 민주화 운동은 5·18 민주화 운동(1980)이다.

16 ① 적극적 우대 조치는 사회적 약자에게 더 많은 기회를 제공하기 때문에 다른 사람들에게 역차별이 발생하지 않도록 유의할 필요가 있다.

참고자료 **역차별**

부당한 차별을 받는 대상을 보호하기 위한 제도나 방침이 너무 급진적이어서 도리어 반대편이 차별을 당하게 되는 경우를 말한다.

17 ② 인권은 영구적으로 보장되는 권리이므로 일시성은 적절하지 않다.

18 ③ 주거권은 쾌적하고 안정적인 주거 공간에서 인간다운 생활을 할 권리이다.

19 ④ 안전권은 각종 자연 재해와 과학 기술 발전에 따른 인위적인 위험의 증가에 따라 국민이 각종 재난 위험과 사고로부터 안전을 보호받을 권리이다.

20 ③ 청구권은 기본권 보장을 위한 기본권으로 종류에는 재판 청구권, 청원권, 형사 보상 청구권, 국가 배상 청구권, 범죄 피해자의 국가 구조 청구권 등이 있다.

21 ③ 사회·경제적 자유는 자유권에 속한다. 자유권은 국민이 국가 권력의 간섭이나 침해를 받지 않을 권리를 말하는 것으로 신체의 자유, 정신적 자유, 사회·경제적 자유 등이 있다.

22 시민 참여의 필요성
- 국가의 권력 남용을 예방할 수 있다.
- 사회적 무관심이 팽배해질 경우 개인의 삶을 위협할 수 있다.
- 정부의 자의적인 정책 결정을 막아 책임 있는 정책 결정이 이루어지도록 한다.
- 사회의 부정부패나 잘못된 제도를 개선하여 사회의 공공선을 실현하고 공동체가 발전하도록 한다.

23 ④ 국제 사면 위원회는 언론·종교 탄압의 고발, 정치적 양심수를 후원하는 등의 국제적 인권 옹호 활동을 펼치는 비정부 국제 인권 단체이다.

24 ③ 시민 불복종의 불법적인 행동에 대한 처벌을 감수함으로써 법 수호의 의지를 분명하게 한다.

25 ① 국가 권력 남용의 예방은 시민 참여의 필요성에 대한 내용이다.

26 ① 입헌주의는 국민의 기본권 보장을 위해 국가의 통치 작용은 헌법에 따라 이루어져야 한다는 정치 원리로, 국가 기관의 권력 남용에 의해 부당하게 기본권을 침해당하는 것을 방지하는 것이 목적이다.

27 ④ 정의롭지 않은 법은 시정하려는 노력이 필요한데 이런 노력 중 하나가 시민 불복종이다.

28 ② 시민 불복종의 정당화 조건은 정당성, 비폭력성, 최후의 수단, 처벌의 감수 등이다.

29 ③ 합리적인 소비를 위한 의사 결정의 단계: 문제 인식 → 대안 탐색 → 기준 설정 → 대안 평가 → 최종 선택

30 ② 과도한 소비는 물가 하락이 아니라 물가 상승을 유발한다.

31 ③ ㉠에 들어갈 용어는 저축이다. 저축은 소득 중에서 현재 필요한 만큼만 소비하고 미래의 소비를 위해 남겨 둔 것을 말한다.

32 ② 은행 예금은 원금 손실의 위험이 거의 없어서 안전성은 높지만, 주식은 원금 손실 가능성이 높기 때문에 안전성이 낮다.

33 ③ 청년기는 적성과 소질에 대한 탐색, 경제적 독립을 위한 취업 및 직업 능력을 계발하고 결혼 및 가족생활을 위한 준비를 하는 시기이다.

34 ① 자아 정체성을 형성하고 자신의 진로를 탐색하는 것은 아동기의 발달 과업이다.
②·④ 자녀 양육, 배우자·부모로서의 역할, 노후 대비 등은 중·장년기의 발달 과업이다.

35 ④ 자산 관리의 기본 원칙을 이해하는 문제로 ㉠ 안전성, ㉡ 유동성, ㉢ 수익성에 대한 내용이다.

36 ④ 자산 관리의 원칙은 다양한 자산에 분산 투자하여 적정한 수익성을 확보하고 투자로 인한 위험을 줄이는 것이므로 안전성과 수익성을 적절히 고려해야 한다.

37 ④ A 영역은 저축을 의미하며, 저축은 (가) 시기부터 (다) 시기까지 소득이 소비보다 많은 구간에서만 발생한다. 누적된 저축액이 가장 많은 시점은 (다) 시기이다.

38 ③ A는 저수익·저위험 자산군으로 수익성은 낮으나 안전성이 높은 예금과 채권을 들 수 있다. A 자산군은 원금 손실 없이 정해진 이자 수익을 정확하게 얻을 수 있지만 그 이상의 수익은 얻을 수 없다는 특징이 있다. 반면 B 자산군은 고수익·고위험 구간으로 원금을 잃을 수 있는 위험이 존재하지만 예금보다 큰 수익을 얻을 수 있으며 여기에는 주식과 펀드 등이 있다. 따라서 A보다 B가 더 많은 수익을 얻을 수 있다.

39 ㄷ. 예산의 조건을 고려해서 소비해야 한다.
ㄹ. 유행에 따른 소비는 안정적인 소비 활동을 어렵게 할 수 있다.

40 ③ 자신의 소득 내에서 최대한의 만족을 얻을 수 있는 소비 활동이 가장 바람직하다.

41 ③ 소비 과정에서 상품의 생산지를 떠나 값싸고 질 좋은 상품을 선택하게 되면서 국산품과 수입품의 구별이 어려워졌다.

42 ① WTO: 세계 무역 기구
② FTA: 자유무역협정
③ GATT: 관세와 무역에 관한 일반 협정
④ ILO: 국제노동기구

43 ㄴ은 채권, ㄷ은 주식에 대한 설명이다.

44 ㄱ. 재산 소득은 자본, 토지 등을 보유한 대가로 받는 이자, 지대 등이다. 생산에 참여하지 않고 무상으로 얻는 소득은 이전 소득이다.
ㄹ. 근로 소득은 사용자에게 고용되어 노동력을 제공하고 받는 임금이다.

45 ④ 세금이나 공과금이라고 해서 납부를 늦추면 연체 이자가 붙을 수 있으므로, 제때 납부하여 신용을 관리해야 한다.

46 ④ 급변하는 금융 환경 속에서 안정적인 경제 생활을 하기 위해서는 소득을 상황에 맞게 소비와 저축으로 적절히 배분하여 합리적인 방법으로 저축하고 소비하려는 노력이 필요하다.

47 신용은 장래에 갚을 것을 약속하고 현재에 돈을 빌려 사용할 수 있는 능력으로 신용이 안 좋을 경우 각종 금융 기관으로부터 불이익을 받는다.

48 ② 국경을 초월한 경제 활동이 개인에게 미치는 긍정적인 영향으로는 상품의 양과 질이 향상된 것, 국제 금융 거래 확대로 개인의 투자 기회가 확대된 것 등을 들 수 있다.

49 ② 기회비용은 한 품목의 생산이 다른 품목의 생산 기회를 놓치게 한다는 관점에서 어떤 품목의 생산 비용을 그것 때문에 생산을 포기한 품목의 가격으로 계산한 것이다.

50 자산의 유형
• 금융 자산: 주식, 채권, 예금 등
• 실물 자산: 토지, 건물 등의 부동산 등

51 ③ 제시된 설명은 교통 · 통신 등의 발달로 인한 경제 활동의 세계화에 대한 내용이다.

52 정부의 재정 활동
• 경기 침체 시: 지출을 늘려 소비와 일자리를 창출하여 경기를 활성화한다.
• 경기 과열 시: 지출을 줄여 물가를 억제하고 경기를 안정화시킨다.

53 ① 국제 무역이 일어나는 까닭은 비교 우위의 원리가 작용하기 때문이다. 즉, 무역 당사자인 양국 간의 상대적 생산비의 차이가 무역의 원인이 된다. 각국은 비교 우위가 있는 산업을 특화하여 그 산업의 제품을 수출하고 비교 열위에 있는 제품을 수입하게 되면 모든 무역 당사국에게 이익이 될 수 있다.

54 ④ 비교 우위론은 국제 거래에 임하는 양국의 교환과 분업에 따른 이익 획득을 강조한다.

55 ② 국가마다 서로 자연환경이 다르고 보유하고 있는 자원의 종류와 양에도 차이가 있어 생산 비용의 차이가 발생하기 때문에 국제 거래가 이루어진다.

56 ③ 1960년~1970년대 우리나라는 값싼 노동력을 바탕으로 경공업 제품 중심의 수출을 하였다.

57 ① 특화는 자신이 가지고 있는 생산 자원을 특정 재화나 서비스에 집중시키는 것으로 특화를 통해 자신이 잘할 수 있는 분야에 역량을 집중하여 경쟁력을 갖출 수 있다.

58 ④ 국제 거래의 증가로 기업들은 원자재나 값싼 노동력을 활용해 생산비를 절감하거나 세계 시장에 진출하여 이익을 극대화할 수 있다. 그러나 타국 기업과의 경쟁으로 인해 도태될 수 있으며, 환율 변동 등 국제적 변수에 따라 생산에 차질이 생길 수도 있다.

59 ① 환율이 상승하면 원화 가치가 하락하여 수출이 증가한다.

60 ④ 동일한 것은 동일하게, 다른 것은 다르게 취급하여 대우하는 것이 정의이다.

61 ① 분배적 정의: 각자가 자신의 몫을 누릴 수 있게 하는 것이며 공정한 분배 기준에 대한 사회적 합의 등을 말한다.
② 제시된 설명은 교정적 정의와 관련 있는 내용이다.
③ 교환적 정의: 같은 가치를 가진 두 물건을 교환하여 그 결과가 공정하게 하는 것이다.
④ 절차적 정의: 공정한 절차를 통한 결과는 정당하다는 것이며, 합의 과정의 투명성과 공정성에 초점을 둔다.

62 ② 제시된 설명은 필요에 의한 분배와 관련 있는 내용이다. 필요에 의한 분배는 한정된 재화로 모든 사람의 필요를 충족시키기 어렵고, 개인의 성취동기 및 창의성 등의 저하로 경제적인 비효율성이 증가할 수 있다는 단점이 있다.

63 ① 업적에 따른 분배는 사회적 약자를 배려할 수 없고, 서로 다른 종류의 업적의 양과 질을 평가하기 어렵다는 단점이 있다. 또한 업적을 중시하다 보면 과열 경쟁으로 인한 문제점들이 발생한다.

64 ③ 정의는 개인이나 사회가 지켜야 할 올바른 도리나 행위이다. 플라톤은 계층이 본성에 따른 고유한 기능을 수행하여 전체적으로 조화를 이룬 상태를 정의라고 하였다.

65 ② 제시된 내용은 자유주의적 정의관에 대한 설명이다. 이 정의관의 사상적 기반이 되는 것은 자유주의와 개인주의이다.

66 ③ 롤스는 자유와 평등의 조화를 통해 공정한 분배를 강조한 자유주의 학자이다.

67 ① 공동체주의 가치관에서는 개인보다 공동체의 가치와 선을 우선한다.

68 ① 노직은 자유주의적 정의관을 주장한 학자로, 국가는 개인의 소유권을 보호하는 역할에 머물러야 한다는 소극적 국가관을 주장하였다.

69 ① 개인의 자유와 권리를 최대로 보장하여 개인선을 실현하는 것이 정의라는 자유주의적 정의관에 대한 설명이다.
②·③·④ 공동체주의적 가치관이다.

70 ④ 공유지의 비극에 대한 사례이다. 공공재를 과소비할 경우 자원이 고갈되어 공동체 전체가 피해를 입을 수 있다.

71 ① 외국인은 우리나라 국적이 아니므로 투표권을 제한하는 것은 차별이 아니다. 그러나 인종이나 성별, 종교가 다르다는 이유로 인간의 권리를 침해하는 것은 차별이다.

72 ③ ㄱ은 사회봉사, ㄴ은 기부에 대한 설명이다. ㄱ, ㄴ 모두 개인적 차원에서 사회적 약자를 배려하는 실천이라고 할 수 있다.

73 ① 제시된 제도들은 사회 보험에 해당한다. 사회 보험의 특징은 '강제 가입, 상호 부조, 수혜자와 국가·기업 부담, 능력별 부담'이다.
②·③·④ 공공 부조에 대한 설명이다.

74 사회 보장 제도
• 사회 보험: 국민 건강 보험, 고용 보험, 국민 연금, 노인 장기 요양 보험, 산업 재해 보상 보험
• 공공 부조: 의료 급여 제도, 기초 노령 연금 제도, 국민 기초 생활 보장 제도
• 사회 복지 서비스: 아동 복지, 여성 복지, 노인 복지, 장애인 복지, 청소년 복지

75 • 경제적으로 어려운 사람에게 대가 없이 물질적·금전적 후원을 하는 행위를 말한다.
• 어려운 이웃의 경제적 자활을 돕고 공동체적 결속감이나 연대의식을 높이는 데 이바지한다.

76 ① 시민 단체: 공익을 위해 자발적으로 결성된 단체로서 여러 가지 사회 활동에 참여한다.
② 이익 집단: 공통의 이익 추구 및 복지 증진을 위해 노력하는 집단이다.
③ 제시된 내용은 사회 집단의 지원 중 사회적 기업에 대한 설명이다.
④ 사회 복지 단체: 사회 복지 사업을 통해 시민이나 지역 주민의 사회 경제적 어려움을 해결해 주거나 여러 가지 사회 문제를 예방하고 치유하는 일을 한다.

77 ② 1960대 이후 정부 주도의 경제 지역 개발 전략으로 성장 잠재력이 높은 지역만을 집중 개발한 경제적 효과가 그 주변 지역에만 확산되어 공간 불평등 현상이 나타나게 되었다.

78 ① 공공 부조는 생활 유지 능력이 부족한 사람들의 최저 생활 보장과 자립을 지원하는 제도로서, 의료 급여 제도, 기초 노령 연금, 국민 기초 생활 보장 등의 종류가 있다.

79 ③ 국가적 차원의 차등 분배 노력으로는 공간 불평등의 심화 정책이 아니라 완화 정책이 적절하다.

80 제시된 내용은 '최저 임금'에 대한 설명으로 근로자의 생활 안정을 위하여 매년 시간급으로 정하는 임금수준을 말한다. 근로자는 일을 하고 임금을 받는데, 이때 받는 시간 당 임금의 최저 수준을 법적으로 정해 놓는다.

3 사회 변화와 공존

01 ①	02 ③	03 ②	04 ④	05 ④
06 ②	07 ④	08 ①	09 ①	10 ③
11 ③	12 ③	13 ②	14 ②	15 ①
16 ④	17 ④	18 ①	19 ①	20 ②
21 ④	22 ②	23 ②	24 ④	25 ①
26 ③	27 ①	28 ②	29 ③	30 ②
31 ①	32 ②	33 ④	34 ①	35 ④
36 ④	37 ②	38 ①	39 ④	40 ②
41 ①	42 ②	43 ③	44 ④	45 ③
46 ③	47 ②	48 ①	49 ①	50 ④
51 ①	52 ②	53 ②	54 ③	55 ②
56 ②	57 ①	58 ②	59 ②	60 ①
61 ①	62 ②	63 ④	64 ②	65 ②
66 ③	67 ②	68 ③	69 ④	70 ③
71 ④	72 ②	73 ②	74 ②	75 ①
76 ④	77 ②	78 ④	79 ④	80 ②

01 ① 〈보기〉에 제시된 문화의 특성은 보편성과 관련 있는 내용이다.
② 특수성: 각 사회마다 생활 양식에 있어 각기 다른 문화 요소가 나타남을 의미한다.
③ 상대성: 각 사회의 문화는 그 나름의 이유와 가치가 있기 때문에 절대적인 기준에 의해 옳고 그르다는 평가를 내릴 수가 없다.
④ 다양성: 각 사회의 문화가 시대와 지역에 따라 여러 가지 모습으로 나타난다.

02 ③ 문화적 차이로 발생하는 갈등은 문화 상대주의적 관점에서 문화의 다양성을 인정해야 해소할 수 있다.

03 ② 〈보기〉에는 특정 종교의 관점에서 우리의 당굿 문화를 비하하고, 전통문화인 제사를 서구적 가치에서 우상 숭배로 보는 사대주의적 태도가 나타나 있다.

04 ④ 문화 상대주의는 한 사회의 문화를 그 사회의 입장에서 판단하고 존중하는 태도이다.

05 ④ 육아 휴직 제도 보완은 출산 장려 정책에 해당한다. 다문화 사회에서는 문화적 차이에서 비롯된 충돌이나 갈등이 발생할 수 있으므로 국제결혼 이민자와 외국인 근로자를 대상으로 취업 정보 제공 및 직업 적성 검사 등 구직 활동 지원, 정신 건강 상담 및 치료, 한글 및 한국 문화 강좌 개설 등 다양한 노력이 필요하다.

06 ① 문화 사대주의 태도
② 문화 상대주의는 문화의 상대성을 인정하고 문화를 그 사회의 환경과 맥락에서 이해하는 태도이다.
③ · ④ 자문화 중심주의 태도

07 ④ 자기 문화만을 우수한 것으로 믿고 다른 문화를 부정적으로 평가하는 태도, 즉 다른 문화를 자기 문화의 기준으로 평가하려는 태도를 자문화 중심주의(자민족 중심주의)라고 한다.

08 ① 다문화 사회의 문화적인 차이로 자칫 문화적 편견과 차별로 인한 인권 침해 문제 및 문화 간 갈등 상황이 발생할 수도 있다.

참고자료 **다문화 사회의 부정적 영향**
• 외국인 이주민에 대한 편견과 차별로 인한 인권 침해 문제와 문화 간 갈등이 발생한다.
• 출신국에 따른 외국인에 대한 편견과 차별이 발생한다.
• 다문화 가정의 자녀나 북한 이탈 주민의 사회 부적응 문제가 발생한다.
• 국내 노동자와 외국인 근로자 사이의 일자리 경쟁이 심화된다.
• 외국인 범죄가 증가한다.

09 ① 우리나라는 유학, 취업, 결혼 등의 이유로 이민자가 늘어나면서 외국인의 비중이 증가하고 다양성이 확대되었다. 특히, 국제결혼 이민자의 증가로 다문화 가정 학생 수가 계속해서 증가하고 있다.

10 ① 아랍 문화권: 이슬람교, 아랍어, 석유 산업, 낙타를 이용한 유목 사회, 돼지고기 금기 등
② 유럽 문화권: 크리스트교, 역사적 동질성, 유럽 연합 국가(EU), 산업 혁명, 백인 문화권 등
④ 아프리카 문화권: 흑인, 식민지 경제, 부족 중심의 사회, 토속 신앙 등

11 ① 인도 문화권: 힌두교의 발상지, 카스트 제도
② 오세아니아 문화권: 북서 유럽 문화 이식, 크리스트교, 영어, 원주민 애버리지니(오스트레일리아) · 마오리족(뉴질랜드)
④ 앵글로아메리카 문화권: 앵글로 · 색슨족, 자본주의, 크리스트교, 영어, 다양한 인종과 민족, 세계 최대 경제 지역

12 문화 전파의 종류
• 직접 전파: 이민, 식민, 전쟁, 선교 등 직접 접촉에 의해 이루어지는 전파이다.
• 간접 전파: 인쇄물, 대중매체, 인터넷 등의 매개체를 통한 정보, 사상, 관념의 전파이다.
• 자극 전파: 다른 사회의 문화 요소로부터 자극을 받아 새로운 발명이 일어나는 전파이다.

13 ① 히잡은 이슬람교를 믿는 지역의 여성들이 목과 머리를 가리기 위해 외출 시 착용하는 것으로 문화의 세계화와는 거리가 먼 사례이다.

14 ② 확산된 문화가 각 지역의 특성에 맞게 지역 문화와 섞이는 현상을 문화 융합이라고 한다.

15 ① 문화 융합이 아니라 문화의 동질화의 사례이다.

16 ④ 세계화 시대에 맞는 문화적 태도는 자기 문화의 정체성을 잘 유지하면서 외래문화와 조화를 이루는 것이다.

17 ④ 사회 구성원은 서로 다른 환경과 상황에 적응하며 생활 방식을 구축해 왔고 사회마다 구성원이 추구하는 가치관이 다르기 때문에 다양한 문화가 나타날 수 있었다.

18 • 동화주의: 다른 문화를 기존의 문화에 융합하고 흡수하는 정책으로 사회를 통합하고 질서를 유지하는 데 유리하다.
• 다문화주의: 다양한 문화를 인정하는 정책으로 소수 민족의 문화와 인권을 보호한다.

19 ① 샐러드 볼 이론과 모자이크 이론은 다문화주의에 속하고, 용광로 이론은 동화주의에 속한다.
• 모자이크 이론: 여러 색의 모자이크 조각이 조화를 이루어 하나의 작품이 만들어지듯이 다양한 문화의 공존을 목표로 하는 정책이다.
• 샐러드 볼 이론: 다양한 채소와 과일이 샐러드 볼에서 조화를 이루듯이 여러 문화가 서로 조화롭게 공존하도록 하는 정책이다.
• 용광로 이론: 용광로가 철광석을 녹이듯 여러 문화를 하나로 녹여 기존의 문화에 융합시키려는 정책이다.

20 ② 윤리 상대주의는 도덕적 옳고 그름은 사회에 따라 다양하기 때문에 보편적인 도덕적 기준은 없다고 보는 입장이다. 윤리 상대주의 입장에서는 보편 윤리를 위배하는 노예 제도나 유대인 학살 같은 문화도 인정해야 한다. 따라서 문화의 다양성을 존중하되 윤리 상대주의로 흐르는 것은 경계해야만 한다.

21 ④ 다원주의적 접근은 다양한 문화의 공존을 목표로 삼는 다문화주의 정책으로, 소수 문화를 존중하는 데는 유리하지만 사회 통합에 불리한 단점이 있다.

22 ② 제시된 글에는 문화 상대주의의 입장이 드러나 있다. 문화 상대주의는 각각의 문화가 지닌 고유성과 상대적 가치를 이해하고 존중하는 태도이다. 서로 다른 관습은 모두 나름대로의 가치가 있기 때문에 그 자체로 인정하고 존중해야 함을 강조한다.

23 ② 제시된 내용은 문화의 다양성과 관련이 있다. 문화의 다양성은 지역이나 시대에 따라 서로 다른 다양한 문화가 존재하는 것을 말한다. 다양한 문화가 나타나는 이유는 각 사회 구성원이 서로 다른 환경과 상황에 적응하며 생활하고, 추구하는 가치관이 다르기 때문이다.

24 ① 윤리 상대주의에 관한 내용이다.
②·③ 동화주의에 대한 내용이다.
④ 〈보기〉는 문화 상대주의에 대한 설명으로, 다문화 시대를 맞아 우리는 문화 상대주의 관점에서 다양한 문화를 존중하고 서로 다른 문화의 평화로운 공존을 위해 힘써야 한다.

25 ① 〈보기〉는 보편 윤리에 대한 내용이다. 보편 윤리란 인간의 존엄성, 자유, 생명 존중 등과 같이 시공을 초월하여 모든 사람이 존중하고 따라야 할 가치이다. 반면 윤리 상대주의란 각 문화마다 윤리가 다르고 다양해서 옳고 그름의 기준을 정할 수 없다는 것이다.

26 ③ 국제 사회가 정치·경제·문화 등 모든 면에서 하나의 공동체로 통합되어 가는 과정을 세계화라고 한다.

27 ②·③·④ 국제 경제 활동 증가에 따른 긍정적 영향에 해당한다.

28 ② 세계화의 진전이란 지역·국가 간 상호 교류의 증대와 상호 의존 관계의 심화를 말한다.

참고자료 세계화의 긍정적 영향과 부정적 영향

긍정적 영향	• 세계화로 인해 생산의 효율성 증대 • 다양한 문화를 접할 수 있는 기회 확대 • 지구촌 문제 해결을 위한 상호 협력의 증대
부정적 영향	• 개발 도상국과 선진국 간의 경제적 격차의 심화 • 선진국 문화로의 획일화 가능성

29 ③ 특정 국가와의 무역이 우리 수출에서 차지하는 비중이 매우 높기 때문에 그 나라의 경제에 문제가 생길 경우 국내 경제는 큰 타격을 받을 수 있다. 그러므로 수출 시장 다변화를 통해 특정 국가에 대한 의존적 경향을 줄여야 한다.

30 ㄴ. 삼성, 현대자동차, LG전자 등 우리나라의 다국적 기업 중에서도 세계 진출에 성공한 경우가 많다.
ㄷ. 해외 다국적 기업이 국내에 진출할 경우 경쟁력이 약한 국내 중소기업들은 쇠퇴하게 된다.

31 ① 보호 무역의 발달은 세계화에 반대하는 이유가 된다. 세계화의 배경에는 교통·통신의 발달, 다국적 기업의 활동, 세계 무역 기구의 출범, 국가 간 상호 협력의 필요성 등이 있다.

32 ① 북미 자유 무역 협정(NAFTA)은 미국의 자본, 캐나다의 자원, 멕시코의 노동력을 결합한 지역 경제 공동체이다.

33 ① 유럽 연합(EU): 마스트리흐트 조약(유럽 공동체의 통화 동맹과 정치 통합 등을 약속한 조약)을 배경으로 결성된 기구로, 회원국의 정치적 통합과 집단 방위를 목표로 한다.
② 석유 수출국 기구(OPEC): 1960년에 바그다드에서 중동 산유국들이 국제 석유 자본에 대한 발언권을 강화하기 위하여 결성한 기구이다.
③ 북미 자유 무역 협정(NAFTA): 1992년에 미국, 캐나다, 멕시코 3개국 간에 체결된 자유 무역 협정이다.
④ 동남아시아 국가 연합(ASEAN)은 1967년에 결성된 동남아시아 여러 나라의 정부 단위 협력 기구로, 타이, 인도네시아, 말레이시아, 필리핀, 싱가포르, 브루나이, 라오스, 캄보디아, 베트남, 미얀마 등을 가맹국으로 하고 있으며, 이 지역 내의 경제적·사회적 협력을 목적으로 한다.

34 공정 무역의 주요 원칙
• 선진국과 개발 도상국 사이의 불공정한 거래를 막는다.
• 개발 도상국의 생산자에게 정당한 가격을 지불하여 노동 착취를 막는다.
• 올바른 물건을 공급하자는 운동으로 장기적으로 생산자와 소비자는 물론 환경에도 이로운 지속 가능한 발전을 추구한다.

35 ④ 교통과 통신이 발달하여 지구촌 사회에 접어들었지만 세계 곳곳에서 영토를 둘러싼 분쟁이 오히려 심해지고 있는 이유는 자원에 대한 경제적 이익과 민족적 자존심 등이 걸려 있기 때문이다.

36 ④ 분단 비용은 통일이 이루어지지 않았기 때문에 지출하고 있는 비용으로 과도한 국방비, 외교비 등을 의미한다. 통일이 되면 분단 비용은 사라지고 통일로 얻는 이익이 늘어나 국가 경쟁력을 강화할 수 있다.

37 ② A는 쿠릴 열도, B는 센카쿠 열도 지역이다. 쿠릴 열도는 일본과 러시아, 센카쿠 열도는 일본과 중국, 타이완 사이의 분쟁 지역이다.

38 ① 카르스트 지형은 석회암이 물의 용식작용으로 형성된 지형으로 관광산업이 발달한다. 대표적인 관광지로 베트남의 할롱 베이, 중국 구이린, 슬로베니아 포스토이나 등이 있다.

39 ④ 제시된 설명은 현재의 세대가 풍요로울 수 있으면서도 미래 세대가 보존된 환경 속에서 적절한 발전을 지속적으로 할 수 있도록 하는 발전 방식인 지속 가능한 발전에 대한 내용이다.

40 ② 세계 인구가 지속적으로 증가하고, 경제 활동이 세계화되면서 다양한 환경 문제가 나타나고 있으며, 환경 오염은 지구 생태계의 순환에 따라 다른 지역으로 빠르게 퍼지고 있다. 이처럼 환경 문제가 발생하는 지역이 여러 국가에 걸쳐 있을 때에는 한 국가의 노력만으로는 문제를 근본적으로 해결하기 어렵다. 따라서 국제적인 환경 문제를 해결하기 위해서 해당 국가는 물론 주변 국가 및 비정부 기구 등의 활동이 활발히 전개되어야 한다.

41 ① 기후, 환경 문제는 해당국만의 문제가 아니므로 람사르 협약이나 교토 의정서 등의 국제 기후 협약을 체결하여 국제적 협조를 얻어 해결하는 것이 바람직하다.

42 ② 통일이 되면 전쟁 종결로 군사적 위협과 갈등을 해소할 수 있어 동북아시아의 평화를 정착할 수 있다. 또한 민족적 정체성·동질성 회복으로 민족 공동체를 실현할 수 있으며, 분단 비용 절감으로 인해 국가 경쟁력이 강화된다.

43 ③ 제시된 협약들은 유해 폐기물, 온실가스, 습지, 오존층 파괴 등과 관련된 협약이므로 국제 환경의 보존과 관련되어 있다.

> **참고자료** 환경 관련 국제 협약
> • 바젤 협약: 유해 폐기물의 수출입과 그 처리를 규제하기 위해 스위스 바젤에서 제정된 협약
> • 교토 의정서: 기후 변화 협약에 따른 온실가스 감축 목표에 관한 의정서
> • 람사르 협약: 습지에 관한 협약으로 '자연 자원의 보전과 현명한 이용'에 관해 맺어진 최초의 정부 간 협약
> • 몬트리올 의정서: 오존층 파괴 물질인 염화플루오린화탄소의 생산과 사용을 규제하기 위해 제정된 협약

44 ③ 다국적 기업이란 세계적 범위와 규모로 활동하는 기업으로서, 국가적 경계에 구애됨 없이 영업점 또는 생산 거점에 입지한 기업을 말한다.

45 ③ 강대국들이 자국의 문화를 상품화하여 대량으로 공급함에 따라 각국이 가진 고유문화나 정체성이 점차 약화되는 현상이 나타나거나 문화 갈등이 나타날 가능성이 커진다.

46 ③ 다국적 기업의 생산 공장은 저렴한 임금 및 토지 비용 등이 유리한 곳에 위치하지만, 무역 규제 장벽 극복 및 시장 개척을 위해 선진국에 입지하기도 한다.

47 ① 문화 획일화 문제에 대한 해결 방안이다.
③ 세계화를 통한 활발한 문화 교류에 대한 내용이다.
④ 보편 윤리와 특수 윤리의 충돌에 대한 해결 방안이다.

48 ① 뉴욕, 런던, 도쿄 등과 같이 전 세계의 정치·경제·정보 등의 중심지 역할을 수행하는 도시를 세계 도시라고 한다.

49 ① 국제 비정부 기구는 개인이나 민간단체를 회원으로 자발적으로 구성된 국제 사회의 행위 주체로서 환경, 평화, 인권 등 국제 사회의 보편적 가치를 위해 다양한 노력을 하고 있다. 이와 같은 국제 비정부 기구에는 그린피스, 국제 사면 위원회, 국경 없는 의사회 등이 있다.

50 ①·②·③ 정부 차원의 역사 갈등 해결 방안
④는 민간 차원의 역사 갈등 해결 방안

51 ① 아시아의 동부 및 남부 지역은 계절풍 지대로, 일찍이 벼농사가 발달하여 인구가 많을 뿐만 아니라 인구 밀도 또한 매우 높다.

52 ③ 산악 지대, 척박한 토양과 부족한 산업 시설 등은 인구가 희박한 요인에 해당한다. 인구 집중 요인으로는 풍부한 천연자원, 평야 지형, 교육·문화 기반이 잘 갖추어진 곳, 생활에 적합한 기온과 같은 자연적인 요인과 풍부한 일자리 등과 같은 인문적인 요인 등이 있다.

53 ① 개인주의의 심화, 사교육비 증가 등으로 저출산율이 문제가 되고 있다.
② 남아 선호 사상 등의 영향으로 남성이 여성보다 많은 성비의 불균형이 나타나고 있다.
③ 생활 환경의 개선 및 의학의 발달로 평균 수명이 증가하여 인구의 고령화가 나타나고 있다.
④ 출산율의 감소로 유소년층의 인구 비율은 감소하고 있다.

54 ③ 식량 안보를 위한 대책으로는 고품질 농산물 개발, 농경지의 유지와 보전, 국내 농민의 육성, 생산 시설 개선과 농업 경쟁력 확보 등이 있다.

55 ② 사막화는 사막 주변을 둘러싼 건조·반건조 지역에서 기후 변화 또는 인간의 활동으로 토양의 질이 저하되어 사막과 같이 변해 가는 현상이다.

56 ② 20세기 들어 산업화로 인한 염화플루오린화탄소의 사용량 증가로 오존층의 파괴 현상이 빠른 속도로 진행되고 있다.

57 ① 〈보기〉의 현상으로 여성들이 결혼과 출산을 꺼리는 현상이 발생하고 있으며 이로 인해 노동력의 부족, 국력의 약화 등이 발생하고 있다.

58 ③ 제시된 그래프를 통해 고령층 인구 비율의 증가, 유소년층 인구 비율의 감소, 2010년 이후 생산 가능 인구 비율의 감소 등을 알 수 있지만, 인구 분포의 지역적 불균형이 해소되었다는 것은 알 수 없다.

59 ② 여성 한 명이 가임 기간에 낳을 것으로 예상되는 자녀 수인 합계 출산율이 감소하는 것은 선진국의 인구 문제에 해당한다. 출산율 감소는 경제 활동 인구의 감소로 이어지고, 고령화를 가속화하는 원인이 되고 있다.

60 ① 해외로 이민하는 것은 반영구적 또는 영구적 이동에 해당한다.

61 자원을 둘러싼 분쟁이 발생하는 원인
• 인구의 증가, 생활 수준의 향상으로 자원의 소비량이 증가하였다.
• 자원은 일부 지역에만 매장되어 있다.
• 자원은 그 매장량이 한정되어 유한성이 있다.

62 ② 천연자원은 자원의 분포가 전 세계적으로 고르지 못하고 일부 지역에 치우쳐 있는 편재성이 있어 국제적으로 이동이 불가피하다.

63 ① 정보화 사회: 컴퓨터가 중심이 되어 정보와 지식을 효율적으로 창조, 응용, 배포할 수 있게 되는 사회이다.
② 네트워크 사회: 정보 통신 기술과 디지털 기술의 도입을 통해 새롭게 드러나는 정치·경제·사회·문화적 특징을 드러내는 사회이다.
③ 탈공업화 사회: 2차 산업인 공업 사회에서 탈피하여 과학, 기술, 지식, 정보 산업이 급속하게 발전한 산업 사회를 말한다.
④ 글로벌 위험 사회는 정치적 위험뿐만 아니라 환경, 금융, 테러 등의 위험이 세계적 차원으로 확대되고 있는 사회를 의미하는 것으로 울리히 벡(Ulrich Beck)이 정의하였다.

64 ② LOHAS(Lifestyles of Health and Sustainability)는 건강과 지속 가능함(지속 성장성)을 추구하는 라이프 스타일을 말한다. 개인의 육체적·정신적 건강의 조화를 통해 행복한 삶을 추구하는 라이프 스타일이 웰빙이며, 개인뿐만 아니라 사회와 후세의 건강과 행복한 삶을 추구하는 것, 즉 사회적 웰빙이 로하스인 것이다.

65 ② 미래 사회가 아니라 산업화 시대에 나타나는 문제점이다.

참고자료 미래 사회에 나타날 수 있는 문제
• 생명 공학의 발달에 따른 생명 윤리 문제
• 개인 정보 유출로 인한 사이버 범죄의 증가
• 다문화 사회 진입으로 인한 갈등
• 정보화 발달에 의한 사생활 침해

66 ③ 미래 사회는 세계화, 정보화, 인구의 고령화, 다문화 사회 등으로 변화하게 된다. 그러므로 개인은 국가와 지구촌의 한 구성원으로서 자신의 역할에 충실해야 한다.

67 ② 흡인 요인은 사람들을 지역 내부로 끌어들이는 긍정적인 요인으로, 보다 좋은 임금과 직장, 쾌적한 환경, 편리한 교통, 교육·문화·의료 등 사회 기반 시설의 풍부 등이 있다.

68 ③ 철광석은 철의 원료이며 현대 산업 사회의 기초가 되는 자원이다. 중국, 오스트레일리아, 인도 등의 고생대 이전 지층에 주로 매장되어 있고 우리나라, 일본 등으로 수출한다.

69 ④ 〈보기〉에 제시된 지역은 석유, 천연가스 등의 자원 매장 지역으로 자원의 매장지 범위가 여러 국가에 걸쳐 있거나 해상의 국경이 불분명해 갈등이 발생하는 지역이다.

70 ③ 란타넘, 세륨 등의 17종의 원소를 통틀어 뜻하는 희토류(稀土類)는 화학 분석 조작으로는 분리하기 어렵고, 천연으로 서로 섞여 산출되며 양이 아주 적다. 희토류는 세계적으로 생산량이 제한돼 있어 미국·중국·일본 간에 광물 전쟁이 붙었을 정도로 희귀한 광물 자원이다.

71 ④ 옥수수는 환경 적응성이 강하고 재배 조건이 까다롭지 않아 세계적으로 널리 재배되고 있다.

72 ② 미래 사회에는 자문화 중심주의가 아니라 문화 상대주의가 사회의 중요한 가치로 대두될 것이다.

73 ③ 산업화 이전에는 자연적인 요소에 큰 영향을 받았다.

74 ① 유한성: 대부분의 자원은 매장량이 한정되어 있어 자원을 계속 사용하면 고갈된다.
② 가변성: 시대와 장소에 따라 자원의 가치가 달라진다.
③ 편재성: 자원이 고르게 분포하는 것이 아니라 일부 지역에 편재되어 분포한다.
④ 유용성: 자원은 자연물 가운데 인간 생활에 쓸모 있는 것이다.

75 자원의 종류
• 순환 자원(재생 자원): 태양열·태양광, 바람(풍력), 지열, 파력(파도)·해수의 조력, 수력 등
• 고갈 자원(비재생 자원): 금속 광물 자원(철, 구리, 금 등)과 화석 연료(석탄, 석유, 천연가스 등)

76 ④ 제시된 내용은 1987년 세계 환경 개발 위원회(WCED)가 발표한 브룬트란트 보고서의 '우리 공동의 미래'에서 처음 제시된 지속 가능한 발전에 대한 설명이다.

77 ① 딥 러닝: 컴퓨터가 자체 인공 신경망 구조를 통해 스스로 학습하는 인공 지능의 기술이다.
③ 하이퍼 루프: 진공 상태의 튜브 속에서 공기압의 압력 차를 이용하여 빠르게 달릴 수 있는 초고속 자기 부상 열차를 말한다.
④ 자율 주행 자동차: 운전자가 차량을 조작하지 않아도 스스로 운전하는 자동차를 말한다.

78 ④ 미래 사회에 대해 낙관적인 견해와 비관적 견해가 대립하고 있다.

79 ④ 인류 공통의 가치, 즉 인간의 존엄성, 자유와 평등, 정의 실현 등을 전 지구적 차원에서 실현하려는 자세를 가져야 한다.

80 ② 재생 에너지는 화석 연료와 원자력을 대체할 수 있는 무공해 에너지로, 태양열, 수력, 풍력, 조력, 지열 등과 같이 계속 써도 무한에 가깝도록 다시 공급되는 에너지를 말한다.

(사회 실전 문제)

사회 실전 문제 1회

01 ①	02 ③	03 ③	04 ③	05 ④
06 ②	07 ④	08 ②	09 ②	10 ④
11 ①	12 ④	13 ③	14 ④	15 ①
16 ③	17 ③	18 ②	19 ②	20 ③
21 ④	22 ②	23 ③	24 ①	25 ④

01 ① 사회적 관점: 사회 현상을 사회 제도나 사회 구조 측면에서 이해하는 관점이다.
② 시간적 관점: 시대적 배경과 맥락을 통해 사회 현상을 살펴보는 관점이다.
③ 공간적 관점: 위치나 장소, 분포 유형, 영역, 이동, 네트워크 등 공간 정보를 바탕으로 하여 사회 현상을 살펴보는 관점이다.
④ 윤리적 관점: 도덕적 가치 판단과 규범적 방향성의 측면에서 사회 현상과 문제를 이해하는 관점이다.

02 ③ 최근 우리나라는 출산율이 낮고, 평균 수명이 늘어나면서 인구의 고령화에 따른 실버산업이 크게 성장하고 있는 추세이다.

03 ③ 노후화된 건축·시설을 개선하는 정책은 주택 개발 초기에 시행되었으며, 경제 개발 이후에는 교통·문화·예술·체육 시설 등의 공간 조성으로 삶의 질을 개선하는 방향으로 진행되었다.

04 ③ 이동식 화전 농법은 열대 기후 지역에서 행해지는 농법으로 밀림 또는 삼림에 불을 질러 타고 남은 재를 비료로 이용하여 농작물을 수확한 후, 지력이 떨어지면 또 다른 장소로 이동하는 과정을 반복하는 농법이다.

05 ④ 과학 기술과 산업이 발달함에 따라 무분별하게 자연환경을 훼손하여 자연재해의 피해 규모가 더욱 증가하고 있다.

06 ㉠ 극단적 생태주의는 환경에 대한 피해를 가능한 최소화하기 위하여 최소한의 자원만을 채취하는 시스템으로 경제를 전환해야 한다고 주장하는 태도이다.
㉡ 전체를 구성하고 있는 각 부분이 서로 밀접하게 관련을 가지고 있어서 떼어 낼 수 없는 것을 뜻하는 말은 '유기적'이다.

07 도시화의 단계
• 초기 단계: 도시화율이 낮은 수준에서 비교적 완만한 속도로 증가
• 가속화 단계: 산업화에 따른 이촌 향도 현상이 발생, 도시 인구 비율이 빠르게 증가
• 종착 단계: 도시화 속도가 둔화, 도시 인구가 촌락으로 이동하는 역도시화 현상 발생, 인구 증가율이 둔화

08 ② 거주자 우선 주차 제도는 도시 환경 문제와는 큰 관련이 없다.

09 ㄴ. 대도시는 통근권과 상권이 확대되었고, 중소 도시는 주거·공업·관광 등의 전문 기능이 향상되었다.
ㄷ. 새로운 교통로의 발달로 교통 조건이 불리해진 지역의 경제가 쇠퇴하였다.

10 ④ 시민 불복종은 불법적인 행동에 대한 처벌을 감수함으로써 법 수호의 의지를 분명히 한다.

11 ① 연대권은 인권이 국가와 개인의 관계를 넘어서서 국제적인 연대와 협력을 필요로 하는 인권 사항에 대응하는 권리로, 평화에 관한 권리, 재난으로부터 구제받을 권리, 지속 가능한 환경에 관한 권리, 경제·사회·문화적 발전을 자유롭게 추구할 권리 등이 해당된다.

12 ④ 시민 단체는 특정 집단의 이익을 추구하는 것이 아니라 공공의 이익을 추구하기 위해 시민들이 자발적으로 결성한 집단으로, 국가 권력에 대한 감시와 견제, 시민의 정치 참여 활성화 등을 수행한다.

13 ③ 합리적인 경제 활동은 선택한 것의 가치가 포기한 것의 가치보다 커야 한다.

14 ④ 정부는 독과점 발생, 공공재 부족, 환경 오염, 불법적인 경제 활동 등으로 시장이 제 기능을 다하지 못할 때 그 현상을 해결하고자 시장에 개입하게 된다.

15 국제 거래의 특징
• 생산 요소(인력, 자본, 기술 등)의 이동이 자유롭지 못하다.
• 각 나라마다 화폐 제도와 단위가 다르기 때문에 환율이 개입된다.
• 상품의 생산비와 가격에 차이가 발생하는 것은 부존자원, 생산 기술의 차이 때문이다.

16 ③ 성과 연봉제는 개인의 업무에 대한 성과 평가에 따라 급여가 결정되는 임금 체계로서 능력과 업적, 실적에 따른 분배적 정의 실현을 위한 제도이다.

17 ③ 개인선이 아니라 공동선에 대한 설명이다.

참고자료 공동선

- 공동체의 가치와 전통에 따라 공동체 구성원의 자아실현과 인격 완성을 추구한다.
- 개인의 이익보다 공동의 이익을 중시한다.
- 아리스토텔레스의 덕 윤리와 공동체주의는 공동체의 가치와 전통에 부합하도록 개인의 인격과 자아실현을 추구하는 것이 바람직하다.

18 제시된 글의 밑줄 친 '이 사상'은 공동체주의적 정의관에 관한 내용이다.
② 자유주의적 정의관의 한계에 해당하는 내용이다.

19 ① 자문화 중심주의 태도
③·④ 문화 상대주의 태도

20 ③ 다문화 사회에서는 저출산과 고령화에 따른 노동력 감소 문제를 외국인 근로자의 유입으로 해소하여 안정적인 경제 성장 유지가 가능해졌다.

21 ④ 우리나라의 전통문화를 알리기 위해서는 국가 브랜드 가치를 높이고, 외국인을 위한 홍보 책자를 다양한 언어로 발간해야 한다. 또한 자연과 문화를 아끼고 소중히 여기는 마음을 가져야 한다.

22 ① 유럽 연합(EU): 유럽의 정치·경제 통합을 실현하기 위하여 출범한 유럽 연합 기구이다.
② 세계 무역 기구(WTO): 1995년 설립, 세계 무역 질서를 위해 국가 간 경제 분쟁을 조정하는 국제기구로 세계화와 함께 무한 경쟁 시대로 돌입하는 새로운 환경을 조성하였다.
③ 북미 자유 무역 협정(NAFTA): 미국·캐나다·멕시코 3국이 관세와 무역 장벽을 폐지하고 자유 무역권을 형성한 협정이다.
④ 동남아시아 국가 연합(ASEAN): 동남아시아 국가 간 전반적인 상호 협력 증진을 위한 기구이다.

23 ③ 지속 가능한 발전이란 현재의 세대가 풍요로울 수 있으면서도 미래 세대가 보존된 환경 속에서 적절한 발전을 지속할 수 있도록 하여, 인류와 자연이 지속적으로 공존하는 발전을 의미한다. 이를 위해서는 빈부 격차, 갈등과 분쟁, 자원 고갈, 기아 등 지구촌에 당면한 과제를 해결하고 인류의 존속과 미래에 대비해야 한다.

24 ① 저출산 문제는 생산 가능 인구의 감소로 이어져 노동력 부족, 소비·투자 위축 및 재정 수지 악화와 경제 성장의 둔화, 노동력 규모의 감소, 청장년층의 노년층 부양 부담 증가 등을 초래해 국가 경쟁력이 약화된다.

25 ④ 냉매제로 주로 사용되는 염화플루오린화탄소(CFCs)는 성층권의 오존층을 파괴하는데, 그 결과 자외선의 양이 증가하고 피부암, 백내장 등의 발병률을 높이고, 농작물 수확량을 감소시킨다.

사회 실전 문제 2회

01 ①	02 ②	03 ②	04 ③	05 ②
06 ①	07 ②	08 ④	09 ③	10 ③
11 ②	12 ④	13 ③	14 ②	15 ③
16 ③	17 ①	18 ④	19 ③	20 ④
21 ③	22 ③	23 ④	24 ③	25 ③

01 ① A가 말한 내용은 자연 환경적 요인, B가 말한 내용은 인문 환경적 요인과 관련이 있다.

02 ② 경제가 성장하고 국민 소득이 향상되면 의식주와 같은 기본적 욕구와 사회·문화적 욕구가 충족되어 삶이 안정되며 교육 및 의료 혜택, 문화생활 등도 충족된다. 아동 노동이 발생하는 이유에는 경제적 빈곤에 의한 자발적인 노동, 부모의 강요나 대물림 등이 있다.

03 ② 민주주의의 발전에는 시민들의 적극적인 정치 참여가 필요하다. 민주주의에서는 인권 보장과 정치적 의사의 반영이 시민들의 삶에 큰 영향을 미친다.

04 ① 슬로 시티: 자연·환경·인간이 조화를 이루며 느림의 철학을 바탕으로 전통문화를 잘 보호하려는 국제 운동을 말한다.
③ 생태 도시: 인간과 자연이 조화를 이루며 지속적으로 공생할 수 있는 체계를 갖춘 도시를 말한다.

05 ② 세계 인구가 지속적으로 증가하고 경제 활동이 세계화되면서 다양한 환경 문제가 나타나고 있다. 특히 환경 오염은 생태계의 순환에 따라 다른 지역으로 빠르게 퍼지고 있는데 이 문제의 발생 지역이 여러 국가에 걸쳐 있을 때에는 한 국가만의 노력으로는 근본적인 해결이 어렵다. 따라서 국제적인 환경 문제를 해결하기 위해서는 해당 국가는 물론 주변 국가 및 비정부 기구 등의 활동이 활발히 전개되어야 한다.

06 ① 적극적 우대 조치는 사회적 약자에게 더 많은 기회를 제공하기 때문에 다른 상대방에게 역차별이 발생하지 않도록 유의할 필요가 있다. 역차별은 부당한 차별을 받는 대상을 보호하기 위한 제도나 방침이 너무 급진적이어서 도리어 반대편이 차별을 당하게 되는 경우를 말한다.

07 ② 인터넷을 통한 물건 구매는 정보화에 따른 생활 양식의 변화를 보여 주는 예로, 정보화의 문제점에 해당하지는 않는다.

08 ① 대도시: 인구 과밀화로 인한 각종 시설의 부족, 도시 내 노후화된 공간 증가로 주민의 삶의 질이 저하된다.
② 지방 도시: 일자리·문화 공간·교육 시설 등의 부족으로 대도시의 인구 유출 현상이 발생한다.
③ 근교 촌락: 대도시의 영향으로 전통문화·공동체 의식이 약화된다.

09 ③ 세계화로 인해 지역 간 교류가 활발해지면서 각 나라의 문화적 정체성은 점차 약화되고 있다.

10 ①·②·④ 사회적인 차원의 해결 방안
③ 개인적인 차원의 해결 방안

11 ② 근로 기준법에서는 근로자로 사용할 수 없는 연령을 15세 미만인 자(중학교에 재학 중인 18세 미만인 자 포함)로 규정하고 있다(근로 기준법 제64조 제1항). 그러므로 청소년은 근로 기준법의 적용 대상이 된다.

12 ④ (가)는 미국의 독립 선언, (나)는 세계 인권 선언에 대한 내용으로, 모두 인간으로서 보장받아야 할 당연한 권리인 인권 보장에 대한 내용을 담고 있다.

13 ③ 기회비용은 하나를 선택함으로써 포기해야만 하는 다른 것의 가치 중 최상의 가치를 말하므로, 제시된 내용에서 기회비용은 필통 1개당 연필 60개가 된다.

14 ② 금융 자산에는 현금, 예금, 주식, 채권 등의 각종 금융 상품이 해당되고, 실물 자산에는 주택이나 토지와 같은 부동산과 금이나 골동품과 같은 동산이 해당된다.

15 제시된 내용은 절대적 평등에 따른 분배를 의미하는 것으로, 기회와 혜택을 골고루 나누어 줄 수 있지만 불공정한 경우가 발생할 수 있고, 분배하는 몫에 차이가 없기 때문에 생산 의욕을 저하시켜 효율성을 떨어뜨린다.
ㄱ·ㄹ. 업적에 따른 분배에 해당하는 내용이다.

16 ③ 고등학생들이 성금을 모아 식료품을 구매하여 경제적으로 어려운 이웃에게 직접 배달하였으므로 경제적 기부와 사회봉사에 참여하였다고 볼 수 있다.

17 ① 지역 간 협력 사업의 예로는 쓰레기 처리장, 화장장 등 주민 기피 시설이 특정 지역에 밀집되는 문제를 해결하는 것 등이 있다. 주택 공급 사업은 도시 내 불평등 해결 정책에 해당한다.

18 ④ 문화의 다양성을 존중하는 올바른 태도는 보편 윤리를 바탕으로 이루어진다. 인간의 존엄성, 생명의 소중함, 자유 등이 대표적인 보편 윤리이다.

19 제시된 내용은 유네스코가 문화의 다양성을 보호하고 증진하기 위해 2001년에 채택한 유네스코 세계문화 다양성 선언이다.
②의 내용은 문화의 다양성을 훼손할 수 있다.

20 ④ 국수주의적 정책 강화는 자기 문화만을 고수하고 다문화 사회로의 변화를 거부하는 것으로 바람직하지 않다. 우리나라는 2000년 이후 국제결혼의 증가로 인해 빠르게 다문화 사회로 진입하고 있으므로, 다른 문화권의 배경을 가진 사람들이 함께 어울려 살기 위해서 서로 상대방의 문화를 이해하고 존중하며 소통하는 문화 상대주의적 태도를 가지는 것이 필요하다.

21 국제 협력 기구
• 정부 간 기구(IGO): 국가를 구성원으로 하여 국가 간 조약 체결로 창설된 국제기구로, 국제 연합(UN), 유럽 연합(EU), 세계 무역 기구(WTO), 경제 협력 개발 기구(OECD), 국제 통화 기금(IMF) 등이 있다.
• 비정부 기구(NGO): 지역·국가·국제적으로 조직된 자발적 비영리 시민 단체로, 국제 적십자사, 국경 없는 의사회, 국제 올림픽 위원회 등이 있다.

22 세계 도시의 기능
• 경제 활동 조절 및 통제 기능: 다국적 기업의 본사, 국제 금융 업무 기능
• 생산자 서비스 기능: 금융, 회계, 법률 전문 서비스 기능 집적
• 물적·인적 교류 기능: 국제기구의 운영 본부, 국제회의 및 행사 개최

23 국제 평화를 위한 민간·개인 차원의 노력
• 국제 비정부 기구에 참여 → 반전 및 평화 운동 전개
• 세계 시민 의식으로 초국가적 문제를 해결하기 위한 노력
• 남북한의 긴장 완화와 화해 분위기 조성
• 중국 동북 공정과 일본 역사 왜곡 등의 원만한 해결을 위한 노력

24 ① 저출산, 고령화로 인한 인구 문제가 심각해지고 있다.
② 유소년 부양비는 감소하다가 2030년에 다시 증가할 전망이다.
④ 2020년에는 노년 부양비가 유소년 부양비보다 더 크기 때문에 노년층의 인구가 더 많아질 것임을 알 수 있다.

25 ③ 개인은 '지구촌의 구성원'과 '개별 국가의 국민' 또는 '특정 사회 집단의 구성원'이라는 소속감을 동시에 가질 수 있지만 때로는 이들이 서로 충돌하면서 혼란을 겪기도 한다. 이러한 경우에 개별 국가나 사회 집단의 이익보다 인류의 보편적인 선 또는 정의를 실현하려는 노력이 필요하다.

과학

1 물질과 규칙성

01 ④	02 ①	03 ②	04 ①	05 ①
06 ②	07 ④	08 ①	09 ③	10 ④
11 ④	12 ①	13 ④	14 ④	15 ③
16 ②	17 ④	18 ②	19 ③	20 ④
21 ④	22 ④	23 ①	24 ④	25 ①
26 ②	27 ②	28 ④	29 ①	30 ①
31 ①	32 ②	33 ④	34 ②	35 ②
36 ③	37 ③	38 ④	39 ②	40 ③
41 ④	42 ①	43 ③	44 ③	45 ④
46 ④	47 ②	48 ④		

01 ④ 빅뱅 이후 은하 사이의 거리는 점점 멀어지고 있고, 온도와 밀도는 점점 낮아지고 있으며, 팽창하는 우주의 중심은 없다.

02 ① 쿼크는 더 이상 쪼개지지 않는 물질의 기본 입자이다. 쿼크의 결합으로 양성자와 중성자가 형성되고, 양성자와 중성자의 결합으로 원자핵이 형성된다.

03 ② 양성자는 u쿼크 2개와 d쿼크 1개로 이루어져 있고, 중성자는 u쿼크 1개와 d쿼크 2개로 이루어져 있다.

04 ① 입자의 생성 과정: 쿼크와 경입자(렙톤)가 만들어진다. → 강한 상호 작용에 의해 양성자와 중성자가 형성된다. → 양성자와 중성자의 결합으로 헬륨 원자핵이 형성된다. → 원자가 생성된다.

05 ① A 시기에는 헬륨 원자핵이 형성되었다.

06 ② 우주 배경 복사는 빅뱅 이후 우주의 온도가 3,000 K으로 낮아졌을 때 원자가 형성되면서 물질과 분리된 빛을 말한다.

07 ④ 빅뱅 38만 년 이후 물질과 빛이 분리되어 우주는 투명해졌으며, 우주 배경 복사가 퍼져 나갈 수 있었다.

08 ① 스펙트럼은 온도가 낮을 때 특정 파장을 흡수하며, 온도가 높을 때 특정 파장을 방출한다.

09 ③ 빅뱅 우주론에서 수소와 헬륨의 질량비를 약 3 : 1로 예측하였고, 이는 별빛의 스펙트럼 분석을 통해 알아낸 실제 질량비와 일치한다.

10 ④ 별은 스스로 빛을 내는 천체이고, 질량이 클수록 수명이 짧으며, 밀도가 높고 온도가 낮은 성운의 내부에서 생성된다.

11 ④ 별은 질량에 따라 다르게 진화하며, 질량이 클수록 중심부의 온도가 높아져 더 무거운 원소를 만드는 핵융합 반응이 일어난다.

12 ① 초거성의 중심부에서 핵융합 반응에 의해 철이 생성된다.

13 ④ 철은 안정된 원소로 더 이상 핵융합 반응을 하지 않는다.

14 ④ 별은 질량에 따라 진화 경로가 달라진다.

15 ③ 태양보다 질량이 매우 작은 별은 중력 수축만 하면서 갈색 왜성으로 진화한다.

16 ② 성운설에 의해 생성된 태양과 행성들은 나이가 비슷하다. 태양계 생성 당시 회전하는 원반에서 생성되었기 때문에 태양의 자전 방향과 행성의 공전 방향은 같고, 공전 궤도면이 거의 일치한다. 그러나 대기의 구성 성분은 생성 당시 온도와 행성의 질량 등에 따라 달라진다.

17 ④ 물은 지구에만 존재하므로 지구형 행성과 목성형 행성의 분류 기준이 될 수 없다.

18 ② B 과정에서는 회전 속도가 빨라져 성운이 원반 모양으로 납작해졌다.

19 ③ 지구의 형성 과정은 'ㄴ. 미행성의 충돌 – ㄹ. 마그마의 바다 형성 – ㄷ. 원시 지각의 형성 – ㄱ. 원시 바다의 형성과 대기의 성분 변화' 순이다.

20 ④ 수소를 제외한 1족 원소들이 금속이며, 반응성이 크다.

21 ④ 알루미늄은 13족에 속하는 금속 원소이다.

22 ④ 2주기 원소는 최외각 전자껍질에 최대 8개의 전자를 가진다.

23 ① 알칼리 금속은 실온에서 모두 고체 상태이다.

24 ④ 비금속 원소는 18족을 제외하고 음이온이 되기 쉬우며, 열과 전기가 잘 통하지 않는다. 그리고 상온에서 대부분 기체나 고체 상태이다.

25 ① 할로젠 원소들은 실온에서 이원자 분자로 존재하며, 플루오린(F)은 옅은 노란색, 염소(Cl)는 노란색, 브로민(Br)은 적갈색, 아이오딘(I)은 보라색을 띤다.

26 ② 원자 X는 원자 번호 12번인 마그네슘(Mg), 원자 Y는 원자 번호 16번인 황(S)이다.

27　① A와 B는 같은 1족 원소이지만 A는 비금속인 수소(H)이고 B는 금속 인 리튬(Li)이므로 원소의 성질이 다르다.
　　② B의 전자껍질 수는 2개, C의 전자껍질 수는 1개이다.
　　③ C는 18족 원소로, 최외각 전자껍질이 모두 채워져 안정한 상태이 며 다른 물질과 잘 반응하지 않는다.
　　④ D와 E는 비금속으로, 전자를 얻어 음이온이 되기 쉽다.

28　④ 원자가 전자 수는 가장 바깥 전자껍질에 들어 있는 전자의 수이므 로 6개이다.

29　① 양이온과 음이온 사이의 정전기적 인력에 의한 결합은 이온 결합 이다.

30　① 에탄올(C_2H_6O)은 공유 결합으로 생성된 물질이다.

31　① M은 마그네슘(Mg), X는 산소(O)이다. 마그네슘(Mg)은 금속 원소 로 2개의 전자를 잃고 양이온이 되고, 산소(O)는 비금속 원소로 2개의 전자를 얻고 음이온이 되어 두 원소는 이온 결합을 한다.

32　② 수소 분자(H_2)는 전자쌍 1개를 공유하는 단일 결합을 한다(H–H).

33　④ 산소 분자는 산소 원자끼리 공유 결합을 통해 2개의 전자쌍을 공유 한다(2중 결합). 산소 원자는 공유 결합을 통해 네온(Ne)과 같은 전자 배치를 이룬다.

34　② 수소는 전자를 잃어버리는 것이 아니고 산소와 전자쌍을 공유하여 헬륨(He)과 같은 전자 배치를 이루어 안정되었다.

35　② 지각과 생명체를 구성하는 원소 중 산소가 가장 많은 양을 차지 한다.

36　③ A는 규소, B는 산소이다. 규산염 사면체는 규소 1개와 산소 4개가 공유 결합을 한 구조이며, 음전하를 띤다.

37　③ 감람석은 독립 사면체 구조로, 규산염 사면체 하나가 독립적으로 마그네슘이나 철 등의 양이온과 결합한다.

38　④ 탄소는 주기율표의 14족 원소로, 원자가 전자가 4개이다. 따라서 최대 4개의 원자와 결합이 가능하며, 다양한 종류의 원자와 결합 할 수 있다.

39　② 탄소는 다른 탄소와 단일 결합하여 다양한 모양의 구조를 만들 수 있고, 탄소와 탄소 사이에 2중 결합이나 3중 결합을 형성하기 도 한다.

40　③ 근육, 뼈, 머리카락 등을 구성하는 우리 몸의 주요 구성 물질은 단 백질이다.

41　④ 핵산의 단위체는 뉴클레오타이드이며, 인산, 당, 염기가 1 : 1 : 1로 결합되어 있다.

42　① 핵산은 유전 정보의 본체로, 유전 정보를 저장하는 DNA와 유전 정보를 전달하는 RNA가 있다.

43　③ DNA를 구성하는 단위체인 뉴클레오타이드는 염기, 당, 인산이 각 각 1 : 1 : 1로 결합되어 있다. 단일 가닥인 염기의 상보적 결합으로 2중 나선 구조를 형성한다.

44　③ 특정 온도 이하에서 전기 저항이 0이 되는 물질을 초전도체라고 하며, 이때의 온도를 임계온도라고 한다.

45　① 증폭기는 반도체를 이용한 것이다.
　　② 인공 관절은 고기능성 고분자 물질 중 생체 적합성 고분자 물질을 이용한 것이다.
　　③ 항공기 동체는 탄소 나노 튜브의 가볍고 강도가 높은 특성을 이용 한 것이다.
　　④ 초전도체의 마이스너 효과는 전류가 흐를 때 강한 자기장이 발생 하여 물체를 띄우는 현상이다.

46　④ 그림과 같은 탄소 나노 튜브는 전기 전도율이 높아 반도체 및 전지, 평판 디스플레이 등에 이용된다.

47　② 그래핀은 강철보다 강도가 강하고, 투명하며 유연성이 있어 휘어 지는 디스플레이에 이용된다.

48　① 연잎 – 유리 코팅제, 방수가 되는 옷
　　② 거미줄 – 인공힘줄, 낙하산
　　③ 홍합 – 수중 접착제, 의료용 생체 접착제

2 시스템과 상호 작용

01 ①	02 ③	03 ①	04 ④	05 ④
06 ③	07 ①	08 ②	09 ②	10 ④
11 ②	12 ②	13 ①	14 ①	15 ④
16 ③	17 ①	18 ②	19 ④	20 ①
21 ②	22 ①	23 ④	24 ④	25 ③
26 ①	27 ②	28 ④	29 ③	30 ④
31 ①	32 ②	33 ④	34 ①	35 ③
36 ①	37 ③	38 ①	39 ②	40 ④
41 ④	42 ②	43 ②	44 ②	45 ③
46 ④	47 ④	48 ④		

01 ① 질량이 있는 모든 물체 사이에 상호 작용하는 힘은 중력으로, 지구에서의 중력은 지구가 물체를 당기는 힘이며 지구 중심 방향이다.

02 ③ 자유 낙하 운동은 물체가 중력만 받아 연직 낙하하는 운동으로, 물체는 1초마다 9.8 m/s씩 속도가 증가하는 등가속도 운동을 한다.

03 ① 수평 방향으로 던진 물체의 경우 수평 방향으로는 힘이 작용하지 않아 등속 직선 운동을 한다.

04 ④ 수평 방향으로 던진 물체의 운동에서 연직 방향으로는 지구에 의한 중력만 작용하므로 자유 낙하하는 물체와 같이 속도가 일정하게 증가하는 등가속도 운동을 한다.

05 ④ 충격량은 물체가 받는 충격의 정도를 나타내는 물리량으로 힘과 시간의 곱과 같다. 따라서 충격량이 일정할 때 힘이 작용하는 시간이 짧을수록 물체에 작용하는 힘의 크기는 증가한다.

06 ③ 일반적으로 충돌 예방 안전장치는 충돌이 일어났을 때 힘이 작용하는 시간을 길게 하여 사람이 받는 힘의 크기를 줄이는 원리를 이용한다.

07 ① 벽을 밀었을 때 사람이 뒤로 밀리는 것은 작용 반작용에 의한 현상이다.

08 ② '운동량의 변화량 = 충격량 = 힘 × 시간'이므로, 0~3초 동안 물체의 운동량의 변화량은 '30 = 힘 × 3 s'로 나타낼 수 있다. 따라서 0~3초 동안 물체에 작용한 힘의 크기는 10 N이다.

09 ② 3~6초 동안 물체의 운동량은 일정하므로 이때 운동량의 변화량은 0이다. 따라서 0~6초 동안 물체가 받은 충격량은 0~3초 동안 물체의 운동량의 변화량과 같은 30 N·s이다.

10 ④ 지구 시스템에는 지권, 기권, 수권, 생물권, 외권이 있다. 자기권은 대기의 최상층부에서 지구 자기의 자기장 에너지가 대기의 열운동 에너지보다 큰 부분을 말한다.

11 ① 질소: 안정한 기체로 과거부터 현재까지 변화가 거의 없고, 대기 중에서 가장 많은 양을 차지한다.
② 제시된 내용은 산소에 대한 설명이다.
④ 이산화 탄소: 원시 바다의 형성 이후 바다에 녹아들어 석회암을 형성하여 지권에 저장되었고, 광합성 생물의 출현 이후에는 꾸준히 줄어들었다.

12 ① 지각은 지구의 겉 부분이며, 규산염 물질로 이루어져 있다.
② 지권의 구성 요소 중 지권 전체 부피의 약 80 %를 차지하며, 유동성이 있는 것은 맨틀이다.
③·④ 핵은 액체 상태인 외핵과 고체 상태인 내핵으로 이루어져 있으며, 주로 철과 니켈 등 무거운 물질로 이루어져 있어 밀도가 크다.

13 ① 지구의 내부 구조는 지진파의 속도 변화를 통해 지각, 맨틀, 외핵, 내핵으로 파악할 수 있다. 지구 내부 구조에서 가장 큰 부피를 차지하는 것은 맨틀이며, 외핵은 액체 상태이다.

14 ① 핵은 주로 철과 니켈 등 무거운 원소로 이루어져 있어 밀도가 크고, 외핵에서 철과 니켈의 대류로 지구 자기장이 형성된다.

15 ① 열권: 높이 올라갈수록 기온이 상승하고 공기가 매우 희박하여 낮과 밤의 기온 차가 매우 크며 고위도의 상공에서 오로라가 관측된다.
② 중간권: 높이 올라갈수록 기온이 하강하며 수증기가 거의 없어 기상 현상이 나타나지 않는다.
③ 성층권: 오존층이 존재하며 오존이 태양의 자외선을 흡수하기 때문에 높이 올라갈수록 기온이 상승한다.
④ 기권의 구성 요소 중 높이 올라갈수록 기온이 하강하며 기상 현상이 나타나는 곳은 대류권이다.

16 해수는 혼합층, 수온 약층, 심해층으로 구분할 수 있는 데, 수온이 높고 바람의 혼합 작용으로 깊이에 따른 수온 변화가 거의 없는 곳은 혼합층이다. 혼합층은 바람의 세기가 강할수록 두께가 두껍다.

17 ① 해수는 깊이에 따른 수온 분포를 기준으로 혼합층, 수온 약층, 심해층으로 구분한다.

18 ① 지권 – 지권: 조산 운동, 암석의 순환 등
② 지권 – 기권: 복사 에너지 방출, 화산 가스 방출
③ 수권 – 기권: 물의 증발, 태풍 발생 등
④ 생물권 – 수권: 해수에 용해된 물질 흡수 등

19 ① 맨틀 대류에 의한 지각 형성은 지권 내에서의 상호 작용이다.
② 생물이 땅에 묻혀 화석 연료가 생성된 것은 생물권과 지권의 상호 작용이다.
③ 화산 활동으로 인한 대기 조성의 변화는 지권과 기권의 상호 작용이다.

20 ① 지구 시스템의 에너지원은 태양 에너지, 지구 내부 에너지, 조력 에너지가 있는데, 이 중 주된 에너지원이며 자연 현상을 일으키는 근본적인 에너지원은 태양 에너지이다.

21 ② 물의 순환을 일으키는 주된 에너지원은 태양 에너지이다. 물은 각 권 사이를 순환하는데 각 권에서 물의 유입량과 유출량이 같아 물의 총량은 일정하다.

22 ① 탄소는 여러 가지 형태로 지권, 기권, 수권, 생물권을 이동하여 순환하는데 생물권에서는 유기물의 형태로 존재한다.

참고자료 탄소의 형태

지권	석회암(탄산염), 화석 연료
기권	이산화 탄소(CO_2), 메테인(CH_4)
수권	탄산 이온(CO_3^{2-})
생물권	탄소 화합물(유기물)

23 ④ 화산 활동이나 지진과 같은 지각 변동은 판의 중심이 아닌 판의 경계에서 대부분 일어난다.

24 ④ 지구 표면은 여러 개의 판으로 이루어져 있고, 판이 이동하면서 판 경계 부분에서 지각 변동이 일어난다.

25 ③ 판은 포함하는 지각의 종류에 따라 대륙판과 해양판으로 구분하는데, 대륙판은 화강암질 암석으로 이루어져 있다.

26 ① 판의 경계 중 판과 판이 서로 멀어지는 경계로, 맨틀 대류의 상승부에서 나타나는 것은 발산형 경계이다. 발산형 경계에서는 해양판과 해양판이 멀어지면서 해령이 형성되는 것과 대륙판과 대륙판이 멀어지면서 열곡대가 형성되는 것을 볼 수 있다.
　② 보존형 경계: 발산하는 판의 이동 속도 차이로 해령이 끊어지면서 해령과 해령 사이에 수직으로 변환 단층이 발달한다.
　③·④ 수렴형 경계: 판과 판이 서로 모이는 경계로 판 한 쪽이 다른 쪽의 밑으로 들어가는 현상인 섭입형과 밀도가 비슷한 두 대륙판이 충돌하는 현상인 충돌형이 있다.

27 ② 그림은 수렴형 경계 중 밀도가 큰 해양판이 대륙판 아래로 섭입하여 해구, 호상 열도나 습곡 산맥을 형성하는 것을 나타낸 것이다. 이때 섭입대에서 마그마가 생성되므로 화산 활동이 대륙판 쪽에서 활발히 일어난다.

28 ①·②·③ 일본 해구, 일본 열도, 안데스 산맥은 모두 밀도가 큰 해양판이 대륙판 아래로 섭입하면서 형성되었다(수렴형 경계 - 섭입형).
　④ 히말라야 산맥은 밀도가 비슷한 두 대륙판이 충돌하여 생긴 대규모의 습곡 산맥이다(수렴형 경계 - 충돌형).

29 ①·②·③ 화산 활동이 지권에 영향을 주는 사례이다.
　④ 화산재가 햇빛을 가려 지구의 기온을 낮추는 것이 기권에 영향을 주는 사례에 해당한다. 화산 활동은 우리 생활에 여러 피해를 주기도 하지만, 광물 자원 및 관광 자원으로 활용되기도 한다.

30 ④ 지진파를 분석하면 지구 내부 구조 및 물질을 연구할 수 있는데, 이는 지진의 긍정적인 면으로 볼 수 있다.

31 ① 생명 시스템의 구성 단계는 '세포 → 조직 → 기관 → 개체'이다.

참고자료 생명 시스템의 구성 단계

세포	생명 시스템을 구성하는 구조적·기능적 단위
조직	모양과 기능이 비슷한 세포들의 모임
기관	여러 조직이 모여 고유한 형태와 기능을 나타내는 것
개체	독립된 구조와 기능을 가진 하나의 생명체

32 ② DNA의 유전 정보에 따라 단백질이 합성되는 장소는 리보솜이며, 세포 호흡이 일어나는 장소는 미토콘드리아이다.
　• 핵: 세포에서 가장 큰 세포 소기관으로, 세포의 생명 활동을 조절한다.
　• 소포체: 리보솜에서 합성된 단백질을 골지체나 세포의 다른 부위로 운반하거나 지질을 합성한다.
　• 골지체: 소포체를 통해 전달된 단백질, 지질 등을 저장하였다가 막으로 싸서 분비한다.

33 ② 엽록체는 광합성이 일어나는 장소이고, 세포벽은 세포막 바깥을 싸고 있는 막으로, 식물 세포에만 존재한다.

34 ① 세포막의 주성분은 인지질과 단백질로, 세포막은 인지질 2중층에 막단백질이 파묻혀 있거나 관통하고 있는 구조이다.

35 ③ 인지질층은 유동성이 있어 인지질의 움직임에 따라 막단백질의 위치가 바뀐다.

36 ① 세포막은 인지질과 단백질로 구성되어 있는데, 인지질의 머리(㉠)는 친수성, 꼬리(㉡)는 소수성이다.

37 ② 인지질 2중층을 통하여 크기가 매우 작은 기체 분자, 지용성 물질, 지질 입자가 확산된다.

38 ① 동물 세포를 세포 안보다 농도가 낮은 용액에 넣으면 저농도의 세포 밖 물이 고농도의 세포 안으로 들어오므로 세포의 부피가 커진다.

39 ② (가)는 큰 분자를 작은 분자로 분해하는 이화 작용이고, (나)는 작은 분자를 큰 분자로 합성하는 동화 작용이다.

40 ③ 물질대사는 생명체 안에서 일어나는 화학 반응만을 말한다.

41 ④ (가)는 연소 반응으로 생체 촉매가 관여하지 않으며 체온보다 훨씬 높은 온도(약 400 ℃)에서 반응이 일어난다. (나)는 물질대사(세포 호흡) 반응으로, 생체 촉매가 관여하며 체온 범위(약 37 ℃)에서 일어난다.

42 ㄷ. 효소는 반응 후 생성물과 분리되고, 다른 반응물과 결합하여 재사용된다.

43 ② 뉴클레오타이드는 핵산(RNA, DNA)의 구성 단위이고, 유전자는 DNA의 일부이며, DNA가 뭉쳐서 염색체를 형성하므로 염색체가 가장 큰 구성 단위이다.

44 ② 상보적 결합의 특성: A - T, C - G

45 ③ 유전자는 DNA 상의 특정한 염기 서열로, A·T·C·G 4종류의 염기가 3개씩 배열되어 하나의 유전자 암호를 만든다. 이 유전자 암호에 따라 아미노산을 합성하여 단백질을 만든다. 4종류 염기가 3개씩 모여 하나의 유전자 암호를 만들기 때문에 총 $4^3 = 64$가지의 유전자 암호를 가진다.

46 ④ 4종류의 염기가 특정한 순서로 3개씩 짝을 지은 염기 조합은 아미노산에 대한 유전 정보를 형성한다.

47 ④ 아미노산은 펩타이드 결합을 통해 단백질을 합성한다.

48 ① 세균에서 사람에 이르기까지 거의 모든 생물은 동일한 유전 암호 체계를 사용한다.
② (나)에서 유전 정보에 따라 아미노산이 합성된다.
③ 아미노산을 구성하는 3개의 염기 서열을 코돈이라고 한다.
④ RNA를 구성하는 염기는 아데닌(A), 사이토신(C), 구아닌(G), 유라실(U)이 있으며, DNA의 유전자 정보가 핵의 mRNA로 전사될 때 아데닌(A)은 유라실(U)과 상보적 결합을 한다.

3 변화와 다양성

01 ②	02 ④	03 ③	04 ②	05 ①
06 ③	07 ②	08 ①	09 ③	10 ①
11 ④	12 ④	13 ②	14 ①	15 ①
16 ②	17 ②	18 ①	19 ②	20 ①
21 ④	22 ②	23 ②	24 ②	25 ①
26 ②	27 ①	28 ②	29 ①	30 ④
31 ①	32 ④	33 ②	34 ②	35 ③
36 ③	37 ①	38 ③	39 ④	40 ②
41 ③				

01 ② 어떤 물질이 산소를 얻으면 산화되고, 산소를 잃으면 환원된다.

02 ④ 산화구리(Ⅱ)와 탄소(C) 가루를 시험관에 넣고 가열하면 '2CuO + C → 2Cu + CO₂'와 같은 산화 환원 반응이 일어난다. 검은색 산화구리(Ⅱ)(CuO)는 산소를 잃고 환원되어 붉은색을 띠는 구리(Cu)가 되고, 탄소(C)는 산소를 얻어 이산화 탄소(CO_2)로 산화된다. 생성된 이산화 탄소(CO_2)는 석회수와 반응하여 석회수가 뿌옇게 흐려진다.

03 ③ (가)에서 일산화탄소(CO)는 산소를 얻어 이산화 탄소(CO_2)로 산화되고, (나)에서 아연(Zn)은 전자를 잃고 아연 이온(Zn^{2+})으로 산화된다.

04 ② 광합성과 연소 반응 모두 산소(O_2)가 관여하는 산화 환원 반응이다.

05 ① 중화 반응에 해당하는 예로, 생선에 레몬 즙을 뿌리면 레몬의 산성 성분이 비린내의 원인인 염기성 물질을 중화한다.

06 어떤 물질이 산소를 잃거나 전자를 얻는 반응을 환원이라고 한다. ③에서 아연(Zn)은 전자를 잃고 아연 이온(Zn^{2+})으로 산화된다.

07 ② 신맛이 나고 금속과 반응하는 등의 산의 공통적인 성질은 수소 이온(H^+) 때문에 나타난다.

08 ① 산성 수용액은 푸른색 리트머스 종이를 붉게 변화시킨다.

09 ③ 아세트산은 물에 녹아 수소 이온을 내놓는 산성 물질이다.

10 ① BTB 용액은 산성에서 노란색, 중성에서 초록색, 염기성에서 파란색이다.

11 ① 비눗물: 염기성이므로 파란색으로 변한다.
② 증류수: 중성이므로 초록색으로 변한다.
③ 탄산음료: 산성이므로 노란색으로 변한다.

12 ④ 레몬, 토마토, 커피는 pH 7 이하의 산성 물질이고, 제빵 소다는 pH 7 이상의 염기성 물질이다.

13 ② NH₄OH → NH₄⁺ + OH⁻이 옳은 이온화 반응식이다.

14 ① 중화 반응에서는 산의 수소 이온(H^+)과 염기의 수산화 이온(OH^-)이 1 : 1의 개수비로 반응하여 물(H_2O)을 생성한다.

15 ① 중화점은 수소 이온(H^+)과 수산화 이온(OH^-)이 모두 반응할 때로, 중화열이 가장 많이 발생하여 용액의 온도가 가장 높다.

16 ② 같은 농도의 묽은 염산과 수산화 나트륨 수용액은 1 : 1로 반응하는데, 반응하는 수소 이온(H^+)과 수산화 이온(OH^-)의 수가 많을수록 중화열이 많이 발생하므로 ㉡의 온도가 가장 높다.

17 ㄷ. 생선회에서 비린내 성분은 염기성 물질이며, 산성 물질인 레몬 즙을 뿌리면 중화된다.

18 ① 산호는 지층의 생성 환경을 알려 주는 시상화석이다. 산호 화석이 발견된 지층은 과거 따뜻하고 수심이 얕은 바다였음을 알 수 있다.

19 ② 표준화석을 통해 서로 멀리 떨어진 지층의 생성 시대를 비교할 수 있으므로 분포 면적이 넓을수록 좋다.

20 ① (가)는 삼엽충(고생대), (나)는 암모나이트(중생대), (다)는 화폐석(신생대)이다.

21 ④ 제시된 설명은 중생대에 대한 내용으로, 이때에는 파충류(공룡), 겉씨식물 등이 번성하였다. 삼엽충, 갑주어, 양치식물은 고생대의 화석이다.

22 ② 중생대는 빙하기 없이 대체적으로 온난하였으며, 중생대 말기의 대멸종은 운석 충돌, 화산 폭발 등의 원인으로 추정된다.

23 ② 지질 시대의 구분은 대규모의 지각 변동과 생물계의 변화를 기준으로 한다.

24 ② 고생대 말기에 지질 시대 동안 가장 큰 규모의 생물의 대멸종이 일어났는데, 그 원인으로 판게아의 형성 및 빙하기 등이 추정되고 있다.

25 ① 신생대는 4번의 빙하기와 3번의 간빙기를 거쳤다.

26 ② 화석을 통해 과거의 지진 활동을 분석하기는 어렵다.

27 ① 식물은 '해조류 → 양치식물 → 겉씨식물 → 속씨식물'의 순서로 진화해 왔다.

28 ② 동물은 '무척추동물 → 어류 → 양서류 → 파충류 → 조류와 포유류'의 순서로 진화해 왔다.

29 ① 돌연변이는 유전 정보에 변화가 생겨 부모에게 없던 형질이 자손에게 나타나는 것으로 자손에게 유전된다. 이러한 돌연변이와 유성 생식 과정에서 다양한 생식세포의 조합으로 인해 유전적 변이가 발생한다.

30 ④ 훈련으로 팔 근육을 단련하여 팔이 굵어진 것은 비유전적 변이이다.

31 ① 다윈의 자연 선택설은 과잉 생산된 같은 종의 개체들 사이에는 다양한 변이가 나타나며, 생존 경쟁에서 환경에 적응하기 유리한 변이를 가진 개체가 더 많이 살아남아 자손을 남기게 되고, 이러한 자연 선택 과정이 오랫동안 누적되어 생물의 진화가 일어난다는 것이다.

32 ④ 제시된 그림에는 다양한 개체 중에 환경 적응에 유리한 것(몸색이 밝은 곤충)만이 살아남는 '자연 선택'의 내용이 나타나 있다.

33 ② 다윈의 자연 선택설은 생존 경쟁에서 유리한 형질을 갖는 자손이 선택되어 진화하는 것으로, 살충제에 강한 A 형질의 개체 수가 증가한다.

34 ② 환경의 변화에 따라 환경의 적응에 유리한 개체가 자연 선택되므로 환경의 변화는 자연 선택의 방향에 영향을 준다.

35 ③ 우주에서 만들어진 유기물이 운석을 통해 지구로 유입되어 지구의 생명체 탄생에 영향을 주었을 것이라는 가설은 우주 기원설이다.

36 ① 유전적 변이는 진화의 원동력이다.
② 장기간의 진화를 통해 생물종이 다양해진다.
④ 자연 선택되는 형질은 자손에게 전달되어 진화가 일어난다.

37 ① 종 다양성은 일정한 지역에 얼마나 많은 생물종이 고르게 분포하며 살고 있는지를 의미한다.
② · ③ 유전적 다양성
④ 생태계 다양성

38 ③ (가)는 (나)에 비해 생물 종의 분포 비율이 고르지 못하다. 따라서 종 다양성은 (나)가 더 높다.

39 ① 목화(면섬유), 누에 - 의복 자원
② 벼, 옥수수 - 식량 자원
③ 자연 휴양림 - 휴식, 생태 관광 자원

40 ② 외래종을 도입하기 전 외래종이 기존 생태계에 주는 영향을 철저하게 검증해야 한다.

41 ① · ② · ④ 국립 공원 지정, 국제 협약 체결, 야생 생물 보호 및 관리에 관한 법률 제정 등은 국가적 · 국제적 노력에 해당한다.

4 환경과 에너지

01 ③	02 ①	03 ③	04 ④	05 ②
06 ④	07 ②	08 ②	09 ④	10 ③
11 ④	12 ②	13 ②	14 ①	15 ④
16 ②	17 ③	18 ①	19 ③	20 ④
21 ④	22 ③	23 ②	24 ③	25 ②
26 ④	27 ②	28 ④	29 ④	30 ②
31 ①	32 ②	33 ④	34 ③	35 ①
36 ②	37 ①	38 ②	39 ④	40 ④
41 ③	42 ③	43 ②	44 ②	45 ③

01 ③ 생태계를 구성하는 생물적 요인은 생물 군집 내에서의 역할에 따라 생산자, 소비자, 분해자로 구분된다.

02 ① A는 비생물적 요인으로, 생물적 요인(B)과 서로 영향을 주고받으며 생태계 유지에 관여한다.

03 ③ 기온이 낮아져 은행나무의 잎이 노랗게 변하는 것은 비생물적 요인(온도)이 생물에 영향을 준 예이다.

04 ④ 잎의 두께 차이는 빛의 세기에 영향을 받아 나타난다.

> **참고자료** 빛의 세기와 잎의 두께
> • 강한 빛을 받는 잎은 약한 빛을 받는 잎보다 두껍다.
> • 약한 빛을 받는 잎은 빛을 효율적으로 흡수하기 위해 잎이 얇고 넓다.

05 ② 온도는 생물의 물질대사에 영향을 주는 주요 요인으로, 생물의 생명 활동은 온도의 영향을 많이 받는다.

06 ① 개체: 하나의 생명체
② 군집: 일정한 지역에서 여러 개체군이 서로 관계를 맺고 살아가는 집단
③ 개체군: 같은 종의 개체들이 일정한 지역에 모여 사는 무리

07 ② 생태계는 생물적 요소와 비생물적 요소로 구성되며, 생물 종이 다양하고 먹이 그물이 다양할수록 안정된 생태계에 해당한다(한 종의 생물이 멸종해도 다른 생물의 생존이 가능하다). 인공적으로 다양성을 감소시키거나 증가시키면 식량 부족의 문제가 나타날 수 있다.

08 ② 나비가 멸종하면 나비를 먹고 사는 거미도 멸종할 위험이 높아진다. 꿩의 경우 애벌레나 식물을 먹어서 생명을 유지할 수 있으므로 멸종할 위험이 거미보다 적다.

09 ④ 안정된 생태계에서는 에너지양이 상위 영양 단계로 갈수록 감소한다.

10 ① 생태계: 자연환경과 생물이 서로 영향을 주고받는 커다란 체계를 말한다.
② 먹이 그물: 여러 개의 먹이 사슬이 복잡하게 얽혀 그물처럼 나타나는 것이다.
④ 생태 피라미드: 먹이 사슬에서 각 영양 단계에 속하는 생물의 개체 수, 생물량 등을 하위 영양 단계에서부터 상위 영양 단계로 쌓아올린 것이다.

11 ④ 안정된 생태계는 환경이 변해 일시적으로 평형이 깨지더라도 시간이 지나면 먹이 사슬에 의해 대부분 생태계 평형이 회복된다.

12 ② 급격한 환경 변화가 일어나면 개체 수의 변화로 생태계의 평형이 깨질 수 있다.

13 ② 이산화 탄소의 온실 효과율은 낮지만 대기 중의 농도가 높아 실질적인 온실 효과 기여율은 약 60 % 정도로 지구 온난화에 가장 많은 영향을 미치고 있다.

14 ① 지구 온난화의 영향으로 온대 기후에서 아열대 기후로 되면서 봄과 가을이 점점 짧아지고 있다. 연평균 기온의 상승으로 구아바나 멜론 같은 열대 지방의 과일의 재배가 가능해졌고, 수온의 상승으로 포획 가능한 어종이 변하고 있다.

15 ④ 탄소 배출권은 탄소를 배출할 수 있는 권리이다. 자원의 활용이 적은 개발 도상국의 탄소 배출권을 사들임으로써 탄소 배출에 대한 책임을 면할 수 있지만, 이는 지구 온난화 방지 대책으로 볼 수는 없다.

16 ② 지구 물질 순환의 근원은 태양 에너지로, 태양의 핵에서 수소 핵융합에 의해 발생하며 주로 열에너지나 빛에너지의 형태로 지구에 도달한다.

17 ③ 대기 대순환은 태양 복사 에너지 양의 차에 따른 에너지 불균형에 의해 나타나며, 바람과 수증기의 이동으로 에너지 불균형을 해소한다. 극지방에서는 차가운 공기가 하강하며 고압대를 형성한다. 만약 지구가 자전하지 않는다면 적도 지방에서 상승한 대기는 극지방까지 올라와 해수면을 타고 하강할 것이다.

18 ① ㉠은 극동풍에 해당한다.

19 ① 대양의 서쪽에는 난류가 발달한다.
② 대기 순환과 해수의 순환 방향은 거의 일치한다.
④ 저위도의 난류가 고위도로 흐르면서 에너지 불균형을 해소한다.

20 ④ 엘니뇨는 무역풍이 약해지면서 따뜻한 표층 해수가 서쪽으로 이동하지 못하면서 발생한다. 이로 인해 동태평양의 용승 작용이 약화되고 수온이 상승한다. 이 때문에 어획량이 감소하고, 강수량이 증가하며 홍수 등의 피해가 일어난다. 서태평양은 수온이 낮아지고 강수량이 감소하여 가뭄 등의 피해가 발생한다.

21 ① 파동 에너지는 공기의 진동으로 전달되는 에너지이다.
② 핵에너지는 원자핵이 분열하거나 합쳐지면서 발생하는 에너지이다.
③ 전기 에너지는 전하의 이동에 의한 에너지이다.

22 ③ '역학적 에너지 = 위치 에너지 + 운동 에너지'이다. 에너지 보존 법칙에 의해서 역학적 에너지의 값은 항상 일정하다. 그러므로 위치 에너지가 감소하면 그만큼 운동 에너지는 증가하며, 위치 에너지나 운동 에너지의 값이 변해도 역학적 에너지의 값은 변하지 않는다.

23 ② 선풍기는 전기 에너지가 운동 에너지로 전환되는 과정이다. 운동 에너지가 전기 에너지로 전환되는 것으로는 발전기의 터빈이 있다.

24 ③ 에너지 효율(%)은 공급한 에너지의 양 중에서 유용하게 사용된 에너지의 양을 백분율로 나타낸 것이다.

에너지 효율(%) = $\dfrac{\text{유용하게 사용된 에너지의 양}}{\text{공급한 에너지의 양}} \times 100$

$= \dfrac{70\,\text{J}}{100\,\text{J}} \times 100 = 70\,\%$

25 ② 현재 사용하고 있는 화석 연료는 생성 속도에 비해 사용 속도가 굉장히 빠르다. 또한 화석 연료의 사용으로 지구 온난화, 열섬 현상과 같은 환경 문제가 일어나고 있다. 재생 가능한 에너지를 개발하고, 효율이 높은 제품을 사용하여 에너지를 절약해야 한다.

26 ③ 유도 전류는 자석의 세기가 셀수록, 자석을 빠르게 움직일수록, 코일의 감은 수가 많을수록 세기가 세다.

27 ② 자석을 고정시키고 코일을 움직여도 검류계의 바늘이 움직인다.

28 ③ 자석의 N극을 코일에 가까이하거나 S극을 멀리하면 코일의 위쪽에 N극이 유도되고(ㄱ, ㄹ), 자석의 N극을 멀리하거나 S극을 가까이하면 코일의 위쪽에 S극이 유도된다(ㄴ, ㄷ).

29 ④ 코일이 회전하는 동안 코일에 통과하는 자기력선의 수가 달라짐에 따라 자기장의 변화가 생기고, 이에 따라 전자기 유도가 나타나 유도 전류가 흐른다.

30 ② 전력 = $\dfrac{\text{전기 에너지}}{\text{시간}}$ = 전압 × 전류이다.

31 ① 변전은 전력 수송 과정에서 전압을 높이거나 낮추는 과정이며, 배전은 변전소에서 전기를 사용하는 장소까지 전력을 분해하거나 공급하는 과정이다.

32 ② 송전선을 지하에 묻는 것을 지중선로라고 하는데, 이것은 손실 전력을 줄이기 위한 방법이 아니라 전력을 안전하게 수송하기 위한 방법에 해당한다.

33 ④ 송전 전압을 n배 높이면 손실 전력은 $\dfrac{1}{n^2}$배로 줄어들므로, 송전 전압을 100 V에서 200 V로 2배 높이면 손실 전력은 $\dfrac{1}{4}$배로 줄어든다.

34 ③ 전력 손실이 없으므로 $\dfrac{N_1}{N_2} = \dfrac{I_2}{I_1}$에서 N_1은 100회, N_2는 200회, I_2는 6 A이므로 1차 코일에 흐르는 전류(I_1)는 12 A이다.

35 ① 효율적인 전력 수송을 위해서는 전압을 높게 송전함으로써 손실 전력을 줄여야 한다.

36 ① 중심부에서 수소 핵융합 반응이 일어난다.
③ 태양의 중심부는 온도와 밀도가 매우 높다.
④ 수소가 헬륨으로 핵융합되면서 감소한 질량이 에너지로 전환된다.

37 ① 태양 중심부는 약 1500만 K으로, 초고온이다.

38 ② 화석 연료는 연소할 때 에너지를 방출한다.

39 ④ 광합성은 식물이 태양의 빛에너지를 받아 이산화 탄소와 물로 포도당(화학 에너지)을 생성하는 과정이다.

40 ④ 천연가스 연소 시 발생하는 열에너지는 취사와 난방에 쓰인다.

41 ③ 핵분열 발전은 우라늄의 핵분열 시 발생되는 열을 이용하는 것으로, 화석 연료보다 효율이 높아 화석 연료의 대체 발전 방식으로 떠오르고 있다. 하지만 자원(우라늄)의 매장 지역이 편중되어 있고 매장량이 한정되어 있는 비재생 에너지에 속한다.

42 ③ 풍력 에너지는 재생 에너지에 해당한다. 신에너지는 기존에 사용하지 않았던 새로운 에너지이고, 재생 에너지는 햇빛, 지열, 물, 생물 유기체 등을 포함하는 재생 가능한 에너지를 변환시켜 이용하는 에너지이다.

43 ② 태양광 에너지는 계절과 장소에 따른 영향을 받을 수 있다. 태양광 발전의 태양 전지판은 가격이 비싸 초기 설치 비용이 많이 든다.

44 ② 수력 발전은 물의 위치 에너지를 전기 에너지로 전환하여 사용하는 발전 방식으로, 주로 하천이나 호수에 댐과 발전소를 건설한다.

45 ③ 수소는 물을 전기 분해하여 얻을 수 있기 때문에 자원 고갈의 우려가 없다. 하지만 수소는 폭발의 위험이 크며 저장, 운송 등이 어렵다.

과학 실전 문제

과학 실전 문제 1회

01 ③	02 ②	03 ③	04 ①	05 ①
06 ④	07 ④	08 ③	09 ①	10 ①
11 ④	12 ③	13 ③	14 ①	15 ①
16 ②	17 ③	18 ②	19 ③	20 ②
21 ④	22 ①	23 ③	24 ②	25 ②

01 ③ 빅뱅 이론에서는 우주가 팽창하면서 부피가 커지며, 밀도와 온도는 감소한다. 물질과 에너지가 새로 생기거나 사라지지 않기 때문에 질량은 일정하다.

02 ② 태양계의 형성 과정은 '성운의 형성(ㄱ) → 원반상 분포의 성운 형성(ㄷ) → 원시 태양과 미행성 형성(ㄹ) → 원시 행성 형성(ㄴ)' 순이다.

03 A는 리튬(Li), B는 나트륨(Na)이다.
① 둘 다 1족에 해당하며, 같은 족의 원소는 그 성질이 비슷하다(1족에서 수소만 제외).
② 양성자 수나 전자껍질의 수로 보아 B의 원자 번호가 더 크다.
④ 둘 다 수소(H)와 같은 1족의 원소들이다.

04 ① 고체 상태에서는 전류가 흐르지 않지만 액체 및 수용액 상태에서는 전류가 흐르는 물질은 이온 결합 물질이다. 포도당($C_6H_{12}O_6$)은 공유 결합으로 생성된 물질이다.

05 ① 규산염 광물의 기본 구조는 1개의 규소(Si)를 중심으로 4개의 산소(O)가 공유 결합한 형태로, 정사면체 모양이다.

06 ④ DNA는 유전 정보를 저장하고, RNA는 유전 정보를 전달한다. 핵산은 인산 : 당 : 염기가 1 : 1 : 1로 모여 뉴클레오타이드라는 구성 단위체를 만드는데, 이때 DNA는 염기로 아데닌(A) · 사이토신(C) · 구아닌(G) · 타이민(T)을 사용하고, RNA는 아데닌(A) · 사이토신(C) · 구아닌(G) · 유라실(U)을 사용한다.

07 ① 인공 힘줄 – 거미줄 모방
② 수중 접착제 – 홍합의 족사 모방
③ 전신 수영복 – 상어의 비늘 모방

08 ③ 운동량은 운동하는 물체의 질량과 속도의 곱과 같다. 따라서 이 물체의 운동량의 크기는 5 kg × 2 m/s = 10 kg · m/s이다.

09 ㄴ. 질량이 클수록 관성은 크다.
ㄷ. 정지한 물체에도 계속 정지해 있으려는 관성이 있다.

10 ① 바람에 의해 해류가 발생하거나, 대기 중의 이산화 탄소가 바다에 용해되는 것은 기권이 수권에 영향으로 끼친 것으로 볼 수 있다.

11 ④ 맨틀에서 연약권은 고체 상태이지만 부분적으로 용융되어 유동성이 있고, 상부와 하부의 온도 차이로 대류가 일어난다. 이러한 맨틀(연약권)의 대류는 판 이동의 원동력이 된다.

12 생명 시스템의 구성
• 세포: 생명 시스템을 구성하는 구조적 · 기능적 단위이다.
• 조직: 모양과 기능이 비슷한 세포들의 모임이다.
• 기관: 여러 조직이 모여 고유한 형태와 기능을 나타내는 것이다.
• 개체: 여러 기관이 모여 독립된 구조와 기능을 가지고 생명 활동을 하는 하나의 생명체이다.

13 ③ 인지질의 구조에서 머리 부분인 A는 친수성, 꼬리 부분인 B는 친유성이다. 인지질층은 유동성이 있어 인지질의 움직임에 따라 막단백질의 위치가 바뀐다.

14 ① 이중 나선 구조를 가지는 DNA에서 폴리뉴클레오타이드의 두 가닥이 결합할 때, 염기들 중 아데닌(A)은 타이민(T)과 구아닌(G)은 사이토신(C)과 결합한다.

15 ① 물질이 산소를 얻거나 전자를 잃는 반응은 산화이고, 물질이 산소를 잃거나 전자를 얻는 반응은 환원이다.

16 ② 비누는 수산화 나트륨이 포함된 염기성 물질이다.

17 ③ pH가 7보다 큰 용액의 액성은 염기성이다.

18 ① 고생대의 표준 화석인 삼엽충이다.
③ 현재와 비슷한 수륙 분포가 형성된 때는 신생대이다.
④ 암모나이트는 중생대에 번성하였다.

19 ③ 갈라파고스 군도의 각 섬에 변이가 다양한 많은 수의 핀치가 태어나고, 각 섬의 먹이 환경에 적합한 부리를 가진 핀치가 자연 선택되어 진화하였다.

20 ② (가)는 유전적 다양성, (나)는 종 다양성, (다)는 생태계 다양성을 나타낸 그림이다. 유전적 다양성이 높을수록 변이가 다양하게 일어나 생물 다양성이 높아진다.

21 ㄱ. 종 다양성은 지역마다 환경의 차이가 있기 때문에 지구상의 모든 지역에서 동일하지 않다.

22 ① 물은 생물이 생명을 유지하는 데 필수적인 성분이므로, 생물은 몸속 수분을 보존하기 위해 다양한 방법으로 적응하였다.

23 ③ 지구의 기온이 높을수록 나무의 성장은 빨라진다.

24 ② 에너지 효율(%) = $\dfrac{\text{열기관이 한 일}}{\text{공급한 열에너지}}$ × 100이므로,

$$40\,\% = \frac{\text{열기관이 한 일}}{1200\,\text{J}} \times 100$$

따라서 열기관이 한 일은 480 J이다.

25 ② 태양 에너지는 태양 중심부에서 일어나는 수소 핵융합 반응을 통해 생성된다. 수소 핵융합 반응 시 질량이 감소하는데, 이 감소한 질량에 해당하는 에너지가 태양 에너지이다.

과학 실전 문제 2회

01	①	02	④	03	②	04	②	05	①
06	④	07	②	08	②	09	①	10	④
11	④	12	①	13	②	14	③	15	④
16	②	17	④	18	③	19	②	20	④
21	①	22	②	23	④	24	②	25	③

01 ① 블랙홀은 중력이 커서 물질은 물론 빛조차 탈출하지 못한다.

02 ④ 원소들의 주기성이 나타나는 까닭은 원자 번호가 증가함에 따라 원자가 전자 수가 주기적으로 변하기 때문이다.

03 ② 주기율표의 17족에 속하는 원소는 할로젠으로, 플루오린(F), 염소(Cl), 브로민(Br), 아이오딘(I)이 해당한다.

04 ② 산소는 주기율표 2주기 16족에 속하는 원소로 반응성이 크고, 지각을 구성하는 8대 원소 중 하나로 지각은 물론 대기에도 풍부하다.

05 ① 물에는 탄소가 포함되어 있지 않다.

06 ④ 6개의 탄소가 육각형 모양으로 결합하여 원통 모양을 이루고 있으며, 강도가 강해 첨단 현미경의 탐침 등에 쓰이는 것은 탄소 나노 튜브이다.

07 ② 중력의 크기는 물체의 질량이 클수록, 두 물체 사이의 거리가 가까울수록 크다.

08 ① 맨틀은 산소와 규소의 화합물로 이루어져 있으며, 핵이 주로 철과 니켈로 이루어져 있다.
② 원시 지구 생성 당시 온도가 낮아지면서 밀도에 따라 지구 중심 쪽에 무거운 원소가 자리 잡게 되었다.
③ 맨틀의 대류 현상에 의해 판이 생성·소멸된다.
④ 내핵은 고체 상태, 외핵은 액체 상태로 존재한다.

09 ① 보존형 경계에서는 발산하는 판의 이동 속도 차이로 해령이 끊어지면서 해령과 해령 사이에 수직으로 생긴 변환 단층이 발달한다. 보존형 경계에서는 화산 활동의 거의 없으며, 천발 지진이 발생한다.

10 ① A는 막단백질이다.
② 소수성을 띠는 인지질의 꼬리 부분은 C이고, B는 친수성을 띠는 인지질의 머리 부분이다.
③ 막단백질(A)은 세포 안팎의 물질을 선택적으로 투과시킨다.

11 ① 반응물의 에너지가 생성물의 에너지보다 크므로, 에너지를 방출하며 반응이 일어나는 발열 반응이다.
② ㉠은 효소가 없을 때 활성화 에너지이다.
③ ㉡은 효소가 있을 때 활성화 에너지이다. 효소는 활성화 에너지를 낮추어 화학 반응 속도를 증가시킨다.
④ ㉢은 반응물의 에너지와 생성물의 에너지 차이를 나타내는 반응열이다. 반응열은 효소의 유무와 관계없이 일정하다.

12 ① (가)는 DNA의 유전 정보를 mRNA로 전달하는 전사 과정으로 핵에서 일어난다.
② (나)는 유전 정보의 번역 과정으로 세포질의 리보솜에서 일어난다.
③ 단백질을 구성하는 아미노산 1개는 3개의 염기가 조합되어 하나를 지정하는데, 제시된 단백질은 7개의 아미노산으로 구성되어 있으므로 총 21개의 뉴클레오타이드가 아미노산의 합성에 관여하였다.
④ 아미노산이 펩타이드 결합을 하여 단백질이 합성된다.

13 ② (가)에서 코크스(C)는 산소를 얻어 일산화탄소(CO)로 산화되고, (나)에서 일산화탄소(CO)는 산소를 얻어 이산화 탄소(CO_2)로 산화된다.

14 ③ 금속이나 달걀 껍데기와 반응하는 것은 산이다. 산은 금속과 반응하여 수소 기체를 발생시키며, 달걀 껍데기와 반응하여 이산화 탄소를 발생시킨다.

15 ④ (가)보다 (나)에서 중화 반응이 더 많이 일어났으므로 생성된 물 분자 수는 (가)보다 (나)에서 더 많다.

16 ② 파충류와 겉씨식물이 번성한 시대는 중생대이다.

17 ④ 다윈의 자연 선택설은 유전자의 역할이 밝혀지기 전이기 때문에 변이가 나타나는 원인과 부모의 형질이 자손에게 유전되는 원리를 명확하게 설명하지 못하였다.

18 ③ (가)는 생태계 다양성, (나)는 종 다양성, (다)는 유전적 다양성이다.

19 ㄴ. 숲을 벌목하여 경작지를 만드는 것은 기존 생물의 서식지를 파괴하는 것이므로 생물 다양성 보전 방안이 아니다.

20 ① (가)에서는 뱀이 최종 소비자이지만, (나)에서는 매가 최종 소비자이다.
② 생태계 평형 유지가 잘되는 지역은 (나)이다.
③ (나) 지역에서 뱀은 개구리가 멸종해도 쥐를 먹이로 대체할 수 있다.

21 ① 라니냐는 무역풍이 강해져 평상시보다 표층 해수가 서쪽으로 더 많이 이동할 때 일어난다. 표층 해수의 이동으로 동태평양의 용승이 강화되고, 표층 수온이 하강한다. 이로 인한 냉해가 발생하여 동태평양은 가뭄 등의 피해가 발생하고, 서태평양은 강수량이 증가하고 홍수 등의 피해가 발생한다.

22 ② 온실 효과를 일으키는 온실 기체로는 이산화 탄소, 수증기, 메테인, 오존, 질소 산화물, 프레온 가스 등이 있다.

23 ④ 코일에 걸리는 전압은 감은 수에 비례한다. 따라서 1차 코일과 2차 코일의 감은 수 비가 1 : 2이므로 1차 코일에 공급되는 전력의 전압이 100 V라면 2차 코일에서 출력되는 전력의 전압은 200 V이다.

24 ② 석탄은 식물의 유해로부터 생성되었다. 석탄과 석유는 화석 연료로 각각 식물의 유해와 동물의 유해로부터 생성되었으며, 오랜 시간 고온·고압에 의하여 변성되어 생성되었다. 생성 기간이 오래 걸리는 것에 비해 18세기 이후 빠르게 소비되고 있는 비재생 에너지로 연소 시 이산화 탄소를 발생하여 환경 오염에 영향을 미치고 있다.

25 ③ 신에너지는 기존에 사용하지 않았던 새로운 에너지로, 새로운 기술 개발이 필요하다. 신에너지로는 석탄 액화·가스화 에너지와 수소 에너지, 연료 전지를 들 수 있다.

한국사

1 전근대 한국사의 이해

01 ④	02 ③	03 ④	04 ③	05 ④
06 ④	07 ④	08 ②	09 ③	10 ④
11 ①	12 ③	13 ①	14 ③	15 ①
16 ②	17 ③	18 ①	19 ④	20 ②
21 ③	22 ①	23 ②	24 ④	25 ②
26 ①	27 ③	28 ③	29 ②	30 ④
31 ④	32 ①	33 ②	34 ①	35 ②
36 ①	37 ④	38 ①	39 ③	40 ①
41 ④	42 ③	43 ③	44 ②	

01 ① 청동기 · 철기 시대
② 신석기 시대
③ 청동기 시대
④ 주먹도끼와 슴베찌르개는 구석기 시대의 뗀석기 유물이며 사냥 도구로 사용되었다.

02 ③ 제정 분리 사회였던 삼한에 대한 내용이다.

> **참고자료 삼한**
> • 한강 이남의 진(辰)이 고조선의 유이민을 흡수하여 삼한의 연맹체로 발전
> • 군장 지배(신지 · 읍차), 제정 분리(제사장인 '천군'이 지배하는 신성 지역인 '소도' 존재)

03 ① 온조: 백제 건국
② 궁예: 후고구려 건국
③ 박혁거세: 신라의 건국 시조

> **참고자료 단군 이야기**
> 환인의 아들인 환웅이 웅녀와 결혼하여 낳은 단군이 고조선 건국
> → 선민사상, 환웅 부족과 곰 토템 부족의 결합, '홍익인간'의 통치 이념, 제정일치(단군+왕검)

04 ③ 고구려 소수림왕은 4세기 후반 국가의 체제 정비에 주력하여 율령 반포(373), 태학(최초의 국립 대학) 설립, 불교 공인(372) 등을 통해 고대 국가의 중앙 집권 체제를 완성하였다.

05 ④ 백제 무령왕은 지방의 22담로에 왕족들을 파견하여 지방 통제를 강화하고 백제의 중흥을 도모하였다.

06 ① · ② · ③ 진흥왕 때 건립된 순수비와 적성비이다.
④ 고구려 장수왕은 평양성으로 천도하고 남진 정책을 추진하여 백제

의 수도 한성을 함락하고 죽령 지역까지 영토를 확장하였다. 이러한 고구려의 한강 유역 진출은 충주 고구려비를 통해 확인할 수 있다.

07 ④ 신라는 매소성 · 기벌포 싸움에서 나당 전쟁을 승리로 이끌어 당의 세력을 한반도에서 몰아내고 삼국 통일을 완성하였다.

08 ② 통일 신라는 중앙 행정 관서와 관직 체계를 정비하고 지방 제도와 군사 조직을 재정비하여 통치 체제를 확립하였으며 이를 통해 왕권의 전제화가 이루어졌다.

09 ③ 발해 석등, 궁궐의 온돌 장치는 고구려 문화의 영향을 받은 유물이다.
ㄱ. 영광탑은 전탑으로 당 문화의 영향을 받았다.
ㄷ. 주작대로는 당의 장안성을 모방하였다.

10 ④ 신라 말 선종 승려 도선은 중국에서 유행한 풍수지리설을 전파하였다. 풍수지리설은 도시, 주거, 건물, 분묘 등의 위치를 파악하여 이것을 인간의 길흉화복에 연결시키는 사상이었다.

11 ② 의상: 화엄 사상 정립
③ 혜초: 인도와 서역 기행 후 『왕오천축국전』 저술
④ 지눌: 고려의 승려로 돈오점수와 정혜쌍수 주장

12 ③ 임신서기석에는 두 청년이 나라에 충성을 다하고, 3년 동안 유교 서적을 공부할 것을 맹세한다는 내용이 기록되어 있다.

> **참고자료 사택지적비**
> 백제 의자왕 때 활약했던 사택지적이 남긴 비로 인생의 무상함을 한탄하는 노장 사상을 나타내고 있다.

13 ② 이문진: 『신집』 편찬
③ 거칠부: 『국사』 편찬
④ 서거정: 『동국통감』 편찬

14 ③ 발해 멸망(926) - 신라 항복(935) - 후백제 정복(936)

15 ① 고려를 건국한 태조 왕건은 고구려의 수도였던 평양을 서경이라 부르고 북진 정책의 전진 기지로 삼아 고려의 영토를 청천강에서 영흥만에 이르는 지역까지 확장하였다.

> **참고자료 태조의 정치**
> • 민생 안정 정책: 과도한 수취 금지(취민유도), 1/10 조세 징수, 흑창 설치
> • 호족 통합 · 견제 정책: 혼인 정책, 왕씨 성 하사, 역분전 지급, 사심관 제도와 기인 제도 실시
> • 북진 정책: 고구려 계승 의식(서경 중시), 청천강에서 영흥만에 이르는 국경선까지 영토 확장
> • 기타: 정계와 계백료서(관리들이 지켜야 할 규범 제시), 훈요 10조(후대 왕들이 지켜야 할 규범 제시)

16 ② 고려 광종은 왕권 강화를 위한 여러 가지 정책을 실시하였다. 노비안검법을 실시하여 국가의 수입 기반을 확대하는 동시에 호족의 세력을 약화시켰고, 과거제를 실시하여 신진 인사를 등용하여 신구 세력의 교체를 도모하였다. 또한, 황제 칭호와 광덕·준풍 등의 독자적인 연호를 사용하였다.

17 ③ 중추원은 왕명 출납과 군사 기밀 등의 업무를 맡아 보는 기관이었고, 관리의 비리를 감찰하고 탄핵하거나 풍속을 교정하는 것은 어사대에서 담당하였다.

18 ① 음서란 고려 시대와 조선 시대에 과거 시험을 보지 않고도 관리가 될 수 있었던 제도이다. 주로 공을 세웠거나 높은 벼슬을 하는 귀족이나 양반 자손들이 이 제도의 혜택을 받았다. 이 제도는 고려 시대 문벌 귀족들의 정치적 특권이었으나 조선 시대에 이르러서는 그 범위가 축소되었다.

19 ④ 윤관의 별무반은 예종 때 여진족을 물리치고 동북 9성을 설치하였다.

> **참고자료** 여진 정벌과 동북 9성 설치 및 반환
> • 동북 9성 설치(1107): 윤관의 별무반 편성 이후 여진 정벌로 동북 9성 설치
> • 동북 9성 반환(1109): 여진족이 고려에 조공을 약속하며 반환 요청하자 동북 9성 반환

20 ② 서희, 소손녕과 외교 담판(993) → 윤관, 여진 정벌(1107) → 김윤후, 몽골과의 처인성 전투(1232)

21 ③ 묘청 등이 중심이 되어 일으킨 서경 천도 운동에 대한 내용이다.

> **참고자료** 묘청의 서경 천도 운동
> • 이자겸의 난으로 왕의 권위 실추, 민심 동요
> • 서경 세력과 개경 세력의 대립
> • 묘청, 정지상 등의 서경 세력이 천도 시도, 개경 세력의 반발로 무산 → 서경을 근거지로 묘청 등이 난을 일으켰으나 김부식 등의 관군에 의해 진압

22 ① 정중부, 이의방 등을 중심으로 한 무신들이 문신들을 살해하고 권력을 장악한 무신 정변이 일어났다(1170). 그 후 무신들은 중방을 핵심 기구로 주요 관직을 독차지하고 대토지와 노비를 소유하면서 권력을 행사하였다. 이 시기에 과도한 수탈과 차별에 항거하여 농민과 천민들의 민란이 전국 각지에서 발생하였다.

23 ① 거란의 2차 침입, ③ 거란의 3차 침입, ④ 거란의 1차 침입에 대한 설명이다.
② 고려는 몽골의 1차 침입 이후 개경에서 강화도로 천도하고 항전하였다.

24 ④ 공민왕은 쌍성총관부를 공격하여 철령 이북의 영토를 회복하였고, 신돈을 등용한 후 전민변정도감을 설치하여 개혁 정책을 실행하였다.

25 ② 고려 성종 때 12목을 설치하고 최초로 지방관을 파견하였으나 모든 주와 군·현에 지방관이 파견된 것이 아니었고, 파견되지 않는 속현은 주현을 통해 중앙의 지배를 받았다.

26 ① 고려 시대에는 여성이 호주가 될 수 있었고, 남녀 구별 없이 태어난 순서대로 호적에 기입하였으며, 유산도 골고루 분배되었다.

27 ③ 국자감은 고려 시대 최고 교육 기관으로 유학 교육을 활성화하여 인재를 양성하고자 하였다. 고려 성종 때 처음 설치되었으며 유학부와 기술학부로 나뉘어 유학부에서는 국자학, 태학, 사문학을, 기술학부에서는 율학, 서학, 산학을 공부하였다.

28 ③ 『삼국유사』는 고려 충렬왕 때에 일연이 편찬한 역사서로, 불교사를 중심으로 고대의 민간 설화나 전래 기록을 수록하는 등 우리 고유의 문화와 전통을 중시하였다. 또한, 단군을 우리 민족의 시조로 여겨 단군의 건국 이야기를 수록하였다.

29 ② 고려 중기의 문신 김부식은 인종의 명을 받아 『삼국사기』를 편찬하였으며, 이는 현존하는 우리나라의 가장 오래된 역사서이다.

30 ④ 고려 시대에 청주 흥덕사에서 간행된 『직지심체요절』은 현존하는 세계 최고(最古)의 금속 활자본으로 공인받고 있으며, 유네스코 세계 기록 유산으로 등재되어 있다.

31 ㄱ. 태종(이방원)이 사병 제도를 폐지하였다.
ㄷ. 세조 때 조선의 기본 법전인 『경국대전』이 편찬되기 시작하여 성종 때 완성·반포되었다.

32 ① 국왕의 비서 기관으로 왕명의 출납을 담당한 승정원과 왕의 특명으로 국가의 중죄인을 처벌하는 국왕 직속 사법 기구인 의금부는 왕권을 강화하는 데 기여하였다.

33 ② 통일 신라 신문왕 때 9주 5소경의 지방 행정 구역 체계를 확립하여 수도 경주의 편재성을 보완하였다.

34 ① 서원을 통해 사림이 양성되어 붕당 형성의 토대가 마련되었고, 향약을 통해 향촌 통제력을 강화하면서 사림 세력이 성장하는 기반이 되었다.

35 ② 임진왜란은 조선뿐만 아니라 동아시아의 전체적인 국가 체계에 영향을 미쳤다. 조선은 국토 황폐화, 양안과 호적 소실 등으로 국가 재정이 매우 궁핍해졌으며, 중국 대륙에서는 여진족이 후금을 건국하여 명을 압박하였다. 또한, 일본은 조선에서 포로로 데려간 학자와 기술자를 통해 문화가 크게 발전하였다.

36 ① 임진왜란 이후 일본에서는 도쿠가와 이에야스가 쇼군에 올라 에도 지역(도쿄)에 에도 막부를 수립하였는데, 이를 도쿠가와의 성을 따라 도쿠가와 막부라고도 한다.

37 ④ 조선이 청의 군신 관계 요구를 거절하면서 병자호란이 발생하였다. 인조는 남한산성에서 항전하였으나 강화도로 보낸 왕족과 신하들이 인질로 잡히자 삼전도에서 굴욕적인 항복을 하였다.

38 ① 광해군은 방납의 폐해가 심해지자 선혜청을 두어 대동법을 시행하였다. 또한, 대내적으로는 임진왜란의 뒷수습을 위한 정책을 펴면서 대외적으로는 명과 후금 사이에서 신중한 중립 외교 정책으로 대처하였다.

39 ③ 조선 후기 붕당 간의 극단적인 갈등과 대립을 극복하고 국왕을 중심으로 정치 세력 간의 균형을 유지하려는 탕평책이 실시되었다. 영조는 탕평 교서를 발표하고 탕평비를 건립하여 탕평 정책에 동의하는 인물(탕평파)을 등용하여 정국을 운영하였다.

40 ① 세도 정치 시기에는 세도 가문이 비변사의 권력을 독점하면서 왕권은 약해지고 의정부와 6조의 기능이 유명무실화되었다. 또한, 과거제 문란 등으로 정치 기강이 무너졌으며, 삼정의 문란으로 농촌 경제가 피폐해졌다.

41 ② 유형원과 이익, 정약용은 중농주의의 경세치용 학파로 토지 제도 개혁과 자농 육성을 주장하였다.

참고자료 경세치용파 실학자의 토지 제도 개혁론
- 균전론: 모든 토지의 국유화를 기본으로 하고, 농민에게 균등하게 토지 분배
- 한전론: 기본적인 생활을 유지하기 위해 최소한의 땅을 소유하되, 영업전의 매매는 금지
- 여전론: 마을 단위로 토지를 공동 소유·공동 경작하고 노동력에 따라 수확물 분배

42 ② 골품제는 신라의 특수한 신분 제도로, 사회 활동과 정치 활동까지 제한하였다. 골품에 따라 관직 승진의 상한선이 정해졌고, 집의 크기·장신구·수레 등 일상생활까지 규제하는 기준이 되었다.

43 ③ 대동법은 다양한 현물로 거두던 공납을 쌀, 베, 동전 등으로 대신 내게 하여 농민의 부담을 줄이고 국가 재정을 안정시키기 위해 실시되었다. 대동법 실시 이후 국가에서 필요한 물품을 공인이 조달하게 되면서 상품 화폐 경제가 발달하는 계기가 되었다.

44 ② 조선 후기에는 도시의 인구가 증가하고 대동법 시행에 따라 제품의 수요가 증대되면서 민영 수공업이 발달하였다. 또한, 모내기법이 전국적으로 확대되고 이모작과 상품 작물의 재배가 확산되면서 부농층이 등장하였다.
　ㄴ. 신라 신문왕은 귀족 세력의 경제적 기반을 약화시키기 위해 관료전을 지급하고 녹읍을 폐지하였다.
　ㄷ. 민정 문서는 통일 신라 시대 촌락에 대한 기록 문서로 당시의 경제생활을 짐작할 수 있게 해 준다.

2 근대 국민 국가 수립 운동

01 ②	02 ③	03 ②	04 ②	05 ②
06 ③	07 ①	08 ①	09 ②	10 ③
11 ④	12 ①	13 ②	14 ③	15 ④
16 ②	17 ②	18 ④	19 ②	20 ②
21 ④	22 ②	23 ③	24 ②	25 ②
26 ④	27 ④	28 ④	29 ①	

01 ② 조선은 강화도 조약으로 개항한 이후 신식 군대인 별기군을 설치하였다.

참고자료 흥선 대원군의 정책
- 비변사 혁파
- 경복궁 중건(→ 중건 비용 마련을 위해 당백전 발행)
- 법전 『대전회통』, 『육전조례』 간행
- 삼정의 개혁(호포제 실시), 사창제 실시
- 서원 철폐

02 ③ 신식 군대인 별기군과 차별 대우를 받던 구식 군대의 불만이 폭발하면서 임오군란이 발생하였다(1882). 일본인 교관을 살해하고 민중과 합세하여 일본 공사관에 불을 질렀다. 당시 군민들이 명성 황후를 제거하려 하자 위협을 느끼고 궁녀의 옷으로 변장한 후 궁궐을 탈출하여 충주로 피신하였고 흥선 대원군이 재집권하게 되었다.

03 ② 흥선 대원군의 천주교 탄압으로 인한 병인박해 때 프랑스 선교사 9명이 목숨을 잃은 것을 빌미로 프랑스 군대가 강화도를 침략하였다(병인양요, 1866). 프랑스군은 강화도에 상륙하여 외규장각 등을 불태우고 의궤와 각종 보물을 약탈해 갔다. 한성근, 양헌수가 이끌던 조선 군대가 문수산성, 정족산성 전투에서 프랑스 군대를 격퇴하였다.

참고자료 서구 열강의 침략적 접근
병인박해(1866) → 제너럴 셔먼호 사건(1866) → 병인양요(1866) → 오페르트 도굴 사건(1868) → 신미양요(1871) → 척화비 건립(1871)

04 ② 1866년 미국의 상선 제너럴 셔먼호가 교역을 요구하며 평양 대동강까지 들어왔으나 평양 관민들이 이를 거부하면서 배를 불태워 버렸다. 이 사건을 구실로 1871년 미국이 강화도를 침략하면서 신미양요가 발생하였다. 미국 함대는 초지진과 덕진진을 점령하고 광성보를 공격하였다. 이에 어재연 등이 이끄는 조선의 수비대가 광성보와 갑곶에서 결사 항전하였지만 광성보가 함락되었다.

05 ② 조선은 일본과의 무역에 대한 관세권을 회복하기 위해 조일 통상 장정을 체결하였다(1883). 이 조약에는 천재·변란 등에 의한 식량 부족의 우려가 있을 때 방곡령을 선포하는 조항이 포함되어 있었다. 이에 따라 1889년과 1890년에 함경도, 황해도 관찰사가 방곡령을 선포하였으나 일본은 통보가 늦었다는 이유로 수용하지 않았으며, 조선이 일본에 거액의 배상금을 물게 되었다.

06 ③ 을사늑약이 체결(1905)된 이후 고종은 네덜란드 헤이그에서 열린 만국 평화 회의에 특사를 파견하여 을사늑약의 무효를 국제 사회에 알리고자 하였다(1907). 그러나 외교권을 박탈당한 대한 제국은 회의의 참석을 거부당하였고 일제와 친일 세력들의 주도로 고종이 강제로 퇴위 당하였다.

07 ① 김옥균, 박영효 등 급진 개화파 세력은 일본군의 지원을 받아 우정총국 개국 축하연에서 갑신정변을 일으키고 14개조 정강을 발표하여 개혁을 추진하였다. 그러나 민씨 정권의 요청을 받은 청군의 개입으로 3일 만에 실패하였다.

08 ① (가)의 김옥균을 중심으로 한 급진 개화파는 우정총국 개국 축하연 자리에서 갑신정변을 일으켰다. 정권을 잡은 이들은 청과의 사대 관계 폐지, 입헌 군주제, 능력에 따른 인재 등용 등을 주장하였으나 청군의 개입으로 3일 만에 실패하였다.

09 ② 동학 농민 운동 당시 농민군은 청과 일본의 군대 개입을 우려하여 정부와 전주 화약을 맺고 집강소를 설치하여 개혁을 실시하였다 (1894).

10 ③ 제너럴 셔먼호 사건을 구실로 1871년에 미국이 강화도를 공격하여 신미양요가 일어났다. 이때 어재연이 이끄는 조선 군대가 광성보에서 미국 군대에 맞섰지만 함락되었다.

11 ④ 구본신참의 원칙 아래 점진적인 개혁을 추진한 것은 갑오개혁이 아니라 광무개혁이다.

12 ① 제시된 내용은 모두 개화 정책을 추진하는 가운데 실시된 정책으로 볼 수 있다. 청에 영선사 및 일본에 조사 시찰단을 파견하여 근대 문물을 수용하려 하였고 통리기무아문을 통해 개화 정책을 추진하였다.

13 ② 급진 개화파는 일본의 메이지 유신을 모델로 하여 급진적인 개혁 (문명개화론)을 추진하였고, 온건 개화파는 청의 양무운동을 모델로 하여 점진적인 개혁(동도서기론)을 추진하였다.

14 ③ 조선은 1880년대에 들어 문호 개방을 확대하면서 1882년 미국과 조미 수호 통상 조약을 시작으로 서양 열강들과 조약을 체결하였다. 그중 프랑스와는 천주교 포교 문제로 지체되었다가 1886년에 이르러서 수교가 이루어졌다.

15 ④ 병인양요와 신미양요를 극복한 흥선 대원군은 외세의 침입을 경계하고 서양과의 통상 수교 거부 의지를 알리기 위해 전국 각지에 척화비를 세웠다. 흥선 대원군은 외세의 침입에 적극적으로 대항하였지만 이로 인해 주변국들보다 서양의 선진 문물을 늦게 받아들여 근대화가 지체되었다는 한계도 있다.

16 ㄱ. 신민회는 민족 교육을 육성하기 위해 대성 학교와 오산 학교를 설립하였다.
ㄹ. 동아일보는 '배우자, 가르치자, 다함께 브나로드'라는 구호 아래 문맹 퇴치 운동을 전개하였다.

17 ② 강화도 조약에 대한 설명이다.

> **참고자료** 강화도 조약(1876)
> • 최초의 근대적 조약이자 불평등 조약
> • 조선을 자주 국가로 규정 → 청의 간섭을 배제하고 일본의 침략을 쉽게 하려는 의도
> • 일본의 정치·경제·군사적 침략 의도 내포

18 ④ 을미의병의 발생 배경에 대한 설명이다.

> **참고자료** 을미의병
> • 주도 세력: 보수적 유생층
> • 배경: 을미사변(명성황후 시해), 단발령(을미개혁)
> • 결과: 아관 파천과 고종의 단발령 취소로 대부분 해산 → 일부는 활빈당으로 활동

19 ③ 서상돈, 김광제 등이 제안하여 대구에서 시작된 국채 보상 운동은 일본에서 도입한 차관을 갚아 경제 주권을 회복하기 위해 추진되었다. 국채 보상 운동은 각종 계몽 단체와 언론 기관의 지원을 받아 전국으로 확산되었으나 통감부의 탄압으로 인해 큰 성과를 거두지는 못하였다.

20 ② (가)에 해당하는 의병 운동은 을사의병이다. 1905년 일본은 을사늑약을 강요하여 대한 제국의 외교권을 박탈하고 통감부를 설치하여 본격적인 내정 간섭을 통한 국권 침탈을 위한 절차를 진행하였다. 이에 반발하여 을사의병이 일어나 전국적으로 활발하게 전개되었다.

21 ④ 전라도 고부 군수 조병갑의 횡포에 견디다 못한 농민들이 동학교도인 전봉준을 중심으로 동학 농민 운동을 일으켰다. 이들은 황토현 전투에서 관군에 승리하여 전주성을 점령하고 전주 화약을 체결하였고, 집강소를 설치하여 자치적 개혁을 추진하였으나 일본의 개입으로 인해 우금치 전투에서 패배하고 해산하였다.

22 ② 독도는 19세기 중엽 일본 어민들의 불법 침입으로 정부 차원에서 관리를 파견하고 주민을 이주시켰다(1884). 대한 제국 시기에는 울릉도를 군으로 승격시켜, 독도를 관할하기도 하였다(1900). 그러나 일본은 러일 전쟁 중에 우리 정부와 어떠한 논의도 없이 독도가 주인 없는 땅임을 주장하며 시마네현 고시를 발표하고 자국 영토로 불법 편입하였다(1905).

23 ③ 애국 계몽 운동은 교육·산업 등의 분야에서 실력을 양성하여 국권을 회복하려는 운동으로, 주로 개화 지식인, 민중 계몽 지식인, 도시 시민층의 주도로 진행되었다. 보안회, 헌정 연구회, 대한 자강회, 신민회 등 여러 단체들이 국권 회복을 위한 애국 계몽 운동을 전개하였다.

24 ② 서재필을 중심으로 결성된 독립 협회는 청의 사신을 맞던 영은문을 헐고 그 자리에 독립문을 세웠으며, 만민 공동회와 관민 공동회를 개최하여 민중에게 근대적 지식과 국권, 민권 사상을 고취시켰다. 독립 협회는 의회의 설립과 서구식 입헌 군주제의 실현을 목표로 하였으나 황국 협회의 방해 등으로 해산되었다.

25 ② 1907년에 결성된 신민회는 국권 회복과 공화 정체에 바탕을 둔 근대 국가 건설을 목표로 하였다. 대성 학교와 오산 학교를 세워 민족 교육을 실시하고 태극 서관과 자기 회사를 설립하여 민족 산업을 육성하고자 하였다. 또한, 장기적인 독립 전쟁 수행을 위해 국외에 독립운동 기지 건설을 추진하여 서간도 삼원보에 경학사를 조직하고 신흥 강습소를 설치하였다. 그러나 1911년 일제가 조작한 105인 사건으로 인해 해체되었다.

26 ④ 우리나라 최초의 근대적 사립 학교인 원산학사는 1883년에 함경남도 덕원 지역의 사람들이 덕원 부사에게 요청하여 설립되었다. 원산학사는 국가나 서양인에 의해 설립된 것이 아니라 민간인들이 자발적으로 기금을 모아 설립하였다는 점에서 역사적으로 큰 의미를 갖는다.

27 ④ 을미사변은 1895년 일본 공사 미우라가 주동이 되어 친러 성향의 명성황후를 시해하고 한반도 내 세력 강화를 위해 일으킨 정변이다.

28 ④ 대한매일신보는 초기에는 순 한글로 간행하였다가 1907년부터 국한문, 영문 등 세 종류로 발행하였다. 당시 발행 부수가 가장 많았으며, 국채 보상 운동에도 앞장섰다.

29 ① 을사늑약을 계기로 민종식·최익현(양반), 신돌석(평민 의병장) 등이 의병 활동을 전개하였다.

3 **일제 식민지 지배와 민족 운동의 전개**

01 ②	02 ③	03 ③	04 ②	05 ①
06 ④	07 ②	08 ③	09 ③	10 ①
11 ②	12 ③	13 ①	14 ③	15 ③
16 ③	17 ②	18 ④	19 ②	20 ④
21 ②	22 ④	23 ④	24 ④	25 ②
26 ④	27 ③	28 ④	29 ③	30 ②
31 ③	32 ②	33 ③	34 ①	35 ①
36 ①	37 ①	38 ②	39 ③	40 ①

01 ① 1930년대
    ② 토지 조사 사업은 1910년부터 실시되었다.
    ③ 1920년대
    ④ 1930년대

02 ③ 1910년대 일제는 토지 조사국을 설치하고 토지 조사령을 발표하여 일정 기간 내 토지를 신고하도록 하였다. 신고하지 않은 토지는 총독부에서 몰수하여 일본인에게 헐값으로 불하하였다.

03 ③ 1920년대 사회주의가 확산되자 일제는 치안 유지법을 시행하여 식민지 지배에 저항하는 민족 해방 운동과 사회주의 및 독립운동을 탄압하였다(1925).

04 ② 일제는 3·1 운동을 계기로 식민지 통치 방식을 무단 통치에서 문화 통치로 바꾸었다.

참고자료 1920년대 문화 통치 시기 정책
• 보통 경찰제 실시, 문관 총독 임명 가능(식민 통치 은폐를 위한 기만책)
• 일본 식민 지배에 순응하는 우민화 교육

05 ① 3·1 운동은 고종의 인산일을 계기로 일어난 전국적인 민족 운동으로 중국의 5·4 운동에 영향을 주었다. 또한, 각계각층의 사람들이 참여한 대규모 독립운동으로 민족의 주체성을 확인하는 계기가 되었다.

06 ④ 3·1 운동을 계기로 조직적인 독립운동을 추진하기 위하여 대한민국 임시 정부가 수립되었다.

07 ① 의열단은 김원봉이 만든 의열 투쟁 단체이다.
    ② 대한민국 임시 정부는 국외 거주 동포들에게 독립 공채를 발행하여 독립운동 자금을 마련하였다.
    ③ 군국기무처 설치는 제1차 갑오개혁 때이다.
    ④ 교육 입국 조서 반포는 제2차 갑오개혁 때이다.

08 ③ 김구를 중심으로 1931년에 조직된 한인 애국단은 적극적인 항일 투쟁을 전개하였다. 한인 애국단원인 윤봉길은 1932년 훙커우 공원에서 일왕 생일 기념식에 폭탄을 투척하였고, 윤봉길 의거를 계기로 중국 국민당 정부가 대한민국 임시 정부를 인정하고 활동을 지원하였다.

09 ③ 1920년대에 조만식 등을 중심으로 조직된 조선 물산 장려회는 평양에서 민족 기업의 육성을 통한 경제적 자립을 시도하는 물산 장려 운동을 전개하였다.

10 ① 신간회에 대한 설명이다.

> **참고자료** 신간회
> 신간회는 6·10 만세 운동 이후 사회주의 세력과 민족주의 세력이 연대하여 민족 유일당을 결성할 수 있다는 공감대가 형성되어 결성되었다. 이들은 강령을 통해 기회주의 일체를 부인하였다.

11 ② 김원봉은 의열단을 결성하고 신채호가 작성한 '조선 혁명 선언'을 기본 행동 강령으로 하여 직접적인 투쟁 방법인 암살, 파괴, 테러 등을 통해 독립운동을 전개하였다. 의열단원 박재혁은 부산 경찰서, 김익상은 조선 총독부, 나석주는 동양 척식 주식회사와 식산 은행에 폭탄을 투척하였다.

12 ① 의열단은 김원봉을 중심으로 결성된 무정부주의 성격의 항일 무장 독립운동 단체이다.
② 조선 혁명군은 남만주 지역에서 양세봉을 중심으로 하여 결성되었다.
③ 한국 광복군에 대한 설명이다.
④ 한인 애국단은 김구를 중심으로 상하이에서 결성되어 적극적인 투쟁 활동을 전개하였다.

13 ① 6·10 만세 운동의 준비 과정에서 조선 공산당을 중심으로 한 사회주의 세력과 천도교를 중심으로 한 민족주의 세력이 연대하여 민족 유일당을 결성할 수 있다는 공감대가 형성되었다. 이에 따라 국내의 민족 해방 운동 진영은 1926년 11월에 발표한 정우회 선언을 계기로 좌우 합작 조직인 신간회를 결성하였다(1927).

14 ③ 물산 장려 운동은 1920년 평양에서 처음 시작되어 전국적으로 확산되었다. '내 살림 내 것으로' 등의 구호를 앞세우며 토산품 애용, 근검절약, 저축, 금주·단연 등을 주장하였다.

15 ③ 일제의 식민 교육으로 문맹자가 급증하자 우리 민족은 언론사를 중심으로 학생·지식 청년·문화 단체 등이 계몽 운동의 일환인 문맹 퇴치 운동을 전개하였다.

16 ③ 일제는 자국의 식량난을 한반도의 산미 증식 계획으로 해결하고자 하였다. 수리 시설 확대, 품종 개량 등으로 쌀 생산량은 증가했지만 증가된 양보다 더 많은 쌀을 일본으로 가져갔다. 또한, 많은 농민들이 토지를 잃고 소작농이 되거나 화전민으로 전락하였다.

17 ④ 일제는 민족 말살 정책의 일환으로 창씨개명, 신사 참배를 강요하였다. 학교에서는 황국 신민 서사를 암송시켰으며, 한국어와 한국사 등의 과목을 폐지하였다.

18 ④ 한국인 학생과 일본인 학생 간의 충돌이 계기가 되어 시작된 광주 학생 항일 운동은 일제의 식민지 차별 교육에 반발하여 전국적으로 확산되었다.

19 ① 일본의 황무지 개간권 요구를 저지시켰다.
② 신간회에 대한 설명이다.
③ 1904년에 일제의 대한 제국 강점을 도와준 친일적 정치 단체이다.
④ 1896년 7월에 서재필, 이상재, 윤치호 등이 중심이 되어 내정 개혁과 자유 민권 운동을 전개한 정치·사회단체이다.

20 ④ 6·10 만세 운동에 대한 설명이다.

> **참고자료** 6·10 만세 운동
> • 1926년 6월 순종의 인산일에 학생들을 중심으로 일어난 민족 독립운동이다.
> • 사회주의자들과 학생들이 함께 계획하였으나 사전에 발각되면서 학생들을 중심으로 서울 시내에서 만세 시위가 전개되었다.

21 ② 김좌진은 3·1 운동 이후 만주 지역에서 결성된 무장 독립운동 단체인 북로 군정서의 총사령관으로서 청산리 대첩의 승리를 이끌었다.

22 ④ 1920년대 일제는 일본 본토의 식량 문제를 해결하기 위해 산미 증식 계획을 실시하였고, 이에 따라 수리 시설 확충, 종자 개량, 개간 등이 이루어졌다. 그러나 증산량보다 많은 쌀이 일본으로 반출되어 조선 농민들의 생활이 매우 어려워졌다.

23 ④ 1930년대 후반 이후 실시된 정책이다. 미곡 공출은 중일 전쟁(1937) 이후 군량미 조달을 위해 시작되었고 태평양 전쟁을 거치면서 심화되어 조선 사람들의 생활을 더욱 어렵게 만들었다.

> **참고자료** 1910년대 일제의 경제 수탈 정책
> • 회사령 제정
> • 삼림령·어업령·조선 광업령 이권 독점
> • 전매제 실시
> • 금융 침탈
> • 철도·도로·항만 건설(식량·자원 일본 반출과 일본 상품 수입 판매에 이용하려는 목적)

24 ④ 국내외 민족 지도자들은 윌슨의 민족 자결주의와 일본 도쿄 유학생들의 2·8 독립 선언의 영향을 받아 독립운동을 준비하였다. 1919년 3월 1일 민족 대표 33인은 독립 선언서를 발표하고 독립을 선언하였다. 3·1 운동은 각계각층의 사람들이 참여한 대규모 독립운동으로 민족의 주체성을 확인하는 계기가 되어 대한민국 임시 정부의 수립이라는 결과를 가져왔다.

25 ② 청산리 전투는 1920년 10월 21일에서 26일까지 김좌진이 이끄는 북로 군정서군과 홍범도가 이끄는 대한 독립군 등이 주축이 된 독립군 연합부대가 만주 청산리 일대에서 일본군과의 10여 차례에 걸친 전투에서 크게 승리하였던 전투이다.

26 ④ 광주 학생 항일 운동에 대한 설명이다.

> **참고자료** 광주 학생 항일 운동
> • 1929년 11월부터 1930년 3월까지 광주에서 일어난 학생들의 항일 투쟁 운동
> • 광주에서 2,000여 명의 학생이 궐기하고 서울 등 전국적으로 확산되면서 3·1 운동 이후 최대의 민족 투쟁으로 발전

27 ③ 천도교는 소년 운동을 적극적으로 지원하였다. 방정환, 이정호 등이 활동한 조선소년운동협회에서는 5월 1일을 어린이날로 정하였고, 『어린이』라는 잡지를 간행하였다. 그러나 1930년대 들어서면서 일제는 소년 운동을 애국 운동으로 간주하여 탄압·금지시켰다.

28 ④ 1920년대 이상재를 중심으로 조선 민립 대학 기성회가 조직되어 한국인을 위한 고등 교육 기관을 설립하자는 민립 대학 설립 운동이 시작되었다.

29 ③ 1920년대 일본은 급속한 공업화로 인하여 쌀값이 폭등하고 식량 사정이 악화되자 자국의 부족한 쌀을 한국에서 충당하기 위해 산미 증식 계획을 추진하였다.

30 ② 1920년 만주 일대에서는 홍범도의 대한 독립군과 김좌진의 북로 군정서가 중심이 되어 봉오동 전투, 청산리 전투를 큰 승리로 이끌었다. 일제는 이 패배에 대한 보복으로 간도 지역의 수많은 한국인을 학살하고 민가와 학교를 불태우는 만행을 저질렀는데, 이를 간도 참변이라 한다.

31 ③ 일본은 1919년 3·1 운동이 일어나자 무단 통치의 한계를 느끼고 문화 통치로 전환하였다. 참정권과 자치권을 부여하고 문화적 자유를 일부 허용하였으나 이는 우리 민족을 교묘히 분열시키는 기만적 통치 방식이었다.

32 ② 신채호는 『독사신론』을 저술하여 민족을 역사 서술의 중심에 두었으며, 『조선사연구초』와 『조선상고사』를 통해 우리 고대 문화의 우수성과 독자성을 강조하고 과거의 사대주의적 이념에 입각하여 한국사를 서술한 유학자들과 식민주의 사가들을 비판하였다.

33 ③ 홍범도가 이끄는 대한 독립군은 대한 국민회군, 군무 도독부 등의 독립군과 연합하여 봉오동 전투에서 일본군을 상대로 승리를 거두었다(1920).

34 ① 홍범도의 대한 독립군에 대한 설명이다.
②·③·④ 한국 광복군은 충칭에서 대한민국 임시 정부의 직할 부대로 창설되었으며, 미국의 협조를 받아 국내 진공 작전을 준비하였으나 일제의 항복으로 인해 무산되었다.

35 ① 백정들의 신분 해방 운동인 형평 운동에 대한 설명이다. 갑오개혁 이후 공사노비법이 혁파되어 신분제가 폐지되었으나, 일제 때 백정에 대한 차별은 더욱 심해졌다. 백정들은 이러한 사회적 차별을 철폐하기 위해 진주에서 조선 형평사를 결성하였다(1923). 서울로 본부를 옮긴 조선 형평사는 전국에 지사를 설치하여 전국적 조직으로 성장하였다.

36 ① 일제가 식민 지배 정책으로 일본 기업의 안정적 공업 원료를 확보하기 위해 실시한 남면북양 정책에 대한 설명이다.

37 ① 조선일보의 문자 보급 운동(1929)과 함께 동아일보도 1931년부터 '브나로드 운동'이라는 이름을 내세워 농촌 계몽 운동을 전개하였다.

38 ① 백남운은 『조선사회경제사』, 『조선봉건사회경제사』를 저술하였고, 유물 사관을 토대로 식민 사학의 정체성론을 반박하였다.
② 정인보의 저서로, 정인보는 안재홍 등과 조선학 운동을 전개하였다.
③ 문일평은 『호암전집』, 『한미 50년사』를 저술하였고 조선심, 조선 정신, 조선사상을 강조하였다.
④ 신채호는 『조선상고사』, 『조선사연구초』 등을 저술하였고, 역사에서 '아(我)와 비아(非我)의 투쟁'을 강조하였다.

39 ③ 대한민국 임시 정부가 1941년에 발표한 건국 강령은 조소앙의 삼균주의를 바탕으로 정치적으로는 민주 공화국 건설, 경제적으로는 대기업의 국영화, 토지의 국유화 등의 내용을 담았다.

40 ① 얄타 회담(1945)은 소련의 대일전 참전 결정으로 소련군의 한반도 주둔의 배경이 되었다.

01 ④	02 ③	03 ②	04 ④	05 ①
06 ③	07 ④	08 ④	09 ①	10 ③
11 ③	12 ④	13 ③	14 ②	15 ③
16 ①	17 ④	18 ①	19 ④	20 ④
21 ②	22 ②	23 ②	24 ④	25 ③
26 ③	27 ③	28 ②	29 ②	30 ④
31 ④	32 ④	33 ④	34 ③	35 ④

01 ㅁ. 카이로 회담(1943.11.) → ㄴ. 얄타 회담(1945.2.) → ㄹ. 포츠담 선언(1945.7.) → ㄱ. 모스크바 3국 외상 회의(1945.12.) → ㄷ. 미소 공동 위원회(1946.3.)

02 ③ 조선 건국 준비 위원회의 강령이다.

참고자료 조선 건국 준비 위원회(1945.8.)

- 결성 및 주도: 조선 건국 동맹을 중심으로 민족주의 좌파와 사회주의 세력이 결성, 여운형과 안재홍이 주도
- 활동: 전국 지부 설치와 치안대 조직, 좌익 세력의 주도권 장악과 우익 세력 이탈
- 쇠퇴: 조선 인민 공화국 선포(1945.9.) 이후 점차 약화

03 ② 유엔 총회는 한반도에서 인구 비례에 따른 총선거 실시, 유엔 한국 임시 위원단 파견을 결의하였다. 그러나 소련이 38선 이북 지역 입북을 거부하여 유엔 총회에서 결의한 한반도 내 전체 선거는 무산되었다. 유엔 소총회는 선거 실시가 가능한 지역에서만 선거를 실시하라는 결정을 내렸고 남한에서 5·10 총선거를 통해 제헌 국회가 구성되었다.

04 ④ 소련군은 북한군에 무기와 일부 인력을 지원하였고, 중국도 대규모 군대를 북한에 파병하여 6·25 전쟁에 참전하였다.

05 ① 1960년에 이승만과 자유당 정권의 3·15 부정 선거에 대한 항의로 4·19 혁명이 발발하였다. 그 결과 이승만이 하야하였고, 이후 수립된 과도 정부는 부정 선거를 단행한 자유당 간부들을 구속하였으며, 국회는 내각 책임제와 양원제를 골자로 한 개헌안을 통과시켰다.

06 ① 1990년대
② 2000년대
③ 박정희 정부는 국가 주도의 경제 개발을 추진하여 경제 개발 5개년 계획을 실시하였다.
④ 1950년대

07 ④ 전두환 신군부의 비상계엄 확대에 대항하여 광주에서 발생한 5·18 민주화 운동은 신군부가 공수 부대를 동원하여 무력으로 시위 진압에 나서자 학생과 시민들이 시민군을 결성하여 대항하며 확산되었다(1980). 5·18 민주화 운동은 1980년대 우리나라 민주화 운동의 밑거름이 되었고, 2011년에 관련 기록물이 유네스코 세계 기록 유산으로 등재되었다.

08 ④ 모스크바 3국 외상 회의를 통해 한반도에 임시 민주주의 정부를 수립하고 미·소 공동 위원회 개최와 최대 5년간 신탁 통치를 실시한다는 내용이 결정되었다(1945).

09 ① 김구와 김규식 등은 남한만의 단독 정부 수립에 반대하여 평양에서 김일성과 남북 협상을 전개하였으나 큰 성과를 거두지는 못하였다(1948).

10 ③ 이승만 정부의 농지 개혁법은 토지 소유의 상한을 3정보로 하고, 그 이상의 토지는 국가가 유상으로 매입하여 유상으로 분배하였다. 이 결과 지주소작제가 폐지되고 자작농이 증가하였다.

11 ㄷ. 제주 4·3 사건(1948.4.) → ㄱ. 여수·순천 10·19 사건(1948.10.) → ㄴ. 농지 개혁법 제정(1949.6.) → ㄹ. 한미 상호 방위 조약(1953.10.)

12 ㄹ. 한국 문제 유엔 상정(1947.11.) → ㄴ. 남북 협상(1948.4.) → ㄱ. 5·10 총선거(1948.5.) → ㄷ. 헌법 제정(1948.7.) → ㅁ. 대한민국 정부 수립(1948.8.)

13 ③ 여운형, 김규식 등의 중도 세력은 미국의 지원을 받아 좌우 합작 위원회를 조직하여 좌우 합작 운동을 전개하였다(1946).

14 ② 제헌 국회는 친일파 처벌을 위해 반민족 행위 처벌법을 제정하였다(1948). 이에 따라 반민족 행위 특별 조사 위원회(반민 특위)를 설치하여 일제 강점기에 반민족 행위를 일삼았던 사람들을 광범위하게 조사하고 체포하였다. 그러나 반민족 행위자 처벌보다 반공을 더 중요하게 여긴 이승만 정부의 비협조로 친일파 청산 노력이 좌절되었다.

15 ③ 이승만 대통령은 장기 집권을 위하여 초대 대통령에 한하여 3선 금지 조항의 철폐를 골자로 한 개헌안을 사사오입이라는 논리로 부당하게 통과시켰다(사사오입 개헌, 1954). 이후 1960년 3월 15일 실시된 정·부통령 선거에서 부정 선거와 폭력으로 장기 집권을 시도하다가 4·19 혁명이 발생하였다. 이를 계기로 이승만 정권이 붕괴되고 장면 내각이 성립되었다.

16 ① 농지 개혁법의 주요 내용이다.

참 고 자 료 농지 개혁법 제정(1949.6.)

원칙	유상 매수·유상 분배, 가구당 농지 소유 상한을 3정보로 제한
결과	농민 중심의 토지 소유 확립, 사회적 지배 계급으로서의 지주
한계	유상 분배에 따른 농민의 부담, 친일 반민족 행위자의 토지 몰수 안 됨

17 ④ 북한의 불법 남침으로 인해 시작된 6·25 전쟁에서 낙동강 방어선까지 밀렸던 국군은 유엔군의 파병과 인천 상륙 작전의 성공으로 서울을 수복하고 압록강까지 진격하였다.

18 ① 6·25 전쟁 직후인 1950년대에는 미국의 원조를 기반으로 한 삼백 산업(밀가루, 설탕, 면직물)이 활성화되었다.

19 ④ 1970년대 박정희 정부가 주도한 제3·4차 경제 개발 계획이 실행되었던 시기이다.

참 고 자 료 제3·4차 경제 개발 계획(1972~1981)

• 내용: 중화학 공업 육성에 주력(포항 제철 등 대규모 조선, 자동차, 정유, 전자), 1차 산업 비중 축소 및 2·3차 산업의 비중 증가
• 위기: 제1·2차 석유 파동(석유에 대한 대외 의존도가 높았기 때문에 산업이 크게 흔들림)

20 ㄷ. 이승만 정부(제1공화국) → ㄱ. 장면 내각(제2공화국) → ㄴ. 박정희 정부(제3공화국)

21 ㄴ. 김구는 1949년 암살되었으므로 1960년 4·19 혁명과는 무관하다.
ㄷ. 4·19 혁명은 3·15 부정 선거를 계기로 발생되었다.

22 ② 박정희 정부가 한일 국교 정상화를 추진하였다. 국민들은 이를 위한 한일 회담에 대해 일제의 침략과 식민 지배에 대한 사죄와 배상을 강력히 요구하였고, 1964년 6월에 한일 회담을 반대하는 시위가 확산되었다.

23 ② 박정희 정부는 베트남 파병, 한일 국교 정상화, 외국 차관의 도입 등을 통해 경제 개발 5개년 계획의 재원을 마련하고자 하였다.

24 ④ 7·4 남북 공동 성명(1972)은 분단 이후 최초로 남북이 통일에 관련한 합의를 발표한 성명으로, 자주·평화·민족 대단결의 통일 원칙을 제시하였다.

25 ③ 6월 민주 항쟁은 박종철 고문치사 사건과 4·13 호헌 조치가 원인이 되어 발생하였다. 시민들은 호헌 철폐와 독재 타도 등의 구호를 내세워 민주적인 헌법 개정을 요구하였고, 정부는 5년 단임의 대통령 직선제를 골자로 하는 6·29 민주화 선언을 발표하였다.

26 ③ 노무현 정부 때 한미 자유 무역 협정(FTA)을 체결하였다.

27 ㄴ. 1960년 4월 19일 학생과 시민이 중심이 되어 일으킨 반독재 민주주의 운동이다.
ㄱ. 1972년 10월 17일 박정희 대통령이 장기 집권하기 위해 단행한 초헌법적 비상조치이다.
ㄷ. 1980년 5월 18일에 광주 시민들이 계엄령 철폐와 전두환 퇴진 등을 요구하며 벌인 민주화 운동이다.

28 ㄴ. 5·16 군사 정변(1961) → ㄱ. 대통령 3회 연임 허용 개헌안 가결(1969) → ㄷ. 유신 헌법 제정(1972) → ㄹ. 신군부의 12·12 사태(1979)

29 ② 새마을 운동은 박정희 정부가 1970년대 농촌 환경 개선과 소득 증대를 목표로 추진한 정책이다.

30 ㄹ. 베트남 특수(1960년대 후반~1970년대 전반) → ㄴ. 수출 100억 달러 달성(1977) → ㄷ. 3저 호황(1980년대 중후반) → ㄱ. 우루과이 라운드 타결(1993)

31 ④ 경제가 발전하고 국민 소득이 높아지면서 국민의 기본적 생활을 보장할 수 있는 사회 복지 제도가 시행되었다.

32 ④ 중일 전쟁과 태평양 전쟁을 일으킨 일본은 여자 정신대 근무령을 공포하여 젊은 여성들을 전쟁터로 끌고 가 일본군 '위안부'로 삼는 만행을 저질렀다. 광복 이후 '위안부' 피해자들은 소녀상 건립과 일본 대사관 앞 수요 집회를 통해 일본 정부에 '위안부' 문제에 대한 정식 사과를 요구하고 있다.

33 ④ 김대중 정부는 북한과의 교류를 적극적으로 확대하였고, 2000년 평양에서 최초의 남북 정상 회담을 개최하였다.

34 ③ 최초로 남북한 이산가족 상봉이 이루어진 것은 전두환 정부 시기이다.

35 ④ 노태우 정부에서 적극적인 북방 외교 정책을 추진하여 남북한의 유엔 동시 가입이 이루어졌으며, 남북 기본 합의서와 한반도 비핵화에 관한 공동 선언이 채택되었다(1991).

한국사 실전 문제

한국사 실전 문제 1회

01 ④	02 ③	03 ③	04 ①	05 ④
06 ②	07 ②	08 ①	09 ②	10 ②
11 ④	12 ③	13 ①	14 ③	15 ①
16 ①	17 ②	18 ①	19 ①	20 ③
21 ④	22 ③	23 ④	24 ④	25 ②

01 ① 청동기 시대
②·③ 구석기 시대
④ (가)는 신석기 시대로, 이 시기에는 진흙으로 그릇을 빚어 불에 구워 만든 토기를 음식물 조리와 저장에 이용하였는데, 대표적으로 빗살무늬 토기가 있다.

02 ③ 동예의 책화라는 제도에 대한 설명이다.

> **참고자료** 동예
> • 강원도 동해안에 위치
> • 왕 없이 읍군·삼로 등 군장이 자기 부족 통치
> • 단궁, 과하마, 반어피 등의 특산물
> • 족외혼, 책화, 무천(10월, 제천 행사)

03 ③ 진흥왕은 신라의 전성기를 이끌었던 왕으로 한강 하류 지역을 점령해 삼국 통일의 기반을 마련하였다.

04 ① 일본에서 발견된 칠지도는 백제 근초고왕이 왜왕에게 하사하였다고 알려져 있다. 이를 통해 백제가 교류를 통해 왜에 다양한 선진 문물을 제공하였다는 것을 확인할 수 있다.

05 ④ 최충헌은 교정도감을 두어 정책을 결정하고 반대 세력을 감시하였으며, 최충헌에 이어 집권한 최우도 교정도감을 통하여 권력을 행사하였다.

06 ② 조광조의 개혁 정치에 대한 설명이다.

> **참고자료** 조광조의 개혁 정치
> • 현량과(사림의 대거 등용) 실시
> • 위훈 삭제(공신들의 토지, 노비의 삭감)
> • 불교·도교 행사 폐지(유교식 의례 장려)
> • 소격서(도교 행사 기관) 폐지
> • 향약의 전국적 시행(향촌 자치 수립)

07 ①·③·④ 영조의 업적이다.
② 정조가 초계문신제를 시행하였다.

> **참고자료** 정조의 개혁 정책
> • 왕권 강화: 적극적 탕평 추진, 소론 및 남인 계열 중용, 탕평책 계승
> • 규장각 설치: 붕당의 비대화 방지, 국왕의 권력과 정책을 뒷받침하는 강력한 정치 기구
> • 초계문신제 시행: 초월적 군주로 군림하면서 신하 양성, 신진 인물이나 중하급 관리 중 능력 있는 자들을 재교육
> • 장용영 설치: 국왕의 친위군으로 군영의 독립적 성격을 약화 → 장용영을 통하여 정조는 왕권을 뒷받침하는 군사적 기반을 갖춤
> • 수원 화성 건설: 정치적·군사적 기능 부여 → 정치적 이상을 실현하는 상징적 도시 육성
> • 수령의 권한 강화: 군현의 향약을 수령이 직접 주관 → 사림의 영향력 축소, 국가의 통치력 강화

08 ① 흥선 대원군은 왕권 강화를 위해 임진왜란 때 불에 타서 방치된 경복궁을 중건하고 국가의 재정을 확충하기 위해 양반에게도 군포를 부과하는 호포제를 시행하였다.

09 ② 고종은 광무개혁을 통해 원수부를 설치하여 군 통수권을 장악하고 양지아문을 설치하여 양전 사업을 실시하였다. 또한, 지계아문을 통해 근대적 토지 소유 문서인 지계를 발급하여 토지 소유권을 확립하고자 하였다.

10 ② 조선이 외국과 맺은 최초의 근대적 조약인 강화도 조약은 치외 법권과 해안 측량권을 인정한 불평등 조약으로, 조선은 일본의 요구에 따라 부산·원산·인천을 개항하였다.

11 ④ 간도와 연해주에서 의병으로 활약하던 안중근은 만주 하얼빈 역에서 한국 침략의 원흉인 초대 통감 이토 히로부미를 처단하였다 (1909).

12 ③ 1930년대 초 조선일보와 동아일보 등의 언론사를 중심으로 농촌 계몽 운동이 전개되었다. 조선일보는 한글 교재의 보급과 순회강연을 통한 문자 보급 운동을 전개하였고, 동아일보는 문맹 퇴치 운동인 브나로드 운동을 전개하였다.

13 ① 미주 지역의 한인들은 하와이 사탕수수 농장의 노동자로 이주하기 시작하여 한인 단체를 조직하였으며, 대한인국민회 등 자치 단체를 만들어 독립운동을 전개하였다.

14 ①·②·④ 1910년대 일제는 조선 총독부를 설치하고 강력한 헌병 경찰 통치를 실시하였다. 이 시기에는 조선인에 대한 처벌 수단으로 태형을 시행하고, 근대적 토지 제도 확립을 명분으로 토지 조사 사업을 실시하여 많은 토지를 약탈하였다.
③ 일제는 중일 전쟁(1937) 이후 자원 수탈을 강화하기 위해 국가 총동원법(1938)을 실시하여 전쟁 수행에 필요한 인적, 물적 자원은 물론, 한민족의 문화까지 말살하려 하였다.

15 ① 김원봉을 중심으로 만주 지역에서 결성된 의열단은 신채호가 작성한 조선 혁명 선언을 기본 행동 강령으로 하여 직접적인 투쟁 방법인 암살, 파괴, 테러 등을 통해 독립 운동을 전개하였다.

16 ① 신간회에 대한 설명이다.

참고자료 **신간회**

신간회는 6·10 만세 운동 이후 사회주의 세력과 민족주의 세력이 연대하여 민족 유일당을 결성할 수 있다는 공감대가 형성되어 결성되었다. 이들은 강령을 통해 기회주의 일체를 부인하였다.

17 ② 박은식, 신채호, 정인보 등은 한국사 연구를 통해 민족 문화의 우수성, 한국사의 주체적 발전을 강조하였다.

참고자료 **일제 강점기 역사 연구**
- 박은식: 『한국통사』, 『한국독립운동지혈사』 저술 → 국혼
- 신채호: 『조선 상고사』, 『조선사 연구초』 저술 → 낭가 사상
- 정인보: 고대사 연구, 「오천 년간 조선의 얼」 신문 연재 → 얼

18 ① 갑오개혁은 고종 시기인 1894년에 실시되었다.

참고자료 **대한민국 임시 정부의 활동**
- 민족 독립운동의 중추 기관 임무 담당(독립신문 간행, 사료편찬소 설치)
- 외교 활동(구미 위원부 설치, 파리 강화 회의에 대표 파견)
- 군자금 모금과 정보 수집(연통제, 교통국)
- 한국 광복군 창설

19 ① 일본은 러일 전쟁 중 독도를 불법적으로 시마네 현에 편입시켰으며, 현재에도 영유권을 주장하며 영토 분쟁을 조장하고 있다.

20 ③ 1948년 김구와 김규식 등은 남북 협상(남북 지도자 회의)을 통해 통일 정부를 수립하기 위해 김일성에게 회담을 제의하였다. 이 회담에서 남한 단독 정부 수립 반대, 미·소 양군 철수 등을 요구하는 내용의 결의문이 채택되었다.

21 ④ 이승만 정부 시기의 사건들이다.

참고자료 **이승만의 장기 집권 시도**
- 발췌 개헌(1952): 자유당 창당, 임시 수도 부산 일대에 계엄령 선포 → 야당 의원 연행·협박 → 개헌안 통과
- 사사오입 개헌(1954): 개헌안 1표 차로 부결 → 사사오입 논리로 개헌안 불법 통과 선포
- 독재 체제 강화: 진보당 사건(조봉암 사형, 1958), 국가 보안법 개정(1958), 경향신문 폐간(1959) 등

22 ③ 1970년대 박정희 시기 수출 주도형 중화학 공업 정책을 추진하였으며, 1977년에는 수출 100억 달러를 달성하기도 하였다.

23 ㄷ. 3·15 부정 선거(1960.3.15.) → ㄱ. 4·19 혁명(1960.4.19.) → ㄴ. 유신 헌법 선포(1972)

24 ④ 1987년 6월 민주 항쟁의 구호이다. 호헌 철폐와 대통령 직선제 개헌을 요구하는 6월 민주 항쟁이 일어났으며, 그 결과 6·29 민주화 선언이 발표되었다.

25 ① 노무현 정부
② 노태우 정부 때 서울에서 올림픽 대회를 개최하였으며, 적극적인 북방 외교를 펼쳐 남북한의 유엔 동시 가입, 남북 기본 합의서 채택(1991)과 한반도 비핵화에 관한 공동 선언이 이루어졌다.
③ 박정희 정부
④ 김대중 정부

한국사 실전 문제 2회

01 ②	02 ②	03 ①	04 ③	05 ④
06 ③	07 ②	08 ③	09 ①	10 ④
11 ①	12 ①	13 ③	14 ①	15 ②
16 ①	17 ③	18 ③	19 ②	20 ③
21 ①	22 ②	23 ②	24 ④	25 ④

01 ② 구석기 시대에는 무리를 지어 이동 생활을 하였다.

참고자료 **구석기 시대의 생활상**
- 동굴이나 강가의 막집에서 생활
- 무리를 지어 이동 생활을 했으며, 사냥과 채집으로 식량 마련
- 모든 사람이 평등한 공동체 생활

02 ② 고조선을 다스린 단군 왕검이라는 이름은 제사장을 뜻하는 '단군'과 정치·군사적 지도자를 뜻하는 '왕검'으로 이루어졌다. 따라서 이를 통해 고조선은 제정일치 사회였음을 알 수 있다.

03 ① 나당 전쟁은 7세기경 신라가 당의 세력을 몰아내고 삼국 통일을 완성하기 위해 치른 전쟁이다.
② 신라 눌지왕 때 나제 동맹 체결(433)
③ 백제 문주왕 때 웅진 천도(475)
④ 고구려 장수왕 때 평양 천도(427)

04 ①·④ 고려 성종
② 통일 신라 원성왕
③ 고려 광종은 노비안검법을 시행하여(956), 호족 세력에 의해 불법으로 노비가 된 자를 다시 양민으로 돌아가게 하였다.

05 ④ 삼별초 항쟁: 고려 정부가 개경으로 환도하면서 몽골과 강화를 맺자 배중손과 김통정 등이 이에 반발하여 진도와 제주도로 근거지를 옮기며 항전을 이어갔다.

06 ③ 조선 시대에는 삼사가 언론의 기능을 담당하였다.

참고자료 조선 시대의 삼사
- 사헌부: 언론, 관리 감찰
- 사간원: 국왕에 대한 간쟁
- 홍문관: 국왕 자문 기관

07 ② 조선 후기 모내기법의 보급과 수리 시설의 확충으로 이앙법이 확산되어 농업 생산량이 증가하였다.

08 ③ 병인양요는 1866년 병인박해를 빌미로 프랑스의 군함이 강화도를 침략한 사건이다. 프랑스군은 약 30일간 강화도를 점령하였으며 외규장각 도서 등 중요 문화유산을 약탈하였다.

09 ① 1880년대에 김홍집이 청에서 황쭌셴의 『조선책략』을 국내로 들여왔다. 이로 인해 러시아의 남하 정책에 대비하기 위해 미국과 수교를 맺어야 한다는 여론이 형성되었고, 이만손을 중심으로 한 영남 유생들이 만인소를 올려 이를 비판하기도 하였다.

10 ④ 전라도 고부 군수 조병갑의 횡포에 견디다 못한 농민들이 동학교도 전봉준을 중심으로 동학 농민 운동을 일으켰다. 전주성을 점령하고 정부와 화약을 맺어 자치 개혁 기구 집강소를 설치하였으나 일본군과의 우금치 전투에서 패하고 전봉준이 서울로 압송되면서 해산되었다.

11 ① 조선은 일제의 강압으로 을사늑약을 체결하여 외교권을 박탈당하였다.

12 ① 조선 정부는 알렌의 건의를 받아들여 최초의 서양식 병원인 광혜원을 건립하였고(1885), 설립 이후 이름을 제중원으로 바꾸었다.

13 ③ 개항 초기에는 개항장 주변에서 거류지 무역이 활발하였다. 일본 상인은 영국산 면직물을 싸게 들여와 조선에서 비싼 가격에 판매하였고 이로 인해 조선의 면방직 수공업이 쇠퇴하였다. 또한, 외국 상인과 국내 상인의 중개 무역이 활발해져 이를 담당하는 객주와 여각이 성장하였다.
ㄱ. 개항 이후에는 조선의 곡물이 일본에 다량 수출되면서 국내 곡물 가격이 폭등하였다.
ㄹ. 조선 후기 대동법 실시 이후 공인이 등장하였다.

14 ① 3 · 1 운동은 각계각층의 사람들이 참여한 대규모 독립운동으로 이후 대한민국 임시 정부가 수립되었으며, 중국의 5 · 4 운동, 인도의 독립운동에도 영향을 주었다. 또한, 일제는 3 · 1 운동 이후 통치 체제를 기존의 무단 통치에서 문화 통치로 바꾸었다.

15 ② 박승희, 김기진 등이 중심이 되어 토월회를 결성하여 신극 운동을 전개하였다.

16 ① 치안 유지법(1925)은 일제가 1920년대 사회주의 운동이 활성화되자 이를 탄압하기 위해 만든 법으로, 주로 사회주의 사상과 민족 독립운동을 탄압하는 데 이용되었다.
② 1930년대 민족 말살 통치기의 병참 기지화 정책이다.
③ · ④ 1910년대 무단 통치기에 실시된 정책이다.

17 ③ 일제는 민족 말살 통치기에 내선 일체의 구호를 내세워 창씨개명과 황국 신민 서사 암송, 신사 참배 등을 강요하였다.

18 ③ 일제는 식민지 통치의 재정 기반을 확대하고자 1912년부터 토지 조사 사업을 실시하여 신고하지 않은 토지는 총독부에서 몰수한 후, 일본인에게 헐값으로 불하하였다.

19 ② 일제 강점기 때 백정에 대한 차별이 더욱 심해지자 이러한 차별을 철폐하기 위해 조선 형평사를 결성하고 형평 운동을 전개하였다 (1923).

20 ③ 북한의 불법 남침으로 인해 낙동강 방어선까지 밀렸던 국군은 유엔군의 파병과 인천 상륙 작전의 성공으로 압록강 근처까지 진격하였으나 중국군의 개입으로 인해 1 · 4 후퇴를 하게 되면서 서울을 다시 함락당하였다.

21 ① 김구의 활동에 대한 설명이다.

22 ② 5 · 16 군사 정변을 일으킨 박정희 군부 세력은 국가 재건 최고 회의를 구성하여 군정을 실시하였다. 또한, 대통령 중심제와 단원제 국회를 골자로 한 헌법 개정안을 공포하였다.
ㄴ. 이승만 정부
ㄹ. 전두환 정부

23 ② 1987년에 박종철 고문치사 사건과 4 · 13 호헌 조치를 계기로 6월 민주 항쟁이 전국적으로 확산되었다. 정부는 국민들의 직선제 개헌과 민주 헌법의 제정 요구를 받아들여 6 · 29 민주화 선언을 발표하였고, 5년 단임의 대통령 직선제를 바탕으로 한 새로운 헌법이 마련되었다.

24 ④ 김영삼 정부는 금융 거래의 투명성을 확보하기 위해 1993년 금융 실명제를 실시하였고, 공직자 재산 등록, 지방 자치제를 전면 실시하였다. 또한, 1996년 경제 협력 개발 기구(OECD)에 가입하였다.

25 ① 전두환 정부
② 노태우 정부
③ 박정희 정부
④ 김대중 정부 시기인 2000년에 평양에서 최초의 남북 정상 회담을 개최하고 6 · 15 남북 공동 선언을 발표하였다.

도덕

1 현대의 삶과 실천 윤리

01 ④	02 ④	03 ③	04 ④	05 ①
06 ②	07 ②	08 ④	09 ①	10 ②
11 ④	12 ②	13 ③	14 ①	15 ②
16 ③	17 ③	18 ②	19 ④	20 ③
21 ④	22 ①	23 ③	24 ③	25 ②

01 ④ 서양에서의 윤리(ethics)라는 표현은 고대 그리스어로 보편적인 도덕적 · 이성적 속성을 나타내는 에토스(ethos)에서 유래하였다.

02 ④ 아리스토텔레스는 윤리학을 실천 학문으로 분류하였다.

03 ① · ④ 메타 윤리학에 대한 설명이다.
② 기술 윤리학에 대한 설명이다.

04 ④ ㉠은 이론 윤리학, ㉡은 실천 윤리학이다. 실천 윤리학은 이론 윤리학에서 제시한 다양한 윤리 이론을 토대로 현대 사회의 윤리 문제를 해결하고자 한다.

05 ① 윤리적 행위의 근본 원리를 밝히는 것은 이론 윤리학이고, 실천 윤리학은 다양한 윤리 문제를 해결하고자 한다.

06 ① 실천 윤리학은 다양한 윤리 문제의 해결을 목표로 하는 학문이다.
② 이론 윤리학은 특정 원리가 윤리적 행위를 위한 근본 원리로 성립할 수 있는지를 연구하는 학문이다.
③ 메타 윤리학은 도덕적 언어의 논리적 타당성과 의미를 분석하는 학문이다.
④ 환경 윤리학은 생태계와 관련된 윤리학으로 실천 윤리학에 속한다.

07 ② 과학 기술 및 정보 통신, 환경, 생명 의료, 가정 등에서 발생하는 윤리 문제에 대하여 전통 윤리의 틀만으로는 해결하기 어려워지자 실천 윤리학이 대두되었다.

08 ④ 생명 윤리에서는 출생과 죽음에 관련된 윤리 문제, 생명의 가치에 대한 논의에 초점을 둔다. 세부적으로는 낙태, 자살, 안락사, 뇌사 등이 포함된다. 성적 소수자를 다루는 분야는 성 윤리이다.

09 ① 출생과 죽음에 관련된 윤리 문제와 생명의 가치에 대한 논의에 초점을 두는 것은 생명 윤리이다. 이외에 인체 실험, 생명 복제 등도 핵심 문제이다.

10 ② 과학 기술과 가치 중립성 논쟁, 과학의 사회적 책임, 정보 기술 발달과 정보 윤리, 자연과 환경 문제에 대한 윤리 등은 과학 윤리에 속한다.

11 ④ 문화 윤리는 인간이 창조하는 문화에 대해 윤리적으로 성찰하는 데 중점을 둔 것으로 예술, 종교, 의식주와 관련된 윤리 문제와 다문화 사회에서 발생하는 윤리 문제를 중요하게 다룬다. 평화 윤리는 국가 간의 운명 공동체 의식, 상호 의존에 대한 인식을 바탕으로 전쟁과 억압 및 차별이 제거된 평화 상태를 실현할 수 있는 방안을 모색한다. 또한 민족의 정체성과 민족 통합, 통일과 관련된 윤리 문제 등을 중요하게 다룬다.

12 ② 소국과민(小國寡民)이란 도가에서 제시한 사상으로, 인위적으로 강제하지 않고 무위(無爲)의 다스림이 이루어지는 이상 사회를 말한다.

13 ③ 맹자가 주장한 '사단(四端)'은 유교 윤리의 내용이다. 도가 윤리에서는 인위적인 규범과 제도를 따르지 않고 자연스러움을 따르는 무위자연(無爲自然)의 삶을 강조하였다.

14 ① 의무론적 접근은 행위의 결과를 고려하기보다는 보편타당한 법칙을 따를 것을 요구한다. 언제 어디서나 인간이 따라야 할 행위의 보편 법칙이 있으며, 인간의 행위가 법칙을 따르면 옳고, 따르지 않으면 그르다고 본다.

15 ② 인간의 본성에 근거하는 절대적인 법은 자연법으로 칸트 윤리와는 구분된다. 자연법 윤리의 기초는 스토아학파가 제시하였다.

16 ③ 스토아학파는 그리스 철학의 한 학파로, 윤리학을 중요하게 다루었고 금욕과 극기로 자연에 순응하는 생활을 이상으로 내세웠다.
④ 토마스 아퀴나스는 인간이 본성적으로 지니는 자연적 성향으로 자기 보존, 종족 보존, 신과 사회에 대한 진리 파악을 제시하였다.

17 ③ 유용성을 먼저 계산한 후 최대의 유용성을 산출할 대안을 선택하는 것은 행위 공리주의이다. 규칙 공리주의는 더 큰 유용성을 산출하는 규칙을 따라야 한다고 주장한다.

18 ② 벤담은 사회는 개인의 집합체이므로 개인의 행복과 사회 전체의 행복은 연결되어 있다고 보았다. 따라서 더 많은 사람이 행복을 누리는 것이 바람직하다고 하면서 '최대 다수의 최대 행복'을 주장하였다.

19 ④ 덕 윤리는 아리스토텔레스의 윤리 사상적 전통을 계승하였고, 행위자의 품성과 덕성을 중요시한다. 또한 행위자 내면의 도덕성과 인성의 중요성을 간과하고 개인의 자유와 권리를 강조하여 공동체의 전통을 무시한다며 의무론과 공리주의를 비판하였다.

20 ③ 도덕 과학적 접근에서는 윤리 문제를 해결하는 데 있어 이성뿐 아니라 정서적인 측면과 행동의 과정, 신체적인 측면 등 다양한 부분을 통합적으로 고려해야 한다고 하였다.

21 ④ 도덕적 탐구란 윤리적 사고를 통해 도덕적 의미를 새롭게 구성하는 지적 활동을 의미하는 것으로, 도덕적 딜레마를 활용한 도덕적 추론으로 이루어진다. 도덕적 추론의 과정은 도덕 원리로 시작하여 사실 판단 이후에 도덕 판단을 내린다.

22 ① 도덕적 탐구 방법의 단계는 윤리적 쟁점 또는 딜레마 확인, 자료 수집 및 분석, 입장 채택 및 정당화 근거 제시, 최선의 대안 도출, 반성 및 정리 순이다.

23 ③ 토론의 과정 중 ㉠은 '주장하기', ㉡은 '반론하기', ㉢은 '재반론하기', ㉣은 '반성과 정리하기'이다.

24 ③ 성찰은 생활 속에서 자신의 마음가짐, 행동 또는 가치관과 정체성에 대하여 윤리적 관점에서 깊이 반성하고 살피는 태도이다.

25 ① 거경(居敬): 유학에서 강조하는 거경은 늘 한 가지를 주로 하고 다른 것으로 옮김이 없이, 심신이 긴장되고 순수한 상태를 유지함으로써 덕성을 함양하는 수양을 뜻한다.
③ 주일무적(主一無敵): 마음을 한군데로 모아 잡념을 버린다는 뜻이다.
④ 일일삼성(一日三省): 하루에 세 가지를 돌아본다는 뜻으로, 날마다 자신의 행동을 반성하고 개선하라는 뜻이다.

2 생명과 윤리

01 ④	02 ④	03 ①	04 ②	05 ②
06 ③	07 ④	08 ②	09 ②	10 ③
11 ④	12 ③	13 ①	14 ②	15 ①
16 ①	17 ④	18 ①	19 ②	20 ③
21 ④	22 ①	23 ②	24 ④	25 ②

01 출생에는 생물학적 의미와 윤리적 의미가 있다.
①·②·③ 윤리적 의미
④ 생물학적 의미

02 ④ 도가에서는 죽음이 자연 현상이므로 슬퍼할 필요가 없다고 본다. 선행과 악행이 윤회 과정에서 죽음 이후의 삶을 결정한다고 보는 것은 불교의 관점이다.

03 ① 생명 복제나 생식 세포의 이용, 동물 실험 등 생명을 책임 있게 다루기 위한 모든 윤리적인 고려는 생명 윤리와 관련이 있다.

04 ② 출생·죽음과 관련된 윤리적 쟁점인 인공 임신 중절, 생식 보조술, 자살, 안락사, 뇌사 등을 다루는 윤리는 삶과 죽음의 윤리이다.

05 안락사는 불치병으로 극심한 고통을 겪는 환자에게 본인 또는 가족의 요구에 따라 인위적으로 개입하여 생명을 단축하는 의료적 행위이다. 이에 대한 찬성 입장으로는 ② 환자의 삶의 질과 자율성이 중요하다는 내용이 적절하다.
①·③·④ 반대 입장에 해당하는 내용이다.

참고자료 안락사에 대한 찬성 입장
• 환자의 삶의 질과 자율성을 강조한다.
• 불치병으로 고통받는 사람에게는 어떤 방법으로 죽을 것인지 선택할 수 있는 권리가 있으므로 자기 의사에 따라 안전하고 편안하게 죽을 수 있도록 허용해야 한다.
• 공리주의 관점으로 환자 가족의 경제적 부담과 심리적·신체적 고통을 주는 것이 사회 전체의 이익에 부합하지 않는다.

06 ② 공자의 죽음에 대한 견해이다.
③ 제시된 내용은 하이데거의 죽음에 대한 견해이다. 하이데거는 인간은 자기의 죽음을 알면서 죽어가는 존재이며, 죽음을 통해 인간이 유한한 존재임을 깨닫고 삶을 의미 있고 가치 있게 살 수 있다고 하였다.
④ 불교의 윤회 사상이다.

07 ④ 제시된 내용은 인공 임신 중절에 대한 비판이다. 인공 임신 중절은 자연 분만기에 앞서서 자궁 내의 태아를 인위적으로 모체 밖으로 배출시켜 임신을 중단하는 행위를 말한다.

08 ② 제시된 내용은 뇌사의 윤리적 쟁점에 대한 것으로, 뇌사는 심장보다 뇌의 기능이 먼저 멈추는 경우를 말한다. 뇌사에 반대하는 비판 이유로는 심장 자체는 뇌의 명령 없이도 자발적으로 박동되므로 죽음을 인정할 수 없으며, 뇌사를 인정할 경우 뇌사자의 장기를 다른 환자에게 이식할 수 있기 때문에 남용되거나 악용될 위험성이 있다는 입장 등이 있다.

09 ㄱ·ㄷ. 동물 복제를 통해 얻을 수 있는 효과에 대한 내용이다.
ㄴ·ㄹ. 동물 복제를 반대하는 입장의 근거에 해당하는 내용이다.

10 ③ 난치병 치료제의 개발, 식량 부족 해소, 환경 보호, 멸종 위기 생물 복원 기술 개발 등은 생명 공학의 긍정적인 측면의 사례이다.

11 ④ 출산에 대한 여성의 선택권, 태아에 대한 여성의 권리, 태아의 인간 존엄성 등은 인공 임신 중절과 관련 있는 내용이다.

12 ㄴ. 안락사에 찬성하는 입장의 근거이다.

13 ① 인공 임신 중절, 유전자 복제, 생식 보조술과 같이 인위적인 생명의 탄생 및 죽음에 관련된 실천 윤리의 분야는 생명 윤리이다.

14 ② 살아 있는 사람을 실험과 연구 대상으로 삼는다는 내용으로 보아, 제시된 글은 인체 실험과 관련 있는 내용임을 알 수 있다.

참고자료 **인체 실험과 관련된 윤리적 문제**
- 실험 대상자의 자율성이 얼마나 보장된 상태에서 동의가 이루어지는지에 대한 문제이다.
- 인체 실험 자체가 불분명하므로, 실험 대상자가 피해를 받을 개연성이 있다.
- 실험 대상자에게 제공하는 보상이 유인책이 될 수 있는 문제이다.

15 ① 안락사는 불치병으로 극심한 고통을 겪는 환자에게 본인 또는 가족의 요구에 따라 인위적으로 개입하여 생명을 단축하는 의료적 행위로, (가)는 안락사에 찬성하는 입장이고, (나)는 안락사에 반대하는 입장이다.

16 ① 선택 옹호주의는 인공 임신 중절을 합법화하는 데 찬성하는 입장으로, 여성의 선택권을 강조한다. 생명 옹호주의는 태아의 생명권을 강조하며 낙태를 법으로 엄격하게 금지하자는 입장으로, 태아의 생명권을 강조한다.

17 ① 칸트: 고통스러운 상황에서 벗어나려고 자신의 목숨을 끊는 것은 인간을 수단으로 이용하는 것이다.
② 유교: 부모로부터 받은 신체를 훼손하지 않는 것이 효의 시작이다.
③ 불교: 불살생(不殺生)의 계율로 생명을 해치는 것을 금한다.
④ 제시된 내용은 자살에 대한 쇼펜하우어의 견해이다.

18 ② 인간 복제의 윤리적 문제로는 인간의 존엄성 훼손, 인간의 자연스러운 출산 과정 위배, 인간의 고유성 위협 등이 있다. 이 중에서 가장 큰 문제점은 인간의 존엄성 훼손이다.

19 ① 생명 과학과 생명 윤리의 공통 목적은 생명의 존엄성 실현이다.
③ 생명 윤리는 생명을 책임 있게 다루기 위한 윤리적인 고려이다.
④ 생명 과학은 생명체가 나타내고 있는 생명 현상의 본질과 그 특성을 연구하는 학문이다.

20 ③ 프롬이 제시한 사랑의 4가지 구성 요소는 '보호, 책임, 존경, 이해'이다.

참고자료 **프롬이 제시한 사랑의 구성 요소(사랑의 4요소)**

보호	사랑하는 사람의 생명과 성장에 관심을 가지고 보호하는 것
책임	사랑하는 사람의 요구를 배려하면서 자신의 행동에 책임을 지는 것
존경	사랑하는 사람을 소유하고 지배하는 것이 아니라, 있는 그대로 받아들이며 존중하는 것
이해	사랑하는 사람에 대해 깊이 이해하는 것

21 ④ 성의 가치 중 인격적 가치는 동물의 성과 달리 상대방에 대한 예의나 배려를 바탕으로 하는 것이다. 생식적 가치는 생명을 탄생시키고 종족 보존의 기능을 수행하는 것이고, 쾌락적 가치는 감각적인 욕구를 충족시켜 주고 애정적 유대감을 높여 주는 것이다.

22 ① 전통적으로 결혼을 인륜지대사(人倫之大事)라고 한다. 결혼은 모든 인간관계의 출발점인 가정을 구성하는 의식으로, 부부가 자녀를 낳고 그 자녀가 다시 자녀를 낳음으로써 가계(家系)를 보존하게 된다.

23 ② 제시된 내용은 가족 관계의 윤리 중 형제자매 사이에 지켜야 할 덕목을 나타낸 한자성어인 '형우제공'의 뜻이다.

24 ④ 전통적인 효의 실천 방법에는 양지(養志), 공대(恭待), 불욕(不辱), 혼정신성(昏定晨省), 입신양명(立身揚名)이 있으며, 이 중 하나인 양지(養志)는 부모의 뜻을 헤아려 실천함으로써 부모를 기쁘게 해 드리는 것을 뜻한다.

25 ② 양성평등이란 남성 또는 여성이 성을 이유로 차별받지 않고 인간의 존엄과 권리 및 자유를 동등하게 보장받으며 동등하게 책임을 분담하는 것을 말한다. 양성평등을 실현하기 위해서는 남녀의 차이를 인정하고 상호 인격을 존중하며 다양성과 개성을 존중해야 한다.

3 사회와 윤리

01 ③	02 ③	03 ①	04 ②	05 ④
06 ②	07 ③	08 ④	09 ②	10 ④
11 ④	12 ②	13 ③	14 ①	15 ③
16 ③	17 ①	18 ②	19 ④	20 ②
21 ④	22 ③	23 ②	24 ②	25 ②
26 ①	27 ③	28 ②	29 ①	30 ②

01 ③ ⊙은 사회적 약자에 대한 배려가 우선되어야 하므로 최소 수혜자에게 최대의 이익을 보장해야 한다는 '차등의 원칙'으로, 장애인 고용 촉진 정책 시행이 대표적인 사례이다. ⓒ은 불평등의 계기가 되는 지위는 공정한 기회균등의 원칙에 따라 모든 사람에게 개방되어야 한다는 '기회균등의 원칙'으로, 공무원 시험 학력 제한을 폐지하는 것이 이와 같은 예에 해당한다.

02 ③ 제시된 내용은 정의롭지 못한 법이나 정부 정책을 변혁시키려는 목적으로 행해지는 의도적인 시민 저항 운동인 시민 불복종에 대한 설명이다.

03 ① 니부어는 개인 윤리의 한계를 지적하며 사회 구조와 제도의 개선을 통해 윤리 문제를 해결해야 한다고 주장하였다.

> **참고자료** 니부어의 사회 도덕 문제 해결 방안
> • 사회 정책과 제도의 개선을 통한 문제 해결을 강조한다.
> • 개인의 도덕성 함양뿐만 아니라, 개인의 도덕성이 올바르게 표현될 수 있는 사회적 여건을 마련하는 데에도 노력을 기울여야 한다.
> • 환경 문제, 지역 이기주의, 부정부패, 이익 집단 간의 갈등은 개인의 도덕성과도 관계가 있지만, 정책이나 제도의 개선이 선행되어야 한다.

04 ② 제시된 이론은 사회 계약설에 대한 내용이다. 사회 계약설은 사회 또는 국가가 자유롭고 평등한 개인들의 계약이나 합의에 따라 발생하였다는 학설로, 17~18세기 사이에 홉스, 로크, 루소 등 자연법 학자들이 왕권신수설에 반대하여 주장하였다.

05 ① · ② · ③ 개인적인 양심과 덕목으로 사회 문제를 해결하는 것을 의미한다.
④ 니부어의 사회 정책과 제도의 개선에 의한 문제 해결을 말한 것이므로, 제시된 입장과 일치한다.

06 ② 정의는 공정함을 의미한다. 옳고 그름에 대한 기준이 되며 어떤 것을 분배하거나 나눌 때 어떻게 하는 것이 공정한가를 말한다. 공정한 사회 규칙이나 제도를 통해 사회 구성원을 공평하고 차별 없이 대할 때 사회 정의가 실현될 수 있다.

07 ③ 제시된 내용은 롤스의 정의론 중 최소 수혜자에게 최대의 이익을 보장해야 한다는 '차등의 원칙'에 대한 설명이다.

08 ④ 시민 불복종은 목적이 정당해야 하며 비폭력적이며 최후의 수단이여야 한다. 자신에게 불리한 정책이 아니라 많은 사회 구성원의 권리를 침해하는 법에 저항해야 한다.

09 ② 시민은 현대 사회의 다양한 문제들을 인식하고 이를 개선하기 위해 참여해야 한다. 따라서 물질적 이해관계에만 적극 개입한다는 자세는 올바르지 않다.

10 ④ 아리스토텔레스는 인간은 원래부터 가지고 있는 사회적 본성에 따라 가정을 이루고 이러한 가정들이 토대가 되어 국가를 이루게 되었다고 보았다. 또한 인간이 시민적 유대감과 결속을 누리며 행복한 삶을 영위하기 위해 국가가 존재한다고 주장하였다.

11 ④ 특정 계층의 이익을 극대화하기 위함이 아니라 공정한 사회 규칙이나 제도를 통해 사회 구성원이 공평하고 동등하게 보장받기 위해 정의로운 사회 제도가 필요하다.

12 ② 현대의 많은 국가는 헌법 소원 등을 통해 공권력의 남용을 예방하기 위해 힘쓰고 있다.

> **참고자료** 정의로운 사회 제도의 요건
> 기본권 보장, 소수자와 사회적 약자 배려, 복지권의 보장, 부의 공평한 재분배

13 ③ 롤스는 각각의 사람이 다른 모든 사람의 자유와 양립할 수 있는 평등한 기본적 자유를 최대한 누릴 수 있는 사회를 정의롭다고 보았으며, 기본권을 보장하고 공평히 대우하라는 제1원칙과 사회적 약자 배려와 기회균등에 대한 제2원칙을 제시하였다.

14 ① 야경 국가론은 자유 방임주의에 기초한 소극적 국가관으로서, 국가 권력의 행사는 개인의 생명 · 재산 · 자유를 보호하는 것에 그쳐야 한다고 주장한다.

15 ③ 시민 불복종의 정당화 조건에는 행위 목적의 정당성, 공공성과 공개성, 최후의 수단, 비폭력성, 처벌 감수, 양심적 행위일 것 등이 있다.

16 ③ 복지 사회는 모든 사회 구성원이 빈곤과 곤궁에서 벗어나 최저 생활권을 적극적으로 보장받음으로써 인간다운 삶을 유지할 수 있는 사회로, ㉠, ㉢, ㉣ 외에도 협력과 나눔의 문화가 필요하다.

17 ① 절차적 정의는 '정의로운' 또는 '공정한' 과정을 통해 발생한 결과는 공정하다는 원리로, 대표적 사상가인 롤스는 절차적 정의를 공정하게 세우고자 한다면, 사회 구성원들이 사회적 상황이나 개인적인 성향에 대해 영향을 받지 않는다고 보는 입장이어야 한다고 주장하였다.

18 ② 홉스는 자연 상태의 인간은 고독과 투쟁에 시달리므로 평화와 안전을 보장받기 위해 국왕(국가)과 계약을 맺는다고 주장함으로써 절대 군주제의 근거를 제공하였다.

19 ④ 공자는 사회 구성원 각자가 자기에게 주어진 직분에 최선을 다함으로써 예의와 질서가 올바르게 이루어지는 정명(正名)의 사회가 된다고 주장하였다.

20 ② 제시된 내용은 시민 불복종에 대한 설명이다. 시민 불복종 시에는 의도적이거나 불가피하게 지금의 사회 제도와 충돌하며, 불복종 행위에 대한 제재와 불이익을 감수해야 한다.

21 ④ 니부어는 개인 윤리를 강조하는 전통적인 관점의 한계를 지적하며, 현대 사회의 복잡한 윤리 문제를 개인의 양심과 덕목의 실천만으로 해결하기 어렵다고 보면서 사회 구조와 제도의 개선을 통해 윤리 문제를 해결해야 한다고 주장하였다.

22 ③ 특권 의식은 사회·정치·경제적으로 특별한 권리를 누리고자 하는 태도를 말하는 것으로, 공직자가 버려야 할 태도이다.

참고자료 공직자 윤리
• 공익 실현: 공사를 구분하고 공익을 실현하기 위해 노력해야 한다.
• 봉사: 국민에게 봉사하는 자세를 갖춰야 한다.
• 공정: 직무 수행 시 민주적이고 공정하게 처리해야 한다.
• 청렴: 직무를 통해 부당한 이득을 취하지 않아야 한다.

23 ② 기업 연봉 성과급 제도는 기업에 근무하는 노동자가 자신의 성과에 따라 연봉을 지급받는 것으로, 사회적 약자에게 기회를 부여하는 것과 관계없다. 사회적 약자에게 공정한 기회를 부여하기 위해 기회와 혜택을 우선적으로 분배하는 제도에는 농어촌 특별 전형, 여성 할당제, 지역 인재 채용 목표제, 지역 균형 선발 등이 있다.

24 ② 칼뱅은 직업을 '신으로부터 부름받은 자기 몫의 일'이라고 보는 직업 소명론을 주장했으며, 자신의 직업에 충실한 것이 바로 신의 명령에 따르는 것이라고 보았다.

25 ② 업적은 기여한 정도에 따라 분배하는 것으로, 객관적 평가와 측정이 용이하고 생산성을 높이는 동기를 부여한다. 그러나 서로 다른 종류의 업적에 대한 평가가 힘들고 사회적 약자를 배려할 수 없다는 단점이 있다.

26 ① 롤스는 공정한 절차를 통해 발생한 결과는 정당하다고 보았는데, 제1원칙은 모든 사람은 기본적 자유에서 평등한 권리를 가진다는 것이고, 제2원칙 중 차등의 원칙은 사회적·경제적 불평등은 최소 수혜자에게 최대의 이익을 보장해야 한다는 것, 기회균등의 원칙은 불평등의 계기가 되는 지위는 공정한 기회균등의 원칙에 따라 모든 사람에게 개방되어야 한다는 것이다.

27 ③ 직업을 통해 사회 구성원으로서의 역할을 수행하고 사회 발전에 기여하는 것은 사회적 역할을 분담하는 것에 해당한다.

참고자료 직업의 의의
• 생계유지: 경제적으로 안정된 삶을 영위하기 위한 필수적인 수단이다.
• 자아실현: 직업 생활을 하는 가운데 자신의 잠재적인 능력을 발견하고 발휘하면서 성취감과 보람을 느끼게 된다.
• 사회적 역할 분담: 사회 구성원으로서의 역할을 수행하고 사회 발전에 기여할 수 있다.

28 ④ 필요에 의한 분배는 사람들의 필요에 따라 재화를 다르게 분배하는 것으로, 사회적 약자나 소외된 사람들에게 우선 분배하므로 약자를 보호하는 도덕적 윤리에 부합한다. 그러나 재화가 한정되어 있어 모든 사람의 필요를 충족시키기 어렵고 경제적 효율성을 높이기 어렵다.

29 ① 업적, 노동, 능력에 따른 분배는 모두 개인의 노력과 능력 등에 비례하는 분배이므로 생산성과 책임 의식을 높이는 동기를 부여하고 경제적인 효율성을 높일 수 있다. 그러나 모든 사람에게 동일하게 분배하는 평등에 따른 분배는 기회와 혜택이 균등하게 보장되는 장점이 있으나 책임 의식과 생산 의욕을 저하시켜 효율성을 떨어뜨린다.

30 ①·③·④ 사형 제도에 반대하는 입장이다.
② 사형 제도에 찬성하는 입장이다. 사형 제도에 찬성하는 그 밖의 입장으로는 국민의 안전을 지키기 위해 피해자의 생명을 빼앗아 간 범죄자의 생명권을 제한해야 한다는 것, 범죄의 비례성 원칙에 따라 사형 제도는 극악한 범죄에 대한 처벌로 적합하다는 것, 사형 제도는 범죄 예방 효과가 크다는 것 등이 있다.

4 과학과 윤리

01 ④	02 ②	03 ④	04 ④	05 ③
06 ④	07 ③	08 ②	09 ①	10 ④
11 ③	12 ②	13 ④	14 ②	15 ③
16 ②	17 ①	18 ②	19 ②	20 ③
21 ④	22 ①	23 ④	24 ①	25 ①
26 ②				

01 ④ 사이버 공간의 발달로 업무 효율성이 향상된 것은 문제점으로 보기 어렵다. 사이버 공간의 문제점으로는 표현의 자유 남용(사이버 공간의 익명성으로 생기는 문제), 개인 정보의 유출(사생활 침해), 저작권 침해 등이 있다.

02 ㄴ. 불필요한 정보가 넘쳐나는 점은 정보화의 부정적 측면이다.
ㄷ. 정보 기술에 접근할 수 있는 능력을 가진 사람과 아닌 사람 사이에서 나타나는 정보 격차 현상이 심화되어 경제적 불평등이 확대된다.

03 ④ 정보 통신 기술의 발달로 인해 저작권법에 따라 보호받는 저작물을 저작권자의 허락 없이 무단으로 이용하는 저작권 침해 문제가 발생하기 쉽다.

04 ④ 베이컨은 계급제와 신분제는 존재하지만, 과학 기술의 발전을 통해 빈곤이 해결되고 인간의 건강·행복·능력이 증진되는 과학적 유토피아 사회로 '뉴 아틀란티스'를 제시하였다.

05 ③ 컴퓨터와 같은 기계를 통한 간접적 만남이 많아진다는 내용이나 게임 중독과 같은 유형의 사회적 문제가 발생하고 있다는 내용은 정보 사회의 윤리적 문제와 관련이 있다.

06 ④ 정보 통신 기술의 발달로 인해 사이버 폭력, 불법 다운로드 등의 저작권 침해, 위치 추적 시스템을 남용하는 등의 사생활 침해가 발생하고 있다.

07 ③ 무분별한 개발은 환경 오염을 야기하므로, 자연의 자정 능력 이내에서 개발이 이루어져야 한다.

08 ② 사이버 공간에서는 표현의 자유를 추구하나 자신의 의견을 표현할 때 다른 사람이 상처받지 않도록 고려하여 바른 언어를 사용하도록 한다.

09 ① 제시문은 요나스의 책임 윤리에 대한 내용이다. 요나스는 인류가 존재해야 한다는 당위적 요청을 근거로 인류 존속에 대한 현세대의 책임을 강조하였다.

10 ④ 슈바이처는 생명 외경 사상을 제시하였다. 생명 외경이란 생명의 신비를 두려워하고 존경하여 생명을 소중하게 여기는 태도로, 불가피하게 생명을 해쳐야 하는 경우에는 도덕적인 책임을 느껴야 한다는 것이다.

11 ③ 과학 기술의 발전으로 인간이 과학 기술에 종속되면서 인간의 주체성이 약화될 수 있고, 자연을 개발하고 활용하는 과정에서 환경 문제가 심화될 수 있으며, 정보 통신 기술의 발달로 인권과 사생활 침해가 일어날 수 있다.

12 ② 스피넬로는 인간의 존엄성과 기본권, 사회 정의 등과 같은 기본적인 가치를 바탕으로 한 정보 윤리의 기본 원칙으로 존중의 원칙, 책임의 원칙, 정의의 원칙, 해악 금지의 원칙 등 네 가지를 제시하였다.

13 ④ 개발은 환경 보전을 가로막고 환경 보전은 개발을 가로막는 딜레마가 생기므로 이에 대한 해결책으로 '환경적으로 건전하고 지속 가능한 발전' 개념이 등장하였다.

14 ② 싱어는 동물 중심주의 윤리를 주장한 사상가로, 동물을 인간의 수단으로 여기는 것에 반대하며, 동물의 복지와 권리를 향상해야 한다고 주장하였다. 그는 공리주의에 근거하여 동물도 쾌락과 고통을 느끼므로 도덕적 고려의 대상이라고 하였고, 동물 해방론 및 종 차별주의 반대를 주장하였다.

15 ③ 제시된 글에는 환경 오염으로 인한 문제점이 나타나 있으므로, 환경 윤리와 관련 있는 내용이다.

16 ② (가)~(다) 모두 과학 기술을 가치 중립적인 것으로 보고 있다. 과학 기술의 가치 중립성은 과학 기술 그 자체는 사실의 영역으로 가치 판단의 대상이 아니며, 과학 기술의 가치는 그것을 사용하는 사람에게 달려 있다는 것이다.

17 ① 제시된 내용은 판옵티콘에 대한 것으로, 판옵티콘(Panopticon)은 '모두'를 뜻하는 'Pan'과 '본다'를 뜻하는 'Opticon'을 합친 말이다.

18 ② 사이버 따돌림(cyber bullying)은 사이버 공간에서 특정인을 지속적으로 괴롭히거나 공격하는 행위를 말한다.

19 ② 이용자가 직접 참여하여 정보 생산과 유통, 소비, 감시 등의 활동을 하는 것은 뉴 미디어의 특징 중 능동화와 관련이 있다.

20 ① 생명 중심주의 사상가 중 슈바이처의 사상이다.
② 생태 중심주의 윤리에 대한 설명이다.
③ 생명 중심주의 사상가인 테일러는 모든 생명체는 의식의 유무에 상관없이 자신의 생존, 성장, 발전, 번식이라는 목적을 지향하며 인간의 필요와 관계없이 고유한 가치를 지닌다고 하였다.
④ 동물 중심주의 윤리에 대한 설명이다.

21 ④ 과학과 정보 통신 기술의 발달로 인한 문제점이다.

22 ① 동물 중심주의는 도덕적인 고려의 범위를 인간뿐 아니라 동물까지 확대하는 입장으로, 인간과 동물의 이익을 평등하게 고려해야 한다고 주장한다.

23 ① 유교의 사상으로 자연과 하나가 되는 경지를 말한다.
② 도덕적 지위를 갖는 기준이 생명이라고 보고 도덕적 고려 범위를 모든 생명체로 확대해야 한다는 윤리이다.
③ 무생물을 포함한 생태계 전체를 도덕적 고려 대상으로 삼는다는 관점이다.
④ 인간과 자연을 분리하여 바라보는 이분법적 세계관은 인간이 자연의 일부라는 점을 간과하고 인간이 자연보다 우월한 것으로 인식한다.

24 ① 제시된 내용은 생태 중심주의 윤리를 말하는 것으로, 대표적인 이론에는 레오폴드의 대지 윤리가 있다. 대지 윤리는 도덕 공동체의 범위를 동물, 식물, 흙, 물을 비롯한 대지까지 확대한 것이다.

25 ① 도가의 자연관인 무위자연(無爲自然)에 대한 설명이다.
② 풍수지리설은 땅에도 생명이 있다고 보고 땅과 인간이 조화를 이루어야 한다는 이론이다.
③ 불교의 연기설(緣起說)은 상호 의존성을 인식하고 모든 생명을 소중히 여기며 자비를 베풀어야 한다는 것이다.
④ 유교의 천인합일(天人合一)은 자연과 하나가 되는 경지를 인생의 궁극적인 목표로 제시한 것이다.

26 ② 불교는 자타불이(自他不二)와 연기설(緣起說)을 바탕으로 인간과 자연, 우주의 관계가 긴밀한 것임을 강조한다.

5 문화와 윤리

01 ②	02 ①	03 ③	04 ②	05 ③
06 ②	07 ④	08 ①	09 ②	10 ①
11 ④	12 ③	13 ②	14 ②	15 ④
16 ①	17 ③	18 ②	19 ④	20 ②
21 ②	22 ④	23 ③	24 ①	25 ②
26 ④

01 ② 세계화 시대에는 이데올로기의 대립에서 벗어나 지역・문화・경제적 상호 의존성을 바탕으로 하여 세계 시민 의식을 가지고 다른 민족의 문화와 공존하며 국가 간의 상호 협력을 증진하는 자세가 요구된다.

02 ① 관용: 자신과 다른 사고방식과 행위 양식을 존중하고 승인하는 태도이다.
② 비판: 사물의 옳고 그름을 판단하여 밝히는 것이다.
③ 복종: 남의 명령이나 의사를 그대로 따라 좇는 것이다.
④ 강요: 억지로 또는 강제로 요구하는 것이다.

03 ③ 다문화 사회는 한 국가 내지 사회 속에 여러 인종, 민족, 계급 등 여러 집단이 지닌 문화가 공존하는 사회이므로 역사와 문화적 배경이 다양한 사람들을 하나의 사회 구성원으로 포용해야 한다.

04 ② 문화 상대주의는 문화의 고유성과 상대적 가치를 이해하고 타 문화를 존중하는 태도로, 다양한 문화 공존을 위해 필요하다. 단, 보편적 윤리 규범이 존재한다는 것이 전제되어야 한다.

05 ③ 다문화 시대에서는 상대 문화에 대한 다양성을 인정하고 이를 존중하며, 관용의 태도를 가져야 한다. 따라서 자신의 문화를 강요하면 안 된다.

06 ② 심미주의는 미적 가치와 도덕적 가치는 무관하기 때문에 윤리가 예술에 관여해서는 안 된다는 입장으로, 예술의 자율성을 옹호하는 순수 예술론을 지지한다. 또한 예술은 도덕적 가치 평가 대상이 아니라고 주장하며 예술에 대한 윤리적 규제에 반대한다.

07 ④ 도덕주의는 예술의 목적이 인간의 올바른 품성을 기르고 도덕적 교훈이나 모범을 제공하는 것이라고 본다. 또한 예술의 미적 가치보다 도덕적 가치가 우위에 있으므로 예술에 대한 적절한 규제가 필요하다고 본다.

08 ① 합리적 소비는 개인의 경제적 이익 등 합리성과 효율성이 상품 선택의 기준이 되는 것으로, 이런 합리적 소비의 한계를 인식하고 대안으로 등장한 것이 윤리적 소비이다. 윤리적 소비는 경제성을 넘어 환경, 인권, 복지, 노동 조건, 경제 정의 등 인류의 보편적 가치를 실천하는 소비이다.

09 ② ㉠과 ㉡의 내용 모두 상대 문화와의 차이를 인정하고 이에 대해 존중하는 마음과 관용과 협력의 태도를 가져야 한다고 말한다. 다문화 사회의 경우 한 가지로 통일하려는 단일성보다는 다원성을 추구하므로 단일성은 ㉠, ㉡의 입장과 맞지 않는다.

10 ① 종교 간 갈등을 해결하기 위해서는 타 종교에 대해 관용의 태도를 갖추고 대화와 협력하려는 노력을 기울여야 하며, 보편적 가치를 존중해야 한다.

11 ④ 예술에 대한 도덕주의는 도덕적 가치가 미적 가치보다 우위에 있으며 예술은 도덕적 선을 지향하는 것이 바람직하므로 윤리적 규제가 필요하다고 보는 입장이며, 심미주의는 예술의 자율성을 옹호하며 미적 가치와 도덕적 가치는 무관하므로 예술에 대한 윤리적 규제에 반대하는 입장이다.

12 ③ 제시된 내용은 윤리적 소비에 대한 내용이다. 윤리적 소비는 상품이나 서비스를 만들고 유통하는 전체 과정을 윤리적인 가치 판단에 따라 구매하여 사용하는 것을 말한다. 반면 합리적 소비는 개인의 경제적 이익이나 만족감 등 합리성과 효율성이 상품 선택의 기준이 되는 소비를 말한다.

13 ①・③・④ 예술의 상업화에 대한 부정적인 측면이다.
② 예술의 상업화에 대한 긍정적인 측면이다. 예술의 상업화에 대한 긍정적 측면으로는 일반 대중도 쉽게 접근할 수 있는 계기를 제공하여 예술을 누구나 즐길 수 있게 된다는 것과 대중의 취향과 가치를 반영한 다양한 예술 분야가 발전할 수 있다는 것 등이 있다.

14 ㄷ. 대중문화의 긍정적인 측면이다.
대중문화의 부정적 측면으로는 성을 욕구 충족의 수단으로 인식하고 폭력을 미화하는 선정성과 폭력성, 자본의 힘이 대중문화를 지배하는 자본 종속 현상, 예술을 자본주의 원리에 따라 이윤을 창출하는 단순한 상품으로 여기는 지나친 상업성 등이 있다.

15 ①・②・③ 대중문화에 대한 윤리적 규제에 반대하는 입장이다.
④ 찬성하는 입장이다.
대중문화의 윤리적 규제에 찬성하는 입장으로는 성을 상품으로 대상화하면 성의 인격적 가치가 훼손될 수 있으므로 규제가 필요하다는 것, 청소년의 정서에 해로운 대중문화를 선별해 낼 수 있다는 것, 자본 종속으로 인해 문화 산업의 도구로 전락할 수도 있는 개인의 보호가 가능하다는 점 등이 있다.

16 ① 유행 추구 현상에 대한 긍정적인 측면이다.

17 ③ 제시된 내용이 가리키는 것은 의복이다. 의복으로 개인의 개성과 가치관을 표현하기도 하고, 상황과 격식에 맞는 의복을 입음으로써 예의를 표현할 수도 있다. 또한 의복이 가치관 형성에 영향을 주기도 하며, 의복을 통해 개인의 소속 집단이나 사회의 가치관이 나타나기도 한다.

18 ② 음식을 통해 사람의 계층을 구분하는 것은 음식의 올바른 역할이라고 할 수 없다.

19 ㄷ. 육류 소비가 증가하면서 동물이 대규모의 좁고 기계화된 공장에서 사육 및 도축되는 등 동물 학대 문제가 발생하고 있다.

20 ② 제시된 내용은 로컬 푸드 운동에 대한 설명이다. 슬로푸드 운동은 패스트푸드에 대항하여 좋고, 깨끗하고, 공정한 먹거리를 실현하고자 시작된 운동이다.

21 ② 집을 하나의 상품처럼 여기고 경제적 가치를 중시하여, 휴식과 평화로운 삶을 영위하고 이웃과 교류하며 소속감을 형성하는 집의 본질적 의미가 퇴색되는 윤리적 문제점이 발생한다.

22 ④ 지역에서 생산된 농산물을 지역에서 소비하는 로컬 푸드 소비를 추구한다.

23 ③ 다문화 사회는 통일성보다 다양성을, 단일성보다 다원성을, 동일성보다 차이를 강조한다. 다문화 사회는 한 사회 안에 다른 인종, 민족 등 여러 집단이 지닌 문화가 함께 존재하는 사회로, 국가 간 장벽이 약화되고 국가 간 교류와 협력이 활발해지는 세계화와 관련이 있으며 새로운 문화 요소의 도입으로 문화 발전의 기회가 늘어난다.

24 ① 제시된 내용은 동화주의에 대한 설명이다.
② 다문화주의: 이민자들의 다양한 문화를 인정하고 존중하며 문화 다양성을 실현하려는 정책이다.
③ 문화 사대주의: 자국 문화를 비하하고 다른 사회의 문화를 맹목적으로 추종하는 태도를 말한다.
④ 문화 다원주의: 주류의 고유문화가 중심적인 역할을 하되, 이주민의 문화는 그 안에서 문화적 정체성을 유지하면서 공존하는 것이다.

25 ① 문화 사대주의는 자기 문화를 비하하고 다른 문화를 무조건 추종하는 태도이다.
② 문화 상대주의는 각각의 문화가 지닌 고유성과 상대적 가치를 이해하고 존중하는 태도이다.
③ 문화 제국주의는 자국의 우월성을 증명하기 위해 다른 국가나 세력권을 공격하는 태도이다.
④ 자문화 중심주의는 자국의 문화를 우월하게 여기며 다른 문화를 일방적으로 판단하는 태도를 말한다.

26 ④ 종교는 초월적인 세계, 궁극적인 존재를 상정하고 종교적 신념이나 교리에 따른다. 윤리는 현실 세계에서 지켜야 할 규범에 바탕을 두며 종교적으로 중립적인 태도를 갖추고 인간의 이성, 양심, 상식에 기초하여 윤리 규범을 도출한다. 종교와 윤리는 도덕성을 중요시하는 공통점이 있다. 또한 윤리에 의해 종교가 비판받고, 종교에 의해 윤리가 배척되어 갈등이 발생한다.

6 평화와 공존의 윤리

01 ②	02 ①	03 ②	04 ①	05 ③
06 ②	07 ②	08 ②	09 ①	10 ②
11 ③	12 ③	13 ②	14 ①	15 ④
16 ①	17 ④	18 ④	19 ②	20 ②
21 ②	22 ①	23 ③	24 ④	25 ③
26 ③	27 ①			

01 ② 양심적 병역 거부를 선택한 개인과 국민으로서의 의무를 강조하는 국가 간의 갈등이므로, 개인과 집단 사이에서 발생하는 갈등에 해당한다.

02 ① 열린 민족주의는 민족의 주체성을 유지하면서 동시에 다른 민족의 문화와 삶의 양식을 포용하는 민족주의를 말한다. '열린'은 배타적이지 않고 다양성을 인정한다는 뜻으로 볼 수 있다.

03 ② 타인의 입장을 이해하고 배려하는 역지사지(易地思之)의 자세를 가진다면 사회적 갈등 문제를 해결할 수 있다.

04 ① 남북한 교류와 협력을 통해 남북한의 문화적 이질화 문제를 극복하고 동질성을 회복하기 위해 노력해야 한다.

05 ③ 세대 갈등이란 어른들과 젊은 사람들 사이의 가치관이 다를 때 나타나는 갈등을 의미한다.

06 ② 세계화 시대에는 이데올로기의 대립에서 벗어나 지역·문화·경제적 상호 의존성을 바탕으로 하여 세계 시민 의식을 가지고 다른 민족의 문화와 공존하며 국가 간의 상호 협력을 증진하는 자세가 요구된다.

07 ② 사회적 갈등을 해결하려면 이해와 공감, 용서와 화해·관용, 고정 관념·선입견·편견 등의 해소, 사회 질서 유지와 공공 이익 등을 추구해야 한다.

08 ② 북한 이탈 주민의 정착을 위해 직업 훈련, 사회 적응 교육, 취업 알선 등의 사회적 지원을 실시하며, 편견을 버리고 포용하는 자세로 관심과 배려를 아끼지 말아야 한다.

09 ① 소극적 자유는 인간의 행동 선택에 대한 외부로부터의 강제나 제약·억압이 없는 상태를, 적극적 자유는 스스로의 힘에 의해 이성적으로 결정한 목표를 향해 노력하고 있는 상태를 뜻한다.

10 ① 지역화: 그 지역의 고유한 전통이나 특성을 살려 다른 지역과 차별화된 경쟁력을 갖추려 노력하는 것이다.
② 제시된 내용은 세계화에 대한 설명으로, 지구촌이 세계화되어 감에 따라 국내 정치와 국제 정치의 구분이 점점 무의미해지고 있다.
④ 글로컬리즘: 세계화와 지역화가 조화를 이루어야 한다는 것이다.

11 ③ 친구 사이에 갈등이 발생할 경우에는 경제적 보상보다 먼저 상대를 배려하고 공감하며 대화를 하려는 노력과 더불어 용서와 관용의 자세가 필요하다.

12 ③ 하버마스는 시민은 누구나 자유롭게 소통에 참여할 자격이 있다고 강조하며, '의사소통의 합리성'을 실현하기 위한 '이상적 담화 조건'으로 이해 가능성, 진리성, 진실성, 정당성을 제시하였다.

참고자료 하버마스의 이상적 담화 조건
• 이해 가능성: 대화 당사자들이 토론 내용을 서로 이해할 수 있어야 한다.
• 진리성: 담화 내용은 참이어야 하며, 진리에 바탕을 두어야 한다.
• 진실성: 상대방을 속이지 않고, 말하려는 바를 진실하게 표현해야 한다.
• 정당성: 말하는 내용은 사회적으로 정당한 규범을 다루고, 논쟁 절차를 준수해야 한다.

13 ② 제시된 내용은 국제 관계를 이상주의 관점에서 바라본 것으로 국가 간 분쟁을 힘의 논리로 해결하기보다는 대화로 해결해야 한다는 입장이다. 이외에도 국가 이익의 관점에서 정의된 권력을 위한 투쟁으로 본 현실주의와 국가 간의 상호 작용을 통해 구성된다고 보는 구성주의가 있다.

14 ① 바람직한 통일은 국민적 이해와 합의의 과정을 토대로 평화적이고 민주적으로 이루어져야 한다. 또한 점진적인 노력을 통해 남북한의 긴장 관계를 해소하여 평화 정착을 위해 노력해야 하며, 국제 사회와의 협력을 통해 통일을 위한 환경을 조성해야 한다.

15 ④ 통일 편익은 통일을 통해 얻을 수 있는 편리함과 이익으로 통일 이후 지속적으로 발생할 경제적, 비경제적 보상과 혜택을 말한다. 통일은 평화적으로 이루어져야 하므로 무력 통일과 이로 인한 군사 대국으로의 부상은 통일 편익에 속한다고 할 수 없다.

16 ① 분단 비용은 분단으로 인해 소모되는 비용으로, 군사비, 안보비, 외교 행정비 등이 있다.

17 ④ 적극적 평화는 직접적 폭력뿐만 아니라 빈곤, 정치적 억압, 인종 차별과 같은 간접적 폭력까지 모두 제거된 상태를 말한다. 전쟁이 없는 상태일지라도 빈곤, 억압 등 인간의 잠재적 능력이 억압되는 경우가 존재한다면 적극적 평화가 실현되었다고 볼 수 없다.

18 ② 롤스의 견해로, 롤스는 고통받는 사회가 질서 정연한 사회가 된다면 더 이상의 원조는 필요 없다고 하였다.
③ 노직의 견해로, 노직은 해외 원조는 의무가 아닌 선의를 베푸는 자선으로 개인의 자유에 맡겨야 한다고 하였다.
④ 싱어는 고통을 감소시키고 쾌락을 증진하는 것은 인류의 의무로, 굶주림과 죽음을 방치하는 것은 인류 전체의 고통을 증가시키는 것이며, 이런 공리주의적 관점에서 해외 원조는 인류에게 주어진 의무이므로 누구나 차별 없이 도움을 받아야 한다고 하였다.

19 ② 칸트는 『영구 평화론』에서 반복되는 전쟁은 인류를 멸망으로 이끌 것이라고 경고하며 전쟁을 막기 위해 각국이 주권의 일부를 양도하여 국제법 및 국제 연맹(조직)을 설치해야 한다고 주장하였으며, 영구 평화의 실현에 장애가 되는 일을 금지한 6개 예비 조항과 영구 평화를 실현하기 위한 조건을 논한 3항의 확정 조항을 제시하였다.

20 ① 자유로운 민주 국가: 모든 사람의 존엄성과 가치가 존중되는 인권 국가로 나아가야 한다. 자신의 신념에 따라 자유로운 삶이 보장되는 국가가 되어야 한다.
② 제시된 내용은 통일 한국이 지향해야 할 여러 가지 가치 중 자주적인 민족 국가에 대한 설명이다.
③ 정의로운 복지 국가: 사회 구성원의 삶의 질을 향상시키는 복지 국가가 되어야 한다. 부의 불공정한 분배가 이루어지지 않으며, 계층 간 갈등을 해소하도록 노력해야 한다.
④ 수준 높은 문화 국가: 우수한 전통문화를 계승하고 창조적으로 발전시켜 사회 발전과 국가 경쟁력의 원동력으로 삼아야 한다. 열린 민족주의를 바탕으로 다양한 문화와 조화를 이루어야 한다.

21 ② ㉠은 소통, ㉡은 담론에 대한 내용이다. 담론은 언어로 표현되는 인간의 모든 관계를 분석하는 도구로, 주로 토론의 형태로 이루어지며 사회 구성원에게 현실의 사건과 행위를 해석하고 인식하는 틀을 제공한다.

22 ① 제시된 내용은 원효가 주장한 '화쟁 사상'으로, 원효는 특수하고 상대적인 입장에서 벗어나 더 높은 차원에서 하나로 통합해야 한다는 것을 강조하였다.

23 ③ 글로컬리즘(Glocalism)은 세계화와 지역화를 결합한 용어로 세계의 통합과 지역의 고유성이 조화를 이루어 발전하는 질서 체계를 의미한다.

24 ④ 여러 국가가 평화롭게 공존하기 위해서는 정의로운 국제 사회를 만드는 국제 정의가 필요하다. 국제 정의의 종류로는 형사적 정의와 분배적 정의가 있다. 형사적 정의는 범죄의 가해자를 처벌함으로써 실현되는 정의이고, 분배적 정의는 재화의 공정한 분배를 통해 실현되는 정의이다.

25 ③ 적극적 평화는 인간의 존엄성, 삶의 질 등에 바탕을 둔 넓은 의미의 평화이다.

26 ③ 평화 비용은 통일 이전에 평화를 지키기 위한 비용으로 한반도의 긴장 완화와 평화 정착을 도모함으로써 분단 비용을 줄여 주고, 국가 신인도 제고를 통해 경쟁력 강화의 효과를 주며, 통일 비용을 감소시키는 투자적 성격을 지닌다. 또한 이산가족의 고통과 전쟁 위협에 따른 불안 등 윤리적 문제를 해소하고 한반도에 평화를 정착시키는 데 도움을 주며, 통일에 따른 보상과 혜택인 통일 편익을 증대시켜 준다. 통일 편익은 통일을 통해 얻을 수 있는 편리함과 이익으로, 통일 이후에도 지속적으로 발생할 보상과 혜택을 말한다. 통일의 체계적인 준비를 통해 통일 비용 부담을 줄이고 통일 편익을 최대화할 수 있도록 해야 한다.

27 ① 소극적 평화는 테러, 범죄, 전쟁과 같은 물리적 폭력이 없는 상태를 의미한다. 전쟁 방지와 물리적 폭력의 추방과 같은 직접적 폭력을 제거한 것이 중요하다. 적극적 평화는 물리적 폭력은 물론 문화적 폭력과 구조적 폭력이 모두 사라진 상태를 의미한다. 특정한 사회의 문화나 사회 구조적 차원에서 폭력을 정당화하는 것까지 간접적 폭력으로 인식한다.

(도덕 실전 문제)

도덕 실전 문제 1회

01 ③	02 ④	03 ①	04 ④	05 ②
06 ②	07 ①	08 ④	09 ②	10 ③
11 ④	12 ③	13 ②	14 ③	15 ②
16 ①	17 ①	18 ④	19 ①	20 ④
21 ②	22 ①	23 ④	24 ④	25 ③

01 ③ ㉠은 이론 윤리학, ㉡은 실천 윤리학이다. 실천 윤리학은 이론 윤리학에서 제시한 다양한 윤리 이론을 토대로 현대 사회의 윤리 문제를 해결하고자 한다.

02 ① 도구적 자연관과 관련된 윤리는 환경 윤리이다.
② 개인선과 공동선의 조화에 관심을 기울이는 것은 사회 윤리이다.
③ 사이버 공간에서의 행동에 관해 논의하는 것은 정보 윤리이다.

03 ① 칸트의 의무론적 윤리에서 도덕성 판단은 의무 의식에서 나온 행위만이 도덕적 가치를 지닌다고 보았다.

04 ④ 벤담(Bentham, J.)은 쾌락은 질적으로 동일하며 양적 차이만 있어서 쾌락을 계산할 수 있다고 보았다. 밀(Mill, J. S.)은 쾌락의 양뿐만 아니라 질적인 차이도 고려해야 한다고 보았다. 또한, 감각적 쾌락보다 정신적 쾌락이 우위에 있다고 주장하였다.

05 ② 효도는 인간의 가장 기본적인 도리로, 부모님을 공경하는 마음과 사랑을 말한다.

06 ② 부부유별(夫婦有別)은 남편과 아내의 역할에는 구별이 있다는 의미로, '차별'이 아닌 '구별'의 상호 존중의 의미를 표현한다.

07 ① 남녀의 차별이 아니라 차이를 인정하여 다양성과 개성을 존중하는 사회를 만들어 나가야 한다.

08 ④ 가족은 사회생활에 필요한 규칙이나 예절을 배우는 사회화가 이루어지는 일차적 집단이다.

09 ② 분배가 공정하게 이루어지지 않을 경우 재화가 한정되어 있으므로 모든 사람의 욕구를 충족시킬 수 없고, 다른 사람의 몫을 누군가 빼앗으면 빼앗긴 사람은 인간의 기본적 권리를 침해당한다. 또한 사회 구성원들이 불만을 품게 되고 이로 인해 갖가지 사회 문제가 발생할 수 있다.

10 ㄷ. 자신에게 불리한 법률이나 정책이 아니라 사회 구성원의 권리를 침해하여 사회 정의를 훼손한 법이나 정책에 항의하여야 한다.

11 ④ 제시된 내용은 '노블레스 오블리주'에 대한 설명으로, 명예(노블레스)만큼 의무(오블리주)를 다해야 한다는 말이다.

12 ③ 니부어는 개인 윤리를 강조하는 전통적인 관점의 한계를 지적하며, 현대 사회의 복잡한 윤리 문제를 개인의 양심과 덕목의 실천만으로는 해결하기 어렵다고 하였다. 그는 개인의 도덕적 행위는 집단의 도덕성을 결정하지 못하며, 오히려 집단이 개인 행위의 도덕성을 결정할 수 있으므로 정의로운 사회가 되려면 사회 구조와 제도의 개선을 통해 사회의 도덕성을 고양해야 한다고 하였다.

13 ② 사형 제도를 반대하는 주장으로는 사형 제도가 인간의 존엄성을 훼손하며, 범죄자의 생명권도 보장해야 하고, 오판의 가능성이 있으므로 폐지되어야 한다는 것 등이 있다.

14 ③ 정보 윤리는 사이버 공간에서 어떻게 행동할 것인지에 주목하며 정보 통신 기술의 발달이 인간의 삶에 미치는 영향과 이에 따른 윤리 문제를 다룬다. 제시문의 내용은 모두 사이버 공간에서의 윤리 문제에 해당한다.

15 ② 판옵티콘이란 벤담이 제안한 원형 감옥으로 '모두'를 뜻하는 'pan' 과 '본다'를 뜻하는 'opticon'을 합친 말이다. 판옵티콘은 간수는 모든 죄수를 볼 수 있지만 죄수는 간수를 볼 수 없도록 설계되어 있다. 때문에 죄수는 늘 감시당하는 느낌을 받게 되어 스스로를 감시하는 규율의 내면화가 이루어진다.

16 ① 슈바이처는 대표적인 생명 중심주의 사상가이다.
② 대지 윤리: 레오폴드의 사상으로, 고려의 범위를 동물, 식물을 포함해 대지까지 확대해야 한다는 것이다.
③ 동물 해방론: 동물 중심주의 사상가인 싱어의 주장으로, 동물이 인간과 마찬가지로 쾌락과 고통을 느끼므로 동물을 고통에서 해방해야 한다는 것이다.
④ 심층 생태주의: 네스의 사상으로, 생활 양식 자체를 생태 중심적으로 바꾸어야 한다는 주장이다.

17 ① 사이버 폭력은 사이버 공간에서 상대방이 원하지 않는 언어, 이미지 등을 이용하여 정신적으로 피해를 주는 폭력 행위를 말한다. 광범위하고 빠르게 확산되어 피해가 확대되고, 시공간 제약이 없이 가해가 이루어지며, 삭제가 어려워 피해 기록이 영속적으로 남고 익명성을 이용하여 은밀하고 가혹한 폭력이 행해지는 등 많은 문제점이 있다.

18 ④ 관용은 나와 다른 생각이나 태도를 너그럽게 받아들이고 존중하는 태도를 말한다.

19 ① ㉠은 도덕적 가치가 미적 가치의 우위에 있으므로 예술에 대한 규제가 필요하다는 도덕주의에 대한 설명이며, ㉡은 미적 가치와 도덕적 가치는 무관하므로 윤리가 예술에 관여해서는 안 된다는 심미주의에 대한 설명이다.

20 ④ '육체와 성', '모방 범죄' 등의 내용으로 보아 '선정성과 폭력성'과 관련 있음을 알 수 있다.

> **참고자료** 대중문화의 윤리적 문제
> • 선정성과 폭력성: 육체와 성을 욕구 충족의 수단으로 인식하고 폭력을 미화하거나 정당화하여 그릇된 인식을 지니게 함.
> • 자본 종속: 자본의 힘이 대중문화를 지배하여 문화의 다양성을 해치고 개인을 문화 산업의 도구로 전락시킴.
> • 지나친 상업성: 문화를 자본주의 원리에 따라 이윤을 창출하는 단순한 상품으로 여김.

21 ② 윤리 상대주의는 도덕적 옳고 그름은 사회에 따라 다양하기 때문에 보편적인 도덕적 기준은 없다고 보는 입장으로, 윤리 상대주의의 관점에서 문화를 이해하면 여러 가지 문제점을 초래한다. 문화의 다양성을 존중하기 위해서는 다양한 문화 속에 보편 윤리가 존재한다는 것을 인식하고, 문화의 다양성을 존중하는 것이 윤리 상대주의를 인정하는 것은 아니라는 점을 알아야 한다. 또한, 문화의 고유성과 상대성을 존중하고 보편 윤리를 바탕으로 비판적 성찰을 해야 한다.

22 ① 열린 민족주의란 민족 정체성을 지키면서 다양한 민족의 문화와 삶의 양식을 포용하는 민족주의를 말한다.

23 ② 열린 민족주의는 민족의 주체성을 유지하면서 동시에 다른 민족의 문화와 삶의 양식을 포용하는 민족주의로서, 배타적이지 않다는 특징이 있다.

24 ㄱ. 사회적 갈등을 해소할 수 있는 자세이다.
ㄴ·ㄷ·ㄹ. 사회적 갈등의 주요 발생 원인이다. 예외에 문화나 전통의 차이, 지역 개발과 환경 보존의 충돌, 잘못된 사회 구조나 제도 등이 있다.

25 ③ 통일 편익은 통일을 통해 얻을 수 있는 편리함과 이익으로 통일 이후에도 지속적으로 발생할 보상과 혜택을 말한다. 통일의 체계적인 준비를 통해 통일 비용 부담을 줄이고 통일 편익을 최대화할 수 있도록 해야 한다.

도덕 실전 문제 2회

01 ②	02 ④	03 ④	04 ③	05 ③
06 ②	07 ④	08 ①	09 ③	10 ②
11 ③	12 ①	13 ③	14 ④	15 ④
16 ④	17 ③	18 ④	19 ①	20 ②
21 ①	22 ④	23 ④	24 ②	25 ③

01 ② 맹자는 선한 마음인 사단(四端)을 바탕으로 수양하면 도덕적으로 완성된 인간인 성인(聖人)과 군자(君子)가 된다고 주장하였다. 지인(至人)은 도교에서 제시하는 이상적 인간상이다.

02 ④ 인간이 본성적으로 지니는 자연적 성향으로 자기 보존, 종족 보존, 신과 사회에 대한 진리 파악을 제시한 사상가는 토마스 아퀴나스이다.

03 ④ 도덕적 추론이란 주어진 상황에서 무엇이 옳은지, 어떤 행동을 해야 하는지에 대해 결정하는 사고 과정이다. 도덕적 추론 과정은 도덕 원리로 시작하여 사실 판단 이후에 도덕 판단을 내린다.

04 ③ "성찰하지 않는 삶은 살 가치가 없다."라고 하여 인간은 자신의 삶을 성찰하고 끊임없이 변화할 수 있는 존재로 본 사상가는 소크라테스이다. 아리스토텔레스는 도덕의 규범적 근거를 토대로 자신의 비도덕적 행위에 대한 반성을 강조하였다.

05 ③ '타인에게 피해를 주는 행동은 옳지 않다.'라는 ㄴ의 내용은 모든 사람이나 어떤 종류의 행위·성품 전체에 내리는 판단이미르 '도덕원리'에 해당한다. '수업 중에 잡담을 하는 것은 타인에게 피해를 주는 행동이다.'라는 ㄷ의 내용은 객관적 사실의 진위여부로 증명

되는 판단되는 사실판단에 해당한다. '수업 중에 잡담을 하는 것은 옳지 않다.'라는 ㄱ의 내용은 도덕적 관점에서 자신의 의견을 표현하는 판단이므로 '도덕 판단'에 해당한다.

06 ① 성차별은 남녀 간의 차이를 잘못 이해하여 하는 차별이다.
② '이윤을 추구하는 행위', '쾌락의 대상이나 물질적 가치' 등의 표현으로 보아, '성 상품화'에 대한 내용임을 알 수 있다.
③ 성 정체성은 남성성 또는 여성성의 기본적인 느낌으로 자기 자신을 남성 또는 여성으로 확실히 지각하는 것이다.
④ 성의 자기 결정권은 외부의 강요 없이 스스로 자신의 성적 행동을 결정할 수 있는 권리이다.

07 ④ 성차별의 문제점으로는 개인의 자아실현을 방해하고 인간으로서의 평등과 존엄성을 훼손하여 인권을 침해하는 것과 개인이 다양한 잠재력을 발휘할 수 없도록 하여 인력 낭비를 초래하는 것 등이 있다. 정신 질환이나 범죄자 취급은 성적 소수자의 인권 침해 문제이다. 성적 소수자 인권 침해 문제로는 다수와 다르다는 이유로 각종 불이익을 겪고, 폭력에 노출되는 것과 동성애자 간의 결혼이 법적으로 인정받지 못하여 사회 제도적 혜택을 받지 못하는 것 등이 있다.

08 ① 제시된 내용은 성차별의 사례이다. 성차별은 남녀 간의 차이를 잘못 이해하여 열등하다, 나쁘다 등의 가치 판단을 하는 차별로, 여성 혹은 남성이라는 이유로 부당한 대우를 하는 것을 말한다.

09 ㄱ. 오륜 중의 하나로, 남편과 아내의 역할에는 구별이 있다는 의미이다.
ㄴ. 부부는 대등하면서도 상호 보완적 관계라는 것을 나타낸다.
ㄷ. 부모와 자녀 간의 윤리로, 부모와 자녀는 끊을 수 없는 친한 관계라는 의미이다.
ㄹ. 음양론에 바탕을 둔 윤리로, 부부가 서로 상대방의 인격과 역할을 존중해야 한다는 것이다.

10 ② 청렴은 성품과 행동이 올바르고 탐욕이 없는 상태로, 바람직한 공직자가 갖추어야 할 덕목 중 하나이다.

11 ③ 정의는 개인 간의 올바른 도리 또는 사회를 구성하고 유지하는 공정한 도리를 말하며, 사회가 추구해야 할 가장 핵심적이고 기본적인 덕목 중 하나이다.

12 ① 첫 번째 문장은 롤스의 정의의 원칙 중 제1원칙인 평등한 자유의 원칙에 해당하는 내용이고, 두 번째 문장은 제2원칙 중 기회균등의 원칙에 해당하는 내용이다.

13 ③ 시민 불복종이란 법률이 기본권을 침해하거나 부당하다고 판단될 때 법이나 정책을 변화시키기 위하여 의도적으로 법을 위반하여 저항하는 행위를 말한다.

14 ④ 기업의 이익 추구를 위해 모든 수단을 동원하는 것은 법을 지키며 건전하게 이윤을 추구하는 것으로 보기 어려우므로 기업가의 사회적 책임으로 적절하지 않다.

참고자료 기업가 윤리
• 기업가는 법을 지키며 건전하게 이윤을 추구해야 한다.
• 노동자의 역할을 인정하고 그 권리를 존중해야 한다.
• 기업가는 소비자에 대한 책임을 다해야 한다.
• 사회적 책임을 다하여 공익을 추구하고 윤리 경영을 실천해야 한다.

15 ④ 현대 환경 문제의 특징은 지구의 자정 능력을 초과하게 되어 회복할 수 없는 경우가 발생한다는 것이며, 이것이 전 지구적으로 영향을 준다는 것이다. 심하지 않은 파괴는 자연스럽게 회복되지만 심각한 파괴는 회복할 수 없는 경우가 있다.

16 ④ 환경적으로 건전하고 지속 가능한 발전은 미래 세대에 필요한 환경을 파괴하지 않으면서 현세대의 필요를 만족시킬 수 있도록 지속 가능성에 기초하여 경제 성장과 환경 보전이 균형을 이루는 발전을 말한다.

17 ㄴ. 정보 통신 기술의 발달로 위치 추적 시스템이나 감시 카메라 등을 이용한 감시와 통제 등이 발생하면서 사람들을 감시하고 통제할 수 있는 전자 판옵티콘 사회가 출현하여 인권 및 사생활 침해를 일으킬 가능성이 높아졌다. 이는 과학 기술의 성과로 보기 어렵다.

18 ④ 공리주의에 근거하여 동물의 고통을 감소시키는 것이 도덕적이라고 주장하고, 종이 다르다는 이유로 동물을 차별하는 것은 옳지 않다고 한 사상가는 싱어이다(동물 해방론). 레건은 의무론에 근거하여 동물도 삶의 주체로 자신의 고유한 삶을 영위할 권리가 있다고 주장하였다(동물 권리론).

19 ① 제시된 내용은 패스트푸드 대신 전통적인 방법으로 성장한 농산물을 재료로 만든 음식의 소비를 권장하는 사회 운동으로, 빠른 속도를 강조하는 자본주의 체제 전반에 제동을 거는 것을 목표로 하는 슬로푸드 운동에 대한 설명이다.

20 ② 다문화주의는 이민자들의 다양한 문화를 인정하고 존중하는 정책이다. 모자이크 이론은 여러 색의 모자이크 조각이 조화를 이루어 하나의 작품이 만들어지듯이 다양한 문화의 공존을 목표로 하는 정책이고, 샐러드 볼 이론은 다양한 채소와 과일이 샐러드 볼에서 조화를 이루듯이 여러 문화가 서로 조화롭게 공존하도록 하는 정책으로 둘 다 다문화주의를 나타내는 이론이다.
③ 용광로 이론은 용광로가 철광석을 녹이듯 여러 문화를 하나로 녹여 기존의 문화에 융합시키는 정책으로, 동화주의 이론과 관련 있다.

21 ① 제시된 내용은 와일드가 한 주장이다. 와일드와 스핑건은 심미주의의 대표적인 인물이다. 심미주의는 예술은 미적 가치를 추구하는 것일 뿐, 도덕적 가치를 기준으로 예술을 판단하는 것은 잘못이라고 보며 예술의 자율성을 옹호하는 순수 예술론을 지지한다. 플라톤과 톨스토이는 도덕주의의 대표적인 인물이며, 플라톤은 예술의 목적은 올바른 행동을 권장하고 덕성을 장려하는 데 있다고 보았다.

22 ④ 종교의 주관적 측면은 성스럽고 거룩한 것에 대한 종교적 체험과 믿음을 의미한다. 형식적 측면은 경전과 교리, 의례와 형식, 교단 등을 포함한다.

23 ④ 하버마스는 '담론 윤리'를 강조하며 서로 이해하며 합의해 나가는 과정을 중시하였다. 또한 시민은 누구나 자유롭게 소통에 참여할 자격이 있다고 강조하며 '의사소통의 합리성'을 실현하기 위한 '이상적 담화 조건'을 제시하였다.

24 ① 지역화(Localization)는 특정 지역이 그 지역의 고유한 전통이나 특성을 살려 다른 지역과 차별화된 경쟁력을 갖추려고 노력하는 현상이다.
② 세계화(Globalization)는 지구촌 실현이라는 목표 아래 세계 통합을 지향하고 인류의 공동 번영을 도모하는 것이다.

25 ③ 싱어는 모든 사람의 고통을 감소시키고 쾌락을 증진시키는 것이 인류의 의무라는 공리주의에 입각하여 빈곤으로 인해 고통받고 있는 약소국에 대한 원조를 강조하였다.

우리가 해야할 일은 끊임없이 호기심을 갖고 새로운 생각을 시험해 보고 새로운 인상을 받는 것이다.

– 월터 페이터 –

2025 시대에듀 고졸 검정고시 한 권 합격

개정23판1쇄 발행	2025년 01월 15일 (인쇄 2024년 09월 12일)
초 판 발 행	1999년 01월 05일
발 행 인	박영일
책 임 편 집	이해욱
편 저	편집기획실
편 집 진 행	이미림 · 박누리별 · 김하연 · 백나현
표지디자인	하연주
편집디자인	장성복 · 김기화
발 행 처	㈜시대에듀
출 판 등 록	제10-1521호
주 소	서울시 마포구 큰우물로 75 [도화동 538 성지 B/D] 9F
전 화	1600-3600
팩 스	02-701-8823
홈 페 이 지	www.sdedu.co.kr

I S B N	979-11-383-7897-0 (13370)
정 가	36,000원